GPM Deutsche Gesellschaft für Projektmanagement /
Michael Gessler (Hrsg.)

# Kompetenzbasiertes Projektmanagement (PM3)

Handbuch für die Projektarbeit, Qualifizierung und Zertifizierung
auf Basis der IPMA Competence Baseline Version 3.0 / unter Mitwirkung der
spm swiss project management association

**Bibliografische Information der Deutschen Nationalbibliothek**
Die Deutsche Nationalbibliothek verzeichnet diese Publikation in der Deutschen Nationalbibliografie; detaillierte bibliografische Daten sind im Internet über http://dnb.d-nb.de abrufbar.

Dieses Werk ist urheberrechtlich geschützt. Alle Rechte, auch die der Übersetzung, des Nachdrucks und der Vervielfältigung des Buches – oder Teilen daraus – sind vorbehalten. Kein Teil des Werks darf ohne schriftliche Genehmigung des Verlags in irgendeiner Form (Fotokopie, Mikrofilm oder andere Verfahren), auch nicht zum Zwecke der Unterrichtsgestaltung, reproduziert oder unter Verwendung elektronischer Systeme verarbeitet, vervielfältigt oder verbreitet werden.

Für alle in diesem Werk verwendeten Warennamen sowie Firmen- und Markenbezeichnungen können Schutzrechte bestehen, auch wenn diese nicht als solche gekennzeichnet sind. Deren Verwendung in diesem Werk berechtigt nicht zu der Annahme, dass diese frei verfügbar sind.

Die DIN-Normen im Fachbuch PM3 sind wiedergegeben mit Erlaubnis des DIN Deutsches Institut für Normung e.V. Maßgebend für das Anwenden der DIN-Norm ist deren Fassung mit dem neuesten Ausgabedatum, die bei der Beuth Verlag GmbH, Burggrafenstraße 6, 10787 Berlin, erhältlich ist.

Layout, Satz und Grafikgestaltung: mbon Designabteilung. Umschlaggestaltung: mbon Designabteilung. Titelbild: Schultze. Walther. Zahel. Kommunikationsagentur & GPM. Druck und Bindung: Labude. corporate products.

GPM-Homepage: http://www.gpm-ipma.de
spm-Homepage: http://www.spm.ch
PM3-Feedback: http://www.gpm-pm3.de
PM3 als E-Book: http://www.ciando.com

ISBN 978-3-924841-40-9 (Hardcover)
ISBN 978-3-924841-45-4 (E-Book)

1. Auflage, 2009, 1-2000
2. Auflage, 2009, 2001-5000
3. Auflage, 2010, 5001-8000
4. Auflage, 2011, 8001-12000
5. Auflage, 2012, 12001-16000

© 2012 GPM Deutsche Gesellschaft für Projektmanagement e.V., Frankenstraße 152, 90461 Nürnberg (Deutschland / Europäische Union).

# 2.00  Macht und Autorität in Projekten

Gero Lomnitz

## Kontext und Bedeutung

Machtprozesse spielen in Projekten eine bedeutende Rolle, Macht fördert – Macht hindert die Projektarbeit. Der Auftraggeber kann durch seine Entscheidungen und seine Rückendeckung die Arbeit des Projektteams erheblich fördern, indem er für klare Ziele, für das notwendige Budget und für die eindeutige Priorität des Projektes sorgt. Projektleiter benötigen klare und verbindliche Entscheidungen des Steering Committees. Doch die Realität sieht oft anders aus: Auftraggeber nehmen ihre Rolle nur unzureichend wahr. Interessenkonflikte zwischen Bereichen oder Ränkespiele einzelner Manager verhindern klare Entscheidungen des Steering Committees. Entscheidungsträger zeigen sich in der Praxis zu oft als entscheidungsträge. Machtprozesse spielen im gesamten Projektverlauf eine Rolle von der Zielklärung bis zum Projektabschluss: Bei Entscheidungen über Start und Abbruch eines Projekts, über die Freigabe von Ressourcen oder über die Bonifikation eines Projektleiters, in allen Fällen ist Macht erforderlich.

Irrtümlicherweise wird das Thema Führung von Projekten (Projektleitung) in Theorie und Praxis häufig mit der Führung eines Projektteams gleichgesetzt – ein Fehler, denn Projekt ist nicht gleich Projektteam. Das Projektteam ist vielmehr ein Subsystem des Projektes. Zum Projekt gehören auch der Auftraggeber, die Mitglieder von Projektgremien und Linienmanager in ihrer Funktion als Ressourcenmanager. Alle müssen ihre Rolle im Projekt verstehen und wahrnehmen. Leicht gesagt, doch nicht immer leicht getan. Um die richtigen Entscheidungen zu erreichen, muss die Projektleitung auch im Top-Management Probleme deutlich kommunizieren. Die Projektleitung muss Position beziehen, gleichgültig, ob es genehm ist oder nicht. Ein guter Projektleiter ist ein unbequemer Projektleiter, wobei „unbequem" im Sinne von konstruktivem Ungehorsam zu verstehen ist (vgl. HANSEL & LOMNITZ, 2003: 98).

Projektleiter müssen Machtprozesse erkennen und mit den vielfältigen Formen der Macht umgehen können. Letzteres erfordert sowohl Rollen- als auch persönliche Autorität. Erstaunlicherweise hat dieses handlungsrelevante Thema bisher im Vergleich zu Themen wie Teamentwicklung, Kommunikation oder Konfliktmanagement wenig Aufmerksamkeit gefunden.

Macht und Autorität haben eine Reihe von Verbindungen zu den Elementen der ICB 3: Der Bezug zu den Themen ‚Führung', ‚Konfliktmanagement' und ‚Durchsetzungsvermögen' ist offensichtlich. Das Element ‚Selbststeuerung' ist eine wichtige Voraussetzung zum souveränen Umgang mit Macht. Der Projektleiter kennt seine persönlichen Unsicherheiten und kann mit Druck und Provokation gelassener umgehen. Ein deutlicher Bezug besteht zur ‚Wertschätzung'. Bei der Ausübung von Macht bleibt die Wertschätzung – gewollt oder ungewollt – manchmal auf der Strecke. Probleme werden mit einer gewissen Zynik klein geredet, vereinbarte Termine kurzfristig mit der lapidaren Auskunft „leider keine Zeit" abgesagt. Auf solche Grenzüberschreitungen muss die Projektleitung reagieren, wobei es nicht nur um die Sache, sondern auch um den Stil geht. Die eigenen Werte, das eigene Menschenbild sind die zentralen Komponenten im Umgang mit Macht.

## Lernziele

Sie erkennen

- den positiven und negativen Einfluss von Macht auf die Projektarbeit

Sie wissen

- wie Macht auf Sie ausgeübt werden kann und wie Sie sich bei negativer Machtausübung verhalten können

Sie sind in der Lage

- strukturelle und personelle Macht in Projekten zu unterscheiden und können Machtprozesse besser erkennen

Sie verstehen

- das Wesen der Drohung und worauf es bei Drohungen ankommt

Sie können

- besser erkennen, für welche Machtausübungen Sie empfänglich sind

# Inhalt

| | | |
|---|---|---|
| 1 | Macht | 766 |
| 1.1 | Einführung | 766 |
| 1.2 | Was bedeutet Macht? | 766 |
| 1.3 | Täter-Opfer-Beziehung versus Interaktionsmodell | 767 |
| 1.4 | Handlungsspielräume ausloten | 768 |
| 1.5 | Personelle und strukturelle Macht in Projekten | 769 |
| 1.6 | Macht fördert – Macht hindert die Projektarbeit | 770 |
| 2 | Hierarchie | 771 |
| 3 | Methoden der Macht | 772 |
| 3.1 | Strategie „Zwang" | 772 |
| 3.1.1 | Über die Drohung | 774 |
| 3.2 | Strategie „Verführung" | 775 |
| 3.2.1 | Für welche Machtausübungen bin ich empfänglich? | 776 |
| 4 | Zusammenfassung | 777 |
| 5 | Fragen zur Wiederholung | 778 |

# 1 Macht

## 1.1 Einführung

Macht ist ein zentrales Gestaltungselement in sozialen Systemen, gleichgültig, ob es sich um Organisationen, Projekte oder Gruppen handelt. Entscheidungen müssen getroffen, Regeln aufgestellt und durchgesetzt, mangelnde Leistungen kritisiert und gegebenenfalls sanktioniert werden. Dafür ist Macht erforderlich. Wenn in sozialen Systemen zu wenig Macht ausgeübt wird, bleiben am Ende des Geschehens nur zwei Möglichkeiten: Entweder das System zerfällt in einzelne Teile bzw. löst sich völlig auf oder es bildet sich eine neue Macht heraus. Andere haben die Macht übernommen, gegebenenfalls hat sich eine neue Machtstruktur entwickelt. Ein Projektleiter, der zu wenig führt, verliert die Akzeptanz und über kurz oder lang wird ein anderer die Führung übernehmen. Doch was ist Macht? Ist Macht nicht tendenziell negativ zu bewerten? Wie wird Macht auf die Projektleitung ausgeübt und wie soll sich die Projektleitung verhalten? Dieser Beitrag versucht, auf diese Fragen Antworten zu geben.

Wer Machtprozesse bewusst oder intuitiv erkennen kann und mit Macht umzugehen weiß, wird daraus für die Praxis erheblichen Nutzen ziehen können und das in zweifacher Weise:

1. Projektleiter finden geeignete Antworten auf die Frage: „Wie verhalte ich mich, wenn Macht auf mich „von oben" ausgeübt wird?" Sie entwickeln ein Gespür und haben analytisches Verständnis, wer in welchen Situationen mit welchen Methoden Macht ausüben will. Wer mit Macht souveräner umgehen will, muss die vielfältigen Methoden und Mittel der Macht verstehen und seine eigene Einstellung und sein Verhalten reflektieren können.

2. Jeder Projektleiter muss sich mit der Frage auseinandersetzen: „Wie übe ich in meiner Führungsfunktion Macht aus?"[1] Aus dieser allgemeinen Frage ergeben sich weitere:

   - Was bedeutet Macht für mich persönlich? Welches Verhältnis habe ich zur Macht?
   - Welche Werte und welches Menschenbild beeinflussen mein Verhalten?
   - Für welche Ziele nutze ich Macht?
   - Ist Führung von Projektmitarbeitern ohne Macht möglich?
   - Wie setze ich Macht sinnvoll ein? Wie führe ich Projektmitarbeiter?
   - Welche Machtmittel stehen mir zur Verfügung, um die Projektziele und meine persönlichen Ziele zu erreichen?
   - Wie wirke ich mit meinem Verhalten auf die Projektmitarbeiter?

## 1.2 Was bedeutet Macht?

Weit verbreitet in den Sozialwissenschaften ist MAX WEBERS Definition von Macht:

> **Definition** „Macht bedeutet jede Chance, innerhalb einer sozialen Beziehung den eigenen Willen auch gegen Widerstreben durchzusetzen, gleichviel worauf diese Chance beruht" (POPITZ, 1992: 17).

Diese Definition beinhaltet drei Kernpunkte:

1. Zur Machtausübung gehören mindestens zwei, der Überlegene und der Unterlegene. Wer Macht besitzt, kann die Verhaltensspielräume anderer Personen, Gruppen oder Organisationen beeinflussen. Leidet der Unterlegene unter der Macht und kann er sich des Einflusses entziehen, dann hört

---

[1] Dieses Thema ist nicht Bestandteil dieses Kapitels.

die Macht des Überlegenen auf. So einfach diese Aussage auch erscheinen mag, für die Praxis hat sie eine erhebliche Bedeutung. Mischt sich der Vorgesetzte des Projektleiters ständig in die Projektleitung ein und untergräbt dadurch die Position des Projektleiters, so kann der Projektleiter (a) die Projektleitung zurückgeben, (b) innerhalb des Unternehmens wechseln oder (c) sich entscheiden, die Firma zu verlassen. Natürlich bleibt ihm noch die schlechte Möglichkeit (d), er fügt sich in sein Schicksal bis hin zur Resignation. Manchmal ist die Drohung, einen dieser Schritte (a) bis (c) zu unternehmen, ein geeignetes Mittel, um Grenzen aufzuzeigen. Das gilt allerdings nur dann, wenn die Drohung für den Vorgesetzten auch eine Drohung darstellt und der Drohende seine Ankündigung auch realisieren kann (vgl. 3.11).

2. Der Mächtige kann seine Ziele auch gegen den Widerstand des Unterlegenen durchsetzen. Dafür müssen Machthaber in Unternehmen oft einen hohen Preis zahlen, denn Mitarbeiter finden geeignete Mittel und Wege, Widerstände zu praktizieren. Ein Projektleiter, der meint, er könnte sich über fachliche Bedenken der Projektmitarbeiter autoritär hinwegsetzen, darf sich nicht wundern, wenn ihm die Probleme in gehäufter Form wieder auf den Tisch kommen. Kaum etwas ist so kreativ wie die Kreativität des Widerstandes. Wer Macht ausübt, sollte sich die Folgen seines Handelns bewusst machen.

3. Die Aussage in der Definition „gleichviel worauf diese Chance beruht" (POPITZ, 1992: 17) weist auf das vielfältige Repertoire der Machtausübung hin. Die Mittel und Methoden der Machtausübung reichen von Gewalt über Drohung und Belohnung bis zur Verführung und Überredung. Autorität ist die höchste Form der Macht, denn wer Autorität besitzt, wird von anderen als überlegen anerkannt. Die Autoritätsperson gewinnt Einfluss, indem die autoritätsabhängige Person den Einfluss zulässt oder sucht.

### 1.3 Täter-Opfer-Beziehung versus Interaktionsmodell

Eine Schlüsselfrage zur Reflexion des eigenen Umgangs mit Macht lautet: Wer übt in welcher Situation und mit welchen Methoden und Mitteln Macht auf mich aus? Diese Frage beinhaltet drei Elemente, die es zu analysieren gilt:

- Wer übt Macht auf wen aus?
  Handelt es sich um eine oder um mehrere Personen?
  Geht die Macht von demjenigen aus, der sie ausübt, oder gibt es andere Personen oder Gremien, die dahinter stehen? Die Quellen der Macht bleiben häufig verdeckt.
- In welcher Situation wird Macht ausgeübt?
  Machen Sie sich den Kontext klar, in dem Macht in Erscheinung tritt.
- Mit welchen Methoden und Mitteln wird Macht ausgeübt?
  Handelt es sich um strukturelle und/oder personelle Macht? (vgl. 1.5)

Häufig wird Macht im Sinne einer „Täter-Opfer-Beziehung" gesehen: der Mächtige bestimmt und ich, der Unterlegene, muss mich fügen: Ein Projektleiter schildert mit leicht lamentierendem Unterton: „Der Auftraggeber ist mal wieder nicht bereit, die unbefriedigende Ressourcenlage im Projekt zu klären. Was bleibt mir anderes übrig, als mit dieser Situation zu leben!" Doch ganz so einfach sind die Dinge in Organisationen in der Regel nicht. Statt im Sinne der oft allzu einfachen „Täter-Opfer-Beziehung" können Machtverhältnisse als Interaktionsprozess verstanden werden. Dann stellen sich manche Situationen anders dar: Statt über das Verhalten „der da oben" zu meckern und zu klagen, muss sich die Projektleitung selbstkritisch fragen, was sie alles unternommen hat, um eine verbindliche Entscheidung zu erreichen. Die Projektleitung übernimmt Verantwortung für ihr eigenes Verhalten. Das Opfer verwandelt sich in einen selbstverantwortlichen Akteur. Statt zu klagen und zynische Kommentare am Kaffeeautomaten mit Kollegen auszutauschen – „geteiltes Leid ist halbes Leid", werden auch die eigenen Anteile von Machtbeziehungen gesehen. Dann lauten die oben genannten Fragen anders:

- Welchen Personen billige ich Macht zu?
- Welche Situationen verunsichern mich?
- Für welche Formen der Machtausübungen bin ich empfänglich?
  - Was fasziniert mich?
  - Welche Methoden der Machtausübung machen mich unsicher, hilflos? (vgl. 3.2)

Die Projektleitung muss sich mit der oft schmerzhaften Frage auseinandersetzen:
*Was hat die Macht des anderen mit meiner eigenen Unsicherheit zu tun?* Mit anderen Worten: Wie viel Angriffsfläche biete ich? Wie schaffe ich es, dass andere Macht über mich gewinnen? Der Unterschied zwischen den beiden Betrachtungsweisen ist gravierend. Im ersten Fall brauche ich keine Verantwortung für mein Verhalten zu übernehmen, denn ich bin ja Opfer der Macht, der „Hierarchie", des ständig unter Zeitdruck stehenden Auftraggebers, der mir nicht die Gelegenheit gibt, über die Probleme des Projektes zu reden. Im zweiten Fall muss ich mich mit meinen eigenen Defiziten auseinandersetzen. Ich muss verstehen, was bei mir selber, in meinem Inneren abläuft. Warum lasse ich mich so stark unter Zeitdruck setzen? Ich muss mich selbstkritisch fragen, ob ich dem Auftraggeber wirklich klar gemacht habe, dass eine Diskussion unbedingt erforderlich ist, um das Projekt nicht zu gefährden, und ich von ihm erwarte, dass er sich die erforderliche Zeit nimmt. Der Projektleiter muss seine eigene Einstellung und seine Konfliktfähigkeit auf den Prüfstand stellen. Nur so kann Profil entwickelt werden. Ein guter Projektleiter ist ein unbequemer Projektleiter.

### 1.4 Handlungsspielräume ausloten

Verhaltensspielräume können eingeengt oder erweitert werden. Sie werden in Projekten beispielsweise durch Prozessbeschreibungen, Regeln oder Entscheidungskompetenzen begrenzt. Sie können bewusst oder unbewusst unklar gehalten werden. Sie können eindeutig oder widersprüchlich sein. Aus Widersprüchen und Ungereimtheiten[2] resultieren Verunsicherungen: „Sie haben als Projektleiter die Verantwortung und ich entscheide", sagt der Bereichsleiter. Es ist nicht immer klar, welche Entscheidungen im Projektteam getroffen werden können und welche Punkte dem Steering Committee vorgelegt werden müssen. Die eindeutig strukturierte und gelebte Projekt-Aufbau- und -Ablauf-Organisation entspricht selten der Realität und, wo es sie gibt, besteht die Gefahr der Überstrukturierung. Im Projektmanagementleitfaden kombiniert mit einem wasserdichten Qualitätssicherungsverfahren ist alles genauestens festgelegt. Einengung bis zur bürokratischen Erstarrung wären die Folgen, wenn sich die Betroffenen daran halten würden.

**Tipp** Projektleiter kommen nicht darum herum, ihre Handlungsspielräume auszuloten, sie müssen ausprobieren, welche Entscheidungen sie treffen können und welche nicht. Drei Fragen müssen immer wieder neu gestellt werden (vgl. HANSEL & LOMNITZ, 2003: 100):

- Wie weit muss ich gehen?
- Wie weit kann ich gehen?
- Wie weit darf ich gehen?

Orientierung ist keine einseitige Angelegenheit, wenn man sie nicht bekommt, muss man sie sich schaffen – durch *trial and error* bzw. *trial and success*. Das soll nicht bedeuten, dass die Projektleitung alle im Projektmanagementleitfaden definierten Strukturen – Prozesse, Regeln oder Entscheidungskompetenzen – infrage stellen soll und kann. Zum professionellen Umgang mit Macht gehört, die eigenen Spielräume immer wieder auszuloten. Was gestern nicht möglich war, kann heute funktionieren. Für manche Menschen ist es sehr bequem, sich immer wieder auf die einmal gemachten Erfahrungen nach dem Motto „das ist bei uns nicht möglich" zu berufen. Auf diese Weise braucht man sich nicht mit eigenen Unsicherheiten und Vorurteilen auseinanderzusetzen. Die Schuld liegt eben bei den anderen.

---

2  In der Kommunikationspsychologie spricht man von double binds

## 1.5 Personelle und strukturelle Macht in Projekten

Der Ursprung des Wortes Macht liegt nach ELIAS CANETTI (1986: 313) im Gotischen „magan" und bedeutet „können" und „dürfen". Macht hat demnach sowohl eine personelle, qualifikatorische („können") als auch eine strukturelle („dürfen") Komponente. Auch beim Begriff der Kompetenz finden wir beide Bedeutungen, zum einen im Sinne von Entscheidungskompetenz und zum anderen im Sinne von qualifikatorischer Kompetenz.

Strukturelle Macht wirkt im Projektmanagement in den verschiedensten Formen: Durch ein klar definiertes Reporting, durch Dokumentationsregeln und Informationsmittel wird Macht ausgeübt. Eine clever initiierte Sitzordnung oder ein taktisch geschickt geplanter Zeitpunkt für ein Meeting sorgen für die gewünschten Ergebnisse. Das Projektcontrolling hat in manchen Unternehmen eine sehr einflussreiche Position, indem alle geplanten Projekte im Rahmen des Genehmigungsprozesses vom Projektcontroller nach bestimmten Kriterien geprüft werden müssen. Die Macht von Qualitätsrichtlinien oder Genehmigungsverfahren bekommt die Projektleitung spätestens dann zu spüren, wenn die vorgegebenen Schritte nicht eingehalten worden sind. Betriebsräte verfügen auf Basis der entsprechenden Gesetze über erhebliche strukturelle Macht, die bei der Planung von organisatorischen Veränderungsprozessen unbedingt beachtet werden muss.

Das Spektrum der personellen Macht ist groß: Wissen ist Macht. Die Abhängigkeit von Experten ist ein altes Thema im Projektmanagement. Die Bedeutung der Sprache als Machtmittel zieht sich wie ein roter Faden durch die Geschichte. War im Mittelalter Latein die Herrschaftssprache, so ist es heute Englisch. Menschen lassen sich durch autoritäres Verhalten – verbal und nonverbal – oder eine charismatische Ausstrahlung beeinflussen. Wer Gruppenprozesse erkennt und im richtigen Moment den richtigen Beitrag liefert, kann das Ziel in seine Richtung lenken. Wer die richtigen Personen auf seine Seite bringt, gewinnt an Einfluss. Heute bezeichnet man so etwas als Networking. Unternehmen versuchen, Mitarbeiter über moralischen Druck oder Verführungen für ihre Ziele zu gewinnen (vgl. 3.2). Die Aufzählung ließe sich mühelos fortsetzen. Tabelle 2.00-1 bietet eine Übersicht über strukturelle und personelle Macht (vgl. HANSEL & LOMNITZ, 2003: 102).

Tabelle 2.00-1: Strukturelle und personelle Macht

| Strukturelle Macht | Personelle Macht |
|---|---|
| Hierarchische Position | Sprache |
| Entscheidungskompetenzen des PL | Experten Know-how |
| Balanced Scorecard und andere Messgrößen | Erfahrung |
| Prozessbeschreibungen | Soziale Kompetenz |
| Qualitätsstandards | Gruppendruck |
| Berichtswesen | Moralischer Druck |
| Informationsregeln und -mittel | Autoritäres Verhalten |
| PM-Regeln | Informationsmacht |
| Budgethöhe und Verteilung des Budgets | Jemanden ausgrenzen können |
| Zeitrahmen | Ausstrahlung |
| Sitzordnung | Gelassenheit |
| Zusammensetzung des Teams oder des Steering Committees | |

Um Machtprozesse zu verstehen, müssen sowohl die strukturellen Machtfaktoren als auch das Verhalten betrachtet werden. Machtprozesse und deren Auswirkungen einseitig auf Verhalten zu reduzieren, geht an der Realität vorbei. So dürfen bei fehlendem Commitment im Projektteam nicht nur das Verhalten und die Einstellung der Beteiligten betrachtet werden, sondern es müssen auch die strukturellen Bedingungen für das Projektteam analysiert werden. Hierzu einige Praxisfragen:

- Wie werden Änderungen der Projektziele (moving targets), die vom Management entschieden worden sind, an die Projektleitung kommuniziert? Wird die Projektleitung einbezogen und, wenn ja, rechtzeitig genug?
- Darf die Projektleitung Leistungen externer Lieferanten bis zu einem gewissen Beitrag eigenständig bestellen oder müssen alle Bestellungen von einer anderen Stelle unterschrieben werden?
- Inwieweit dürfen fachliche Entscheidungen des Projektteams von Linienmanagern verändert werden und können solche Entscheidungen ohne Abstimmung mit der Projektleitung erfolgen?
- Dürfen Projektmitarbeiter ohne Zustimmung der Projektleitung vom Linienvorgesetzten aus dem Projekt abgezogen werden?
- Werden Entscheidungen im Steering Committee schnell genug getroffen oder muss die Projektleitung fehlenden Entscheidungen ständig hinterherlaufen?

Bei diesen Fragen handelt es sich um strukturelle Macht. Niemand darf sich wundern, wenn das Commitment der Projektmitarbeiter und des Projektleiters nachlässt, wenn strukturelle Voraussetzungen fehlen bzw. missachtet werden.

Projektleiter benötigen sowohl strukturelle als auch personelle Macht. Eine klare Rollenbeschreibung, in der Aufgaben, Verantwortungen und Entscheidungskompetenzen für alle Projektbeteiligten definiert sind, fördert die Projektarbeit erheblich. Mit den Projektbeteiligten sind keineswegs nur die Projektleitung und die Projektmitarbeiter gemeint, sondern auch Auftraggeber, Steering Committee sowie Linienmanager in ihrer Funktion als Ressourcenmanager und weitere Stellen, die im Projektmanagement mitwirken. Klare Entscheidungskompetenzen als struktureller Machtfaktor sind eine notwendige, aber keine hinreichende Bedingung für erfolgreiche Projektleitung. Spätestens dann, wenn Regeln nicht eingehalten, wenn Entscheidungen nicht getroffen werden, wenn Informationen nicht so fließen, wie sie fließen sollten, kommt es auf das Verhalten an, dann ist Durchsetzungsvermögen angesagt. Ein guter Projektleiter ist ein unbequemer Projektleiter.

## 1.6 Macht fördert – Macht hindert die Projektarbeit

„Macht ist per se weder gut noch schlecht. Sie wird jedoch häufig einseitig negativ bewertet. Schnell stehen Begriffe wie Unterdrückung, Einengung oder willkürliche Entscheidungen im Raum" (LOMNITZ, 2003). Keine Frage, Macht kann sowohl durch die Wahl der Ziele als auch durch die Wahl der Mittel die Projektarbeit erheblich blockieren. Hierzu zwei Beispiele: (1) Wenn im Steering Committee ernstzunehmende Bedenken aus Rücksicht auf das politische Gleichgewicht nicht offen diskutiert werden, sind Fehlentscheidungen nicht weit entfernt. (2) Der Projektleiter schwächt seine Position, wenn er immer wieder ausufernde Diskussionen im Team nicht eingrenzt oder mangelnde Verbindlichkeit eines Projektmitarbeiters nicht mit gebührendem Nachdruck anspricht.

Macht fördert die Projektarbeit. Welcher Projektleiter wünscht sich nicht einen Auftraggeber, der Kraft seiner Entscheidungskompetenz und durch sein Interesse das Projekt in schwierigen Situationen unterstützt. Der ideale Auftraggeber vereinigt in seiner Rolle drei Elemente:

- Entscheidungsmacht, die er auf Grund seiner hierarchischen Position besitzt
- Interesse am Projekt
- persönliche Autorität

Machen Sie sich ein Bild über den Einfluss von Entscheidungsträgern auf Ihre Projektarbeit und sprechen Sie über Verbesserungsmöglichkeiten. Die folgende Übersicht bietet Ihnen einige Anhaltspunkte.

Tabelle 2.00-2: Einflüsse von Entscheidungsträgern auf die Projektarbeit

| Positiv | Negativ |
|---|---|
| Projektleiter haben die notwendigen Entscheidungskompetenzen. | Entscheidungskompetenzen sind unklar. |
| Entscheidungsträger stimmen Ziele und Rahmenbedingungen des Projektes mit dem Projektleiter ab. | Bei der Bestimmung der Ziele und der Rahmenbedingungen werden Projektleiter vor vollendete Tatsachen gestellt. |
| Entscheidungsträger ändern Ziele, Zeiten oder Budget nicht ohne Diskussion mit der PL. | Entscheidungsträger ändern ohne Abstimmung wichtige Punkte. |
| Entscheidungen werden nach gründlicher Vorarbeit getroffen. | Entscheidungen werden ohne gründliche Analyse getroffen. |
| Entscheidungsträger arbeiten im Rahmen ihrer zeitlichen Möglichkeiten und ihrer Aufgabenstellung mit. | Entscheidungsträger nehmen sich zu wenig Zeit. |
| Entscheidungsträger setzen klare Rahmenbedingungen, an denen sich die Projektleitung orientieren kann. | Entscheidungsträger lassen das Projektteam Lösungen ausarbeiten und Entscheidungen treffen, um anschließend ihre eigenen Lösungen aus der Schublade zu ziehen. |
| Entscheidungsträger kennen und akzeptieren ihre fachlichen Grenzen. Sie sehen sich nicht als die Projektspezialisten und geben dem Projektteam genügend Raum zum Arbeiten. | Entscheidungsträger meinen, sie müssten unbedingt etwas aus ihrem Erfahrungsschatz zur Sache beitragen, auch wenn dies mit dem aktuellen Diskussionsstand wenig zu tun hat. |
| Entscheidungsträger stimmen den Einsatz von externen Beratern mit der Projektleitung ab. | Entscheidungsträger setzen Externe ohne Abstimmung mit dem Projektleiter ein. |

Um das Projektteam zu führen, benötigt die Projektleitung strukturelle Macht. Sie muss in der Lage sein, Aufgaben an die Projektmitarbeiter zu verteilen und den Grad der Zielerreichung zu kontrollieren. Das alleine reicht jedoch nicht aus, sie muss ihre Rolle leben, langatmige Diskussionen abbrechen und mangelnde Verbindlichkeit deutlich ansprechen. Sind ihre Machtmittel erschöpft, muss sie Probleme auf einer anderen Stufe eskalieren, um Entscheidungen zu erreichen (vgl. Vertiefungswissen, Abschnitt 2).

Wer meint, Führung außerhalb der Linie bedeutet Führung ohne Macht, der unterliegt einem Irrtum. Begreifen Sie Macht nicht einseitig negativ! Die Bewertung von Macht ist abhängig von den Zielen und den Mitteln der Machtausübung.

„Macht ist das Vermögen, das Mögliche wirklich werden zu lassen" (KOSLOWSKI, 1989: 43). Fragen Sie sich selbst, welche prägenden Erfahrungen Sie mit Macht bisher gemacht haben, wie sie Macht verstehen und bewerten.

## 2 Hierarchie

Das Wort Hierarchie löst bei vielen Menschen negative Assoziationen aus. Man denkt an formalistische Dienstwege, lange Entscheidungsprozesse oder an Bereichs- und Statusdenken. Hierarchisches Verhalten steht synonym für autoritäres Verhalten. ‚Der Hierarch' stützt sich bei seinen Entscheidungen auf seine Positionsmacht und nicht auf inhaltliche Argumente. ‚Hierarchen' werden als an ihren Besitztümern klebende Vorgesetze etikettiert, die der Projektarbeit per se kritisch gegenüberstehen. Durch diese unsinnige Pauschalkritik wird die Zusammenarbeit zwischen Projekt und Linie nicht gefördert.

Hierarchie ist struktureller Ausdruck der Macht. Der Begriff Hierarchie kommt aus dem Griechischen und bedeutet heilige Ordnung. Es ist die gegebene Ordnung. Die funktionelle Hierarchie ist ein Ordnungssystem im Unternehmen, die Projektorganisation ein anderes. Auch in der Projektorganisation besteht eine klare Hierarchie.

Der Auftraggeber hat die Macht, über die Priorität des Projektes, über das Budget oder über den Projektabbruch zu entscheiden, nicht die Projektleitung. Das Steering Committee entscheidet über die Freigabe eines Meilensteins, nicht die Projektleitung. Der Projektleiter hat die Entscheidungskompetenz, Aufgaben im Projektteam zu verteilen, nicht der Arbeitspaketverantwortliche. Allein aus diesen kurzen Ausführungen wird deutlich, dass die Aussage „Projektarbeit ist nicht gebunden an Hierarchie" nicht stimmt.

Die Projektleitung muss sowohl die Machtverhältnisse der funktionellen Hierarchie als auch die Machtverhältnisse der Projektorganisation erkennen und nutzen. Machtpromotoren müssen gewonnen werden, sie können die Türen öffnen, Entscheidungen beschleunigen und helfen, Widerstände abzubauen. In manchen Unternehmen ist die Projektleitung auf Bündnispartner im Steering Committee angewiesen. Sie können die Argumentation der Projektleitung unterstützen und Kollegen oft besser beeinflussen als die Projektleitung. Ein guter Kontakt zum Bereichsleiter kann den Einführungsprozess des Projektes erheblich vereinfachen. Das Erscheinen des Geschäftsführers im Kick-off Meeting unterstreicht die Priorität des Projektes.

> Wer Macht ausüben will, benötigt Bündnispartner. Projektleiter, die in der Regel über wenig institutionelle Rollenmacht (Positionsmacht) verfügen, benötigen Machtpromotoren. Die Projektleitung sollte sich mithilfe der Stakeholder-Analyse ein Bild vom Einfluss der Hierarchie auf das Projekt machen und auch den möglichen Wandel des Einflusses beachten.

## 3  Methoden der Macht

Macht wird mit den unterschiedlichsten Methoden und Mittel ausgeübt – von plump autoritärem Verhalten über Manipulationstechniken bis zur Entstehung einer Autoritätsbeziehung. In diesem Abschnitt erhalten Sie einen kurzen Überblick über die Formen der Macht.

Sprenger erläutert in seinem Klassiker der Management Literatur ‚Mythos Motivation' die „Grammatik der Verführung" (Sprenger, 1992: 50). Ausgangspunkt ist die von ihm polemisch gemeinte Frage einer Führungskraft: „Wie kann ich einen Mitarbeiter dazu bringen, etwas zu tun, was er allein aus sich heraus nicht tun will" (Sprenger, 1992: 50). Mit anderen Worten, mit welchen Methoden gewinnt man Einfluss. Die in diesem Buch beschriebenen Strategien „Zwang" und „Verführung" erscheinen mir zum Verständnis von Machtprozessen interessant.[3] Sie begegnen uns wie selbstverständlich in Projekten. Wir sollten sie kennen und erkennen, um ihnen nicht auf den Leim zu gehen.

### 3.1  Strategie „Zwang"

Zwang gehört neben der Gewalt zu den primitiven Formen der Macht, denn man erkennt ihn direkt. Das Prinzip ist einfach: „Wenn Sie das nicht bis dann erledigt haben, dann passiert ihnen ..." Zwang beruht darauf, dass jemand über Bedrohungs- und Bestrafungsmacht verfügt. Selbstverständlich kann auf Projektleiter Bedrohungs- und Bestrafungsmacht ausgeübt werden. Der Kunde verlangt nicht vereinbarte Zusatzleistungen, die einen deutlichen Mehraufwand darstellen. Auf den Einwand, dass dieser Mehraufwand weder in den Zeit- noch in den Budgetrahmen passt, antwortet der Kunde lapidar: „Wenn Sie das nicht schaffen, brauchen wir über neue Projekte erst gar nicht zu reden." Was kann die Projektleitung in diesem Fall unternehmen?

Abhängigkeiten müssen erkannt und gründlich analysiert werden.

---

[3]  Neben den Strategien Zwang und Verführung beschreibt Sprenger noch die Strategien Ködern und Vision.

Welche Punkte müssen beachtet werden?

- Wie stark sind wir (das Unternehmen oder die Organisationseinheit) vom externen oder internen Kunden abhängig?
  Welche Formen der Abhängigkeiten bestehen?
    - Längerfristige wirtschaftliche Abhängigkeit – Das Unternehmen ist abhängig von einem Großkunden. Neue Kunden sind nicht in Sicht.
    - Kurzfristige wirtschaftliche Abhängigkeit – Neue Projekte sind in der Pipeline, aber sie werden erst in einigen Monaten starten.
    - Technologische Abhängigkeiten – Im Rahmen einer gemeinsamen Produktentwicklung ist man auf die Versuchseinrichtungen des Kunden angewiesen.
    - Qualifikatorische Abhängigkeiten – Der Kunde verfügt über Know-how, auf das die Projektleitung im Rahmen einer gemeinsamen Produktentwicklung angewiesen ist.
    - Strategische Abhängigkeiten – Neue Märkte werden durch Kooperation mit dem Kunden erschlossen.
    - Juristische Abhängigkeiten – Verträge lassen den sofortigen Abbruch der Arbeitsbeziehung nicht zu bzw. es wäre mit erheblichen Nachteilen verbunden.
    - Politische Abhängigkeiten – Der Kunde verfügt über hervorragende Beziehungen zum Top Management des Projektleiters. Auf dieser Ebene werden häufiger Entscheidungen getroffen, die der Projektleiter nicht oder zu spät beeinflussen kann. Die Projektleitung hat in diesem Fall ein Problem mit ihrem eigenen Management. Sie muss über die Themen Abstimmungsprozesse, Rollenklärung und Zusammenarbeit mit dem Management sprechen.
- Besteht innerhalb der Organisationseinheit des Projektleiters ein gemeinsames Verständnis über die Abhängigkeiten und das Vorgehen gegenüber dem Kunden? Die Innenpolitik bestimmt die Außenpolitik. Vergewissern Sie sich, inwieweit Sie die Rückendeckung Ihres eigenen Managements haben?
  Rückendeckung kann sich auf folgende Punkte beziehen:
    - Inhaltliche Rückendeckung: Die inhaltliche Problemsicht wird geteilt
    - Prozedurale Rückendeckung: Die weitere Vorgehensweise gegenüber dem Kunden ist gemeinsam diskutiert und verabschiedet worden. Es ist klar, wer, was, wie und wann mit dem Kunden bespricht. Mit wem spricht die Projektleitung beim Kunden? Mit wem verhandelt das Management der Projektleitung? Sollte der Projektleiter an diesen Sitzungen teilnehmen?
    - Achten Sie auf die Rollenklärung im eigenen System, unklare Rollen führen häufig zu Machtverlusten.
- Wie ernst ist die Drohung des Kunden gemeint? Vielleicht handelt es sich um einen Test oder nur um eine Laune. Natürlich ist man im Nachhinein immer schlauer, doch es ist wichtig zu prüfen, wie ernst die Drohung gemeint ist.
    - Arbeitet der Kunde (die Person) häufiger mit Drohungen? Gehören solche Verhaltensmuster zum Stil des Unternehmens?
    - Arbeitet der Kunde (das Unternehmen, die Organisationseinheit) häufiger mit Drohungen?
    - Lässt der Kunde seinen Worten auch Taten folgen? Welche Erfahrungen haben wir und andere Unternehmen gemacht?
- Was könnte dem Kunden passieren, wenn die Projektleitung nach Rücksprache mit dem Management die Forderungen des Kunden ablehnen würde?
    - Welche kurzfristigen Nachteile sind damit für den Kunden verbunden?
    - Verfügt der Kunde kurzfristig über Alternativen?
    - Welche längerfristigen Nachteile können sich für den Kunden ergeben, wenn wir keine weiteren Projekte mehr mit ihm machen?

- Besteht auf Kundenseite eine gemeinsame Sichtweise über das Ziel und die Vorgehensweise oder handelt es sich bei der Drohung um die Ziele einer Person bzw. einer Gruppe?
  - Welchen Einfluss hat die Person (Gruppe) innerhalb des Kundensystems?
  - Gab es in der Vergangenheit Probleme, die zur Verärgerung des Kunden geführt haben? Möglicherweise handelt es sich um Themen, die mit der Forderung des Kunden nicht unmittelbar etwas zu tun haben. So können Verärgerung über mangelnde Abstimmungsprozesse oder schlechte persönliche Beziehungen umgeleitet werden in inhaltliche Forderungen.
  - Welchen formellen und informellen Einfluss hat die Projektleitung, um den Forderungen zu begegnen? Formeller Einfluss besteht über die Projektaufbauorganisation. Wenn es ein gemeinsames Steering Committee gibt, in dem Kunde und Lieferant vertreten sind, kann die Projektleitung das Thema dort ansprechen. Basis ist eine gründliche Abstimmung im Organisationssystem des Projektleiters.

### 3.1.1 Über die Drohung[4]

Das Grundprinzip der Drohung beruht auf dem scheinbar einfachen Mechanismus von Sanktion bzw. Sanktionsverzicht: Wenn Du nicht das tust, was ich von Dir fordere, dann werde ich Dich bestrafen oder ich werde dafür sorgen, dass Du bestraft wirst. Wenn Du folgsam bist, passiert Dir nichts.

Eine Drohung beruht auf folgenden Bausteinen:

- Der Drohende engt den Entscheidungsspielraum für den Bedrohten auf zwei Möglichkeiten ein: ja oder nein? Das bedeutet für den Bedrohten ein Richtig oder Falsch.
Dieses Spiel funktioniert jedoch nur dann, wenn der Bedrohte es mitspielt bzw. mitspielen muss. Daraus ergibt sich für die Praxis eine entscheidende Frage: Welche Konsequenzen hat es und was passiert mir persönlich, wenn ich mich auf das Ja - Nein Spiel nicht einlasse und mich nicht erpressen lasse? Was passiert, wenn ich dem Drohenden anbiete, über Alternativen nachzudenken, die den bisherigen Handlungsrahmen verändern?
- Der Volksmund sagt: Wer A sagt, der muss auch B sagen. Wer eine Drohung ausspricht, legt sich fest, will er seine Glaubwürdigkeit nicht verlieren. Wer mit Drohungen arbeitet, zahlt automatisch „den Preis der Selbstbindung" (POPITZ, 1992: 82). Die Drohung kann den Drohenden also teuer zu stehen kommen, denn indem er den anderen einengt, engt er sich selbst auch ein. Wer droht, macht sich von den Reaktionen anderer – Personen, Gruppen oder Organisationen – abhängig. Wenn der andere nicht tut, was man von ihm fordert, ist man selbst wieder am Zuge. Wer droht, versucht also nicht, nur Macht auszuüben, sondern man riskiert auch, Macht zu verlieren, wenn der Drohung im Ernstfall keine Taten folgen.
- Eine erfolgreiche Drohung ist zwingend an zwei Voraussetzungen gebunden.
Sie muss
(1) für den anderen eine Drohung darstellen
(2) der Drohende muss seine Drohung im Ernstfall ausführen können.
- Der Projektleiter kann einem sehr erfahrenen Projektmitarbeiter, der ständig seine Termine nicht einhält, zwar mit dem Ausschluss aus dem Projektteam drohen, aber wenn dieser weiß, dass man im Projekt auf sein Know-how angewiesen ist, dann hätte der Projektleiter sich besser eine andere Maßnahme überlegt. Drohungen sollten sehr gut überlegt sein. Wer eine Drohung einsetzt, sollte sich vorher darüber im Klaren sein, worauf er sich einlässt. Dass Drohungen keine Basis für eine vertrauensvolle Zusammenarbeit bilden, bedarf keiner weiteren Erläuterung.
- Die Berufung auf oder die Drohung mit höheren Mächten sind ein weit verbreitetes Spiel in Organisationen. „Der Vorstand", „die Muttergesellschaft", „der Sponsor", „der Kunde", „der Markt", ... erwarten ‚von uns' und ich bin leider gezwungen, die Sache weiterzuleiten, wenn ich nicht von ihnen ...",

---

4 Dieser Abschnitt basiert auf den Ausführungen von H. POPITZ, Phänomene der Macht

so oder ähnlich klingt es in der Praxis. Es stellt sich nur die Frage, inwieweit es sich bei den Anforderungen um Fiktion oder um Realität handelt. Für den Drohenden hat diese indirekte Form der Drohung einen Vorteil: Er legt sich persönlich nicht fest, seinen Ankündigungen müssen keine Taten folgen, für konfliktscheue Menschen eine ideale Methode. Für den Bedrohten bietet sich die Chance, durch diese Art der Drohung nachzugeben, ohne das Gesicht zu verlieren. „Der verdeckt Fügsame weicht keinem Druck, er ändert lediglich seine Meinung" (POPITZ, 1992: 90).

Wie kann die Projektleitung mit indirekten Drohungen umgehen? Gehen Sie den Behauptungen auf den Grund:

- Wer konkret möchte was haben?
- Was ist mit so abstrakten Begriffen wie Markt, Muttergesellschaft oder Kunde konkret gemeint? Handelt es sich um inhaltlich fundierte Aussagen oder um ‚Bullshit', bei dem es auf den Wahrheitsgehalt einer Aussage nicht ankommt. Der amerikanische Philosoph HARRY G. FRANKFURT definiert Bullshit in einer „Gleichgültigkeit gegenüber der Frage, wie die Dinge wirklich sind" (FRANKFURT, 2006: 40). Auf den Wahrheitsgehalt einer Aussage kommt es nicht an, es werden Statements garniert mit Schlagworten in den Raum gestellt, sei es, um den anderen zu verblüffen, oder sei es, um sich oder eine Sache wichtig zu machen. Einige Beispiele zur Verdeutlichung: „Synergieeffekte", „Nachhaltigkeit", „im Kontext der Strategie", „der Globalisierung Rechnung tragen", „Effizienzsteigerung". Wie häufig auch in Unternehmen ‚Bullshitter' am Werke sind, wird dem aufmerksamen Zuhörer und wachsamen Geist nicht entgehen. Fragen Sie nach, lassen Sie sich die Prämissen oder die Definition von solchen Aussagen erklären, auf diese Weise können Sie erkennen, ob es sich um heiße Luft handelt oder um Aussagen mit Substanz.
- Wann ist es entschieden worden? Gibt es darüber ein Protokoll?
- An wen kann sich die Projektleitung wenden, um inhaltliche Fragen zu klären?
- Hat der „Vermittler" der indirekten Drohung mit den Entscheidungsträgern selbst gesprochen oder waren noch weitere Stellen beteiligt?
- Sind Sie davon überzeugt, dass der Botschafter der Drohung wirklich weiß, worüber er redet?

## 3.2 Strategie „Verführung"

Bei Bedrohung oder Bestrafung kommt es auf die Überzeugung des Mitarbeiters nicht an. Im Gegensatz dazu spielt bei der Verführung die Überzeugung eine entscheidende Rolle. Der Mitarbeiter muss den Eindruck bekommen, dass das, was er tut, für ihn gut ist. Die Ziele der Organisation, des Projektes oder von bestimmten Personen „sollen in die Persönlichkeit des Mitarbeiters gleichsam eingeschleust werden, ohne dass dieser es bemerkt" (SPRENGER, 1992: 52). Die Einflussnahme läuft subtil ab. Leitidee ist hier die Manipulations-Verherrlichung Dwight D. Eisenhowers: „Motivation ist die Fähigkeit, einen Menschen dazu zu bringen, das zu tun, was man will, wann man will und wie man will – weil er selbst es will" (SPRENGER, 1992: 52). Das klingt in der Praxis dann so:

- „Wenn Sie dieses Projektziel erst erreicht haben, werden Sie erkennen, was Sie noch alles schaffen können. Es warten noch ganz andere Aufgaben auf Sie".
- „Be proud - you are a member of the core team!"
- „Ich habe gerade Sie als Projektleiter ausgewählt, weil ich weiß, dass Sie es schaffen werden, unser Erfolg hängt von Ihnen ab."
- „Als Projektleiter des Pools gehören Sie zur Elite. Sie leiten unsere großen, unsere strategischen Projekte. Sie werden mit Ihren Leistungen auch vom Vorstand gesehen."

„Honig ums Maul schmieren" oder „Packen bei der Ehre", so nennt der Volksmund solche Beeinflussungsversuche. Diese Versuche sind mehr oder minder schnell zu Ende, wenn man die dahinter liegende Absicht erkennt und kritisch prüft:

- Stimme ich den vermittelten Werten und Zielen zu?
- Handelt es sich bei der geforderten und so benannten Extremsituation im Projekt wirklich um einen Ausnahmefall oder längst um den Normalfall? Achtung, Provisorien haben die Tendenz, sich zu verewigen.
- Wie oft habe ich solche Durchhalteparolen schon gehört? Haben sie mich je überzeugt und überzeugen sie mich noch?
- Wenn ja, was ist mir daran wichtig?
- Welchen Preis muss ich bezahlen, wenn ich mich auf solche Verführungen einlasse? Dabei ist eine „Vollkostenrechnung" dringend zu empfehlen. Einbezogen werden müssen neben beruflichen Aspekten auch die zur Verfügung stehende Zeit und Energie für Partnerschaften, Familie, Freunde und Freizeitaktivitäten. Auch Schlaf und Gesundheit müssen beachtet werden.
- Bin ich bereit, diesen Preis zu bezahlen?
  - Wenn ja, wie lange?
  - Wenn nein, was kann ich tun, um mich aus diesen Fängen zu lösen?
    - kurzfristig
    - mittelfristig (entscheiden Sie sich, was Sie unter mittelfristig verstehen, ansonsten besteht die Gefahr, dass aus mittelfristig ein Dauerzustand wird)

**Fazit** Verführungen funktionieren bei vielen Menschen hervorragend, denn wer sich auf sie einlässt, fühlt sich attraktiv. Verführungen können auch im beruflichen Kontext viel Freude und Ehre bereiten, entscheidend ist, dass man sich darüber bewusst ist, auf wen und was ich mich einlasse und welchen Preis ich dafür bezahlen muss. Je klarer man diese Spiele der Machtausübung durchschaut, desto eher ist man gefeit. Manchmal ist der Satz „traue keinen höheren Motiven, wenn sich auch niedrige finden lassen" kein schlechter Ratgeber.

### 3.2.1 Für welche Machtausübungen bin ich empfänglich?

Macht wird in Projekten mit unterschiedlichen Methoden und Mitteln angewandt, manche sind leicht zu erkennen andere wirken eher verdeckt. Über Zeitdruck als Machtfaktor wird offen gesprochen und geklagt, die Macht der Erotik dagegen dezent verschwiegen oder verleugnet. Der Einsatz von Geld, Statussymbolen oder autoritärem Verhalten kann in der Regel unmittelbar erkannt werden. Beim Packen bei der Ehre, bei Schuldgefühlen oder beim Helfersyndrom lassen sich die Methoden der Machtausübung nicht so leicht erkennen. Eine kurze Erläuterung zum Begriff Helfersyndrom: Manche Menschen machen sich hilflos und bitten mit kindlicher Stimme „ich weiß nicht, wie das geht, kannst Du mir das nicht zeigen?" Und ehe man sich versehen hat, macht man die Arbeit selbst. In ausgereifter Form hat es der Hilflose geschafft, beim anderen Unruhe oder Schuldgefühle einzupflanzen, wenn man nicht bereit ist zu helfen.

**Tipp** Die Reflexion des eigenen Umgangs mit Machtprozessen ist ein entscheidender Schritt, um mehr Spielraum zu erreichen, besser Grenzen zu ziehen, kurzum mehr Autonomie zu entwickeln. Reflektieren Sie von Zeit zu Zeit Ihre Einstellung und Ihr Verhalten: Worauf muss ich achten, um souveräner auf Macht zu reagieren?

Die folgende Abbildung bietet Ihnen Anhaltspunkte. (vgl. HANSEL & LOMNITZ, 2003: 112)

Abbildung 2.00-1: Für welche Machtausübungen bin ich empfänglich?

## 4 Zusammenfassung

- Machtprozesse spielen im Projektmanagement eine zentrale Rolle. Die Projektleitung muss Machtprozesse erkennen und mit den vielfältigen Formen der Macht umgehen können. Dafür benötigt sie Rollen- und persönliche Autorität. Ein guter Projektleiter ist ein unbequemer Projektleiter.
- Wer Macht besitzt, kann Verhaltensspielräume anderer Personen, Gruppen oder Organisationen beeinflussen. Sie können bewusst oder unbewusst unklar gehalten werden. Zum guten Umgang mit Macht gehört, die eigenen Gestaltungsräume immer wieder auszuloten.
- Macht hat eine personelle („können") und eine strukturelle („dürfen") Komponente. Um Machtprozesse zu verstehen, müssen sowohl die strukturellen als auch personellen Aspekte verstanden werden. Machtprozesse und deren Auswirkungen einseitig auf Verhalten zu reduzieren, geht an der Realität des Projektmanagements vorbei.
- Projektleiter benötigen sowohl strukturelle als auch personelle Macht. Eine klare Rollenbeschreibung, in der die Aufgaben, Verantwortungen, Entscheidungskompetenzen für alle Projektbeteiligten definiert sind, fördert die Projektarbeit erheblich.
- Hierarchie ist struktureller Ausdruck der Macht. Werten Sie die „Hierarchie" nicht pauschal ab, sondern gewinnen Sie Entscheidungsträger als Bündnispartner. Projektleiter, die in der Regel über wenig institutionelle Rollenmacht (Positionsmacht) verfügen, benötigen gute Bündnispartner.
- Macht wird mit den unterschiedlichsten Methoden und Mitteln ausgeübt – von autoritärem Verhalten über Manipulationstechniken bis zur Entstehung einer Autoritätsbeziehung. Je klarer die Projektleitung Machtprozesse versteht, desto souveräner kann sie mit Machtprozessen umgehen. „Wer übt in welcher Situation und mit welchen Methoden und Mitteln Macht auf mich aus?" Diese Frage hilft Ihnen, Machtausübung besser zu erkennen und zu verstehen.
- Häufig wird Macht im Sinne einer „Täter-Opfer-Beziehung" gesehen, der Mächtige bestimmt und der Unterlegene muss sich fügen. Statt im Sinne der oft allzu einfachen „Täter-Opfer-Beziehung" können Machtverhältnisse auch als Interaktionsprozess verstanden werden. Im Interaktionsmodell muss sich die Projektleitung selbstkritisch fragen, was die Macht des anderen mit der eigenen Unsicherheit zu tun hat. Der Projektleiter muss seine eigene Einstellung und seine Konfliktfähigkeit auf den Prüfstand stellen, um persönlich zu reifen.

- Macht wird in der Praxis durch Drohungen und Sanktionen ausgeübt. Um darauf zu reagieren, sollten Sie folgende Punkte beachten:
  - Wie stark sind wir (das Unternehmen oder die Organisationseinheit, für die der Projektleiter arbeitet) vom externen oder internen Kunden abhängig?
  - Besteht innerhalb der Organisationseinheit des Projektleiters eine gemeinsame Sichtweise über die Abhängigkeiten und das Vorgehen gegenüber dem Kunden? Prüfen Sie, inwieweit Sie die Rückendeckung Ihres eigenen Managements haben.
  - Achten Sie auf die Rollenklärung im eigenen System, denn bei unklaren Rollen kann man leicht gegeneinander ausgespielt werden.
- Eine Drohung ist nur dann für den anderen eine Drohung, wenn sie
  (1) für den anderen überhaupt eine Drohung darstellt und
  (2) der Drohende seine Drohung im Ernstfall ausführen kann.
- Wer eine Drohung ausspricht, legt sich fest, wenn er seine Glaubwürdigkeit nicht verlieren will. Das heißt, wer mit Drohungen arbeitet, zahlt automatisch den Preis der Selbstbindung.
- Verführungen funktionieren bei vielen Menschen hervorragend, denn wer sich auf sie einlässt, fühlt sich attraktiv. Entscheidend ist, dass man sich darüber im Klaren ist, auf wen und was man sich einlässt und welchen Preis man dafür bezahlen muss. Die Reflexion des eigenen Verhaltens ist ein entscheidender Schritt, um mehr Autonomie zu entwickeln. Stellen Sie von Zeit zu Zeit Ihre Einstellung und Ihr Verhalten auf den Prüfstand: Worauf muss ich achten, um souveräner auf Macht zu reagieren?
- Wer meint, Führung außerhalb der Linie bedeutet Führung ohne Macht, der unterliegt einem Irrtum. Begreifen Sie Macht nicht einseitig negativ! Die Bewertung von Macht ist abhängig von den Zielen und den Mitteln der Machtausübung.

## 5 Fragen zur Wiederholung

| 1 | Um Macht auszuüben, müssen andere von einer Entscheidung überzeugt sein. Ja - nein | ☐ |
| 2 | Welche Kernfragen stellen sich für die Projektleitung, wenn Macht als Interaktionsprozess betrachtet wird? | ☐ |
| 3 | Bitte nennen Sie je vier Beispiele für personelle und für strukturelle Macht. Diese Beispiele sollten einen möglichst engen Bezug zu Ihrer Praxis haben. | ☐ |
| 4 | Worauf sollte die Projektleitung bei der Analyse von Abhängigkeiten achten? Bitte nennen Sie mindestens vier Punkte. | ☐ |
| 5 | Wodurch unterscheidet sich prozedurale von inhaltlicher Rückendeckung? | ☐ |
| 6 | Eine Drohung kann nur wirken, wenn ... | ☐ |
| 7 | Welche Möglichkeiten bestehen, um der Verführung „Packen bei der Ehre" nicht auf den Leim zu gehen? | ☐ |

# 2.01 Führung (Leadership)
Miriam Müthel, Martin Högl

## Kontext und Bedeutung

Unter Führung versteht man die zielgerichtete Beeinflussung der Einstellungen und der Verhaltensweisen von Mitarbeitern oder Teammitgliedern (Yukl, 2005a).

Verhaltensbeeinflussung kann zum einen durch die Vorgabe von Strukturen erfolgen (strukturelle Führung), da Strukturen die Aktivitäten des Einzelnen steuern und koordinieren. Das Projektmanagement weist insbesondere durch seine Fokussierung auf bestimmte Methoden, wie z.B. Projektstrukturplan, Meilensteinplan, Arbeitspaketbeschreibung, starken Einfluss auf die Struktur der Arbeit aus, so dass der strukturelle Einfluss im Projektmanagement sehr hoch ist.

Der Begriff der Führung wird jedoch insbesondere auf das Verhalten von Führungspersonen, in diesem Kontext des Projektleiters, bezogen. Im Hinblick auf die Person des Führenden erlangen in der Theorie sowohl Führungseigenschaften, als auch Führungsaktivitäten besondere Aufmerksamkeit. Die Eigenschaftstheorie der Führung beruht auf der Annahme, dass es bestimmte Eigenschaften einer Person sind (z.B. Extraversion), die den Führungserfolg bedingen. Hier werden unter anderem Befähigung (Intelligenz, Rhetorik), Leistung (Schule, Studium), Verantwortlichkeit (Zuverlässigkeit, Selbstvertrauen), Teilnahme (Kooperationsbereitschaft, Anpassungsfähigkeit) und Status genannt (von Rosenstiel, Regnet, & Domsch, 2003).

In letzter Zeit gewinnen allerdings vornehmlich Theorien an Bedeutung, die sich auf effektives Führungsverhalten konzentrieren. Effektivität bezieht sich dabei sowohl auf die Erreichung der angestrebten Qualitäts-, Kosten- und zeitlichen Ziele als auch auf das Mitarbeiterverhalten im Sinne von Arbeitszufriedenheit, Commitment, und Lernen. Führungsaktivitäten umfassen Aktivitäten, die auf die Bearbeitung der Aufgabe (aufgabenbezogenes Führungsverhalten) ausgerichtet sind und Aufgaben, die sich auf die Mitarbeiter (mitarbeiterbezogene Führungsaufgaben) beziehen. Aufgabenbezogene Führungsaufgaben beinhalten zum Beispiel die Festlegung von Zielen und Entscheidungsfindungsprozessen, sowie die kontinuierliche Analyse des Projektfortschritts. Mitarbeiterbezogene Aufgaben wiederum konzentrieren sich auf Unterstützung, Personalentwicklung und Betreuung der Mitarbeiter (Burke, Stagl, Klein, Goodwin, Salas, & Halpin, 2006).

Die Unterscheidung zwischen aufgaben- und mitarbeiterbezogenem Führungsverhalten spiegelt zu einem gewissen Grad die Unterscheidung der Begriffe „Management„ und „Führung". Während sich (Projekt)Management darauf bezieht, die Projektaufgabe zu organisieren, deren Umsetzung zu überwachen, und so dem Projekt Richtung zu geben, richtet sich die (Projekt)Führung auf das Zusammenbringen der Projektbeteiligten und beinhaltet unter anderem die Motivation und Inspiration der Projektbeteiligten.

Der zunehmende internationale Wettbewerb zwingt Unternehmen zu länderübergreifender Kooperation. Internationale Projekte, bei denen entweder die Akteure aus mehreren Ländern stammen, oder bei denen die Projektaufgabe aus mehreren Ländern heraus durchgeführt wird, gewinnen vor diesem Hintergrund an Bedeutung.

Internationale Projekte unterscheiden sich von herkömmlichen Projekten vor allem durch (1) das Aufeinandertreffen verschiedener Kulturen, (2) die geographische Distanz zwischen den Projektbeteiligten, (3) die verstärkte Nutzung von Kommunikationstechnologie sowie (4) durch ausgeprägte Aufgabenkomplexität und Unsicherheiten im Projektumfeld.

Je internationaler das Projektteam besetzt ist, desto ausgeprägter werden die kulturellen Unterschiede im Team. Einher mit kulturellen Unterschieden gehen Verständigungsschwierigkeiten, die zum einen auf unterschiedlichen Muttersprachen, zum anderen aber auch unterschiedlichen Interpretationen von Projektmanagement beruhen. Obwohl die sozialen und personalen, die kontextbezogenen und die technischen Projektmanagement-Kompetenzen universell anwendbar sind, unterscheiden sich jedoch die Erwartungen, die z.B. an Führung, Personalmanagement oder Konfliktbewältigung gestellt werden.

Die geographische Distanz bezieht sich auf die physische und zeitliche Distanz zwischen den Projektmitgliedern. Diese kann zwischen demselben Ort und einer globalen Verteilung variieren. Je höher die physische Distanz zwischen den Projektteilnehmern ist, desto schwieriger wird es, Projektaufgaben in direkter Interaktion zu lösen. Deshalb greifen internationale Projektteams vermehrt auf Kommunikations- und Informationstechnologie zurück. Sind die Projektmitglieder weiterhin über mehrere Zeitzonen verteilt, so reduziert sich zudem die Kommunikationszeit, in der das Projektteam die Aufgaben gemeinschaftlich lösen kann. Synchrone Kommunikation (Telefon, Videokonferenzen) wird dadurch zur Ausnahme und es wird auf asynchrone Kommunikation (E-Mail) zurückgegriffen. Diese begünstigt allerdings Missverständnisse und Konflikte, die bei direkter Kommunikation vermieden werden könnten.

Aufgaben, zu denen internationale Projektteams herangezogen werden, sind in der Regel durch besonders hohe Komplexität gekennzeichnet. Komplexität im Projekt entsteht durch hohe Abhängigkeiten zwischen den Arbeitspaketen, eine Vielzahl möglicher Alternativen zur Erreichung des Projektziels, Informationsüberfluss, wechselnde Anforderungen an das Projekt und begrenzten zeitlichen und/oder personellen Ressourcen. Unsicherheit im Projektumfeld entsteht vor allem durch die Integrationen von Kunden und Zulieferern sowie durch die verschiedenen politischen Systeme die das Projekt beeinflussen können, ohne dass die Projektmitglieder sich ihrerseits davon abgrenzen könnten.

Kulturelle Unterschiede, geographische Distanz, Nutzung von Kommunikations- und Informationstechnologie sowie Aufgabenkomplexität und Unsicherheit im Projektumfeld stellen erhöhte Anforderungen nicht nur an den Projektleiter, sondern auch an die Projektmitglieder.

## Lernziele

Sie kennen

- den Begriff der (Projekt-)Führung
- die wichtigen Führungseigenschaften
- verschiedene Führungstechniken (Management by)
- den Begriff der transformationalen Führung
- aufgaben- und mitarbeiterorientierte Führungsaufgaben
- verschiedene Führungsrollen
- das situative Führungsmodell

Sie wissen

- welche Führungseigenschaften wichtig sind, und wo ihre Grenzen liegen
- welche Führungstechniken wann angewandt werden
- wie der transformationale Führungsstil die Motivation der Mitarbeiter anspricht
- welche Führungsaktivitäten zu einander in Konkurrenz stehen
- warum die Fähigkeiten und die Motivation der Mitarbeiter ausschlaggebend für die Wahl des Führungsstils des Projektleiters sind

Sie können

- nachvollziehen, dass in Projekten der Führungsstil je nach Situation variieren muss
- analysieren, welche Fähigkeiten und welchen Motivationsgrad die Teilnehmer ihres Projektes haben
- entsprechend des Reifegrades der Projektmitarbeiter festlegen, welchen Führungsstil sie ausüben sollten

# Inhalt

| | | |
|---|---|---|
| 1 | Definition Führung | 782 |
| 2 | Führungsansätze im Verlauf der Zeit | 782 |
| 3 | Führungseigenschaften | 782 |
| 3.1 | Stresstoleranz | 782 |
| 3.2 | Gesundes Selbstvertrauen | 782 |
| 3.3 | Kontrollorientierung | 783 |
| 3.4 | Emotionale Stabilität und Reife | 783 |
| 3.5 | Integrität | 783 |
| 3.6 | Sozialisierte Machtmotivation | 783 |
| 4 | Führungstechniken | 783 |
| 4.1 | Management by Objectives (Führung durch Zielvereinbarung) | 783 |
| 4.2 | Management by Exception (Führung nach Ausnahmeprinzip) | 784 |
| 4.3 | Management by Delegation (Führung durch Aufgabenübertragung) | 784 |
| 5 | Führungsstile | 784 |
| 5.1 | Autoritäre Führung | 784 |
| 5.2 | Patriarchalische Führung | 784 |
| 5.3 | Beratende Führung | 784 |
| 5.4 | Konsultative Führung | 785 |
| 5.5 | Partizipative Führung | 785 |
| 5.6 | Delegative Führung | 785 |
| 5.7 | Demokratische Führung | 785 |
| 6 | Führungsaktivitäten in Teams | 785 |
| 6.1 | Aufgabenbezogene Führung | 786 |
| 6.2 | Mitarbeiterorientierte Führung | 787 |
| 6.2.1 | Empowerment | 787 |
| 6.2.2 | Coaching | 787 |
| 6.2.3 | Zielvereinbarungen | 788 |
| 6.2.4 | Feedback | 788 |
| 6.2.5 | Unterstützung | 789 |
| 6.2.6 | Weitere Führungsaufgaben | 789 |
| 6.3 | Leadership Grid bzw. Managerial Grid | 790 |
| 7 | Führung und Motivation | 791 |
| 7.1.1 | Idealisierte Einflussnahme | 792 |
| 7.1.2 | Inspirative Führung | 792 |
| 7.1.3 | Intellektuelle Inspiration | 792 |
| 7.1.4 | Individuelle Beachtung | 792 |
| 8 | Führungsrollen und Komplexität | 793 |
| 9 | Situative Führung | 795 |
| 10 | Zusammenfassung | 796 |
| 11 | Fragen zur Wiederholung | 797 |

# 1 Definition Führung

> **§ Definition** Führung wird in Anlehnung an MOTZEL (2006) als
> - Steuerung der verschiedenen Einzelaktivitäten in einem Projekt im Hinblick auf die übergeordneten Projektziele sowie als
> - Handlung, die ein soziales System aufbaut, in dem Führende und Geführte zusammen eine Aufgabe oder ein Problem mit einem Minimum an finanziellem, zeitlichem, emotionalem und sozialem Aufwand optimal lösen oder zu lösen versuchen
>
> verstanden.

# 2 Führungsansätze im Verlauf der Zeit

In den letzten siebzig Jahren haben sich nacheinander verschiedene Führungsansätze entwickelt. Während Führung zunächst als angeborene Eigenschaft (Führungseigenschaften) betrachtet wurde, konzentrierte man sich nachfolgend auf Führungstechniken (Management by). Nachfolgend wechselte das Interesse von Führungsprinzipien hin zu Führungsstilen (autoritäre versus kooperative Führung). Mit der Zunahme kooperativer Führungsformen, wurde die Vorstellung von Führungsverhalten dann weiter präzisiert und einzelne Führungsaktivitäten entwickelt. In den letzten Jahren gewinnen komplexe Modelle der Führungsrollen an Bedeutung, die verschiedene Führungsaufgaben und -stiele miteinander verbinden (s. Abbildung 2.01-1).

Abbildung 2.01-1: Führungsmodelle in Verlauf der Zeit

# 3 Führungseigenschaften

Seit Beginn der Führungslehre werden bestimmte Persönlichkeitseigenschaften mit erfolgreicher Führung in Verbindung gebracht. YUKL (2006) gibt eine Übersicht der Eigenschaften, die sich über die Zeit hinweg immer wieder im Zusammenhang mit guter Führung gezeigt haben. Zu diesen gehören u.a. Stresstoleranz, Selbstvertrauen, Kontrollorientierung, emotionale Stabilität und Reife, Integrität, und sozialisierte Machtmotivation.

## 3.1 Stresstoleranz

Hohe Stresstoleranz hilft der Führungskraft, dem Zeitdruck, den verschiedenen Ansprüchen und der erhöhten Arbeitsbelastung zu Recht zu kommen. Stresstoleranz umfasst physische Vitalität, d.h. die Belastbarkeit des Körpers, wie auch emotionale Resilienz, d.h. die Fähigkeit, ruhig zu bleiben und auch unter emotionaler Anspannung reflektierte Entscheidungen zu treffen.

## 3.2 Gesundes Selbstvertrauen

Führungskräfte mit Selbstvertrauen neigen eher dazu, schwierige Aufgaben und Herausforderungen zu wählen. Führungskräfte mit niedrigem Selbstvertrauen bemühen sich andererseits weniger, Mitarbeiter oder Kollegen zu beeinflussen und sind, so sie doch Einfluss nehmen, weniger erfolgreich als jene mit hohem Selbstvertrauen. Überausgeprägtes Selbstvertrauen, auf der anderen Seite, kann allerdings zu Selbstüberschätzung führen und dadurch den Führungserfolg gefährden. Selbstvertrauen beinhaltet das Selbstwertgefühl, d.h. den Glauben in die eigenen Fähigkeiten, sowie auch Selbstwirksamkeit, d.h. den Glauben daran, das eigene Umfeld verändern zu können.

## 3.3 Kontrollorientierung

Führungskräfte mit einer hohen Kontrollorientierung glauben daran, dass sie ihr Umfeld aktiv beeinflussen können. Im Gegensatz dazu, glauben Menschen mit niedriger Kontrollorientierung, dass sich z.B. ein Projekt völlig ohne ihren Einfluss entwickelt und sie den Einflüssen des Umfeldes schutzlos ausgeliefert sind. Da hohe Kontrollorientierung in dem Glauben mündet, ein Projekt proaktiv gestalten zu können, neigen Führungskräfte mit Kontrollorientierung dazu, mehr Verantwortung zu übernehmen und mehr Initiative zu ergreifen.

## 3.4 Emotionale Stabilität und Reife

Emotional gereifte Persönlichkeiten sind dazu in der Lage, ihre eignen Stärken und Schwächen klar zu erkennen. Sie neigen daher dazu, sich konsequent weiterzuentwickeln und an ihren Schwächen zu arbeiten, anstatt die Schuld für mangelnde Leistung bei anderen zu suchen. Ferner führt emotionale Stabilität zu weniger Stimmungsschwankungen und weniger defensivem Verhalten im Falle von Kritik.

## 3.5 Integrität

Persönliche Integrität bezeichnet das ehrliche, ethische und vertrauenswürdige Verhalten der Führungskraft. Integrität ist insbesondere wichtig, um Mitarbeiter für die eigenen Ziele zu gewinnen. Nur wenn Mitarbeiter den Eindruck haben, dass die Führungskraft moralisch vertretbare Ziele verfolgt, sind sie bereit, der Führungskraft zu folgen. Wenn Führungskräfte Versprechungen machen, die sie später nicht halten können oder Mitarbeiter für persönliche Zwecke missbrauchen, werden sie in den Augen der Mitarbeiter unglaubwürdig und verlieren die Unterstützung der Mitarbeiter.

## 3.6 Sozialisierte Machtmotivation

Die Machtmotivation einer Führungskraft zielt auf den persönlichen Antrieb, andere Menschen zu beeinflussen. Manche Führungskraft empfindet besonderen Gefallen daran, Verantwortung zu übernehmen und Mitarbeiter zu beeinflussen. Menschen, die diese Verantwortung als belastend oder als störend empfinden, sind als Führungskraft weniger geeignet. Allerdings entfaltet Machtmotivation nur dann positive Wirkung, wenn sie zum Wohle der Aufgabe und des Teams eingesetzt wird. Wenn statt sozialisierter persönliche Machtmotivation zum Tragen kommt, verlieren Menschen leicht die Selbstkontrolle und dominieren Mitarbeiter in negativer Art und Weise.

# 4 Führungstechniken

Neben Führungseigenschaften sind vor allem Führungstechniken von besonderer Bedeutung. Führungstechniken beschreiben, durch welche Managementprinzipien der Projektleiter die Projektmitglieder anleitet. Die wichtigsten Führungstechniken umfassen Management by Objectives, Management by Exception und Management by Delegation.

## 4.1 Management by Objectives (Führung durch Zielvereinbarung)

Management by Objectives beschreibt den Prozess bei dem der Projektleiter und die Projektmitarbeiter gemeinsam Ziele identifizieren, und festlegen, wer für welche Ziele Verantwortung übernimmt. Die Leistung der Projektmitglieder wird dann anhand dieser gemeinsam definierten Ziele bemessen (GREENWOOD, 1981). Anforderung an die Ziele ist, dass sie **S**pezifisch, **M**essbar, **A**ktiv beeinflussbar, **R**ealistisch und **T**erminiert, d.h. SMART, sind. Das bedeutet, dass Ziele nicht nur verständlich und überprüfbar sein müssen, sondern auch innerhalb einer vorher festgesetzen Zeitspanne erreichbar.

## 4.2 Management by Exception (Führung nach Ausnahmeprinzip)

Management by Exception kennzeichnet sich dadurch, dass der Projektleiter grundsätzlich den Projektmitgliedern die Verantwortung über Entscheidungen überlässt und nur dann eingreift, wenn das Projektteam droht, ineffizient zu arbeiten. Daher steht bei diesem Führungsprinzip die Formulierung von Abweichungen im Vordergrund, die festlegen, wann der Projektleiter eingreift. Aus Sicht des Projektleiters werden daher nicht der Projektfortschritt, sondern nur die Abweichungen vom Projektplan kontrolliert. Werden die definierten Grenzwerte überschritten, so greift der Projektleiter ein und trifft korrektive Entscheidungen.

## 4.3 Management by Delegation (Führung durch Aufgabenübertragung)

Management by Delegation bezeichnet die Übertragung von Aufgabenverantwortung an die Projektmitglieder. Innerhalb zuvor definierter Grenzen wird die vollständige Bearbeitung einer Aufgabe (z.B. eines Arbeitspakets) an die Projektmitglieder übertragen. Das einzelne Projektmitglied kann dann selbst festlegen, wie es die Aufgabe umsetzt. Dies ermöglicht einen hohen Grad an Flexibilität.

# 5 Führungsstile

Der Führungsstil beschreibt das grundsätzliche Verhältnis zwischen Projektleiter und Projektmitarbeiter. Führungsstile bewegen sich zwischen autoritären Entscheidungen der Führungskraft mit keinem Einfluss der Mitarbeiter (autoritäre Führung) und der völligen Übertragung der Aufgabenverantwortung an den Mitarbeiter (Delegation). Nach Tannenbaum und Schmidt (TANNENBAUM & SCHMIDT, 1958) werden zwischen diesen Polen zwischen autoriärer, patriarchalischer, beratender, konsultativer, partizipativer, delegativer, und demokratischer Führung unterschieden.

## 5.1 Autoritäre Führung

Bei der autoritären Führung identifiziert der Projektleiter das Problem, zieht verschiedene Lösungsmöglichkeiten in Betracht und entscheidet sich dann für eine der Möglichkeiten, die er dann an die Projektmitglieder berichtet. Dabei gibt er den Projektmitgliedern keine Gelegenheit, Einfluss auf die Entscheidung zu nehmen.

## 5.2 Patriarchalische Führung

Auch bei der patriarchalischen Führung übernimmt der Projektleiter die Verantwortung für die Entscheidungsfindung. Allerdings informiert der Projektleiter die Projektmitglieder nicht nur über seine Entscheidung, sondern erläutert diese den Projektmitgliedern. Der Projektleiter versucht durch seine Erklärung insbesondere jene Projektmitglieder zu gewinnen, die seine Entscheidung nicht vollständig teilen.

## 5.3 Beratende Führung

Bei der beratenden Führung geht der Projektleiter noch einen Schritt weiter und erklärt im Detail seine Absichten und seine Ideen, die zu seiner Entscheidung geführt haben. Darüber hinaus lädt der Projektleiter die Projektmitglieder ein, Fragen zu stellen, um ihnen seinen Standpunkt besser erklären zu können. Durch die gemeinsame Auseinandersetzung mit den Entscheidungen werden die Implikationen für die Projektmitglieder deutlich.

## 5.4 Konsultative Führung

Bei der konsultativen Führung lädt der Projektleiter die Projektmitglieder ein, mit ihm den eigenen Lösungsvorschlag zu diskutieren. Die Entscheidung erfolgt jedoch weiterhin durch den Projektleiter. Die Projektmitglieder unterstützen hier die Entscheidungsfindung des Projektleiters.

## 5.5 Partizipative Führung

Während bei den vorhergehenden Führungsstilen die Entscheidung allein durch den Projektleiter getroffen wurde, werden die Projektmitglieder bei der partizipativen Führung aktiv in die Entscheidungsfindung mit einbezogen. Dabei unterbreitet der Projektleiter Lösungsvorschläge, die dann im Team gemeinsam diskutiert werden. Die Entscheidung erfolgt im Anschluss gemeinsam durch Projektleiter und Projektmitglieder.

## 5.6 Delegative Führung

Bei der delegativen Führung teilt der Projektleiter die Verantwortung für die Entscheidungsfindung gleichermaßen mit den Projektmitgliedern, oder gibt diese gänzlich an diese ab (je nachdem ob er sich selbst als Projektmitglied sieht). Lösungsvorschlage aller Projektmitgliedern werden diskutiert und gemeinsam eine Entscheidung getroffen.

## 5.7 Demokratische Führung

Während bei den vorhergehenden Führungsstilen die Identifikation des Problems allein durch den Projektleiter erfolgte, werden bei der demokratischen Führung alle Projektmitglieder in diesen Prozess mit einbezogen. Der Projektleiter sieht seine Rolle demnach weniger in der Identifikation und Lösung von Problemen, sondern in der Unterstützung der Projektmitglieder, die bei diesem Führungsstil selbst das Antizipieren und Adressieren von Problemen übernehmen.

## 6 Führungsaktivitäten in Teams

Mit der zunehmenden Bedeutung von kooperativen Führungsstilen, insbesondere der demokratischen oder partizipativen Führung, werden nicht mehr Führungsprinzipien unterschieden, sondern Führungsaufgaben beschrieben, die darauf ausgerichtet sind, die Projektmitglieder bei der Aufgabenbewältigung zu unterstützen. Die Effektivität des Projektleiters wird vor diesem Hintergrund daran bemessen, zu welchem Grad er all jene Funktionen sicher stellt, die für das Team zur Erreichung ihrer Aufgaben notwendig sind. Führung kann aus dieser Perspektive als dynamischer Problemlösungsprozess betrachtet werden, durch den Antworten auf soziale Probleme gegeben werden (BURKE et al., 2006). Vier Kategorien von Antworten sind nach FLEISHMAN (1991) denkbar: Informationssuche und -strukturierung, Nutzung von Informationen zur Problemlösung, Management von Humanressourcen und Management von materiellen Ressourcen. Informationssuche und -strukturierung wird als „systematische Suche, Gewinnung, Evaluation, und Organisation von Informationen in Bezug zu Teamzielen und Unternehmungen" (ZACCARO, RITTMAN, & MARKS, 2001) verstanden. Informationsnutzung umfasst die Gewinnung von Informationen aus dem Umfeld des Projektes zur Lösung der Projektaufgabe. Das Management von Humanressourcen konzentriert sich auf die Gewinnung, Entwicklung und Motivation von Projektmitarbeitern sowie auf die Nutzung dieser Ressourcen, um die Projektaufgabe zu bewältigen und deren Fortschritt zu kontrollieren. Das Management materieller Ressourcen verfolgt ebenfalls die Umsetzung und Kontrolle der Projektaufgabe (BURKE et al., 2006).

Eine weitere Perspektive auf Führung in Projektteams wird durch HACKMAN (2002) vertreten. Anstatt die Funktionen von Führung zu betrachten, konzentriert sich HACKMAN (2002) auf die Identifikation von Bedingungen, die Projektleiter schaffen können, um die Effektivität des Team zu unterstützen. Zu diesen zählen ein „echtes" Team, welches mit einem herausfordernden Ziel bedacht wird, notwendige Strukturen, ein unterstützendes organisationales Umfeld sowie das Coaching durch einen Experten. Ein Projektteam ist als „echt" zu bezeichnen, wenn es innerhalb klar definierter Grenzen ein gemeinsames Ziel verfolgt, über die Autorität verfügt, Entscheidungen im Rahmen der Projektverfolgung selbst zu treffen und zu einem gewissen Grad Stabilität innerhalb der Projektmitgliedschaft aufweist. Als adäquate Projektziele werden jene angesehen, die zugleich herausfordernd, eindeutig und konsequent sind (HACKMAN, 2002). Notwendige Strukturen entstehen durch die Art und Weise wie das Team zusammengesetzt wird, wie die Arbeit organisiert wird und welche grundlegenden Normen sich zu Arbeitsweisen heranbilden (HACKMAN, 2002).

Die Zusammenführung der funktionalen und der effektivitätsorientierten Perspektive eröffnet die Möglichkeit, Führungsaktivitäten zu identifizieren, welche sowohl die Lösung der Projektaufgaben (aufgabenorientierte Führung) als auch Führungsaufgaben zur Unterstützung der Rahmenbedingungen für Teameffektivität (mitarbeiterorientierte Führung) widerspiegeln.

Führungsaufgaben können dabei grundsätzlich nicht nur vom Projektleiter selbst, sondern auch von anderen einzelnen Projektmitgliedern oder auch vom Team gemeinsam wahrgenommen werden. Während aufgabenorientierte (funktionale) Führung das Verständnis über Aufgabenanforderungen, Arbeitsprozesse und die Aneignung von aufgabenbezogenen Informationen unterstützt, fokussiert sich die mitarbeiterorientierte Führung auf die Unterstützung von Teaminteraktionen, kognitiven Strukturen und Einstellungen der Mitarbeiter, die entwickelt werden müssen, damit das Projektteam erfolgreich zusammenarbeiten kann (BURKE et al., 2006).

Aufgabenbezogene und mitarbeiterbezogene Führungsaufgaben werden im Folgenden näher dargestellt.

## 6.1 Aufgabenbezogene Führung

Aktivitäten der aufgabenbezogenen Führung umfassen Planung und Organisation, Kommunikation, Umfeldintegration, Projektsteuerung und Problemlösung. Sie konzentrieren sich unmittelbar auf die Bewältigung der Projektaufgabe und werden durch entsprechende Bestandteile der PM-technischen Kompetenzen innerhalb der IPMA Competence Baseline wiedergegeben (siehe Tabelle 2.01-1).

Tabelle 2.01-1: Aufgabenbezogene Führungsaktivitäten innerhalb der PM-technischen Kompetenzen des ICB

| Aufgabenbezogene Führung | Führungsaktivitäten | Betroffenes ICB-Element |
|---|---|---|
| Planung und Organisation | Projektaufgabe festlegen | 1.03 Projektanforderungen und Projektziele |
| | Projektziele festsetzen | 1.03 Projektanforderungen und Projektziele |
| | Rolle im Projekt definieren | 1.06 Projektorganisation |
| | Strukturen vorgeben | 1.09 Projektstrukturen |
| Umfeldintegration | Externe Unterstützung sichern | 1.02 Interessierte Parteien |
| | Ressourcen sichern | 1.12 Ressourcen |
| | Umfeld analysieren | 1.04 Risiken und Chancen |
| Kommunikation | Kommunikationswege festlegen | 1.18 Kommunikation |
| | Kommunikationstechnologien festlegen | 1.18 Kommunikation |
| Aufgabensteuerung | Status der Aufgabenbearbeitung überwachen | 1.16 Überwachung, Steuerung, Berichtswesen |
| | Kommunikationsprotokolle einrichten | 1.16 Überwachung, Steuerung, Berichtswesen |
| | Informationsflüsse sichern | 1.17 Information und Dokumentation |
| Problemlösung | Aufgabenbezogene Konflikte lösen | 1.08 Problemlösung |

Vor diesem Hintergrund werden die aufgabenbezogenen Führungsaktivitäten nicht weiter vertieft (detaillierte Informationen können bei den entsprechenden ICB-Elementen nachgelesen werden), sondern der Fokus auf mitarbeiterorientierte Führungsaufgaben gelegt.

## 6.2 Mitarbeiterorientierte Führung

Wie bereits dargestellt, konzentriert sich die mitarbeiterorientierte Führung darauf, das Team so zu unterstützen, dass es sein Potenzial voll entfalten kann. Mitarbeiterorientierte Führungsaufgaben umfassen Team Empowerment, Team Coaching, Zielvereinbarungen, Feedback und Unterstützung.

### 6.2.1 Empowerment

Team empowerment bezeichnet eine erhöhte Motivation des Teams (bezogen auf die Lösung der Projektaufgaben) die auf einer positiven Orientierung des Teams zu seiner Arbeitsrolle resultiert (KIRKMAN & Rosen, 1999).

Team Empowerment basiert auf wahrgenommenem Einfluss (Potency), wahrgenommener Bedeutung (Meaningfulness), Autonomie (Autonomy) und tatsächlichem Einfluss (Impact). Wahrgenommener Einfluss bezieht sich auf den Glauben des Teams, gemeinsam als Team effektiv sein zu können. Dieser Glaube entwickelt sich gemeinsam im Team und ist nicht spezifisch auf die Aufgaben gerichtet, sondern besteht grundsätzlich ohne konkreten Bezug (KIRKMAN & ROSEN, 1999). Die wahrgenommene Bedeutung beschreibt die Erfahrung des Teams, dass die von ihm durchgeführte Aufgabe als wichtig gesehen, wertgeschätzt und als der Mühe wert angesehen wird. Die Teammitglieder entwickeln auch hier über die Zeit hinweg eine Vorstellung von der Bedeutung ihrer Aufgabe. Autonomie bezeichnet den Grad, zu dem die Teammitglieder die Erfahrung sammeln, frei und unabhängig in ihrem Handeln zu sein. Hohe Autonomie spiegelt sich darin wieder, in welchem Umfang das Team wichtige Entscheidungen allein fällen kann. Der Glaube des Teams an seine Effektivität (Potency) wird im Verlauf des Projektes durch den tatsächlichen Einfluss seiner Arbeit auf das Projektumfeld gespiegelt. Er wird durch die Signifikanz und Wichtigkeit reflektiert, die den Projektergebnissen beigemessen werden.

Führungsaufgaben, die das Empowerment des Teams erhöhen, sind darauf ausgerichtet, die Fähigkeiten des Team zu unterstützen, eigenständig die Projektaufgaben zu erfüllen und sind eng verbunden mit Coaching, Zielsetzung, Feedback und Unterstützung, die im Folgenden dargestellt werden.

**Tipp:** Ein Projektleiter kann die Entwicklung von Team Empowerment unterstützen, indem er z.B. beim Kickoff Meeting die besondere Bedeutung des Projektes hervorhebt. Zudem kann durch die Anwesenheit wichtiger Stakeholder (insbesondere des Auftraggebers), die Bedeutung des Projektes signalisiert werden. Im Verlauf des Projektes kann der Projektleiter weiterhin durch Projektmarketing-Maßnahmen die Aufmerksamkeit des Managements gewinnen und diese an das Projektteam zurückspiegeln. Die Autonomie eines Projektes wird vor allem im Vorfeld bei der Auftragsdefinition festgelegt. Hier kann sich der designierte Projektleiter für eine umfassende Entscheidungskompetenz des Projektteams einsetzen und so den Handlungsspielraum des Teams positiv beeinflussen. Bei besonderes herausfordernden (schwierigen) Projekten kann der Glaube des Teams an seine eigenen Leistungsfähigkeit (Potency) auch durch Verweis auf frühere schwierige, jedoch erfolgreiche Projekte gestärkt werden.

### 6.2.2 Coaching

Team Coaching bezeichnet die direkte Interaktion mit einem Team, die darauf ausgerichtet ist, den Teammitgliedern dabei zu helfen, koordiniert und aufgabenadäquat ihre gemeinsamen Ressourcen zu nutzen, um die gemeinsame Projektaufgabe zu lösen (HACKMAN & WAGEMAN, 2005).

Aus diesem Grund sollten sich Team Coaching Aktivitäten darauf konzentrieren, die Effektivität des Teams zu erhöhen. Nach HACKMAN (1987) wird die Effektivität eines Teams durch (1) den Einsatz, den die Teammitglieder gemeinschaftlich zeigen, um die Projektaufgaben zu lösen, (2) die Adäquatheit der grundlegenden Erfolgsstrategie hinsichtlich der Aufgabenlösung und (3) den Umfang von Wissen und Fähigkeiten, die die Teammitglieder in das Projekt mit einbringen, definiert. Team Coaching Aktivitäten sind darauf ausgerichtet, diese drei Kriterien zu unterstützen und insofern die Effektivität des Projektteams zu unterstützen.

Team Coaching Aktivitäten, die sich auf die Förderung des Einsatzes konzentrieren, haben motivationalen Charakter, da sie darauf ausgerichtet sind, so genanntes „Free Riding" und „Social Loafing" (FISCHER, 2003) zu reduzieren. Stattdessen soll das gemeinsame Commitment der Projektmitglieder zum Projektteam an sich und zur Projektaufgabe gestärkt werden (HACKMAN & WAGEMAN, 2005). Coaching, welches sich auf die Erfolgsstrategie fokussiert, hat einen beratenden Charakter. Seine Aufgabe besteht darin, achtlose Adaption oder unüberlegte Strategien zu vermeiden und stattdessen Prozesse zu fördern, die gegebenenfalls innovative Vorgehensweisen beinhalten und konsequent auf die Erreichung der Projektziele ausgerichtet sind. Die dritte Aufgabe des Coaching bezieht sich auf das Wissen und die Fähigkeiten der Projektmitglieder. Seine Funktion besteht darin, suboptimale Gewichtungen von individuellen Beiträgen (d.h. jene, die nicht produktiv auf die Aufgabenbewältigung ausgerichtet sind) zu vermeiden und die Entwicklung notwendigen Wissens und Fähigkeiten im Team zu fördern (HACKMAN & WAGEMAN, 2005).

**Tipp:** Um Free Riding und Social Loafing im Team zu erschweren, kann der Projektleiter Transparenz über die Aufgaben der einzelnen Projektmitglieder schaffen. Dies erfolgt unter anderem über die Arbeitspaketdefinition und die Zuordnung von Mitarbeitern zu Arbeitspaketen. Der Meilensteinplan ermöglicht darüber hinaus, nachzuvollziehen, ob die Mitarbeiter die Arbeitspakete auch firstgerecht umgesetzt haben. Außerdem gilt grundsätzlich, dass das Free Riding Problem mit zunehmender Teamgröße wächst; die Teamgröße sollte auch deshalb grundsätzlich möglichst klein gehalten werden. Das Commitment des Projektteams zur Projektaufgaben kann durch den Projektleiter unter anderem dadurch gestärkt werden, dass beim Projektbeginn die einzelnen Projektmitglieder aufgefordert werden, ihre Ziele im Projekt (sowohl fachlich, wie auch persönlich) zu formulieren und im Team gemeinsam zu diskutieren, inwiefern diese im Projekt verwirklicht werden können. Dies stärkt zugleich die Entstehung eines gemeinsamen Verständnisses über die Projektaufgabe. Die Formulierung von notwendigen Fähigkeiten und Wissen im Rahmen von Personalprofilen im Vorfeld des Projektes, sowie die Analyse der zu Projektbeginn bei den Mitgliedern vorhandenen Fähigkeiten, hilft dabei, den Bedarf an Schulungsmaßnahmen zu identifizieren und systematisch die Personalentwicklung im Projekt zu fördern.

### 6.2.3 Zielvereinbarungen

Aufgabe der Zielvereinbarung ist die Bestimmung von gewünschten, spezifischen, messbaren und realistischen Endergebnissen. Zielvereinbarungen haben vier verhaltenssteuernde Wirkungen: sie motivieren (Motivationsfunktion), verdeutlichen die inhaltlichen Anforderungen an den Einzelnen (kognitive Funktion), steuern die verschiedenen Arbeitsaufgaben (Koordinationsfunktion) und beugen Konflikten vor (Konfliktregulierungsfunktion). Leistungen von Projektmitarbeitern sind in der Regel höher bei schwierigen, spezifischen Zielen als bei leichten und/oder nur unzulänglich definierten Zielen. Vorbedingung ist jedoch, dass die Ziele von den Mitarbeitern akzeptiert werden. Aus diesem Grund ist es empfehlenswert, dass alle Teammitglieder gemeinsam ihre Ziele definieren (GEMÜNDEN, 1995).

### 6.2.4 Feedback

Regelmäßiges Feedback ermöglicht den Projektmitgliedern, einen Einblick in ihre Wahrnehmung durch andere zu erlangen (HOEGL & PARBOTEEAH, 2002). Die konsequente Nutzung von Feedback gibt den Projektmitgliedern die Gelegenheit, den im Johari-Fenster dargestellten „Blinden Fleck", d.h. den Teil des

Selbst, den man selbst nicht erkennt, der jedoch von den anderen wahrgenommen wird, zu reduzieren und den Bereich der Harmonie zwischen Eigen- und Fremdwahrnehmung zu erhöhen (BECKER-BECK & SCHNEIDER, 2003; HERTEL & KONRADT, 2004). Feedback umfasst Informationen über Korrektheit, Akkuratheit und Adäquatheit von Verhaltensweisen und kann sich entweder auf die zu erreichenden Projektziele oder auf den Bearbeitungsprozess im Sinne der persönlichen Aufgabenbewältigungsstrategie beziehen (EARLEY, NORTHCRAFT, LEE, & LITUCHY, 1990).

**Tipp:** Um konstruktives, zukunftgewandtes Feedback zu geben ist es wichtig, dass regelmäßige Feedbackgespräche während der Laufzeit eines Projektes stattfinden, anstatt lediglich nach Projektabschluss (wo für dieses Projekt nichts mehr verändert werden kann). Außerdem ist es von entscheidender Bedeutung, dass Feedbackgespräche mit Blick auf mögliche Verbesserungen angelegt und durchgeführt werden. Hierzu bedarf es zeitnaher und hinreichend detaillierter Informationen zum bisherigen Leistungsstand als Basis für ein konstruktives Gespräch. Feedbackgespräche müssen also gut vorbereitet sein. Ebenso sollte das Gespräch dahingehend ausgerichtet sein, was die Führungskraft unterstützend leisten kann um mögliche Verbesserungen zu bewirken, anstatt den Fokus auf bisherige Fehler und den dafür jeweils „Schuldigen" zu legen. Dabei hat es sich als Gesprächstaktik bewährt, seitens des Feedbackgebers Sätze möglichst mit „ich" anstatt mit „Sie" zu beginnen.

### 6.2.5 Unterstützung

Unterstützendes Führungsverhalten konzentriert sich auf den Aufbau und das Erhalten einer engen Beziehung zwischen dem Projektleiter und den Projektmitgliedern. Die Beziehungsbildung ist durch eine offene Kommunikation zwischen dem Projektleiter und den Projektmitgliedern, sowie gegenseitigem Respekt und Vertrauen geprägt. Der Projektleiter zeigt aufrichtiges Interesse den einzelnen Persönlichkeiten im Projekt gegenüber und konzentriert sich darauf, den individuellen Bedürfnissen der einzelnen Projektmitglieder und des Teams insgesamt gerecht zu werden (BURKE et al., 2006). Dabei zeigt der Projektleiter Verständnis für die persönliche Situation der Projektmitglieder und schafft ein Arbeitsumfeld, welches es dem einzelnen und dem Team insgesamt ermöglicht, sowohl Projektziele als auch persönliche Ziele zu erreichen.

**Tipp:** Um den Projektmitglieder Offenheit und Interessen an ihrer Arbeit und ihrer Person zu signalisieren, kann der Projektleiter Zeiträume definieren, in denen er für persönliche Gespräche mit den Mitarbeitern für ansprechbar ist. Ebenso ist es generell ratsam, Mitarbeitergespräche (auch Feedbackgespräche) als wesentliches Element der Personalentwicklung zu verstehen. Dabei sollte insbesondere die längerfristige Entwicklung der individuellen Potenziale der jeweiligen Mitarbeiter im Fokus stehen um zu erörtern, mit welchen Entwicklungsmaßnahmen weiter Entwicklungsschritte unterstützt werden können (weit über den Kontext eines konkreten Projektes hinaus).

### 6.2.6 Weitere Führungsaufgaben

Neben den bereits dargestellten mitarbeiterbezogenen Führungsaufgaben bestehen Weitere, die durch die verschiedenen PM-Kompetenzen abgedeckt werden. Zu ihnen gehören die Förderung der Teamarbeitsqualität (HOEGL & GEMUENDEN, 2001), die Förderung von Motivation und Engagement im Team, sowie die Entwicklung und Unterstützung von Selbstführung im Team (HOEGL & PARBOTEEAH, 2006) und Lösung von Konflikten. Die Beeinflussung von Grundwerten (MUETHEL, 2006) durch den Projektleiter wirkt sich auf die Verlässlichkeit im Team, die Wertschätzung untereinander und ethische Verhaltensweisen im Team (MUETHEL & HOEGL, 2007) aus. Allerdings ist hier darauf hinzuweisen, dass der Projektleiter diese nicht einfach dem Team vorgeben kann, sondern sie gemeinsam mit dem Team entwickelt, um die Identifikation der Projektteilnehmer zu gewährleisten. Ferner engagiert sich der Projektleiter für die Weiterentwicklung der Projektmitglieder sowie deren Belohnung im Rahmen des Personalmanagements (siehe Tabelle 2.01-2).

Tabelle 2.01-2: Weitere mitarbeiterorientierte Führungsaufgaben innerhalb der PM-Kompetenzen des ICB

| Führungsaktivitäten | Betroffenes ICB-Element |
|---|---|
| Förderung der Teamarbeitsqualität | 1.07 Teamarbeit |
| | 1.18 Kommunikation |
| Förderung des Engagements | 2.02 Engagement und Motivation |
| Förderung der Selbstführung von Projektmitgliedern | 2.03 Selbststeuerung |
| Konfliktlösung | 2.12 Konflikte und Krisen |
| Beeinflussung von Grundwerten | 2.13 Verlässlichkeit |
| | 2.14 Wertschätzung |
| | 2.15 Ethik |
| Entwicklung und Belohnung von Projektmitgliedern | 3.08 Personalmanagement |

### 6.3 Leadership Grid bzw. Managerial Grid

Im Leadership Grid Modell von Blake und Mouton (1964) werden die zwei beschriebenen Dimensionen „Aufgabenorientierte Führung" und „Mitarbeiterorientierte Führung" in einem Koordinatensystem aufeinander bezogen. Dieses Modell zählt eigentlich zu den in Kapitel 5 beschriebenen Ansätzen zur Klassifikation von Führungsstilen. Der Ansatz von Blake und Mouton verdeutlicht allerdings, dass beide (Aktivitäts-)Dimensionen in Kombination zu denken sind (siehe Abbildung 2.01-2): Einige Führungskräfte sind sehr aufgabenorientiert; sie wollen, dass die Arbeit erledigt wird und interessieren sich nur für die Leistung bzw. Ergebnisse (9.1 Führungsverhalten). Andere Führungskräfte sind wiederum insbesondere mitarbeiterorientiert; sie interessieren sich für die Motive und Interessen der Mitarbeiter (1.9 Führungsverhalten). Wiederum andere Führungskräfte interessieren sich sowohl für die Produktivität bzw. Leistung als auch für die Mitarbeiter und deren Entwicklung, Motivation und Engagement (5.5 sowie 9.9 Führungsverhalten).

Werden die zwei Achsen Aufgaben- und Mitarbeiterorientierung in jeweils 9 Stufen unterteilt entstehen 81 theoretische Kombinationen und das typische Gitter, dem das Modell seinen Namen verdankt. Fünf Kombinationen werden von Blake und Mouton als Basisführungsstile beschrieben (vgl. Abbildung 2.01-2).

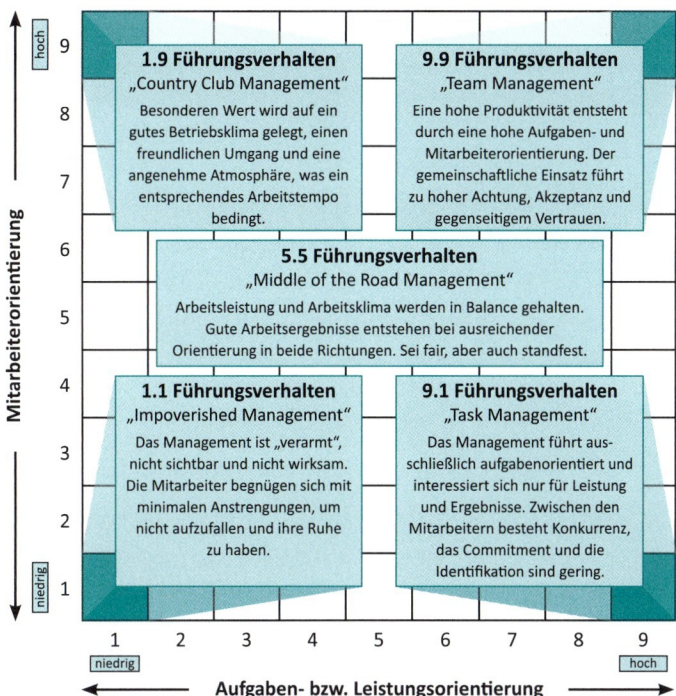

Abbildung 2.01-2: Leadership Grid nach Blake und Mouton

Die Annahme des Führungsstilansatzes (siehe Kapitel 5) ist, dass Führung ein relativ stabiles Verhalten auf Grundlage der persönlichen Einstellung einer Führungskraft ist, welches unabhängig von spezifischen Situationen, Anforderungen und Kontextbedingungen ist. Die Botschaft des Führungsstilansatzes ist: „Ändere deine Einstellung, dann ändert sich dein Verhalten!" Kritisiert wurde dieser Ansatz u.a. wegen der vereinfachten Grundannahme, die den Einfluss von z.B. situativen Faktoren nicht berücksichtigt. Zudem bietet der Hinweis „sei 9.9" nur wenig konkrete Hilfestellung zur Entwicklung des eigenen Führungsverhaltens, gleichwohl die Botschaft („Verhalten folgt Einstellung") sicherlich sinnvoll ist. Der Ansatz der Führungsaktivitäten (Kapitel 6) fokussiert hingegen Handlungen, die veränderbar und entwicklungsfähig sind. Die Botschaft dieses Ansatzes lautet: „Entwickle deine Handlungen!" Dieser Ansatz beinhaltet verschiedene Hinweise, wie Führung verbessert werden kann. Die zwei Ansätze, Führungsstile und Führungsaktivitäten, unterscheiden sich einerseits und haben dennoch andererseits ein verbindendes Element: Beide Ansätze setzen in das Zentrum der Betrachtung die Führungskraft mit ihrer Einstellung und ihrem Verhalten (Führungsstile) bzw. ihren Handlungen (Führungsaktivitäten).

## 7 Führung und Motivation

Während die bisherigen Führungsätze sich auf die Rolle und die Aufgaben des Projektleiters konzentrieren, wirft der transformationale Führungsansatz das Augenmerk auf die Rolle der Projektmitglieder und deren Motivation, dem Projektleiter zu folgen. Maßgebend für diesen Führungsansatz ist die Annahme, dass Projektmitglieder nicht automatisch den Anweisungen des Projektleiters folgen, sondern sich gegebenenfalls auch (graduell) gegen das Erfüllen von Anweisungen entscheiden können (COLLINSON, 2006). Durch diese Sichtweise spielt die Motivation der Projektmitglieder eine besondere Rolle im Führungsprozess.

Transformationale Führer motivieren ihre Mitarbeiter dazu, sich über die an sie gestellten Anforderungen hinaus für die Erreichung ihrer Ziele einzusetzen, indem sie die Einstellungen und Werte der Mitarbeiter beeinflussen (RAFFERTY & GRIFFIN, 2004). Transformationale Führung wird mit starker persönlicher Identifikation des Mitarbeiters mit der Führungskraft assoziiert, sowie mit der Schaffung einer geteilten Vision für die Zukunft und einem Verhältnis zwischen Führungskraft und Mitarbeiter, die auf mehr als auf Honorierung für Leistungserfüllung beruht. Transformationale Führer schaffen Visionen, gewinnen Unterstützung und verändern einzelne Mitarbeiter oder auch ganze Organisationen. Mit transformationaler Führung werden idealisierte Einflussnahme, inspirierende Motivation, intellektuelle Stimulation und individuelle Beachtung verbunden.

### 7.1.1 Idealisierte Einflussnahme

Transformationale Führer verhalten sich in einer Art und Weise, dass sie als Vorbilder für die Mitarbeiter angesehen werden können. Sie werden von ihren Mitarbeitern bewundert, respektiert und es wird ihnen Vertrauen entgegengebracht. Die Mitarbeiter identifizieren sich mit den Führungspersonen und wollen diesen gerne nacheifern. Sie sprechen ihren Führungskräften außergewöhnliche Fähigkeiten, Ausdauer und Entschlossenheit zu (Rafferty & Griffin, 2004). Die Führungskräfte wiederum sind bereit, Risiken einzugehen und verhalten sich konsistent. Sie sind verlässlich und demonstrieren hohe ethische Standards und Moral (Bass, 1998).

**Tipp:** Um als Projektleiter der Vorbildfunktion gerecht zu werden, sollte dieser sich kontinuierlich vor Augen führen, ob er mit seinen eigenen Verhaltensweisen (gegenüber dem Team und auch gegenüber den Stakeholdern) dem gerecht wird, was er von den anderen Projektmitgliedern einfordert. Hilfreich dabei ist, gemeinsam mit dem Projektteam zu Beginn des Projektes Verhaltensrichtlinien zum Umgang miteinander zu definieren um so das gewünschte Verhalten deutlich zu machen. Entsprechende Verhaltensregeln umfassen u.a. die Festlegung von Eskalationswegen im Konfliktfall. Weiters bleibt festzuhalten, dass die kompetente Umsetzung der oben dargestellten Führungsfunktionen zur Vorbildfunktion beitragen.

### 7.1.2 Inspirative Führung

Transformationale Führer motivieren und inspirieren ihre Mitarbeiter, in dem sie ihnen den sinnstiftenden Nutzen ihrer Tätigkeiten demonstrieren und ihnen herausfordernde Ziele geben. Sie sprühen Enthusiasmus und Optimismus aus und fördern den Team-Spirit. Sie geben ermutigende Ausblicke auf zukünftige Ereignisse, zeigen auf, wie diese erreicht werden können, dienen bei der Umsetzung als Vorbilder und kommunizieren deutlich die Anforderungen an ihre Mitarbeiter (Bass, 1998).

### 7.1.3 Intellektuelle Inspiration

Transformationale Führer stimulieren ihre Mitarbeiter, innovative und kreative Lösungen zu finden, in dem sie Grundannahmen hinterfragen, Probleme neu formulieren, und neue Lösungswege finden. Sie fördern Kreativität und zeigen Fehlertoleranz. Kritik an individuellen Fehlleistungen wird nicht in der Gruppe geäußert. Die Mitarbeiter werden in die Prozesse der Problemdefinition und Lösungsfindung mit eingebunden und so ihr Potenzial aktiv genutzt (Bass, 1998). Positive Auswirkungen intellektueller Inspiration werden in der Stärkung der Fähigkeit der Mitarbeiter gesehen, Problemstellungen zu konzeptionalisieren, zu verstehen und zu analysieren und so bessere Problemlösungen zu finden (Rafferty & Griffin, 2004). Es sei hier auch an die obigen Ausführungen zu Team Commitment verwiesen, insbesondere an die Notwendigkeit, durch Delegation von Entscheidungsmacht Freiräume für Mitarbeiter zu schaffen, sich und ihre Kreativität einzubringen (anstatt lediglich ausführende Tätigkeiten zu übernehmen).

### 7.1.4 Individuelle Beachtung

Transformationale Führer agieren als Coach und / oder Mentor und achten auf die persönliche und fachliche Entwicklung ihrer Mitarbeiter. Die Führungskraft schafft dabei ein grundsätzlich positives Klima im Team und nutzt Möglichkeiten zur individuellen Weiterentwicklung des Mitarbeiters, die sich im Projektverlauf anbieten. Dabei werden individuelle Unterschiede zwischen den Projektmitgliedern in

Bezug auf Bedarf und Wunsch nach Weiterentwicklung respektiert und berücksichtigt. Die Führungskraft sucht die Interaktion mit den Mitarbeitern, hört aktiv zu und delegiert Aufgaben, die die Entwicklung des Einzelnen fördern (BASS, 1998). Auch hier sei inhaltlich auf die obigen Ausführungen zu Feedback und Unterstützung der Mitarbeiter verwiesen.

## 8 Führungsrollen und Komplexität

Die bisher dargestellten Führungssätze gehen davon aus, dass sich die einzelnen geforderten Verhaltensweisen nicht widersprechen. So geht z.B. Ansatz der Führungsstile davon aus, dass entweder kooperativ oder autoritär geführt wird, aber nicht beides zur gleichen Zeit. Andere Ansätze, wie z.B. das von QUINN & ROHRBAUGH (1983) entwickelte Modell der „konkurrierenden Werte" („Competing values model of organizational effectiveness") lenken die Aufmerksamkeit auf Widersprüchlichkeiten und Paradoxien innerhalb der Verhaltensanforderungen. So geht das von den Autoren entwickelte Modell der Führungrollen davon aus, dass Projektleiter nicht nur eine Rolle, sondern verschiedene Rollen wahrzunehmen haben, die sich zum Teil sogar gegenseitig ausschließen.

In seinem integrativen Gesamtmodell ordnet QUINN (1984) acht verschiedenen Führungsrollen zwei Dimensionen zu. Die erste gibt Stabilität versus Flexibilität wieder, die zweite den internen versus den externen Fokus. Die darin eingeordneten Führungsrollen Innovator, Vermittler, Produzent, Direktor, Koordinator, Überwacher, Unterstützer und Mentor, schließen sich nicht gegenseitig aus, sondern zeigen ihre Nähe zu einander und die Konkurrenz untereinander auf (siehe Abbildung 2.01-3).

> **Definition** Eine Rolle bezeichnet ein Bündel von Verhaltenserwartungen, die das Verhalten eines Individuums in einem bestimmten Umfeld bestimmt (SOLOMON, SURPRENANT, CZEPIEL, & GUTMAN, 1985).

Eine Rolle besteht aus dem tatsächlich erwarteten Verhalten (Rollenerwartung), der Wahrnehmung der Rolle durch den Rollenträger (Rollenwahrnehmung, empfangene Rolle) und der realen Durchführung der Rolle (gesendete Rolle). Je nach Rollenidentität, d.h. Konsistenz von bestimmten Einstellungen und Verhaltensweisen des Rolleninhabers mit den Erwartungen durch die anderen Teammitglieder, kann eine Rolle erfolgreich durch die entsprechende Person ausgefüllt werden.

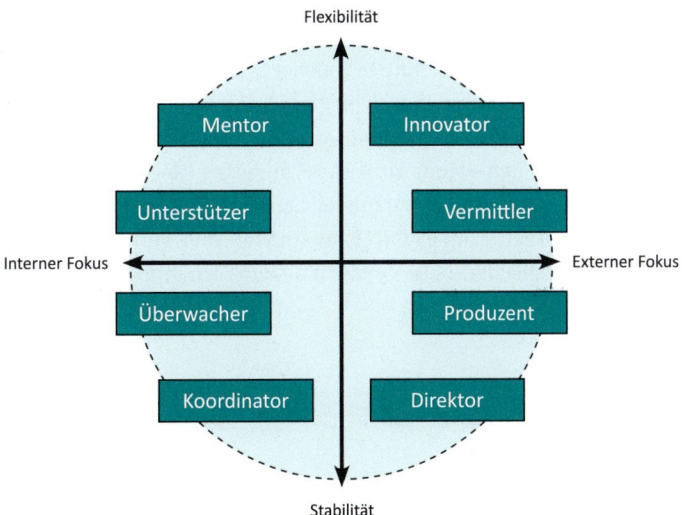

Abbildung 2.01-3: Rollenmodell nach QUINN (1984)

**Innovator:** Der Innovator ist kreativ und visionär, sucht nach neuen Chancen, ermutigt und erleichtert Veränderungen, beachtet neue Ideen und zeigt Toleranz gegenüber Risiken und Ungewissheit.

**Vermittler:** Der Broker ist sich des Projektumfeldes bewusst, agiert politisch geschickt, und sichert dem Projekt Macht, Einfluss und die notwendigen Ressourcen.

**Produzent:** Der Produzent konzentriert sich auf die Erfüllung der Projektaufgabe und motiviert die einzelnen Projektmitglieder, ihre Arbeitspakete pünktlich zu den Milestones fertig zu stellen.

**Direktor:** Der Direktor setzt Ziele, definiert die Rollen der einzelnen Projektmitarbeiter, gibt eine deutliche Richtung vor und schafft Klarheit über die Verhaltensanforderungen an die Teammitglieder.

**Koordinator:** Der Koordinator konzentriert sich auf die Einhaltung des Ablaufplans und plant Arbeitspakete, koordiniert personenübergreifende Arbeitspakete und mahnt die Erfüllung von Projektvorgaben an.

**Überwacher:** Der Überwacher sammelt und verteilt Informationen, kontrolliert kontinuierlich den Projekterfolg.

**Unterstützer:** Er unterstützt den Meinungsaustausch, schafft Konsens zwischen den Projektmitgliedern und vermittelt im Konfliktfall.

**Mentor:** Der Mentor ist sich der individuellen Bedürfnisse der Projektmitglieder bewusst, unterstützt begründete Forderungen der Projektmitglieder und unterstützt die individuelle Entwicklung der Projektmitglieder.

DENISON, HOOIJBERG und QUINN (1995) führen in ihrem Konzept der Verhaltenskomplexität (behavioral complexity) den Grundgedanken Quinns weiter und weisen darauf hin, dass von Führungspersonen erwartet wird, Stabilität und Flexibilität gleichzeitig zu gewährleisten. In ihrem Verständnis sind effektive Führungspersönlichkeiten jene, die angemessen auf eine weite Bandbreite verschiedener Situationen reagieren und dabei gegensätzliche oder sogar widersprüchliche Verhaltensweisen zeigen.

**Tipp:** Der Projektleiter sollte sich über die verschiedenen Führungsrollen im Projekt bewusst werden. Diese müssen nicht zwangsweise alle auf ihn entfallen, sondern können durchaus im Team verteilt sein. Wichtig ist, dass der Projektleiter erkennt, in welcher Situation, welche Führungsrolle die höchste Effektivität bei der Aufgabenbewältigung in sich birgt und darauf hinzuwirken, dass diese in den Vordergrund gestellt wird. Sollte der Projektleiter selbst diese Rollen wahrnehmen, so ist es vorteilhaft, wenn er den Projektmitgliedern den Grund für sein verändertes Rollenverhalten mitteilt. Sonst kann es dazu kommen, dass andere Verhaltenserwartungen an ihn gestellt werden und Konflikte entstehen. Um diesen Prozess zu unterstützen kann es durchaus sinnvoll sein, zu Beginn eines Projektes die verschiedenen Führungsrollen zu skizzieren, im Team zu diskutieren und ggf. auf einzelne oder kollektiv auf mehrere Teammitglieder zu verteilen.

# 9 Situative Führung

Obwohl das Modell der Verhaltenskomplexität auf die Widersprüchlichkeit in den Verhaltensanforderungen an Führungspersonen hinweist, lässt das Modell offen, welche der verschiedenen Führungsrollen in welcher Situation angebracht ist und woran der Projektleiter erkennen kann, welches Verhalten von ihm erwartet wird.

Das Modell der situativen Führung von HERSEY und BLANCHARD (1977) weist darauf hin, das Führungskräfte in Abhängigkeit der Situation verschiedene Führungsstile anwenden müssen, um effektiv zu sein. Die Autoren gehen von der Annahme aus, dass Mitarbeiter in Abhängigkeit ihrer Fähigkeit und Motivation, Verantwortung für die Durchführung einer Aufgabe zu übernehmen, entweder angewiesen (im Sinne direktiver Führung) oder unterstützt werden sollten.

Unterstützendes Verhalten beschreibt dabei die wechselseitige Kommunikation zwischen Projektleiter und Mitarbeiter, die darauf ausgerichtet ist, dem Mitarbeiter emotionale und fachliche Unterstützung anzubieten. Anweisendes Verhalten auf der anderen Seite umfasst die wechselseitig Kommunikation mit dem Ziel, dem Mitarbeiter zu erklären, welche Aufgaben bis wann und wie bearbeitet werden sollen.

In Abhängigkeit der Ausprägung von unterstützendem und anweisendem Verhalten werden vier Führungsstile unterschieden:

**Telling:** Der Projektleiter definiert die Aufgaben der Mitarbeiter, teilt diesen seine Entscheidung mit und kontrolliert regelmäßig den Stand der Umsetzung.

**Selling:** Der Projektleiter definiert die Aufgaben der Mitarbeiter, diskutiert dann jedoch seine Entscheidung mit den Mitarbeitern und passt seine Entscheidung unter Umständen an. Die Umsetzung der Aufgaben wird weiterhin durch den Projektleiter überwacht.

**Participating:** Der Projektleiter lässt Mitarbeiter selbst über ihre Aufgaben entscheiden und diskutiert die Entscheidung dann gemeinsam mit ihnen. Bei der Umsetzung der Aufgaben bietet der Projektleiter den Mitarbeitern seine Unterstützung an. Der Projektleiter lässt sich weiterhin zwar über den Stand der Aufgabenbearbeitung unterrichten, übt jedoch eine verminderte Kontrollfunktion aus.

**Delegating:** Der Projektleiter wird bei der Aufgabendefinition weiterhin mit einbezogen, jedoch verfolgen die Mitarbeiter selbständig die Stände der Aufgabenerfüllung.

Die Wahl des Führungsstils richtet sich dabei nach dem **Bereitschaftsgrad (readiness level)** bzw. der Kombination von Fähigkeit/Können (Ability) und Bereitwilligkeit/Wollen (Willingness) der Projektmitarbeiter. Je nach Ausprägung der beiden Charakteristika (gering oder hoch) ergeben sich vier unterschiedliche Reifegrade:

- Reifegrad 1: nicht fähig und nicht willig oder nicht fähig und unsicher
- Reifegrad 2: nicht fähig, aber willig oder nicht fähig, aber vertrauensvoll
- Reifegrad 3: fähig, aber nicht willig oder fähig, aber unsicher
- Reifegrad 4: fähig und willig oder fähig und vertrauensvoll

Zeigen die Projektmitarbeiter hohe Neigung, Verantwortung für ihr Arbeitspaket und das Gesamtprojekt zu übernehmen, so tritt der Projektleiter in den Hintergrund und konzentriert sich auf die Unterstützung des Teams (z.B. durch Coaching, Facilitating oder Mentoring), ist dies nicht der Fall, so wird von ihm direktives Verhalten erwartet (siehe Abbildung 2.01-4).

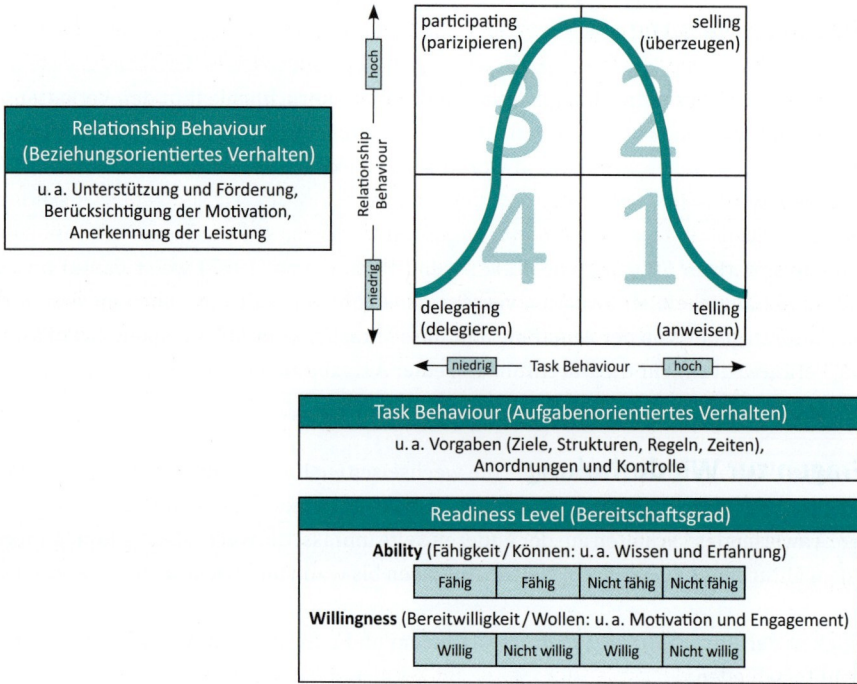

Abbildung 2.01-4: Situative Führung nach HERSEY und BLANCHARD (1977)

Der Ansatz der situativen Führung nach HERSEY und BLANCHARD (1977) weist insofern insbesondere auf die Rolle der Projektmitarbeiter im Führungsprozess hin. Insbesondere im Kontext der Projektarbeit wird zunehmend die Einstellung verworfen, dass Mitarbeiter unselbstständig und unmotiviert sind. Stattdessen werden diese als selbstständige Mitarbeiter mit besonderen Fähigkeiten, Wissen und Erfahrung angesehen, deren Expertise notwendig für den Projekterfolg ist (COLLINSON, 2006).

Weitere Kriterien, die den situativen Führungsstil beeinflussen sind das Führungsverhältnis (Grad zu dem die Mitarbeiter der Führungskraft gegenüber loyal sind und eine kooperative Zusammenarbeit vorliegt), das Machtverhältnis (Grad zu dem die Führungskraft die Autorität hat, das Verhalten des Mitarbeiters zu bewerten und diesen zu belohnen bzw. abzustrafen), sowie die Aufgabenstruktur (Grad zu dem Standardprozesse zur Lösung der Aufgabe betroffen sind und Grad zu dem detaillierte Beschreibungen der Produkt- bzw. Projektanforderungen vorhanden sind) (YUKL, 2005a).

## 10 Zusammenfassung

Projektführung bezieht sich zum einen auf die Erfüllung der gestellten Projektaufgabe (aufgabenbezogene Führung), zum anderen auf die Steuerung des sozialen Systems, das mit der Zusammenarbeit im Projektteam entsteht (mitarbeiterbezogene Führung). Bei Letzterem kommen dem Team Empowerment, dem Team Coaching, dem Feedback und der persönlichen Unterstützung des Teams besondere Bedeutung zu.

Erfolgreiche Projektleiter haben in der Regel eine hohe Stresstoleranz, ein gesundes Selbstvertrauen, und eine hohe Kontrollorientierung. Sie zeigen emotionale Reife, Selbstdistanz und Reflektionsfähigkeit und streben nach Einfluss, um das Team gemeinsam mit den Teammitgliedern zum Erfolg zu führen. Projektführung kann anhand verschiedener Führungsstile, wie z.B. der autoritären und der partizipativen Führung unterschieden werden, die auf unterschiedlichen Verständnissen der Führungsbeziehung beruhen. Während die autoritäre Führung lediglich auf Erfüllen von Anweisungen des Projektleiters abzielt, konzentriert sich die partizipative Führung darauf, gemeinschaftlich im Projektteam Entscheidungen zu fällen. Mit der zunehmenden Verantwortung, die Projektmitglieder im Rahmen kooperativer Führung übernehmen, gewinnt auch die Rolle der Projektmitglieder im Führungsprozess an Bedeutung. Motivationale Führungsätze, wie z.B. die transformationale Führung, erklären daher, wie der Projektleiter die Projektmitglieder dazu motivieren kann, sich für die gemeinsamen Ziele des Teams einzusetzen.

Während Führungsverhalten und Führungsstile dazu gedacht sind, die verschiedenen Aufgaben des Projektleiters möglichst umfassend darzustellen, so konzentrieren sich die Theorie der Führungsrollen und der Verhaltenskomplexität darauf, Widersprüchlichkeiten und Paradoxien zwischen verschiedenen Führungsaufgaben darzustellen. Daran anknüpfend gibt die situative Führungstheorie Hinweise darauf, wie – in Abhängigkeit der Fähigkeiten und der Motivation der Mitarbeiter – Projektmitarbeiter in unterschiedlichen Situationen geführt werden sollten.

## 11    Fragen zur Wiederholung

| 1 | Wie wird Führung definiert? | ☐ |
|---|---|---|
| 2 | Welche Führungseigenschaften sind wichtig? | ☐ |
| 3 | Welche Führungsprinzipien werden voneinander unterschieden? | ☐ |
| 4 | Wo ist der Unterschied zwischen autoritärer und partizipativer Führung? | ☐ |
| 5 | Wie unterscheiden sich aufgaben- und mitarbeiterorientierte Führung? | ☐ |
| 6 | Wie wird Team Empowerment definiert und welche Rolle spielt der Projektleiter dabei? | ☐ |
| 7 | Welche Aufgaben kommen dem Projektleiter im Rahmen des Team Coachings zu? | ☐ |
| 8 | Welche Vorteile ermöglicht Team Feedback? | ☐ |
| 9 | Inwiefern kann der Projektleiter die Projektmitarbeiter persönlich unterstützen? | ☐ |
| 10 | Woran erkennt man transformationale Führung? | ☐ |
| 11 | Welche Führungsrollen gibt es und inwiefern stehen diese in Konkurrenz zueinander? | ☐ |
| 12 | Welche Führungsstile werden bei der situativen Führungstheorie dargestellt und warum sind diese von den Fähigkeiten und der Motivation der Mitarbeiter abhängig? | ☐ |
| 13 | Warum steigt die Bedeutung der „Folgenden" für den Führungsprozess in Projektteams? | ☐ |

# 2.02 Motivation und Engagement (Engagement & motivation)
Michael Gessler, Andreas Sebe-Opfermann, Stefan Derwort

## Bedeutung

Warum lesen Sie diesen Text und unternehmen nicht etwas anderes? Warum unterbrechen Sie nicht und lesen weiter? Mit diesen Fragen sind bereits Gesichtspunkte angesprochen, die in diesem Beitrag behandelt werden: Das Konzept „Motivation" bietet Erklärungen dafür,

- warum Menschen in einer bestimmten Art und Weise handeln,
- warum Menschen unterschiedlich handeln,
- warum Menschen beharrlich ein Ziel verfolgen trotz möglicher Widerstände.

„Motivation" ist ein theoretisches Konzept, das Erklärungen dafür bietet, warum Menschen in einer bestimmten Art und Weise handeln oder eben nicht handeln. Wir könnten die Handlungen eines Menschen auch anders, ohne Motivation, erklären (z. B. mittels biologischer Reifungsprozesse oder physikalischer Gesetze). In der Regel haben wir bereits verschiedene Erklärungen für Phänomene und Handlungen, doch wie gesichert sind diese? Das Konzept „Motivation" wurde vielfach geprüft, angepasst und erweitert. Es lohnt sich, sich mit diesem Wissens- und Erfahrungsbestand auseinanderzusetzen, um die eigenen Erklärungsmuster entweder zu erweitern, zu überprüfen oder ggf. zu revidieren.

Das Konzept „Motivation" bietet nicht nur eine Erklärung, sondern aus der Erklärung können wir meist ableiten, „wie wir Phänomene beeinflussen können. Wenn wir das Wetter beschreiben und feststellen, dass es regnet, so können wir aus solch einer Beschreibung nicht folgern, was wir tun müssen, um den Regen abzustellen. Wenn wir aber sagen, Petrus grollt oder die Engel weinen, so erklären wir den Regen und transportieren in solch einer Form der Erklärung auch gleich die Idee, wie wir das erklärte Phänomen beeinflussen können. Wenn Petrus grollt oder die Engel weinen, so empfiehlt es sich halt, sie oder ihn irgendwie zu trösten oder zu versöhnen, sein Tellerchen leer zu essen oder eben das zu tun, was Engel normalerweise milde stimmt." (SIMON, 1997: 149) Das Konzept „Motivation" hat praktische Konsequenzen für das eigene Handeln. Es umfasst somit einen weiteren wichtigen Aspekt:

- Wie sollte ich angesichts der gefundenen Erklärung selbst handeln?

Was das Motivationskonzept trotz des Erklärungs-Handlungs-Musters nicht leistet, sind „Kochanleitungen". Der Grund ist einfach: Der Mensch ist kein Automat, keine triviale Maschine, die in immer gleicher Weise einen bestimmten Input (z. B. eine Anweisung) in einen immer gleichen Output (z. B. Engagement) verwandelt. Es geht nachfolgend deshalb nicht um Kochanleitungen, sondern darum, dass Sie verschiedene Modelle kennen lernen, um Annahmen treffen und Erklärungen finden zu können: Wie lässt sich das Verhalten von Person A erklären? Welchen Anteil haben welche Faktoren an diesem Verhalten? Solche Annahmen und Erklärungen können Sie nicht im „luftleeren Raum" finden. Deshalb gilt als notwendige Bedingung: Interessieren Sie sich für die Interessen und Motive der Projektmitarbeiter. Erkunden Sie das Feld und sprechen Sie mit Ihren Kolleginnen und Kollegen. Gemeint ist nicht „Small Talk", sondern der Fünf-Schritt: (1) Feld erkunden, (2) Annahmen treffen, (3) vorläufige Erklärungen finden, (4) Erklärungen im Gespräch überprüfen, (5) selbst handeln und (1) Wirkung überprüfen/das Feld erkunden.

## Kontext

Ihre Handlungen im Projekt sind so gut bzw. so schlecht, wie Ihre Einstellung und Haltung es sind: Motivation ist nicht wertneutral. Sie können Zwang ausüben, Angst verbreiten, subtil manipulieren – oder Motivation ermöglichen (lat. movere = sich bewegen). Deutlich wird daran, dass Motivation im Kontext von Werten und Ethik (siehe Element 2.15) zu sehen ist. Die Fähigkeit ist nicht, andere Menschen zu etwas zu motivieren, denn das können sie nur für sich selbst. Die Fähigkeit ist allerdings, zu verstehen, was Menschen motivierend finden und deren Arbeitsumgebung so zu gestalten, dass Motivation möglich wird. Insofern geht es um die Ermöglichung von Motivation und die Vermeidung von Demotivation. Notwendig ist allerdings auch, Anforderungen zu formulieren und Ziele zu verhandeln. Aufgaben sind unterschiedlich interessant. Immer hochgradig motiviert zu sein, ist vermutlich genauso unnatürlich und unwahrscheinlich, wie immer alles richtig zu machen.

## Lernziele

Sie kennen

- die Unterschiede der Ansätze „Motivation als Trieb", „Motivation als Instinkt" und „Motivation als subjektive Bewertung"

Sie können

- die Menschenbilder „Theorie X" und „Theorie Y" nach McGregor beschreiben und an Beispielen illustrieren
- das Prinzip der Selffulfilling Prophecy erläutern und an einem Beispiel illustrieren
- den Unterschied zwischen Motivation und Motivierung erläutern
- den Unterschied zwischen extrinsischer und intrinsischer Motivation erläutern und an Beispielen verdeutlichen
- die Ebenen der Bedürfnispyramide nach Maslow benennen und Sie können Beispiele für die jeweiligen Bedürfnisklassen benennen
- Anschlussmotivation, Leistungsmotivation und Machtmotivation unterscheiden und deren Bedeutung für die Projektarbeit erläutern
- Motivatoren und Hygienefaktoren nach Herzberg unterscheiden und an Beispielen illustrieren
- Job Enlargement, Job Rotation und Job Enrichment voneinander unterscheiden und Sie können deren motivationale Bedeutung erläutern
- den Zusammenhang von Stimmung im Projektverlauf und wahrgenommener Komplexität der Projektanforderungen erläutern
- an Beispielen erläutern, wie Selbstmotivation in der Projektarbeit ermöglicht und Demotivation in der Projektarbeit verhindert bzw. abgebaut wird

# Inhalt

| | | |
|---|---|---|
| 1 | Frühe und aktuelle Erklärungskonzepte | 802 |
| 2 | Menschenbild, Motivierung und Motivation | 803 |
| 2.1 | Menschenbild und naive Persönlichkeitstheorien | 804 |
| 2.2 | Vorurteile, Motivierung und Motivation | 806 |
| 2.3 | Extrinsische und intrinsische Motivation | 809 |
| 3 | Zentrale Motive des Menschen | 812 |
| 3.1 | Bedürfnispyramide | 812 |
| 3.2 | Die Zwei-Faktoren-Theorie | 815 |
| 3.3 | Job Enlargement, Job Rotation und Job Enrichment | 816 |
| 4 | Motivation in der Projektarbeit | 817 |
| 4.1 | Komplexität und Stimmung im Projektverlauf | 818 |
| 4.2 | Selbstmotivation fördern und Demotivation verhindern | 819 |
| 5 | Zusammenfassung | 820 |
| 6 | Fragen zur Wiederholung | 821 |

# 1 Frühe und aktuelle Erklärungskonzepte

Die ersten Motivationstheorien wurden zu Beginn des 20. Jahrhunderts formuliert. In der Zwischenzeit wurden sie erheblich erweitert. Wir stellen zunächst drei unterschiedliche Sichtweisen vor, wie Motivation erklärt werden kann.

**Motivation als biologischer Trieb des Menschen**

Eine frühe Erklärung ist die Annahme, dass Motivation auf einem biologischen Trieb beruhe. Motivation sei eine biologische Handlungsenergie und liefere den biologischen Brennstoff für menschliche Handlungen - vergleichbar dem „Wachstumstrieb" bei Pflanzen. Wäre dies der Fall, dann wäre die Motivation immer gleich hoch. In den 1940er Jahren wurde das Konzept verändert: Angenommen wird zwar weiterhin, dass Motivation einen biologischen Ursprung hat, allerdings sei Motivation nicht fortlaufend in gleicher Stärke vorhanden. Motivation sei vielmehr eine triebhafte Reaktion auf einen biologischen Mangelzustand. Wenn der Mensch Hunger verspüre, dann würde ein Hungergefühl ausgelöst und dieser motiviere ihn dann, auf Nahrungssuche zu gehen. Da es ein Trieb ist, kann der Mensch gar nicht anders, als so zu handeln, wie es der biologische Spannungszustand erfordert. Wenn der Mangel beseitigt bzw. die Spannung reduziert sind, erlischt der Trieb bis zum nächsten Mangelzustand. Wäre diese Annahme richtig, dann würde der Mensch eine Art „biologische Programmierung" aufweisen und „biologische Pläne" würden sein Handeln fernsteuern. Eine Entscheidung wäre dann unnötig und Verantwortung könnte weder übernommen noch gefordert werden. Verantwortlich wäre allein das „biologische Programm". Dass es neben diesem biologischen Ursprung (der durchaus wirksam ist) weitere motivationale Energiequellen geben muss, wurde in den 1960er Jahren deutlich. Experimente mit Ratten zeigten, dass hungernde Ratten in einer Umgebung mit ausreichend Nahrungsmitteln zuerst die Umgebung erkundeten und erst dann ihren Hunger und Durst stillten. Auch hier wurde ein Spannungszustand abgebaut – allerdings kam der Nahrungstrieb erst an zweiter Stelle. Deutlich wurde, dass neben den biologischen Trieben weitere Motivklassen existieren müssen.

**Motivation als instinkthafte Reaktion auf einen Umweltreiz**

Ein ebenfalls früher (und unzureichender) Erklärungsansatz ist das Konstrukt „Instinkt". Instinkte sind vorprogrammierte Verhaltenstendenzen, die mehr oder weniger stereotyp gleich ablaufen. Auf einen bestimmten Reiz der Umgebung reagiert der Organismus in einer ihm vorgegebenen Art und Weise. In einer natürlichen Umgebung kann „Bewegung" beispielsweise einen Reiz darstellen, der bestimmte Verhaltensmuster auslöst: In freier Wildbahn kann es gefährlich sein, vor einem Raubtier zu fliehen, da die Flucht eine bestimmte Instinktreaktion ausgelöst. Ähnliches findet sich beim Menschen: Eine kurze Videoeinspielung schafft Aufmerksamkeit in einer ansonsten statischen Präsentation. Dieser Erklärungsansatz hat allerdings schnell seine Grenzen offenbart: Einerseits wurden mehr als 10.000 Instinkte des Menschen beschrieben (das Konstrukt wurde zunehmend unscharf) und andererseits zeigte sich im interkulturellen Vergleich, dass Verhaltensmuster kulturspezifisch unterschiedlich sind (das Konstrukt verlor seinen Allgemeinheitsanspruch).

 „Triebe" und „Instinkte" sind unzureichende Erklärungen für die Handlungsweisen eines Menschen. Der Mensch ist lernbedürftig und lernfähig.

**Motivation als subjektive Bewertung**

In den 1960er Jahren wandte sich die Psychologie aufgrund des begrenzten Erklärungswerts der bisherigen Ansätze den Kognitionen bzw. den Wahrnehmungen und Interpretationen des Menschen zu. Während vormals der Mensch als „Black Box" betrachtet wurde und untersucht wurde, mit welchem Reiz der Umwelt welche Reaktion des Organismus ausgelöst wird und wie mit spezifischen Reizen spezifische Verhaltensreaktionen verstärkt oder abgeschwächt werden, wird in den 1960er Jahren die Metapher der „Black Box" von der Metapher der „Glass Box" abgelöst. Die Bezeichnung „Black Box" „stammt von den Ingenieuren. Wenn sie ein Diagramm für eine komplizierte Maschine zeichnen, verwenden sie eine Art Kurzschrift. Anstatt alle Einzelheiten zu zeichnen, setzen sie eine Box ein, die für das ganze Konglomerat von Teilen steht, und bezeichnen die Box mit dem, was dieses Konglomerat von Teilen tun soll." (BATESON 1994: 75) Die Metapher der „Glass Box" steht hingegen für den Versuch, das Innenleben der *box* zu verstehen und zu erklären. Entscheidend ist nicht mehr die lineare (äußere) Kopplung von Reiz und Verhaltensreaktion der „Black Box", sondern der Zusammenhang von Reiz, kognitiver (innerer) Verarbeitung der Ereignisse und (Re-)Aktion (Handlung). Deutlich wurde beispielsweise, dass eine Belohnung ihre motivierende Kraft verliert, wenn eine Person meint, dass sie die Belohnung nicht verdient habe. Eine Belohnung wirke demnach nur motivierend, wenn (1) ein Mensch den Erfolg sich selbst zuschreibt und (2) dieser Erfolg einen Wert für die Person darstellt. Ähnliches gilt bei Misserfolg: Wenn eine Person meint, dass nicht beeinflussbare Bedingungen (z. B. Ungerechtigkeit oder fehlende Eignung) einen Misserfolg (z. B. schlechte Bewertung) verursacht haben, dann reduziert diese Annahme die Motivation, während die Annahme beeinflussbarer Faktoren (z. B. bessere Vorbereitung) Motivation erhält und ggf. sogar vergrößert, insofern das zu erreichende Ziel einen persönlichen Wert hat.

Was objektiv tatsächlich der Fall ist, ist hierbei weniger entscheidend. Bedeutend ist vielmehr, welche (1) *Zuschreibung* eine Person vornimmt (daran kann ich nichts ändern bzw. daran kann nur ich etwas ändern), welche (2) *Erwartung* eine Person damit verbindet (das ist sowieso nicht möglich bzw. mit Engagement schaffe ich das) und welchen (3) *Wert* dies für die Person bedeutet (das lohnt sich nicht bzw. das ist mir wichtig).

> In den 1960er Jahren wandelten sich die Erklärungsansätze grundlegend. Während in den ersten 50 Jahren des 20. Jahrhunderts untersucht wurde, welche Triebe (Psychoanalyse) und welche Umweltreize welche Verhaltensreaktionen (Verhaltensforschung, Behaviorismus) auslösen, wird nun untersucht, welche persönlichen Annahmen (u. a. Zuschreibung, Erwartung und Wert des Ziels) den Handlungen zugrunde liegen (kognitive Psychologie).

## 2 Menschenbild, Motivierung und Motivation

Ziel des folgenden Kapitels ist es, ein grundlegendes Verständnis von Motivation zu schaffen. Zunächst werden die Begriffe „Menschenbild" und „Naive Persönlichkeitstheorien" erläutert, um deutlich zu machen, dass unsere Vorstellungen und Annahmen einen erheblichen Einfluss darauf haben, wie wir anderen Menschen gegenüber handeln. Im Anschluss daran werden die Begriffe „Motivation" und „Motivierung" unterschieden. Hierbei geht es um die Gratwanderung zwischen „Engagement ermöglichen" und „Verhalten manipulieren". Abschließend wird ein weiterer zentraler Unterschied erläutert: Motivation kann intrinsischer oder extrinsischer Natur sein.

> **§ Definition** Motivation bezeichnet die Antriebskraft und Bereitschaft, in einer bestimmten Weise zu handeln, und die Wahrscheinlichkeit des Auftretens der Handlungen. Motive sind Beweggründe des Handelns, die meist von Zielen geprägt sind, wie z. B. dem Wunsch, bestimmte Bedürfnisse zu befriedigen. Demotivation ist eine Einschränkung, Blockierung oder ein Verlust der Antriebskraft und Bereitschaft: „Demotiviertes Fühlen und Handeln schränkt Form, Richtung, Stärke und Dauer des Einsatzes der Betroffenen für Ziele oder Rollen der Organisation ein. Demotiviertes Handeln bewirkt nicht nur „Nicht-Tun" oder weniger Leistungseinsatz, sondern verweist auch auf ein Engagement in eine unerwünschte Richtung." (WUNDERER & KÜPERS, 2003: 10)

## 2.1 Menschenbild und naive Persönlichkeitstheorien

**Menschenbild: Theorie X und Theorie Y**

> **§ Definition** Menschenbilder sind Annahmen darüber, was das Wesen des Menschen ausmacht. Menschenbilder wandeln sich in der Zeit und können in verschiedenen Kulturkreisen unterschiedlich sein. Zudem hat jeder Mensch *ein teilweise nicht bewusstes* generalisiertes Bild. Diese verdichteten allgemeinen Annahmen über den Menschen sind relativ *undifferenziert*: z. B. *der Mensch im Allgemeinen* ist grundsätzlich schlecht; oder: *der Mensch im Allgemeinen* ist grundsätzlich gut.

In den 1960er Jahren erkannte MCGREGOR bei Führungskräften überwiegend eine negative Einstellung gegenüber dem Menschen, die er sodann als X-Theorie bezeichnete. Er formulierte daraufhin den Gegenpol, die Y-Theorie, als Entwicklungsziel und Anspruch (1970). Die zwei Pole sind in Tabelle 2.02-1 dargestellt.

Tabelle 2.02-1: X-Y-Theorie (nach MCGREGOR, 1970)

| Theorie X | Theorie Y |
|---|---|
| Der Mensch hat eine angeborene Abneigung gegen Arbeit. | Anstrengung beim Arbeiten ist für den Menschen ebenso natürlich wie Spiel und Ruhe. |
| Da der Mensch grundsätzlich unwillig ist, muss er zur Arbeit gezwungen, mit Strafe bedroht und die Arbeit kontrolliert werden. | Da Arbeit etwas Natürliches ist, hat der Mensch einen inneren Antrieb, engagiert sich, wenn Ziele wertvoll sind und kontrolliert seine Arbeit selbstständig. |
| Der Mensch möchte geleitet und gelenkt werden und übernimmt ungern Verantwortung. | Der Mensch möchte sich entfalten und Verantwortung übernehmen. |
| Er hat wenig Ehrgeiz und ist auf Sicherheit aus. | Der Mensch hat einen Leistungswillen und möchte lernen und sich entwickeln. |

Bedeutsam ist, dass *Menschenbilder eine reale Wirkung* entfalten. Der Taylorismus (u. a. Zeitstudien, Akkordlohn) entwickelte sich beispielsweise auf der Basis von X-Annahmen, während anderen Managementkonzepten (z. B. teilautonome Arbeitsgruppen, lernende Organisation) Y-Annahmen zugrunde liegen.

>  X- und Y-Theorie: X-Annahmen haben Kontroll- und Zwangmaßnahmen zur Folge, während Y-Annahmen davon ausgehen, dass Mitarbeiter motiviert sein können und deshalb Maßnahmen Sinn machen, diese Motivation zu ermöglichen.

## Naive Persönlichkeitstheorien

> **§ Definition** Jeder Mensch entwickelt neben einem generalisierten Menschenbild spezifische Annahmen und Theorien über die Personen in seiner Umgebung. Er entwickelt naive Persönlichkeitstheorien darüber, wie ein konkreter Mensch ist. Da sich diese naiven Theorien auf konkrete Personen beziehen, sind sie differenzierter als das allgemeine Menschenbild und oftmals beschreibbar. Ihr Wahrheitswert wird jedoch selten kritisch hinterfragt.

Die naiven Persönlichkeitstheorien bilden sich auf der Basis konkreter Erfahrungen im Umgang mit einer Person (z. B. Herr X ist faul, während Frau Y engagiert ist.). Das Menschenbild bildet den Rahmen für die spezifischen Persönlichkeitsbilder, ohne diese festzulegen. Beispiel: Wenn eine Annahme des Menschenbilds ist, dass es grundsätzlich richtig ist, Menschen einen Vertrauensvorschuss zu gewähren, dann kann im speziellen Fall in einer spezifischen Situation dennoch von dieser Regel abgewichen werden – und umgekehrt.

Das spezifische Persönlichkeitsbild entwickelt sich auf der Basis des allgemeinen Menschenbilds, ohne diesem 1:1 zu entsprechen. Anders formuliert: Wir beginnen mit allgemeinen Vorurteilen, um dann spezifische Vorurteile zu entwickeln. Vorurteile deshalb, weil es immer nur persönliche Wahrheiten sind. Es könnte auch anders sein. Es könnte sein, dass die Annahme nicht zutreffend ist.

Den Effekt dieser naiven Persönlichkeitstheorien haben MAMZONI & BARSOUX (2003) bei Führungskräften untersucht. Je nachdem, wie der Vorgesetzte seine Mitarbeiter einschätzte, interpretierte er deren Verhaltensweisen entweder wohlwollend oder abschätzig. Wie unterschiedlich gleiches Verhalten interpretiert werden kann, ist in der Tabelle 2.02-2 dargestellt.

Tabelle 2.02-2: Unterschiedliche Bewertungen von Verhalten (MAURER, 2007: 23)

| Beobachtetes Verhalten | Interpretationen bei Mitarbeitern | |
|---|---|---|
| | die als „Leistungsträger" eingeschätzt werden. | die als „schwach" eingeschätzt werden. |
| sucht Rückkopplung | Zeichen von Lernbereitschaft (wünscht, sich zu verbessern) | Zeichen von Schwäche, Unsicherheit; Versuch, Erinnerung des Chefs positiv zu beeinflussen. |
| Komplimente für den Chef | hilfreiche Rückmeldung nach oben | Schmeichelei, Anschleimen |
| hilft Kollegen, ist Ansprechpartner bei Kollegen | Altruismus | Manipulation, Geheimbündelei |
| beschwert sich nicht | Selbstopfer, Verständnis für das übergreifende Ganze | Anpassungstaktik |
| macht Überstunden | Einsatzbereitschaft, widmet sich voll seinen Aufgaben, übernimmt Verantwortung | hält Input für wichtiger als Output, ist unfähig, Prioritäten zu setzen, arbeitet langsam, denkt langsam, will besser wirken als andere |
| meldet sich freiwillig für schwierige Aufgaben | Verantwortungsbewusstsein, Pflichtgefühl | will Aufmerksamkeit erregen, kennt eigene Grenzen nicht |
| geht dem Chef zur Hand | respektiert die Zeitknappheit des Chefs | Speichellecken, Kriecherei |
| bedankt sich öffentlich beim Chef | Selbstlosigkeit, Teamgeist | falsche Bescheidenheit, Scheinheiligkeit |
| stimmt dem Chef zu | gutes Urteilsvermögen, nützliche Gefolgschaft | schwach, nutzlos, wirkungslos |

Die Vorurteile können eine passende Realität erschaffen: Während der Leistungsträger Leistung zeigt, entwickelt der schwache Mitarbeiter Schwächen. Eine andere mögliche Realität wird durch die Vorurteile erschwert. Mehr als 3.000 Interviews führten Manzoni und Barsoux mit Führungskräften: Es scheint, als ob das Handeln auf der Basis von Vorverurteilungen eher die Regel als die Ausnahme darstellt.

>  Wir glauben nicht, was wir sehen, sondern wir sehen, was wir glauben. Naive Persönlichkeitstheorien prägen unser Verhalten im Umgang mit anderen Menschen. Diese Persönlichkeitstheorien sind teilweise unbewusst und werden selten kritisch überprüft.

## 2.2 Vorurteile, Motivierung und Motivation

### Vorurteile

Problematisch ist, dass naive Persönlichkeitstheorien bzw. Vorurteile die Tendenz haben, eine passende Realität zu erschaffen. Als Thomas-Theorem wurde dies bereits in den 1920er Jahren formuliert: „If men defines situations as real, they are real in their consequences" (THOMAS & THOMAS, 1928: 572).

Beispielsweise kann es sein, dass eine Person Engagement entwickelt, weil sie als engagiert eingeschätzt wird und ihr anspruchsvolle Aufgaben übertragen werden. Es kann allerdings auch sein, dass eine Person ihre Arbeit vernachlässigt, weil sie als nachlässig eingeschätzt und so behandelt wird. Die Erwartung beeinflusst die Wirkung.

Diesen Effekt beschreibt die so genannte *Selffulfilling Prophecy*. Erstmals formuliert wurde die „sich selbsterfüllende Prophezeiung" von einem Soziologen: Die Bekanntgabe einer Prognose erhöht die Eintrittswahrscheinlichkeit der Prognose (MERTON, 1948: 193 f.). Ein anschauliches Beispiel berichtet PAUL WATZLAWICK:

**Beispiel** „Als im März 1979 die kalifornischen Zeitungen mit sensationellen Berichten über eine bevorstehende, einschneidende Benzinverknappung aufzuwarten begannen, stürmten die kalifornischen Autofahrer die Tankstellen, um ihre Benzintanks zu füllen und möglichst gefüllt zu halten. Dieses Vollfüllen von 12 Millionen Benzintanks (die zu diesem Zeitpunkt im Durchschnitt zu 75 % leer gewesen waren) erschöpfte die enormen Reserven und bewirkten so praktisch über Nacht die vorhergesagte Knappheit, während das Bestreben, die Brennstoffbehälter möglichst voll zu halten (statt wie bisher erst bei leerem Tank aufzufüllen), riesige Warteschlangen und stundenlange Wartezeiten an den Tankstellen verursachte und die Panik erhöhte." (WATZLAWICK 1991: 92).

Eine Variante der Selffulfilling Prophecy ist der *Pygmalion-Effekt*. In mehreren Schulklassen habe sich gezeigt, dass die positiven oder negativen Erwartungen der Lehrer zu entsprechenden positiven und negativen Verhaltensweisen bei den Schülern führten. Erstaunlich war zudem, dass die Schüler ihr Verhalten nicht nur entsprechend anpassten, sondern dass die Wertungen teilweise übernommen (internalisiert) wurden und sich das eigene Selbstbild veränderte, sich verschlechterte oder verbesserte (ROSENTHAL & JACOBSON, 1966). Die Ergebnisse der Untersuchung werden aufgrund der methodischen Schwächen des Untersuchungsdesigns massiv angezweifelt (ROST 2007: 44), was der Bekanntheit des Pygmalion-Effekts bislang nur wenig geschadet hat. Es ist fraglich, ob allein eine Erwartung eine direkte Reaktion (gute bzw. schlechte Leistungen) auslöst. Es wäre auch denkbar, dass eine solche Vorverurteilung eine Gegenreaktion nach dem Muster auslöst: „Dem zeige ich es!"

>  Im Sinne einer Selffulfilling Prophecy können sich negative und positive Erwartungen bewahrheiten und naive Persönlichkeitstheorien bestätigt werden, womit sich Entwicklungstrends von Mitarbeitern, positive wie negative, verstärken würden. Stigmatisierung ist dann der erste Schritt zur Demotivation.

## Motivierung und Motivation

Das Zusammenspiel von persönlicher Einstellung und Motivation hat SPRENGER im Blick, wenn er die fünf Motivierungstechniken (1) Bedrohen, (2) Bestrafen, (3) Bestechen, (4) Belohnen und (5) Belobigen als Grammatik der *Ver-Führung* kritisiert (vgl. SPRENGER, 1998: 54 f.). Ver-Führung deshalb, da diese *Motivierungs*techniken eingesetzt werden, um eines der folgenden Ziele zu erreichen: (1) Wie bringe ich einen Mitarbeiter dazu, das zu tun, was er nicht möchte? (2) Wie bringe ich einen Mitarbeiter dazu, das zu wollen, was ich will? Menschen mit dieser Ver-Führungsorientierung verfolgen vermutlich ein (personalisiertes) Machtmotiv.

> **§ Definition** Personalisiertes Machtmotiv: Machtmotivierte Menschen verfolgen das Ziel, sich „groß und mächtig" zu fühlen, indem andere „klein und gefügig" gemacht werden. Sie setzen hierfür Druck- und Manipulationsmaßnahmen ein. Ziel ist weiterhin, die installierte asymmetrische Beziehung (oben/unten) aufrechtzu erhalten und auszubauen. Das personalisierte Machtmotiv zielt ab auf Gewinner und Verlierer (u. a. Status, Ressourcen, Autonomie).
>
> Sozialisiertes Machtmotiv: Zu unterscheiden ist hiervon das sozialisierte Machtmotiv. Menschen mit dieser Motivation verfolgen das Ziel, eine bestehende asymmetrische Struktur (z. B. unterschiedliche Kompetenzen) abzubauen, indem mit eigener Hilfe und mit eigenem Einfluss eine andere Person besser, einflussreicher und kompetenter wird. Hier liegt der Gewinn im Gewinn der anderen Person. Das sozialisierte Machtmotiv zielt ab auf einen beidseitigen Gewinn. Personen können sich auch „mächtig" fühlen, indem sie andere „ermächtigen" (z. B. Mentoring). Quelle: MCCLELLAND, 1978

Die Grammatik der Ver-Führung ist in Abbildung 2.02-1 dargestellt.

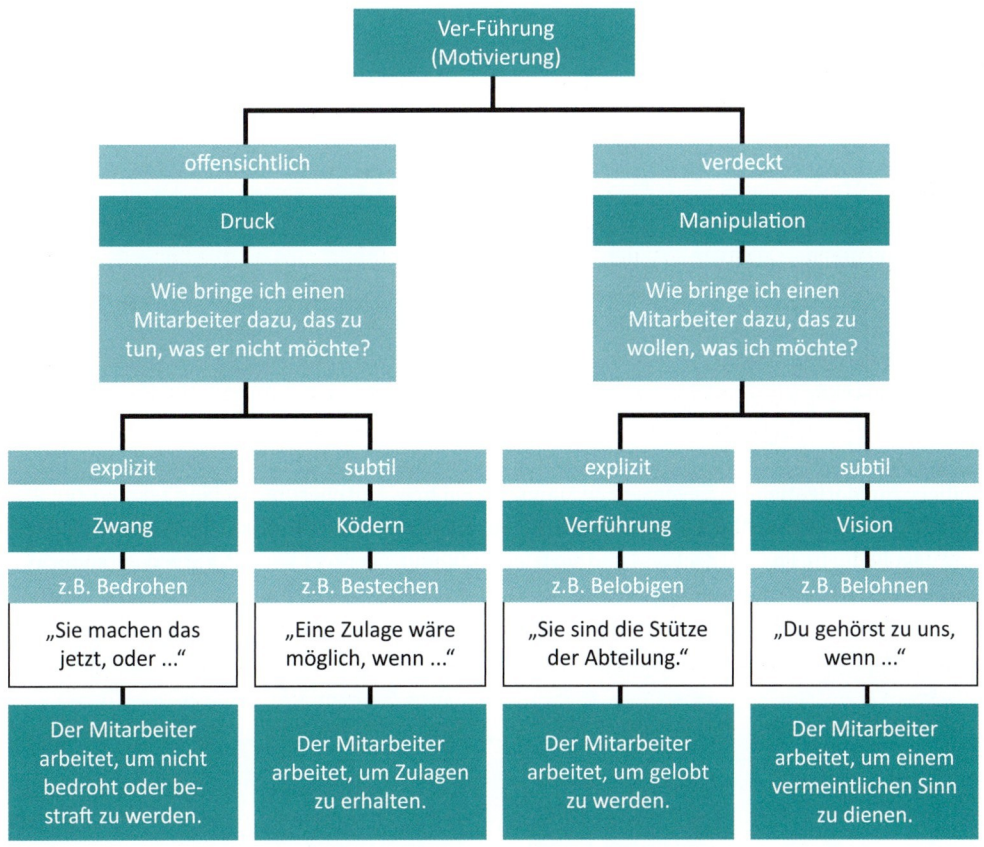

Abbildung 2.02-1: Grammatik der Ver-Führung
(Eigene Darstellung in Anlehnung an SPRENGER, 1998)

Allerdings: „Das Kind sollte nicht mit dem Bade ausgeschüttet werden": Wenn gelobt wird, um einen Mitarbeiter zu manipulieren, kann dieses Lob demotivierend wirken. Wenn das Lob jedoch eine ehrliche Wertschätzung für eine engagierte Leistung ist, dann kann das Lob die Motivation nachhaltig steigern. Gleiches gilt für die Vision. Nicht die Mittel sind per se schlecht. Die Art und Weise wie, warum und zu welchem Zweck die Mittel eingesetzt werden, entscheidet über die Güte der Mittel. Wer manipuliert, erhält bei Erfolg manipulierte Mitarbeiter, nicht jedoch motivierte Mitarbeiter. Was macht den Unterschied aus zwischen Motivation und Manipulation?

Motivation: Wenn zwischen dem Projektleiter und seinen Mitarbeitern ein Klima des Vertrauens besteht, kann ein ehrliches Lob genauso wirksam sein wie berechtigte Kritik. Vertrauen wiederum besteht aus verschiedenen Elementen.

Voraussetzungen dafür, dass Vertrauen möglich wird, sind insbesondere folgende Verhaltensweisen:

1. Verlässlichkeit: Der Projektleiter hält, was er verspricht, und ist da, wenn „Not an Mann" ist. Die Projektmitarbeiter können sich auf das gegebene Wort verlassen.
2. Berechenbarkeit: Der Projektleiter hat einen klaren Standpunkt und seine Handlungen sind vorhersehbar. Sein Verhalten ist weder willkürlich noch überraschend.
3. Erreichbarkeit: Der Projektleiter nimmt sich Zeit für die Anliegen des Teams und hat ein „offenes Ohr" für Ideen, Anregungen und Schwierigkeiten.
4. Wohlwollen: Der Projektleiter hegt Wohlwollen gegenüber den Mitarbeitern und Kollegen und ist am Wohl des Teams interessiert.
5. Glaubwürdigkeit: Der Projektleiter ist glaubwürdig in dem, was er sagt und tut. Er spielt Interessen nicht gegeneinander aus.

„Vertrauen ist das wichtigste Schmiermittel eines sozialen Systems. Es ist höchst effizient; es erspart viel Mühe, wenn man sich auf das Wort anderer Leute verlassen kann" (KENNETH ARROW, 1974, US-amerikanischer Nationalökonom und Nobelpreisträger, zitiert nach: RICHTER & FURUBOTN, 1996: 240).

> **§ Definition** Das Bedürfnis nach sozialer Eingebundenheit stellt eine wichtige psychologische Handlungsenergie für Motivation dar (Anschlussmotivation). Menschen haben das Bedürfnis, „sich mit anderen Personen in einem sozialen Milieu verbunden zu fühlen, in diesem Milieu effektiv zu wirken (zu funktionieren) und sich dabei persönlich autonom und initiativ zu erfahren" (DECI & RYAN, 1993, 229). Der Mensch möchte von für ihn wichtigen Personen akzeptiert und anerkannt zu werden. (vgl. KRAPP & RYAN, 2002: 72). Frustrierend ist das Erlebnis, nicht eingebunden, isoliert und nicht akzeptiert zu sein.

Grundlage für Motivation, im Gegensatz zu Manipulation bzw. Motivierung, ist eine Teamkultur, die auf Verlässlichkeit, Glaubwürdigkeit, Berechenbarkeit und Erreichbarkeit basiert, von Wohlwollen geprägt ist und dem Bedürfnis nach Anschluss und sozialer Einbindung gerecht wird. Während Persönlichkeitseigenschaften (z. B. Introversion) nur schwer veränderbar sind, sind Verhaltensweisen, wie Verlässlichkeit und Berechenbarkeit, selbstentwicklungsfähig.

## 2.3 Extrinsische und intrinsische Motivation

§ **Definition** *Extrinsische Motivation* ist als Wunsch bzw. Absicht definiert, eine Handlung durchzuführen, um negative Folgen (z. B. Strafe) zu vermeiden oder positive Folgen (z. B. Bonus) zu erzielen. *Ich handle, um* etwas zu erreichen oder *um* etwas zu verhindern; die Handlung ist nur ein Mittel, ein Instrument, um einen bestimmten Zweck zu erreichen. Die Handlung selbst interessiert dabei weniger als der damit verbundene Zweck.

§ **Definition** *Intrinsische Motivation* ist als Wunsch bzw. Absicht definiert, eine Handlung durchzuführen, weil die Handlung selbst als spannend, interessant, anspruchsvoll etc. wahrgenommen wird. Die Handlungen haben keinen instrumentellen Charakter. Sondern: Ich handle, weil in der Handlung selbst die Belohnung liegt. Die Handlung ist nicht nur Mittel zum Zweck. Die Handlung selbst ist wertvoll und bereichernd.

Der Übergang von extrinsischer zu intrinsischer Motivation ist fließend. Beispielsweise kann sich eine Handlung, die ursprünglich extrinsischer Natur war (z. B. wegen der möglichen Anerkennung durchgeführt wird) als interessant und spannend herausstellen und die intrinsische Motivation verdrängt sodann die extrinsische Motivation.

Gleichermaßen kann intrinsische Motivation zerstört werden, wenn sich die Aufmerksamkeit auf die Folgen der Handlung (z. B. eine Belohnung) anstelle der Handlung selbst richtet. Ein Beispiel hierzu:

🔍 **Beispiel** „Ein alter Mann wurde täglich von den Nachbarskindern gehänselt und beschimpft. Eines Tages griff er zu einer List. Er bot den Kindern eine Mark an, wenn sie am nächsten Tag wieder kämen und ihre Beschimpfungen wiederholten. Und so geschah es: die Kinder vollführten am nächsten Tag ihr tägliches Ritual und der alte Mann gab ihnen, was er versprochen hatte. Und wieder versprach der alte Mann: Wenn ihr morgen wiederkommt, dann gebe ich euch 50 Pfennig. Und wieder kamen die Kinder und beschimpften ihn gegen Bezahlung. Als der alte Mann sie aufforderte, ihn auch am nächsten Tag, diesmal allerdings gegen 20 Pfennig, zu ärgern, empörten sich die Kinder: Für so wenig Geld wollten sie ihn nicht beschimpfen. Von da an hatte der alte Mann seine Ruhe." (SPRENGER, 1998: 71).

Dieser Effekt ist gut untersucht und konnte wissenschaftlich mehrfach nachgewiesen werden (DECI, 1975). Im Vertiefungswissen wird ein Modell beschrieben, dass den Übergang von extrinsischer zu intrinsischer Motivation detaillierter beschreibt (Selbstbestimmungstheorie).

! Die zentrale Frage ist, ob ein Interesse an der Handlung besteht (intrinsische Motivation) oder nur die Folgen der Handlung (wie z. B. Lob oder Belohnung) von Interesse sind (extrinsische Motivation). Intrinsische Motivation ist nachhaltiger und führt in der Regel zu höherem Engagement.

### Extrinsische Motivation: Wert-Erwartungs-Theorie

Vroom (1964) hat eine einfache Formel zur Vorhersage der Intensität extrinsischer Motivation aufgestellt. Die Höhe der extrinsischen Motivation bestimme sich nach den aufsummierten Produkten von Ergebniserwartung, Instrumentalitätserwartung und Bewertung:

Motivation = $\sum$ (Ergebniserwartung x Instrumentalitätserwartung x Bewertung)

Die Höhe der Motivation sei das Ergebnis bewerteter Erwartungen. Was bedeutet das? Vroom geht davon aus, dass vor einer Handlung kalkuliert wird, wie hoch die Eintrittswahrscheinlichkeit bestimmter Ergebnisse ist *(Ergebniserwartung)*. Die Frage, die dieser Bewertung zugrunde liegt, lautet: Wie wahrscheinlich sind bestimmte Ergebnisse aufgrund meiner Handlung? Wird angenommen, dass mit der Handlung ein Ergebnis erwartet werden kann, dann findet eine erneute Kalkulation statt: Wenn das Ergebnis eintrifft, welche weiteren Folgen sind dann wie wahrscheinlich? Es wird gefragt, wofür die Handlung außerdem ein Instrument sein könnte *(Instrumentalitätserwartung)*. Abschließend findet eine *Bewertung* statt: Was gewinne ich? Was verliere ich? In welchem Verhältnis stehen Aufwand und Ertrag? Diese Kalkulation wird für verschiedene Optionen durchgeführt und anschließend werden die Ergebnisse aufsummiert.

Das Modell verdeutlicht, dass die extrinsische Motivation abhängig ist von der Einschätzung der Chancen und der Risiken einer Handlung (Ergebniserwartung), der Einschätzung der weiteren Folgen bzw. Wirkungen einer Handlung (Instrumentalitätserwartung) sowie der Einschätzung des Verhältnisses von erwartetem Aufwand zu erwartetem Ertrag (Bewertung). Kann ein Mitarbeiter diese Punkte nicht einschätzen, wird er nach Annahme dieses Modells nur gering motiviert sein. Wichtig für die Projektarbeit wäre sodann, dass mit den Mitarbeitern geklärt ist, welche Erfolgswahrscheinlichkeit besteht, welche Bedeutung das Engagement hat und worin der Nutzen liegt.

Kritisch an diesem Modell ist, dass allein die Ergebnisse und Folgen einer Handlung interessieren, weshalb die Handlung selbst als Anreizwert ausgeblendet bleibt. Kritisch ist zudem, dass angenommen wird, der Mensch sei ein ausschließlich rational kalkulierendes Wesen, das nur seinen persönlichen Vorteil im Blick hat. Dies mag in vielen Fällen stimmen und dennoch engagieren sich Menschen, obwohl der Erfolg nicht sicher ist oder anderen nützt. Unabhängig hiervon verdeutlicht das Modell, dass der Mensch in vielen Dingen mit Voraussicht handelt, kalkuliert und die Gründe und Bedeutung seiner Handlungen verstehen möchte.

> Drei zentrale Fragen entscheiden über die extrinsische Motivationsstärke: (1) Ergebniserwartung: Inwiefern kann mit der eigenen Aktivität das gewünschte Ergebnis erzielt werden? (2) Instrumentalitätserwartung: Welche weiteren Folgen, positive wie negative, bietet das Erreichen eines bestimmten Ziels? (3) Bewertung: In welchem Verhältnis stehen Aufwand der Handlung und Ertrag der Folgen? Das Ergebnis dieser Bewertung entscheidet sodann über die extrinsische Motivationsstärke.

### Intrinsische Motivation: Flow-Erlebnis

Ein gut untersuchtes Beispiel intrinsischer Motivation ist das Konzept des „Flow-Erlebens". Beim Flow existiert (1) ein klar definiertes Ziel und man erhält durch das Ergebnis der Handlung direkt (2) ein Feedback, wie erfolgreich man handelt. Die (3) Aufmerksamkeit konzentriert sich auf die Ausführung der Handlung, die (4) Handlung langweilt nicht und überfordert nicht, die (5) eigene Kompetenz wird erlebbar und es besteht (6) das Gefühl, dass die Handlungen kontrollierbar sind und die Anforderungen der Umwelt zu bewältigen sind (Csikszentmihalyi, 2000a). „Erwartungsgemäß fördern neue, abwechslungsreiche und aufregende Aufgaben den *flow* bei der Arbeit. Aber es gibt auch Menschen, die an demselben Fließband, das ein anderer Arbeiter als absolut stumpfsinnig empfindet, den größten *flow* erleben […]." (Csikszentmihalyi, 2000b: 265)

Eine Voraussetzung von Flow ist, dass der Mitarbeiter daran glaubt, dass er mit seinen Handlungen etwas bewegen kann (Selbstwirksamkeit). Zu unterscheiden ist hierbei zum einen das Niveau der Aufgabenschwierigkeit bzw. welchen Schwierigkeitsgrad sich jemand zutraut und zum anderen die Erfolgszuversicht bzw. inwiefern sich jemand sicher fühlt, das Ergebnis auch zu erreichen (BANDURA, 1997). Aus diesen zwei Dimensionen entsteht ein Raster mit vier Feldern. Gleichwohl es mehr Abstufungen als die nachfolgenden vier Typen gibt, hilft diese Systematik, unterschiedliche Annahmen zu unterscheiden (vgl. Abbildung 2.02-2).

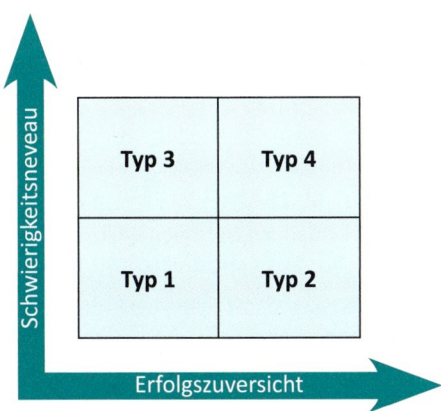

Abbildung 2.02-2: Typen der Selbstwirksamkeit

Typ 4 (hohe Selbstwirksamkeit): Projektmitarbeiter mit dieser Ausprägung trauen sich ein hohes Niveau an Leistungen und Aufgaben zu (Schwierigkeitsgrad) und fühlen sich gleichzeitig sicher, dass sie die Aufgaben erfolgreich bewältigen (Erfolgszuversicht). Bei diesen Projektmitarbeitern kann die Leistungsbereitschaft insofern ein Problem darstellen, als sie sich eher zu viel als zu wenig zutrauen (Schwierigkeitsgrad). Hinzu kommt, dass die Gefahr besteht, dass sie Risiken und begrenzende Rahmenbedingungen ausblenden und sich oftmals an den Grenzen der eigenen Leistungsfähigkeit bewegen, weshalb die Gefahr der Überlastung besteht. Entsprechende Punkte gilt es, im Gespräch zu klären.

Typ 1 (niedrige Selbstwirksamkeit): Projektmitarbeiter mit dieser Ausprägung trauen sich wenig zu, meiden anspruchsvolle Aufgaben und sind sich zudem unsicher, ob sie die Aufgaben überhaupt bewältigen können. Zusammen mit diesen Mitarbeitern gilt es, die Umsetzungsmöglichkeiten, Vorgehensweisen und Chancen zu besprechen (Schwierigkeitsniveau klären) sowie mögliche Hilfestellungen und Zwischengespräche zu vereinbaren, Zwischenziele zu definieren und die Potentiale und Möglichkeiten zu klären (Erfolgszuversicht erhöhen).

Während der Typ 4 Flow-Erlebnisse sucht, meidet der Typ 1 Flow-Erlebnisse. Der Typ 4 ist hoch leistungsmotiviert, während der Typ 1 sehr sicherheitsorientiert ist.

> **§ Definition** Leistungsmotivation ist ein wichtiges Grundbedürfnis des Menschen, wobei zu unterscheiden ist zwischen „Erfolgssuchern" bzw. Menschen, welche die „Hoffnung auf Erfolg" motiviert, und „Misserfolgsmeidern" bzw. Menschen, die motiviert sind, mit ihren Handlungen Misserfolg zu vermeiden. Während Erfolgssucher tendenziell eher intrinsisch motiviert sind, sind Erfolgsmeider tendenziell eher extrinsisch motiviert, wobei auch „Erfolgssucher" Ziele verfolgen können, die nicht in der Handlung selbst liegen (z. B. Anerkennung).

Eine Untersuchung in den USA ergab, dass 87 Prozent der Erwachsenen den Flow-Zustand kennen und nur 13 Prozent noch nie einen Flow erlebten. Zudem erleben manche Erwachsenen diesen Zustand mehrmals am Tag, während andere ihn nur wenige Male im Jahr erleben. Der Grund hierfür ist, dass der Mensch oftmals auf ein ausgewogenes Verhältnis von eingesetzter Energie und erwartetem Nutzen aus ist. Passive Tätigkeiten, wie z. B. das Fernsehen, fordern wenig Anstrengung und fördern allerdings auch wenig innere Belohnung. Die Energiebilanz ist ausgeglichen. Flow-Erlebnisse sind allerdings selten. Der zweite Grund für den Rückzug in die Passivität ist, dass das Missverhältnis von Möglichkeiten und Fähigkeiten oftmals dazu führt, dass der Drang nach *Flow* verkümmert.

Man hat gelernt, Anstrengungen zu vermeiden, mit Folgewirkungen: Erwachsene, die häufiger *Flow* erleben, sind z. B. weniger anfällig für stressbedingte Krankheiten (CSIKSZENTMIHALYI, 2000b: 264).

> Flow ist eine besondere Form der intrinsischen Motivation. Flow ist möglich, wenn eine Arbeit bestimmte Merkmale erfüllt: (1) Die Ziele sind klar gegeben, (2) die Arbeit überfordert und unterfordert nicht, weshalb (3) das Gefühl besteht, die Handlung kontrollieren zu können (Gegensatz: man fühlt sich ausgeliefert). (4) Die Konzentration ist auf die Handlung selbst gerichtet. (5) Die eigene Kompetenz wird erfahrbar, (6) Selbstwirksamkeit wird erlebt (Gegensatz: man fühlt sich unfähig und ohnmächtig) und (7) man erhält direkt durch die Arbeit selbst ein Feedback über den Erfolg der Handlung (z. B. Programmierung und Test).

Bislang wurden zentrale Begriffe, wie Menschenbild, naive Persönlichkeitstheorie, Motivierung und Motivation, extrinsische und intrinsische Motivation, sowie einzelne Motive, wie Anschluss-, Macht- und Leistungsmotiv, vorgestellt. Was sind also die zentralen Motive des Menschen?

## 3  Zentrale Motive des Menschen

Was sind die zentralen Motive des Menschen? Gefragt wird hier nach den Gründen der Motivation, um das Ergebnis, die Motivation, beschreiben zu können. Drei Modelle werden nachfolgend vorgestellt: Die Bedürfnispyramide von MASLOW, die Zwei-Faktoren-Theorie von HERZBERG sowie motivationsförderliche Maßnahmen der Arbeitsorganisation (Job Enrichment, Job Enlargement und Job Rotation).

### 3.1  Bedürfnispyramide

MASLOW (1908-1970) hat die Pyramide der Bedürfnisse auf der Basis seiner persönlichen Überzeugungen entwickelt. Ihm geht es um das Aufzeigen von Entwicklungsmöglichkeiten: Sei, was du sein kannst. Wertvoll ist das Modell, da es für die Vielfalt möglicher Bedürfnisse sensibilisiert. Maslow hat die Bedürfnispyramide 1954 erstmals veröffentlicht. 1970 wurde eine überarbeitete zweite Fassung publiziert. Das neuere Modell ist in der Abbildung 2.02-3 dargestellt:

Abbildung 2.02-3: Bedürfnispyramide (nach MASLOW, 2005: 62 f.)

MASLOW unterscheidet Defizit- und Wachstumsbedürfnisse. Tendenziell müssen zunächst die Defizitbedürfnisse gestillt sein, damit die Wachstumsbedürfnisse wirksam werden können. Defizitbedürfnisse kennen nur zwei Zustände: Befriedigt oder nicht befriedigt. Wenn sie befriedigt sind, verlieren sie weitgehend ihre motivierende Wirkung. Wachstumsbedürfnisse hingegen können mehr oder weniger befriedigt sein und werden fortlaufend aktualisiert. Sie bestehen fortwährend und verlieren ihre motivierende Wirkung nicht. Der Mensch wächst mit ihnen.

MASLOW geht davon aus, dass die Motive stufenweise aktiv werden. Wenn die Motive einer Stufe befriedigt sind, werden die Motive der nächsten Stufe aktiv. Er geht davon aus, dass zunächst die *physiologischen Bedürfnisse* befriedigt werden müssen, damit andere Bedürfnisse aktiv werden (dass dies nicht immer der Fall ist, wurde in Kapitel 1 - Frühe Erklärungskonzepte - bereits angesprochen). Wenn das primäre Bedürfnis, z. B. nach Nahrung und Trinken, nicht mehr besteht, wenn der erste Hunger und der erste Durst gestillt sind, dann entsteht nach Maslow das Bedürfnis, Sicherheit zu gewinnen auch für den morgigen Tag. Es reicht nicht mehr, hier und jetzt Essen und Trinken zu haben. Es entsteht das *Bedürfnis nach Sicherheit*. Wenn Sicherheit, Stabilität, Struktur gewährleistet sind, dann wendet sich der Mensch der nächsten Stufe seiner Existenz zu – seiner sozialen Existenz. Es entsteht das Bedürfnis, nicht alleine zu sein, sondern sich zugehörig zu fühlen, Zuwendung zu empfangen und zu geben. Es entsteht das *Bedürfnis nach Zugehörigkeit*.

Ist dies gewährleistet, entsteht das Bedürfnis, nicht nur irgendjemand in einer Gruppe zu sein, sondern wertvoll für Andere zu sein und auch selbst diesen Wert für sich zu fühlen. Es entsteht das Bedürfnis, sich als kompetent zu erleben und die Rückmeldung zu bekommen, dass diese Kompetenz auch die Anerkennung der Anderen findet. Es entsteht das *Bedürfnis nach Achtung*. Mit dieser Stufe sind die Defizitbedürfnisse befriedigt und das Wachstumsbedürfnis, das Bedürfnis nach Selbstverwirklichung, wird aktiv.

„Auch wenn alle diese Bedürfnisse [Defizitbedürfnisse, MG] befriedigt sind, wird man häufig (wenn auch nicht immer) erwarten können, daß neue Unzufriedenheit und Unruhe entsteht, wenn der einzelne nicht das tut, wofür er, als Individuum, geeignet ist. Musiker müssen Musik machen, Dichter schreiben, wenn sie sich letztendlich in Frieden mit sich selbst befinden wollen.

Was ein Mensch sein kann, muß er sein. Er muß seiner eigenen Natur treu bleiben. Dieses Bedürfnis bezeichnen wir als Selbstverwirklichung." (MASLOW, 2005: 73 f.) Es geht hierbei nicht um ein egozentriertes „Über heiße Kohlen Laufen". Diese Stufe des Selbst liegt bereits hinter der Person (Bedürfnis nach Achtung und Selbstwert). Es geht nun um das Erreichen persönlich bedeutsamer Ziele. Ein Bedürfnis nach Selbstverwirklichung sei das Bedürfnis, Wissen über die Welt zu gewinnen, Vergangenheit und Gegenwart zu verstehen sowie Zukunft zu erforschen. Es entstehen *kognitive Bedürfnisse*. Von den auf Rationalität, Begründung und Logik ausgerichteten kognitiven Bedürfnissen unterscheidet sich das *ästhetische Bedürfnis*, das Bedürfnis nach Ordnung, Schönheit, Symmetrie und Kreativität. Maslow geht sodann über dieses Ideal der Selbstverwirklichung noch eine Stufe hinaus, indem er das *Bedürfnis nach Transzendenz* benennt: Wachheit für letzte Fragen.

Im Sinne des vorgestellten Ver-Führungskonzepts wurde die Bedürfnispyramide oftmals nach dem Motto instrumentalisiert: Defizitbedürfnisse sind gut für Zwangsmaßnahmen und Wachstumsbedürfnisse eignen sich für Manipulationsansätze. Maslow hatte eine solche Instrumentalisierung nie im Sinn, im Gegenteil. Maslow war Mitbegründer der Humanistischen Psychologie, die sich als dritte Kraft neben der Psychoanalyse und dem Behaviorismus in den 1960er Jahren etablierte. Während die Psychoanalyse die Frage der unbewussten tiefenpsychologischen Prozesse untersuchte und der Behaviorismus im Gegensatz dazu nur das von außen wahrnehmbare Verhalten als Reiz-Reaktion-Kopplung im Blick hatte, ist das Interesse der humanistischen Psychologie die Entfaltung des Menschlichen (lat. humanus = menschlich; humanitas = Menschlichkeit). In diesem Sinne stellen die Stufen Entwicklungsstufen dar und keine Ver-Führungsanlässe.

Die angenommene Linearität der Stufenfolge konnte empirisch allerdings nicht nachgewiesen werden. Zudem können in einem Unternehmen Selbstverwirklichungsbedürfnisse nicht von jedem Mitarbeiter erreicht oder befriedigt werden. Ein weiterer Kritikpunkt betrifft ebenfalls die hierarchische Anordnung und damit die implizite Wertung: Das Bedürfnis nach Selbstverwirklichung stellt insbesondere in individualistischen Gesellschaften einen Wert dar, während in kollektivistischen Gesellschaften die Bedürfnisse nach Zugehörigkeit einen höheren Stellenwert einnehmen bzw. die Selbstverwirklichung die Verwirklichung im Kollektiv meint.

Die in Kapitel 2 benannten Motivklassen, Anschluss-, Leistungs- und Machtmotivation, lassen sich den Kategorien von Maslow nur teilweise eindeutig zuordnen. Das Anschlussmotiv bzw. das Bedürfnis nach sozialer Eingebundenheit entsprechen dem Bedürfnis nach Zugehörigkeit. Leistungs- und Machtmotivation lassen sich weniger genau zuordnen. In Abhängigkeit vom jeweiligen Motiv kann der Leistungsmotivation sowohl das Bedürfnis nach Achtung zugrunde liegen als auch das Bedürfnis nach Selbstverwirklichung. Ähnliches gilt für die Machtmotivation, wobei dem Bedürfnis nach Selbstverwirklichung eher ein sozialisiertes Machtmotiv und dem Bedürfnis nach Achtung eher ein personalisiertes Machtmotiv entsprechen würde.

> ! Das Modell von MASLOW ist bedeutsam, da es die Vielfalt möglicher Bedürfnisse aufzeigt. Das Modell verdeutlicht, dass Menschen unterschiedliche Bedürfnisse haben und entsprechend unterschiedliche Interessen verfolgen. Zu unterscheiden sind einerseits Defizit- und Wachstumsbedürfnisse. Im Projekt bedeutsam sind insbesondere folgende Bedürfnisse: (1) physiologische Bedürfnisse, (2) Bedürfnis nach Sicherheit, (3) Bedürfnis nach Zugehörigkeit, (4) Bedürfnis nach Achtung sowie (5) Bedürfnis nach Selbstverwirklichung

## 3.2 Die Zwei-Faktoren-Theorie

HERZBERG (1923-2000) benennt in seiner Zwei-Faktoren-Theorie ebenfalls verschiedene inhaltliche Motive. Herzberg verfolgt ein ähnliches Interesse wie Maslow, allerdings fragt er nicht nach den Grundbedürfnissen des Menschen, sondern nach der Zufriedenheit und Unzufriedenheit am Arbeitsplatz. Er unterscheidet Motivatoren und Hygienefaktoren. Während Motivatoren Zufriedenheit ermöglichen, verhindern Hygienefaktoren Unzufriedenheit. Fehlende Unzufriedenheit heißt noch nicht, dass jemand zufrieden ist, und fehlende Zufriedenheit heißt noch nicht automatisch, dass jemand unzufrieden ist. „Wir haben es hier mit zwei unterschiedlichen Gruppen von menschlichen Bedürfnissen zu tun." (HERZBERG, 2003: 5). Unzufriedenheit ist damit nicht einfach das Gegenteil von Zufriedenheit. Zufriedenheit lasse sich allerdings nur mit Motivatoren erzielen, während Hygienefaktoren nur günstige Voraussetzungen, einen günstigen „Nährboden", schaffen. Das Besondere an diesem Ansatz ist, dass nicht nur die Motivation in den Blick kommt, sondern auch die Verhinderung von Unzufriedenheit bzw. der Abbau demotivierender Bedingungen. Diese Logik ist in Tabelle 2.02-5 dargestellt.

Abbildung 2.02-4: Wirkung von Motivatoren und Hygienefaktoren (Quelle: Eigene Darstellung)

Faktoren, die Unzufriedenheit auslösen, entstammen laut der Untersuchung von HERZBERG der Arbeitsumgebung, während Faktoren, die Zufriedenheit ermöglichen, der Arbeitsaufgabe selbst entstammen.

Motivatoren und Hygienefaktoren sind nicht eindeutig unterscheidbar, sondern es bestehen Überlappungsbereiche. Herzberg unterscheidet Faktoren, die *überwiegend* der Klasse der Motivatoren zuzuordnen sind, sowie Faktoren, die *überwiegend* der Klasse der Hygienefaktoren zuzuordnen sind. Über 40 % der Befragten gaben z. B. an, dass Erfolgserlebnisse zu Zufriedenheit führen und damit motivieren, während ca. 35 % die interne Organisation als unbefriedigend und demotivierend erlebten.

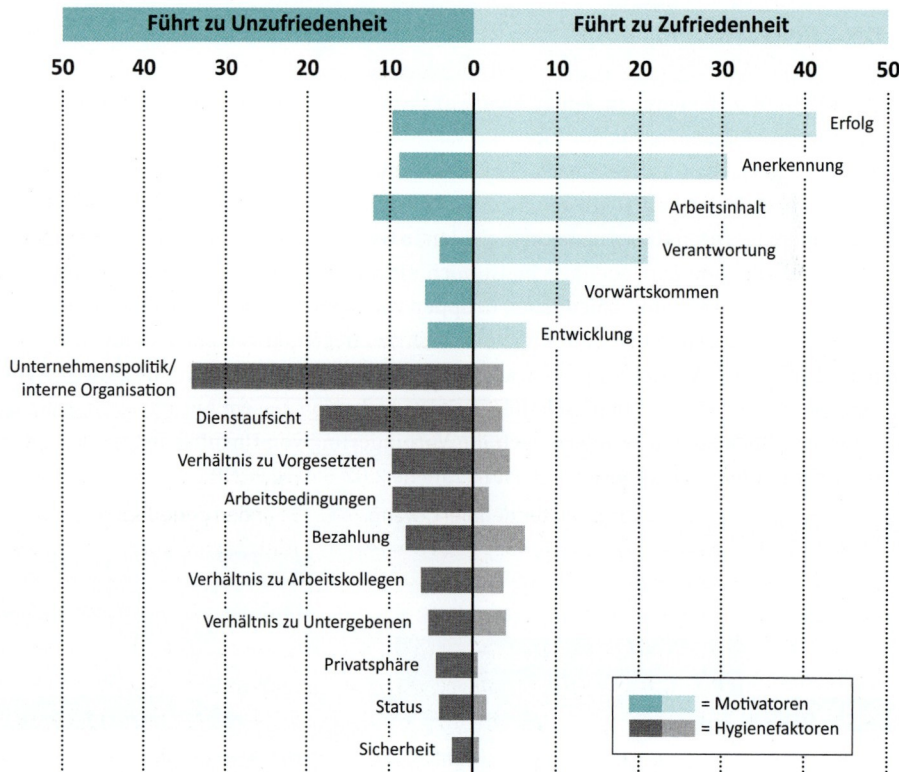

Abbildung 2.02-5: (extrinsische) Hygienefaktoren und (intrinsische) Motivatoren (HERZBERG, 2003: 6)

Das Schaubild zeigt, dass Erfolgserlebnisse, Anerkennung, Arbeitsinhalt, Übernahme von Verantwortung, die Aussicht, vorwärts zu kommen, und Entwicklungsmöglichkeiten die Zufriedenheit ermöglichen. Für die Vermeidung von Unzufriedenheit ist wiederum entscheidend, dass die interne Organisation als unterstützend und die Dienstaufsicht als fair erlebt werden, das Verhältnis zu Vorgesetzten, Arbeitskollegen und Mitarbeitern kollegial ist, Arbeitsbedingungen, Bezahlung und Status stimmig sowie Sicherheit sowie Privatsphäre gewährleistet sind.

 Motivatoren fördern eher die intrinsische Motivation und ermöglichen Zufriedenheit. Hygienefaktoren fördern eher die extrinsische Motivation und verhindern Unzufriedenheit.

### 3.3 Job Enlargement, Job Rotation und Job Enrichment

Job Enlargement, Job Rotation und Job Enrichment werden oftmals in einem Atemzug genannt und gemeinsam wird ihnen die Fähigkeit zugesprochen, Motivationsanreize setzen zu können. HERZBERG (2003: 8) merkt hierzu an:

- Job Enlargement (Arbeitsvolumen vergrößern): „Man füge einer geistlosen Tätigkeit eine ebensolche hinzu (gewöhnlich geht es hierbei um irgendwelche Routinearbeiten im Büro). Bei dieser Rechnung wird Null zu Null addiert."
- Job Rotation (Aufgabenbereiche wechseln): „Man lasse die Beschäftigten innerhalb eines Arbeitsbereiches rotieren und reichere dabei einige Arbeitsplätze an, die es besonders nötig haben. Das bedeutet etwa, eine Zeit lang Geschirr spülen und danach Bestecke putzen. Bei dieser Rechnung wird eine Null durch eine andere ersetzt."

Die Absicht besteht darin, „den Mitarbeitern das Gefühl zu geben, ihre Arbeit sei sinnvoller geworden, statt sie wirklich sinnvoller zu machen. Eine Arbeit tatsächlich sinnvoll zu gestalten, erfordert aber eine Aufgabenstellung, die das ermöglicht." (ebd.: 5). Und genau dies ist das Ziel von Job Enrichment Arbeitsanforderung vergrößern.

Eingefahrene Gewohnheiten können und sollten nicht über Nacht verändert werden (Stichwort: Sicherheitsbedürfnisse). Der Übergang von „poor work" zu „enriched work" erfolgt deshalb einerseits graduell und andererseits nicht auf einmal. Eine Abstufung der Einführung von Job Enrichment ist in Tabelle 2.02-4 dargestellt:

Tabelle 2.02-4: Entwicklungsstufen von Job Enrichment

| Stufe | Kategorie | „poor work" | „rich work" |
|---|---|---|---|
| 1 | Informationen | Mitarbeiter erhält nur die Informationen, die der Vorgesetzte weiterleitet. | Mitarbeiter ist in das Berichtssystem eingebunden und erhält automatisch periodische Berichte. |
| 1 | Kommunikation | Vorgesetzter definiert, wann, wo und worüber gesprochen wird. | Es finden periodische Besprechungen statt. Agenda wird vom Mitarbeiter vorbereitet. |
| 2 | Aufgaben | Mitarbeiter führt ständig die gleichen Aufgaben aus. | Mitarbeiter erhält neue, anspruchsvollere Aufgaben und gibt andere ab. |
| 2 | Verantwortung | Vorgesetzter kontrolliert die Arbeit der Mitarbeiter. | Mitarbeiter kontrolliert die Aufgaben in seinem Arbeitsbereich selbst. |
| 3 | Entscheidungen | Vorgesetzter entscheidet, Mitarbeiter führt aus. | Mitarbeiter trifft die Entscheidungen in seinem Arbeitsbereich selbst. |
| 3 | Ziele | Vorgesetzter definiert die Ziele. | Mitarbeiter definiert seine Ziele und bespricht diese mit dem Vorgesetzten. |
| 4 | Arbeitszeit | Arbeitszeit wird erfasst. | Mitarbeiter entscheidet selbst, wann er arbeitet. |
| 4 | Arbeitsort | Arbeitsort ist vorgegeben. | Mitarbeiter entscheidet selbst, wo er arbeitet. |

Während Job Enlargement wenig sinnvoll erscheint, macht Job Rotation Sinn, wenn z. B. Vertretungsmöglichkeiten geschaffen werden sollen, eine Vernetzung zwischen Bereichen angestrebt wird, die Flexibilität eines Mitarbeiters erhalten werden soll (anstelle von Monotonie) und Job Rotation mit Aspekten von Job Enrichment verbunden wird.

Job Enrichment wiederum zielt auf die Arbeitsaufgabe ab im Sinne der Motivatoren von Herzberg. Diese Veränderung kommt allerdings einem Kulturwechsel gleich, der auch zu fachlicher und emotionaler Überforderung führen kann, wenn vormals ein statisches und mechanistisches System die Arbeitsstruktur bestimmte.

## 4 Motivation in der Projektarbeit

In einem Projekt, das in der Gesamtheit der Bedingungen neu ist, können Bedürfnisse entstehen, die im üblichen Arbeitsumfeld bereits befriedigt sind. Das können z. B. Aspekte der Sicherheit sowie der sozialen Eingebundenheit sein, da Zuständigkeiten und Entscheidungswege erst noch zu definieren sind und die Zuverlässigkeit und Glaubwürdigkeit von Teamkollegen zu Beginn eines Projekts ggf. noch nicht einschätzbar sind. Das kann Verunsicherung bedeuten. Andererseits bietet ein Projekt Motivationspotential: Aufgaben sind vielfältig, oftmals ganzheitlich und bedeutsam, Zusammenarbeit ist notwendig und Ziele sowie Erwartungen sind (insofern sauber gearbeitet wurde) eindeutig und klar vereinbart, definiert und kommuniziert.

## 4.1 Komplexität und Stimmung im Projektverlauf

Ein Projekt ist ein „Unternehmen auf Zeit" und somit auch nur eine „Heimat auf Zeit". Projekte bieten deshalb Vorteile, aber auch Nachteile. Vorteile sind u. a.:

- Mitarbeit an zukunftsweisenden Themen statt Routine;
- Prozesse gestalten und Probleme lösen, statt Aufgaben administrativ abarbeiten;
- Teamarbeit, sich gemeinsam freuen, aber auch gemeinsam leiden statt Einzelkämpfertum;
- Lernchancen erhalten und Führungsverantwortung auf Zeit übernehmen statt Stagnation;
- Sichtbaren Anteil am Erfolg haben und direktes Feedback erhalten.

Eine Heimat auf Zeit bietet aber auch Nachteile und Probleme, die nicht hinzunehmen, sondern zu lösen sind:

- Bei längeren Projekten kann der Kontakt zur entsendenden Organisationseinheit verloren gehen.
- Projektarbeit fordert oftmals unterschiedlich intensive Arbeitsphasen (insbesondere vor einem anstehenden Meilenstein) mit Auswirkungen z. B. auf das persönliche Wohlbefinden oder das private Umfeld.
- In der Projektarbeit (insbesondere zu Beginn, aber auch später) ist oftmals sehr viel unklar und unscharf. Diese Unschärfe kann zu Unsicherheit führen.
- Probleme sind Probleme, weil deren Lösung unsicher ist. Das kann zu Überforderung, Unzufriedenheit, Zeitverzug und damit Zeitstress führen.
- In Projekten muss verhandelt und viel kommuniziert werden. Zulieferungen sind notwendig, um weiterzuarbeiten, und Missverständnisse können erhebliche Mehrarbeit bedeuten. Dies alles bedeutet erhebliches Konfliktpotential.

Projekte bieten ein ständiges Auf und Ab, einen ständigen Wechsel von Phasen der Kreativität und mühsamer Detailarbeit, von Erfolg und Misserfolg, von Euphorie und Niedergeschlagenheit, von Konflikten und gelungener Verständigung, von Freude und Frust. Diese Erlebnisse schweißen das Team zusammen. „Erst Emotionen machen aus der Summe von Menschen ein Team, das zur Synergie fähig ist." (MAYERSHOFER & KRÖGER, 2001: 94). Die Stimmung im Projekt hängt wiederum mit der wahrgenommenen Komplexität der Projektarbeit zusammen.

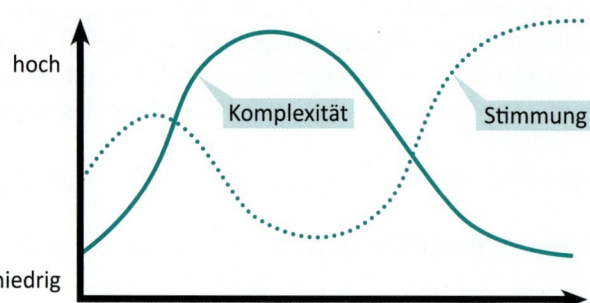

Abbildung 2.02-6: Stimmung im Projektverlauf (MAYERSHOFER & KRÖGER, 2001: 93)

Wenn für diese emotionale Seite der Projektarbeit, für den Spaß und den Frust, für Konflikte und Verständigung keine Zeit und kein Raum zur Verfügung stehen, dann leidet auch der Sachfortschritt.

## 4.2 Selbstmotivation fördern und Demotivation verhindern

Ein Projektleiter kann mit folgenden Maßnahmen, gruppiert nach den Motivklassen von Maslow, Selbstmotivation fördern und Demotivation verhindern.

**Selbstmotivation der Teammitarbeiter ermöglichen:**

Bedürfnis nach Selbstverwirklichung

- Job Enrichment: Aufgaben anreichern und Handlungsspielräume erweitern.
- Zusammenhänge besprechen, Bedeutung des Projekts (und der Arbeitspakete) für das Unternehmen klären.
- Kreative Lösungen erlauben und gemeinsam besprechen.
- Kompetenzentwicklung fördern (z. B. gezielte Weiterbildung, Job Enrichment)
- Zukunftsoptionen und -perspektiven besprechen.

Bedürfnis nach Achtung

- Leistungen wertschätzen, Feedback geben und Ergebnisse besprechen.
- Projektmitarbeiter bei Ergebnispräsentationen einbinden.
- Leistungen des Teams würdigen und sich selbst als Projektleitung nicht in den Vordergrund spielen.
- Individualität der Teammitglieder anerkennen.

**Demotivation der Teammitarbeiter verhindern:**

Bedürfnis nach Zugehörigkeit

- Rollen, Status, Pflichten und Rechte der Mitarbeiter im Projekt klären.
- Bedürfnis „sich beteiligen zu können": Projektfortschritt, Schwierigkeiten und Entscheidungen im Team besprechen.
- Bedürfnis der Mitarbeiter, sich zugehörig zu fühlen, sowie Bedürfnis nach Hilfe und Unterstützung (Projektleiter): Projektleiter sollte erreichbar sein sowie mit Wohlwollen die Arbeit unterstützen (Vertrauensaspekte)
- Bedürfnis der Mitarbeiter, sich zugehörig zu fühlen, sowie Bedürfnis nach Hilfe und Unterstützung (Projektteam): Gemeinsame Erfolge feiern, regelmäßige Sitzungen, auf die Einbindung in die Organisation achten.

Bedürfnis nach Sicherheit

- Gesicherter Arbeitsplatz: Was passiert nach Abschluss des Projekts? Frühzeitige Klärung, wie es weitergehen soll.
- Ziele, Arbeitspaketverantwortlichkeiten, Zuständigkeiten, Abläufe und Termine klären. Entscheidungswege transparent und nachvollziehbar gestalten.
- Angstfreiheit: Zuverlässigkeit, Glaubwürdigkeit und Berechenbarkeit des Projektleiters (Vertrauensaspekte)
- Routinen schaffen, z. B. durch standardisierte Sitzungsabläufe, Jour fixe, Sitzungsprotokolle.

Physiologische Bedürfnisse

- Faires Gehalt – ggf. Sonderzahlungen bei Mehrarbeit oder höherwertiger Arbeit
- Projektarbeit ist oftmals anstrengend und bedingt Stress (z. B. durch neuartige Aufgaben, ggf. Arbeit in Linie und Projekt, Termindruck). Andererseits besteht ein grundlegendes Bedürfnis nach Entspannung. Es sollte deshalb auf eine Balance von Stress- und Ruhezeiten geachtet werden.

# 5 Zusammenfassung

Im ersten Kapitel wurden drei Erklärungskonzepte besprochen: Motivation als biologischer Trieb (Motivation ist eine Reaktion auf einen biologischen Mangelzustand, wie z. B. Hunger), Motivation als artspezifischer Instinkt (Motivation ist ein Instinktmuster als Reaktion auf einen Reiz der Umwelt) und Motivation als subjektive Bewertung (Motivation ist das Ergebnis der subjektiven Bewertung von Handlungen und Ereignissen).

Im zweiten Kapitel wurden zwei verschiedene Menschenbilder vorgestellt: die sog. Theorie X (pessimistische Sichtweise) und Theorie Y (optimistische Sichtweise) sowie als Konkretisierung die naiven Persönlichkeitstheorien, die den Umgang mit anderen Menschen direkt beeinflussen: Wir glauben nicht, was wir sehen, sondern wir sehen, was wir glauben. Im Anschluss wurden die Bedeutung der eigenen Bewertungen und Annahmen und insbesondere die Bedeutung der Selffulfilling Prophecy von Führungskräften am Beispiel der unterschiedlichen Einschätzung und Behandlung von (vermeintlich) leistungsstarken und leistungsschwachen Mitarbeitern besprochen. Mit dem Konzept der Ver-Führung wurden sodann Zwang und Manipulation als Motivierungstechniken identifiziert als Kehrseite der Motivation. Den Unterschied hierbei bildet die Art der sozialen Einbindung: instrumentalisierend (Motivierung) oder integrierend (Motivation). Als weitere Differenz wurden extrinsische sowie intrinsische Motivation unterschieden. Das Wert-Erwartungs-Modell wurde als extrinsisches Motivationskonzept und das Flow-Erlebnis als intrinsisches Motivationskonzept vorgestellt.

Im dritten Kapitel wurden drei inhaltstheoretische Modelle der Motivation vorgestellt. Hierbei geht es um die Frage: Was sind zentrale Motive des Menschen? Ausgehend von der Bedürfnispyramide von MASLOW und der Zwei-Faktoren-Theorie von HERZBERG, wurden abschließend Maßnahmen der Arbeitsorganisation (Job Enrichment, Job Enlargement und Job Rotation) vorgestellt.

Im vierten Kapitel wurden die vorgängigen Kapitel integriert und Konsequenzen für die Projektarbeit gezogen. Die zentrale Frage hierbei war: Auf welche Aspekte sollte und könnte ein Projektleiter achten?

# 6 Fragen zur Wiederholung

1. Warum sind die Erklärungsansätze „Motivation als biologischer Trieb" sowie „Motivation als artspezifischer Instinkt" nicht ausreichend? ☐
2. Inwiefern unterscheidet sich der Erklärungsansatz „Motivation als subjektive Bewertung" von den älteren Ansätzen? ☐
3. Inwiefern unterscheidet sich die Theorie X von der Theorie Y nach McGregor? Welche Folgen haben diese unterschiedlichen Menschenbilder? ☐
4. Naive Persönlichkeitstheorien leiten unser Handeln an. Welche Bedeutung haben in diesem Zusammenhang Selffulfilling Prophecies? ☐
5. Was ist mit Ver-Führung und Motivierung nach Sprenger gemeint? Welche Techniken beinhaltet das Konzept der Ver-Führung? ☐
6. Was ist der Unterschied zwischen extrinsischer und intrinsischer Motivation und warum ist dieser Unterschied bedeutsam? ☐
7. Was beinhaltet das Wert-Erwartungs-Modell nach Vroom? Inwiefern ist das Wert-Erwartungs-Modell von Vroom ein Modell, das allein auf extrinsische Motivation ausgerichtet ist? ☐
8. Was beinhaltet das Flow-Konzept? Welche Rolle spielt hierbei das Konzept der Selbstwirksamkeit? ☐
9. Welche Bedürfnisklassen unterscheidet Maslow? Wie lassen sich Anschluss-, Leistungs- und Machtmotivation mit dem Maslow'schen Modell in Verbindung bringen? ☐
10. Welche Faktoren unterscheidet Herzberg? Inwiefern besteht ein Zusammenhang zwischen den Bedürfnisklassen von Maslow und dem Zwei-Faktoren-Modell von Herzberg? ☐
11. Was ist der Unterschied zwischen Job Enrichment, Job Enlargement und Job Rotation? Wann macht welches Konzept Sinn? ☐
12. Welcher Zusammenhang besteht zwischen der Stimmung in einem Projekt und der wahrgenommenen Komplexität des Projekts? ☐
13. Auf welche Aspekte sollte ein Projektleiter achten, um Selbstmotivation zu fördern und Demotivation zu verhindern (bzw. abzubauen)? ☐

## 2.03 Selbststeuerung (Self-control)
Eberhard Will, Michael Buchert

### Kontext und Bedeutung

Ebenso wie Management allgemein kann man Projektmanagement speziell als das engagierte Verfolgen und Erfüllen widersprüchlicher Ziele und Anforderungen verstehen:

- Kundenorientierung versus Mitarbeiterorientierung
- Projektziele versus Stakeholderinteressen
- Schnelligkeit versus Qualität
- Zugesicherte Eigenschaften versus Budgeteinhaltung
- Regelorientierung versus Flexibilität
- Klima versus Output
- Effizienz versus Zuwendung
- Durchsetzung versus Lernfähigkeit
- Steuerung versus Anpassung
  usw.

Projekte leiten umfasst also auch, mit dem aus solchen Widersprüchen resultierenden Arbeits- und Termindruck umzugehen, mit Unsicherheit, mit Änderungen, mit fehlender Anerkennung und Konflikten – anders ausgedrückt mit Stressoren, also mit Stress auslösenden Faktoren – und mit Menschen, die diesen Stress einerseits empfinden, andererseits aber auch selbst verursachen. Diese sind der Projektleiter selbst sowie potenziell alle übrigen am Projekt Beteiligten.

Hier fordert die ICB die Fähigkeit des Projektleiters zur Selbstkontrolle und zur Selbststeuerung. Denn leider verfügt er nicht über den festen archimedischen Punkt, an dem er den Hebel ansetzen könnte, um das Projektsystem in die gewünschte Richtung zu bewegen. Vielmehr ist er selbst ein Teil dieses Systems, ist ähnlich dem Fahrer auf dem Motorrad dessen Eigendynamik ausgesetzt und soll dennoch ein stabilisierender Faktor sein, der das System ziel- und outputorientiert steuern kann.

Dazu gehört die Wahrnehmung der Stimmung im Team und im Umfeld, ebenso wie die ständige Bereitschaft, Entwicklungen vorzubeugen, die eventuell außer Kontrolle geraten könnten. Andere beim Umgang mit Stress unterstützen zu können, wird demjenigen eher gelingen, der mit seinem eigenen Stressmanagement erfolgreich ist.

Grundlage dafür soll der richtige Umgang mit den eigenen Ressourcen sein und ein an persönlichen Zielen ausgerichtetes Konzept für „Work-Life-Balance"[1]. So sieht die ICB den professionellen Projektleiter gestärkt, Selbststeuerung und Selbstkontrolle sowohl innerhalb der Teamarbeit als auch einzelner Teammitglieder zu fördern – und damit letztlich die Ziele und den Erfolg seines Projektes.

Entsprechenden Untersuchungen zur Folge nehmen in vielen Ländern der Erde sowohl die Häufigkeit als auch die Dauer überlastungsbedingter Krankheitsausfälle seit Jahren zu. Naiv wäre es zu glauben, lediglich die Welt der Routinetätigkeiten sei davon betroffen, nicht jedoch die Welt der Projekte. Vielmehr kommt es auch auf diesem Gebiet darauf an, durch Präventions- und Bewältigungsstrategien sowohl humanen als auch ökonomischen Anforderungen gerecht zu werden.

Die ICB hat einen professionellen, aber keinen wissenschaftlichen Anspruch. Begriffe wie Selbststeuerung, Selbstmanagement, Selbstorganisation, Selbstkontrolle und ihre Bedrohung durch Stress werden daher pragmatisch umgangssprachlich verwendet. Auch in diesem Beitrag wird nicht versucht, zu den angesprochenen Themen ein durchgängiges Konzept zu entwickeln. Vielmehr sollen die Leser ergänzendes Material erhalten, um ihre eigene Sicht besser formulieren und begründen zu können.

---

1 Ausführlich dazu Kap. 2.05 Lernziele

**Lernziele**

Sie kennen

- Ursachen und Bedingungen, die zu Stresssituationen in der Projektarbeit führen können
- beobachtbare Verhaltensweisen von Menschen unter Stress
- Präventionsmaßnahmen, die geeignet sind, Stress im Projekt zu vermeiden oder zu reduzieren
- Methoden zur (nachträglichen) Stressbewältigung
- Stresssymptome, die professionelle Hilfe erfordern

# Inhalt

| | | |
|---|---|---|
| 1 | Grundlagen | 826 |
| 1.1 | Arbeiten unter Druck | 826 |
| 1.2 | Was ist Stress? | 827 |
| 1.3 | Stressoren | 828 |
| 1.4 | Aktuelle Stresstheorien | 829 |
| 1.5 | Stresssymptome | 832 |
| 1.6 | Stressprävention | 834 |
| 1.6.1 | Zeitmanagement | 834 |
| 1.6.2 | Selbstmanagement | 835 |
| 1.6.3 | Umgang mit Gefühlen | 835 |
| 1.7 | Stressbewältigung I | 836 |
| 1.8 | Wenn Stress richtig krank macht | 838 |
| 2 | Zusammenfassung | 839 |
| 3 | Fragen zur Wiederholung | 839 |

# 1 Grundlagen

## 1.1 Arbeiten unter Druck

Manche Menschen erleben ihre Projektarbeit als zäh, unproduktiv und aufreibend, andere als hektisch, aufpeitschend und auszehrend. Beide erleben Stress – nur eben anders. „Sie sind chronisch müde und der Magen schmerzt täglich. IT-Profis haben kein leichtes Leben. Im Gegenteil. Mitarbeiter in IT-Projekten leiden bis zu viermal häufiger unter psychosomatischen Beschwerden als der Durchschnitt der Beschäftigten. 40 Prozent stehen kurz vor dem Burnout, fühlen sich seelisch und körperlich völlig erschöpft. Das zeigt eine Studie des Instituts für Arbeit und Technik (IAT) in Gelsenkirchen von Ende 2006. Für ihre Untersuchungen haben die Arbeitsforscher sieben IT-Projektgruppen 16 Monate lang begleitet." So dramatisch leitete SPIEGEL online im Januar 2007 einen Artikel über krank machende Arbeitsüberlastung im Beruf ein.[2]

Auch wenn es keine Gründe gibt anzunehmen, Projektarbeit sei per se belastender als das Tagesgeschäft oder Routinetätigkeiten, so gibt es doch eine Reihe typischer und häufiger Bedingungen, die hohen Druck und anhaltende Anspannung im Projekt wahrscheinlich machen. Beispiele sind

- Unscharfe Ziele und nicht beherrschte Änderungen
- Unrealistische Pläne
- Termindruck, Problemdruck, Innovationsdruck, Leistungsdruck
- Hoher Besprechungs- und Abstimmungsaufwand
- Konflikte zwischen Projektbeteiligten und zwischen Projekt und Linie
- Ressourcenknappheit, Projekte „on Top", viele parallele Aktivitäten
- Führungs-, Kultur- und Kommunikationsprobleme
- Zu wenig Arbeitsvorbereitung, zu viel Fehlerbehebung.

Abbildung 2.03-1: Stress im Projekt

---

2   http://www.spiegel.de/wissenschaft/mensch/0,1518,455382,00.html

Es liegt auf der Hand, dass hier Stress aufgebaut und empfunden wird, und dass – trotz allen Strebens nach Prävention durch noch besseres Projektmanagement – die Beteiligten lernen müssen, damit umzugehen. Dabei ist der Projektleiter im klassischen Dilemma aller Führungskräfte. Seine Aufgabe ist es, den Mitarbeitern zu helfen, sowohl die gemeinsamen als auch die eigenen Probleme zu lösen, obwohl er selbst seine Motivation und sein Engagement nicht davon abhängig machen darf, dass andere das Gleiche für ihn tun.

Selbststeuerung, Selbstorganisation, Selbstkontrolle, Selbstcoaching sollen ihm helfen, diesen Spagat auszuführen, sich persönlich weiter zu entwickeln, sich emotional zu entlasten und mentale Stärke aufzubauen.

## 1.2 Was ist Stress?

Zu Beginn des Zwanzigsten Jahrhunderts begannen Forscher, wie Walter CANNON und Hans SEYLE, damit, zunächst die biologischen, später die psychologischen Grundlagen der Entstehung und Verarbeitung von Stress zu erforschen. Aktuelle ganzheitliche Ansätze betrachten die wechselseitige Verflechtung von Organismus, Kognitionen (Wahrnehmung, Denken), Emotionen und Verhalten, um Stressvorgänge zu erklären und Ansatzpunkte zur Stressbewältigung aufzuzeigen.

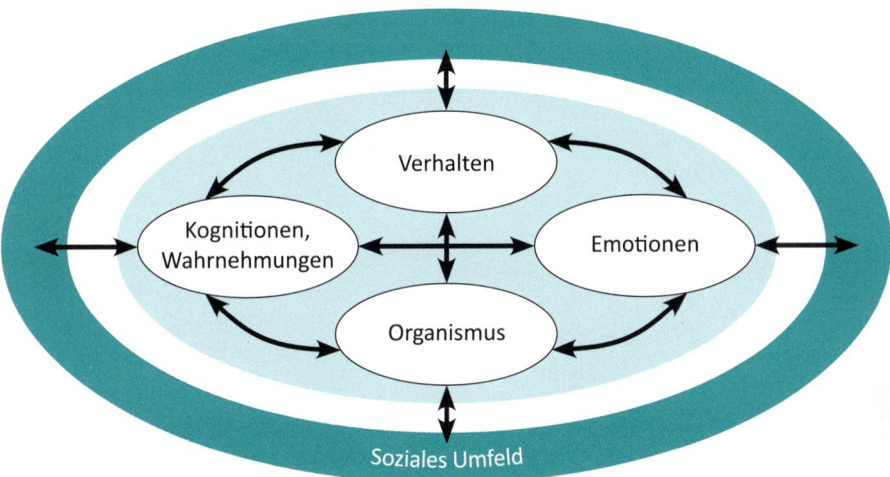

Abbildung 2.03-2: Ganzheitliche Betrachtung des Menschen in seinem Umfeld

Zunächst stellt Stress eine von der Evolution hervorgebrachte, nützliche Reaktion auf Notsituationen dar, in denen der Körper sich reflexartig auf Flucht oder Kampf einstellen muss. Alle Ressourcen werden hierauf konzentriert. Das Hormon Noradrenalin wird ausgeschüttet, Puls und Blutdruck gehen nach oben, Muskeln und Aufmerksamkeit sind angespannt. Logisches Denken und vernünftiges Abwägen sind jetzt zugunsten von Reflexen weitgehend blockiert. Ist die Gefahr vorüber, folgt eine Erholungsphase, in der Stresshormone abgebaut werden und Körper und Psyche sich wieder entspannen. Werden Stressoren in zu kurzen Abständen wirksam, addiert sich die Anspannung und die erforderliche Erholungszeit wird länger.

Innerhalb des Körpers gibt es viele solcher Rückkopplungsprozesse. Z. B. pendelt sich unsere Körpertemperatur nach Fieber, Anstrengung oder Unterkühlung zuverlässig wieder auf ihren Normalwert ein. Leider gilt dieses Prinzip der **Homöostase** (Selbststabilisierung durch Rückkopplung innerhalb einer zulässigen Schwankungsbreite) nicht für die Stressregulation. Das Stresssystem ist in gewisser Weise lernfähig. Werden Stress auslösende Faktoren zur Dauerbelastung, setzt der Körper die Sollwerte für zulässige Stresshormone und nervliche und körperliche Anspannung dauerhaft hoch. Er reagiert nach dem Prinzip der **Allostase** (Selbststabilisierung durch Verschiebung der zulässigen Schwankungsbreite).

Als Folge wird das ursprüngliche, gesunde Entspannungsniveau nicht mehr erreicht. Körperliche Schäden sind die Konsequenz.[3]

Die Evolution hat das Stresssystem bei Mensch und Tier lediglich für kurzfristigen Stress, nicht jedoch für Dauerstress ausgelegt.

## 1.3 Stressoren

Leider sind Stress auslösende Faktoren (Stressoren) in der zivilisierten Welt praktisch ubiquitär und es ist erstaunlich, wie viel (die meisten) Menschen aushalten können.

- **Katastrophale Stressoren** sind fundamentale und lange nachwirkende Ereignisse, die sich auf die gesamte Bevölkerung oder große Gruppen auswirken, wie
  - Kriege und Naturkatastrophen
  - Ökonomische Umwälzungen (aktuelles Stichwort: Verlustängste durch Globalisierung[4])
- **Persönliche Stressoren** (Live-Events) sind belastende Ereignisse, die Menschen zu irgendeinem Zeitpunkt im Leben treffen
  - Unfall, schwere Erkrankung
  - Geburt, Todesfall, Scheidung
  - Wohnungseinbruch
  - Verlust des Arbeitsplatzes
- **Chronische Stressoren** sind dauerhafte Umstände, die lange anhaltende Spannung erzeugen
  - Anhaltender Zeitdruck, Arbeitsdruck
  - Unklare Anforderungen
  - Mangel, Armut
  - Ungeliebter Beruf, ständiges Fehlerrisiko, Schichtarbeit
  - Verantwortung für belastende Entscheidungen
  - Einflusslosigkeit, Wirkungslosigkeit
  - Erduldung von Willkür oder Mobbing
  - Fehlende Anerkennung, Herabwürdigung, Einsamkeit
  - Unterforderung, Überforderung
  - Ehe-/Beziehungsprobleme
- **Störungen der Routine** (daily hassles) sind kurzfristig und, für sich allein genommen, kaum schädlich, aber besonders gefährlich, wenn sie in kurzen Abständen auftreten und sich verstetigen
  - Lärm
  - Fehler
  - Ärger im Job
  - Ärger im Team
  - Schulprobleme
  - Zug/Flugzeug verpasst
  - Stau auf dem Arbeitsweg

---

3   Eine wissenschaftlich fundierte und gleichzeitig verständliche Darstellung der Stressvorgänge bei KALUZA (2007). Einen umfangreichen Überblick über die Forschung gibt Karl C. MAYER auf http://www.neuro24.de/stress.htm mit vielen Literaturhinweisen und Links.
4   Die Auswirkungen kollektiv erlebter katastrophaler und chronischer Stressoren auf eine ganze Gesellschaft untersucht STEPHAN GRÜNEWALD in: „Deutschland auf der Couch" auf der Basis von Tausenden von (Marktforschungs-)Tiefeninterviews. Er diagnostiziert „einen Zustand überdrehter Erstarrung" (GRÜNEWALD, 2006: 7) als Folge von vielfältiger Überforderung durch ökonomischen und sozialen Wandel.

Die gute Nachricht für Projektmanager scheint zu sein, dass trotz des exemplarischen Charakters der Aufzählung rein quantitativ die meisten Stressoren aus dem sozialen und privaten Leben stammen und bei den berufsbezogenen diejenigen überwiegen, die eher den Routinetätigkeiten oder den helfenden Berufen zugeordnet werden können.

Gerade deswegen könnte jedoch die Gefahr erhöht sein, die Bedeutung z. B. von ständigem Zeitdruck, unklaren Anforderungen, scheinbar willkürlichen Änderungen oder fehlender Anerkennung zu gering zu schätzen und erste Symptome und Schadensfolgen zu übersehen oder zu verdrängen. Auch ist damit zu rechnen, dass es auch Projektbeteiligten nicht gelingt, ihren privaten Stress morgens bei Arbeitsbeginn ab- und erst nach Feierabend wieder anzuschalten.

Weit verbreitet in der Projektarbeit ist **handlungsseitiger Stress**, der auftritt, wenn zu viele Aufgaben gleichzeitig erledigt werden sollen oder wenn unerwartete Schwierigkeiten oder äußere Behinderungen auftreten. Diese Art von Stress reduziert positive Gefühle. Er beeinträchtigt die Arbeitsfreude, führt zu Anspannung und Frustration und wird als **Belastung** empfunden.

Als **Bedrohung** empfunden wird dagegen **erlebnisseitiger Stress**. Er resultiert aus Fehlern und Misserfolgen oder unrealistischen Zielen und unlösbaren Aufgaben und erzeugt negative Gefühle, z. B. Unsicherheit, Angst, Wut oder Trauer.

## 1.4 Aktuelle Stresstheorien

Um erklären zu können, warum Menschen gleicher Konstitution sehr unterschiedlich auf gleiche Stressoren reagieren, baute Richard S. LAZARUS (vgl. LAZARUS,1984) die subjektive Wahrnehmung und Bewertung der Auslöser in das Modell ein. Stress entsteht nicht durch eine gefährliche oder herausfordernde Situation an sich, sondern durch das Spannungsverhältnis zwischen den Anforderungen der Situation und den eigenen Möglichkeiten, diese Situation zu bewältigen. Erst die Wahrnehmung und Bewertung dieses Spannungsverhältnisses stellen die Weichen für die resultierende Stressreaktion.

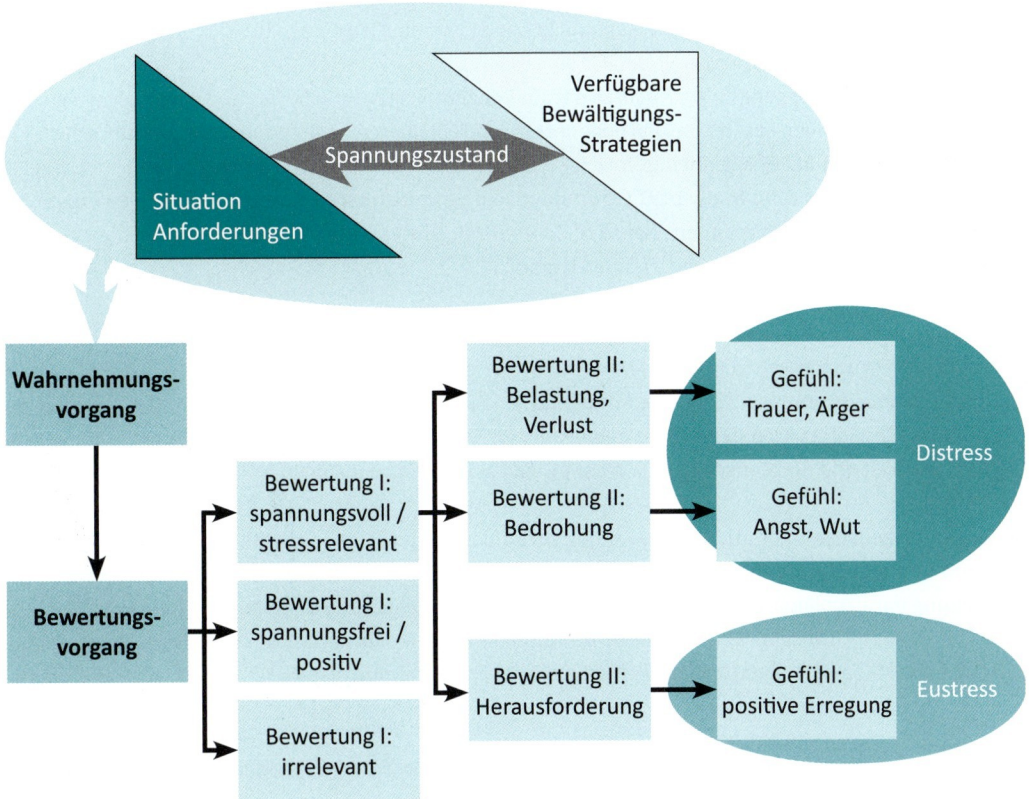

Abbildung 2.03-3: Stresswahrnehmung (in Anlehnung an LAZARUS, 1984)

Im ersten Schritt werden die situativen Anforderungen daraufhin beurteilt, ob sie – im Hinblick auf die eigenen Bewältigungsmöglichkeiten – überhaupt relevant sind oder eher angenehm/positiv/vorteilhaft sind oder eben stressrelevant. Stressrelevant sind

- bereits eingetretene Schäden und Verluste, die jetzt noch verarbeitet oder betrauert werden müssen
- Herausforderungen, die ggf. Gewinn oder Befriedigung (Lust) versprechen
- Bedrohungen, die ggf. Leiden, Schaden oder Verlust (Unlust) erwarten lassen.

Im zweiten, nahezu parallelen Schritt wird die Situation mit den eigenen Reaktions- und Handlungsmöglichkeiten abgeglichen. Kann eine Herausforderung voraussichtlich gemeistert werden, wird positiver **Eustress** empfunden. Erlauben es die eigenen Ressourcen und Verhaltensoptionen voraussichtlich nicht, die Situation den eigenen Maßstäben entsprechend adäquat zu bewältigen, werden die physischen und psychischen Stressreaktionen ausgelöst. Es wird negativer **Distress** empfunden.[5]

Im Zuge der eigenen Reaktion folgt anschließend eine Neubewertung der Situation und der Erfolg versprechenden Handlungs-Optionen. Die kann zu richtigen oder falschen Schlüssen führen, in jedem Falle aber zur Herausbildung von Mustern für künftige Bewertungsprozesse.

Grundsätzliche Reaktionsmöglichkeiten bei Belastung oder Bedrohung sind zunächst **Kampf** oder **Flucht**.

**Beispiel** Wie könnte jetzt unser gestresster Projektleiter – kämpfend oder flüchtend – reagieren? „Kämpfen" könnte er z. B., indem er selbst „mit anpackt", eine phrasenhafte Motivationsrede hält, droht oder laut wird, Aufgaben entzieht, investigativ kontrolliert, spontan Überstunden oder Urlaubssperre verlangt, Kommunikationsregeln und gute Manieren vergisst. „Flüchten" könnte er z. B., indem er sich in Facharbeit vergräbt, nicht zu erreichen ist, Informationen abwehrt, Mails nicht liest, sich auf Nebenkriegsschauplätze begibt, sich krank meldet.

Weitere Reaktionsmöglichkeiten sind **Leugnung der Bedingungen** (Verdrängen, Schönreden) oder **Veränderung der Bedingungen**. Man sagt auch: Love it, change it or leave it.

Während sich die bisher genannten Ansätze darauf konzentrierten, wie Stress und seine negativen, ggf. krank machenden Folgen entstehen (Pathogenese), untersuchte Aaron ANTONOWSKI, wodurch auch unter widrigen Umständen Gesundheit gefördert und aufrechterhalten wird. Er prägte dafür den Begriff **Salutogenese** (vgl. ANTONOWSKI, 1997). Für sie machte er u. a. ausreichende Widerstandsressourcen verantwortlich, insbesondere einen „Sense of Coherence". Dieses **Kohärenzgefühl** bezeichnet ein früh und unbewusst erworbenes Grundvertrauen darauf,

- dass die Anforderungen der inneren und äußeren Umwelt und die Ereignisse des Lebens – jedenfalls prinzipiell- vorhergesehen und erklärt werden können,
- dass – jedenfalls grundsätzlich – die Mittel und Möglichkeiten verfügbar sind, damit die Anforderungen und Schwierigkeiten des Lebens gemeistert werden können,
- dass die Welt und die Menschen es wert sind, sich aktiv für sie zu engagieren.

Einfacher ausgedrückt, könnte man von einer vernünftigen, positiven Einstellung zur eigenen Person und zum Leben in der Gegenwart sprechen. Ein entwickeltes Kohärenzgefühl beeinflusst sowohl die Beurteilung der Problematik einer Situation als auch die Einschätzung der eigenen Lösungskompetenz positiv. Ein schwach ausgeprägtes Kohärenzgefühl ist dagegen eine gerade auch für Stressfolgen anfällig machende Mangelerscheinung, ähnlich einem schwachen Immunsystem.[6]

---

5   Der prinzipiell gleiche zweistufige Bewertungsprozess findet sich in der Motivationstheorie von VROOM (Vgl. Kapitel 2.02, Motivation).
6   Vergleiche hierzu die Ausführungen zur Selbstwirksamkeitsüberzeugung in 2.02, Motivation

Eine große Rolle für von Personen oder Organisationen selbst erzeugtem Stress können **Mentale Modelle** spielen, die Peter SENGE populär gemacht hat (vgl. SENGE, 1996/1: 228ff). Mentale Modelle sind vereinfachende Konstrukte zur Erklärung einer zu komplexen Realität. Sie können sich zu Glaubenssätzen oder geheimen Spielregeln von Organisationen verfestigt haben. Mentale Modelle können daran hindern, Situationen realistisch und die verfügbaren Handlungsoptionen in ihrer ganzen Vielfalt einzuschätzen. Dadurch können sie das Stressniveau erhöhen. Humorvolles Beispiel von Senge: „Ein Mann geht zum Therapeuten und sagt: ‚Ich bin gerade gefeuert worden, das siebte Mal in den letzten fünf Jahren. Ich habe tierischen Ärger mit meiner Frau, und ich bin schon dreimal geschieden. Ich brauche unbedingt Ihren Rat: Wieso laufen da draußen in der Welt so viele Verrückte herum?'", (SENGE, KLEINER, SMITH, ROBERTS & ROSS, 1996/2: 271)

Einen sehr eigenständigen Ansatz zur Erklärung von Stresswahrnehmung und Stressverhalten liefert die **Theorie der Ressourcenerhaltung** von Stevan HOBFOLL (vgl. HOBFOLL & BUCHWALD, 1994). Ressourcen in diesem Sinne sind

- Objekt-Ressourcen, z. B. Material, Werkzeug, Auto, Raum
- Persönliche Ressourcen, z. B. Selbstbewusstsein, Geschick, Ausdauer
- Bedingungsressourcen, z. B. Entscheidungskompetenz, Gestaltungsmöglichkeit, Arbeitsplatzsicherheit
- Energie-Ressourcen, z. B. Know-how, Zeit, Geld.[7]

Menschen streben danach, ihre Ressourcen zu schützen, zu vermehren und auszubauen. Stress entsteht in Situationen, in denen

- der Verlust oder die Entwertung von Ressourcen drohen oder tatsächlich eintreten
- oder eingesetzten/investierten/geopferten Ressourcen kein als angemessen empfundener Zugewinn an Ressourcen folgt.

Um Stress zu bewältigen, werden verschiedene Coping-Strategien (Bewältigungsstrategien) bzw. deren Mischformen eingesetzt.

- entweder proaktives Handeln oder Vermeidungsstrategien
- entweder gemeinsam mit anderen oder gegen und zum Schaden anderer handeln
- entweder offen/explizit oder verdeckt/diplomatisch agieren.

Dieser Ansatz erklärt z. B. gut die negative Dynamik sich selbst verstärkender Verlustsituationen und liefert gute Begründungen für kooperative Strategien der Stressbewältigung.

**Beispiel** Information ist in einem Projekt als Bringschuld definiert. Als Reaktion auf Fehler wegen Nichtweitergabe von Informationen werden andere Informationen ebenfalls nicht weitergegeben, was zu weiteren Schäden führt. Besser wäre, Information sowohl als Bringschuld dessen, bei dem sie anfällt, und gleichzeitig als Holschuld dessen, der sie benötigt, zu definieren.

---

7  Dieser psychologische Ressourcenbegriff umfasst also wesentlich mehr als die Ressourcen (Einsatzmittel) im Sinne des PM-Ressourcenmanagements

## 1.5 Stresssymptome

„Jetzt bitte nicht, ich bin im Stress!" Was will uns der Kollege damit sagen? Versuchen wir eine Analyse mit den „Vier Seiten der Nachricht".[8]

Die *Selbstkundgabe* könnte z. B. sein: Ich fühle mich unter Druck. Ich kann jetzt nicht unterbrechen. Ich bin jetzt voll konzentriert. Oder: Ich bin gerade nicht ganz Herr der Lage. Ich will meine Anspannung jetzt mit einem kräftigen, lautmalenden Wort ausdrücken.

Die *Beziehungsbotschaft* könnte z. B. lauten: Mein momentanes Problem ist wichtiger/dringlicher als Deines. Du bist ein Störenfried. Ich kann es mir erlauben, Dich abzuwimmeln.

Der *Appell* könnte z. B. sein: Komme später wieder!, Störe mich nicht!, Bedaure mich!, Bewundere mich!, Hilf mir!

Was aber ist mit der *Sachaussage*? Ist er wirklich im Stress? Oder hat er momentan nur einfach für seine Verhältnisse viel zu tun und arbeitet angestrengt? Oder findet er es einfach cool, „im Stress" zu sein? Woran könnte man dies unterscheiden? Welche Symptome sprächen für negativen Distress?

Positiver Eustress kann endorphingetriebene, angenehme oder gar rauschhafte Glücksgefühle verursachen und Menschen vorübergehend im übertragenen Sinne Flügel oder Bärenkräfte verleihen. Die Symptome des negativen Distresses dagegen können das Leben zur Hölle machen – insbesondere, wenn er über längere Zeit anhält:

- Herzklopfen, kalter Schweiß, kalte Hände, Engegefühl in der Brust, Hände und Lippen zittern
- Rückenschmerzen, Zähneknirschen, Schwindelgefühl, Kopfschmerz oder Migräne
- Verspannung, Ticks, Tinnitus, Taubheit, Potenzstörungen
- Schlafstörungen, Appetitlosigkeit, Erschöpfung
- Trauer- und Schamgefühle, Angst, Aggression
- Konzentrationsstörungen, Gedanken drehen sich im Kreis, Tagträume
- Tunnelblick und Rigidität. Gereiztheit, Ärger, Wut.

Wie sich diese Symptome über die Zeit hinweg langsam aufbauen können, zeigt die „Erschöpfungsspirale" in Abbildung 2.03-4.

---

8  Vgl. auch Kapitel 1.18. Ausführlicher: Schulz von Thun (2006)

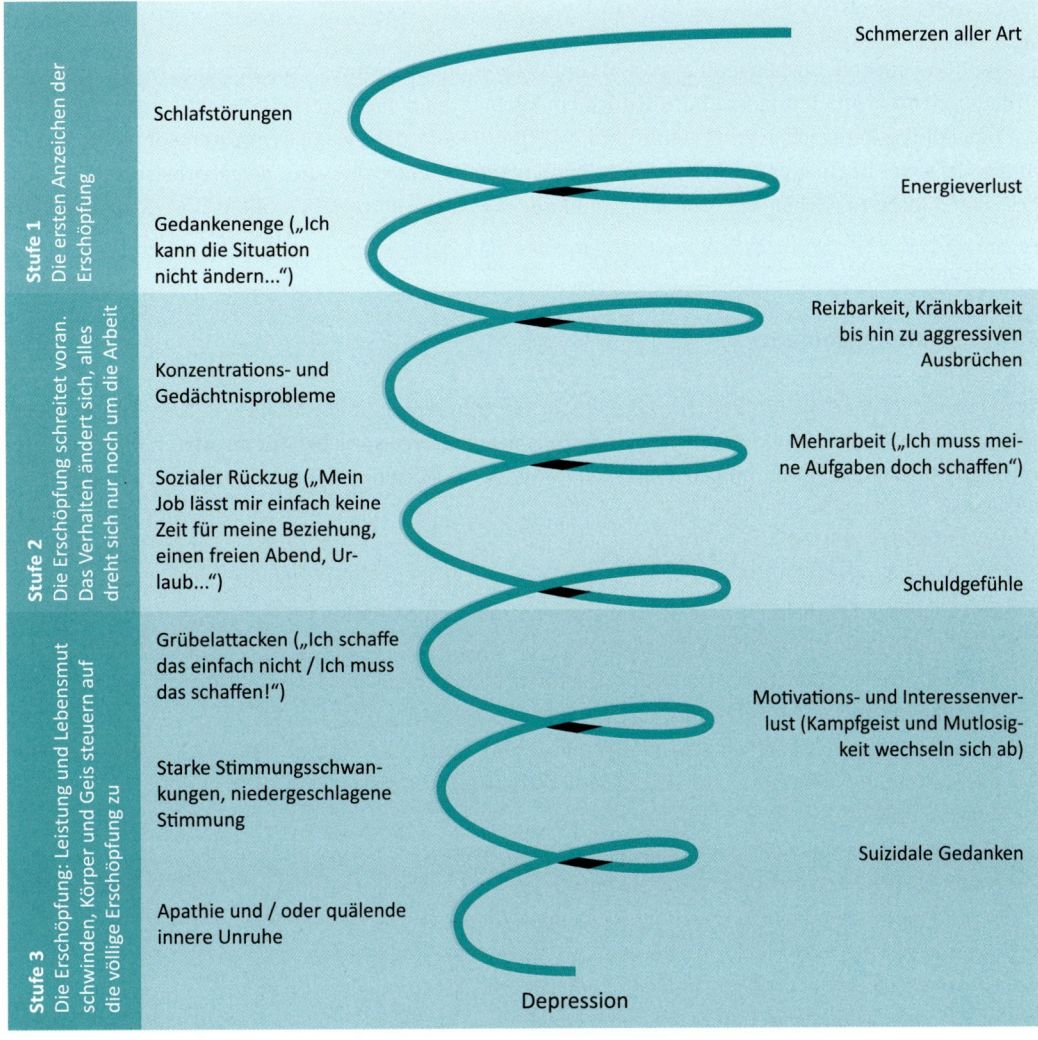

Abbildung 2.03-4: Erschöpfungsspirale nach (UNGER & KLEINSCHMIDT, 2007: 97)

Glücklicherweise kennen die meisten von uns nur einige dieser Symptome. Sie bleiben harmlos, solange sie nicht längerfristig auftreten, sondern lediglich vorübergehend sind. Weil Menschen viel aushalten, können sie auch viel leisten. Erst die Dosis macht das Gift und führt zum dauerhaft hohen Erregungspegel, der gesundheitsschädlich ist und im übertragenen Sinne ansteckend.

Ob der Kollege wirklich im Stress ist oder einfach gerade nur angestrengt arbeitet, wird also stark davon abhängen, wann und wie rasch es ihm üblicherweise gelingt, temporäre Anspannung wieder abzubauen und durch temporäre Entspannung zu kompensieren. Vereinfacht ausgedrückt, ist im Stress, wer nicht mehr abschalten und sich wieder entspannen kann.

Ein Projektleiter hat eine Führungsverantwortung und sollte mithin auch in der Lage sein, nicht nur an anderen, sondern auch an sich selbst die frühen körperlichen und seelischen Signale wahrzunehmen, solange noch relativ simple Maßnahmen Besserung bewirken können. Misslänge ihm dies, verlöre er früher oder später die Fähigkeit, auf andere Menschen adäquat eingehen zu können. Er würde selbst zum Stressor.

## 1.6 Stressprävention

Prävention bedeutet, vorbeugend etwas zu tun. Während jedoch gutes Projektmanagement auch eine Organisationsverpflichtung und mithin auch eine Bringschuld der Unternehmen ist, ist auf der Ebene der handelnden Personen in erster Linie der Projektleiter gefordert, wenn es um Stressprävention geht. Sinnvollerweise beginnt er damit bei sich selbst. Einerseits, um nicht selbst gelegentlich als Stressauslöser auf andere zu wirken, andererseits, weil Führungskräfte stets auf vorbildhaftes Verhalten beobachtet werden. Außerdem ist es durchaus möglich, sich selbst zu ändern – andere zu ändern ist jedoch nahezu unmöglich.

### 1.6.1 Zeitmanagement

Systematisches persönliches Zeitmanagement ist seit Jahrzehnten ein Klassiker der Stressprävention mit dem Doppelziel, weder sich selbst, noch Mitarbeiter (oder Vorgesetzte) zu stressen. Die in der Literatur und in Seminaren empfohlenen Methoden sind seit langem praktisch unverändert.[9] Die wichtigsten sind:

- Durch eine schriftliche Zeitinventur über mehrere Wochen die tatsächliche Verwendung der eigenen Lebenszeit (Arbeit, Freizeit, Schlaf) erfassen und im Hinblick auf Umfang, Lage, Notwendigkeit, Zweckmäßigkeit, Produktivität analysieren.
- In einer Arbeitszeitanalyse zusätzlich Ungestörtheit, Störungen und Störer, Selbstbestimmtheit und Fremdbestimmtheit analysieren.
- Prioritäten setzen, um Wichtiges und Dringliches in die aktuell richtige Reihenfolge zu bringen, ohne das Wichtige strukturell zu vernachlässigen. Wenn das nicht gelingt, dann gelingt das ganze Zeitmanagement nicht.
- Delegieren, was sinnvoller Weise delegiert werden kann.
- Nein sagen lernen, um Überlastung abzuwehren.
- Aufgabenlisten für den nächsten Tag, die nächste Woche, den nächsten Monat führen.
- Tag und Woche in Zeitblöcke für gleichartige Tätigkeiten einteilen, dabei störungsfreie Zeiten für konzentrierte Arbeit festlegen und den biologischen Rhythmus berücksichtigen.
- Eine persönliche Ablauf- und Zeitplanung erstellen auf der Basis geschätzter Aufwände und Dauern.
- Dabei genügend Reserven für anfängliche Unterschätzung des Aufwandes und Unvorhergesehenes einbauen.
- Den (Arbeits-)Tag damit abschließen, zurückzuschauen und den Folgetag zu planen bzw. die vorbereitete Planung zu überprüfen.

Wirksames Zeitmanagement soll in erster Linie gegen Überlastung durch das Volumen und die Vielfalt von Aufgaben und fremde Anforderungen helfen.

---

9   Ausführlich und anwendungsorientiert Lothar J. SEIWERT (vgl. SEIWERT, 2006)

## 1.6.2 Selbstmanagement

Der Erkenntnis, dass die Basisaktivität des Zeitmanagements das Prioritätensetzen (ergänzt um das Weglassen) ist, musste die Einsicht folgen, dass persönliches Zeitmanagement möglichst Teil eines umfassenderen Selbstmanagements sein sollte. Die überwiegend genannten Bausteine sind[10]

- Die Grundzüge der eigenen Persönlichkeit, Verhaltensdispositionen, Rollenpräferenzen kennen.
- Sich über die wichtigsten eigenen Wertvorstellungen im Klaren sein.
- Persönliche (Etappen-)Ziele für die wahrscheinliche restliche Lebenszeit setzen, dabei für plötzliche Chancen offen bleiben.
- Nach Interessenausgleich und gemeinsamem Nutzen streben (Win-Win).
- Sich seiner Stärken und Schwächen bewusst werden. Stärken ausbauen.
- Sich zugunsten effizienter Arbeitstechniken disziplinieren.
- Problemlösungstechniken[11] erlernen, um Probleme ohne Zögern angehen zu können.
- Regelmäßig Ballast abwerfen und Ziele und Vorhaben bewusst aufgeben, die obsolet geworden sind.
- Genügend für Gesundheit, Fitness, Entspannung und Erholung tun.
- Zweckfreie Freundschaften und persönliche Beziehungen pflegen.
- Über die eigene Rolle in der Evolution und seinen Bedarf an Spiritualität nachdenken.

Über bloßes Zeitmanagement hinausgehendes effektives Selbstmanagement soll in erster Linie gegen Fesselung und/oder Überforderung durch eigene Vorgaben und Erwartungen helfen.

## 1.6.3 Umgang mit Gefühlen

Ein drittes Handlungsfeld für wirksame Prävention sollte der Umgang mit den eigenen und fremden Gefühlen sein. Bekanntlich ist eine der wichtigsten Bedingungen für gelungene Kommunikation, dass sich die Beteiligten mit Respekt begegnen und nicht (versehentlich, also eigene Gefühle nicht kontrollierend) die Gefühle der anderen Seite verletzen.

Uwe SCHELER bezeichnet **Gefühle** als „Erlebnisinhalte oder Erlebnisweisen, die sich positiv oder negativ und mit unterschiedlicher Stärke auf bestimmte Erlebnisse beziehen", z. B. Freude. **Stimmungen** dagegen haben eine geringere Intensität, halten länger an und haben sich von einem konkreten Erlebnis oder Objekt gelöst, z. B. Optimismus (SCHELER, 1999: 65f).

Mit Gefühlen gehen meist unwillkürliche Körperreaktionen einher, wie Erröten, beschleunigte Atmung oder sich aufstellende Körperhaare. Gefühle werden nicht unmittelbar durch ein Objekt oder Ereignis ausgelöst, sondern im Anschluss an dessen Wahrnehmung und Interpretation durch eine nachfolgende individuelle Bewertung. Beispiel Sie erhalten von Ihrem Chef wortlos einen genehmigten Antrag zurück. Sie interpretieren, er ist offensichtlich in Eile. Sie bewerten daraufhin positiv und empfinden ungetrübte Freude.

Kollektive Gefühle werden durch identische Bewertung gleicher Erfahrungen durch eine Gruppe von Menschen ausgelöst.

Umgangssprachlich werden Wahrnehmungen mit den Sinnesorganen und das Empfinden von Gefühlen oft verwechselt. „Ich habe das Gefühl, dass Sie unzufrieden sind." Präziser, aber zu umständlich wäre: „Ich habe Veränderungen Ihrer Mimik und Ihrer Körpersprache beobachtet und daraus geschlossen, dass Sie mehr erwarten, als ich Ihnen angeboten habe." Um ein Gefühl handelt es sich hier nicht.

Eigene Gefühle genau zu fühlen und fremde Gefühle nachempfinden zu können, sind für Scheeler und viele andere Autoren Elemente emotionaler Kompetenz. Wem es daran mangelt, der empfindet z. B. alles als „ätzend", „krass" oder „Wahnsinn" und bemerkt z. B. erst im Nachhinein, wenn er andere verletzt oder missinterpretiert hat.

---

10 Viele auf ihm aufbauende Autoren hat Stephen CORVEY beeinflusst (vgl. CORVEY, 2005)
11 Viele auf ihm aufbauende Autoren hat Stephen CORVEY beeinflusst (vgl. CORVEY, 2005)

🛈 **Tipp** Testen Sie Ihre Fähigkeit, mit Gefühlen umgehen zu können mit drei einfachen Übungen[12]:
- Können Sie Gefühle differenziert wahrnehmen? Hören Sie Ihre Lieblings-CD. (Tun Sie es wirklich!) Welche Gefühle empfinden Sie?
- Können Sie Gefühle benennen? Suchen Sie möglichst viele Wörter, die ähnliche Gefühle bezeichnen, wie Freude, Angst, Glück, Traurigkeit, Hass, Scham, Neugierde, Eifersucht. Ordnen Sie sie möglichst genau zu.
- Können Sie Gefühle zutreffend unterscheiden? Erklären Sie die Unterschiede zwischen Ärger, Zorn und Wut.

Auf die eigene Person bezogen, geht es im Zusammenhang mit Stressprävention insbesondere um die Analyse und Kontrolle eigener negativer Gefühle. Natürlich darf auch ein verärgerter Projektleiter einmal explodieren oder laut werden, aber lediglich als bewusst und nach Abwägung der Risiken eingesetzte Symbolhandlung. Besser nicht jedoch unkontrolliert, spontan und „koste es, was es wolle". Damit dies möglich wird, ist es wichtig, eigene erlernte Gefühlsreaktionen zu kennen und zu relativieren.

🛈 **Tipp** Was sind meine „Hot Spots", also die Auslöser, die bei mir negative Gefühle, wie Wut oder Angst oder Selbsthass, auslösen? Bei welchen Gelegenheiten ist dieser Mechanismus zuerst aufgetreten? Habe ich diese Reaktion von jemand anderem, z. B. Eltern, abgeschaut? Besprechen Sie dieses Thema mit jemandem, der Ihnen wohl gesonnen ist und dem Sie vertrauen.

Woran könnte ich in Zukunft erkennen, dass eine Entwicklung oder ein Gespräch wieder in diese Richtung laufen? Auf welche Reizworte müsste ich innerlich zu mir selbst sofort „Stopp" sagen? Welche konstruktive Reaktion (Verhalten, Formulierungen) kann ich mir vorstellen und in Bild und Ton so plastisch ausmalen, dass ich sie abrufbereit zurechtlegen kann?

Wenn Ihre negativen Gefühlsreaktionen gegen Sie selbst gerichtet sind und nach außen eher nicht sichtbar werden, versuchen Sie negative Gefühle durch **positive Selbstinstruktionen** zu überschreiben. Ihr Gefühl „Ich habe Angst und fühle mich gelähmt. Das ist alles zu viel. Das ist nicht zu packen." überschreiben Sie z. B. mit „Im Moment habe ich Angst und werde etwas dagegen tun. Das ist so viel, dass es nur zu packen ist, wenn wir strukturiert vorgehen, die Mannschaft verstärken und etwas anderes aufschieben."

Wenn Sie das können, können Sie damit beginnen, Kollegen auf einfühlsame Weise darauf anzusprechen, das Gleiche zu tun.

## 1.7 Stressbewältigung I

Wenn es dann aber doch geschehen ist, der Ärger aufgestiegen, der Puls hochgeschossen, der kalte Schweiß ausgebrochen, dann ist rasche Entspannung vonnöten. Möglichst sofort, wenigstens am gleichen Tag.

Wer spontan weniger als fünf Ideen hat, was er dafür tun könnte, mag Anregungen aus der folgenden Liste gewinnen.[13]

---

12 In Anlehnung an SCHELER (1999) Dort ist eine Vielzahl weiterer Übungen zur Wahrnehmung von, zum Umgang mit und zur Nutzung und Veränderung von Gefühlen zu finden
13 Quelle: Bosch Betriebskrankenkasse http://www.bosch-bkk.de/content/language1/html/3096.htm

Tabelle 2.03-1: Ideen zum Entspannen[13]

| | |
|---|---|
| • Verärgert? Sprechen Sie mit einem Freund darüber. | • Meditieren Sie. |
| • Träumen Sie bei Tag. | • Verzeihen Sie einen Fehler. |
| • Stehen Sie auf und räkeln Sie sich. | • Bitten Sie jemanden um Unterstützung. |
| • Erzählen Sie jemandem einen Witz. | • Unterbrechen Sie, was Sie tun, um aus dem Fenster zu sehen. |
| • Gehen Sie durchs Gras. | • Machen Sie die Kaffee- zur Übungspause – z. B. für eine Entspannungsübung. |
| • Schreiben Sie Ihre Träume auf. | • Massieren Sie Ihre Schläfen. |
| • Lernen Sie „Nein" zu sagen. | • Machen Sie eins nach dem anderen. |
| • Gehen Sie spazieren. | • Teilen Sie Ihre Gefühle mit jemandem. |
| • Frühstücken Sie ausgiebig. | • Reduzieren Sie Ihr Koffein. |
| • Essen Sie eine Orange – langsam, Stück für Stück. | • Wem verdanken Sie etwas? – Erstellen Sie eine Liste. |
| • Schlafen Sie sich mal wieder gut aus. | • Stehen Sie 15 Minuten früher auf. |
| • Lachen Sie über etwas, was Sie getan haben. | • Lassen Sie den Wagen zuhause und nehmen Sie den Bus. |
| • Lesen Sie jeden Tag etwas Lustiges. | • Schreiben Sie Ihre Gedanken und Gefühle auf. |
| • Heben Sie Gewichte oder gehen Sie joggen – aber richtig. | • Pflanzen Sie eine Blume. |
| • Tragen Sie Ohrenschützer oder Kopfhörer, wenn es laut ist. | • Lesen Sie ein gutes Buch. |
| • Nehmen Sie einen anderen Weg zur Arbeit. | • Sehen Sie auf die großen Zusammenhänge. |
| • Achten Sie auf Details. | • Atmen Sie tief ein – und lassen Sie alles raus. |
| • Fahren Sie mit dem Fahrrad zur Arbeit. | • Hören Sie den Vögeln zu. |
| • Benutzen Sie die Treppen. | • Riechen Sie an einer Rose. |
| • Nehmen Sie sich Zeit für den Sonnenuntergang – oder den Sonnenaufgang. | • Verbringen Sie einen Abend ohne Fernsehen. |
| • Gähnen Sie kräftig. | • Sagen Sie sich selbst: „Ich kann unter Druck ruhig bleiben." |
| • Sitzen Sie an einem Brunnen oder an einem Fluss. Schließen Sie die Augen und hören Sie dem Wasser zu. | • Hören Sie auf zu rauchen – und genießen Sie Ihren Erfolg. |
| • Singen Sie ein Lied. | • Kümmern Sie sich um ein Tier. |
| • Schließen Sie Ihre Augen. Was sehen Sie? | • Gehen Sie schwimmen. |
| • Spielen Sie etwas, das Ihnen Spaß bereitet. | • ßBeobachten Sie eine Wolke 5 Minuten lang. |
| • Umarmen Sie jemanden, den Sie mögen. | • Beobachten Sie eine Ameise oder ein anderes Insekt ein paar Minuten. |
| • Schreiben Sie Ihre Ängste auf. | • Lösen Sie ein Kreuzworträtsel. |
| • Kreisen Sie Ihre Schultern vorwärts und rückwärts in einer kreisförmigen Bewegung. | • Betrachten Sie eine Blume, ein Blatt, einen Grashalm oder Baumstamm. |

Viele dieser Ideen erscheinen sehr traditionell oder gar trivial. Weiter unten wird jedoch zu zeigen sein, dass diese Vorschläge, stresstheoretisch betrachtet, durchaus die richtigen Ansatzpunkte treffen – also den Segen der Wissenschaft haben.

## 1.8 Wenn Stress richtig krank macht

Einige spektakuläre Todesfälle – möglicherweise verursacht durch Stress – gingen im Februar 2007 durch die Presse.[14] Ein Jahr zuvor war von dem französischen Automobilhersteller ein Programm „Renault Contrat 2009" vorgestellt worden. Nach vorhergegangenen Umsatz- und Marktanteilsverlusten sollten innerhalb kurzer Zeit 13 Modelle überarbeitet und 13 komplett neu entwickelt werden. Die Montagezeit sollte auf 15 Stunden pro Modell reduziert werden. Renault sollte zum profitabelsten Automobilhersteller Europas werden.

Bis zum Frühjahr 2007 erlebte das Entwicklungszentrum in Guyancourt bei Paris eine Serie von fünf Selbstmordversuchen von Ingenieuren, davon vier erfolgreiche. Angehörige, Kollegen und Arbeitnehmervertreter machten den Stress am Arbeitsplatz, ein neues System zur Arbeitnehmerbewertung, Standortverlagerungen, Müdigkeit und Erschöpfung, von der Firma geförderte Konkurrenz zwischen jungen Ingenieuren und alten Technikern, fehlende Anerkennung des Engagements, verständnislose und abwertende Haltung der Vorgesetzten verantwortlich.

Renault reagierte mit einem „Engineering Action Plan", der Berufung eines neuen Direktors für das Technocentre und der Neueinstellung von 110 Ingenieuren.

Auch wenn es sich hier um Ausnahmen handeln mag – bekanntlich schwimmt unter der Spitze eines Eisberges ein Eisberg. Stress, der nicht mehr ausreichend durch Entspannungs- und Erholungsphasen kompensiert werden kann, führt früher oder später zu körperlichen und seelischen Erkrankungen. Auf die oben unter 1.2 genannten Symptome folgen längerfristig Angstzustände, Erschöpfungszustände, Burn-out und Depression. Alle deutschen Krankenkassen berichten, dass psychisch bedingte Krankheitsausfälle seit Jahren zahlenmäßig zunehmen und länger andauern.[15]

Hans-Peter UNGER beschreibt, worauf Projektleiter – zusätzlich zu den bereits genannten Symptomen – achten sollten, um überfordernde Dauerstressbelastung bei Teammitgliedern erkennen zu können:„... das Arbeitstempo verringert sich und durch Vergesslichkeit und Unkonzentriertheit sind Flüchtigkeitsfehler wahrscheinlicher. Es kommt zu häufigeren Nachfragen, einem vermehrten Kontrollbedürfnis und ängstlicher Vermeidung von Verantwortung (...), kann die Leistungsfähigkeit stark schwanken von einem zum anderen Tag. (...) Veränderung des Sozialverhaltens: höhere Kritikempfindlichkeit und Kränkungsbereitschaft, (...) plötzlicher Rückzug und Kontaktvermeidung, ..eigene Schuldzuweisung und pessimistische Sichtweise.. Schließlich ..Fehlen ohne Krankschreibung, Unpünktlichkeit, verlängerte Pausen, wortloses Verschwinden vom Arbeitsplatz, alles Verhaltensweisen, die bei dem Betreffenden bisher unmöglich schienen" (UNGER & KLEINSCHMIDT, 2007: 151f).

Aufmerksamkeit ist also angebracht, wenn sich Arbeits- und Sozialverhalten gegenüber dem zuvor gewohnten in grundlegender und irritierender Weise nachteilig ändern: Umgangsstil, Verantwortungsbereitschaft, Urteilsfähigkeit, Zuverlässigkeit. In der Regel steht hier wohl in erster Linie der Linienvorgesetzte als Disziplinarvorgesetzter in der Verantwortung. Dennoch kann ein Projektleiter nicht sicher sein, dass die Zuständigen solche Probleme sehen können oder wollen. Insbesondere, wenn er den häufigeren Kontakt hat, wird er die Initiative ergreifen müssen. Der Betriebsarzt oder der überbetriebliche Arbeitsmedizinische Dienst können nur dann helfen, wenn sie um Hilfe gebeten wurden.

Aber auch Zusammenbruch und Depression lassen sich noch steigern. Sterben durch Überarbeitung heißt in Japan Karoshi. Es gilt als Folge permanenter Überforderung durch Arbeit, psychisch wie physisch, und wird durch die Sozialversicherung als berufsbedingte Krankheitsfolge anerkannt.

---

14 Quelle: http://www.sueddeutsche.de/,tt2m1/wirtschaft/artikel/143/103040/ Mysteriöse Selbstmordserie bei Renault und http://www.tagesspiegel.de/wirtschaft/Wirtschaft-renault-selbstmorde;art115,1878957

15 Aus einer Pressemitteilung des Bundesverbandes der Betriebskrankenkassen vom 15.11.07: „Psychische Störungen nehmen deutlich zu, sie haben seit einigen Jahren auch den beruflichen Alltag der Beschäftigten erreicht. Depressionen, Angsterkrankungen und andere psychiatrische Diagnosen lagen 2006 mit 8,9 Prozent der Arbeitsunfähigkeitstage auf Rang vier der häufigsten Krankheitsarten. Sie sind damit für jeden zwölften Arbeitsausfalltag in Deutschland verantwortlich. Vor 30 Jahren lag der vergleichbare Anteil lediglich bei zwei Prozent."

## 2 Zusammenfassung

Projektarbeit hält für alle Beteiligten – gelegentlich als Ausnahme oder regelmäßig als Randbedingung – überraschende, herausfordernde, belastende oder bedrohliche Situationen bereit. Den Vorgaben der Evolution folgend, reagieren Menschen je nach Disposition und Situation eher durch Kampfhandlungen oder eher durch Fluchthandlungen. Beide werden durch körperliche Stressreaktionen unterstützt, welche die Physis vor kurzfristigen Schäden schützen, aber auch das konstruktive und abwägende Denken unterdrücken.

Vorübergehender Stress bleibt folgenlos, solange den Phasen der Anspannung zeitnah entsprechende Phasen der Entspannung folgen. Geschieht dies nicht, steigt der dauernde Pegel physischer und psychischer Anspannung und zeigt sich im Einzelfall z. B. in Rückenschmerzen oder Hektik und Reizbarkeit. Die Fähigkeit zur Selbststeuerung würde hierdurch merklich beeinträchtigt.

Pragmatische Stressprävention zielt auf die Steigerung der Stressresistenz. Sie kann bei der Methodik des eigenen Zeitmanagements beginnen und sich – die eigenen Ziele einbeziehend – zum Selbstmanagement weiterentwickeln. Die eigenen Gefühle bewusster wahrzunehmen, kann es ermöglichen, negative Automatismen abzuschalten und gelassener und überlegter zu reagieren.

Stressbewältigung soll dagegen die nachteiligen Folgen von Stresserlebnissen beseitigen oder kompensieren. Geeignet ist grundsätzlich jedes Verhalten, das individuell zu physischer und psychischer Entspannung und Erholung führt.

Bei Menschen, die besonders stark unter Stresssymptomen leiden und/oder dauerhaft besonders wenig in der Lage sind, anschließend wieder zur Entspannung zu finden, besteht nach einiger Zeit die Gefahr von Burn-out und Depression mit allen humanen und ökonomischen Folgen.

## 3 Fragen zur Wiederholung

| 1 | Welche typischen Stressoren können dem Projektleiter während des Projektes begegnen? | ☐ |
|---|---|---|
| 2 | Inwiefern ist die natürliche Stressreaktion nützlich? | ☐ |
| 3 | Welcher Mechanismus bewirkt, dass Dauerstress schädlich ist? | ☐ |
| 4 | Welche Gefühle werden durch Stressempfinden ausgelöst? | ☐ |
| 5 | Wodurch wird Stressempfinden ausgelöst? | ☐ |
| 6 | Ein entwickeltes Kohärenzgefühl soll gegen Stress schützen. Was ist das? | ☐ |
| 7 | Was sind „Mentale Modelle"? | ☐ |
| 8 | Welche Symptome treten bei andauerndem Stress im Laufe der Zeit auf? | ☐ |
| 9 | Welcher Unterschied wird häufig zwischen bloßem Zeitmanagement und darüber hinausziehendem Selbstmanagement gemacht? | ☐ |
| 10 | Was sind Gefühle im Unterschied zu Stimmungen? | ☐ |
| 11 | An welchen Beispielen könnte man erkennen, dass jemand mit Gefühlen nicht umgehen kann? | ☐ |
| 12 | Was unterscheidet Stressprävention und Stressbewältigung? | ☐ |
| 13 | Was könnte darauf hindeuten, dass Stress (oder eine andere Ursache) einen Menschen nicht nur belastet, sondern nach und nach krank macht? | ☐ |
| 14 | Warum hat auch ein Projektleiter eine Verantwortung für die Gesundheit von Projektmitarbeitern? | ☐ |

# 2.04 Durchsetzungsvermögen (Assertiveness)
Johannes Voss

## Kontext

Die Durchführung von Projekten ist mit einer Vielzahl von Veränderungen und Herausforderungen für die direkt und indirekt beteiligten Personen oder Personengruppen verbunden. Einmal sind es vermeintlich zu hochgesteckte Ziele, ein anderes Mal sind es lieb gewonnene Arbeitsweisen, ein weiteres Mal Verhaltensweisen, die es zu ändern gilt, und wieder ein anderes Mal geht es um eigene Besitzstände, die sich durch ein Projekt verändern. Gleichgültig, welche Veränderungen nun anstehen, bei ihnen ist generell mit Widerständen der Beteiligten, den Stakeholdern, zu rechnen. Der Erfolg beim Einleiten und Umsetzen von Veränderungen ist maßgeblich abhängig vom Durchsetzungsvermögen der hierfür verantwortlichen Person. Im Projekt ist dies die Projektleitung.

Durchsetzungsvermögen ist in der ICB 3.0 dem Bereich der sozialen und personalen Kompetenzen zugeordnet. Die ICB 3.0 versteht unter Durchsetzungsvermögen die Fähigkeit des Projektmanagers, die Ziele des Projektes und die im Projekt getroffenen Entscheidungen überzeugend an die Projektbeteiligten zu kommunizieren. Dadurch sollen die Beteiligten die Interessen des Projektes unterstützen.

## Bedeutung

Kennen Sie auch Personen, die ihr Fähnlein fröhlich in den Wind hängen und ihre Meinung des Öfteren gravierend und in Abhängigkeit von der Stärke des Gegenwindes ändern? Oder kennen Sie Situationen aus dem Projektalltag, in denen Beteiligte zwar im Projekt mitarbeiten, aber nur mit halber Kraft und unter Murren. In dem einen Fall fehlt es an Durchsetzungsvermögen und in dem anderen Fall an Überzeugung. Die Auswirkungen dieser Verhaltensweisen sind sich laufend ändernde Zielrichtungen, unzureichende Arbeitsergebnisse und letztendlich Projekte, die vor sich hin dümpeln. Kurzum: Der Projekterfolg gerät akut in Gefahr.

Nur wenn den Beteiligten in einem Projekt die Zielrichtung klar ist und sie von ihrem Handeln überzeugt sind, können und werden sie das Projekt mit voller Kraft unterstützen. Beim Thema Durchsetzungsvermögen geht es nicht darum, andere Personen mit Belohnungen, Drohungen oder Gewalt zu einer Handlung zu animieren, sondern sie von der Richtigkeit einer Handlung zu überzeugen, um sie zu motivierter und zielgerichteter Mitarbeit zu bewegen. Besondere Herausforderungen ergeben sich für Projektmanager dann, wenn sie auf fremde Kulturen treffen und dort ihre Standpunkte erfolgreich vermitteln müssen. Durchsetzungsvermögen ist für eine erfolgreiche Projektleitung unabdingbar.

## Lernziele

Sie erkennen

| warum Durchsetzungsvermögen für eine erfolgreiche Projektleitung wichtig ist

Sie kennen

| die Auswirkungen des persönlichen Auftretens auf die eigene Autorität

Sie können

| differenzieren zwischen Durchsetzungsvermögen und Überzeugungskraft
| den Zusammenhang zwischen persönlichen Überzeugungen und Selbstvertrauen erklären
| die wesentlichen kommunikativen Fähigkeiten aufzählen, die zur Durchsetzung von Standpunkten und Zielen benötigt werden
| den Prozess und die einzelnen Prozessschritte beschreiben, die zur erfolgreichen Durchsetzung von persönlichen Zielen und Projektzielen benötigt werden

# Inhalt

| | | |
|---|---|---|
| 1 | Durchsetzungsvermögen als Grundlage für Projekterfolg | 844 |
| 2 | Durchsetzungsvermögen und Überzeugungskraft | 844 |
| 2.1 | Die Basis von Durchsetzungsvermögen | 845 |
| 2.2 | Persönliche Überzeugungen und Selbstvertrauen | 846 |
| 2.3 | Persönliches Auftreten und Autorität | 848 |
| 2.4 | Kommunikative Fähigkeiten und Verhandlungsgeschick | 848 |
| 3 | Notwendige Prozessschritte zur Durchsetzung von Zielen | 849 |
| 3.1 | Situation analysieren | 849 |
| 3.2 | Ziele setzen | 850 |
| 3.3 | Argumente sammeln | 851 |
| 3.4 | Besprechung vorbereiten | 853 |
| 3.5 | Besprechung durchführen | 854 |
| 3.6 | Ergebnisse kontrollieren und auswerten | 855 |
| 4 | Zusammenfassung | 856 |
| 5 | Fragen zur Wiederholung | 857 |

# 1 Durchsetzungsvermögen als Grundlage für Projekterfolg

Per Definition sind Projekte u.a. dadurch gekennzeichnet, dass es mehrere Beteiligte gibt, die in irgendeiner Form zusammenwirken, um die Projektziele zu erreichen. So gibt es zum Beispiel den Auftraggeber, der mehr oder weniger exakte Vorstellungen von den zu erreichenden Ergebnissen hat, den Projektleiter, der für die Erreichung der Ergebnisse verantwortlich ist, und die unterschiedlichsten Personen, die an der Erreichung der Ziele in irgendeiner Form mitwirken. Die Wahrscheinlichkeit, dass alle zumindest am Anfang des Projektes gedanklich in ein und derselben Welt leben, ist sehr gering. Alleine durch die unterschiedlichen Ausbildungen und Erfahrungen der Beteiligten ergeben sich verschiedene Standpunkte und Sichtweisen. Ganz zu schweigen von den unterschiedlichen Wertvorstellungen und persönlichen Vorlieben. All diese Unterschiede führen zwangsläufig zu unterschiedlichen Wahrnehmungen, Beschreibungen und Bewertungen ein und derselben Situation.

Nehmen wir einmal an, wir befinden uns am Anfang eines IT-Projektes, bei dem es um die Migration eines Datenbanksystems geht, das aufgrund mangelnden Supports verändert werden muss. Dem Auftraggeber geht es möglicherweise primär um geringe Migrationskosten bei gleichbleibender Funktionalität. Der Focus des Projektleiters ist aufgrund seiner bisherigen Erfahrungen auf die Sicherheit und Zukunftsfähigkeit des Systems ausgerichtet. Genau hier ist Durchsetzungsvermögen gefragt. Es gilt, dem Auftraggeber die Folgen seiner bisherigen Zielsetzung aufzuzeigen und ihm den Nutzen einer höheren Investition begreifbar zu machen. Ein Projektleiter, der sich zu schnell und unreflektiert den Vorgaben des Auftraggebers unterwirft, läuft Gefahr, damit Probleme für die Zukunft zu provozieren. Auftretende Sicherheitsmängel oder eine fehlende Anpassungsmöglichkeit an zukünftige Anforderungen werden dem Projektleiter vermutlich sehr schnell von Seiten des Auftraggebers angelastet. Durchsetzungsvermögen von Seiten der Projektleitung ist natürlich nicht nur bei der Festlegung von Zielen gefragt, sondern auch bei der Führung des Projektteams beziehungsweise aller Stakeholder.

Für den Projekterfolg ist es unabdingbar, dass die Kräfte gebündelt und auf ein Ziel beziehungsweise auf die sich daraus ergebenden Teilziele fokussiert werden. In der Theorie hört sich dieser Satz trivial an, in der Praxis ergeben sich für die Projektleitung vielfältige Herausforderungen, die es zu meistern gilt, bevor die zur Verfügung stehende Energie in Form von Projektbeteiligten gebündelt ist. Wie bei einem Laserstrahl ermöglicht erst die Bündelung der Energie das Erreichen bestimmter Ergebnisse. Somit bedeutet Durchsetzungsvermögen auch immer Fokussierung auf Ziele.

Unter Durchsetzungsvermögen versteht die ICB 3.0 die Fähigkeit, die eigenen Standpunkte mit Überzeugung und Autorität vorzubringen. Unter Überzeugungskraft hingegen versteht die ICB 3.0 die Fähigkeit, durch Debatte oder die Kraft der Argumente Konsens über gemeinsame Ziele zu erreichen. Die Begriffe Durchsetzungsvermögen und Überzeugungskraft scheinen bei ungenauer Betrachtung gleichbedeutend zu sein. Bei genauerer Betrachtung ergeben sich aber wesentliche Unterschiede.

# 2 Durchsetzungsvermögen und Überzeugungskraft

### Durchsetzungsvermögen

Durchsetzungsvermögen impliziert das Erreichen von Zielen durch Einsatz von Autorität. Autorität wiederum lässt sich in zwei Arten unterteilen (vgl. BRODTMANN & BRODTMANN, 1990: 62). Zum einen in die persönliche Autorität, die sich aus einem Vertrauensverhältnis zwischen dem Mitarbeiter und dem Führenden, in diesem Fall der Projektleitung, ergibt. Zum anderen aus der institutionellen Autorität, die sich aus der Stellung in der Organisation und der daraus resultierenden Macht ergibt.

Leider werden Standpunkte in vielen Situationen mithilfe von Belohnungen oder aber auch Bedrohungen durchgesetzt. Mitarbeiter werden dann von der Führungskraft, zum Beispiel dem Projektleiter, mit Belohnungen zur Erreichung bestimmter Ziele oder zu einer bestimmten Verhaltensweise geködert oder durch das in Aussichtstellen von Sanktionen zu einer bestimmten Verhaltensweise gezwungen.

Welche negativen Auswirkungen diese Form von Durchsetzungsvermögen hat und wie wenig nachhaltig sie ist, darüber gibt es eine Vielzahl von Abhandlungen (vgl. BERTH, 1993: 50ff; NEUBERGER, 2002).

So hat Reinhard K. SPRENGER in seinem Bestseller „Mythos Motivation" (SPRENGER, 2002) auf die negativen Folgen von Belohnungs- und Bestrafungssystemen hingewiesen. Durchsetzungsvermögen, das primär auf der Verwendung von Macht oder Manipulation aufgebaut ist und auf Belohnung oder Bestrafung basiert, ist nicht nachhaltig und somit dauerhaft nicht erfolgreich. (Vgl. Element 2.02 Motivation und Engagement)

Durchsetzungsvermögen, das den eigenen Zielen oder den Projektzielen dienlich ist, basiert auf persönlicher und fachlicher Autorität. Für den Projektleiter ist es somit wichtig, ein Vertrauensverhältnis zu den Projektbeteiligten aufzubauen. Vertrauen entsteht aus der Überzeugung, dass das Gegenüber sowohl fachlich als auch menschlich kompetent und verlässlich ist. (Verlässlichkeit ist eine Notwendigkeit, um Vertrauen aufzubauen – vgl. Element 2.13). Die persönliche Autorität umfasst die persönlichen Eigenschaften einer Person, so zum Beispiel Ausstrahlungskraft, Erfahrung, Charisma, Verlässlichkeit. Gelingt es, Vertrauen aufzubauen, so ist einer der Grundsteine für Überzeugungskraft beziehungsweise Überzeugungsvermögen gelegt. Überzeugungsvermögen basiert nämlich unter anderem auch auf einer positiven persönlichen Beziehung. Positive persönliche Beziehungen basieren wiederum auf Vertrauen und so schließt sich der Kreis.

**Überzeugungsvermögen**

Überzeugungsvermögen im Projekt beschreibt die Fähigkeit, sich in einer kommunikativen Auseinandersetzung mit den Stakeholdern argumentativ behaupten zu können. Dabei werden Andere durch Sachinhalte, Rhetorik und die eigene Persönlichkeit und Ausstrahlung von den eigenen beziehungsweise den Projekt dienlichen Standpunkten überzeugt. Es geht dabei nicht darum, das Gegenüber zu überreden, sondern, durch Einsatz von argumentativer Kompetenz zu überzeugen und das Gegenüber zu freiwilligem Handeln zu bewegen.

Die folgenden Kapitel enthalten Hinweise und Vorgehensweisen, mit deren Hilfe es der Projektleitung gelingt, die Stakeholder eines Projektes vom Nutzen des Projektes zu überzeugen und die eigenen Standpunkte sowie die Ziele des Projektes durchzusetzen.

## 2.1 Die Basis von Durchsetzungsvermögen

Das Durchsetzungsvermögen der Projektleitung ergibt sich, zumindest wenn es sich nicht aus dem Einsatz von institutioneller Autorität und der damit verbundenen Macht speist, aus drei Bausteinen.

### Baustein Nr. 1 – Persönliche Überzeugungen und Selbstvertrauen
Der erste Baustein wird durch das eigene Weltbild und die damit verbundenen Werte und Normen geprägt. Aus der weitgehenden Übereinstimmung der eigenen Werte und Normen mit den in einer Gesellschaft, einem Unternehmen oder Projekt gültigen Werten und Normen sowie aus der Kenntnis der eigenen Fähigkeiten und Fertigkeiten ergibt sich Selbstvertrauen.

### Baustein Nr. 2 – Persönliches Verhalten und Autorität
Grundlage unseres Verhaltens sind wiederum persönliche Überzeugungen und Selbstvertrauen. Sind wir von der Richtigkeit einer Vorgehensweise oder Entscheidung überzeugt, verhalten wir uns anders, als wenn wir diese infrage stellen. Doch woran messen wir, ob etwas richtig oder falsch ist? Natürlich, an den uns wichtigen und von uns verinnerlichten Werten und Normen. Jeder von uns hat wahrscheinlich schon einmal Situationen erlebt, in denen er von Selbstzweifeln übermannt wurde und er mit hängenden Schultern sein Konzept präsentiert hat. Wie überzeugend oder? Umgekehrt kann man auch Personen erleben, die bei weitgehender Unkenntnis, aber absoluter Selbstsicherheit einen großen

„Unsinn" vorzutragen wissen. Grundlage der Überzeugungsfähigkeit dieser Personen war dabei nicht ihre herausragende Stellung in einer Organisation und die damit verbundene Macht, sondern die aus ihrem Vertrauensvorrat resultierende Autorität – wenn auch in diesem Fall nicht gerechtfertigtem Vertrauen.

### Baustein Nr. 3 – Kommunikative Fähigkeiten und Verhandlungsgeschick

Der dritte Baustein des Durchsetzungsvermögens wird durch die kommunikativen Fähigkeiten und das daraus resultierende Verhandlungsgeschick gebildet (vgl. Element 2.11). Das Durchsetzen von eigenen Standpunkten impliziert immer das Vorhandensein von Personen, die es zu überzeugen gilt. Grundlage der Interaktion mit Anderen bildet wiederum die Kommunikation. Somit ist Durchsetzungsvermögen zwingend auf Kommunikation angewiesen. Der Erfolg beim Vermitteln eigener Standpunkte ergibt sich letztendlich aus der Art und Weise, wie diese vermittelt, also kommuniziert werden.

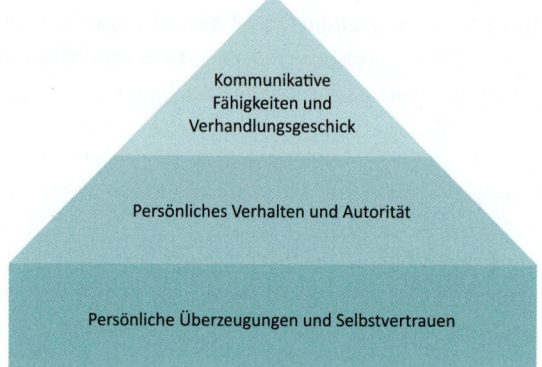

Abbildung 2.04-1: Drei Bausteine des Durchsetzungsvermögens

## 2.2 Persönliche Überzeugungen und Selbstvertrauen

Um sich und andere Menschen erfolgreich führen zu können, ist es wichtig zu wissen, was einem wichtig und was einem weniger oder nicht wichtig ist. Gehört man als Projektleiter eher zu den Menschen, die auf Pünktlichkeit Wert legen und diese als Tugend betrachten, oder eher zu denen, die Pünktlichkeit als lästige Pflicht betrachten? Wovon wir überzeugt sind, hängt stark von den Bedingungen ab, unter denen wir sozialisiert wurden. Sozialisation bezeichnet das Hineinwachsen des Menschen in eine menschliche Gemeinschaft. Dabei kann die menschliche Gemeinschaft sehr unterschiedlich ausgeprägt sein. Die erste menschliche Gemeinschaft, mit der wir in Kontakt kommen, ist unsere Familie. Mit zunehmendem Alter interagieren wir mit und in den unterschiedlichsten menschlichen Gemeinschaften. Wir kommen in den Kindergarten, die Schule, wir durchlaufen eine Ausbildung in einem Unternehmen und arbeiten in einem Unternehmen gegebenenfalls in einem Projekt. Als Teil einer jeden Gemeinschaft erfahren wir die jeweils gültigen Werte und Normen und sind mit den Bedingungen, unter denen eine jede Gemeinschaft lebt, konfrontiert. Die im Rahmen der Sozialisation gemachten Erfahrungen bilden eine Art Referenzmuster, das zur Bewertung der Realität herangezogen wird. Ob etwas gut oder schlecht, falsch oder richtig ist, liegt also im Auge des Betrachters.

Aus der persönlichen Überzeugung erwächst auch das Selbstvertrauen. Selbstvertrauen bedeutet, sich seines Wertes und seiner Fähigkeiten bewusst zu sein (vgl. GOLEMAN, 2002). Selbstvertrauen resultiert aus dem Vergleich von objektiven oder subjektiven Fähigkeiten mit den Anforderungen, mit denen sich eine Person konfrontiert sieht. Ein hohes Selbstvertrauen gegenüber Anforderungen zeigt sich, wenn vorausschauend eingeschätzt wird, dass eine Situation gut gemeistert werden kann.

### Sich selbst erkennen, die Werteinventur

Um persönliche Standpunkte im Projekt wirkungsvoll durchsetzen zu können, bedarf es erst einmal der Erkenntnis, welche Werte einem selbst wichtig sind. Hierbei hilft eine persönliche Werteinventur. Das, was uns wichtig ist und worauf wir Wert legen, wird auf einem Blatt Papier notiert.

Die Inventur hilft zu erkennen, worauf wir bewusst oder auch unbewusst Wert legen. Die Werte, die für uns selbst bedeutend und wichtig sind, spiegeln sich auch in unserem eigenen Verhalten wider. Der Projektleiter, dem die schon angesprochene Pünktlichkeit wichtig ist, wird, auch wenn er auf der verbalen Ebene das Zuspätkommen eines Projektmitarbeiters nicht rügt, auf der nonverbalen Ebene Signale senden, die zumindest bei einem geübten Beobachter dafür sorgen, das er erkennt, dass dieser Projektleiter Wert auf Pünktlichkeit legt und mit dem Zuspätkommen des Mitarbeiters ein Problem hat.

### Selbstvertrauen

„Das kannst Du nicht" ist ein Satz, den viele Menschen in ihrer Kindheit schon gehört haben. Ich hoffe doch nur manchmal. Selbstvertauen entsteht primär in der Kindheit. Als Kind sind wir auf der Suche nach unserer eigenen Identität. Um diese zu finden, sind wir auf Hinweise in Form von Beziehungsbotschaften oder Glaubenssätzen aus der Umwelt angewiesen. Die Hinweise auf unsere Identität erhalten wir von unseren Eltern, Freunden, Lehrern und Bekannten. Wie stark unser Selbstvertrauen ausgeprägt ist, hängt von der Größe und Beschaffenheit unseres „inneren Kritikers" ab. Der Psychologe Rolf Merkle versteht darunter jene innere Stimme, die nur darauf wartet, uns bei einem Fehltritt oder einer Schwäche zu ertappen, um uns dann sofort und aufs Schärfste zu verurteilen und uns mit dem quälenden Gefühl zurückzulassen, dass mit uns etwas nicht stimmt (vgl. MERKLE, 2001).

Ebenso wie bei den Werten, die uns wichtig sind, ist es auch hilfreich, den „inneren Kritiker" genauer zu kennen und die Glaubenssätze zu lokalisieren, die uns immer wieder das Leben schwer machen. Unser Selbstvertrauen entwickelt sich zwar hauptsächlich in der Kindheit, aber die Glaubenssätze, die wir als Kinder verinnerlicht haben, lassen sich im Erwachsenalter noch korrigieren (vgl. Element 2.03 Selbststeuerung).

Der erste Schritt der Veränderung dient der Aufdeckung der Glaubenssätze.

Auf einem Blatt Papier, das in zwei Spalten unterteilt wird, werden in der linken Spalte zuerst die vorhandenen negativen Glaubenssätze notiert. In einem zweiten Schritt werden dann in der rechten Spalte die negativen Glaubenssätze in positive, motivierende Glaubenssätze umformuliert.

| Vorher | Nachher |
| --- | --- |
| Beispiel: | Beispiel: |
| Ich kann das nicht, ich habe noch nie eine Präsentation vor so vielen Leuten gehalten. | Ich sehe es als Chance, neue Erfahrungen zu sammeln, und versuche es. |

**Tipp** Der so erstellte Zettel wird am besten im Büro, in der Aktentasche oder im Portmonee deponiert. Jedes Mal, wenn danach Selbstzweifel an uns nagen, nehmen wir das Blatt und lesen uns die neuen Glaubenssätze laut vor. Das mag am Anfang recht ungewöhnlich und befremdlich sein, hat aber den Vorteil, dass sich nach kurzer Zeit die negativen Glaubenssätze immer seltener in unsere eigenen Gedanken schleichen und sich die positiven Glaubenssätze fest verankern.

Die wichtigsten Tipps für persönliche Überzeugung und Selbstvertrauen:

- Ermitteln Sie, was Ihnen wichtig ist und worauf Sie Wert legen, erstellen Sie eine Werteinventur.
- Gleichen Sie Ihre Wertvorstellungen mit Ihrem Umfeld ab.
- Ermitteln Sie Ihren „inneren Kritiker" und machen Sie ihm durch positive Glaubenssätze das Leben schwer.

### 2.3 Persönliches Auftreten und Autorität

Erwartungsvoll sitzen die Mitarbeiter, die für das neu zusammenzustellende Projektteam ausgewählt wurden, in der ersten anberaumten Besprechung, bei der ihnen der neue Projektleiter vorgestellt werden soll. Nach einigen Minuten kommt ein sehr nachlässig gekleideter und wenig gepflegter Herr zur Tür hinein und stellt sich stammelnd und unkonzentriert den Anwesenden als der neue Projektleiter vor.

Was löst ein solcher Auftritt bei den Anwesenden wohl aus? Irritation, Erheiterung oder was auch immer, aber vermutlich nicht unbedingt Vertrauen in die sich gerade vorstellende Person. Persönliche Autorität hat nicht, wer sich hinter Positionen oder Rollen versteckt, sondern nur der, der es schafft, dass sein Umfeld ihm vertraut.

Deshalb ist es als Projektleiter wichtig, nicht nur an der eigenen Fachkompetenz zu arbeiten, sondern auch am eigenen Erscheinungsbild und an den eigenen kommunikativen Fähigkeiten. Dabei gilt auch heute noch der von Gottfried Keller geprägte Satz „Kleider machen Leute" seiner gleichnamigen Novelle von 1866. Sowohl für den Projektleiter als auch für die Projektmitarbeiter bedeutet dies, sich der Zielgruppe, auf die sie treffen, entsprechend angemessen zu kleiden und die Regeln für eine erfolgreiche Kommunikation zu beachten. (vgl. Element 1.18 Kommunikation)

### 2.4 Kommunikative Fähigkeiten und Verhandlungsgeschick

Mangelndes Durchsetzungsvermögen geht meistens mit mangelnden kommunikativen Fähigkeiten einher. Wer unfähig ist, seine eigenen Gedanken in klare Worte und geordnete Sätze zu fassen, dem wird es wohl kaum gelingen, sein Gegenüber vom eigenen Standpunkt zu überzeugen.

Daher ist es für den Projektleiter besonders wichtig, an den eigenen kommunikativen Fähigkeiten zu arbeiten und dafür zu sorgen, dass er sich klar ausdrückt. (vgl. Element 1.18 Kommunikation und 2.11 Verhandlungen)

Wer hat nicht schon einmal die Sätze „Das haben Sie so aber nicht gesagt" oder „Das habe ich aber ganz anders verstanden" gehört.

Schwammige Aussagen und lange Satzkonstruktionen gilt es zu vermeiden. Ein immer wieder gern benutzter Satz lautet: „Man sollte mal an dieser Situation etwas ändern". Bravo, mit diesem Satz gelingt es Personen immer wieder, mehr Fragen aufzuwerfen als zu klären. Wer ist bitte zum Beispiel „man"? Nachdem das Wort „sollte" den Konjunktiv bildet, stellt sich das Gegenüber die Frage, ob jetzt etwas zu tun ist oder nicht. Auch die Verwendung der Wörter „etwas ändern" trägt nicht gerade zur Klärung der Situation bei. Die Beschreibung einer konkreten Änderung mit dem Hinweis wer bis wann was zu tun hat, ist hier gefordert.

Neben einer unklaren Ausdrucksweise fehlt es häufig auch am Feedback. Dem österreichischen Verhaltensforscher Konrad LORENZ (1903 – 1989) wird der Satz zugeschrieben „Gesagt ist nicht gehört. Gehört ist nicht verstanden. Verstanden ist nicht einverstanden. ... ." Wir gehen leider allzu häufig davon aus, dass die Informationen, die wir unserem Gegenüber verbal und nonverbal übermitteln, auch ohne Übertragungsverluste bei ihm ankommen. Das ist aber so gut wie nie der Fall. Vielfältige Gründe tragen zu diesen Verlusten bei. Mangelndes Interesse und mangelnde Aufmerksamkeit des Gegenübers oder unterschiedliche Erfahrungsschätze und Bewertungsmuster sind nur einige der Gründe, die für Übertragungsverluste sorgen.

Für Projektleiter ist es daher wichtig, für Feedback zu sorgen und es gegebenenfalls einzufordern. Nur durch ein Feedback lässt sich überprüfen, ob das, was er selbst ausdrücken wollte, auch vom Gegenüber so, wie von ihm beabsichtigt, verstanden wurde.

Dabei ist auch darauf zu achten, dass Feedback durchaus mehrdeutig sein kann. Nicht immer trauen sich die Gesprächspartner, ein ehrliches Feedback zu geben. Je nachdem, ob andere Personen anwesend sind oder ob ein Hierarchiegefälle besteht, wird das Feedback gegebenenfalls unterschiedlich ausfallen. Wer gibt schon gerne im Beisein des Chefs zu, dass er etwas nicht verstanden hat oder mit der vom Chef ersonnenen Lösung nicht zufrieden ist? Ein Feedback und die darin enthaltenen verbalen Aussagen sollten daher von der Projektleitung immer noch einmal mit den nonverbalen Signalen, die das Gegenüber aussendet, verglichen werden. Mit ein wenig Übung und Beobachtungsgabe können nach kurzer Zeit die verbalen Aussagen auf Übereinstimmung mit den nonverbalen Signalen überprüft und Differenzen leichter erkannt werden.

## 3  Notwendige Prozessschritte zur Durchsetzung von Zielen

Auch wenn es keine allgemeingültigen, immer anwendbaren Regeln zur Steigerung des Durchsetzungsvermögens und zur Durchsetzung der eigenen Standpunkte gibt, so gibt es doch eine Systematik, die dem Erfolg förderlich ist.

Die folgenden 6 Schritte unterstützen den Projektleiter dabei, seine Standpunkte durchzusetzen:

- Situation analysieren
- Ziele setzen
- Argumente sammeln
- Besprechung vorbereiten
- Besprechung durchführen
- Ergebnisse kontrollieren und auswerten

### 3.1  Situation analysieren

Im Element „Interessierte Parteien" wurde schon darauf eingegangen, wie der Projektleiter das Projektumfeld und die Stakeholder analysieren kann. Mithilfe der dabei gewonnenen Informationen lässt sich die Situation oft schon ausreichend beurteilen. In den Fällen, in denen keine Informationen über das Gegenüber vorliegen, müssen die benötigten Informationen selbst erarbeitet werden. Dabei helfen dem Projektleiter die folgenden Fragen:

- Wer ist mein Gegenüber?
  - Wie setzt sich der Teilnehmerkreis auf den ich treffe, zusammen?
  - Wer sind die Entscheider und wer sind wichtige Multiplikatoren?
  - Wer sind die Personen, die im Hintergrund Einfluss auf das direkte Gegenüber ausüben?
- Wie steht mein Gegenüber zu diesem Thema?
  - Welche Informationen liegen den Gesprächspartnern bisher schon zum Thema vor?
  - Welche Erfahrungen hat mein Gegenüber bisher schon mit diesem Thema gesammelt?
  - Welchen Stellenwert hat das Thema für den oder die Gesprächspartner?
  - Welche Ängste / Befürchtungen sind eventuell vorhanden?
  - Welche konkreten Erwartungen sind vorhanden?

Die erarbeiteten Informationen und gefundenen Antworten werden am besten schriftlich festgehalten. Die Praxis zeigt, dass schriftliches Festhalten zu einer Präzisierung und besseren Strukturierung der schrittweise gesammelten Informationen führen kann. Gerade bei den für ein Projekt wichtigen Punkten und Gesprächen ist eine schriftliche und gründliche Vorbereitung angeraten. Geht es um weniger wichtige Punkte und Gespräche, reicht oftmals auch die Vorbereitung ohne Notizen. Die konsequente Vorbereitung von Gesprächen mithilfe von Fragen erhöht nicht nur das eigene Durchsetzungsvermögen, sondern auch die für die Vorbereitung benötigte Zeit wird aufgrund der zunehmenden Übung in der Regel geringer.

### 3.2 Ziele setzen

Nachdem eine Vorstellung von der vorherrschenden Situation gewonnen wurde, gilt es nun, Ziele zu formulieren. „Schon Benjamin Franklin beschrieb, wie man sich durch die Festlegung täglicher und wöchentlicher Ziele Schritt für Schritt erstrebenswerte Verhaltensweisen aneignen und sich zu einem tugendhaften Menschen entwickeln kann." (GOLEMAN, 2002). Menschen mit wenig Durchsetzungsvermögen haben in der Regel selbst nur sehr vage Vorstellungen von dem, was sie erreichen wollen. Die Unentschlossenheit und Unsicherheit, die sich daraus ergibt, spürt der Gesprächspartner in der Regel sehr schnell.

Bei einem Segeltörn auf offener See, bei dem ein Segler am Abend wieder in einem sicheren Hafen liegen will, wird er Informationen über das Wetter einholen und die aktuelle Lage analysieren. Erst nachdem er weiß, wie sich das Wetter entwickelt, kann er das zu erreichende Ziel sicher bestimmen. Bei Flaute kommt er vielleicht nicht einmal aus dem Hafen, bei Windstärke 5 – 6 ist er hingegen in der Lage, auch größere Distanzen in kurzer Zeit zurückzulegen. Ausschlaggebend für die Erreichung eines Ziels und die Festlegung eines realistischen Ziels sind somit die Rahmenbedingungen. Genau diese gilt es auch zu berücksichtigen, wenn es darum geht die eigenen Standpunkte anderen Personen zu vermitteln.

Im Element „Projektanforderungen und Projektziele" wurde schon dargestellt, wie Ziele formuliert sein sollten. Bei der Zielformulierung bietet unter anderem das englische Akronym (Kunstwort) SMART (Specific, Measurable, Achievable, Realistic, Timely) Hilfestellung.

**Beispiel** Sie arbeiten als Projektleiter in einem Projekt und stellen fest, dass Ihr bisheriges Budget nicht ausreicht, um die gewünschte Leistung zu erbringen. Aus diesem Grunde gehen Sie auf den Auftraggeber zu und sagen ihm, Sie benötigen mehr Geld. Was verstehen Sie aber unter mehr Geld? Sind es 1.000 Euro, 10.000 Euro oder noch mehr?

Die Verwendung des Akronyms „SMART" offenbart, dass das oben beschriebene Ziel schon alleine aufgrund der mangelhaften Beschreibung nicht dazu geeignet ist, erfolgreich aus einer Besprechung herauszugehen. Die folgenden Fragen offenbaren die Schwächen.

**Ist das Ziel spezifisch?**
Nein, ohne Angabe einer konkreten Zahl oder zumindest einer gewissen Bandbreite ist das Ziel nicht greifbar und somit auch nicht spezifiziert.

**Ist das Ziel messbar?**
Natürlich können wir jetzt sagen „mehr Geld" ist messbar. Gab es doch vermutlich ein Ausgangsbudget, das es zu erhöhen gilt. Aber um wie viel? Ebenso wie das ursprüngliche Budget muss der Mehrbetrag quantifiziert werden. Nur dadurch lassen sich der Verhandlungserfolg und auch der spätere Projekterfolg in finanzieller Hinsicht präzise und eindeutig messen.

**Ist das Ziel ausführbar?**
Reicht nun ein Mehrbetrag von 1.000 Euro, um die geforderte Leistung zu erstellen, oder reicht er nicht? Hier gilt es nun, genau abzuwägen und zu ermitteln, wie hoch der Betrag sein muss, ansonsten besteht die Gefahr, dass das andere Ziel, nämlich die Erstellung einer bestimmten Leistung, nicht erreicht wird.

### Ist das Ziel realistisch?

Hier stellt sich die Frage, wie der Auftraggeber die Forderung bewerten wird. Entspricht sie dem, was zum Beispiel marktüblich ist, und ist die Forderung für den Auftraggeber akzeptabel und hinnehmbar? Verfügt er überhaupt über ausreichende Finanzmittel und will er sie für das spezielle Projekt bereitstellen? Das sind nur einige der Frage, die uns dabei helfen zu beurteilen, ob ein Ziel in den Augen des Gegenübers realistisch ist.

### Ist das Ziel terminiert

Die geforderten Finanzmittel benötigt der Projektleiter vermutlich zu einem bestimmten Zeitpunkt oder in einem bestimmten Zeitraum, um die geforderte Leistung erstellen zu können. Der Zeitpunkt beziehungsweise Zeitraum ist somit zwingender Bestandteil der Zielbeschreibung. Nur so lässt sich später überprüfen, ob das benötigte Geld zur richtigen Zeit zur Verfügung stand.

Aufgrund der Überprüfung der ursprünglichen Zielformulierung anhand der „SMART" Formel entsteht somit die folgende Zielformulierung:

„Wir benötigen zum 01.09.2007 10.000 Euro an zusätzlichen Finanzmitteln, um die Leistung xy zu erbringen."

Auf Grundlage dieser Zielformulierung kann der Projektleiter nun mit dem Auftraggeber diskutieren und versuchen, seinen Standpunkt durchzusetzen. Die genaue Formulierung ist die Grundlage eines einheitlichen Verständnisses der vorherrschenden Situation und die Basis für die spätere Erfolgskontrolle.

## 3.3 Argumente sammeln

Menschen mit hohem Durchsetzungsvermögen sind überzeugende Menschen. Sie setzen ihre Standpunkte nicht mittels institutioneller Autorität (Amtsautorität) durch, sondern aufgrund überzeugender und logischer Argumente. In Anlehnung an EDMÜLLER & WILHELM (2005) seien hier nur drei Vorteile logischer Argumente genannt.

Logisches Argumentieren

- fördert eine optimale Entscheidungsfindung
- fördert eine zielgerichtete und klare Kommunikation
- fördert die eigene Selbstsicherheit.

Ob ein Argument nun überzeugend ist oder nicht, liegt im Auge des Betrachters. Es gilt: Der Wurm muss dem Fisch schmecken und nicht dem Angler! Daher ist es wichtig, dass Sie sich in die Lage Ihres Gesprächspartners versetzen. Welche Bedürfnisse gilt es zu befriedigen? Welche Zweifel gilt es zu zerstreuen?

Argumente müssen in Anlehnung an MOTAMEDI (1998) drei Hauptbedingungen erfüllen. Argumente müssen:

- zielgruppenorientiert
- verständlich
- glaubwürdig

sein.

Damit der Projektleiter entscheiden kann, ob ein Argument zu einer Zielgruppe passt, muss er erst einmal die Zielgruppe kennen. Informationen über die Zielgruppe beziehungsweise das Gegenüber wurden ja schon in der Phase der Situationsanalyse erarbeitet.

Nachdem die Zielgruppe also bekannt ist, können mögliche Argumente gesammelt werden. In komplexen Situationen ist es hilfreich, bei der Sammlung von Argumenten auf Kreativitätstechniken zurückzugreifen. Kreativitätstechniken werden im Grundlagen- und Vertiefungswissen des Elements 2.07 Kreativität ausführlich beschrieben. Durch den Einsatz dieser Techniken erhält der Projektleiter einen bunten Strauß von Argumenten, den es als Nächstes zu sortieren gilt.

Bei der Selektion der Argumente helfen die folgenden Fragen:

- Ist das Argument mit dem Hintergrundwissen des Gegenübers zu verstehen?
- Ist das Argument glaubwürdig?
- Welche Ausprägung hat das Argument?
    - Handelt es sich um ein:
        - sehr starkes Argument?
        - starkes Argument?
        - schwaches Argument?

Im ersten Schritt der Selektion sind die unbrauchbaren Argumente herauszufiltern. Im zweiten Schritt sind jetzt die verbliebenen Argumente zu gliedern.

Dabei ist bei der Gliederung der Argumente auf einen logischen Aufbau zu achten. Gedankensprünge und Brüche in der Argumentationskette sind zu vermeiden. Bei der Festlegung der Reihenfolge der Argumente ist wie folgt vorzugehen (vgl. MOTAMEDI, 1998):

Zuerst sind ein oder zwei starke Argumente vorzubringen. Damit wird das Interesse des Gegenübers geweckt. Danach werden die schwächeren Argumente eingesetzt. Den Abschluss bilden die sehr starken Argumente. „Denn der Schluss bleibt am längsten in Erinnerung" (MOTAMEDI, 1998: 42).

Damit die Argumente eine möglichst positive Reaktion auslösen, müssen sie möglichst exakt auf die Bedürfnisse des Gegenübers abgestimmt sein. Die bloße Aufzählung von Merkmalen einer Lösung, wie es bei der Präsentation technischer Produkte häufig passiert, hilft alleine nicht weiter. Genau deswegen ist es wichtig, vorher möglichst genau zu ermitteln, was das eigene Gegenüber will.

🔍 **Beispiel** Es geht wieder um das Projekt, für das mehr Geld benötigen wird. Der Projektleiter hat ein Gespräch mit dem Auftraggeber und will von ihm die Zusage zur Aufstockung der Finanzmittel erhalten.

Er kann dem Auftraggeber natürlich sagen „Wir benötigen 10.000 Euro mehr, um das Projekt abzuschließen." Doch selbst dann, wenn diese Aussage fachlich fundiert und richtig ist, wird sie den Auftraggeber aufgrund der Formulierung und der fehlenden Argumentation erschrecken und vermutlich dazu führen, dass der Gesprächspartner die Gelder nicht bewilligt.

Daher wird ein erfahrener Projektleiter wie folgt vorgehen: Er wird den Auftraggeber fragen, wie wichtig ihm die einzelnen zu entwickelnden Funktionen sind, und er wird ihn fragen, ob die Einhaltung des Endtermins wichtig ist.

Mit der ersten Frage erhält er ein Gefühl für die Wertigkeit der einzelnen Funktionen, mit der zweiten Frage holt er sich ein erstes „Ja" ab. Danach beginnt er mit der Argumentation und zeigt dem Auftraggeber auf, warum bei der Einhaltung des Endtermins und der Vorgaben Mehrkosten entstehen. Dabei wird er immer wieder auf den Nutzen, der durch die Mehrausgaben entsteht, verweisen und die Konsequenzen aufzeigen, die entstehen, wenn der Auftraggeber keine zusätzlichen Finanzmittel freigibt.

Mit dieser Vorgehensweise erhöht er die Erfolgschancen des ohnehin schon schwierigen Unterfangens erheblich.

Um den Argumenten die nötige Glaubwürdigkeit zu verleihen, ist es ratsam, Beweise für die Aussagen anzuführen. Dabei kann der Projektleiter entweder seine bisherigen eigenen Erfahrungen vorbringen oder, was noch besser ist, auf die Erfahrungen oder Untersuchungen Anderer verweisen. Hier ist es besonders hilfreich, auf anerkannte Experten zu verweisen oder Belege in Form von Tests oder Auswertungen schon abgeschlossener Projekte vorzulegen. In manchen Fällen ist es auch hilfreich, die eigenen Aussagen anhand von Mustern zu belegen. So werden die Aussagen „begreifbar".

## 3.4 Besprechung vorbereiten

Die bisher schon genannten Prozessschritte zur Durchsetzung von Zielen bilden auch die Grundlage von Projektbesprechungen. Neben der Situationsanalyse, der Zielformulierung und der Argumentationssammlung gibt es aber noch weitere Erfolgfaktoren zur Durchsetzung der eigenen Standpunkte und für mehr Durchsetzungsvermögen.

Die folgenden Fragen helfen dem Projektleiter bei der Vorbereitung einer Projektbesprechung:

- Welche Zeit ist die richtige Zeit?
- Welche Räumlichkeiten stehen zur Verfügung?
- Welche Hilfsmittel werden benötigt?
- Wer kann mich unterstützen?

### Die richtige Zeit

Zuerst ist zu überlegen, ob die zur Verfügung stehende Zeit für eine gute Vorbereitung ausreicht. Dabei ist daran zu denken, je besser die Vorbereitung umso überzeugender der Auftritt. Aber eine gute Vorbereitung benötigt Zeit.

Der erfahrene Projektleiter wählt, zumindest wenn möglich, einen Zeitpunkt, zu dem der Gesprächspartner in entspannter Stimmung ist. Er vermeidet Zeitpunkte, zu denen sein Gegenüber unter Stress steht und den Kopf mit vielen anderen Dingen voll hat. Auch dies ist ein Zeichen von Empathie, wenn der Projektleiter nachfühlen kann, dass der Geschäftsführer eine halbe Stunde vor einem sehr wichtigen Termin mit einem Großkunden kein Ohr mehr für das aktuelle Projektproblem hat, um per Schnellschuss noch „nebensächliche" Entscheidungen zu treffen.

### Der richtige Ort

Auch die Örtlichkeit hat Einfluss auf das eigene Durchsetzungsvermögen. Entscheidungen, die sehr schnell ohne langwierige Diskussionen durchgebracht werden sollen, lassen sich zum Beispiel an eher ungemütlichen Orten erzielen. Ich persönlich habe in einigen Fällen so genannte Rampengespräche eingeführt, bei denen Projektbeteiligte am frühen Morgen zu einer kurzen Besprechung auf der Verladerampe zusammengerufen wurden. Besonders im Winter ergab sich dadurch eine drastische Verkürzung der Redezeit der Beteiligten.

Natürlich lässt sich diese Vorgehensweise nur begrenzt verwenden. In der überwiegenden Zahl der Fälle ist es hilfreich, sich einen ruhigen, gut beleuchteten und belüfteten Ort zu suchen, der eine angenehme Atmosphäre bietet.

Neben der Wahl eines passenden Raumes ist auch auf die Sitzordnung zu achten. Sitzanordnungen, bei denen Fronten dadurch entstehen, dass sich die Beteiligten frontal gegenübersitzen, sind möglichst zu vermeiden. Ideal sind zum Beispiel runde Besprechungstische. Bei Zweiergesprächen ist wo möglich eine Anordnung, die um 90 Grad versetzt ist, zu wählen. So können die Gesprächspartner gemeinsam in vorhandene Dokumente schauen und sind nicht durch einen Tisch voneinander getrennt. Hierdurch wird dem Gesprächspartner außerdem eine gewisse Nähe signalisiert.

### Die richtigen Hilfsmittel

Ein Bild sagt mehr als tausend Worte. Dieser geflügelte Satz bewahrheitet sich immer wieder. Zur Visualisierung der eigenen Aussagen ist es daher ratsam, Hilfsmittel oder eine bildhafte Sprache zu nutzen. Ein Diagramm auf dem Flipchart, eine Skizze im Handout oder das Bild in der PowerPoint-Präsentation tragen zum leichteren Verständnis des diskutierten Sachverhaltes bei und sorgen für eine gemeinsame

Gesprächsgrundlage. Auch ist zu überlegen, welche Aussagen anhand von Mustern, Prototypen, Testumgebungen untermauert werden müssen. Ein Kunde von uns untermauert seine Aussagen zur Performance seines Systems in Kundengesprächen regelmäßig durch den Einsatz eines Testsystems. Der Kunde kann in diesem Gespräch die von ihm gewünschten Funktionen testen und deren Auswirkungen direkt erfahren. Somit werden die getätigten Aussagen auch für Laien leichter begreifbar.

> „Worte belehren, Beispiele reißen mit. Über Theorie ist der Weg lang, über Beispiele dagegen kurz und wirksam."
>
> SENECA

### Die Unterstützer

Schon bei der Zielgruppenanalyse wurden mögliche Unterstützer lokalisiert. Nun kurz vor der Durchführung der Besprechung sind diese in Gedanken noch einmal zu überprüfen. Mit wem muss vielleicht in einem Vieraugengespräch noch einmal die Vorgehensweise abgestimmt werden? Wen gilt es durch körperliche Nähe und den richtigen Sitzplatz an sich zu binden? Wer benötigt eventuell vorab schriftliche Unterlagen zur Vorbereitung und Unterstützung der eigenen Argumente?

Auch hier gilt wieder: je besser die Vorbereitung, umso eher wird sich der Erfolg bei der Durchsetzung der eigenen Standpunkte und der Vermittlung der eigenen Ideen einstellen.

## 3.5 Besprechung durchführen

Eine Besprechung steht im Projekt an. Im Rahmen der Besprechung möchte der Projektleiter seinen Standpunkt einer anderen Person oder mehreren Personen vermitteln. Durch eine gute Vorbereitung hat er den Grundstein für eine überzeugende Darstellung seiner Standpunkte gelegt.

Für die erfolgreiche Umsetzung der Gesprächsstrategie sind in Anlehnung an RUEDE-WISSMANN (1989) aber ferner die folgenden drei Punkte wichtig:

- Konkrete Ermittlung der aktuellen Standpunkte
- Aktives Zuhören
- Visualisieren

Konkrete Ermittlung der aktuellen Standpunkte

> „Um Erfolg zu haben, musst Du den Standpunkt des anderen annehmen und die Dinge mit seinen Augen betrachten."
>
> HENRY FORD

Die Ermittlung der Standpunkte von Gesprächspartnern im Rahmen der Analysephase basiert eventuell auf Annahmen oder ist zwischenzeitlich schon etwas länger her. Getroffene Annahmen können jedoch falsch sein oder können sich, selbst dann, wenn sie einmal richtig waren, aufgrund von zwischenzeitlichen Umwelteinflüssen geändert haben. Daher ist es ratsam, am Anfang eines Gespräches noch einmal die Standpunkte der Gegenseite zu erfragen. Hilfreich sind dabei Fragen wie:

„Habe ich Sie richtig verstanden, dass ..."
oder
„Kann ich davon ausgehen, dass Ihnen ..."

Durch diesen Einstieg gibt der Projektleiter dem Gegenüber die Chance, zu intervenieren und gegebenenfalls, falls nötig, seinen aktuellen Standpunkt vorzutragen.

Hierbei ist es ratsam, nicht nur auf die fachlichen Inhalte einzugehen, sondern auch auf die Rahmenbedingungen der Zusammenkunft. So sollte ebenfalls zu Beginn abgeklärt werden, ob das Gegenüber auch die vom Projektleiter selbst eingeplante Zeit zur Verfügung hat und der geplanten Vorgehensweise für die Besprechung zustimmt.

### Aktives zuhören

Erfahrene Projektleiter achten bei den Antworten ihres Gesprächspartners sowohl auf die verbalen Signale als auch auf die nonverbalen Signale. (vgl. Element 1.18 Kommunikation, aktives Zuhören). Scharrt das Gegenüber oder einer der anderen Teilnehmer schon mit den Füßen auf dem Boden, dann zeigt dies dem Projektleiter trotz der Aussage „Ich nehme mir die Zeit" schon an, dass der Gesprächspartner in Eile ist.

Aktives Zuhören heißt nicht nur zuhören, sondern auch zusehen. Daher ist nicht nur auf die inhaltlichen Aussagen, sondern auch auf die Gefühlsregungen zu achten. Hierdurch kann der Wahrheitsgehalt einer Aussage zusätzlich verifiziert werden. Läuft das Gegenüber hochrot an oder hat der Gesprächspartner schon Schweißperlen auf der Stirn, dann scheinen er oder sie mit der gebotenen Lösung trotz der Aussage „Ja das kriegen wir schon hin" nicht sonderlich einverstanden zu sein.

### Visualisieren

Bei der Vorbereitung der Zusammenkunft hat sich der Projektleiter schon Gedanken über die einzusetzenden Hilfsmittel gemacht. In der Besprechung gilt es, die zur Verfügung stehenden Visualisierungsmedien dann auch zu nutzen.

Viele Zusammenkünfte kranken daran, dass nichts aufgeschrieben wird. Somit ist im Verlaufe eines Gespräches auch nicht klar, welche Punkte schon besprochen und geklärt sind und bei welchen Punkten es noch Klärungs- und Einigungsbedarf gibt. Die Folge sind regelmäßig zeitlich ausufernde Zusammenkünfte. Aus den geplanten 30 Minuten werden so schnell 60, 90 oder noch mehr Minuten.

Auf einem Flipchart sind die Punkte, über die bereits gesprochen wurde und über die schon Einigkeit erzielt wurde, zu notieren. In festgefahrenen Gesprächssituationen kann so für alle nachvollziehbar aufzeigt werden, worauf die Gesprächspartner sich bisher schon geeinigt haben. Diese Vorgehensweise unterstützt auch die Beilegung von Konflikten, da auf einfache und nachvollziehbare Art Gemeinsamkeiten betont werden.

## 3.6  Ergebnisse kontrollieren und auswerten

Die Unterredung ist vorbei, der Gesprächspartner hat den eigenen Standpunkt verstanden und ist von der vom Projektleiter angebotenen Lösung überzeugt. Zumindest hat er das gesagt.
Viele weniger erfahrene Projektmitarbeiter oder Projektleiter beenden nun den Prozess und freuen sich über den vermeintlichen Erfolg. Doch erfahrene Projektleiter wissen, Vereinbarungen führen nur zum Ziel, wenn sie auch auf Umsetzung hin kontrolliert werden.

Im zweiten der sechs Schritte für mehr Durchsetzungserfolg wurde die Definition von Zielen besprochen. Nun ist es an der Zeit zu überprüfen, ob die gesteckten Ziele auch erreicht wurden und ob die mit dem Gesprächspartner vereinbarten Ziele auch eingehalten wurden.

### Überprüfung der eigenen Zielerreichung

Hat der Projektleiter sein ursprünglich anvisiertes Ziel ohne Abweichungen erreicht und sein Gegenüber vom eigenen Standpunkt überzeugt, hat er in diesem Fall ein gutes Durchsetzungsvermögen bewiesen.

Leider wird er nicht immer so erfolgreich sein. Auch dann, wenn er andere Personen zum überwiegenden Teil von seinen Standpunkten überzeugen kann, wird es Fälle geben, in denen dies nicht oder nur sehr schwer gelingt.

Menschen neigen sehr häufig dazu, Situationen nur dann genauer anzuschauen, wenn sie nicht erfolgreich waren. Dabei kann ein Projektleiter auch aus erfolgreichen Situationen sehr viel lernen.

Ganz gleich also, ob erfolgreich oder weniger erfolgreich, zur Optimierung des eigenen Durchsetzungsvermögens sind die folgenden Fragen hilfreich:

- Warum hat mein Gegenüber der Lösung zugestimmt / nicht zugestimmt?
  - Was waren die Schlüsselargumente / welche Argumente haben gefehlt?
- Warum ist das Gespräch so verlaufen, wie es verlaufen ist?
  - Welche verbalen und nonverbalen Reaktionen hat mein Gegenüber gezeigt?
- Welche Hilfsmittel waren für das Ergebnis förderlich / hinderlich?

Diese Fragen sollte der Projektleiter nicht nur global beantworten, sondern er sollte versuchen, die Fragen möglichst konkret und anhand von einzelnen Situationen zu beschreiben. Je konkreter diese Fragen beantwortet werden, desto eher lassen sich konstruktive Handlungsideen für die Zukunft daraus entwickeln.

### Überprüfung der vereinbarten Ziele

Neben der Überprüfung der eigenen Zielerreichung ist es wichtig, im Nachgang zu einem Gespräch auch die Umsetzung der vereinbarten Ziele zu kontrollieren. Im Element „2.11 Verhandlung" wurden die Wichtigkeit und die Rolle der Ergebnissicherung im Rahmen der Nachbereitung von Verhandlungen schon dargestellt. Die Ergebnissicherung trägt maßgeblich zur erfolgreichen Umsetzung von Vereinbarungen bei. Als Projektleiter ist daher darauf zu achten, dass wichtige Vereinbarungen schriftlich fixiert und nachvollziehbar dokumentiert werden. Dadurch wird der Grundstein für die Überprüfung der Einhaltung von Vereinbarungen gelegt. Endgültig hat der Projektleiter nur dann Durchsetzungsvermögen bewiesen, wenn das Gegenüber den vermittelten Standpunkt auch vertritt und umsetzt.

## 4 Zusammenfassung

Immer wieder kommen Projekte ins Straucheln oder scheitern sogar komplett, weil es keinen Verantwortlichen gibt, der die Projektziele hartnäckig verfolgt und gegenüber oder mit den Stakeholdern durchsetzt.

Ohne Durchsetzungs- und Überzeugungsvermögen lässt sich das Umfeld aber nicht zu einer zielgerichteten Zusammenarbeit bewegen. Da jeder von uns in seiner eigenen Realität lebt, die geprägt ist durch eigene Wertvorstellungen, Erfahrungen, Kenntnisse und Fähigkeiten, bedarf es einer argumentativen Auseinandersetzung mit den Stakeholdern, um sie vom Nutzen des Projektes zu überzeugen.

Diese Überzeugungsarbeit zu leisten, ist eine der Kernaufgaben der Projektleitung. Sie muss ihr Projekt im Projektumfeld verkaufen.

Bei der erfolgreichen Vermittlung der Projektziele und der eigenen Standpunkte kommt es auf die persönliche Autorität der Projektleitung an. Nicht Druck, Bestrafung und Zwang stehen im Vordergrund, sondern das möglichst durch Einsicht geförderte Handeln. Die dem Projektleiter aufgrund seiner Stellung in der Organisation verliehene institutionelle Autorität ist nur in Ausnahmefällen zu nutzen. Gefragt ist Überzeugungsvermögen, das auf logischer Argumentation, rhetorischen Fähigkeiten und der persönlichen Ausstrahlung basiert.

Entscheidend für das eigene Durchsetzungsvermögen ist das zugrundeliegende Selbstbild. Die persönliche Überzeugung von der Richtigkeit des eigenen Handelns und ein daraus resultierendes Selbstvertrauen bilden die Basis für Verhandlungserfolge. Ein der Situation angepasstes persönliches Auftreten verleiht dem Projektleiter die benötigte persönliche Autorität, die, ergänzt mit kommunikativen Fähigkeiten und Verhandlungsgeschick, zur erfolgreichen Vermittlung der eigenen Standpunkte benötigt wird.

Wie der Erfolg eines Projektes, so ist auch der Erfolg bei der Durchsetzung der eigenen Standpunkte von einer guten Vorbereitung abhängig. Durch eine systematische Vorgehensweise, bei der die Ausgangssituation analysiert und anschließend realistische Ziele formuliert werden, die mit logischen Argumenten unterfüttert werden, lassen sich auch schwierige Sachverhalte vermitteln. Zur kontinuierlichen Verbesserung des eigenen Durchsetzungsvermögens ist eine kritische Kontrolle der erzielten Ergebnisse sinnvoll.

Ausgestattet mit einem gesunden Selbstvertrauen und den nötigen Fähigkeiten ist der Projektleiter in der Lage, über die gesamte Projektdauer die Stakeholder auf Kurs zu halten und damit den Projekterfolg zu fördern.

## 5 Fragen zur Wiederholung

| | | |
|---|---|---|
| 1 | Was versteht die ICB unter Durchsetzungsvermögen? | ☐ |
| 2 | Worin liegt der Unterschied zwischen Durchsetzungsvermögen und Überzeugungskraft oder -vermögen? | ☐ |
| 3 | Welche drei Bausteine sind die Basis für Durchsetzungsvermögen im Projekt? | ☐ |
| 4 | Womit können die eigenen Werte, die dem Projektleiter unbewusst sind, transparent gemacht werden? | ☐ |
| 5 | Welche Auswirkungen hat das persönliche Auftreten des Projektleiters auf Projektmitarbeiter bzw. Gesprächspartner? | ☐ |
| 6 | Aus welchen Schritten besteht der Prozess zur Durchsetzung der eigenen Standpunkte? | ☐ |
| 7 | Welche Analysen sind dem Projektleiter bei der Analyse einer zukünftigen Gesprächssituation behilflich? | ☐ |
| 8 | Welche Bedeutung hat das Akronym SMART? | ☐ |
| 9 | Welche Vorteile bietet eine logisch aufgebaute Argumentation? | ☐ |
| 10 | Worauf ist bei der Auswahl von Argumenten zu achten? | ☐ |
| 11 | Welche Fragen helfen dem Projektleiter nach der Zielformulierung und Argumentationssammlung bei der Vorbereitung von Besprechungen? | ☐ |
| 12 | Welche Maßnahmen können aus der Berücksichtigung von Unterstützern vor einer Besprechung resultieren? | ☐ |

# 2.05 Stressbewältigung und Entspannung (Relaxation)

Frank Musekamp

## Kontext

Projektarbeit macht Spaß und ist vielseitig. Mitarbeiter erarbeiten selbstbestimmt im Team attraktive Konzepte, planen den optimalen Weg zum gemeinsamen Ziel und reagieren bei der Durchführung flexibel auf die kleinen Unwägbarkeiten des Projektalltags. So zeichnet sich Projektarbeit oft durch selbstständiges und eigenverantwortliches Handeln aus. Die Tätigkeiten sind wenig vorstrukturiert, eigene Ideen können verwirklicht werden und die persönlich bevorzugte Arbeitsweise wird nicht durch starre Routineabläufe beeinträchtigt. Diese Freiheit macht den Reiz der Arbeit in Projekten aus.

Doch wer jemals in einem Projekt gearbeitet hat, kennt auch die Schattenseite dieser Freiheit. Eigenverantwortung bedeutet dann häufig, dem Projekt zuliebe mal zurückzustecken, es mit der Arbeitszeit nicht so genau zu nehmen und für ein optimales Ergebnis den Laptop am Wochenende mit nach Haus zu nehmen. Die Grenzen zwischen Arbeit und Freizeit verschwimmen und das Projekt tritt zeitlich in Konkurrenz zum Privatleben. Die Zeit mit der Familie kommt zu kurz und die kurzen Phasen, in denen das Projekt nicht die Gedanken dominiert, reichen kaum aus, um sich von den Anstrengungen der Arbeit zu erholen.

Treten derartige Belastungen bei Projektmitarbeitern oder Projektleitern nur selten auf, sind die Folgen für Projekt und Mitarbeiter eher gering. Es gibt jedoch zahlreiche Belege, dass in einer globalisierten Welt der Wettbewerbsdruck zu einer zunehmenden Arbeitsverdichtung führt. Diese kann besonders in wenig reglementierten Arbeitsformen, wie der Projektarbeit, permanente psychische Belastungen hervorrufen, z. B. Zeitdruck oder überhöhte und widersprüchliche Ergebnisanforderungen. Es zeigt sich, dass in der heutigen Arbeitswelt vor allem die psychischen Belastungen absolut und relativ zu den körperlichen Belastungen an Bedeutung gewinnen. Unter ihnen spielt der Zeitdruck eine große Rolle, wie Zahlen der BIBB/IAB Erwerbstätigenstudie belegen (vgl. BEERMANN, BRENSCHEIDT & SIEFER, 2007). Auch eine hohe Autonomie bei der Arbeitszeitgestaltung, wie sie bei Projekten oft vorzufinden ist, schützt nicht uneingeschränkt vor den negativen Folgen hoher zeitlicher Variabilität (vgl. BRENSCHEIDT, 2007). Weitere Studien untersuchen explizit Projektarbeit und belegen, dass auch dort psychische Belastungen auftreten, die krank machen können. So fand das Institut Arbeit und Technik (IAT) heraus, dass Mitarbeiter in Softwareentwicklungs- und Beratungsprojekten vier Mal häufiger psychosomatische Beschwerden aufweisen als der Durchschnitt der Erwerbsbevölkerung (vgl. LATNIAK & GERMAIER, 2006). Neben dem unbestreitbar persönlichkeitsförderlichen Potenzial von Projektarbeit ist somit die Gefahr einer Leistungsverausgabung über ein selbstzerstörerisches Maß hinaus nicht zu unterschätzen.

## Bedeutung

Projektmitarbeiter wie Projektleiter sind vor diesem Hintergrund nicht nur für das eigentliche Arbeitsergebnis, sondern auch dafür verantwortlich, dass ihre Arbeitskraft dauerhaft erhalten bleibt. Die eigene Belastung und deren Ursachen zu reflektieren und sich effektiv entspannen zu können, ist dabei eine wichtige Fähigkeit. Es gilt zu erkennen, wann Entspannungstechniken angebracht sind, weil die Ursachen für die Erschöpfung in temporären Hochleistungsphasen liegen. Andererseits sollte Projektmitarbeitern und -leitern klar sein, wann derartige Techniken wirkungslos bleiben müssen, weil betriebliche Vorgaben ein Arbeiten im Rahmen der menschlichen Kapazitätsgrenzen unmöglich machen. In jenen Fällen sind Veränderungen der Arbeitsbedingungen angebracht, die durch Entspannungstechniken nicht zu leisten sind.

In der ICB 3 ist das wichtige Thema der Erhaltung der eigenen Arbeitskraft eigens mit dem Element „Entspannung und Stressbewältigung" abgedeckt. Durch dessen Einordnung als „behavioral competence" wird deutlich, dass die Entspannung als korrektive Maßnahme und die Gestaltung von Bedingungen zur Vermeidung von psychischen Belastungen bei allen Tätigkeiten in Projekten mitbedacht werden müssen. Dies stellt auch zukünftig den Einsatz von physisch und psychisch gesunden Mitarbeitern sicher und ermöglicht damit den langfristigen Erfolg von Projektmanagementsystemen (1.01). Direkte Bezüge des Themas „Entspannung" bestehen zu den ICB Elementen Projektorganisation (1.06), Zeit- und Projektphasen (1.11) und Personalmanagement (3.08). In jenen Elementen werden Bedingungen geschaffen, die anschließend für Projektmitarbeiter entweder persönlichkeitsfördernd und gesunderhaltend oder aber krankmachend wirken können. Außerdem ist „Entspannung" im Zusammenhang mit den ICB Elementen Selbstkontrolle (2.03), Konflikt und Krisen (2.12), Verlässlichkeit (2.13) und Wertschätzung (2.14) zu sehen. In jenen Elementen werden personenbezogene Fähigkeiten und Einstellungen von Projektmitarbeitern behandelt, die einen Einfluss auf die eigenen psychischen Belastungen oder auf die Belastungen anderer haben.

### Lernziele

Sie kennen

- die Bedeutung von Spannung und Entspannung für die physische, psychische und soziale Gesundheit
- die gesundheitsfördernden und krankmachenden Mechanismen, die in Projekten wirken können
- die vier Formen der Entgrenzungserscheinungen, die durch neue Managementformen entstehen können
- drei Thesen zum Verhältnis von Arbeit und Freizeit

Sie können

- das Konzept „Anforderung/Belastung" erklären
- die Ambivalenz von eigenverantwortlichem Arbeiten mit seinen gesundheitsförderlichen und krankmachenden Wirkungen erläutern
- den Einfluss von psychischen Belastungen auf die Work-Life-Balance von Projektmitarbeitern erklären
- unter Berücksichtigung von eigenverantwortlicher Arbeit in Projekten die Bedeutung von Rahmenbedingungen für die Vermeidung psychischer Belastungen erklären

# Inhalt

| | | |
|---|---|---|
| 1 | Einleitung | 862 |
| 2 | Die Bedeutung von Spannung und Entspannung in Projekten | 862 |
| 2.1 | Anspannung und Entspannung im Ungleichgewicht: Folgen für Projektmitarbeiter | 862 |
| 2.2 | Anspannung und Entspannung im Ungleichgewicht: Soziale Folgen | 865 |
| 3 | Wandel der Erwerbsarbeit: Rahmen für Entspannung und Stressbewältigung | 866 |
| 3.1 | Projektmitarbeiter als Arbeitskraftunternehmer | 866 |
| 3.2 | Entgrenzung in Projekten | 867 |
| 4 | Zusammenfassung | 870 |
| 5 | Fragen zur Wiederholung | 871 |

# 1 Einleitung

Beim Anblick der Überschrift „Entspannung und Stressbewältigung" im vorliegenden GPM-Fachbuch mag sich der eine oder andere Leser fragen, warum dieses Thema im Rahmen eines Fachbuches von Relevanz ist, in dem es eigentlich um die effektive und effiziente Erreichung von Zielen durch eine bestimmte Organisationsform der Arbeit geht. So ist doch Projektarbeit Gegenstand des Interesses, nicht die (Projekt-) Freizeit. Und doch spielt gerade in Projekten die Freizeit als eine nichtproduktive Zeit im Verhältnis zur Zeit der Leistungserbringung eine besondere Rolle. Projektarbeit schafft in einer bestimmten Weise Verhältnisse, die eine Unterscheidung von Arbeit und Freizeit sehr schwierig machen, und genau darin liegen gleichzeitig der Reiz und die Gefahr für die psychische Gesundheit von Projektmitarbeitern. Um diesen Widerspruch als ein strukturelles Wesen von Projektarbeit deutlich zu machen, soll es im folgenden Grundlagenteil dieses Beitrags auch um neue Trends in der Erwerbsarbeit im Allgemeinen gehen, insbesondere aber um den oft schmalen Grad von krankmachenden und gesundheitsförderlichen Wirkungen von Erwerbsarbeit auf die Mitarbeiter. Nur unter Berücksichtigung dieser „zwei Gesichter der Arbeit" können Maßnahmen zur Entspannung und Stressbewältigung sinnvoll eingesetzt und ihre Effekte und Grenzen richtig abgeschätzt werden. Dabei spielt auch die sich wandelnde gesellschaftliche Betrachtung und Bewertung von Arbeit eine entscheidende Rolle. Konkrete Maßnahmen zur Entspannung und Stressbewältigung werden im Vertiefungsteil dieses Beitrags vorgestellt.

# 2 Die Bedeutung von Spannung und Entspannung in Projekten

Zahlreiche Phänomene in der Natur sind durch Zyklen geprägt: Dem Tag folgt die Nacht, woraufhin der Morgen wieder dämmert. Auf Frühling und Sommer folgen jedes Jahr aufs Neue Herbst und Winter. Und auch das menschliche Leben kann sich trotz vieler moderner Errungenschaften dieser Zyklen nicht ganz erwehren. Schlafen und Wachsein wechseln einander ebenso ab wie Traurig- und Fröhlichsein. Und letztendlich kann das Leben selbst als Zyklus begriffen werden, der mit der Geburt beginnt und mit dem Tod endet, während irgendwann dazwischen der neue Zyklus der kommenden Generation „in Gang gesetzt" wird.

## 2.1 Anspannung und Entspannung im Ungleichgewicht: Folgen für Projektmitarbeiter

Ein natürlicher Rhythmus zeigt sich auch im Wechsel von Anspannung und Entspannung im Laufe eines Arbeitstages und von arbeitsreichen und freien Tagen im Laufe der Woche. Anspannung wird in Projekten hauptsächlich durch intensive Konzentration auf die Arbeit oder durch Umgebungsfaktoren ausgelöst, die dem Arbeitenden als Bedrohung erscheinen („Stress"). Entspannung ergibt sich in Phasen der Ruhe, vor allem während des Schlafs, aber auch durch Aktivitäten (körperlich oder geistig), die vom Entspannenden nicht als bedrohlich empfunden werden. Der Rhythmus zwischen Spannung und Entspannung hat Einfluss darauf, wie sich der Arbeitende fühlt, und darauf, wie leistungsfähig er ist. Die Bedeutung der menschlichen Tagesrhythmik ist daher schon seit langem unbestrittener und fester Bestandteil der Arbeitswissenschaften.

Sind Phasen der Anspannung temporär begrenzt und folgen ihr stets Phasen der Entspannung, so erholt sich der Körper schnell und es bleiben keine Folgen zurück. Kritisch sind dagegen lang anhaltende Perioden der Anspannung, in denen die Hochleistungsphasen und psychischen Belastungen nicht durch ausreichend lange Entspannungsphasen unterbrochen werden. Dann kehrt der Ruhezustand nicht mehr ohne Weiteres zurück und auch bewusste Entspannungsphasen können das Aktivierungsniveau nicht wieder auf den Normalzustand drücken. Die Stresssymptome bleiben erhalten (vgl. Abbildung 2.05-1).

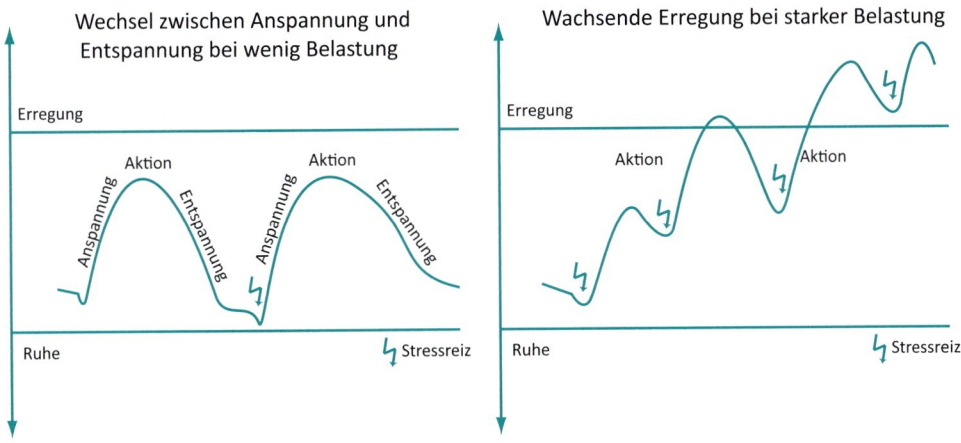

Abb. 2.05-1: Spannungsverläufe in Anlehnung an LITZCKE & SCHUH (2005: 33)

Aus derartigen Daueraktivierungen oder auch Fehlaktivierungen, die nicht durch Entspannungsphasen abgebaut werden, können über die Zeit ernstzunehmende Krankheiten entstehen, so genannte psychosomatische Beschwerden oder Krankheiten (vgl. RESCH, 1994).

> **§ Definition** Als psychosomatische Beschwerden und Krankheiten werden Störungen des Körpers bezeichnet, die in ihrer Entstehung entscheidend durch die Psyche des Kranken bestimmt sind (RESCH, 1994: 56).

Je nachdem, wie lange die Daueranspannung schon anhält, können die Organfunktionen gestört sein, ohne bereits dauerhafte Schädigungen aufzuweisen. Im schlimmsten Falle sind stressbedingte organische Schäden jedoch irreversibel. Dann gehen die Folgen von lang anhaltenden psychischen Belastungen über

- schnelles Ermüden,
- Nervosität,
- Schlafstörungen,
- Magenschmerzen oder Ähnliches

hinaus und resultieren in

- Krankheiten des Herz-Kreislauf-Systems,
- Krankheiten des Magen-Darm-Trakts oder
- allergischen Krankheiten, wie Neurodermitis oder Asthma.

Auch schwere psychische Krankheiten, wie Depressionen oder das Burn-Out-Syndrom, können aus lang anhaltenden Belastungssituationen entstehen.

Neben dem natürlichen Tagesrhythmus wird das Wechselspiel von Anspannung, Aktion und Entspannung durch psychische Belastungen beeinflusst, die aus der Umgebung des Arbeitenden resultieren. Während im Stresskonzept von LAZARUS & LAUNIER (1981) die Bedeutung von Bewertungs- und Bewältigungsprozessen im Mittelpunkt des Konzepts steht („Stress", Bezug: 2.03 Self-Control), ist in einem deutschen Zweig der Arbeitspsychologie ein Konzept entwickelt worden, das Anforderungen als positive und Belastungen als negative Merkmale von Arbeit unterscheidet (ausführlich bei OESTERREICH & VOLPERT, 1999). Sowohl Anforderungen als auch Belastungen werden dort als objektive Arbeitsbedingungen konzipiert, ohne die unterschiedlichen Wirkungen auf verschiedene Individuen zu betrachten. Dabei steht außer Zweifel, dass es diese Unterschiede gibt, je nachdem, wer auf bestimmte Belastungen trifft. Die eine Person ist belastbarer als eine andere. Jedoch zeigen zahlreiche Untersuchungen, dass stets die gleichen Umgebungsbedingungen zu psychischen Beanspruchungen und auf die Dauer zu Krankheiten führen. Dies ist analog zu den körperlichen Belastungen zu sehen. Beispielsweise gibt es Personen, die trotz jahrzehntelanger, körperlicher Arbeit mit 65 physisch gesund in Rente gehen. Im Schnitt scheiden hart körperlich Arbeitende jedoch deutlich früher wegen Gesundheitsproblemen aus dem Arbeitsleben aus.

Da positiv wirkende Anforderungen und negativ wirkende Belastungen als unabhängig voneinander konzipiert sind, eignet sich dieses Konzept gut, um Projektarbeit zu beschreiben, denn Projektarbeit gilt einerseits als besonders humane Arbeitsform mit positiven Auswirkungen auf die Persönlichkeit der Projektmitarbeiter. Gleichzeitig produziert Projektarbeit häufig bestimmte psychische Belastungen, welche die physische und psychosoziale Gesundheit gefährden. Dabei ist die Unterscheidung zwischen Anforderungen und Belastungen eindeutig. Anders als beim Stresskonzept (wie auch bei einigen anderen Konzepten) wird nicht ein und dieselbe Umgebungsbedingung einmal als Ursache für positiven Eustress und ein anderes Mal für negativen Distress bezeichnet.

> **§ Definition** Unter Anforderungen werden diejenigen objektiven Bedingungen von Arbeit verstanden, die dem Arbeitenden Handlungsmöglichkeiten eröffnen und so die psychische Gesundheit erhalten und die Persönlichkeitsentwicklung der Mitarbeiter fördern.

Umfasst die Arbeit beispielsweise die Anforderung, eigene Ziele aufzustellen und über die Wege zu deren Erreichung selbst zu entscheiden, ist das prinzipiell gesundheitsförderlich (Entscheidungsspielraum). Außerdem ist es wichtig, dass Mitarbeiter zur Erledigung ihrer Arbeit mit Kollegen und Vorgesetzten kommunizieren müssen (Kommunikationserfordernis). Ist beides gegeben, können berufliche Kompetenzen angewendet und weiterentwickelt werden. Anforderungen sind in Projekten häufig in hohem Ausmaß gegeben. Aber auch Belastungen treten auf.

> **§ Definition** Werden Handlungsmöglichkeiten durch die Arbeitsbedingungen eingeschränkt, so wird im Rahmen des Konzepts „Anforderung/Belastung" von psychischen Belastungen gesprochen.

Psychische Belastungen sind beispielsweise

- tägliche Reibereien und Ärgernisse,
- quantitative Überforderung (vgl. 1.12 Bezug zu Ressourcen),
- soziale Konflikte (vgl. 2.12 Bezug zu Krisen und Konflikte),
- persönliche Konflikte (vgl. 2.12 Bezug zu Krisen und Konflikte) oder
- traumatisierende Ereignisse (ausführlicher vgl. RESCH, 1994: 20).

Weil unter Belastungen objektive Bedingungen von Arbeit verstanden werden, gelten all diese Punkte, streng genommen, nur dann als Belastungen, wenn den (Projekt-) Arbeitenden keine Möglichkeiten gegeben sind, sie mit eigenen Mitteln aus dem Weg zu räumen. Das war für die Analyse und Gestaltung von Arbeit sinnvoll, die sich durch eher restriktive Bedingungen auszeichneten, wie z. B. in der stark arbeitsteiligen Produktion. In der Projektarbeit ist jedoch davon aus zu gehen, dass Projektarbeiter den Bedingungen, wie beispielsweise einer quantitativen Überforderung, nicht unbedingt ausgeliefert sind, ohne Gegenmaßnahmen ergreifen zu können. Daher muss bei der Frage nach den Ursachen von anhaltender Anspannung (oder auch Stressempfinden) immer in zwei Schritten vorgegangen werden. Zunächst ist zu fragen, welche Bedingungen (= Belastungen) das Stressempfinden auslösen. Wenn diese Belastungen gefunden sind, muss danach gefragt werden, ob die Belastungen durch den Projektmitarbeiter selbst reduziert werden können. Ist das nicht der Fall, müssen die betrieblichen Rahmenbedingungen (Arbeitsorganisation, Zuständigkeiten oder Ähnliches) in die Analyse mit einbezogen werden. Diesem Prinzip unterliegen die im Vertiefungsteil vorgestellten Verfahren „Selbstreflexion" und „Checkliste zur Vermeidung von Zeitdruck in Projekten".

**∑ Fazit** Wenn Zeiten der Anspannung im Verhältnis zu Entspannungszeiten dauerhaft die Oberhand gewinnen, so kann dies seelische und körperliche Folgen für Projektmitarbeiter haben.

## 2.2 Anspannung und Entspannung im Ungleichgewicht: Soziale Folgen

Ist der Rhythmus von Anspannung und Entspannung dauerhaft aus dem Gleichgewicht gebracht, leidet jedoch nicht nur der Projektmitarbeiter selbst unter diesem Zustand. Auch die Freizeit ist vom Erleben der Arbeit unter den gegebenen Arbeitsbedingungen beeinflusst und somit wird das soziale Umfeld direkt mit einbezogen. RESCH (1994) berichtet, dass Personen, die dauerhaft unter hohen Belastungen arbeiten, oft die sozialen Beziehungen zur Familie und zu Freunden einschränken. Es kommt zu Spannungen und Streit und im schlimmsten Fall zum Abbruch von Beziehungen.

**Beispiel** In einer Studie zu überlangen Arbeitszeiten schildert eine Projektmanagerin, dass sie sich privat gerade von ihrem Freund getrennt habe. Zwar sei das viele Arbeiten nicht der alleinige Grund für die Trennung gewesen, aber die vielen Arbeitsstunden hätten ihren Teil dazu bei getragen: „Speziell auch für die Beziehung ist es ganz schwer. Wenn ich soviel arbeite, bin ich auch vom Kopf so voll, dass ich keinen Platz habe für meinen Freund". Es belastet sie, dass sich private Angelegenheiten mehr und mehr stapeln, weil sie nach einem langen Arbeitstag zu müde ist, diese zu erledigen. Sie berichtet weiter, dass ihr 22-jähriger Sohn sich deutlich von ihr abgrenzt. Sie befürchtet, dass ihr Zuviel- Arbeiten dazu beigetragen haben könnte, dass er seine Ausbildung abgebrochen hat, und macht sich deswegen Sorgen (frei übernommen aus KORTE, 2001: 125).

RESCH (1994) betont, dass ein solches Bewältigungsverhalten zwar höchst problematisch ist, weil durch die Einschränkung des sozialen Umfelds eine wichtige Ressource zur Bewältigung der Belastungsfolgen verloren geht. Ein stabiles und vielfältiges soziales Netz hilft, die Folgen von Stress abzufedern. Dennoch würden Menschen immer wieder in dieser Weise auf zu hohe Dauerbelastungen reagieren.

Ein solcher Zusammenhang zwischen Belastungen in der Arbeit und deren sozialen Folgen wird nicht erst seit der Einführung des Begriffs „Work-Life-Balance" untersucht. Deshalb werden dem Thema des Ungleichgewichts zwischen Spannung und Entspannung zunächst einige Grundlagen zur Forschung vom Verhältnis von Arbeit und Freizeit vorausgestellt.

In einer berühmt gewordenen kanadischen Studie mit dem Titel „The long arm of the job" (MEISSNER, 1971) wurde gezeigt, dass trotz klarer raum-zeitlicher Trennung von Arbeit und Nicht-Arbeit das Leben in der Freizeit umso passiver, anspruchsloser und intellektuell ärmer war, je stärker in der Fabrik restriktive Arbeitsbedingungen vorherrschten. In der darauf folgenden Forschung zum Verhältnis von Arbeit und Freizeit werden bis heute immer wieder drei Thesen diskutiert, in welcher Weise Arbeitende beide Bereiche miteinander vereinbaren. In der Generalisationsthese (1) wird davon ausgegangen, dass sich negative Erfahrungen wie positive Erfahrungen in der Arbeit jeweils in gleicher Weise auf das Erleben in der Freizeit auswirken, so wie es die eben beschriebene kanadische Studie herausstellte. Dagegen steht die These, dass die Freizeit dazu dient, vor allem negative Erfahrungen der restriktiven Erwerbsarbeit durch möglichst aktive Freizeitgestaltung zu kompensieren (Kompensationsthese, 2). Als dritte These gilt die der Neutralität (3), in der von einer derartigen Trennung von Arbeit und Freizeit ausgegangen wird, dass kein Einfluss des einen Bereichs auf den anderen zu erwarten ist. In der Vergangenheit unterstellten alle Thesen jedoch in ähnlicher Weise eine starke Trennung von Arbeit und Freizeit, die sich zunehmend als nicht haltbar herausstellt: Erstens verkannte diese Sichtweise, dass es auch außerhalb der Erwerbsarbeit Tätigkeiten gibt, die als Arbeit zu bezeichnen sind. Diese umfassen die bis heute hauptsächlich von Frauen erledigten Haus- und Familienarbeiten (z.B. die Kindererziehung). Zweitens wurde nicht bedacht, dass private und auf die Erwerbsarbeit bezogene Entscheidungen auch in den traditionellen Rollenverteilungen ab den 1950er Jahren häufig stark aufeinander bezogen waren. Schon damals ließ sich sogar unter den Frauen, deren Berufsbiografie lange als strikt getrennte Phase von Erwerbsarbeit und Familie angesehen wurde, eine intensive Wechselwirkung beider Bereiche nachweisen (vgl. BORN, KRÜGER & LORENZ-MEYER, 1996). Während in der damaligen Zeit jedoch die Trennung beider Bereiche sowohl von Frauen als auch von Männern als Ideal angestrebt wurde, ist heutzutage das Ziel einer Selbstverwirklichung in beiden Bereichen immer stärker in das Selbstbild der Männer und Frauen integriert (vgl. HOFF, 2006). Sowohl Erwerbsarbeit als auch Freizeit und Familie werden als Lebensbereiche angesehen, in denen es Ziele zu erreichen gilt und in denen sich moderne Menschen verwirklichen wollen.

In diesen Überlegungen zeigt sich, dass die Vereinbarkeit von Familie und Beruf kein neues Spannungsverhältnis darstellt. Durch eine zunehmend enge Verknüpfung von Arbeit und Freizeit wird das zufrieden stellende Steuern beider Bereiche aber zunehmend komplexer. Außerdem steigen die Ansprüche in beiden Bereichen: Frauen sehen sich selbstverständlich sowohl in der Erwerbs- als auch in der Familienarbeit und Männer wollen intensiver am Familienleben, insbesondere an der Erziehung der Kinder, teilhaben. Aus dieser Entwicklung resultiert das Modethema der „Work-Life-Balance", weil viele Erwerbstätige diese miteinander ringenden Bedürfnisse als sehr schwer vereinbar erleben. Durch neue Arbeitsformen, unter anderem auch durch die Projektarbeit, wird diese Tendenz verstärkt, weil Mitarbeiterinnen auch in ihrer arbeitsfreien Zeit eine starke Verpflichtung der Arbeit gegenüber verspüren. Ebenso führt der Wunsch nach einem intensiven Familienleben auch während der häufig langen Arbeitszeiten zu einer inneren Zerrissenheit. Wie diese innere Verpflichtung gegenüber der Arbeit bzw. gegenüber dem Projekt zustande kommt, wird im Verlauf dieses Beitrags eingehend beschrieben.

**∑ Fazit** Da sich qualifizierte (Projekt-) Mitarbeiter sowohl bei der Arbeit als auch in der Freizeit (Familienzeit) selbst verwirklichen wollen, empfinden sie es zunehmend als schwierig, Spannung und Entspannung im Gleichgewicht zu halten.

## 3 Wandel der Erwerbsarbeit: Rahmen für Entspannung und Stressbewältigung

Die immer größer werdende Bedeutung der Organisationsform „Projektarbeit" ist eingebettet in einen allgemeinen Trend der Einführung neuer Managementformen nicht nur in der deutschen Wirtschaft. Diese neuen Managementkonzepte, die unter vielfältigen Namen wie „Lean Management", „lernende Organisation" oder „Business Reingeniering" Einzug in Unternehmen gehalten haben, zeichnen sich neben vielen betriebswirtschaftlichen Implikationen auch durch veränderte Anforderungen an die Angestellten aus. Besonders die Höherqualifizierten unter ihnen organisieren sich stärker oder vollkommen selbst, agieren z. T. als Unternehmer in dezentralen Unternehmen und werden nicht mehr direkt kontrolliert. Stattdessen werden qualifizierte Angestellte oft an ihren Ergebnissen gemessen und durch diese gesteuert. **Arbeit in Projekten weist häufig die gleichen Merkmale auf** und führt daher zu vollkommen anderen Problemen bei der Abgrenzung von Entspannungszeiten und Arbeitszeiten, als es in traditionellen Arbeitsformen der Fall ist. Während es dort üblich ist, den Ort und die Zeit der Leistungserbringung mittels Verträgen exakt festzulegen und den Weg zum Arbeitsergebnis durch den Arbeitgeber direkt zu kontrollieren, sind Mitarbeiter in Projekten dagegen häufig frei in der Wahl ihrer Arbeitsmethoden, -zeiten und -orte. Im Vergleich zu eher tayloristischen Managementformen, die durch starke Hierarchien gekennzeichnet sind, entsteht in Projekten ein Mehr an Autonomie für die Mitarbeiter.

### 3.1 Projektmitarbeiter als Arbeitskraftunternehmer

Im Rahmen der industriesoziologischen Forschung wird seit Mitte der 1990 Jahre von einem neuen Typus der Arbeitskraft gesprochen, der infolge der neuen Managementstrategien in Erscheinung tritt: Der Arbeitskraftunternehmer (VOSS & PONGRATZ, 1998). Er zeichnet sich durch die drei Merkmale Selbstkontrolle, Selbstökonomisierung und Verbetrieblichung des Lebens aus, die im Folgenden beschrieben werden.

Durch **Selbstkontrolle** des Mitarbeiters wird die von ihm zu erbringende Leistung für das Unternehmen aufgewertet. Dieses muss nicht mehr eine latent vorhandene Arbeitsleistung durch Anweisung und Führung in ein Endprodukt umwandeln, sondern erwirbt die Leistung in ihrer Gesamtheit vom Mitarbeiter. Dieser muss eigenständig das Leistungsangebot vorhalten und weiter entwickeln, um mittel- und langfristig im Unternehmen Beschäftigung zu finden. Das Unternehmen wird von Weisungs- und Kontrollaufgaben entlastet, die der Mitarbeiter für sich selbst erbringt. Selbstkontrolle bedeutet jedoch nicht, dass das Unternehmen gar nicht mehr kontrolliert, denn die Höhe des Ziels und das Ausmaß der Zielerreichung werden oftmals nach wie vor vom Unternehmen festgelegt. Nur der Weg zum Ziel liegt allein in der Hand des Mitarbeiters.

Aus dieser vermehrten Selbstkontrolle resultiert außerdem eine verstärkte **Selbstökonomisierung**, die sich in einem unternehmerischen Verhalten der Mitarbeiter bezüglich der von ihnen angebotenen Ware „Arbeitsleistung" ausdrückt. Der Marktdruck, der bisher durch strategisches Agieren der Unternehmen nur vermittelt auf den geschützten Mitarbeiter traf, wird nun oft direkt vom Arbeitenden aufgefangen und verlangt ein Handeln, das „gezielt und dauerhaft auf eine potentielle wirtschaftliche Nutzung hin" ausgerichtet ist (vgl. Voss & Pongratz, 1998: 142). Z. B. muss ein Projektmitarbeiter in seiner Arbeit selbstständig inhaltliche Grundlagen für Folgeprojekte legen, Angebote oder Anträge für Folgeprojekte anbahnen und ausgestalten oder Kontakte mit möglichen Auftraggebern aufbauen und pflegen. Vom Erfolg dieser unternehmerischen Tätigkeiten hängen nicht selten seine weiteren Beschäftigungsmöglichkeiten im Unternehmen ab.

Der Marktdruck wirkt sich durch seine Unmittelbarkeit auch auf das Privatleben des Arbeitskraftunternehmers (AKU) aus. Es kommt zu einer **Verbetrieblichung des Lebens**, weil er auch auf private Ressourcen zurückgreift, um seine Ware Arbeitskraft zu vermarkten. Diese Ressourcen bestehen z. B. in privaten Kontakten, die zur beruflichen Zielerreichung genutzt werden, oder im heimischen Wohnraum, der als Wochend-Büro dient. Selbst die Arbeitskraft des Partners wird oft in Anspruch genommen, der die Haus- und Familienarbeit sicherstellt, während der Mitarbeiter das Projektergebnis verfolgt (vgl. Voss & Pongratz, 1998).

Diese systematische und zielgerichtete Ausrichtung des Privatlebens auf die Nutzung der Arbeitskraft macht auch eine systematische Organisation von „Entspannung" nötig. Als Stempeluhr und Büro-Arbeitsplatz noch eine klare Trennung von Arbeit und Freizeit erzeugten, war Entspannung oft eine unreflektierte und natürliche Aktivität. Erst im Gefolge von neuen Managementformen wird es vermehrt nötig, Entspannung und Stressbewältigung zu professionalisieren, wie es im Vertiefungsteil dieses Beitrags vorgestellt wird.

Je nachdem, wie Projektarbeit von einem Unternehmen organisiert wird, besteht die Möglichkeit, dass die Mitarbeiter mehr oder weniger als Arbeitskraftunternehmer agieren müssen. Wie die Folgen für die Mitarbeiter aussehen können, die im Sinne eines Arbeitskraftunternehmers arbeiten, wird im Folgenden beschrieben.

**Fazit** Projektarbeit ist eine neue Managementform. Von den Projektmitarbeitern wird Eigeninitiative, Selbststeuerung und Selbstkontrolle verlangt. Unter bestimmten Bedingungen werden Projektmitarbeiter so zu Arbeitskraftunternehmern. Sie müssen nicht nur bei der Arbeit, sondern auch privat daran denken, wie sie ihre Kompetenzen erhalten und erweitern, um konkurrenzfähig zu bleiben.

## 3.2 Entgrenzung in Projekten

Die Einführung neuer Managementkonzepte im Allgemeinen bzw. das Projektmanagement im Speziellen können (müssen aber nicht!) dazu führen, dass Mitarbeiter in besonderer Weise belastet werden, obwohl ihnen ein großer Handlungsspielraum zur Verfügung steht. Untersuchungen zeigen, dass die häufig ausgeprägte Autonomie in Projekten nicht unbedingt vor psychosozialen Schäden schützt. Die Bedingungen der Projektorganisation im Unternehmen spielen eine entscheidende Rolle (vgl. Musekamp, 2005). Viele Experten sind sogar der Meinung, „dass die (…) Ambivalenzen des AKU nicht nur sporadisch und zufällig ein Umschlagen eines normalen Arbeitsverhaltens in Arbeitssucht begünstigen" (vgl. Peter, 2003: 107). Es entsteht oft die paradoxe Situation, dass Mitarbeiter ohne Anweisung eines Vorgesetzten so viel arbeiten, dass sie davon krank werden. Ein Abbau von Zwang führt zu einer

Zunahme des Leistungsdrucks. Dieses Phänomen lässt sich dadurch erklären, dass Projektmitarbeiter nicht mehr länger einer hierarchisch höher gestellten Person verpflichtet sind, sondern dem Projektergebnis, welches sie selbst als „gutes" Ziel anerkannt haben. Dadurch wird das Projektergebnis Teil des persönlichen Zielsystems und damit ein Teil des Projektmitarbeiters. Er **fühlt** sich der Sache verpflichtet, sodass Erfolg und Misserfolg mit entsprechend extremen Gefühlen verbunden sind. Eine innerliche Distanzierung vom Ziel, das ja bisher ein Unternehmensziel war, fällt schwer (Involvement). Diese Verknüpfung von persönlichem und unternehmerischem Ziel ist nicht neu. Unternehmer und beispielsweise Studenten kannten das Problem schon immer: „Niemand kommandiert ihn, niemand zwingt ihn. Und trotzdem steht er unter Druck" (GLISSMANN & PETERS, 2001: 44). Dieser Druck entsteht z. B. aus dem Verhältnis des Unternehmers zum Markt oder aus dem Anspruch des Studenten an sich selbst und an seine berufliche Zukunft.

Projektmitarbeiter, die als Arbeitskraftunternehmer ihre Leistungen im Unternehmen anbieten, empfinden diese Situation dementsprechend ambivalent. Auf der einen Seite erleben sie die gewonnene Autonomie und Selbstständigkeit als Bereicherung und widmen sich ihren Aufgaben mit mehr Engagement und Freude: „Es ist Freitag abend (sic!) 20:48, ich bin auch gestresst, aber fühle mich gut, weil ich etwas geschafft habe nach einem 13-stündigen Arbeitstag. (...) wenn es Spaß macht, dann gibt es keinen Stress, dann spielt auch die Zeit keine Rolle" (SCHMIDT, 2000, ohne Seite). Auf der anderen Seite trifft Misserfolg bzw. ausbleibender Erfolg die Projektmitarbeiter ebenso unmittelbar: „Ich habe noch mehr Überstunden gemacht und konnte trotzdem abends nicht zufrieden nach Hause gehen. Irgend etwas (sic!) Wichtiges blieb immer liegen. (...) Die Situation gipfelte Mitte des Jahres in einem Nervenzusammenbruch" (ebd.).

**Beispiel** Als Anfang 1999 bei IBM in Düsseldorf nach vorangegangenen Flexibilisierungsmaßnahmen letztendlich die Vertrauensarbeitszeit eingeführt wurde, waren die Mitarbeiter zunächst begeistert: „Meine Ideen werden umgesetzt! Im Marktsegment tut sich was! Toll! (...) Manche fühlen sich high, wie jemand, der sich gerade selbständig gemacht hat" (HOLCH, 1999, ohne Seite). Doch dann zeigen sich in großer Zahl unerwartete Folgen der neuen Selbständigkeit. Die Mitarbeiter arbeiten immer länger und können sich nicht mehr entspannen. Nicht verhandelbare Zielvorgaben führen dazu, dass Druck auf die Schwächeren immer weiter zunimmt. Anfangs glauben die Mitarbeiter, es läge an ihnen, dass sie den Schreibtisch nicht mehr leer kriegen (vgl. HOLCH, 1999). Doch dann brechen einige ihr Schweigen. Es wird deutlich: Arbeiten ohne Ende ist ein Problem für viele.

Die Folgen, die aus Projektarbeit im Sinne eines Arbeitskraftunternehmers resultieren können, werden häufig als **Entgrenzung** bezeichnet: Vier Tendenzen lassen sich unterscheiden, die oft auch in Projektarbeit anzutreffen sind. Als primäre Entgrenzungserscheinung gilt die zeitliche Entgrenzung (1). Sie tritt als erste auf und äußert sich in überlangen Arbeitszeiten. Sie unterscheidet sich insofern von Überstunden, als dass Projektmitarbeiterinnen die zusätzliche Arbeitszeit nur sehr selten von einem Vorgesetzten aufgetragen wird. Stattdessen treffen sie diese Entscheidung aus eigenem Antrieb, um vermeintlich eigene Ziele zu erreichen. Eng damit verknüpft ist die räumliche Entgrenzung (2). Sie meint eine Ausdehnung der Arbeit auf zusätzliche, meist private Räume (Wohnung, Urlaubsort, Weg zur Arbeit), wodurch die Arbeitszeit noch stärker ausgeweitet werden kann. Sie ist somit ebenfalls als primäre Entgrenzung zu verstehen. Aus überlangen Arbeitszeiten und einer räumlichen Ausdehnung von Arbeit resultiert dann häufig eine soziale Entgrenzung (3), denn andere Lebensbereiche werden durch die Arbeit vernachlässigt und kommen nicht mehr zu ihrem Recht. Freundschaften leiden oder werden abgebrochen und auch Partnerschaften sind hohen Belastungen ausgesetzt. Die soziale Entgrenzung wird als Folge der beiden erstgenannten als sekundäre Form bezeichnet. All diese Phänomene sind begleitet von extremen Gefühlen, besonders häufigen Schuldgefühlen, sowohl gegenüber der Arbeit als auch gegenüber dem privaten Umfeld. Das schlechte Gewissen ist ein steter Begleiter eines entgrenzt Arbeitenden. Diese Folge der neuen Managementformen wird auch als emotionale Entgrenzung (4) bezeichnet (vgl. KORTE, 2001).

Problematisch beim Phänomen der Entgrenzung ist die Tatsache, dass die Ursache für eine anhaltende psychische Belastung nicht wie früher besonders in den Arbeitsbedingungen gesehen werden kann, weil Projektmitarbeiter diese Bedingungen selber mitgestalten können. Schnell könnte der Ratschlag folgen: Wenn es Dich stört, dann ändere es doch! Die psychologische und soziologische Forschung zeigen aber, dass es so einfach nicht ist. Die Merkmale von Arbeitskraftunternehmerinnen gehen zwar mit einer erhöhten Autonomie der Mitarbeiterinnen einher, resultieren aber nicht in einer vollkommenen Eigenständigkeit ihres Leistungshandelns. Nach wie vor bleibt das durch Arbeit geschaffene Produkt in der Hand des Unternehmens. Der Arbeitskraftunternehmer bleibt ein abhängig Beschäftigter, wenn auch ein ausgesprochen selbstständiger.

Außerdem gibt es weitere Bedingungen und Mechanismen, die verhindern können, dass ein Projektmitarbeiter einfach die Belastungen „abschaltet". Insgesamt ist in bestimmten Bereichen der Wirtschaft eine enorme Arbeitsverdichtung zu beobachten, die durch immer kürzere Produktentwicklungszyklen bei gleichzeitiger Mitarbeiterstagnation bzw. -abbau entsteht. Dadurch verliert ein Projekt teilweise seinen Projektcharakter. Es wird organisiert, als wäre es nicht neu und einmalig, sondern bereits vielfach erprobte Routine. Fehler dürfen nicht passieren, Zeit zum Erproben und Lernen gibt es nicht. Flexibilität als das konstitutive Merkmal von Projekten ist nicht mehr gegeben, weil die Handlungsfreiheit der Mitarbeiter einzig und allein auf den kritischen Pfad beschränkt wird (vgl. 1.11 Zeit und Projektphasen).

**Beispiel** Ein Projektleiter in der Automobilzulieferindustrie beschreibt die Arbeitsverdichtung und die Folgen sehr eindrücklich: „Immer weniger Leute müssen immer mehr Leistung, in der gleichen Zeit mit weniger Kapazitäten erbringen. Das führt natürlich zu gigantischem Zeitdruck, der sich letztendlich bei mir so äußert, dass kaum mehr Zeit ist, um z. B. zwischenmenschliche Beziehungen zu pflegen. Alles was nicht unmittelbar mit einem Einzelprojekt zu tun hat, wird hinten angestellt, sogar das Typische, was in einem Unternehmen auch nebenher gemacht werden muss: Qualitätssicherung, Zertifizierung, Mitarbeiterförderung usw." Darin zeigt sich, dass Autonomie in einem solchen Extremfall kaum noch gegeben ist: „Die Planung, die wir in Projekten selbst in der Hand haben, ist durchoptimiert bis zum Letzten, bis zur letzten Minute. Ich sag einmal, Zufälligkeiten oder mittlere Katastrophen sind planungstechnisch nicht zugelassen" (entnommen aus Interviewmaterial zu MUSEKAMP, 2005).

Darüber hinaus gibt es Mechanismen, die entstehen, ohne dass den Betroffenen direkt klar wird, worin die Probleme liegen. Es ist z. B. zu beobachten, dass Projektsituationen häufig mit hohen Leistungs- und Verhaltensstandards in den Unternehmen einhergehen, die durch eine starke Konkurrenz zwischen den Projektmitarbeitern gekennzeichnet sind. Verschiedene Projekte können miteinander z. B. um Ressourcen oder Renommee konkurrieren. Misserfolg hat oft unmittelbare persönliche Konsequenzen. Dadurch entsteht Leistungsdruck unter Kollegen, so genannter peer-to-peer-pressure (Glißmann, 2001). Ein „Kürzer-Treten" und „Weniger-Arbeiten" wird von Kollegen offensiv oder indirekt „bestraft". Wenn dies einem Projektmitarbeiter widerfährt, so sucht er die Ursachen zunächst bei sich selbst oder in der Bosheit eines anderen. Dass auch durch Bedingungen initiierte Mechanismen am Werk sind, wird nicht unmittelbar deutlich, (vgl. 2.12 Bezug zu Krisen und Konflikte).

**Beispiel** „Wenn diejenigen die Oberhand gewinnen, die ‚ohne Ende' arbeiten (und ohne Rücksicht auf ihre Gesundheit!), dann beeinflusst das auch meine Entscheidung. Ich fühle mich dann als Außenseiter und Versager und fühle mich von den Kollegen(innen) auch so behandelt: ‚Der oder die ist halt nicht so schnell wie wir' (...). Einige entwickeln geradezu Stolz darauf, dass sie bis an/über die Grenzen der Gesundheitsschädigung arbeiten", (GLISSMANN, 2001: 77).

Die Intensität, mit der die soeben beschriebenen Phänomene in Wissenschaft und Praxis diskutiert werden, macht deutlich, dass die Arbeitswelt von starken Widersprüchen geprägt ist. Diese machen auch vor Projektarbeit nicht halt. Umso höher ist es zu bewerten, dass es auch zahlreiche Beispiele von Projekten gibt, in denen die beschriebenen gesellschaftlichen Tendenzen keine Rolle spielen. Dort sind Anspannung und Entspannung in einem gesunden Gleichgewicht. Die Potenziale der Mitarbeiter können zur Geltung kommen, ohne dass sie Gefahr laufen, „verbrannt" zu werden. Eine Einschränkung der Autonomie in Projekten ist also keine Lösung. Handlungsspielräume und Entscheidungsfreiheit sind die Grundvoraussetzung für eine gesunde Projektarbeit. Jedoch bedarf es einer Sensibilität für das Problem der „entgrenzten Projektarbeit" auf Seiten des Unternehmens, der Projektverantwortlichen und der Projektmitarbeiter. So können nicht nur gesunde Arbeit, sondern auch gesunde Freizeit „geleistet" werden.

**Σ Fazit** Werden Projektmitarbeiter zu Arbeitskraftunternehmern, kann dies zu Entgrenzungserscheinungen führen: sie arbeiten zu lang (zeitliche Entgrenzung), arbeiten überall (räumliche Entgrenzung), vernachlässigen andere Lebensbereiche (soziale Entgrenzung) und empfinden all dies als enorme psychische Belastung (emotionale Entgrenzung).

## 4 Zusammenfassung

In traditionellen weisungsgebundenen Arbeitsorganisationsformen war es in der Regel nicht nötig, das Thema Entspannung im Rahmen der Arbeit zu beachten[1]. Durch die strikte zeitliche Begrenzung der Arbeit auf acht Stunden pro Tag und tarifliche Pausenregelungen konnte die erwerbsarbeitfreie Zeit individuell und selbst bestimmt zur Erholung und zur Wiederherstellung der eigenen Arbeitskraft genutzt werden. Diese klare Grenze zwischen Erwerbs- und Freizeit verschwimmt durch neue Managementformen, welche die selbstständige Entwicklung und Vermarktung der eigenen Arbeitskraft der Mitarbeiter fördern und fordern. Durch diese neuen Arbeitsbedingungen, die ganz besonders in projektförmig organisierter Arbeit zum Tragen kommen, ist eine vermehrte Entgrenzung zu beobachten. Sie zeichnet sich dadurch aus, dass sie scheinbar aus eigenem Antrieb der Mitarbeiter geschieht. Diese Entgrenzung lässt sich in die vier Formen zeitlich, räumlich, sozial und emotional unterscheiden und belastet (Projekt-) Mitarbeiter nicht nur im Arbeitsleben, sondern auch privat. Dieses scheinbar selbst gewählte extensive Arbeiten ist die neue Qualität der Debatte um die Vereinbarkeit von Familie und Beruf, die im Ausdruck Work-Life-Balance zum Ausdruck kommt.

Die Veränderungen in der modernen Arbeitswelt treffen natürlich nicht auf ausgelieferte Projektmitarbeiter, die diesen Entwicklungen wehrlos ausgeliefert wären. Projektmitarbeiter haben oft Einfluss auf die Bedingungen, in denen ihre Projekte abgewickelt werden. Die Kenntnis der Ambivalenz von selbstständigem Arbeiten in Projekten ist jedoch zwingend erforderlich. Nur so lässt sich verstehen, dass das Erleben von Spannungen und Belastungen nicht unbedingt auf persönliche Unzulänglichkeiten zurückzuführen ist, denen ein Leistungsträger im Projekt eigentlich gewachsen sein sollte. Zwar sind Selbstverantwortung, Eigeninitiative oder Problemlösungskompetenz Teil des Anspruchs von Projektmitarbeitern an sich selbst. Jedoch zeigen zahlreiche Untersuchungen, dass schlecht gestaltete Projektbedingungen unabhängig von der Leistungsfähigkeit des Einzelnen psychische Belastungen darstellen. Leistungseinbruch, private Probleme, psychosomatische Beschwerden oder schwere Erkrankungen wie Arbeitssucht, Burn-Out-Syndrom und Depressionen treten dann vermehrt auf.

Die Wissenschaft ist bei der Untersuchung der Unterschiede zwischen „guter" und „schlechter" Projektpraxis noch ziemlich am Anfang (KÖTTER, 2002). Trotzdem gibt es viele Tipps, worauf ein Projektleiter achten kann, um Entspannung und Stressbewältigung einen angemessenen Platz im erfolgreichen Projektmanagement einzuräumen. Diese Tipps und Methoden werden im Vertiefungswissen vorgestellt.

---

1   Nicht zu verwechseln mit dem Thema Belastungen in der Arbeit. Die spielen auch in traditionellen Arbeitsformen schon immer und immer noch eine große Rolle.

# 5 Fragen zur Wiederholung

1. Worin liegt der Zusammenhang zwischen dem Wandel der Erwerbsarbeit im Allgemeinen und Stressbewältigung in Projekten?
2. Warum kann Projektarbeit als neue Managementform bezeichnet werden?
3. Worin liegt der Unterschied zwischen traditionellen und neuen Managementformen bezüglich der An- und Entspannung von Projektmitarbeitern?
4. Welche Thesen zum Zusammenhang zwischen Arbeit und Freizeit gibt es?
5. Erklären Sie den Satz: Mehr Druck durch mehr Freiheit. Wie kann es dazu kommen?
6. In welchem Zusammenhang stehen der Begriff der Entgrenzung und der der Work-Life-Balance?
7. Was ist ein Arbeitskraftunternehmer und welche besonderen Herausforderungen bezüglich der Work-Life-Balance stellen sich ihm?
8. Warum stellt die Vereinbarkeit von Beruf und Familie in der Projektarbeit eine besondere Herausforderung dar? Welche Bedingungen müssen gegeben sein, dass diese Herausfordung als Chance für Arbeit und Familie im Einklang genutzt werden kann?
9. Projektbedingungen können zu sozialen Problemen führen, die Projektmitarbeiter als ihr persönliches Problem interpretieren. Wie kann es dazu kommen?

# 2.06 Offenheit (Openness)

Joachim Büttner, Christopher Hausmann

## Kontext und Bedeutung

Die Anforderungen an das Selbst- und Fremdmanagement moderner Projektleiter nehmen beständig zu. In dem Maße, wie die weltweite Verflechtung ökonomischer Aktivitäten zunimmt, steigt auch die Bedeutung der sozialen und interkulturellen Kompetenz für das Berufsleben jedes Einzelnen. Ob direkt in anderen Ländern oder in einem internationalen Projektteam, ob indirekt in komplexen Netzwerken von Lieferanten oder Mitarbeitern – kaum jemand bleibt von der ungeheuren globalen Dynamik ausgenommen. Reichten in früheren Zeiten fachliche Orientierung und eine feste Einbettung in geordnete Abläufe, so steht der Mensch heute inmitten einer „in die Welt geöffneten" Arbeitswelt, die ganz andere Kompetenzen von ihm verlangt. Gefragt sind Kommunikations- und Kulturkompetenzen, Interaktionsfähigkeit, Veränderungsbereitschaft und Flexibilität in problemlösungsorientierten Kontexten (vgl. Kapitel 1.08 Problemlösung).

Projekte spiegeln den rasanten Wandel der Arbeitsgesellschaft noch deutlicher wider. Sie sind von vornherein darauf angelegt, routinisierte Abläufe zu verlassen und Neuland zu betreten. Wer hier bestehen will, muss gewisse Dinge mitbringen, die ihn für Projektarbeit qualifizieren – neben Flexibilität, Anpassungsbereitschaft und Belastbarkeit zählt vor allem die Bereitschaft, sich auf Neues einzulassen, dazu. Projekte können schlecht „innovativ" sein, wenn das Projektpersonal nicht bereit ist, auch neue Wege zu gehen. Wer wiederum Projekte leitet, muss Anderen dabei helfen, die neuen Wege zu erkennen und sie dabei koordinieren. Insofern ist es folgerichtig, wenn die ICB (schon in der Version 2.0) neben anderen sozialen und persönlichen Kompetenzen „Offenheit" als eine wichtige Eigenschaft dem Projektleiter zuordnet.

Nach ICB 3.0 Kapitel 2.06 versteht man unter „Offenheit" die „Fähigkeit, Anderen das Gefühl zu geben, dass ihre Ideen willkommen und ihre Sorgen, Bedenken, Vorschläge und anderen Beiträge dem Projekt hilfreich sind". „Offenheit" ist ferner „ein notwendiges Mittel zur Nutzung der Erfahrung und des Wissens Anderer". Beide Dimensionen, die kommunikative und die instrumentelle „Offenheit" sind wichtige Bausteine einer umfassenden sozialen Führungskompetenz des Projektleiters. Beide werden aber nur dann erfolgreich sein, wenn auch die Organisationsstrukturen und -kulturen der beteiligten Unternehmen ebenfalls offen und niederschwellig sind.

## Lernziele

Sie erkennen

- die Bedeutung des Fünf-Faktoren-Modells der Persönlichkeitsstruktur insgesamt und können die einzelnen Dimensionen benennen

Sie verstehen

- den Zusammenhang zwischen Persönlichkeitsstrukturen und erfolgreicher beruflicher, speziell projektbezogener Arbeit

Sie kennen

- die Erweiterung des Belbinschen Rollenmodells durch den Faktor „Offenheit" auf der Ebene der Projektleiterrolle

Sie können

- kritisch herleiten, warum „Offenheit" eine aktive Verhaltensorientierung des Projektleiters ist

# Inhalt

| | | |
|---|---|---|
| 1 | „Offenheit" | 876 |
| 1.1 | Offenheit im Kontext des „Fünf-Faktoren-Modell der Persönlichkeitsstruktur" | 876 |
| 1.2 | „Offenheit" als Anforderungen an Projektrollenträger | 878 |
| 2 | Zusammenfassung | 881 |
| 3 | Fragen zur Wiederholung | 881 |

# 1 „Offenheit"

Offenheit wird in diesem Artikel in zweierlei Hinsicht verstanden und dargelegt: (1) Als Kompetenz des Rollenträgers „Projektleiter", den risikohaften und unsicheren Prozess der Projektdurchführung durch niederschwelliges Kommunizieren mit internen und externen Stakeholdern zu flankieren, um heterogenes Wissen und kulturelle Standards im Spannungsfeld von Individuum und Organisation gewinnbringend integrieren zu können. (2) Als Persönlichkeitsfaktor, den Projektleiter im Allgemeinen mitbringen sollten, da Offenheit positiv mit Teamorientierung, Toleranz sowie Arbeitszufriedenheit korreliert und sie dadurch besonders in der Lage sind, komplexe soziale Interaktionsprozesse zu moderieren. Letzteres beinhaltet auch, dass Offenheit positiv mit interkulturellem Interesse, Ambivalenztoleranz, politisch korrektem Verhalten sowie demokratischen Erfordernissen einhergeht.

## 1.1 Offenheit im Kontext des „Fünf-Faktoren-Modell der Persönlichkeitsstruktur"

Die so genannten „Big Five", auch das Fünf-Faktoren-Modell der Persönlichkeitsforschung von McCrae, Costa & Busch (im Folgenden: FFM) genannt, sind ein etabliertes und international gültiges, bipolares Messmodell zur Erfassung von Persönlichkeitsstrukturen (vgl. Asendorpf, 2007: 156-159). Das FFM hat, ungeachtet methodischer und inhaltlicher Kritik, inzwischen einen festen Platz in der Organisations- und Personalpsychologie, seine Relevanz im Hinblick auf die Vorhersagbarkeit von Leistungsverhalten ist nachgewiesen. Die gemessenen Faktoren sind über die Lebenszeit einer Person erstaunlich stabil, es gibt auch nur geringe Unterschiede zwischen männlichen und weiblichen Personen. Auch im interkulturellen Kontext ist das FFM ein geeignetes Messinstrument, da es offenbar nicht kulturabhängig ist. Das bedeutet: bei aller Varianz menschlicher Sozialisation und beruflicher Entwicklung ähneln sich die Menschen auf der gesamten Welt, wobei nationale und regionale Unterschiede durchaus vorkommen. Die Dimensionen des FFM sind also kulturungebunden.

„Offenheit" ist ein integraler Bestandteil des FFM. Zuweilen wird es präziser auch mit „offen für neue Erfahrungen", „Intellektualität" oder auch „Kultiviertheit" übersetzt. Asendorpf definiert „Offenheit" als „Eigenschaft, intellektuell-künstlerisch aufgeschlossen zu sein" (Asendorpf, 2007: 474 & 157). Facetten dieser „Offenheit" sind dabei im Einzelnen:

- Offenheit für Phantasie
- Offenheit für Ästhetik
- Offenheit für Gefühle
- Offenheit für Handlungen
- Offenheit für Ideen
- Offenheit für Normen und Werte

Diese Begriffe zeigen, wohin das eher unspezifische Wort „offen" gedeutet werden muss: es geht nicht in erster Linie um „Zugänglichkeit" oder „Erreichbarkeit", sondern vielmehr um eigenständige individuelle Verhaltensdispositionen, die die Orientierung auf „Neues" zum Thema haben. Daher kann man „Offenheit" ohne Weiteres auch mit „Neugier", „Aufgeschlossenheit" (im Englischen: „openmindedness"), „Originalität" und „Sensibilität" operationalisieren.

Tabelle 2.06-1: Faktoren des FFM (WEINERT, 2004: 150)

| Faktoren | Beschreibung | Beispiel-Items | Gegenpol |
|---|---|---|---|
| Extraversion | Gesellig, dominant, durchsetzungsfähig, aktiv, initiativ | „Für gewöhnlich bin ich fröhlich und vergnügt" | Introversion (verschlossen, still, einzelgängerisch) |
| Verträglichkeit | Freundlich, kooperativ, vertrauensvoll, versöhnlich | „Gegenüber anderen bin ich in der Regel höflich und zuvorkommend" | Misstrauen (still, barsch, kühl, kritisch) |
| Gewissenhaftigkeit | Verantwortungsbewusst, zuverlässig, sorgfältig, planvoll, ausdauernd | „Im Allgemeinen halten mich andere für zuverlässig" | Nachlässigkeit (unpünktlich, unzuverlässig, salopp, chaotisch, nonchalant) |
| Emotionale Stabilität | Ruhig, gelassen, entspannt, begeisterungsfähig, sicher | „Über Dinge, die ich nicht beeinflussen kann, mache ich mir keine Gedanken" | Neurotizismus (angespannt, nervös, deprimiert, unsicher, emotional) |
| Offenheit (offen für neue Erfahrungen) | Einfallsreich, intellektuell, sensibel, ästhetisch, kreativ, kultiviert, originell, aufgeschlossen | „Ich bin sehr neugierig" „Ich liebe Herausforderungen" | Festgelegtheit (traditionell, regelgeleitet, an Routine orientiert, sicherheitsbedürftig) |

„Offenheit" beschreibt, inwieweit sich eine Person für Neues interessiert, kreatives, künstlerisches und phantasievolles Vorgehen an den Tag legt und dabei auch herausfordernde Situationen aufsucht. Menschen, die offen sind, werden von Anderen häufig als ideenreich, witzig und phantasiebegabt geschildert, die viele Interessen oder Hobbys haben. „Offenheit" auf der individuellen Ebene ist also keine Zustandsbeschreibung, sondern ein aktives Verhalten.

Die anderen Dimensionen des FFM beschreiben die vier weiteren Persönlichkeitsstrukturen: Die „Extraversion – Introversion" erfasst Merkmale, wie Geselligkeit, Aktivität und Durchsetzungsfähigkeit. Die Dimension „Verträglichkeit" misst das Verhalten gegenüber anderen Personen und damit das Kooperationsvermögen, im negativen Sinne entsprechend Misstrauen und Distanz. Die Dimension „Gewissenhaftigkeit" erfasst Zielstrebigkeit, Ausdauer, Disziplin und Zuverlässigkeit (vgl. Kap. 2.13 „Verlässlichkeit"). Die vierte Dimension „Emotionale Stabilität" beschreibt Gelassenheit und Entspanntheit, auf dem anderen Pol stehen hingegen Unsicherheit, Ängstlichkeit oder Nervosität, hier mit dem Begriff „Neurotizismus" beschrieben.

Das FFM findet als Prädiktor von Arbeitsleistung und Eignung für Führungsfunktionen Verwendung. Gewissenhafte und emotional stabile Personen sind beruflich in aller Regel eher erfolgreich. Auch die Arbeitszufriedenheit selbst korreliert positiv mit emotionaler Stabilität und Gewissenhaftigkeit. „Offenheit" wiederum korreliert positiv mit dem Faktor „Extraversion", also einer großen Kontaktfreudigkeit, weiterhin positiv mit Team- und Kollegenorientierung, dem Verhältnis zu Vorgesetzen und der Zufriedenheit mit der Entlohnung. Sie ist dagegen weitgehend unabhängig von den Arbeitsplatzbedingungen. Dies entspricht der schon älteren Herzbergschen Theorie der Arbeitszufriedenheit, wonach Arbeitsplatzgestaltung bestenfalls Unzufriedenheit verhindert.

Ein Hinweis sei noch für interkulturell aktive Projektleiter gegeben: Politikwissenschaftler haben nachgewiesen, dass Offenheit auch eine Art imprägnierende Wirkung gegenüber rechtsextremen und fremdenfeindlichen Einstellungen besitzt – wer neugierig und offen ist, der denkt nicht autoritär oder ausgrenzend.

 **Tipp** Achten Sie als Projektleiter insbesondere in interkulturellen Projektkontexten besonders darauf, ob und in welchem Maße eine so verstandene „Offenheit" in Ihrem Team vorhanden ist. Sensibilisieren Sie Ihr Team für diese Problematik, führen Sie gegebenenfalls Schulungen zu diesem Thema durch.

Messbar ist der Faktor „Offenheit" über recht einfache Fragen, die ein so genanntes „semantisches Differential" von bipolaren Aussagen bilden, die gut und schnell auch im Rahmen einer Teamanalyse zu Beginn eines Projektes erfolgen können. Allerdings ist zu bedenken, dass „Offenheit" gewisse soziale Erwünschtheitseffekte bei Probanden auslöst, die die Validität der gemessenen Ergebnisse erheblich reduzieren können.

| Ich bin... | sehr | ziemlich | etwas | teils-teils | etwas | ziemlich | sehr | |
|---|:---:|:---:|:---:|:---:|:---:|:---:|:---:|---|
| **extrovertiert**<br>gesprächig, gesellig, voller Tatendrang, kontaktfreudig | ○ | ○ | ○ | ○ | ○ | ○ | ○ | **introvertiert**<br>still, schweigsam, zurückgezogen, eher ein Einzelgänger |
| **emotional**<br>nervös, ängstlich, regt sich leicht auf, angespannt, empfindlich | ○ | ○ | ○ | ○ | ○ | ○ | ○ | **ausgeglichen**<br>gelassen, entspannt, selbstzufrieden, robust |
| **aufgeschlossen**<br>offen für Neues, wissbegierig, kultiviert, phantasievoll | ○ | ○ | ○ | ○ | ○ | ○ | ○ | **festgelegt**<br>feste Ansichten und Meinungen, an Neuem eher wenig interessiert, traditionell, mag Routinen und feste Regeln |
| **barsch**<br>kühl, kritisch, wird leicht ärgerlich, misstrauisch | ○ | ○ | ○ | ○ | ○ | ○ | ○ | **umgänglich**<br>kooperativ, herzlich, nett, nachgiebig |
| **gewissenhaft**<br>zuverlässig, sorgfältig, ordentlich, pflichtbewusst, ehrgeizig | ○ | ○ | ○ | ○ | ○ | ○ | ○ | **nachlässig**<br>salopp, unordentlich, unpünktlich, chaotisch, nonchalant |

Abbildung 2.06-1: Fragebatterie (Kurzform) zum Fünf-Faktoren-Modell (RAMMSTEDT, 2004: 24)

## 1.2 „Offenheit" als Anforderungen an Projektrollenträger

„Offenheit" erweist sich als komplexes, multidimensionales Konstrukt. Es steigert die Anforderungen an Projektleiter erheblich, denn „Offenheit" zieht automatisch eine Rollenerweiterung nach sich. Dies zeigt sich bei dem wohl bekanntesten Rollenmodell für Teamrollen, dem BELBINschen Modell, ganz deutlich. Bislang ging auch BELBIN selbst davon aus, dass die Rolle des Teamleiters am ehesten durch die beiden Einzelrollen „Vorsitzender" und „Macher" zu charakterisieren sei. Davon abgegrenzt finden sich noch drei weitere Rollenbündel: der „Vermittler", der „Arbeiter" und der „Intellektuelle" (vgl. Tabelle 2.06-2), die aber nicht explizit dem Teamleiter zugeordnet sind.

Neuere Forschungen haben dagegen gezeigt, dass sich BELBINS Rollenmodell für Teamleiter noch erweitert, wenn man das FFM der Persönlichkeitsstruktur hinzuzieht (vgl. KONRADT & KIESSLING, 2006). „Offenheit" korreliert positiv mit den BELBINschen Rollen „Erfinder", „Beobachter" und „Wegbereiter". Der „Erfinder" besitzt die mit „Offenheit" assoziierten Eigenschaften „phantasievoll, einfallsreich, originell", der „Beobachter" ist eine Distanzrolle, die Intellektualität voraussetzt, der „Wegbereiter" schließlich reagiert positiv und proaktiv auf neue Herausforderungen und greift neue Ideen auf.

Tabelle 2.06-2: Teamrollen nach BELBIN und dem FFM (vgl. KONRADT & KIESSLING, 2006)

| Teamrolle | Übergeordnete Rolle | Beschreibung | Korrelation mit dem FFM |
|---|---|---|---|
| Umsetzer | Arbeiter | Hart arbeitend, setzt Ideen um, selbstdiszipliniert | - Neurotizismus<br>+ Gewissenhaftigkeit |
| Perfektionist/ Spezialist | Arbeiter | Kann Dinge vollständig zu Ende bringen, trennt sich schwer | + Neurotizismus<br>+ Gewissenhaftigkeit |
| Erfinder | Intellektueller | Genial, phantasievoll, großes Denkvermögen | - Extraversion<br>+ Offenheit |
| Beobachter | Intellektueller | Urteilsfähig, diskret, nüchtern, intellektuell | + Offenheit<br>+ Gewissenhaftigkeit |
| Koordinator | Teamleiter | Zielorientiert, integriert und steuert, nutzt Stärken für das Projekt | + Extraversion<br>- Neurotizismus |
| Macher | Teamleiter | Treibt an, übt Druck aus | + Neurotizismus<br>+ Extraversion |
| Wegbereiter | Vermittler | Stellt Kontakte her, greift neue Ideen auf, reagiert auf neue Herausforderungen | + Extraversion<br>+ Offenheit<br>- Neurotizismus |
| Teamarbeiter | Vermittler | Kann mit unterschiedlichen Situationen fertig werden, integriert, fördert Teamgeist | + Extraversion<br>+ Verträglichkeit |

Im Sinne von Talcott PARSONS strukturfunktionalistischem Ansatz der so genannten „pattern variables" sind Rollen eher diffus oder eher spezialisiert definiert (vgl. PARSONS, 1958). In einer diffusen Sozialbeziehung müssen die Interaktionspartner stets alle möglichen Rollen und Handlungsoptionen berücksichtigen und sind tendenziell unaustauschbar (wie z. B. in einer Familie), in einer spezialisierten Sozialbeziehung dagegen wird nur ein bestimmter, fest umrissener Handlungsbereich relevant und die handelnden Personen sind als Rollenträger prinzipiell auswechselbar (wie z. B. in modernen Organisationen). Hier wird „ohne Ansehen der Person" universal gehandelt.

**Beispiel** So muss ein Arzt gegenüber seinem Patienten stets „ohne Ansehen der Person" agieren. Er kann z. B. die Behandlung eines Patienten nicht mit dem Argument zurückweisen, der Patient sei ein Verbrecher und habe keine Behandlung verdient. Als Arzt hat er zu handeln, da er eine spezialisierte Rollentätigkeit ausübt, die allen Menschen zur Verfügung steht. Ist der Patient genesen, endet die Beziehung des Arztes zu ihm, da die Rolle des „Hilfebedürftigen" nicht länger besteht und der Arzt nicht länger benötigt wird.

Eine spezialisierte Sozialbeziehung würde dem Projektleiter eher weniger, dafür schärfer umrissene Rollenanforderungen innerhalb seines Handlungskontextes zuweisen. In einer nur diffus beschriebenen Sozialbeziehung kann sich ein Projektleiter dagegen deutlich schwieriger auf seine Rolle konzentrieren. Es bleibt ein gewisses Gefühl der „Allzuständigkeit" bei ihm übrig, da man in diffusen Sozialbeziehungen nach OEVERMANN prinzipiell kein Thema von vornherein ausschließen kann (vgl. OEVERMANN, 1996). Ob eine solche tendenzielle „Allzuständigkeit" wirklich im Interesse eines geschärften Berufsprofils des Projektleiters liegt, muss kritisch hinterfragt werden. Fällt die Antwort negativ aus, so dürfte die geforderte „Offenheit" aufgrund ihres diffusen Charakters nicht länger als Bewertungskriterium für die Eignung von Zertifizierungskandidaten für die Projektleiterrolle herangezogen werden.

Nach der Erweiterung um „Offenheit" bleibt nach dem BELBINschen Rollenmodell eigentlich nur noch eine Rollenfunktion für den Projektleiter wirklich tabu und dies ist der „Arbeiter", also der pflichtbewusste Umsetzer (implementer), der gewissenhaft an der Erstellung von Projektergebnissen feilt. Projekte leiten und selber umsetzen – dies stellt nach wie vor die größtmögliche Unvereinbarkeit im Rollenbild moderner Projektleiter dar.

Einerseits bestärkt dieser Befund alle, die seit Jahren an der Professionalisierung des Rollenbildes „Projektleiter" arbeiten. In der Praxis zeigt sich andererseits häufig ein anderes Bild, insbesondere bei kleineren Projekten oder wenig differenzierten Organisationen: Hier muss der Projektleiter oft selbst „Hand anlegen" und vielfältige Arbeitsaufgaben übernehmen. Auch wenn sich dies in der betrieblichen Praxis oft nicht ändern lässt, sei es aufgrund von Ressourcenmangel oder zu gering professionalisierter Projektarbeit, so gilt dennoch und gerade dort: Projektleitung ist dann besonders erfolgsträchtig, wenn keine Rollenkonflikte zwischen „Managen" und „Umsetzen" entstehen. Dies lehren Berater und Trainer seit Jahren und sie haben dazu, wie beschreiben, allen Grund.

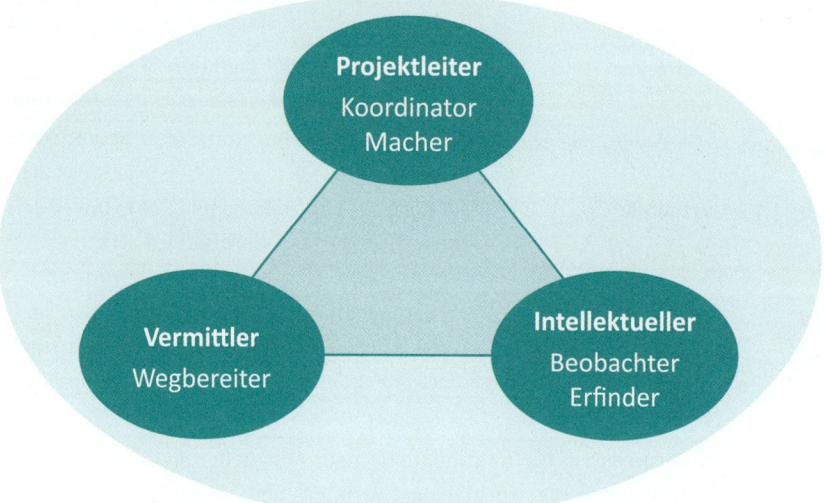

Abbildung 2.06-2: Das 3-Rollenmodell nach BELBIN unter Einbeziehung von „Offenheit"

Für Projektleiter werden diese Erkenntnisse unmittelbar in ihrer beruflichen Praxis relevant: zunächst erscheinen sie als normative Anforderungen an die Rollenausübung in einem Projektkontext („So sollte der Projektleiter sein"), dann aber auch als Persönlichkeitsmerkmal, das unabhängig von der konkreten Tätigkeit quasi „mitgebracht" wird und das über eine Testung mittels FFM auch ermittelbar ist.

Wie weit ein Projektleiter von Hause aus offen ist oder erst mit der Übernahme der Rolle dazu wird, ist eine Frage – wie die geforderte „Offenheit" ganz praktisch aussieht, eine ganz andere, die aber in der Praxis von hohem Interesse ist. Die ICB fordert in diesem Zusammenhang zunächst einmal eine Politik der „offenen Tür" sowie des „management by walkabout", die den Teammitgliedern eine grundsätzliche Aufgeschlossenheit signalisieren soll.

 **Tipp** Wer schon einmal in den Vereinigten Staaten gearbeitet hat, weiß vielleicht zu schätzen, dass die „open door policy" dazu ermuntert, den Weg über die Schwelle des Projektleiters zu finden. Ist dies leicht möglich, erweist sich die vorgelebte Offenheit schnell als „kulturstiftend": sie geht auf die Umgangsweisen der Teammitglieder insgesamt über und fungiert damit praktisch „selbsttragend". Niederschwelligkeit garantiert dann, dass das Projektteam nicht im Sinne einer negativen Gruppendynamik dem „not invented here"-Syndrom verfällt, sondern sich durch die Öffnung nach außen immer wieder selbstkritisch infrage stellt und an sich arbeitet.

## 2 Zusammenfassung

„Offenheit" ist eine der großen fünf Persönlichkeitsfaktoren, die jeder Mensch besitzt. Sie ist weit mehr als eine Grundhaltung, sondern vielmehr aktives, neugieriges, kreatives Verhalten. Offenheit ist Voraussetzung für das Führen heterogener und komplexer sozialer Systeme, von denen Projekte ein Beispiel sind.

Fordert man vom Projektleiter diese Verhaltensweisen auf der persönlichen Ebene, so erweitert sich damit das Rollenbild eines „Teamleiters" nach BELBIN **hin zu einer eher noch erweiterten Rolle**, die Leitungsfunktionen mit Vermittlung und Intellektualität kombiniert. Durch diese Erweiterung wird es andererseits schwieriger, die Projektleiterfunktion von anderen Rollen abzugrenzen, da sie unspezifischer und diffuser wird.

## 3 Fragen zur Wiederholung

| 1 | Wie lässt sich der Persönlichkeitsfaktor „Offenheit" inhaltlich beschreiben? | ☐ |
| 2 | Worin liegt der Unterschied zwischen „Grundhaltung" und „Verhaltensweise" in Bezug auf Offenheit? | ☐ |
| 3 | Warum wirkt „Offenheit" erweiternd auf das Rollenbild des Projektleiters ein? | ☐ |
| 4 | Inwieweit kann die geforderte „Offenheit" des Projektleiters erschwerend in der beruflichen Praxis wirken? | ☐ |

# 2.07 Kreativität (Creativity)
*Artur Hornung, Gerold Patzak*

## Kontext und Bedeutung

### Kontext

Kreativität hat intensive Wechselwirkungen mit vielen Bereichen des Projektmanagements. Bereits dann, wenn es darum geht, welche Interessen für ein Projekt bestehen (im ICB 3 vor allem im Element 1.02 Interessierte Parteien), können unterschiedliche Auffassungen von Kreativität zu starken Startverzögerungen in Projekten führen. Die Zielrichtung und Inhalte von Innovationsprojekten (F& E-Projekte) werden grundlegend vom Thema Kreativität gesteuert.

Im Zusammenhang mit auftretenden Problemen in der Durchführung von Projekten ist wiederum Kreativität gefragt, um zu kreativen und problemgerechten Lösungen zu kommen. Der kreative Einfluss auf ein Projekt steht somit in enger Wechselwirkung mit dem Element 1.08 Problemlösung. Diese Wechselwirkung ist besonders stark, da für die Problemlösungen meist eine intensive Beteiligung des Projektteams erforderlich ist (Element 1.07 Teamarbeit). Damit ist der Bereich der Sozialkompetenz auf vielfältige Art mit dem Thema Kreativität vernetzt.

Schließlich besteht auch noch eine enge Verknüpfung zu den methodischen Instrumenten, die für die Freisetzung von Kreativität in Projekten eingesetzt werden (Element 3.07 Systeme, Produkte und Technologie). Für die Bewältigung von Krisen (Element 1.04), die Beseitigung von Leistungsstörungen und erforderliche Steuerungsmaßnahmen (Element 1.16) ist Kreativität erforderlich.

### Bedeutung

Kreativität ist ein entscheidender Faktor in der Findung und Definition von Innovationsprojekten. Innovationsprojekte (technische und soziale Innovationen) haben einen erheblichen Anteil an der Gesamtzahl der in Wissenschaft und Wirtschaft durchzuführenden Projekte. So können Innovationsprojekte erst entstehen, wenn eine gewisse Offenheit gegenüber neuen Ideen im entsprechenden Umfeld besteht (Element 2.06 Offenheit). Erst mit dieser offenen Haltung kann in Projekten ein effektiver und effizienter Austausch zwischen den beteiligten Menschen erfolgen.

Die Wechselwirkung von Kreativität mit der Kommunikation in Projekten ist von höchster Bedeutung (Element 1.18 Kommunikation). Durch Offenheit und gegenseitige Akzeptanz kann in einem Projektteam das erforderliche Klima entstehen, um Projekte zielgerichtet voranzutreiben und dabei auch die Kreativität der Unterschiedlichkeit (Diversität) von Teammitgliedern zu nutzen (Element 1.07 Teamarbeit).

Somit ist das Wissen um die Einflussfaktoren und die Wechselwirkungen von Kreativität mit allen anderen Aspekten des Projektmanagements von erfolgskritischer Bedeutung. Im Extremfall könnte man sogar formulieren, „Kreativität ist ein Risikofaktor im Projektmanagement" (Element 1.04 Risiken und Chancen), im Sinne von „zu wenig Kreativität ist ein Risiko für flexible Lösungen", aber auch „zu viele kreative Einfälle sind ein Risiko für zielgerichtetes Vorgehen".

## Lernziele

Sie verstehen

| die große Bedeutung von Kreativität im Projektmanagement

Sie kennen

| ihre persönliche Kreativitätseinstufung
| die kreativitätsfördernden und kreativitätshemmenden Faktoren
| die Vorteile von Kreativität im Team
| die Phasen des kreativen Prozesses

Sie können

| Assoziations-, Analogie-, Konfrontations-Techniken sowie analytische (diskursive) Techniken und Mapping-Techniken unterscheiden und mit Beispielen belegen
| die behandelten Kreativitätstechniken in geeigneter Form im Projektalltag anwenden

# Inhalt

| | | |
|---|---|---|
| 1 | Was ist Kreativität? | 886 |
| 2 | Schwerpunkte des Einsatzes von Kreativität im Projektmanagement | 887 |
| 3 | Persönliche Kreativität und Selbsteinstufungstest für Projektmanager | 888 |
| 4 | Hemmung und Förderung von Kreativität | 889 |
| 5 | Kreativität im Team vs. Kreativität des Individuums | 891 |
| 6 | Phasen des kreativen Prozesses: Präparation, Inkubation, Illumination und Verifikation | 892 |
| 7 | Kreativitätstechniken: Übersicht, Einteilung und Grundregeln für die Anwendung | 893 |
| 7.1 | Assoziations-Techniken | 894 |
| 7.1.1 | Brainstorming | 895 |
| 7.1.2 | Brainwriting (Methode 6-3-5) | 895 |
| 7.1.3 | Anwendungshinweise und Praxisbeispiel | 896 |
| 7.2 | Analogietechniken | 897 |
| 7.2.1 | Klassische Synektik | 898 |
| 7.2.2 | Visuelle Synektik | 898 |
| 7.2.3 | Anwendungshinweise und Praxisbeispiel | 899 |
| 7.3 | Konfrontationstechniken | 899 |
| 7.3.1 | Reizwortanalyse | 899 |
| 7.3.2 | Bildkarteien | 900 |
| 7.3.3 | Anwendungshinweise und Praxisbeispiel | 900 |
| 7.4 | Analytische (oder diskursive) Techniken | 901 |
| 7.4.1 | Osborn-Checkliste | 901 |
| 7.4.2 | Morphologische Matrix/Morphologischer Kasten | 902 |
| 7.4.3 | Anwendungshinweise und Praxisbeispiel | 902 |
| 7.5 | Mapping-Techniken | 903 |
| 7.5.1 | Mind Mapping | 903 |
| 7.5.2 | Moderationsmethode (einschließlich Nominal Group Technique) | 904 |
| 7.5.3 | Anwendungshinweise und Praxisbeispiel | 905 |
| 8 | Zusammenfassung | 905 |
| 9 | Fragen zur Wiederholung | 906 |

# 1 Was ist Kreativität?

Das Wort Kreativität hat seinen Ursprung im lateinischen Wort „creare" = erschaffen, hervorbringen, schöpferisch tätig sein (vgl. LUTHER & GRÜNDONNER, 1998: 37). Dies bedeutet zunächst nur, etwas schöpferisch zu tun, das kann sein: eine Figur aus Knetmasse formen, eine Idee für eine Geburtstagsparty zu haben oder ein Entscheidungsproblem zu lösen.

Es ist daher angebracht, zwischen **expressiver** (z.B. künstlerischer) und **operationaler** (z.B. Problem lösender) Kreativität zu unterscheiden. Die operationale Kreativität ist im Zusammenhang mit dem Projektmanagement die Kreativitätsform, mit der sich dieser Beitrag beschäftigt. Operationale Kreativität ist eine Eigenschaft, die – auch in Unternehmen und Organisationen – viel leichter in der Auswirkung wahrgenommen wird, als in einem Satz definiert werden kann. Erschwerend ist auch, dass die Abgrenzung zur Innovation nicht immer eindeutig ist.

> **Definition** für operationale Kreativität: Kreativität ist die Kombination von Phantasie („Vorstellungskraft") und Logik („folgerichtiges Denken"). Kreativität ist Flüssigkeit, Beweglichkeit und Originalität im Denken.
>
> *„Kreativität ist die Fähigkeit*
> - *neue, bisher nicht begangene Wege zu beschreiten* (LADENSACK, 1992)
> - *vorhandene Erkenntnisse auf neue Art miteinander zu verknüpfen* (LADENSACK, 1992)
> - *Ideen oder Produkte hervorzubringen, die in ihren wesentlichen Merkmalen neu sind* (SCHLICKSUPP, 1989: 34)
> - *Gegenstände in neuen Beziehungen und auf originelle Art zu erkennen oder sie auf ungewöhnliche Art zu gebrauchen* (SCHLICKSUPP, 1989: 34)
> - *Wissen und Erfahrungen aus verschiedenen Lebens- und Denkbereichen unter Überwindung verfestigter Struktur- und Denkmuster zu neuen Ideen zu verschmelzen.* (Gesellschaft für Kreativität, www.kreativ-sein.de)
> - *produktiv zu denken und aus mehr oder weniger bekannten Informationen neue Kombinationen zu bilden. Das wichtigste Merkmal einer kreativen Persönlichkeit ist die Unabhängigkeit von überkommenen Vorstellungen und Meinungen anderer"* (PATZAK & RATTAY, 2004)

Neben der Definition von Kreativität als individuelle **Fähigkeiten** ist es im Projektmanagement wichtig, Kreativität auch als Ideen generierenden **Prozess (in einem kreativen Prozess-Umfeld)** und schließlich als kreatives **Produkt** zu verstehen.

Hierbei kann ein Produkt umfassend gesehen werden als kombinierte Idee, als Ergebnis eines Prozesses oder einer Handlung und letztlich auch als greifbares Konsumgut (vgl. LUTHER & GRÜNDONNER, 1998: 50; SONNENBURG, 2007: 7).

> **Definition** Kreativität als Prozess kann dann wie folgt **definiert** werden: *„Creativity is a process of developing and expressing novel ideas that are likely to be useful"* (LEONARD & SWAP, 1999: 6).

Im ICB 3 wird die Verantwortung des Projektmanagers für die Kreativität herausgehoben:
*„Kreativität ist die Fähigkeit, auf originelle und einfallsreiche Weise zu denken und zu handeln. Der Projektmanager nutzt zum Wohl des Projektes sowohl die Kreativität von Einzelpersonen als auch die kollektive Kreativität des Projektteams und der Organisation, für die sie arbeiten. Der Projektmanager muss Prozesse fördern, um im Team aufkommende kreative Ideen, die für das Projekt von Nutzen sein könnten, zu stimulieren, aufzuzeichnen, zu bewerten, und diesen zu folgen."*

Damit ist der Rahmen der Kreativität im Projektmanagement abgesteckt: Ausgehend von der Förderung und Verbesserung der individuellen Kreativität wird in kreativen Prozessen die kombinierte Kreativität von Teams mittels Moderation durch den Projektmanager genutzt. Dies soll mit der Unterstützung von geeigneten Kreativitätstechniken zur effizienteren (schnelleren und besseren) Zielerreichung des Projektes dienen.

## 2 Schwerpunkte des Einsatzes von Kreativität im Projektmanagement

Der Projektmanager muss für den Projekterfolg sowohl die **Kreativität von Einzelpersonen** als auch die kollektive **Kreativität des Projektteams** und der Gesamtorganisation nutzen. Hierbei geht es meist nicht darum, völlig neue Ideen zu entwickeln – die schließlich auch zu neuen Projekten führen würden – sondern das bestehende Projekt voranzubringen.

Der Projektmanager muss somit seine eigene Kreativität entfalten und gezielt einsetzen, die Kreativität einzelner Projektbeteiligter anregen und kanalisieren und **kreative Prozesse** im Projektteam lösungsorientiert moderieren.

Für die Lösung aufkommender Probleme muss der Projektmanager auch beurteilen können, welche **Kreativitätstechniken** einen kreativen Problemlösungsansatz unterstützen könnten. Im ICB3 ist zum Einsatz von Kreativitätstechniken zu lesen: *„Der Einsatz von Kreativitätsmethoden im Team muss vorsichtig erfolgen, damit sich der Projektschwerpunkt nicht verschiebt."*

Der Projektmanager muss Fähigkeiten, Wissen und Methoden-Erfahrung flexibel kombinieren, um die Situation aus verschiedenen Gesichtspunkten zu betrachten. Weiterhin kann ein Wechsel der Kreativitätstechniken im Laufe des kreativen Prozesses erforderlich sein und erst dann zur Problemlösung führen. Die motivierte Einbeziehung der Kreativität und der Erfahrung aller Beteiligten erfordert zusätzlich ein hohes Maß an sozialer Kompetenz.

Schließlich soll ein Projektmanager auch fähig sein, originelle und verfolgenswerte neue Projekt-Ideen zu erkennen, diese zu dokumentieren, zu bewerten und zu geeignetem Zeitpunkt daraus **weiterführende Innovationsprojekte** zu formulieren.

Kreative Kompetenz ist somit im gesamten Ablauf von Projekten zwingend erforderlich: von der Projektidee über kreative Problemlösungen in der Projektabwicklung bis zu abzuleitenden Folgeprojekten. Auch für den Management-Gesamtprozess spielt Kreativität eine zentrale Rolle: Das Interesse aller Beteiligten an einem kreativen Prozess sollte durch Manager so geweckt werden, dass alle bereit sind, ihre kreativen Fähigkeiten in Projekte einzubringen. Falls die erforderlichen Fähigkeiten noch nicht entwickelt sind, sollten die Mitarbeiter entsprechend gefördert und ausgebildet werden. Mit zielgerichteten Handlungen erhält man dann die erwünschten Wirkungen. Es ist die Aufgabe von Führungskräften und damit auch von Projektmanagern, dass der Kreislauf ohne Unterbrechung geschlossen ist: Motivierung, Förderung, Forderung und schließlich Anerkennung der beteiligten Personen. Dies ist in der nachstehenden Abbildung 2.07-1 zusammengefasst:

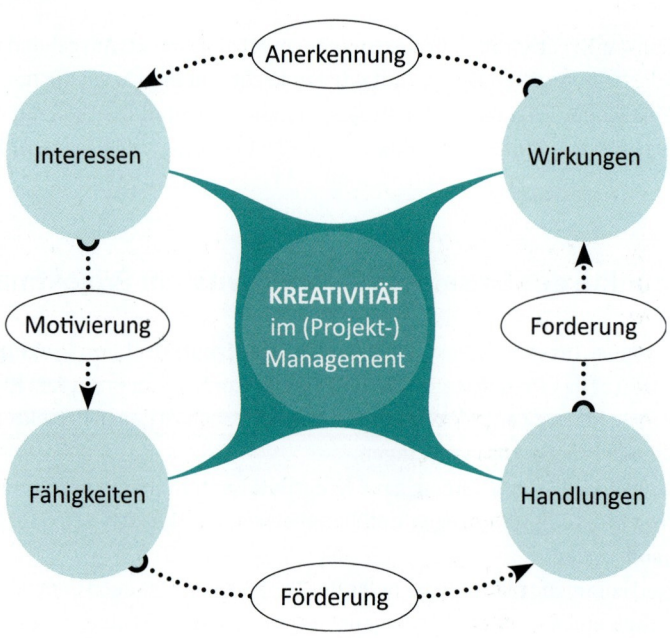

Abbildung 2.07-1: Kreativität im (Projekt-) Management: Wirkungskreislauf für die beteiligten Personen

## 3 Persönliche Kreativität und Selbsteinstufungstest für Projektmanager

Projektmanager sollten in die Lage sein, ihre eigene Kreativität und die ihrer Projektmitarbeiter zu erkennen, zu entfalten und im Team synergistisch zu verstärken. Individuell wichtige kreative Fähigkeiten, wie Problem-Sensitivität („sensitivity to problems", GUILFORD, 1950), Ideenfluss, geistige Beweglichkeit und Gedankenoriginalität, sind zu entwickeln. Diese Entwicklung wird durch Kreativitätsmethodiken und Kreativitätstechniken unterstützt. Sowohl die Verbesserung der individuellen Kreativität als auch der kollektiven Kreativität bedarf einer häufigen Wiederholung und Übung.

Ein Ausspruch des genialen Erfinders Thomas Alva Edison (1847 - 1931) verdeutlicht, dass zur Entfaltung von Kreativität auch das Einüben (wie beim sportlichen Training) erforderlich ist:

*„Eine Erfindung, das ist ein Prozent Inspiration (Geistesblitz) und 99 Prozent Transpiration (Schwitzen)".*

Mit dem nachstehenden Selbsteinstufungstest kann das Ausmaß der kreativen Fähigkeiten, die für Projektmanager und alle Projektmitarbeiter relevant sind, identifiziert werden. Der Test ist auch anwendbar bei der Auswahl von Projektmanagern und Projektmitarbeitern. Schließlich kann er auch eingesetzt werden für eine Fremdbeurteilung durch Dritte.

| Kreative Projektmanager und Projekt-mitarbeiter sind: | In welchem Ausmaß treffen die Eigenschaften für mich, bzw. die von mir beobachtete Person zu? | | | |
|---|---|---|---|---|
| | Immer (3 Punkte) | oft (2 Punkte) | manchmal (1 Punkt) | nie (0) |
| - neugierig/offen<br>- mutig zur Abweichung vom „Normalen"<br>- hoch motiviert<br>- risikobereit<br>- spielerisch<br>- ausdauernd<br>- sensitiv für Probleme<br>- fähig zur Sicht aus verschiedenen Blickwinkeln<br>- fähig, mit Mehrdeutigkeiten oder Widersprüchlichkeiten umzugehen (= ambiguitätstolerant)<br>- unabhängig von unberechtigter Kritik | | | | |
| Summe: | | | | – |
| Gesamtsumme: | | | | |

Abbildung 2.07-2: Test zur Ermittlung kreativer Eigenschaften (nach HORNUNG, 1996: 11)

**Auswertung:** Bei einer Gesamtsumme von mehr als 15 Punkten ist ein gutes kreatives Potenzial vorhanden, das auch genutzt wird. Bei geringeren Punktwerten ist zu überprüfen, ob es sich um ein Einstufungsproblem handelt oder ob durch geeignete Personalentwicklungsmaßnahmen versteckte Potenziale entwickelt werden können.

Durch aufmerksame Beobachtung und bewusste Wahrnehmung von Ausgefallenem, Verbesserungswürdigem und häufige Entwicklung alternativer Anwendungsideen werden **kreative Verhaltensweisen im Alltag geübt**. Gemäß der bekannten Kreativitätsübung „Wofür kann man eine Büroklammer noch verwenden?" sollten auch im Projektalltag viele kreativitätsförderliche Fragen gestellt werden.

👍 **Tipp** Üben Sie Fragestellungen als Kreativitäts-Katalysator so oft wie möglich in Alltagssituationen auch außerhalb des Berufsumfeldes.

🔍 **Beispiel** Auf dem Cross-Trainer im Fitness-Studio stellen Sie sich von Zeit zu Zeit die Frage: „Wie kann ich diesen Cross-Trainer zum Aufwärmen noch nutzen?" (z. B. mit geschlossenen Augen, auf einem Bein, mit Blick nach hinten usw.) Schließlich können Sie diese Ideen sofort in die Tat umsetzen.

Diese **kreative Umsetzungskompetenz** lässt sich im Laufe der Zeit auf kreative Problemlösungen in Projekten übertragen.

## 4 Hemmung und Förderung von Kreativität

Für die Wirksamkeit des Einsatzes von Kreativität müssen drei Voraussetzungen erfüllt sein: die Bereitschaft (Wollen), die Fähigkeit (Können) und die Möglichkeit (Dürfen). Für die Umsetzung ist sehr oft das Dürfen (Umfeld) entscheidend. Daher ist die Überwindung von selbst gesetzten oder umweltbedingten **Kreativitätsblockaden** ein wichtiger Bestandteil für die Wirksamkeit von kreativem Denken und Handeln.

Die selbst verursachten oder selbst gesetzten Kreativitätsblockaden beginnen mit der Art und Weise, wie Ereignisse in einem Projekt wahrgenommen werden: Wahrnehmungsblockaden. Die Folge einer **Wahrnehmungsblockade** kann der sofortige Griff zur erstbesten Problemlösungsidee sein.

Die Schwierigkeiten in der Äußerung von kreativen Ideen werden von der Umgebung als **Blockaden der Ausdrucksfähigkeit** erlebt und der entsprechende Mensch wird als „wenig kreativ" eingestuft. Diese Einstufung wiederum hemmt das zukünftige kreative Verhalten und der Teufelskreis nimmt seinen Lauf.

Als dritte – und oft wichtigste – Kategorie der Hemmnisse zur Entfaltung von Kreativität sind die **umweltbedingten Blockaden** zu sehen. Das kann von bürokratischen Vorschriften über den kreativitätstötenden Zeitdruck bis zur Nichtanerkennung kreativer Ideen reichen. Insbesondere die personenbezogenen Kreativitätshemmnisse sind zu beachten. Die weithin bekannten „Kreativitäts-Killer-Phrasen" spielen im Projektmanagement eine besonders sensible Rolle. Äußerungen wie „das haben wir noch nie so gemacht...", „das geht sowieso nicht bei uns..." oder „als ich noch so jung und unerfahren wie Sie war..." ersticken kreative Ansätze. Es ist eine wichtige Funktion des moderierenden Projektmanagers, Kreativitätsblockaden zu unterbinden und ein kreativitätsförderliches Klima zu schaffen.

Diese drei Kategorien von Kreativitätsblockaden zeigen, dass die Entfaltung des kreativen Potenzials einzelner Menschen (z. B. des Projektmanagers) stark von den Wechselwirkungen mit dem fachlichen Umfeld und den Menschen in ihrer Umgebung abhängt. Diese systemische und situationsabhängige Wechselwirkung wird in einem Modell von MIHALY CSIKSZENTMIHALYI beschrieben (vgl. CSIKSZENTMIHALYI, 1997). Der Autor spricht von drei Bereichen: Individuum (persönliche Erfahrung), Domäne (Kultur, Symbolsystem) und Feld (Gesellschaft, Fachautoritäten). Für die beste Wirkung kreativer Ansätze im Projektmanagement ist das Zusammenspiel dieser drei Bereiche stets zu beachten (vgl. SONNENBURG, 2007):

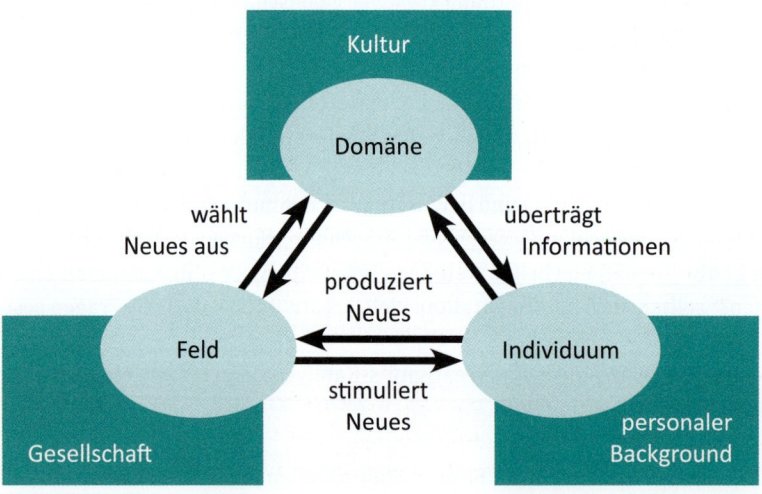

Abbildung 2.07-3: Der systemische Zusammenhang der Bereiche Individuum, Domäne und Feld (nach SONNENBURG, 2007: 44)

Der konkrete Ansatz für Projektmanager ist die positive Einflussnahme auf kreativitätsfördernde Verhaltensweisen der beteiligten Personen. Die Förderung der eigenen kreativen Aktivität und motivierende Verhaltensweisen gegenüber Anderen sind unabdingbare Voraussetzungen für ein kreativitätsförderndes Klima im Projektmanagement.

Ein wichtiges **kreativitätsförderliches Verhalten in Teamprozessen** ist das Unterlassen kreativitätshemmender Aktivitäten und Äußerungen. Dem Projektmanager als Moderator eines kreativen Prozesses kommt daher eine wichtige motivierende Funktion zu:

💧 **Tipp** Sehen Sie sich als Projektmanager in der Rolle des motivierenden Kreativitäts-Impulsgebers und weisen Sie stets auf kreativitätsfördernde Aspekte hin:
- Haben wir die für eine kreative Lösung notwendigen Informationen und Impulse?
- Benötigen wir eine separate Ideenfindungs-Sitzung?

Fordern Sie in Projekt-Sitzungen immer wieder das erforderliche Zeitbudget für „kreative Exkurse" und regen Sie den Einsatz von Kreativitätstechniken an:
- Wie viel Zeit wollen wir uns jetzt für eine kreative Lösung nehmen?
- Welche Methodik oder Technik sollen wir unterstützend einsetzen?

Loben Sie alle kreativen Äußerungen ausdrücklich (auch die Ihres Vorgesetzten!) und nehmen Sie Lob zur Motivation für weiter gehende Ideen:
- Wer hat zu diesen guten Ideen noch einen Zusatzimpuls?
- Wie können wir diese gute Idee zur Problemlösung schnellstmöglich umsetzen?

Weitere Impulse zum motivationsfördernden Verhalten finden Sie im ICB-Element 2.02 Motivation und Engagement.

## 5 Kreativität im Team vs. Kreativität des Individuums

In wissenschaftlichen Untersuchungen wurden die Vor- und Nachteile von Ideenfindungen durch Teams untersucht. Von den beobachteten Effekten haben sich in der beruflichen Praxis als **Vorteile von Teams** als besonders wichtig herausgestellt:

- die Nutzung der Unterschiedlichkeit der Teammitglieder
- die gegenseitige Anregung
- die Ergänzung und Kombination von Ideen
- die Weiterentwicklung von Konzepten

Als **Nachteile von kreativer Gruppenarbeit** wurden beobachtet:

- Manche Teilnehmer fühlen sich gehemmt, in der Gruppe ihre Ideen vorzutragen
- Gruppen verweilen länger an einem Gedankengang als Einzelpersonen

Diese Einschränkungen können nicht den grundsätzlichen Wert von Gruppenarbeit bei kreativen Aufgaben infrage stellen. Durch wohldurchdachte Teamzusammensetzung, wirksame Steuerung der Sitzungen und schließlich durch kombinierten bzw. wechselnden Einsatz unterschiedlicher Kreativitätstechniken (mehr Informationen hierzu im Vertiefungswissen) kann den Nachteilen begegnet werden. So können jene Teilnehmer, die sich gehemmt fühlen, Ideen mündlich zu äußern, durch die Anwendung von Techniken mit schriftlicher Abfrage einbezogen werden.

Einzelpersonen sind oft besser, wenn es darum geht, völlig neue Konzepte zu finden, aber Gruppen sind besser geeignet, solche Konzepte weiterzuentwickeln.

Zweifelsohne sind Teams überlegen und zwingend erforderlich, wenn es darum geht, unterschiedliches Fachwissen einzubringen, um interdisziplinär und vernetzt denken und handeln zu können.

## 6 Phasen des kreativen Prozesses: Präparation, Inkubation, Illumination und Verifikation

Die Phasen eines kreativen Gesamt-Prozesses werden in der Literatur in sehr unterschiedlicher Anzahl beschrieben. Es ist sehr davon abhängig, welche Schritte der Vorbereitung und der Umsetzung noch in den Ideenfindungsprozess einbezogen werden. Hier wird der Ideenfindungsprozess in vier Phasen verwendet:

1. Vorbereitung (Präparation: Aufgabendefinition, Problemanalyse, Problemformulierung)
2. Loslösen vom Problem (Inkubation, „Brutzeit")
3. Spontane Lösungsideen (Illumination, „Erleuchtung")
4. Ausarbeitung (Verifikation, Elaboration, Konkretisierung) der Ideen

Der Projektmanager als Moderator dieses kreativen Gesamtprozesses hat gemäß der jeweiligen Phase unterschiedliche Rollen bzw. Aktivitäten.

**Präparation:** Der Moderator muss für die Klarheit der Problemformulierung sorgen. Die Breite der gesammelten Informationen spielt eine große Rolle für eine facettenreiche Bearbeitung. Zu eng oder zu weit gefasste Suchfelder führen zu geminderter Quantität oder Qualität der später zu entwickelnden Ideen. Weiterhin ist die Einstimmung in den kreativen Prozess wichtig. Eine ausgeglichene oder gar lockere Stimmung ist kreativitätsförderlich. Eine „Einstiegs-Blödelei" oder eine andere Art der Erheiterung können diese aufgelockerte Stimmung in einem kreativen Prozess oder einer Sitzung fördern. In die Vorbereitungsphase werden in den meisten kreativen Prozessen zu wenig Zeit oder Sorgfalt investiert. Eine Selbstvorbereitung der Beteiligten findet meist nachlässig statt.

**Inkubation:** Diese Phase stellt so etwas wie einen „schöpferischen Gärungsprozess" dar und wird daher in einem kreativen Prozess unter Zeitdruck oft nicht beachtet. Eine wichtige Variante für den Projektmanager ist die rechtzeitige Verteilung der in der Vorbereitungsphase gesammelten Informationen mit der Aufforderung, dazu bereits Lösungsideen zu entwickeln. Während einer Kreativ-Sitzung ist die gezielte Unterbrechung durch eine Sitzungspause für den Moderator eine Maßnahme zum Einbringen einer „Brutzeit".

**Illumination:** Diese besonders aus genialen Durchbruchsideen bekannte Bezeichnung („Heureka – ich hab`s gefunden!") wird in der Management-Praxis bei Problemlösungsideen meist weniger spektakulär erlebt. Vielmehr können Wissenselemente oder Teillösungen in einer Kreativ-Sitzung durch geeignete Kreativitätstechniken sich plötzlich zu einer kreativen Problemlösung kombinieren. In Projektmanagement-Problemfragestellungen sollte daher auf den erhellenden Kombinationseffekt im Team besonders geachtet werden (siehe auch Vertiefungswissen „Voraussetzungen für hohe Kreativität").

**Verifikation/Elaboration:** In dieser Phase werden die Neuartigkeit, Nützlichkeit und Anwendbarkeit der gefundenen Ideen bewertet und weiter bearbeitet. Diese Ausarbeitung kann viele Anpassungsschritte umfassen.

Durch das Phasenmodell wird deutlich, dass die „geniale Idee" das Ergebnis eines langen oder mühsamen Prozesses sein kann. Dafür muss in allen Phasen das arbeitende Gehirn mit möglichst vielen Eindrücken, Sichtweisen und insbesondere Bildern versorgt werden. Im Gehirn werden diese Eindrücke auf noch nicht bekannte Verknüpfungen und Ähnlichkeiten hin verarbeitet. Dies kann spontan erfolgen, es kann aber auch eine erfrischende Pause als Halbschlaf („Dösen") oder gar eine längere Verarbeitungsphase benötigen.

Als **methodische Unterstützung** werden zur Anregung spontaner Impulse, der Kombination von Ideen und kreativer Adaption die im nachfolgenden Kapitel beschriebenen Kreativitätstechniken eingesetzt.

# 7 Kreativitätstechniken: Übersicht, Einteilung und Grundregeln für die Anwendung

Zur methodischen Unterstützung der Kreativität von Einzelpersonen und von Teams ist die Anwendung von Kreativitätstechniken unabdingbar. Damit wird sowohl die Problemdefinition als auch das Auffinden von innovativen Problemlösungsideen systematisch gefördert und die Qualität der Lösungen erhöht.

In der fortgeschrittenen Beschäftigung mit Kreativität und deren Anwendung auf Situationen im Projektmanagement ist es wichtig, zwischen einzelnen Kreativitäts-Techniken und umfassenderen Kreativitäts-Methodiken zu unterscheiden. Auf diese Unterscheidung wird im Vertiefungswissen (Kapitel 5 „Kreativitäts-Methodiken") näher eingegangen. Im Projektmanagement-Alltag werden die Begriffe „Kreativitätstechniken" und „Kreativitätsmethoden" (nicht „Kreativitäts-Methodiken"!) meist als Synonyme verwendet. Dies zeigt sich auch in den nachfolgenden Beschreibungen (z. B. bei der „Brainwriting-Methode 6-3-5").

Es gibt eine große Zahl von Übersichten und Sammlungen von Kreativitätstechniken. Eine Richtung weisende Zusammenstellung wurde im Battelle-Institut in den 1970er Jahren erarbeitet und dokumentiert (vgl. GESCHKA & VON REIBNITZ, 1976). Eine qualifizierte Auswahl relevanter Kreativitätstechniken ist auf der Homepage der Gesellschaft für Kreativität zu finden (www.kreativ-sein.de). Weitere tabellarische Übersichten finden sich in zahlreichen Büchern der verwendeten und weiterführenden Literatur.

Aus der Vielzahl von Kreativitätstechniken wurden nachfolgend solche ausgewählt, welche die größte Bedeutung und Verbreitung und vor allem den größten Nutzen in der praktischen Anwendung im Projektmanagement haben.

Die Einteilungsmöglichkeiten der Kreativitätstechniken zeigen eine weite Variation. Gemäß den Erkenntnissen über die beiden Gehirnhälften und ihre unterschiedlichen Funktionen werden Assoziationen und Analogien der rechten Gehirnhälfte zugeordnet und die entsprechenden Kreativitätstechniken auch als **intuitive Techniken** bezeichnet. Logisch-systematisches Vorgehen wird der linken Gehirnhälfte zugeordnet und die darauf aufbauenden Kreativitätstechniken können auch als **systematische Techniken** zusammengefasst werden (Konfrontationstechniken, analytische/diskursive Techniken). Schließlich gibt es noch **Mapping-Techniken**, die sowohl intuitiv als auch systematisch einzusetzen sind.

Die Kreativitätstechniken werden nachfolgend in fünf Gruppen eingeteilt (vgl. HORNUNG, 1996: 40):

1. Assoziations-Techniken
2. Analogie-Techniken
3. Konfrontations-Techniken
4. Analytische (diskursive) Techniken
5. Mapping-Techniken

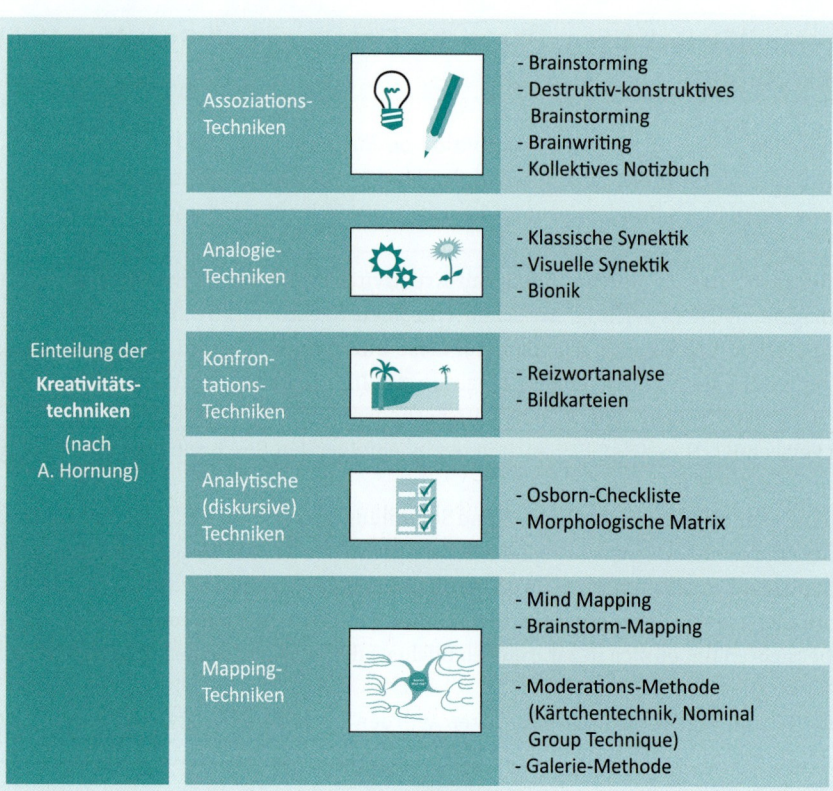

Abbildung 2.07-4: Einteilung der Kreativitätstechniken (nach HORNUNG, 1996: 41)

Für die korrekte und wirksame Anwendung der Kreativitätstechniken ist die Einhaltung gewisser **Grundregeln** dringend erforderlich. Daher hängt das Ergebnis eines kreativen Problemlösungsprozesses stark von der Qualität des Moderators und von der Akzeptanz dieser Regeln durch die Teilnehmer ab:

1. Keine Kritik in der Ideenfindungsphase
2. Ideenmenge steht vor Ideenqualität
3. Ungezügelte Phantasie ist erwünscht
4. Alle Ideen werden notiert (visualisiert)
5. Kombinieren vorgebrachter Ideen und gegenseitige Anregung sind erwünscht

👍 **Tipp** Hängen Sie die Regeln für den Einsatz von Kreativitätstechniken für alle Teilnehmer gut sichtbar im Raum auf und verweisen Sie bei Abweichung auf diese akzeptierten Regeln.

## 7.1 Assoziations-Techniken

Assoziation bedeutet Verknüpfung von Vorstellungen (lateinisch „sociare" = verbinden). Was wird nun miteinander verbunden? Es werden im Gehirn Erinnerungen oder Gelerntes in einen Zusammenhang mit dem unmittelbar Gesehenen oder Erlebten gebracht. Erinnerungen sind innere Bilder; Erlerntes sind in bestimmten Strukturen abgespeicherte Informationen. Kreativitätstechniken zur Anregung von Assoziationen zielen somit auf die Verknüpfung zu allen Dingen, die „einem in diesem Zusammenhang einfallen".

Meist sind diese Verbindungen dabei nicht vordergründig, nicht evident und unmittelbar gesehen. Oft muss man den Geist zwingen, Gewohnheitsschranken zu überspringen und unübliche, anscheinend „fremde" Dinge mit Gewalt zusammenzubringen (Forced Relationship).

### 7.1.1 Brainstorming

Brainstorming bedeutet soviel wie „Gehirnsturm" oder „Ideenwirbelwind". Der Amerikaner ALEX OSBORN hat diese Methode in den 1950er Jahren in den Managementalltag eingeführt. Es ist die bekannteste und am meisten eingesetzte Kreativitätstechnik. Vor allem hier ist besonders darauf zu achten, dass die öffentlich geäußerten Ideen nicht sofort vernichtend kritisiert werden.

**Ziel:** Gewinnung einer möglichst großen Anzahl von Ideen, die originell oder gar „verrückt" sein sollten, damit die gegenseitige kreative Anregung in Schwung kommt.

Teilnehmerzahl: 5 - 9 Personen • Gesamtdauer: 20 - 45 Minuten • Materialien: Flipchart, PC

**Ablauf:** Die Problemstellung wird vom Leiter der Brainstorming-Sitzung deutlich lesbar präsentiert (Flipchart oder über Beamer). Die Teilnehmer werden auf die Einhaltung der Spielregeln für Kreativitätssitzungen (die als Plakat im Raum hängen) hingewiesen. Alle geäußerten Ideen werden für alle sichtbar dokumentiert (auf Flipchart oder PC). Am Ende der vereinbarten Zeit oder am Ende des Ideenflusses wird gemeinsam das weitere Vorgehen abgestimmt: Bewertung der Ideen und weitere Bearbeitung der ausgewählten Ideen.

💧 **Tipp** Bei umfangreicheren Ideensammlungen (z.B. neue Produkte) sollte Brainstorming zur Eröffnung des Gedankenflusses benutzt werden. Sobald die Ideen in (technische) Einzelheiten übergehen, empfehlen sich eine Auftrennung in Untergruppen und ggfs. auch der Übergang auf analytische (diskursive) Techniken oder komplexere Kreativitätsmethodiken wie TRIZ (vgl. Kapitel 5.4 im Vertiefungswissen).

### 7.1.2 Brainwriting (Methode 6-3-5)

Brainwriting bedeutet frei übersetzt etwa „Gedankenschreiben". Die bekannteste der Brainwriting-Methoden, die Methode 6-3-5, wurde von BERND ROHRBACH entwickelt. Die Bezeichnung 6-3-5 bedeutet: 6 Personen schreiben je 3 Ideen auf ein Formblatt nieder, das nach einer Dauer von 5 Minuten an den nächsten im Kreis weitergereicht wird.

💧 **Tipp** Begrenzen Sie die Gruppengröße auch einmal auf 4 Personen, da nach 3-maligem Wechsel oft keine ergänzenden Ideen mehr zu Papier kommen.

**Ziel:** Möglichst exakt 3 x 6 originelle Ideen sollen unter gewissem Zwang der Weiterentwicklung zu Papier gebracht werden.

4 - 6 Teilnehmer • Gesamtdauer: 45 - 90 Minuten • Materialien: Formblätter DIN A 3

**Ablauf:** Alle Teilnehmer schreiben die Problemstellung auf ihr Formblatt (siehe Abbildung 2.07-5). Der Sitzungsleiter stellt die Brainwriting-Regeln vor. Als Dauer für die erste Ideenfindungsphase werden (bei 6 Teilnehmern) ca. 30 Minuten vereinbart. Jeder Teilnehmer trägt nun seine drei ersten Ideen horizontal auf dem vor ihm liegenden Formblatt ein und gibt das Blatt nach ca. 5 Minuten an seinen Nachbarn weiter. Jeder Teilnehmer liest die Ideen seines Vorläufers und ergänzt in der zweiten Kästchenreihe drei weitere Ideen, die nach Möglichkeit auf den bereits eingetragenen aufbauen. Pro Bearbeitungsdurchgang werden immer drei Ideen auf den Formblättern in Stichworten festgehalten, das Blatt stets nach 5 Minuten an den Nachbarn weitergegeben, somit insgesamt fünfmal gewechselt.

Nach der Ideenfindungsphase werden Kopien aller Formblätter an alle Teilnehmer verteilt. Nach Studium der Vorschläge kann klärend darüber gesprochen werden, was einzelne Beiträge bedeuten sollen (falls der Text zu knapp war). Es können auch ergänzende Ideen in dieser Phase eingebracht werden. Nun können die Ideen mit Punktevergabe unabhängig voneinander (= anonym!) „vorbewertet" werden. Der Moderator kann die Wertung der Einzelvorschläge als Gesamtergebnis präsentieren und das weitere Bewertungs- und Auswahlverfahren gemeinsam festlegen.

**Tipp** Nutzen Sie die Möglichkeit, ein 6-3-5-Formblatt auch stets auf Ihrem PC zu haben und möglicherweise durch einen „Tele-Umlauf" im betrieblichen EDV-Netz auszufüllen.

| Projekt: | | Datum/Anlass: |
| Problem: | | Name/Blatt Nr.: |
| 1. | 2. | 3. |
| | | |
| | | |
| | | |

Abbildung 2.07-5: Grundsätzlicher Aufbau des Formblatts zur Brainwriting-Methode 6-3-5
(Hornung, 1996: 50)

### 7.1.3 Anwendungshinweise und Praxisbeispiel

Bei der Anwendung intuitiver Kreativitätstechniken ist die Wahl der Startmethode oft entscheidend für die Dynamik des gesamten Kreativprozesses im Team. Bei gleichermaßen extrovertierten Teilnehmern empfiehlt es sich, mit normalem Brainstorming zu beginnen. Bei einer Teamzusammensetzung aus eher zurückhaltenden Charakteren oder gemischten Gruppen (extrovertiert, introvertiert) hat sich der Start mit schriftlicher Äußerung bewährt. Dies kann mit der Brainwriting-Methode 6-3-5 oder aber der später beschriebenen Moderations(kärtchen-)Methode erfolgen.

**Beispiel** Es sollte ein reizvoller Slogan für die hohe Innovationsfähigkeit einer Entwicklungsabteilung gefunden werden. Die Teilnehmer der Kreativrunde setzten sich aus Repräsentanten von Forschung und Entwicklung, Marketing und Vertrieb zusammen. Der moderierende Projektmanager startete die Kreativrunde mit den Fragen: „Was fürchtet denn die Konkurrenz an uns ganz besonders?" und „Was würden Sie denn einem guten Freund erzählen, damit er neidisch auf Ihren Arbeitsplatz wird?"

Die Äußerungen wurden in kurzen Worten oder Halbsätzen auf einem Flipchart festgehalten. Danach wurden die Unternehmensleitlinien als großes Poster zur Anregung aufgehängt. Die ersten Formulierungen für den Slogan wurden nun auf Formblättern nach der Brainwriting-Methode 6-3-5 ermittelt.

Diese Kreativitätstechnik ist für eine solche Fragestellung sehr geeignet, weil hierbei auch Satzteile geschrieben und damit auch sofort dokumentiert werden.

Im beschriebenen Fall wurde die erste Sitzung nach der Sammlung auf den Formblättern beendet und die gefundenen ersten Ausformulierungen für einen Slogan im Intranet allen Beteiligten über den Zeitraum einer Woche für eine Wertungsphase zugänglich gemacht (Beispielblatt siehe Abbildung 2.07-6).

In einer erneuten Kreativ-Sitzung wurden die zehn besten Vorschläge nochmals ergänzt in einer Brainstorming-Sitzung. Die Ergebnisse wurden dann an eine Werbeagentur zum Praxistest übergeben und der endgültige Slogan auch in ein attraktives Design überführt.

| Projekt: **Image der Entwicklungsabteilung** | | Datum/Anlass: **24.12.2007** |
|---|---|---|
| Problem: **Slogan** | | Name/Blatt Nr.: **Meier/1** |
| immer ganz vorn! | Die Welt der Ideen. | Keine Idee? Frag F & E! |
| Der Konkurrenz voran! | Weltweit kreativ. | F & E: die Ideen-Fee! |
| Stets ein Schritt schneller! | Weit kreativer als andere. | Ideen zaubern in F & E! |
| Schneller und heller! | Vorsprung mit Kreativität. | F & E zaubert mehr denn je! |
| Schnell nach vorn! | Kreativ und innovativ. | Wir haben die Ideen! |
| Schnell ein Schritt voraus! | Innovationen hauskreiert. | Gemeinsam sind wir kreativer! |

Abbildung 2.07-6: Ausgefülltes Beispiel eines Formblatts der Brainwriting-Methode 6-3-5 (HORNUNG)

## 7.2 Analogietechniken

Das aus dem Griechischen stammende Wort „Analogie" bedeutet: Entsprechung, Gleichartigkeit, Übereinstimmung oder Ähnlichkeit. Im Falle kreativer Problemlösung heißt dies, sich auf die Suche nach ähnlichen Dingen, Verhältnissen oder Abläufen zu machen und die dort gefundenen Lösungen auf das gegebene Problem zu übertragen. Diese Ähnlichkeiten und Verwandtschaften können aus recht unterschiedlichen Lebensbereichen kommen. So können technische Probleme mit Problemlösungen in der Natur verglichen werden. Hieraus entwickelte sich das Gebiet der **Bionik** (= **Bio**logie und Tech**nik**) (NACHTIGALL & BÜCHEL, 2000). Aus solchen Analogie-Betrachtungen sind viele die Tier- und Pflanzenwelt imitierende technische Lösungen entstanden. Auch die Architektur macht viele Anleihen in der lebendigen Umwelt (vgl. MENCKE, 2006: 92). *„Der im internationalen Sprachgebrauch üblichere Begriff „Biomimetik" („mimesis" = Nachahmung) (engl. biomimetics) entspricht im Wesentlichen dem deutschen Bionik (engl. bionics nach Jack Steele) und findet auch im deutschsprachigen Raum zunehmend Verbreitung."* (SPECK & NEINHUIS, 2004: 178).

Analogien können durch Anregung zum Gedanken mäßigen Zusammenfügen scheinbar zusammenhangloser Dinge gefunden werden. Das Zusammenbringen von zwei bisher noch nicht verknüpften Aspekten wird oft auch als „Bisoziation" (nach ARTHUR KÖSTLER) bezeichnet: *„Bisoziation bedeutet, dass eine Idee, ein Konzept oder eine Technik mit einer anderen Idee, einem anderen Konzept oder einer anderen Technik kombiniert wird"* (SIKORA, 2001: 12). Die bekannteste Analogie-Technik ist die von William J. GORDON entwickelte **Synektik-Methode** (vgl. GORDON, 1961). Wenn diese Technik in ihrem ursprünglichen formalen Ablauf durchgeführt wird, spricht man von der **klassischen Synektik**. Eine Variante ist die mit Bildanregung arbeitende **visuelle Synektik**. Beide Methoden werden nachstehend beschrieben.

Für Analogie-Techniken ist die Fähigkeit, „sich vom Problem lösen zu können", besonders wichtig. Dies bedeutet aber auch, dass die Teilnehmer einer Synektik- Sitzung zu solchen problemfernen Ausflügen ausreichend Zeit und Bereitschaft mitbringen müssen.

### 7.2.1 Klassische Synektik

Im Griechischen heißt „synechein" „etwas miteinander in Verbindung bringen, verknüpfen" (vgl. SCHLICKSUPP, 1989: 121).

**Ziel:** Durch Wegführung vom Problem sollen weiter weg liegende Lösungsansätze gefunden werden.

5 – 9 Teilnehmer • Dauer: 60 - 120 Minuten • Materialien: Flipchart, Pinnwand und Moderationsmaterial.

**Ablauf:** Die klassische Synektik umfasst zehn Schritte (Ein fortlaufendes **Illustrations-Beispiel** für die Schritte ist **in Klammer** aufgeführt – Quelle: www.grauezelle.de):

1. Problemanalyse und Problemdefinition (z. B. „Wie kann eine Glasplatte möglichst einfach auf einem flachen Rahmen befestigt werden?")
2. Spontane Lösungen (z. B. Saugnäpfe, Klammern, Klebefolie...)
3. Neuformulierung des Problems (z. B. „Wie kann man erreichen, dass die Glasplatte leicht wieder abgenommen werden kann?")
4. Bildung direkter Analogien, z. B. aus der Natur (z. B. Schlange streift Haut ab, Geweih wird abgestoßen, Schnee schmilzt – Team wählt: Schlangenhaut)
5. Bildung persönlicher Analogien, „Identifikation" (z. B. „Wie fühle ich mich als häutende Schlange?" „Es juckt, alte Haut engt ein, endlich frische Luft..." – Team wählt: alte Haut engt ein)
6. Bildung symbolischer Analogien, „Kontradiktionen" (z. B. bedrückende Hülle, würgendes Ich, lückenlose Fessel – Team wählt: lückenlose Fessel)
7. Bildung von direkten Analogien zu einer ausgewählten symbolischen Analogie, z. B. aus der Technik (z. B. Leitplanken der Autobahn, Druckbehälter, Schienenstrang... - Team wählt: Leitplanken der Autobahn)
8. **Übertragung von Strukturmerkmalen der direkten Analogie auf das Problem** (Leitplanke: Blechprofil, verformbar auf beiden Seiten)
9. Entwickeln von Lösungsansätzen (z. B. Profilrahmen, knetartige Kugeln zwischen Glasplatte und Rahmen, Rahmen nur an zwei Seiten...)
10. Auswahl und Fortentwicklung verfolgenswerter Lösungsansätze (z. B. gekrümmter Rahmen erzeugt Spannung)

👍 **Tipp** Gehen Sie mit einem Projekt-Team auch ins Freie. Lassen Sie sich und Ihr Team durch die Natur inspirieren, ein technisches Problem zu lösen.

### 7.2.2 Visuelle Synektik

Die visuelle Synektik ist eine anregende Variante der klassischen Synektik. Die Entfernung von der Problemstellung wird hierbei über Bilder angeregt. Dies können Fotos, selbst erstellte Collagen oder Kunstwerke sein (vgl. GESCHKA & VON REIBNITZ, 1976; SCHAUDE, 1992). Es besteht hier eine Analogie zum Rohrschach-Test.

**Ziel:** Durch visuelle Anregung sollen in kurzer Zeit möglichst viele „weit weg" führende Ideen generiert werden.

5 - 9 Teilnehmer • Dauer: 40 - 90 Minuten • Materialien: Flipchart, Pinnwand und Moderationsmaterial, ausreichendes anregendes Bildmaterial

**Ablauf:** Zuerst eine Problemanalyse und Problemdefinition durchführen. Danach werden das Problem neu formuliert und spontane Lösungen dafür gesucht. Es werden 3 - 7 Bilder allen Teilnehmern gezeigt. Die Teilnehmer beschreiben und interpretieren nacheinander die gesehenen Bilder. Hierbei sollen alle Gefühle, Assoziationen und Ideenanstöße genannt werden. Im Team wird dann gemeinsam versucht, aus den gemachten Kommentaren Lösungsansätze abzuleiten. Dabei können einzelne Bilder nochmals zur Anregung oder Vertiefung angesehen werden. Die Bewertung der verfolgungswürdigen Ansätze und die Festlegung der nächsten Schritte können sofort oder zeitlich versetzt erfolgen.

### 7.2.3 Anwendungshinweise und Praxisbeispiel

Die Anwendung von Analogietechniken bedarf einer gewissen Erfahrung im Einsatz von Kreativitätstechniken bei den Kreativ-Moderatoren. Auch ist eine höhere Bereitschaft der Teilnehmenden erforderlich. Schließlich ist auch der Zeitaufwand höher als bei den Assoziationstechniken. Daher hat es sich als gut erwiesen, durch geeignete Fragen oder aber entsprechendes Bildmaterial Impulse zum kreativen Denken in Analogien zu geben, auch wenn die entsprechenden Techniken nicht umfänglich eingesetzt werden.

**Beispiel** In einem Projektteam gab es ein Problem im Umgang miteinander. Dieses sollte mit kreativen Methoden aufgearbeitet werden. Zur Anregung des Denkens in Analogien wurde die Frage gestellt: „Welche Parallelen zu unserem Problem sehen Sie im technischen Bereich?" Eine Antwort hierzu war: „Es ist eine bessere Schmierung erforderlich, damit eine Maschine reibungsärmer läuft!" Das Team unterhielt sich dann über die Möglichkeiten, ein gemeinsames „Schmiermittel" zu finden und beschloss ein gemeinsames Outdoor-Event.

## 7.3 Konfrontationstechniken

Konfrontation bedeutet Auseinandersetzung mit einer Sache, hier im Sinne sich einem Reiz auszusetzen. Hierdurch können „zufällig" Anregungen entstehen, die ohne den Konfrontationsreiz nicht oder nicht so schnell zustande gekommen wären. Es wird somit versucht, die „Zufälle geplant" auszulösen. Diese Technik führt dazu, dass fest geprägte Denkmuster aufgebrochen werden und erreicht wird, sich vom Problem zu lösen.

Der wichtige Unterschied zu den freien Techniken der Ideenfindung oder Verknüpfung von offensichtlichen Ähnlichkeiten ist eine Anregung durch äußere Vorgaben aus völlig zufälligen Quellen.

### 7.3.1 Reizwortanalyse

Die Reizwortanalyse stellt die Grundform der Konfrontations-Techniken dar. Es werden eine gewisse Anzahl von Reizwörter (5 - 12) auf einer Liste aufgeführt, die auch aus völlig problemfernen Bereichen stammen können (vgl. SCHAUDE, 1992).

**Ziel:** Durch die Konfrontation mit den zufällig ausgewählten Begriffen sollen außergewöhnliche Ideen angeregt werden.

Die Technik ist vom Einzeldenker bis zu Großgruppen einsetzbar. Dauer: 40 - 90 Minuten • Materialien: Reizwort-Liste, Flipchart, Pinnwand und Moderationsmaterial

**Ablauf:** Nach präziser Problemdefinition werden erste Spontanlösungsvorschläge gesammelt. Dieses Sammeln wird unterstützt mit Reizwörtern aus einer vorher entwickelten Liste oder nach dem Zufallsprinzip (z. B. aus einem Lexikon). Die aktuell gewählten Reizwörter werden für alle sichtbar notiert bzw. projiziert. Es werden interaktiv Lösungsideen entwickelt und die Übertragbarkeit auf das Problem geprüft. Interaktiv bedeutet in diesem Falle, dass sowohl von den Teilnehmern als auch vom Moderator stets stimulierende Fragen gestellt werden sollen, wie „Was hat dieser Gegenstand mit unserem Problem zu tun?" oder: „Fällt Ihnen noch etwas ein, das ähnliche Eigenschaften hat wie dieses Reizwort?" Die Lösungsideen werden mit gewissem zeitlichen Abstand bewertet und weiterentwickelt.

### 7.3.2 Bildkarteien

Die Zufallsanregung wird durch Konfrontation mit ausgewählten Bildern gefördert. Es empfiehlt sich daher, eine umfangreiche Bildkartei oder Bildmappen aufzubauen, um damit anregende visuelle Impulse bei unterschiedlichen Aufgaben und Problemstellungen geben zu können (vgl. „Bildmappen-Brainwriting" nach GESCHKA & VON REIBNITZ, 1976: 42).

Diese Bildanregungen können auch über Dias oder Videofilme erfolgen oder es kann computergespeichertes Bildmaterial eingesetzt werden (vgl. SCHAUDe, 1992). Es besteht hier eine Ähnlichkeit mit der Technik visuelle Synektik.

**Ziel:** Durch die bildhaften Impulse sollen möglichst viele neue oder weitergehende Ideen entstehen.

Geeignet für Einzelpersonen oder Teams jeglicher Größe • Dauer: nach Bedarf

**Ablauf:** Die Aufgabenstellung oder Problemformulierung wird allen Teilnehmern bekannt gemacht. Die Bilder werden allen Teilnehmern gleichzeitig gezeigt, im Umlaufverfahren herumgereicht oder als Pool (evtl. als Bildmappen) nach Bedarf zur Verfügung gestellt. Die im Team genannten Ideen werden gesammelt und in Einzelarbeit ergänzt. Wenn die Ideensammlung zunächst in Einzelarbeit erfolgt, dann so werden diese Ideen dem Team vorgetragen und interaktiv ergänzt. Die gesammelten Ideen und Lösungsvorschläge werden gemeinsam bewertet und weiterentwickelt.

**Tipp** Bildkarteien (Bildmappen) können zur Anregung bei den Assoziations- und Analogie- Techniken eingesetzt werden. Auch der Einsatz von Bilddateien auf dem PC über Beamer-Präsentation hat sich bewährt.

### 7.3.3 Anwendungshinweise und Praxisbeispiel

Konfrontationstechniken müssen nicht stets als separate Methodik eingesetzt werden, sondern sind auch geeignet, stockende Kreativ-Prozesse wieder in Gang zu bringen. Daher sollte ein vorausschauender Projektmanager als Kreativ-Moderator stets eine gewisse Anzahl von Reizwörtern oder reizvolles Bildmaterial für Kreativ-Sitzungen mitführen.

**Beispiel** Ein Software-Entwicklungs-Projektteam führte eine intensive Diskussion über technische Details. Der erfahrene Projektmanager konnte sein Team mit drei gezielt eingesetzten Bildern wieder auf eine übergeordnete Projekt-Gesamtdiskussion zurückbringen. Er hatte Bilder von einem Aussichtsturm, aus einem Heißluftballon und schließlich aus einem Flugzeug in die Runde gegeben und die Teilnehmer aufgefordert, zu jeder Distanz auf den Bildern Parallelen zum eigenen Projekt zu ziehen. Dabei entstand spontan die Anregung, die zuletzt diskutierten Varianten für die nächste Generation der Software aufzusparen und an der aktuellen Konfiguration nichts mehr zu ändern, um zügig „Land zu gewinnen"!

## 7.4 Analytische (oder diskursive) Techniken

Bei den analytischen (oder diskursiven, von lat. diskursiv = herleitend) Ideenfindungs- und Problemlösungstechniken handelt es sich um eine systematische Herleitung von Lösungsmöglichkeiten. Hierbei werden die logisch-analytischen Fähigkeiten der linken Gehirnhälfte gefordert. Sobald die Problemstellungen in technische Einzelheiten übergehen, empfiehlt es sich, komplexere Kreativitätsmethodiken, wie TRIZ (vgl. Kapitel 5.4 im Vertiefungswissen), anzuwenden (vgl. ZOBEL, 2006).

### 7.4.1 Osborn-Checkliste

Nach Alexander OSBORN, dem Erfinder des Brainstormings, wurde eine Checkliste benannt, mit der einzelne Personen oder Teams Veränderungsmöglichkeiten systematisch erfragen können. Die Liste ist auch geeignet, wenn der Ideenfluss in einer Kreativ-Sitzung stockt (vgl. WACK, DETLINGER & GROTHOFF, 1993).

**Ziel:** Möglichst viele kreative Variationen werden systematisch abgeleitet, die möglicherweise Verbesserungen beinhalten.

| CHECKPUNKTE/Zusatzimpulse | Spontane Einfälle |
|---|---|
| **Ähnlichkeiten** | |
| Funktion | |
| Aussehen | |
| Material | |
| **Andere Anwendungsmöglichkeiten** | |
| Zweck | |
| Zielgruppe | |
| **Verändern** | |
| Form, Farbe, Geruch | |
| Bewegung, Kinematik | |
| **Vergrößern** | |
| Hinzufügen/Vervielfachen | |
| Abmessungen | |
| **Verkleinern** | |
| Wegnehmen/Aufspalten | |
| Abmessungen | |
| **Ersetzen** | |
| Material, Komponenten | |
| Herstellung/Standort | |
| **Umkehren** | |
| Gegenteil (z. B. +/-) | |
| Rollen, Prozesse | |
| **Kombinieren** | |
| Anwendungsbereiche | |

Abbildung 2.07-7: Osborn-Checkliste zur Variation von Lösungsideen (vgl. HORNUNG, 1996: 66)

**Tipp** Setzen Sie als Moderator von Kreativ-Sitzungen Osborn-Checklisten oder Fragen aus der Systematik der Osborn-Checkliste gezielt dann ein, wenn in einem Projektteam die Ideenproduktion stoppt.

### 7.4.2 Morphologische Matrix/Morphologischer Kasten

Die Morphologische Matrix ist eine Vereinfachung des ursprünglich von ZWICKY erarbeiteten dreidimensionalen Morphologischen Kastens. Morphologie ist die Wissenschaft „von den Gestalten und Formen, deren Aufbau- und Ordnungsprinzipien".

**Ziel:** In der Morphologischen Matrix oder dem Morphologischen Kasten soll durch eine systematische Kombination von Teilaspekten (Parameter) eines Problems und deren jeweiligen Erscheinungsformen oder Ausprägungen ein „vollständiges" Raster der möglichen Lösungsideen aufgebaut werden.

Durchführbar von Einzelpersonen wie auch Gruppen • Material: Evtl. Formblatt zur Beschleunigung der Rastereintragungen, Flipchart oder Tafel, Pinnwand und Moderationsmaterial

**Ablauf:** Die Elemente eines Problems (Parameter = WAS?) werden durch das Team oder die Einzelperson ermittelt und am linken Rand des Blattes untereinander in einer Spalte angeordnet. Es wird nun in der Waagerechten (Zeile) aufgelistet, welche Erscheinungsformen oder Ausprägungen (= WIE?) ein Parameter haben kann, z. B. „rund, quadratisch, dreieckig" oder „heiß, warm, normal temperiert, kühl" usw. Nun werden die möglichen Kombinationen der Ausprägungen aller Parameter gekennzeichnet (farbig unterlegte Abbildung 2.07-8). Die Vereinigung der Ideen aller Teilnehmer wird interaktiv am Flipchart oder mit Kärtchen an der Pinnwand durchgeführt. Die Auswahl der machbaren und Ziel führendsten Lösungen erfolgt anschließend.

### 7.4.3 Anwendungshinweise und Praxisbeispiel

Die analytische oder diskursive Vorgehensweise ist für viele kreative Prozesse im Projektmanagement wichtig. Aber ähnlich wie bei den Konfrontationstechniken ist auch hier der situative und kombinierte Einsatz (z. B. der Osborn-Checkliste) oft wichtiger als die alleinige Anwendung einer solchen Technik oder einer Checkliste. Die Anwendung einer Morphologischen Matrix oder gar des dreidimensionalen Morphologischen Kastens erfordert allerdings eine möglichst vollständige Erfassung der Parameter und Ausprägungen und daher sollte auch stets Zeit für die Durchführung zur Verfügung stehen. Eine gute Vorbereitung der Teilnehmenden durch gezielte Vorbereitungsfragen, wie „Welche Parameter haben sich in ihren Projekten oder Produkten als wichtig erwiesen?", kann zu einer besseren Qualität und Beschleunigung des Ablaufs führen.

**Beispiel** Die nachstehenden Parameter (Systemelemente) und deren Ausprägung (Realisierungs-Varianten) wurden in einer Kreativitätssitzung ermittelt, reduziert und neu sortiert. Die Bewertung (farbig unterlegte Kästchen) wurde von dem Team mittels Wertungspunkten mehrheitlich ausgewählt und stellt somit keine allgemein gültige Auswahl für einen optimalen Kreativ-Raum dar!

| Parameter | Ausprägung | | | | |
|---|---|---|---|---|---|
| Größe | klein | mittel | groß | variabel | — |
| Form | viereckig | vieleckig | rund | gemischt | mehrere Ebenen |
| Einrichtung | nüchtern | gemütlich | modern | gemischt | sachlich |
| Licht und Ausblick | ohne Tageslicht | nur Oberfenster | Blick auf die Natur | Blick auf Kunstwerke | — |
| Farbe | dezent | grellbunt | beruhigend | anregend | — |

Abbildung 2.07-8: Morphologische Matrix für einen Kreativ-Raum (vgl. HORNUNG, 1996: 71)

## 7.5 Mapping-Techniken

Was ist „Mapping"? Das Wort ist nicht ganz einfach zu übersetzen. Frei übertragen kann es als „Anfertigen von Landkarten" gedeutet werden. Im Falle der Kreativitätstechniken bzw. Mapping-Techniken bedeutet dies das Anfertigen von „Gedankenlandkarten" (Mind Maps). Man könnte solche Produkte auch „Ideenbäume" oder „Verknüpfungspläne" nennen.

Entscheidend ist hierbei, dass mit den zu Papier gebrachten „Gedankenlandschaften" die individuellen Denkstrukturen sichtbar gemacht werden. Diese können dann im Team diskutiert und ergänzt werden. So werden unter den Mapping-Techniken, die hier nicht generell als Kreativitätstechniken behandelt werden, eine Vielzahl von kartenartigen Darstellungen verstanden, die mit vielen ergänzenden Begriffen, wie z. B. „cognitive mapping" oder „kowledge mapping", bezeichnet werden.

**Mind Mapping** kann sowohl als eigenständige Kreativitätstechnik eingesetzt werden als auch als Visualisierungsmethode bei vielen anderen Kreativitätstechniken, z. B. beim Brainstorming.

Eine dem Mind Mapping verwandte Methode ist das **Clustering** („Gruppen bilden"). Man könnte es in diesem Fall mit „Wortverknüpfungen" übersetzen, denn es handelt sich um eine Methode, die von der Amerikanerin Gabriele Rico zur Stichwortfindung beim Schreiben von Aufsätzen und Büchern entwickelt wurde und in ihrem Buch „Garantiert schreiben lernen" dargestellt wird (vgl. RICO, 1998).

### 7.5.1 Mind Mapping

Die Mind-Mapping-Methode wurde in den 1970er Jahren von dem Engländer Tony BUZAN entwickelt (vgl. BUZAN, 1999). Mind Mapping ist eine nicht-lineare Schreib- und Darstellungstechnik, die der assoziativen, individuellen Ablagestruktur im Gehirn entgegenkommt. Bei der Mind-Mapping-Methode werden Notizen nur in Stichworten, aber in strukturierten Zusammenhängen erstellt („Sichtbarmachen von individuellen Denkstrukturen"). Die Stichworte sind individuell gewählte Schlüsselbegriffe des jeweiligen Erstellers. Im Falle der **Ideenfindung** sind es die Spontanassoziationen zu einem Thema.

**Ziel:** Es sollen möglichst viele sowohl phantasievolle als auch logische Ideen von Einzelpersonen in vernetzten Zusammenhängen ermittelt und visualisiert werden.

**Ablauf/Regeln:**

- Zum Mind-Mapping benötigt man unliniertes Papier, das im Querformat verwendet wird.
- Als Schreibgeräte empfehlen sich Buntstifte (Filzschreiber), um durch Farbigkeit die rechte Gehirnhälfte anzuregen.

- In der Mitte des Blattes steht jeweils das Thema, von einem Kreis oder Oval eingerahmt.
- Von diesem Zentrum aus wachsen wie an einem Baumstamm Äste (= Hauptpunkte) in alle Richtungen, daran schließen sich Zweige (= Details) an.
- Auf jeden dieser Äste und weiterführenden Zweige werden Schlüsselwörter in GROSSBUCHSTABEN oder Druckbuchstaben geschrieben.
- Um die rechte Gehirnhälfte an der Tätigkeit des Mind Mappings intensiv zu beteiligen, werden möglichst viele Bilder und Symbole für die Darstellung benutzt. Damit wird jedes Mind Map zum Unikat, an das sich der Ersteller auch später noch sehr gut erinnert.
- Während einer Ideenfindung wird zunächst nur auf den Ideenfluss geachtet, nicht auf die Sinnhaftigkeit oder die (hierarchische) Ordnungsstruktur.

### 7.5.2 Moderationsmethode (einschließlich Nominal Group Technique)

Unter „Moderationsmethode" soll hier die kreativitätsfördernde Arbeitsmethodik mit Pinnwand und Karten verstanden werden. Oft wird diese Methode auch als „Kärtchentechnik" oder „Kartenabfrage" bezeichnet. Diese Technik hat sich zur Steuerung zielwirksamer Gruppenprozesse bewährt. Über die Methode wurden schon zahlreiche Bücher verfasst (vgl. z. B. HAUSMANN & STÜRMER, 1999), sodass hier nicht sämtliche Grundlagen, Vorzüge und Ausführungsdetails aufgeführt werden. Im Projektmanagement ist der Schwerpunkt die Anwendung der Methode als verbindendes und visualisierendes Werkzeug bei der Ideenfindung. Eine andere Anwendung ist die Problemanalyse in Qualitätszirkeln.

Die Moderationsmethode kann die Vorzüge des Brainstormings mit der schriftlichen Abfragemöglichkeit (Brainwriting) und der Erstellung einer „strukturierten Ideenlandschaft" (Mapping) verbinden. Aufgrund der visuellen Endprodukte wurde die Moderationsmethode den Mapping-Techniken zugeordnet.

Schließlich kann die Moderationsmethode in Kombination mit Mind Mapping angewendet werden, wodurch sie noch wirkungsvoller wird (vgl. hierzu Vertiefungswissen 5.3 Kombination von Kreativitätstechniken).

**Ziel:** Schriftliche Sammlung möglichst vieler Ideen in Stichworten oder in kurzen Halbsätzen, die dann optisch in Zusammenhänge gebracht werden.

5 - 9 Teilnehmer • Dauer: 30 - 120 Minuten • Materialien: Mehrere Pinnwände, Moderationskoffer mit farbigen Karten, farbige Schreibstifte, Nadeln etc.

**Ablauf:** Das Thema wird für alle sichtbar auf eine Überschriftswolke geschrieben und an der Pinnwand befestigt. Die Teilnehmer schreiben nun mit dicken Filzschreibern alle ihre Ideen in Druckbuchstaben auf Kärtchen, aber jeweils nur **eine** Idee auf eine Karte (maximal 7 Worte in drei Zeilen). Eine Vorgabe von 5 Karten zur Anregung einer größeren Anzahl von Ideen hat sich bei der **Nominal Group Technique** (vgl. PATZAK & RATTAY, 2004: 300) bewährt. Weiterhin werden in dieser Variante immer mehrere Karten pro Person beschrieben und dann vorsortiert in einer subjektiv empfundenen Wichtigkeits-Abfolge. Der Moderator schöpft **reihum** jeweils die erste Idee der einzelnen Teilnehmer ab, indem er sie laut vorliest und in Clustern auf der Pinnwand gruppiert. Mit diesem Vorgehen werden nun bis zu fünf Durchgänge gemacht.

Es kann nun eine erste Bewertungsphase angeschlossen werden: Jeder Teilnehmer erhält eine gewisse Anzahl an selbstklebenden Wertungspunkten, die er an die ihm am wertvollsten erscheinenden Ideenkärtchen klebt. Die Ergebnisse der Sitzung werden entweder als Fotoprotokoll direkt festgehalten oder die weiterführenden Vorschläge in ein Maßnahmenprotokoll übertragen.

### 7.5.3 Anwendungshinweise und Praxisbeispiel

Bei der Anwendung der Mapping-Methoden sollte Mut zu eigenen Bildern und zu stärkerem Einsatz von Farben geübt werden. Die Farben sollten in einer persönlichen Codierung eingesetzt werden. Es ist ein Unterschied, ob Farbstifte in kreativen Prozessen von Hand eingebracht werden oder ob eine Farbcodierung in einem PC-Programm erfolgt.

Dennoch ist im Projektmanagement eine geeignete Kombination der Anwendung der Mind-Mapping-Methode von Hand und auf dem PC zu empfehlen. Beim Austausch von Ideen über ein Mind-Map-Programm auf dem PC hat es sich bewährt, einzelnen Teammitgliedern bestimmte Farbcodes zuzuordnen, da so die Beiträge optisch rasch erkannt werden können. Eine weitere wichtige Anwendung von Farbcodierungen in Mind Maps ist die Zuordnung von Farben zu den Bearbeitungszeitpunkten.

**Beispiel** einer Mind Map im Stile von TONY BUZAN ist in der nachstehenden Abbildung 2.07-9 wiedergegeben:

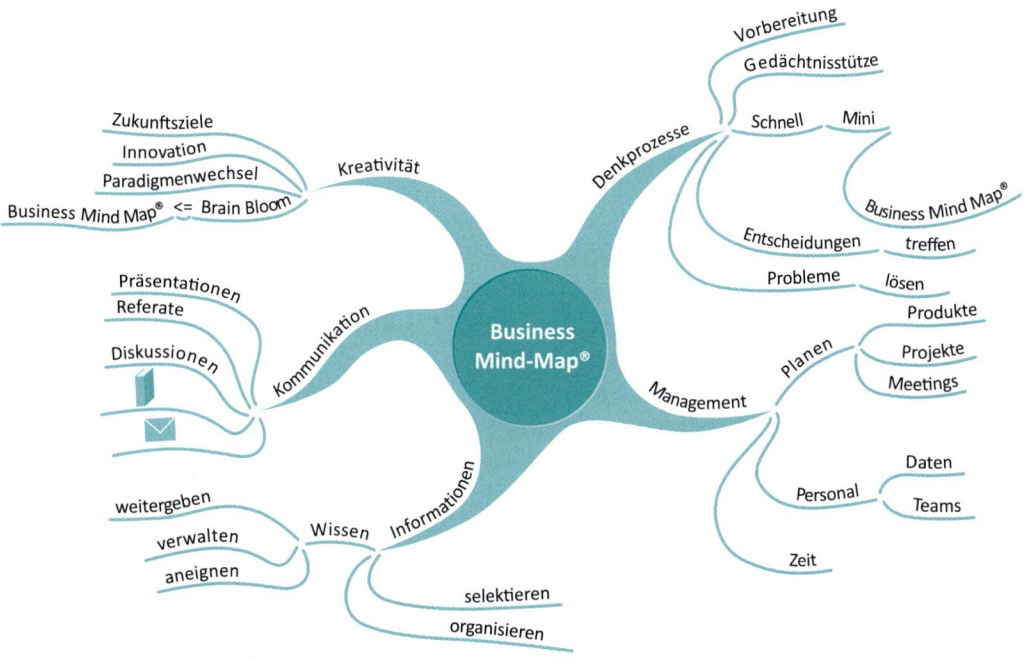

Abbildung 2.07-9: Mind Map im Stile von TONY BUZAN (1999: 74)

## 8 Zusammenfassung

Unter operationaler Kreativität im Projektmanagement wird zielgerichtete oder Problem lösende Ideengenerierung verstanden, im Unterschied zu künstlerischer Kreativität.

Die wichtigste Ressource für Kreativität und Ideengenerierung stellen kreative Mitarbeiter sowohl als Einzelpersonen als auch in Projektteams dar.

Hemmung wie auch Förderung von Kreativität von Einzelpersonen und Teams wird sehr stark durch die Wechselwirkung mit deren Umfeld bestimmt. Hieraus entstehen drei Arten von Kreativitätsblockaden, die den kreativen Prozess stark behindern.

Der kreative Prozess läuft stets in mehreren Schritten ab: Präparation, Inkubation, Illumination und Verifikation/Elaboration. Ein zu schnelles Durchlaufen dieser vier Phasen kann die Qualität des kreativen Ergebnisses stark einschränken. Kreativitätstechniken werden oft nach ihrem Vorgehen in intuitive und analytische (diskursive) Techniken unterschieden.

Die bekanntesten **intuitiven** Kreativitätstechniken sind die Assoziations-Techniken. Brainstorming oder Brainwriting sollten zielgruppengerecht ausgewählt werden. Bei der Durchführung müssen der Moderator und die Teilnehmer fünf Grundregeln konsequent einhalten, damit die Ideenfindung ohne Hemmnisse abläuft.

Analogie-Techniken zählen ebenfalls zu den intuitiven Methoden. Diese Techniken führen oft zu überraschenden Ergebnissen und werden daher meist für neue Produktideen eingesetzt. Eine Variante der Anwendung der Analogietechnik ist eine Stimulation durch Bilder. Dieser Kreativimpuls kann verstärkend in anderen Techniken eingesetzt werden.

Bei den Konfrontations-Techniken findet eine Stimulation durch Reizworte oder Bilder statt. Konfrontationstechniken können auch zur Ergänzung von Brainstorming und Brainwriting eingesetzt werden und werden wie Analogie-Techniken meist zur Auslösung neuer Produktideen eingesetzt.

Die Gruppe der **analytischen (diskursiven)** Techniken wird oft bei technischen und naturwissenschaftlichen Problemstellungen eingesetzt, ist aber auch bei der Lösungsfindung von Projektmanagement-Problemen von Bedeutung. Es soll mit diesen Techniken erreicht werden, dass auch bisher nicht bedachte Möglichkeiten systematisch als Lösung angeregt werden.

Mapping-Techniken können als eine Kombination oder Brücke zwischen dem intuitiven und dem analytischen Denkstil angesehen werden. Bei diesen Techniken werden die Ergebnisse vernetzt visualisiert.

## 9 Fragen zur Wiederholung

| | |
|---|---|
| 1 | Welche Definitionen zu operationaler Kreativität sind Ihnen bekannt? |
| 2 | In welchen Situationen wird im Projektablauf Kreativität benötigt? |
| 3 | Nennen Sie fünf Eigenschaften oder Fähigkeiten kreativer Menschen. |
| 4 | Welche Kreativitätsblockaden kennen Sie? |
| 5 | Wann sind Teams in der kreativen Leistung Einzelpersonen überlegen? |
| 6 | Welche Rolle hat der Projektmanager in den vier Phasen des kreativen Prozesses? |
| 7 | Für welche Fragestellungen sind intuitive Kreativitätstechniken besonders geeignet? |
| 8 | Wann werden analytische (diskursive) Kreativitätstechniken eingesetzt? |
| 9 | Wie können Moderatoren einen stockenden Ideenfluss wieder anregen? |
| 10 | Welche Vorteile haben Mapping-Methoden? |

# 2.08 Ergebnisorientierung (Results orientation)

Torsten Graßmeier, Siegfried Haarbeck

## Kontext und Bedeutung

### Kontext

Projektmanagement ist ein systematischer Ansatz, es versteht sich als Sammlung von Methoden, die in ihrer Anwendung den individuellen, pragmatischen Freiraum lassen und als Ganzes ein System ergeben. Ergebnisorientierung ist weder eine Momentaufnahme, noch ein Zeitpunkt mit einem Ergebnis, sondern es ist die Summe aus Handlungen, Methoden und Reaktionen im Projektverlauf, die am Ende ein bleibendes Bild ergeben. Ergebnisorientierung hat starken Bezug zu prozessualem Denken, es erfordert das fokussierte Agieren in den drei Schritten Input – Prozess – Output.

In der ICB 3.0 zählt Ergebnisorientierung zum Bereich „behavioral competences", darin spiegelt sich der starke methodische Bezug wider. Betrachtet man die Zusammenhänge zu den anderen ICB-Elementen in direkter Relation, stellt sich heraus, dass Ergebnisorientierung quer durch die drei Kompetenzen contextual, technical und behavioural verankert ist und somit eine **der Querschnittsfunktionen** darstellt, die den Projekterfolg prägen. Der stärkere Fokus liegt dabei aber auf den „technical und behavioral competences", da sich die Ergebnisse am Ende des Projektes aus den zu planenden Parametern ergeben, allerdings wesentlich ergänzt durch die Integration des Umfeldes und der Stakeholder.

Ergebnisorientierung ist somit ein Resultat aus dem individuellen Projektprozess unter maßgeblicher Integration sozialer Umfeldfaktoren.

### Bedeutung

Stellen Sie sich vor, Sie wollen eine Straße bauen; wenn Sie dabei nicht konkret vor Augen haben, wer später einmal die Nutzer (PKW, LKW …) sein werden, wer aus der Umgebung davon betroffen ist und welche Nutzungsdauer erwartet wird, können Sie nicht planen, was genau zu tun ist bzw. worauf während der Bauphase geachtet werden muss.

Ergebnisorientierung ist der Blick in die Ferne, um an einem konkreten Punkt mit einem konkreten Ergebnis zu landen. Es ist als Dreiklang zu verstehen, aus der Analyse der Vergangenheit und der aktuellen Situation in der Gegenwart werden die Maßnahmen für die Zukunft abgeleitet – typische Projektsteuerung, aber mit dem klaren Fokus, die definierten Ergebnisse nicht aus den Augen zu verlieren.

Das Interessante an diesem Thema ist die Vielfalt der Einflussfaktoren. Das Ergebnis setzt sich nicht nur aus Kosten, Zeit und Leistung zusammen, sondern die Herausforderung ist, dass sich die Projektbeteiligten, speziell der Projektleiter, überlegen sollen, welcher Stakeholder welche Ergebnis-Erwartung hat. In der Praxis weichen die Erwartungshaltungen teilweise weit voneinander ab, also muss schon frühzeitig priorisiert werden, wer oder was von dem Projektergebnis primär profitieren soll.

Ergebnisorientierung hat den Charme, dass sie vor allem dem Projektleiter für die Steuerung des Projektziels, für die Führung des Teams und für die Kommunikation mit Auftraggeber und Projektumfeld den Rahmen gibt, in dem er sich bewegen kann bzw. ihm den Schutz bietet, sich vor Änderungsdynamik und Wunsch-Konzerten zu schützen.

Ergebnisorientierung ist der integrierte Blick aus der „Meta-Ebene", sie ermöglicht einen ständigen Überblick und zeigt somit frühzeitig erforderliche Handlungsfelder auf.

## Lernziele

Sie können

- erläutern, was Ergebnisorientierung ist
- erklären, welche Bedeutung die Ergebnisorientierung für den Projekterfolg hat
- einschätzen, welches die erforderlichen Bestandteile/Methoden/Aktivitäten sind, um im Sinne der Ergebnisorientierung erfolgreich zu sein
- einordnen, welche Inhalte mit den Projekt-Stakeholdern kommuniziert und abgestimmt werden müssen

# Inhalt

| | | |
|---|---|---|
| 1 | Einleitung Ergebnisorientierung | 910 |
| 2 | Definition Ergebnisorientierung | 910 |
| 3 | Ergebnisorientierung im Projektmanagement | 911 |
| 4 | Ergebnisorientierung im Projekt | 913 |
| 4.1 | Die Betrachtungs-Ebenen | 913 |
| 4.2 | Grundlage jedes Projekterfolgs ist das Zeit- und Selbstmanagement | 914 |
| 4.3 | Der Planungs-Zyklus | 915 |
| 4.4 | Die Team-Ebene | 915 |
| 4.5 | Der Projektleiter | 916 |
| 5 | Ergebnisorientierung in der Praxis | 917 |
| 5.1 | Beispiele möglicher Ansatzpunkte zur Ergebnisorientierung | 917 |
| 5.2 | Leitfaden zur Realisierung der Ergebnisorientierung | 918 |
| 5.3 | Beispiel aus der Praxis | 918 |
| 5.4 | Quer-Check Ergebnisorientierung | 920 |
| 6 | Zusammenfassung | 921 |
| 7 | Fragen zur Wiederholung | 921 |

# 1  Einleitung Ergebnisorientierung

Ergebnisorientierung berührt nahezu alle Bereiche im Projektmanagement, contextual competences, technical competences und behavioural competences. Entsprechend hoch ist ihr Einfluss auf den Projekterfolg. In der ICB 3.0 ist Ergebnisorientierung verankert in den behavioural competences, somit in den sozialen und personalen Kompetenzen.

Daraus abgeleitet wird das Projektergebnis nicht nur als Summe der harten Faktoren Kosten, Zeit und Leistung gesehen. Der Ansatz der Ergebnisorientierung integriert zusätzlich auch die Erwartungen der Stakeholder und die Kundenzufriedenheit, die in allen Projektphasen immer wieder zu berücksichtigen sind und beim Projektabschluss ein Gesamtbild ergeben.

Vor dieser Herausforderung stehen alle Projektbeteiligten, besonders aber der Projektleiter: Seine sozialen und personalen Kompetenzen sind gefordert. Für den Projektleiter hat Ergebnisorientierung sowohl eine verpflichtende als auch eine schützende Funktion. Einerseits ist sie seine Richtlinie und sein Handlungs-Rahmen, andererseits kann sie ihn vor zu großer Änderungsdynamik schützen. Nach der NCB wird der Projektleiter

*„… für die Erzielung der Projektergebnisse bezahlt. Zur Erzielung der von den maßgeblichen Interessierten Parteien geforderten Ergebnisse muss der Projektmanager herausfinden, was die verschiedenen am Projekt beteiligten Parteien für sich selbst aus diesem Projekt herausholen wolle."* (NCB 3.0: 131).

Ziel dieses Kapitels ist, die Verankerung des Themas Ergebnisorientierung im Projektmanagement herauszuarbeiten, verschiedene Aspekte zu betrachten und Schnittstellen zu anderen Projektmanagementbereichen aufzuzeigen. Beispiele aus der Praxis (aus Datenschutzgründen immer leicht abgewandelt) runden den Einführungsteil ab. Im Vertiefungskapitel werden übergreifende Aspekte aus methodischer und sozialer Sicht näher beleuchtet sowie kontraproduktive Aspekte aufgezeigt.

# 2  Definition Ergebnisorientierung

Auf den ersten Blick ist Ergebnisorientierung ein einfaches zusammengesetztes Substantiv aus Ergebnis und Orientierung. Was ist unter Ergebnis zu verstehen? Der Torstand nach 90 Minuten Fußballspiel? Das Unternehmensergebnis nach Abzug der Steuern? Die Zufriedenheit des Kunden im Moment der Abnahme?

Die Alltagssprache verwendet Ergebnis als Synonym für Erfolg, Resultat, Ertrag, Folge oder Lösung. Im Projektmanagement werden häufig im Zusammenhang mit „Ergebnis" Begriffe verwendet wie:

- Zielerreichung
- Erfolge
- Gewinne
- Ertrag
- Nutzen für den Kunden
- Zufriedenheit
- Vertragsabnahme
- Deliverables (Arbeitsergebnisse)
- Lieferung und Leistungen
- Abschluss, Abnahme
- …

Im internationalen Projektmanagement finden sich zudem project success (Projekterfolg), project appraisal (Projektbewertung) sowie objectives categories (Zielkategorien) unter Ergebnisorientierung wieder.

In der Welt der Normen hat Ergebnisorientierung mehrere Standorte:

- Abnahme (siehe DIN 69905 – Projektabwicklung- Begriffe)
- Erfolgsnachweis (DIN 69905)
- Projektziel (DIN 69901)
- Qualitätsmanagement (ISO 8402)

Die NCB (Version 3.0) fasst zusammen:

> **§ Definition** „Ergebnisse können in Projektergebnisse, Kundenergebnisse, Mitarbeiterergebnisse und auf andere betroffene Interessierte Parteien bezogene Ergebnisse unterteilt werden."

Ergänzend dazu sei angemerkt, dass in der ICB/NCB der Fokus der Ergebnisorientierung sehr stark auf die Team-Ebene, auf die behavioural competences, gelenkt wird.

Ergebnisorientierung bedeutet also:

1. die Aufmerksamkeit des Teams auf Schlüsselziele zu lenken
2. alle maßgeblichen interessierten Parteien zufrieden zu stellen
3. das Managen von vereinbarten Änderungen
4. alle Chancen zu nutzen, um zusätzliche Erfolge zu generieren
5. ethische, gesetzliche und ökologische Anforderungen zu beachten
6. Umweltanforderungen zu berücksichtigen
7. das Team zu leiten, zu motivieren und seine Erwartung zu berücksichtigen

Zusammenfassend ergibt diese Beschreibung ein Kaleidoskop an Facetten und Aspekten, die mit der Ergebnisorientierung kommunizieren.

## 3 Ergebnisorientierung im Projektmanagement

### Ursprung der Ergebnisorientierung

Der Ansatz der Ergebnisorientierung ist keine neue Philosophie oder gar ein spezifischer Ansatz des Projektmanagements. Erste Ansätze dazu finden sich schon im Qualitätsmanagement (ISO 8402) wieder:

„ ... auf die Mitwirkung aller ihrer Mitglieder gestützte Managementmethode einer Organisation, die Qualität in den Mittelpunkt stellt und durch Zufriedenstellung der Kunden auf langfristigen Geschäftserfolg (...) zielt."

Ein Vergleich mit der Definition der ICB/NCB macht den direkten Bezug schnell sichtbar. Somit gilt sowohl für das Qualitätsmanagement als auch für das Projektmanagement der Grundsatz: Qualität ist integraler Bestandteil der Unternehmens- (Projekt-)führung bzw. -steuerung und hat folgende Perspektiven:

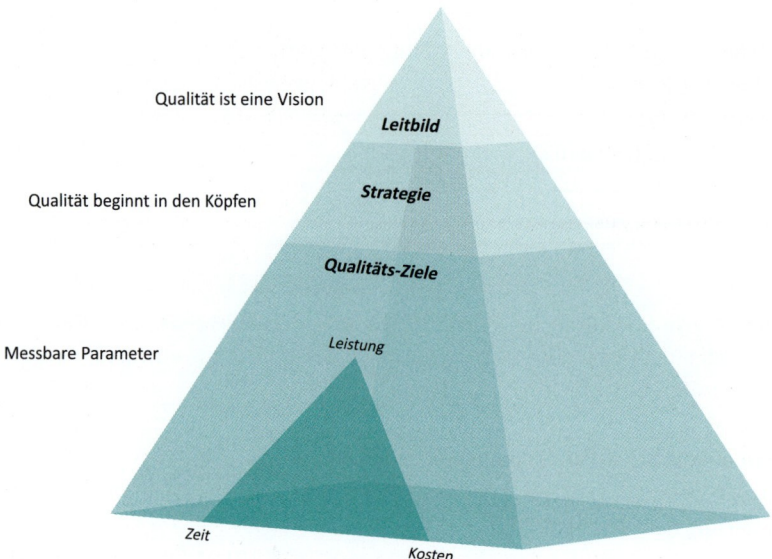

Abbildung 2.08-1: Qualitäts-Pyramide

Dieses Grundprinzip der Ergebnisorientierung wird heute im Strategie-Management oft im Rahmen der Balance-Score-Card erarbeitet und im Unternehmen gesteuert, dabei gilt:

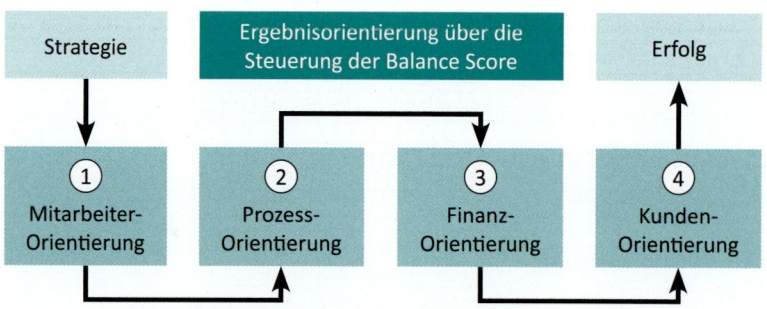

Abbildung 2.08-2: Ansatz der Balance Score Card

Dieses Prinzip der mehrdimensionalen Betrachtung liegt auch der **Ergebnisorientierung** der Projekte zugrunde. In modernen Projektmanagement-Ansätzen ist sogar eine Balance Score Card für ein Projekt denkbar, wobei sich die Anwendung aktuell noch nicht etabliert hat.

Ergebnisorientierung im Projektmanagement ist somit eine an das Qualitätsmanagement angelehnte Philosophie. Es hat eine hohe strategische Komponente, indem die Ausrichtung auf die Zukunft in den aktuellen Herausforderungen umgesetzt werden muss. Es zeigt sich an dieser Stelle die Beziehung:

„Vom Qualitätsmanagement über das Projektmanagement zum Projekt"

# 4 Ergebnisorientierung im Projekt

Sowohl in der Praxis als auch in der Theorie gibt es inzwischen viele kreative Ansätze, Projekte zum Erfolg zu führen. Die Meinungen, wo bzw. wann im Projektablauf der Schwerpunkt zur optimalen Ergebnisorientierung zu setzen ist, also:

| Projektaufsetzung/-planung – in der Startphase
| Projektdurchführung/-steuerung – in der Realisierungsphase
| Projektabschluss/-übergabe – am Projektende

gehen dabei auseinander. Aber entscheidend für den Projekterfolg ist nicht nur die zeitliche, sondern auch die inhaltliche Dimension, die sich in den Betrachtungs-Ebenen eines Projektes widerspiegelt.

## 4.1 Die Betrachtungs-Ebenen

Erst einmal im Projekt aktiv, verliert sich oft schnell der Blick für die wesentliche Aufgabe, die einer Funktion zugeschrieben wurde. Dabei unterscheiden sich die Sichtweisen der Beteiligten ganz enorm; während der Entwickler bemüht ist, das beste Ergebnis für sein Produkt zu erzielen, ist der Projektsteuerer nicht an Produktdetails interessiert, sondern nur, ob die Kosten und Termine eingehalten werden und wann die Informationen für den nächsten Statusbericht vorliegen. In dieser Betrachtungs-Ebene ergänzen sich also einerseits die einleitende Sichtweise der zeitlichen Abschnitte im Projekt sowie andererseits der Fokus der Handlungen.

Abgeleitet aus dem zuvor beschriebenen Beispiel lässt sich verdeutlichen, dass bei der **Ergebnisorientierung** im Projekt grundsätzlich nach folgenden Betrachtungs-Ebenen unterschieden wird (vgl. PATZAK & RATTAY, 2004):

| Die **Objekt-Ebene**,
    z. B. die Entwicklung und/oder Erstellung eines Produktes, die Optimierung eines Prozesses oder die inhaltliche Planung einer Veranstaltung
| Die **Handlungs-Ebene**,
    also die reine Abwicklung des Projektes, die sich jedoch noch einmal differenziert in:
    • Methodische Ebene: Kosten, Zeit, Leistung, Risiken, Änderungen, Dokumentation ...
    • Soziale Ebene: (Stakeholder-) Kommunikation, Führung, Konfliktmanagement, Motivation ...

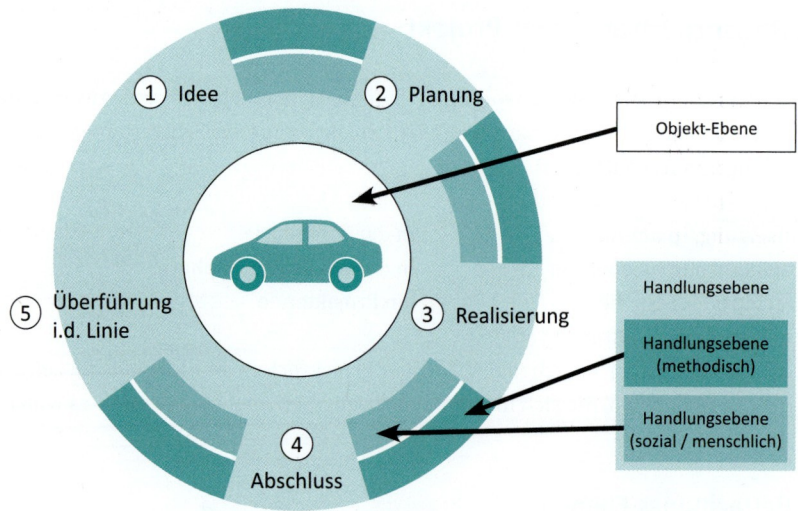

Abbildung 2.08-3: Betrachtungs-Ebenen im Projekt

Ergebnisorientierung im Projekt hat verschiedene Ebenen, die wiederum jede für sich maßgebliche Auswirkung auf den Projekterfolg haben. Es ist die Herausforderung des Projektleiters, diese Kräfte zu bündeln und im Projekt erfolgreich umzusetzen.

Dabei liegt die Verantwortung des Projektleiters speziell in der Handlungsebene, um den Erfolg zu managen. Er muss sein Team dazu anspornen und ggf. auch qualifizieren, die Grundprinzipien der Projektarbeit zu beherrschen. Dazu gehören neben dem methodischen Wissen auch eine gewisse Disziplin und Struktur, die sich in gutem Zeit- und Selbstmanagement wieder finden.

## 4.2 Grundlage jedes Projekterfolgs ist das Zeit- und Selbstmanagement

Im Projektmanagement wird sowohl von der „echten" Projektarbeit gesprochen, als auch von projektorientiertem Arbeiten. Beiden Aufgabenfeldern oder Arbeitsweisen liegt zugrunde, dass die Person/ Personen eine gewisse Art zu arbeiten haben:

- zielorientiert und priorisiert
- effektiv und effizient
- zeit- und ressourcenbewusst
- selbstkritisch
- nach ständiger Verbesserung suchend

Diese Eigenschaften zeigen auf, dass „projekt-haftes" Arbeiten von Struktur, Disziplin und Zielstrebigkeit geprägt ist und somit eine klare Ergebnisorientierung aufweist.

Für die Ergebnisorientierung in Projekten bedeutet dies, dass diese Grundanforderungen erfüllt sein müssen, um überhaupt mit Strukturen und Methoden des Projektmanagements arbeiten zu können. Ohne diese Eigenstruktur und Selbstreflektion ist eine sinnvolle und erfolgreiche Projektarbeit nicht möglich.

## 4.3 Der Planungs-Zyklus

Ein starker Einfluss auf die Ergebnisorientierung liegt in der Planungsphase, also dem Fundament des Projektes. Hier werden die zuvor beschriebenen Eigenschaften gefordert; und genau hier greift auch die Erfahrung des Projektleiters, da der Drang zum Verzicht auf Methoden in der Praxis wesentlich größer ist als die Versuchung, zu viele Methoden einzusetzen.

Der Profi zeigt sich in der richtigen Dosierung gemäß dem Grundsatz: „So wenig Methode wie möglich".

Ein Blick auf den Planungs-Zyklus eines Projektes verdeutlicht die Vielfältigkeit der Methoden und Tools, die den Weg zum Projekterfolg ebnen:

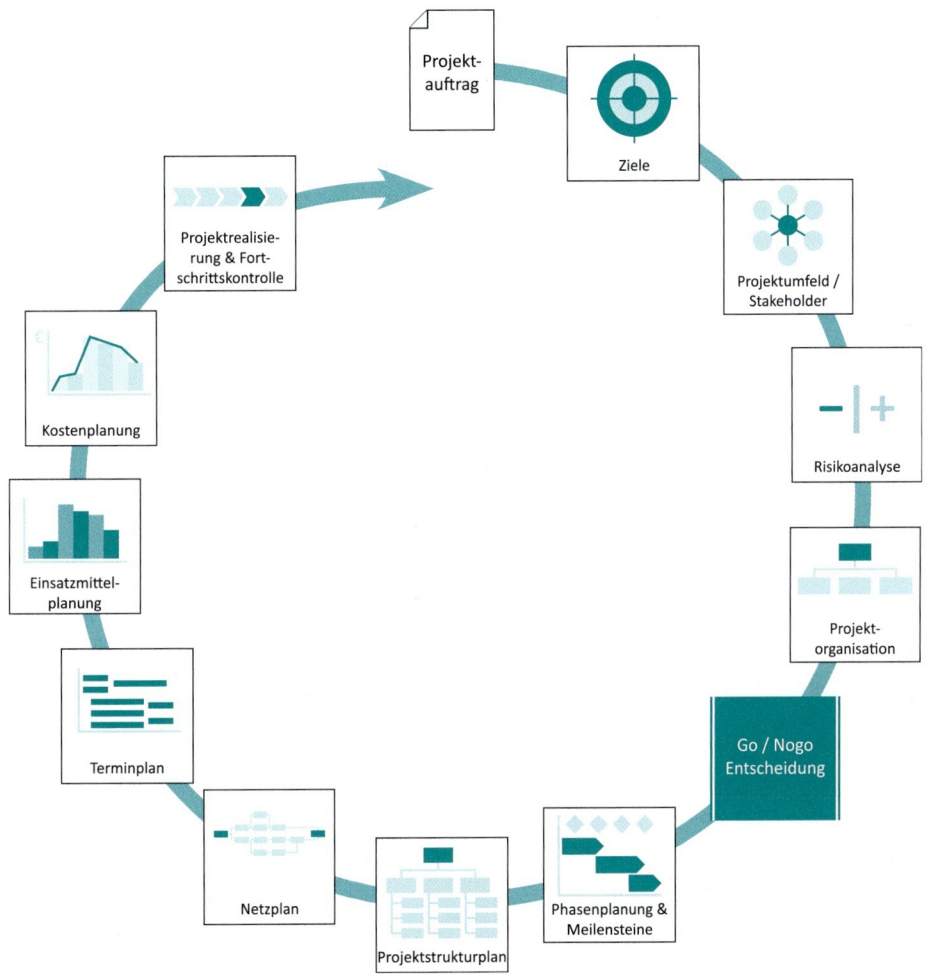

Abbildung 2.08-4: Projekt-Planungs-Zyklus

## 4.4 Die Team-Ebene

Ergänzend zur methodischen Dosierung lenkt die NCB (Version 3.0, Deutsch, 30.06.2007) den Fokus der Ergebnisorientierung sehr stark auf die Team-Ebene, denn hier bedeutet **Ergebnisorientierung**

*„...die Aufmerksamkeit des Teams auf Schlüsselziele zu lenken, um ein für alle beteiligten interessierten Parteien optimales Ergebnis zu erzielen. Der Projektmanager muss sicherstellen, dass die Projektergebnisse alle maßgeblichen Interessierten Parteien zufrieden stellen. Das trifft auch auf alle im Verlauf des Projekts vereinbarten Änderungen zu. Während er seine Aufmerksamkeit den Ergebnissen zuwendet, muss der*

*Projektmanager dennoch wachsam gegenüber ethischen, gesetzlichen oder Umweltanforderungen sein, die das Projekt beeinflussen können, und darauf reagieren.*

*Ergebnisse können in Projektergebnisse, Kundenergebnisse, Mitarbeiterergebnisse und auf andere betroffene Interessierte Parteien bezogene Ergebnisse unterteilt werden. Auf diese Weise können die von verschiedenen Interessierten Parteien geforderten unterschiedlichen Ergebnisse schon bei Projektstart festgelegt werden. Der Projektmanager muss diese Ergebnisse so organisieren, dass er zufrieden stellende Lösungen liefern kann.*

*Diese PM-Kompetenz ist eng mit dem Projekterfolg verbunden. Der Projektmanager wird nicht dafür bezahlt, dass er hart arbeitet, auch nicht für die Pläne oder Berichte, die er erstellt, oder für die Tatsache, dass alle hart arbeiten. Er wird für die Erzielung der Projektergebnisse bezahlt. Zur Erzielung der von den maßgeblichen Interessierten Parteien geforderten Ergebnisse muss der Projektmanager herausfinden, was die verschiedenen am Projekt beteiligten Parteien für sich selbst aus diesem Projekt herausholen wollen. Der Projektmanager muss den Einsatz und die Entwicklung der Teammitglieder leiten und dabei ihre Erwartungen mitberücksichtigen."*

### 4.5 Der Projektleiter

Diese zuvor dargestellten unterschiedlichen Sichten, zum einen aus der prozessualen und methodischen Sicht sowie zum anderen aus der sozialen Sicht, müssen in der Realisierung mit einer klaren Verantwortung belegt werden, da sich daraus ständig Aktionen und Reaktionen ableiten.

Für die Projektabwicklung bedeutet dieses, dass der Projektleiter sich dieser Aufgabe widmen muss. Es liegt in seiner Verantwortung, all diese Anforderungen und Herausforderungen in die tägliche Arbeit zu integrieren und entsprechende Maßnahmen einzusteuern.

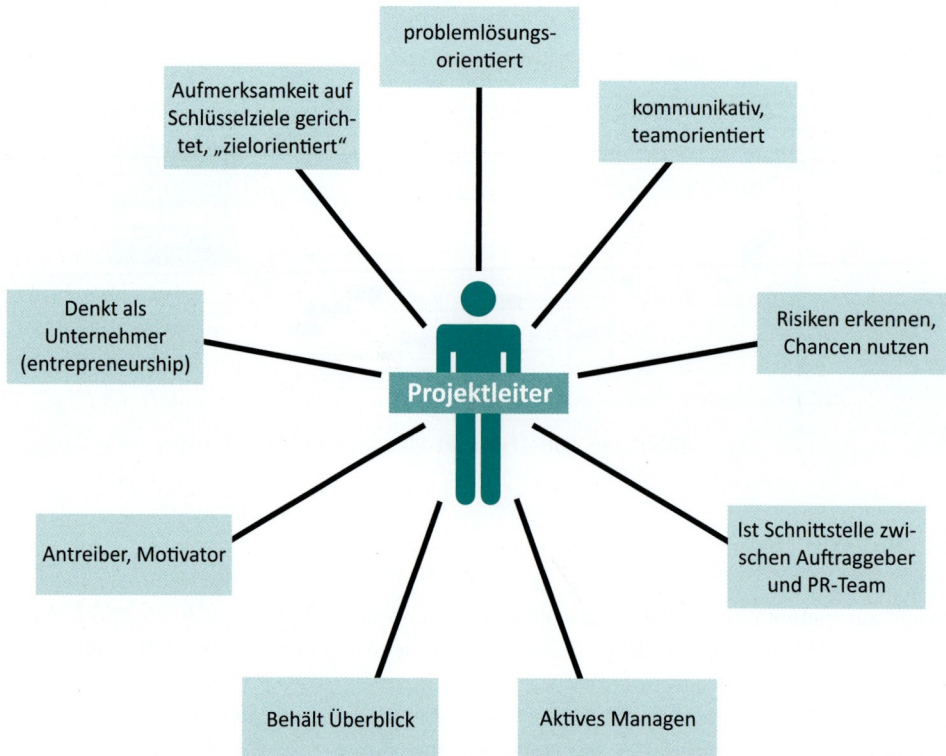

Abbildung 2.08-5: Anforderungen an den Projektleiter

Allein aus dieser Darstellung, die das Gesamtspektrum nur auszugsweise darstellen kann, wird schnell ersichtlich, dass der Projektleiter als Schnittstellen-Funktion zwischen Team und Auftraggeber die größte Herausforderung im Führen, Managen, Kommunizieren und Koordinieren hat.

**Tipp** Und genau hier zeigt sich in der Praxis oft der fatale Fehler, dass Projektleiter zu stark in operative Aufgaben hineingezogen werden und dadurch die Sicht auf das Ganze verlieren, wodurch die Ergebnisorientierung zu einem Zufallsprodukt wird!

## 5 Ergebnisorientierung in der Praxis

### 5.1 Beispiele möglicher Ansatzpunkte zur Ergebnisorientierung

Tabelle 2.08-1: „Auszug Ansätze zur EO im Projekt"

| z. B. in der Planung bei …: | z. B. in der Realisierung bei …: | z. B. beim Abschluss bei …: |
|---|---|---|
| der Auftragsklärung | der Team-Führung (Führungsstil) | der Auflösung des Teams |
| der Team-Zusammenstellung | der Fortschritts-Messung | der Erfolgsmessung |
| der Priorisierung des Projektes seitens der Geschäftsleitung | der Kommunikation und Berichterstattung mit dem Kunden | der sauberen Übergabe des Projektes an den Kunden |
| der Abstimmung zwischen Projektleiter und Lenkungsausschuss | der Abstimmung zwischen Projektleiter und Lenkungsausschuss | dem Abschluss-Workshop mit dem Team/dem Auftraggeber |
| der Auswahl der Lieferanten | der Steuerung der Lieferanten | der Lieferanten-Auswertung |
| der Einstimmung/Motivation des Teams auf das Projekt | der Motivation und Begeisterung des Teams für das Projekt | der Dokumentation der lessons learned sowie dem feierlichen Abschluss |
| der Zieldefinition | dem Ziel-Tracking statt target-running | dem Abschlussbericht |
| der Umfeld- und Stakeholder-Analyse | der aktiven Umfeld- und Stakeholder-Steuerung | der Übereinkunft mit dem Umfeld/den Stakeholdern |
| der Risikoanalyse | dem Risiko-Management | der Auslösung der Ressourcen |
| der Definition des kritischen Pfades | der Steuerung des kritischen Pfades | … |

Hieraus lässt sich die folgende Frage ableiten: Zu welchem Zeitpunkt muss ich welche Maßnahme ergreifen, um mein Projekt zum Erfolg zu führen bzw., gibt es denn eine entscheidende Phase im Projektverlauf, die über den Erfolg entscheidet?

1. Ist es der Prozess des Projekt-Starts, so wie es Gero LOMNITZ formuliert: „Sage mir, wie Dein Projekt beginnt und ich sage Dir, wie es endet" (LOMNITZ, 1994: 72)
2. Oder ist es der Steuerungsprozess, oftmals als Ansatz der Praktiker verstanden: „Lass uns nicht zu viel planen, sondern schnell loslegen, der Kunde will Ergebnisse sehen – und zu viel Planung kostet nur Geld."
   Wie sagte Helmuth Karl Bernhard Graf von Moltke (1800-1891) so treffend: „Kein Plan überlebt die erste Feindberührung", denn keiner weiß, wie der Feind reagiert! Quelle: unbekannt, freie Überlieferung
3. Oder ist es doch eher der Ansatz der Psychologen: „Der erste Eindruck prägt, der letzte Eindruck bleibt"? Quelle: unbekannt, freie Überlieferung
   Das bedeutet für die Projektarbeit, wir können schlecht starten, mäßig steuern, entscheidend ist, dass wir zum Schluss dem Kunden nur das Beste bieten.

Die Praxis hat gezeigt, dass keiner dieser Herangehensweisen vernachlässigt werden darf, um im Sinne aller zum Erfolg zu gelangen. Und genau diese Kunst, die Schwerpunkte individuell so zu dosieren, dass mit minimalem Einsatz das optimale Ergebnis erzielt wird, ist der pragmatische Ansatz der „**Ergebnisorientierung**".

## 5.2 Leitfaden zur Realisierung der Ergebnisorientierung

1. Was ist es?
   … das Ziel, dass alle wesentlich Beteiligten, vor allem aber der Kunde, mit dem Ablauf und dem Ergebnis des Projektes zufrieden sind.
2. Wer macht es?
   … in erster Linie verantwortlich ist der Projektleiter. Jedoch muss er sein Team an diesem Prozess aktiv beteiligen, da die Teamleistung auf den Kunden wirkt und somit entscheidend ist.
3. Wann ist es zu tun?
   … es ist der ständige Prozess, er startet bei der Projekt-Idee, wird extrem wichtig im Rahmen der Projektplanung und ist über den gesamten Projektverlauf aktiv zu gestalten.
4. Wie oft ist es zu tun?
   … einen Moment oder konkreten Zeitpunkt gibt es nicht, es ist ein iterativer Prozess, dessen Aktivitäten vom Projektleiter individuell definiert werden müssen.
5. Worauf ist zu achten?
   … es allen recht zu machen, ist in der Praxis nicht möglich. Ohne eine entsprechende Priorisierung der Projekte, der Stakeholder und der definierten Maßnahmen würde sich dieses strategische Vorgehen in einen „Maßnahmen-Salat" verwandeln.

## 5.3 Beispiel aus der Praxis

Ein Automobilhersteller hat Anfang 2007 ein neues Modell in den Markt eingeführt. Ziel des Projektes war es, das Training der Verkäufer und Techniker für das Fahrzeug durch-zuführen. Das Training bestand aus zwei wesentlichen Komponenten; zum einen die Technik und das Fahrverhalten, zum anderen die Schulung der Verkaufs-Philosophie. Dafür mussten im Rahmen des Trainings zwei Module durchgeführt werden, das Fahrtraining sowie das Verhaltenstraining.

Portugal wurde als Veranstaltungsort ausgewählt, dort musste ein Hotel für 11.000 Personen gefunden werden. Die Teilnehmer verweilten für 2 Tage in Gruppen a ca. 30-40 Personen im Hotel, die Gäste kamen aus aller Welt. Zudem wurde eine taugliche Rennstrecke für die Testfahrten benötigt.

Das Projekt hatte eine Vorlaufzeit von 9 Monaten. Wie sah hier nun die Ergebnisorientierung aus?

1. Zur Erreichung des optimalen Projekt-Ergebnisses wurden die internen Führungskräfte, die Ländervertreter sowie eine Pilotgruppe aktiv mit eingebunden. Im ersten Schritt wurden deren Erwartungen persönlich abgefragt, im weiteren Verlauf fand eine regelmäßige Kommunikation statt.
2. Im Wesentlichen verantwortlich war der Projektleiter; im Rahmen des Projektstart-Workshops wurde dieser Aspekt jedoch mit dem Team gemeinsam erarbeitet und definiert, sodass die Kommunikation in die operative Breite von den Teil-Projektleitern übernommen wurde, der Projektleiter die Informationen sammelte und aggregierte und dann an den Lenkungsausschuss, den Auftraggeber sowie wichtige Stakeholder kommunizierte.
3. Vor dem offiziellen Projektstart verfolgte der Projektleiter eine enge Abstimmung mit dem Auftraggeber. Nach Projektstart und Aktivierung des Teams erfolgte eine regelmäßige Kommunikation in die Länder und die Gremienlandschaft.
Zudem waren in der Kalkulation und Planung regelmäßige Vor-Ort-Besuche in Portugal eingeplant, da das Projekt von Deutschland aus geplant wurde.
4. Die Häufigkeit und Art der Kommunikation wurden von der Projektphase abhängig gemacht. Ab ca. 3 Monate vor dem offiziellen Start des Projektes fanden z. B. jede Woche eine Rücksprache mit dem Kunden (Auftraggeber) statt sowie alle zwei Wochen ein Statusmeeting mit den Ländervertretern.
5. Worauf wurde in diesem Projekt besonders Wert gelegt:

Tabelle 2.08-2: Praxis-Beispiel Ergebnisorientierung

| Nr. | Kriterium | Anmerkung/Erfahrung |
|---|---|---|
| 1 | Zu Beginn des Projektes definierte das Team 5 Erfolgsfaktoren: | |
| | 1. die Rennstrecke | Sie wurde erst neu gebaut und erstmals für dieses Projekt in Betrieb genommen. Nach etwa der halben Projektlaufzeit wurde bei einem Vor-Ort-Besuch ermittelt, dass der Ist-Fortschritt weit hinter dem Plan liegt. Als Maßnahme wurde ein „eigener" Bau-Ingenieur zur Steuerung vor Ort positioniert. |
| | 2. das Verkaufstraining | Bei diesen Punkten lief fast alles nach Plan, sodass keine besonderen Maßnahmen ergriffen werden mussten. |
| | 3. ein komfortables, verkehrsgünstig gelegenes Hotel | |
| | 4. die neuen Fahrzeuge | |
| | 5. und ein abrundendes, entspannendes Rahmenprogramm | |
| 2 | Aufgrund der strategischen Relevanz des Projektes wurden keine neuen Lieferanten „ausprobiert" | Mit dieser Vereinbarung konnte durchgesetzt werden, dass die Event-Agentur des Vorprojektes den Zuschlag erhielt, obwohl das Management einen anderen Lieferanten präferierte. |

| Nr. | Kriterium | Anmerkung/Erfahrung |
|---|---|---|
| 3 | Verwertung der „lessons learned" aus ähnlichen Projekten | Vor Beginn dieses Projektes wurde in der Abteilung ein Review über ähnliche Projekte durchgeführt. Daraus resultierte eine umfangreiche Checkliste mit entsprechenden Tipps und Flops. |
| 4 | Enge Abstimmung mit den Stakeholdern, die entsprechendes Machtpotenzial und aktives Interesse an dem Projekt hatten | „political engineering" wurde professionell vom Projektleiter betrieben und hatte einen wesentlichen Anteil am Erfolg. |
| 5 | Klares Änderungsmanagement mit situativer Eskalation in den Lenkungsausschuss sowie freeze-point 3 Monate vor Veranstaltungsbeginn | Im Projektverlauf schwankte die Trainingsdauer zwischen 1,5 und 2 Tagen. Aufgrund der enormen Auswirkungen auf die Gestaltung und Abwicklung konnte 3 Monate vor der Veranstaltung im Rahmen einer Eskalation eine Entscheidung erzwungen werden. |
| 6 | Eruierung und Priorisierung der Erwartungen im Rahmen der Projektaufsetzung | Die Erwartungen wurden systematisch ermittelt und priorisiert, angefangen beim Projekt-Kernteam, dem erweiterten Team, dem direkten internen Umfeld und dem Auftraggeber bis hin zum direkten externen Umfeld. |
| 7 | Definition von „Nicht-Zielen" | Im Rahmen der Auftragsklärung wurden auch Inhalte definiert, die nicht Bestandteil des Projektes sein sollten, wie z. B. Web-Based-Training für die Teilnehmer der Veranstaltung … |

## 5.4 Quer-Check Ergebnisorientierung

Folgende Schritte dienen als Quer-Check zur optimalen Projektabwicklung und damit als Leitfaden für die Ergebnisorientierung:

1. Adäquate Projektplanung nach den Grundsätzen:
   - so wenig Methode wie möglich
   - Planung definiert die Leitplanken, aber nicht die Fahrt
   - dynamische Planung muss ständig angepasst werden, deshalb die Detailplanung für den nächsten „greifbaren" Abschnitt
2. Beteiligung des Teams an der Planung, da ohne Identifikation des Einzelnen mit dem Projektergebnis erhöhter Steuerungs- und Kontrollaufwand besteht
3. Frühzeitige Zielklärung mit den Beteiligten
4. Definition von „Nicht-Zielen", um falsche Erwartungen frühzeitig klären zu können
5. Definition der Erfolgsfaktoren, um einen klaren, zielgerichteten Rahmen zur Abwicklung des Projekts für alle Beteiligten zu haben
6. Dokumentation der Vereinbarungen, um Interpretationen vorzubeugen
7. Enge und zeitnahe Kommunikation mit allen (wesentlichen) Projektbeteiligten
8. Regelmäßige Überprüfung von Zielen, Umfeld- und Stakeholdern sowie der Risiken als iterativen Prozess
9. Mindestens phasenorientierte Überprüfung und Anpassung der Rahmenparameter
10. Änderungsmanagement etablieren und pflegen
11. Erfahrungen für Folgeprojekte auswerten (lessons learned)
12. Handeln nach dem Grundsatz „ein Projektleiter ist Unternehmer auf Zeit", somit zählen das Ergebnis, nicht der gute Wille oder das Engagement

# 6 Zusammenfassung

In der Einleitung wird das Grundlagen-Wissen skizziert. Es werden die Begriffe erläutert und der Zusammenhang zwischen Ergebnisorientierung und Projektmanagement sowie dem Projekt dargestellt. Aus der Projektsicht werden die wesentlichen Aspekte besprochen; die Ebenen im Projekt, der Planungszyklus, das Team und der Projektleiter.

Beispiele aus der Praxis sollen das Thema greifbarer und für den eigenen Bedarf adaptierbar machen. Ein Leitfaden zur Realisierung, kombiniert mit einem Praxis-Beispiel, zeigt noch einmal verschiedene Aspekte und Herausforderungen auf und rundet das Kapitel des Basis-Wissens ab. Eine Zusammenfassung stellt noch einmal die wichtigsten Aspekte dar.

**Ergebnisorientierung** liegt in der Verantwortung des Projektleiters und des Teams, es ist eine „Bringschuld" und beinhaltet folgende Aspekte:

- Berücksichtigung aller interessierten Parteien
- Festlegung der Ziele mit regelmäßiger Überprüfung/Anpassung
- Zielgruppenorientierte Priorisierung der Ergebnisse
- Steuerung/Integration aller relevanten Umfeldeinflüsse (Gesetze, Technik, Ethik …)
- Integration der Änderungen
- und im Sinne des modernen Projektmanagements gilt:
  das Ergebnis ist der Maßstab, nicht der Weg dahin

**Ergebnisorientierung** hat analog zur Zieldefinition folgende Funktionen:

- Orientierung als „Leitplanken" zur optimalen Zielerreichung
- Kontrollfunktion zur Feststellung von Abweichungen im Vergleich zur ursprünglichen Planung
- Motivation zur Steigerung der Team-Performance

Ein deutscher Automobilhersteller hat diesen Ansatz in seiner Führungsphilosophie verankert, in dem gilt: „Gutes Geld für gute Arbeit" und nicht, „gute Arbeit für gutes Geld"!

# 7 Fragen zur Wiederholung

| 1 | Was bedeutet Ergebnisorientierung im Projekt/was im Unternehmen? | ☐ |
| 2 | In welchen Phasen des Projektes müssen Aktivitäten zur Ergebnisorientierung durchgeführt werden? | ☐ |
| 3 | Welche Maßnahmen unterstützen/sichern die Ergebnisorientierung? | ☐ |
| 4 | Welche Betrachtungs-Ebenen im Projekt werden unterschieden? | ☐ |
| 5 | Welche Rolle hat der Projektleiter bei der Ergebnisorientierung? | ☐ |
| 6 | Welche Rolle hat das Projektteam bei der Ergebnisorientierung? | ☐ |
| 7 | Können externe und/oder interne Auftraggeber Einfluss auf die Ergebnisorientierung nehmen? | ☐ |
| 8 | Welche Funktionen lassen sich der Ergebnisorientierung zuschreiben? | ☐ |

# 2.09 Effizienz (Efficiency)

Martina Albrecht, Claus-Peter Hoffer

## Kontext und Bedeutung

Im Mittelpunkt dieses Kapitels steht die Frage nach Möglichkeiten und Grenzen sowie nach dem Vorgehen zur Steigerung der Effizienz speziell in Projekten.

Thematische Hauptbeziehungen bestehen zu den ICB-Elementen:

- 1.06   Projektorganisation
- 1.10   Leistungsumfang und Lieferobjekte
- 1.11   Projektphasen, Ablauf und Termine
- 1.13   Kosten und Finanzmittel
- 1.18   Kommunikation
- 2.08   Ergebnisorientierung
- 2.10   Beratung
- 2.11   Verhandlungen
- 3.06   Geschäft
- 3.07   Systeme, Produkte und Technologie

## Lernziele

Sie kennen

- die Begriffe „Effizienz/Wirksamkeit" und „Effektivität/Wirkung"
- vier verschiedene Ansätze zur Erfassung der Effizienz von Organisationen
- drei Ebenen von Potenzialträgern für Effizienz in Projekten
- Effizienzblocker und -förderer in der Projektarbeit

Sie können

- Potenzialträger für Effizienz und ihre jeweiligen Aufgaben in Projekten benennen
- Effizienzblocker und -förderer benennen

# Inhalt

| | | |
|---|---|---|
| 1 | Effizienz als Personal- und Sozialkompetenz | 925 |
| 2 | Effizienz und Effektivität | 926 |
| 3 | Zugänge für das Verständnis von Effizienz | 927 |
| 4 | Potenzialträger für Effizienz | 929 |
| 5 | Effiziente Kommunikation zwischen den Potenzialträgern | 929 |
| 6 | Effizienz als Aufgabe der Projektleitung | 932 |
| 7 | Effizienzblocker und -förderer | 933 |
| 8 | Organisieren von Effizienz | 934 |
| 9 | Perspektiven | 935 |
| 10 | Zusammenfassung | 936 |
| 11 | Fragen zur Wiederholung | 936 |

# 1 Effizienz als Personal- und Sozialkompetenz

Unternehmen sehen sich einer komplizierten Fülle von gleichzeitig zu bewältigenden Herausforderungen konfrontiert und wickeln diese zunehmend in Form von Projekten ab. Projekte als eine Form der Arbeitsteilung in Unternehmen sind gekennzeichnet durch spezifische Prinzipien und Gesetzlichkeiten, die sich nicht ohne weiteres auf andere Bereiche übertragen lassen. Das macht sie zu Systemen mit eigenständigen Merkmalen.

Die Systemtheorie sieht „Effizienz" als Eigenschaft von beliebigen Systemen an, somit auch von sozialen Systemen. Der Begriff „soziales System" erfasst analytisch das zwischenmenschliche Handeln innerhalb eines bestimmten Rahmens sozialer Verhaltens- und Orientierungsmuster. Kennzeichen sind die wechselseitige Abhängigkeit aller Elemente (Personen, Institutionen) und eine auf Dauer angelegte Struktur und Kontinuität in den Beziehungen dieser Elemente. Das umfassendste soziale System ist die Gesellschaft, Teilsysteme sind z. B. das politische System und das Wirtschaftssystem. Soziale Systeme verwenden ihre eigenen Codes und erzeugen ihre eigene Realität. Nach Ansicht des Soziologen Luhmann entstehen soziale Systeme vor allem durch Kommunikation. Darauf basierend, findet innerhalb sozialer Systeme eine Ausdifferenzierung bzw. Spezialisierung von Teilsystemen statt. Die Aufteilung von Aufgaben unter verschiedenen Teilsystemen reduziert die Komplexität und kann so – wie jede Arbeitsteilung – zu einem gewissen Grad die Effizienz von Systemen steigern.

Im Verständnis der ICB3 wird „Effizienz" unter dem Blickwinkel von „Sozialen und personalen Kompetenzen" betrachtet und damit in Zusammenhang gestellt mit den Themen:

- Führung
- Engagement und Motivation
- Selbststeuerung
- Durchsetzungsvermögen
- Entspannung und Stressbewältigung
- Offenheit
- Kreativität
- Ergebnisorientierung
- Beratung
- Verhandlungen
- Konflikte und Krisen
- Verlässlichkeit
- Wertschätzung
- Ethik

Es bleibt allerdings zu berücksichtigen, dass viele Projekte nicht nur pure Soziale Systeme sind (reine Organisationsprojekte), sondern eher als „Sozio-technische Systeme" zu bezeichnen wären, da Handlungsbeziehungen von Menschen zu technischen Teilsystemen prägend auf die Projekte wirken.

## 2 Effizienz und Effektivität

Werden Aufgaben in Projektform realisiert, führt dies zu klar formulierten Problemstellungen. Es findet eine systemische Ausdifferenzierung innerhalb des Unternehmens statt. Nach diesem ersten Schritt, die Komplexität von Herausforderungen zu reduzieren, lassen sich auch die Mittel und Wege zu deren Bewältigung perfektionieren.

Zentrale Maße für die Bewertung der Leistungserbringung sind die Begriffe Effizienz und Effektivität, umgangssprachlich meist nicht unterschieden, sondern austauschbar verwendet. Auch wird einerseits „effektiv" im Sinne von „hat Wirkung" verwendet, wenn man eine Methode bzw. Mittel einsetzt, das zum Ergebnis bzw. Ziel führen kann. Andererseits bezieht „effizient" (als „wirksam") noch das Verhältnis von Nutzen zu Aufwand in die Bewertung mit ein. Ferner finden sich Interpretationen, wie: Effektiv = physisch-technische Wirkung; effizient = ökonomische, wirtschaftliche Wirkung.

> **§ Definition** Effizienz: basierend auf dem lateinischen Zeitwort efficere (hervorbringen, wirken) bedeutet efficientia die positiv bewertete Art und Weise des Hervorbringens – die Wirksamkeit.

Dem steht der verwandte folgende Begriff gegenüber:

> **§ Definition** Effektivität basiert auf der Perfekt-Form von facere, somit auf dem Wort factus, und bedeutet den Grad der Zielerreichung einer Handlung, den Effekt – die Wirkung.

Pragmatisch, in reduzierter Form, kann damit ausgeschrieben werden:

    Effizienz = output/input, der Wirkungsgrad
    Effektivität = IST-output/SOLL-output, Zielerreichungsgrad.

Da es sich im Projektmanagement um soziale Systeme handelt, steht im Folgenden die Effizienz von Organisationen im Zentrum der Betrachtungen, was eine wesentlich komplexere Behandlung des Begriffes erfordert. Vor allem in Managementzusammenhängen wird zwischen Effizienz und Effektivität unterschieden. Die DIN EN ISO 9000:2000 definiert Effizienz als das „Verhältnis zwischen dem erzielten Ergebnis und den eingesetzten Mitteln", wobei hier wohl meist monetär bewertete Messgrößen eingehen.

Die Begriffe und das Verständnis ihrer wesentlichen Bedeutung für Entscheidungsträger sozialer Systeme wurde in den 50/60-iger Jahren vom amerikanischen Management-Autor Peter F. DRUCKER geprägt. Seinen Arbeiten entstammt die eingängige Formulierung, wonach Effektivität bedeutet, „die richtigen Dinge zu tun", während Effizienz heißt, „die Dinge richtig" zu tun. In diesem Sinne ist also Effizienz das optimale Handeln im Sinne von „geschickt bewegen", also mit möglichst geringem Aufwand eine möglichst große Wirkung erzielen will. Im technischen Sinne wird Effizienz in erster Linie als Wirkungsgrad verwendet und als Verhältnis von abgegebener zu aufgenommener Leistung eines Systems verstanden. Effektivität ist dagegen das mittel- bis langfristig orientierte Entscheiden im Sinne von „strategisch wertvoll" agieren, um vorgegebene oder vereinbarte Ziele zu erreichen.

Innerhalb des Projektmanagements ordnet man - auch im Sinne einer Aufgabenteilung zwischen Teilsystemen - die Effektivität dem strategischen Projektmanagement bzw. dem Projektportfoliomanagement zu, die Effizienz vor allem der Projektsteuerung.

Auf das Projektmanagement angewandt, führt der Begriff Effizienz allerdings nicht zu einer eindeutigen Größe. Als mögliche Kennzahlen für die Effizienz eines Projekts werden z. B. der Schedule Performance Index (SPI), der Cost Performance Index (CPI)/Return on Invest (ROI) hinzu gezogen. Darüber hinaus muss die Qualität der Projektergebnisse/Liefergegenstände gemessen werden.

Die Lösung dieser Begriffsvielfalt aus Effizienz/Wirksamkeit und Effektivität/Wirkung könnte darin liegen, zunächst zu unterscheiden, für welches der Teilsysteme eine Eigenschaft/Fähigkeit zu messen und zu beschreiben ist. Zudem gilt es eine Messbarkeit des Ergebnisses zu ermöglichen und sinnvolle Messgrößen zu definieren. Balanced Scorecard, Project Scorecard oder Benchmarking/Best practice (Projektvergleichstechnik) sind Ansätze, die richtigen Messgrößen zu finden. Es gilt also nicht nur das Richtige richtig zu tun, sondern auch noch, das Richtige richtig zu messen.

> **§ Definition** Im Sinne der ICB3 bzw. NCB3 ist Effizienz „die Fähigkeit, Zeit und Ressourcen kostengünstig zu nutzen, um die vereinbarten Deliverables (Projektergebnisse) zu liefern und die Erwartungen der betroffenen interessierten Parteien zu erfüllen. Dazu gehört auch die möglichst effiziente Nutzung von Methoden, Systemen und Verfahren. Effizienz ist damit eine grundlegende Komponente von Projektmanagement, zumindest im Hinblick auf wesentliche Projektaufgaben."

Diese ausdrückliche Einbeziehung sowohl von Projektergebnissen im Sinne von „Liefergegenständen" als auch von Prozessqualität in die Effizienzbetrachtungen entspricht dem Verständnis von Projektmanagement-Qualität im Sinne des Project Excellence Modells, abgeleitet aus dem EFQM-Modell der European Foundation for Quality Management (vgl. Element 1.05 Qualität).

## 3 Zugänge für das Verständnis von Effizienz

Nach aufsteigender Komplexität sowie der historischen Entwicklung entsprechend, werden vier Ansätze, Effizienz von Organisationen zu erfassen, kurz diskutiert.

### Zielorientierter Ansatz

Effizienz basiert auf den Zielen des wirtschaftlichen Handelns und drückt das Verhältnis von Aufwand zu Ertrag aus. Voraussetzung dafür sind exakt und operational formulierte Organisationsziele (Zielidentifikation). Probleme dabei sind allerdings:

- die Zielformulierung (Operationalisierung)
- die Entscheidungsträger (Macht zur Durchsetzung)
- die Behandlung komplexer Zielehierarchien (Gewichtung)
- die Dynamik der Ziele (Bezugsgrößen-Änderung).

### Systemorientierter Ansatz

Um der erkannten Komplexität des Effizienz-Begriffes Rechnung zu tragen, wird die Organisation sowie die zugehörige Umwelt betrachtet. Effizienz integriert damit die

- Ziele der Organisation
- System-Umwelt-Beziehungen
- Strukturen und Prozesse der Organisation.

### Management-Prozess-Audit-Ansatz

Hier fokussiert man die Betrachtungen auf die Qualität und damit Effizienz der innerorganisatorisch ablaufenden Management-Prozesse, vor allem:

- Entscheidungsprozesse
- Innovationsprozesse
- Reorganisationsprozesse.

Damit wird Effizienz (Effenciency) als Grad der Erfüllung der Organisationsziele definiert und Effektivität (Effectiveness) als Grad der Erfüllung des Organisationszweckes. Neueren Erkenntnissen entsprechend und durchaus konform mit dem Zugang der ICB3 und der dominanten Stellung der Stakeholder, sei folgender Ansatz propagiert:

### Interaktions-Ansatz

Effizienz kann nur definiert und bewertet werden durch ein situatives Aushandeln der Bewertung des organisatorischen Handelns als Interaktionsprozess zwischen den Partnern:

- das Management der Organisation (als Institution)
- die internen und externen übrigen Stakeholder-Gruppen, Interested Parties, die ein nachweisliches Interesse an der Wirkungsweise der Organisation besitzen.

In diesem Sinne wird eine Organisation als effizient angesehen (Bewertungsprozess!), solange diese – aus welchen Gründen auch immer – von den interessierten Parteien akzeptiert wird und mit den Ressourcen versorgt wird. Akzeptanz sichert somit die Zuteilung von Ressourcen (Beiträgen unterschiedlicher Art) und damit den Bestand der Organisation. Damit ergibt sich Effizienz als das von den unterschiedlichen Stakeholdern jeweils unterschiedlich bewertete Verhältnis des angestrebten Outputs zum eingebrachten Input.

Die Abbildung 2.09-1 zeigt exemplarisch die unterschiedlichen Anreize als erwarteter Nutzen (Output) gegenüber den eingebrachten Beiträgen als Ressourcen-input, gegliedert nach den fünf Stakeholder-Kategorien.

| Stakeholder<br>Output/Input | Kapitalgeber, Eigentümer | Mitarbeiter | Kunde | Partner, Lieferanten | Gesellschaft, Staat |
|---|---|---|---|---|---|
| Erwarteter Nutzen als Anreiz (Output) | Verzinsung, Sicherheit | Einkommen, Sicherheit, Zufriedenheit, Ansehen | Produktqualität, Prozessqualität, Prestige | Verkaufserlöse, Sicherheit | Steuereinnahmen, Lebensqualität, Allgemeinwohl |
| Beiträge, Ressourcen als Aufwand (Input) | Kapitalüberlassung | Arbeitskraft, Einsatz, Lebenszeit, emotionale Bindung | Kaufpreis, Weiterempfehlung | Überlassung von Vorleistungen | Infrastruktur, Sicherheit, Gesetze, Regelungen |

Abbildung 2.09-1: Typische Beiträge und Anreize zur Effizienzbewertung je Stakeholder-Kategorie

# 4 Potenzialträger für Effizienz

Effizienz bedeutet, Zeit und Ressourcen kostengünstig zu nutzen, die vereinbarten Projektergebnisse liefern und die Erwartungen der betroffenen Interessierten Parteien erfüllen. Diese effizienten Leistungen werden in Unternehmen auf verschiedenen Ebenen realisiert, welche gleichzeitig die hierarchischen Ebenen in der Projektarbeit eines Unternehmens abbilden.

- Ebene 1 – Geschäftsführung als Auftraggeber für Projekte: Auf dieser Ebene müssen Effizienzbestrebungen darauf ausgerichtet sein, Orientierung für die Projektarbeit im Unternehmen zu schaffen.
- Ebene 2 – Projektleiter als Auftragnehmer in Projekten: Auf dieser Ebene geht es vorrangig darum, wirksame Prozesse im Projekt zu etablieren und zu steuern.
- Ebene 3 – Projektmitarbeiter: Die Aufgabe der Mitarbeiter im Projekt besteht darin, die über die Projektplanung vorgegebenen Projektgegenstände bzw. Arbeitspakete effizient zu realisieren.

In Abhängigkeit von der Zuordnung der handelnden Personen zu einer dieser Ebenen stellen sich damit unterschiedliche Anforderungen an ein effizientes Arbeiten im Projektmanagement. Die Verantwortung der Führungskraft im Projektmanagement besteht u. a. darin, mit effizienter eigener Arbeit (vor allem durch professionelle PM-Methodik) den zugeordneten Mitarbeitern Spielräume für effizientes und effektives Arbeiten zu eröffnen oder vorzuzeichnen. Unter den Bedingungen dynamischer Projektstrukturen ist der jeweilige Effizienzgrad dabei stark abhängig von der Qualität der Rückkopplungsprozesse mit den anderen Beteiligten.

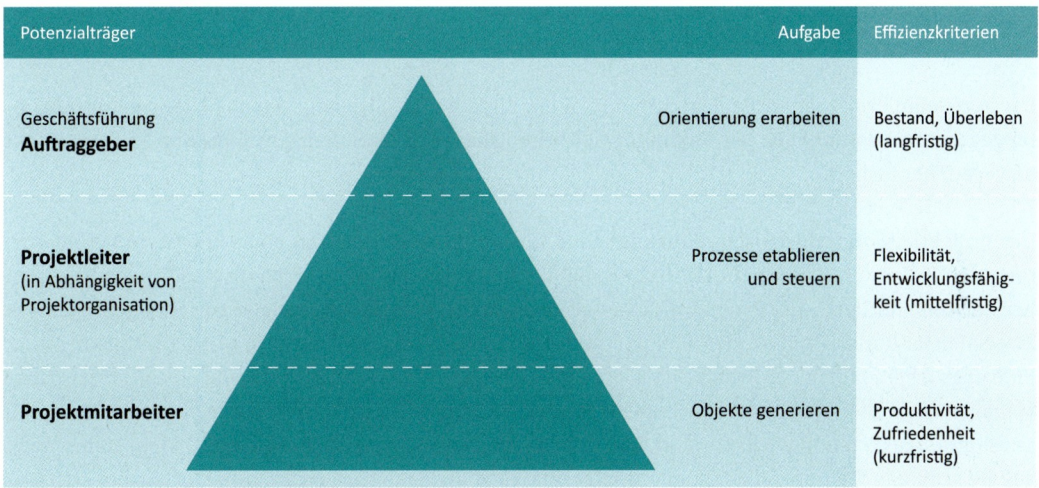

Abbildung 2.09-2: Potenzialträger für Effizienz und jeweiliger Arbeitsgegenstand, Effizienzkriterien

# 5 Effiziente Kommunikation zwischen den Potenzialträgern

### Bereitstellung von Strategien und Ressourcen (Ebene Geschäftsführung)

Die Bereitstellung von Strategien und Ressourcen ist die Kernaufgabe des Auftraggebers im engeren Sinne und der Unternehmensführung im Ganzen. Sie werden dieser Verantwortung gerecht, indem sie strategische Handlungsfelder definieren, sie in abgestimmten Programmen bzw. Projekten abbilden und an Projektleiter sowie Projektteams delegieren (vgl. dazu Element 3.03 Portfolioorientierung). Im strategischen und normativen Management erweist sich Effizienz dieser Potenzialträger vor allem als gelungene Herstellung von Synergien zwischen den einzelnen Geschäftsprozessen und den mit ihrer Umsetzung befassten Organisationseinheiten (Teilsystemen):

- Wirksames Umsetzen von Strategien in abgestimmte Prioritäten der Projektarbeit
- Wirksame Homogenisierung der arbeitsteiligen Strukturen für dieses Priorisieren
- Wirksames Ausrichten der Alltagskultur um Geschäftsprozesse gemäß den strategischen Zielen des Unternehmens abzuwickeln
- Wirksames Management korrektiver und innovativer Impulse aus der Umwelt, des Projektmanagements und der (Projekt)mitarbeiter
- Ein Projektmanagementsystem etablieren und weiterentwickeln – als Schlüsselprozess der Unternehmensinnovation
- Strategien, Ressourcen-Ausstattung und Projektmanagementqualität bestmögliche abstimmen.

Um dieses Bündel an Teilzielen zu erreichen sind beim übergeordneten Management Mechanismen der Kontaktbildung, der Aufnahme effizienzrelevanter Nachrichten und deren Transfers zu etablieren.

Neben der Strategiedefinition selbst entsteht hierbei eine weitere Kernverantwortung: Die Kommunikation der Entwicklungsziele muss „didaktisch" aufbereitet werden. Ferner gilt es, die Programme und Projekte angemessen mit Ressourcen zu unterfüttern, damit sie als qualifizierte Aufträge an die Programm-/Projektleiter übergeben werden können.

### Bereitstellung von Entscheidungs- und Umsetzungsinformationen (Ebene Projektleiter)

Der Projektleiter hat dafür Sorge zu tragen, dass die bereitgestellten Ressourcen durch das Etablieren und Steuern geeigneter Prozesse im jeweiligen Projekt wirksam werden können. Die besondere Herausforderung ergibt sich daraus, dass dies unter beschleunigten Bedingungen, vor dem Hintergrund dynamischer Konzepte und flexibler Strukturen der Projektabwicklung geschehen muss.

Der exzellente Projektleiter ist demnach immer ein Virtuose der Effizienz, der aus knappen Mitteln unter gegebenen Bedingungen ein Maximum an Wirkung bzw. Zielerreichung im Sinne von „sich geschickt bewegen" heraushat.

Der Projektleiter hat durch sein Führungs- und Rückkopplungsverhalten eine exponierte Verantwortung dafür, dass die (einmal unterstellte) Sinnhaftigkeit des Einzelprojektes – vom Topmanagement per Portfolio initiiert – die Projektmitarbeiter kommunikativ erreicht. Inwieweit es ihm gelingt, diese Zweck-Mittel-Rationalität an das Team zu vermitteln, wird entscheidend sein für die Effizienz seiner Führungsarbeit. Indem der Projektleiter operative Projektimpulse aufbereitet und an das strategische Management weiterleitet, informiert er das Management darüber, inwieweit deren strategische Impulse realitätstauglich und wirksam sind. Der Effizienzbegriff reduziert sich für diese Gruppe daher nicht auf die schlanke Gestaltung der zugeordneten Projektmanagementprozesse und -verfahren. Effizienz beinhaltet hier auch deren Durchleitungskompetenz als organisatorisches Bindeglied im Zusammenspiel von unternehmerischer Zentrale und operativer Peripherie der Projektabwicklung. Die Kommunikation über beide Schnittstellen hindurch beinhaltet dadurch sowohl eine Filter- als auch eine Katalyse-Funktion. Mit Filterfunktion ist gemeint, die Rückkopplungen aus der operativen Projekt-ebene, hin zum Topmanagement sinnvoll zu selektieren. Mit Katalysefunktion ist die Effizienz der Weitergabe relevanter Nachrichten und Initiativen des Topmanagements an die mit der Projektabwicklung befassten Mitarbeiter gemeint. Darüber hinaus umfasst diese Funktion noch das proaktive, methodische Suchen nach Signalen aus der Mitarbeiterschaft, welche Hinweise auf projekt- oder strategierelevante Informationen geben. Dazu müssen auch hier Mechanismen der Kontaktbildung etc., wie oben angeführt, eingerichtet werden.

### Realisierung der Liefergegenstände

„Professionell arbeiten" ist schon immer der Anspruch an Könner, die „ihr Handwerk verstehen". Effizienz bedeutet hier vor allem, den des Anspruchs an die eigene Arbeit erfüllen. Darüber hinaus stehen diese Mitarbeiter in der Verantwortung (bei Strafe ihrer mittelfristigen Arbeitsplatzgefährdung), unternehmensrelevante Sachverhalte aus den Projektprozessen und der Umwelt zu bewerten und zu selektieren. Im Interesse der Effizienzförderung sollten sie diese dem strategischen Management – möglichst aktiv – zurück koppeln. Indem die involvierten Mitarbeiter Liefergegenstände im Sinne des Projektauftrags erzeugen, unterziehen sie die bereit gestellten Konzepte, Systeme und Verfahren einem fortlaufenden Realitätstest. Die Effizienz der Arbeit der Projektmitarbeiter wird davon bestimmt, inwieweit sie in der Lage sind, mit den bereitgestellten Ressourcen die vereinbarten Liefergegenstände zu erarbeiten. Darüber hinaus wird sie von ihrer Fähigkeit abhängen, die ebenfalls bereitgestellten Schnittstellen dafür zu nutzen, relevante Informationen über die Fertigstellungsgrade und ihre Erfahrungen im Umgang mit den bereit gestellten Konzepten, Systemen und Verfahren zeitnah und in hoher Qualität an die Projektleitung zu kommunizieren.

Das gute Zusammenspiel dieser drei Effizienzträger des Unternehmens lässt operative Effizienz zu einer neuen Qualität werden: Die Organisation gewinnt die Fähigkeit, die beschleunigten Änderungsanforderungen der Umwelt friktionsarm und marktkonform in neue Strategien und Projektstrukturen umzusetzen. „Lernende Organisation" wäre somit die Bezeichnung der zur Nachhaltigkeit fähigen Projektorganisation, die eingebunden ist in die strategischen Ziele und die kulturellen Rahmenbedingungen des Unternehmens. Sie eröffnet dem Unternehmen – über die reif ausgebildeten (effizienten) Kommunikationsprozesse und Innovationskompetenz – eine anhaltende Überlebens- und Wettbewerbsfähigkeit; d. h. es entsteht eine Gestaltungskompetenz in einer sich wandelnden Umwelt.

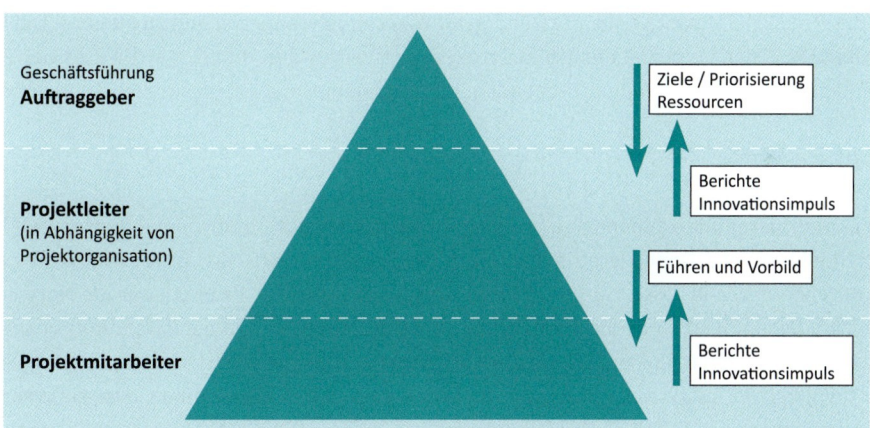

Abbildung 2.09-3: Effiziente Kommunikation zwischen den Potenzialträgern

# 6 Effizienz als Aufgabe der Projektleitung

Projektorganisationen optimieren ihre internen Funktionen nach ihren spezifischen Interessen. Der Projektleiter nimmt seine Führungsaufgaben wahr, indem er alle Anstrengungen zunächst auf das Erreichen der vereinbarten Projektergebnisse ausrichtet. Die Rahmenbedingungen für sein Agieren werden dabei maßgeblich von der Art der jeweiligen Projektorganisation definiert.

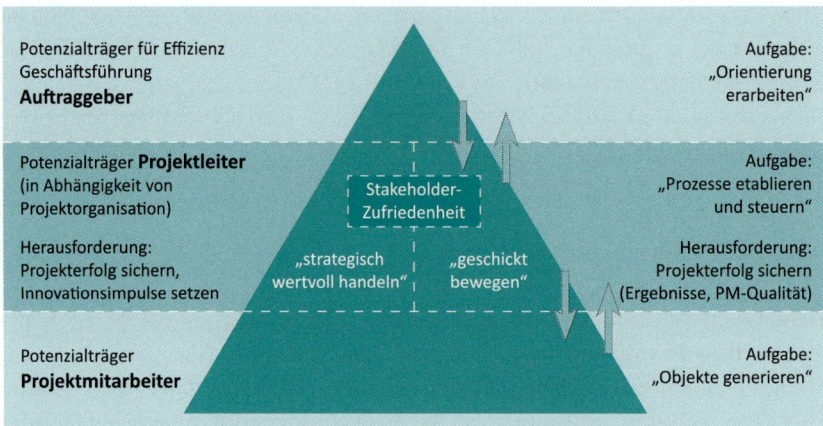

Abbildung 2.09-4: Effizienz als Aufgabe der Projektleitung

**Prozesse etablieren und steuern**

Aufgabe des Projektleiters ist es, die notwendigen Prozesse zu etablieren und zu steuern. Die Effizienz seiner Arbeit lässt sich zunächst danach beurteilen, wieweit es ihm durch „geschicktes bewegen" gelingt, alle dem Projekt zur Verfügung stehenden Ressourcen optimal auf dieses Ziel auszurichten.

**Verhandlungen führen**

Projekte konkurrieren untereinander, aber auch im Verhältnis zur Linie, um die begrenzten Ressourcen eines Unternehmens. Dabei geraten die unterschiedlichen spezifischen Interessen zwangsläufig in Konflikt miteinander. Aus dieser Situation heraus ergibt sich für den Projektleiter die Notwendigkeit, das Projektumfeld laufend zu beobachten, Wissen zu akkumulieren und neue Handlungsstrategien zu entwickeln, vorzuschlagen und zu verhandeln. Diese Verhandlungen werden nur dann erfolgreich sein, wenn die involvierten Teilsysteme ihre internen Prozesse so ausrichten können, dass sie einen Beitrag für die Verbesserung der Effizienz des Gesamtsystems liefern. Ohne solche Innovationsimpulse wird der Projektleiter mittelfristig sich schwer tun, die Interessen seines Projektes berücksichtigt zu finden und er wird dementsprechend negative Auswirkungen auf die weitere Entwicklung dieses Projektes hinnehmen müssen.

Das Verhandlungssystem (vgl. Element 2.11 Verhandeln) selbst bietet also einen Anreiz für die Weiterentwicklung aller Teilsysteme (Projekt- und Linienaktivitäten) und ihre Integration in das übergeordnete System von Unternehmensinteressen. Wirtschaftliches Handeln ist damit in erster Linie ein „definieren" und „verhandeln" und umsetzen von Verhaltens-Regeln. Das bewusste Organisieren von Projekten als soziale Systeme wird viel Zeit und Energie sparen und somit die Effizienz eines Unternehmens erhöhen. Kommunikation (vgl. Element 1.18 Kommunikation) stellt dabei einen Schlüsselprozess dar.

### Innovationsimpulse setzen und Werte schaffen

Auf der Ebene „geschickt agieren" geht es zunächst darum, möglichst kostengünstig Ressourcen zu allozieren (zuordnen) und, Güter – oder Dienstleistungen herzustellen, aus deren Umsatz das Unternehmen Gewinn erwirtschaften kann. Diese wirtschaftliche Effizienz schafft im nächsten Schritt die materiellen Voraussetzung dafür, dass aus Projekten eigene Beiträge geleistet werden können. Damit lassen sich wirtschaftlich, technologische und gesellschaftliche Ansprüche der Stakeholder im betreffenden Unternehmen sowie in der Gesellschaft befriedigen. Der Projektleiter wird dieser Verantwortung gerecht, indem er aus seiner Projekterfahrung heraus Innovationsimpulse zu Technologie, Markt und Ethik in das Unternehmen hinein sendet. Der Projektleiter ist aufgefordert, sich in diesem Sinne „strategisch wertvoll" zu betätigen. Ein ausgewogenes Verhalten den Mitmenschen, den Mit-Unternehmen und der Gesellschaft gegenüber muss nicht nur ein Selbstverständnis für den Projektleiter sein, sondern ein integraler Bestandteil der Unternehmensstrategie.

## 7 Effizienzblocker und -förderer

Effizienz wird häufig gleich gesetzt mit schlanken Prozessen, d. h. durchrationalisierten (i. S. von vernünftig gemachten) Arbeitsabläufen; in den 80er-Jahren gab es dazu die Beratungseuphorie des „Lean Management". Diese Ausrichtung ist sicher eine notwendige, jedoch keine hinreichende Voraussetzung für Effizienz. Ergänzend zu formalen Prozessen existieren Verhaltensmuster informeller Art, welche vor allem auf Erfahrung, Routine und wechselseitigem Vertrauen beruhen. Sie gewährleisten auch bei unsicheren Situationen Verhaltenssicherheit (vgl. Unternehmens- und Projektkultur). Lässt man diese Verhaltensformen wegfallen und verweist nur auf die reine Anwendung formaler Regeln, so stellt sich bald eine negative Erkenntnis ein: Fehlendes wechselseitiges Vertrauen zwischen den Beteiligten im Projekt und im Unternehmen ist ein massiver Effizienzblocker. Jede situative Unsicherheit müsste im Zweifelsfall über bürokratische Erfahrensregeln formalisiert und abgesichert werden. Da aber gerade im Projektgeschäft Unsicherheit bzw. „Risiken" ein Definitionsmerkmal ist, wirken solche Regelungsexzesse als starke Effizienzblocker. Sie führen zwar vordergründig zu einer geordneten Verwaltung und Abwicklung („Alles im Lot") der einzelnen Prozesse. Sie machen das Projekt insgesamt jedoch bei entsprechenden Herausforderungen unbeweglich, langsam und damit ineffizient. Wurde das Projekt ursprünglich aus der vorhandenen Organisation herausgelöst, um Innovation beweglich managen zu können, wird es nun durch solches Über-Organisieren daran gehindert, situativ und schnell zu agieren.

Möglichkeiten zur Steigerung von Effizienz auf den bisher beschriebenen drei Ebenen sind:

I **Intensive Bemühungen um eine durchgängige Vertrauenskultur**
Beginnend beim Top-Management, muss es darum gehen, eine durchgängige, projektunterstützende Vertrauenskultur zu etablieren und zu leben (vgl. 1.07 Teamarbeit-VW). Eine solche kulturelle Atmosphäre fördert Entscheidungskompetenzen in den operativen Organisationseinheiten, Projektteilen und deren Personal, so dass diese situativ Anforderungen bewerten, wirksame Handlungsschlüsse ziehen und Entscheidungen treffen können. Gelingt es eine solche Vertrauenskultur zu schaffen, dann reduziert sie nachhaltig den Regelungsbedarf und macht die Organisation schlank (lean), schnell und gestaltungspotent – funktionierende Rückkopplungsmechanismen vorausgesetzt.

I **Ergebnisorientierung als Grundlage des Führungsverständnisses**
Das Management definiert bei der Führung der Mitarbeiter nicht primär das Verfahren bzw. den Prozess, welcher von den Mitarbeitern in der Kooperation eingesetzt werden soll oder muss, sondern die Ziele und den Zielerreichungsgrad der Projektarbeiten (Führen mit Zielen, MbO Management by Objectives. Vgl. Elemente: 1.03 Projektanforderungen und Projektziele; 2.01 Führung).

| **Konzentration auf Effizienzhebel**
Effizientes Management von Projekten bedeutet, die Anstrengungen auf solche Mechanismen und Prozesse zu konzentrieren, welche einerseits das beste Aufwands-/Ertrags-Verhältnis der potentiellen Maßnahmen bei den Beteiligten erwarten lassen. Darüber hinaus wird es darum gehen, die Beteiligten auf diese Effizienzhebel aufmerksam zu machen und ihre Wirksamkeit zugleich strukturell zu gewährleisten – d. h. die Effizienz nicht dem Zufall und nicht guten Willen allein zu überlassen.

In jedem Falle ist es sinnvoll, das Messen und Beurteilen der Effizienz mit Augenmaß, d.h. Aufwand schonend, zu betreiben. Es bieten sich beispielsweise Rückkopplungen mit der strategischen Balanced Scorecard oder deren programm- bzw. projektbezogenen Derivaten im Unternehmen an. Erfolgsindikatoren sind dann auf die BSC-Ziele bezogene und sich stabilisierende Trendaussagen. Vor dem Hintergrund der oben genannten Kommunikationsstrukturen und -prozesse als wichtige Effizienzfaktoren sollten die Rückkopplungsmechanismen dann ausreichend schnell sein, um im Projektalltag handlungsrelevante Aussagen so zu den Adressaten zu transportieren, dass sie wirksam werden können.

## 8 Organisieren von Effizienz

Zur effizienten Nutzung aller dem Projekt zur Verfügung stehenden Ressourcen ist nach der ICB3 die ausführliche Planung, zeitliche Abgrenzung und Kostenschätzung aller Aktivitäten erforderlich. Sollen die Ergebnisse den Erwartungen entsprechen, so muss Effizienz zudem Bestandteil der Kultur der Organisation, des Projektmanagers und des Teams sein und durch Schulungsmaßnahmen sowie Coaching verbessert werden.

Mögliche Prozessschritte sind:

| Aktive Suche nach der Verbesserung der derzeit eingesetzten Methoden, Systeme, Prozesse und Strukturen, die für das Projekt, Programm oder Portfolio maßgeblich sind.
| Planung der notwendigen Aktivitäten, Beschaffung von Ressourcen, Zuweisung zur Bewältigung einer vorgegebenen Aufgabe und Anwendung eines Sicherheitsfaktors, wo dies angemessen erscheint.
| Entscheidung über Prioritäten und akzeptable Abweichungen hinsichtlich Zeit und Geld oder hinsichtlich der zu erbringenden Leistung.
| Integration von Ressourcen und energiesparenden Technologien in das Projekt unter Berücksichtigung externer Projektkosten.
| Management der Arbeitsdurchführung und kontinuierliche Suche nach Möglichkeiten, Ressourcen ohne Qualitätseinbußen einzusparen (Wertanalyse).
| Überwachung der geleisteten Arbeit und der eingesetzten Ressourcen sowie Vergleich mit dem Projektplan.
| Abschätzung der zum Projektabschluss benötigten Ressourcen.
| Berichterstattung, wenn die zugesagten Ressourcen nicht ausreichen, und Vorschlag von Abhilfemaßnahmen.
| Berechnung der tatsächlich zum Einsatz gekommenen Ressourcen bei Projektabschluss; Berücksichtigung der neuen Zahlen bei der Neuplanung ähnlicher Aufgaben, Praktizieren des Kontinuierlichen Verbesserungsprozesses (KVP).
| Dokumentation und Kommunikation von Erkenntnissen für Benchmarking-Zwecke in anderen Projekten oder Projektphasen. (vgl. Lernende Organisation; 1.20_Projektabschluss-VW)

Dem Thema Effizienz werden in der ICB3 folgende Verhaltensmuster zugeordnet:

| Angemessene Verhaltensweisen des Projektleiters | Verbesserungsbedürftige Verhaltensweisen des Projektleiters |
|---|---|
| Trifft klare Aussagen zur Effizienz im Projekt und verhält sich entsprechend | Trifft keine klaren Aussagen oder kommuniziert das Thema Effizienz überhaupt nicht, geht nicht mit gutem Beispiel voran |
| Kann Aufgaben delegieren und vertraut anderen, betreibt Management by Exception | Versucht, alle Aufgaben selbst zu übernehmen und hat wenig Vertrauen in andere. Delegiert nicht |
| Führt ein angemessenes Änderungsmanagement durch; informiert zum frühest möglichen Zeitpunkt, wenn ein Plan nicht erfüllt werden kann, bietet Alternativen an und macht Vorschläge. Das Management hat das Gefühl, die Kontrolle zu besitzen | Verspricht neue Funktionen oder Deliverables, ohne sich zu versichern, dass die Änderungen ohne zusätzliche Ressourcen durchgeführt werden können. Spricht mit dem Management zu spät über unerwartete Planänderungen. Das Management hat nicht das Gefühl, die Kontrolle zu besitzen |
| Ist bei Besprechungsbeginn pünktlich und beendet diese so rasch wie möglich | Kommt zu spät zu Besprechungen, lässt sie länger als notwendig dauern |
| Strebt nach kontinuierlichen Verbesserungen, regt Mitarbeiter zu ständiger Suche nach Verbesserungen an | Hat keinen Blick für oder Interesse an Verbesserungen, ist von seinen Mitarbeitern leicht zufrieden zu stellen |
| Besitzt die nötige Energie und Beständigkeit, um weiter zu machen | Erscheint langsam, hat keine Geduld, gibt schnell auf |
| Ruft Enthusiasmus hervor, bittet um positive Beiträge und steht Kritik offen gegenüber | Ist unfähig zu motivieren, kritisiert auf ungerechtfertigte Art und Weise und steht Kritik nicht offen gegenüber |
| Bemerkt suboptimale Nutzung von Ressourcen und ergreift Korrekturmaßnahmen | Ignoriert Untätigkeit und reagiert nicht auf Warnsignale von anderen |
| Benutzt Effizienz auf wirksame Art und Weise | Praktiziert Effizienz an der falschen Stelle, provoziert Fehler bei seinen Mitarbeitern |

Abbildung 2.09-5: NCB 3.0, National Competence Baseline

## 9 Perspektiven

Projekte scheitern immer häufiger an „Personal- und Sozialthemen". Effizienz ist eine systemische Eigenschaft der Gesamtorganisation und damit Grundlage für nachhaltigen Erfolg in projektorientierten Unternehmen. Der Effizienzbegriff erfährt hier eine erweiterte Interpretation: Mit zunehmender Reife der Projektorganisation im Unternehmen wird sich die Verantwortung und das (Effizienz-) Selbstverständnis des Projektleiters weg von „sich (operativ) geschickt bewegen" immer mehr hin entwickeln müssen zur bewussten Wahrnehmung der eigenen Mitverantwortung für einen strategisch wichtigen Beitrag der eigenen Projektarbeit zum Gesamtunternehmenserfolg. Aus diesem Wandel resultieren veränderte Anforderungen an ein umfassendes Effizienzverständnis: Effizienz wird jetzt verstanden als ein Merkmal der auf allen Unternehmensebenen nahtlos ineinander greifenden bzw. aufeinander abgestimmten Projektprozesse. Wer sich darauf einlässt, mit einem solchen systemischen Effizienzbegriff zu arbeiten, und es versteht, ihn innerhalb der Gesamtorganisation umzusetzen, wird im Wettbewerb zu den Gewinnern gehören. Langfristigkeit erhält diese Perspektive allerdings erst, wenn dieses systemische Effizienzverständnis nicht nur den Projekt- und Unternehmenserfolg impliziert. Als soziale Systeme sind Projekte Teil der Gesellschaft. Die Bemühungen um Effizienz in Projekten werden langfristig dann von Erfolg gekrönt sein, wenn sie sich auch „im Kleinen" an gesamtgesellschaftlichen Werten wie Gerechtigkeit und Nachhaltigkeit orientieren.

# 10 Zusammenfassung

Effizienz ist sowohl eine persönliche Kompetenz als auch eine projektbezogene Zieldimension in der Arbeit der Projektleitung. Es geht dabei um die Wirksamkeit im Sinne des Verhältnisses von Input und Output aller im Projekt durch die Projektleitung zu managenden Ressourcen und Ziele. Der Artikel stellt diese projektbezogene Wirksamkeit in Bezug zu den übergeordneten Zielen und Strategien der durchführenden Organisation. Damit erhält die gelingende Kommunikation der beteiligten Gruppen und organisatorischen Stufen der Organisation eine überragende Bedeutung für das Wirksamkeitspotential der Projektleiter und ihrer Teams. Es werden projektbezogen vorrangig drei Gruppen als Potentialträger (Geschäftsführung, Projektleiter und Projektmitarbeiter) zur Ausgestaltung der Projekteffizienz identifiziert. Es wird der Beitrag dieser drei Gruppen zur Effizienz im Projekt durch kommunikatives Verhalten deutlich gemacht. Für die Projektleiter/innen werden Wege und Methoden vorgestellt, die es ihnen erleichtern, ihren Beitrag zur Effizienz zu erbringen. Malik betont eine „Aufgabe von Führungskräften: den Menschen Freude an ihrer Effektivität zu vermitteln und sie darauf hinzuweisen, dass Wirksamkeit Spaß machen kann." (MALIK 2001, S.86)

# 11 Fragen zur Wiederholung

| 1 | Was unterscheidet – projektbezogen – Effizienz von Effektivität? | ☐ |
| 2 | Was sind die effizienzbezogenen Kernaufgaben der Potentialträger? | ☐ |
| 3 | Welche Prozessschritte des Projektleiters stützen den effizienten Ressourceneinsatz im Projekt? | ☐ |
| 4 | Welche Methoden werden zur Messung von Effizienz herangezogen? | ☐ |
| 5 | Welche Verfahren werden zur Verknüpfung/Rückkopplung zwischen projektbezogener Effizienz und Unternehmenszielen eingesetzt? | ☐ |

# 2.10 Rücksprache und Beratung (Consultation)

Guido Reuter, Daniela Schindler

## Kontext und Bedeutung

„Consultation" – so der englische Original-Titel des Elements 2.10 der ICB 3.0 – lässt sich sowohl mit „Beratung" als auch mit „Rücksprache" übersetzen. Der Erläuterungstext offenbart jedoch, dass die ICB 3.0 unter „Consultation" die gesamte Bandbreite der internen Projekt-Kommunikation versteht, und nicht die Beratung durch einen externen oder internen Berater. Beschrieben wird vielmehr der permanente gegenseitige Prozess der Einigung, Abstimmung und des Austauschs im Projekt zwischen allen Beteiligten. Gleichwohl ist auch die externe und interne Beratung für die Projektarbeit von großer Bedeutung und wird deshalb im Vertiefungsteil dieses Artikels beschrieben.

Rücksprache und Beratung sind zentrale Themen für die gesamte Projektarbeit und die damit verbundenen Kommunikationsprozesse. Sie bilden somit ein Querschnittsthema zu vielen anderen Kapiteln dieses Lehrwerks. Rücksprache wird in der ICB in die sozialen und personalen Kompetenzen eingeordnet und kann zwischen allen beteiligten Personen im Projekt stattfinden. Dies kann sowohl spontan, fallbezogen oder auch formell erfolgen. Der Grundlagenteil dieses Kapitels beschäftigt sich mit der Interpretation der Kernaussagen der ICB 3.0 zum Thema Rücksprache. Das Vertiefungswissen beinhaltet als zweites Element das Thema Beratung.

Zu der Entwicklungsgeschichte der Beratung (vgl. HAUSER & EGGER, 2004) lässt sich sagen, dass sie als Dienstleistung vor allem im wirtschaftlichen Kontext durch das Wissens- und Kompetenzgefälle zwischen Berater und Klient legitimiert ist. In der ersten Hälfte des 20. Jahrhunderts wurde die Expertenberatung durch die Wirtschaftsprüfer, Betriebs- und Steuerberater bekannt. In diesen Situationen konnte der Berater dem Klienten aufgrund seines Wissensvorsprungs sehr genau sagen, was dieser zu tun hatte. In neuerer Zeit wurde aber der Beziehungsfaktor, der durch den Menschen in die Beratung eingebracht wurde, sehr wichtig. Neue Beratungsideen und -methoden fanden ihre Anhänger. Starke Einflüsse kamen hier aus der humanistischen Psychologie, Soziologie und der Systemtheorie. Es entstanden neuere Formen wie zum Beispiel die prozessorientierte Beratung. Der Nutzen und die Bedeutung von Beratung finden zunehmend Akzeptanz in Gesellschaft und Wirtschaft. Heutzutage ist es sogar „en vogue", Berater für die Lösungen von Problemen in spezifischen Lebenssituationen zu Rate zu ziehen.

In der täglichen Projektarbeit gibt es vielfältige Anlässe und Gelegenheiten für Rücksprache und Beratung. Leider wird diese Chance des professionellen Austausches nicht in dem Ausmaß wahrgenommen, wie es dem Projekt, der Projektleitung oder dem Projektteam gut tun würde. Der Ratsuchende steht unvermittelt vor Problemsituationen, die er aus eigener Kraft nicht lösen kann. Klassische Konsequenzen in der praktischen Projektarbeit sind teure Korrekturmaßnahmen bei unzureichend geplanten Projekten, sowie Fehlentscheidungen aufgrund von Verhaltensunsicherheiten der Projektbeteiligten. Situationen dieser Art ergeben sich vom ersten Augenblick des Projekts an - beginnend mit dem Kickoff des Projekts. Im Speziellen entstehen Rücksprache- und Beratungssituationen während der gesamten Planungsdauer des Projekts, aber auch über den Zeitraum der Durchführung und Überwachung des Projekts hinweg bis schließlich zum Projektabschluss oder der Projektübergabe in den Regelbetrieb.

Rücksprache und Beratung sind somit als ein integraler Bestandteil der Projektarbeit zu verstehen, eine notwendige Interaktion, die hilft, Projekte professioneller und effektiver abzuwickeln.

In der Praxis versucht man, die entstehenden Beratungssituationen meistens intern zu lösen. Beratung soll und kann aber in vielen Fällen nicht vom Projektleiter oder Projektmanager geleistet werden, sondern es werden ausgebildete Berater benötigt, welche die entsprechenden Kompetenzen (Methoden-, Sozial- und Persönlichkeitskompetenzen), sowie die für die Aufgabenstellung geforderten Fachkompetenzen beherrschen. Dieses Kapitel versteht sich als ein Leitfaden, um die Beratungssituationen zu erkennen, das Beratungsspektrum zu überblicken, die Kriterien und Qualitätsmerkmale bei der Beraterauswahl festzulegen, auf Fehler und Grenzen in der Beratung aufmerksam zu machen.

Das hier angesprochene Wissen, selbst das Vertiefungswissen, kann und will keine mehrjährige Beraterausbildung beziehungsweise Erfahrung in der Beratung ersetzen.

Nur wenige Beratungssituationen sollten mit eigenen Kapazitäten bewältigt werden. Für nahezu jede Beratungssituation in der Projektarbeit gibt es speziell dafür ausgebildete, professionelle Berater. Die Projektleitung muss je nach Problemstellung und verfügbaren Kapazitäten von Fall zu Fall entscheiden, wann die Hinzuziehung von externen Beratern wirtschaftlich sinnvoller ist als eine rein interne Abwicklung.

Dieses Kapitel soll Orientierungs- und Handlungswissen für den Projektleiter sein. Es soll die Grundlage schaffen, um entscheiden zu können, in welchen Situationen ein Berater nötig wird. Hier soll das Spektrum von Beratung verdeutlicht werden, Auswahlkriterien und Qualitätsmerkmale gesetzt werden, auf Fallen und Grenzen der Beratungsarbeit aufmerksam gemacht werden.

## Lernziele

Sie kennen

- Gründe und Anlässe für Rücksprache im Projekt
- die Prozess-Schritte für Rücksprache lt. ICB 3.0
- Einsatzmöglichkeiten für das Johari-Fenster
- die O.K.-Haltungen im Gespräch
- die Grundprinzipien des NLP

Sie können

- typische Gründe und Anlässe für Rücksprache im Projekt erläutern
- beschreiben, wie man vorgehen kann, um durch Rücksprache Konsensentscheidungen im Team zu erreichen
- die Prozessschritte der Rücksprache benennen und beschreiben sowie typische Methoden pro Prozess-Schritt benennen
- die vier Bereiche des Johari-Fensters mit ihren Charakteristika anhand von Beispielen benennen
- die OK-Haltung anhand von Beispielen beschreiben
- die fünf Zielkriterien des NLP benennen und auf eine konkrete Zielformulierung anwenden

# Inhalt

| | | |
|---|---|---|
| 1 | Der Begriff der Rücksprache in der ICB 3.0 | 940 |
| 2 | Mögliche Prozessschritte für Rücksprache im Projekt: | 942 |
| 2.1 | Schritt 1: Analyse der Situation und des Kontextes | 942 |
| 2.2 | Schritt 2: Ermittlung von Zielen und (naheliegendsten, besten) Optionen | 942 |
| 2.3 | Schritt 3: Berücksichtigung der Zielsetzungen und Anhörung der Argumente anderer. | 943 |
| 2.4 | Schritt 4: Ermittlung von Gemeinsamkeiten und Differenzen. | 943 |
| 2.5 | Schritt 5: Problemdiagnose, Ermittlung von Lösungen beziehungsweise Ergreifung von Maßnahmen zur Umgehung des Problems. | 943 |
| 2.6 | Schritt 6: Lösung von Meinungsverschiedenheiten oder Einigung auf Differenzen und Lösungsverfahren. | 944 |
| 2.7 | Schritt 7: Berücksichtigung der Auswirkungen; Dokumentation und Kommunikation. | 944 |
| 2.8 | Schritt 8: Anwendung des Gelernten auf zukünftige Projekte oder andere Projektphasen. | 945 |
| 3 | Modelle, Methoden und Techniken für erfolgreiche Rücksprachen | 945 |
| 3.1 | JOHARI-Fenster | 945 |
| 3.2 | OK-Haltungen | 947 |
| 3.3 | NLP – Neurolinguistisches Programmieren und Zieldefinition | 948 |
| 4 | Zusammenfassung | 949 |
| 5 | Fragen zur Wiederholung | 950 |

# 1 Der Begriff der Rücksprache in der ICB 3.0

Der Grundlagen-Text versteht sich als Kommentar und Erläuterung zu den Aussagen der ICB 3.0 zum Thema Rücksprache. Deshalb werden im folgenden jeweils Textpassagen der ICB 3.0 wiedergegeben und mit Erläuterungen, Kommentaren etc. ergänzt.

> **Definition** Die I.C.B 3.0 versteht unter Rücksprache die Fähigkeit, Gründe und schlüssige Argumente vorzulegen, anderen Ansichten zuzuhören, zu verhandeln und Lösungen zu finden.

Wenn man sich in die Projektpraxis versetzt, begegnet man vielen Situationen, in denen man miteinander kommuniziert, miteinander verhandelt, Besprechungen abhält und die Meinungen anderer abholt oder selbst Feedback gibt. Man verfolgt in einem Projekt ein gemeinsames Ziel – nämlich das Projekt zum Erfolg zu führen. Da bekannt ist, dass kaum ein Projekt 100% nach Plan abläuft, werden Besprechungen und Meetings abgehalten, um Lösungen für die auftretenden Probleme zu finden, den Kurs zu korrigieren oder geeignete Alternativpläne zu überlegen. Hierzu werden Argumente ausgetauscht, es wird abgewogen, es wird einander zugehört und man trifft dann gemeinsam Entscheidungen.

> **!** Auch die ICB 3.0 spricht in diesem Zusammenhang von einem Meinungsaustausch über Projektangelegenheiten.

Rücksprache führt zu allseitig akzeptierten Entscheidungen auf der Grundlage von Respekt, systematischem und strukturiertem Denken, der Analyse von Fakten, Argumenten oder Szenarien:

Wie kommt man zu allseitig akzeptierten Entscheidungen, zu so genannten Konsensentscheidungen? Die Vorgehensweise, wie in einem Team sinnvolle Gemeinschaftsentscheidungen herbeigeführt werden können, kann sehr unterschiedlich sein.

 **Beispiel** Bei der Entscheidung über einen zu schätzenden Arbeitsaufwand für ein bestimmtes Arbeitspaket führt ein Team eine Schätzung durch, indem jedes Teammitglied den zu betreibenden Aufwand für die Erledigung des Arbeitspakets einzeln schätzt, diese Einzelwerte zu einer Gesamtsumme zusammen addiert und dann durch die Anzahl der abgegebenen Stimmen dividiert. Der sich hieraus ergebende Mittelwert entspricht dann dem Gruppenergebnis.

Eine Entscheidung über mögliche unterschiedliche Vorgehensweisen zur Erreichung eines Ziels kann man über einen Gruppenkonsens erreichen, indem zunächst die Arbeitsgruppe gefragt wird, wer einen Vorschlag zum methodischen Vorgehen hat. Gibt es mehrere Vorschläge, wie das angestrebte Ziel erreicht werden könnte, kann man für jede vorgeschlagene Vorgehensweise eine tabellarische +/- Checkliste anlegen. Nachdem nun jeder aus dem Team seine Bedenken oder Kommentare zu den Vorteilen einer Vorgehensweise geäußert hat, liegen nun die Vor- und Nachteile einer jeden Vorgehensweise transparent für das Team offen. Sofern weiterer Diskussionsbedarf vorliegt, kann dieser jetzt geklärt werden. Ansonsten folgt eine Abstimmung. Das Team sollte sich vor Beginn der Abstimmung darüber einig sein, wie viel Prozent der Stimmen mindestens auf eine der vorgeschlagenen Vorgehensweisen entfallen muss, damit sich das gesamte Team dieser Entscheidung anschließt. Ansonsten besteht die Gefahr, dass die unterlegene Minderheit trotz Abstimmung das gefundene Ergebnis nicht mit trägt.

Systematisches und strukturiertes Denken wird erst durch Rücksprache dem gesamten Team zugänglich. Es nützt einer Arbeitsgruppe wenig, wenn lediglich die Projektleitung oder Teile der Gruppe eine bestimmte Systematik oder Struktur in der Vorgehensweise anwenden oder verfolgen.

Rücksprache bringt Meinungsverschiedenheiten ans Tageslicht. Daher sind Projekt-Rollenspiele bei Rücksprache nützlich.

In Projekt-Rollenspielen übernehmen die Projektbeteiligten die Rollen z. B. von Verhandlungspartnern und erleben selbst handelnd Projektsituationen aus der Perspektive des Betroffenen. Als Vorgabe dienen z. B. Verhandlungssituationen, Projektübergabegespräche, Delegations- oder Kritikgespräche mit Mitarbeitern. Im Rahmen von Maßnahmen zur Teambildung und Teamentwicklung kann es sinnvoll sein, Rollenspiele durchzuführen, damit sich die Mitarbeiter eines Projekts über ihre Rolle im Projekt und ihren Verantwortungsbereich bewusster werden. Nach dem Rollenspiele durchgeführt wurden, kann das Erlebte nun in Gesprächsrunden besprochen und aufgearbeitet werden. Diese Gesprächsrunden helfen, eine gemeinsame Sichtweise auf die erlebte und nun besprochene Thematik zu gewinnen. Der Einsatz von professionellen Moderatoren (Berater) sollte zumindest für wichtige Phasen des Projekts in Erwägung gezogen werden, um eine strukturierte Vorgehensweise für die Erreichung der Themenziele sicherzustellen.

Logisches Denken kann die Ansichten einer Person verändern und ermöglicht es, Situationen in allen Fachgebieten zu verstehen und Angelegenheiten mit großer Gewissheit zu lösen.

Rücksprache in der Bedeutung von Austausch mit Kollegen über eine bestimmte Thematik führt in den meisten Fällen zu einer Erweiterung und Bereicherung des eigenen Denkhorizontes. Diese (bewusstseinserweiternden) Rücksprachen helfen dem Rücksprachesuchenden besonders in unklaren oder kritischen Situationen, andere Perspektiven als die eigene zu erkennen bis hin zu möglichem Paradigmenwechsel. Daher spricht die ICB 3.0 auch davon, dass Rücksprache Lösungen und Schlussfolgerungen, die auf Voreingenommenheit und Vorurteilen basieren, in Frage stellt.

Weiterhin spricht die ICB 3.0 davon, dass logische Fragen und Lösungen innerhalb der Projektorganisation leichter kommuniziert werden können, wenn regelmäßig Rücksprache betrieben wird.

Hier wird die Regelmäßigkeit von Rücksprache-Sitzungen angesprochen, wie sie in der Projektpraxis in Form von Jour Fix Terminen und regelmäßigen, zum Beispiel wöchentlichen Projektbesprechungen Anwendung finden. Für diese regelmäßigen Meetings und Besprechungen werden häufig Standard-Agenden verwendet, die allen Beteiligten helfen, sich schnell in diesen Meetings zurechtzufinden. Nicht zu unterschätzen ist, dass sich gerade durch diese regelmäßigen Besprechungen oftmals eine einheitliche Projektsprache entwickelt (gemeinschaftlich benutzte Begriffe werden auch gemeinschaftlich gleich interpretiert und verwendet). Damit ist auch die Grundlage für eine weitere Forderung der ICB 3.0 geschaffen: Rücksprache sollte zu vorhersehbaren und zu bewältigenden Ergebnissen führen.

Gemeinschaftlich durch Rücksprache entwickelte Strukturen und Logik untermauern das Projektmanagement, können den Prozess aber auch erschweren, wenn sie zu rigide eingesetzt werden.

Damit möchte die ICB 3.0 ausdrücken, wie wichtig ein sauberes methodisches Vorgehen für die alltägliche Projektarbeit ist, dass jedoch viele Ereignisse in der Projektarbeit dennoch unerwartet (ungeplant) auftreten können und flexibel verarbeitet und bearbeitet werden müssen. Jegliche Methodik, die in diesem Lehrbuch angesprochen wird, dient dazu, den Projektmitarbeitern und deren Führungskräften die Projektarbeit zu erleichtern. Je mehr und je klarer wir Rücksprache halten, desto abgestimmter und somit erfolgsfähiger wird das Arbeiten im Projekt. Eine rigide Befriedigung des „Systems" ist also nicht zielführend.

Im nun folgenden Absatz macht die ICB 3.0 einen Vorschlag für ein mögliches Vorgehensmodell für Verständigungsprozesse.

## 2 Mögliche Prozessschritte für Rücksprache im Projekt:

1. Analyse der Situation und des Kontextes.
2. Ermittlung von Zielen und (naheliegendsten, besten) Optionen. Berücksichtigung der Zielsetzungen und Argumente anderer.
3. Anhörung der Argumente anderer.
4. Ermittlung von Gemeinsamkeiten und Differenzen.
5. Problemdiagnose, Ermittlung von Lösungen beziehungsweise Ergreifung von Maßnahmen zur Umgehung des Problems.
6. Lösung von Meinungsverschiedenheiten oder Einigung auf Differenzen und Lösungsverfahren.
7. Berücksichtigung der Auswirkungen; Dokumentation und Kommunikation.
8. Anwendung des Gelernten auf zukünftige Projekte oder andere Projektphasen.

Die oben aufgeführten möglichen Prozessschritte für Rücksprache möchten wir im Folgenden kommentieren, um deren Bedeutung transparenter zu machen:

### 2.1 Schritt 1: Analyse der Situation und des Kontextes

Eben so wie Umfeld- und Stakeholderanalysen (vgl. Kapitel 1.02 – Stakeholder) zur Erfassung des Projektkontextes dienen, so dient die Analyse der Situation und des Kontextes der Klärung der Ausgangssituation für die angestrebte Rücksprache. Was gibt es zu beachten? Was war die Vorgeschichte? Welche Personen oder Personengruppen könnten involviert werden? Welche Ereignisse sind der aktuellen Situation vorausgegangen? Solche oder ähnliche Fragestellungen helfen, eine gemeinsame Gesprächsbasis zu finden und alle involvierten Parteien dort abzuholen, wo sie emotional und inhaltlich stehen. Natürlicherweise ergeben sich aus diesen Analysen auch mögliche Konfliktpotenziale für den geplanten Verlauf der Rücksprache.

### 2.2 Schritt 2: Ermittlung von Zielen und (naheliegendsten, besten) Optionen

Die Erreichung gemeinsamer (Projekt-) Ziele ist ein wesentlicher Faktor für den angestrebten Teamerfolg. Da sich die Projektziele (vgl. 1.03 – Ziele) aus den Vorgaben des Kunden/Auftraggebers sowie der eigenen Geschäftsleitung zusammensetzen, liegt es im Interesse der Projektleitung, diese Ergebnis- und Vorgehensziele bestmöglich zu erreichen. Das Fach-Know-how aller Projektbeteiligten ist nun gefragt, um Optionen (d. h. Auswahl- und Entscheidungsmöglichkeiten) für geeignete Ziele zu finden, davon die bestmöglichen auszuwählen und zu verfolgen (zur Ermittlung von Optionen nach dem Harvard-Konzept für die Einigung in Verhandlungen vgl. Kap. 2.11). Allerdings können persönliche Interessen und Ziele der am Projekt Beteiligten, deren Bedenken und Einwände auch eine Bereicherung oder Behinderung für das Finden einer besten Lösung sein.

Der operative Prozess der Zielfindung ist in den meisten Fällen ein mehrfach iterativer (sich in Schleifen wiederholender) Prozess. Das bedeutet, dass es oft nicht reicht, lediglich einmal im Rahmen eines Ziele-Workshops die Ziele zu definieren. Mitarbeiter, Projektleitung und auch der Kunde sind meist damit überfordert ad hoc zu definieren, was konkret an (Dienst- oder Liefer-) Leistung erstellt werden soll.
 Zunächst sollte die Projektleitung oder eine verantwortliche Person aus dem Bereich Vertrieb oder Anforderungsmanagement gemeinsam mit dem Kunden den Auftrag klären. Diese Rücksprache mit dem Kunden oder Auftraggeber (auch Briefing genannt) ist essentiell für den Projekterfolg. Je klarer das gemeinsame Verständnis für die Zielstellung, desto differenzierter kann die Leistungserstellung geplant werden. Oft ist diese Phase für den Kunden eine wichtige Phase der Bewusstseinsbildung. Zusätzliche (auch unbewusste) Erwartungen an die Lieferleistung werden erkannt und dokumentiert.

Erst dann, wenn der Kunde beschrieben hat, welche konkreten Funktionalitäten er nach Projektübergabe erfüllt sehen möchte (Nutzen- oder Nutzungsziele), kann sich ein Projektteam daran machen, durch interne Rücksprache die Ergebnisziele als ersten Entwurf zu formulieren. Dieser erste Entwurf des Zielbildes sollte in einem weiteren Schritt differenziert werden. Eine Zielhierarchie mit Ober und Unterzielen entsteht. Wenn das gesamte Ausmaß der Lieferleistungen (engl. Deliverables) für das Team und den Auftraggeber transparent ist, werden idealer Weise erneute Rücksprachen mit dem Kunden und dem Team gehalten, um die Prioritäten der Ziele zu konkretisieren (falls noch nicht geschehen).

## 2.3 Schritt 3: Berücksichtigung der Zielsetzungen und Anhörung der Argumente anderer.

Das Zitat „Keiner ist so schlau wie wir alle zusammen" (Satchel Paige, US Baseball Trainer) drückt deutlich aus, welche Bereicherung die Berücksichtigung aller Meinungen und Argumente für den Projekterfolg sein kann. Unter Schritt 2 sind bereits wesentliche Aussagen zu dem iterativen Prozess der Zielfindung gemacht worden. Neben der Methodik des aktiven Zuhörens (vgl. Kapitel 2.11 - Verhandlungen) ist die Methode der systematischen Teilnehmerabfrage über Zuruflisten (Flipchartabfrage) oder Metaplanmethode (vgl. Kap. 1.07) zu empfehlen.

**Beispiel** Es soll eine bestmögliche Vorgehensweise im Team diskutiert werden. Nachdem das Ziel kommuniziert wurde, können alle Teilnehmer aus ihrer persönlichen Erfahrung heraus Vorgehensweisen vorschlagen, wie das Ziel bestmöglich zu erreichen sei. Da es in der Praxis meist mehrere praktikable Wege gibt, ein Ziel zu erreichen, könnte es jedoch zu Performance-Problemen in der Umsetzung kommen, wenn nun autokratisch über eine Vorgehensweise entschieden würde und nicht alle Teilnehmer hinter der vereinbarten Vorgehensweise stehen.

## 2.4 Schritt 4: Ermittlung von Gemeinsamkeiten und Differenzen.

In Fortführung des Beispiels aus Schritt 3 könnte zur Ermittlung von Differenzen und Gemeinsamkeiten folgender weiterer Arbeitsschritt eingeleitet werden:

Im Rahmen der internen Rücksprache des Teams würden nun alle Teilnehmer zu jeder der vorgeschlagenen Vorgehensweisen gemeinsam eine +/- Checkliste, der Vor- und Nachteile, wie unter 1. Rücksprache beschrieben, einer jeden Vorgehensweise erstellen. Die Vor- und Nachteile können jetzt diskutiert werden und ein Konsens über die beste Vorgehensweise erreicht werden. Nachdem nun alle Fakten auf dem Tisch liegen, kann sich die Gruppe beispielsweise mit einem Mehrheitsbeschluss gemeinsam für eine Vorgehensweise entscheiden, hinter der auch alle Beteiligten stehen können.

## 2.5 Schritt 5: Problemdiagnose, Ermittlung von Lösungen beziehungsweise Ergreifung von Maßnahmen zur Umgehung des Problems.

Manchmal ist das zu lösende Problem komplexer, sodass die in den bisherigen Schritten aufgezeigten Vorgehensweisen ergänzt werden müssen. Eine Problemdiagnose kann auf Basis technischer Defizite ermittelt werden. Hierzu würde ein Abgleich von Lasten- und Pflichtenheft hilfreich sein. Geeignete und praktikable Methoden zur Problemanalyse und -diagnose sind z. B. der Problemlösungsbaum von Yamamoto ISHIKAWA (Ursache-Wirkungs-Prinzip) oder der Morphologische Kasten als diskursive Methoden (vgl. Kapitel 1.08 – Problemlösung).

Als weiterer Bearbeitungsschritt müssen nun genau wie bei den Methoden des Risikomanagements wirksame Maßnahmen gefunden werden, die das Problem (oder schädigende Ereignis) verhindern (präventive Maßnahmen) oder - falls bereits eingetreten - beseitigen oder heilen können (korrektive oder kurative Maßnahmen). Weitere allgemeine Maßnahmen können sein: Integration, Ausweichen oder Ausgrenzung.

### 2.6 Schritt 6: Lösung von Meinungsverschiedenheiten oder Einigung auf Differenzen und Lösungsverfahren.

Siehe hierzu auch die in Schritt 4 beschriebene Vorgehensweise. Wenn Meinungsverschiedenheiten anhalten, müsste zunächst einmal geklärt werden, auf welcher Ebene diese Meinungsverschiedenheiten stattfinden. Möglicherweise gibt es einen bisher nicht offen geäußerten Hintergrund für die Meinungsverschiedenheit. Solche Hintergründe können auch latente Konflikte sein: Im Groben können Interessenskonflikte, Sachkonflikte und Konflikte auf der Beziehungsebene differenziert werden.

Interessenskonflikte würden vorliegen, wenn eine durch die betreffende Person abgelehnte Vorgehensweise die persönlichen Interessen dieser Person beschneiden oder gänzlich außer Acht lassen würden (vgl. Kapitel 1.02 – Interessierte Parteien).

Sachkonflikte würden fachliche Einwände der betreffenden Person gegenüber der gewählten Vorgehensweise beinhalten. Konflikte auf der Beziehungsebene würden persönliche Differenzen zwischen den Beteiligten, also Befindlichkeiten gegenüber einer Person beinhalten.

Geeignete Lösungsverfahren sind Methoden des Konfliktmanagements über Verhandlungstechniken (Harvard Verhandlungsmodell, Kap. 2.11) bis hin zur Mediation. Grundsätzlich sollten als erste Wahl wertschätzende Lösungsverfahren gewählt werden, die es ermöglichen, dass alle beteiligte Parteien als Gewinner aus der Verhandlung gehen können und jeder sein Gesicht wahren kann (Win-Win-Prinzip; vgl. Kapitel 2.11 – Verhandlungen). Diese Methoden werden zusammengefasst als partizipative und diskursive Methoden. Würde gleich mit harten Bandagen gekämpft (repressive Methoden), gäbe es Gewinner und Verlierer. Die Anzahl der zukünftigen Feinde und Widersacher würde steigen.

### 2.7 Schritt 7: Berücksichtigung der Auswirkungen; Dokumentation und Kommunikation.

Was immer die Entscheidung ist, die im Projekt getroffen wird: alles hat seinen Preis. Daher ist es ratsam und hilfreich, nicht nur in Alternativen zu planen (Plan B) sondern ebenfalls in den Konsequenzen aus Plan A, Plan B oder weiteren Plänen zu denken. Jede Planvariante hat eigene Nutzeneffekte und birgt eigene Risiken, die es in der Gesamtschau des Projekts zu berücksichtigen gilt. Dieses Denken in Folgen unterstützt die Szenario-Technik, bei der für jede Entscheidungs- oder Vorgehensalternative sowohl Best Case- wie auch Worst Case Szenarien entwickelt und durchdacht werden. Oft ist die Kenntnis dieser Auswirkungen auf das Gesamtprojekt ein entscheidender Faktor für ein weiteres GO oder NO GO des Projekts.

Die Frage zur Einleitung einer Szenariobetrachtung ist sehr einfach: „Was wäre wenn…?" Die Szenariotechnik (vgl. Kapitel 1.04 – Risiken und Chancen, Kapitel 2.07 – Kreativität, und Kapitel 2.12 – Konflikte und Krisen) hat eine besondere Bedeutung bei der Betrachtung der Auswirkungen einer Änderung im Projekt (vgl. Kapitel 1.15 – Änderungen). Für die Dokumentation und Kommunikation gilt grundsätzlich, dass alle Ergebnisse von Rücksprachen den Beteiligten zugänglich gemacht werden, um eine Gleichbehandlung der Parteien und eine Transparenz der Ergebnisse zu gewährleisten.

Oftmals existieren ein Kommunikationsplan und ein ordentliches Dokumentenmanagement, was die Archivierung und Verteilung der Dokumentationen an die richtigen Zielpersonen unterstützt.

## 2.8 Schritt 8: Anwendung des Gelernten auf zukünftige Projekte oder andere Projektphasen.

Rücksprachen führen zu neuen Erkenntnissen, Lernkurven und Bewusstseinserweiterungen. Probleme wurden analysiert und behoben. Neue Vorgehensweisen verabschiedet. Diese Lernkurven (Lessons Learned) können für zukünftige Projekte oder Projektphasen wertvoll sein und sollten bewahrt werden. Datenbanksysteme mit einer Verschlagwortung der wichtigsten Themenfelder helfen dabei.

Möglicherweise ist es ja sinnvoll, aus dem Gelernten neue Standards zu entwickeln oder vorhandene Standards zu optimieren. So können die Lernkurven aus aktuellen laufenden Projekten zu einen KVP (Kontinuierlichen Verbesserungsprozess) im Unternehmen beitragen.

# 3 Modelle, Methoden und Techniken für erfolgreiche Rücksprachen

Die Projektleitung ist in allen Situationen der Rücksprache gefordert, ein hohes Maß an Flexibilität mitzubringen, um den möglicherweise schnell wechselnden Gesprächssituationen gewachsen zu sein. Daher ist es hilfreich, wenn die Projektleitung über ein gewisses Spektrum an Methoden und Handlungsalternativen verfügt, um ihrer Rolle gerecht zu werden. Im Folgenden werden drei grundlegende Methoden beschrieben, die bei Rücksprachen genauso wie auch in der Beratungspraxis häufig zum Einsatz kommen. Einige Methoden dienen auch der Selbsterkenntnis oder auch der Möglichkeit, sich von der aktuellen Situation ein Stück weit zu distanzieren, um Ereignisse und Situationen mit etwas Abstand realistischer einschätzen zu können.

## 3.1 JOHARI-Fenster

In Teamsituationen in der Projektarbeit ist das Wissen um das, was den anderen bewegt, sehr hilfreich. Dadurch kann man sich entsprechend verhalten und sich auf Kunden und Teammitglieder besser einstellen.

Das vierteilige Johari-Fenster ist ein einfaches Modell der amerikanischen Sozialpsychologen Joseph Luft und Harry Ingham. Dieses Modell ermöglicht einen Abgleich von Selbst- und Fremdwahrnehmung, mithilfe dessen man Unterschiede und Veränderungen hinsichtlich der Wahrnehmung von (interpersonalen) Beziehungen darstellen kann.

Tabelle 2.10-1: Das Johari-Fenster

| A | B | |
|---|---|---|
| **BEREICH DES FREIEN HANDELNS** | **BEREICH DES BLINDEN FLECKS** | anderen bekannt |
| C | D | |
| **BEREICH DES VERBERGENS** | **BEREICH DES UNBEWUSSTEN** | anderen unbekannt |
| mir bekannt | mir unbekannt | |

Es gibt Verhaltensweisen, bei denen unbeabsichtigte Mitteilungen zur eigenen Person vorgenommen werden, aber gleichzeitig große Bereiche der eigenen Wahrnehmung verborgen bleiben. Nur ein Bruchteil des Verhaltens einer Person, welches für eine soziale Situation relevant ist, wird eigentlich wahrgenommen. Wesentliche Aspekte sind nicht bekannt, bewusst oder zugänglich, weder von der Person selbst noch von anderen.

**A**

🔍 **Beispiel** Der Bereich des „freien Handelns" beschreibt die „öffentliche Person". Es ist der Bereich der freien Aktivität, öffentlicher Sachverhalte und Tatsachen. Dieser Teil zeigt das Verhalten, welches einer Person selbst und anderen bekannt ist.

In diesem Bereich ist das Handeln frei und unbeeinträchtigt von Ängsten oder Vorbehalten. Bezüglich der Zusammenarbeit, z. B. in der Gruppe oder im Team heißt dies, dass Motivationen und Verhaltensweisen der Gruppe selbst und die der anderen sichtbar sind. So kann eine Lösung durch das Gespräch mit anderen gefunden werden. Allerdings ist zu beachten, dass bei neu formierten Teams und Arbeitsgruppen dieser Bereich der öffentlichen Person recht klein ist. Man möchte nicht zuviel von sich preisgeben und bewegt sich auf einer eher oberflächlichen Kommunikations- und Beziehungsebene.

**B**

Der Bereich des „blinden Flecks" ist die fehlende Selbstwahrnehmung. Dieser Bereich beherbergt den Anteil des Verhaltens, den man selbst wenig kennt, der aber für andere deutlich wahrnehmbar ist.

Hier sind die unbedachten und unbewussten Gewohnheiten, Verhaltensweisen, Vorurteile oder Zu- und Abneigungen zu finden. Dies kommt meist nonverbal zum Ausdruck und ist für die anderen per Kleidung, Tonfall oder Gesten wahrnehmbar. Zum Beispiel ein übertriebenes Geltungsbedürfnis, das von anderen wahrgenommen wird, der Person selbst aber nicht bewusst ist, und welches dann zur Isolation führen kann. Auch werden Gruppenzugehörigkeiten deutlich erkennbar. Oder etwa der Tonfall, in dem die Führungskraft zum Mitarbeiter spricht. In diesem Bereich des blinden Flecks liegt Konfliktpotenzial, da eine unbewusste Eigenart einer Person eine andere Person sehr stören kann, was dann zum Konflikt eskalieren kann, wenn die Parteien nicht den Mut haben, offen miteinander über diese störenden Verhaltensweisen zu sprechen (Rücksprache zu halten).

**C**

Im Bereich des „Verbergens" ist neben dem aktiven Verbergen auch die „private Person" zu sehen.

Teile des Denkens und Handelns sind hier dem Außenstehenden verborgen – die „heimlichen Wünsche", die „empfindlichen Stellen", aber auch religiöse Überzeugungen, politische Meinungen sind hier zu finden. Nur durch Vertrauen und Sicherheit zu anderen Personen kann dieser Bereich verkleinert werden. Für die Gruppe heißt dies zum Beispiel, dass hier interne Dinge verborgen sind, die auch intern bleiben, also nicht nach außen getragen werden sollen, oder das Verhalten einer Führungskraft, die eine persönliche Unfähigkeit vor Mitarbeitern verbergen möchte. Der Anteil der privaten Person ist in der Regel ethisch unantastbar und von den Gruppenmitgliedern als privat oder intim akzeptiert. Konfliktpotenziale können jedoch entstehen, wenn Personen aktiv etwas vor den Anderen verbergen. Es kommt zu Irritationen, die Gruppe oder einzelne Gruppenmitglieder haben ein undefiniertes ungutes Gefühl der Person gegenüber, die etwas verbirgt. Es ist ja nicht bekannt, was verborgen wird, nur wird das Verhalten der Person, die aktiv etwas verbirgt, als anders als das Verhalten der restlichen Gruppenmitglieder empfunden.

> Der Bereich des „Unbewussten" ist weder der Person selbst, noch anderen Personen unmittelbar zugänglich. Verborgene Talente und Begabungen können hier schlummern,

aber auch Ängste, Aggressionen, Vorurteile etc. Nur mithilfe psychologischer Methoden lässt sich dieser Teil des Unbewussten erschließen. Innerhalb der Gruppenarbeit können diese verborgenen Fähigkeiten und Kompetenzen entdeckt werden.

**Beispiel** Zum Beispiel ein Innendienstmitarbeiter, der eigentlich ein talentierter Außendienstmitarbeiter wäre und im Vertrieb vor Ort seine Begabung hat.

Die Projektleitung sollte bezüglich dieses Bereiches achtsam sein, dass nicht laienhaft psychologisiert wird. Was weder der Person selbst noch dem Umfeld der Person bewusst zugänglich ist, sollte man auch im Rahmen der Projektarbeit ruhen lassen.

## 3.2 OK-Haltungen

Erich BERNE, der Begründer der Transaktionsanalyse, hatte als Hauptanliegen (HAUSER & EGGER, 2004), eine verständliche, gemeinsame Sprache mit einem Gesprächspartner herzustellen, um damit eine OK-OK Haltung gegenüber dem Anderen einnehmen zu können. Die Idealhaltung „ich bin ok – du bist ok" erreicht man durch Bewusstheit. Damit ist die Akzeptanz gegenüber sich selbst und anderen Menschen gemeint.

|    |          | ICH                           |                                    |
|----|----------|-------------------------------|------------------------------------|
|    |          | OK                            | NICHT OK                           |
| DU | OK       | ich bin ok, du bist ok        | ich bin nicht ok, du bist ok       |
|    | NICHT OK | ich bin ok, du bist nicht ok  | ich bin nicht ok, du bist nicht ok |

Abbildung 2.10-1: Die OK-Haltungen

**Beispiel** Das OK-Konzept kann in Führungssituationen eingesetzt werden, um eine partnerschaftliche Zusammenarbeit herzustellen. Die Frage stellt sich: Wie weit werden Mitarbeiter als ok(selbstständig, selbstverantwortlich, entscheidungsfähig) angesehen? Wie ist der Dialog zwischen Führungskräften und Mitarbeitern organisiert?

Für Rücksprachen ist es eine gute Grundlage, die OK-OK Haltung einzunehmen und dies dem Gesprächspartner auch zu signalisieren. Das schafft eine positive Atmosphäre und die Chance, dass sich beide Gesprächspartner auf Augenhöhe begegnen können. Schuld-Zuschreibungen oder Fehlerkultur (Ich bin O.K. – Du bist nicht O.K.) sind dagegen unproduktiv für die Suche nach einer akzeptablen Lösung. Gleiches gilt für eine Haltung der Hilflosigkeit oder Unterwürfigkeit gegenüber dem Gesprächspartner (Ich bin nicht O.K., Du bist O.K.) oder für eine „kollektive Hilflosigkeit" oder eine wechselseitige Blockade im Gespräch (Ich bin nicht O.K., Du bist nicht O.K.).

## 3.3 NLP – Neurolinguistisches Programmieren und Zieldefinition

Das Neurolinguistische Programmieren (kurz NLP) versteht sich als Sammlung unterschiedlicher psychologischer Verfahren und Modelle, die zu einer effektiveren zwischenmenschlichen Kommunikation und Einflussnahme führen.

Die Bezeichnung NLP ist leider irreführend. NLP hat nichts mit Programmierung des Gehirns oder Programmierungen von Verhaltensweisen zu tun. Vielmehr geht es darum, die Art und Weise, wie wir denken, sprechen, wahrnehmen, differenziert zu betrachten und bewusst zu machen, dass andere Menschen möglicherweise eine andere Art der Wahrnehmung haben und sich dementsprechend in der gleichen Situation auch anders verhalten, ausdrücken oder fühlen. Eine einseitige Wahrnehmung kann zu einer unbewussten Filterung des Geschehens führen. Mögliche Wahrnehmungskanäle, die im NLP differenziert werden, sind: Der optische Kanal (visuell), der akustische Kanal (auditiv), der Gefühlskanal (kinästhetisch), der Geruchskanal (olfaktorisch), der Geschmackskanal (gustatorisch), kurz V.A.K.O.G. genannt. NLP soll helfen, sich über die eigenen Wahrnehmungsfilter, Denkmodelle und Handlungsmuster und über die der Anderen bewusster zu werden, um selbst flexibler mit unklaren Situationen umgehen zu können, sich besser darauf einstellen zu können.

Die Grundorientierung verfolgt folgende Idee:

- Sich selbst klar machen, was man will und in jeder Situation eine klare Zielvorstellung behalten.
- Wachsam sein und alle Sinne offen halten, um alles wahrnehmen zu können
- Flexibel zu sein, das, was man tut, so lange zu verändern, bis man das bekommt, was man will (HAUSER & EGGER, 2004).

Kurzgefasst: Ziel – Sinnesschärfe – Flexibilität

NLP kann bei Rücksprachen und in Beratungssituationen nützlich sein, in denen die Entwicklung individueller Kommunikationsfähigkeiten oder die Gestaltung von Kommunikationsprozessen (Rücksprachen) in kleinen Gruppen wichtig sind, wie z. B. Coaching, Einzelberatung, Training, Teamentwicklung.

Die NLP- Modelle zur Verhaltensänderung (vgl. Grundannahmen des NLP bei BANDLER & GRINDER, 1979) stellen die Basis für die Kommunikation mit Klienten und Kollegen dar. Darüber hinaus erfordert der Einsatz von NLP allerdings Authentizität in Form von Ehrlichkeit und Klarheit. Dadurch kann NLP dem Klienten bei der Zielsetzung und -formulierung helfen. Auch die Ressourcenfindung zur Erreichung der gesetzten Ziele wird dem Klienten erleichtert. Die Wahrnehmungsfähigkeit und Beobachtungsgabe lassen sich soweit trainieren, dass schwierige Situationen offener erfasst werden können. Die Klienten lernen, Probleme selbstständig zu erkennen, zu definieren und auf eigenständige Lösungen hinzuarbeiten (HAUSER/EGGER, 2004).

Ein zentrales Thema des NLP ist die Erreichung der eigenen Ziele.

Zieldefinition, Zielüberprüfung und Zielrealisation in Bezug auf das eigene Wertesystem, die eigenen Lebensgrundannahmen (Glaubenssätze) und das Selbstbild kennzeichnen den NLP-Ziele-Prozess. Durch erreichte Ziele verwirklichen Menschen sich selbst und steigern ihre Selbstsicherheit.

Wie muss ein erfolgreiches Ziel beschaffen sein:

1. **Positiv formuliert:**
   Die Zieldefinition darf keine Negationen und Vergleiche enthalten, da diese meist den Fokus zum Problem aufrecht erhalten (z. B. „ Ich will nicht mehr rauchen.")
2. **Spezifiziert:**
   Die Zielerreichung soll überprüfbar sein. Das Ziel muss konkret definiert sein. Es muss bekannt sein, wo und wann das Ziel erreicht sein wird und woran genau man innerlich merken wird, dass man bereits am Ziel seiner Wünsche angekommen ist.
3. **Selbst erreichbar:**
   Das vorgenommene Ziel sollte aktiv erreichbar sein, eine passende Größe haben. Mit „aktiv" ist die Unabhängigkeit von anderen Menschen oder Sachverhalten, die nicht selbst beeinflusst werden können, gemeint. „Passend" heißt, nicht zu groß, da das Ziel sonst lähmend wirken kann, und nicht zu klein, da sonst wenig Motivation entsteht. Es ist auch hilfreich zu wissen, welche Ressourcen man zur Umsetzung des Ziels einsetzen muss.
4. **Ökologisch:**
   Ein Ziel, das wir uns gesetzt haben, steht oft in einem Spannungsverhältnis mit den anderen Aspekten unserer Person. Der so genannte Ökocheck soll sicherstellen, unbewusste Hinderungsgründe (z. B. Ängste vor Veränderung, Zurücklassen gewohnter Dinge und Personen) zu erkennen und zu bearbeiten.
5. **Motivierend:**
   Um die notwendige Energie zur Realisierung eines Ziels freizusetzen, sollte das Ziel wirklich attraktiv sein und frei von eigenen inneren Sabotage-Energien, negativen Glaubenssätzen, Selbstwertproblemen etc. Je mehr das Ziel mit den anderen Ebenen unserer Persönlichkeit in Übereinstimmung ist, desto kongruenter gehen wir an die Realisierung.

# 4 Zusammenfassung

Rücksprache beinhaltet alle kommunikativen Prozesse und Aktivitäten, die für die Zusammenarbeit, Abstimmung und Entscheidungsfindung im Projekt erforderlich sind. Die Projektleitung hält hierfür mit unterschiedlichen Personen Rücksprache. Mit dem Projektteam, um die am Projekt beteiligten Mitarbeiter zu informieren, sich von ihnen Informationen abzuholen, sich auszutauschen oder zum Beispiel einen Teamkonsens herzustellen. Mit internen oder externen Beratern, die durch ihr Spezialwissen wertvolle zusätzliche Informationen für das Projekt liefern können (vgl. Vertiefungswissen Beratung).

Entscheidungen werden durch Rücksprache auf eine gemeinsame (Team-) Basis gesetzt. Strukturen, Zusammenhänge und Analysen werden durch Rücksprache für alle Teammitglieder transparent. Sich gegenseitig verstehen, heißt miteinander kommunizieren, Argumente austauschen, Meinungsverschiedenheiten klären und Transparenz schaffen. Die in der ICB 3.0 definierten Prozessschritte für Rücksprache helfen dabei, einen klaren und strukturierten Ablauf für Rücksprachegespräche zu erarbeiten.

# 5 Fragen zur Wiederholung

| | | |
|---|---|---|
| 1 | Was sind typische Gründe und Anlässe für Rücksprache im Projekt? | ☐ |
| 2 | Was sind geeignete Vorgehensweisen, um durch Rücksprache Konsensentscheidungen im Team zu erreichen? | ☐ |
| 3 | Welche Prozessschritte gibt die ICB 3.0 für Rücksprache-Prozesse an? | ☐ |
| 4 | Was sind typische Methoden, die pro Prozess-Schritt eingesetzt werden können? | ☐ |
| 5 | Erläutern Sie die Bereiche des Johari-Fensters anhand von Beispielen. Wo und wie würden Sie das Johari-Fenster im Projekt einsetzen? | ☐ |
| 6 | Welche OK-Haltungen lassen sich im Gespräch unterscheiden? Nennen Sie Beispiele für jede Haltung. | ☐ |
| 7 | Erläutern Sie kurz das Konzept des NLP und seine Einsatzmöglichkeiten. | ☐ |
| 8 | Welche Kriterien helfen, gute Zielformulierungen zu finden? | ☐ |

# 2.11 Verhandlungen (Negotiation)

Martin Goerner, Christine Schmidt[1]

## Kontext und Bedeutung

Innerhalb des Bereiches Verhaltens- und Sozialkompetenzen, aber auch für das Projektmanagement insgesamt ist das Element 2.11 mit dem Titel „Verhandlungsführung" ein zentrales Thema. Die Beschreibung der ICB 3.0 zu Element 2.11, aber auch der Themen-Zuschnitt der ICB 3.0 generell lassen deutlich werden, dass dabei nicht nur die reine „Verhandlungstechnik", sondern eine große Bandbreite von Gesprächen im Projekt gemeint ist, sodass der Beitrag sinnvoller Weise „Gesprächs- und Verhandlungsführung" überschrieben wird.

Sobald jedoch ein Gespräch die Schwelle der „Plauderei" verlässt oder auch den Charakter als „Einweg-Information" überschreitet, beinhaltet es mehr oder weniger Elemente einer Verhandlung – oder zumindest eines Aushandlungsprozesses (s.u.). Sobald Unterschiede in den Interessen oder Sichtweisen der Gesprächspartner vorliegen oder inhaltliche, methodische oder organisationale Fragen im Projekt diskursiv zu klären sind, muss verhandelt werden, sei es mündlich oder schriftlich, mit oder ohne technische Medien. In den Kommunikationswissenschaften gilt Verhandeln als die häufigste Form der menschlichen Interaktion.

Die Themen Projektmanagement und Verhandlungsführung sind auf dreierlei Weise besonders eng miteinander verbunden:

1. Gerade Projektleiter benötigen in hohem Maße Managementkompetenzen und müssen in komplexen Situationen sozial agieren. Zwischenmenschliche Kommunikation stellt immer einen komplexen Vorgang dar, selbst wenn sich die reine Sachebene – zunächst – als relativ einfach darstellt.

   Häufig finden Gespräche auch nicht nur zwischen zwei Personen statt, sondern beziehen mehrere Beteiligte mit jeweils unterschiedlichen Interessen ein. Gerade Verhandlungsgespräche stehen auch meist nicht für sich alleine, sondern haben einen teilweise längeren Vorlauf und stehen in einem Kontext. Geschäftskontakte sind in der Regel auch nicht auf eine punktuelle Begegnung beschränkt, sondern erfordern meist Vor- und Nachbetreuung oder stehen in einer zeitlichen oder personellen Kontinuität, ggf. über das Projekt oder das Programm hinaus. Damit bedingt Verhandlungsführung immer auch eine – meist längerfristige – Beziehungsgestaltung.

   Das Thema ist nicht nur für Projekt- oder Programmleiter und für Auftraggeber, sondern auch für Mitarbeiter in Projekten, Kunden, Lieferanten etc. von grundlegender Bedeutung. Grundsätzlich ist jeweils zu fragen, aus welcher Funktion oder Rolle heraus ein Verhandlungsgespräch geführt wird, welche Konsequenzen daraus abzuleiten sind und welche innere Einstellung für ein konkretes Gespräch erforderlich ist.

   Alle Kapitel des Bereiches 2 fließen daher als Aspekte von Verhandlungsfähigkeit, als notwendiger Kontext oder in anderer Form in die Verhandlungsführung ein. Eine besonders enge Verbindung besteht zum Kapitel 2.12, „Konflikte und Krisen". Sobald eine Verhandlung im Schwerpunkt die Sachbezogenheit verlässt, schwerwiegende Störungen der Beziehungsebene oder festgefahrene Verhaltensmuster vorliegen, ist Konfliktmanagement gefragt. Anderseits erfordert ein bewältigter Konflikt die Klärung der anstehenden Sachfragen in Verhandlungsgesprächen.

2. Projekte stellen aufgrund ihres besonderen Charakters (Vorgaben, Begrenztheit, Projektorganisation etc.) einen bevorzugten Ort für Verhandlungen dar. Alle Projektmanagement-Methoden beinhalten mehr oder weniger intensiv die „Schnittstelle Mensch". Je nach Projektorganisation sind viele oder ggf. alle Eingangsdaten der Prozessschritte im Projektmanagement das Ergebnis von Verhandlungsgesprächen.

---

[1] Neben der Ko-Autorin, Christine Schmidt, hat Günter Raberger (Effretikon/Schweiz) wert-volle Anregungen für den Text beigesteuert.

3. Auch die Ausgangsdaten bedürfen der Kommunikation und ggf. der Abnahme, der Weitergabe oder des Abgleichs im Gesprächskontakt mit Personen. Verhandlungskompetenzen werden deshalb in vielen Kapiteln als Voraussetzung gefordert.

    Dies betrifft alle Kapitel des Teils 1, in Teil 2 besonders 2.1: Mitarbeiterführung, 2.2: Motivation, 2.8: Ergebnisorientierung, 2.10: Rücksprache, 2.14: Wertschätzung, in Teil 3 besonders 3.4: Projekt-, Programm- und Portfolioeinführung, 3.6: Geschäft, 3.8: Personalmanagement, 3.10: Finanzierung und 3.11: Rechtliche Aspekte, können aber dort jeweils nicht vertieft behandelt werden.

4. Projektmanagement stellt für Verhandlungsgespräche besonders geeignete methodische Instrumente bereit. Anders als ein Informationsgespräch – sofern es das in Reinform überhaupt gibt – beinhaltet die Verhandlungsführung immer eine strategische Komponente, erfordert bereits im Vorfeld vielfältige Informationen, verlangt eine gründliche Vorbereitung, erfordert ein systematisches Vorgehen und planmäßige Nacharbeit. Gut gemanagte Projekte eröffnen daher für den Verhandlungsführer eine besondere Chance und bieten besonders günstige Voraussetzungen, wie an einigen Beispielen erläutert werden soll:

    Die Stakeholder-Analyse erfordert z. B. nicht nur Verhandlungen mit allen Interessengruppen, sondern liefert auch die notwendigen Eingangswerte, um gut informiert in Verhandlungen mit den entscheidenden Ansprechpartnern zu gehen, ähnlich auch die Risikoanalyse. Der Projektauftrag erfordert nicht nur eine Verhandlungsführung, sondern auch einen strukturierten Prozess zur Auftragsklärung, und auch ein strukturiertes Änderungsmanagement bietet eine Vielzahl von Möglichkeiten, Verhandlungen über Projektleistungen systematisch und erfolgsorientiert zu gestalten. Ein Projektstrukturplan und eine gute Zeitplanung ermöglichen eine sachlich gut gegliederte Behandlung von Verhandlungsthemen. Eine sinnvolle Projektdokumentation erleichtert den zielgerichteten Zugriff auf diejenigen Informationen, die eine konkrete Verhandlung erfordern.

## Lernziele

Sie kennen

- typische Verhandlungssituationen im Projekt
- die Merkmale von verdeckten Verhandlungssituationen und Aushandlungsprozessen
- typische Meinungen und Glaubenssätze zum Thema Verhandeln und hilfreiche Haltungen für professionelle Verhandlungen
- die Charakteristika von Sach- und Beziehungsebene und die Wichtigkeit der Beziehungsgestaltung für die Verhandlungsführung
- die 5 Grundprinzipien des Harvard-Konzepts
- das 4-Phasen-Konzept zur Strukturierung von Gesprächen
- typische Zuhörbarrieren und die Prinzipien des Aktiven Zuhörens
- die Eskalationsgefahren bei Aussagen und die Merkmale guter Ich-Botschaften
- die Merkmale und Einsatzfelder von offenen, geschlossenen und Alternativ-Fragen
- die Funktion von weichen Formulierungen und Hypothesen im Verhandlungsgespräch
- die Gesprächsstrukturierung über Zwischenchecks
- die Ergebnissicherung im Verhandlungsgespräch

Sie können

- typische Verhandlungssituationen im Projekt erkennen und konstruktiv gestalten
- verdeckte Verhandlungssituationen und Aushandlungsprozesse erkennen und konstruktiv gestalten
- eigene Glaubenssätze zum Thema Verhandeln bei sich erkennen und beurteilen, wie konstruktiv sie für eine bestimmte Verhandlung sind
- Sach- und Beziehungsebene in Bezug auf konkrete Gesprächssituationen unterscheiden und Arbeitsbeziehungen tragfähig gestalten
- einfache Verhandlungsfälle nach den Prinzipien des Harvard-Konzeptes erkennen und vorstrukturieren (Alternativen – Beziehung – Interessen – Optionen – Kriterien)
- einfache Verhandlungsgespräche nach dem 4-Phasen-Konzept strukturieren
- im Gespräch aktiv zuhören und Kommunikationskiller erkennen und vermeiden
- konstruktive Selbstaussagen/Ich-Botschaften formulieren
- Emotionen bei sich selbst und beim Verhandlungspartner erkennen und verstehen
- eigene Emotionen ohne Eskalationsgefahr ins Gespräch einbringen
- offene, geschlossene und Alternativ-Fragen zur Interessenklärung im Verhandlungsgespräch einsetzen
- mit Hypothesen und weichen Formulierungen Lösungsoptionen in eine Verhandlung einbringen
- Verhandlungsgespräche über Check-Fragen und kurze Zusammenfassungen strukturieren
- am Gesprächsende die Ergebnisse und offenen Punkte sichern

# Inhalt

Einführung Gesprächs- und Verhandlungsführung ... 956
1 Themenzuschnitt, Lernen und Prüfungsrelevanz ... 956
2 Verhandlungssituationen im Projekt ... 957
2.1 Typische Verhandlungssituationen ... 957
2.2 Verdeckte Verhandlungssituationen ... 957
2.3 Aushandlungsprozesse im Projekt ... 958
2.4 Verhandeln und Verkaufen ... 958
3 Verbreitete Meinungen zum Thema Verhandeln ... 959

Verhandlungsmethodik ... 960
4 Das Harvard-Konzept für sachbezogenes Verhandeln ... 960
4.1 Harvard-Prinzip 1: Die Alternativen abwägen ... 962
4.1.1 Gibt es eine Verhandlungssituation? ... 962
4.1.2 Wie hoch ist die Chance für Ihren Erfolg? ... 962
4.1.3 Was können Sie tun, statt zu verhandeln? ... 963
4.2 Harvard-Prinzip 2: Zwischen Menschen und Problemen unterscheiden ... 965
4.2.1 Sach- und Beziehungsebene in der Kommunikation ... 965
4.2.2 Beziehungsebene trägt Sachebene ... 966
4.2.3 Beziehung und persönlicher Status ... 967
4.2.4 Die Arbeitsbeziehung ist die Grundlage für die Verhandlung ... 967
4.2.5 Interessen gibt es auf Sach- und Beziehungsebene ... 968
4.2.6 Der Unterschied zwischen Verhandlungen und Konflikten ... 970
4.3 Harvard-Prinzip 3: Ermitteln Sie Interessen und Bedürfnisse ... 970
4.3.1 Nutzenerwartungen und Bedürfnisse ... 971
4.3.2 Interessenermittlung als Klärungsprozess ... 971
4.4 Harvard-Prinzip 4: Entwickeln Sie Optionen zum beiderseitigen Vorteil ... 973
4.4.1 Win-Win als Maßstab für Lösungsoptionen ... 973
4.4.2 Interessen-Unterschiede schaffen Nutzen ... 974
4.4.3 Erweitern Sie den Lösungsraum ... 975
4.4.4 Vorläufigkeit und Teil-Lösungen akzeptieren ... 976
4.5 Harvard-Prinzip 5: Fairness als Prüfstein für die Einigung ... 977
4.5.1 Faire Vorgehens- und Verfahrensweisen ... 977
4.5.2 Kriterien für ein faires Verhandlungsergebnis ... 977
4.5.3 Verhandeln als gemeinsames Ringen um Fairness ... 978
4.6 Verhandlungen nach dem Harvard-Konzept vorbereiten und strukturieren ... 980

Gesprächsführung ... 981
5 Kommunikation und Gesprächsführung in Verhandlungen ... 981
5.1 Die optimale Grundhaltung für die professionelle Verhandlungsführung ... 981
5.2 Phasenstruktur von Verhandlungsgesprächen und Verhandlungsprozessen ... 982
5.3 Überblick über die Grundtechniken der Gesprächsführung ... 984
5.4 Gute Verständigung durch Aktives Zuhören ... 984
5.4.1 Zuhör-Probleme und Kommunikationsbarrieren ... 984
5.4.2 Aktives Zuhören als Gesprächstechnik ... 985
5.5 Klare Selbstaussagen durch Ich-Botschaften ... 986
5.5.1 Eskalierende Aussagetypen vermeiden: ... 986
5.5.2 Drei Schritte zur konstruktiven Ich-Botschaft ... 987
5.5.3 Vorsicht vor „falschen Ich-Botschaften" ... 988
5.6 Mit Fragetechniken das Gespräch steuern ... 988
5.6.1 Offene und geschlossene Fragen ... 988

| | | |
|---|---|---|
| 5.6.2 | Alternativfragen: Hilfreich und problematisch zugleich | 989 |
| 5.6.3 | Der Fragetrichter: Antwortspielräume im Gespräch gestalten | 990 |
| 5.6.4 | Der Dreischritt zum Einsatz von Fragen im Gespräch | 991 |
| 5.6.5 | Fallen beim Fragenstellen: | 991 |
| 5.7 | Durch Hypothesenbildung Lösungen entwickeln | 992 |
| 5.8 | Die laufende Ergebnissicherung im Gespräch | 993 |
| 5.9 | Die Gestaltung des Gesprächsabschlusses | 995 |
| 5.9.1 | Der Vor-Check | 995 |
| 5.9.2 | Ergebnissicherung mit Check-Fragen | 995 |
| 5.9.3 | Gesprächsabschluss auf Beziehungsebene | 996 |
| 6 | Zusammenfassung | 996 |
| 7 | Fragen zur Wiederholung | 997 |

# Einführung Gesprächs- und Verhandlungsführung

## 1    Themenzuschnitt, Lernen und Prüfungsrelevanz

Der folgende Artikel widmet sich als Überblicksdarstellung dem breiten Feld der Gesprächsführung sowohl unter methodischen als auch unter psychologischen Gesichtspunkten. Der spezielle Fokus liegt dabei auf den Verhandlungsgesprächen, aufgrund der besonderen Relevanz und Schwierigkeit dieser Gespräche. Nicht beschrieben werden jedoch umfangreiche komplexe Verhandlungsprozesse, die vielfältige methodische oder auch juristische Implikationen enthalten, da dies ein eigenes Gebiet darstellt und den Rahmen sprengen würde. Gleiches gilt für spezielle Verhandlungssituationen, wie „Preisverhandlungen", Verhandlungen in größeren Teams oder Verhandlungen mit Vertretern anderer Kulturen (Asien, arabischer Raum etc.). Für diese Situationen werden kurze Hinweise gegeben, es sollte jedoch jeweils Spezialliteratur konsultiert werden. Im Mittelpunkt dieses Artikels steht vielmehr die Vielzahl der „alltäglichen" Gespräche und Verhandlungen, die letztlich die soziale Basis des Projekterfolgs bilden.

Traditionell existieren die Themen „Verhandlungsführung" mit teils umfangreichen methodischen Konzepten und „Gesprächsführung" mit vielfältigen psychologischen Dimensionen nebeneinander. Viele Veröffentlichungen widmen sich jeweils einem dieser Themen, die ja für sich bereits umfangreich sind. Für den Erfolg ist jedoch letztlich die Zusammenführung beider Themen notwendig. Der folgende Text verbindet deshalb die wichtigsten Bereiche der Gesprächsführung mit einem bekannten methodischen Verhandlungskonzept, dem „Harvard-Konzept". Deshalb werden sowohl im Grundlagen- als auch im Vertiefungsteil jeweils die Bereiche „Verhandlungsmethodik" und „Gesprächsführung" behandelt.

Gerade die Gesprächsführung ist als zentrales Gebiet im Bereich der psychosozialen „weichen Faktoren" (Soft Skills) zwar von besonderer Wichtigkeit, aber auch als „Lernstoff" bzw. als Prüfungsmaterie besonders sensibel zu handhaben. Das Lernen und die Prüfung in diesem Bereich sollten sich daher auf die jeweiligen Kern-Inhalte konzentrieren, die über die Lernziele und Wiederholungsfragen eingegrenzt sind.

Die Beherrschung dieses Wissens sagt jedoch nichts über die tatsächliche kommunikative Kompetenz oder das Verhandlungsgeschick einer Person aus. Dies ist nur durch langjährige Übung, Beobachtung und Selbstbeobachtung und durch die Arbeit an der eigenen Persönlichkeit zu erreichen und kann daher auch über eine Prüfung nicht hinreichend erfasst werden. Allerdings kann dieser Text das Verständnis für konstruktives Gesprächsverhalten erleichtern und den Weg bereiten. Deshalb dienen viele Informationen in diesem Text dem Verständnis und der Einordnung der genannten Kern-Inhalte. Eine weitere Gruppe von Inhalten, wie beispielsweise der Bereich des Nonverbalen Verhaltens, der Einsatz von NLP-Techniken im Gespräch oder das Verhalten in spontanen Verhandlungssituationen werden zwar erläutert, benötigen aber zur Umsetzung viel Erfahrung und Übung.

## 2 Verhandlungssituationen im Projekt

Stärker als rein weisungsgebundene Linien-Tätigkeiten erfordern Projekte Verhandlungen:

- Projekte stehen mit ihrer Umwelt (Auftraggeber, Lieferanten etc.) in vielfältigen und oft wechselseitigen Bezügen und Abhängigkeiten. Viele dieser Austauschbeziehungen sind – anders als in der Linie – meist nicht über festgelegte Verfahren oder Weisungen geregelt, sondern müssen in Verhandlungen geklärt werden.
- In allen Formen der Projektorganisation wird vom Projektleiter in erheblichem Maße Eigenverantwortlichkeit verlangt. Meist kann er aber auf keine Weisungsbefugnis zurückgreifen, sodass vielfältige Verhandlungs- und Aushandlungsprozesse notwendig sind („Laterale Führung").

### 2.1 Typische Verhandlungssituationen

Teilweise kann es sich dabei um Kommunikationssituationen handeln, die typischerweise als Verhandlungen erkannt und geführt werden. Diese Einstufung erleichtert bereits die Verhandlungsführung. Man verabredet ein Gespräch mit einem Partner, bereitet sich darauf vor und hält am Ende eine Vereinbarung fest.

Beispiele im Projekt wären etwa:

- Verhandlungen mit dem Auftraggeber über den Zuschnitt des Projektes, die Bereitstellung von Ressourcen, Änderungswünsche, Nachforderungen etc.
- „klassische" Vertragsverhandlungen
- Verhandlungen mit Projektmitarbeitern über Umfang, Zeitpunkt, Dauer, Qualität etc. von zu erbringenden Leistungen
- Verhandlungen mit unterschiedlichsten Hierarchiestufen der Linie über die Bereitstellung von Ressourcen, die Behebung von Engpässen, die Regelung von Kommunikationsflüssen usw.
- Verhandlungen mit Lieferanten über Zulieferungen, zu erbringende Leistungen, Preise und Honorare
- Verhandlungen mit (End-)kunden über Anforderungen, Qualitätskriterien etc.
- Verhandlungen mit anderen Stakeholdern über deren Interessen am Projekt oder Beeinträchtigungen von Bedürfnissen durch das Projekt, Einbezug oder Abgrenzung usw.

### 2.2 Verdeckte Verhandlungssituationen

Viele Verhandlungssituationen werden aber gar nicht als solche erkannt. Unvorbereitet stolpern wir täglich in und durch viele Verhandlungen, ohne jemals zu ahnen, dass wir verhandelt haben. Wenn es schlecht gelaufen ist, fragen wir uns bisweilen, „was da eigentlich eben gelaufen ist". Um hier Verbesserungspotential zu heben, ist es zunächst notwendig, sich bewusst zu machen, wann verhandelt wird oder werden müsste. Dann können diese Kommunikationsprozesse wirksamer gestaltet und Fehler vermieden werden.

Beispiele wären:

- Flurgespräche, die plötzlich Verbindlichkeit annehmen:
  *„Ich hätte da kurz eine Frage. (...) Gut, dann bringen Sie mir morgen also ..."*
- eine kurze Email-Anfrage, die mit einer Vereinbarung beantwortet wird, die meist nicht als solche gekennzeichnet ist:
  *„Ich schicke Ihnen morgen eine Übersicht, das reicht ja für die Sitzung."*
- spontane Telefonate oder eingehende Anrufe, die über einen reinen Informationsaustausch hinausgehen

- eine kleine oder größere Bitte (nicht alle Bitten leiten Verhandlungen ein, aber eine Bitte eröffnet häufig eine Verhandlungssituation, die aus Höflichkeit oft nicht genutzt wird)
- „schleichende" komplexe Kommunikationsprozesse über viele unterschiedliche Kanäle, z. B.: eine flüchtig gesendete Email, die mit einer telefonischen Rückfrage erwidert wird, dann vielleicht eine weitere Email mit einem Vorschlag nach sich zieht usw. Wochen später treffen Sie in einer Sitzung dann auf eine feste Erwartung in einem Nebensatz Ihres Gesprächspartners („*Sie wollten dann ja ...*"). Schlimmstenfalls ist dieser bereits verärgert, weil eine Erwartung, die Sie gar nicht erahnt hatten, enttäuscht worden ist ...

Aber auch „klassische" Verhandlungsprozesse ziehen sich oft über mehrere Gespräche hin. Dazwischen können Klärungsphasen oder notwendige Rücksprachen liegen.

## 2.3 Aushandlungsprozesse im Projekt

Mitarbeiterführung ohne Weisungsverantwortung, „Führung nach oben", d. h. Einflussnahme auf Vorgesetzte oder auf übergeordnete Gremien zugunsten des Projektes oder auch die „horizontale" Einflussnahme auf Kollegen oder Mitarbeiter in Nachbarprojekten oder anderen Abteilungen hat in der Projektarbeit eine hohe Bedeutung. Die Wissenschaftler des Harvard Negotiation Project haben hierfür den Begriff „Laterale Führung" geprägt: lateral = von der Seite her, also nicht frontal (vgl. FISHER & SHARP, 1998). KÜHL, SCHNELLE & SCHNELLE (2004) sowie SCHNELLE (2006) und andere haben diesen Ansatz in der aktuellen organisationswissenschaftlichen Forschung weiterentwickelt. Die linguistische Gesprächsanalyse bezeichnet die vielfältigen Gespräche, in denen – oft mehr unbewusst oder verdeckt – um Einfluss, Macht oder Status „gerungen" wird, als „Aushandlungen". Letztlich helfen die Regeln für Gesprächs- und Verhandlungsführung auch hier, erfolgreicher zu kommunizieren.

**Beispiel** Typische Beispiele für Aushandlungsprozesse wären etwa die vielfältigen „Machtspiele" (KÜHL, SCHNELLE & SCHNELLE, 2004; SCHNELLE, 2006), wie sie auch im und um das Projekt laufen:
- Die Produktionsmanager „rangeln" regelmäßig mit den Produktmanagern, ob die Produkte so gestaltet werden, dass hohe Stückzahlen möglich sind, oder ob sich die Produktion auf ein ausgefallenes Design einstellen muss, was dann zu Lasten der Stückzahlen geht,
- die Programmierer verkomplizieren eine Software oder „bunkern" ihr technisches Wissen gegenüber den Anwendern, um sich unersetzlich zu machen,
- in benachbarten Abteilungen laufen konkurrierende Projekte mit fast identischem Ziel, weil keine Abteilung der anderen Informationen offen legen will etc.

Viele „Machtspiele" lassen sich freilich nur begrenzt positiv beeinflussen. Laterale Führung wird hier möglich, wenn die konkreten Akteure ermittelt, die jeweiligen Austauschbeziehungen identifiziert, die Sichtweisen, Bedürfnisse und Interessen der Gruppen geklärt, nach Win-win-Optionen gesucht wird etc., um schrittweise Vertrauen aufzubauen. Kurz: wenn die Werkzeuge der Verhandlungsführung und des Harvard-Konzepts in Aushandlungsprozessen flexibel zum Einsatz kommen.

## 2.4 Verhandeln und Verkaufen

Kaufen und Verkaufen hat einen engen Bezug zu den Themen Gesprächsführung und Verhandeln, der Gegenwert ist beim Verkaufen in der Regel ein Geldbetrag (Preis). Bei vielen Standard-Käufen besteht zwar (meist) kein Verhandlungsspielraum, dies ändert sich jedoch, sobald der Kauf/Verkauf in einem größeren Rahmen steht. Ein ganz simples Beispiel soll dies verdeutlichen:

🔍 **Beispiel** Beim Einkauf eines Aktenordners wird es meist zwecklos sein, den Preis verhandeln zu wollen. Der Verkäufer hat gute Alternativen (der nächste Kunde kommt bestimmt) und Legitimitäten (der Marktpreis für den Artikel ist leicht vergleichbar und überall ähnlich) und die Interessenlage beschränkt sich auf eine reine Austauschbeziehung (Geld gegen Ware). Dies ändert sich schlagartig, sobald größere Mengen dieses Ordners, ein besonderes Design oder ein längerfristiger Liefervertrag benötigt werden. Jetzt sind die Alternativen beider Partner ausgewogener, die Orientierung über Vergleiche wird schwieriger und die Interessenlage komplexer. Eine Verhandlung wird notwendig.

Natürlich ist mit dem Thema Verkauf ein eigenes Gebiet angesprochen, welches wiederum eine Reihe von Spezialgebieten enthält, wie Kundenorientierung, Preisgespräch, Werbung etc., die in diesem Text nicht behandelt werden können.

∑ **Fazit** Verhandlungen sind demnach längst nicht nur bewusst herbeigeführte Gespräche, sondern finden häufig in Form von Telefonaten, Emailkontakten etc. oder auch komplex verschachtelten Kommunikationsaktivitäten über unterschiedliche Medien statt. Verhandlungsprozesse beschränken sich auch meist nicht nur auf einen einzelnen Kommunikationskontakt, sondern sind meist längere Kommunikationsprozesse mit einer Vorgeschichte und Folgeaktivitäten. Viele Verhandlungen sind Teile von Aushandlungsprozessen in Machtspielen etc. Das Harvard-Konzept, die kommunikativen und strategischen Aspekte von Verhandlungen oder die Fragen der inneren Haltung sowie die meisten technischen Aspekte von Kommunikation gelten für alle diese Situationen gleichermaßen.

## 3 Verbreitete Meinungen zum Thema Verhandeln

Das Thema Verhandeln ist traditionell noch immer wie kaum ein anderes umrankt von Legenden und Vorbehalten. Wir nehmen wahr, dass Verhandlungsgespräche zentrale Erfolgsfaktoren im Management sind, erleben und bewerten aber unser eigenes Verhalten in Verhandlungen häufig als „suboptimal" oder hören von überragenden Fähigkeiten irgendwelcher Verhandlungsführer. Daher beherrschen vielfältige Annahmen und Theorien das Thema Verhandlungsführung, die unser Denken über Verhandeln maßgeblich prägen und damit den Stil bestimmen, wie wir Verhandlungsgespräche führen.

Wie bei vielen sozialen Fertigkeiten richtet sich unsere Aufmerksamkeit auch bei Verhandlungsführung zunächst meist auf den Verhaltens-Aspekt: „Was muss ich tun, um optimal zu verhandeln?"

„Verhalten" ist jedoch die Folge einer „Haltung", einer inneren Einstellung, die unsere Wahrnehmung, deren Bewertung und im Endeffekt unser Verhalten bestimmt. Die Psychologie spricht bei derartigen – nicht hinterfragten, oft unbewussten und meist unausgesprochenen – Aussagen auch von „Glaubenssätzen". Sie entscheiden letztlich darüber, wie wir Verhandlungsgespräche führen, wie wir unseren Erfolg im Nachhinein einschätzen und welche Chance wir haben, uns zu verbessern.

 **Beispiel** Zugespitzt und übertrieben könnten beispielhaft folgende typische Sätze genannt werden:
- Ich werde auf einen Verhandlungs„gegner" treffen, der eine bestimmte Position vertreten wird. Um erfolgreich in den „Kampf" mit meinem „Gegner" ziehen zu können, muss ich deshalb selbst eine möglichst gegensätzliche Position beziehen, von der aus ich dann, wenn nötig, Abstriche machen kann.
- Bei Verhandlungen geht es immer nur darum, „einen Kuchen aufzuteilen". Derjenige gewinnt, der das größere Stück abbekommt, der andere verliert.
- Erfolgreich zu verhandeln, bedeutet, standhaft zu feilschen. Eine faire Einigung bedeutet, dass man sich in der Mitte trifft.
- Wenn ich mich an objektive Fakten und Tatsachen halte, sind diese so offensichtlich, dass sie mein „Gegner" selbstverständlich auch als solche einsehen muss.
- Um mich verständlich zu machen, muss ich mich einfach nur klar ausdrücken. Wenn ich dann nicht verstanden werde, sind Unwissenheit, Taktik oder Bösartigkeit im Spiel.

| Im Geschäftsleben geht es um Fakten, Logik und Verstand. Gefühle sollten möglichst vollständig unberücksichtigt bleiben. Leider werden aber viele Menschen schnell „unsachlich".
| Es kommt vor allem darauf an, als Persönlichkeit möglichst hart zu erscheinen, um damit abzuschrecken. Wenn ich die Möglichkeit habe, sollte ich meinen Gegner überrumpeln und dann dafür sorgen, dass er nichts mehr dagegen machen kann.

Natürlich gibt es Situationen, in denen Aspekte dieser Aussagen durchaus Sinn machen, und viele traditionelle Verhandlungsschulen, gerade außerhalb Europas, gehen von einem „Gegeneinander" listig feilschender und „pokernder" Kontrahenten aus. Manche Verhandlungshandbücher systematisieren deshalb eine Vielzahl von Taktiken, Tricks und Täuschungsmanöver. In den letzten Jahrzehnten kommen wissenschaftliche Untersuchungen, Beobachtungs-Serien, Computer-Simulationen etc. jedoch wiederholt zu der Einschätzung, dass eine partnerschaftliche Grundhaltung und eine faire Kommunikation – in schwierigen Situationen gekoppelt mit einer kontrollierten Eskalation („tit-for-tat"; s.u.) – zumindest auf längere Sicht den traditionellen Feilsch- und Poker-Konzepten überlegen sind (vgl. hierzu RABERGER & SCHMIDT, 2007). Damit erweisen sich die aufgelisteten Annahmen für die meisten Verhandlungen als irrtümlich und kontraproduktiv.

Im folgenden Kapitel findet der Leser daher ein Spektrum von Methoden, um Verhandlungen erfolgreicher zu gestalten. Anders als die genannten „Glaubenssätze" oder als manche traditionellen „Taktik-Sammlungen" sind Methoden im kommunikativen Bereich jedoch keine „Rezepte": Zwischenmenschliche Vorgänge, wie Gesprächsführung und Verhandlung, sind von hoher Komplexität, sodass sie sich nicht mit schlichten Ursache-Wirkungs-Regeln steuern lassen. Es kann deshalb hier nur darum gehen, grundsätzliche Hinweise für produktive Einstellungen und Verhaltensweisen zu geben.

Deren Erfolg hängt aber von der konkreten Umsetzung und Anpassung an die – komplexe – Verhandlungssituation, an den jeweiligen Partner und von der Stimmigkeit des eigenen Verhaltens ab. Lernen auf diesem Gebiet bedeutet immer Veränderungsarbeit an der eigenen Persönlichkeit, verlangt demnach Mut, Selbstbeobachtung und Ausdauer.

Das folgende Kapitel bezieht sich auch ausdrücklich auf Verhandlungen. Die ICB 3 macht sinnvoller Weise einen Unterschied zwischen Verhandlungen und Konflikten, bei denen Verhandeln nur bedingt Sinn macht.

Die genannten Glaubenssätze verdeutlichen auch, in welchem Maße die Vorstellungen über Verhandlungsführung das konkrete Handeln und damit die Kommunikation beeinflussen. Ohne ein grundsätzliches Verständnis von Kommunikation bleiben deshalb viele „Ratschläge" für ein konkretes Verhalten wirkungslos. Daher soll im nächsten Kapitel ein auf empirischer Basis wissenschaftlich erarbeitetes Verhandlungskonzept zunächst relativ abstrakt vorgestellt werden. Auf der Grundlage dieses Konzeptes werden in den folgenden Kapiteln daraus konkrete Hinweise für das Vorgehen in Verhandlungen abgeleitet.

## Verhandlungsmethodik

### 4  Das Harvard-Konzept für sachbezogenes Verhandeln

Seit Mitte der 1970er Jahre beschäftigt sich im „Harvard Negotiation Project" eine Gruppe von Wissenschaftlern an der Harvard-Universität mit dem Thema Verhandlungsführung. Daraus resultiert ein Standardwerk (FISHER, URY & PATTON: Das Harvard-Konzept, 1984), ein Arbeitsbuch sowie eine Vielzahl von Forschungsprojekten und spezialisierten Ratgeber-Texten, die zum Teil über das Internet abgerufen werden können (http://www.pon.harvard.edu/hnp). Im europäischen, vor allem im deutschsprachigen Raum ist das Konzept insbesondere angepasst worden von Ulrich Egger, Zürich. Das Harvard-Konzept wird seitdem ständig verfeinert (z. B. FISHER & SHAPIRO, 2006) und gilt vielfach als „state of the art" zum Thema Verhandeln. Daher lehnt sich der vorliegende Text zum großen Teil an diesen Ansatz an.

Einleitend werden die Grundprinzipien zusammenhängend dargestellt, denn sie dienen als Bezugspunkt für alle weiteren Ausführungen zum Thema Verhandlungsführung. Die grundlegenden Veröffentlichungen (vgl. FISHER, URY & PATTON, 1984; FISHER & BROWN, 1992; FISHER & ERTEL, 1997; FISHER & SHARP, 1998) gliedern diese Prinzipien jeweils unterschiedlich und variieren auch deren Reihenfolge. Leicht vereinfacht, lassen sich die folgenden 5 Prinzipien ableiten:

**Havard-Prinzip 1**: Die Alternativen abwägen (→ 4.1)
**Havard-Prinzip 2**: Zwischen Menschen und Problemen unterscheiden (→ 4.2)
**Havard-Prinzip 3**: Ermitteln Sie Interessen und Bedürfnisse (→ 4.3)
**Havard-Prinzip 4**: Entwickeln Sie Optionen zum beiderseitigen Vorteil (→ 4.4)
**Havard-Prinzip 5**: Fairness als Prüfstein für die Einigung (→ 4.5)

Das Harvard-Konzept kann sowohl bei umfangreichen Verhandlungen helfen, ist aber ebenso nützlich für die kleine alltägliche Verhandlung nebenbei, also auch hilfreich für Gespräche, die das „tägliche Brot" für jeden Projektbeteiligten sind, sowie für die typischen „Machtspiele", die sich z. B. zwischen Projekt und Linie ereignen.

Der authentische Fall eines typischen Gesprächs, das sich in einem Projekt eines Produktions-Unternehmens ereignet hat und in einem Projekt-Coaching zur Sprache kam, soll deshalb als Illustration die Darstellung begleiten. Dieses Beispiel wird nach jedem Harvard-Prinzip aufgegriffen und weiter erläutert:

 **Beispiel** Teil 1:

In einem Betrieb, der Artikel in Massenproduktion herstellt, ist ein Projektleiter dafür verantwortlich, innovative Messeexemplare in geringer Stückzahl zweimal jährlich fertigen zu lassen. Damit diese Aufgabe gelingt, verfügt der Betrieb über ein geregeltes Projektmanagement (PM-Handbuch) und über eingespielte Verfahren, wie z. B. Anträge und Zuweisung von Maschinenlaufzeit. Trotzdem ergeben sich vielfältige Engpässe und damit die Notwendigkeit zu Improvisation. Bei einem seiner üblichen „Schönwetter-Gespräche" trifft der Projektleiter in der Kantine auf den Linien-Verantwortlichen für eine Fertigungsstraße, die er für einen aktuellen Messeartikel demnächst dringend benötigt. Die Straße wird wegen des Projekts für die Massenproduktion für mehrere Stunden gesperrt werden müssen. Laut Antragswesen wird er die Straße erst in 6 Wochen erhalten, wünschenswert wäre jedoch ein früherer Zeitpunkt. Im Verlauf des Gespräches wird deutlich, dass ein Mitarbeiter der Fertigungsstraße in der nächsten Woche in Rente geht und gerne seinen Ausstand gebührend feiern möchte, was aber nicht möglich ist, weil die Arbeit dann ausfallen müsste. Im Gespräch ergibt sich nun schnell die Chance zu einem Win-Win: Der Projektleiter erhält zum geplanten Ausstands-Datum für einen Nachmittag bis zum Feierabend die Fertigungsstraße und hat damit bereits jetzt schon die notwendige Maschinenlaufzeit für seine Messeartikel erhalten. Auch die Feier kann nun, wie gewünscht, stattfinden, denn die Straße ist in dieser Zeit für die normale Produktion nicht zugänglich. Beide Seiten haben einen größeren Gewinn, als eine einfache Aufteilung oder ein Kompromiss ihn ermöglicht hätte.

## 4.1 Harvard-Prinzip 1: Die Alternativen abwägen

Verhandlungen sind eine spezielle Form der Kommunikation, die häufig, aber nicht immer gegeben ist. Vor jeder Verhandlung ist daher grundlegend zu prüfen, ob überhaupt ein Verhandlungsfall vorliegt, ob es also sinnvoll oder möglich ist, zu verhandeln. Um verhandeln zu können, müssen unterschiedliche Interessen oder Bedürfnisse vorliegen, die Partner müssen zu einem Ausgleich dieses Unterschiedes auf kommunikativem Wege (also u. a. ohne Gewalt und auch nicht z. B. durch Schaffung vollendeter Tatsachen) bereit und fähig sein. Weiterhin müssen die Partner Interesse an diesem Ausgleich und alternative Handlungsmöglichkeiten haben. Damit ist ein grundlegendes Harvard-Prinzip angesprochen, das sinnvoller Weise als erstes betrachtet werden soll, um zugleich zu verdeutlichen, was eine Verhandlung von anderen Gesprächen unterscheidet: Die Frage nach den Alternativen.

### 4.1.1 Gibt es eine Verhandlungssituation?

Nur wenn Ihr Verhandlungspartner Handlungsalternativen hat, also eine Wahl- und Entscheidungsmöglichkeit, macht es Sinn, mit ihm zu verhandeln.

- Viele vermeintliche Verhandlungssituationen entpuppen sich bei näherem Hinsehen als ein schlichtes Diktat: „So und nicht anders!" aufgrund der Machtverhältnisse zwischen den Verhandlungspartnern oder aufgrund des fehlenden Spielraumes („Das Gesetz ... schreibt es so vor."). Hier bleibt nur die Wahlmöglichkeit zwischen „Friss oder Stirb".
- Oder Ihr vermeintlicher Verhandlungspartner ist mit seiner Situation zufrieden, sodass Sie überlegen müssen, ob Sie eine Chance haben, sein Interesse zu wecken.

Verhandlungssituationen bestehen auch meist nur für einen bestimmten Zeitraum:

- Bevor die Politesse den Strafzettel geschrieben hat, kann es Sinn machen, ihr Argumente für „mildernde Umstände" zu unterbreiten, nach vollzogenem Rechtsakt ist dies schlicht zwecklos bzw. ist sie nicht mehr der richtige Ansprechpartner für einen Widerspruch.
- Nachdem eine höhere Autorität einen „scope freeze" (Einfrieren der Spezifikationen) für ein Projekt ausgesprochen hat, ist es sinnlos, weiterhin Änderungen im Leistungsumfang verhandeln zu wollen.

In all diesen Fällen existieren mindestens für eine Partei keine Alternativen (mehr), demnach gibt es keine Verhandlungssituation.

### 4.1.2 Wie hoch ist die Chance für Ihren Erfolg?

Viele Situationen sind so beschaffen, dass es für Sie vorteilhafter ist, nicht zu versuchen, zu verhandeln, als sich auf eine Verhandlung einzulassen, die für Sie nur nachteilig ausgehen kann:

Ihr Partner ist an einem Interessenausgleich überhaupt nicht interessiert, weil er glaubt, dass sich seine Situation nicht zu seinem Vorteil verändern könnte. In diesem Fall sieht Ihr Partner seine bessere Alternative darin, nichts zu tun, statt mit Ihnen zu verhandeln.

Sie haben nur die Chance, abzuwarten oder auf geschickte Weise zu ermitteln, welche Interessenlage, welches Win-win-Angebot etc. den Partner doch noch bewegen könnte, sich auf eine Verhandlung einzulassen.

**Beispiel** Ein typisches Beispiel ist der Erwerb eines Nachbargrundstücks für eine Firmenerweiterung. Solange der Grundstücksnachbar keinerlei Interesse am Verkauf hat, weil er die bestehende Situation aufrechterhalten will, werden Sie nicht verhandeln können.

- Sie wollen verhandeln, kommunizieren aber mit dem falschen Partner. Ihr Gegenüber hat kein Interesse oder auch keine Handlungsalternative, er „kann da nichts machen". In diesem Fall könnten Sie versuchen, zu ermitteln, wer ein geeigneter Verhandlungspartner wäre und was dessen Interessen und Handlungsmöglichkeiten sind.
- Ist Ihre Machtposition deutlich unterlegen, könnte Ihr Partner den Versuch, seinen Willen zu verhandeln, dazu nutzen, seine Wünsche noch weiter durchzusetzen als zuvor. Wenn Sie scheitern, wird Ihre Position also noch weiter geschwächt.

Denn jede Verhandlung hat ihren „Preis": Abgesehen vom Aufwand, den sie beansprucht, verändert eine Verhandlung meist Ihr Verhältnis zum Verhandlungspartner, Sie wissen hinterher mehr voneinander, Sie haben meist eine Handlungsalternative weniger, z. B. mit einem anderen Partner, und ein ungünstig verlaufener Verhandlungsversuch schädigt möglicherweise die Kooperationsbeziehung.

### 4.1.3 Was können Sie tun, statt zu verhandeln?

Neben den Wahlmöglichkeiten oder Handlungsalternativen der Partner, die eine Verhandlung überhaupt erst ermöglichen („einigen wir uns so – oder anders?"), sollten Sie prüfen, was Sie – und auch Ihr Partner – tun können, statt zu verhandeln. Das Harvard-Konzept spricht hier von der „BATNA": Best Alternative To a Negotiated Agreement. In der Regel gibt es mehrere Möglichkeiten, ein Ziel zu erreichen oder ein Problem zu lösen. Es muss also nicht immer eine Verhandlung sein.

Ist Ihre Ausgangsposition ungünstig und besteht keine Chance, dies im Vorfeld zu ändern, sollten Sie

- Ausschau nach einem anderen Verhandlungspartner halten, bei dem Sie eine bessere Ausgangsposition haben,
- abwarten, ob sich nicht später eine günstigere Konstellation für eine Verhandlung ergibt und
- überlegen, was Sie tun können, um zwischenzeitlich Ihre Position oder die des Partners zu verändern,
- überlegen, was geschieht, wenn nichts geschieht, wenn Sie also keine Vereinbarung haben werden und alles so weiterläuft wie bisher,
- überlegen, ob Sie einseitig Fakten schaffen sollten, also ohne Abmachung handeln können,
- überlegen, ob es möglich ist, die Alternativen Ihres Partners so einzuengen, dass dieser gezwungen ist, nun doch mit Ihnen zu reden ...

Erst die Kenntnis Ihrer Alternativen gibt Ihnen die Freiheit, kreativ an eine Verhandlung heranzugehen, denn Sie kennen nun Ihre Auswege. In gleicher Weise sollten Sie möglichst umfassend die Alternativen Ihres Verhandlungspartners kennen. Denn auch der Partner berücksichtigt Ihre Alternativen. Im ungünstigsten Fall wird er im Vorfeld versuchen, Ihnen Alternativen abzuschneiden, um Sie zu einem Agreement mit ihm zu zwingen.

**🔍 Beispiel** Teil2:

Der gewählte Praxisfall illustriert das Harvard-Prinzip „Alternativen":

**Verhandeln oder nicht?**
- Beide Partner haben einen Interessenunterschied und sie sind bereit, nach Möglichkeiten des friedlichen Ausgleichs zu suchen.
- Beide Partner haben mehrere Handlungsmöglichkeiten und sind auch in der Lage, verschiedene Wege zu gehen.
- Es macht für sie also Sinn, zu verhandeln. Dies wird deutlich durch die Betrachtung ihrer Alternativen:

**Alternativen für den Projektleiter:**
- Er kann sich auf seinen Antrag auf Maschinenlaufzeit für die Straße berufen, muss dann aber die vorgesehenen 6 Wochen warten und erhält dann die Fertigungsstraße für sein Messeprodukt. Der Projektleiter kann laut Antrag auf der vorgesehenen Nutzung bestehen. Dies dürfte die BATNA für den Projektleiter sein.
- Er kann versuchen, über die Geschäftsführung auf die besondere Wichtigkeit seines Projekts hinzuweisen, um eine Sonderregelung zu bewirken.
- Er kann versuchen, für das Messeprodukt in einer anderen Firma eine entsprechende Bearbeitung einzukaufen. Dies wird aber mit höheren Kosten und Risiken verbunden sein (es handelt sich um ein innovatives Produkt, was dem Wettbewerb vor der Messe nicht bekannt sein sollte).

**Alternativen für den Leiter der Fertigungsstraße:**
- Er kann sich ebenfalls auf den laufenden Antrag berufen, denn er ist nicht gezwungen, die Straße vor der Frist bereitzustellen. Dies dürfte die BATNA für die Linie sein.
- Er könnte gegen den Antrag oder auch gegen eine Sonderregelung argumentieren, dass seine Produktionsabteilung das Geld erwirtschaftet, das im Projekt ausgegeben wird. Schließlich geht der Firma wertvolle Produktionszeit verloren.
- Er könnte auch die Bereitstellung unter einem Vorwand verzögern, indem er als Spezialist auf ein technisches Problem verweist.

Beide Partner sind nicht darauf angewiesen, sich im beschriebenen Kantinengespräch zu einigen. Sie haben beide gute Alternativen. Die beschriebene Einigung ist für beide aber deutlich vorteilhafter als die jeweilige BATNA beider Seiten.

## 4.2 Harvard-Prinzip 2: Zwischen Menschen und Problemen unterscheiden

Dieses Harvard-Prinzip greift auf eine grundlegende Dimension von Kommunikation zurück und soll daher hier etwas breiter behandelt werden.

Menschliche Wahrnehmung ist ganzheitlich. Aus diesem Grund nehmen wir das Problem, das wir in einer Verhandlung lösen wollen, und den Verhandlungspartner, mit dem wir deswegen kommunizieren müssen, untrennbar miteinander wahr.

Im günstigen Fall kann Sympathie das wechselseitige Verständnis erleichtern, aber im ungünstigsten Fall führt Antipathie dazu, dass persönliche Vorurteile die Problemlösung in der Verhandlung belasten. Deshalb gilt:

Unterscheiden Sie in Verhandlungen grundsätzlich zwei Ebenen:

1. Die Ebene der Probleme, Fakten, Positionen etc. sowie
2. die Ebene der menschlichen Beziehungen und der Persönlichkeiten mit ihren Wünschen, Ängsten, Gefühlen.

### 4.2.1 Sach- und Beziehungsebene in der Kommunikation

Die Kommunikationswissenschaft spricht in diesem Sinne nach Paul Watzlawick von Sach- und Beziehungsebene als Grundstruktur menschlicher Kommunikation (vgl. Watzlawick, Beaven & Jackson, 1969).

Vereinfachend gilt: Auf der Sachebene werden durch Sprache „Nachrichten" transportiert. Sie sind „digital", d. h. nach einem festgelegten Code (Regeln der jeweiligen Sprache) eindeutig zusammengesetzt und decodierbar (Buchstaben – Wörter – Sätze). Auf der Beziehungsebene werden nonverbal „Botschaften" übermittelt: Wie verhält sich mein Gesprächspartner mit seinem Körper und im Raum („Körpersprache"), mit welchem Tonfall spricht er, in welchem Kontext steht eine Äußerung, eine Begegnung etc. Diese Botschaften sind prinzipiell mehrdeutig und „analog", d. h. sie werden über Deutungsprozesse entschlüsselt. Dadurch sind die persönliche bzw. kulturelle Interpretation und „Unschärfe" besonders groß.

Während die Kommunikation auf der Sachebene weitgehend vom Verstand bewusst gesteuert wird, läuft der Signalaustausch auf der Beziehungsebene zum großen Teil unbewusst ab und kann auch nur teilweise gesteuert oder durch Training etc. verändert werden. Als Sprecher kann ich meine Worte relativ gut beeinflussen, meine Art, zu sprechen oder zu reagieren, weniger gut, denn hier drückt sich meine Befindlichkeit aus. Auf der Sachebene höre ich, was gesagt wird, auf der Beziehungsebene beobachte ich, wie es gesagt wird und deute, wie es gemeint ist. Selbst wenn ich schweige, erlaubt mein Verhalten Interpretationen. Watzlawick sagt in diesem Sinne: „Man kann nicht *nicht* kommunizieren" (Watzlawick, Beaven & Jackson, 1969: 53). Selbst wenn ich zu einem Gespräch nicht erscheine, wird meine Abwesenheit gedeutet und gewinnt eine Aussage.

### 4.2.2 Beziehungsebene trägt Sachebene

Der Beziehungs-Aspekt ist in der Kommunikation im Allgemeinen der weit überwiegende und ausschlaggebende. Beim Eisberg schiebt die große Eismasse unter Wasser die kleine Spitze nach oben und wenn das Eis unter Wasser abschmilzt, sinkt auch die Spitze ein.

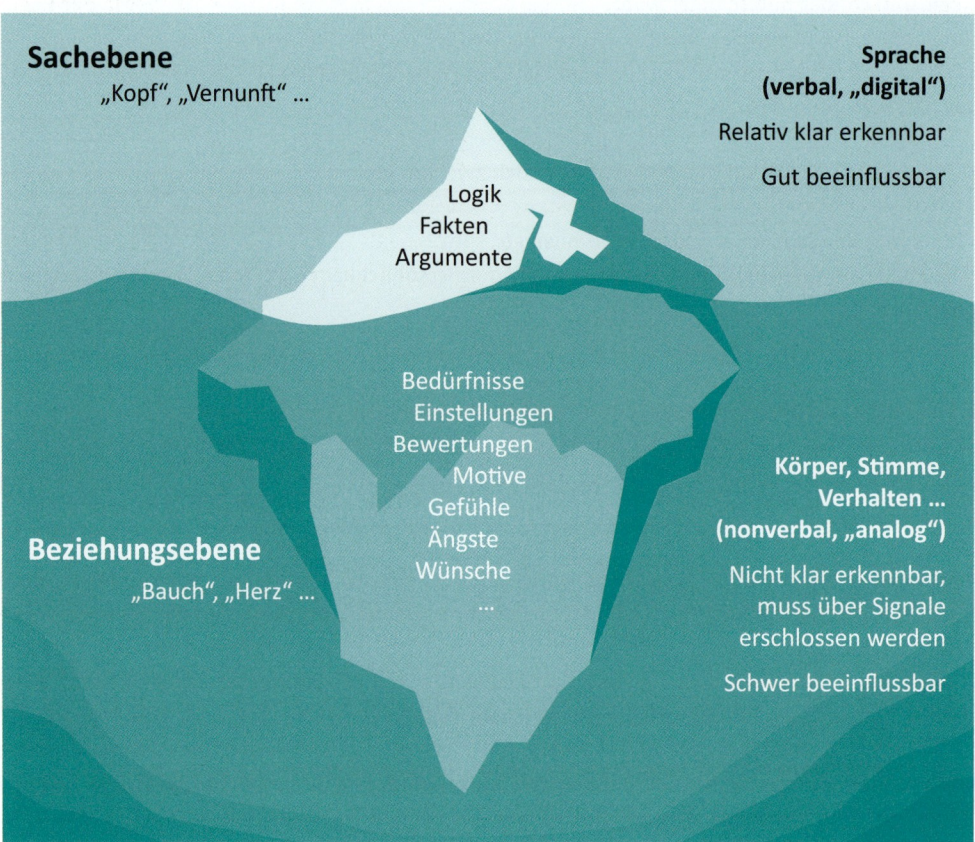

Abbildung 2.11-1: Eisberg-Modell zur Veranschaulichung von Sach- und Beziehungsebene in Verhandlungsgesprächen (Quelle: Eigene Darstellung von M. GOERNER)

Dieses Bild verdeutlicht den Kommunikationsprozess: Wenn die „Atmosphäre" nicht stimmt, d.h. die Beziehung nicht trägt oder unklar ist, werden auf der Sachebene Nachrichten nicht transportiert oder gehen verloren: Meine Worte werden überhört, umgedeutet, missverstanden etc. Wenn meine sachlichen Aussagen nicht zu meinen Körpersignalen – auch zu den versteckten –, kurz: zu meiner „Ausstrahlung", passen, sende ich widersprüchliche Signale, werde ich vom Gesprächspartner nicht als „authentisch" erlebt und provoziere Misstrauen, Ablehnung, Heiterkeit etc. Umgekehrt wird ein nonverbales Verhalten, das vom Partner als nicht authentisch wahrgenommen wird, weil z.B. Widersprüche zwischen Sachaussage und Körperausdruck bestehen, den Sachinhalt unglaubwürdig erscheinen lassen.

Sach- und Beziehungsebene stehen miteinander in engem Zusammenhang: Gerade dann, wenn die Gesprächsbeziehung noch nicht vollständig geklärt ist, wird z.B. eine Sachäußerung vom Partner bewusst oder unbewusst daraufhin wahrgenommen, welchen Einfluss sie auf die Beziehungsgestaltung nimmt. Entscheidend für eine gute Kommunikation ist deshalb, den Beziehungs-Aspekt vorrangig zu beachten und sich erst dann auf die Sach-Aussage zu konzentrieren: „Beziehungsebene trägt Sachebene."

### 4.2.3 Beziehung und persönlicher Status

Eine besonders wichtige Dimension der Beziehungsebene für die Verhandlungsführung ist das Status-Verhältnis zwischen den Gesprächs- oder Verhandlungspartnern: Wer hat einen höheren Status, eine übergeordnete gesellschaftliche Position oder wer beansprucht, zumindest für ein bestimmtes Thema der wichtigere oder kompetentere Gesprächspartner zu sein? Der Status verweist auf das Wertgefühl, das eine Person sich selbst oder anderen entgegenbringt. Das Status-Thema wird aber in der Regel im Gespräch nicht angesprochen, allenfalls implizit, indem ein Gesprächspartner auf seine Rolle oder Funktion in der Hierarchie verweist. Besonders zu Beginn von Verhandlungsgesprächen wird zwischen den Partnern meist unbewusst über Stimme, Körpersprache, das Arrangement des Kontextes, aber auch über die Themen-Wahl etc. verdeutlicht und geregelt, wer für das Gespräch oder für bestimmte Themen die Führung und damit den höheren Status beansprucht. Besonders stark ist dieser Prozess in Gruppen ausgeprägt (während der sog. „Storming-Phase"). Während des Gespräches kann der Status mit den wechselnden Redebeiträgen ebenfalls wechseln (STATUSWIPPE, JOHNSTONE, 1993). Besonders deutlich tritt der Status-Kampf hervor, wenn er „inhaltslos" und als Selbstzweck geführt wird. Die Absurdität einer solchen Situation illustriert die berühmte Geschichte von den zwei Herren in der Badewanne bei Loriot: „Ich lasse meine Ente zu Wasser" etc.

Mit dem Begriff des Status hängen eng die für Verhandlungsgespräche sehr wichtige Gesichtswahrung, Selbstachtung, persönliche Ehre etc. zusammen. In der reichhaltigen englischsprachigen Literatur zu diesem Thema wird in diesem Zusammenhang von „face work" gesprochen, vgl. u. a. die zahlreichen Arbeiten von GOFFMAN (u. a. 2005) und von TING-TOOMEY (u. a. 1994).

„Face work" beinhaltet nach dem Dictionary of Conflict Resolution (vgl. YARN, 1999):

- Vorgehensweisen, um den Status zu wahren und die Ehre der Gesprächspartner aufrecht zu erhalten und vor Beschädigungen zu schützen,
- Taktiken, die den Status beschädigen oder untergraben, wie Beleidigungen, Unterstellungen, Anwürfe etc.,
- Möglichkeiten, um den Status nach einer (beabsichtigten oder auch unbeabsichtigten) Kränkung zu retten oder wiederherzustellen. Hierzu gehört es, dem Partner im Falle eines Gesichtsverlusts eine „goldene Brücke" zu bauen, um seinen Status und seine Selbstachtung möglichst unauffällig wiederherstellen zu können. Nach einer Niederlage, die meist auch als Minderung des Status oder der persönlichen Ehre erlebt wird, sollte dem Partner ein Ausgleich für diesen Status-Verlust, zumindest aber die Möglichkeit zum Rückzug geboten werden.

Grundregel für jede Verhandlung sollte sein, den Status, das Selbstverständnis, die Selbstachtung und die Identität („face") der beteiligten Partner stets zu wahren. Dies gilt generell über alle Kulturen hinweg. Im asiatischen Raum wird der Wahrung des Gesichts teilweise ein sehr hoher Stellenwert zugeschrieben, was so weit gehen kann, dass die in Europa hoch geschätzte direkte Kommunikation, etwa über Ich-Botschaften oder offene Fragen (s.u.) bereits als Bedrohung oder Affront empfunden wird. Auf der anderen Seite zählen gerade das gezielte Untergraben des Status und die Bedrohung des Gesichts zum selbstverständlichen Repertoire verschiedener traditioneller Verhandlungstaktiken (s.u.).

### 4.2.4 Die Arbeitsbeziehung ist die Grundlage für die Verhandlung

Was ist zu beachten, um die Erkenntnisse über die Beziehungsebene und den Status für Verhandlungen nutzbar zu machen?

Zunächst gilt es, überhaupt die beteiligten Menschen in den Blick zu nehmen: Verhandlungen erfolgen nicht mit abstrakten „Funktionsträgern", sondern immer mit konkreten Menschen, deren Persönlichkeit es zu berücksichtigen gilt. Was für eine Person ist Ihr Verhandlungspartner, was sind seine Gefühle, Erwartungen, Wünsche und Ängste? Diese Frage gilt auch für die Entscheider, die hinter Ihrem

Verhandlungspartner stehen und oft nicht direkt in Erscheinung treten.

Sodann ist die Qualität der Arbeitsbeziehung zwischen den Verhandlungspartnern für Verhandlungen ein entscheidender Erfolgsfaktor (vgl. FISHER & BROWN, 1992). Bei guten Beziehungen können die Partner ihre unterschiedlichen Sichtweisen produktiv nutzen, in einer schlechten Arbeitsbeziehung werden dagegen selbst allgemeingültige Aussagen misstrauisch verkannt. Die Beziehung wird oft als schicksalhaft gegeben angenommen (die „Chemie" stimmt – oder eben nicht), und bei einer Verschlechterung der Beziehung gibt man üblicherweise der anderen Seite die Schuld.

Natürlich kann Beziehungsqualität nicht simpel „erzeugt" werden, sondern sie ist das Ergebnis eines komplexen und meist unbewusst ablaufenden Wechselspiels zwischen den Akteuren, das nicht linear gesteuert werden kann.

Aber es gibt eine Reihe wohlbekannter „Do's und Dont's", die eine Beziehung maßgeblich beeinflussen. Wir wissen meist genau, was zu tun ist, um Vertrauen und Respekt zu bewirken und ob wir in einem Gespräch Druck ausüben oder fair kommunizieren.

Damit haben Sie als Verhandlungsführer eine gute Chance, gezielt eine tragfähige Arbeitsbeziehung entstehen zu lassen, und selbst bei einer ungünstigen Ausgangslage sind Sie der Beziehungsdynamik nicht „ausgeliefert", sondern Sie haben konstruktive Handlungsmöglichkeiten bis hin zu gezielten systemischen oder lösungsorientierten „Interventionen" (vgl. u.a. GOERNER, 2007). Der Aufbau und die Gestaltung einer Arbeitsbeziehung sind ein längerfristiger Prozess, dieser kann aber auch in einem Einzelgespräch wirksam unterstützt werden.

Zu einer professionellen Verhandlungsführung gehört deshalb der planmäßige Aufbau einer guten Arbeitsbeziehung bereits in der Vorbereitungsphase (siehe Kap. Strategische Verhandlungsvorbereitung). Das Harvard-Konzept rät, die Schritte zur Verbesserung der Beziehung „vorbehaltlos konstruktiv" (FISHER & ERTEL, 1997: 112) zu unternehmen, das heißt unabhängig davon, ob die andere Seite sich revanchiert oder konstruktiv verhält. Auch in einer ungünstigen Beziehungskonstellation - etwa bei fehlender „Gegenleistung" der anderen Seite - sollten Sie demnach demonstrativ fair kommunizieren und konstruktive Beziehungsgestaltung betreiben und zwar in Ihrem eigenen Interesse: Nicht um nachzugeben oder „nett zu sein", sondern um eine optimale Grundlage für die Lösung des anstehenden Sachproblems zu erhalten (vgl. FISHER & BROWN, 1992: 42).

### 4.2.5 Interessen gibt es auf Sach- und Beziehungsebene

Für Verhandlungsgespräche bedeutet dies, dass jeder Verhandlungspartner zwei Grundinteressen hat (vgl. FISHER, URY & PATTON, 1984: 42):

1. Im Hinblick auf den Verhandlungsgegenstand oder das Problem sucht er nach einer Übereinkunft, die seine sachlichen Interessen befriedigt. Das ist ihm bewusst und steht im Mittelpunkt seiner Wahrnehmung. Das Verhandlungsziel wird in der Regel daraufhin definiert.
2. Außerdem hat er aber ein Interesse auf der Beziehungsebene, welches meist weniger im Fokus der bewussten Wahrnehmung steht. Dieses Beziehungs-Interesse steuert jedoch, in welcher Weise das Sach-Interesse verhandelt wird, beispielsweise:
   - Sie müssen sicherstellen, dass Sie ernst genommen werden und die Vereinbarung später auch umgesetzt wird,
   - Sie möchten den Verhandlungspartner als Kunden gewinnen oder erhalten,
   - Sie wollen Ihren Ruf oder das Image der Firma wahren und festigen (z.B.: „konsequent und unbestechlich"),
   - Sie wollen Ihre Kompetenz beweisen oder unterstreichen etc.

Weil die Beziehung in Verhandlungen meist nur implizit Thema ist, neigen wir dazu, die zu lösenden Sachfragen mit den zugleich anstehenden Beziehungsthemen zu vermischen. Damit sinken aber die Chancen, auf beiden Ebenen Lösungen zu finden. Beziehungsprobleme lassen sich auch nicht über Sachfragen lösen:

Wenn Sie den Stolz Ihres Verhandlungspartners verletzt haben, können Sie dies kaum durch eine Preissenkung oder die Einräumung eines Mengenrabatts beheben. Vielmehr hilft hier nur eine Geste der Partnerschaftlichkeit oder der Entschuldigung.

Bei gutem Vertrauen, Respekt oder Verständnis für die Situation des Partners würde dagegen schnell auch ein höherer Preis mit Zufriedenheit akzeptiert werden. Umgekehrt wird auch gerne die Beziehungsqualität als Geisel für eine Sachfrage genommen:

 **Beispiel** „Wenn Sie mir beim Preis nicht entgegenkommen, bin ich sauer oder werde beleidigend". Oder eine Beziehungsstörung, etwa mangelnder Respekt, wird mit einem Informationsboykott „bezahlt".

Schnell werden so konfliktträchtige Teufelskreise in Gang gesetzt. Aus dieser Sackgasse hilft nur die saubere Trennung von Sach- und Beziehungsfragen. Es hilft auch nicht, „sachlich zu bleiben" oder zu werden, sich also nur auf die Sachfragen zu konzentrieren und die Beziehungsprobleme auszuklammern. Vielmehr müssen beide Ebenen gesondert betrachtet und mit je anderen Mitteln bearbeitet werden.

Beachten Sie: Beziehungsebene und Sachebene stehen in einem Wechselverhältnis. Wenn eine Arbeitsbeziehung stark gestört ist, muss vorrangig die Beziehung bearbeitet werden, weil vorher keine Sachfragen befriedigend gelöst werden können. Unter normalen Umständen können Sie umgekehrt darauf vertrauen, dass bei einer guten Beziehungspflege ein konstruktiver Prozess auf der Sachebene auf die Beziehungsebene zurückwirkt und sie stärkt.

Die Harvard-Wissenschaftler empfehlen deshalb zwei getrennte Schritte (vgl. FISHER & ERTEL, 1997: 111):

1. Stellen Sie zusammen, welche Fragen auf Sachebene anstehen:
    - Preise, Mengen, Begriffe, Bedingungen, Termine usw.
2. Getrennt davon sollte festgehalten werden, was die Beziehung belastet, z. B.
    - mangelnde Zuverlässigkeit, fehlende Anerkennung einer Rolle oder Status, empfundene Kränkungen, Missverständnisse, mangelndes Vertrauen, ausgeübter Druck, usw.
3. Für alle anstehenden Fragen sollten nun in beiden Bereichen getrennt jeweils Lösungsansätze gesucht werden und zwar möglichst bereits vor dem Verhandlungsgespräch.

Auf beiden Ebenen sollten Sie auch unterschiedlich in der Verhandlung kommunizieren. Das Harvard-Konzept formuliert hierzu die Regel:

> *Kommunizieren Sie hart in der Sache, aber weich zu den Menschen* (vgl. FISHER, URY & PATTON, 1984: 33).

Das bedeutet: Hart und konsequent bezüglich der Sach-Interessen, aber weich, auf gegenseitige Achtung, gleichberechtigten Status und auf Beziehungsgestaltung bedacht, in der Art, wie Sie kommunizieren.

### 4.2.6 Der Unterschied zwischen Verhandlungen und Konflikten

Dies macht auch deutlich, was Verhandlungen von Konflikten unterscheidet: Eine Verhandlung sollte sachbezogen geführt werden, d.h. Ihre Interessen und die Ihres Verhandlungspartners werden über den Austausch von Fakten und Argumenten zu einem Ausgleich geführt. Sobald die Beziehungsebene die Sachebene auf Dauer nicht trägt, sondern nachhaltig stört, liegt dagegen ein Konflikt vor. Typisch dafür sind starke Emotionen, eingefahrene Reaktionsmuster (Teufelskreise: „Immer, wenn ich x mache, reagiert mein Partner mit y"), wechselseitige Vorbehalte, eine fehlende Vertrauensbasis etc.

In dieser Situation kann (noch) nicht verhandelt werden. Argumente oder Fakten werden in Konflikten sofort als taktische Vorwände gedeutet. Statt den gemeinsamen Nutzen zu maximieren, trachten Konfliktpartner oft danach, selbst unter Inkaufnahme eigener Nachteile dem Partner zu schaden. Erst nach einer „Reparatur" der Beziehungsebene mit Verfahren der Konfliktbearbeitung kann dann möglicherweise eine Verhandlung zum Interessenausgleich sinnvoll sein.

 **Beispiel** Teil 3:

Das Projektbeispiel zeigt auf, wie das Harvard-Prinzip 2 – Menschen und Probleme unterscheiden – in Verhandlungen wirksam werden kann:

**Gestaltung der Arbeitsbeziehung:**
- Beide Verhandlungspartner kennen sich bereits seit langer Zeit und haben ihre Beziehung bewusst gestaltet und entwickelt.
- Sie sehen sich seit Jahren regelmäßig und führen auch „Schönwetter-Gespräche" ohne besonderen Anlass.

**Menschen von Problemen und Sachfragen von Beziehungsthemen trennen:**
- Ihre gute Arbeitsbeziehung existiert unabhängig von den anstehenden Problemen. Sicher gab es Situationen, in denen beide durchaus Dissens zu fachlichen Fragen hatten. Diese Auseinandersetzungen haben aber ihre Beziehung nicht belastet. Dieses „angesparte Kapital" können sie nun wirksam für den Ausgleich ihrer Interessen einsetzen.

**Tragfähige Arbeitsbeziehung als Basis für Interessenausgleich:**
- Das beschriebene Gespräch wurde durchaus nicht planmäßig vorbereitet und angebahnt, fand vielmehr zufällig statt. Beide Partner waren offen füreinander und berichteten wechselseitig unvoreingenommen von ihren Problemen und Vorhaben. Dadurch wurde es möglich, ein Thema zu identifizieren, bei dem sich beide wechselseitig nützlich sein können.

## 4.3 Harvard-Prinzip 3: Ermitteln Sie Interessen und Bedürfnisse

Häufig werden in Verhandlungen von beiden Partnern Positionen eingenommen und Forderungen gestellt. Ein Ausgleich kann dann nur durch Feilschen erfolgen: Jede Seite macht schrittweise Konzessionen oder man einigt sich gleich, sich in der Mitte zu treffen. Solche Verhandlungen sind ein „Nullsummenspiel", d.h. die Verhandlungsmasse kann nur – wie ein Kuchen – zwischen den Partnern aufgeteilt werden, und wer das kleinere Stück erhält, ist der Verlierer.

Weitaus mehr Möglichkeiten ergeben sich, wenn die Verhandlungspartner nicht über ihre Positionen, sondern über ihre Interessen und Bedürfnisse sprechen, die sie durch die Verhandlung befriedigen wollen. Denn hinter ihren – gegensätzlichen – Positionen liegen vielfältige Bedürfnisse und sowohl gegensätzliche als auch gemeinsame und ausgleichbare Interessen.

### 4.3.1 Nutzenerwartungen und Bedürfnisse

Interessen beziehen sich auf den Nutzen, den die Parteien mit der Verhandlung erzielen wollen. Dieser Nutzen übersteigt dabei meist das Ziel, das die Partner sich jeweils gesetzt haben, der Nutzen ist vielmehr „das Ziel hinter dem Ziel".

Hinter einem sachlichen Bedarf oder hinter einem erwarteten Nutzen stehen aber immer grundsätzliche menschliche Bedürfnisse:

- Materielle Selbsterhaltung und wirtschaftliches Auskommen,
- Sicherheit,
- Zugehörigkeit und Verbundenheit,
- Selbstwert und Anerkennung,
- Zukunft und Perspektive,
- Freiheit und Selbstbestimmung usw. (ohne damit eine best. Hierarchie etc. zu berücksichtigen)

**Beispiel** Ein Unternehmen möchte z.B. einen Zuliefer-Vertrag mit bestimmten Konditionen abschließen. Auf Sachebene geht es um Befriedigung konkreter Interessen oder eines bestimmten Bedarfes: Liefermengen, Preise und Vertragsdauer etc., um beispielsweise eine bestimmte Gewinn-Marge zu erzielen.

Hinter diesem sachlichen Ziel stehen jedoch grundsätzliche Bedürfnisse der Verhandlungsführer und der Firmenleitung. Sie wollen und müssen beispielsweise:

- die Produktion langfristig absichern (Sicherheit),
- eine bestimmte Firmenphilosophie umsetzen (Selbstbestimmung) oder
- sich in einem bestimmten Marktsegment ansiedeln oder behaupten (Anerkennung, Zugehörigkeit) etc.

### 4.3.2 Interessenermittlung als Klärungsprozess

Das Beispiel macht deutlich, dass die Bedürfnisse, die hinter Interessen liegen, häufig nicht sofort erkennbar und teilweise auch den Akteuren zunächst selbst verborgen sind. Während die konkreten Interessen der Verhandlungspartner relativ einfach zu ermitteln sind (aber auch nicht immer offen genannt werden), müssen die dahinter liegenden Bedürfnisse erst im Laufe der Verhandlungsvorbereitung und im Laufe eines Verhandlungsgespräches oder -prozesses erschlossen werden.

Gute Verhandlungsführung bedeutet deshalb, sich möglichst schon vor der Verhandlung (Vorbereitungsphase, strategische Planung) intensiv mit dem Verhandlungspartner zu befassen und möglichst viele Informationen über ihn zu sammeln:

- Welche Menschen werden mit Ihnen verhandeln?
- Welche Ziele verfolgen sie?
- Welche konkreten Interessen haben sie?
- Welche grundsätzlichen Bedürfnisse treiben sie an: persönlich und in ihrer Rolle oder ihrer Organisation?

Während eines Verhandlungsgespräches ist es deshalb wichtig, aktiv zuzuhören, Fragen zu stellen, den Gesprächspartner zu beobachten etc. Vor allem aber: Unterbreiten Sie erst dann ein Angebot, wenn Sie die Interessen Ihres Partners und möglichst auch seine Bedürfnisse dahinter ausreichend erfasst haben.

Mit der Klärung der Interessen und Bedürfnissee wird zugleich ein wichtiges Grundanliegen Ihres Verhandlungspartners auf der Beziehungsebene befriedigt:

I   Der Verhandlungspartner erlebt, dass Sie ihn ernst nehmen, seine Interessen zur Kenntnis nehmen und auf seine Bedürfnisse eingehen.
I   Das bedeutet noch nicht, dass Sie dem Partner entgegenkommen, sondern zunächst nur die Kenntnisnahme.
I   Sie signalisieren Achtung und Empathie und befriedigen damit bereits - unabhängig vom Verhandlungsgegenstand - ein Grundbedürfnis des Verhandlungspartners.

 **Beispiel** Teil 4:
Im Projektbeispiel erkennen Sie, wie das 3. Harvard-Prinzip konkret Anwendung findet:

**Vermeiden Sie das Feilschen um Positionen:**
I   Hätten sich beide Verhandlungspartner auf einen klassischen Positionskampf eingelassen, wäre schnell die Beziehung zwischen ihnen beschädigt worden:
I   Der Projektleiter hätte die baldige Nutzung der Fertigungsstraße für sein Projekt gefordert und der Produktionsleiter hätte ihn auf das Antragsverfahren verwiesen oder zunächst die Nutzung völlig verwehrt mit Verweis auf Produktionsengpässe etc.
I   Danach hätte keine kreative Lösungsfindung für ein Win-Win mehr stattfinden können.
I   Einer der Partner wäre als „Verlierer" aus dem Kampf gegangen, schlimmstenfalls hätten sich beide als Verlierer gefühlt, was bereits die nächste Verhandlungssituation belastet hätte ...

**Erkundung von Interessen und Bedürfnissen:**
Stattdessen erkunden die Verhandlungspartner im Gespräch ihre Situation und finden dabei ihre Interessen und Bedürfnisse heraus:
Der Projektleiter berichtet, dass er Zeitdruck bei der Fertigstellung des Messeartikels hat, dass er die Produktionsstraße eher benötigt als geplant, dass der Zeitdruck bei ihm Stress bewirkt etc.
Der Produktionsleiter erzählt u. a., dass er mit seinen Produktionsrückständen kämpft und eine zu geringe Maschinenkapazität hat, er berichtet aber auch, dass einer seiner Mitarbeiter in Rente geht und seinen Abschied feiern will. Dabei wird deutlich, dass auch der Produktionsleiter ein Problem hat: Er will seinem Mitarbeiter seinen Wunsch nach einer Abschiedsfeier am Arbeitsplatz ermöglichen, darf aber den damit verbundenen Arbeitsausfall nicht dulden.

**Unterschiedlicher Charakter von Positionen und Interessen:**
I   Das Beispiel zeigt auf, dass die „sachlichen" Positionen („Ich benötige die Produktionsstraße zum Datum x!") oft keinen direkt erkennbaren Bezug haben zu den dahinter liegenden Interessen („mein Projekt soll fristgemäß fertig werden") und vor allem zu den darunter liegenden Bedürfnissen, die schließlich eine Lösung ermöglichen.
I   Diese liegen auf der emotionalen Ebene („den Druck loswerden" beim Projektleiter; Dankbarkeit für die Loyalität eines Mitarbeiters, innerer Zwiespalt etc. beim Produktionsleiter).

Interessen und Bedürfnisse lassen sich deshalb meist nicht direkt aus den Positionen ableiten, sondern müssen im Gespräch oder durch Recherchen erschlossen werden.

## 4.4 Harvard-Prinzip 4: Entwickeln Sie Optionen zum beiderseitigen Vorteil

Wenn Sie die Interessen und Bedürfnisse beider Seiten ermittelt haben, die hinter den Verhandlungspositionen stehen, sollten Sie versuchen, diese zu Lösungsoptionen für eine Einigung zu kombinieren. Dabei sollten Sie möglichst viele und möglichst unterschiedliche Modelle für ein Abkommen entwickeln, um Wahlfreiheit für beide Seiten zu schaffen. Hierfür ist es notwendig, Kreativität zu entwickeln. Deshalb benötigt diese Verhandlungsphase Freiraum. Jetzt gelten die Regeln für Kreativität. Betrachten Sie das zu lösende Problem von außen und aus unterschiedlichen Blickwinkeln. Sehr hinderlich sind in dieser Phase Kritik, Zeitdruck oder gar die Annahme, es gäbe nur die eine „richtige" Lösung.

### 4.4.1 Win-Win als Maßstab für Lösungsoptionen

In vielen Fällen lassen sich Optionen finden, die für beide Seiten vorteilhafter sind als ein schlichter Kompromiss. Die Harvard-Wissenschaftler prägten hierfür den Begriff „Win-Win": Verhandlungen sind dann optimal, wenn beide Seiten gewinnen und wenn die Verhandlung für beide einen größeren Nutzen schafft, als wenn sie nicht verhandelt hätten (d. h. als ihre beste Alternative). Anders als beim Nullsummenspiel ergibt sich für die meisten Verhandlungen die Möglichkeit, nicht einfach einen vorgefundenen „Kuchen" aufzuteilen, sondern gemeinsam „den Kuchen zu vergrößern", d. h. für beide Seiten einen zusätzlichen Nutzen zu schaffen.

**Beispiel** Das klassische Harvard-Beispiel hierfür ist die Geschichte von den zwei Schwestern: Beide feilschen miteinander um eine Orange. Nach langem Streit teilen sie schließlich die Frucht und gehen ihrer Wege. Die eine beginnt nun, nur die Schale zu raspeln, um damit einen Kuchen zu backen, die andere isst nur das Fleisch und wirft die Schale weg. Beide hielten ihre jeweilige Absicht aber für so selbstverständlich, dass sie es nicht für notwendig erachteten, sie vorab zu kommunizieren. Bei vorherigem Austausch ihrer Interessen hätte sich für beide eine naheliegende Win-win-Lösung ergeben statt einer einfachen Aufteilung (vgl. FISHER, URY & PATTON, 1984: 90).

Die folgende Abbildung veranschaulicht die Win-win-Strategie im Gegensatz zum Feilschen um Positionen: Beim Verteilungskampf haben Sie nur die Möglichkeit, sich auf einer Linie zwischen den Extrempositionen (alles für mich [1] oder alles für den Gegner [2] zu bewegen, um möglichst einen Kompromiss [3] zu erreichen (distributive Strategie). Dagegen gehen Sie bei der integrativen Strategie nach dem Harvard-Konzept genau in der anderen Richtung, im rechten Winkel dazu, vor:
Sie überlegen, ob Sie überhaupt verhandeln sollen (oder beispielsweise eine günstigere Konstellation abwarten oder nach der besten Alternative suchen): [4]. Von dort aus tasten Sie sich während der Vorbereitung und im Gespräch vor, wie die Interessen und Bedürfnisse beider Seiten so optimal wie möglich befriedigt werden können. Im besten Fall gelingt es sogar, die Interessen beider Seiten vollkommen zu befriedigen. Der „Kuchen ist vergrößert": ganze Orangenschale und ganzes Fleisch: Win-win-Situation, [5].

Ist ein Win-Win nicht möglich, weil Nachteile in Kauf genommen werden müssen, können Sie analog eine „Pain-pain"- oder „Burden-sharing"- Strategie einsetzen („geteiltes Leid ist halbes Leid"), statt in einem Positionskampf den „schwarzen Peter" hin und her zu schieben. Oder Sie verhandeln gemeinsam um Pakete, die für jede Seite sowohl Vorteile als auch Nachteile in ausgewogenem Umfang enthalten.

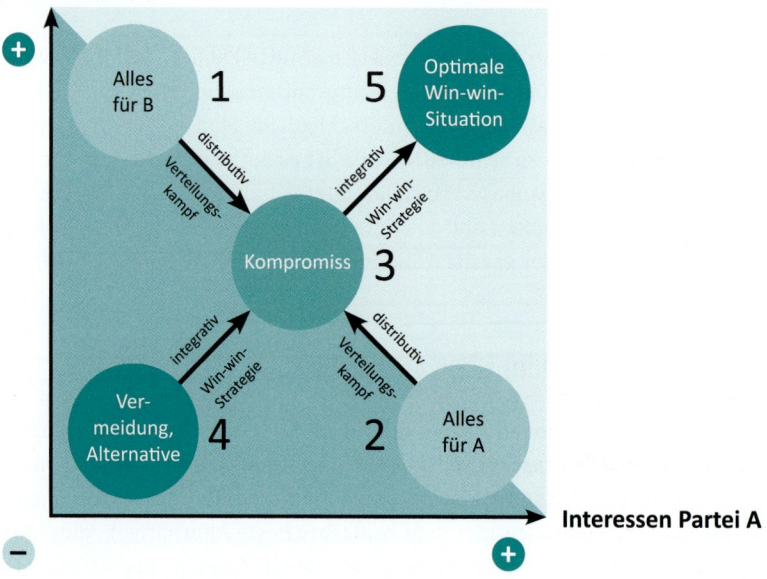

Abbildung 2.11-2: Verteilungskampf und Harvard-Konzept (in Anlehnung an Scholl, 1993: 435)

### 4.4.2 Interessen-Unterschiede schaffen Nutzen

Um Win-win-Optionen zu erreichen, sind unterschiedliche Interessen hilfreich. Alles, was die eine Seite hat oder will und die andere nicht, oder was von der einen Seite hochgeschätzt wird und von der anderen nicht, beinhaltet eine Möglichkeit, wechselseitigen Nutzen zu erzeugen.

Solche Unterschiede sind etwa:

- Austausch-Beziehungen: Auf diesem Prinzip beruhen Verkäufe
  Ein Lieferant will einen guten Preis, das Projekt braucht gute Materialqualität; der Lieferant will das Geld, das Projekt das Material ...
- Unterschiedliche Ressourcen: Sie ermöglichen unterschiedliche Handlungsfelder und eine Kombination der Ressourcen beider Seiten weitet das gemeinsame Handlungsfeld aus.
  Wer nur einen Hammer hat, kann schlecht Nägel ziehen, wer die Zange besitzt, kann keine Nägel einschlagen. Gemeinsam könnten beide mehr ...
- Arbeitsteilung, Spezialisierung und unterschiedliche Fähigkeiten:
  Wenn sich jeweils ein Partner auf eine für beide notwendige Aufgabe, ein Produkt oder eine Dienstleistung spezialisiert, kann er sie günstiger erbringen, als wenn jeder Partner alle Aufgaben oder Produkte selber alleine erbringen müsste.
- Unterschiedlicher Umgang mit dem Zeitfaktor (Geschwindigkeit, Zeitpunkt, Dauer):
  Häufig will oder muss ein Partner schneller vorgehen oder benötigt etwas eher als der andere. Dies ermöglicht es dem anderen Partner, deshalb zu warten, und dafür ggf. mehr Qualität zu erhalten etc. Es ist also zu fragen, wie eine Tempo-Veränderung wechselseitig nützlich sein kann.
- Unterschiedliche räumliche Lage und Situation:
  Beide Partner haben unterschiedliche Ortsvorteile, sind in anderen Märkten präsent. Es ist zu fragen, wie die unterschiedlichen örtlichen Gegebenheiten zum Vorteil beider Seiten genutzt werden können.

I Unterschiedliche Einstellung oder Bereitschaft zu Risiko, ggf. in Verbindung mit dem Faktor Veränderung/Innovation:
Große Institutionen können oft besser Risiken abfedern als kleine; kleine Institutionen sind dagegen beweglicher als die größeren, eine Kombination beider Eigenschaften kann für beide nützlich sein.
I Außendarstellung und öffentliche Meinung:
Oft ist es einem Partner wichtiger als dem anderen, gegenüber einer bestimmten Zielgruppe „gut dazustehen". Wer kann den Guten, wer den „Bösen" spielen? Gemeinsam können beide Partner dann gewinnen.

### 4.4.3 Erweitern Sie den Lösungsraum

Win-win-Situationen können auch entstehen, wenn Sie Ihren „Horizont erweitern" und den Lösungsraum vergrößern. Dies kann vor allem in zwei Richtungen geschehen: räumlich und zeitlich.

Räumliche oder personelle Erweiterung des Lösungsraumes:
Fragen Sie, ob Sie andere Beteiligte, weitere Stakeholder, ggf. aus der Linienorganisation, Ihre Kontakte und die Ihres Verhandlungspartners, für die Lösungsoption mit einbeziehen können. Sie und Ihr Partner alleine können vielleicht keinen größeren Nutzen generieren, aber durch den Einbezug anderer Personen kann es gelingen (Prinzip des Ringtauschs).

Zeitliche Erweiterung des Lösungsraumes über den Faktor Zeit bzw. Vertrauen:
In gleicher Weise kann es im Augenblick nicht möglich sein, eine Win-win-Option zu schaffen. Aber mit Blick auf die Zeitachse könnte sich in der Zukunft eine Möglichkeit ergeben. Der Faktor Zeit und damit Vertrauen ermöglichen also eine Erweiterung des Lösungsraumes. Um Interessen und Bedürfnisse Ihres Partners zu ermitteln, sollten Sie auch einen Blick in seine (und Ihre eigene …) Vergangenheit werfen. Gute oder schlechte Erfahrungen bieten Anknüpfungspunkte und ermöglichen Verständnis. Gleichermaßen sollten Sie fragen, in welcher Perspektive er und Sie sich sehen, was Sie erwarten oder befürchten.

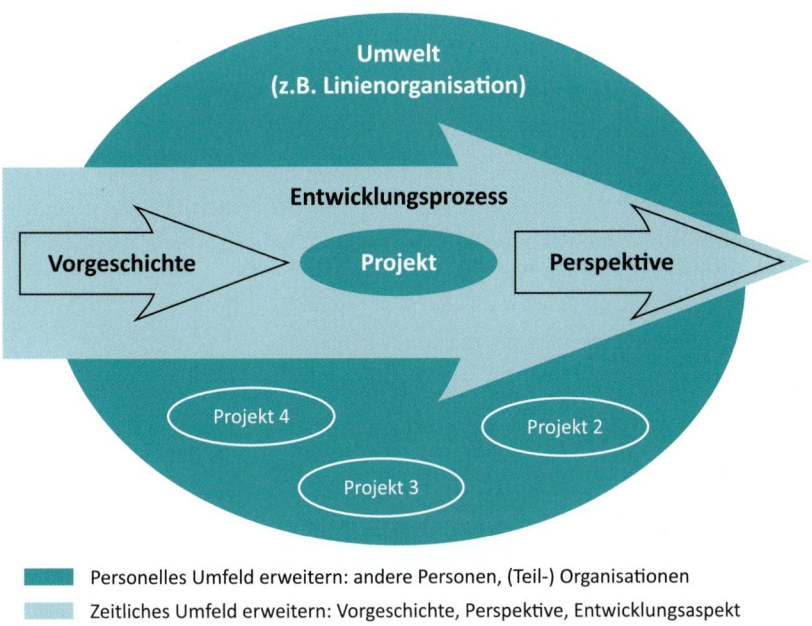

Abbildung 2.11-3: Erweiterung des Lösungsraumes zur Ermittlung von Win-win
(Quelle: Eigene Darstellung von M. GOERNER)

🔍 **Beispiel** Teil 5:

An dieser Stelle lohnt es sich wieder, ein Blick auf das Beispiel aus dem Projekt zu werfen:

- Nachdem beide festgestellt haben, dass sich ihre Interessen an einem Punkt komplementär ergänzen, können sie eine Win-win-Option finden:
- Der Projektleiter erhält zum geplanten Ausstands-Datum für einen Nachmittag bis zum Feierabend die Fertigungsstraße und hat damit bereits jetzt schon die notwendige Maschinenlaufzeit für seine Messeartikel erhalten. Auch die Feier kann nun, wie gewünscht, stattfinden, denn die Straße ist in dieser Zeit für die normale Produktion nicht zugänglich.
- Diese Option war nur möglich, weil die Arbeitsbeziehung einen offenen Austausch zwischen den Verhandlungspartnern ermöglicht hat und weil beide ihre Interessen und Bedürfnisse erkundet und offen gelegt haben.
- Die Lösungsoption ist ein Beispiel für eine Austausch-Beziehung: „Maschine gegen Chance zum Feiern".
- Sie wurde nur möglich durch eine Erweiterung des Lösungsraumes:
  - Der ausscheidende Mitarbeiter kommt als neues Element hinzu (neue Person).
  - Die Lösung setzt voraus, dass der Projektleiter bis zur geplanten Ausstandsfeier wartet. Er gewinnt also durch Abwarten Zeit (Zeitfaktor).

### 4.4.4 Vorläufigkeit und Teil-Lösungen akzeptieren

Auch Optionen, die das zentrale Problem der Verhandlung zunächst nur teilweise lösen, können sehr sinnvoll sein: Beide Seiten einigen sich auf eine erste Gemeinsamkeit und festigen damit ihre Beziehung. In Auseinandersetzung mit der Teil-Lösung treten dann die zunächst abstrakten Interessen, Vorstellungen und Bedürfnisse deutlicher zutage und können für die weiteren Verhandlungen erschlossen werden.

🔍 **Beispiel** Ein extremes Beispiel für eine solche erste minimale Teil-Lösung markiert den Beginn der Verhandlungen der sog. „Ostverträge" zwischen DDR und Bundesrepublik seit Ende der 1960er Jahre. Jahrelang prägten eisige Sprachlosigkeit und Druckausübung das Verhältnis zwischen den Verhandlungspartnern, Gespräche blieben weitgehend ergebnislos. Schließlich gelang eine erste Übereinkunft, die im Kern sinngemäß feststellte: Beide Seiten stimmen darin überein, dass sie unterschiedliche Standpunkte vertreten („agree to disagree"). Auf den ersten Blick scheint dieser Satz keinen Sinn zu machen, auf den zweiten Blick erfasst er kunstvoll eine Gemeinsamkeit, die zwischen den ansonsten vollständig unvereinbaren Positionen bestand. Damit signalisiert er auch, dass beide Seiten sich in ihrer Unterschiedlichkeit ernst nehmen (Stärkung der Beziehungsebene). „Abgrenzung" war zudem ein konkretes Bedürfnis der DDR. Konkret wurde dieser Satz zur Basis für ein ganzes Paket von konkreten Vereinbarungen, die in den folgenden Jahren zustande kamen.

## 4.5 Harvard-Prinzip 5: Fairness als Prüfstein für die Einigung

Wenn Sie zusammen mit Ihrem Verhandlungspartner mehrere Optionen für eine Abmachung gefunden haben und nun entscheiden sollen, was Sie vereinbaren oder wie sie vorgehen werden, brauchen Sie ein möglichst objektives Entscheidungskriterium, warum Sie welche Option auswählen sollen und warum diese Option die richtige für beide Seiten ist. Eine Lösungsoption ist nur dann gut, wenn beide Seiten davon überzeugt sind bzw. wenn sie „unwillkürlich" einleuchtend oder selbstverständlich erscheint.

Das entscheidende Argument, um diese Überzeugungskraft zu gewinnen, ist die Fairness oder die Legitimität einer Lösung. Fragen Sie sich also: Wie können Sie Ihren Partner (und sich selbst …) davon überzeugen, dass ein Lösungsvorschlag oder eine Vorgehensweise für beide Seiten fair sind? Viele Einigungen benötigen diesen fünften Schritt gar nicht explizit, weil die gefundene Lösung beiden Seiten sofort einleuchtet. Wenn das so ist, erfüllt die Lösungsoption schon von alleine das Kriterium der Fairness. Andere Verhandlungen sind so beschaffen, dass erst die systematische Bearbeitung von Prinzip 5 den Ansatzpunkt für eine Lösung bietet (z. B. Preisverhandlungen).

### 4.5.1 Faire Vorgehens- und Verfahrensweisen

Zunächst ist zu fragen, ob die Vorgehens- und Verfahrensweise für die Verhandlung oder für die Entscheidungsfindung dem Kriterium der Fairness genügt oder ob einer der Partner sich durch das Verfahren überrumpelt fühlen könnte.

- Um ein Stück Kuchen zwischen zwei Personen so aufzuteilen, dass sich am Ende niemand beschweren kann, hat sich z. B. ein einfaches Verfahren bewährt: der eine schneidet den Kuchen, der zweite wählt das erste Stück.
*Nach diesem Schema sind viele Einigungsprozesse aufgebaut: So ist es in vielen Projektgruppen üblich, dass zunächst die Projektstruktur und die Aufteilung der Arbeitspakete festgelegt werden, ehe die Verantwortlichkeiten verteilt werden.*
- Verteilen Sie die Ausarbeitung von kritischen Lösungsvorschlägen gerecht auf beide Partner. Jeder hat nun Interesse, dass auch der andere einen guten Vorschlag ausarbeitet. Die Chance ist hoch, dass beide sich um Fairness bemühen.
- Sehen Sie für jede Ausarbeitung eine Aufteilung vor: Ein Partner erstellt den Vorschlag, der andere hat das Korrektur-Recht. Beide Partner sollten gleichmäßig aufgeteilte Ausarbeitungen vornehmen.
- Schlagen Sie für strittige Fragen vor, ein Experten-Urteil, die Entscheidung eines Schlichters etc. einzuholen.

### 4.5.2 Kriterien für ein faires Verhandlungsergebnis

Sodann ist zu fragen, ob die gewählte Lösungsoption, das erstrebte Verhandlungsergebnis, für beide Seiten fair ist. Hierfür sind Kriterien für Fairness notwendig. Faire Kriterien liegen im Interesse aller Verhandlungspartner, denn jeder will ja gerecht und nach logisch nachvollziehbaren Maßstäben behandelt werden.

- Im Idealfall sind Kriterien über eine anerkannte Instanz legitimiert, wie z. B. gesetzliche Vorschriften.
- Normen, Richtlinien, die ICB3, die GPM, ISO 9001 … können einen Beurteilungsmaßstab bieten.
- Beziehen Sie sich auf einen Präzedenzfall, einen ähnlichen früheren Verhandlungsfall, ein bereits praktiziertes und als erfolgreich oder praktikabel anerkanntes Verfahren etc. Dies kann auch ein früheres Gerichtsurteil sein.
- Verfahren Sie nach dem Prinzip der Reziprozität: Werden die vorgeschlagenen Kriterien von demjenigen, der sie vorschlägt, auch selbst angewendet?

**Beispiel** Wenn eine Immobilienfirma für einen Hausverkauf ein bestimmtes Vertragsformular vorschlägt, sollte geprüft werden, ob diese Firma das gleiche Formular für die eigenen Käufe verwendet. Bei Einforderung von Gleichbehandlung sollte geprüft werden, ob der Verhandlungspartner im eigenen Hause auf Gleichbehandlung achtet etc.

**Typische Kriterien für eine faire Übereinkunft können sein:**

- Bewährte Praxis
- Branchenüblichkeit
- Benchmarks
- Qualitätssysteme oder -grundsätze
- Der Marktwert (möglichst ermittelt durch anerkannte Institutionen)
- Ein wissenschaftliches oder sachverständiges Gutachten
- Berufung auf beiderseits akzeptierte Werte, wie Gleichbehandlung, Gegenseitigkeit, Tradition etc.

Gerade die Unterschiedlichkeit von Partnern kann sich produktiv auswirken, denn eine faire Behandlung bedeutet nicht immer eine gleiche Behandlung.

Es zeigt sich, dass es oft leichter fällt, sich zunächst über die Kriterien zu einigen, an denen eine spätere Lösung gemessen wird, als über die Lösung selbst. Das liegt daran, dass objektive Kriterien unabhängig vom beiderseitigen Willen sind. Beide Seiten beugen sich also gemeinsam der Vernunft oder der Logik, statt sich dem Willen des Partners zu beugen. In einem solchen Fall sollte also zunächst über Prinzip 5: faire Kriterien verhandelt werden, ehe eine Lösungsoption gesucht wird.

Prüfen Sie auch, welche Alternativen Sie und Ihr Verhandlungspartner in Punkto Fairness haben (Rückgriff auf Harvard-Prinzip 1). Auch mangelhafte Lösungen werden leichter akzeptiert, wenn deutlich ist, dass keine fairere Lösungsalternative möglich war.

**Beispiel** Teil 6:
Abschließend noch ein Blick auf das Beispiel aus dem Projekt:

- Die gefundene Lösung bezieht ihre Legitimität grundsätzlich aus dem Prinzip des Tauschhandels: „vorgezogene Maschinennutzung gegen Berechtigung zum Feiern". Grundlage für einen Tauschhandel sind komplementäre Interessen der Partner.
- Beide Verhandlungspartner haben eine breite Vertrauensbasis, sodass sie nicht explizit über die Fairness ihrer Lösung verhandeln müssen.
- Gleichwohl könnten sie abwägen, ob die vorgezogene Nutzung der Produktionsstraße die Chance auf die Feier gerecht aufwiegt.
- Da beide einen Vorteil erzielen, den sie ohne Verhandlung nicht erreichen würden, hat diese Frage eine geringe Bedeutung.
- Sie werden allerdings langfristig darauf achten, dass sich wechselseitig gewährte Chancen die Waage halten („heute hilfst Du mir – morgen helfe ich Dir" etc.).
- Der Faktor Vertrauen ermöglicht einen Zeitaufschub beim Interessenausgleich und vergrößert damit wiederum die Austauschmöglichkeiten (positive Rückwirkung auf Harvard-Prinzip 4, Optionen).

### 4.5.3 Verhandeln als gemeinsames Ringen um Fairness

Funktionieren Sie also die Verhandlung um: Statt um Positionen zu ringen, sollten Sie gemeinsam darum ringen, was objektive Kriterien und faire Vorgehensweisen sind, entlang der Leitfrage:

Wie können wir miteinander vorgehen, um uns fair zu einigen und eine Lösung zu finden, die beiden Seiten nützt? Dies wirkt sich direkt auf die Arbeitsbeziehung zwischen den Partnern aus: Aus Gegnerschaft und Misstrauen wird eine gemeinsame Bemühung um eine gerechte und für beide Seiten nützliche Entscheidung.

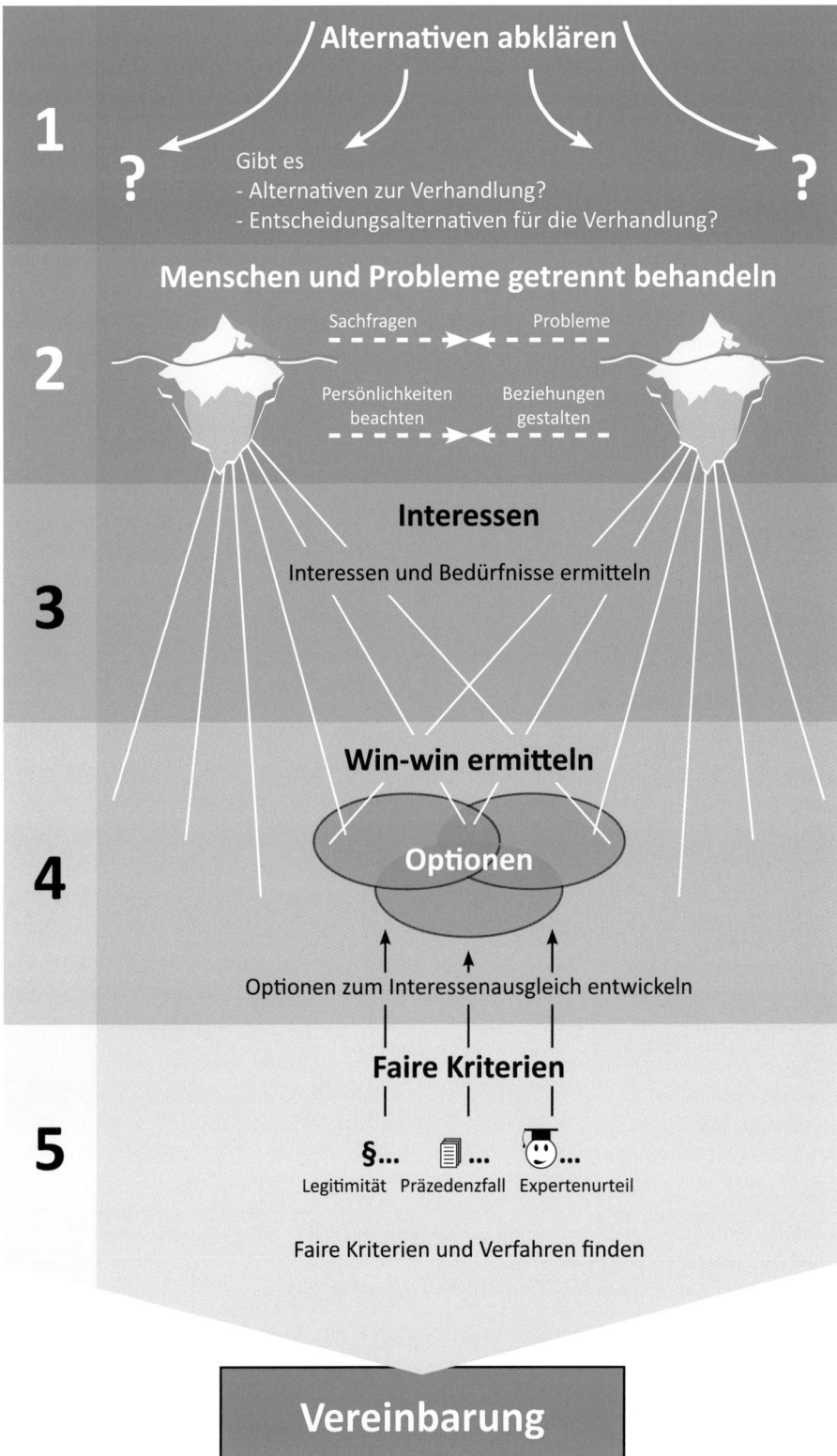

Abbildung 2.11-4: Das Harvard-Konzept im Überblick (Quelle: Eigene Darstellung von M. GOERNER)

## 4.6 Verhandlungen nach dem Harvard-Konzept vorbereiten und strukturieren

Um Verhandlungsgespräche zu strukturieren und vorzubereiten, sollten Sie den beschriebenen Schritten des Harvard-Konzeptes folgen. FISHER & ERTEL (1997: 24) bieten dafür den folgenden Fragebogen an. Er eignet sich auch für die Kombination mit dem Phasenschema für die Gesprächsführung im folgenden Kapitel.

### Schnelle Verhandlungsvorbereitung nach dem Harvard-Konzept

**1. Alternativen**

- Was geschieht, wenn nichts geschieht?
- Was kann ich tun, statt zu verhandeln,
    - wenn eine Verhandlung nicht möglich/sinnvoll ist
    - oder wenn keine sinnvolle Abmachung zustande kommt?
- Wieviel Bewegungsspielraum habe ich/mein Verhandlungspartner in dieser Sache?

**2. Meine Interessen**

- Warum ich verhandeln will/muss
- Meine Bedürfnisse
- Meine Rahmenbedingungen und Zwänge
- Hoffnungen
- Befürchtungen

**3. Interessen meines Partners**

- Warum er verhandeln will/muss
- Seine Bedürfnisse
- Seine Rahmenbedingungen und Zwänge
- Hoffnungen
- Befürchtungen

**4. Optionen für eine Einigung**

- Mehrere mögliche Einigungen!
- Wo ist „win-win" möglich?
- Wo müssen Nachteile aufgeteilt werden?
- Wo sind Kompromisse nötig?

**5. Fairness und Legitimität**

- Was könnte mich/den Partner von der Fairness überzeugen?
- Standards
- Präzedenzfälle
- Expertenmeinungen
- Was wäre ein faires Vorgehen?

**6. Verpflichtungen**

- Welche Dinge sollten bei einer Abmachung unbedingt festgehalten und geregelt werden?
- Wer muss gefragt, wer beteiligt werden?
- Welche Zwischenlösung wäre sinnvoll, um den Weg zu bereiten?

Sammeln Sie auf einem A4-Blatt Ihre Stichworte zu den genannten Punkten pro Abschnitt 1-6 und nehmen Sie das Blatt in Ihre Verhandlung mit.

Abbildung 2.11-5: Arbeitsblatt zur Vorbereitung und Strukturierung von Verhandlungen (In Anlehnung an FISHER & ERTEL, 1997: 24)

# Gesprächsführung

## 5 Kommunikation und Gesprächsführung in Verhandlungen

Gute Verhandlungsführung bedeutet zum wesentlichen Teil die gründliche Ermittlung der Interessen und Bedürfnisse der Beteiligten, die Entwicklung von Optionen und die Frage nach fairen Kriterien für eine Einigung. Vieles davon sollte im Vorfeld geschehen, die kommunikative Umsetzung muss aber im konkreten Kommunikationskontakt (Gespräch, Telefonat etc.) erfolgen. Hierfür sind eine Reihe von kommunikativen Grundtechniken notwendig, die im Folgenden in ihren Grundzügen beschrieben werden. Der „wohldosierte" und authentische Einsatz dieser Techniken ist freilich eine Frage der Übung und Erfahrung. Tiefergehende Hinweise, insbesondere zur nonverbalen Kommunikation und für den Einsatz dieser Techniken in schwierigen Situationen, werden daher im Vertiefungsteil gegeben. Grundlage für den Einsatz aller Techniken ist jedoch die kommunikative Grundhaltung.

### 5.1 Die optimale Grundhaltung für die professionelle Verhandlungsführung

Unser Verhalten, damit auch das kommunikative Verhalten, wird bekanntlich gesteuert über unsere Einstellungen und Grundhaltungen. Verbreitete, aber problematische „Glaubenssätze" zur Verhandlungsführung wurden bereits erwähnt. Da solche Einstellungen und Grundannahmen in der Art der „selbst erfüllenden Prophezeiung" leicht Wirklichkeit werden können, ist es wichtig, nach einer hilfreichen Grundhaltung zu fragen, die dann wiederum positive Kreisläufe in Gang setzen kann.

Die Schritte des Harvard-Konzeptes lassen deutlich werden, welche Elemente zu einer professionellen und produktiven Grundhaltung gehören:

I Interesse am Verhandlungspartner als Menschen und
I Respekt für seine Bedürfnisse
I Fairness statt Druckausübung etc.

FISHER & ERTEL (1997: 135f) fassen alle wichtigen Elemente in einem Bild zentral zusammen:

**Beispiel** Begreifen Sie die Verhandlungsführung mit Ihrem Partner als einen gemeinsamen Arbeitsprozess auf ein Abkommen hin: Gestalten Sie eine Verhandlung so, als ob Sie sich gemeinsam mit Ihrem Verhandlungspartner darauf vorbereiten, miteinander eine faire und nützliche Abmachung zu finden. Stellen Sie sich beispielsweise vor, Sie und Ihr Partner sind zwei Sachverständige, zwei Anwälte o. ä., die miteinander darum ringen, was die beste Lösung für einen gemeinsamen Kunden oder Mandanten sein könnte.

Dieses Bild der gemeinsamen Vorbereitung kann helfen, weg von der problematischen Vorstellung eines „Kampfes" gegeneinander hin zu einer tragenden Gemeinsamkeit zu finden. Mit einer authentisch gelebten konstruktiven Grundhaltung haben Sie wiederum die Chance, selbst einen „schwierigen" Partner, der mit einer anderen Grundhaltung kommuniziert, in einen konstruktiven Verhandlungsprozess zu bringen.

Gute Verhandlungsführer gehen auch auf ernsthafte Weise, aber dennoch mit „spielerischer" Freude in ihre Verhandlungen (vgl. hierzu u. a. SCHRANNER, 2001; 2003). Die Komplexität von Kommunikationsprozessen kann nicht linear gesteuert werden, der Erfolg einer Verhandlung liegt deshalb niemals allein in Ihrer Hand. Eine Verhandlung als Spiel zu begreifen, bewirkt die Unverkrampftheit, die für den Erfolg wichtig ist.

## 5.2 Phasenstruktur von Verhandlungsgesprächen und Verhandlungsprozessen

Kommunikative Prozesse laufen in der Regel nach Mustern ab. Deshalb ist es hilfreich, diese Muster zu kennen und möglichst bewusst zu gestalten. Für Gesprächsabläufe existieren vielerlei Phasenmodelle, wobei die Praxis zeigt: je einfacher, desto besser. In Anlehnung an das 4-Phasen-Modell von KÖNIG & VOLMER (2000: 55) und an das Ist-Soll-Schema können Sie einfache, aber auch komplexe Gespräche und Verhandlungsprozesse in 4 Phasen strukturieren. Teilweise lassen sich die Harvard-Prinzipien in diesen Schritten wiedererkennen. Wie bereits angedeutet, gibt es jedoch keine strenge zeitliche Logik in diesen Prinzipien, wohl aber in den 4 Schritten des Gesprächsablaufs:

### 1. Orientierungsphase (Rahmen öffnen):

In dieser Phase werden die Grundlagen für das Gespräch bzw. den Prozess gelegt und die notwendigen Voraussetzungen abgeklärt bzw. geschaffen:

- **Rahmen** für das Gespräch schaffen,
- räumlich: Raum, Sitzpositionen, Störungsfreiheit, notwendige Unterlagen; dies gilt sinngemäß auch für die Vorbereitung auf Telefonate
- zeitlich: Abklärung mit dem Partner, bis wann er Zeit hat
- sachlich: bei spontanen Gesprächen gehört hierzu auch, zu checken, ob überhaupt eine Verhandlungssituation vorliegt, welche Alternativen bestehen
- **Beziehung** zum Verhandlungspartner aufbauen: Begrüßung, Small Talk, Rapport herstellen
- **Thema** und Ziel festlegen:
  – Was steht konkret an? Was muss heute geklärt werden?
  – Tagesordnung vereinbaren und ggf. schriftlich fixieren
- **Rahmenvereinbarung** über Thema, Ziel, Zeitrahmen, Vorgehensweise (1 Satz + geschlossene Check-Frage)

### 2. Klärungsphase (IST-Aufnahme):

Bevor eine Lösung gefunden, eine Vereinbarung entwickelt, vorbereitete Optionen geprüft werden können, benötigen die Partner wechselseitige Informationen über die Ausgangslage:

- Welche **Interessen** und Bedürfnisse stehen hinter den Positionen der Verhandlungspartner?
- Wer ist von den zu treffenden Entscheidungen betroffen oder zu unterrichten?
- Komplexe Probleme sollten in kleinere Teilprobleme **aufgegliedert** und ggf. ein Zeitplan für das Vorgehen entwickelt werden.
- Beispielsweise können Sie eine **„KUS-Matrix"** erstellen für die anstehenden Fragen:
  – **K**lar: Über welche Punkte sind sich die Partner bereits einig?
  – **U**nklar: Wo werden noch Informationen benötigt?
  – **S**trittig: Was muss noch diskutiert werden?
- Fokussieren (lassen Sie allgemeine Aussagen konkretisieren: wann, wo, wer ...)
- Selbstaussagen zu eigenen Interessen
- Fragetechniken einsetzen
- Aktiv zuhören: Es ist weniger wichtig zu hören, **was** der Partner fordert, sondern vielmehr, **warum** er es fordert (vgl. Schranner, 2003: 72).

### 3. Veränderungsphase (SOLL-Entwicklung):

Nach einem ausreichenden Klärungsprozess werden in dieser Phase gemeinsam Lösungen bzw. Abmachungen entwickelt:

- Was können **Optionen** zum beiderseitigen Vorteil sein?
- Wo ist **Win-Win** möglich, wo müssen **Kompromisse** gefunden werden?
- Vorbereitete Optionen sind hilfreich, die besten Optionen sind aber diejenigen, welche die Partner **gemeinsam im Gespräch entwickeln**
- Was wären faire **Kriterien**, um einen Lösungsvorschlag zu legitimieren?
- Auswahl/Bewertung der erarbeiteten Alternativen
- Formulierung der Kernsätze für eine Abmachung

**4. Abschlussphase (Rahmen schließen):**

Diese Phase dient der Ergebnissicherung, aber auch der Beziehungsfestigung und dem Ausblick auf das weitere Vorgehen:

- Eindeutige Fixierung der Abmachung, möglichst während des Gespräches bereits schriftlich (in Stichworten),
- **Kontrakt**: Explizites Einverständnis aller Beteiligten
- Ggf. Entwicklung eines Handlungsplans:
  - Was sind die nächsten Schritte?
  - Ggf. „Hausaufgaben" vereinbaren
- Check, ob/wie weit das Verhandlungsziel erreicht ist
- Ggf. Erstellung einer Liste offener Punkte, Vereinbarung von Folgeterminen
- Abschluss auf der **Beziehungsebene**: Rückblick auf das Gespräch
- Würdigung von Erfolgen
- Festigung der Beziehung, um die Umsetzung der Abmachung zu sichern

Diese Phasen-Struktur lässt sich gleichermaßen auch auf Verhandlungsprozesse anwenden, die am Telefon, über virtuelle Kommunikation oder als komplexe mehrgliedrige Kommunikationsprozesse geführt werden (Email, Telefon, Gespräche etc.). Wie viele Prozessmuster so ist auch die Phasenstruktur fraktal: Die 4 Phasen lassen sich in einem einzelnen Gespräch beobachten, aber auch in einem längeren Verhandlungsverlauf insgesamt. Für größere Verhandlungsprozesse kann es z. B. sinnvoll sein, zunächst nur Klärungsgespräche oder den Austausch von Material mit erläuternden Telefonaten etc. zu vereinbaren, ehe Gespräche zur Lösungsfindung oder zur Formulierung einer Vereinbarung folgen.

Die Phasen 2 und 3 können bei umfangreichen Problemstellungen auch mehrfach nacheinander durchlaufen werden: Klärung von Aspekt 1, dann Lösungsfindung hierfür, anschließend Klärung von Aspekt 2 mit Lösungsfindung usw. Damit ergibt sich das folgende Schema:

Abbildung 2.11-6: Phasenschema für Verhandlungsprozesse und Verhandlungsgespräche
(In Anlehnung an KÖNIG, VOLMER, 2000: 55)

## 5.3 Überblick über die Grundtechniken der Gesprächsführung

Die Kommunikationswissenschaften haben eine Reihe von Grundfertigkeiten zur Gesprächsführung identifiziert, die meist im therapeutischen Kontext entwickelt wurden (z. B. COHN, 1975; ROGERS, 1972)und auch für Verhandlungsgespräche wichtig sind. Viele Grundlagen- und Überblicksdarstellungen zum Thema Kommunikation geben vertiefende Hinweise für diese Techniken, z. B. WEISBACH (2001). Das NLP (vgl. Kapitel „Nonverbales Verhalten") bietet gute Hinweise für die Zusammenhänge zwischen der verbalen und nonverbalen Kommunikation bei diesen Techniken, vgl. z. B. ÖTSCH, STAHL & JOACHIMS (1997); BANDLER & GRINDER (2002). Die linguistische Gesprächsanalyse untersucht u. a. die wichtige Mikrostruktur von Verhandlungsgesprächen und die Zusammenhänge zwischen verbalen und nonverbalen Gesprächssignalen, vgl. z. B. BRINKER & SAGER (2001). Auf einzelne Literaturhinweise je Technik wird daher verzichtet. Während die Grundlagen für diese Techniken im ICB-Element „Kommunikation" beschrieben werden, geht der folgende Text auf die konkrete „technische" Umsetzung und die Anwendung in Verhandlungsgesprächen ein.

Zum Grundlagenwissen für Verhandlungsführung gehören vor allem:

- Durch Aktives Zuhören eine gute Arbeitsbeziehung schaffen und Informationen aufnehmen und strukturieren
- Kommunikationsbarrieren vermeiden
- Selbstaussagen klar formulieren und eskalierende Aussagetypen vermeiden
- Zielgerichteter und produktiver Einsatz von Fragetechniken
- Lösungsentwicklung über Hypothesenbildung
- Gesprächsstrukturierung und Zwischensicherung der Ergebnisse über Zusammenfassungen und Checkfragen
- Gestaltung des Gesprächsabschlusses und Ergebnissicherung

Diese Wissensgebiete haben engen Bezug zu den Kapiteln im Vertiefungsteil, die sich auf die kommunikative Dimension von Verhandlungsführung beziehen (vgl. vor allem die Kapitel „Nonverbales Verhalten in Verhandlungsgesprächen", „Schwierige Situationen in Verhandlungen").

## 5.4 Gute Verständigung durch Aktives Zuhören

Die Fähigkeit, aktiv oder „analytisch" zuhören zu können, wird quer durch die Verhandlungsliteratur als vielleicht wichtigste Fähigkeit für Verhandlungsführer genannt.

### 5.4.1 Zuhör-Probleme und Kommunikationsbarrieren

Ein ungeübter Zuhörer schweift gewöhnlich mit seiner Aufmerksamkeit ab, während der Partner spricht. Nonverbal werden vielleicht noch Bestätigungssignale gesendet, aber gedanklich bereitet er den eigenen Gesprächsbeitrag vor oder er „hakt" die Gesprächsinhalte des Partners innerlich ab. Damit wird das wichtigste Verhandlungs- und Überzeugungspotential verschenkt: Die unmittelbaren Worte und Signale des Partners!

Die menschliche Wahrnehmung ist eng gekoppelt an einen permanenten mentalen Auswahl- und Bewertungsprozess. Äußerungen oder Verhaltensweisen des Gesprächspartners werden deshalb laufend vom Hörer mit eigenem Wissen und Vorerfahrungen verglichen und bewertet. Als Folge fallen wir vom Zuhören schnell in andere Kommunikationsformen, die kontraproduktiv für das Gespräch sind.

Als typische Kommunikationsbarrieren (vgl. JUNGE, 1995: 105ff) lassen sich ausmachen:

- **Werten und urteilen:** Eine Äußerung wird mit einem Etikett versehen (z. B.: „Das ist zu allgemein."), und Zustimmung oder Ablehnung wird dokumentiert (noch bevor der Zuhörer die Chance hatte, die Äußerung insgesamt zu hören oder die Befindlichkeit des Partners zu ermitteln)
- **Sondieren:** Fragen werden aus dem eigenen Bezugsrahmen heraus gestellt und lenken den Partner auf unser Thema, statt das Thema des Partners durch Nachfragen weiter zu vertiefen
- **Interpretieren:** Der Hörer deutet die Äußerungen des Partners im Bezugsrahmen seiner eigenen Vermutungen
- **Beraten:** Der Hörer gibt vorschnelle Ratschläge: „Da müssen Sie ...," „Ich an Ihrer Stelle ..."
- ...

### 5.4.2 Aktives Zuhören als Gesprächstechnik

Um diese Probleme zu vermeiden, wurde die Technik des „Aktiven Zuhörens" entwickelt. Dabei geht es nicht nur darum, möglichst exakt den Inhalt der Äußerungen zu erfassen, sondern auch die Befindlichkeit des Partners und Zwischentöne zu ermitteln. SCHRANNER (2003: 69) spricht deshalb auch von „Analytischem Zuhören".

**Voraussetzungen:**
- Interesse, Konzentration und Bereitschaft, zuzuhören
- Verzicht auf einen eigenen Gesprächs-„Beitrag"
- **Empathie:** Ich versetze mich in die „Welt" des Gesprächspartners. Ich zeige Verständnis, aber nicht immer Einverständnis!

**Schritte:**

| **1. Zuhören:** |
|---|
| Was sagt der Partner? |
| Welche Worte benutzt er? |
| **2. Beobachten:** |
| Wie verhält sich der Partner? |
| Welche Körper sprachlichen Signale sendet er, ggf. unfreiwillig? |
| **3. Verstehen:** |
| Welche Zusammenhänge stelle ich zwischen den Äußerungen her? |
| Was teilt der Partner als Gesamt-Botschaft mit? |
| **4. Rückmelden:** |
| Was habe ich verstanden? (Sachebene) |
| Welche Botschaft kam bei mir an? (Beziehungsebene) |

**Aktives Zuhören bedeutet auf verbaler Ebene:**
- Den Partner **ausreden** lassen
- Kurze **Zusammenfassungen** (besonders nach Sinnabschnitten) geben, dabei möglichst **Schlüsselworte** aufgreifen
- (zurückhaltend) **Verständnisfragen** stellen
- Ggf. **„Spiegeln" oder „Doppeln"** als erweiterte Technik: die beobachteten nonverbalen Gefühlsäußerungen, welche die Worte des Partners begleiten, verbalisieren und damit auf Sachebene holen, z. B.: *„Sie ärgern sich, wenn ..."* oder *„Und das ärgert Sie ..."*

**Auf der nonverbalen Ebene bedeutet dies:**
- Offene, zugewandte **Körperhaltung**
- Angemessener **Blickkontakt**
- **Mimik und Gestik** dem Inhalt folgen lassen, z. B. Bestätigung durch Kopfnicken,
- paraverbale Kurzäußerungen und **Bestätigungssignale** *("Aha, ach so, verstehe" …)*
- **Angleichung** an Körperhaltung, Stimmlage des Partners *("Pacing")*

**Vermeiden Sie beim Aktiven Zuhören**

**auf der nonverbalen Ebene:**
- Unruhe, Nervosität, Desinteresse
- Sich abwenden
- Kein Blickkontakt
- Versteinerte Mimik
- Bedeutsames" Verhalten als nonverbaler Eigen-Beitrag (Stirnrunzeln, Räuspern, skeptische Haltung …)

**auf der verbalen Ebene:**
- Unterbrechen
- Eigene Erfahrungen, Mitteilungen hineinbringen *("Ja, das kenne ich auch. Neulich …")*,
- Wertung, Urteil, Meinung, Rat, Argument, Analyse
- Steuernde und suggestive Fragen (statt reinen Verständnisfragen)
- Versteckte Lenkung, Manipulation
- Zweifel oder Desinteresse signalisieren
- Thema wechseln …

## 5.5 Klare Selbstaussagen durch Ich-Botschaften

Das notwendige Gegenstück zum Zuhören sind Ich-Botschaften. Besonders dann, wenn es darum geht, ein eigenes Bedürfnis, ein Interesse und vor allem die eigene Gefühlslage (z. B. Ärger oder Unzufriedenheit) mitzuteilen, verstecken wir uns gerne hinter Formulierungen, die leicht Missverständnisse provozieren oder eskalierend wirken. Saubere Ich-Botschaften wirken dagegen deeskalierend. SCHULZ VON THUN (1999: Bd.1), führt die Technik der Ich-Botschaften weiter über sein 4-Ohren-Modell. Die folgenden Ausführungen beziehen sich sowohl auf die Selbstoffenbarungs- als auch auf die Appell-Seite dieses Modells.

### 5.5.1 Eskalierende Aussagetypen vermeiden:

Es gibt eine Reihe von Formulierungstypen, die durch Nichtbeachtung der Kommunikationsregeln Konfliktpotential erzeugen:

- **Du-Botschaften** sind das Gegenteil der Ich-Botschaft. Wir urteilen über den Partner und versehen ihn mit einem klassifizierenden „Etikett", Beispiel: *„Sie sind faul, zerstreut, …", „Sie sind ein Überflieger"* etc.
- **Killerphrasen** versuchen, den Partner mit Pauschal-Aussagen „abzuwürgen" oder ins Unrecht zu setzen, Beispiel:*„Das funktioniert doch in der Praxis gar nicht", „Das ist doch längst veraltet"* etc.
- **Verallgemeinerungen** suggerieren eine Regelhaftigkeit, statt den konkreten Fall zu beachten, Beispiel: *„Immer müssen Sie Bedenken haben!", „Keiner hilft uns", „Alle wissen doch längst …", „Niemand kann bezweifeln …"*

- **Gedankenlesen** und Unterstellungen sollen den Partner entblößen: *„Nun wollen Sie uns weismachen …", „Sie haben sich gedacht …", „Sie fürchten jetzt …"*
- **Beziehungsspitzen** sind besonders problematisch, denn sie vermengen versteckte negative Gefühle mit vermeintlich sachlichen Aussagen, z. B. durch abwertende Adjektive, Beispiele: *„Ihre unsachlichen Einwände sind …", „Dieser abwegige Vorschlag …"* etc.
- **Nonverbale und paraverbale Begleitbotschaften**, die Ihrer Sach-Aussage widersprechen, senden auch starke Ich-Aussagen. Sie wirken eskalierend, denn sie werden indirekt wahrgenommen und meist auch indirekt, d. h. mit scheinbar sachlichen Argumenten, „beantwortet". So lautet der Subtext vieler vermeintlich sachlicher Aussagen beispielsweise: *„Ich bin genervt, dass Sie das immer noch nicht verstehen. Sie haben keine Ahnung!"* …

Um in diesen Kommunikationssituationen zu deeskalieren, müssen Sie jeweils durch (Selbst-)Beobachtung klären, welche Situation vorliegt und welche Emotionen bei Ihnen oder Ihrem Partner zutage treten. Sie müssen entscheiden, ob eine Störung vorliegt und es notwendig ist, diese Emotionen in angemessener Form anzusprechen oder ob Sie andere Möglichkeiten haben. Beispielsweise lassen sich viele Störungen über eine Änderung des Kontextes beheben (vgl. Kapitel „Nonverbales Verhalten"). Um Emotionen oder Störungen anzusprechen, sollten Sie die folgende Dreischritt-Technik beachten:

### 5.5.2 Drei Schritte zur konstruktiven Ich-Botschaft

Besonders in Problemsituationen ist es wichtig, klare Ich-Botschaften zu senden. Hierfür hat sich deshalb ein Vorgehen in 3 Schritten bewährt, das zugleich den Charakter der Ich-Botschaft verdeutlicht:

**1. Beschreiben Sie die Situation oder das Verhalten des Partners:**

Mit der sog. „Reportertechnik" (Weidenmann, 2003: 120ff) beschreiben Sie zunächst möglichst neutral und objektiv die Situation, wie ein Außenstehender oder ein Reporter:
*„Vor zwei Wochen war Abgabetermin und Sie haben mir noch kein Arbeitsergebnis vorgelegt."*
Dabei ist zu beachten:
- Möglichst objektive Beschreibung der beobachteten Tatsachen: Was nehmen Sie konkret wahr?
- Keinerlei versteckte Wertungen einfließen lassen („noch immer nicht" …)
- Keine Vergleiche („beim letzten Projekt war es das Gleiche", „alle anderen haben schon abgegeben")
- Keine Verallgemeinerungen („immer sind Sie der letzte", „schon wieder", „es ist jedes Mal das Gleiche" etc.)

**2. Beschreiben Sie das Gefühl, das durch die Situation ausgelöst wird:**

*„Ich bin ärgerlich", „ich bin unter Zeitdruck", „ich bin ratlos"* etc.
Dies ist die eigentliche Ich-Botschaft.
- Offenheit: Beschreiben Sie klar das eigene Gefühl oder die eigene Befindlichkeit
- Keine „Abschwächer": *„Ich bin ein bisschen ärgerlich, weil Sie manchmal …"*
- Konsequent bei sich selber bleiben, denn:
- einer guten Ich-Botschaft kann nicht widersprochen werden: Sie selbst sind der einzige Mensch, der einschätzen kann, ob Sie ärgerlich sind oder nicht.

**3. Beschreiben Sie die Konsequenzen:**

*„Wir werden den Meilenstein nicht mehr rechtzeitig erreichen." „Die Kollegen werden Ihre Arbeit mit erledigen müssen."*
- Beschreiben Sie nur die Konsequenzen,
- schreiben Sie dem Partner nicht vor, wie er jetzt handeln sollte.
- Damit geben Sie dem Partner die Verantwortung für seine Reaktion,
- statt ihn „an die Wand zu reden".

Im normalen Gesprächsverlauf ist meist kein vollständiger Dreischritt notwendig. Sobald es Konflikt haft wird oder wenn Ihr Gesprächspartner aus einer fremden Kultur stammt, ist es ratsam, Ich-Botschaften und Selbstaussagen sorgfältig „einzubetten" und zu justieren. Für Verhandlungsgespräche sind Ich-Botschaften besonders wichtig, denn nur so können Sie unmissverständlich Ihre eigenen Interessen und Bedürfnisse mitteilen. Dies gilt besonders für schwierige Verhandlungssituationen (vgl. Kapitel „Umgang mit Blockaden").

**Klare Ich-Botschaften erfordern allerdings:**

- Ich beobachte die Situation und den Partner genau
- Ich beobachte mich selbst genau, welche Gefühle mich beherrschen
- Ich kläre, welche Interessen und Bedürfnisse ich habe

Und das bedeutet, dass Sie vor dem Sprechen nachdenken sollten ...

### 5.5.3 Vorsicht vor „falschen Ich-Botschaften"

Wenn Ich-Botschaften sich nicht konsequent auf das eigene Gefühl beziehen, sondern Gefühle mit Urteilen oder Beschreibungen etc. verbinden, liegt ebenfalls ein Eskalationstyp vor,

**Beispiel** „Ich bin ärgerlich, weil Sie so faul sind", „Ich merke genau, dass Sie mich täuschen wollen", „Ich spüre, dass Sie gemein sind", „Mich interessiert, woher Sie diesen Unsinn" ...

## 5.6 Mit Fragetechniken das Gespräch steuern

Fragen sind ein machtvolles Werkzeug zur Steuerung der Gesprächsführung: „Wer fragt, der führt." Aber gerade aufgrund dieser Macht müssen Fragen vorsichtig und verantwortungsvoll gehandhabt werden, denn wie mit einem scharfen Messer kann man mit Fragen gute Ergebnisse bewirken, aber auch großen Schaden anrichten. Genauso kann mit unpassender oder manipulativer Fragetechnik eine Verhandlung schnell verdorben werden. Dies gilt auch interkulturell: In vielen Kulturen gilt es als unverschämt oder beleidigend, dem Partner zu direkte Fragen zu stellen. Nur ein wohldosierter und kulturell angepasster Fragen-Einsatz ist deshalb förderlich.

### 5.6.1 Offene und geschlossene Fragen

Fragen lassen sich grundsätzlich in 2 Typen einteilen. Dies betrifft u. a. den grammatischem Aufbau, den Antwortspielraum, die kommunikative Wirkung, das Rederecht, die Erlaubnis-Ebene („Ist es höflich oder angemessen, diese Frage jetzt zu stellen?") und der Verwendung im Gespräch:

| Offene Fragen | Geschlossene Fragen: |
|---|---|
| • Beispiele: „Wie beurteilen Sie die Sitzungskultur?", „Was wurde besprochen?" | • Beispiele: „Hat die Besprechung stattgefunden?", „Sind Sie zufrieden mit dem Verlauf?" |
| • beginnen mit einem Fragewort (Wie, was, wann, wo, wer, womit, welche …) | • beginnen mit einem Verb |
| • geben keine spezielle Antwort vor | • grenzen die Antwortmöglichkeiten ein auf „ja" oder „nein" |
| • aktivieren den Gesprächspartner und laden ihn zu einer ausführlichen Antwort ein | • signalisieren, dass eine kurze und eindeutige Antwort erwartet wird |
| • lenken auf den Bezugsrahmen des Partners („wie er die Dinge sieht") | • fokussieren auf den Bezugsrahmen des Sprechers („wie ich die Dinge sehe") |
| • geben dem Partner das Rederecht, Inhalt und Form der Mitteilung weitgehend zu bestimmen | • das Rederecht und die Gesprächssteuerung verbleiben beim Fragesteller |
| • keine Vorstrukturierung der Antwortmöglichkeit notwendig | • inhaltliche Vorstrukturierung auf die Ja-Nein-Antwortmöglichkeit notwendig |
| • benötigen aber vom Partner eine hohe Erlaubnis-Ebene, denn sie können schnell bedrängend oder indiskret wirken | • benötigen eine geringe Erlaubnis-Ebene, denn der Partner kann entscheiden, ob und wie er darauf antwortet. |
| • Offene Fragen werden eingesetzt,<br>• um detaillierte Informationen zu komplexen Sachverhalten zu erhalten,<br>• Interessen und Sichtweisen des Sprechers zu ermitteln,<br>• für Sammlungen und brainstormings<br>• um den Partner auf ein neues Thema zu lenken. | • Geschlossene Fragen werden eingesetzt,<br>• um eindeutige und vorstrukturierte Informationen gezielt zu erfragen, z. B. in Checklisten, Fragebögen, Formularen<br>• für den Gesprächseinstieg, um die Gesprächsbereitschaft zu testen und zu stärken<br>• als (Zwischen-) Check, bevor das Gespräch weitergeht<br>• um zum Abschluss Konktrakte/Vereinbarungen zu schließen und abzusichern. |

Abbildung 2.11-7: Offene und geschlossene Fragen (Quelle: Eigene Darstellung von M. GOERNER)

**Sammel-Frage „Welche":** Das Fragewort „welche" impliziert, dass es mehrere Antwortmöglichkeiten gibt. Offene Fragen, die mit „Welche" eingeleitet werden, eignen sich deshalb besonders für Sammlungen, Brainstorming etc., z. B. zur Sammlung von Interessen oder Lösungsoptionen.

### 5.6.2 Alternativfragen: Hilfreich und problematisch zugleich

Eine wichtige Sonderform zwischen den offenen und geschlossenen Fragen ist die Alternativfrage.

**Beispiel** Passt Ihnen der Termin besser am Freitag oder lieber am **Dienstag**?
Möchten Sie die Ausführung lieber in Chrom oder in **Messing**?

Diese Fragen spitzen Entscheidungen auf eine vorgegebene Alternative (auch 3 Optionen sind möglich) zu. Sie sind hilfreich, wenn im Laufe eines Gespräches Optionen ausgewählt und reduziert werden sollen (vgl. Fragetrichter).

Alternativfragen können aber auch manipulativ wirken, wenn die genannte Alternative nicht vorab gemeinsam erarbeitet wurde, sondern vom Sprecher vorgegeben wird, um den Partner in eine vorgegebene Richtung zu drängen. In Verbindung mit einer entsprechenden Stimmführung und Körpersprache ist die Wahrscheinlichkeit relativ hoch, dass sich der Gesprächspartner jeweils für die letztgenannte Alternative entscheidet.

Sie können einem Manipulationsversuch durch eine Alternativfrage begegnen, indem Sie die vorgegebene Auswahl „durchbrechen" und eine weitere, eigene Alternative nennen.

### 5.6.3 Der Fragetrichter: Antwortspielräume im Gespräch gestalten

In Verhandlungsgesprächen ergeben sich oft „trichterförmige" Fragen-Sequenzen, die veranschaulichen, wie der Antwortspielraum (symbolisiert durch die Breite des Trichters), das Rederecht und damit auch die Frageform je nach Gesprächsfortschritt variiert:

1. Zum Gesprächseinstieg eignen sich besonders gut geschlossene Fragen, weil sie eine geringe Erlaubnis-Ebene verlangen. Über geschlossene Fragen wird die Beziehung getestet und aufgebaut sowie ein „Rahmenkontrakt" geschlossen („Es ist O.K., dass wir dieses Gespräch jetzt führen"). Der Antwortspielraum ist zunächst gering, der Trichter eng.
2. Eine Ich-Botschaft schafft Orientierung für die folgende offene Frage und „weitet" den Antwortspielraum im Gespräch.
3. Eine offene Frage leitet die Informationssammlung ein (breiter Antwortspielraum = Trichter-Öffnung).
4. Für die Auswahl, Zuordnung etc. wird der Trichter wieder zunehmend enger.
5. Eine Vereinbarung oder ein Aktionsplan können jetzt erarbeitet werden.
6. Am Ende wird mit einer geschlossenen Frage ein Kontrakt über das vereinbarte Gesprächsergebnis herbeigeführt. (enger Antwort-Spielraum = Trichter-Mündung)

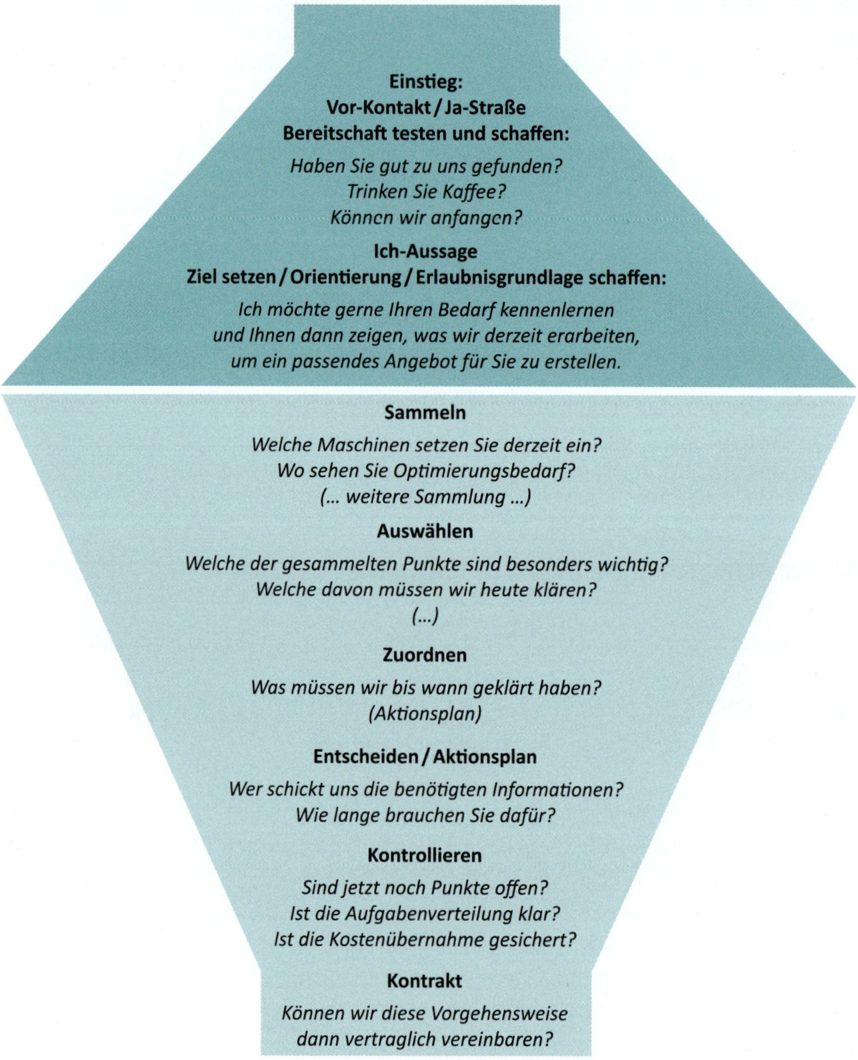

**Einstieg:**
**Vor-Kontakt / Ja-Straße**
**Bereitschaft testen und schaffen:**

*Haben Sie gut zu uns gefunden?*
*Trinken Sie Kaffee?*
*Können wir anfangen?*

**Ich-Aussage**
**Ziel setzen / Orientierung / Erlaubnisgrundlage schaffen:**

*Ich möchte gerne Ihren Bedarf kennenlernen und Ihnen dann zeigen, was wir derzeit erarbeiten, um ein passendes Angebot für Sie zu erstellen.*

**Sammeln**

*Welche Maschinen setzen Sie derzeit ein?*
*Wo sehen Sie Optimierungsbedarf?*
*(... weitere Sammlung ...)*

**Auswählen**

*Welche der gesammelten Punkte sind besonders wichtig?*
*Welche davon müssen wir heute klären?*
*(...)*

**Zuordnen**

*Was müssen wir bis wann geklärt haben?*
*(Aktionsplan)*

**Entscheiden / Aktionsplan**

*Wer schickt uns die benötigten Informationen?*
*Wie lange brauchen Sie dafür?*

**Kontrollieren**

*Sind jetzt noch Punkte offen?*
*Ist die Aufgabenverteilung klar?*
*Ist die Kostenübernahme gesichert?*

**Kontrakt**

*Können wir diese Vorgehensweise dann vertraglich vereinbaren?*

Abbildung 2.11-8: Doppel-Trichter zur Veranschaulichung von Frage-Sequenzen und Antwort-Spielräumen im Verhandlungsgespräch (Quelle: Eigene Darstellung von M. GOERNER)

### 5.6.4 Der Dreischritt zum Einsatz von Fragen im Gespräch

Der reine Einsatz von Fragen im Gespräch bewirkt eine Verhör-Situation. Rederecht, Erlaubnis-Ebene und Bezugsrahmen sind dann extrem zum Sprecher hin verschoben. Die Gesprächssituation ist asymmetrisch und wird als nicht partnerschaftlich empfunden. Für die kooperative Gesprächsführung und gerade für Verhandlungen ist eine symmetrische Gesprächssituation dringend notwendig.

Dafür müssen Fragen mit anderen Gesprächselementen „eingebettet" werden. Um dem Partner offen zu legen, aus welchem Bezugsrahmen eine Frage gestellt wird, also, was der Hintergrund, die „Implikation" der Frage ist, und um beim Partner Akzeptanz für die Frage zu schaffen, sollte das Frage-Setting mit einer Ich-Botschaft eröffnet werden. Besonders offene Fragen, aber auch geschlossene Fragen nach sensiblen Informationen benötigen diesen Rahmen. Hilfreich ist die Dreischritt-Fragetechnik:

**1. Absicht erklären/Frage begründen/Orientierung geben:**
- Einleitende Ich-Botschaft, beispielsweise:
  – „Ich möchte gerne Ihren Bedarf kennen lernen …"
  – „Mich interessiert, ob Sie …"
  – „Ich benötige zunächst Informationen darüber, …"
- In Verhandlungs- und Verkaufsgesprächen empfiehlt sich die Kombination der Ich-Botschaft mit einem Nutzen-Argument:
  – „*Damit ich zielgerichtet Ihren Bedarf erfassen kann*, benötige ich zunächst Informationen …"

**2. Frage stellen**
- Passenden Antwortspielraum schaffen: Möglichst offene Fragen stellen
- Immer nur einen Sachverhalt erfragen: Keine Kettenfragen!
- Möglichst klare Frage-Implikationen:
- Keine Doppeldeutigkeiten oder Unterstellungen
- Keine einengenden oder suggestiven Formulierungen

**3. Aktiv zuhören**
- Vgl. hierzu das Kapitel zum „Aktiven Zuhören" …

Nun können weitere Fragen gestellt werden. Nicht vor jeder Frage ist eine Ich-Botschaft notwendig, aber zu Gesprächsbeginn und sobald ein neuer Themenkomplex angesprochen wird, vor allem, wenn das Thema „sensibel" ist. Hier gilt wieder die Regel: Je konfliktreicher und je „interkultureller" die Gesprächssituation ist, desto feiner sind die Kommunikationswerkzeuge zu justieren.

### 5.6.5 Fallen beim Fragenstellen:

Zwei wichtige Fallen gilt es beim Fragen zu umgehen:

1. **„Warum":**
   - Das Fragewort „warum" wirkt oft beziehungsstörend, weil es den Partner unter Rechtfertigungsdruck setzt.
   - Warum-Fragen sind oft unproduktiv, denn der Rechtfertigungsdruck macht den Partner „erfinderisch" und Sie erhalten eine „Story": *„Ich habe mir gedacht, dass …"*.
   - Wenn Sie sich doch entschließen, Warum zu fragen - was zuweilen durchaus sinnvoll sein kann, kalkulieren Sie bitte den mehr oder weniger provozierenden Charakter ihrer Frage ein.
   **Was Sie stattdessen tun können:**
   - Ursachenforschung hilft selten bei einer Lösungsfindung. Fragen Sie möglichst „nach vorn": *„Was schlagen Sie vor!", „Was können Sie jetzt tun, um …"*
   - Wenn Sie doch Motive oder Ursachen erfragen müssen, setzen Sie die Dreischritt-Technik ein: *„Mich interessiert, welches Motiv …", „Wir müssen klären, was … ausgelöst hat, damit …"*

2. **Kettenfragen**
- Gerade nach offenen Fragen muss der Gesprächspartner meist nachdenken, ehe er antworten kann. Aus Angst, nicht eindeutig genug gefragt zu haben, wird gerne gleich die nächste Frage „nachgeschoben". Beispiel: *„Was sagt Ihr Chef dazu? Wie schätzt er die Lage ein? Hat er noch andere Mitarbeiter, die ..."*
- Dadurch entsteht leicht eine Verhör-Situation und
- der Partner sucht sich die angenehmste Frage oder die letzte Frage aus und antwortet nur darauf.
- Das möglicherweise gute und sinnvolle Fragenpotential in den anderen Fragen der Kette wird „verschossen".

**Sagen Sie stattdessen:**
- Entwickeln Sie „Schweigekapazität" und halten Sie standhaft auch eine Pause aus, die nach Ihrer Frage entsteht.
- Helfen Sie auch nicht mit eigenen Antwortversuchen nach (etwa: „Sicher wollten Sie ...")
- Sie wissen: Gerade nach einer offenen Frage muss ihr Partner „arbeiten", um eine gute Antwort zu geben. Dafür benötigt er eine Denkpause.

## 5.7 Durch Hypothesenbildung Lösungen entwickeln

Wenn über Zuhören, Fragen und Ich-Botschaften Interessen geklärt sind, entwickeln Sie mit Ihrem Verhandlungspartner Optionen für eine Vereinbarung und suchen nach Kriterien für ihre Legitimierung. Hierfür ist ein weiteres sprachliches Mittel notwendig: Die Hypothesen-Technik. Eine Hypothese ist eine vorläufige, noch zu überprüfende Annahme. Hypothesenbildung ist nicht nur ein wichtiges Erkenntniswerkzeug in der Wissenschaft, sondern auch für Verhandlungen notwendig.

Über „weiche" Formulierungen und hypothetische Fragen entwickeln Sie Lösungsvorschläge, testen Ideen und halten Optionen unverbindlich, damit sie im Dialog weiter reifen können (zu der Kontingenz in Aushandlungsprozessen vgl. KÜHL, SCHNELLE & SCHNELLE, 2004). Um die Kreativität im Gespräch zu wecken und zu unterstützen, sollen die entwickelten Vorschläge zunächst noch nicht bewertet, sondern auch sprachlich bewusst vage gehalten werden. Diese Technik, Angebote „verlockend" zu formulieren, ist von der systemischen Hypnotherapie verfeinert worden (vgl. SCHLIPPE & SCHWEITZER, 2000: 117ff). In Verhandlungen wird sie freilich deutlich „nüchterner" eingesetzt.

Die wichtigsten Möglichkeiten für weiche Formulierungen in Verhandlungen sind:

**1. Konjunktivische und hypothetische Aussagen:**
- *„Ich könnte mir vorstellen, dass ..."*
- *„Dann müssten/sollten wir ..."*
- *„Angenommen, wir würden ..."*
- *„Gesetzt den Fall, Sie hätten ..."*

**2. Hypothetische Fragen:**
- *„Wie wäre es, wenn ..."*
- *„Was müsste geschehen, damit ..."*
- *„Was sollte geregelt werden, wenn wir ..."*

Hypothetische Fragen erlauben es auch, Risikofaktoren anzusprechen, damit sie in der Vereinbarung Berücksichtigung finden (Schnittstelle zur Risiko-Analyse im Projektmanagement). Hypothetische Fragen können auch mit zirkulären Fragen verknüpft werden, wenn andere Personen in die Lösung einbezogen werden müssen:
- *„Was würde Ihr Chef sagen, wenn wir vereinbaren würden ...?"* (zu zirkulären Fragen siehe Kap. Einwandbehandlung)

### 3. Unscharf attribuierte Aussagen

Das NLP (Neurolinguistisches Programmieren, s.u.) spricht hier von „Fluff"-Formulierungen (fluff: Fussel, Flaum, Watte). Gemeint sind Formulierungen, die Aussagen bewusst unscharf und undeutlich lassen. Dies wird auch erreicht, wenn der Bezug zum Gesprächspartner oder zu Ort und Zeit bewusst aufgehoben oder offen gelassen wird, beispielsweise:

- „Manche verfahren in diesem Punkt folgendermaßen."
- „Vielleicht könnten wir ja mal …"
- „Manchmal denke ich, wir sollten einfach …"
- „Früher hätte man …"
- „Die Japaner machen es sich hier einfach: …"
- „Vielleicht haben Sie sich schon mal gefragt, …"
- „Man könnte ja mal …"

### 4. Lösungsvorschläge hypothetisch in einen anderen Kontext setzen:

Sehr elegant können Sie Lösungsvorschläge „weich" einbringen, indem sie sie in einen anderen, unverbindlichen Kontext setzen und zugleich dadurch eine Referenz einführen, um sie zu legitimieren (Harvard-Prinzip 5). Dies geschieht, wenn dieser Kontext auf einen Standard, eine vergleichbare Branche oder auf den Erfolg einer Lösung usw. verweist:

- „In meinem vorigen Projekt hat die folgende Lösung funktioniert: …"
- „In der Baubranche würde man dieses Problem folgendermaßen lösen …"
- „Die ISO 9001/ITIL würde hier fordern …"
- „Mein Kollege war zufrieden, nachdem er vereinbart hatte, dass …"

Sobald Ihr Partner signalisiert, dass ein hypothetisch „getesteter" Vorschlag ihm zusagt, wird er mit ähnlichen Formulierungen in die Weiterentwicklung der Idee einsteigen. Wenn die Lösungsoption dann „reif" ist, bieten Sie ihm mit einer Check-Frage hierzu einen - zunächst vorläufigen - Kontrakt an (vgl. Kapitel „Ergebnissicherung"). Aus der Summe dieser kleinen und vorläufigen Kontrakte entsteht dann am Ende des Gespräches Ihre Vereinbarung.

## 5.8 Die laufende Ergebnissicherung im Gespräch

Über alle Gesprächsphasen und alle Harvard-Prinzipien hinweg müssen Sie immer wieder herausarbeiten und festhalten, welche Punkte schon geklärt sind und was bereits festgehalten werden kann, aber auch, was noch offen oder zu tun ist. Das beginnt bereits in der Orientierungsphase: Welcher Zeitrahmen steht zur Verfügung, worauf soll dieses Gespräch begrenzt werden, mit welchem Ziel etc.? In der Klärungsphase müssen dann geklärte Fragen, Interessen, Bedürfnisse etc. festgehalten werden, in der Veränderungsphase Optionen für die Lösung und auch Kriterien, die erfüllt sein müssen etc., und am Schluss natürlich eine Vereinbarung oder auch das weitere Vorgehen.

Die Sicherung von Zwischenergebnissen ist insbesondere wichtig, wenn mehrere oder komplexe Themen besprochen werden oder wenn Gesprächspartner unklar sind. Hierfür sind insbesondere geschlossene Fragen, verbunden mit kurzen Zusammenfassungen, wichtig.

Auf nonverbaler Ebene wird dies begleitet mit entsprechenden Blickkontakten, Pacing, Anker-Wechsel etc. (vgl. Kapitel „Nonverbales Verhalten").

Im Gesamtbild ergibt sich eine Art permanenter Zickzack-Kurs in der Gesprächsführung zwischen der Informationsgewinnung oder Lösungsentwicklung und einer Zwischen-Sicherung der Gesprächsinhalte:

| Informationsgewinnung / Klärung / Lösungsentwicklung | Zwischensicherung |
|---|---|
| Offene Fragen, Aktiv zuhören, Ich-Botschaften, Hypothesen, Vorschläge ... | Geschlossene Fragen, Zusammenfassungen, Stichworte festhalten ... |
| Kreativität, Offenheit | Verbindlichkeit |
| Ich-Botschaft und Offene Frage: *„Dann würde ich gerne Ihre Anforderungen kennenlernen. Welche Datenmengen müssen Sie verarbeiten ...?"* | |
| (Partner antwortet) Aktiv zuhören, Klärungsfrage etc. | |
| | Zwischen-Zusammenfassung: *„Gut, das heißt also ... abc, nicht aber d ..."* – Zwischenergebnis möglichst schriftlich festhalten – (Partner korrigiert ggf.) |
| | Ggf. Check-Frage: *„Habe ich damit die Datenmengen richtig erfasst?"* (Partner antwortet) |
| Nach erfolgter Klärung: Nächste offene Frage zum nächsten Teil-Thema *„Welche Systeme ...?"* | |
| | Zwischenzusammenfassung, Stichworte festhalten |
| | Check-Frage |
| ... | ... |
| Unverbindlicher Lösungsvorschlag, ggf. mit win-win-Angebot als Nutzen-Aussage (Siehe Vertiefungs-Teil): *„Gut. Ich könnte mir vorstellen, dass wir für die Systeme bei den genanten Datenmengen ... xyz ... vorsehen. Das hätte für Sie den Vorteil, dass ..."*. | |
| | Check-Frage: *„Würde das für Ihren Bedarf genügen?"* (Partner antwortet) |
| Nächste offen Frage / nächster Vorschlag... | |
| | Check-Frage |
| ... | ... |

Abbildung 2.11-9: Laufende Ergebnissicherung im Gespräch über Checkfragen und Zusammenfassungen (Quelle: Eigene Darstellung von M. GOERNER)

Die Zusammenfassungen und geschlossenen Check-Fragen nach jedem Gesprächsabschnitt erfüllen mehrere Funktionen auf Sach- und Beziehungsebene:

I Sie dienen dazu, bereits erreichte Gesprächsergebnisse festzuhalten und zu sichern, beispielsweise eine Klärung oder einen Lösungsvorschlag.
I Sie regeln und kontrollieren den Gesprächs-Kontrakt, also die implizite Vereinbarung, was in welcher Form besprochen wird, wer wann wozu welches Rederecht hat etc. (das sog. „Turn-Taking"; vgl. z. B. BRINKER & SAGER, 2001: 60ff).
I Sie regeln, checken und stärken laufend die Beziehungsebene zum Partner. Über Check-Fragen halten Sie laufend Kontakt und vergewissern sich, ob Sie noch auf der richtigen Spur sind.

Wenn Sie zu lange fragen, zuhören und unverbindliche Ideen entwickeln, ohne zu checken, wie verbindlich das Thema momentan gerade für Ihren Gesprächspartner ist, kann die Verhandlung schnell aus dem Ruder laufen.

Check-Fragen sind besonders wichtig, wenn Sie einen hohen Rede-Anteil im Gespräch haben, z. B. bei einer Produktpräsentation, die dann in eine Verkaufsverhandlung einmünden soll. Über die geschlossenen Check-Fragen halten Sie nach jeweiligen kurzen Einheiten Kontakt mit Ihren Gesprächspartnern und vergewissern sich, nicht am Bedarf vorbeizureden (zur Technik der Checkfragen im Verhandlungs- und Verkaufsgespräch vgl. HIERHOLD, 2001: 212).

## 5.9 Die Gestaltung des Gesprächsabschlusses

### 5.9.1 Der Vor-Check

Der Abschluss des Gespräches sollte nicht abrupt eingeleitet, sondern über Signale angedeutet werden. Ein aufmerksamer Beobachter wird feststellen, dass bereits lange vor Gesprächsende meist von beiden Partnern Signale gesendet werden, die jeweils ankündigen, dass das Gespräch beendet werden soll, und zugleich testen sollen, wie weit der Partner damit einverstanden ist, beispielsweise:

 **Beispiel**
- *„Gut. Dann haben wir jetzt diese Frage geklärt ..."*
- *„Dann können wir doch einfach festhalten ..."*
- *„Ja!"* (entschiedener Tonfall, dann demonstratives Schweigen ...)
- ...

Wird die erwartete Redezeit zunehmend überschritten, werden diese Signale immer deutlicher und können die „Höflichkeitszone" verlassen.

Zugleich ist es sinnvoll, bereits vor der Ergebnissicherung einen Check vorzunehmen.

 **Beispiel** für Fragen zum Check vor Gesprächsabschluss:
- „Haben wir damit alle anstehenden Fragen geklärt?"
- „Gibt es jetzt noch offene Punkte, die wir heute besprechen müssen?"
- „Fehlt Ihnen jetzt noch eine wichtige Information?"

### 5.9.2 Ergebnissicherung mit Check-Fragen

Grundsätzlich sollte jedes Verhandlungsgespräch mit einem kurzen Resümee der erreichten Ergebnisse sowie mit einer Check-Frage enden, beispielsweise:

 **Beispiel** für Check-Fragen zur Ergebnissicherung:
- „Können wir das so festhalten?"
- „Findet das Ihre Zustimmung?"
- „Können wir das vereinbaren?"

Zusammenfassungen sind, möglichst schriftlich, in Kombination mit geschlossenen Fragen am Gesprächsende notwendig zur Ergebnissicherung. Selbst wenn diese Gesprächsphase aus Zeitgründen oder Unachtsamkeit im Gespräch nicht stattgefunden hat, sollten Sie nach wichtigen Gesprächen zu Ihrer Absicherung Ihrem Gesprächspartner im Nachgang eine Email oder ein Fax senden mit Ihrer Zusammenfassung der Gesprächsergebnisse mit der Bitte um explizite Bestätigung oder auch nur um Widerspruch innerhalb einer gesetzten Frist.

Das Gesprächsergebnis wird sicher nicht immer eine vollständige Verhandlungslösung sein. Viele Gespräche enden zunächst nur mit einer Bedarfserhebung oder sogar nur mit einer Darstellung der wechselseitigen Positionen. Auch dies sollte aber als Ergebnis jeweils deutlich gemacht und festgehalten werden, möglichst zusammen mit Vereinbarungen zum weiteren Vorgehen. (siehe Kap. 4.4.4)

### 5.9.3 Gesprächsabschluss auf Beziehungsebene

Als letztes Thema sollte jedes Verhandlungsgespräch auch einen kurzen Rückblick auf das Gespräch selbst, auf die Arbeitsbeziehung und auf die emotionale Seite beinhalten. So kann die Befindlichkeit des Gesprächspartners erfragt werden:

 **Beispiel**
- „Wie blicken Sie auf unser heutiges Gespräch zurück?"
- „Wie weit stellt Sie das Ergebnis zufrieden?"

Auch ein Dank an den Gesprächspartner, z. B. dass er kurzfristig den Termin ermöglicht hat, dass er sich auf eine tiefer gehende Erörterung eingelassen hat, dass er bereit ist, über einen Punkt noch einmal nachzudenken etc. ist ein guter Abschluss für die Arbeitsbeziehung.

Ähnlich wie in der Gesprächseröffnung ist als letzter Ausklang des Gespräches ein Smalltalk sehr sinnvoll, wenn sich nicht eine andere gemeinsame Aktivität an die Verhandlung anschließt, z. B. ein gemeinsames Essen. Dieser Smalltalk sollte andere Themen als die Verhandlung zum Inhalt haben, z. B. den Kontext der Gesprächspartner nach der Verhandlung:

 **Beispiel**
- „Wie kommen Sie jetzt nach Hause?"
- „Haben Sie jetzt noch einen Termin?"

## 6 Zusammenfassung

Nach der grundsätzlichen Erläuterung von Verhandlungssituationen im Projekt werden typische Irrtümer zum Thema Verhandeln beschrieben, weil sie wesentliche Hindernisse für erfolgreiche Abmachungen darstellen. Mit dem Harvard-Konzept wird eine wissenschaftlich fundierte Grundlage für systematische Verhandlungsführung beschrieben. Ein Phasenschema hilft für die Strukturierung von Verhandlungsgesprächen. Die wichtigsten kommunikativen Techniken sind das Aktive Zuhören und die Vermeidung von Kommunikationsbarrieren, klare Selbstaussagen und der Einsatz von Fragen zur Gestaltung von Antwortspielräumen. Für die Gesprächsstrukturierung werden die Checkfragen-Technik und für den Gesprächsabschluss die Ergebnissicherung beschrieben.

# 7 Fragen zur Wiederholung

1. Was sind typische Verhandlungssituationen im Projekt und was sind Merkmale für verdeckte Verhandlungssituationen und Aushandlungsprozesse?
2. Was sind typische Irrtümer und Glaubenssätze zum Thema Verhandeln und welche Haltungen sind hilfreich für professionelle Verhandlungen?
3. Wie unterscheiden sich Sach- und Beziehungsebene, was ist die Bedeutung der Beziehungsgestaltung für die Verhandlungsführung und wie können Arbeitsbeziehungen tragfähig gestaltet werden?
4. Welche Merkmale müssen gegeben sein, damit eine Verhandlungssituation vorliegt?
5. Welches sind die 5 Grundprinzipien des Harvard-Konzepts? Erläutern Sie jedes der Grundprinzipien kurz anhand eines Beispiels.
6. Nach welchen Phasen lassen sich Verhandlungsgespräche und -prozesse strukturieren und was sind die wesentlichen Aktivitäten dieser Phasen?
7. Was sind die wichtigsten Do´s und Dont´s beim Aktiven Zuhören und was sind typische Kommunikationskiller bzw. Zuhör-Barrieren?
8. Welche Elemente können in Aussagen eskalierend wirken und wie werden konstruktive Selbstaussagen formuliert?
9. Was sind die wichtigsten Merkmale und die Einsatzfelder von offenen, geschlossenen und Alternativ-Fragen im Verhandlungsgespräch?
10. Mit welchen weichen Formulierungen entwickeln Sie Lösungsoptionen und was kennzeichnet die Hypothesentechnik?
11. Wie funktioniert die Technik des Zwischenchecks im Gespräch und warum ist sie wichtig?
12. Wie nehmen Sie eine Ergebnissicherung am Ende eines Verhandlungsgesprächs vor?
13. Was sind die wichtigsten Erfolgskriterien für Verhandlungen?

## 2.12a Konflikte (Conflict)

Christine Schmidt, Roland Straube

Das Element „Konflikte und Krisen" gehört zusammen mit den Elementen „Führung" und „Verhandeln" zu den drei wichtigsten Kernkompetenzen im sozialen und personalen Bereich 2 der ICB.

Konflikte gibt es in jedem Projekt, denn immer dort, wo Menschen zusammenarbeiten, entsteht auch Konfliktpotential. Es ist eine der vielfältigen Leitungs- und Führungsaufgaben des Projektmanagers, sowohl Konflikten vorzubeugen als auch Konflikte konstruktiv zu bearbeiten. Ein effektiver Umgang mit Krisensituationen gehört ebenfalls zum grundlegenden Handwerkszeug eines Projektmanagers.

Konflikt- und Krisenmanagement sind projektbegleitende Prozesse, die zu vielen weiteren Elementen der ICB 3.0 enge Verbindung haben. Wesentliche Verknüpfungen gibt es vor allem zu

| | | |
|---|---|---|
| 1.02 | Interessierte Parteien: | Das Stakeholdermanagement mit dem Thema „Zufriedenheit" ist maßgeblicher Bestandteil eines Konfliktmanagements. |
| 1.04 | Risiken und Chancen: | Konflikte und Krisen sind eindeutige Projektrisiken. |
| 1.07 | Teamarbeit: | Der Umgang und die Zusammenarbeit im Team bergen vielfältiges Konfliktpotential. |
| 1.08 | Problemlösung: | Insbesondere in Krisensituationen bedarf es kreativer Problemlösungstechniken. (vgl. auch 2.07 Kreativität). |
| 1.16 | Überwachung und Steuerung: | Konflikte und Krisen müssen frühzeitig erkannt werden. |

Ganz enge wechselseitige Verbindungen bestehen selbstverständlich zu den Elementen 2.01 Führung und 2.11 Verhandlungs- und Gesprächsführung sowie zum Element 1.18 Kommunikation. Die Elemente 2.06 Offenheit, 2.13 Verlässlichkeit und 2.14 Wertschätzung sind wichtige Werte und kennzeichnen Verhaltensweisen, die direkt konfliktfördernd oder konfliktreduzierend wirken. Im Bereich der Sozialen und Personalen Kompetenz sind auch noch die Themen Stressbewältigung und Selbststeuerung (Elemente 2.03 und 2.05) zu nennen, welche maßgeblichen Einfluss auf die Entstehung von Krisensituationen haben. Rechtliche Aspekte (Element 3.11) spielen eine wichtige Rolle bei der Wahl der Konfliktbearbeitungsverfahren und beim Vorgehen zur Krisenbewältigung. Die Folgen von Konflikten und Krisen wirken sich direkt auf Kosten (ICB 3, 1.13), Termine (ICB 3, 1.11). und (Ergebnis-) Qualität (ICB 3, 1.05) aus.

In diesem Kapitel geht es deshalb um ein effizientes und effektives Verhalten von Projektleitern und -managern im Umgang mit Konflikten und Krisen. Dazu gehören

- die Aneignung eines grundlegenden Konflikt- und Krisenverständnisses
- das Entwickeln von Sensibilität für bestehendes Konfliktpotential und für sich anbahnende Krisen sowie das Ergreifen von geeigneten, vorbeugenden Maßnahmen
- das frühzeitige Erkennen von Konflikten und ihre kooperative Auflösung durch Klarheit in der eigenen Haltung und durch den zweckmäßigen Einsatz von Methoden
- das Nutzen von Chancen für das Projekt, die sich aus erfolgreicher Konfliktlösung ergeben, insbesondere hinsichtlich Teamstärke und Konfliktfestigkeit sowie in Bezug auf die Aufrechterhaltung und Gestaltung wichtiger Stakeholderbeziehungen
- die Erweiterung des Handlungs- und Verhaltensrepertoires zur Krisenbewältigung

## Bedeutung

Die Art und Weise des Umgangs mit Konflikten und Krisen kann geradezu von existenzieller Bedeutung für ein Projekt sein. Konflikte binden Ressourcen, die für die eigentliche Projektarbeit dringend nötig wären. Der Streit und seine Klärung verbrauchen Zeit, rechtliche Auseinandersetzungen und/oder die Reparatur von angerichtetem Schaden kosten Geld. Sinkende Motivation und die Konzentration der Energie auf die Auseinandersetzung wirken sich direkt auf das Projekt und sein Ergebnis aus.

Konflikte sind vor allem wegen ihrer oft unterschätzten Irrationalität so gefährlich für das von ihnen betroffene Projekt. Während sich viele Probleme mit Fachwissen und Logik bei absehbarem Ressourceneinsatz bewältigen lassen, liegt die Lösungsebene von Konflikten außerhalb des rein rationalen Zugriffs auf einer tieferen bedürfnisorientierten Ebene.

Konflikte können in Krisen eskalieren, wenn die Beteiligten ihre Situation als ausweglos erleben. Sie sind dann zu effektiven, projektbezogenen Handlungen nicht mehr fähig, was zu immensem Schaden für das Projekt führen kann.

Projektkrisen entstehen auch durch plötzliche Ereignisse oder durch die Anhäufung unbewältigter Probleme. Oft sind selbst diese Krisen mit einem ungelösten, verdeckten Konflikt verbunden. Aufgabe der Projektleitung ist es deshalb, Konflikte so schnell wie möglich, nachhaltig und ressourcenschonend zu lösen. Dazu gehören auch präventive Maßnahmen und die Nutzung von zu „Lessons learned" aus vorangegangenen Konflikten.

Für Projektkrisen benötigt der Projektleiter wirkungsvolle Werkzeuge zur Reflexion und zur Selbstreaktivierung, um die krisenimmanente Lähmung und die daraus resultierende Steuerungslosigkeit des Projektes schnell überwinden zu können.

Der Umgang mit Konflikten und Krisen ist letztlich nicht schwer, wenn sie rechtzeitig erkannt und bedürfnisorientiert bearbeitet werden. Dieses Kapitel vermittelt dazu das nötige Handwerkszeug und stellt verschiedene Verfahren vor.

Wichtig für Projektverantwortliche sind darüber hinaus jedoch Übung, Erfahrungen machen und Selbstreflexion beim Umgang mit Konflikten und Krisen, sodass ihre Lösungskompetenz von Situation zu Situation wachsen kann.

# Lernziele

Sie kennen

- die Bedeutung und die Ziele des Konfliktmanagements in Projekten
- die Grenzen eigenständiger Konfliktlösung und wissen, wann und weshalb es sinnvoll ist, externe Unterstützung einzuholen

Sie wissen

- wie Konflikte entstehen und wie sie eskalieren können
- welche Konfliktarten es in Projekten gibt und wie sie bearbeitet werden können
- was die Kernelemente kooperativer Konfliktlösung sind und worauf dabei zu achten ist
- welche Möglichkeiten es zu Bearbeitung innerer und interkultureller Konflikte gibt
- was eine Mediation charakterisiert und in welchen Phasen sie durchgeführt wird
- welche Bereiche die Konfliktprävention in Projekten umfasst und wie sie gestaltet werden kann

Sie können

- typische Handlungsstrategien in Konflikten unterscheiden und kennen ihre Vor- und Nachteile

# Inhalt

| | | |
|---|---|---|
| 1 | Konfliktverständnis | 1003 |
| 1.1 | Konflikte in Projekten – Umgang und Auswirkungen | 1003 |
| 1.2 | Ziele des Konfliktmanagements | 1003 |
| 1.3 | Entstehung und Hintergründe von Konflikten | 1004 |
| 1.3.1 | Vom Problem zum Konflikt | 1004 |
| 1.3.2 | Die Antriebskraft der Bedürfnisse | 1006 |
| 1.3.3 | Konflikteskalation | 1008 |
| 1.4 | Konflikte richtig erkennen | 1010 |
| 1.4.1 | Konfliktsymptome | 1011 |
| 1.4.2 | Konfliktausprägungen | 1012 |
| 1.4.3 | Konflikttypen | 1013 |
| 2 | Konfliktbearbeitung | 1014 |
| 2.1 | Typische Handlungsstrategien (Reaktionsmuster) in Konfliktsituationen | 1014 |
| 2.2 | Kooperative Konfliktlösung | 1017 |
| 2.2.1 | Voraussetzungen | 1017 |
| 2.2.2 | Schritte zur eigenständigen Lösung von Konflikten | 1019 |
| 2.2.3 | Konfliktlösung mit Unterstützung – Mediation | 1020 |
| 2.2.4 | Zusammenfassung kooperative Konfliktlösung | 1022 |
| 2.3 | Bearbeitung und Auflösung von Gruppenkonflikten und interkulturellen Konflikten | 1022 |
| 2.4 | Bearbeitung innerer Konflikte | 1024 |
| 2.4.1 | Eigenständige Bearbeitung innerer Konflikte | 1024 |
| 2.4.2 | Unterstützte Lösung innerer Konflikte | 1026 |
| 3 | Konfliktprävention | 1026 |
| 3.1 | Beziehungen und Interaktion | 1027 |
| 3.1.1 | Soziale Kompetenz – Konfliktfähigkeit | 1027 |
| 3.1.2 | Die Art der Kommunikation | 1029 |
| 3.1.3 | Gestaltung der Teamarbeit | 1030 |
| 3.2 | Strukturen und Prozesse im Projekt | 1030 |
| 3.2.1 | Verschiedene Zusammenhänge und Vernetzungen | 1031 |
| 3.2.2 | Konfliktprävention im Vertragsmanagement | 1031 |
| 3.2.3 | Konfliktprävention durch Risikomanagement | 1032 |
| 4 | Zusammenfassung | 1033 |
| 5 | Fragen zur Wiederholung | 1033 |

# 1 Konfliktverständnis

## 1.1 Konflikte in Projekten – Umgang und Auswirkungen

Konflikte in Projekten sind nichts Ungewöhnliches. Für manch einen sind sie im Projektmanagement gar das „Salz in der Suppe". Das trifft allerdings nur solange zu, wie es um Spannungen und Missstimmungen geht oder Konflikte allein auf Missverständnissen beruhen, die sich relativ leicht und schnell auflösen lassen. Werden die Konflikte größer und dadurch ihre Auswirkungen für das Projekt bedrohlicher oder steht die Projektleitung selbst im Mittelpunkt des Streits, dann sind Konflikte eine echte Gefahr für den Projekterfolg. Das wird leider viel zu häufig unterschätzt. Da werden Konflikte eher „unter den Teppich gekehrt", da hofft man, „dass es sich schon wieder irgendwie einrenken wird", da werden „faule Kompromisse" ausgehandelt oder man versucht verzweifelt, „vernünftig und sachlich" zu bleiben. Der wirkliche Konflikt ist damit nicht gelöst, er schwelt weiter und „bricht" zu einem späteren Zeitpunkt an anderer Stelle und oft viel stärker wieder aus.

Die Konsequenzen der fehlenden oder scheinbaren Lösungen sind schwerwiegend:

- Finanzielle Konsequenzen
  - Entstehung hoher Transaktionskosten
  - Ggf. hohe Verfahrenskosten (Gerichte/Schiedsgerichte) mit ungewissem Ausgang (Prozessrisiko!)
  - Finanzielle Verluste
  - Insolvenzen
- Weitere Konsequenzen
  - Sinkende Produktivität und Arbeitsqualität
  - Verlust von Kunden bzw. Nachfolgeaufträgen
  - Imageschäden

## 1.2 Ziele des Konfliktmanagements

> **§ Definition** Aufgabe des Konfliktmanagements ist es, „Konflikte im Projekt durch geeignete Vorsorgemaßnahmen zu vermeiden, Symptome und Warnzeichen von Konfliktpotentialen im Projektverlauf frühzeitig zu erkennen und angemessen darauf zu reagieren sowie entstandene Konflikte kreativ und kooperativ zu lösen." (MOTZEL, 2006: 105)

Im Fokus des Konfliktmanagements steht die Sicherung eines reibungslosen Projektverlaufs, um die Projektergebnisse im vorgegebenen Zeit- und Kostenrahmen mit der vereinbarten Qualität und Funktionalität, unter Berücksichtigung der Zufriedenheit der im Projekt Beteiligten und Betroffenen erbringen zu können.

Konfliktmanagement im Projekt verfolgt somit folgende Ziele:

- Ressourcen- und Ergebnissicherung
- Wiederherstellen der Handlungsfähigkeit
- Freisetzen der im Konflikt gebundenen Energie für die Projektbearbeitung

Konflikte kosten Kraft und diese im Konflikt gebundene Energie fehlt in der Projektarbeit, was sich meist in reduzierter Motivation und sinkender Produktivität zeigt.

Das Freisetzen oder Zurückgewinnen dieser Energie gelingt nur, wenn Konflikte für alle Seiten befriedigend gelöst und nicht – wie es häufig passiert – nur verdeckt oder verschoben werden.

Umfangreiches Wissen über Konflikthintergründe, über ihre Entstehung und über wirksame Maßnahmen und Methoden zur Bearbeitung von Konflikten sind sowohl für Projektmanager als auch für Projektmitarbeiter gleichermaßen wichtig.

## 1.3 Entstehung und Hintergründe von Konflikten

### 1.3.1 Vom Problem zum Konflikt

Problemanalyse und Problemlösung gehören zu den fachlich-methodischen Kompetenzen eines Projektmanagers (vgl. Element 1.08). Probleme lassen sich meist lösen – mal mit mehr, mal mit weniger Aufwand – und bilden somit keine Gefahr für die Projektsteuerung und die Handlungsfähigkeit im Projekt. Kritisch wird es dann, wenn keine Lösungen gefunden werden und der Druck soweit wächst, dass das Projekt in eine Krise geraten kann (vgl. Kapitel Krisen).

Aus Problemen können aber auch Konflikte werden, wenn ihre Lösung nicht vereinbar mit den Interessen der beteiligten oder betroffenen Menschen ist.

> **§ Definition** Ein Konflikt besteht, wenn sich mindestens eine Person durch das Handeln einer anderen Person oder Institution in ihren Bedürfnissen verletzt fühlt oder die Verletzung ihrer Bedürfnisse befürchtet.

Ein Konflikt ist eine „Spannungssituation, die entsteht, wenn unterschiedliche Meinungen, Interessen und Erwartungen aufeinander treffen. Zumindest eine Partei fühlt sich dann unwohl, in ihren Handlungen und der Erreichung von Zielen eingeschränkt oder massiv behindert." (MOTZEL, 2006: 104)
Diese Unvereinbarkeit der Handlungstendenzen löst (unangenehme) Emotionen aus und schaltet somit neben dem offensichtlichen Handlungsproblem (der sachlogischen Ebene) eine zweite Ebene ein, die psychosoziale Ebene.

Dabei sind Emotionen wichtige Signale für das Auftreten von Konflikten und sie sind gleichzeitig auch Wegweiser, wie Konflikte wirklich nachhaltig gelöst werden können.

Das veranschaulicht auch das Eisberg-Prinzip, bei dem der wesentliche Teil aller konfliktbedingender Faktoren unter der Wasseroberfläche und damit im Verborgenen liegt.

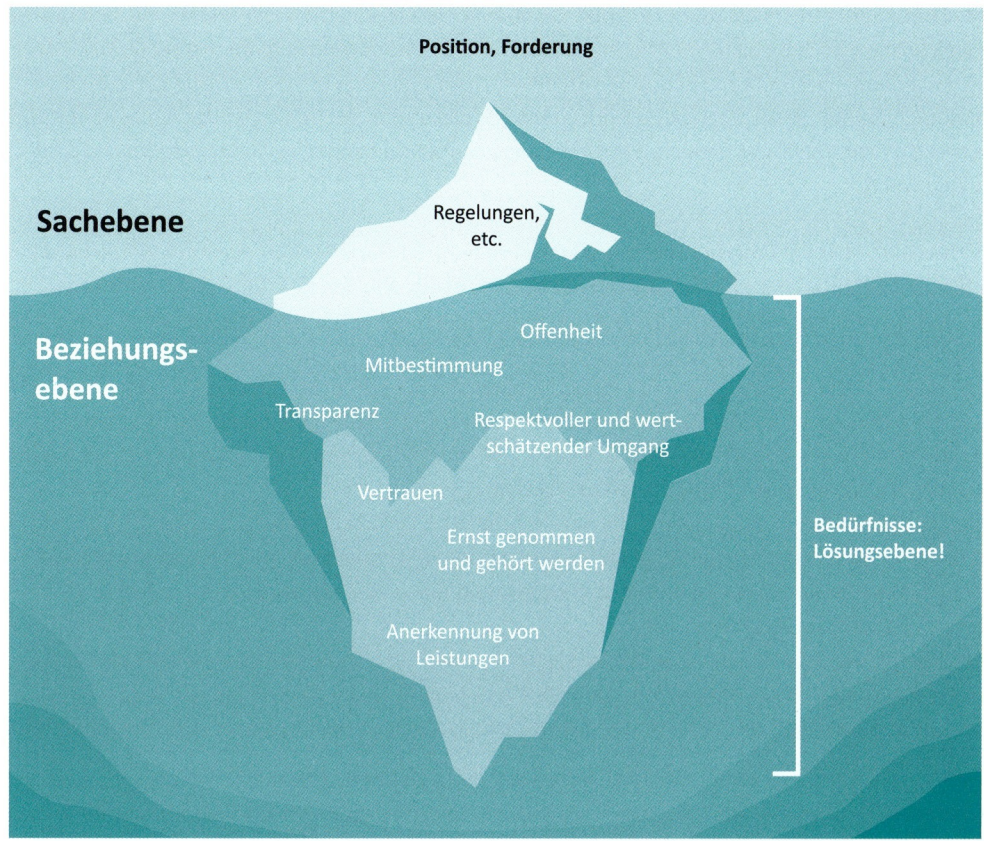

Abbildung 2-12a-1: Das Eisberg-Modell

1. In einem Konflikt gibt es erst einmal die offensichtlichen Forderungen oder Positionen (auch Standpunkte genannt). Das ist die „Spitze des Eisberges". Da gibt es keinen Spielraum und somit auch keine Lösungen.

   **Beispiel** Forderung: Neulieferung der fehlerhaften Bauteile durch den Lieferanten und Schadensersatz aufgrund mangelhafter Lieferung und Leistung.

   Das ist die rein sachliche Darstellung der Position des Projektleiters. Gleichzeitig ist der Projektleiter ärgerlich und will dem Lieferanten zeigen, dass er mit dieser Form der Zusammenarbeit unzufrieden ist, weil dies Auswirkungen auf sein Projekt hat usw.

2. Das gibt Hinweise auf die zweite Ebene im Konflikt, die tiefer im Verborgenen liegt („unter Wasser"): Die Interessen und damit auch die Bedürfnisse.
   **Interesse:** Sicherung des Projekterfolgs und Vermeiden zukünftiger Fehllieferungen.
   Daraus resultieren die möglichen **Bedürfnisse** nach Verlässlichkeit und Erfolg haben (im Sinne von „einen Beitrag leisten").

Bei der Kommunikation von Menschen gibt es immer zwei Ebenen: die Sach- und die Beziehungsebene (vergleiche dazu auch Element 2-11 Verhandlungs- und Gesprächsführung Abschnitt 4.2.2). Sie können nicht voneinander getrennt werden, beide Ebenen sind automatisch vorhanden. Und gerade in Konfliktsituationen kommt dieser Beziehungsebene eine Schlüsselrolle zu. Leider ist der Umgang mit dieser Ebene – den Emotionen und Bedürfnissen – bislang noch weitgehend tabu, vor allem aber recht ungeübt und ungewohnt.

Es ist wichtig, sich vor Augen zu führen, dass gerade diese Beziehungsebene auch die Eskalation in Konflikten bedingt. Gäbe es keine emotionale Betroffenheit, würden Konflikte nicht so dramatisch eskalieren (vgl. nachfolgender Abschnitt 1.3.3 und im Vertiefungsteil Abschnitt 1.3).

Der Versuch, in Konfliktsituationen sachlich zu bleiben, eine sachliche Lösung zu finden, wenn schon längst die Emotionen hochkochen, ist und bleibt unmöglich. Trotzdem geraten Konfliktbeteiligte – Projektmitarbeiter genauso wie (Projekt-)Manager – immer wieder in diese Falle. (vertiefend dazu u. a. Abschnitt „Stressreaktion in Konflikten" im Vertiefungsteil).

Erst wenn zu den eigentlichen Anliegen, den Bedürfnissen, vorgestoßen wird und wenn die verletzten oder bedrohten Bedürfnisse offen liegen, gibt es die Chance zu einer dauerhaft zufrieden stellenden Lösung in eskalierten Konflikten.

Jede Verzögerung in der Konfliktlösung durch Verharren in Diskussionen um die Forderungen oder durch das Beharren auf den Standpunkten sind deshalb für das Projekt verlorene Zeit und damit letztlich verlorenes Geld.

| Ebene | Ergebnis | Methoden |
|---|---|---|
| Forderungen, Positionen und Standpunkte | I Sieg und/oder Niederlage | I Machtkampf |
| Sachliche Interessen | I Kompromisse | I Verhandlungen |
| Antreibende Bedürfnisse | I Win-win-Lösungen | I Kooperative Konfliktlösung |

Abbildung 2.12a-2: Tabelle Konfliktebenen

### 1.3.2 Die Antriebskraft der Bedürfnisse

Jedes menschliche Handeln kann als Versuch zur Befriedigung von Bedürfnissen verstanden werden. Das gilt für das Privat- wie für das Berufsleben gleichermaßen. Also ist auch das Engagement im Projekt durch die eigenen Bedürfnisse motiviert.

In der Projektarbeit können sich beispielsweise folgende Bedürfnisse erfüllen:

- finanzielle Sicherheit, Sicherung des Lebensunterhaltes
- Beitrag leisten, Sinn
- Zusammenarbeit
- Herausforderung, Entwicklung
- Zugehörigkeit.

Erfüllte Bedürfnisse dienen dem Leben. Sind sie gefährdet, wird ein inneres Warnsystem aktiv. Unangenehme Gefühle stellen sich ein und die betreffende Person wird bewusst oder unbewusst ihr Handeln auf die Wiederbefriedigung dieser Bedürfnisse ausrichten. Je defizitärer das Bedürfnis erlebt wird, umso intensiver werden die Stress-Symptome (vgl. Vertiefungswissen).

Als Antreiber verbinden sich die unerfüllten Bedürfnisse dann (unbewusst) mit den nach außen gerichteten Forderungen, die ihre Befriedigung sichern sollen. Das heißt, eine Konfliktpartei sieht (unbewusst) nur diesen einen Weg, um zur Erfüllung ihrer Bedürfnisse zu kommen. Doch solche Forderungen sind im Konfliktfall in der Regel nicht zu erfüllen, sonst gäbe es nämlich keinen Konflikt.

Um in solch bedrohlichen Stress-Situationen schnellstmöglich reagieren zu können, wird der Teil des Gehirns inaktiv, der für unser „vernunftorientiertes" Denken zuständig ist, gleichzeitig werden unsere Ur-Überlebensinstinkte wachgerufen (wie Angriff oder Flucht).

Damit lässt sich physiologisch erklären, wieso manch ein (Projekt-)Manager oder Auftraggeber sich in Konfliktsituationen bar jeder Vernunft verhält. Jeder kann sicherlich von Konflikt-Stilblüten erzählen, die eher an einen „Kindergarten" erinnerten, als beispielsweise an ein umsatzträchtiges Kundenprojekt. Aussagen wie „Ach, bleiben Sie doch sachlich!" sind verzweifelte Hilfeschreie und kein gangbarer Weg zu einer Lösung.

Der Weg, um aus dieser Stresssituation, diesem „Vernunftsloch", wieder heraus zu kommen, führt über die Bedürfnisse. Werden diese wahr- und ernst genommen, wandeln sich die Gefühle (Emotionen haben eine angenehme Eigenschaft: sie sind sehr vergänglich!) und die Stresssituation entspannt sich. Damit ist der erste und wichtigste Schritt zur Deeskalation und zur Lösung des Konfliktes getan.

**Beispiel** Zwei Projektmanager streiten sich um einen Mitarbeiter. Beide wollen 75 % seiner Arbeitsstunden. Die vom Projektbüro vorgeschlagene Verteilung seiner Arbeitszeit zu 50 % auf beide Projekte lehnen sie ebenso ab wie den Einsatz anderer geeigneter Kollegen.

Der Streit eskaliert derart, dass der Mitarbeiter von seinem Linienvorgesetzten aus beiden Projekten abgezogen wird.

Erst in einer kurzfristig anberaumten Mediation bei der Personalleitung stellt sich heraus, dass der Mitarbeiter nicht für den allgemeinen Projekteinsatz benötigt wurde, sondern von einem Projektmanager als Dolmetscher zur Überbrückung seiner schlechten Englisch-Kenntnisse, die er gerne verheimlichen möchte. Der andere Projektmanager benötigt genau diesen Mitarbeiter wegen seiner guten persönlichen Beziehung zum schon mehrfach vertrösteten Kunden.

Während also der eine Projektmanager sein persönliches Ansehen in der Firma sichern will, versucht der andere, sich mit dem Mitarbeiter gegen ein Scheitern des Projektes abzusichern und seinen Ruf als erfolgreicher Projektmanager zu erhalten.

Obwohl es im Konflikt scheinbar nur um die Verteilung der Arbeitszeit einer Ressource geht, liegen hinter dem Streit beispielsweise die bedrohten Bedürfnisse „Akzeptanz" und „Erfolg" bzw. „Anerkennung". Im eskalierten Kampf um diese Bedürfnisse hatten die beiden Projektmanager den Mitarbeiter letztlich ganz verloren.

Die Antriebskraft der Bedürfnisse ist sehr machtvoll. Sie führt in die beschriebene „Irrationalität" und damit fehlt in der Projektarbeit wichtiger Sachverstand. Die fortschreitende Eskalation kostet wertvolle Projektzeit.

Hinter den Forderungen oder Positionen in Konflikten stehen also immer Bedürfnisse, die den Betroffenen selten bewusst sind. Eigene und fremde Bedürfnisse wahrzunehmen, ist ungewohnt für viele eher fachlich orientierte Projektmanager. Bedürfniswahrnehmung lässt sich jedoch (auch präventiv) gut trainieren. Und wenn es den Konfliktparteien gelingt, hinter ihre Forderungen auf ihre Bedürfnisse zu schauen, dann lassen sich neue Wege finden, die sowohl die eigenen als auch die anderen Bedürfnisse erfüllen und somit den Konflikt einvernehmlich auflösen.

Denn auf der Bedürfnisebene gibt es vielfältige Möglichkeiten (Maßnahmen und Handlungen) zur Konfliktlösung, auf der Forderungsebene immer nur eine, die aber keine Zustimmung bei den Konfliktparteien findet.

> **Beispiel** (Fortsetzung):
> Forderung des einen Projektmanagers:
> *„Ich will den Mitarbeiter mit 35 h/Woche für mein Projekt."*
> Forderung des anderen Projektmanagers:
> *„Ich will den Mitarbeiter mit 35 h/Woche für mein Projekt."*
>
> Diese Forderungen sind nicht gleichzeitig erfüllbar.
>
> Mögliche Bedürfnisse:
> - Akzeptanz durch die Kollegen und Verhandlungspartner erhalten
> - Erfolg und Anerkennung sichern
>
> Als weitere Lösungswege wäre beispielsweise folgende denkbar:
> - Englischkurs ohne Gesichtsverlust
> - gegenseitige Unterstützung der Projektmanager bei Kundengesprächen
> - beide Projekte werden zusammengelegt
> - usw.

| Bearbeitung eines Konfliktes auf der Ebene der Forderungen, Positionen und Standpunkte: | Bearbeitung eines Konfliktes auf der Ebene der Bedürfnisse: |
|---|---|
| - Weitgehend aussichtsloser oder erfolgsunsicherer Kampf um die Durchsetzung der eigenen Forderung gegenüber der des Konfliktgegners | - Bedürfnisse können in vielfältiger Weise erfüllt werden, nicht nur über die bisher erhobenen Forderungen |
| - Zusätzlicher Zeit- und Kostenverbrauch | - Kosten- und Zeitersparnis durch ein schnelles und dauerhaftes Konfliktende |
| - Selbst bei eigenem Sieg ist ggf. mit der „Rache" des Verlierers zu rechnen<br>- Störung der Beziehungsebene | - Die Bedürfniserfüllung der einen Seite ermöglicht auch die Bedürfniserfüllung der anderen Seite<br>- Aufrechterhaltung und Pflege der (Geschäfts-) Beziehung |
| - Im besten Fall kommt ein Kompromiss zustande, bei dem alle Forderungen nur teilweise erfüllt sind | - Der Konflikt ist tatsächlich aufgelöst, die Zufriedenheit der Konfliktbeteiligten ist wieder hergestellt und es kann motiviert weitergearbeitet werden |

Abbildung 2.12a-3: Vergleich Konfliktlösungsstrategien

Ein Konflikt ist dann nachhaltig aufgelöst, wenn die Situation und das Miteinander (Beziehungsebene) wieder als entspannt und gelöst erlebt werden. Das bedeutet, dass alle Seiten nach dem Konflikt zufrieden mit dem Ergebnis sind.

### 1.3.3 Konflikteskalation

Je stärker sich ein Konflikt im Kampf um Forderungen und Positionen festgehakt, umso emotionaler wird er. Aufgrund eines normalen menschlichen Verhaltensmusters, nämlich in ausweglosen Situationen noch mehr von dem zu tun, was schon bisher keine Lösung brachte („Katastrophenrezept", WATZLAWIK, 1997), in der Meinung, dass noch mehr vom Gleichen schließlich doch eine Verbesserung bringen könnte, erhöht einer der Beteiligten nun die Energie im Kampf um seine Forderungen und Positionen. Doch die Hoffnung, bei genügendem Druck würde der Gegner nachgeben, erfüllt sich in aller Regel nicht. Stattdessen erhöht auch die andere Seite den Druck mit dem Ziel, umgekehrt ein Nachgeben zu erreichen. So steigert sich die Eskalation wechselseitig von Stufe zu Stufe.

🔍 **Beispiel** Vorstandsmitglied Huber übernimmt ein für das Unternehmen bedeutendes Projekt. Dabei sichert er sich die Unterstützung seines alten Freundes und ehemaligen Mentors Müller aus dem Aufsichtsrat, der vormals selbst seine Position innehatte. Aufsichtsrat-Mitglied Müller kommt das Projekt „Außendarstellung aller Firmenleistungen zur Imageförderung und Marktpositionierung" wie gerufen, denn er möchte sich noch nicht auf sein Altenteil zurückziehen. So sieht er die Chance, wieder aktiv zu werden und auf die Projektgestaltung Einfluss zu nehmen.

Projektleiter Huber liegt viel daran, das Unternehmen „jung und dynamisch" mit allen Möglichkeiten modernen Marketings auf dem Markt zu positionieren. Er holt sich einen renommierten Marketing-Spezialisten mit in sein Team. Es dauert nicht lange, da werden kontroverse Ansichten bezüglich der Vorgehensweise zwischen dem Marketing-Spezialisten und dem Aufsichtsratmitglied Müller deutlich. Projektleiter Huber will sich bei diesem straff geplanten und organisierten Projekt keine Verzögerungen durch ständige Diskussionen leisten, zumal er ganz den Ansätzen des Marketingexperten zustimmt. Er entscheidet sich deshalb dafür, seinen alten Freund Müller wieder aus dem Projekt zu nehmen. Das trifft Müller sehr tief. Seine Gesprächsversuche zur Klärung werden von Huber abgelehnt. Müller versucht alles, um sich wieder Gehör und Einbindung zu verschaffen, jedoch vergeblich. Als das Projekt in finanzielle und zeitliche Schwierigkeiten gerät, sieht er die Möglichkeit, zu härteren „Maßnahmen" zu greifen: Öffentliche Anschuldigungen gegenüber dem Projektleiter Huber und das Aufdecken geheimer Unterlagen ... Die Eskalationsspirale setzt sich in Gang, an deren Ende Müller bereit ist, jeglichen eigenen Schaden hinzunehmen, Hauptsache sein Widersacher Huber erleidet größtmöglichen Schaden. Letztendlich verliert Huber tatsächlich seinen Posten und Müller wird von seinen Aufsichtsratkollegen eindringlich nahe gelegt, sich für die nächste Wahlperiode nicht mehr zur Verfügung zu stellen. Im Unternehmen und in der örtlichen Presse ist die Auseinandersetzung noch lange Zeit im Gespräch ...

Eine solche Eskalation ist gefährlich, denn während zu Beginn eines Konfliktes alle Beteiligten noch bereit sind, auch dem Gegner ein gutes Ende des Streites zuzugestehen, sofern für sie selbst ein gutes Ergebnis herauskommt, besteht diese Bereitschaft in der Mitte der Eskalation nicht mehr. Auf der höchsten Stufe sind die Konfliktparteien sogar bereit, fast jeglichen eigenen Schaden auf sich zu nehmen, wenn sie die Gegenseite damit vernichten können. Die damit verbundenen Handlungen werden im Verlauf der Eskalation immer irrationaler und können das Projekt unmittelbar in eine Krise und damit in eine Unsteuerbarkeit führen (vgl. Kapitel „Krisen").

§ **Definition** Konflikte eskalieren, wenn eine Person sich in der Befriedigung ihrer Bedürfnisse durch eine andere dauerhaft behindert fühlt und deshalb den Druck beim Kampf um ihre Forderungen erhöht, was zu Gegendruck der anderen Seite führt und in dieser Weise wechselseitig fortgesetzt wird. Auf dem Höhepunkt der Eskalation opfern die Parteien ihre eigenen Interessen, wenn sie dem Gegner dadurch Schaden zufügen können.

Abbildung 2.12a-4: Konflikteskalation

Je weiter ein Konflikt eskaliert, desto schwieriger ist seine Lösung. Ab der mittleren Eskalationshöhe wird es kaum möglich sein, eine Konfliktvermittlung ohne professionelle Unterstützung durchzuführen. Die letzte Konfliktstufe erfordert zum Stopp der Eskalation und zur Eindämmung weiteren (auch personellen) Schadens als erstes den Einsatz von Macht. Danach sollte sinnvollerweise eine bedürfnisorientierte kooperative Konfliktbearbeitung durchgeführt werden, um den Konflikt durch Beseitigung seiner Ursachen nachhaltig aufzulösen.

Machteinsatz allein kann eine (Not-)Lösung zur kurzfristigen Sicherung des Projekterfolgs sein. Wie bei jeder Maßnahme sind dabei aber auch die Auswirkungen und Konsequenzen zu beachten. Eine nachträgliche Reparatur der zerstörten Beziehungen ist danach dann deutlich schwerer.

**Beispiel** Der Kunde setzt mit der Androhung von rechtlichen Konsequenzen den ursprünglichen Liefertermin durch, was den Hersteller wegen einer Krankheitswelle unter großen Zeitdruck bringt. Die Ware wird aber zum Termin geliefert. Als der Kunde später in finanzielle Schwierigkeiten gerät, verweigert der Lieferant die für ihn wegen vorhandener anderer Abnehmer eigentlich unproblematische Rücknahme der Restbestände.

Die ursprünglich an den Liefertermin gebundene Auseinandersetzung wurde mit Macht beendet, mit der Folge einer gestörten Beziehung. Diese Störung taucht als Rache bei den späteren finanziellen Schwierigkeiten und der verweigerten Rücknahme wieder auf. Mit Macht oder durch Verweis auf Regeln erledigte Konflikte erscheinen an anderer Stelle in neuer Form und oft mit teilweise anderen Beteiligten wieder. Sie sind nicht wirklich gelöst.

Machteinsatz ist aber dann notwendig, wenn es sich um Mobbing handelt oder wenn akute Gefahr für Mensch oder Projekt besteht. Bei Mobbing ist der betroffene Mitarbeiter konsequent und unter Einsatz aller Möglichkeiten zu schützen.

### 1.4 Konflikte richtig erkennen

In Projekten gibt es vielfältige Bereiche, in denen Konflikte auftreten können. Ein paar typische Bereiche, bei denen man zwischen (unternehmens-)internen und externen Konflikten unterscheiden kann, sind:

- Externe Konflikte z. B. zwischen
  - Projekt-Auftraggeber und Projekt-Auftragnehmer (Kunde und Unternehmen)
  - Projekt und (Sub-) Lieferanten
  - Projekt und Interessenverbände
- Interne Konflikte z. B. zwischen
  - Projekt und Linie
  - Projekt A und Projekt B
  - Projektteammitgliedern
  - Projekt und Betriebsrat

Neben dem Team und den Projektgremien sind letztendlich alle Schnittstellen des Projektes nach außen auch Bereiche, in denen Konflikte auftreten können. Hinweise dazu geben Stakeholderanalysen und die Projektorganisation/-struktur.

### 1.4.1 Konfliktsymptome

Konflikte werden selten offen ausgetragen und deshalb sind sie für Außenstehende mehr an ihrer Wirkung oder an ihren Symptomen erkennbar. Das sind neben sinkender Arbeitsleistung meist Änderungen im Verhalten. Der Ton wird unfreundlicher, die Reaktionen sind gereizt oder mürrisch, wichtige Informationen werden verschleppt, Vorwürfe oder Killerphrasen nehmen zu. Meist zeigt sich ein Konflikt durch mehrere Anzeichen:

- **Gestörte Kommunikation**
  Die Kommunikation im Team oder mit den anderen Stakeholdern des Projektes hat sich nachteilig verändert:
  - In der Wort- und Tonwahl, Gestik und Mimik (Ausdruckweise, Sarkasmus, Ironie Beleidigungen usw. )
  - In der Diskussionsform (Verstärkter Widerspruch, Drohungen, verbale Angriffe, Anzüglichkeiten usw.)
  - Kommunikationsverweigerung (Schweigen, Besprechungen vermeiden, Killerphrasen, auflaufen lassen usw.)
  - Kommunikation ohne Resonanz (aneinander vorbeireden, wiederkehrender abrupter Themenwechsel, usw.)
  - Rückzug auf rein sachliche und formale Kommunikation (Beziehungsabbruch, Formalismus, Anweisungen, usw.)
- **„Problematische" Arbeitshaltung**
  - Rückzug auf Dienst nach Vorschrift (aufgabenbezogen und zeitlich)
  - Innere Kündigung (inhaltlich)
  - Übereifer oder vorweggenommener Gehorsam
  - Klammerverhalten
- **Fehlzeiten und Fluktuation**
  - Häufige Krankmeldungen
  - Exzessive Wahrnehmung und Ausdehnung von Außenterminen
  - Überdehnung von Pausenzeiten
- **Cliquenbildung**[1]
  - Unterscheidung in „Gute" und „Böse" („die"/„uns")
  - Ablehnung von Personen aufgrund ihrer Gruppenzugehörigkeit
  - Zurückweisung von Vorschlägen aufgrund ihres Entstehungsortes

---

1  Die Entstehung kleiner informeller, sich gegeneinander klar abgrenzender Gruppen

Einzelne Konfliktsymptome alleine sind nicht immer ausreichend, um mit Sicherheit auf einen Konflikt schließen zu können. Treten sie allerdings über längere Zeit auf und verliert das Projekt aus unerklärlichen Gründen Ressourcen und Energie, ist ein verdeckter Konflikt sehr wahrscheinlich.

**Tipp** Achten Sie deshalb auch auf Ihr „Bauchgefühl" und solche Empfindungen, wie z. B. „Hier stimmt doch was nicht in der Gruppe …" oder „Bei diesen Emails habe ich ein ganz ungutes Gefühl …" Und prüfen Sie Ihre Vermutungen, indem Sie diese aus- und ansprechen: nur so bekommen Sie wirklich Klarheit.

### 1.4.2 Konfliktausprägungen

Konflikte in Projekten zeigen sich auf der Ebene der Forderungen und Positionen in verschiedenen Ausprägungen. Das sind:

- **Ziel- und Richtungskonflikte**
  Die Konfliktparteien haben unterschiedliche Ziele, bezogen auf ein und dieselbe Sache, die sich widersprechen.
  *Beispiel: Typische Zielkonflikte in Projekten sind die klassischen Projektzielkonflikte: bestmögliche Qualität mit geringstmöglichen Kosten.*
- **Beurteilungs- und Wahrnehmungskonflikte**
  Die Konfliktparteien beurteilen ein und dieselbe Sache verschieden.
  *Beispiel: Der Einsatz von verschiedenen Entwicklungswerkzeugen in einem IT-Projekt wird von Auftraggeber und Auftragnehmer unterschiedlich beurteilt. Das Ziel ist klar, über den Weg wird gestritten.*
- **Rollen- und Erwartungskonflikte**
  Die Konfliktparteien haben verschiedenen eigenen und fremden Ansprüchen zu genügen. Wenn sie das zeitlich oder inhaltlich nicht schaffen, geraten sie in einen Rollen- oder Erwartungskonflikt.
  *Beispiel: Zwei Freunde aus verschiedenen Abteilungen kommen in einem Projekt zusammen. Der eine wird zum Projektleiter ernannt und der andere ist Teammitglied. Daraus entsteht ein Rollenkonflikt (Freund und Vorgesetzter) beim Projektleiter.*
- **Besitz- und Verteilungskonflikte**
  Die Konfliktparteien streiten sich um verschiedene Arbeits- und Betriebsmittel, Mitarbeiter oder Ressourcen, wie Geld und Zeit.
  *Beispiel: Ein typischer Verteilungskonflikt ist die Urlaubsregelung zur Ferienzeit.*
- **Veränderungs- und Sicherheitskonflikte**
  Die Konfliktparteien scheuen den Aufwand und/oder das Risiko von Veränderungen. Sie sind in einem Sicherheits- oder Veränderungskonflikt gefangen.
  *Beispiel: Das Projekt wird nicht beendet, weil keine Nachfolgearbeitsplätze garantiert sind.*
- **Beziehungs- und Verhaltenskonflikte**
  Die Konfliktparteien erleben die Person oder das Verhalten eines anderen als übergriffig, anmaßend, unehrlich oder ähnliches.
  *Beispiel: Ein Teammitglied macht unpassende Witze.*

Für die Lösung von Konflikten sind diese verschiedenen Formen der Ausprägung weitgehend unerheblich, da sie nur die Darstellungsform der „Spitze des Eisberges" sind.

Durch achtsame Wahrnehmung des geschilderten Verhaltens lassen sich Konflikte aber relativ gut erkennen und dann zur Lösung dem richtigen Typ (s. nächster Abschnitt) zuordnen.

## 1.4.3 Konflikttypen

Die richtige Zuordnung eines Konfliktes zu seinem Typ ist entscheidend für die Wahl der passenden Bearbeitungsstrategie und damit für seine erfolgreiche Lösung.

- **innere Konflikte (intrapersonal)**
  Sie treten auf, wenn einer Person zu viele unüberschaubare und widersprüchliche Gedanken, Erwartungen und Befürchtungen durch den Kopf gehen, sie hin- und her gerissen ist zwischen verschiedenen Handlungsmöglichkeiten und keine Entscheidung treffen kann.
  Innere Konflikte können durch die Identifikation der unterschiedlichen „Stimmen", das Sortieren der widerstreitenden Gedanken und durch die Gewichtung der Wünsche und Ziele gelöst werden, bei Bedarf mit Unterstützung durch Kollegen, Supervisoren oder Coaches.
- **Konflikte zwischen Gruppen (interkulturell)**
  Gruppenkonflikte oder interkulturelle Konflikte treten auf, wenn sich die Mitglieder verschiedener Gruppen gegenseitig Eigenschaften (wer ist wie: „die sind alle ...") zuweisen und auf Grundlage dieser Zuweisung eine Bedürfnisverletzung annehmen (meist unbewusst), ohne dass es einen konkreten Streitgegenstand gibt. Das kann sich auch auf ein zugeschriebenes Verhalten (z. B.: „Kunden sind immer anstrengend.") und auf zugeschriebene Ziele („Die Marketing-Leute wollen unser Geld.") beziehen.
  Konflikte zwischen Gruppen können vor allem durch gegenseitiges Kennenlernen, eine offene respektvolle und wertschätzende Haltung sowie durch eine bewusste Form der Kommunikation gelöst werden.
- **Konflikte zwischen Personen/Parteien (interpersonal)**
  Parteienkonflikte treten auf, wenn konkrete Personen in Bezug auf einen realen Streitgegenstand ihre Forderungen und Positionen durchsetzen wollen. Dabei kann es sich beispielsweise auch um die Verteilung von Ressourcen, um die Ergebnisverantwortung (Wer hat was getan? Welche Qualität war vereinbart?) oder um Vorgehensweisen (In welcher Reihenfolge gehen wir vor?) handeln.
  Konflikte zwischen Parteien können durch bedürfnisorientierte Vermittlung gelöst werden, bei Bedarf mit Unterstützung eines (externen) Mediators.

Innere Konflikte und äußere Konflikte können sich gegenseitig bedingen. Manch äußerer Konflikt ist Folge eines inneren, manch innerer Konflikt wird durch einen äußeren erst ausgelöst.

| Konflikttypen | Streitbeteiligte | Konfliktgegenstand | Sichtbares Konfliktziel | Lösungsstrategie |
|---|---|---|---|---|
| Interkulturell | Unbegrenzt viele Gruppen, mindestens zwei | Unkonkret Zuschreibungen, Vorurteile und Bewertungen von Personen | Abgrenzung | **Unterstützte Auseinandersetzung mit Urteilen und Weltbildern, Kennenlernen und bewusste Kommunikation** zum Abbau von Vorurteilen |
| Intrapersonal | Eine Person | Konkret | Entscheidung treffen | **Innere Klarheit** schaffen und Entscheidungsfähigkeit wieder herstellen |
| Interpersonal | Unbegrenzt viele Personen, mindestens zwei | Konkret | Forderungen durchsetzen, Recht bekommen | **Bedürfnisse** hinter den Forderungen finden, anerkennen und erfüllen |

Abbildung 2.12a-5: Konflikttypen

# 2 Konfliktbearbeitung

Wie eingangs schon erwähnt, ist nicht das Vorhandensein von Konflikten in Projekten an sich kritisch, sondern der Umgang mit ihnen. Da werden Konflikte einfach ignoriert, da wird Konflikten aus dem Weg gegangen oder Konflikte werden unter den Teppich gekehrt. Es gibt offene Machtkämpfe oder verdeckte Intrigen. (Die Liste ließe sich fortsetzen.)

Dabei werden jedoch die Auswirkungen auf das Projektziel nicht beachtet oder aus den Augen verloren, was fatale Konsequenzen für das Projekt und seinen erfolgreichen Abschluss haben kann. Es gilt deshalb immer zu prüfen, welche Bedeutung der Konflikt für das Projekt, die Projektziele und die Projektarbeit hat. Und ein Projektmanager hat zu prüfen, inwieweit er selbst in diesen Konflikt involviert ist.

Nicht jeder Konflikt muss zu jedem Zeitpunkt gelöst werden. Es kann beispielsweise sein, dass ein am Ende des Projektes aufkeimender Konflikt nicht mehr angegangen werden muss, weil klar ist, dass die Beteiligten auseinander gehen und in dieser Konstellation nicht mehr zusammenarbeiten werden. Manche Konflikte legen sich auch von allein, weil der Kontext sich ändert, Mitarbeiter abgezogen werden oder Missverständnisse sich aufklären.

Es bedarf also eines sehr bewussten und achtsamen Umgangs mit Konflikten, bei ihrer Bewertung und bei der Auswahl der Konfliktbearbeitungsart.
Deshalb stellt der Umgang mit Konflikten hohe Anforderungen an alle Beteiligten. Es erfordert Mut und Offenheit, das anzusprechen, was stört, hinderlich ist und die Zusammenarbeit erschwert.

## 2.1 Typische Handlungsstrategien (Reaktionsmuster) in Konfliktsituationen

In Konfliktsituation kann man fünf typische Handlungsstrategien dahingehend unterscheiden, inwieweit die Interessen und Bedürfnisse der Streitbeteiligten berücksichtigt werden.

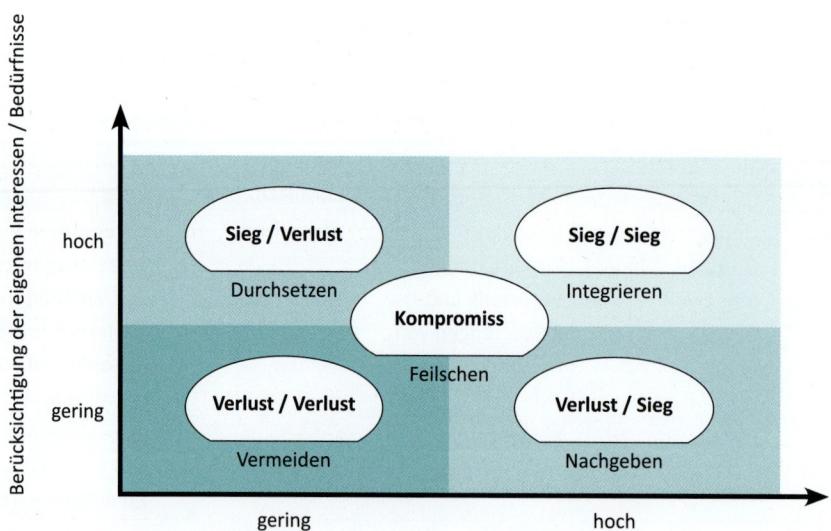

Abbildung 2.12a-6: Übersicht Konflikt-Reaktionsmuster (sog. Konfliktstile)
(nach Dendorfer & Kesel, 2002)

1. **Vermeiden und Flucht**
   Diese Konflikt-Strategie zeigt sich durch „nichts tun", „Kopf in den Sand stecken", oder dadurch, dass der Konflikt unter den Teppich gekehrt wird.
   Bezogen auf die Bedürfnisorientierung, bedeutet dies, dass weder die eigenen Bedürfnisse noch die Bedürfnisse der Gegenseite wahrgenommen und berücksichtigt werden.
2. **Durchsetzen und Konkurrenz**
   Bei der Strategie des „Durchsetzen-Wollens" geht mindestens eine Seite auf Konfrontation. Drohungen und Machteinsatz sind entsprechende Kennzeichen des Kampfes um den eigenen Sieg.
   Es geht dabei also um die Durchsetzung der eigenen Bedürfnisse, ohne die Bedürfnisse der Gegenseite in irgendeiner Weise zu berücksichtigen.
3. **Nachgeben und Unterwerfung**
   Nachgeben bedeutet, dass die eigenen Bedürfnisse zugunsten der Gegenseite vollständig aufgegeben werden.
4. **Feilschen und Kompromiss**
   Das Feilschen um eine Konfliktlösung ist eine gängige Strategie in Konfliktsituationen. Es wird um einen Kompromiss gerungen, der auf beiden Seiten nur einen Teil der Interessen berücksichtigt. Der andere Teil wird aufgegeben. Es besteht also nur eine Teileinigung – meist auf der Sachebene – die oft nicht stabil ist.
5. **Integrieren und Konsens**
   Auf der Basis von Kooperation und Verständigung werden die Anliegen aller Beteiligten vollständig gehört und in einer Lösung integriert. Es entsteht eine sog. Win-Win-Lösung, bei der die Bedürfnisse Aller gleichwertig und vollständig befriedigend berücksichtigt werden.

Bei der Auswahl eines passenden Weges helfen die folgenden Fragen:

- Wie geht es mir in dem Konflikt?
- Was für ein Anliegen habe ich? Was ist mir wichtig?
- Wie kann ich das Anliegen am besten erreichen?
- Lohnt es sich wirklich, einen Kampf zu riskieren?
- Welche anderen Möglichkeiten habe ich?
- Was wäre der schlimmstmögliche Ausgang des Konfliktes?
- Welche Konsequenzen hätte dies für das Projekt, die Projektergebnisse und die Projektbeteiligten?

Die folgende Tabelle gibt eine Übersicht über die Einsatzmöglichkeiten und Gefahren der unterschiedlichen Handlungsstrategien:

| Einsatz kann sinnvoll sein … | Die Gefahren dabei sind … |
|---|---|
| **1. Vermeiden und Flucht** | |
| I  Bei sehr großem Machtungleichgewicht<br>I  Wenn das Thema sich von selbst erledigen kann<br>I  Wenn Andere den Konflikt erfolgreicher lösen können<br>I  Wenn erst einmal Abstand und Pause notwendig sind, um neue Handlungsmöglichkeiten entwickeln zu können | I  Der Konflikt kehrt in verschärfter Form zurück, der Lernprozesses wird verhindert<br>I  Der Konflikt wird nicht gelöst und eskaliert verdeckt weiter |
| **2. Durchsetzen und Konkurrenz** | |
| I  Wenn schnelles Handeln und schnelle Entscheidungen notwendig sind<br>I  Bei der Abwägung des Gemeinwohls gegenüber dem Wohl eines Einzelnen<br>I  Zum Durchbrechen des Stillstandes<br>I  Zum eigenen Schutz | I  energieraubend<br>I  kreativitätshemmend<br>I  Ggf. langfristiger Beziehungsschaden<br>I  Hohe Eskalationsgefahr |
| **3. Nachgeben und Unterwerfung** | |
| I  Wenn der Konfliktgegenstand unbedeutend ist<br>I  Im Notfall, wenn die eigene Sicherheit in Gefahr ist<br>I  Wenn man selbst im „Unrecht" ist und Einsicht zeigen möchte<br>I  Zur Minimierung weiteren Schadens | I  Stabilisierung eines hierarchischen Machtverhältnisses<br>I  Gefahr, dass eigene Bedürfnisse auch langfristig nicht berücksichtigt werden<br>I  Ungünstig, wenn langfristige, gleichwertige Lösungen sinnvoll sind |
| **4. Feilschen und Kompromiss** | |
| I  Bei Zeitdruck eine schnelle Lösung finden (ggf. Zwischenlösung)<br>I  Wenn eine Seite nicht konsensfähig ist<br>I  Bei starker Polarisierung<br>I  Vorläufige Lösung, die nachverhandelt werden kann | I  Unvollständig erreichte Ergebnisse<br>I  „Faule" Kompromisse<br>I  Ungünstig, wenn langfristig tragfähige (Geschäfts-)Beziehung aufgebaut und erhalten werden soll<br>I  Kein offenes Betriebsklima |
| **5. Integrieren und Konsens** | |
| I  Langfristige und nachhaltige Lösung des Konfliktes<br>I  Bei hoher emotionaler Beteiligung<br>I  Engagement und Mitverantwortlichkeit der beteiligten Parteien<br>I  Ressourcenschonung und Beziehungsschonung | I  Ungünstig bei extremen Zeitdruck<br>I  Wenn keine Offenheit und Konsensbereitschaft vorliegen<br>I  Zeitverlust bei „unehrlicher" Teilnahme an kooperativen Vermittlungen |

Abbildung 2.12a-7: Konfliktreaktionsmuster – Einsatzmöglichkeiten und Gefahren

Eine weitere Handlungsmöglichkeit in Konflikten ist die Delegation der Lösungssuche an einen Dritten, z. B. an die nächste Hierarchiestufe oder an externe Instanzen, wie Schiedsgerichte oder ordentliche Gerichte.

Im Grunde bedeutete dieses Vorgehen, die eigene Verantwortung abzugeben. Der Konflikt wird verschoben, auf einer anderen Ebene fortgeführt und/oder mit Macht und dem Verweis auf Regeln für beendet erklärt. Eine allseitig zufrieden stellende Lösung des Konfliktes wird damit kaum erreicht.

Die Konflikterledigung durch Verweis auf Regeln führt zudem oft dahin, dass nicht mehr über die ursprüngliche Forderung, sondern mit dem Regelverantwortlichen über die Regel oder über ihre Auslegung gestritten wird.

Es kann aber auch sinnvoll sein, Konflikte dorthin zu verschieben, wo sie eigentlich hingehören und wo die eigentliche Verantwortlichkeit liegt, z. B. bei „firmenpolitisch" bedingten Blockaden.

Sinnvoll (aber riskant) ist die bewusst gesteuerte Eskalation, also die Verschiebung des Konfliktes „nach oben" auch dann, wenn durch die höhere Hierarchieebene Verhandlungsbereitschaft erzwungen werden kann. Das Risiko liegt dabei im möglichen Kontrollverlust, wenn nämlich die Führungskraft den Konflikt an sich zieht und nach eigenem Gutdünken entscheidet.

## 2.2 Kooperative Konfliktlösung

Die Risiken und die negativen Auswirkungen streitiger Auseinandersetzungen sind hinlänglich bekannt. Langwierige Rechtsstreits haben einen ungewissen Ausgang und kosten Energie, Zeit und Geld. Das steht im Widerspruch zu einer effektiven und effizienten Projektabwicklung. Deshalb ist es gerade in Projekten – aber nicht nur dort – sinnvoll, eine effektivere und vor allem nachhaltige Form der Konfliktbearbeitung zu wählen: die kooperative Konfliktlösung.

> **§ Definition** Das Ziel kooperativer Konfliktlösung ist die tragfähige, nachhaltige und zukunftsorientierte Lösung eines Konfliktes. Diese Lösung wird durch Orientierung an den Bedürfnissen aller Konfliktbeteiligten erreicht.

Kooperative Konfliktlösung ist nicht einfach. Denn es ist nötig, von der Spitze des Eisbergs in die Tiefe zu gelangen und das bedeutet, gewohntes und sicheres Terrain reiner Sachlogik zu verlassen. Es geht dabei auch um Selbstklärung, um das Abrücken von einer Haltung des „Recht-haben-Wollens" und um die Bereitschaft zu einem konstruktiven Miteinanderringen um eine gute Lösung für beide Seiten.

Die Chancen für eine solche Win-Win-Lösung sind hoch und gleichzeitig gibt es keine Gewähr, dass sie immer gelingt. Für jeden Beteiligten gibt es jederzeit die Möglichkeit, aus der kooperativen Konfliktlösung auszusteigen, und diese Freiheit ist ein wesentliches (Erfolgs-)Kennzeichen dieses Verfahren.

### 2.2.1 Voraussetzungen

**Kooperative Haltung**

Ausschlaggebend für das Gelingen von einvernehmlichen und dauerhaften Konfliktlösungen ist die Grundhaltung der am Konflikt Beteiligten. Dabei reicht es, wenn mindestens eine Seite diese kooperative Haltung einnimmt.

Es ist noch recht verbreitet, in Konfliktsituationen auf Konfrontationskurs zu gehen und auf das eigene Recht zu pochen.

Der Dreh- und Angelpunkt konfrontativen Verhaltens – und das ist in der Regel auch der juristische Ansatz (vgl. SCHWEIZER, 2002) – ist die Frage „Wer schuldet wem, was, aus welchem Rechtsgrund?" – also „Wer hat Schuld?" und „Wer hat Recht?".

Mit dieser Frage ist eine detaillierte Analyse des Sachverhaltes und die Suche nach der jeweiligen Anspruchsgrundlage verbunden. In der Praxis sind nicht selten ganze Projektteams damit beschäftigt, Projektunterlagen und Projektkorrespondenz zu durchforsten, um zu beweisen, dass beispielsweise der Auftraggeber selbst Fehler gemacht hat, und um zu ermitteln, wer sonst noch Mitschuld trägt.

Diese Haltung ist für eine zufrieden stellende Lösung des Konfliktes nicht sehr förderlich, weil sie eskalierend wirkt und neben Abwehr auch massive Gegenwehr auslöst.

Der kooperative Ansatz hingegen geht davon aus, dass beide Seiten einen guten Grund für ihre Sichtweise und ihre Position haben: ihre Bedürfnisse.

Damit läßt sich die in Konfliktsituationen hilfreiche Haltung an den folgenden Fragen erkennen: „Was ist mir wirklich wichtig? Was ist mein Anliegen, was sind meine Bedürfnisse?" Und gleichzeitig sich darüber Gedanken zu machen: „Was könnten die Anliegen der Gegenseite sein? Was sind ihre Bedürfnisse?" Und: „Was bin ich bereit, selbst zu tun? Welchen Beitrag kann ich dazu leisten?"

Folgende Tabelle verdeutlicht die Unterschiede zwischen konfrontativem und kooperativem Verhalten (in Anlehnung an SCHWEIZER, 2002):

| Konfrontativ | Kooperativ |
| --- | --- |
| Absolut | Relativ |
| Vergangenheitsorientiert | Zukunftsorientiert |
| Fehlerorientiert | Lösungsorientiert |
| Fremdverantwortlich | Selbstverantwortlich |
| Das Alte bestätigend | Offenheit und Aufgeschlossenheit gegenüber Neuem |

Abbildung 2.12a-8: Kennzeichen konfrontativen und kooperativen Verhaltens (nach SCHWEIZER, 2002: 217)

### Zeit und finanzielle Mittel bereitstellen

Kooperative Konfliktlösung bedeutet Aufwand, benötigt also Zeit und kostet Geld. Es sind Vermittlungsgespräche zu führen, die in Summe in der Regel 1-3 Tage dauern. Gegebenenfalls ist eine externe Unterstützung nötig und ein neutraler Dritter muss beauftragt werden. Aufwand, der zwar im Verhältnis zum schon entstandenen Schaden oder zum noch möglichen Schaden relativ gering ist, der aber trotzdem geplant und bereitgestellt werden muß.

Nötig sind:

- **Ausreichende Zeit:** Vermittlungsgespräche müssen meist mehrfach wiederholt werden, bis die Vermittlung vollständig durchgeführt und der Konflikt gelöst ist.
- **Ausreichend großes Zeitfenster:** Vermittlungsgespräche sollten nicht wegen eines drängenden Termins gerade im unpassenden Moment abgebrochen werden müssen.
- **Passender Ort:** Die Atmosphäre der Umgebung wirkt auf die Parteien und fördert oder behindert ihre Lösungsbereitschaft. Es empfiehlt sich, dass die Vermittlung auf neutralem Boden in angenehmer Umgebung erfolgt.
- **Angemessene finanzielle Mittel:** Konflikte kosten Geld. In angemessenem Verhältnis zur Höhe des Schadens bei weiterer Eskalation sollte Geld für die Lösung des Konfliktes bereitgestellt werden. Dabei müssen neben den eventuellen Honoraren für externe Vermittler auch der Arbeitszeitverlust und die sonstigen Nebenkosten (Raummiete, Reisekosten, usw.) berücksichtigt werden.

Der große Vorteil eines Vermittlungsprozesses gegenüber der fortgesetzten Eskalation oder gegenüber der Konfliktverschiebung ist die Möglichkeit des kontrollierten und begrenzten Einsatzes von Ressourcen, während sich eine unkontrollierte Eskalation zu einem unsteuerbaren Ressourcenvernichter entwickeln kann.

### 2.2.2 Schritte zur eigenständigen Lösung von Konflikten

Es ist eine der Führungsaufgaben eines Projektmanagers, Konflikte zu bearbeiten und beizulegen. So wird er beispielsweise in Teamkonflikten vermitteln oder Konfliktgespräche mit Auftraggebern führen.

Ist der Projektleiter selbst Betroffener im Konflikt, z. B. in einer Auseinandersetzung mit dem Auftraggeber, dem Kunden oder einer betroffenen Abteilung, dann ist als erstes eine Art Selbstklärung durchzuführen.

**1. Schritt:** Selbstklärung
- Welche Interessen und Ziele verfolge ich? Was ist mir wirklich wichtig? Was habe ich für konkrete Bedürfnisse, bezogen auf die Konfliktsituation?

**2. Schritt:** Sich in den anderen/die andere Seite hineinversetzen (Perspektivenwechsel – vgl. Vertiefungswissen)
- Wie würde die andere Seite den Konflikt beschreiben?
- Welche Interessen und Ziele verfolgt wohl die Gegenseite? Welche Bedürfnisse liegen vermutlich jeweils dahinter?

Mit diesen zwei Schritten ist eine wichtige Basis für das nachfolgende Konfliktgespräch geschaffen. Die eigenständige Lösung von Parteikonflikten durch die Streitenden selbst kann schon dann funktionieren, wenn nur einer der Beteiligten eine kooperative Haltung einnimmt. Denn schon dann kann der Prozess gegenseitiger Eskalation und immer weiter verstärkter Forderungen unterbrochen werden.

**3. Schritt:** Durchführung eines Konfliktklärungsgespräches:
Ein wirksames Konfliktklärungsgespräch ist durch Offenheit und Authentizität gekennzeichnet. Die „Kunst" dieses Gespräches ist es, auf Schuldzuweisungen und Vorwürfe zu verzichten und sich auf das zu konzentrieren, was beide Seiten wirklich bewegt. So lassen sich aufwändiges Analysieren und Rechtfertigen (Wer – Was – Wann – und vor allem Warum getan hat) vermeiden. Dabei kann es durchaus auch sehr emotional hergehen. Energiereiche Selbstaussagen wirken in ihrer Ehrlichkeit oft klärender und reinigender als vorsichtige Umschreibungen und Verklausulierungen.
   Es gibt etliche Modelle zur Durchführung von Klärungsgesprächen. Eine wirksame Orientierung bietet zum Beispiel das Kommunikationsmodells der Gewaltfreien Kommunikation von M. Rosenberg (vgl. Vertiefungswissen).

Ist erst einmal gegenseitiges Verstehen und Anerkennen der Motive, sprich Bedürfnisse, erreicht (sichtbar durch eine immer stärkere Entspannung und Entlastung der Personen), dann ist das gemeinsame Suchen nach Wegen und Lösungen für gemeinsame Vereinbarungen nicht mehr schwer.

Wird der Projektmanager als Vermittler tätig, dann ist es sinnvoll, sich an den klassischen Mediationsphasen zu orientieren (vgl. nächstes Kapitel). Die eigenständige Konfliktlösung hat jedoch ihre Grenzen, sie ist abhängig von den folgenden drei Faktoren:

- der Betroffenheit des Projektmanagers
- der aktuellen Eskalationsstufe des Konfliktes
- der Akzeptanz des Projektmanagers als Vermittler

Ist der Projektmanager selbst von dem Konflikt betroffen – vertritt er also eine Seite in dem Konflikt oder ist er selbst Konfliktauslöser, dann ist es ab der vierten Eskalationsstufen dringend angeraten, externe Unterstützung zu holen. Hier hat man nicht nur einen Konflikt, sondern „der Konflikt hat einen" (Glasl, 2004: 29).

### 2.2.3 Konfliktlösung mit Unterstützung – Mediation

Im Rahmen seiner Projektleitungsfunktion bzw. im Rahmen seiner Führungsfunktion kann der Projektmanager als Vermittler tätig werden, solange er nicht selbst Betroffener oder Beteiligter im Konflikt ist. Voraussetzung dafür ist eine ausreichende Vermittlungs- oder Mediationskompetenz. Sie umfasst vor allem:

- Eine kooperative und empathische Grundhaltung
- Kenntnisse und Erfahrungen im Mediationsprozess
- Mediationstechniken
  - Kommunikationstechniken
  - Spezielle Frage- und Interventionstechniken
  - Techniken zum Umgang mit Emotionen
  - Moderations- und Kreativitätstechniken

Wenn der Projektmanager jedoch eine Seite in dem Konflikt vertritt oder ihr angehört oder wenn die oben genannten Voraussetzungen nicht gegeben sind, ist es notwendig und sinnvoll, Unterstützung durch einen neutralen bzw. allparteilichen Dritten – einen Mediator – zu holen.

**Mediation**

In der Literatur wird von Mediation oder von Konfliktmoderation gesprochen. Damit entstehen immer wieder Missverständnisse und Verwechslungen. Zur eindeutigen Abgrenzung wird in diesem Kapitel im Zusammenhang mit der Klärung und Vermittlung in Konflikten von Mediation gesprochen. Der Begriff Moderation steht hingegen für reine Problemlösungsprozesse.

Mediation verbindet eine Haltung mit einem umfangreichen Werkzeugkoffer, dessen Inhalt weit über grundlegende, klassische Moderationstechniken hinausgeht.

Mitte des letzten Jahrhunderts wurde das Verfahren vor allem im anglo-amerikanischen Raum als kostengünstiges Konfliktlösungsverfahren wieder entdeckt und unter der Bezeichnung „alternative dispute resolutions" (abgekürzt: ADR) als wirksame Alternative zu streitigen Verfahren und juristischen Auseinandersetzung weiterentwickelt.

> **§ Definition** Mediation ist ein kooperatives Konfliktlösungsverfahren, bei dem die Konfliktparteien mit Unterstützung eines neutralen Dritten (dem Mediator) eigenverantwortlich an einer einvernehmlichen und zufrieden stellenden Lösung arbeiten.

Aufgabe des Mediators ist es, den Kommunikationsprozess zwischen den Konfliktparteien wieder in Gang zu bringen. Dabei dient er vor allem als Übersetzer, um die hinter den Positionen, Vorwürfen und Forderungen versteckten eigentlichen Beweggründe und Motive, die verletzten Bedürfnisse, herauszuarbeiten. Er befähigt damit die Konfliktparteien zum gegenseitigen Verständnis und zur gegenseitigen Anerkennung ihrer Bedürfnisse, auf deren Grundlage sie dann schnell eigenständig neue Lösungen – jenseits der alten Positionen – entwickeln.

Grundsätzlich lassen sich zwei Mediationsansätze unterscheiden, die im Vertiefungsteil unter Abschnitt 2.1.1 näher beschrieben sind.

**Die klassischen Phasen der Mediation:**

**Phase I   Eröffnung**
In dieser Einstiegsphase werden u. a. der Streitgegenstand und die Vorgehensweise abgeklärt, die Teilnehmer der Mediation abgestimmt, organisatorische Punkte und offene Fragen besprochen sowie gemeinsame Regeln für das Verfahren vereinbart. Mit dem Einstieg in die Mediation wird auch eine weitere Eskalation des Konfliktes unterbunden und verhindert.

**Phase II   Darstellung der Positionen und Sichtweisen – Informations- und Themensammlung**
Jede Seite erhält ausreichend Zeit, die Konfliktsituation bzw. den Sachverhalt unterbrechungsfrei aus ihrer Sicht zu erläutern, ihre Themen darzustellen und die notwendigen Informationen zu geben.

**Phase III   Klärung der Hintergründe und Interessen (Bedürfnisse)**
Hier ist der Mediator ganz besonders gefordert. Er hilft den Parteien, ihre Beweggründe und Motive (= Bedürfnisse) herauszuarbeiten, gegenseitig zu verstehen und zu akzeptieren. In der Mediation kommt dieser Phase eine Schlüsselrolle zu.

**Phase IV   Kreative Lösungsentwicklung**
Auf der Basis des Verständnisses der Bedürfnisse und Hintergründe werden nun in dieser Phase Lösungsoptionen gesammelt und anschließend bewertet. Das Ergebnis ist die gemeinsame Entscheidung für eine tragfähige Lösungsoption.

**Phase V   Ergebnissicherung in einer Abschlussvereinbarung**
Die gewählte Lösung wird in rechtlich einwandfreier und konkreter Form (oft mit entsprechender juristischer Unterstützung) endgültig verabschiedet. Unter Umständen ist ein weiterer Nachprüfungstermin zu vereinbaren.

Dies sind die klassischen Phasen einer Mediation, wobei einzelne Phasen zwar wiederholt, aber nicht übersprungen werden dürfen. Die Inhalte bei Phase I und bei Phase V sind außerdem noch davon abhängig, ob es sich um eine unternehmensinterne Mediation z. B. in einem Team handelt oder um eine Mediation zwischen Vertragspartnern, die dann vor allem andere formale Ansprüche hat.

In der folgenden Übersicht sind wichtige, grundlegende Charakteristika von Mediation zusammengefasst:

**Charakteristika der Mediation**

1. **Freiwilliges und vertrauliches Verfahren**
   Das Verfahren ist freiwillig und kann jederzeit von den Konfliktparteien beendet werden. Vertraulichkeit ist oberstes Prinzip. Sie muss entsprechend der Vereinbarung eingehalten werden (soweit die Offenlegung der Inhalte nicht gerichtlich erzwungen wird).
2. **Allparteilichkeit des Mediators**
   Allparteilichkeit bedeutet, dass der Mediator alle beteiligten Parteien gleichermaßen in dem Prozess begleitet und unterstützt.
3. **Parteibestimmter Ausgang und Ergebnisse**
   Die Konfliktparteien sind Herren des Verfahrens. Der Mediator hält sich aus der Lösungsentwicklung heraus und unterbreitet keine Einigungsvorschläge.

4. **Mediator ohne Entscheidungskompetenz**
   Die Konfliktparteien entscheiden selbst, was für sie ein zufrieden stellendes Ergebnis ist. Im Gegensatz beispielsweise zu Schiedsstellen hat der Mediator keine Entscheidungsgewalt (vgl. auch Vertiefungswissen).

Hat der Projektleiter das Vertrauen der Konfliktparteien, sollte er sich als Vermittler an diesen Rahmenbedingungen orientieren, um bei der Konfliktlösung erfolgreich zu sein.

### 2.2.4 Zusammenfassung kooperative Konfliktlösung

Kooperative Konfliktlösung ist dann der geeignete Weg, wenn der Wunsch nach einer einvernehmlichen und nachhaltigen Auflösung des Konfliktes besteht.

**Die Vorteile des Einsatzes der kooperativen Konfliktlösung in Projekten**

- Vermeidung von Abbruch oder Scheiterns des Projektes
  Schutz vor finanziellen Verlusten
- Effektive Konfliktlösung
  Wirkungsvoller Zeit- und Kosteneinsatz
- Beziehungsschonung
  Sicherung der weiteren Geschäftsbeziehungen, der weiteren Zusammenarbeit und des konstruktiven Projektabschlusses
- Vermeidung eines Imageschadens
  Vertraulichkeit auch gegenüber der Öffentlichkeit
- Energiefreisetzung
  Steigerung der Produktivität und Verbesserung des Betriebsklimas

### 2.3 Bearbeitung und Auflösung von Gruppenkonflikten und interkulturellen Konflikten

Wer kennt sie nicht, die bekannten Rangeleien und Kämpfe zwischen verschiedenen Abteilungen und Gruppierungen in Unternehmen, zum Beispiel zwischen der IT- und der Fachabteilung oder zwischen zentralem Unternehmenscontrolling und Projektcontrolling. Diese Reibereien zwischen verschiedenen Gruppen sind meist ritualisiert und brauchen keine sichtbaren (konkreten) Anlässe. Die Beteiligten haben sich in der Praxis weitgehend damit arrangiert, sodass es keine wesentlichen Auswirkungen auf die Projektarbeit gibt.

Nicht immer bleiben diese Rangeleien jedoch in ihrem „spielerischen" Rahmen. Sie können sich zu handfesten Konflikten entwickeln, die das Projekt gefährden.

**Entstehung von Gruppenkonflikten**

Werden Projektteams gebildet, ist es für die effektive Zusammenarbeit wichtig, baldmöglichst eine Gruppenidentität und ein sog. „Wir-Gefühl" zu entwickeln. Mit der Bildung der Gruppenidentität gehen automatisch entsprechende Abgrenzungstendenzen zu anderen Gruppen einher.

Konflikte zwischen Teams und Gruppen werden dann problematisch, wenn diese Abgrenzungsbestrebungen sehr massiv und mit der Bildung von Stereotypen und Vorurteilen verbunden sind, so dass abwertende Fremdbilder entstehen.

Stereotypen sind Verhaltensweisen und Eigenschaften, die einer bestimmten Personengruppe oder einem Team zugeschrieben werden. Dieses „Schubladen-Denken" beinhaltet meist willkürliche Verallgemeinerungen, wie z. B. „Alle Softwareentwickler tragen Birkenstock-Schuhe." oder „Die vom Vertrieb sind alle arrogant und überheblich".

Die Mauern zwischen den Gruppen wachsen schnell und auch hier spielen Wahrnehmungsverzerrungen und sich selbst erfüllende Prophezeiungen eine große Rolle.

Die Auswirkungen auf das Projekt sind groß, denn sie gefährden die Zusammenarbeit und damit den Fortschritt des Projektes.

Besondere Aufmerksamkeit für Gruppenkonflikte ist vor allem bei Teil-Teams (auch bei räumlich weit getrennten Teams) oder in internationalen und damit interkulturellen Projektteams wichtig.

Die Team-Mitglieder und auch die jeweiligen Stakeholder kommen aus unterschiedlichen Kulturen mit unterschiedlichen Sitten, Traditionen, mit unterschiedlichem Zeitgefühl, anderen Hierarchien oder Entscheidungsgepflogenheiten. In solchen Teams entwickeln sich kulturabhängige Wahrnehmungen und Sichtweisen. Dies erschwert die Zusammenarbeit. Schnell entstehen im Alltagsdruck der Projektarbeit Urteile, Bewertungen und Vorwürfe, die sich zu massiven Konflikten auswachsen können.

### Maßnahmen zur Auflösung von Gruppenkonflikten

Im Zentrum der Konfliktbearbeitung und -auflösung steht vor allem:

- die Förderung einer direkten und offenen Kommunikation
- das Herausarbeiten von Verbindendem (z. B. gemeinsame Ziele)
- die Förderung des gegenseitigen Verständnisses durch gegenseitiges Kennenlernen

Nützliche Maßnahmen sind:

- Job Rotation (die befristete Mitarbeit in anderen Teil-Teams und Projekten)
- Erhöhung der Kontakte und des Austausches, z. B. durch gemeinsame Fortbildungen
- Gemeinsames Projektmarketing
- Gemeinsame Teamentwicklungsmaßnahmen
- Projektbegleitende gemeinsame Veranstaltungen und Feste
- (interkulturelles) Coaching und Gruppensupervision

Bei der Lösung von Konflikten zwischen Gruppen steht der Abbau von Vorurteilen und Zuschreibungen im Mittelpunkt. Dabei ist es wichtig, dass wirklich alle Beteiligten und Betroffen berücksichtigt und einbezogen werden. Neben dem Kennenlernen und der Integration ist die Form der Sprache und des Ausdrucks ganz wesentlich. Es gilt, eine bewusste und wertschätzende Form der Kommunikation im Projekt zu etablieren.
    Die Lösung oder Eindämmung von Konflikten zwischen Gruppen erfordert besondere Aufmerksamkeit und Fingerspitzengefühl. Sinnvoll ist auch hier die Unterstützung durch entsprechende externe Fachleute.

## 2.4 Bearbeitung innerer Konflikte

Eigene innere Konflikte können immer wieder auftreten. Auch sie sind ganz alltäglich, aber manchmal sehr hinderlich und belastend.

Ihre Ursache sind verschiedene Bedürfnisse, die, bezogen auf eine bestimmte Situation, gleichzeitig entstehen können. Diese Bedürfnisse äußern sich in widersprüchlichen bzw. widerstrebenden Gedanken und münden meist in Entscheidungsblockaden, zum Beispiel in Bezug auf

- die Folgen anstehender Fach-, Organisations- oder Personalentscheidungen
- die Auswahl des richtigen zielführenden Verhaltens
- die Prioritäten innerhalb der eigenen Lebensgestaltung (Arbeit, Freizeit, Familie).

Notwendig für die Auflösung innerer Konflikte sind deshalb das Identifizieren, das Sortieren und Bewerten der Gedanken und die Ermittlung der dahinter liegenden Bedürfnisse, um die eigene Entscheidungsfähigkeit zurück zu gewinnen und die „Zwickmühlen"-Situation aufzulösen.

Diese inneren Konflikte werden auch emotional erlebt: z. B. mit Unruhe oder als etwas, das einen „umtreibt", das schlaflose Nächte bereitet und das sich immer wieder in den Vordergrund der Gedanken schiebt. Sie können sich auch in körperlichen Reaktionen, wie Magendrücken, Kopfschmerzen, Druck im Nacken usw., bemerkbar machen.

 **Beispiel** Entscheidungssituationen mit inneren Konflikten des Projektleiters:
- Den Mitarbeiter, der gleichzeitig der beste Freund ist, aus dem Team zu nehmen oder es nochmals mit ihm zu versuchen, z. B. mit einer anderen Aufgabenzuordnung.
- Ein klares Nein dem Kunden gegenüber zu riskieren, mit der Gefahr, ihn evtl. zu verlieren.
- Der Spagat zwischen dem Arbeitseinsatz im Projekt und der Zeit für das Familienleben.
- Den Projektauftrag abzulehnen oder zu übernehmen.

### 2.4.1 Eigenständige Bearbeitung innerer Konflikte

Die eigenständige Bearbeitung innerer Konflikte erfordert viel Selbstdisziplin und hohe Reflexionsbereitschaft. Je emotionaler das Thema für die betroffene Person ist, desto schwieriger wird es, selbst eine Lösung zu finden. Deshalb sei an dieser Stelle gleich auch auf die Arbeit mit dem Inneren Team verwiesen, einer sehr wirkungsvollen Technik von SCHULZ VON THUN, die im Vertiefungsteil näher beschrieben wird. Im Mittelpunkt dieses Verfahrens steht eine Art innere Verhandlung der verschiedenen inneren Stimmen.

Ein erster möglicher Schritt zur Lösung eines inneren Konflikts und damit zur Entscheidungsfindung ist es, mehr Transparenz in das Für und Wider der verschiedenen Entscheidungsmöglichkeiten zu bringen und zwar weitestgehend auf der Bedürfnisebene.

Ein Verfahren, das hier bei noch relativ einfachen, inneren Konflikte Hilfe bringen kann – vor allem bei Fach-, Organisations- und Personalfragen – bietet z. B. die mehrdimensionale oder gewichtete Entscheidungsmatrix.

Das Verfahren wird hier an einem einfachen Beispiel vorgestellt:

**Beispiel** Projektleiter Klein steht vor der Entscheidung, mit dem Projektteam in ein Großraumbüro umzuziehen. Im Moment stellt sich die Situation so dar, dass sein Kern-Team von 7 Personen auf drei Standorte in der Stadt verteilt ist. Die zeitlichen Verzögerungen im Projekt sind schon sehr kritisch und es entstünde ein weiterer Zusatzaufwand, bis der Umzug vollzogen, die gesamte Ausstattung und Technik wieder eingerichtet ist und der Normalbetrieb wieder aufgenommen werden kann. Auch ist nicht jeder im Team mit dem Umzug in ein Großraumbüro einverstanden. Gleichzeitig besteht mit dem Umzug die Chance, die Fahrtzeiten für gemeinsame Meetings zu reduzieren und die Zusammenarbeit zu intensivieren.

| Kriterium | Optionen: Gewichtung G | Umzug während des laufenden Projektes Punkte P | G × P | Kein Umzug während des laufenden Projektes Punkte P | G × P |
|---|---|---|---|---|---|
| Kurze Abstimmwege (effektive Zusammenarbeit) | 25 | 6 | 150 | 1 | 25 |
| Teambuilding (Steigerung des Zusammengehörigkeitsgefühls) | 20 | 5 | 100 | 2 | 40 |
| Optimierung der gegenseitigen Unterstützung | 10 | 5 | 50 | 2 | 20 |
| Schonung der Projektzeit (Zeitersparnis) | 25 | 2 | 50 | 6 | 150 |
| Minimierung weiterer Ausfallrisiken z. B. IT, Telefon, usw. (Sicherung Projektfortführung) | 10 | 2 | 20 | 5 | 50 |
| Zustimmung im Team | 10 | 3 | 30 | 4 | 40 |
| Summen: | 100 | | 400 | | 325 |

Abbildung 2.12a-9: Gewichtete Entscheidungsmatrix

Verfahrensweise:

Als Erstes werden die relevanten Kriterien für die Entscheidung eingetragen. Diese Kriterien müssen positiv formuliert sein. Anschließend werden die einzelnen Kriterien in ihrer Wichtigkeit für die Entscheidung bewertet, sodass als Gesamtsumme der Gewichtung 100 % entstehen.

Die Punktevergabe erfolgt von 1 – 6, wobei 6 Punkte für die bestmögliche Erfüllung des Kriteriums vergeben werden und 1 Punkt für die Nichterfüllung.

Der letzte Schritt ist die Multiplikation der jeweiligen Punkte mit der Gewichtung eines Kriteriums. Diejenige Option mit dem höchsten Summenwert ist dann – rein methodisch gesehen – die beste Wahl. In dem obigen Beispiel fiele deshalb die Entscheidung für den Umzug. Das formelle Bewertungsergebnis ist jedoch unbedingt mit dem „Bauchgefühl" abzustimmen.

Der Nutzen der Entscheidungsmatrix liegt vor allem in der Veranschaulichung der Entscheidungsgrundlagen und in der Nachvollziehbarkeit des Entscheidungsprozesses.

Viele innere Konflikte sind jedoch in der Regel wesentlich komplexer und bedürfen tiefer gehender Bearbeitung.

## 2.4.2 Unterstützte Lösung innerer Konflikte

Mit den inneren Konflikten ist es im Grunde wie mit allen anderen Konflikten auch, sie lassen sich kaum mit reiner Sachlogik lösen. Und je vehementer und lähmender der innere Konflikt ist, desto eher ist externe Unterstützung nötig.

Unterstützungsmöglichkeiten gibt es vielfältige. Die Wahl des geeigneten Verfahrens hängt u. a. auch von der gewünschten Bearbeitungstiefe ab. Nicht selten liegen inneren Konflikten auch eigene Glaubenssätze, innere Skripte oder andere Kindheitserfahrungen zugrunde.

- **Kollegiale Beratung:**
  Die strukturierte Suche nach *Lösungen* für Problemsituationen mit einer festen Gruppe von Kollegen, die bei regelmäßigen Treffen Probleme und Konflikte ihrer Mitglieder gemeinsam beraten.
- **Intervision oder Supervision:**
  Das strukturierte Herausarbeiten von *Ursachen* der Problemsituationen mit einer festen Gruppe von Kollegen oder mit einem externen Supervisor im Rahmen eines Einzelgespräches oder in einer Gruppe.
- **Coaching:**
  Externe Unterstützung in Einzelgesprächen, um einen eigenen *Weg zur selbständigen Überwindung* einer bestimmten Problemsituation zu erarbeiten.
  Coaching ermöglicht u. a. Selbsterkenntnisprozesse und führt i.d.R. zu einer Zunahme der Wahlmöglichkeiten. Gutes Coaching geht davon aus, dass jeder Mensch selbst die Ressourcen besitzt, um seine Probleme zu lösen.

Die beschriebenen Verfahren helfen beim Sortieren von Gedanken und Einflüssen, um dadurch den besten Lösungsweg für den inneren Konflikt zu finden.

# 3 Konfliktprävention

Konflikte in Projekten lassen sich nicht gänzlich verhindern: Verschiedene Menschen treffen befristet zur Erledigung einer meist sehr komplexen und neuartigen Aufgabe zusammen und wo Menschen zusammenarbeiten, entsteht immer Konfliktpotential.

Konfliktprävention in Projekten dient deshalb dazu, unnötige Konflikte zu vermeiden, Konfliktpotential (= konfliktbegünstigende oder konfliktstabilisierende Faktoren) zu reduzieren und sich anbahnende Konflikte rechtzeitig konstruktiv zu lösen oder zu deeskalieren.

**Beipiel** Das Konfliktpotential in Projekten ist vielfältig. Es kann sich beispielsweise im Führungsstil des Projektmanagers verbergen, in der Art und Weise des Umgangs im Team (schroffer Umgangston, Konkurrenz und Misstrauen). Es steckt in unklaren Zuständigkeiten oder fehlenden Projektstrukturen. Auch fehlende oder zuviel PM-Methodik (Methodenlastigkeit) und Formalismus bergen Konfliktpotential.

Das Project Excellence Modell der GPM liefert mit der „Interessenorientierung" einen wichtigen Aspekt zur Konfliktprävention.

Die Interessenorientierung zieht sich wie ein roter Faden durch das gesamte Modell und durch das Assessment hindurch. Die Interessenorientierung stellt die Werte und Bedürfnisse der Betroffen und Beteiligten des Projektes in den Vordergrund (die sie zum Beispiel in der Art und Weise des Umgangs oder bezüglich notwendiger Aufgabenteilung und Rollenklärung haben) nimmt diese ernst und berücksichtigt sie soweit wie möglich im gesamten Projektverlauf – und das nicht erst im Konfliktfall, sondern schon viel früher, direkt in der Interaktion der Projektbeteiligten und der Stakeholder.

Diese Interessenorientierung (Element 1.02 ) findet sich zudem mit mehr als 60 % in der Ergebnisbewertung wieder, wenn die Stakeholder nach ihrer Zufriedenheit mit dem Projekt gefragt werden. Die Interessenorientierung spricht das an, was den Betroffenen und Beteiligten wichtig ist: ihre Bedürfnisse.

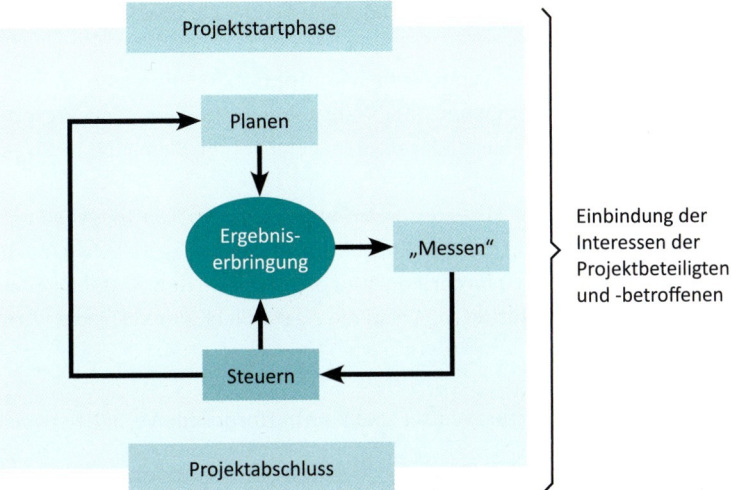

Abbildung 2.12a-10: Interessenorientierung im PM-Prozess

Konfliktvorbeugende Interessenorientierung ist notwendig hinsichtlich

- der Beziehungen und der Interaktion zwischen den beteiligten Menschen und hinsichtlich
- der Strukturen und Prozesse im Projekt

## 3.1 Beziehungen und Interaktion

Zwischenmenschliches Verhalten in Projekten zeigt sich durch die Art der Kommunikation untereinander und in der Art des Umgangs miteinander – sowohl verbal als auch nonverbal. Es wird darüber hinaus auch in der Teamarbeit, im Führungsstil und in der Unternehmens- und Projektkultur deutlich.

Die Bereiche zur Prävention sind deshalb breit gefächert und betreffen im Grunde alle Elemente der ICB-Personal- und Sozialkompetenz. Ganz besonders sei hier jedoch auf die Elemente Führung, Teamarbeit sowie Verhandlungs- und Gesprächsführung verwiesen.

### 3.1.1 Soziale Kompetenz – Konfliktfähigkeit

Im Vordergrund der Konfliktprävention steht die Stärkung der sozialen Kompetenz des Projektmanagers sowie der Teammitglieder. Dabei spielt die Konfliktfähigkeit eine besondere Rolle.

> **§ Definition** Unter „Konfliktfähigkeit" sind die eigene Haltung und die eigenen Fähigkeiten zum Erkennen und Lösen von Konflikten zu verstehen.

Die Konfliktfähigkeit wird vor allem geprägt durch

- eigene (Kindheits-)Erfahrungen („Bei uns durfte man sich nicht streiten.")
- Werthaltungen (z. B. Toleranz, Disziplin)
- Glaubenssätze (z. B. „Das Leben ist ein ewiger Kampf."),
- Menschenbilder („Der Mensch ist von Natur aus schlecht.")
- innere Scripte (in der Kindheit entstandene und damals sinnvolle Überlebensstrategie)

Die Konfliktfähigkeit ist auch abhängig vom eigenen Konfliktstil (Grundmuster in Konflikten – vgl. Abschnitt 2.1), von der emotionalen Kompetenz (der Wahrnehmung und dem Umgang mit den eigenen Gefühlen und Bedürfnissen) und vom eigenen Stressmanagement (vgl. Element 2.05 Stressbewältigung).

Konfliktfähigkeit bewegt sich in der Mitte des Spannungsfeldes aus Konfliktscheu und Streitlust (vgl. GLASL, 2004, 13). Es geht also weder darum, Konflikten aus dem Weg zu gehen, noch darum, sie mit einer aggressiven Verhaltensweise zu fördern oder zu provozieren. Konfliktfähigkeit zeichnet sich aus durch einen offenen Umgang mit Konflikten, wobei die eigene Sicht klar vertreten wird, ohne dass dies auf Kosten Anderer geschieht.

Die folgende Übersicht stellt konfliktpräventive und konfliktfördernde Verhaltensweisen gegenüber:

| Verhaltensweisen, die Konflikte vermeiden helfen | Verhaltensweisen, die Konflikte eher fördern |
|---|---|
| PM bespricht brennende Themen offen mit dem Team; bei kontroversen Themen greift er vermittelnd ein; entstehende Konflikte erkennt er frühzeitig | PM ignoriert sich anbahnende Konflikte oder Missstimmungen auf der informellen Ebene; er ist selbst Verursacher von Unstimmigkeiten |
| PM hat immer ein offenes Ohr für die Angelegenheiten (Fragen und Probleme) des Teams und der anderen Interessengruppen | PM ist schwer erreichbar und isoliert sich, er führt vornehmlich formelle Gespräche und Meetings |
| PM geht bewusst mit Konflikt-Risiken um; er weiß, welche er aufgreifen muss und welche Unsicherheitsfaktoren er akzeptieren kann | PM ignoriert Probleme und Konfliktrisiken oder ergreift unadäquate Maßnahmen; er sichert sich permanent ab |
| PM kann mit widersprüchliche Positionen in Konflikt- und Krisensituationen umgehen, indem er sich der dahinter liegenden Bedürfnisse bewusst ist | PM ist in Auseinandersetzungen unsicher und fürchtet heftige Emotionen; er geht unangenehmen Gesprächssituationen aus dem Weg |
| PM kann sich und seine Arbeit reflektieren; er zeigt Führungsstärke und Eigenverantwortlichkeit; er ist authentisch | PM ist sich seiner Motive und Interessen im Projekt nicht bewusst; er neigt dazu, sich abzusichern |
| PM achtet auf eine Kultur des Vertrauens, der Wertschätzung und des gegenseitigen Respekts | PM agiert eher verdeckt, urteilt schnell über die Projektbeteiligten |
| PM achtet auf Fairness | PM versucht, über Manipulation seine Meinungen durchzusetzen und sucht schnell Schuldige |
| PM kann Kritik annehmen und konstruktiv Kritik äußern | PM ist leicht verletzt, wird aggressiv oder rechtfertigt sich |
| PM geht Konflikte direkt an und löst sie zur Sicherung des Projekterfolgs und zur Zufriedenheit der Beteiligten | PM versucht, Konflikte auszusitzen oder sie solange wie möglich unter den Teppich zu kehren |

Abbildung 2.12a-11: konfliktfördernde und konfliktpräventive Verhaltensweisen in Anlehnung an die ICB 3.0

Zur Konfliktprävention dienen hier jegliche Formen der Weiterbildung in Konfliktlösungsverfahren und Kommunikationstechniken mit Selbsterfahrung und Selbstreflexion sowie Maßnahmen zur Persönlichkeitsentwicklung, meist unterstützt durch Coaching, Intervision oder Supervision.

## 3.1.2 Die Art der Kommunikation

Klare und eindeutige Kommunikation ist nicht einfach. Schnell wird aneinander vorbeigeredet, Missverständnisse treten regelmäßig auf, Aussagen werden gut verpackt und schön geredet, manche Dinge nur angedeutet, in der Erwartung, der andere werde schon wissen, wie es gemeint ist.

Neben dem Problem der fehlenden Klarheit ist häufig die Art des Ausdrucks und der Formulierung bestimmend dafür, ob die Kommunikation eher konfliktförderlich oder konfliktpräventiv ist. Sprache kann Menschen trennen, z. B. wenn sie wertend und urteilend ist, oder sie kann Menschen verbinden, indem sie bewusst und wertschätzend eingesetzt wird.

Gerade in schwierigen Gesprächssituationen mit unangenehmen Themen wie Kritik oder beim Ansprechen von zwischenmenschlichen Störungen ist die Art und Weise der Ausdrucksweise ganz entscheidend. Deshalb sei an dieser Stelle auf ein paar Schlüssel-Kommunikationstechniken hingewiesen, die im Kapitel „Gesprächs- und Verhandlungsführung" genauer erläutert werden:

1. Aktives Zuhören (in Form des Verbalisierens oder Paraphrasierens)
2. Echte Ich-Botschaften

Eine weitere Hilfe bietet das Kommunikations-Modell der „Gewaltfreien Kommunikation" von M. ROSENBERG (vgl. Vertiefungswissen).

**Achtung: Kommunikationssperren!**

Wie wichtig die Art und der Inhalt der Reaktion auf Äußerungen Anderer ist, zeigen die Kommunikationssperren von Thomas Gordon. Wer hat das nicht schon erlebt, dass manch gut gemeinter Rat oder manch eine Beschwichtigung in emotionalen Situationen eher das Gegenteil bewirkt haben, als ursprünglich beabsichtigt?!

Bestimmte verbale Reaktionen wirken in schwierigen, konflikttrachtigen Gesprächssituationen besonders eskalierend, wenn das jeweilige Gegenüber sich nicht ernstgenommen, sondern statt dessen manipuliert fühlt. Kommt so etwas als Botschaft an, hat das klaren Widerstand zur Folge.

Ein Auszug aus diesen Kommunikationssperren:

| Interpretieren, Analysieren, Diagnostizieren
  - „Das sagen Sie nur, weil Sie neidisch sind."
  - „Sie haben Probleme mit weiblichen Führungskräften."
| Urteilen, kritisieren, widersprechen, Vorwürfe machen
  - „Wie dumm von Ihnen, so etwas in dieser Runde zu sagen!"
  - „Sie handeln töricht!"
| Beschämen, schimpfen, lächerlich machen
  - „Sie reden, als würden Sie das erste Mal von der Sache hören."
  - „Sie können wohl keinen klaren Gedanken fassen."
  - „Sie stellen sich wirklich wie ein Anfänger an."
| Durch Logik überzeugen, Vorträge halten, Gründe anführen
  - „Die Erfahrung sagt uns, dass…"
  - „Alle Berichte sprechen dafür, dass…"
| Ablenken, ausweichen, aufziehen
  - „Das hat doch auch sein Gutes."
  - „Sie haben vielleicht Probleme…!"

Zur Deeskalation oder zur Konfliktprävention wäre es in solch schwierigen Gesprächssituationen besser, erst einmal eine Form des aktiven Zuhörens zu wählen, bevor die Situation analysiert und bewertet wird oder Ratschläge erteilt werden.

### 3.1.3 Gestaltung der Teamarbeit

Projektarbeit ist in besonders hohem Maße Teamarbeit. Deshalb liegt ein wesentlicher Fokus der Konfliktprävention auf diesem Bereich. Für umfangreiche Informationen vgl. dazu die Elemente 1.04 – Teamführung und 2.01 -Führung.

Die Gestaltung der Teamarbeit ist sehr breit gefächert. Auch sie hat zwei Komponenten:

- die strukturelle Seite (z. B. mit der Häufigkeit und dem Inhalt der Projektteamsitzungen, mit der Festlegung von Zuständigkeiten und der Aufgabenverteilung usw.) und
- die prozessorientierte Seite, die sich vor allem an der Teamentwicklung und ihren Phasen orientiert.

Beispiel-Maßnahmen zur Konfliktprävention im Projektteam:

- Integration von Teamentwicklungsmaßnahmen von Projektbeginn an
- regelmäßige Team- und Prozess-Reflexionen
- Zugehörigkeit und Gemeinschaft fördern durch z. B. gemeinsame Aktionen und Veranstaltungen, aber auch eigenes Team-Marketing nach außen
- Klarheit und Transparenz gewährleisten
  - inhaltlich (Projektauftrag/-ziele und Projektaufgaben)
  - prozessorientiert (bezüglich des Vorgehens im Projekt)
  - strukturell (bezüglich der Rollen und Verantwortlichkeiten)
- Committment schaffen bei gemeinsamen Vereinbarungen und Spielregeln im Team
- wirksame, teamorientierte Führung

Ein wichtiger Bestandteil der Konfliktprävention bei interkulturellen Teams ist das gegenseitige Kennen- und Verstehenlernen der unterschiedlichen Kulturen.

Vor eigenen gemeinsamen Veranstaltungen können beispielsweise Trainings zu interkulturellen Themen sehr hilfreich sein, die folgende Inhalte haben:

- Informationsvermittlung über die beteiligten Kulturen
- Aufzeigen von Kulturunterschieden
- Aufklärungsarbeit über unterschiedliche Denk- und Handlungsstile
- Beratung und Unterstützung bei der Entwicklung eines adäquaten und projektförderlichen Verhaltens in interkulturellen Situationen.

### 3.2 Strukturen und Prozesse im Projekt

Eine ausgewogene und klare Gestaltung von Strukturen und Prozessen im Projekt senkt das im Projekt vorhandene Konfliktpotential und wirkt somit präventiv. Das bedeutet auch ein ständiges Ausbalancieren der Projekt-Aktivitäten im Hinblick auf die Zufriedenheit der Stakeholder einerseits und auf das Erreichen des Projektziels während des gesamten Projektverlaufs andererseits.

### 3.2.1 Verschiedene Zusammenhänge und Vernetzungen

Diese Gestaltung beginnt selbstverständlich mit dem Start des Projektes, bei dem die Weichen für den gesamten Verlauf gestellt werden. „Sage mir, wie ein Projekt beginnt, ich sage dir, wie es endet.", wie eine alte Projektleiterweisheit besagt. Alles das, was am Anfang eines Projektes unterlassen wird, sei es aus vermeintlichen Zeitersparnisgründen oder aus anderen Gründen, führt häufig zu späteren Problemen und Konflikten im Projekt.

Konfliktprävention umfasst in diesem Bereich u. a.:

- Festlegung klarer und messbarer Projektziele
- Klar geregelte und abgestimmte Projektstrukturen
    - Projektorganisation (PL, Team, Lenkungsausschuss etc.)
    - Zuständigkeiten/Verantwortlichkeiten/Rollen
    - ...
- Interessengerechte (bedürfnisorientierte) Information und Kommunikation
- Geregelte Berichts-, Entscheidungs- und Eskalationswege
- Aktives, kooperatives Stakeholdermanagement
- Kooperative Projektleitung und Teamführung von Anfang an
- ...

Zur ausführlicheren Darstellung sei auf das Element „Projektstart" verwiesen.

Die konfliktpräventive Gestaltung von Prozessen und Strukturen ist auch bei der Projektplanung (z. B. wie detailliert geplant wird und in welchen Zeiträumen), bei der Projektsteuerung, beim Projektcontrolling (z. B. welche Informationen und Kennzahlen werden wann und wie erfasst) und beim Projektabschluss wichtig. Parallel zum Projektablauf und seinen Phasen greift Konfliktprävention in projektbegleitende Prozesse wie das Qualitätsmanagement, das Informations- und Berichtswesen oder das Änderungs- und Konfigurationsmanagement ein.

Zur Konfliktprävention sind die jeweiligen Prozesse und Vorgehensweisen so zu gestalten, dass sie einerseits eine bestmögliche Projektabwicklung gewährleisten und andererseits weitestgehend mit den Interessen der Betroffenen und Beteiligten abgestimmt sind.

Nachfolgend werden zwei weitere Projektmanagement-Prozesse vorgestellt, die eine besonders enge Verzahnung mit dem Konfliktmanagement haben und die sehr wirksam zur Konfliktprävention eingesetzt werden können.

### 3.2.2 Konfliktprävention im Vertragsmanagement

#### Die Art der Projektvertragsgestaltung

Verträge können selbst auch konfliktfördernd wirken, nämlich dann, wenn sie in vielen starren Detailregelungen Positionen sichern, statt Interessen beschreiben.

Eine erhöhte rechtliche Absicherung und eine Betonung auf starre Regelungen und Vorgehensweisen reduzieren das gegenseitige Vertrauen der Vertragspartner und stehen im Widerspruch zur meist sehr intensiven Projektdynamik. Das erzeugt Konfliktpotential.

Da stehen sich die Bedürfnisse nach Sicherheit einerseits und nach Flexibilität oder Gestaltungsfreiheit und Vertrauen andererseits gegenüber. Hier ist es wichtig, eine Balance zu finden, die beide Bedürfnisse gleichermaßen berücksichtigt. Das sind hohe Anforderungen an die Gestaltung der Projektverträge, die mit Geschick und Einfühlungsvermögen von erfahrenen Juristen bewusst beachtet werden müssen.

Gute Verträge enthalten dann beispielsweise auch Prozess-Gestaltungselemente, wie z. B. die Definition von Informations- und Mitwirkungsprozessen zur Sicherung einer dauerhaften und interessenorientierten Kommunikation.

### Die Aufnahme von Mediationsklauseln

Ein großes Problem in Konflikten ist, dass, wenn sie erst einmal ausgebrochen und eskaliert sind, die Bereitschaft der Parteien zu einer kooperativen Strategie immer mehr sinkt. Es ist deshalb sinnvoll, kooperative Lösungswege von vornherein im Vertrag zu regeln. Deshalb werden heutzutage – auch im internationalen Kontext – neben Schiedsklauseln zunehmend auch Mediationsklauseln in die Projektverträge aufgenommen. Sie verpflichten im Konfliktfall zu einem Eskalationsstopp.

> „Die Parteien verpflichten sich, im Falle einer sich aus dem Vertrag ergebenden oder sich darauf beziehenden Streitigkeit, vor Klageerhebung bei einem ordentlichen Gericht (oder Schiedsgericht) eine Mediation (z. B. gemäß der Verfahrensordnung von [Berufsverband, IHK etc.] durchzuführen."

Abbildung 2.12a-12: Beispielhafte Mediationsklausel

Für den Einsatz dieser Mediationsklauseln spricht, dass sich Mediationen zu Beginn eines Projektes in einer friedlicheren Atmosphäre einfacher vereinbaren lassen als nach Ausbruch eines Konfliktes. Es hat aber nur dann Sinn, solche Mediationsklauseln in Verträge zu integrieren, wenn wirklich die Bereitschaft zu einer kooperativen und einvernehmlichen Lösung im Konfliktfall vorhanden ist.

Erfahrene Juristen werden auch hier Unterstützung bieten. Für weitere Ausführungen sei auf die Elemente 1.14 und 3.11 verwiesen.

### 3.2.3 Konfliktprävention durch Risikomanagement

Konflikte sind klare Projektrisiken. Damit wirken Konfliktmanagement Risikomanagement wechselseitig aufeinander ein.

Modernes Risikomanagement geht über die reine Betrachtung von Zahlen und technischen Aspekten hinaus und bedeutet das systematische und frühzeitige Erkennen und Vermeiden von risikobehafteten Entwicklungen, wie es natürlich auch Konflikte sind. Dabei ist das Hauptaugenmerk auf die weichen Faktoren (wie z. B. Betriebsklima, Motivation, Projekt-Image, etc.) zu legen.

Neben der Identifikation und der Analyse von möglichen Projektrisiken hinsichtlich ihrer Eintrittswahrscheinlichkeit und der möglichen Auswirkungen auf den Projekterfolg sowie der Festlegung entsprechender Vorsorgemaßnahmen ist vor allem eine Art Frühwarnsystem (im Sinne von Sensibilität und Offenheit) für die weichen Faktoren zu etablieren, die im Vergleich zu den harten Controllingdaten nur schwer objektiv messbar sind.

Um ein zielgerichtetes und effektives Projektmanagement zu gewährleisten, sind die beiden Projektmanagement-Prozesse Vertrags- und Risikomanagement in ein verzahntes Konfliktmanagement-System zu integrieren. Je nach Art des Projektes ist diese Integration um das Claim- und/oder das Change-Request-Management zu erweitern.

Übergeordnetes Ziel ist dabei immer die Sicherung des Projekterfolgs durch die Orientierung an den Bedürfnissen der Projektstakeholder. (Vgl. Element 1.04 „Risiken und Chancen")

## 4 Zusammenfassung

Der erste Bereich des Kapitels dient dem Konfliktverständnis. Hier geht es darum, die Problematik und Dynamik von Konflikten zu erkennen und die damit verbundene Gefahr für das Projekt und seinen erfolgreichen Abschluss nachvollziehen zu können. Es wird aufgezeigt, welche Ziele das Konfliktmanagement verfolgt und welche Schlüsselrolle den Bedürfnissen bei der Entstehung und bei der Konfliktbearbeitung zukommt. Darüber hinaus wird dargestellt, dass sich Konflikte frühzeitig erkennen lassen und dass sie je nach Konflikttyp unterschiedlich zu bearbeiten sind.

Der zweite große Abschnitt beschäftigt sich mit den Möglichkeiten der Konfliktbearbeitung je nach Konflikttyp. Im Vordergrund steht dabei die kooperative Lösung von Konflikten, die entweder eigenständig oder mittels eines neutralen Dritten durchgeführt werden kann. Dabei werden Voraussetzungen und jeweilige Grenzen erläutert. Maßnahmen und Techniken zur Bearbeitung von Gruppenkonflikten und inneren Konflikten vervollständigen diesen Abschnitt.

Der letzte Bereich des Basisteils widmet sich der Konfliktprävention. Hier werden Beziehungen und Interaktionen im Projekt sowie strukturelle Gestaltungsaspekte auf ihr konfliktpräventives Potenzial hin untersucht.

## 5 Fragen zur Wiederholung

| | | |
|---|---|---|
| 1 | Welche Ziele verfolgt das Konfliktmanagement in Projekten? | ☐ |
| 2 | Was versteht man unter einem Konflikt? | ☐ |
| 3 | Welche Bedeutung haben die Kommunikationsebenen für die Konfliktlösung? | ☐ |
| 4 | Warum sind Bedürfnisse für die Konfliktbearbeitung so ausschlaggebend? | ☐ |
| 5 | Was passiert bei der Konflikteskalation (Überblick)? | ☐ |
| 6 | An welchen Symptomen können Sie Konflikte erkennen? | ☐ |
| 7 | Welche Typen von Konflikten kennen Sie und was sind die entsprechenden Lösungsansätze? | ☐ |
| 8 | Was ist das Ziel kooperativer Konfliktlösung und sind notwenige Voraussetzungen? | ☐ |
| 9 | Was sind die wesentlichen Schritte zur eigenständigen, kooperativen Lösung von Konflikten? | ☐ |
| 10 | Was versteht man unter Mediation und wann ist sie sinnvoll? | ☐ |
| 11 | Welche Wege gibt es zur Auflösung von Konflikten zwischen Gruppen? | ☐ |
| 12 | Was genau sind innere Konflikte und wie können sie bearbeitet werden? | ☐ |
| 13 | Welches sind die verschiedenen Bereiche zur Konfliktprävention in Projekten? | ☐ |
| 14 | Welches Verhalten ist eher konfliktförderlich und welches eher konfliktvorbeugend? | ☐ |

# 2.12b Krisen – Projektkrisen (Crises)

Christine Schmidt, Roland Straube

## Kontext/Bedeutung

Es gibt eine gute Metapher für die Projektsteuerung: Ein Projekt zu steuern, ist wie Segeln, man kann den Wind nicht beeinflussen, aber man kann entsprechend (gegen-)steuern, um zum Ziel zu kommen. In seinem Verlauf begegnen dem Projekt dann u.U. Flauten und Stürme, es muss Riffen oder Untiefen ausweichen oder es erlebt Meuterei, um im Bild zu bleiben.

Kritisch wird es dann, wenn während der „Fahrt des Schiffes" wichtige Warnsignale nicht hinreichend beachtet werden – z. B. dass sich ein Sturm zum Orkan entwickelt – und dann, wenn keine entsprechenden, vorbeugenden oder sichernden Projektmaßnahmen ergriffen werden.

Eine Krise ist spätestens erreicht, wenn das Projekt-„Schiff" kurz vor dem Kentern ist, weil sein Leck nicht mehr geflickt werden kann oder das Schiff steuerlos im Unwetter vor sich hin treibt. Jetzt geht es nur noch darum, mit dem Leben davon zu kommen: Panik oder auch Resignation machen sich breit.

Dieses Bild gibt ziemlich genau wieder, wie es in realen Projektkrisensituationen aussieht. Wodurch es dazu kommt und wie man mit Krisen (präventiv und reaktiv) umgehen kann, ist der Inhalt dieses Kapitels.

## Lernziele

Sie kennen

- die Gefahren von unbewältigten Krisen in Projekten
- unterschiedliche Entstehungsformen und typische Verläufe von Krisen
- die Bestandteile und Aufgabenbereiche eines umfassenden Krisenmanagements

Sie wissen

- an welchen Faktoren sich anbahnende Krisen erkennen lassen
- wie Krisenbewältigung pragmatisch gestaltet werden kann
- welche Maßnahmen und Methoden zur Krisenvorsorge ergriffen werden können

Sie können

- erläutern, wann genau und warum externe Hilfe in Krisensituationen unbedingt nötig ist

# Inhalt

| | | |
|---|---|---|
| 1 | Krisenverständnis | 1037 |
| 1.1 | Begriff „Krise" | 1037 |
| 1.2 | Typische Projektkrisensituationen | 1038 |
| 1.3 | Wie entstehen Krisen? | 1039 |
| 1.3.1 | Krisenarten | 1040 |
| 1.3.2 | Der Zusammenhang von Konflikten und Krisen | 1041 |
| 1.4 | Indikatoren für (sich anbahnende) Projekt-Krisen | 1041 |
| 1.5 | Krisenfolgen | 1042 |
| 2 | Krisenmanagement | 1042 |
| 2.1 | Krisenfrüherkennung und Krisenfeststellung | 1043 |
| 2.2 | Krisenbewältigung – Methoden und Vorgehensweisen | 1044 |
| 2.2.1 | Grundlegende Schritte zur Krisenbewältigung | 1045 |
| 2.2 | Pragmatische Handlungsschritte in Krisensituationen | 1046 |
| 2.2.3 | Unterstützte Krisenbewältigung | 1047 |
| 2.3 | Krisenreflexion oder Aus Krisen lernen | 1048 |
| 2.4 | Krisenvorsorge und Krisenprävention | 1048 |
| 2.4.1 | Projektcontrolling | 1049 |
| 2.4.2 | Risikomanagement | 1049 |
| 2.4.3 | Pro-aktives Konfliktmanagement | 1050 |
| 2.4.4 | Selbstreflexion und Persönlichkeitsentwicklung | 1050 |
| 3 | Zusammenfassung | 1051 |
| 4 | Fragen zur Wiederholung | 1051 |

# 1 Krisenverständnis

## 1.1 Begriff „Krise"

Mit dem Begriff Krise wird sehr uneinheitlich umgegangen. In der Projekt-Fachliteratur wird häufig keine scharfe Unterscheidung vorgenommen zwischen Konflikt und Krise, zwischen kritischen Situationen, Problemen und Krisen oder Krise und Crash bzw. Katastrophe. Weitgehende Übereinstimmung besteht in den einschlägigen Fachpublikationen, dass mit Krisen und deren Management eine hohe Brisanz, ja eine große Gefahr für das Projekt verbunden ist.

In diesem Kapitel wird eine größere Trennschärfe zwischen den Begriffen hergestellt, um den Projektmanager mit klaren Handlungsempfehlungen und Hilfsmitteln für die Krisenbewältigung auszustatten. Gleichzeitig soll dadurch die Sensibilität für sich anbahnende Krisen im Projektverlauf geschärft werden.

Allgemein formuliert, handelt es sich bei einer Krise um die Entwicklung einer Situation, die wie folgt beschrieben werden kann:

- Zuspitzung
- Höhe- und Wendepunkt
- Bedrohung und Gefahr
- Dringlichkeit
- Entscheidung

Übertragen auf Projekte, sind Krisen gefährliche Projektphasen oder Projektsituationen, deren Bewältigung entscheidend für den Erfolg eines Projektes ist (spezielle Krisenmerkmale vgl. Abschnitt 1 Vertiefungswissen).

Das Projektmanagement-Lexikon von E. MOTZEL definiert eine Projektkrise u. a. wie folgt:

„Projektkrisen sind extreme Projektsituationen, die eine gravierende Abweichung des Projektablaufs vom Plan bewirken und als existenzbedrohend für das Projekt und die Projektorganisation angesehen werden."

Um mit Krisen richtig umgehen zu können, müssen sie noch tiefer gehend betrachtet werden.

Krisen haben immer zwei Aspekte:

1. Einen sachlichen Aspekt:
   Die messbare Gefahr für den Projekterfolg, z. B. in Form von umfangreichen Budgetüberschreitungen, großen Terminverschiebungen, ausstehenden Teil-Ergebnissen aufgrund mangelhafter Funktionalität oder Qualität.
2. Einen menschlich-persönlichen Aspekt:
   Das persönliche, subjektive Empfinden der Ausweglosigkeit und Lähmung, ausgelöst durch zunehmenden Druck und Stress, gekoppelt mit Angst und Unsicherheit.

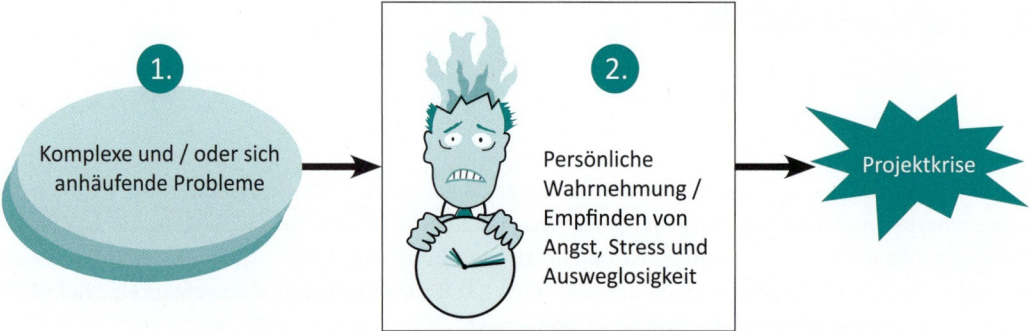

Abbildung 2.12b-1: Krisenentstehung unter Berücksichtigung der zwei Aspekte

> Trotz des eigentlich großen Handlungsbedarfs in Krisen führen beide Aspekte zusammen zu Handlungsunfähigkeit und zu Steuerungslosigkeit. Den größten Anteil am Nicht-Handeln und Nicht-Steuern hat dabei der menschlich-persönliche Aspekt, weil diejenigen, die eigentlich handeln müssten, von ihm direkt betroffen sind. Krisen können deshalb nur dann effektiv und erfolgreich bewältigt werden, wenn beide Aspekte gleichermaßen berücksichtig werden.

## 1.2 Typische Projektkrisensituationen

In Projekten stellen sich Krisensituationen auf der sachlichen Ebene ganz unterschiedlich dar, wie folgende Beispiele zeigen:

- Es fällt ein wichtiger Kooperationspartner aus und stellt damit das gesamte Projekt infrage: Ein Lieferant kann die benötigten Module nicht liefern. Weil es keinen Ersatzlieferanten gibt, ist damit die gesamte Weiterentwicklung infrage gestellt.
- Die Projektfinanzierung ist gefährdet, denn ein Investor zieht sich zurück, nachdem das Projekt schon angelaufen ist.
- Fehlende Entscheidungen oder ständig wechselnde Entscheidungen im oberen Management durch verschiedene Machtkämpfe blockieren die geordnete Projektfortführung.
- Bislang unlösbare technische Probleme bei gleichzeitig hohem Druck von Außen bringen das Projekt an den Rand des Scheiterns.
- Eskalierte Auseinandersetzungen mit dem Auftraggeber führen zur Androhung eines Gerichtsverfahrens mit sehr ungewissem Ausgang.

Werden diese schwerwiegenden Probleme von den Beteiligten als ausweglose Stresssituation wahrgenommen und wirken sie deshalb lähmend auf das Projekt, hat die Krise begonnen.

**Beispiel** Es handelt sich bei dem Praxisbeispiel um ein Projekt zur Entwicklung eines neuartigen, komplexen E-Business-Systems – mit einem hohen Innovationsgrad und sehr starker Systemintegration vieler einzelner Komponenten sowie einer sehr komplexen Projektorganisation – das nach einem halben Jahr Laufzeit in eine schwere Krise geraten ist. Das aktive Krisenmanagement in Form eines externen Trouble Shootings läuft sehr spät an. Das Management wird durch den Auftraggeber und dessen massiver Drohung mit hohen Schadenersatzklagen quasi zum Handeln gezwungen. Das war der Zeitpunkt, zu dem die Krise mit all ihrer Brisanz und dem ganzen Schadensausmaß richtig wahr- und ernst genommen wurde. Der damalige Projektstatus stellte sich u. a. wie folgt dar:

- Starke Terminverzögerungen
- Offene Teilergebnisse
- Hohe Lieferantenabhängigkeit mit hohen Zeitverzügen und mangelhaften Leistungen

- Unklare Ziele und ständig wechselnde Anforderungen
- Vorwiegend elektronische und formelle Kommunikation und damit minimaler Kommunikation mit dem Auftraggeber
- Fehlende Top-Management-Unterstützung Das Projekt befindet sich zu dem Zeitpunkt der Krisenanerkennung in einer Art Steuerlosigkeit. Der Projektleiter ist gerade ausgetauscht worden. Die Teamarbeit ist einerseits durch Hilflosigkeit gekennzeichnet, andererseits beschäftigt sich die Mannschaft vor allem mit der Suche nach Hinweisen, um die Mitschuld des Auftraggebers an der Krise nachweisen zu können.

Im Rahmen des externen Krisenmanagements wird eine umfangreiche Bestandsaufnahme durchgeführt, bei der mithilfe eines Juristen auch die rechtliche Lage genau analysiert wird. Gleichzeitig wird ein kurzfristiger Maßnahmenkatalog zur Wiederaufnahme der Projektaktivitäten und zur Vorbereitung von Entscheidungen über Fortführungsstrategien entwickelt. Diese zielgerichtete Übernahme der Projektsteuerung und eine intensive Kommunikation mit allen Beteiligten hat die Mannschaft auf der Seite des Auftragnehmers schnell wieder aus ihrer Lähmung herausgeführt. Doch der Zeitpunkt ist zu spät für all diese Bewältigungsarbeiten. Der hinter der Krise liegende Konflikt mit dem Auftraggeber kann nicht mehr aufgelöst werden. Das Vertrauensverhältnis zum Auftraggeber ist irreparabel zerstört. Der Auftraggeber hat inzwischen einen anderen Auftragnehmer gefunden, mit dem er das Projekt fortführen will. So kommt es zum einseitigen Abbruch und Scheitern des Projektes. Ein hohes Kommunikationsdefizit, unzulängliche Absprachen, unterschiedliche Erwartungshaltungen und unklare Ergebnis-Vorstellungen sind die Hauptursachen für die Eskalation des Konfliktes und der damit verbundenen Krise.

Am Ende waren Juristen, IT-Sachverständige und das Management damit beschäftigt, soweit noch möglich Schadensbegrenzung vorzunehmen und den Projektabbruch formell zu gestalten. Das eigens für dieses Pilotprojekt gegründete Tochterunternehmen wurde letztendlich aufgelöst und ein Millionenschaden verbucht.

## 1.3 Wie entstehen Krisen?

Es gibt verschiedene Wege, die in eine Projektkrise führen können. Der seltenere Fall in Projekten ist ein plötzliches, unerwartetes Ereignis, wie zum Beispiel eine Naturkatastrophe oder ein projektgefährdender technischer Ausfall. Viel häufiger – in der Außenwirkung vielleicht nicht immer auf den ersten Blick so dramatisch sichtbar – sind die Krisen, die durch sich anhäufende Probleme oder ungelöste Konflikte entstehen.

Krisenentwicklung:

1. Schleichend wegen des hohen Ressourcenverbrauchs ungelöster Konflikte
2. Schleichend wegen der Anhäufung ungelöster kleiner und großer Probleme
3. Plötzlich wegen unerwartet eintretender Probleme oder Ereignisse

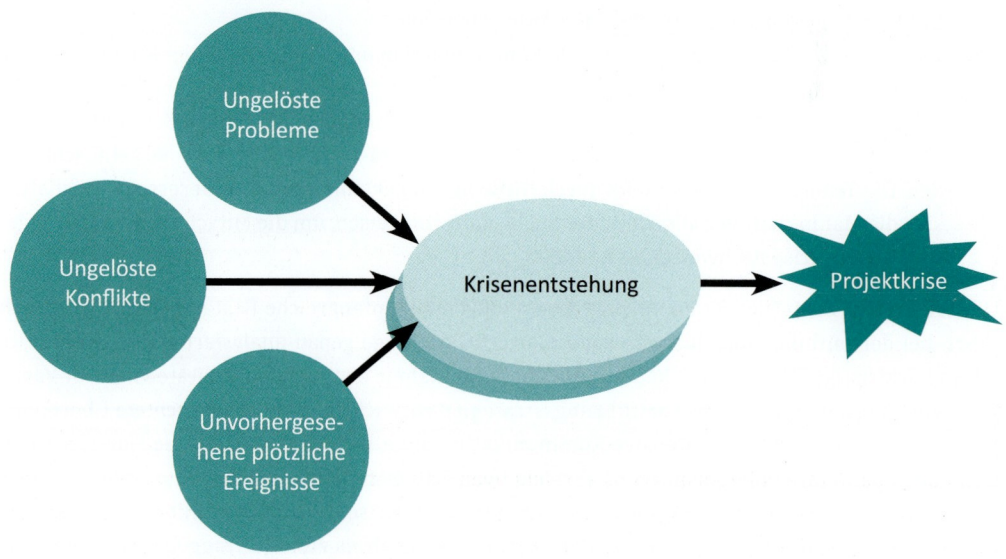

Abbildung 2.12b-2: Krisenursachen

### 1.3.1 Krisenarten

In Anlehnung an die oben dargestellte Krisenentwicklung können hinsichtlich der Entstehungsform zwei Arten von Krisen unterschieden werden:

1. Überraschungskrisen, die „plötzlich" da sind
   z. B. technische Störfälle, Sabotage oder Natur-Katastrophen usw. aber auch die überraschende Markteinführung eines Konkurrenzproduktes
   Ihre Relevanz und Häufigkeit in Projekten sind abhängig von der Art des Projektes. Sie sind eher in hoch-technologischen oder politischen Projekten anzutreffen.
2. Krisen, die sich (eher schleichend) entwickeln
   Und das ist die Mehrzahl der Krisen. Dabei handelt es sich z. B. um Krisen im Team, Krisen zwischen Projekt und Auftraggeber oder beispielsweise Krisen durch die fehlende Einbindung von Interessengruppen. Diese schleichende Krisenentwicklung lässt sich nur durch viel Sensibilität und Verantwortlichkeit der Projektleitung rechtzeitig wahrnehmen.

Bedeutsam ist diese Unterscheidung vor allem für die Krisenvorsorge. Während es bei Überraschungskrisen vor allem darum geht, auf entsprechende Notfallpläne zurückgreifen zu können, ist bei schleichender Krisenentwicklung das Vorhandensein eines entsprechenden Frühwarnsystems wichtig (vgl. Abschnitt Krisenvorsorge).

Eine weitere Systematik zur Kriseneinteilung ist die Gliederung nach der Herkunft des Problems:

- Überlebenskrisen
  Zunehmende Ressourcen-Engpässe und fortschreitende Liquiditätsprobleme
- Steuerungskrisen
  Fehlende richtungsweisende Entscheidungen und Handlungen im (Projekt-) Management
- Veränderungskrisen
  Weitreichende Widerstände, z. B. bei Change-Management-Projekten

Unabhängig von der Zuordnung steht im Mittelpunkt der Bewältigung aller Arten von Krisen immer der menschlich-persönliche Aspekt.

## 1.3.2 Der Zusammenhang von Konflikten und Krisen

Krisen sind z. T. eng mit Konflikten verbunden. Dabei spielen die verdeckten Konflikte eine große Rolle. Sie sind für Projekte deutlich gefährlicher als offene Konflikte, weil sie unberücksichtigt weiter eskalieren. Jede Steigerung der Eskalation verbraucht mehr Ressourcen und Energie, sodass die eigentlichen Aufgaben und Ziele immer mehr in den Hintergrund geraten und das Projekt in eine krisenhafte Gefährdung hinsichtlich Ergebnis, Kosten- und Zeitverbrauch gerät.

Jede Krise wird von den Betroffenen als persönliche Bedrohung erlebt. Es besteht einerseits ein Druck zu handeln und gleichzeitig sehen sie keine realen Handlungsmöglichkeiten, um mit dieser Bedrohung umzugehen: diese Ausweglosigkeit führt zu innerer Blockade und Lähmung – zur Handlungsunfähigkeit.

Krisen haben dann ihre volle Ausprägung erreicht, wenn die Beteiligten und verantwortlichen Personen die problemorientierten Bemühungen um Schadensbegrenzung als „aussichtslos" einstellen und ihre Energie stattdessen auf die Suche nach den Schuldigen für die derzeitige Situation konzentrieren.

Auch eine fortgesetzte Nichtbearbeitung von Problemen kann auf Konflikte zurückzuführen sein. Außerdem erschweren es vorhandene Konflikte, bei unerwartet eintretenden Problemen einen „kühlen Kopf" zu bewahren und sachgerecht zu reagieren. Gutes, effektives Konfliktmanagement und gründliche Konfliktvorbeugung sind also auch Bestandteil des Krisenmanagements.

## 1.4 Indikatoren für (sich anbahnende) Projekt-Krisen

> ! Es gibt eine Reihe von Warnsignalen für sich anbahnende Krisen, die darauf hinweisen, dass der Projekterfolg in Gefahr gerät. Diese Warnsignale oder Krisenindikatoren finden sich sowohl bei den sog. Hard Facts als auch bei den sog. Soft Facts im Projekt. Es ist bei weitem nicht ausreichend, nur die Hard Facts zu betrachten, denn Sachprobleme allein stellen noch keine Krise dar (vgl. Abschnitt 1 dieses Kapitels).

| Hard Facts | Soft Facts |
|---|---|
| Kostenrahmen weit überschritten | Starke Reduzierung der Kommunikation mit dem Auftraggeber, im Team |
| Permanente, unstrukturierte Änderungsanforderungen | Sinkende Motivation und sinkendes Engagement des Projektteams |
| Unfertige Teilergebnisse | Häufung von Missverständnissen |
| Fehlender Projektfortschritt | Verstärkte Bestrebungen, sich durch schriftliche/elektronische Kommunikation abzusichern |
| Umfangreiche Verzögerungen von Meilensteinterminen, die sich nicht mehr aufholen lassen | |
| Geänderte Rahmenbedingungen | Endlos- oder Grundsatz-Diskussionen |
| Ausfall des Auftraggebers | Häufung von ausfallenden Meetings |
| Unklare Ziele | Zunehmender Widerstand |
| Qualitätsprobleme | Team leidet an extrem hoher Arbeitsbelastung |
| Abzug von Mitarbeitern | Konzentration auf Nebentätigkeiten |
| Fehlende Entscheidungen oder mangelnde Unterstützung des (Top-)Managements | Konflikte im Team |
| ... | ... |

Abbildung 2.12b-3: Krisenindikatoren

Ein effektiver Umgang mit Krisenindikatoren erfordert Sensibilität und offene Kommunikation. Nicht jedes Merkmal weist tatsächlich auf eine Krise hin. Probleme gibt es vielfältige im Projektverlauf und ihre Auswirkungen auf die betroffenen Menschen sind bedeutsam für eine Krisenanbahnung. Geprüft werden können Anzeichen letztendlich nur über einen offenen Austausch – sei es im Team, mit anderen Beteiligten oder mit Kollegen, bei Bedarf auch mit externen Beratern.

### 1.5 Krisenfolgen

Die Projektkrise ist der Höhepunkt und gleichzeitig der Wendepunkt einer krisenhaften Entwicklung. Ob und wie es nach der Krise im Projekt weitergeht, hängt von vielen Faktoren ab, wie z. B. dem Schadensausmaß, der Bereitschaft zur weiteren Zusammenarbeit, den gegebenen Rahmenbedingungen, den Unterstützungsmöglichkeiten usw. Eine Gewähr zur Rettung des Projektes gibt es nicht. Die Chancen sind jedoch umso höher, je frühzeitiger eine Krise festgestellt und ernstgenommen wird.

Krisen können im schlimmsten Fall mit einem Projektabbruch enden: das Projekt scheitert. In den meisten Fällen gibt es Wege, das Projekt – u.U. mit geänderten Rahmenbedingungen, Strukturen etc. – wieder „in Fahrt und auf Kurs zu bringen", es also fortzuführen. Dazu ist oft externe Unterstützung nötig, sowohl hinsichtlich des menschlich-persönlichen als auch hinsichtlich des fachlichen Aspektes. Die verschiedenen Krisenmaßnahmen wie Coaching, Projektsanierung, Projekt-Relaunch werden im Vertiefungsteil ausführlicher beschrieben.

Im bestmöglichen Fall – bei erfolgreichem Krisenmanagement – übersteht das Projekt die Krise und kann ohne gravierenden Schaden doch noch erfolgreich zu Ende geführt werden.

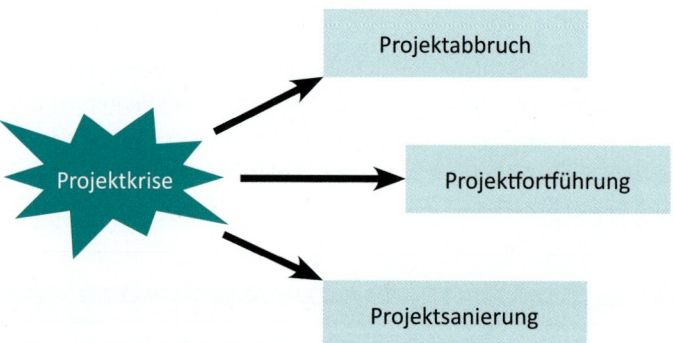

Abbildung 2.12b-4: Krisenfolgen

## 2 Krisenmanagement

Der systematische Umgang mit Krisen im Projekt wird als Krisenmanagement bezeichnet. Es umfasst die Bereiche Krisenvorsorge, Krisenfrüherkennung, Krisenbewältigung und Krisenreflexion.

Krisen entstehen meist als schleichender und verdeckter Prozess. Viele Anzeichen werden erst recht spät ernstgenommen. Irgendwann aber ist der Zeitpunkt erreicht, an dem es für alle Beteiligten offensichtlich wird, dass das Projekt in einer Krise steckt: die Krise wird offiziell festgestellt. Zu diesem Zeitpunkt muss unverzüglich damit begonnen werden, die Krisensituation systematisch zu erfassen, zu analysieren und darzustellen, sodass konkrete Entscheidungen für die nächsten projekt- und ggf. personensichernden Maßnahmen durchgeführt werden können. Damit sind die Bearbeitung und die Bewältigung der Krise in Gang gesetzt. Hat das Projekt die Krise überwunden, sind die Erfahrungen aus der Krise als wertvolle „Lessons Learned" zu sichern.

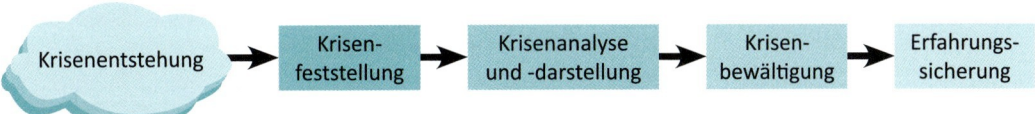

Abbildung 2.12b-5: Phasen oder Bereiche des Krisenmanagements

## 2.1 Krisenfrüherkennung und Krisenfeststellung

Krisenfrüherkennung bedeutet, Krisenindikatoren und -symptome rechtzeitig wahr- und ernstzunehmen. Damit steigen die Chancen, dass „Ruder noch einmal herumzuwerfen" und eine vollständige Havarie oder den Untergang zu verhindern.

Dieses frühzeitige Erkennen von Krisen ist nicht immer einfach, vor allem deshalb, weil Krisen immer eine persönliche Komponente haben. Für Betroffene kann es sehr schwer sein, eine Krise einzugestehen, offen darüber zu reden und verantwortlich zu handeln. Deshalb ist der Fokus bei der Früherkennung vor allem auf die Soft Facts zu lenken und im offenen Dialog mit den Betroffenen und Beteiligten zu ermitteln, ob eine Krise tatsächlich vorliegt.

Projektmanager sollten deshalb unbedingt ihre eigenen Warnsignale für eine sich anbahnende oder bestehende Krise beachten, die sich in verschiedenen Empfindungen und Körpersymptomen zeigen kann:

- Ansteigend ungutes Gefühl hinsichtlich der Weiterführung des Projektes und des erfolgreichen Projektabschlusses
- Zunehmender Druck, der immer unerträglicher wird
- Steigende Unsicherheit in den eigenen Handlungen und Entscheidungen oder in der Interaktion mit den Betroffenen und Beteiligten
- Verstärktes Unbehagen, was sich ggf. auch körperlich bemerkbar macht (wie z. B. Magenschmerzen, Kopfschmerzen, Bluthochdruck, Kiefer- oder Schulterverspannungen)
- Erhöhte Reizbarkeit und Nervosität
- Permanentes Gefühl des „Ausgepowert-Seins" oder des „Am Limit Gehens"
- …

Bei Verdacht auf eine Krise sind gemeinsam im Team folgende Fragen zu erörtern:

- Wie geht es jedem Einzelnen jetzt in dieser Situation?
- Was fehlt uns insgesamt und was bräuchte jeder Einzelne, damit er mit Kraft und Energie seine Aufgaben lösen und seinen Beitrag für das Projekt leisten kann?

Projektmanager sollten immer wieder Gespräche mit den anderen Stakeholdern, mit Auftraggebern und mit dem Management führen und die Stimmung zum Stand und Image des Projektes erforschen. In Meetings und Lenkungsausschuss-Sitzungen können Krisensymptome geklärt und abgeschätzt werden.

Hilfe zur Erfassung von Krisensituationen bieten die Instrumente eines differenzierten, ganzheitlichen Projektcontrollings, das beispielsweise neben der Meilenstein-Überwachung auch das Betriebsklima im Team mit erfasst (vgl. Element 1.16).

## 2.2 Krisenbewältigung – Methoden und Vorgehensweisen

Ist eine Krise offensichtlich, benannt und damit anerkannt, kann und muss die Krisenbewältigung einsetzen. Das Ziel der Krisenbewältigung ist die Wiederherstellung der Handlungsfähigkeit und der Steuerbarkeit des Projektes. Sie beinhaltet also personen- und teambezogene Maßnahmen sowie auch organisatorische (strukturelle und prozessorientierte) Maßnahmen.

Es ist Führungsaufgabe des Projektmanagers, den Prozess der Krisenbewältigung in Gang zu setzen. Dabei stößt er in Krisensituationen jedoch möglicherweise an seine eigenen Grenzen und zwar dann, wenn er selbst in der krisentypischen Lähmung gefangen ist.

Deshalb ist es in Krisen umso wichtiger, gegebenenfalls rechtzeitig auf externe Hilfe zurückzugreifen. Unabdingbare Voraussetzung für die Bewältigung von Krisen ist, dass es einen Verantwortlichen für den Prozess der Krisenbewältigung gibt. Jemanden, der das Steuer in die Hand nehmen und zur Sicherung des Projektes Maßnahmen ergreifen kann, wie sie nachfolgend beschrieben werden.

## 2.2.1 Grundlegende Schritte zur Krisenbewältigung

**1. Analyse des Projektstatus und Darstellung der Krise**

Je nach Art der Krise muss zügig eine Bestandsaufnahme gemacht werden, die einen Überblick über die Situation vermittelt. Bei der Analyse wird dabei sowohl die Sachlage, also der Umfang der Projektgefährdung und des (voraussichtlichen) Schadens ermittelt, als auch die Beziehungsebene hinsichtlich bestehender Konflikte, persönlicher Belastungen oder gruppeninterner Störungen betrachtet.

Diese Bestandsaufnahme ist auch Gegenstand des Projektaudits, das im Vertiefungsteil vorgestellt wird.

**2. Entscheidungen vorbereiten und treffen**

Auf Basis der erfassten Krisensituation müssen von den richtigen Entscheidungsträgern für das weitere Vorgehen geeignete Sofortmaßnahmen beschlossen werden. Sie dienen dazu, weiteren Schaden zu vermeiden und die Handlungsfähigkeit des Projektes wieder herzustellen.

Krisen sind Situationen, die klare und vor allem schnelle Entscheidungen auf der richtigen Management-Ebene erfordern.

**3. Übernahme der Projektsteuerung und Kommunikation**

Eine wesentliche Aufgabe bei der Übernahme der Projektsteuerung ist es, dass die Kommunikation bzgl. der Krisensituation mit allen Betroffenen und Beteiligten in entsprechender Form und in angemessenem Umfang sichergestellt ist. Sowohl Information als auch Einbindung stehen im Mittelpunkt der Aktivitäten.

Die Bewältigung von Krisen ist erst nachrangig eine methodische, sachorientierte Aufgabe, sie erfordert in erster Linie eine umfangreiche Sozialkompetenz der Verantwortlichen, um mit den krisenimmanenten Ängsten, Spannungen und Blockaden umgehen zu können. Ein erster wichtiger Schritt ist es, die Situation durch das emotionale Auffangen der Beteiligten zu entspannen, damit die typischen Fluchttendenzen („die eigene Haut retten") vermieden werden.

So kann es beispielsweise nötig sein, das das Team die Möglichkeit bekommt, den eigenen bis dato aufgestauten Frust und die Ängste richtig „raus zu lassen". Gleichzeitig ist darauf zu achten, von weiteren Schuldzuweisungen, Rechtfertigungen und zusätzlichem Druck auf Personen abzusehen, was die Krise nur verstärken würde. Voraussetzung für weitere, sachorientierte Lösungsschritte ist, dass sich die krisentypische Lähmung und Blockade lösen und entspannen.

Vorsicht: Eine rein technokratische Betrachtung ist gerade bei Krisen nicht hinlänglich ausreichend!

## 2.2 Pragmatische Handlungsschritte in Krisensituationen

1. **Sofortmaßnahmen**
   - Wie stellt sich die Krise dar?
   Welche Auswirkungen hat die Krise? Welcher Schaden ist schon entstanden oder wird noch erwartet? Was brauchen wir/ich zur weiteren Klärung? Wer muss an der Entscheidung beteiligt werden? Wer muss wie und worüber informiert werden?
   - Suche nach fachlicher Unterstützung, ggf. Bildung eines Krisenstabes oder Krisenteams
   - Selbstmanagement, Stress-Bewältigung, Sicherung der eigenen Handlungsfähigkeit trotz eventl. Befürchtungen, ggf. mit professioneller Unterstützung
   - Entscheidungs- und Handlungsfähigkeit wieder herstellen, ggf. Eskalation auf Geschäftsleitungsebene
   - Projektsicherungsmaßnahmen so schnell wie möglich umsetzen
   - ...

2. **Projektsteuerung wieder übernehmen**
   - Notfallplan aktivieren (soweit vorhanden), Projektsteuerungsabläufe überprüfen und ggf. neu definieren
   - Kurz- und mittelfristige Ziele festlegen und Richtungsentscheidungen vorbereiten
   - Interne Kommunikation wieder herstellen, über durchgeführte Projektsicherungsmaßnahmen und Ergebnisse informieren
   - Lenkungsausschuss (ggf. Auftraggeber) einbeziehen, Ziele und Richtungsentscheidungen bestätigen lassen
   - Maßnahmen aus dem Notfallplan umsetzen, Projektsteuerungsabläufe wieder oder neu in Gang setzen
   - Schaden abschätzen und weitere Maßnahmen zur Sicherung des Projekterfolgs ableiten
   - Je nach Krisenauslöser ggf. kooperative Konfliktlösung (Mediation) durchführen oder Problemlösungsprozess in Gang setzen.

3. **Kommunikation**
   - Informationsverteilung klären: welche Informationen werden unternehmensextern veröffentlicht, welche projektextern, aber unternehmensintern, was bleibt projektintern (Abstimmung mit PR-Abteilung nicht vergessen!)
   - Kurz- und mittelfristige Ziele mit vorgesehenen Terminen kommunizieren
   - Stand der Krisenbewältigung und Projektsicherung kommunizieren
   - Schaden und Konsequenzen zielgerichtet kommunizieren
   - Weitere Maßnahmen und Aufgaben (detailliert) kommunizieren, dadurch Vertrauen in Steuerbarkeit des Projektes wieder herstellen
   - ...

4. **Stabilisierung und Erfahrungssicherung**
   - Neue gemeinsame Ziele definieren
   - „Lesson learned" gemeinsam ermitteln, abgeleitete Konsequenzen in Abläufe integrieren und dokumentieren
   - Ursachen beseitigen (Konflikt oder Problem)
   - Dank an alle Beteiligten
   - Krisenbewältigung feiern

Sofortmaßnahmen in Krisen sollten zwar gründlich durchdacht sein, sie müssen aber nicht die Ansprüche erfüllen, die sonst an Maßnahmen gestellt werden. Oberflächliche Notlösungen (vgl. DE SHAZER, 1991), die nicht perfekt und nicht dauerhaft sind, können in der gegebenen Situation gute Lösungen sein, wenn sie zur vorübergehenden Stabilisierung des Projektes beitragen.

Entsprechend gilt in Krisen ganz besonders der Satz: „Besser eine falsche Entscheidung getroffen, als gar keine.". Denn nur wenn es gelingt, den Arbeitsprozess wieder in Gang zu bringen, also die Erstarrung oder Lähmung aufzulösen, kann überhaupt wieder im Sinne des Projektziels gehandelt werden. Notlösungs-Entscheidungen müssen deshalb zulässig sein, sie können ggf. später sukzessive korrigiert und angepasst werden.

### 2.2.3 Unterstützte Krisenbewältigung

Zur Krisenbewältigung braucht es in den meisten Fällen Unterstützung von außen, denn ist die Krise wirklich auf ihrem Höhepunkt, dann ist sie aus eigener Kraft allein kaum zu meistern. Unterstützungsmöglichkeiten gibt es vielfältige – angefangen von einer starken Management-Unterstützung, über kurzfristiges Coaching (PL und/oder Team) bis hin zu einer extern durchgeführten Projektsanierung.

Einen Überblick über die alternativen Krisenbewältigungs-Verfahren und -Methoden gibt folgende Grafik:

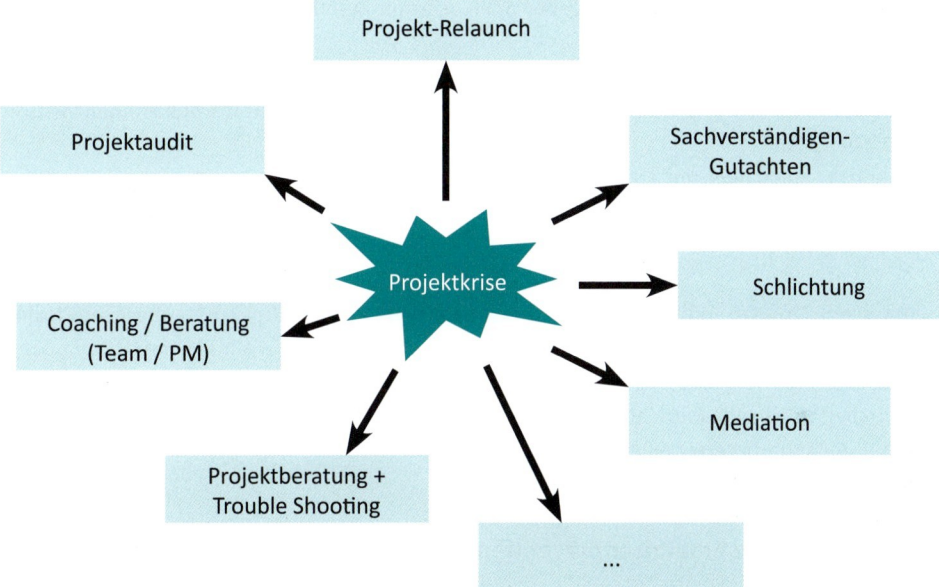

Abbildung 2.12b-6: Verfahren zur Krisenbewältigung

**Das Dilemma des Projektleiters**

Die Grenzen der eigenständigen Krisenbewältigung durch den Projektleiter sind schnell erreicht, vor allem, wenn er selbst Bestandteil der Krise ist.

Bedauerlicherweise wird eine Projektkrise leicht mit persönlichem Versagen gleichgesetzt. Es stellt sich für den Projektleiter dann die Frage „Wie kann ich aus der Krise rauskommen, ohne einen Karriereschaden zu erleiden oder das Gesicht zu verlieren?". Das ist im Sinne der Krisenbewältigung ausgesprochen kontraproduktiv, denn statt alle Energie auf die Krisenbewältigung zu konzentrieren, kümmert sich der Projektleiter vorrangig um seine eigene Reputation. So verständlich das ist: Ein modernes und ganzheitliches Projektmanagement – wie es in der ICB 3.0 beschrieben ist – urteilt nicht nach diesem einseitig negativen Krisenbild.

Es ist wichtig und zeugt von (Führungs-) Stärke, wenn der Projektmanager seine eigenen Grenzen kennt und weiß, wann er Unterstützung zum Beispiel durch einen Coach oder durch einen Fachberater braucht. Trotz allem bedarf es in kritischen Situationen viel Eigenverantwortlichkeit und vor allem den Mut, Missstände und persönliche Probleme offen anzusprechen.

### 2.3 Krisenreflexion oder Aus Krisen lernen

Eine Krise ist nicht erst dann bewältigt, wenn die auslösenden Probleme oder Konflikte komplett beseitigt sind. Von Krise kann schon nicht mehr gesprochen werden, wenn die Situation soweit entspannt ist, dass die Beteiligten wieder arbeitsfähig sind, wenn Klarheit über die nächsten Schritte herrscht und sich die Perspektiven für den (erfolgreichen) Projektabschluss erkennen lassen.

Auch wenn Krisen nicht immer vorhersehbar sind: aus dem Umgang mit ihnen lässt sich viel für weitere Projekte und zukünftige Krisensituationen lernen. Die Durchführung einer Krisen-Reflexion im Projekt (sei es im Team, sei es mit dem Auftraggeber oder anderen Beteiligten) stellt folgende Fragen in den Mittelpunkt:

- Was hat zur Krise geführt? Woran hätte die Krisenentwicklung erkannt werden können? Was wäre hilfreich gewesen?
- Was hat trotz allem noch gut geklappt? Worunter haben wir besonders gelitten?
- Welche Prozesse können wir wie verbessern?
- …

Eine umfassende Projekt- und Krisenreflexion ist sehr wertvoll. Die Ergebnisse dieser Reflexion sind deshalb unbedingt zu dokumentieren und zu sichern. Sie können ggf. in ein PM-Handbuch oder z. B. in unternehmensweite Krisenvorsorgepläne eingearbeitet werden. Sie lassen sich darüber hinaus in Form von praktischen Erfahrungsberichten an andere Projekte weitergeben. Und letztendlich sind diese Berichte u.U. auch für das eigene Projektmarketing nutzbar.

### 2.4 Krisenvorsorge und Krisenprävention

Auch wenn Krisen relativ überraschend auftreten und in bestimmten Formen nicht vorhersehbar sind, lassen sich doch etliche Maßnahmen zur Vorsorge treffen.

Krisenprävention im Projekt bedeutet, vorbeugende Maßnahmen zu ergreifen, sodass möglichst keine Krisen auftreten – also Krisenfaktoren zu reduzieren.

Krisenvorsorge heißt, für den Fall doch auftretender Krisen bestmöglich vorbereitet zu sein: ein Frühwarnsystem zum rechtzeitigen Erkennen von Krisen etabliert zu haben und ggf. auf entsprechende Notfallszenarien mit Handlungs- und Entscheidungsplänen zurückgreifen zu können.

## 2.4.1 Projektcontrolling

Krisenvorsorge fängt beim Projektcontrolling innerhalb der Projektsteuerung an. Hier werden Projektabweichungen, Risiken und Probleme festgestellt. Damit das Projektcontrolling als Frühwarnsystem bei sich anbahnenden Krisen funktioniert, bedarf es klar definierter Maßgrößen und Kennzahlen, die über die harten Projektdaten hinausgehen. Auch die Soft Facts müssen erfasst und bewertet werden, beispielsweise mithilfe von Stimmungsbarometern, direkten Gesprächen über persönliche Einschätzungen, subjektives Empfinden usw.

Analysiert man Krisen im Nachhinein, kann man meist feststellen, dass es vorneweg viele größere oder kleine Anzeichen für die kommende Krise gab, die aber, da sie unkumuliert und als verstreute Einzelwerte vorlagen, von den Betroffenen schlicht nicht wahrgenommen wurden. Insofern ist der Aufbau und die Nutzung eines Frühwarnsystems im Projektcontrolling der erste wichtige Schritt zur Krisenvorsorge. Weitergehende Informationen vgl. Element „Projektcontrolling/Projektsteuerung" (1.16).

## 2.4.2 Risikomanagement

Als zweiter Schritt zur Krisenvorsorge kann das Risikomanagement genannt werden. Krisenmanagement und Risikomanagement sind insoweit eng mit einander verbunden, als dass die Krisenvorsorge eine Ergänzung des Risikomanagements darstellt.

Risikomanagement hat seine Grenzen: nicht alles ist vorhersehbar und nicht alle Risiken und Eventualitäten sind den Beteiligten im Projekt bewusst und somit erfass- und bewertbar. Deshalb ist es sinnvoll, Krisenszenarien zu definieren und daraus entsprechende Notfallpläne abzuleiten.

Die Entwicklung eines Krisenszenarios kann beispielsweise wie folgt aussehen:

- Projektgefährdende Ereignisse identifizieren
- Eintrittswahrscheinlichkeit und mögliche Folgen festlegen
- Definieren, was die wichtigsten Ziele in dieser möglichen Krisensituation sind
- Verantwortlichkeiten definieren, Rollenklärung, Zusammensetzung eines Krisenteams etc.
- Aktivitäten zur Wiederherstellung der Handlungsfähigkeit festlegen

Solche „handfesten" Pläne sollen helfen, das Dilemma der Krise – dringende Handlungsnotwendigkeit bei gleichzeitiger Lähmung – zu überwinden und Handeln zu ermöglichen.

Deshalb müssen solche Pläne in ruhigen Zeiten entwickelt werden, wenn sich Ausweichstrategien noch relativ leicht durchdenken lassen. Sie bieten später den Handlungsrahmen und damit Orientierung im Krisen-Chaos. Sie führen aus der lähmenden Auswegslosigkeit.

Für die Krisenvorsorge kann zwischen den verschiedenen Arten von Krisen (hinsichtlich ihrer Entstehung) unterschieden werden:

- Krisen durch plötzlich und unerwartet auftretende Ereignisse (z. B. Naturkatastrophen, Sabotage, Störfälle oder marktorientierte/finanzmarktorientierte Ereignisse)
  Dies ist der Bereich, in dem die typischen Krisenszenarien und Notfallpläne gefordert sind.
- Krisen durch sich anhäufende, ungelöste (verschleppte) Probleme
  Hier konzentriert sich die Vorsorge vor allem auf die Definition von Eskalations- und Entscheidungswegen, um schnelle Entscheidung und verantwortliche Handlungen zu ermöglichen.

### 2.4.3 Pro-aktives Konfliktmanagement

Da vielen Krisen unbearbeitete Konflikte zugrunde liegen, ist ein vorbeugendes proaktives und konstruktives Konfliktmanagement eine weitere wichtige Form der Krisenvorsorge. Bearbeitete Konflikte und vor allem kooperativ gelöste Konflikte reduzieren die Krisengefahr erheblich. Das Kapitel „Konflikte" beschreibt ausführlich, wie Konflikte frühzeitig erkannt und kooperativ gelöst werden können, bevor es zu einer Eskalation und damit in letzter Konsequenz zu einer Projektkrise kommen kann.

### 2.4.4 Selbstreflexion und Persönlichkeitsentwicklung

Der persönliche Aspekt von Krisen wurde eingangs des Kapitels schon deutlich herausgestellt. Eine Krise ist dann eine Krise, wenn die aktuelle Bedrohung durch die Betroffenen als ausweglos und lähmend empfunden wird.

Deshalb kommt der Fähigkeit zur Selbstreflexion des Projektmanagers eine besondere Bedeutung für die Krisenvorsorge zu. Der Umgang mit extremen Stresssituationen und die damit verbundene Selbststeuerungsfähigkeit spielen eine große Rolle für die eigene Krisenfestigkeit.

Zur Stärkung dieser Fähigkeiten im Umgang mit unerwarteten Ereignissen dienen alle Arten von Trainings und Seminaren zu den Themen Persönlichkeitsentwicklung mit Selbsterfahrung, Emotionaler Kompetenz, Konfliktfähigkeit, Work-Life-Balance und Entspannungstechniken, um nur ein paar Beispiele zu nennen.

Zur weiteren Vertiefung wird an dieser Stelle auf folgende Elemente verwiesen:

→ Führung Element 2.01
→ Selbststeuerung Element 2.03
→ Entspannung und Stressbewältigung Element 2.05
→ ...

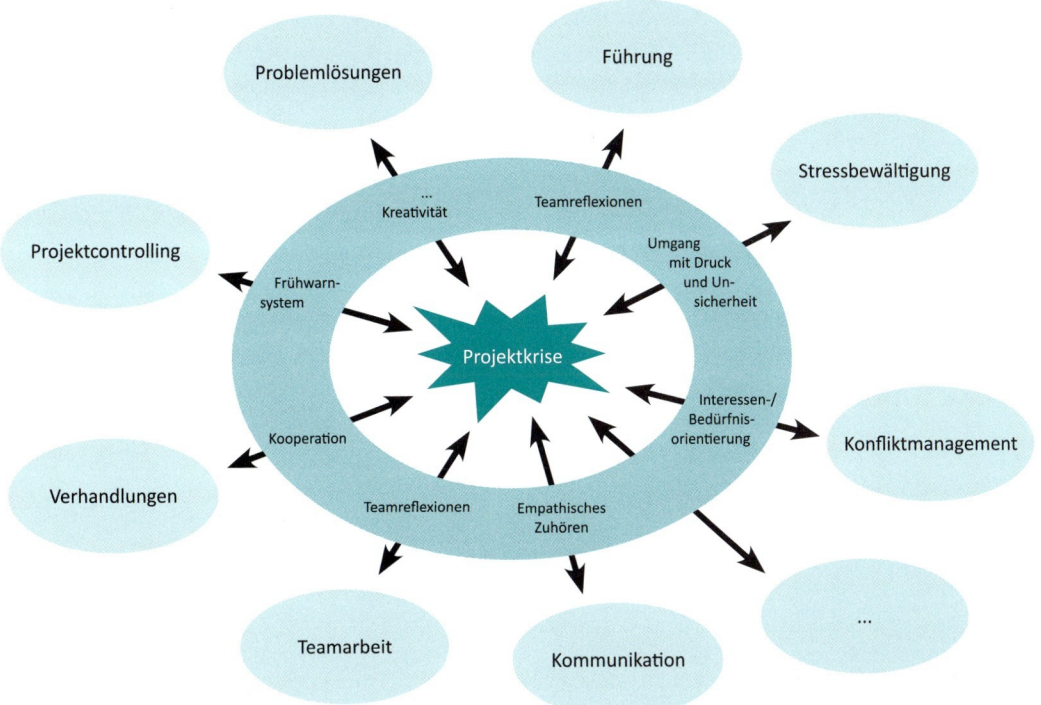

Abbildung 2.12b-7: Überblick: Vernetzungen mit anderen ICB-Elementen

## 3 Zusammenfassung

Krisen sind oft mit Konflikten gekoppelt. Sie können aber auch unabhängig von Konflikten in einem Projekt auftreten. Im ersten Abschnitt wird deshalb vorgestellt und erläutert, was Krisen kennzeichnet, wie sie entstehen und wie sie sich erkennen lassen. Der Leser erhält einen Einblick in typische Projektkrisensituationen und welche Folgen diese für Projekte und für die Betroffenen haben können.

Das im weiteren Verlauf beschriebene Krisenmanagement enthält die Elemente und Methoden für den Prozess der Krisenbewältigung. Dabei geht es vor allem um die Wiederherstellung von Handlungs- und Steuerungsfähigkeit im Projekt.

Krisenvorsorge und Krisenprävention werden als Teil und als Ergänzung des Risikomanagements und des Projektcontrollings kurz umrissen.

## 4 Fragen zur Wiederholung

| 1 | Was kennzeichnet eine Projektkrise und worin besteht die besondere Gefahr? Was sind mögliche Folgen für das Projekt? | ☐ |
|---|---|---|
| 2 | Wie können Krisen entstehen und welche Arten lassen sich unterscheiden? | ☐ |
| 3 | An welchen Indikatoren können Krisen erkannt werden? | ☐ |
| 4 | Welches sind die wichtigsten Schritte zur Krisenbewältigung? Wann bedarf es externer Unterstützung? | ☐ |
| 5 | Was alles umfasst die Krisenvorsorge? | ☐ |

1052

## 2.13 Verlässlichkeit (Reliability)
Gerold Patzak, Artur Hornung

### Kontext und Bedeutung

Der Begriff der Verlässlichkeit wird erfahrungsgemäß mit unterschiedlicher Ausrichtung der Bedeutung angewandt. Umgangssprachlich denkt man zunächst an die erstrebenswerte Eigenschaft von Personen, aber es wird ebenfalls von der Verlässlichkeit bei Produkten (Betriebsmitteln einschließlich Software) gesprochen, wobei dann allerdings Merkmale der reinen Funktionserbringung betrachtet werden.

Die Verlässlichkeit und deren wesentliche Ausprägung als Zuverlässigkeit haben starke Wechselwirkungen mit vielen Bereichen des Projektmanagements: Die Verlässlichkeit des Projektmanagers, aber ebenso auch die seiner Teammitglieder hat einen intensiven Bezug praktisch zu allen Elementen der sozialen und personalen Kompetenz, wobei insbesondere die Elemente 2.01 Führung, 2.02 Engagement und Motivation, 2.03 Selbststeuerung, 2.14 Wertschätzung und vor allem 2.15 Ethik hervorzuheben sind.

Es geht im Wesentlichen um die Fragen, wie die Zuverlässigkeit des Einzelnen beeinflusst werden kann und welche Auswirkungen ein unzuverlässiges Verhalten eines jeden Einzelnen der Stakeholder (Element 1.02) im Projektgeschehen verursachen kann. Darüber hinaus hat ganz allgemein das Wissen um das **Zuverlässigkeitsverhalten** von technischen und sozialen Systemen große Bedeutung für den Umgang mit den Elementen 1.01 Projekterfolg, 1.03 Projektanforderungen und Ziele, 1.12 Ressourcen, 1.14 Beschaffung und Verträge sowie 1.17 Information und Dokumentation. Ganz wesentlich ist jedoch der fachliche Bezug zu den Kapiteln 1.05 Qualität und, damit verbunden, 1.04 Risiken und Chancen: Zuverlässigkeit ist als ein mit Wahrscheinlichkeit behaftetes Verhalten von Systemen zu sehen, das es gilt, möglichst gut vorherzusagen, zu gestalten und den mit Unzuverlässigkeit verbundenen Schaden zu verringern.

Das Verständnis des Phänomens der Verlässlichkeit des **Menschen** wie auch von unbelebten **Objekten** ist für alle im Projektgeschehen involvierte Personen, insbesondere für den Projektmanager, von großer Wichtigkeit: Es geht dabei um das Verstehen, wie es zu Unzuverlässigkeit kommt, und, darauf aufbauend, um die Kompetenz der Beeinflussung von Zuverlässigkeit durch Auswahl geeigneter Gestaltungsmaßnahmen. Das unliebsame Auftreten von Fehlern, das sich bis zum völligen Ausfall von Systemen steigern kann, ist für jeden eine Erfahrungstatsache.

Es muss nicht gleich Murphys Law strapaziert werden, um festzustellen, dass es aus unterschiedlichsten Gründen immer Fehler geben wird, da unsere Welt einfach nicht perfekt sein kann. Das bedeutet aber keineswegs, dass man sich – vor allem nicht im Projektgeschehen trotz Neuheit, Einmaligkeit und Komplexität der Aufgabe – fatalistisch in das Schicksal ergeben soll: Zuverlässigkeit kann einerseits bei genügender Kenntnis der Sachlage abgeschätzt werden, sodass damit geplant werden kann, andererseits können Maßnahmen ergriffen werden, um Zuverlässigkeit zu erhöhen. Diese Zusammenhänge sind von jedem Projektleiter als **Grundlagenwissen** zu fordern.

Die quantitativen Beziehungen zwischen den Kenngrößen der Zuverlässigkeitstechnik – es sind dies vor allem Fehlerrate, Mittlerer Fehlerabstand MTBF (Mean Time Between Failure), Verfügbarkeit, Instandhaltbarkeit, Sicherheit – samt deren spezifischen Ausprägungen beim Menschen sind dabei eher als **Vertiefungswissen** anzusehen. Dieses Wissen ist für die gezielte Anwendung von gestaltenden Maßnahmen jedoch wesentlich. Die Verlässlichkeit des Menschen und von Produkten ist somit eine wichtige, den Projekterfolg bestimmende Größe.

## Lernziele

Sie verstehen

- den Stellenwert der Verlässlichkeit des Menschen und von technischen Systemen für den Erfolg im Projektmanagement
- den Unterschied zwischen Verlässlichkeit und Zuverlässigkeit und können den Zusammenhang angeben

Sie kennen

- die Voraussetzungen für Verlässlichkeit des Menschen (Können, Wollen, Dürfen)
- die Komponenten der Verlässlichkeit entsprechend RAMS
- die Grundwerte als Basis für Verlässlichkeit und die sich ergebenden Verhaltensmerkmale eines verlässlichen Menschen
- die Bedeutung von Vertrauen und wie dieses mit Verlässlichkeit zusammenhängt
- unterschiedliche Persönlichkeitsmodelle und deren Bezug zum Merkmal Verlässlichkeit

Sie können

- Verlässlichkeit und ihre Komponenten anführen
- die Zuverlässigkeit beim Menschen durch prinzipielle Gestaltungsmaßnahmen beeinflussen

# Inhalt

| | | |
|---|---|---|
| 1 | Verlässlichkeit – eine personale Eigenschaft | 1056 |
| 2 | Verlässlichkeit als Merkmal beliebiger Systeme | 1058 |
| 3 | Verlässlichkeit – umgangssprachlich gesehen | 1059 |
| 4 | Bedeutung von Verlässlichkeit und deren Grundlagen | 1061 |
| 4.1 | Verlässlichkeit des Menschen und ethische Grundwerte | 1061 |
| 4.2 | Verlässlichkeit des Menschen und spezifische Verhaltensmerkmale | 1062 |
| 4.3 | Verlässlichkeit des Menschen und Vertrauensbildung | 1062 |
| 4.4 | Verlässlichkeit des Menschen und Selbstwertgefühl | 1064 |
| 4.5 | Stellenwert und Bedeutung von Verlässlichkeit für Teamleiter | 1064 |
| 5 | Die Verlässlichkeit des Menschen und Persönlichkeitsinventar- Modelle | 1065 |
| 5.1 | Verlässlichkeit im HBDI -Persönlichkeitsprofil | 1066 |
| 5.2 | Verlässlichkeit im MBTI -Persönlichkeitsprofil | 1068 |
| 5.3 | Verlässlichkeit im DISG-Persönlichkeitsprofil | 1070 |
| 6 | Zusammenfassung | 1071 |
| 7 | Fragen zur Wiederholung | 1071 |

# 1 Verlässlichkeit – eine personale Eigenschaft

> **Definition** Verlässlichkeit ist, allgemein gesprochen, ein Maß dafür, wie zuverlässig und sicher, d. h. gefahrlos, eine Betrachtungseinheit (Komponente, System) die an sie gestellten Anforderungen unter definierten Bedingungen erfüllt. Damit ist Verlässlichkeit als **Oberbegriff** zu sehen, der unterschiedliche Aspekte abdeckt, vor allem sind dies die **Zuverlässigkeit**, die **Verfügbarkeit** und die **Sicherheit**.

Obige Definition ist für beliebige Betrachtungsobjekte, d. h. für Menschen wie für Sachmittel, gültig.

Der vorliegende Beitrag ist dem Bereich Sozialkompetenz zugeordnet, er befasst sich dementsprechend vorwiegend mit den menschlichen Eigenschaften, die durch den Begriff „Verlässlichkeit" zusammengefasst und beschrieben werden können. Nichtsdestoweniger sollen, um den größeren Zusammenhang herzustellen, die Betrachtungen eingebettet werden in eine allgemein gültige Behandlung des Problems. Der heute weit fortgeschrittenen Begriffsbildung und Standardisierung auf dem Gebiet der Zuverlässigkeitstechnik ist dabei Rechnung zu tragen. Betrachtungsgegenstände sind somit

- soziale Systeme: der **Mensch**, das Individuum oder das Arbeitsteam
- technische Systeme: konkrete Produkte, **Hardware**
- informationelle Systeme: abstrakte Produkte, **Software**
- und jede beliebige Kombination derselben, so vor allem das Mensch-Maschine-System oder soziotechnische System.

Die Gliederung der Ausführungen folgt dabei dem Gedankengang, zunächst die Verlässlichkeit und ihre unterschiedlichen Aspekte den Menschen betreffend zu diskutieren, dann die entsprechenden Sachverhalte durch Beiträge aus der Theorie der Zuverlässigkeit von Systemen in allgemein gültiger Form zu ergänzen und die Relation zum Spezialfall Mensch herzustellen und, darauf aufbauend, generelle Erkenntnisse und Erklärungsversuche auf den Menschen zu übertragen und aus der Analogie wie auch dem Unterschied zwischen Mensch und Maschine weitere Erkenntnisse abzuleiten.

Verlässlichkeit ist mehr als bloß ein mit vagen Worten umschriebenes Verhalten. Verlässlichkeit ist mit einer ausgefeilten Theorie samt quantitativer Methodik unterlegt, was auch erforderlich ist, da diese im Fall von komplexen soziotechnischen Systemen quantitativ ermittelt und vorhergesagt werden muss, insbesondere wenn hohe Sicherheitsrelevanz gegeben ist.

> **Beispiel** Würden wir in ein Verkehrsflugzeug einsteigen, wenn wir nicht das Vertrauen hätten, dass durch eine ins Detail gehende Ingenieurleistung das Gesamtsystem mit seinen Komponenten (Piloten, Fluggerät, Steuerungssoftware) nach bestem aktuellem Wissen und durch methodisches Vorgehen hinsichtlich der Gesamtzuverlässigkeit evaluiert wurde?
>
> Selbstverständlich sind dabei die Komponente Mensch und dessen Verhalten für einen quantitativen, formalen Zugang nur eingeschränkt geeignet, dieser ist trotzdem erforderlich, um eine Gesamtaussage prospektiv (als Prognose) wie auch retrospektiv (als Statistik) machen zu können, was jeder Nutzer des Systems fordert bzw. erwartet. Das Phänomen der Verlässlichkeit bestimmt unser Leben mehr, als uns bewusst ist. Der Mensch möchte sich auf Objekte seiner Umwelt verlassen können – seien dies Produkte in konkreter oder abstrakter Form, seien dies Personen oder ganze Organisationen –, dass sie sich so verhalten, wie gefordert oder von ihnen erwartet.
>
> Verlässlichkeit von zusammengesetzten Systemen, wie etwa im Projektgeschehen als
> - sozio-technisch-informationelle Systeme (z. B. Subauftragnehmer samt Equipment)
> - sozio-informationelle Systeme (z. B. das Projektteam),
>
> wird nur gezielt erreicht, wenn bei der Konzeption, dem Engineering, der Erstellung und bei der Nutzung (d. h. letztlich dem ganzen Systemlebenszyklus) alle relevanten Eigenschaften und Einflussgrößen betrachtet werden: Dazu bedarf es einer umfassenden Verlässlichkeitsanalyse.

Verlässlichkeit speziell in der **Projektarbeit** wird somit gefordert

- von Einzelpersonen, insbesondere vom Projektleiter, aber auch von jedem Teammitglied
- vom Projektteam als Ganzem, dem Kernteam, dem Lenkungsausschuss usw.
- von allen Stakeholdern, den Partnern, den Kunden, den Abteilungsleitern
- von den Betriebsmitteln und Produkten einschließlich Software

Von allen Stakeholdern wird die Eigenschaft eingefordert, die ihnen jeweils zugedachten Funktionen und Aufgaben den Anforderungen entsprechend zu erbringen. Letztlich fordern wir Qualität des Verhaltens über eine Zeitspanne:

> **Definition** Verlässlichkeit ist Qualität, über die Zeit gesehen.

Die Verlässlichkeit des Menschen ist bestimmt durch Voraussetzungen betreffend

- Können
- Wollen
- Dürfen,

was das Problem gegenüber der Maschine stark verkompliziert, da technische Systeme ausschließlich ihre Spezifikationen und Merkmale zur Erbringung ihrer jeweiligen Funktion einbringen, Menschen aber zusätzlich auch Bewusstsein.

Im Detail sei nachfolgend diskutiert, wie Personen in der Lage sind, Verlässlichkeit als Verhaltensmerkmal zu zeigen, wenn obige Voraussetzungen gegeben sind:

**Können:** Die Person besitzt die für die gestellte Arbeit erforderlichen Fähigkeiten in Form von Wissen einschließlich Erfahrungen sowie Fertigkeiten. Sie ist somit physisch und psychisch in der Lage, in der jeweiligen Situation erwartungsgerecht zu handeln. Letzteres stellt die so genannte Handlungskompetenz, d. h. Methodenkompetenz und Fachkompetenz dar.

 **Beispiel** Die Beauftragung einer Person mit einer Aufgabe, die ihrer Qualifikation nicht entspricht, hat zur Folge, dass keine hohe Verlässlichkeit der Leistungserbringung erwartet werden kann, auch wenn etwa der Leistungswille durchaus vorliegt.

**Wollen:** Die Person bringt den nötigen Willen auf, sich in gegebener Situation zuverlässig zu verhalten, d. h. die vereinbarten Leistungen in der Zeit zu erbringen. Diese Umsetzungskraft hängt ab von der Motivationslage, dem Anspruchsniveau, den erwarteten Kompensationsleistungen (nicht bloß Geld!), der gesamten Unternehmenskultur.

Eine weitere Voraussetzung ist die ehrliche und richtige Einschätzung und Beurteilung der eigenen Fähigkeiten und Verhaltensweisen und die Kontrolle über diese (Selbsteinschätzung und Selbststeuerung) beim Eingehen eines Arbeitsvertrages bzw. einer Zusage. Es geht hier somit um Individualkompetenz (wie habe ich mich selbst in der Hand).

**Beispiel** Ein Mitarbeiter, der mehrmals gute Leistungen erbringt, diese aber nicht anerkannt bekommt, könnte trotz hoher eigener, ethischer Werte auf zuverlässiges Verhalten bei sich selbst in Zukunft weniger Wert legen.

**Dürfen:** Die Person besitzt die Befugnisse und weiß um den eigenen Freiraum, der für die Erfüllung der Aufgabe benötigt wird, ohne unerwartete fremdbestimmte Einschränkungen berücksichtigen zu müssen. Es handelt sich hier um die zugeteilte formale Kompetenz und damit um die Vermeidung von störenden Einflüssen wie etwa: Unklare oder zu enge Dispositionsspielräume sowie zu geringe Entscheidungskompetenzen, nicht vereinbartes Überstimmen durch Vorgesetzte, Nebenabsprachen und Ähnliches.

**Beispiel** Es wird ein Projektleiter als unverlässlich erlebt, wenn er einen, dem Kunden zugesagten Zwischentermin nicht einhält, auch wenn dies verursacht wird durch eine kurzfristige Anordnung der Geschäftsleitung betreffend Ressourcenabzug im Projekt.

Verlässlichkeit des Menschen ist offensichtlich ein komplexes, d. h. zusammengesetztes Verhaltenscharakteristikum. Es baut sowohl auf persönlichen Charaktermerkmalen als auch auf Einflussfaktoren von außen im Zusammenspiel auf.

Es wirken kognitive Prozesse:
- ich will, weil es sinnvoll ist, der Sache und mir selbst Nutzen bringt, weil ich meine Umwelt nicht enttäuschen will, was Konsequenzen hätte -

und emotionale Prozesse:
- ich verhalte mich einfach so, da es meinen Werthaltungen entspricht, ich fühle mich nur so wohl, so bin ich veranlagt -

zusammen.

Im Kapitel 5 dieses Beitrags wird auf einige ausgewählte Systematiken bzw. Modelle des Persönlichkeitsinventars eingegangen und der Bezug zum komplexen Merkmal „Verlässlichkeit des Menschen" herausgearbeitet. Diese Modelle der im Wirtschaftsleben interessierenden Charaktermerkmale zeigen, dass Verlässlichkeit als solches nicht als elementares personales Merkmal zu sehen ist, jedoch bestimmten Persönlichkeitstypen stärker zugeordnet werden kann als anderen.

Verlässlichkeit des Menschen wird unter definierten Bedingungen betreffend Zeitspanne, Fehlertoleranz etc. als Zuverlässigkeit des Handelns quantitativ erfasst.

## 2 Verlässlichkeit als Merkmal beliebiger Systeme

Es gibt eine ausgefeilte, sehr ins Detail gehende Ingenieurwissenschaft, die sich mit den unterschiedlichen Aspekten der Verlässlichkeit befasst. Es ist dies die **Zuverlässigkeitstheorie** (Reliability Theory). Den genormten Begriffen (vgl. DIN 40041, DIN 55350, VDI 4003 ff, MEYNA & PAULI) entsprechend sei für den vorliegenden Zweck ein kurzer Einstieg gebracht.

Naheliegender Weise war und ist in diesem Wissensgebäude das vordringliche Betrachtungsobjekt das Produkt als technisches System. Der Mensch oder auch die Software kamen erst später in die Betrachtungen, wobei man bestrebt ist, im Sinne einer allgemeinen Systemtheorie die Analogien und übertragbaren Erkenntnisse herauszuarbeiten. Nichtsdestoweniger gewinnt das komplexe System, bestehend aus allen drei Systemkategorien, nämlich Technik – Mensch – Information, immer mehr an Bedeutung und es wird das Wissensgebäude des Reliability Engineering heute auf alle Systeme angewandt. Verlässlichkeit ist ein wesentlicher Teil des Merkmals Qualität:

**Definition** Qualität einer Einheit ist die Beschaffenheit derselben bezüglich ihrer Eignung, festgelegte und vorausgesetzte Erfordernisse (Qualitätsanforderungen) zu erfüllen.

Verlässlichkeit (Dependability) ist dann die Wahrscheinlichkeit, mit der eine Einheit die ihr zugedachte Funktion im Zeitablauf erbringt. Es ist somit ein Maß für die Vertrauenswürdigkeit.

Verlässlichkeit ist der Überbegriff über alle jene Qualitätsmerkmale, die sich in Abhängigkeit von der Zeit (der Einsatzdauer, der Nutzungsdauer) zeigen: Es geht um eine dynamische Qualitätssicht, das heißt um die Frage, wie sich die Qualität eines Betrachtungsobjekts über die Zeit verändert.

> Eigentlich ist der statische, d.h. zeitpunktbezogene Qualitätsbegriff nicht das, was den Nutzer wirklich interessiert, da sich der Nutzen eines Objekts erst durch den Fortbestand dieser Qualität über die Zeit ergibt: Was eine neue Einheit leisten kann, ist zwar wichtig zu wissen (es ist dies die zeitpunktbezogene Leistungsfähigkeit), wesentlicher ist jedoch die Erhaltung dieser Leistungsfähigkeit über die Zeit und das ist die Verlässlichkeit.

Verlässlichkeit (Dependability) ist somit ein qualitatives Kriterium für das anforderungsgerechte Verhalten von beliebigen Systemen (Produkte, Menschen, Software).

Um Verlässlichkeit im Sinne des Reliability Engineering quantitativ zu erfassen und zu gestalten, sind folgende Komponenten von Interesse (vgl. Details dazu Kapitel 1, Vertiefungswissen):

- **Zuverlässigkeit** (Reliability) R
- **Verfügbarkeit** (Availability) A
- **Instandhaltbarkeit** (Maintainability) M
- **Sicherheit** (Safety) S

Man spricht heute, obiger Auflistung folgend, im Ingenieurwesen daher auch von **RAMS**.

Große Konzerne, etwa in der Automobilindustrie, im Anlagenbau, in der technischen Produktentwicklung, besitzen meist eigene Organisationseinheiten, die sich mit allen Belangen der Zuverlässigkeitstechnik und des zugehörigen Zuverlässigkeitsmanagements befassen und oft auch sogar den Namen RAMS-Department tragen. Es werden dann jeweils so genannte RAMS-Experten in die Projektteams größerer Produktentwicklungsprojekte entsandt, um die Anliegen des Reliability Engineering abzudecken.

Schon aus diesem Grunde ist es für Projektmanager wichtig, das Wesen der Zuverlässigkeitstheorie und ihrer Bausteine zu verstehen.

## 3 Verlässlichkeit – umgangssprachlich gesehen

Im Unterschied zur stark formalen ingenieurwissenschaftlichen Reliability Theory wird im täglichen Sprachgebrauch Verlässlichkeit eher als unscharf umrissene Eigenschaft von Personen, aber auch von Gebrauchsgütern unseres Lebens gesehen: Eine Person oder ein Produkt erbringt zuverlässig eine ihr/ihm zugedachte Leistung, so dass wir sie bzw. es als verlässlich beurteilen:

> **Definition** Ein **Produkt** wird als verlässlich im täglichen Sprachgebrauch gesehen, wenn es den Nutzer nicht im Stich lässt. Hierzu gehört, dass es zuverlässig und fehlerfrei seine Funktion erbringt, nicht unerwartet ausfällt, im Servicefall nur kurze Zeit nicht verfügbar ist, möglichst keine Reparaturen benötigt, auch bei Überschreitung der vorgesehenen Einsatzbedingungen nicht sofort mit Fehlern/ Ausfall reagiert.

Es zeigt sich, dass die Eigenschaft Verlässlichkeit auch in unserem Sprachgebrauch als Überbegriff über alle Aspekte der Zuverlässigkeitstheorie Verwendung findet.

> **§ Definition** Analog wird eine **Person** als verlässlich angesehen, wenn man sich auf sie verlassen kann, wenn sie gemachte Zusagen betreffend Handlungsergebnisse sowie Verhaltensweisen im zeitlichen Rahmen und nach vereinbarter Qualität einhält. Dies gilt in zunehmendem Maße allerdings auch für die Erfüllung nicht konkret vereinbarter, d. h. unausgesprochener, den Werthaltungen/ der Kultur entsprechend einfach erwarteter Verhaltensweisen.

In beiden Fällen wird Verlässlichkeit als Merkmal der Qualität eines Systems gesehen, wobei die zeitliche Betrachtung, d. h. die Dauer, als konstituierende Größe eingeht.

> **!** Vor allem im Deutschen, aber auch im Englischen werden oft die Begriffe Verlässlichkeit (Dependability) und Zuverlässigkeit (Reliability) mit gleicher Bedeutung verwendet. Im vorliegenden Beitrag seien diese Begriffe jedoch unterschieden und zwar in folgender Weise:
> - Verlässlichkeit: Man kann sich auf ein System verlassen (eine qualitative Eigenschaft)
> - Zuverlässigkeit: Es ist dies die Wahrscheinlichkeit, dass ein System die ihm zugedachte Funktion über eine bestimmte Zeit fehlerfrei erbringt (eine quantitativ erfassbare Verhaltensweise).

Dem folgend ist, speziell auf den Menschen bezogen, zu unterscheiden:

1. Der verlässliche Mensch: Das Verhalten des Menschen ist schwer in Worte zu fassen. Wann kann ein Mensch als verlässlich charakterisiert werden? Welche Einzelmerkmale des Verhaltens beschreiben Verlässlichkeit? Es hat sich die Möglichkeit der Diagnose von Verlässlichkeit als personale Eigenschaft vor allem im Rahmen der psychologischen Eignungsdiagnostik als sehr problematisch gezeigt. Verlässlichkeit ist kein elementares, klar abgrenzbares Charaktermerkmal (vgl. Kapitel 5, Persönlichkeitsmodelle)
2. Die menschliche Zuverlässigkeit: Hier ist der Zugang wesentlich leichter, da Zuverlässigkeit als Bewertungsdimension des beobachtbaren Handelns von Personen gesehen wird. Die Erfassung erfolgt dann über die Definition von Fehlern und wird quantitativ angegeben durch Häufigkeiten, Zeitabstände, Fehlerfrequenzen. Zuverlässigkeit einer Funktionsausführung – kurz die Handlungszuverlässigkeit – wird definiert über das fehlerfreie Handeln über eine Zeitspanne.

Damit rückt der Begriff des **Fehlers** ins Zentrum der Betrachtungen, nämlich als das zentrale Kriterium der Zuverlässigkeitserfassung und als Quelle für die Ursachenforschung menschlicher Unzuverlässigkeit. Letzteres liefert den Zugang zur Beeinflussung des menschlichen Verhaltens.

In der Praxis interessiert darüber hinaus noch mehr die Zuverlässigkeit von Mensch-Maschine-Systemen (MMS), wobei sich dann die Gesamtzuverlässigkeit des Systems aus den Zuverlässigkeiten der Komponenten samt deren gegenseitigen Beeinflussungen zusammensetzt. Der menschliche Fehler ist immer kontext-bedingt, d. h. in Wechselwirkung mit seiner Umwelt zu sehen. Der Fehler der Komponente Mensch sei definiert als die Abweichung von gefordertem Verhalten im Zuge der Leistungserbringung in einem komplexen Arbeitssystem. Schon an dieser frühen Stelle des Beitrages sei die Möglichkeit der **Fehlerbeeinflussung** durch Gestaltung des Arbeitssystems angeschnitten, da Fehler und Schuldzuweisungen im täglichen Sprachgebrauch sehr eng beisammen liegen: Arbeitssysteme sind komplexe modulare Gebilde. Fehlerhaftes Verhalten derselben ist nie alleinige Schuld der Personen im System, die Ursachen sind mehrdimensional (multikausal).

Folgende Bereiche von Ursachen menschlicher Fehler sind zu betrachten:

- der **Arbeitsplatz**, er hätte besser und ergonomisch richtiger gestaltet werden müssen, die Schuld liegt daher auch beim Industrial Engineering, da es zu Überforderungen, zu überhöhtem Stress, zu Störungseinflüssen, Verwechslungsmöglichkeiten und dergleichen kommt.
- Die Auswahl der handelnden **Person** hätte gewissenhafter erfolgen müssen, vielleicht hätte man auch besser unterweisen, ausbilden, trainieren sollen.
- Das **Anreizsystem**, die Führungskultur, die Motivierung sind nicht ausreichend gegeben, wodurch sich die Leistungsbereitschaft nicht im erforderlichen Ausmaß einstellt.
- Das **Gesamtsystem** hätte durch Redundanzen, Überwachungsautomatismen, Hilfen und Serviceeinrichtungen bezüglich der fehlerkritischen Teilfunktionen besser ausgestattet werden müssen.

Edward Deming, einer der Väter des Total Quality Managements TQM, stellt zu Fehlern in Arbeitssystemen Folgendes fest: Es ist höchstens zu 20 % der Ausführende verantwortlich zu machen, vielmehr trägt die Systemgestaltung hinsichtlich Prozesse und Mittelauswahl den bei weitem größeren Teil der Schuld.

# 4 Bedeutung von Verlässlichkeit und deren Grundlagen

Speziell beim Zusammenwirken von Menschen in sozialen Systemen hat das Phänomen Verlässlichkeit große Bedeutung. Das Management prägt erfahrungsgemäß in hohem Maße die Ausformung der Unternehmenskultur, wobei speziell die Verlässlichkeit und das damit verbundene Vertrauen an prominenter Stelle der Kulturmerkmale stehen. Dies gilt ganz besonders für die Projektarbeit.

Um ein besseres Verständnis für die Beeinflussbarkeit von Verlässlichkeit beim Menschen zu erhalten, seien nachfolgend analytische Betrachtungen angestellt.

## 4.1 Verlässlichkeit des Menschen und ethische Grundwerte

Verlässlichkeit baut im Wesentlichen auf den beiden Grundwerten Menschenfreundlichkeit und Professionalität auf:

**Menschenfreundlichkeit**, die Einstellung zum Mitmenschen: Es geht hier um den humanen Umgang mit dem Menschen (Auftraggeber, Vorgesetzten, Mitarbeiter, Subauftragnehmer), kurz um alle Stakeholder im Projekt. Ein faires, den Mitmenschen wertschätzendes Verhalten ist auch dann beizubehalten, wenn es nicht einklagbar oder erzwingbar ist. Dies schließt ein, dass man Mitarbeiter nicht im Stich lässt, die auf einen angewiesen sind, auch wenn einem selbst daraus keinerlei Vorteile, vielleicht sogar Nachteile erwachsen.

**Professionalität**, die Einstellung zum Beruf: Es geht hier um ein über die Beherrschung des rein fachlichen Wissens hinausgehendes Hochhalten beruflicher Werte ganz im Sinne von Berufsethos, um das Einhalten von Spielregeln. Diese Einstellung ist auch dann beizubehalten, wenn sich in heiklen Situationen in bestimmten Projektphasen so mancher Mitarbeiter bereits geistig verabschiedet. Man ist dennoch und weiterhin darum bemüht, zum positiven Verlauf der Entwicklung beizutragen und man trachtet nicht, bloß seine eigene Haut zu retten. Professionalität erfordert sachbezogenes statt ichbezogenes Handeln.

## 4.2 Verlässlichkeit des Menschen und spezifische Verhaltensmerkmale

Verlässlichkeit äußert sich in nachfolgenden Verhaltensmerkmalen:

1. **Redlichkeit**, auch Ehrlichkeit, Aufrichtigkeit
   Einhaltung der angenommenen grundlegenden Normen im Umgang mit den Menschen. Verzicht auf Täuschung, Betrug, Manipulation. Kein opportunistisches Drehen des Fähnchens nach dem Winde.
2. **Verbindlichkeit**, auch Pflichttreue
   Einhaltung gegebener Zusagen und Abmachungen über längere Zeit, Erfüllung des eigenen Leistungsbeitrages zur Zufriedenheit der Stakeholder auch bei widrig gewordenen Bedingungen.
3. **Konsistenz**, auch Berechenbarkeit, Stimmigkeit
   Übereinstimmung von Reden und Handeln: Eine Person sagt, was sie tut, und tut, was sie sagt.
4. **Deutlichkeit**, auch Offenheit, Transparenz
   Ein Kommunizieren im Klartext, keine verschwommenen, mit Hintertürchen versehenen Aussagen und Abmachungen.
5. **Loyalität**, auch Commitment, Bindung
   Das Eintreten für eine Sache, Treue zu den Zielen, zu den vereinbarten Strategien, zu vereinbarten Maßnahmen.

Verlässlichkeit zeigt sich vor allem in Grenzsituationen.

**Beispiel** Eine kritische Situation liegt etwa vor, wenn sich die beruflichen Wege trennen. Wenn der Abgehende, z. B. der Projektleiter, keine Gegenleistung mehr zu erwarten hat, dann zeigt sich, wie weit es mit seiner Verlässlichkeit her ist.
- Kann er vor sich selbst verantworten, mitten im Projekt auszuscheiden?
- Hat er aus Loyalität zum Projekt für Ersatz gesorgt?
- Verschärft er das Problem weiter, indem er den ihm zustehenden Resturlaub nimmt?
- Steht er für ein Übergangsmanagement noch zur Verfügung?
- Macht er sich Sorgen um die Reputation des Projekts, ist ihm Pflichtgefühl wichtig?

Diese Situation ist insbesondere deshalb kritisch, da der Abgehende arbeitsrechtlich nicht angreifbar ist; Redlichkeit, Verbindlichkeit, Loyalität ist nicht einklagbar, es wurde ja gegen kein Gesetz verstoßen.

## 4.3 Verlässlichkeit des Menschen und Vertrauensbildung

Verlässlichkeit erzeugt beim Mitarbeiter Vertrauen: In der Zusammenarbeit von Menschen, vor allem in Projektteams, ist das sich entwickelnde gegenseitige Vertrauen zwischen den Teammitgliedern für eine effiziente Arbeit äußerst wichtig. Es fungiert quasi als Binde- und Schmiermittel und erleichtert damit die Kooperation ganz wesentlich.

Nicht zuletzt ist dies das zentrale Problem bei so genannten virtuellen Teams, d.h. verteilt arbeitenden Teammitgliedern, die sich möglicherweise noch nie physisch getroffen haben: Wie erzeuge ich bei diesen unterschiedlichen Individuen, die als Team arbeiten sollen, gegenseitiges Vertrauen bei der Erbringung der gemeinsamen Leistungen? (Es ist dies ein Thema des an Bedeutung gewinnenden so genannten Diversitäts-Managements).

Verlässlichkeit des Einzelnen erzeugt Vertrauen beim Anderen. Der Aufbau von Vertrauen ist ein nicht selbstverständlich ablaufender andauernder Prozess, das Verspielen von Vertrauen geht jedoch schlagartig.

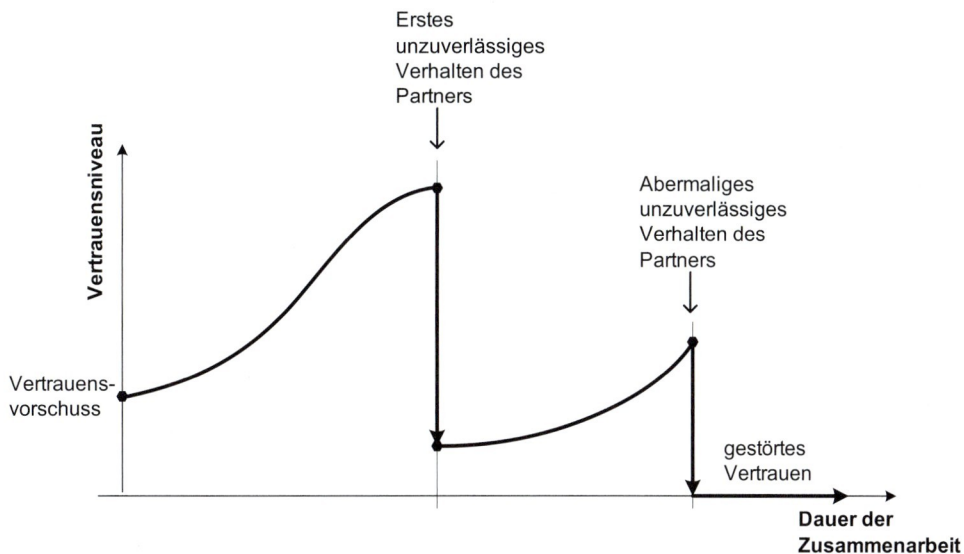

Abbildung 2.13-1: Entwicklung von Vertrauen

Die Abbildung 2.13-1 zeigt den typischen Ablauf von Vertrauensaufbau und Vertrauensverlust:

Der erste Vertrauensbruch in Form von unzuverlässigem Verhalten eines Partners wird eher noch als Ausrutscher interpretiert und ein nochmaliger Versuch des Vertrauensaufbaues gestartet. Eine zweite Enttäuschung wird bereits als Charakterdefizit und Verletzung des Vertrauensvorschusses gewertet, das Vertrauen ist bleibend gestört.

Vertrauen baut sich nach und nach auf, es entwickelt sich auf der Basis von gelebter Verlässlichkeit. Es geht hier offensichtlich um ein Henne-Ei-Problem. Wer beginnt? Verlässlichkeit ohne Vorbedingungen lässt beim Anderen den Vertrauenspegel als Einstellung zum Partner ansteigen, zugleich aber wird dies als Verpflichtung erlebt, sich selbst als verlässlich zu erweisen, sich vertrauensvoll zu verhalten. Der Einstieg ist daher der Knackpunkt, da ein Vertrauensvorschuss auch mit einem Öffnen verbunden ist und damit Verwundbarkeit in sich birgt.

**Beispiel** Wenn ein Projektleiter bei der Aufgabenverteilung im Team mit der grundsätzlichen Einstellung beginnt, dass ihn ohnedies alle Teammitglieder hängen lassen werden und ihm bezüglich des Leistungsfortschritts ein X für ein U vormachen werden, zerstört er eine Ausgangsvertrauensbasis und demotiviert darüber hinaus alle Mitarbeiter.

Es gilt das Gesetz der Reziprozität. Der Mensch versucht, Entgegenkommen, Fairness, Toleranz ausgleichend zu beantworten: Zeigt jemand mir gegenüber ein verlässliches Verhalten, so hat diese Person in mich unter Eingehen von Risiko investiert, was eine Hypothek darstellt und damit einen moralischen Druck erzeugt, dass ich mich reziprok ebenfalls als zuverlässiger Partner erweise. Wird Verlässlichkeit vorgelebt, so wird quasi auf das Beziehungskonto zwischen zwei Partnern einseitig eingezahlt, was ein Ausgleichen des Kontos erforderlich macht, ohne dass dies formal eingefordert werden kann. Spielt sich ein gewisses Niveau des Bestandes im Beziehungskonto ein, so trägt dies ganz wesentlich zu einer konfliktarmen Zusammenarbeit bei und liefert zugleich einen wesentlichen Beitrag zur Kontrollausübung der Teammitglieder untereinander.

> Oft wird gesagt: Vertrauen ist gut, Kontrolle ist besser.
> Kontrolle ist nicht besser, sondern beides zusammen ist in ausgewogenem Maße erforderlich.
> Verlässlichkeit ist jedenfalls der Humus für das Wachsen von gegenseitigem Vertrauen.

## 4.4 Verlässlichkeit des Menschen und Selbstwertgefühl

Verlässlichkeit hebt das Selbstwertgefühl des Einzelnen. Hat man verlässliches Verhalten auch in widrigen Umständen beibehalten, so erzeugt dies – möglicherweise nicht bei jedem – ein gewisses Gefühl der Selbstbestätigung, des Selbstwertes, der inneren Genugtuung und Zufriedenheit. Auch wenn die Bestätigung und Würdigung durch die Umwelt ausbleiben, so erleben doch die meisten einen gewissen gesunden Stolz, dass man zu seinen Werthaltungen steht.

Dies trägt zur intrinsischen Arbeitsfreude bei und wirkt zurück auf die eigene Sicherheit des Auftretens. Es ist letztlich eine Frage der eigenen Lebensphilosophie, ob man überzeugt ist, dass sich Verlässlichkeit langfristig im weitesten Sinne auszahlt.

In diesem Zusammenhang sei die verbreitete Motivationsstrategie in Form von Bonus- und Prämienregelungen hinterfragt: Durch die Kopplung, dass verlässliches Verhalten unmittelbar eine Belohnung zur Folge hat, wird der Mensch falsch programmiert, sodass sich die wahre und anhaltende Genugtuung und innere Zufriedenheit, sich richtig verhalten zu haben, nicht mehr einstellen. Der Mensch wird geprägt, sich nur dann dem Wertkodex entsprechend zu verhalten, wenn eine Gratifikation damit verbunden ist.

## 4.5 Stellenwert und Bedeutung von Verlässlichkeit für Teamleiter

An Projektmanager in der Rolle von Teamleitern, die somit Andere führen, werden jenseits aller Führungsstile und Führungstechniken ausgeprägte Verhaltenserwartungen gestellt.

Welche Verhaltensweisen erwartet der Geführte vom Führenden? Was soll ein Teamleiter der Meinung der Teammitglieder nach an Sozialkompetenz vordringlich mitbringen? Untersuchungen haben folgende Rangfolge geliefert:

1. **Gerechtigkeit**: Der Teamleiter kann durchaus hart auftreten, sollte aber immer fair agieren, er lässt Ungerechtigkeiten im Team nicht zu.
2. **Verlässlichkeit**: Der Teamleiter steht zu seinen Aussagen und Entscheidungen.
3. **Teamgeist**: Der Teamleiter teilt mit dem Team den Erfolg, nimmt den Misserfolg genauso auf sich, lässt niemanden hängen.
4. **Offenheit**: Der Teamleiter informiert offen und eindeutig.
5. **Toleranz**: Der Teamleiter rechnet den Teammitgliedern ihre Fehler und ihr Fehlverhalten nicht auf, ist nicht nachtragend.
6. **Verfügbarkeit**: Der Teamleiter nimmt sich Zeit für den Einzelnen im Team.

Verlässlichkeit hat in der Auseinandersetzung mit allen Stakeholdern große Bedeutung, wenn in der Projektarbeit ein vertrauensvolles Zusammenarbeiten ermöglicht werden soll.

**Beispiel** Der Projektleiter vergibt ein komplexes Arbeitspaket nach außen, er ermittelt dafür auf der Basis eines exakten Terminplanes die Ecktermine, schreibt dem externen Auftragnehmer aber nicht notwendig stark eingeengte Fristen vor, dies mit der hohen Gewissheit, dass die Termine sicher nicht oder nur im Ausnahmefall eingehalten werden können.

Dieses Vorgehen ist besonders dann möglich, wenn der Auftraggeber eine dominante Position am Markt hat und viele Firmen sich um den Subauftrag bemühen. Wie üblich ist im Liefervertrag auch ein Terminpönale (Vertragsstrafe bzw. Konventionalstrafe) vereinbart. Der Subauftragnehmer läuft wie erwartet ins Pönale, erkennt zugleich, dass die Termine in dieser Knappheit gar nicht erforderlich sind, muss jedoch die Konventionalstrafe zahlen. Das Vertrauen zwischen den Partnern ist durch so ein Verhalten des Auftraggebers verspielt, der Auftragnehmer ist geschädigt, vielleicht sogar ruiniert.

Man erwartet von einem verlässlichen Geschäftspartner sicher nicht, dass dieser durch bewusst falsche Angaben den anderen eines relativ unbedeutenden Gewinnes wegen übervorteilt. Man sollte im Geschäftsleben eine verlässliche langfristige Partnerschaftsbeziehung zum Nutzen beider anstreben (vgl. TQM: So genannte Kooperative Wertschöpfungs-Netzwerke).

## 5 Die Verlässlichkeit des Menschen und Persönlichkeitsinventar-Modelle

In diesem Kapitel wird versucht, das personale Merkmal Verlässlichkeit in ausgewählten Modellen der Persönlichkeit zu lokalisieren und den entsprechenden Einzelmerkmalen zuzuordnen.

Jeder Mensch besitzt gewisse Denk- und Verhaltensmuster, die er bevorzugt und die für ihn typisch sind. Sie sind Ausdruck seiner Einmaligkeit und Voraussetzung seiner Autonomie. Diese dominierenden Denkstile haben sich auf Grundlage der angeborenen Eigenheiten wie auch durch das Elternhaus, die Erziehung und Ausbildung und durch die soziale Umgebung entwickelt. Die Art und Weise, wie das Individuum an eine Aufgabe herangeht, seine kognitiven Kompetenzen einsetzt und mit Anderen kommuniziert, ist gekennzeichnet durch die Denk- und Verhaltensweisen, die es bevorzugt.

Die in diesem Beitrag im Zentrum der Betrachtungen stehende Verhaltensweise Verlässlichkeit ist eine von vielen Charakteristiken des menschlichen Verhaltens und damit des Persönlichkeitsinventars.

In einem sozialen System ist es von großem Vorteil, das Verhalten des Einzelnen richtig zu erkennen und zu verstehen, um die Zusammenarbeit zu erleichtern. Dies gilt ganz besonders beim Recruiting, bei der Teamzusammensetzung, beim Auftreten von persönlichen Konflikten, bei der Aufgabendelegation und vielem mehr. Viel kann dabei helfen, wenn man Kenntnis über typische Verhaltensweisen in strukturierter Form zur Hand hat. Selbstverständlich sind derartige Modelle nur sehr beschränkte Konstrukte des in seiner Vollständigkeit einfach nicht darstellbaren Persönlichkeitsinventars eines Individuums. Trotzdem sei – bei allem Vorbehalt – auf derartige Modelle zur systematischen Erfassung von Charaktersegmenten nachfolgend eingegangen.

Verlässlichkeit ist, wie schon hergeleitet, keine elementare Charaktereigenschaft, weil sie immer auch vom Gesamtsystem und dessen Umwelt abhängt. Es stellt sich daher die Frage, wo in den einzelnen Modellen Verlässlichkeit am ehesten zuzuordnen ist.

**Beispiel** Für die Auswahl eines Projektleiters wird oft ein so genannter Machertyp ausgewählt. Dieser wird jedoch nicht unbedingt auch zuverlässiges Verhalten zeigen, er wird unter Umständen Zusagen nicht einhalten um eines kurzfristigen Erfolges willen.

Folgende, in der Praxis anzutreffende Modelle seien in diesem Zusammenhang erwähnt:

- Struktogramm und Trigogramm
- DISG-Persönlichkeitsprofil
- Enneagramm
- Herrmann Brain Dominance Instrument (HBDI)
- INSIGHTS MDI (Management Development Instruments)
- Myers Briggs Type Indicator (MBTI)
- Team Management System (TMS)

Die aufgelisteten **Typologiemodelle** gehören zu den bekanntesten und am besten dokumentierten Instrumenten zur Beschreibung von Persönlichkeit. Aufgrund ihres wissenschaftlichen Hintergrundes sind sie weitgehend anerkannt, wenngleich sie für unterschiedliche Zwecke eingesetzt werden. Grundsätzlich muss man feststellen, dass es die perfekte Typologie nicht gibt. Es ist vielmehr nur eine tendenzielle Charakterisierung einer Persönlichkeit möglich.

Unter dem ICB-Element 1.07, Teamarbeit, werden die in Tabelle 2.13-1 ausgewählten und gegenübergestellten Modelle eingehend besprochen, sodass, darauf aufbauend, in diesem Rahmen bloß aufgezeigt werden soll, wo das Verhaltensmerkmal Verlässlichkeit explizit aufscheint oder zumindest implizit enthalten ist.

Tabelle 2.13-1: Drei wichtige Persönlichkeitsmodelle (in Anlehnung an SCHIMMEL-SCHLOO, 2002)

| Modell | Nutzen |
|---|---|
| HBDI | Einsatz vor allem im Rahmen von Trainings zur Bestimmung der beruflichen Orientierung, Lösung von Konflikten, Teamoptimierung, Steigerung der Kreativität, Optimierung des Lernstils. Auch im privaten Breich zur Partnerschafts- und Beziehungsarbeit einsetzbar |
| MBTI | Fundierte Grundlage für die Selbstkenntnis und Verhaltensarbeit im persönlichen und im gesamten beruflichen Kontext - von Führung, Konflikttraining und Kommunikation bis Teambuilding. Zusatztool zum Erkennen von Handlungsmotiven |
| DISG | Einsatz zur Kenntnis der eigenen Potenziale zur persönlichen und beruflichen Nutzung, Tools für unterschiedliche Tätigkeiten und Einsatzgebiete, z. B. Kommunikation, Führung, Verkauf, Teamentwicklung, Stellenbesetzung. |

### 5.1 Verlässlichkeit im HBDI -Persönlichkeitsprofil

Dieses Modell wird im Element 1.07, Teamarbeit, nicht detailliert besprochen.

Der Autor basiert sein Modell HBDI (Herrmann Brain Dominance Instrument, im deutschen Sprachraum auch Herrmann-Dominanz-Instrument H.D.I.) zur Strukturierung des Persönlichkeitsinventars auf den unterschiedlichen Bereichen des menschlichen Gehirns, womit die Denk- und Verhaltensweisen in vier grundlegende Kategorien einteilt werden können, welchen wiederum bestimmte Merkmale zugeordnet werden.

Drei Hirnbereiche sind bei einem Längsschnitt durch das menschliche Gehirn ersichtlich:

I   Das Stammhirn oder Reptiliengehirn
I   Das Zwischenhirn oder Limbische System
I   Das Großhirn oder Neokortex

Das Zwischenhirn beherbergt dabei die Gefühlsdimensionen, wie Angst, Aggression, Liebe, Geborgenheit. Das Großhirn ist Träger des nichtemotionalen Denkens, es enthält die Funktionen, die man mit dem Bewusstsein in Verbindung bringt. Des Weiteren zeigt eine Vielzahl von Experimenten die grundsätzliche Ausprägung des Denkens in der linken und rechten Gehirnhälfte. Bei diesen Untersuchungen konnte beobachtet werden, dass jeder Mensch eine Seite mehr oder weniger für sein Denken bevorzugt: Es existiert eine Links-Rechts-Dominanz.

I   Links: Rational, linear, kausal, ordinal, verbal
I   Rechts: Emotional, ganzheitlich, intuitiv, visuell, bildlich

Das HBDI-Modell unterscheidet somit in links/rechts und in oben/unten.
Jeder der vier Quadranten steht für einen bestimmten Denkstil und kann durch Merkmale beschrieben werden, wie in Abbildung 2.13-2 dargestellt.

| Quadrant A – Linker Cortex | Quadrant D – Rechter Cortex |
|---|---|
| **Rationales Ich**<br>mathematisch<br>logisch<br>problemlösend<br>analytisch<br>technisch | **Experimentelles Ich**<br>synthesenbildend<br>einfallsreich<br>konzeptionell<br>künstlerisch<br>ganzheitlich |
| Quadrant B – Links limbisch | Quadrant C – Rechts limbisch |
| **Sicherheitsbedürftiges Ich**<br>geplant<br>organisiert<br>kontrolliert<br>konservativ<br>administrativ | **Fühlendes Ich**<br>emotional<br>musikalisch<br>kommunikativ<br>mitfühlend<br>spirituell |

Abbildung 2.13-2: Die vier Quadranten des menschlichen Hirns samt Verhaltensmerkmalen nach dem HBDI-Modell

Ein zugehöriger Fragebogen umfasst 120 Fragen, die nach Auswertung die Darstellung eines Profils der bevorzugten Denk- und Verhaltensstile in tabellarischer und grafischer Form ergeben (Dominanzprofil als Strahlendiagramm).

Das Herrmann Brain Dominance Instrument ist kein Test. Es beruht auf einer Selbsteinschätzung, gibt also die Verteilung von bevorzugten **Denk- und Verhaltensweisen** so wieder, wie ein Mensch sich selbst sieht und erlebt.

Bezug zum Charaktermerkmal **Verlässlichkeit**:
Verlässlichkeit als solche scheint in keinem Quadranten auf, nicht zuletzt, da dieses Merkmal offensichtlich nicht elementar genug ist.

Folgende diametrale Möglichkeiten der Zuordnung bestehen jedoch:
Verlässlichkeit aus Rationalität im Quadrant A: Ich verhalte mich möglichst verlässlich, um gut dazustehen und um das gleiche Verhalten als Schuldeinlösung bei Anderen herauszufordern, sodass ein logisches Gleichgewicht herrscht.

Verlässlichkeit aus Empathie im Quadrant C:
Aus Einfühlung heraus sehe ich mich verpflichtet, meiner Umwelt gegenüber, soweit es in meiner Macht steht, meine von mir verlangte Funktion zu erfüllen, letztlich, um ein gutes Gewissen zu haben und niemandem Schaden zuzufügen.

Grundsätzlich gibt es keine guten oder schlechten Dominanzprofile. Aber die Ausprägung unterschiedlicher Denkstile hat natürlich Konsequenzen: Wie wir kommunizieren, mit Konflikten umgehen, mit Anderen zusammenarbeiten, kreativ sind, wird wesentlich durch unser HBDI-Profil repräsentiert.

## 5.2 Verlässlichkeit im MBTI -Persönlichkeitsprofil

Der Myers-Briggs-Typen-Indikator basiert auf der Typentheorie von C.G. Jung und gibt Aufschluss über Neigungen und Präferenzen von Individuen. Hierbei werden 4 Grundtypen unterschieden. Der Typ bleibt im Laufe eines Lebens konstant und ist die Grundlage dafür, wie ein Mensch an die Dinge herangeht, wie er kommuniziert, wie er führt und leitet (vgl. Element 1.07, Teamarbeit).

Myers und Briggs entwickelten unter diesen Annahmen einen Fragebogen, der bestimmte Muster und Züge menschlichen Grundverhaltens verständlich und transparent macht und zwar in einer Weise, dass Erkenntnisse in allen Bereichen der zwischenmenschlichen Zusammenarbeit formend und verbessernd eingesetzt werden können.

Zu den Hypothesen des MBTI-Modells zählen:

- Menschliches Verhalten ist nicht zufällig, auch wenn es manchmal so scheint. Es existieren Muster.
- Menschliches Verhalten ist klassifizierbar: Es kann beschrieben werden, wie Menschen Informationen bevorzugt aufnehmen und Entscheidungen treffen.
- Menschliches Verhalten ist unterschiedlich, weil es bestimmte Neigungen und Präferenzen gibt.

Das Modell basiert auf den beiden Kategorien

- psychische Funktionen (ersichtlich in Abbildung 2.13-3)
- Einstellungen,

die jeweils zwei Ausprägungen in bipolarer Form aufweisen.

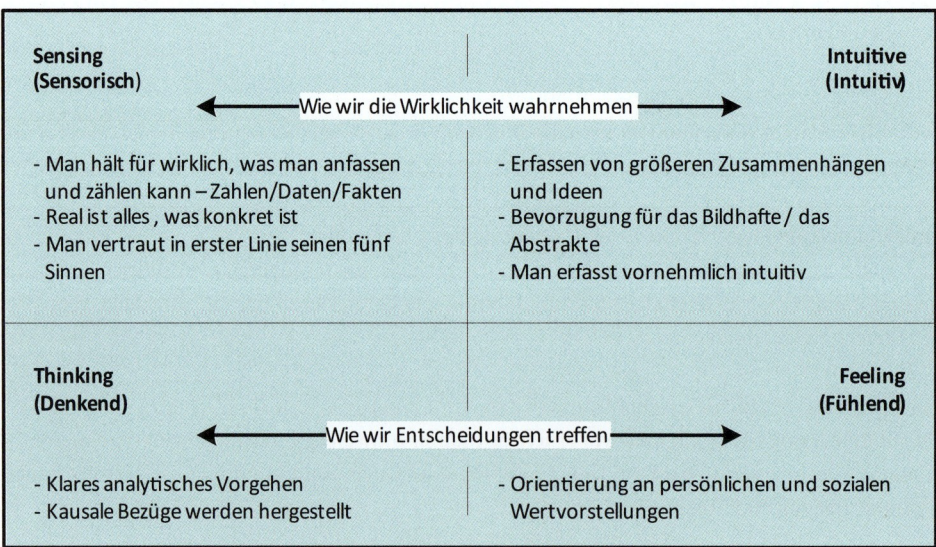

Abbildung 2.13-3: Psychische Funktionen im MBTI-Modell

Damit ergeben sich durch Kombination die folgenden **vier Grundtypen** mit jeweils idealtypischen Verhaltensweisen:

- ST-Typ: Sensorisch (Sensing) – Denkend (Thinking)
- NT-Typ: Intuitiv (Intuitive) – Denkend (Thinking)
- SF-Typ: Sensorisch (Sensing) – Fühlend (Feeling)
- NF-Typ: Intuitiv (Intuitive) – Fühlend (Feeling)

Da im Gesamtmodell auch das Begriffspaar Introvert-Extrovert vorkommt, wird intuitiv nicht mit dem bereits belegten Buchstaben I, sondern mit dem zweiten Buchstaben N symbolisiert.

Erhebungen haben gezeigt, dass 38 % der Manager ST-Typen und weitere 24 % NT-Typen sind, zusammen somit etwa zwei Drittel.

Demnach ist ein Wissen um die Persönlichkeitstypen und deren zu erwartendes Verhalten in Arbeitssituationen von großem Vorteil. So können etwa die bevorzugten Management- und **Führungsstile** direkt den vier Typen zugeordnet werden:

Der **ST-Typus** (Sensing – Thinking):
Er repräsentiert den Rationalisten, Argumentierer, er betont Fakten, Genauigkeit, Kontrolle, unpersönliche Analyse, das logische geordnete Denken. Er bevorzugt quantitative Analysen, mathematische Abhängigkeiten, exakte Messung von Daten unter kontrollierten Bedingungen. Für ihn ist alles, was der quantitativen Analyse (derzeit) nicht zugänglich ist, für eine wissenschaftliche Bearbeitung nicht geeignet.
    **Schlagworte**: Traditionalist, Stabilisator, Konsolidator, kühl rechnender Analytiker.

Der **NT-Typus** (Intuitive – Thinking):
Er bevorzugt Konzepte und Konstrukte und verzichtet dabei auf quantifizierte, messbare Daten, da ihn die Ganzheit mit allen qualitativen Aspekten interessiert und weniger die Details; er liebt Taxonomien, Gliederungen, Prinzipmodelle. Dabei geht er (wie der ST-Typus auch) möglichst sachorientiert und unpersönlich, objektiviert vor, er betont ebenfalls Variable und deren Relationen, allerdings eher auf konzeptioneller, grafischer bzw. verbaler Ebene und nicht formalisiert. Seine Problemlösungen sind eher abstrakte Konzepte, Kategorien und Typologien, bei welchen der Mensch ausgeklammert bleibt.
    **Schlagworte**: Visionär, Architekt, Gestalter, Generalist (die zukunftsgerechte Gesamtschau).

Der **SF-Typus** (Sensing – Feeling):
Er ist das Gegenstück zum NT-Typus, allerdings weisen beide Typen sowohl qualitative als auch quantitative Aspekte in ihrem Vorgehen auf und sind daher nicht diametral zu sehen. Er verlässt sich bei der Wahrnehmung immer auf das, was er selbst mit seinen Sinnen erkennen kann, zeigt aber eine starke Personenorientierung.
    **Schlagworte**: Verhandler, Krisenmanager, Feuerwehrmann, Technokrat mit Herz (zügiges taktisches Vorgehen).

Der **NF-Typus** (Intuitive – Feeling):
Er ist das Gegenteil zum ST-Typus; die Art der Informationsaufnahme und der Entscheidungsprozess sind diametral zum ST-Verhalten. Er repräsentiert die Extremform des qualitativen Vorgehens im Management, die im krassen Gegensatz zum quantitativen Ansatz des ST-Typus steht. Die NF-Auffassung ist praktisch die Antithese zum Scientific Management, Operations Research, Arbeitsstudium etc. Er besitzt eine langfristige Zukunftsperspektive für eine menschenwürdige Organisation.
    **Schlagworte**: Katalysator, Sprecher, Vermittler, Generalist mit Herz (die Dinge am Laufen halten).

Bezug zum Charaktermerkmal **Verlässlichkeit**:
Auch bei diesem Modell scheint die aus elementaren Verhaltenselementen zusammengesetzte personale Eigenschaft Verlässlichkeit als solche nicht auf, sie kann jedoch vordringlich dem NF-Typus und dem SF-Typus zugeordnet werden. Hingegen ist für den NT-Typus zuverlässiges Verhalten eher eine wesentliche Einschränkung seiner Gedankenflüge, für den ST-Typus als Rationalisten ist eigene Verlässlichkeit eher dann sinnvoll, wenn sie sich in der Zusammenarbeit mit Anderen unmittelbar auszahlt.

## 5.3 Verlässlichkeit im DISG-Persönlichkeitsprofil

Das DISG-Persönlichkeitsprofil kategorisiert das Verhalten von Menschen und untersucht Motive und Beweggründe für Handlungen.

Je nach Situation erleben sich Menschen in ihrem Umfeld als stärker oder schwächer. Dieses Erleben beeinflusst ihr Verhalten, die Art und Weise, wie sie auf ihre Umwelt zugehen und wie sie Einfluss auf sie nehmen. In Bezug auf das menschliche Verhalten werden dabei Kategorien, wie Dominanz, Zustimmung, Unterordnung, Gewissenhaftigkeit etc., berücksichtigt (vgl. hierzu auch Element 1.07, Teamarbeit).

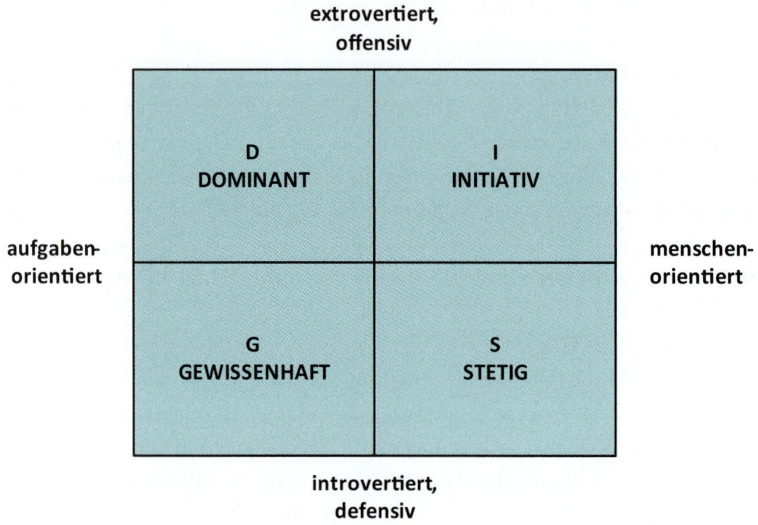

```
                    extrovertiert,
                       offensiv

                    ┌─────┬─────┐
                    │  D  │  I  │
                    │DOMI-│INI- │
                    │NANT │TIATIV│
aufgaben-           ├─────┼─────┤      menschen-
orientiert          │  G  │  S  │      orientiert
                    │GEWIS-│STE- │
                    │SEN- │TIG  │
                    │HAFT │     │
                    └─────┴─────┘

                    introvertiert,
                       defensiv
```

Abbildung 2.13-4: Die vier Verhaltensstile im DISG-Modell (SCHIMMEL-SCHLOO 2002: 95)

Mit dominant, initiativ, stetig, gewissenhaft sind zunächst die vier Verhaltenstypen definiert, die in jeder Persönlichkeit in unterschiedlich starker Ausprägung vorhanden sind. Das dargestellte Koordinatensystem stellt gleichzeitig das Spannungsfeld der verschiedenen Verhaltensstile dar, die je nach Situation vom Individuum – in stärkerer oder schwächerer Ausprägung – bevorzugt werden.

Bezug zum Charaktermerkmal **Verlässlichkeit**:
Im DISG-Modell als Typologie des menschlichen Verhaltens scheint beim S-Typ die Verlässlichkeit als solche auf: Es ist ihm ein wesentliches Anliegen.

Auch der G-Typ bevorzugt in der Zusammenarbeit Verlässlichkeit, zunächst jedoch bei den Anderen. Als Perfektionist zeigt er, wenn es für die Zielerreichung angebracht ist, auch selbst zuverlässiges Verhalten.

# 6 Zusammenfassung

Als Grundlagenwissen auf dem Gebiet der Verlässlichkeit mit dem Schwerpunkt der Verlässlichkeit des Menschen wurden folgende für Projektmanager wichtige Aspekte präsentiert:

Zunächst wurde die Bedeutung menschlicher Verlässlichkeit im Projektmanagement hervorgehoben, wo es um Teamarbeit, um gegenseitiges Vertrauen und um berechenbares Führungsverhalten geht. Darauf aufbauend, wurden die zentralen Begriffe der Verlässlichkeit und der Zuverlässigkeit erläutert, wobei die Verlässlichkeit als ein erstrebenswerter Charakterzug des Menschen gesehen wird, der das Verhalten beeinflusst, während Zuverlässigkeit, darauf aufbauend, als ein beobachtbares und quantifizierbares Merkmal fehlerfreien Handelns aufgefasst wird.

Verlässlichkeit baut auf den Grundwerten Menschenfreundlichkeit und Professionalität auf und sie äußert sich in spezifischen Verhaltensweisen, wie vor allem Redlichkeit, Verbindlichkeit und Konsistenz. Verlässlichkeit ist die Voraussetzung für die Bildung von Vertrauen. Verlässlichkeit lässt sich nur indirekt in den gängigen Modellen des Persönlichkeitsinventars lokalisieren.

Die Analogie zur Verlässlichkeit von unbelebten Systemen, von Sachmitteln, wurde ebenfalls herausgearbeitet und es wird im Sinne einer allgemeinen Theorie der Zuverlässigkeit auf das Vertiefungskapitel verwiesen.

# 7 Fragen zur Wiederholung

| 1 | Wie kann Verlässlichkeit des Menschen beschrieben werden? | ☐ |
| 2 | Wie ist das Qualitätsmerkmal Zuverlässigkeit definiert? | ☐ |
| 3 | Was ist RAMS, wie heißen die Bestandteile von Verlässlichkeit? | ☐ |
| 4 | Möglichkeiten der Beeinflussung der Verlässlichkeit des Menschen? | ☐ |
| 5 | Verhaltensmerkmale (mindestens drei), die die Verlässlichkeit des Menschen ausmachen? | ☐ |
| 6 | Zusammenhang Verlässlichkeit – Vertrauen? | ☐ |
| 7 | Wie kann Verfügbarkeit erfasst werden? | ☐ |
| 8 | Welche Modelle des Persönlichkeitsinventars kennen Sie? | ☐ |

## 2.14 Wertschätzung (Values appreciation)
Urs Witschi

### Kontext und Bedeutung

Der Aspekt der Wertschätzung gehört zu den „weichen" Faktoren des Projektmanagements, die vor allem in komplexen Vorhaben eine hohe Bedeutung erhalten haben. Es ist eine Dimension, die wie in einer Matrix in vielen Bereichen eine Rolle spielt: in der Kommunikation, in der Führung, in Organisationen usw. Das Bewusstsein hinsichtlich der Wertschätzung kann der Projekt- oder Programmleitung helfen, Beziehungen zwischen Menschen und Systemen zum Vorteil der Projektarbeit zu verstehen und zu gestalten.

Wertschätzung kann in folgenden Zusammenhängen gesehen werden:

- In der eigenen Einschätzung und im Selbstbewusstsein als Projektleiter
- In der zwischenmenschlichen Interaktion, d. h. der Führung und Kommunikation. Hier kann Wertschätzung die Effektivität der Zusammenarbeit und die Änderungsbereitschaft beeinflussen.
- Im Umgang mit Systemen: den relevanten Stakeholdern, der stehenden Organisation, aber auch dem Projekt selber als System. Hier sind Werte sehr Kultur formend und in der Regel sind Projekte mit Vielfalt und Unterschieden konfrontiert, die ein wesentliches Potenzial darstellen können.
- Im Umgang mit sachlichen und natürlichen Werten (Hardware, Strukturen, Natur, Umwelt usw.). Deren Missachtung kann in Projekten leicht zu neuen Problemen führen.

Die systematische Auseinandersetzung mit Wertschätzung an sich ist relativ neu, obwohl sie als Aspekt in verschiedenen Bereichen eine Rolle spielt.

In der ICB3 ist Wertschätzung neu in die Verhaltenskompetenzen aufgenommen worden, denn der Projektleiter muss auch über Wissen und Theorie verfügen, wo Wertschätzung eine Rolle spielt und welche Methoden z. B. für die Anwendung geeignet sind.

Erschwerend ist, dass das Thema in vielen Aspekten sehr tiefgründig und schwer fassbar ist, sodass es nicht ohne Weiteres operationalisiert werden kann. In diesem kurzen Kapitel wird dies nur soweit abgehandelt, als es für das Projektmanagement relevant ist.

## Lernziele

Sie erkennen

- die Bedeutung und die Wirkung der Dimension der Wertschätzung im Projektmanagement
- den Unterschied zwischen „Werte hochschätzen" und „Werte abschätzen"
- und praktizieren eine wertschätzende Haltung im Umgang mit den Projektbeteiligten

Sie wissen

- worauf Sie achten müssen, wenn Sie wertschätzende Gespräche führen
- was Wertschätzung in der Teamführung heißt und wie Sie damit motivierend führen bzw. moderieren können

Sie können

- eine Haltung einzunehmen, die offen und interessiert ist an anderen Kulturen und Werten
- die wichtigsten Werte derjenigen Anspruchsgruppen erkennen, die für das Projekt relevant sind, und sie respektieren bzw. für das Projekt nutzbar machen
- Sie lassen sich zu weiteren thematischen Vertiefungen anspornen

# Inhalt

| | | |
|---|---|---|
| 1 | Definition, Abgrenzung | 1076 |
| 1.1 | Die eigene Wertschätzung als Projektleiter | 1077 |
| 1.2 | Wertschätzung in der zwischenmenschlichen Kommunikation und Zusammenarbeit | 1078 |
| 1.2.1 | Wertschätzende Gesprächsführung | 1078 |
| 1.2.2 | Wertschätzung als Motivationsfaktor | 1080 |
| 1.2.3 | Umgang mit unterschiedlichen Wertesystemen im Projektteam | 1081 |
| 1.2.4 | Das Projektteam als wertvolle Ressource | 1082 |
| 1.2.5 | Wertschätzung und Delegation von Führung | 1083 |
| 1.2.6 | Interkulturelle Teams | 1083 |
| 1.3 | Umgang mit Anspruchsgruppen unterschiedlicher Werthaltungen | 1085 |
| 1.4 | Wertschätzende Unternehmensentwicklung – Appreciative Inquiry | 1086 |
| 1.5 | Wertschätzung gegenüber Bestehendem | 1088 |
| 2 | Zusammenfassung | 1088 |
| 3 | Fragen zur Wiederholung | 1089 |

# 1 Definition, Abgrenzung

### Werte schätzen – Werte abschätzen

Wertschätzung ist ein Begriff, der überall verwendet werden kann: man kann Personen wertschätzen, aber auch Organisationen, die Natur oder Dinge (z. B. Kunstwerke). **Wir konzentrieren uns hier auf das, was für das Management von Projekten relevant ist** – in erster Linie auf die Interaktion der im Projekt involvierten oder betroffenen Menschen und den Umgang mit sozialen Systemen, wie Projekten, permanenten Organisationen oder Stakeholdern. In zweiter Linie aber auch auf das, was wir mit Projekten beeinflussen oder ändern wollen, also durchaus auch auf materielle Werte oder auf die Ökologie. Allerdings müssen wir aufpassen, dass wir den Begriff nicht trivial verwenden. Landläufig schwingt mit der Wertschätzung immer etwas Positives, etwas Moralisches mit, d. h., wenn wir etwas oder jemanden wertschätzen, so ist das meistens mit einer Hochschätzung oder Anerkennung verbunden. Das ist sicher nicht falsch und kann, z. B. in der Frage der Motivation, durchaus funktional sein. Interessanter für uns ist aber der tiefer liegende Sinn: Wir schreiben der Wertschätzung die folgenden Bedeutungen zu: Werte erkennen, Werte beobachten, Werte transparent machen, Werte messen, Werte als bedeutsam bzw. als wertvollen Beitrag einschätzen, achtsam sein usw. Dieser nichtmoralische Zugang zu diesem Begriff erlaubt uns eher, in Projekten Werte zu thematisieren, damit zu arbeiten, sie nutzbar zu machen.

### Wertschätzung von Personen

Der Begriff der Wertschätzung wird hauptsächlich hinsichtlich der Achtung, der Anerkennung, des Respekts von Personen verwendet, wobei oft damit auch Mitgefühl verbunden ist. Dies würde einschließen, dass man auch die Gefühle mit anderen Personen teilt, dass man sich quasi mitfreut oder mittrauert. Hier grenzen wir ab: ein Projektleiter kann nicht jeden Menschen ins Herz schließen oder seine Gefühle teilen – es ist auch in Projekten so, dass einige sympathischer und andere unsympathischer erscheinen. Mit Wertschätzung grenzen wir uns deutlich ab: wir müssen nicht die ganze Person annehmen, wir müssen das Gegenüber weder lieben noch seine Meinungen und Werte teilen. Viel eher geht es entsprechend darum, Ansichten, Werte, Meinungen, Angebote von den im Projekt involvierten Personen oder Gruppen ernst zu nehmen und verstehen zu wollen – auch wenn man damit zunächst nicht einverstanden ist oder wenn sie in uns negative Gefühle auslösen.

> **Definition** Wertschätzung ist die Fähigkeit, Aussagen, Meinungen, Standpunkte, Werte, Fähigkeiten und Leistungen, aber auch Gefühle von den für das Projekt relevanten Personen zu respektieren, sich dafür zu interessieren, sie zu verstehen und sich damit auseinandersetzen zu wollen.

### Wertschätzung von sozialen Systemen

Soziale Systeme, wie Unternehmen, Verbände, Gesellschaften, aber auch das Projekt selber, sind als soziale Systeme von Kulturen geprägt, die von Annahmen und Werten getragen werden. Da Projekte sehr stark mit anderen Systemen vernetzt sind, stehen sich plötzlich Systeme unterschiedlicher Kulturen gegenüber, die ein gemeinsames Ziel erreichen sollen.

Mit den jeweils unterschiedlichen Werten muss sich die Projektleitung auseinandersetzen und diese nutzbar machen. Besonders bei Akzeptanz- oder Change-Projekten werden das Einschätzen von und die Arbeit mit in Organisationen verankerten Werten ein zentrales Thema.

> **Definition** Wertschätzung ist die Fähigkeit, Werte, Interessen und Ansichten von sozialen Systemen, d. h. von mit Projekten vernetzten Anspruchsgruppen, zu erkunden und verstehen zu wollen, um damit konstruktiv und zielführend umzugehen.

### Wertschätzung von Bestehendem

In Projekten lösen wir Probleme und schaffen Neues, – d. h. Altes muss umgebaut oder über Bord geworfen werden –, und wir lösen unter Umständen Folgekosten oder Folgeschäden aus. Aber: alles Bisherige oder Alte hat auch seine guten Seiten oder war zu seiner Zeit sinnvoll – alles, was wir verändern, sollte daher mit Respekt behandelt werden. Auch in Change-Projekten muss eine sinnvolle Balance zwischen Bewahren und Verändern gefunden werden und schließlich wird ein respektvoller Umgang mit der Umwelt (Ökologie) immer mehr gefordert.

> **§ Definition** Wertschätzung ist die Fähigkeit, mit zu verändernden Dingen, Systemen und Strukturen respektvoll und achtsam umzugehen.

### Wertschätzung von Projekten und Projektmanagement

Der Wert der Gesamtheit der Projekte wird innerhalb von Unternehmen und Verwaltungen noch unterschätzt. Oft werden sie als einmalige Sonderunternehmen bzw. notwendige Übel betrachtet, die im Management kaum beachtet werden – es sei denn, sie geraten aus dem Ruder. Projekte sind ein wesentlicher strategischer Erfolgsfaktor und sollten daher entsprechend ihrem „Wert" bewusst ins Unternehmen eingebettet, mit der Strategie gekoppelt und entsprechend geführt werden.

> **§ Definition** Wertschätzung ist die Fähigkeit, Projekte als Ressource des Lernens und für die strategische Weiterentwicklung des Unternehmens zu erkennen.

## 1.1 Die eigene Wertschätzung als Projektleiter

Projekt- oder Programmleiter sind auch Führungspersönlichkeiten. Es gibt viele „Sollbilder" oder Idealvorstellungen von Führungskräften. Führungskräfte sind dann erfolgreich, wenn sie auf der Basis weniger und klarer Werthaltungen, denen sie sich bewusst sind, agieren. Solche Grundwerte können sein (RATTAY, 2003):

- Akzeptanz und Respekt
- Vertrauen
- Toleranz
- Offenheit für Neues

Wenn also das Verhalten mit den deklarierten bzw. kommunizierten Werten übereinstimmt, hat die Führungsperson ein kongruentes Führungsverhalten, sie handelt authentisch, echt. Verhält sie sich aber im Widerspruch zu diesen, hat sie keinen authentischen Führungsstil.

> **Beispiel** Ein Projektleiter, der sich als kooperativ und offen ausgibt, aber neue Ideen rasch als unrealistisch abqualifiziert (weil er z. B. im Innersten Menschen als unfähig einschätzt und daher misstrauisch ist), handelt widersprüchlich. Das merken die Teammitglieder relativ rasch und seine Führung wird unwirksam.

Abbildung 2.14-1: Die drei Werteebenen, welche Führung charakterisieren

Unkongruentes Führungsverhalten kann – sofern der Projektleiter es nicht selber spürt – nur durch Feedback bewusst gemacht werden. Entweder ist das Team offen und kann dies thematisieren (was aber eher selten der Fall ist) oder der Projektleiter lässt sich durch eine entsprechende Fachperson coachen. Durch die Gegenüberstellung von Eigen- und Fremdsicht können Veränderungen im Führungsverhalten ausgelöst werden.

Das Wissen um die eigenen Grundwerte, also das Wertegefühl seiner selbst, ist Selbstbewusstsein. Nur wer mit sich selber im Reinen ist, kann Selbstbewusstsein entwickeln. Durch das Aneignen neuer Fähigkeiten kann das Wertgefühl gesteigert, durch Misslingen kann es verringert werden. Ein „gesundes" Selbstbewusstsein ist die Voraussetzung dafür, dass der Projektleiter authentisch führen und in komplexen Situationen selbstständige Entscheidungen treffen kann.

Ausdruck eines gesunden Selbstbewusstseins ist u. a.

- Selbstvertrauen (ich traue mir die Herausforderung zu)
- Selbstakzeptanz (ich sage „Ja" zu mir)
- Eigenständigkeit (Eigen-Verantwortung übernehmen, eigene Entscheidungen fällen)
- Mit Kritik souverän umgehen (wenn sie berechtigt ist: was kann ich dazu lernen?)
- Sich nicht zu wichtig nehmen
- „Nein" sagen können

### 1.2 Wertschätzung in der zwischenmenschlichen Kommunikation und Zusammenarbeit

#### 1.2.1 Wertschätzende Gesprächsführung

In Projekten ist Kommunikation sehr zentral, denn je nachdem, wie kommuniziert wird, beeinflusst sie den Projekterfolg positiv oder negativ. Dabei ist Wertschätzung eine Haltung und nicht eine Methode oder Technik. Man muss sich vorstellen, dass die Gesprächspartner sehr unterschiedliche Meinungen haben können, die ihren eigenen Wirklichkeiten bzw. Welten entspringen. Naturgemäss neigen wir dazu, die Meinungen abzulehnen, zu bekämpfen, zu bekehren, die den unsrigen grundlegend widersprechen. Noch präziser sagt es Marshall B. Rosenberg (2007) in seinem Ansatz über die „gewaltfreie[] Kommunikation", „….dass wir Personen moralisch verurteilen, wenn sie unseren eigenen Wertvorstellungen widersprechen. Wenn sich der Projektleiter über den Fehler eines andern Projektbeteiligten lustig macht und ich ihm entgegne „Sie sind arrogant", so ist das eine moralische Verurteilung. Wenn ich auf moralische Verurteilung verzichte, sage ich ihm z. B.: „mir ist wichtig, sich über Fehler anderer nicht lustig zu machen; ich befürchte, dass Sie sich auch über mich lustig machen, wenn ich einen Fehler mache."

Wertschätzende Kommunikation geht also davon aus, dass man für Werte durchaus einstehen kann, dass sie verteidigt oder abgelehnt werden können, aber nicht die Person! Wir haben die Tendenz, mit der Wertung eines Sachverhalts gleich die Person moralisch zu qualifizieren – sei es positiv oder negativ.

 **Tipp** Ein wertschätzendes Gespräch kann wie folgt erreicht werden:

- Ich nehme den Gesprächspartner ernst, ich nehme ihn für „voll", ich respektiere ihn, ich interessiere mich für ihn, da er – welche Meinung er auch immer vertritt – möglicherweise einen wichtigen Beitrag leisten kann.
- Ich gehe davon aus, dass der Gesprächspartner seine eigene Logik und andere Grundwerte als ich vertritt, die auch etwas Wahres haben. Meine Welt ist nicht die einzig wahre, – alle „Welten" sind selektive Konstrukte.
- Viele, unterschiedliche Meinungen sind bereichernd und können zu neuen Einsichten und Lösungen führen.
- Ich bin interessiert, diese andere Welt kennen zu lernen, indem ich neugierig bin und nachfrage.
- Ich bin bereit, andere Meinungen und Widersprüche stehen zu lassen, ohne sie gleich zu widerlegen, ohne mich zu verteidigen, den andern überzeugen zu wollen. Widersprüche regen an.....
- Ich interessiere mich auch für meine Kommunikation: wo kommen in mir welche Emotionen auf, warum? Kann ich sie „suspendieren", um andere Meinungen wirklich zuzulassen?
- Ich bin aber auch interessiert an mir selbst, ich nehme mich selbst ernst: welche Interessen habe ich, welche Meinung habe ich, welche Gefühle habe ich?
- Ich verwende keine manipulative Sprache (Suggestivfragen, Scheingefühle, „billige" Ratschläge usw.)

Um das Wesen der wertschätzenden Kommunikation – den **Dialog** – besser zu charakterisieren und zu verstehen, unterscheiden wir ihn von der Diskussion: bei der Diskussion werden die Meinungen, Ansichten und Werte bewertet bzw. beurteilt, im Dialog werden sie vorerst stehengelassen, bevor man nach Gemeinsamkeiten sucht oder fließend zu neuen Lösungen vorstößt.

Tabelle 2.14-1: Unterschiede zwischen Dialog und Diskussion, nach Lau-Villinger (2005: 9)

|  | Dialog | Diskussion |
|---|---|---|
| Ziel | Vielfalt und Wahlmöglichkeiten entwickeln | Entscheidungen bewirken |
| Verständnis von Wahrheit | Parallele Wahrheiten transparent machen, stehen lassen | Unterscheiden zwischen/herausarbeiten von richtig und falsch |
| Rollen | Präsenz aller Gesprächspartner | Wenige Protagonisten prägen das Gespräch |
| Umgang mit Wissen | Einsichten gewinnen | Kenntnisse darlegen |
| Umgang mit der Zeit | Qualitativ; die Kommunikationspartner nehmen sich die Zeit, welche sie brauchen | Quantitativ, chronologisch; die Kommunikationspartner haben eine fest begrenzte Zeit, um ihre Gedanken auszutauschen |

Natürlich kann und soll nicht jedes Gespräch als Dialog ablaufen – oft sind Debatten und Diskussionen ebenso sinnvoll. Wenn es aber um die Entwicklung oder Erarbeitung von etwas Neuem geht, was in Projekten oft der Fall ist, oder wenn es um die Integration unterschiedlicher Interessen geht, kann ein Dialog echt weiter führen. Die Gefahr ist indessen weit grösser, dass Gespräche überhaupt nicht wertschätzend geführt werden, dass viel zu rasch missverstanden, beurteilt und verteidigt wird.

Voraussetzung für eine wertschätzende bzw. dialogorientierte Gesprächsführung ist allerdings, dass der Projektleiter und jeder Projektmitarbeiter ein „gesundes" **Selbstbewusstsein** haben:

- Er schätzt sich als ebenbürtiger Gesprächspartner ein, d. h. er kennt seine Stärken und Schwächen
- Er kennt seine eigenen Werte, die er vertritt – wobei er weiss, dass es auch andere Wahrheiten gibt
- Er kennt auch seine persönlichen Interessen und Ziele und gibt sie auch ein – d. h. er hat auch eine Wertschätzung gegenüber sich selbst. Er sagt auch „Nein", wenn etwas seinen Vorstellungen überhaupt nicht entspricht

Sowohl eine Überschätzung seiner selbst ist schlecht (Neigung zur Selbstdarstellung, Rechthaberei und damit zur unsymmetrischen Kommunikation) als auch eine Unterschätzung (Neigung zur Unsicherheit).

### 1.2.2 Wertschätzung als Motivationsfaktor

Wie die Führungstheorie besagt, ist Motivation (vgl. Element 2.02 Motivation und Engagement) sehr komplex und es gibt viele Faktoren, die Motivation ermöglichen oder verhindern. Und es ist auch bekannt, dass sich nicht alle Menschen gleichartig und zeitgleich motivieren lassen. Erstens haben sie je nach Situation unterschiedliche Bedürfnisse und zweitens „entscheiden" sie selbst, ob sie motiviert sind oder nicht. Es kann höchstens gesagt werden, dass es verschiedene Faktoren gibt, welche Motivation ermöglichen. Einer dieser „Motivatoren" ist das Bedürfnis nach Selbstwert im Sinne von beachtet und anerkannt werden.

Tabelle 2.14-2: Wichtigste Motivationsfaktoren in der Führung von Projektteams

| | |
|---|---|
| Sinn | Das Projekt muss „Sinn" machen, d. h. mit dem eigenen Wertgefüge in etwa übereinstimmen – ein herausforderndes Ziel kann mobilisieren |
| **Wertschätzung**, Anerkennung | Wenn gute Projektbeiträge und Erfolge anerkannt werden, wenn das Team oder einzelne Projektmitarbeiter entsprechendes Feedback – auch konstruktive Kritik – erhalten, so fördert das die Motivation. Die Absenz von Auseinandersetzung mit dem Team oder einzelnen Personen ist jedenfalls sehr demotivierend. |
| Eigene Weiterentwicklung | Projekte haben einen großen Anteil an Neuem, was für das eigene Lernen genutzt werden kann. |
| Zugehörigkeit | Einer Gruppe, einer Organisation, einem Projekt anzugehören, ermöglicht Austausch mit anderen Menschen – Menschen brauchen in der Regel ein soziales Beziehungsnetz |
| Materielle Sicherheit | In gewissen Situationen kann die Aussicht auf Jobsicherheit oder angemessenes Salär durchaus motivationsfördernd sein (oder mindestens Demotivation verhindern) |

Das fängt schon bei der Nominierung von Projektmitarbeitern an – es ist ein Unterschied, ob der Projektleiter oder die Linie jemanden ins Projekt lediglich aufgrund seiner verfügbaren Zeit oder aufgrund seiner fachlichen oder persönlichen Qualifikation berufen. Wertschätzung heißt hier: den Wert, also das Potenzial zu einem zielführenden Beitrag zu erkennen und adäquat im Projekt einzusetzen.

Meistens ist Wertschätzung im Zusammenhang der Motivation aber eher im anerkennenden Sinne gemeint: ich schätze Ihre Leistung, sie ist hervorragend! Oder: Lob soll auch den Teammitgliedern zuteil werden, nicht nur der Projektleiter steht im Rampenlicht. Aber auch hier kann die tiefere Bedeutung helfen: ich schätze den Wert einer Leistung ein und gebe kritisches Feedback. Damit wertschätze ich auch die Person, sie ist wertvoll, da es für mich sehr entscheidend ist, dass sie ihre Leistung erbringt bzw. ihre Leistungsfähigkeit weiter entwickelt. Leider ist es selten, dass in Projekten eine kritische Feedbackkultur herrscht, denn kritisches Feedback bedeutet Aufwand und ist oft unangenehm. Da kann dann leicht ein Gefühl der Wertlosigkeit aufkommen, was sehr demotivierend ist.

Entgelt wird als Motivationsfaktor zwar der materiellen Sicherheit zugeordnet oder als Hygienefaktor bezeichnet, hat aber auch die Seite der Wertschätzung: die Leistung ist etwas wert. In Projekten wird das meistens vergessen, da die Projektmitarbeitenden in der Regel durch die Stammorganisation und nicht durch die Projektleitung ausbezahlt werden. Trotzdem ist es in vielen Fällen möglich, bei besonderen Einsätzen und Leistungen Einfluss auf die Führung in der Linie zu nehmen – sei dies im Hinblick auf eine Sonderprämie oder auf die Lohnfindung.

Wertschätzung kann schließlich auch heißen, die Entwicklung und das Weiterkommen von Projektmitarbeitenden zu fördern. Gerade für jüngere Leute können Karriereaussichten sehr motivierend sein.

 **Beispiel** Für die Förderung von Projektleitern sind u. a. folgende Möglichkeiten denkbar:
- Übertragen von herausfordernden Projektarbeiten
- Für die Zertifizierung als Projektmanagement-Fachmann vorschlagen
- Projektarbeit mit einer entsprechenden Weiterbildung verbinden
- Karriereschritt vorschlagen oder mindestens ermöglichen

## 1.2.3 Umgang mit unterschiedlichen Wertesystemen im Projektteam

Ein gut funktionierendes Team kann man unter anderem daran erkennen, dass sich die Mitglieder gegenseitig eine hohe Wertschätzung entgegenbringen. Das kommt nicht nur in der gegenseitigen Kommunikation zum Ausdruck, sondern auch in der gegenseitigen Akzeptanz, Unterstützung und im gegenseitigen Vertrauen. Letztlich geht es darum, die gegenseitigen Wirklichkeiten und Wertesysteme zu akzeptieren und zu verstehen und als Potenzial für das Projekt zu werten.

Eine sehr gute Gelegenheit dazu ist der Projekt-Kick-Off. Hier geht es ja u. a. darum, die Projektmitglieder „ins Boot" zu nehmen und die Gruppe arbeitsfähig zu machen. Da ist die Gelegenheit günstig, die Projektzielsetzung mit den je eigenen Werten, ethischen Grundsätzen und Normen in Beziehung zu setzen.

 **Beispiel** Als Projektleiter kann ich Werte von Teammitgliedern wie folgt erkunden:

- Was bringt Ihr mit? Vorwissen, Erfahrungen – beruflich und außerberuflich
- Ist das Projekt mit Euren persönlichen Werten vereinbar?
- Was ist Euch in diesem Projekt besonders wichtig, was fordert Euch heraus?
- Habt Ihr besondere Erwartungen, Befürchtungen?

Da kann z. B. herauskommen, dass ein Projektmitglied, das von der Grundhaltung her Konflikte eher scheut, sagt: „ich vertrete hier einen Verband, der bestimmte Erwartungen an das Projekt hat. Wenn wir diese im Projekt nicht erfüllen, komme ich stark unter Druck und das belastet mich". Derartige Bedenken müssen ausgesprochen werden können, sonst begleiten sie das Projekt wie ein Schatten.

Oft werden Teams auch aus verschiedenen Firmen bzw. Organisationen zusammengesetzt, die unterschiedliche Werte vertreten. Beispiel eines Forschungsprojektes, bei dem die Industrie und die Hochschule beteiligt ist: beim Hochschulinstitut steht die Forschung im Vordergrund – also Werte, wie

Wissenschaftlichkeit und Allgemeingültigkeit, die Industrie hingegen legt Wert auf rasche Vermarktbarkeit: Zeit ist Vorsprung und Geld. Es lohnt sich, die grundsätzlichen Erwartungen am Anfang des Projektes transparent zu machen, wenn die einzelnen Partner sich noch nicht auf bestimmte Ziele und Lösungen fixiert haben.

### 1.2.4 Das Projektteam als wertvolle Ressource

Eine wertschätzende Teamarbeit erkennt man auch daran, dass jedes Mitglied sich nicht nur für die Erfüllung der eigenen Aufgabe verantwortlich fühlt, sondern gleichermaßen für das Teamergebnis als Ganzes. Von da her sind die einzelnen Teammitglieder in der Lage, sich von eigenen Beiträgen zu lösen und auf den Ergebnissen anderer weiter aufzubauen.

Die Teamorientierung hat durchaus ihren Vorteil gegenüber der Optimierung nur für sich selbst. Denn eine simultane Teamarbeit kann für komplexe Problemstellungen weitaus bessere Leistungen hervorbringen als eine additive Zusammenarbeit.

Ein Team ist somit eine große Ressource, es ist wie ein Orchester mit verschiedenen Instrumenten. Diese kann der Projektleiter voll zur Geltung bringen oder er kann dessen Wert unterschätzen bzw. nicht erkennen. Ein Team birgt eine große Vielfalt bzw. viel Unterschiede, die zu neuen Lösungen anregen können (vgl. auch Element 2.07 Kreativität).

Tabelle 2.14-3: Wertschätzende und nichtwertschätzende Teamführung

| Wetschätzende Teamführung | Nicht wertschätzende Teamführung |
|---|---|
| Ich interessiere mich am Anfang des Projektes für Interessen und allfällige Werte der Teammitglieder | Ob das Projekt im Widerspruch zu den Grundsätzen und ethischen Überzeugungen des Teams befindet, darf nicht Thema sein – das hat jeder mit sich selber auszumachen |
| Ich vertraue auf die Fähigkeiten der Projektmitarbeiter – ich delegiere Aufgaben entsprechend ihren Voraussetzungen | Ich misstraue meinen Projektmitarbeitern – ich mache alles selber oder lasse es durch 2 Personen/ Gruppen gleichzeitig machen, damit ich sicher bin |
| Ich schütze das Team vor ungerechtfertigten Angriffen von außen | Ich lasse Eingriffe, widersprüchliche Anweisungen, Angriffe von außen zu |
| Bei Präsentationen ist soweit möglich jemand oder das ganze Team dabei oder ich stelle es verbal in den Vordergrund | Ich selber stehe im Rampenlicht. Falls aber Probleme auftauchen, hole ich jemanden vom Team oder weise den Fehler einem Projektmitarbeiter zu |
| Informationen lasse ich den Teammitgliedern rasch und direkt zukommen. Ich öffne auch die Wege, damit sie direkt mit weiteren Stellen und Partnern kommunizieren können | Informationen gehen grundsätzlich zuerst über meinen Tisch. So weiß ich, was läuft |
| Ich honoriere das Einzel- wie das Gruppenergebnis und thematisiere es, wenn nur jeder sich selbst optimiert | Hauptsache ist, dass gearbeitet wird – ich habe genug mit meinem Job zu tun |
| Ich gebe oft Feedback zu sachlichen Ergebnissen oder Verhaltensweisen und bespreche allenfalls Änderungsmöglichkeiten | Ich greife dann ein, wenn ich gefragt werde. Die Leute sollten ja selbstständig und eigenverantwortlich sein – Projektleitung verstehe ich als Koordination und weniger als Führun |
| Ich achte auf gegenseitigen Respekt und aktives Zuhören | Ich als Projektleiter gebe den Ton an |

Zur Erreichung von Vielfalt bzw. unterschiedlichen Beiträgen ist es bei großen Teams oder Gruppen zweckmäßig, Kleingruppenarbeit zu arrangieren, sodass dasselbe Thema parallel bearbeitet werden kann.

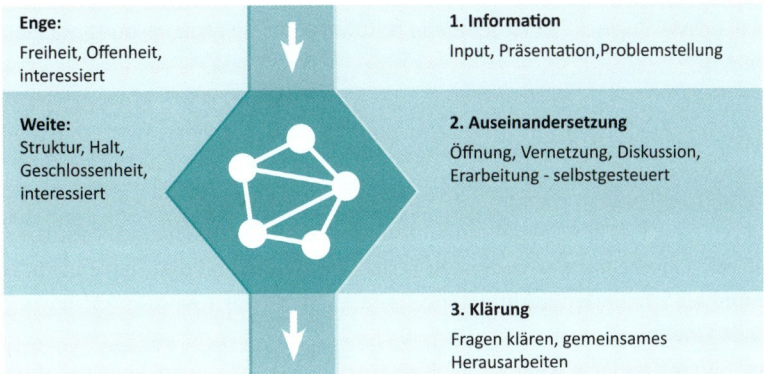

Abbildung 2.14-2: Prinzip der Erzeugung von Vielfalt in Workshops

### 1.2.5 Wertschätzung und Delegation von Führung

Jedes Projektteam braucht Führung, es gibt keine führungslosen Teams. Führung ist eine Gesamtheit von vielen „Führungshüten": es gibt fachliche Führung, methodische Führung, soziale Führung. Die Frage ist dabei, ob die gesamte Führung beim Projektleiter zentralisiert ist. Die Praxis zeigt, dass ein Teamleiter einzelne Führungshüte durchaus loslassen kann, d. h. dass er einzelne Führungsverantwortungen delegieren kann. Das Team lernt dann, situativ Verantwortungen bzw. Führung wahrzunehmen. So erkennt jemand, dass gegenseitig nicht zugehört wird, und er interveniert. Oder der Projektleiter ist fachlich derart engagiert, dass ein anderes Teammitglied vorübergehend die Moderationsverantwortung übernimmt. Das bedingt aber, dass der Projektleiter die „Werte" seiner Mitglieder erkennt, dass er ihnen vertraut und loslässt. Eigentlich kann er die totale Führung gar nicht wahrnehmen, er wäre überfordert. Was er aber nicht darf, ist die Verantwortung für die Zielerreichung, d.h. für die Planung, Kontrolle und Steuerung, abgeben.

In Spezialfällen – etwa in Change- Projekten – lassen sich auch Teams ohne nominelle Führung installieren. In diesem Fall müssen sie die Führung selber in die Hand nehmen und organisieren – etwa: Wer moderiert? Wer ist am Flip Chart, wer bereitet nach oder präsentiert usw. Zu was die Auftraggeber dann aber auch bereit sein müssen: dem Team innerhalb bestimmter Leitplanken volle Freiheiten und Entscheidungskompetenzen zu geben und Teamentscheidungen wirklich zu akzeptieren.

### 1.2.6 Interkulturelle Teams

Interkulturelle Teams werden immer mehr eine Realität – besonders in Projekten weltweit tätiger Konzerne und in internationalen Forschungsvorhaben. Die unterschiedlichen Kulturträger basieren dabei auch auf entsprechend unterschiedlichen Wertvorstellungen.

Vorerst sei die Grundfrage gestellt: Wie ist unsere Einstellung gegenüber fremden Kulturen? Welche Wertschätzung bringen wir ihnen entgegen? Oft gehen wir Europäer unbewusst von der Annahme aus, dass unsere Kultur für die Projektarbeit am zweckmäßigsten sei, da die Entstehung und Entwicklung der industriellen Produktion schließlich zu einem großen Teil hier stattgefunden haben. Daher haben sich Projektbeteiligte aus so genannten „Entwicklungsländern" uns anzuschließen. Offiziell sagen wir zwar etwas anderes – aber die tatsächliche Einstellung zu anderen, uns zunächst schwer verständlichen Kulturen, ist halt oft diejenige eines Schulmeisters. Nun, die Zeiten haben sich nicht nur geändert – einige dieser Länder sind uns auch in der Wirtschaft mindestens ebenbürtig geworden – sondern die Erfahrungen zeigen auch, dass interkulturelle Teams unter Umständen bessere Leistungen hervorbringen als monokulturelle Zusammensetzungen (Lehmann und Van Den Bergh, 2004). Das liegt daran, dass

- mehr Vielfalt erzeugt und dadurch mehr Kreativität entstehen kann
- eine starke Fokussierung auf das Wesentliche stattfindet, da die gemeinsame Sprache zu Vereinfachungen zwingt

Wenn wir den unterschiedlichen Kulturen nicht mit einer entsprechend wertschätzenden Grundhaltung begegnen, so können wir diese Ressourcen nicht erschließen und das Projektziel können wir mit Sicherheit nur unbefriedigend erreichen.

Wenn wir bereit sind, uns mit Neugier und Interesse den unterschiedlichen Kulturen zu öffnen, sind wir auch bereit, offen an die unterschiedlichen Verhaltensweisen und den zugrunde liegenden Werten heranzugehen und als Projektleiter ein entsprechendes Klima der Kommunikation zu gestalten (vgl. auch Element 2.06 Offenheit).

Tabelle 2.14-4: Beispielhafte Wertepaare für unterschiedliche Kulturen, (STADLER, ETH-Vorlesungsskript 2005)

| Egalitäre Orientierung | versus | Hierarchische Orientierung |
|---|---|---|
| - Demokratisches Management<br>- Gleicher Status für alle<br>- Informelle Beziehungen zum Chef<br>- Teammitglieder teilen Ideen; alle partizipieren gleichermaßen | | - Autoritäres Management<br>- Formale Beziehungen zum Chef<br>- Titel, Grad |
| **Erreichter Status** | versus | **Zugeschriebener Status** |
| - Basiert auf Erzieltem, Erlangtem<br>- „you can do it"<br>- der Status ist jobspezifisch | | - basiert auf Alter, Geschlecht, Titel, Bildung, familiärem Hintergrund usw.<br>- Status ist personenspezifisch |
| **Monochronik – starres Zeit-Management** | versus | **Polychronik - flexibles Zeit-Management** |
| - Zeit ist Geld<br>- Pünktlichkeit und fixe Meetingzeiten<br>- Eins nach dem anderen | | - Zeit für Vergnügen und Arbeit<br>- Zeitvorgaben haben nicht höchste Priorität<br>- Mehrere Aufgaben zur selben Zeit sind beliebt |
| **Kontrolle** | versus | **Harmonie** |
| - Das Schicksal in die eigene Hand nehmen<br>- Probleme sind eine Herausforderung, sie zu lösen<br>- Planung, Organisation, Risikomanagement, messbare Resultate | | - Harmonische Beziehungen mit andern und mit der Natur<br>- Gesichtsverlust vermeiden<br>- Flexibilität, Konsens, ganzheitliches Denken |

Die Startphase der Projektarbeit ist ideal, diese Unterschiede zu thematisieren und sich gegenseitig abzustimmen. Dies braucht bis zum Mehrfachen an Zeit als bei monokulturellen Teams. Aber wenn diese Zeit nicht gewährt wird oder das Team dem Verlangen nach sofortiger Aufgabenbearbeitung nachgibt, muss dies meist mit großen Problemen im weiteren Verlauf des Projektes bezahlt werden. Vielmehr gilt es, die kulturellen Unterschiede im Team bewusst zu machen. Das Team muss die Konsequenzen ihrer Unterschiede verstehen und die Gelegenheit erhalten, seine eigenen Normen und Spielregeln zu finden. Oft lohnt es sich, diesen Prozess von einer entsprechenden Fachperson begleiten zu lassen

## 1.3 Umgang mit Anspruchsgruppen unterschiedlicher Werthaltungen

Projekte sind mit verschiedenen Anspruchsgruppen vernetzt, z. B. nach innen mit Fachbereichen, mit der Geschäftsleitung, mit dem Projektteam oder nach außen mit Kunden, Verbänden, Öffentlichkeit usw. (vgl. auch Element 1.02 „Interessierte Parteien"). Diese haben je ihre eigenen Wertsysteme, aufgrund derer sie ihre Interessen und Ziele ableiten, und können daher rasch einmal in Zielkonflikte geraten. Was kann der Projektleiter nun tun? Als erstes muss er akzeptieren, dass die relevanten Stakeholder (siehe auch Element 1.02 Interessierte Parteien) ihre eigenen Wirklichkeiten, d. h. Werte und Meinungen, leben und vertreten. Diese sind weder „richtiger" noch „falscher" als die eigenen. Jede Wirklichkeit oder Welt ist ein Konstrukt und eine Selektion – es ist schwer zu sagen, wer die „richtigen" Selektionen trifft. Und: es ist ein großes Potenzial, wenn eine Vielfalt von Wertevorstellungen aufeinander trifft – daraus können wirklich neue Ideen und Lösungen entstehen.

Als zweites kann er eine Stakeholder-Analyse entsprechend seinen Kenntnissen, Beobachtungen und Hypothesen erstellen – und das möglichst mit seinem Team. So wird er auf die möglichen Werte und Werteunterschiede aufmerksam gemacht. Was er indessen nur schwer kann: die Werte der verschiedenen Stakeholder in aller Tiefe zu analysieren – dazu braucht es Spezialwissen und große Erfahrung.

Als drittes kann er mit den Stakeholdern in eine kommunikative Beziehung treten. Im Klartext heißt das: Gefäße für den Meinungsaustausch, für gemeinsame Lösungssuche oder Reflexionen zur Verfügung stellen oder die gegenseitige Vernetzung anzuregen.

Tabelle 2.14-5: Wie Werte von Anspruchsgruppen bewusst gemacht werden können

| Wie können Werte erfahren werden? |
|---|
| - Durch Beobachtungen und Hypothesen (die später im Projektprozess zu überprüfen und wieder zu beobachten sind). |
| - Rollenspiele: einzelne Projektmitglieder versetzen sich in die Wirklichkeit von relevanten Anspruchsgruppen (dies vor allem in der Vorstudie, wenn gewisse Anspruchsgruppen noch nicht im Projekt vertreten sind) |
| - Durch Gespräche und Interviews |
| - Durch Workshops: bei der Zusammenarbeit, etwa bei der gemeinsamen Zielerarbeitung, treten Werte und Normen, ev. auch Wertwidersprüche, am besten an die Oberfläche |
| - In der Öffentlichkeit: durch breite Befragungen (Meinungsforschungsinstitute) |
| - Schwierigkeiten: wirklich gelebte Grundannahmen sind schwierig zu ergründen. In diese „Tiefen" zu gehen, ist jedoch erst angebracht, wenn ein Widerspruch zu den kommunizierten, offen gelegten Werten vermutet wird. |

Besonders sensibel auf unterschiedliche Werthaltungen ist die Erarbeitung von Projektzielen. Diese muss sehr sorgfältig gemacht werden, denn aufgrund der abstrakten Formulierung ist man sich rasch einig und die Differenzen treten dann bei der Konkretisierung zutage. Deshalb lohnt es sich, daran mit den Stakeholdern intensiv zu arbeiten, z. B. in einem gemeinsamen Workshop.

**Beispiel** Erarbeitung eines neuen Entgeltkonzeptes in einer öffentlichen Verwaltung.
Dies ist ein Extrembeispiel, da hier zwischen den Hauptanspruchsgruppen „Management" und „Personal" bzw. Gewerkschaften wirklich große Wertunterschiede spürbar werden.
Mit beiden „Parteien" konnte eine faire Diskussion moderiert werden, sodass die unterschiedlichen Werte weitgehend respektiert wurden und ihren Niederschlag in einer gemeinsamen Zielsetzung fanden (Tabelle 2.14-6).

Tabelle 2.14-6: Entwicklung einer gemeinsamen Zielsetzung aus unterschiedlichen Kulturen

| Werte Management | Interessen Management | Werte Personal (Gewerkschaft) | Interessen Personal |
|---|---|---|---|
| Marktorientierung, Dynamik | Flexibles System (situativ anpassungsfähig) | Absolute Gleichbehandlung aller und Stabilität | Gleicher Lohn für alle innerhalb der gleichen Funktionen |
| Unternehmertum | Initiative macht sich bezahlt | Materielle Sicherheit besonders für untere Funktionen | Garantierter Mindestlohn, über dem Existenzminimum |
| Leistung zählt | Entgelt entsprechend der Funktion und den Leistungen | Keine Management-Willkür | Lohn an Funktion, aber nicht an Leistung koppeln |

Daraus ist anlässlich eines Workshops die folgende gemeinsame Zielsetzung entstanden:
- Gleicher Lohn für gleichwertige Arbeit
- Keine Diskriminierung (Frauen, Eingewanderte)
- Aktuell, marktkonform
- Die Leistung soll angemessen in die Salärgestaltung einfließen (individuelle wie Teamleistungen)
- Transparenz der Regelung, Nachvollziehbarkeit
- Einfachheit in der Anwendung
- Lohnspanne zwischen niedrigst und höchst bewerteter Funktion max. x Prozent
- Lohnfolgekosten max. X sFr.
- Lohnsystem muss führungsunterstützend sein

> Aus der Auseinandersetzung mit den Werten kann auch abgeleitet werden, wie das Projekt designt werden soll, damit es anschlussfähig ist.

 **Beispiel** Eine Verwaltung hat ein ausgeprägtes Mitwirkungsverständnis, d. h. es pflegt eine Kultur der Mitsprache und Mitbeteiligung. In diesem Fall wird der Lieferant sein Projekt für z. B. für eine Büroerweiterung so gestalten, dass die Belegschaft bei der Planung und Realisierung möglichst einbezogen ist und mitwirken kann. Umgekehrt wird bei einem patriarchalisch geführten Unternehmen der Mitwirkungsgrad wahrscheinlich eher gering gehalten, da eine Mitwirkung hier leicht zur Alibifunktion verkommen kann.

### 1.4 Wertschätzende Unternehmensentwicklung – Appreciative Inquiry

Diese Methodik nach COOPERRIDER (2003) basiert darauf, die positiven Kräfte zu entdecken und zu stärken bzw. aus eigenen positiven Erfahrungen zu lernen und die Erfolgsfaktoren zu erkennen, um diese im Unternehmen zu multiplizieren. Diese Methode kann dann gut in Projekte integriert werden, wenn es darum geht, neue Lösungen zu entwickeln und umzusetzen. Sie kann gut auch im Projektteam angewendet werden.

Appreciate steht für schätzen, würdigen in folgenden Fällen:

- Anerkennen des Besten in den Menschen oder im Umfeld
- Bestätigen der früheren und heutigen Stärken, Erfolge und Potenziale
- Wahrnehmen der Faktoren, die lebenden Systemen Energie geben (Gesundheit, Motivation, Excellenz)

Inquire steht für:

- Sich erkundigen nach, entdecken
- Fragen stellen, offen sein, um neue Potenziale und Möglichkeiten zu sehen

Zentral für Inquiry Prozesse sind wertschätzende Fragen, die auch im Projektmanagement anwendbar sind, wie

- Beschreiben Sie eine bestimmte Situation oder Zeit in Ihrem Projektbereich, in der Sie sich höchst lebendig, kreativ und engagiert gefühlt haben!
- Was schätzen Sie am meisten an sich selbst, bei Ihrer Arbeit, bei ihrem Projekt, bei Ihrem Unternehmen?
- Welches sind die wichtigsten Faktoren, die Ihrem Projekt Energie und Kraft geben, ohne die Ihr Projekt nicht dasselbe wäre?
- Welche drei Wünsche haben Sie, um die Durchschlagskraft und Vitalität Ihres Projektes zu stärken?

Tabelle 2.14-7: Vorgehensmethodik der Appreciative Inquiry, nach COOPERRIDER (2003)

| Phase | Fokus | Aktivitäten |
|---|---|---|
| Entdeckung | Entdeckungsprozess der bisherigen positiven Erfahrungen und Beispiele von Erfolgen | Durchführung von umfassenden „appreciative" Interviews<br>Auswerten der Interviews bezügl. hervorragender Geschichten, Erlebnissen, Themen usw. |
| Traum | Visionsentwicklung: was könnte alles sein? | „Träume" aus den Interviews thematisieren<br>Zukunftsvision entwickeln |
| Entwurf | Konzeptentwicklung: was sollte ideal sein? | Wichtigste Faktoren der Vision und deren Zusammenhänge bestimmen<br>Vision in Worte fassen als provokative Aussage bzw. Vorschlag |
| Erfüllung | Planung des weiteren Vorgehens: wie geben wir die positive Energie und den Lernprozess weiter? | Planen von Maßnahmen zur Fortführung des AI-Prozesses<br>Bilden von Arbeitsgruppen und Planung der nächster Schritte |

Im Gegensatz zum klassischen Problemlösungsansatz kann der AI-Fokus schneller greifen, da er zukunftsbezogen ist und sich auf Aktion und Vision, statt auf Reaktion bzw. Problemlösung (Eliminierung des Problems, Reparatur) konzentriert.

 Es ist aber nicht in allen Projekten und Situationen sinnvoll, sich nur das Positive herauszufiltern bzw. nur an Erfolgen anzuknüpfen. Negatives, Schwächen und Probleme müssen oft auch analysiert und verarbeitet werden, um zu neuen Lösungen zu kommen und den Erfolg messen zu können. Deshalb kann dieser Ansatz nicht vorbehaltlos empfohlen werden.

## 1.5 Wertschätzung gegenüber Bestehendem

**Abwertung und Respektlosigkeit gegenüber dem Bestehenden schafft oft neue Probleme**

Projekte sind zukunftsgerichtet und wollen etwas Bestehendes bzw. Älteres durch etwas Neues ersetzen. Das Neue wird dann als etwas Besseres eingestuft, da es bestehende Probleme zu beseitigen weiß oder in der neuen Situation zweckmäßiger ist. Es kommt aber stark darauf an, wie diese Kritik am Bestehenden geäußert wird. In der Regel wird sie so formuliert, dass sich die Urheber des „Alten" getadelt oder sogar unfähig vorkommen. Tatsächlich war das Alte zu seiner Zeit „stimmig". Zum Beispiel war eine verrichtungsorientierte Spartenorganisation im Zeitalter des Massenmarktes sehr zweckmäßig, während einer individuellen, kundennahen Fertigung eher eine Prozessorganisation entspricht. Eine abschätzige Haltung dem Alten gegenüber fördert daher Verteidigungsverhalten und Abwehr – schließlich hat man sich bei der bestehenden Lösung auch etwas gedacht. Besonders Reengineering-Projekte scheitern oft an dieser Respektlosigkeit. Aber auch rein „sachliche" Wertschätzung kann verhindern, sich durch neue Lösungen auch neue Probleme einzuhandeln bzw. alte Probleme durch neue zu ersetzen.

**Würdigung und Wertschätzung gehört zur Projektarbeit**

Eine sorgfältige Analyse des Vorhandenen gehört daher zum Grundverständnis der Projektarbeit. Es reicht nicht nur, die Fakten und Strukturen zu erheben, sondern es müssen – nebst den Problemen und Nachteilen – auch die Vorteile bzw. der Nutzen des Bestehenden erfasst werden. Die Würdigung des Alten lenkt die Aufmerksamkeit auf das, was tatsächlich besser werden kann. So kann auch eher vermieden werden, dass mit neuen Lösungen Nachteile oder neue Probleme entstehen, die man vorher nicht gekannt hat. Ein gängiger methodischer Ansatz dazu ist die SWOT Analyse.

Tabelle 2.14-8: SWOT Analyse – Wertschätzung auch des Bestehenden

|  | Positiv | Negativ |
|---|---|---|
| **Hier und Jetzt:** Analyse/Würdigung des Bestehenden | Strengths/Stärken | Weaknesses/Schwächen |
| **Außen und zukünftig** | Opportunities/Chancen | Threats/Gefahren |

Wie Lob und Kritik, so sind auch Würdigung und Wertschätzung ein sehr sensibler Vorgang: sie erfüllen ihre Funktion nur, wenn sie ernst gemeint sind. Betroffene merken sehr schnell, wenn die Würdigung zur Pflichtübung verkommt.

## 2 Zusammenfassung

Bei der Wertschätzung geht es nicht nur um Hochschätzung oder Anerkennung, sondern um das Entdecken, Vielfalt erzeugen, Transparentmachen und Verstehen von unterschiedlichen Werten. Diese Werte sind ein großes Potenzial für Projekte, weshalb man es vermeiden sollte, sie zu übersehen oder vorschnell zu disqualifizieren. Die Fähigkeit, mit Werten umzugehen, spielt in der Kommunikation, der Zusammenarbeit und Teamführung eine große Rolle.

## 3  Fragen zur Wiederholung

| | | |
|---|---|---|
| 1 | Wie definieren Sie Wertschätzung? | ☐ |
| 2 | Welche Bedeutung hat Wertschätzung im Projektmanagement? Wo spielt sie eine Rolle? | ☐ |
| 3 | An was merken Sie, ob ein Gespräch Werte schätzend oder Werte ignorierend verläuft? | ☐ |
| 4 | Wann wird Ihr Teamführung authentisch empfunden? | ☐ |
| 5 | Inwiefern ist Wertschätzung ein Motivationsfaktor? | ☐ |
| 6 | Wie äußert sich eine wertschätzende Haltung gegenüber Meinungen und Ansichten, die von den Ihrigen und auch untereinander verschieden oder sogar kontrovers sind? | ☐ |
| 7 | Was bedeutet eine wertschätzende Zusammenarbeit im Team? Wie äußert sie sich, und wie können Sie diese fördern? | ☐ |
| 8 | Wie gehen Sie mit unterschiedlichen Werthaltungen der für Ihr Projekt relevanten Anspruchsgruppen um? | ☐ |
| 9 | Auf was müssen Sie achten bei interkulturellen Teams? | ☐ |

## 2.15 Ethik (Ethics)

René Schanz, Michael Müller-Vorbrüggen

### Kontext und Bedeutung

Menschenrechtsverletzungen, Umweltskandale, Korruption und Bestechung – Ethik scheint ein seltenes Gut geworden zu sein. Die Unternehmen reagierten u. a. mit der Entwicklung von Verhaltenskodizes, die in die Unternehmensphilosophie (z. B. Leitbildern) integriert und oftmals mittels Zertifikaten oder Labels marketingwirksam nachgewiesen werden. Was ist Ethik?

Grundlagen der Ethik als philosophische Disziplin finden sich erstmals bei Aristoteles und Sokrates. Eine historische Wurzel der Ethik findet sich im Christentum und säkularisiert in der Aufklärung. Bekannt ist der Kategorische Imperativ von KANT: „Handle so, daß die Maxime deines Willens jederzeit zugleich als Princip einer allgemeinen Gesetzgebung gelten könne" (KANT, 1788). Der Weg von einer Begründung der Ethik ohne religiösen Rückgriff blieb allerdings auch nach Kant schwierig. In einem weltanschaulich plural und säkular geprägten Staat und in einer global agierenden Wirtschaft müssen ethische Normen auch ohne Religion begründet werden können, damit alle diese mittragen. Grundlegende ethische Normen, wie der Art. 1 Grundgesetz in Deutschland, eine Vielzahl von abgeleiteten Rechtsvorschriften sowie auch einige ethische Normen für die Wirtschaft, wie z. B. das Verbot von Kinderarbeit und das Allgemeine Gleichbehandlungsgesetz in der Bundesrepublik Deutschland (gültig seit 2006), sind in einigen Ländern selbstverständlich. Neu ist, dass Unternehmen nicht mehr nur passive Empfänger von staatlich erlassenen Normen sind, sondern ethische Normen selbst weiterentwickeln, spezifizieren und deren Einhaltung überwachen. Zu fragen wäre allerdings, ob sie dies lediglich utilitaristisch aus wirtschaftlichem Interesse heraus tun, nach dem Motto „ethisch ist, was Profit bringt" oder ob ein innerer Werteanspruch dahinter steht. Es ist zu prüfen, ob und wann sich Konflikte entlang dieser Linie ergeben. Dürfen Menschen alles, was sie können? Wer ist verantwortlich? Eine freiheitliche Gesellschaft wird scheitern, wenn sie nicht Verantwortung, sozialen Sinn und ethische Werte kultiviert. Die Unternehmen haben entsprechend neue Konzepte entwickelt: Global Compact (Selbstverpflichtung), Corporate Social Responsibility, Corporate Citizenship Projects und Corporate Ethic Responsibility.

In Anbetracht der weitreichenden Kompetenzen eines Projektleiters, seiner Einflussmöglichkeiten auf die Entscheidungsträger und der Tragweite z. B. eines genehmigten Change-Prozesses für eine Unternehmung ist es eine zentrale Herausforderung, sich mit Ethik und Moral zu beschäftigen.

Ethik bildet eine Nahtstelle zu den Elementen Projektanforderungen und -ziele, Projektorientierung, Teamarbeit, Konflikt- und Krisenmanagement sowie Wertschätzungsfähigkeit. Zudem beeinflusst Ethik das Qualitätsmanagement, das Finanz- und Vertragswesen, das Engagement und die Motivationsfähigkeit, die rechtlichen Aspekte sowie das Informationsmanagement.

## Lernziele

Sie können

- die Erwartungen an die Rolle und an das Verhalten des Programm- und Projektleitenden gegenüber den gesellschaftlichen Systemen im Bereich der Ethik folgern
- die Begriffe Ethik und Moral von dem sozio-kulturellen Projektumfeld abgrenzen und den Rahmenbedingungen bzw. den Restriktionen zuordnen
- sich bei ethischen Fragestellungen kompetent, respektvoll sowie integrativ ausdrücken und vermitteln
- Projekte und Programme in sämtlichen Aspekten der Ethik einschätzen
- den Sinn und die Sinngebung für die Teamarbeit im ethischen Kontext beschreiben und in Teamzielen festhalten

# Inhalt

| | | |
|---|---|---|
| 1 | Einleitung | 1094 |
| 2 | Internationale Projektethik | 1095 |
| 3 | Deskriptive und normative Ethik | 1095 |
| 4 | Ethik in der Projektführung | 1097 |
| 5 | Handlungsethik bei Veränderungen | 1098 |
| 6 | Gesinnung | 1098 |
| 7 | Sinn und Sinngebung | 1099 |
| 8 | Taktisches Verhalten im Projektmanagement | 1100 |
| 9 | Ethische Aspekte in Projekten und in Programmen | 1102 |
| 10 | Zusammenfassung | 1103 |
| 11 | Fragen zur Wiederholung | 1103 |

# 1 Einleitung

Das Wort Ethik stammt vom griechischen „ethos" (DUDEN; Herkunftswörterbuch) und bedeutet Sitte, Gewohnheit oder Gesamthaltung. Ethik ist die Lehre vom richtigen Handeln und Wollen. Damit verbunden sind die Klärung bzw. der Klärungsversuch der Frage, was gut und böse bzw. richtig und falsch ist. Ethik befasst sich mit dem Zustandekommen und Befolgen moralischer Wertaussagen. Ethik selbst ist dabei nie wertfrei, sie folgt immer einer Weltanschauung, auch wenn sie staatlich normiert wurde.

Moral ist stets gegenwärtig, wenn Menschen aufeinander treffen. Wir sind ethischer, als wir oftmals denken: Stunde um Stunde müssen wir viele kleine Entscheidungen treffen – und jede Entscheidung hat einen Grund, hat ihre Ethik. Diese ethische „Orientierung" hat zwei Komponenten: Einerseits steht die Urteilsfindung in einem logischen Zusammenhang von Regeln und Prinzipien. Andererseits werten und handeln wir ebenso aus Intuition (bspw. Gefühl oder Affekt). Es muss ein Wirkungsfeld zwischen rationalen und intuitiven ethischen Komponenten geben, die unser Handeln in Extremsituationen erklären. Ethik ist primär eine mentale und nicht eine materielle Angelegenheit.

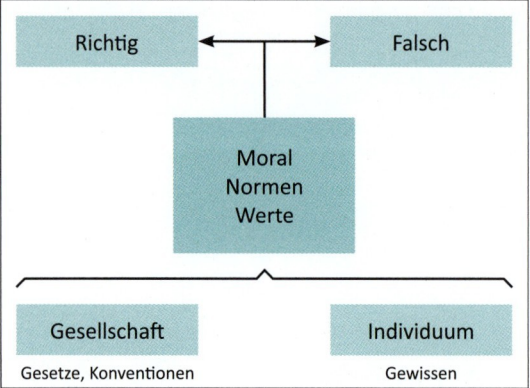

Abbildung 2.15-1: Ethik versucht, Antwort auf das richtige oder falsche Tun und Verhalten zu geben (SCHANZ, 2006: 10)

> **§ Definition** Unter Moral versteht man einen Komplex von Regeln und Normen, die das Handeln (sittliche Grundsätze des Verhaltens) leiten sollen und für Schuldgefühle oder Missachtung verantwortlich sind, falls man selbst oder andere dagegen verstoßen.

Die Vermittlung von ethischem Wissen ist im Projektmanagement eine unabdingbare Aufgabe, damit moralische Konfliktsituationen adäquat bewältigt werden können. Gewinnstreben, Profit und Moral können im Widerspruch zueinander stehen oder auch im Zusammenhang gesehen werden. Für dauerhaft erfolgreiche Unternehmen ist das eine so bedeutsam wie das andere. Wer die Profitabilität vernachlässigt, der gefährdet das Unternehmen. Und wer Werte und Moral in seinem Verhalten und Handeln geringschätzt, auch der untergräbt die Fundamente erfolgreichen Wirtschaftens.

## 2  Internationale Projektethik

Im Rahmen der von der Globalisierung betroffenen Projekte der zivilen Unternehmungen ist das internationale Netz an Verhaltensnormen weniger eng gestrickt als die nationalen Regelungen von Projekten innerhalb der öffentlichen Verwaltung. Derzeit wird der moralischen „Erosion" mit der Wiederherstellung des Vertrauens in ein Wirtschaftssystem Einhalt geboten. „Restoring trust" soll größtmögliche Transparenz und wirkungsvolle Kontrollmechanismen zulassen und allen Beteiligten zur „Corporate Governance" verhelfen. Der Staat definiert seine moralischen Standards in erster Linie durch Rechtssetzung und diese sind wiederum der Eingabe und Kontrolle durch den Menschen selbst unterworfen. Der Mensch erlegt sich selbst moralische Regeln auf, nur um dadurch selbst größere Vorteile zu erlangen. Dabei ist der Begriff „Vorteil" nicht nur materiell oder gar nur monetär zu verstehen, sondern umfasst auch Werte, wie Gesundheit, Muße und die Verwirklichung eines vernünftigen Lebens in der Gemeinschaft mit anderen. Gerade deshalb wird Moral nicht selten als Machtinstrument gebraucht, um bestimmte Dinge durchzusetzen. Hier kann eine reflektierte Ethik helfen, sich vor derlei (oder vielerlei) Moral zu schützen! Im Umfeld von internationalen Projekten ist zu beachten, dass sich die Moral grundlegend nach der herrschenden Kultur definiert. Ein Projektleiter im Ausland muss berücksichtigen, dass die europäische, normative Moral nicht zwingend den logischen Gefühlen anderer Kulturen entspricht. Moral und Sitte sind die Menge an gelebten und praktizierten Ver- und Geboten sowie die Menge der als gut und schlecht geklärten und bewerteten Handlungsweisen und -muster.

## 3  Deskriptive und normative Ethik

Die Ethik lässt sich in zwei Unterdisziplinen einteilen, die verschiedene Ziele verfolgen:

**Deskriptive Ethik:** beschreibt und begründet Verhalten, Sitten, Werte und Moral von Kulturen.
**Normative Ethik:** prüft und bewertet die geltende Sitte und Moral und gibt Handlungsanweisungen.

Für eine differenzierte Betrachtung ethischer Fragen in Projekten werden nach dem Umfang der Handlungsträger drei Handlungsebenen definiert:

Tabelle 2.15-1: Handlungsebenen im Projekt

| | |
|---|---|
| Mikroebene | Das Handeln des Teilprojektleiters steht im Vordergrund (bspw. Respektieren der Vereinbarungen) |
| Mesoebene | Das Handeln des Projektteams steht im Vordergrund (bspw. die moralische Verantwortung gegenüber der Risikoanalyse) |
| Makroebene | Das Handeln der Organisation steht im Vordergrund (bspw. bei Produkt-Pannen in der Umsetzungsphase) |

Welches Handeln ist vernünftig bzw. woran soll sich das lokale Handeln orientieren? Wenn definiert wird, dass Vernunft „die Wahrnehmung des jeweils nächsthöheren Ganzen" (KERN 1993: 123) ist, dann bedeutet dies, dass vernünftiges Handeln auf einer Ebene im Lichte der nächsthöheren Ebene unvernünftig sein kann. Wenn eine Person raucht, so kann das für sie durchaus vernünftig sein: sie fühlt sich ausgeglichener, der Rauch schmeckt zum Kaffee usw. Wenn jedoch als „nächsthöheres Ganzes" die Gesundheit bzw. die Zukunft in den Blick genommen werden, so ist das aktuelle Handeln unvernünftig. Das „nächsthöhere Ganze" hat demnach verschiedene Dimensionen, zeitliche, räumliche, soziale und personale. Dieser unendliche Regress endet letztendlich in der Verantwortung vor dem Leben selbst, „Leben soll sein" (Hans JONAS), weshalb Peter KERN seiner Vernunftethik den Namen „Ökosophisches Management" gibt. Auch wenn der Anspruch des unendlichen Regresses zu überfordern scheint, wäre es durchaus denkbar, dass zumindest der Weg in Richtung der Wahrnehmung und Berücksichtigung des nächsthöheren Ganzen beschritten wird.

Eine weitere Untergliederung der Ethik – genauer gesagt der Handlungsethik – ist durch die Einteilung anhand unterschiedlicher Ansätze bei der Suche nach dem richtigen Handeln möglich:

I   Gesinnungsethik
I   Folgenethik
I   Verantwortungsethik

Den groben Zusammenhang zwischen den erläuterten Begriffen soll diese Grafik liefern:

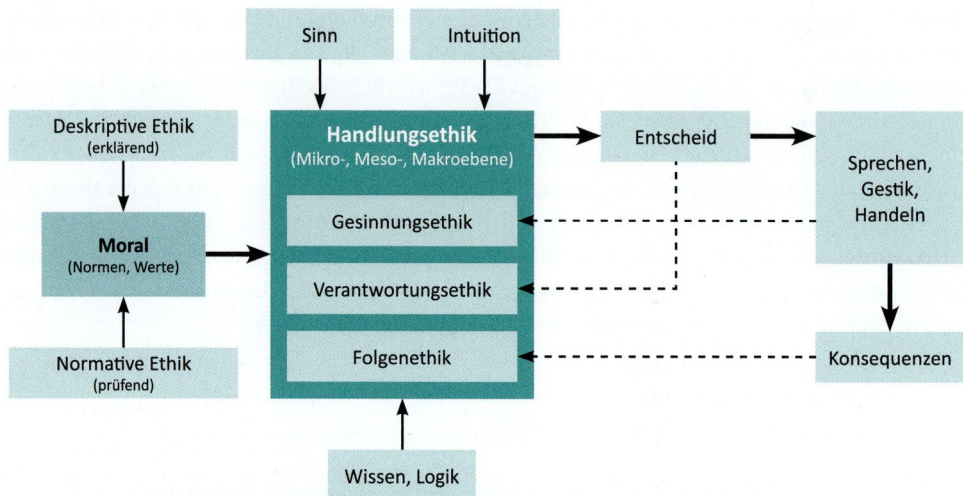

Abbildung 2.15-2: Zusammenhänge der Handlungsethik (SCHANZ, 2006: 15)

Die gegensätzlichen Ansätze der Gesinnungs- bzw. Folgenethik sind jeweils eine Anwendung der (normativen) Ethik und berufen sich also auf die Gesinnung einerseits bzw. auf die Verantwortung andererseits. Beide sind auf Moral und Sitte als erste Ursache für jeden ethischen Ansatz angewiesen. Die zentralen Fragen sind nun: Welche Ethik ist die richtige? Kann es die eine richtige Ethik geben? Welche Instanz entscheidet, was richtig und was falsch ist? Können Werte gleich gültig sein? Was unterscheidet gleich gültige Werte von einer Haltung der Gleichgültigkeit?

Ethik gelingt nur, wenn ein Projektleiter zu seinen emotiven Verhaltensmustern, Führungs- und Sozialkompetenzen Abstand gewinnt und die Fähigkeit zur reflexiven Selbstwahrnehmung entwickelt. Diese Grundkompetenz, die sowohl gute Führungskräfte als auch ethisch bewusst agierende Menschen gemeinsam haben, ist die Fähigkeit zum Perspektivenwechsel. Die beste Ethik während der Projektabwicklung nützt wenig, wenn nicht die Folge- und Nebenwirkungen bzw. die Nutzungsphase der Projektresultate mitbetrachtet werden. Das Innehalten für den Perspektivenwechsel offenbart nach kurzer Zeit einen deutlichen Mehrwert: Größere Klarheit über die persönliche Motivation, Zunahme der Fähigkeit, vernetzt zu denken, zusätzliche Beurteilungskriterien und rascherer Durchblick in schwierigen Entscheidungen, aber auch eine Zunahme der eigentlichen Entscheidungsfitness.

# 4 Ethik in der Projektführung

Die Berücksichtigung der moralischen Intelligenz macht Führung nicht leichter, sondern schwieriger. Solche Überlegungen bedingen Mut, langfristige Strategien zu beachten, Möglichkeiten des rechtlich Erlaubten nicht auszunutzen, sondern Grenzen zu setzen (sofern legitime Interessen anderer es einfordern) und nicht zuletzt in neuen Kategorien zu denken. Jedes Handeln und Wirken von Bürgern, Organisationen, Staaten und Religionen dürfen der Erhaltung des Lebens nicht schaden. Jeder Mensch, der – unabhängig von seinem Führungsstil – handelt, stellt sich vor den Begriff der Verantwortung, das bedeutet, er muss sich für eventuelle Folgen seines Handelns rechtfertigen und verantworten. Voraussetzung dafür ist, dass der Mensch zurechnungsfähig ist, da ihm seine gegenwärtige Situation und die Folgen seines Handelns bewusst sein müssen. Besteht ein Schaden, so sucht man dafür einen Verantwortlichen, das bedeutet, es gibt einen Menschen, der deterministisch die Ursache dafür ist. Hat nun ein Mensch einen Schaden verursacht (und er ist zurechnungsfähig), so wird er dafür verantwortlich gemacht. Die Verantwortung steht also in der Antinomie der Deterministik. Projektführungsverantwortung verpflichtet zu den Bemühungen, die gesetzten Ziele bei gleichzeitiger Beachtung der fundamentalen Werte menschlicher Würde und der spezifischen Verhaltensregeln innerhalb eines aktuellen Situationskontextes zu erreichen.

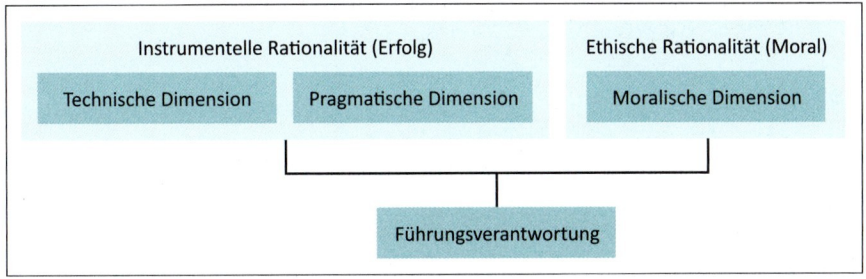

Abbildung 2.15-3: Rationalitäten und Dimensionen des beruflichen Handelns (SCHANZ, 2006: 23)

**Beispiel** Ein Projektleiter hat die Verantwortung für die Projektabwicklung. Neben dieser Verantwortung bestehen die Verantwortung zur Rücksichtnahme gegenüber dem Projektumfeld und jene Verantwortung gegenüber seinem Projektteam. Die Verantwortung gegenüber dem Team lässt sich sowohl als ein Vertragsverhältnis als auch als eine Nützlichkeitsfreundschaft beschreiben. In der ersten Beschreibung beschränkt sich die Beziehung auf die Arbeitspakete. Die zweite Beschreibung ergibt sich immer dann, wenn eine Seite mehr tut, als „vertraglich" festgehalten. Dieses Zeichen der Loyalität verpflichtet die Gegenseite zu einer immateriellen Gegenleistung. Der Mitarbeitende ist beispielsweise nicht mehr einfach ersetzbar. Im Gegenteil ist es eine Forderung der Dankbarkeit und Verbundenheit, ihn nicht zu entlassen oder auszutauschen.

**Fazit** Im rechtlichen Sinne ist der Projektleiter zu nichts verpflichtet; er könnte sich auf den Standpunkt stellen, dem anderen daher nichts zu schulden. Eine moralische intelligente Person ist dazu kaum in der Lage. Teamführung bedeutet, auch diese Loyalitätspflichten zu beachten.

## 5 Handlungsethik bei Veränderungen

Von einem Changeprozess (beispielsweise ein Reorganisationsprojekt) betroffene Organisationseinheiten reagieren auf Unsicherheiten und zunehmende Risiken mit der Forderung nach mehr Moral. Allein die Einführung eben dieser Wertehaltung innerhalb einer Unternehmung erfolgt nach dem bekannten Schema der folgenden Phasen und Interaktionen:

Tabelle 2.15-2: Phasen der Wertebildung in Organisationen

| | |
|---|---|
| Ignoranzphase | Unkenntnis, Unverständnis |
| Advokatorische Phase | Zurückweisung, Leugnung der Vorwürfe und Notwendigkeit |
| Implementationsphase | Implementierung von Ethikforum, -erklärung, Chartas |
| Managementphase | Prozessüberprüfung nach den ethisch-moralischen Modellen |
| Dialogphase | Kommunikation mit den Interessengruppen |

Wir sind somit abhängig, dass sich auch andere ethisch verhalten. Dieser Wandel benötigt Zeit und erfordert die Vorgehensweise eines Veränderungsprozesses. In keinem Fall darf dies nur der „pflichtbewussten Außendarstellung" eines Unternehmens oder eines Projekts dienen. Ethik wird deshalb oftmals als Modewort abgetan, weil vielerorts „der Form halber" mit der scheinbaren Selbstverpflichtung (Global Compact) weitere Aspekte von Qualität und Marketing marktwirksam hervorgehoben werden.

## 6 Gesinnung

Bei der Gesinnung handelt es sich um ein individuelles Phänomen – im Gegensatz zur Moral. Da sie individuell ist, kann sie im Gegensatz zu Moral und Sitte nicht kulturell vererbt werden, sondern sie entwickelt sich im Kleinkindalter. Ihr Antrieb ist das Gewissen, das im Rahmen der Sozialisierung ebenfalls in diesem Lebensstadium geformt wird, während Moral und Sitte als Ergänzung der menschlichen Instinkte angesehen werden können. Der Mensch verfügt über sein Gewissen, gewisse moralische Normen und Werte und einen Wissensschatz. Bevor er nun eine Entscheidung trifft – wobei der Anlass dazu eine Empfindung von außen ist – wird durch die Gesinnung eine Vorauswahl an möglichen Optionen getroffen. Die Gesinnung eines Menschen ist also anhand seines Sprechens, seiner Gestik und seines Handelns erkennbar. Die Gesinnung rechtfertigt auch letztendlich eine Entscheidung – sie verleiht für den Menschen der Handlung einen Sinn. Ein wichtiges Phänomen der Gesinnung ist ihre Unabhängigkeit von einem tatsächlichen Erfolg der Handlung – einziger Antrieb ist, dass das Gewissen Gutes tun will.

Die Anwendung dieser Ethik fällt im Projekt relativ einfach aus: Der ethisch handelnde Projektleiter hat seine Gesinnung zu prüfen und muss sich fragen, ob sie auf eine offene Fragestellung eine zufrieden stellende Antwort liefert. Damit liegen die Nachteile jedoch auf der Hand: Jede Entscheidung ist nur eine Frage der Gesinnung, mit den folgenden Konsequenzen:

- Es zählt nur die Absicht, der Erfolg der Handlung wird nicht berücksichtigt. Führt sie nicht zum Erfolg, ist die Schuld dafür im Projektumfeld (Abwicklungshemmnisse) zu suchen
- Folgen und Nebenfolgen werden ebenfalls nicht berücksichtigt
- Die Gesinnung ist individuell – es gibt also keine universell gültige Gesinnungsethik, sondern nur eine individuelle, basierend auf der eigenen Gesinnung. Da diese aber von Faktoren, wie dem eigenen Wissen (bspw. über Projektdurchführung und -methoden), abhängig ist, kann sich die beste Absicht in ihr Gegenteil verkehren, wenn es eine Diskrepanz zwischen dem wirklich Guten und der eigenen Auffassung gibt.

Ausgehend von den oben genannten Mängeln der Gesinnungsethik, entwickelte sich in der darauffolgenden Zeit ein neuer und gegensätzlicher Ansatz, der anstatt der Absicht einer Handlung ihre Folgen in den Vordergrund stellt – die Folgenethik, auch als teleologische Ethik oder Verantwortungsethik bezeichnet. Somit lautet die Frage: „Ist der Nutzen einer Handlung für die Gesellschaft gut oder schlecht?"

Zielkriterium ist der größtmögliche Nutzen für alle: Es findet ein Interessenausgleich statt. Doch auch dies kann zu negativen Effekten führen: So argumentierte man bspw. im Manhattan-Projekt (Entwicklung der Atombombe), um diese unmoralische Tat zu rechtfertigen. Unmoralisches Verhalten wird also durch die Folgenethik eher begünstigt. Dies ist einer der Gründe, warum Ethik streckenweise ein schlechtes Image hat.

An dieser Stelle soll auf die Folgenethik der externen Beratung im Projektmanagement hingewiesen werden. Eine professioneller Berater handelt dann gewissenhaft (und somit moralisch), wenn er die Unternehmung bzw. den Projektleiter zur Selbstständigkeit führt, ohne in eine langjährige Abhängigkeit zu driften. Keinesfalls (und daher unmoralisch) darf somit der Wissenstransfer zwecks kommerzieller Vertragsverlängerung eingeschränkt werden.

# 7 Sinn und Sinngebung

Bereits mehrfach angesprochen, spielen der Sinn und die Sinngebung eines Projekts eine zentrale Rolle. Wie in der Abbildung 2.15-2 dargestellt, beeinflusst der Sinn die Handlungsethik entscheidend. Wer den Sinn einer Sache einsieht, vermag sich entsprechend zu motivieren. So werden schlussendlich der Abwicklungs- und Anwendungserfolg eines Projekts evident. Menschen haben die Fähigkeit, Sinn zu geben, aber auch zu nehmen. Diese Tatsache verursacht im Projektmanagement auch Vorhalte gegenüber den Systemzielen, wie das Beispiel „Entwicklung von Trinkwasseraufbereitungsgeräten" aus einem Projekt zeigt:

| Sinn | Absicht | Sichtweise | Folgenethik |
|---|---|---|---|
| Immanent | Investitionskosten reduzieren = kein Bedarf an Aufbereitungsgeräten | Durch Terror und Naturkatastrophen verursachte, zerstörte Trinkwasserversorgung ist **unwahrscheinlich** | Rechtfertigung wegen Spardruck und Verdrängung des Risikos (Wahrscheinlichkeit) nach dem Motto „Wasserschloss Europas" |
| Transzendend | Mittel zum Überleben in Notlagen können nicht monetär begründet werden | Durch Terror und Naturkatastrophen verursachte, zerstörte Trinkwasserversorgung ist **möglich** | Rechtfertigung Vertrauen und Gemeinwohl der Bevölkerung |

# 8 Taktisches Verhalten im Projektmanagement

Mit Phrasen wie „Das Geradlinige versagt in der Kurve" oder „der Zweck heiligt die Mittel" werden Grenzübertritte hin zum unmoralischen Verhalten oftmals rhetorisch legitimiert. Inwiefern und wann ist Taktieren jedoch erlaubt bzw. wann ist Taktieren abzulehnen? Sind Notlügen, Übertreibungen, unvollständige Informationen, Druck, Fehlinterpretationen ethisch haltbar oder nicht? Es scheint, als ob Institutionen Projekte initialisieren, um außerhalb der Linienorganisation und der geordneten Bahnen von Gesetz und Moral „legal" Alternativen zu sondieren. Bleiben negative Reaktionen der Interessengruppen aus, lässt sich auf dieser Strategie aufbauen.

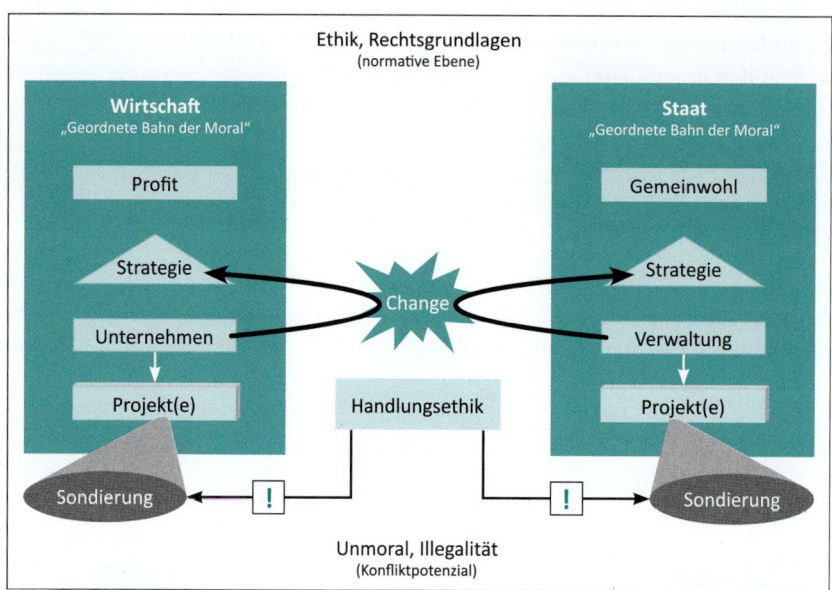

Abbildung 2.15-4: Projekte dienen der moralisch/ethischen Prüfung von Strategien (SCHANZ, 2006: 26)

Andererseits ist bei mancher Ethik-Debatte eine latente Interventionsfeindlichkeit auszumachen. Gerade bei Innovationsprojekten häuft sich der ethisch-motivierte Widerstand. Längst erlegen sich deshalb Unternehmen präventiv so genannte „Codes of Ethics" auf, mit welchen sich Organisationen und Einzelpersonen für ein tugendhaftes Verhalten (u. a. Verantwortung, Kompetenz, Integrität) auszeichnen und verpflichten. Als generisches Beispiel dient der seit dem 9. November 2001 gültige Ethik-Kodex der GPM Deutsche Gesellschaft für Projektmanagement e.V.

## Der Ethik-Kodex der GPM

### Präambel

Bei ihrer Berufsausübung beeinflussen Projektmanager die Lebensqualität jedes einzelnen Menschen in der Gesellschaft. Wegen dieses weitreichenden Einflusses müssen Projektmanager ihre Handlungen und Entscheidungen an den Grundwerten ausrichten: Verantwortung, Kompetenz und Integrität. Die Einhaltung der moralisch-ethischen Handlungsmaximen ist Wertmaßstab aller Tätigkeiten der Projektmanager.

In diesem Bewusstsein fordert die GPM als Fach- und Berufsverband von allen Projektmanagern, und im erweiterten Sinn von allen im Projektmanagement tätigen Personen, die Einhaltung des folgenden Ethik-Kodexes:

### Verantwortung

Jeder Projektmanager räumt dem Gemeinwohl sowie der Gesundheit und Sicherheit jedes einzelnen Menschen hohe Priorität ein. Er trachtet nach Verbesserung der Lebensverhältnisse und der Umweltqualität. Weltoffenheit und Toleranz gegenüber anderen Kulturen bestimmen seine Haltung.

Der Projektmanager richtet seine Handlungen und Entscheidungen zielorientiert auf den Projekterfolg aus, den er für seinen Auftraggeber sicherzustellen hat. Das Vertrauen seines Auftraggebers und der anderen Projektbeteiligten achtet er als hohes Gut.

Durch seine Handlungen und Entscheidungen wird der Projektmanager dem Ansehen des Berufsstandes gerecht. Da Projekterfolg auf Teamarbeit basiert, berücksichtigt er die Interessen der Teammitglieder, der übrigen Projektbeteiligten und der Berufskollegen.

### Kompetenz

Der Projektmanager betreibt nur Projekte, deren Komplexität und Folgen er im Wesentlichen überschaut. Er wägt kritisch Alternativen ab, um gesellschaftlichen Werten gerecht zu werden. Er achtet auf seine Handlungsfreiheit und orientiert seine Entscheidungen am Gemeinwohl.

Der Projektmanager strebt ein Optimum an Wirtschaftlichkeit an. Um die geforderten Funktionen und Qualitäten, Termine und Kosten zu sichern, wendet er Methoden, Verfahren und Systeme nach dem neuesten Wissensstand an. Er übernimmt nur Aufgaben, die seiner Erfahrung und Sachkunde entsprechen. Rechtzeitig ergreift er Maßnahmen, um Projektstörungen abzuwenden. Über Zielkonflikte und Projektprobleme berichtet er offen und wahrheitsgetreu.

Um seine eigenen Fähigkeiten zu verbessern und um auf dem neuesten Wissensstand zu bleiben, bildet sich der Projektmanager ständig weiter. Entsprechend eröffnet er auch Teammitgliedern und Mitarbeitern die Möglichkeiten zur eigenen beruflichen Weiterentwicklung und Ausbildung. Bei sich selbst, bei Teammitgliedern und bei den übrigen Projektbeteiligten achtet er auf faire Kooperation und auf sachliche Kritik. Gleichzeitig nimmt er Teammitglieder und Projektbeteiligte vor unberechtigter Kritik in Schutz. Sein Verhalten ist stets sachlich und auf Ausgleich bedacht.

### Integrität

Der Projektmanager beachtet die Gesetze und die allgemein anerkannten gesellschaftlichen Werte, wo immer er auf der Welt tätig wird. Bei seinen Handlungen und Entscheidungen strebt er stets danach, Schaden vom Wohlergehen der Gesellschaft abzuwenden. Er ist bereit, Rechenschaft für sein Tun abzulegen.

Bei all seinen Handlungen und Entscheidungen bewahrt sich der Projektmanager seine Unabhängigkeit und Neutralität und ist loyaler Sachwalter seines Auftraggebers. Er hält die Vertraulichkeit von Informationen ein und schützt die Urheberrechte. Jede Form unlauterer Beeinflussung lehnt er strikt ab. Gleichzeitig verzichtet er selbst auf jede unlautere Interessenbeeinflussung.

Der Projektmanager übernimmt die volle Verantwortung für seine Handlungen und Entscheidungen. Seine berufliche Position ist auf eigene Leistungen gegründet. Er tritt nicht in unfairer oder unlauterer Weise mit anderen in Wettbewerb.

Mit der Einhaltung dieser Grundsätze bestimmt jeder einzelne Projektmanager und der gesamte Berufsstand seinen Rang und seine gesellschaftliche Anerkennung.

Gesellschaft für Projektmanagement, http://www.gpm-ipma.de

# 9 Ethische Aspekte in Projekten und in Programmen

Projektmanagement ist in der Regel ein Supportprozess für Unternehmungen, um komplexe Vorhaben außerhalb der Linienaufgaben zu lösen. Die Abbildung 2.15-5 veranschaulicht, dass Ethik vor und nach der eigentlichen Projektphase besonders aktuell ist. Projekte sind demnach in Analogie zu den Reifegradmodellen von Projektmanagement von der deskriptiven und normativen Ethikausprägung der Linienorganisationen abhängig. Projektleiter und ihre Teams sind deshalb in erster Linie für die ethische und moralische Abwicklung der Projekte selbst verantwortlich. Die Entscheide „Etwas zu tun" (Freigabe Projektantrag) und „das Produkt einzuführen" (Freigabe Nutzungsphase) sind schlussendlich durch die Unternehmensleitung zu treffen. Dies entbindet indessen den Projektleiter nicht davon, auf allfällige Unmoral und ethische Vorhalte aufmerksam zu machen.

Abbildung 2.15-5: Big Picture der Ethik für das Management by Projects (SCHANZ, 2006: 37)

Die nachstehende Tabelle teilt ethische und moralische Aspekte den Projektzielgruppen zu. Sie soll den Programm- und Projektleitenden helfen, die Inhalte eines allfälligen Ethik-Kodizes suspektlos zu folgern.

Tabelle 2.15-3: Projektzielgruppen mit ethisch-moralischen Aspekten

|  | Systemziele | Vorgehensziele | Teamziele |
|---|---|---|---|
| **Ethische Aspekte** | I Vertrauen (Restoring trust)<br>I (Spät-)Folgen des Produkts, bzw. der Lösung<br>I Fairness gegenüber Konkurrenz<br>I Imageerhalt | I Wahrhaftigkeit der Lieferergebnisse<br>I Freigebigkeit<br>I Intuition<br>I Respekt<br>I Loyalität<br>I Gesunder Menschenverstand | I Umgang miteinander<br>I Vertrauen gegeneinander<br>I Verständnis und Solidarität zueinander<br>I Verhalten in Krisen<br>I Projekttaktik<br>I Respekt |
| **Moralische Aspekte** | I Leben des Firmen-Credos<br>I Einhaltung der Rechtsgrundlagen<br>I Integrität<br>I Ehrlichkeit gegenüber dem Kunden<br>I Sicherheit<br>I Nachhaltigkeit | I Leben des Firmen-Credos<br>I Transparenz des Handelns gegenüber Stakeholder<br>I Auftragstreue<br>I Eskalationsweg<br>I Plausibilität | I Leben des Firmen-Credos<br>I Kapazitätstreue<br>I Informationsfluss<br>I Sittliches Verhalten<br>I Entscheidungstreue<br>I Gesundheit |

# 10 Zusammenfassung

In der Einleitung wird die Bedeutung von Ethik und Moral im universellen Projektmanagement erläutert. Vehaltens- und Handlungsweisen werden in Zusammenhang gebracht und Rückschlüsse auf die Projektführung gezogen. In der Folge werden ethikrelevante Begriffe, wie Moral, Gesinnung und Sinn, erklärt. In einem kurzen Exkurs finden sich auch Aussagen über Grenzbereiche der Ethik, wie jene der Projekttaktik, des Innovationswiderstands und der Wahrhaftigkeit.

Das Schwergewicht dieses Kapitels liegt in der Darstellung der Projektführung und deren Verantwortung im ethisch-moralischen Kontext. Nicht nur die Abwicklung des Projekts selbst steht dabei im Zentrum, sondern auch die zu klärenden, ethischen Folgen für die Interessengruppen und für die Umwelt werden beleuchtet. Dabei ist die moralisch motivierte Frage zu beantworten, was für positive und negative Folgen ein erfolgreiches Projekt und das Produkt daraus in der Nutzungsphase generieren.

Mit zahlreichen Denkanstößen sowie tabellarischen und grafischen Abbildungen finden sich unentbehrliche Hinweise für den Projektalltag und Hilfsmittel zur Schulung dieser aktuellen Disziplin.

# 11 Fragen zur Wiederholung

| 1 | Was versteht man unter Handlungsethik? | ☐ |
|---|---|---|
| 2 | Welche Abgrenzung besteht zwischen der Ethik und der Moral? | ☐ |
| 3 | Welche Unterschiede bestehen zwischen der Sinngebung und der Gesinnung? | ☐ |
| 4 | Weshalb sprechen alle von Ethik? | ☐ |
| 5 | Welche Ziele verfolgen die deskriptive bzw. die normative Ethik? | ☐ |
| 6 | Wie wirkt die moralische Intelligenz auf Führungsentscheide? | ☐ |
| 7 | Wie werden Projektziele auf die Wertehaltung stimmig gemacht? | ☐ |
| 8 | Welche ethischen Aspekte beinhaltet die Projektführungsverantwortung? | ☐ |
| 9 | Welches Verhalten ist angezeigt, wenn in einem Projekt unmoralische Aktivitäten beobachtet werden? | ☐ |
| 10 | Was regeln Ethik-Kodizes? | ☐ |
| 11 | Welche Zusammenhänge bestehen zwischen Projektethik und Projekttaktik? | ☐ |
| 12 | Wie wirken sich gewohnte, moralische Werte in internationalen Projekten aus? | ☐ |
| 13 | Was bedeutet „Nachhaltigkeit" von Produkten und Lösungen aus der Sichtweise der Ethik? | ☐ |
| 14 | Was tun, wenn man aus ethischen Gründen nicht will, was erwartet wird? | ☐ |
| 15 | Wie entscheiden, wenn egal, welcher Entscheid getroffen wird, ethische und/oder moralische Werte verletzt werden müssen? | ☐ |
| 16 | Wie lassen sich ethische und moralische Aspekte im Projektalltag intergieren? | ☐ |
| 17 | Wann ist ein Kompromiss zur Wahrhaftigkeit moralisch gerechtfertigt? | ☐ |
| 18 | Welche ethische und/oder moralische Grenze (in einem aktuellen Projekt)<br>a) haben Sie sich gesetzt?<br>b) hat das Projektteam vereinbart?<br>c) toleriert der Auftraggeber?<br>d) definiert das Unternehmenscredo (Codes of Conduct udg.)?<br>e) hat Ihr Kunde festgelegt? | ☐ |

# 3.00 Projektmanagement und Unternehmensstrategie
Heinz Schelle

## Kontext und Bedeutung

Die Beziehungen zwischen Projektmanagement und der Strategie eines Unternehmens bzw. eines Geschäftsfelds können zweifach sein. Zum einen ist die Erarbeitung einer Strategie ein komplexes Projekt mit zunächst in aller Regel sehr vagen Zielen oder sogar ein ganzes Bündel von Projekten, die unter einer obersten Zielsetzung stehen (Programm). Auf diese Rolle des Projektmanagements wird in den weiteren Ausführungen nicht näher eingegangen. Hier interessiert die zweite Beziehung: Unternehmens- und Geschäftsfeldstrategien werden durch Projekte implementiert. Abbildung 3.00-1 zeigt schematisch den kurz skizzierten Zusammenhang (modifiziert nach REICHMANN, 1993)

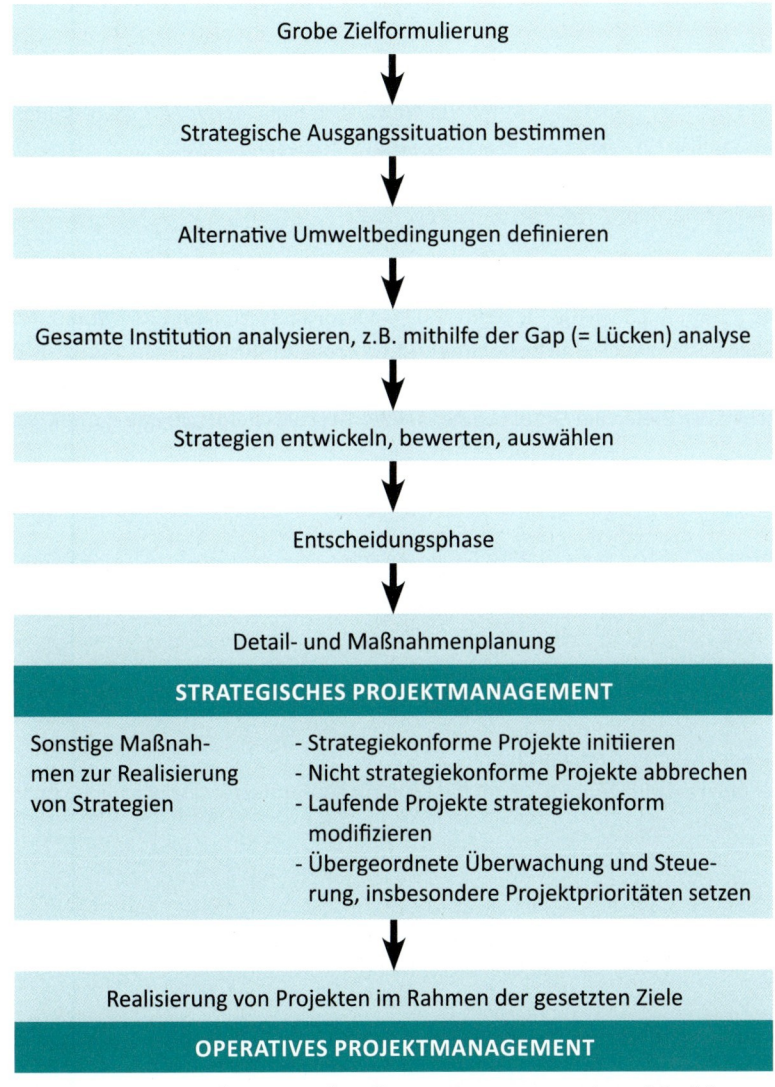

Abbildung 3.00-1: Zusammenhang zwischen Unternehmensstrategie und Projektmanagement (nach REICHMANN, 1993)

Die NCB 3.0 (IPMA 2008) geht auf das Thema nur am Rande ein. Konkrete Probleme und Methoden werden nicht behandelt. Im Rahmen von 3.02 Programmorientierung wird ein Programm definiert „als eine Reihe von miteinander verbundenen Projekten und organisatorischen Änderungen, um ein strategisches Ziel zu verwirklichen". Diese Begriffsbestimmung ist nicht ganz unproblematisch, da sie stillschweigend unterstellt, dass Strategien nicht durch einzelne, isolierte Projekte verwirklicht werden können, sondern dass immer ein Bündel von Projekten dazu notwendig ist. In Kapitel 2 Schlüsselbegriffe (Tabelle 2.1) wird das allerdings widerrufen. Es steht zu lesen: „Vision und Strategie sind durch den Business Plan mit dem Projekt verbunden." Wie diese Verbindung im Detail aussieht, wird nicht erläutert. Problematisch ist auch, dass nach Meinung der ICB (Element 3.03) ein Projektportfolio nicht zur Erfüllung von Unternehmensstrategien gedacht ist, sondern dass hier Projekte nur zu „Kontrollzwecken bzw. zur Koordinierung und Optimierung der Gesamtheit des Portfolios" (ICB Kapitel 2, 2.7.3) zusammengefasst werden. Warum sollte z. B. nicht hinter einem Bündel von relativ heterogenen IT-Projekten die erklärte Strategie der Unternehmensleitung stehen, eine auf Dauer stärkere Durchdringung der Organisation durch neue Informationstechnologien zu erreichen?

**Fazit** Die strenge Verknüpfung der Begriffe „Strategie" und „Programm" führt zu Schwierigkeiten. Deshalb haben eine Reihe von Autoren sich auch damit begnügt, Programm und Projektportfolio anders abzugrenzen:

> **Definition** Ein Programm ist, wie ein Projekt, zeitlich begrenzt. Ist die Zielsetzung erfüllt, wird der Programmmanager entlastet. Ein Projektportfolio ist prinzipiell zeitlich unbegrenzt, es wechselt aber im Zeitverlauf seine Zusammensetzung, da Projekte abgeschlossen bzw. abgebrochen und neue Vorhaben gestartet werden.

Da eine enge Verbindung von Strategie und Projektauswahl nur durch organisatorische Vorkehrungen erreicht werden kann, sind auch die Elemente 1.0 Projektorganisation und 3.05 Stammorganisation relevant. Schließlich besteht auch eine Beziehung zu 1.03 Projektanforderungen und Ziele. Die Projektziele müssen mit den Zielen, die mit der Unternehmensstrategie erreicht werden sollen, kompatibel sein. Genauer: Zwischen den Zielen der Unternehmens- bzw. Geschäftsfeldstrategie muss Komplementarität bestehen.

## Lernziele

Sie kennen

- den Zusammenhang zwischen Strategischer Unternehmensplanung und Strategischem Projektmanagement
- die Begrenzungen der Portfolioansätze
- die Nutzwertanalyse und können sie auf die Prüfung der Strategieverträglichkeit von Projekten anwenden

Sie sind in der Lage

- den Normstrategien verschiedene, nach groben Zielen unterschiedene Projektarten zuzuordnen

Sie wissen

- dass Unternehmensstrategien in der Hauptsache durch Projekte realisiert werden

Sie können

- aus der Boston-Matrix entsprechende Normstrategien ableiten

## Inhalt

| | | |
|---|---|---|
| 1 | Einführung | 1108 |
| 2 | Portfolios und Normstrategien | 1109 |
| 3 | Ansätze auf der Grundlage der Nutzwertanalyse | 1116 |
| 4 | Zusammenfassung | 1119 |

# 1 Einführung

Die Thematik des Kapitels gehörte Jahrzehnte zu den „weißen Flecken" der Projektmanagementliteratur. Der einfache Zusammenhang wird in den wenigsten Lehrbüchern auch nur erwähnt. Nur eine Hand voll Autoren haben sich in der Vergangenheit damit befasst. Dazu gehört vor allem W.R. KING (vgl. KING, 1988), der schon sehr früh in einem viel zu wenig beachteten Beitrag auf die sehr komplizierten Zusammenhänge aufmerksam gemacht hat, und auch der Verfasser dieses Beitrags (vgl. SCHELLE, 1994ff). Auch wenn systematische, großzahlige Umfragen bislang fehlen, so spricht doch vieles für die Vermutung RIETIKERS (vgl. RIETIKER, 2006), dass vor allem in Theorie und Praxis dem organisatorischen Aspekt, der Einbettung des Projektportfoliomanagements in den jährlichen Unternehmensplanungsprozess bislang kaum Beachtung geschenkt wird. Selbstkritisch wird auch von der PMI (Project Management Maturity Model) zugegeben, dass große Versäumnisse vorliegen und Projektmanagement lange nur unter operativen Gesichtspunkten betrachtet wurde (vgl. MORRIS & JAMIESON, 2004). Aus eigener Beratungspraxis kann der Verfasser diesen Mangel bestätigen. Einen der wenigen Versuche, Projektauswahl und Geschäftsfeldstrategie miteinander zu verknüpfen, hat THOMA (vgl. THOMA, 1989) unternommen. Der von ihm für die Firma Porsche gewählte Ansatz ist aber viel zu simpel, da hier lediglich nach dem Grad der Kompatibilität von ausgewählten Projekten und der Geschäftsfeldstrategie gefragt wird. Dabei wird nicht einmal der Versuch unternommen zu klären, was unter „Kompatibilität" zu verstehen ist. In den letzten Jahren hat sich das Bild allerdings ein wenig gewandelt. Das Problembewusstsein wächst, wie z. B. die Entwicklung von OPM3, das Projektbenchmarkingmodell Organizational Project Management Maturity Model, aber auch eine ganze Reihe von Tagungsbeiträgen und Büchern zeigen.

Was sind die wichtigsten Gründe für das Faktum, dass beide Bereiche lange mehr oder weniger voneinander isoliert behandelt wurden?

- Ein Grund dafür ist sicher in vielen Unternehmen die institutionelle Trennung von strategischer Unternehmensplanung und von Stellen, die mit der Projektauswahl befasst sind, also z. B. Lenkungsgremien.
- Häufig bleibt die strategische Planung auch ein Geheimnis der Geschäftsleitung.
- Ein weiterer, aber weniger wichtiger Grund sind erhebliche methodische Probleme, die bislang nicht befriedigend gelöst sind.
- Eine letzte Ursache und vermutlich die wichtigste ist, dass Fragen der Projektauswahl – und darum geht es ja bei der Prüfung der Strategieverträglichkeit von Projekten – zumeist auch Fragen sind, welche die Interessen der Beteiligten existenziell berühren. So wird etwa ein älterer leitender Angestellter, der mit einer bestimmten Technologie im Unternehmen Karriere gemacht und mit einer Reihe von Patenten und Publikationen Reputation erworben hat, in der Regel alles tun, um weiter Projekte auf diesem, ihm vertrauten Gebiet zu fördern. Seine Bereitschaft, neue Wege zu bestreiten, dürfte in der Regel nicht allzu groß sein.

Drei Fragen stellen sich bei einer Behandlung der Zusammenhänge zwischen Unternehmens- bzw. Geschäftsfeldstrategie und Projektmanagement:

1. Mit welchen Werkzeugen kann man den Zusammenhang herstellen und die strategiekonforme Zusammensetzung des Portfolios unterstützen?
2. Wie kann der Prozess in der Organisation verankert, also institutionalisiert werden?   Und schließlich:
3. Wie ist es möglich, den Auswahlprozess möglichst zu objektivieren und zu verhindern, dass traditionelle Auswahlprinzipien, wie z. B. das Prestige des Antragstellers oder die bereits in der Vergangenheit für ein Projekt oder Programm ausgegebenen Mittel übermächtig werden?

Die dritte Frage soll hier nicht behandelt werden. Eine absolut befriedigende Lösung wird man wohl niemals erreichen. Man kann nur hoffen, dass durch die Bereitstellung und Nutzung von einfachen Werkzeugen und die Institutionalisierung des Abstimmprozesses ein höherer Grad an Rationalität erreicht wird und persönliche Präferenzen eine etwas geringere Rolle spielen.

Im Folgenden werden einige Hilfsmittel vorgestellt, mit denen man aus der Unternehmens- bzw. Geschäftsfeldstrategie entsprechende grobe Projekt- bzw. Programm- oder Portfolioziele ableiten kann. Außerdem wird auf einen methodischen Ansatz eingegangen, der es erlaubt, die Strategieverträglichkeit von Projektvorschlagen zu prüfen. Die Frage der Institutionalisierung wird im Vertiefungsteil behandelt.

## 2 Portfolios und Normstrategien

Eine Reihe von Versuchen, einen stringenten Zusammenhang zwischen Projektauswahl und Unternehmensstrategie herzustellen, geht von einer sehr einfachen und kaum jemals zutreffenden Annahme aus: Die Strategie wird nur durch Projekte im Bereich der Entwicklung von neuen Produkten und Dienstleistungen implementiert. Projekte in anderen Bereichen, etwa in der Personalwirtschaft oder in der Logistik, um nur zwei Beispiele zu nennen, werden nicht betrachtet. Eine zweite Annahme ist: Das Ergebnis eines Projekts ist ein und nur ein Produkt. Der in der Realität häufige Fall, dass ein Vorhaben Vorleistungen für nachgelagerte Produktentwicklungen liefert, ist nicht vorgesehen. Und schließlich eine letzte starke Vereinfachung: Welcher Anteil des Umsatzes einer Organisation für strategische Projekte insgesamt ausgegeben werden soll und welcher Anteil z. B. auf die Produktentwicklung oder Prozessverbesserungen entfällt, wird nicht hinterfragt. Entscheidungen über derartige Budgetquoten werden als gegeben vorausgesetzt. Eine wissenschaftlich vertretbare Methodik dafür besteht nicht. Auch für die Unterscheidung zwischen strategischen und nicht-strategischen Projekten gibt es keine klaren Kriterien. In einer ersten Annäherung könnte man Kundenprojekte als nicht-strategische Vorhaben bezeichnen, aber auch von dieser Aussage gibt es Ausnahmen.

In der Vergangenheit haben in der Strategischen Planung vor allem Portfolio-Ansätze wegen ihrer Anschaulichkeit und Einfachheit Bedeutung gewonnen. Wie weit sie wirklich die Entscheidungen der Verantwortlichen beeinflusst haben, sei hier dahin gestellt. Auch für die Aufgabe der Projektauswahl im engeren Sinne wurden verschiedene Portfolien konstruiert. Bekannt wurde u. a. der Portfolio-Ansatz, wie er von McKinsey entwickelt wurde. Als Dimensionen werden die Marktattraktivität und die relativen Wettbewerbsvorteile (Stärken) der Unternehmung in Bezug auf die einzelnen strategischen Geschäftseinheiten oder Geschäftsfelder gewählt. Die Marktattraktivität wird von einer Fülle von Faktoren bestimmt, die situativ und in Abhängigkeit von der betrachteten Branche zu ermitteln sind. Kriterien der relativen Wettbewerbsvorteile (Stärken) sind die relative Marktposition, das relative Produktionspotential, das relative Forschungs- und Entwicklungspotential und die relative Qualifikation der Führungskräfte und Kader. Die Bestimmung erfolgt dabei immer im Vergleich mit den stärksten Konkurrenzunternehmen.

Für die weiteren Ausführungen wird eine einfachere Portfolio-Variante zugrunde gelegt, die sogenannte Boston-Matrix der Boston Consulting Group. Sie kann als Sonderfall der Marktattraktivität-Stärken-Matrix betrachtet werden, wenn die wichtigsten Kräfte, die ein Geschäftsfeld beeinflussen, der relative Marktanteil und das Marktwachstum sind.

Die einzelnen Geschäftsfelder werden nach den zwei soeben genannten Dimensionen positioniert, nach der „relativen Wettbewerbsstellung", einem vom Unternehmen zu beeinflussenden Faktor, und nach der „inflationsbereinigten Marktwachstumsrate", einem Faktor, auf den die Unternehmung im Allgemeinen nur einen geringen Einfluss hat. Die vereinfachende Abbildung 3.00-2 zeigt ein derartiges Portfolio.

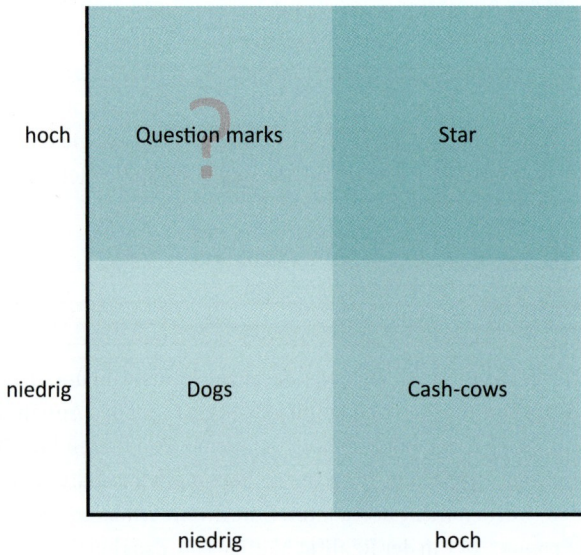

Abbildung 3.00-2: Die Boston-Matrix

Für die einzelnen Felder des Geschäftsfeldportfolios (Stars, Fragezeichen, Cash Cows und Dogs) sind so genannte Normstrategien entwickelt worden, die als grobe Orientierungshilfe dienen können. Abbildung 3.00-3 zeigt eine Zusammenstellung solcher Strategieempfehlungen.

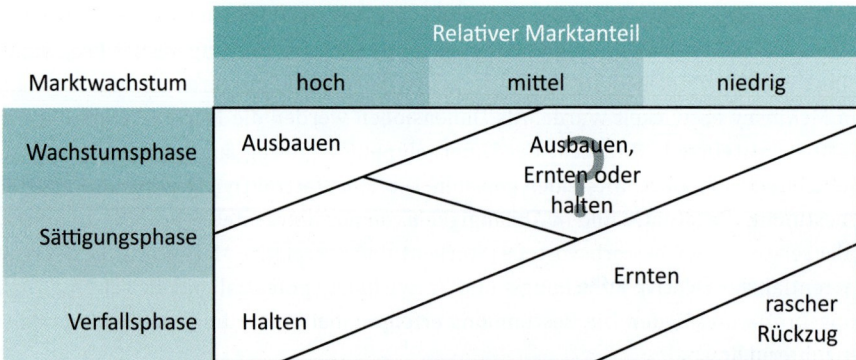

Abbildung 3.00-3: Aus der Boston-Matrix abgeleitete Normstrategien

Dabei werden, wie man sieht, für das Marktwachstum nicht mehr numerische Werte eingetragen, sondern nur noch die Phasen „Wachstum", „Sättigung" und „Verfall". Entsprechend vereinfacht ist die Achse für den „relativen Marktanteil". Auch aus dieser Darstellung lassen sich natürlich noch keine Empfehlungen für die Produktentwicklungsstrategie ableiten. Aus diesem Grund ist es zweckmäßig, das Tableau der Normstrategien noch zu erweitern. Dies ist in Abbildung 3.00-4 geschehen.

| | | Strategie | |
|---|---|---|---|
| **Ausbauen** Umsatz ausdehnen | Markenentwicklung | Schwerpunkt: Neue Produkte auf neuen Märkten | Neue Kunden gewinnen |
| | | | Neue Marktsegmente erschließen |
| | Stärkere Marktdurchdringung | Schwerpunkt: Neue Produkte auf alten Märkten | Absatzausdehnung bei bestehenden Kunden |
| | | | Gewinnung von Kunden der Konkurrenz |
| **Halten** | Marktanteil verteidigen | Schwerpunkt: Produktvarianten auf alten Märkten Kontinuierliche Produktverbesserung | |
| | Gewinnmargen halten | Schwerpunkt: Kostensenkendes Produktdesign | |
| | | Schwerpunkt: Verfahrensentwicklung | |
| **Ernten** | | Schwerpunkt: Ausgaben für Produktentwicklung reduzieren bzw. völlig wegfallen lassen, Senkung der Entwicklungs- und Fertigungskosten | |

*Betrachtet werden nur die Einflussmöglichkeiten der Entwicklung, nicht der Einsatz der absatzpolitischen Instrumente, wie z. B. Preispolitik, Änderung der Vertriebsorganisation etc.

Abbildung 3.00-4: Detaillierte Normstrategien

Aus der Verwendung der Boston-Matrix und den daraus abgeleiteten Normstrategien ergibt sich nun eine Schwierigkeit für die Projektauswahl: Der relative Marktanteil ist in aller Regel nur für Geschäftsfelder, nicht aber für einzelne Produkte definiert. Hinzu kommt, dass der Beitrag, den Entwicklungsprojekte, die in ein Produkt münden, zur Verbesserung des relativen Marktanteils leisten, zumeist kaum einigermaßen exakt zu bestimmen ist. Für die Beurteilung der einzelnen geplanten Projekte müssen deshalb Hilfsgrößen gefunden werden, von denen man vermuten kann, dass sie mit dem relativen Marktanteil zumindest positiv korrelieren. Solche Hilfsgrößen können Erfolgsfaktoren sein.

### Erfolgsfaktoren und Produktprofile

In neuerer Zeit sind Verfahren entwickelt worden, welche die Planer bei der Entwicklung von Produktkonzepten unterstützen können. Dazu gehören u. a. die verschiedenen Varianten der Conjoint-Analyse, die aus Verbraucherbefragungen die Bedeutung einzelner Eigenschaften des Produktkonzepts für das Zustandekommen der Gesamtpräferenz ermittelt. Man kann damit die Vorlieben der Abnehmer für alternative Produkte erklären und vorhersagen. Mithilfe dieser Methode können Erfolgsfaktoren ermittelt und Produktprofile gewonnen werden.

> **§ Definition** Erfolgsfaktoren sind Eigenschaften von Produkten bzw. der die Produkte anbietenden Organisation, die auf dem jeweils relevanten Markt die relative Wettbewerbsstellung der Unternehmung mitbestimmen.

Damit ist die Verbindung zum Portfoliokonzept der Boston Consulting Group hergestellt. Selbstverständlich gibt es eine Reihe von Erfolgsfaktoren, die durch die betriebliche Forschung und Entwicklung gar nicht (z. B. das Vertriebsnetz) oder nicht allein bestimmt werden (z. B. der Preis). Ein Beispiel für die Erfolgsfaktoren auf dem Markt für Elektromotoren zeigt die Abbildung 3.00-5 (MELCHER & KERZNER, 1984).

**Geschäftsarten und ihre Erfolgsfaktoren am Beispiel von Elektromotoren**

| Erfolgsfaktor \ Geschäftsart | A<br>Standardmotoren, große Stückzahlen, Großkunden, Nachfrage hoch, preiselastisch | B<br>Modifizierte Standardmotoren, große Stückzahlen, Großkunden, Nachfrage sehr preiselastisch | C<br>Modifizierte Standardmotoren, mittlere Losgrößen, Kunden mittlerer Größe, Nachfrage ziemlich preiselastisch | D<br>Nicht-Standard-Motoren, kleine Losgrößen, Kunden von geringer Größe, Preis sekundär |
|---|---|---|---|---|
| Preis | 4 | 3 | 2 | 1 |
| Qualität / Funktionen | 1 | 2 | 3 | 4 |
| Lieferfähigkeit | 3 | 2 | 2 | 2 |
| Produktservice | 1 | 1 | 2 | 2 |
| Unterstützung des Kunden bei Engineering / Fertigung | 1 | 2 | 4 | 4 |
| Vertriebsnetz | 2 | 2 | 3 | 4 |

4 = wichtig   1 = unwichtig

Abbildung 3.00-5: Erfolgsfaktoren am Beispiel von Elektromotoren

Die Darstellung zeigt z. B., dass bei Elektromotoren der Geschäftsart A (Standardmotoren, die in großen Stückzahlen hergestellt werden) der wichtigste Erfolgsfaktor der Preis ist, die Anstrengungen in diesem Geschäftsfeld sich also vor allem darauf richten müssen, dieses Produkt zu niedrigen Preisen anzubieten. Die Forschungs- und Entwicklungstätigkeit müsste sich also vor allem darauf konzentrieren, durch Verfahrensverbesserungen die Fertigungskosten zu reduzieren und ein Produktdesign zu erarbeiten, das eine Erzeugung zu niedrigen Kosten erlaubt. Die Erfolgsfaktoren können von erfahrenen Vertriebs- und Marketingleuten geschätzt werden. Eine stärkere Objektivierung lässt sich durch die schon erwähnte Conjoint-Analyse erreichen. Ein Ergebnis, das durch dieses Verfahren erzielt wurde, wird in Abbildung am Beispiel von Autoreifen demonstriert (vgl. SCHUBERT, 1991).

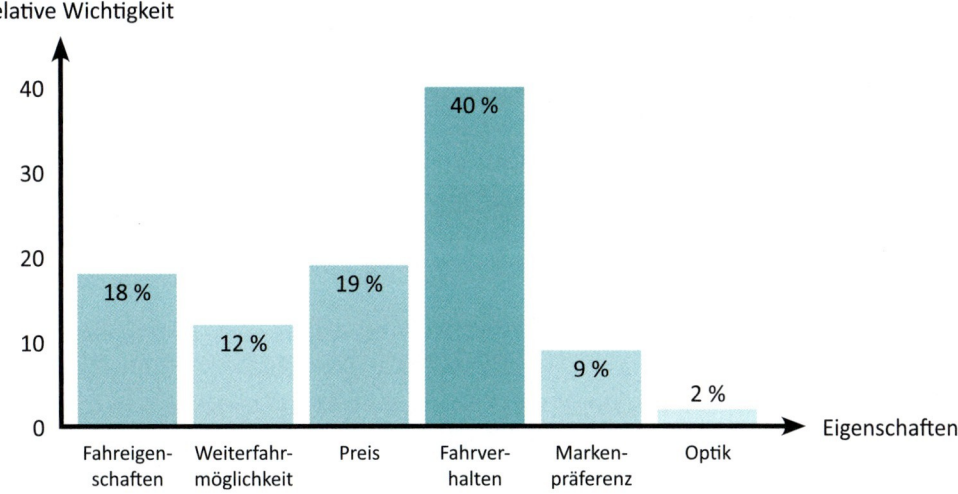

Abbildung 3.00-6 : Erfolgsfaktoren am Beispiel von Autoreifen

Die relativ grobe Rasterung der Erfolgsfaktoren kann durch die Conjoint-Analyse noch weiter differenziert werden. Abbildung 3.00-7 zeigt Konsumentenpräferenzen für das Merkmal „Fahreigenschaften". Eine derartige Differenzierung ist nicht nur eine wesentliche Hilfe bei der Projektauswahl, sondern bietet auch eine erhebliche methodische Unterstützung bei der Formulierung der Projektdefinition.

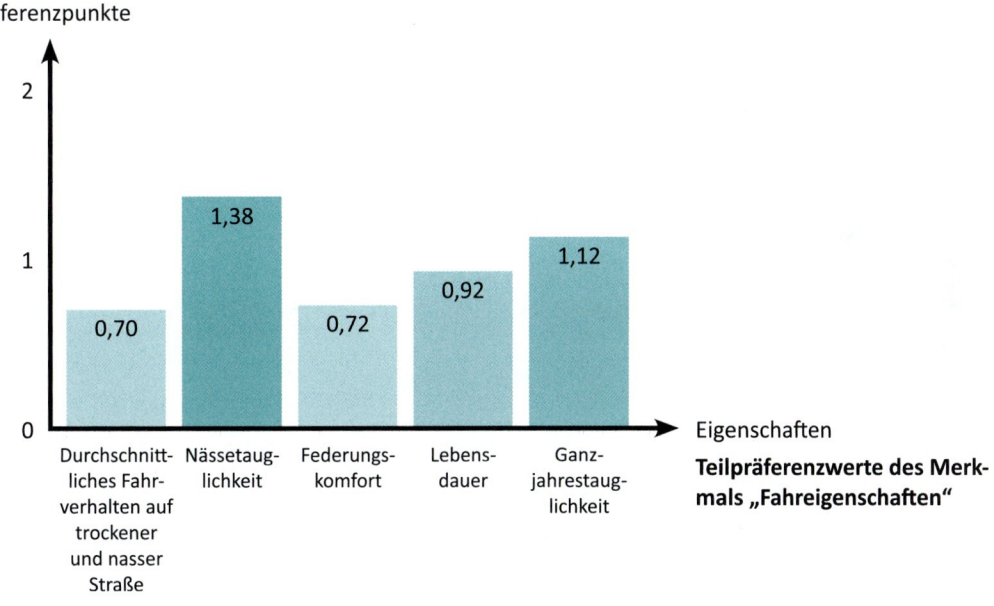

Abbildung 3.00-7: Gewichtung der einzelnen Kriterien des Merkmals „Fahreigenschaften" durch die Käufer

Die Erfolgsfaktoren lassen sich nun für die Konstruktion von Produkt- bzw. Projektprofilen verwenden, mit denen sich Projektalternativen vergleichen lassen. In Abbildung 3.00-8 wird ein derartig stark vereinfachtes Profil, mit dem auch bereits ein grober Vergleich mit der Konkurrenz durchgeführt werden kann, vorgestellt.

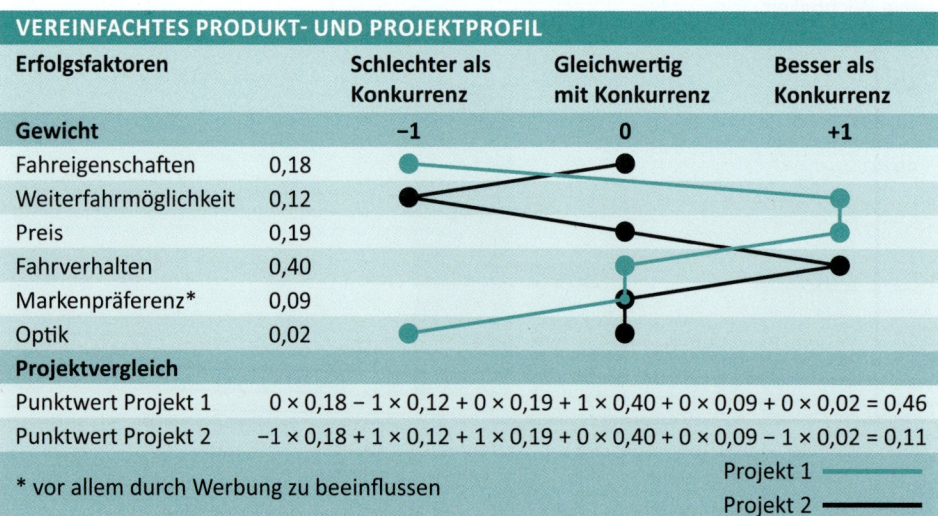

Abbildung 3.00-8: Verwendung von Erfolgsfaktoren für Projekt- und Produktprofil

In der Praxis gibt es Profile, die noch erheblich detaillierter sind. Im vorliegenden Beispiel wurde auch eine Punktbewertung vorgenommen. Ob man sich auf eine derartige quantitative Bewertung einlässt, die mit erheblichen Vorbehalten behaftet ist – so ist z. B. die additive Verknüpfung durchaus nicht selbstverständlich –, sei hier dahingestellt. In vielen Fällen wird man sich wohl mit der visuellen Auswertung der Profile begnügen.

Wertet man die ordinalen Bewertungen kardinal aus, so kann man auch ein Projektportfolio gewinnen. Die jeweils für ein eingeplantes Vorhaben gefundene Punktzahl wird dabei als Indikator für den geschätzten Beitrag einer Produktentwicklung zur relativen Wettbewerbsposition gewählt.

Die Hypothese lautet:

Je besser ein geplantes Vorhaben bei der Punktbewertung abschneidet, desto höher ist vermutlich der Beitrag des Projekts zur relativen Wettbewerbsposition des Geschäftsfeldes.

### Entscheidungsregeln auf der Grundlage von Normstrategien

Eine noch engere Verbindung zwischen Geschäftsfeldstrategie auf der Grundlage der Boston-Matrix und der Projektauswahl lässt sich, wie bereits angedeutet, herstellen, wenn man die Normstrategien mindestens als grobe Anhaltspunkte auffasst (vgl. Abbildung 3.00-4) Ein Algorithmus, dessen Anwendung zu einer Menge von Projekten führt, die in die Vorauswahl kommen, lässt sich bei Verwendung von Normstrategien und Produktprofilen selbstverständlich nicht entwickeln. Es können aber einige, nicht ganz scharf formulierte Regeln angegeben werden, die mit einer Wenn-Klausel beginnen:

Sofern der wesentliche **Erfolgsfaktor** der **Preis** ist, wie das etwa für bestimmte Elektromotoren der Fall war (Abbildung 3.00-5), ist die Handlungsvorschrift für alle drei Strategien, also sowohl für die Ausbau- als auch für die Halte- und Erntestrategie, die gleiche. Sie lautet:

> Wähle diejenigen Entwicklungsprojekte aus, die vor allem darauf ausgerichtet sind, die Fertigungs- und eventuell auch die späteren Wartungs- und Betriebskosten zu reduzieren.
> Tendenziell können natürlich diese Anstrengungen bei einer Strategie des Erntens etwas geringer ausfallen als bei der Haltestrategie bzw. bei der Ausbaustrategie.

Bei einer **Strategie des Ausbauens** gilt die Handlungsanweisung:

> **!** Wähle diejenigen Projekte aus, bei denen die Muss-Leistungsziele den wichtigsten Erfolgsfaktoren zuzurechnen sind. Versuche bei den wesentlichen Leistungsparametern den stärksten Konkurrenten zu übertreffen bzw. Rückstände gegenüber ihm aufzuholen. Diese Anweisung gilt unabhängig davon, ob stärkere Marktdurchdringung oder eine Marktentwicklung vorgesehen sind. Voraussetzung ist lediglich, dass es überhaupt Vergleichsprodukte gibt.

Bei einer **Strategie des Haltens**, die auf eine Verteidigung des Marktanteils gerichtet ist und die lediglich kleinere, kontinuierliche Produktverbesserungen anstrebt, kann die Zielsetzung etwas weniger ehrgeizig ausfallen: Hier genügt es u. U., mit den geplanten Projekten Produkte anzustreben, die mit den Konkurrenten in etwa mithalten. Starke Steigerungen bei den angestrebten Leistungszielen, wie bei der Ausbaustrategie, sind dann nicht mehr erforderlich.

Ist das wesentliche Ziel, **Gewinnmargen zu halten**, so sind vor allem Projekte zu fördern, mit denen ein kostensenkendes Produktdesign angestrebt wird, oder Verfahrensentwicklungen anzustoßen, welche die Produktionskosten reduzieren.

Der hier empfohlene Ansatz kann mit anderen, herkömmlichen Ansätzen kombiniert werden. So können ergänzend zu der hier empfohlenen Verwendung von Projektprofilen zur Beurteilung Kenngrößen hinzukommen, wie z. B.

- der erwartete Return on Investment,
- die erwartete Umsatzrendite,
- der prognostizierte Deckungsbeitrag und
- der prognostizierte Kapitalwert bzw. der interne Zinsfuß,

also Größen, die teilweise aus der klassischen Investitionsrechnung stammen. Dieses Gebiet des Rechungswesens wird hier nicht behandelt. Es wird auf die Lehrbuchliteratur verwiesen.

Die zur Auswahl stehenden Projekte können den einzelnen Feldern der Matrix zugeordnet werden (vgl. Abbildung 3.00-9).

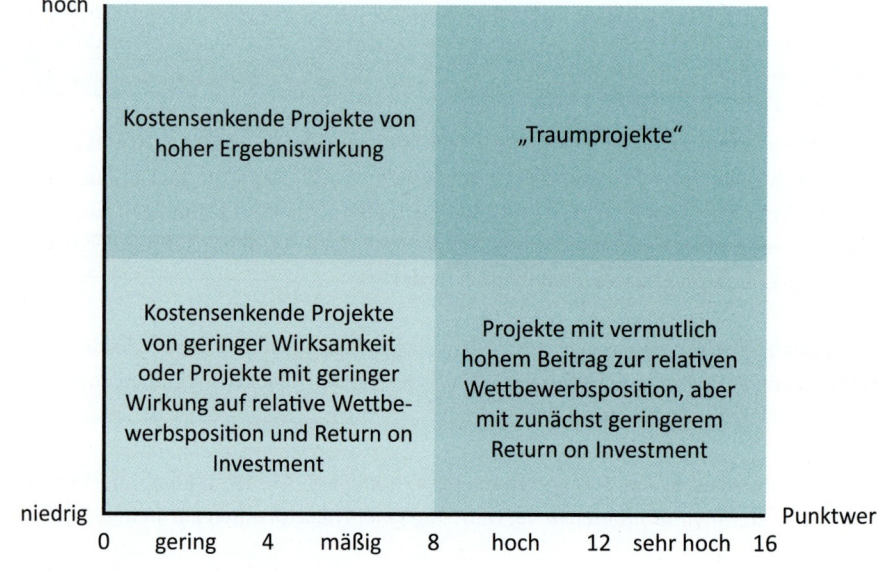

Abbildung 3.00-9: Projektportfolio mit Koppelung zur Boston-Matrix

## 3 Ansätze auf der Grundlage der Nutzwertanalyse (vgl. KÜHN & HOCHSTRAHS 2002; LANGE, 1995)

Bei den bisher dargestellten Ansätzen werden ausschließlich Entwicklungsprojekte betrachtet. Dieser Mangel ist umso schwerwiegender, als gerade im Rahmen der Reengineering-Diskussion interne Umstrukturierungsprojekte besonders betont werden. Ein weiterer Einwand ist, dass die marktorientierten Ansätze für die Verknüpfung von Strategie und Projektauswahl bei Non-Profit-Organisationen nicht anwendbar sind. Deshalb wurden Versuche unternommen, alle Projekte, mit denen Strategien implementiert werden sollen, zu berücksichtigen. Dabei wird in der Regel ein Filter vorgeschaltet, das u. a. so genannte Muss-Projekte, die z. B. aufgrund gesetzlicher Vorgaben auf jeden Fall durchgeführt werden müssen, ausscheidet. Die Übereinstimmung mit der Strategie wird in einem zweiten Schritt für die nicht schon in der Vorauswahl ausgeschiedenen Projekte dann genauer analysiert. Für die letztendliche Auswahl kann man einen Portfolio-Ansatz mit den Dimensionen strategischer Nutzen und wirtschaftlicher Nutzen verwenden. Der strategische Nutzen lässt sich mithilfe der Nutzwertanalyse am voraussichtlichen Beitrag des Projekts zur Realisierung von Strategien der Organisation messen. Dass man sich dabei alle in der Literatur ausgiebig diskutierten Nachteile der Nutzwertanalyse der ersten Generation – die Vorschläge für eine Nutzwertanalyse der zweiten Generation haben sich nie durchgesetzt –einhandelt, sei hier nur am Rande vermerkt. Für die Beurteilung der Wirtschaftlichkeit könnten etwa die erwarteten Kosteneinsparungen als Messgröße benutzt werden.

### Ein Beispiel für die Anwendung der Nutzwertanalyse

Der Ansatz, der auf der Nutzwertanalyse basiert, soll an einem Beispiel aus der Informationstechnologie bei der Polizei dargestellt werden. Die Einführung neuer Computersysteme und die Nutzung moderner Informationstechnologien sind für eine erfolgreiche Polizeiarbeit von entscheidender Bedeutung. Wichtig ist aber, dass sich diese Technik an der Strategie und den Prioritäten des Kerngeschäfts ausrichtet (vgl. LEMKE, 2004). Dort, wo sie dies tut, ist sie ein entscheidender Erfolgsfaktor, dort, wo sie es nicht tut, ein Risiko. Der Bevollmächtigte für e-Government und Informationstechnologie in der hessischen Landesverwaltung beschreibt die strategische Bedeutung seines Arbeitsbereiches und der entsprechenden Projekte wie folgt: „Die e-Government-Strategie orientiert sich an den Prioritäten der Landesregierung und ist ein wichtiger Erfolgsfaktor des politischen Arbeitsprogramms dieser Legislaturperiode. Drei strategische e-Government-Ziele möchte ich an dieser Stelle herausstellen:

- Kosten- und Leistungstransparenz
- Effizienz der Verwaltungsprozesse
- Interaktion von Verwaltung mit Bürgern und Wirtschaft.

Die daraus resultierenden Projekte sind notwendig, um die übergeordnete politische Zielsetzung einer messbar effizienteren Verwaltung zu erreichen." „POLAS/INPOL, CRIME, der digitale Erfassungsplatz EDI und Mobile-Police (Mpolice) sind nur einige Projekte, die auf der Basis der strategischen Bedeutung ins Leben gerufen wurden und Standards gesetzt haben" (vgl. LEMKE, 2004).

### Beitrag eines Projekts zur Strategie einer Organisation (vgl. HOLZNER & SCHELLE, 2005)

Projekte müssen, wie soeben betont, danach bewertet werden, welchen Beitrag sie voraussichtlich zur Implementierung von verschiedenen Strategien, etwa zur Erhöhung der Aufklärungsquote oder zur Erhöhung des Images der Polizei, leisten. Stillschweigende, aber auch in der Industrie häufig nicht gegebene Voraussetzung ist, dass überhaupt eine ausdrücklich formulierte Strategie existiert. Ist das nicht der Fall, kann auch von einer rationalen Projektauswahl nicht gesprochen werden. Das Projektportfolio kommt dann – von den Muss-Projekten einmal abgesehen – mehr oder weniger zufällig zustande bzw. wird sehr stark von den Interessen einzelner Führungskräfte und von den Budgetquoten der Vergangenheit bestimmt. Folgende Festlegung für die Vergabe von Rangziffern an jedes vorgeschlagene Projekt kann beispielsweise getroffen werden:

Rangziffer 0 = für die strategische Ausrichtung auf das polizeiliche Kerngeschäft irrelevant,
Rangziffer 1 = der Strategie (Kerngeschäft) förderlich,
Rangziffer 2 = für die Strategie (Kerngeschäft) wichtig und
Rangziffer 3 = für die Strategie (Kerngeschäft) von entscheidender Bedeutung.

Die Summe der Rangziffern pro Projekt wird durch die maximale erreichbare Punktzahl dividiert. So ergibt sich beispielsweise in Abbildung 3.00-10 für die Strategieankopplung von Projekt 4 ein Wert in Höhe von 0,58 (7 geteilt durch 12). Je höher die Ordnungszahl, umso besser passen Projekt und Strategie zusammen.

| Projekt | Budget in 1000 Euro | S 1 Unterstützung pol. Sachbearbeitung | S 2 Effizienz der Verwaltungsprozesse | S 3 Kosten- u. Leistungstransparenz | S 4 Interaktion von Verwaltung mit Bügern | Strategiebezug der Projekte | |
|---|---|---|---|---|---|---|---|
| | | | | | | Summe | Grad der Strategieankopplung |
| Projekt1 | 5.000 | 3 | 1 | 0 | 2 | 6 | 0,50 |
| Projekt2 | 1.000 | 0 | 1 | 0 | 0 | 1 | 0,08 |
| Projekt3 | 2.800 | 2 | 3 | 1 | 0 | 6 | 0,50 |
| Projekt4 | 6.200 | 1 | 3 | 3 | 0 | 7 | 0,58 |
| Summe | 15.000 | | | | | | |

Abbildung 3.00-10: Der Strategiebeitrag von Projekten auf dem Gebiet der Informationstechnologie

### Ermittlung der Strategieankopplung der Projekte

In einem zweiten Schritt kann man nun den Wert für die Strategieankopplung mit den verfügbaren Budgets in Verbindung bringen und eine so genannte strategische Produktivität ermitteln.

> **Definition** Sie ist definiert als $\dfrac{\text{Grad der Strategieankopplung des Projekts}}{\text{Anteil am Gesamtbudget des Projektportfolios}}$

Je höher der Grad der Strategieankopplung und je niedriger der Mitteleinsatz, desto besser das Ergebnis.

| Projekt mit Budgets und Anteilen am Gesamtbudget | Budgets | Anteil am Gesamtbudget a | Grad der Strategieankopplung b | Strategische Produktivität b/a |
|---|---|---|---|---|
| Projekt 1 | 5.000 | 0,33 | 0,50 | 1,52 |
| Projekt 2 | 1.000 | 0,07 | 0,08 | 1,14 |
| Projekt 3 | 2.800 | 0,19 | 0,50 | 2,63 |
| Projekt 4 | 6.200 | 0,41 | 0,58 | 1,41 |
| | | 1,00 | | |

### Ermittlung der Strategieproduktivität der Projekte

Die Berechnung der strategischen Produktivität in dem Beispiel ergibt, dass Projekt P3 mit einem relativ geringen Budget einen vergleichsweise hohen Strategiebeitrag erbringt, gefolgt von P1.

Angenommen in einem Ministerium müssten 15 unterschiedliche Projektvorhaben auf ihren strategischen und wirtschaftlichen Nutzen hin untersucht werden, dann könnte eine Portfoliodarstellung mit diesen beiden Dimensionen so aussehen:

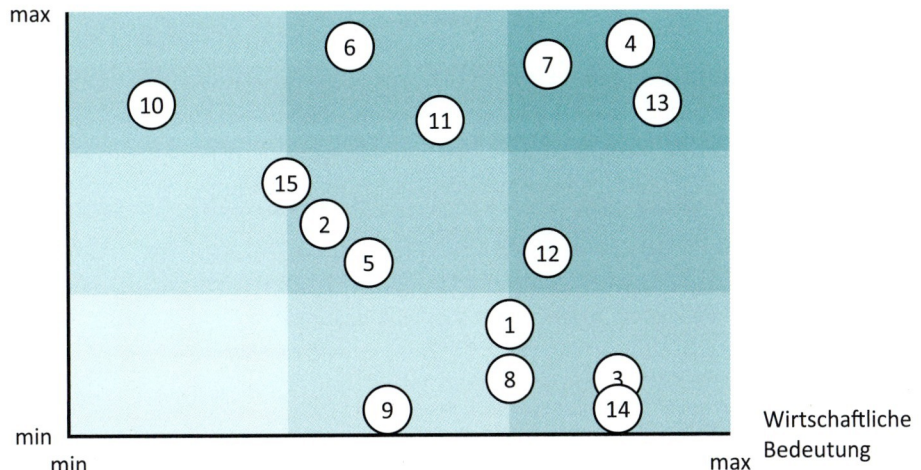

Abbildung 3.00-11: Portfoliodarstellung mit den Dimensionen wirtschaftlicher und strategischer Nutzen

Die aussichtsreichsten Kandidaten für die Auswahl sind die Projekte mit hohem strategischem und wirtschaftlichem Nutzen. Kritisch ist dabei zu sagen, dass die wirtschaftliche Bedeutung im Beispiel durch zwei strategische Ziele (Effizienz der Verwaltungsprozesse und Kosten- und Leistungstransparenz) repräsentiert wird, der wirtschaftliche Nutzen also insgesamt ein zu hohes Gewicht hat. Die dargestellte Methodik, die sich in neuerer Zeit auch in einer Reihe von Lehrbüchern findet, wird dort in der Regel nicht problematisiert. Da die Steigerung der Wirtschaftlichkeit ja ebenfalls Bestandteil der Strategie sein kann, wird dieses Unternehmensziel in der Bewertung überrepräsentiert.

## 4 Zusammenfassung

Die dargestellten Instrumente können, wie verschiedene Arbeiten, etwa der schon erwähnte Ansatz von King, zeigen, erheblich erweitert und systematisiert werden. Der Autor geht von einem Unternehmensleitbild, langfristigen und mittelfristigen quantitativen und qualitativen Zielen (Steigerung des Unternehmensimages, nicht abnehmender Dividende und Steigerung des Return to Investment) und folgenden drei Strategien aus

- derzeitige Produkte auf allen Märkten unter Aufrechterhaltung des Images fördern,
- bestehende Produkte auf neuen Märkten fördern,
- neue Produkte für bestehende Märkte mit erheblicher Imagesteigerung entwickeln (vgl. dazu auch Abbildung 3.00-12).

```
                        Unter-
                      nehmens-
                       leitbild
                  Erzeugen von Kompo-
                 nenten für Klimaanlagen

                    Langfristige Ziele
              Zumindest 14,5 % RoI; nicht abnehmende
           Dividende; Steigerung des Unternehmensimages
                    als arbeitnehmerfreundlich
```

|  | | |
|---|---|---|
| 1. Derzeitige Produkte auf alten Märkten unter Aufrechterhaltung des Images fördern | **A** 8 % RoI; $ 1 Dividende, Stückkostensenkung 5 %; Aufrechterhaltung des Images (nächstes Jahr) | Programm zur Senkung der Produktkosten (PSP) |
| | **B** 9 % RoI; $ 1 Dividende; messbare Imageverbesserung (2. Jahr) | Programm zur Senkung des Umlaufvermögens (PSU) |
| 2. Bestehende Produkte auf neuen Märkten (Ausland, Märkte mit hohen Sicherheitsanforderungen) fördern | **C** 12 % RoI; $ 1 Dividende; erhebliche Imageverbesserung (3. Jahr) | Programm zur Messung des Images (PMI) |
| | | Programm zum Redesign der Produkte (PRP) |
| 3. Neue Produkte auf bestehenden Märkten mit erheblicher Imagesteigerung | **D** 14,5 % RoI; $ 1,10 Dividende (4. Jahr) | Programm zur Sicherheitszertifizierung der Produkte (PSZP) |
| | | Produkt-Entwicklungsprogramm (PEP) |
| **Strategien** | **Mittelfristige Ziele** | **Programme** |

Abbildung 3.00-12: Zusammenhang zwischen Unternehmensleitbild, lang- und mittelfristigen Zielen, Strategien und Programmen bzw. Projekten an einem Beispiel (in Anlehnung an KING, 1988)

Aufgabe ist es dann folgende Programme, die zur Auswahl stehen, vor dem Hintergrund der bereits formulierten Geschäftsfeldstrategie zu bewerten:

- Programm zur Senkung der Produktkosten,
- Programm zur Senkung des „Working Capital" (Umlaufvermögen – kurzfristige Verbindlichkeiten)
- Programm zur Messung des Images (PMI)
- Programm für das Redesign der Produkte (PRP)
- Programm zur Sicherheitszertifizierung der Produkte (PSZP)
- Produkt-Entwicklungsprogramm (PEP

Das Programm zur Senkung der Produktkosten besteht beispielsweise aus folgenden geplanten **Projekten**:

- Verbesserung des Qualitätsmanagements
- Verbesserung der Fertigungsplanung
- Entwicklung eines Verfahrens zur Produktionskontrolle
- Neugestaltung der Fertigungsanlagen und
- Verbesserung des Betriebsklimas

Die Ausschnittsdarstellung (Abbildung 3.00-12), die nicht weiter detailliert werden soll, gibt eine erste Vorstellung, wie kompliziert die Beziehungen sind. So sind z. B. die verschiedenen mittelfristigen Ziele zeitlich gestaffelt. Ein Graph, der auch nur die wichtigsten Beziehungen zwischen langfristigen Zielen, mittelfristigen Zwischenzielen, Strategien, Programmen und Projekten zeigt, wäre schon im Fall des Beispiels von Abbildung 3.00-12 sehr unübersichtlich.

In einem nicht nur fiktiven Beispiel wären die Zusammenhänge noch komplizierter. Auf dem Beispiel aufbauend, berechnet King für jedes zu beurteilende Programm oder Projekt einen Nutzwert. Bereits das Lehrbuchbeispiel führt zu einer sehr umfangreichen Bewertungsmatrix (18 x 5). Auch nur einigermaßen realistische Beispiele würden einen kaum mehr überschaubaren „Zahlenfriedhof" generieren. Das Ergebnis der Bewertung – eine Rangfolge der vorgeschlagenen Programme und Projekte – wäre für den Entscheider nicht mehr nachvollziehbar. Das bedeutet: Für die Praxis sollten wir uns auf einfache

Verfahren beschränken und das Augenmerk vor allem auf die institutionelle Verankerung (vgl. Vertiefungswissen) richten.

Die beschriebenen Verfahren helfen, die Auswahlentscheidung zu strukturieren, und unterstützen damit die Führungsspitze. Außerdem machen sie den Auswahlprozess transparenter. Präferenzen müssen offen gelegt werden. Auch ein sachverständiger Dritter kann die Auswahl nachvollziehen. Vor allem die Portfoliodarstellungen haben aber auch einen gravierenden Nachteil. Sie vereinfachen das Problem zu stark, indem die zur Auswahl stehenden Projekte nur in zwei Dimensionen beschrieben werden. Ein weiterer erheblicher Nachteil ist, dass die einzelnen Projektvorschläge weitgehend isoliert voneinander betrachtet werden. Nicht berücksichtigt werden mögliche Synergieeffekte, die sich aus einer Kombination von Vorhaben ergeben. Trotz der Anwendung von Methoden, wie der Portfoliotechnik, wird es in der Praxis dennoch immer wieder zu Auseinandersetzungen kommen, welche Projekte nun gestartet werden sollen und welche nicht. Ein wesentlicher Grund dafür ist, dass die beteiligten Personen und Institutionen unterschiedliche Vorstellungen von der Wichtigkeit der Ziele der einzelnen Projekte und der verschiedenen Strategien haben. Um auf das Beispiel der Polizei zurückzukommen: Ein Entscheidungsträger wird z. B. der Erhöhung der Aufklärungsquote eine weit größere Bedeutung zumessen als ein anderer, der die Steigerung des Image der Polizei als vorrangig ansieht. Mit anderen Worten: Es besteht ein Zielkonflikt.

Man sollte auch die Bedeutung von Instrumenten nicht überbewerten. Mindestens genau so wichtig, um zu einem möglichst guten Projektmix zu kommen, sind sorgfältig vorbereitete Workshops und eine gute Kommunikation unter den Verantwortlichen. Sie müssen in solchen Veranstaltungen nicht nur die einzelnen Projekte, sondern die Gesamtheit der Projekte immer wieder hinterfragen. Dazu gehört es auch, die Notwendigkeit eines eventuellen Projektabbruchs von Zeit zu Zeit offen zu diskutieren. Dass gerade die Entscheidung, ein Projekt vorzeitig zu beenden, besonders schwer fällt, ist aus der Industrie bekannt. Und noch ein weiterer Punkt ist wichtig: Die Strategie einer Organisation sollte nicht nur Geheimsache der Führungsebene sein, sondern den in Projekten beteiligten Mitarbeitern vermittelt werden. Damit ist bereits die Frage der institutionellen Verankerung im Unternehmen angesprochen.

# 3.01 Projektorientierung (Project orientation)
David Thyssen

## Kontext und Bedeutung

Bis zum Beginn der 1990er Jahre widmeten sich die Veröffentlichungen zur Disziplin Projektmanagement der erfolgreichen Durchführung einzelner Projekte und der dazu notwendigen Optimierung der eingesetzten Projektmanagementmethoden (vgl. RIETIKER, 2008). Jedoch gab es schon in früheren Phasen Studien und Arbeitsgruppen, die sich mit Mehrprojekte-, Programm- oder Portfoliomanagement befassten - u. a. in der Wehrtechnik (BMVg 1971; DWORATSCHEK et al 1976).

Der Begriff der Projektorientierung nimmt nicht ein einzelnes Projekt, sondern die gesamte Projektlandschaft in ihrem organisationsübergreifenden Zusammenhang (Mehrprojektesituationen, Strategien und Umwelt) in den Blick. Die Fokussierung auf die Dimensionen des magischen Dreiecks des Projektmanagements (Leistungsumfang, Zeit, Kosten) greift zu kurz, da diese Dimensionen auf das Innere eines Projektes begrenzt sind (vgl. GAREIS, 2005). Die Projektorientierung spannt den Bogen vom Management eines einzelnen Projektes hin zum ganzheitlichen Management einer Organisation, in dem Projekte und ihre Wechselbeziehungen mit der sozialen und unternehmerischen Umwelt betrachtet werden.

Die Forschung auf dem Gebiet des Projektmanagements nimmt so eine vergleichbare Entwicklung wie die klassische Management- und Organisationsforschung. Nach einer ausführlichen Auseinandersetzung mit den inneren Prinzipien von Management und Organisation rückt der Kontext des Organisationsprinzips in den Blick.

Dieses Kapitel beschäftigt sich nicht mit der Frage, **wie** Projekte erfolgreich durchgeführt werden, sondern wie (weit) Organisationen **durch** Projekte erfolgreich werden und worauf man sich einlässt, wenn Projektarbeit als Organisationsprinzip eingesetzt wird. Ein gemeinsames Bild davon, was Projekte ausmacht und insbesondere, welche Funktion sie für eine Organisation erfüllen, ermöglicht eine Diskussion über unterschiedliche Ziele und Interessen. Ist solch eine Auseinandersetzung nicht möglich, werden Konflikte zwischen unterschiedlichen Managementprinzipien über Macht entschieden. Je nach Blickrichtung (aus dem Projekt in die Organisation oder aus der Organisation auf das Projekt) kann *Projektorientierung* verschiedene Bedeutungen haben. Diese Blickrichtungen und Bedeutungen resultieren aus den unterschiedlichen Rollen im Projektgeschäft:

- **Projektmanager:** Projektmanager haben das Ziel und die Aufgabe, „ihr" Projekt unter den vorgegebenen Rahmenbedingungen erfolgreich zum Ziel zu führen. Ein Projekt ist jedoch kein in sich abgeschlossenes System, sondern über vielfältige Kontakte mit der Organisation (und weiteren Umwelten) verbunden.
- **Projektmitarbeiter:** Projektmitarbeiter haben innerhalb einer Organisation oftmals mehrere Rollen gleichzeitig inne. Das Verständnis der Projektorientierung hilft, die daraus resultierenden Spannungen wenn nicht aufzulösen, dann zumindest verstehen und aushalten zu können.
- **Linienmanager:** Linienmanager stehen in vielfältigen Beziehungen zum Projektgeschäft (Ressourcen, Budget, Auftraggeberschaft). Nicht selten unterscheiden sich die Ziele von Linie und Projekt nicht nur, sondern sie widersprechen sich sogar. Ein Verständnis der Projektorientierung kann hier vermittelnd wirken.
- **Unternehmensführung/Top Management:** Die Unternehmensleitung trifft Entscheidungen darüber, welche Aufgaben in Projektform und welche in Linienform organisiert werden. Ein fundiertes Verständnis davon, welche Konsequenzen eine Orientierung an projekthaftem Arbeiten hat, erleichtert die Entscheidungsfindung.

| **Projektmanagement-Berater/Unternehmensentwickler:** Eine Reflexion der eigenen (Management-)Paradigmen schafft ein Bewusstsein für mögliche Hindernisse und Widerstände in Organisationsentwicklungsprozessen.

Das Kapitel Projektorientierung richtet sich damit sowohl an Projektmanager aller Kompetenzstufen als auch an interessierte Linienmanager, Organisationsentwickler und/oder Berater sowie an Unternehmensführungen/-leitungen. Ein ausgeprägtes Verständnis von „Projektorientierung" ist nicht nur ein Erfolgsfaktor für Unternehmen, sondern auch bei der professionellen Umsetzung ein wichtiges Fundament für deren Existenz.

## Lernziele

Sie kennen

- die Gründe dafür, warum Arbeit in Projektform organisiert wird
- die Attribute, durch die sich Projektarbeit unterscheiden lässt

Sie können

- den Unterschied und die Konflikte zwischen temporären und permanenten Organisationsformen beschreiben
- erläutern, was sich für den Einzelnen ändert, wenn er in Projekten anstatt in der Linie arbeitet

# Inhalt

| | | |
|---|---|---|
| 1 | Einleitung | 1126 |
| 2 | Historische Entwicklung der Projektarbeit | 1127 |
| 3 | Dimensionen von Projektorientierung | 1127 |
| 3.1 | Projektorientierung als Strategieelement | 1127 |
| 3.2 | Projektorientierte Strukturelemente | 1128 |
| 3.2.1 | Projektorientierte Aufbauorganisation | 1128 |
| 3.2.2 | Projektorientierte Ablauforganisation | 1129 |
| 3.3 | Projektorientierte Kultur | 1130 |
| 4 | Attribute projektorientierten Denkens und Handelns | 1131 |
| 4.1 | Einmaligkeit | 1132 |
| 4.2 | Dauer | 1133 |
| 4.3 | Komplexität | 1134 |
| 4.4 | Umfang | 1135 |
| 4.5 | Risiko | 1136 |
| 5 | Zusammenfassung | 1137 |
| 6 | Fragen zur Wiederholung | 1137 |

# 1 Einleitung

Der Begriff der Projektorientierung ist bislang unscharf und wird unterschiedlich genutzt. Die überarbeitete DIN-Norm 69901-5 der Projektmanagementbegriffe (vgl. 1.21 Normen und Richtlinien) bleibt ebenfalls ungenau. Projektorientierung wird als Begriff zwar verwandt, auf eine eigene Definition wird jedoch verzichtet. In pädagogischen Kontexten werden seit Ende der 1970er Jahre projektorientierte Unterrichts- und Lernformen unter dem Oberbegriff des Projektunterrichts diskutiert. Kennzeichnend für diese Konzepte ist eine fachübergreifende Verbindung von Inhalten in zeitlich abgegrenzten Lerneinheiten. In der betriebswirtschaftlich orientierten Literatur findet der Begriff der Projektorientierung hingegen erst seit Beginn der 1990er Jahre größere Beachtung (vgl. BALCK, 1996). Wegweisend war hierbei der zehnte INTERNET (heute IPMA) World Congress of Project Management 1990, welcher „Management by projects" und die „projektorientierte Organisation" zum übergreifenden Thema des Kongresses und damit gleichfalls zum Forschungsgegenstand machte (vgl. GAREIS, 1990).

Die Competence Baseline 3.0 der IPMA beschreibt mit dem Begriff der Projektorientierung das tiefgreifende Verständnis der Ideen und Konzepte, welche Projekten und Projektmanagement zugrunde liegen. Dem folgend wird die Projektorientierung hier aus zwei Perspektiven vorgestellt:

I Projektorientierung als Denkhaltung und Managementprinzip
I Projektorientierung als Kompetenz zum Handeln in Projektform

Damit soll deutlich werden, dass der Begriff Projektorientierung sowohl einen dispositiv-kognitiven als auch einen Handlungsaspekt in sich trägt. In diesem Sinne definiert MOTZELS Projektmanagement Lexikon Projektorientierung als auf „die Leistungserbringung in Form von Projekten ausgerichtetes **Denken** und **Handeln**" (MOTZEL, 2006: 169; Hervorhebung durch den Autor).

> **Definition** Projektorientierung bezeichnet sowohl die **Strategie** als auch die **Fähigkeit**, Aufgaben in Form von Projekten zu erledigen. Einzelne Personen, eine Gruppe, eine Organisation, eine gesamte Branche oder sogar eine Gesellschaft können als projektorientiert bezeichnet werden. Der Begriff der Projektorientierung bringt dabei zum Ausdruck, welche Bedeutung Projekte als Problemlösungsverfahren und Projektmanagement als Managementprinzip innehaben.

Kernmerkmale einer Projektorientierung sind nach MOTZEL (2006: 169):

I Die strategische und strukturelle Grundausrichtung
I Die Projektmanagement-Kompetenz
I Die grundsätzliche Werthaltung sowie
I Die Projekt- und Projektmanagementkultur

Ein erstes Verständnis für den Gegenstand kann aus der geschichtlichen Entwicklung gewonnen werden (vgl. SCHREYÖGG, 2003). Zur Annäherung an das Themengebiet wird daher einleitend aufgezeigt, wie und warum Projektarbeit historisch entstanden ist. In diesem Rahmen werden die grundlegenden Unterschiede zu traditionellen Arbeitsprinzipien aufgezeigt.

Im nächsten Schritt werden die Dimensionen des St. Gallener Managementmodells (vgl. RÜEGG-STÜRM, 2002) Strategie, Struktur und Kultur an den Dimensionen projekthaften Arbeitens gespiegelt.

## 2 Historische Entwicklung der Projektarbeit

Aus wirtschaftshistorischer Sicht wird der Projektbegriff mit Großvorhaben in der amerikanischen Rüstungs- und Raumfahrtindustrie in Verbindung gebracht. Komplexe Herausforderungen, wie zum Beispiel eine erfolgreiche Mondlandung, konnten in den festgelegten Grenzen einzelner Organisationen, wie der NASA, bzw. innerhalb der Grenzen ihrer Organisationsteile nicht mehr bewältigt werden. Organisationen waren gezwungen, (abteilungs-)übergreifende Zusammenarbeit in temporärer Form (ein Grundmerkmal von Projekten) zu organisieren (vgl. MADAUS, 2000). Aufgrund der Komplexität der Aufgaben reichten die formalen Regelungen und etablierten Koordinationsmechanismen der bisherigen Organisation nicht mehr aus. Mit den etablierten Methoden waren solch neuartige Vorhaben nicht steuerbar (vgl. HEINTEL & KRANZ, 2000). Seit den 1950er Jahren wird von der Entstehung des modernen Projektmanagements gesprochen (vgl. DWORATSCHEK, 1994). In den 1960er und 1970er Jahren wurden die Methoden und Prinzipien des Projektmanagements auch auf Branchen außerhalb der Rüstungs-Raumfahrtindustrie übertragen, bevor mit dem Beginn der 1990er Jahre die Diskussion um Projektmanagement als organisationale Strategie einsetzte (vgl. GAREIS, 2005; 1990). Unser heutiges Verständnis des Projektbegriffes leitet sich somit von der Unterscheidung zwischen projektorientierten und tradierten Planungs- und Steuerungsmethoden sowie Organisationsprinzipien ab. Projektorientierung ist ein Beispiel und zugleich Instrument der Differenzierung von Management und Organisation.

Die Entwicklung von Projekten und die Nutzung von Projektmanagement als Planungs-, Steuerungs- und Koordinationsfunktion entsprechen, zeitlich versetzt, den Entwicklungslinien der Gesamtgesellschaft: Die industrielle Revolution des 18. und 19. Jahrhunderts hatte die arbeitsteilige Massenproduktion als Wirtschaftsprinzip hervorgebracht. Dieses Prinzip liegt auch heute noch vielen erfolgreichen Organisationen zugrunde und ist durch ein linienorientiertes Managementverständnis gekennzeichnet. Sollen standardisierte Güter in hohen Stückzahlen mit stetiger Qualität und bekannten Anforderungen zu günstigen Preisen produziert werden, ist Linienmanagement ein erprobtes Organisationsprinzip. Sollen jedoch neuartige Aufgaben von hoher Komplexität und relativer Einmaligkeit gelöst werden, stößt dieses Prinzip an seine Grenzen (vgl. BALCK, 1990). Projektorientiertes Arbeiten unterscheidet sich von den Ideen des Linienmanagements, greift jedoch auf Elemente und Erkenntnisse dieses Managementverständnisses zurück.

Im Folgenden soll deutlich werden, dass projektorientiertes Arbeiten zwar das historisch neuere Managementprinzip ist, Projektmanagement und Linienmanagement sind jedoch nicht per se besser oder schlechter als das jeweils andere Prinzip. Entscheidend ist die Passung des Managementverständnisses für die jeweilige Herausforderung. Um dies einschätzen zu können, werden im Folgenden, von den Merkmalen eines Einzelprojektes ausgehend, Dimensionen projektorientierten Denkens und Handelns aufgezeigt.

## 3 Dimensionen von Projektorientierung

### 3.1 Projektorientierung als Strategieelement

Die Lebens- und die Unternehmenswelt zeichnen sich heute durch eine zunehmend global vernetzte Kommunikation und die dadurch bedingte Beschleunigung gesellschaftlicher Veränderungsprozesse aus. Dies hat mit dazu beigetragen, dass Projekte als organisatorische Strategie sinnvoll scheinen. Projektmanagement wird somit nicht als Umsetzungsinstrument von Strategie betrachtet, sondern wird selbst zum Gegenstand und Inhalt der Strategie. Hier wird nicht beschrieben, wie Projekte auf ihre Konformität zur Unternehmensstrategie hin untersucht werden können. Vielmehr wird beleuchtet, inwieweit die Befähigung einer Organisation, Projekte erfolgreich durchzuführen, selbst als organisationale Strategie betrachtet werden kann.

Projekte unterscheiden sich in Form, Ziel und Inhalt wesentlich vom Normalbetrieb klassischer Organisationen. Während bürokratische Organisationen den Status Quo bewahren, sind Projekte Formate des Wandels. Umwelten, in denen Projektmanagement als Prinzip angewandt wird, zeichnen sich durch permanente Veränderung und Komplexität aus. Organisationen sind dazu da, Probleme zu lösen, die außerhalb ihrer eigenen Grenzen liegen. Systemtheoretisch könnte man formulieren, dass Organisationen der ansteigenden Umweltkomplexität mit ansteigender, innerer Komplexität begegnen[1]. Mit der Nutzung projektorientierter Arbeitsformen reagieren Organisationen auf komplexe, dynamische und häufig disparate Unternehmensumwelten (vgl. MINTZBERG, 1992). Veränderungen, die durch Projekte ausgelöst werden, müssen in der Regel in eine stabile Organisation reintegriert werden. Projekte (und damit Projektmanagement) werden zum verbindenden Element zwischen Routine und innovativen Aufgaben. Projektmanagement kann eine Mittlerfunktion zwischen den Standardisierungsvorteilen der Routineorganisation und den Innovationsfähigkeiten der „organischen Organisation" zukommen.

Folgende strategische **Ziele** werden mit der Nutzung von Projektmanagement als Organisationsprinzip verfolgt (vgl. HUEMANN, 2002: 69):

- Schnelle Reaktionsgeschwindigkeit auf veränderte Umweltanforderungen
- Delegation von Managementverantwortung in den Arbeitsprozess
- Kunden- bzw. Auftragsorientierung
- Sicherung der Qualität der Ergebnisse und der Qualität des Arbeitsprozesses durch eine ganzheitliche Projektdefinition
- Prozessorientierung vor organisatorischer Grenzsetzung (organisationsübergreifende Zusammenarbeit)
- Sicherung organisatorischen Lernens durch Projekte
- Wandlungsfähigkeit als organisatorisches Potenzial

Aus dieser Aufstellung wird deutlich: Wenn es gelingt, Projektmanagement als Kernkompetenz zu etablieren, bedeutet dies ein nur schwer imitierbares Unterscheidungsmerkmal von anderen Organisationen.

### 3.2 Projektorientierte Strukturelemente

Um nicht nur einzelne Projekte, sondern das gesamte Projektportfolio erfolgreich zu machen, müssen die Einzel-Projektinteressen regelmäßig mit den Organisationsinteressen abgeglichen werden. Dazu bilden projektorientierte Organisationen gleichsam temporäre und dauerhafte Strukturen aus. Diese nehmen dann eine differenzierende und integrierende Funktion wahr. Als Beispiel für solche Strukturen können die Aufbauorganisation, Gremien, Prozesse oder weitere Strukturelemente, z. B. Personalmanagementsysteme, gelten.

#### 3.2.1 Projektorientierte Aufbauorganisation

Wie können die Organisationsstrukturen die Ausrichtung einer Organisation als projektorientiert unterstützen? Kann eine Organisationsstruktur dies sogar behindern? Mit dem Selbstverständnis einer Organisation als projektorientiert geht gleichzeitig die Erwartung einer, ein hohes Anpassungspotenzial an veränderte Rahmenbedingungen zu bieten. Der Begriff der Struktur steht dieser Erwartung auf den ersten Blick diametral entgegen.

---

[1] Komplexität wird hier als Maß für die Anzahl der beteiligten Elemente, der Möglichkeiten der Zustände und der Veränderlichkeit der Verbindungen verstanden (vgl. ASHBY, 1970)

Der große Vorteil hierarchisch aufgebauter Organisationen ist die Eindeutigkeit der Entscheidungsgewalt. Über vertikale Linien lassen sich Entscheidungswege und -befugnisse transparent nachverfolgen und im Voraus regeln. Was aber, wenn Entscheidungen getroffen werden müssen, für die es keine im Vorfeld festlegbaren Entscheidungsmuster gibt? Da Projekte neue Wege gehen, sind sie potenziell in der Situation, erstmalige Entscheidungen für neuartige Herausforderungen zu treffen. In solchen Fällen kann der Weg über die „Instanzen" sehr zeitaufwändig werden und zu einem Verzug im, in der Regel zeitkritischen Projekt führen.

> Projektorientierte Organisationen etablieren Entscheidungsinstanzen entweder parallel zur Stammorganisation (3.05) oder ersetzen diese sogar durch projektorientierte Organisationsformen. Der Grad der Projektorientierung einer Organisation lässt sich daran erkennen, inwieweit sie bereit und in der Lage ist, die systemimmanenten Widersprüche zwischen Linien- und Projektgeschäft bei gleich verteilten Machtverhältnissen zu verhandeln.

Eine detaillierte Darstellung unterschiedlicher Projektorganisationsvarianten (Einfluss-Projekt-Organisation, Reine-Projekt-Organisation, Matrix-Projekt-Organisation, u. a.) erfolgt im Kapitel Projektorganisation (1.06).

### 3.2.2 Projektorientierte Ablauforganisation

Besonders die Prozessorientierung wird in der jüngeren Vergangenheit in einen direkten Zusammenhang mit der Projektorientierung gesetzt (vgl. GAREIS & STUMMER, 2006). Prozesse gelten dabei als ein verbindendes Element unterschiedlicher Organisationsprinzipien. Weder Linie noch Projekt als Organisationsprinzip ist von Natur aus prozessorientiert. Beide bestehen jedoch aus Prozessen, wie auch die neue Projektmanagement-Norm DIN 69901:2008 zeigt.

Vergleicht man die Managementparadigmen Projektorientierung und Prozessorientierung miteinander, so fallen eine Vielzahl gemeinsamer Zielsetzungen auf, die eine Verknüpfung der beiden Ansätze miteinander sinnvoll erscheinen lassen. Die DIN EM ISO 9000:2000 definiert einen Prozess als „System von Tätigkeiten, das Eingaben mithilfe von Mitteln in Ergebnisse umwandelt." HAMMER und CHAMPY als die Klassiker der prozessorientierten Denkweise definieren einen Prozess sehr ähnlich als „ein Bündel von Aktivitäten, für das ein oder mehrere unterschiedliche Inputs benötigt werden und das für den Kunden ein Ergebnis von Wert erzeugt" (HAMMER & CHAMPY, 1995: 52). Welches Projekt würde für sich nicht in Anspruch nehmen, ebenfalls mit dieser Definition erfasst zu werden.

Jedes einzelne Projekt setzt sich aus Steuerungsprozessen (z. B. Projektmanagement, Risikomanagement, Anforderungsmanagement), Wertschöpfungsprozessen (Leistungserstellung wie Softwareentwicklung) und Supportprozessen (z. B. Ressourcenmanagement, Finanzmanagement) zusammen. Die Steuerung von Projektportfolien oder Programmen kann ebenfalls als Prozess oder gar Prozessketten beschrieben werden. Prozesse schaffen Ordnung, indem sie sich wiederholende Tätigkeiten in eine logische Sequenz bringen. Damit verfolgen sie die gleichen Ziele wie das Projektmanagement. Dies wird dann besonders deutlich, wenn Phasen- und Vorgehensmodelle für Projekte als Abstraktionen von Prozessen verstanden werden (vgl. ICB3 Element 1.11a Projektphasen).

Eines wird aber deutlich:

> Es kann keinen Prozess ‚Projekt' geben. Projekte sind die situative Ausgestaltung von vorgedachten Prozessen für das spezifische Problem. Wären sie eine reine Kombination von fertigen Prozessen, würde dem Projektgeschäft das Spezifikum des Neuartigen und Unbekannten verlorengehen.

Es wird deutlich, dass Projekt- und Prozessorientierung zwar gleiche Ziele verfolgen, aber unterschiedlichen logischen Kategorien angehören. Die Vermischung beider Konzepte ist daher nicht sinnvoll. Die bewusste gleichzeitige Nutzung kann jedoch die Komplexität für die Organisation reduzieren und Synergien schaffen.

Durch die Verknüpfung von Projekt- und Prozessmanagement kommt ein weiterer wichtiger Aspekt des Projektgeschäftes in den Blick. Projekte stehen genauso für Prozess-, wie für Team- und Kundenorientierung (vgl. LANG & RATTAY, 2005).[2]

### 3.3 Projektorientierte Kultur

Daran, wie eine Organisation mit einzelnen Projekten, Programmen oder dem gesamten Portfolio umgeht, lassen sich zugrunde liegende Normen und Werten ablesen. Die Kultur einer Organisation wird dabei am Verhalten und an den genutzten Symbolen ihrer Mitglieder sichtbar.

Mit der Ausrichtung einer Organisation als projektorientiert verbinden sich in der Regel Ansprüche und Hoffnungen, die sich wie folgt zusammenfassen lassen (vgl. HUEMANN, 2002: 70):

- Prozessorientierung, Ergebnisorientierung
- Teamwork
- Fähigkeit zum Umgang mit Diskontinuitäten
- Kunden- bzw. Auftragsorientierung
- Boundary crossing, Netzwerk
- Offene Kommunikation

Seit den 1990er Jahren postulieren Organisationsforscher mit Begriffen, wie der lernenden Organisation (vgl. SENGE, 1990), der wissensbasierten, flexiblen Firma oder des evolutionären Unternehmens, einen Paradigmenwechsel[3]. Sie ersetzen das Leitbild der Stabilität durch ein Leitbild des permanenten Wandels. Wandel wird nicht mehr als Ausnahmezustand und dann gleichsam dysfunktional wahrgenommen, sondern als Existenzbedingung von Organisationen interpretiert.

Stabilität und Wandel sind Gegensätze. Die Betonung jeweils nur eines Extrems wird der Organisationsrealität jedoch nicht gerecht. Nur die wenigsten Unternehmen sind als rein stabile oder permanent instabile Organisationen denkbar und überlebensfähig. Auch die ‚Scandinavian School of Project Studies' betont, dass die Suche nach dem einen ausschließlichen Organisationsprinzip heute nicht mehr zielführend ist. Moderne Unternehmen sind Mischungen aus permanenten (stabilen, routine-basierten) und temporären (flexiblen, improvisierenden) Elementen (vgl. ANELL & WILSON, 2003).

---

2 Als erfolgreiches Beispiel dafür kann die Entstehung der „Critical Chain Methode" gelten (1.23). Die von Eliyahu M. GOLDRATT bekannt gemachte "Theory of Constraints" (Theorie der Sachzwänge) untersucht die Abfolge von einzelnen Aktivitäten auf ihren limitierenden Engpass (vgl. GOLDRATT, 2002). Diese Stelle wird als Hindernis dafür angesehen, dass ein (Wirtschafts-)System weiter wächst, oder z. B. ein Produkt schneller entstehen kann. Diese Methode ist als Ansatz der permanenten Verbesserung von Prozessen entwickelt worden und wird in ihrer Adaption inzwischen intensiv zur Optimierung von Projektplanungsprozessen verwandt.

3 Zur Vertiefung des Begriffs „Paradigma", die Übergangsphase zwischen Paradigmen und dem Paradigmenwechsel, sei hier auf „Die Struktur wissenschaftlicher Revolutionen" von Thomas S. KUHN (2002) verwiesen. In der Organisationssoziologie werden Glaubenssätze über Organisation und Führung unter dem Begriff der Managementparadigmen diskutiert (vgl. KÜHL, 2002; KALKOWSKI & MICKLER, 2002; GRUNDWALD, 2006). Paradigmen umfassen unter anderem Aussagen darüber, wie und wodurch Ordnung in Organisationen entsteht (vgl. SCHREYÖGG, 2003: 230ff)

Im Folgenden sollen zwei Beispiele für eine projektorientierte Organisationskultur beschrieben werden.

(a) Betrachtet man beispielsweise die Auswahl des Projektpersonals, so wird deutlich, dass das Ziel der arbeitsteiligen Spezialisierung und des damit einhergehenden Anspruchs des „Best fit" eines spezifischen Mitarbeiters für eine spezifische Aufgabe um den Anspruch der Flexibilität ergänzt werden muss. Anders als bei hoch repetitiven Aufgaben steht nicht die Optimierung spezieller Fertigkeiten im Fokus. Im Vordergrund steht vielmehr die Fähigkeit der Organisationsmitglieder, sich bei jedem neuen Projekt an die veränderten Rahmenbedingungen anzupassen und die eigenen Qualifikationen und Fähigkeiten zu erweitern. Dies hat weitreichende Konsequenzen für die Gestaltung der Personalpolitik und des Personalmanagements einer Organisation.

(b) KERZNER weist daraufhin, dass eine ausgewogene Projektorientierung daran erkennbar wird, dass die Vertreter der permanenten und der temporären Organisation mit einem Gleichgewicht an Macht ausgestattet sind (vgl. KERZNER, 2005). Eine Möglichkeit, Macht auszubalancieren, besteht darin, gleichwertige, spezifische Karrierepfade für Projektmanagement einzuführen (vgl. KESSLER & HÖHNE, 2002). KERZNER stellt dazu folgende Gleichung auf, die für alle im Projektsystem eingebundenen Rollen gleichermaßen gelten muss: „Accountability = Responsibility + Authority" (KERZNER, 2002: 31). Dies lässt sich übersetzen in den Leitgedanken: Verantwortlich kann man nur sein, wenn man zuständig ist und die Autorität/Macht hat, Entscheidungen umzusetzen. Oder so, wie Schelle seinen Ratschlag an das Topmanagement formuliert: „Übertragen Sie dem Projektleiter nicht nur die Verantwortung für das Vorhaben und Aufgaben, sondern statten Sie ihn auch mit Befugnissen aus" (SCHELLE, 2007: 287).

Projektorientierte Organisationen werden oftmals in die Nähe systemtheoretischer Ansätze gerückt. Diese verstehen Organisationen als nicht-triviale und historische Gebilde, die nicht nach festen Regeln funktionieren, wie es die formale Organisation eigentlich sicherstellen soll. Vielmehr soll sich die Organisation nach dem Zustand richten, in dem sie sich gerade befindet (vgl. von FOERSTER, 1993). Dieses Organisationsverständnis kann nicht nur speziell auf projektorientierte Organisationen, sondern auf alle, die als soziale Systeme gedacht werden, angewandt werden. Projektorientierte Organisationen mit ihrer Fähigkeit, Instabilität auszuhalten und zielorientiert Lösungen zu generieren, scheinen aber in besonderem Maße diesem Leitbild von Organisation zu entsprechen.

## 4 Attribute projektorientierten Denkens und Handelns

Unterschiedliche Typen von Projekten erfordern differenzierte Methoden des Projektmanagements. „Es hängt von der Projektart ab, welche Instrumente mit welcher Intensität eingesetzt werden müssen" (SCHELLE u. a., 2005: 38). Übertragen auf die Ebene des Unternehmens muss man daher fordern: Es hängt von der Aufgabe ab, welches Managementprinzip mit welcher Intensität eingesetzt werden muss.

OLFERT nennt folgende Attribute eines Projektes, die helfen, Projekte untereinander zu differenzieren und damit zu kategorisieren[4]. Diese Attribute sollen hier dazu dienen, Projektarbeit von anderen Arbeitsformen abzugrenzen (vgl. OLFERT, 2006):

---

4 Bisher ist es in Theorie und Praxis nicht gelungen, ein übergreifendes Modell zu entwickeln, das es ermöglichen würde, nach vergleichbaren Aspekten Projekte unterscheidbar zu machen. Einen Überblick über verschiedene Ansätze geben WITSCHI, DIERING und WAGNER, die selber den Schwerpunkt auf den Aspekt der Komplexität legen (WITSCHI, DIERING & WAGNER, 2007)

- Einmaligkeit
- Dauer
- Komplexität
- Umfang
- Risiko

Diese Merkmale können auch dazu genutzt werden, einzuschätzen, ob es überhaupt sinnvoll ist, Aufgaben in Projektform zu organisieren. Dieser Ansatz wird hier weiter verfolgt.

## 4.1 Einmaligkeit

Der Grad der Projektorientierung einer Organisation bemisst sich unter anderem daran, inwieweit sie in der Lage ist, auch solche Projekte erfolgreich umzusetzen, die sich sehr stark unterscheiden. „The new project oriented company can be defined as a company, which performs small and large projects, internal and external projects, unique and repetitive projects simultaneously" (GAREIS, 1990: 37).

Jedes Projekt ist in seiner spezifischen Form und durch sein spezifisches Projektprodukt einmalig. Dennoch unterscheiden sich Projekte hinsichtlich ihres Grades an Einmaligkeit. Dies kann sich sowohl auf den Projektgegenstand, die Projekttätigkeiten, das Projektmanagement, die Projektbeteiligten (vgl. ZÖLLNER, 2003: 22) oder das Projektumfeld beziehen.

Je häufiger eine Organisation ähnliche Projekte durchführt, desto mehr bietet sich die Chance, die Projektmanagementinstrumente und -prozesse zu standardisieren und Erfahrungswerte zu historisieren. Das Bauvorhaben eines Reihenhauses, welches in Form eines Projektes realisiert wird, kann als ein wiederholbares, im Sinne des obigen Zitates repetetives Projekt angesehen werden. Da jedoch das spezifische Produkt und die Rahmenbedingungen, wie Kunden oder Baugrundstück, jedes Mal variieren, werden auch solche Vorhaben als Projekt durchgeführt (vgl. GAREIS & STUMMER, 2005). Für Softwareentwicklungsprojekte, bei denen über Vorgehensmodelle und Industriestandarde, wie CMMI (vgl. KNEUPER, 2006), bereits ein hoher Grad an standardisierten Projektprozessen existiert, gilt dies analog.

Projekte, für die kaum auf erfahrungsbasiertes Wissen zurückgegriffen werden kann, werden als **Pionierprojekte** bezeichnet. Für die Wahl des richtigen Maßes an Projektmanagement ist es von entscheidender Bedeutung, sich über die angemessene Kategorisierung des eigenen Projektes im Klaren zu sein.

Denkt man sich Routine und Einmaligkeit als Extreme einer Skala, so lassen sich am einen Ende der Skala einmalige Projekte anordnen. Am anderen Ende der Skala lägen damit vordefinierte Routineaufgaben, wie sie klassischerweise in der Linie bearbeitet werden. Die folgende Grafik veranschaulicht diese Skala:

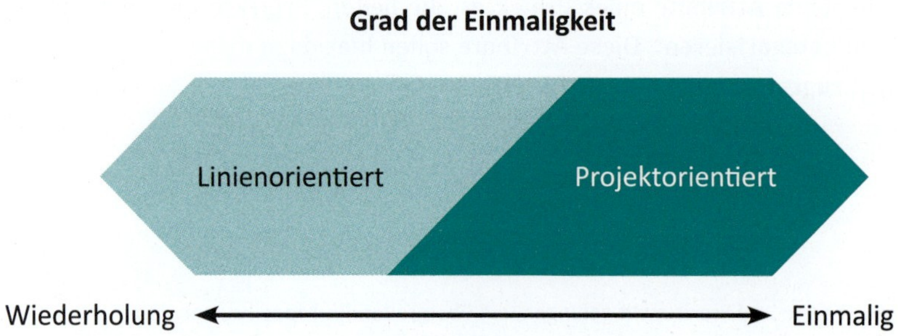

**Grad der Einmaligkeit**

Linienorientiert | Projektorientiert

Wiederholung ←————→ Einmalig

Abbildung 3.01-1: Unterscheidungsmerkmal: Grad der Einmaligkeit

Einmaligkeit wird oftmals mit Neuartigkeit und Innovationsfähigkeit gleichgesetzt. Wie die obigen Beispiele zeigen, ist dies ist jedoch nicht zwingend das Gleiche. Als Grundsatz gilt: Sich wiederholende Routineaufgaben werden effizient als Linienprozesse organisiert. Aufgaben, die keinen Routinecharakter haben, können in Projektform bearbeitet werden. Entscheidend ist hier die Einschränkung „können". Jede Organisation muss letztlich für sich selbst entscheiden, welche Vorhaben in Projektform umgesetzt werden. Entscheidend ist die Frage: Welche Organisationsform lässt den Erfolg des Vorhabens wahrscheinlicher erscheinen?

> **Auswirkung auf projektorientiertes Denken und Handeln:**
> - **Strategie:** Abhängig davon, ob das Ziel einer Organisation Serienfertigung oder ein einzelnes Produkt ist, kann die jeweilige Strategie variieren.
> - **Struktur:** Ein hohes Maß an Einmaligkeit setzt der Standardisierung von Projektprozessen Grenzen. Daher wird Projekten immer wieder vorgeworfen, sie seien nicht effizient. Gerade dann, wenn eine Organisation eine Vielzahl von Projekten durchführt, ist zu betrachten, wie viel Standardisierung möglich und nötig ist.
> - **Kultur:** Neben der Konzentration auf die Projektergebnisse sind auch die Projektprozesse interessant, da sie regelmäßige Lernanlässe bieten.

## 4.2 Dauer

Projekte sind der Inbegriff temporärer Organisationsformen.

Keine Definition von Projekten kommt ohne den Hinweis auf die zeitliche Begrenzung von Projekten aus. In der ICB 3.0 wird beispielsweise von einem „begrenzten Zeitrahmen" gesprochen.

Mit der zeitlichen Begrenztheit geht auch die Idee einer erhöhten Wandlungsfähigkeit einher. Dort, wo Erfahrungen und Wissen in ständig neuer Weise kombiniert werden, ist die Wahrscheinlichkeit, neue Lösungen zu finden und damit Innovationen in Gang zu setzen, ungleich höher als in vorgedachten Routineabläufen.

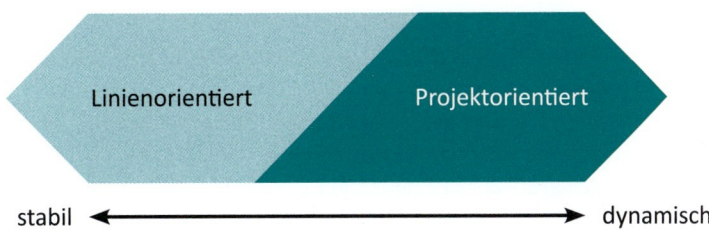

Abbildung 3.01-2: Unterscheidungsmerkmal: Grad der Dauerhaftigkeit

Die Forderung nach gleichzeitiger Stabilität und Wandlungsfähigkeit einer Organisation kommt einer Paradoxie gleich, die mit einem klassischen Rationalitätsverständnis nicht aufzulösen ist. In der Regel werden bestehende Organisationsstrukturen durch die Einführung von Projektorganisationsformen nicht ersetzt, sondern ergänzt. In der Folge existieren konkurrierende, zum Teil widersprüchliche Organisations- und Koordinationsprinzipen nebeneinander (KALKOWSKI/MICKLER, 2005). An den Unterschieden und Widersprüchen zwischen Linienorganisationen (als dem Pol der Stabilität) und Projektorganisationen (als dem Pol des dynamischen Wandels) wird dies in besonderem Maße sichtbar.

> **Auswirkung auf projektorientiertes Denken und Handeln:**
> - **Strategie:** Temporäre Arbeitsformen können die Wandlungsfähigkeit einer Organisation entscheidend erhöhen.
> - **Struktur:** Temporäre Organisationsformen ergänzen stabile, können diese aber nicht ganz ersetzten. Die stabilen Strukturen müssen beispielsweise die Fähigkeit zur immer wieder neuen und schnellen Teambildung unterstützen.
> - **Kultur:** Temporäres Arbeiten etabliert die Vorstellung von permanentem Wandel. Der Wunsch nach einem gewissen Maß an Stabilität ist aber ebenfalls zu berücksichtigen und sollte Eingang in die Strategie- und Strukturfindung finden.

## 4.3 Komplexität

Projekte zeichnen sich durch einen unterschiedlichen Grad an sozialer und sachlicher Komplexität aus (Wilke, 2000; vgl. auch Element 1.00 Projekt-PM-Projektprozesse). Komplexität kann aus systemtheoretischer Sicht als ein Maß für die Menge der beteiligten Elemente, der Anzahl der Verbindungen und Kommunikationen untereinander sowie der Stabilität der Verbindungen verstanden werden. Der Begriff der Komplexität zielt damit sowohl auf die Dynamik als auch die hohe Vielfalt an Beziehungen im Projektgeschäft ab. Eine relative Zieloffenheit kann dabei genauso zu einem Anstieg der Komplexität beitragen wie die Vernetzung und Dynamik der sachlichen und sozialen Beziehungen.[5]

Abbildung 3.01-3: Unterscheidungsmerkmal: Grad der Komplexität

Bis in die 1980er Jahre hinein war die zentralistisch-bürokratische Organisation und Koordination industrieller Großbetriebe das unangefochtene Leitbild der Managementtheorie und -praxis (vgl. Kalkowski, 2002). Das traditionelle Management- und Organisationsparadigma entspricht dabei dem Modell der mechanischen Maschine. Dieses Verständnis geht von linearen sowie plan- und beherrschbaren Kausalitäten aus. Präzision, Schnelligkeit, Eindeutigkeit, Aktenkundigkeit, Kontinuierlichkeit, Diskretion, Einheitlichkeit, straffe Unterordnung, Ersparnisse an Reibungen, sachlichen und persönlichen Kosten gelten als Vorteile bürokratischer Organisation. Projektorientierte Organisationen bilden ausgeprägte Kommunikationsmechanismen aus, welche die Koordinationsfunktion der Unternehmens-/Linienspitze zum Teil ersetzen. Hierarchien werden als Entscheidungsinstanzen zunehmend unwichtiger, da Entscheidungen in großem Umfang dezentralisiert getroffen werden (vgl. Whitley, 2006). Immer dann, wenn die Komplexität einer Aufgabe mit den bestehenden Koordinationsmechanismen nicht zu bewältigen ist, eröffnet projektorientiertes Arbeiten eine Chance. Nicht, weil dezentrale oder gar netzwerkartige Kommunikation per se besser wären, sondern weil Projekte die Möglichkeit bieten, die situativ richtigen Mechanismen zu etablieren, die sich nach der Beendigung des Projektes wieder auflösen.

---

5 Witschi, Diering und Wagner geben einen guten Überblick über die unterschiedlichen Komplexitätstreiber und den daraus ableitbaren Konsequenzen für Projekte und Projektmanagement (Witschi, Diering & Wagner, 2007: 359ff)

Klassisch-bürokratische Organisationen werden nach dem Effizienzprinzip gemanagt und erwarten plan- und kontrollierbare Umwelten (vgl. SCHREYÖGG, 2003). Der Organisationsforscher Mintzberg kommt in einer Analyse vorherrschender Organisationstypen zu dem Schluss: Die Umweltanforderungen, für die Linienorganisationen als Organisationsprinzip gewählt werden, sind stabil und einfach (vgl. MINTZBERG, 1992).

Im Folgenden sind die Aspekte aufgelistet, die zum Grad der Komplexität einer Aufgabe führen:

Tabelle 3.01-1: Komplexität von Linie und Projekt im Vergleich

| Merkmal | Linie | Projekt |
| --- | --- | --- |
| Verbindungen | Lineare Verbindungen, Einheit der Entscheidungsgewalt an der (hierachischen) Spitze, Arbeitsteilung vertikal | Zahlreiche, in der Regel netzwerkartige Verbindungsmuster mit dezentralen Entscheidungspunkten, Arbeitsteilung horizontal entlang des Prozesses |
| Dynamik | Stabil, zeitlich überdauernd | Häufig wechselnd, zeitlich begrenzt |
| Anzahl der Kommunikationsbeziehungen | Bekannte und meist geringe Anzahl der Kommunikationspartner | Geringe bis große Anzahl der Kommunikationspartner |

Auswirkung auf projektorientiertes Denken und Handeln:
- **Strategie:** Organisationen, die linien- und projektorientiertes Arbeiten gleichzeitig nutzen, sind komplexer und damit spannungsgeladener als „reine" Organisationsformen. Die Fähigkeit, Lösungen für eine komplexere Umwelt erarbeiten zu können, erhöht die Möglichkeiten einer Organisation. Gleichzeitig erhöhen sich aber auch die Widersprüchlichkeit und die Notwendigkeit, situativ zu entscheiden.
- **Struktur:** Organisationen haben die Eigenschaft, auf eine ansteigende Umweltkomplexität mit einer steigenden Binnenkomplexität zu reagieren. Daher entstehen mehrere, einander teilweise überlappende Strukturen, die auch zu mehrschichtigen Entscheidungswegen führen können.
- **Kultur:** An erster Stelle stehen das Bewusstsein und die Akzeptanz der gestiegenen Komplexität. Es gibt keine einfachen Antworten auf komplexe Herausforderungen. Mit einer gestiegenen Komplexität steigen zum Beispiel die Vernetzung und die Autonomie der Handelnden gleichzeitig an. In der Organisation sind die Bereitschaft und das Verständnis für den Umgang mit mehrdeutigen, ergebnisoffenen Situationen genauso erforderlich wie die professionelle Handhabung von Widersprüchen.

## 4.4 Umfang

Die Unterscheidung nach der Größe des Projektes kann anhand verschiedener Kenngrößen bewertet werden. Dazu bieten sich u. a. die internen und externen Kosten, der Ressourceneinsatz, die zeitliche Dauer oder auch die strategische Bedeutsamkeit des Projektes für die Organisation an (vgl. GAREIS & STUMMER, 2006). Wo Linienarbeit aufhören sollte und wann ein Projekt beginnt, ist nicht allgemeingültig zu beantworten und daher für jede Organisation individuell festzulegen.

Projekte werden klassischerweise in interne und externe Projekte unterschieden. Dies ermöglicht zu differenzieren, ob die Kunden des Projektes (und damit seiner Produkte) innerhalb oder außerhalb der eigenen Organisation angesiedelt sind. Interne und externe Projekte können sich nicht nur in rechtlichen und finanziellen Angelegenheiten unterscheiden. Auch im Umgang mit Risiken und Stakeholdern unterscheiden sich diese Projekttypen grundlegend.

Auch innerhalb einer Organisation kann die Grenzziehung relevant werden. Es stellt sich die Frage, inwieweit ein Projekt die organisatorischen (Abteilungs-)Grenzen einer Organisation überschreitet. Abteilungsinterne, bereichsübergreifende oder organisationsübergreifende Projekte erfordern ein je spezifisch gewichtetes Projektmanagement.

Darüber hinaus kann eine Unterscheidung in regional/national/international sinnvoll sein. Diese Differenzierung fokussiert neben den rechtlichen Unterschieden auch die möglichen kulturellen Unterschiede.

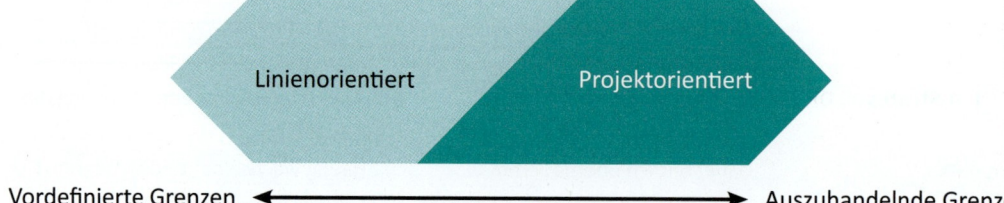

Abbildung 3.01-4: Unterscheidungsmerkmal: Eindeutigkeit des Umfangs

> Auswirkung auf projektorientiertes Denken und Handeln:
> - **Strategie:** Projektorientierte Organisationen benötigen Strategien, um mit den permanenten Aushandlungsprozessen umgehen zu können. Dazu gehören die kommunikativen Fähigkeiten jedes Einzelnen, aber auch der Organisation, da der Aushandlungsprozess immer wieder neu durchlaufen wird.
> - **Struktur:** Projektorientierte Strukturen erweitern die funktionalen Strukturen (Hierarchie) um parallele und immer neue temporäre Projektstrukturen.
> - **Kultur:** Die Grenzen von projektorientierten Organisationen sind permanent in Bewegung. Dadurch gehören Mitarbeiter zum Beispiel immer wieder neuen, zum Teil parallelen Projektsystemen und in aller Regel auch ihrer Linienorganisation an. Die Kulturen innerhalb dieser Subsysteme können dabei sehr unterschiedlich sein. Es ist also eine Kultur erforderlich, die unter dem Dach eines gemeinsamen Organisationsverständnisses unterschiedliche (Sub-)Kulturen zulässt oder sogar fördert.

## 4.5 Risiko

Mit dem Begriff des Risikos können die negativen Aspekte von Unsicherheiten umschrieben werden. Das positive Gegenstück dazu wird allgemein als Chance bezeichnet. Risiken können sowohl im Projekt selbst als auch im Projektumfeld begründet sein (vgl. MOTZEL, 2006).

Unsicherheiten sind immanente Eigenschaften von Projekten (vgl. 1.04 Risiken). Sie können mit geeigneten Techniken sowohl auf Einzelprojekt- als auch auf Portfolioebene bewertet und bewältigt werden. Vermeiden lassen sich Risiken in instabilen Umfeldern nicht.

Übertragen auf das Konzept der Projektorientierung, stellt der bewusste Umgang mit Risiken eine Kernkompetenz der Projektbeteiligten da. Unsicherheit kann sich dabei auf eine Vielzahl von Faktoren beziehen. So können die Rahmenbedingungen, wie Auftragssituation, das Kunden-Verhältnis oder eine veränderliche Rechtssituation, genauso Unsicherheiten in sich tragen, wie interne Faktoren (Stabilität des Teams, unbekannte Herausforderungen im Laufe des Projektes etc.).

Abbildung 3.01-5: Unterscheidungsmerkmal: Grad der Unsicherheit

> Auswirkung auf projektorientiertes Denken und Handeln:
> - **Strategie:** Die Fähigkeit, Unsicherheiten auszuhalten, Risiken zu erkennen und ggf. als Chancen nutzbar zu machen, kann als organisationale Strategie verstanden werden. Es müssen Ressourcen für die Bearbeitung von Risiken zur Verfügung gestellt werden.
> - **Struktur:** Risikomanagementprozesse zu etablieren, lenkt den Blick auf mögliche Unsicherheiten, Plananpassungen müssen als mögliche Reaktion auf erkannte Risiken möglich sein.
> - **Kultur:** Besonders Projektleiter, aber auch Projektmitgliedern wird die Fähigkeit abverlangt, Unsicherheiten auszuhalten. Dies wird auch als Ambiguitätstoleranz bezeichnet. Risiken und ihre Bearbeitung zur Selbstverständlichkeit zu machen (z. B. indem das Aufdecken von Risiken belohnt wird) trägt maßgeblich zu projektorientierter Kultur bei.

## 5 Zusammenfassung

Die gleichzeitige Nutzung von Linien- und Projektmanagement konfrontiert eine Organisation mit Zielen, die sich offensichtlich widersprechen. Die Widersprüchlichkeit spiegelt sich dann in der Organisation selbst wider und tritt dort in Form von Konflikten[6] zwischen Linien- und Projektmanagement bzw. Linien- und Projektmanagern zu Tage. Organisationsintern wird auf diesen Konflikt, der unter anderem als Ressourcenkonflikt ausgetragen wird, wiederum strukturell, beispielsweise durch Instrumente zur Steuerung des Projektportfolios, reagiert. Nur wenn eine Organisation in der Lage ist, die Widersprüche der Organisationsprinzipien zu verhandeln, wird sie langfristig erfolgreich werden.

## 6 Fragen zur Wiederholung

| 1 | Welche strategischen Ziele verfolgt ein Unternehmen durch die Projektorientierung? | ☐ |
| --- | --- | --- |
| 2 | Welche Erwartungen gehen mit der Einführung einer projektorientierten Unternehmenskultur einher? | ☐ |
| 3 | Welche Unterschiede und Gemeinsamkeiten charakterisieren Projektmanagement und Linienmanagement? | ☐ |
| 4 | Aus welchen Prozessgebieten setzt sich ein Projekt zusammen? | ☐ |

---

6   lat. confligo = zusammenschlagen, zusammenstoßen, kämpfen

# 3.02 Programmorientierung (Programme orientation)
Frank Berge, Jörg Seidl

## Kontext und Bedeutung

Unter Programmorientierung versteht man die unternehmerische Grundsatzentscheidung, **strategische** Unternehmensziele oder -visionen anzustreben, indem zusammenhängende Projekte und organisatorische Maßnahmen integriert durchgeführt und gesteuert werden. Hierzu ist ein systematisches Programmmanagement erforderlich. Mit diesem System soll eine kontinuierliche und aktive Steuerung sowie Regelung aller übergeordneten Projektaktivitäten und wichtiger, unternehmensorganisatorischer Maßnahmen ohne Projektcharakter sichergestellt werden.

Ein Programm ist ein „umfangreiches, zeitlich begrenztes, komplexes Vorhaben, das eine Serie von spezifischen, zusammenhängenden Projekten und ggf. auch sonstige (nicht „projektwürdige") Aufgaben beinhaltet, die alle zusammen definierte Ziele innerhalb einer gemeinsamen Strategie anstreben" (MOTZEL, 2006: 144).

Ein Programm, das üblicherweise als Organisationsmodell eingesetzt wird, um strategische Unternehmensziele zu realisieren, ist aber aufgrund seiner zeitlichen Begrenzung gleichzeitig auch Teil eines umfassenden Projektportfolios.

**Programmmanagement** dient auch als Leitungs- und Lenkungsinstrument für die Durchführung strategischer Änderungen. Dabei treten inhaltliche und zeitliche Abhängigkeiten von Projekten und auch Projektportfolien auf, die miteinander verbunden sind. Es kann als eine zeitlich befristete Managementaufgabe angesehen werden, welche die gestaltende Planung, die übergreifende Leitung und das Controlling einer definierten Menge zusammengehöriger Projekte umfasst. Diese Zusammgehörigkeit äußert sich in einem gemeinsamen, übergreifenden Ziel (vgl. SEIDL, 2006).

Die Programmorientierung steht somit in enger Verbindung mit der Portfolioorientierung und der Einführung von Projekt-, Programm- und Portfoliomanagement. Die Programmorientierung beinhaltet ein hohes Maß an Verhaltenskompetenzen. Auch das unternehmensweite Einführen von Projekt-, Programm- und Portfoliomanagement ist eng mit der Programmorientierung verbunden (vgl. unten).

Derzeit nehmen immer mehr „reine" Linienorganisationen das Programm als Organisationsmodell, um sich als Unternehmen neu zu formieren und zu reorganisieren. Häufig wird diese Umstrukturierung von Unternehmen durch sich verändernde Märkte oder Rahmenbedingungen notwendig. Einzelne oder mehrere Unternehmensziele durch ein professionelles Programmmanagement zu verfolgen, kann positiv zur Zielerreichung beitragen und sich insbesondere durch eine hohe Effizienz (2.09) auszeichnen.

In diesen neuen Projektorganisationen werden sich dann Tätigkeiten zu neuen Berufsbezeichnungen entwickeln, wie „Projektmanager", Projektportfoliomanager" und „Programm-Manager / -Direktor".

Dieses Kapitel richtet sich an Programmmanager, Programmdirektoren und Unternehmensleiter, interessierte Linienmanager, Projektmanager und auch an anderes Projektpersonal. Das Bewusstsein für das Ganze und das Verständnis für die Priorisierung unternehmerischer Strategien, sollte breit entwickelt werden.

Das Themenfeld der Programmorientierung steht thematisch in Bezug zu anderen Elementen des ICB3, insbesondere zu: 1.02 Interessengruppen/Interessierte Parteien, 1.03 Projektanforderungen und Projektziele, 1.18 Kommunikation, 2.02 Motivation und Engagement, 2.10 Beratung, 2.14 Wertschätzung, 3.03 Portfolioorientierung und 3.04 Einführung in PPP-Management.

## Lernziele

Sie können

- den Begriff Programmorientierung definieren und von der Portfolioorientierung unterscheiden
- Programmorientierung als Organisationsmodell auf Ihr Unternehmen projizieren
- an einem Beispiel „Management by Programmes" erläutern
- für Programmorientierung wichtige Kompetenzelemente zuordnen, priorisieren

# Inhalt

| | | |
|---|---|---|
| 1 | Begriffliche Grundlagen und Abgrenzung | 1142 |
| 1.1 | Programm | 1142 |
| 1.2 | Programmmanagement | 1142 |
| 1.3 | Managing by Programmes | 1143 |
| 2 | Aufgaben und Rollen innerhalb eines Projektprogramms | 1145 |
| 3 | Schlüsselkompetenzen in der programmorientierten Unternehmensorganisation | 1146 |
| 4 | Relationen zu anderen Kompetenzelementen | 1149 |
| 4.1 | Hauptbeziehungen zu anderen PM Elementen | 1149 |
| 4.2 | Bedeutung der „Sozialen Kompetenz" für Programmmanager | 1150 |
| 5 | Zusammenfassung | 1151 |
| 6 | Fragen zur Wiederholung | 1151 |

# 1 Begriffliche Grundlagen und Abgrenzung

## 1.1 Programm

Der ICB definiert ein Programm als eine Menge zusammenhängender Projekte und organisatorischer Veränderungsprozesse, die mit dem Ziel aufgesetzt wurden, eine strategische Zielsetzung zu erreichen und einen erwarteten Nutzen für die Organisation zu erreichen. (ICB3, 2006).

Programme können somit auch als Großprojekte mit einer Reihe von Subprojekten angesehen werden, wobei die Gesamtverantwortung für dieses Programm der Programmmanager übernimmt (vgl. LOMNITZ, 2001: 25ff).

Es wird jedoch durchaus kontrovers diskutiert, ob Programme zwingend eine strategische Zielrichtung haben müssen. Andere Merkmale eines Programms sind hingegen unstrittig.

So sind Programme im Unterschied zu einem Projektportfolio zeitlich befristet. Sie weisen meist einen beachtlichen Umfang und eine deutliche Komplexität aus und werden zur Erfüllung ihrer Zielsetzung nicht selten mit umfangreichen Ressourcen ausgestattet. Die Programmleitung erhält zudem häufig weitgehende Entscheidungs- und Führungskompetenzen (vgl. MOTZEL, 2006: 144f).

> **§ Definition** Aus diesem Grund definieren wir ein Programm als eine Menge von Projekten, die miteinander verknüpft sind und ein gemeinsames übergreifendes Ziel verfolgen. Ein Programm ist zeitlich befristet und endet (spätestens) mit der Erreichung der übergreifenden Zielsetzung (SEIDL, 2007: 33).

Ein Programm ist begrifflich gegenüber dem Projektportfolio abzugrenzen (vgl. hierzu 3.03 Portfolioorientierung). Programme und Projekte bilden gemeinsam das Projektportfolio eines Unternehmens bzw. einer Organisation. Während aber ein Projektportfolio auf die eigene Organisation begrenzt ist, können Programme auch Projekte anderer Unternehmen oder Organisationen enthalten. Dies ist beispielsweise bei der unternehmensübergreifenden Entwicklung von Automobilen, Flugzeugen oder Motoren der Fall.

## 1.2 Programmmanagement

> **§ Definition** Unter Programmmanagement versteht man eine „zeitlich befristete Managementaufgabe, welche die gestaltende Planung, die übergreifende Leitung und das Controlling einer definierten Menge zusammengehöriger Projekte umfasst, die einem gemeinsamen, übergreifenden Ziel dienen" (SEIDL, 2007: 34).

Die besondere Führungssituation bei einer Reihe verbundener Projekte hat sich schon vor Jahrzehnten in einigen Branchen gestellt. Diese Projekteverbindung des Programms leitet sich aus einem meist (sehr) komplexen, mehrdisziplinären Vorhaben mit vielfältigen internen und externen Wechselbeziehungen ab und dient dem gemeinsamen Zielbündel des Vorhabens. In der Wehrtechnik und der Luft- und Raumfahrt wurden frühzeitig Konzepte und Methoden für Programme zwischen Fachleuten dieser Branchen diskutiert und entwickelt (BMVg 1971; DWORATSCHEK / GUTSCH 1976; LOMNITZ 2001, GRÜN 2004). Inzwischen findet das Konzept des Programmmanagements auch branchenübergreifend eine immer stärkere Beachtung.

Ziele des Programmmangements sind unter anderem eine verbesserte Koordination, ein besseres Management der Abhängigkeiten und Schnittstellen, eine höhere Effektivität bei der Ressourcenallokation und Effizienz bei der Ressourcennutzung, ein bessere Kommunikation und ein intensiverer Know-how-Transfer zwischen den Projekten innerhalb des Programms, ein stärkeres Durchsetzungsvermögen, verbunden mit einer gesteigerten Wahrnehmung durch das gehobene Management (vgl. u. a. LYCETT, RASSAU & DANSON, 2004: 289-299).

## 1.3 Managing by Programmes

Strategische Ziele eines Unternehmens können sowohl durch Programme als auch durch Projekte erreicht werden. Die Konzepte eines „**Management by Projects**" (vgl. 3.01) und eines „Managing by Programmes" können somit überlappen.

Projekte, Programme und Linienfunktionen bilden gemeinsam ein Portfolio, zu dessen Gesamtsteuerung innerhalb eines Unternehmens ein kontinuierliches Projektportfoliomanagement eingesetzt wird. Dieses Portfolio ist eingebettet in das Unternehmensprogramm und bildet die strategische Richtung eines Unternehmens ab.

**Beispiel** Das Unternehmensprogramm der NASA ist die Raumfahrt im Allgemeinen. Zur Umsetzung aller damit in Verbindung stehenden Tätigkeiten bildet das Unternehmen ein strategisches Portfolio von Programmen, Projekten, wie Internationale Raumstation ISS, Columbus Weltraumlabor, Sattelitenprojekte, Weltraumsonden zum Mars, zur Venus oder anderen Zielen (Voyager etc.). Als institutionelle projektorientierte Ablauforganisation (vgl. 3.01 Projektorientierung) sind in der Matrix auch Linienfunktionen besetzt, die über das Portfolio hinausgehen und sich beispielsweise auch mit Marketing Aufgaben für das strategische Unternehmensprogramm beschäftigen.

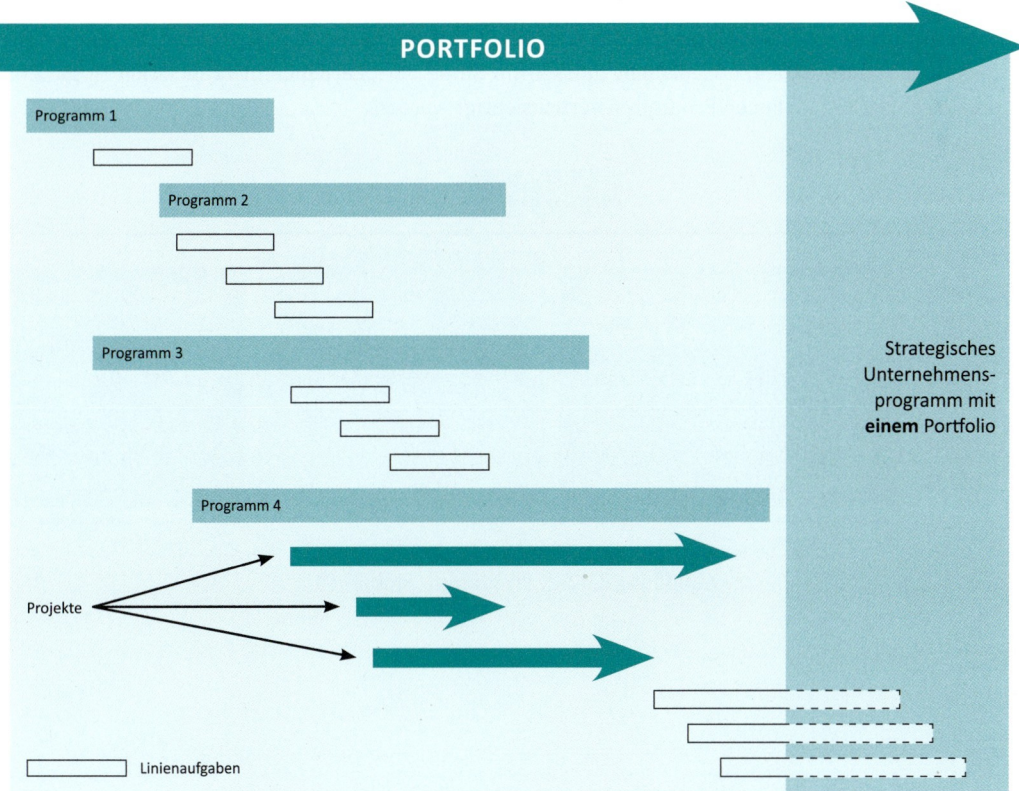

Abbildung 3.02-1 Strategisches Unternehmensprogramm

Folgendes Beispiel kann die unternehmerische Grundsatzentscheidung zur Umsetzung der **strategischen** Unternehmensziele anhand dieses Konzepts verdeutlichen.

**Beispiel** Ein Unternehmen startet ein Programm zur Entwicklung eines neuen Mobiltelefonmodells. Das Hauptprojekt besteht aus dem Gehäuse, dem Display, der Tastatur und dem GSM- Modul. In einer Reihe von Nebenprojekten sollen ein UMTS – Modul, ein GPS-Empfänger und eine Navigationssoftware für dieses Mobiltelefon entwickelt werden. Diese Komponenten werden an Subunternehmer vergeben. Das „Mobile_01" soll bei der Markteinführung einen neuen Standard für mobile Telefonie setzen. Das Programm endet mit der Serienfertigung dieses Modells.

Der **Programmmanager** muss nicht nur die Projekte- / Teilaufgaben des Projektprogramms steuern, sondern auch die Integration der Einzelprojekte- / Aufgaben in das eigene Programm einbeziehen. Nicht der Erfolg der Einzelprojekte bestimmt allein den Programmerfolg, sondern das integrierte Zusammenspiel aller Projekte bis hin zur erfolgreichen Vermarktung und Serienfertigung. Abbildung 3.02-2 zeigt das Programm „Mobile_01" beispielhaft in einem Projektstrukturplan. Jedes Projekt/jede Teilaufgabe hat eigene operative Ziele. Im Sinne der Programmorientierung werden alle Einzelprojekte zu einem strategischen Programm integriert. Bei genauerem Hinsehen ist eine **Multiprojektsituation** erkennbar. In diesem Programm werden drei Teilprogramme definiert.

Für jedes Teilprogramm kann ein Multiprojektmanager eingesetzt werden – dies bewirkt eine Reduktion der Schnittstellen zum Programmmanager des Programms „Mobile_01". Die Projektbündel 1 und 3 beinhalten in diesem Beispiel mehrere verbundene Projekte/Teilaufgaben, welche unternehmensintern abgewickelt werden. Im Projektbündel 2 befinden sich die Projekte/Teilaufgaben, die an Subunternehmen vergeben worden und die deswegen im Projektstrukturplan keine Unterteilung in Arbeitspakete enthalten. Auch innerhalb der Projektbündel ist hier weiterhin eine programmorientierte Struktur gegeben. Für die kontinuierliche Weiterentwicklung des Handys muss nun ein neues Programm gestartet werden, das mit der Serienfertigung endet.

Wichtig für den Neustart eines Programms sind die Rückmeldungen aus dem vorangegangenen – Fehlermeldungen und Kundenzufriedenheit müssen im Sinne der „Lernenden Organisation" (vgl. 3.05_Stammorganisation) im neuen Programm berücksichtigt werden.

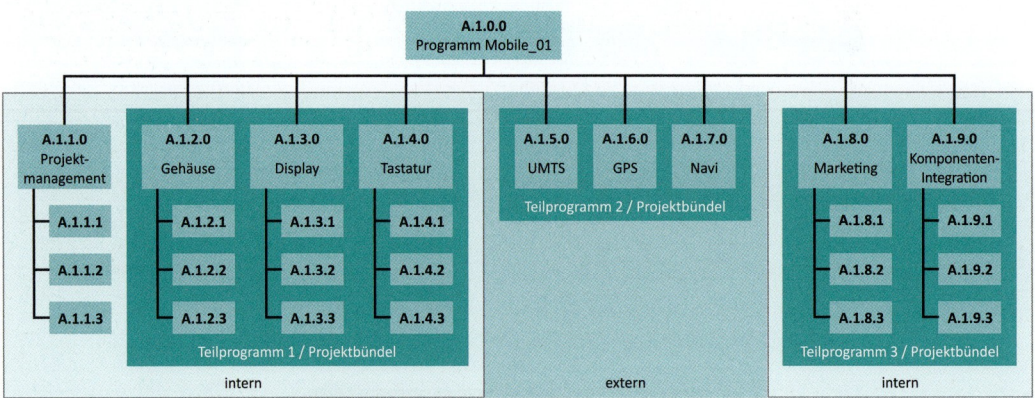

Abbildung 3.02-2: Programm „Mobile_01"

## 2 Aufgaben und Rollen innerhalb eines Projektprogramms

Charakterisierend für die Programmstruktur ist die Systematik der Projektbeziehungen untereinander. Jedes einzelne Projekt hat als integrierendes Leistungsziel, Teil eines Ganzen zu werden. Diese Multiprojektsituation endet mit der Fertigstellung bzw. der Serienfertigung des Mobiltelefons – die Projekte selbst erneuern sich *nicht* innerhalb des Programms – sie wurden ausschließlich für das Programm „Mobile_01" initiiert. Die gilt auch für das Projekt *Komponenten - Integration*, das ausschließlich mit dem Zusammenbau der Ergebnisse aus den Projekten im Programm „Mobile_01" beauftragt ist. Das „Marketing" setzt ebenfalls *nur* auf das in diesem Projektprogramm entwickelte Produkt „Mobile_01" auf.

Der Programmmanager hat die Aufgabe, die Einzelprojekte zu initiieren, das Programmziel auf die Projekte im Programm zu übertragen, den Fortschritt des Programms anhand der Situation in den Einzelprojekten zu steuern und zu überwachen. Zur besseren Kontrolle, Koordinierung bzw. Optimierung können Projekte, die nicht notwendigerweise in Zusammenhang stehen, zu einer „Gruppe" zusammengefasst werden. Kriterien für diese Gruppierungen können beispielsweise sein: Externe Vergaben von Teilaufgaben und/oder Projekten, interne Strukturierungen (Technik, Montage, Vertrieb etc.), Schnittstellenreduktion innerhalb des Programms. Die „Gruppenleiter" oder, besser gesagt, die Multiprojektmanager bilden dann die Schnittstelle zum Programmmanager.

In der integrierten Betrachtung liegt der Grundgedanke in Form des strategischen Ziels des Programms: „Die Serienproduktion des neuen Handys". Gemeint ist die integrtion der zeitlichen und inhaltlichen Abhängigkeiten der dem Programm zugeordneten Projekte und Aufgaben bzw. den beispielhaft gebildeten Portfolios.

Die Tabelle 3.02-1 stellt die Aufgaben von Projektportfolio- und Multiprojektmanager in kurzer Form gegenüber:

Tabelle 3.02-1: Aufgaben von Multiprojekt- und Programmmanager
(Tabelle in Anlehnung an LOMNITZ, 2001: 72)

| Multiprojektmanager | Programmmanager |
|---|---|
| Steuert die ihm unterstellten Projekte mit dem Fokus der Gesamtsicht über die Projekte | Kapitän des Programms mit dem Fokus auf das strategische Programm |
| *Koordinationsaufgabe*; Problemanalysen werden dem Projektleiter, dem Auftraggeber und den Projektlenkungsgremien auf Projektportfolio-Ebene dargestellt | Führungsaufgabe; muss unmittelbar in die Projekte eingreifen, wenn es die Situation erfordert |
| Wacht über das Gesamtbudget aller ihm unterstellten Projekte, hat aber keine Budgetverantwortung | Hat die Budgetverantwortung |
| Analysiert und koordiniert die Einsatzmittel in dem von ihm verantworteten Projektbündel | Hat disziplinarische Personalverantwortung |
| Daueraufgabe durch die existierende, sich erneuernde Projektelandschaft in seinem Verantwortungsbereich | Aufgabe endet mit Programmabschluss |
| Muss sich oft mit internen machtpolitischen Problemen auseinandersetzen | Steht bei externen Projekten/Programmen oft alleine dem Kunden gegenüber |

# 3 Schlüsselkompetenzen in der programmorientierten Unternehmensorganisation

ICB 3.0 verwendet eine Reihe programmorientierter Begrifflichkeiten, wie Projektmanager, Multiprojektmanager, Portfoliomanager, Projektdirektor, Programmmanager und Zentraler Programmcontroller mit ihren Aufgaben und Verantwortlichkeiten. Die Abbildung 3.02-V2 zeigt in einem Organigramm zu diesem Unternehmensmodell diese Positionen, teilweise in ihren Schlüsselkompetenzen auf der Zertifizierungsgrad-Ebene, durch Praxisnähe relativiert.

Auf der operativen Ebene sind grundlegende PM-Kompetenzen gefordert. Durch die Einführung von Projektmanagement in Unternehmen stellt sich die Frage, inwieweit Projektmitarbeiter und Projektassistenten im Projektmanagement ausgebildet werden sollen und können. Anhand der tatsächlichen Aufgaben in der Praxis und des in Abbildung 3.02-V2 dargestellten Unternehmensmodells ergeben sich folgende Zuordnungen auf Zertifizierungsgrad-Ebene (K. PANNENBÄCKER, internat. Assessorenworkshop in Krakau, 2007):

Das Basislevel der PM-Zert, das **Basiszertifikat im Projektmanagement (GPM)**, ist vergleichbar dem Basislevel von PMI (Certified Associate in Project Management) sowie dem Basislevel von PRINCE2 (Foundation). Mit dem Basiszertifikat erbringt ein Zertifikant den Nachweis, dass er über Projektmanagementwissen in Konformität mit der IPMA Competence Baseline 3.0 verfügt. Im Gegensatz zu den IPMA Level D bis A wird das PM-Wissen überprüft und nicht die PM-Handlungskompetenz, womit zumindest auf diesem Level eine Vergleichbarkeit mit PMI und PRINCE2 besteht, da diese ebenfalls (nur) das PM-Wissen überprüfen.

Ein **PM-Fachmann (Level D)** verfügt über ein umfassendes PM-Wissen. Er kann dieses Wissen über unterschiedliche PM-Elemente sachgerecht anwenden, zum Beispiel:

I   Terminplan erstellen
I   Projektdokumentation überwachen
I   Berichtswesen organisieren
I   Abnahme von Lieferobjekten (Deliverables)

Die IPMA Competence Baseline 3 verwendet auch die Bezeichnungen „Project Management Specialist".

Ein **Projektmanager (Level C)** kann Erfahrungen aus Projekten nachweisen und anwenden sowie in größeren Projekten als Teil-Projektleiter fungieren. Er übernimmt u. a. folgende Aufgaben:

I   Aufstellen einer Basiskalkulation für seinen Projektabschnitt
I   Verfolgung der von ihm zu verantwortenden Termine und Kosten
I   Überwachen seiner Projektdokumentation mit selbstständigem Änderungsmanagement
I   Abnahme und Übergabe seines Teilprojekts

Ein **Senior Projektmanager (Level B)** ist verantwortlich für komplexe Projekte, die durch folgende Merkmale gekennzeichnet sind:

- Koordination von Leistungen aus allen beteiligten
  - Gewerken
  - Zulieferanten
  - Subsystemen
- Managen des Projekts über (fast) alle Projekt-Phasen
- Nutzung aller verfügbaren und notwendigen PM-Methoden und -Techniken
- Führen des eigenen und fremden Projektpersonals
- Verantwortlichkeiten für Qualitäten, Termine und Kosten nach innen und außen mit Vertrags- und Änderungsmanagement

Die bisher behandelten Zertifizierungsebenen betreffen im Wesentlichen operative Tätigkeitsfelder des Projektmanagements. Dagegen werden auf der nachfolgend skizzierten Zertifizierungsebene A auch strategische Aufgaben wahrgenommen.

Ein **Projekte-Direktor/Programm- oder Portfolio-Direktor (Level A)** trägt die Gesamtverantwortung aller Projekte in seiner Organisation für:

- Abstimmungen der und Entscheidungen über die Einzelziele der Projekte mit Gesamtstrategie der Organisation
- Fortschritts-Controlling mit besonderer Berücksichtigung von Verfügbarkeiten von Engpassressourcen und begrenztem Fachpersonal
- Projekt-/Programm-Berichtswesen an die Geschäftsführung sowie Geschäftsführungen von externen Projektgebern
- Coachen der Projektleiter und -manager
- Einführung von stetig verbesserten PM-Methoden und -Verfahren

Tabelle 3.02-2: Rollenbeschreibung des Programmmanagers

| | Rollenbeschreibung des Programmmanagers | |
|---|---|---|
| | **Programm Handy/FL-Systeme** | **Unternehmensprogramm** |
| **Ziele** | Erreichen des strategischen Gesamtziels: Serienfertigung des neuen Produkts | Erreichen des strategischen Unternehmensziels, Markt führende Position, Umsatz- und Ertragssteigerung |
| | Schaffung von Zufriedenheit und Akzeptanz im Umfeld und bei den Stakeholdern | Schaffung von Zufriedenheit bei allen Mitarbeiten im Unternehmen, Motivation der Mitarbeiter für das Unternehmensprogramm |
| **Aufgaben** | Herstellen von Rahmenbedingungen für eine erfolgreiche Zusammenarbeit (eindeutige Regeln für Kommunikation, Eskalation und Entscheidungen) | Schaffung von flachen Hierarchien und Verständnis/Akzeptanz für die Aufgabenverteilung im Unternehmen |
| | Erarbeitung von Programmplänen, um das Team für den Erfolg des Programms und nicht nur für die einzelnen Projekte und Aufgaben zu motivieren | Kontinuierliche Integration aller Mitarbeiter durch Darstellung der Bedeutung ihrer Aufgaben und Hervorhebung der geleisteten Erfolge des Teams für das Unternehmensprogramm |
| | Etablierung einer Programmorganisation zur Sicherstellung einer funktionierenden Kommunikation durch effiziente Zusammenarbeit und klare Aufgabenverteilung | Schaffung von PM Kompetenz und einheitlichen Terminologien bei den Mitarbeitern durch levelbezogene Personenzertifizierung -> unternehmensinterne Akzeptanz und Wertschätzung beim Kunden |
| | Führung des Programmteams und Leitung in den Meetings | Führung von "Führenden" und Mitarbeitern im programmorientierten Unternehmen |
| | Herbeiführung von Entscheidungen durch rechtzeitige Kommunikation im Team | Rechtzeitige Einbindung der Mitarbeiter in Entscheidungen mit großer Tragweite für das Unternehmensprogramm |
| | Umfeld- und Stakeholderkommunikation | Mitarbeiter- und Führungsgespräche |
| | Focus nicht auf Details, sondern auf die übergeordneten Ziele | Übersicht über den Unternehmenserfolg durch integrierte Betrachtung aller Projekte/Programme |
| | Kontinuierliche Berücksichtigung der Programmrisiken | |
| | Steuern und Controllen des Programms zur Erkennung von Abweichungen und rechtzeitiger Evaluierung von Maßnahmen zur Wiedererlangung der Stabilität | |
| | Kommunikation der Programmziele an alle Teams/Mitarbeiter | |
| | Reflexion der Zusammenarbeit im Sinne der „Lernenden Organisation" | |
| **PM Kompetenzen** | Anwendung aller technischen, kontextbezogenen- und sozialen Kompetenzen | Kenntnis aller technischen, kontextbezogenen- und sozialen Kompetenzen |
| **soziale Kompetenz** | Wissen um-, bzw. Beherrschen von Führungsstilen und Führungskonzepten, Motivation der Projektleiter in den Einzelprojekten für das Programmziel | Erfahrung in der Mitarbeiterführung, insbesondere „Führen von Führenden", Motivation aller Mitarbeiter im Unternehmen für die Unternehmensstrategien/-visionen durch positives "Management of People" |

# 4 Relationen zu anderen Kompetenzelementen

Die ICB 3.0 beschreibt einige Hauptbeziehungen zu anderen Kompetenzelementen, die mit der Programmorientierung direkt oder indirekt in Verbindung stehen. Diese finden ihre Anwendung durch die Projektion ihrer Inhalte auf das Programm. Betrachtet man ein Programm als ein Großprojekt mit vielen Teilprojekten und Teilaufgaben, lassen sich viele Methoden und kontextbezogene PM-Elemente auf das Programm anwenden. Durch die bereits herausgearbeitete führende Aufgabe der Programmorientierung liegt der Focus insbesondere auf der sozialen und personellen Ebene – Erfahrung im Umgang mit Menschen, Personalentwicklung und Personalverantwortung, Führen von Mitarbeitern, die selber eine Führungsposition bekleiden. Selbstmanagement und Selbstbeherrschung, Verlässlichkeit, Wertschätzung, Engagement und Motivation sind Eigenschaften und Anforderungen an einen Programmmanager/Projektdirektor, um ihn als **Vorbild** für alle Mitarbeiter anzusehen.

## 4.1 Hauptbeziehungen zu anderen PM Elementen

**1.01 Projektmanagementerfolg**
Zentrale Zielsetzung für das Programm als solches. Erwirtschaftung von Profiten, Zufriedenheit aller Stakeholder, Ausschluss aller Misserfolgskriterien, Project Excellence projiziert auf das Programm.

**1.02 Interessengruppen/Interessierte Parteien**
Der Programmmanager sollte genau wie der Projektmanager die Interessen aller Interessensgruppen (Stakeholder) erfassen und sie auf der Grundlage ihrer Bedeutung in das eigene Programm integrieren. Dies gilt insbesondere für die Einbindung und Vereinheitlichung von Systemen und Konzepten des Kunden in das eigene Unternehmen (und umgekehrt) – damit wird eine programm-/projektübergreifende Bindung an eine für das Unternehmen „lebenswichtige" Interessensgruppe geknüpft.

**1.03 Projektanforderungen und Projektziele**
Bei den in der Programmorientierung geforderten Strategien handelt es sich um die Ansicht der Organisationsleitung darüber, wie die Visionen und Zielsetzungen der Organisation in Zukunft umgesetzt werden können. Die Strategie ist die Summe der Einzelziele aus Projekten und Projektportfolien, kombiniert mit der integrierten Betrachtung der übergeordneten Unternehmensziele.

**1.07 Teamarbeit – vgl. 3.2 Vertiefungswissen**

**1.12 Ressourcenmanagement**
Beinhalten neben der Ermittlung und Zuweisung die Optimierung der Ressourcenverwendung im festgelegten Zeitrahmen sowie die fortlaufende Überwachung und Kontrolle der Ressourcen. In der Programmorientierung steht hier mehr der Mensch im Mittelpunkt des Ressourcenmanagements.

**1.16 Projektcontrolling: Überwachung, Steuerung und Berichtswese**
Das Berichtswesen liefert Information und Dokumentation über den Arbeitsstand des Programms und Prognosen über seine Entwicklung bis zu dessen Ende. Das Berichtswesen umfasst auch die Buchprüfung und Überprüfungen des Programms.

**1.17 Information und Dokumentation**
Informationsmanagement umfasst das Gestalten, Sammeln, Auswählen, Aufbewahren und Abfragen von Projekt- und Programmdaten (in formatierter, unformatierter, grafischer, elektronischer Form oder auf Papier).

**1.18 Kommunikation**
Kommunikation beinhaltet den wirksamen Austausch von Informationen zwischen den Projektbeteiligten im Programm und deren Verständnis. Wirksame Kommunikation ist vital für den Erfolg von Projekten, Programmen und Portfolios. Die richtige Information muss an die relevanten Interessensgruppen in einer ihren Erwartungen entsprechenden und einheitlichen Form weitergegeben werden. Kommunikation sollte nützlich, klar und pünktlich sein.

| | |
|---|---|
| 2.02 | Motivation und Engagement – vgl. 3.2 Vertiefungswissen |
| 2.08 | Ergebnisorientierung – vgl. 3.2 Vertiefungswissen |
| 2.10 | Beratung – vgl. 3.2 Vertiefungswissen |
| 2.14 | Wertschätzung – vgl. 3.2 Vertiefungswissen |
| 3.00 | Projektmanagement und Unternehmensstrategie – vgl. 3.2 Vertiefungswissen |
| 3.01 | **Projektorientierung** |
| | Der Begriff Projektorientierung wird zur Beschreibung der Ausrichtung von Organisationen auf „Managing by Projects" und die Entwicklung von Projektmanagementkompetenz verwendet. Auf die Programmorientierung übertragen, kann hier von „Managing by Programmes" gesprochen werden Die Art und Weise, in der Programme koordiniert, Projekte und Portfolien geleitet und die Kompetenzen der Projektmanager gefördert werden, hat eine unmittelbare Auswirkung auf den Programmerfolg. Ebenso wie es wahrscheinlich ist, dass eine Organisation „Management by Projects" zur Sicherung von Effektivität, Wachstum und Konkurrenzfähigkeit innerhalb ihres Markts einsetzt, während normale Linienfunktionen und -vorgänge im Allgemeinen nach dem Effizienzprinzip gemanagt werden, verfolgt „Managing by Programmes" die Strategie zur Durchsetzung des Einzelprogramms sowie der Unternehmensvision. |
| 3.03 | **Portfolioorientierung** |
| | Das einzelne Programm als Teil eines Portfolios oder Großprojekts bzw. als Mehrprojektmanagement im Unternehmensprogramm. |
| 3.04 | **Einführung in PPP-Management** |
| | Dieses Kompetenzelement bezieht sich auf den Prozess der Einführung und kontinuierlichen Verbesserung von Projekt-, Programm- und Portfoliomanagement in Organisationen, insbesondere bei die Umstrukturierung/Reorganisation von Unternehmen zur Programmorientierung. |

## 4.2 Bedeutung der „Sozialen Kompetenz" für Programmmanager

Das Wissen um die Eigenschaft der Menschen, sich für ihre Aufgaben **Vorbilder** zu suchen, an denen sie sich orientieren können, ist ein wichtiger psychologischer Aspekt, den sich der programmorientierte Manager zunutze machen sollte. Indem er die PM-Methodik seinem ihm zugeordneten Projektpersonal sowie seinen Kunden und Lieferanten „vorlebt", wird Projektmanagement nicht als aufwändiges und zusätzliches Fachwissen interpretiert, sondern als normales, selbstverständliches Instrument, das die Arbeit erleichtert.

Der Umgang mit Menschen im **Team** (1.07), welches die Leitung der Gruppenbildungsprozesse, des Handelns in Gruppen und der Gruppendynamiken umfasst, ist für den Programmmanager ebenso wichtig wie sein persönlicher Einsatz für das Programm als solches.

**Engagement** (2.02) ist der persönliche Einsatz, den der Programmmanager und die im Programm/Unternehmen mitarbeitenden und an ihm beteiligten Personen aufbringen. Engagement lässt Menschen an die unternehmerischen Visionen glauben und erweckt den Wunsch, daran teilzunehmen, das Unternehmen mit aufzubauen und zu festigen. Es ist notwendig, eine Vision zum Leben zu erwecken und die Personen für die Zusammenarbeit auf ein gemeinsames strategisches Ziel hin zu motivieren. Die **Motivation** aller Mitarbeiter hängt vom Zusammengehörigkeitsgefühl der Einzelnen und von ihrer Fähigkeit ab, sowohl Höhe- als auch Tiefpunkte des Programms zu bewältigen. Die Motivation eines Einzelnen für das Gesamtprogramm erfordert vom Programmmanager, dass er sich der Fähigkeiten und Erfahrung, der persönlichen Einstellungen und Umstände und der wesentlichen Beweggründe der zu führenden Person bewusst ist und diese auch fördert. Er muss sie motivieren, die Strategie des Programms neben dem eigenen Projekt im Auge zu behalten und dabei den Programmerfolg ergebnisorientiert gegenüber dem Projekterfolg zu priorisieren.

Die **Ergebnisorientierung** (2.08) bedeutet, die Aufmerksamkeit des Teams auf Schlüsselziele (strategische Ziele) zu lenken, um ein für alle beteiligten Interessensgruppen optimales Ergebnis zu erzielen. Der Programmmanager muss durch Rücksprache sicherstellen, dass der Erfolg des Programms/Unternehmens alle maßgeblichen Interessensgruppen zufriedenstellt.

Unter **Rücksprache** (2.10) versteht man die Fähigkeit, Gründe und schlüssige Argumente für den Erfolg des Programms vorzulegen, anderen Ansichten zuzuhören, zu verhandeln und Lösungen zu finden. Im Wesentlichen ist dies der Meinungsaustausch über Programm- und Projektangelegenheiten. Sie führt zu allseitig akzeptierten Entscheidungen auf der Grundlage von Respekt, Wertschätzung, systematischem und strukturiertem Denken, der Analyse von Fakten, Argumenten oder Szenarien.

Unter **Wertschätzungsfähigkeit** (2.14) versteht man die Fähigkeit, die wesentlichen Eigenschaften anderer Menschen zu erkennen und ihren Standpunkt (z. B. für den Erfolg/Misserfolg des einzelnen Projekts gegenüber dem Gesamtprogramm) zu verstehen. Sie umfasst gleichfalls die Fähigkeit, mit ihnen zu kommunizieren und ihren Ansichten, Werturteilen und ethischen Werten Verständnis entgegenzubringen. Zentrale Grundlage der Wertschätzungsfähigkeit ist gegenseitiger Respekt.

## 5 Zusammenfassung

Bei Programmen handelt es sich um umfangreiche, zeitlich begrenzte komplexe Vorhaben, die mehrere zusammenhängende Projekte und Aufgaben beinhalten, die zusammen einer gemeinsamen übergeordneten Zielsetzung dienen. Mit einer Programmorientierung wird meist die Strategie verfolgt, wesentliche herausfordernde Zielsetzungen eines Unternehmens durch Bündelung von Ressourcen, Entscheidungskompetenz und Macht in Programmen wirksam zu erreichen.

Ein Unternehmen kann seine Organisation an der Programmorientierung ausrichten und durch ein professionelles Programmmanagement (Managing by Programmes) einen wertvollen Beitrag leisten, indem es durch die Definition geeigneter Projekte und Programme die Erreichung der strategischen Unternehmensziele sicherstellt.

Viele Elemente des operativen Projektmanagements können auf Programme und programmorientierte Unternehmensorganisationen projiziert werden. Das wichtigste Kompetenzfeld für den Programmmanager sind sein Verhalten bzw. seine soziale Kompetenz.

## 6 Fragen zur Wiederholung

| 1 | Was ist der Unterschied zwischen Programm- und Portfolioorientierung? Erläutern sie diesen an einem Beispiel. | ☐ |
| 2 | Was ist der Unterschied zwischen „Management by Projects" und „Managing by Programmes"? | ☐ |
| 3 | Welches sind die wichtigsten Hauptbeziehungen der Programmorientierung zu anderen PM Elementen? | ☐ |
| 4 | Wo würden Sie sich nach der 4LC der IPMA in Ihrem programmorientiert strukturierten Unternehmen einordnen und warum? | ☐ |

# 3.03 Portfolioorientierung (Portfolio orientation)

Jörg Seidl, Daniel Baumann

## Kontext und Bedeutung

Die Zunahme von Multiprojektsituationen stellt Unternehmen und Organisationen vor neue Herausforderungen in Bezug auf die Wahrnehmung von Projektmanagementaufgaben. Heute geht es nicht mehr nur darum, einzelne Projekte und Programme erfolgreich durchzuführen. Es stellt sich vielmehr immer häufiger die Frage: führt die Organisation bzw. das Unternehmen die richtigen Projekte zur rechten Zeit mit den richtigen Ressourcen durch? Hinter dieser Fragestellung steht die Idee, das gesamte Projektportfolio eines Unternehmens oder eines angeschlossenen Teilbereichs desselben zu gestalten und zu steuern.

Ziel des Projektportfoliomanagements ist es, die Umsetzung von Projekten und Programmen welche zur Realisierung der Unternehmensstrategie dienen, zu unterstützen und die Gesamtheit der Projekte und Programm zu koordinieren. Das Projektportfoliomanagement hat die Aufgabe, zwischen den Sichten der einzelnen Projekte bzw. Programme und der globalen Sicht des Unternehmens, der Organisation bzw. des abgeschlossenen Managementbereiches zu vermitteln.

In der ICB wird dieser Gedanke unter dem Begriff „Portfolioorientierung" behandelt. Da das Projektportfolio eine ganzheitliche Sicht auf alle in einem Unternehmen oder einer Organisation angesiedelten Projekte und Programme darstellt, gibt es eine Vielzahl von inhaltlichen Bezügen zu anderen Begriffen und Kapiteln in der ICB. Die engsten Verbindungen bestehen zu den Kapiteln Projektorientierung (3.01), Programmorientierung (3.02) sowie der Einführung von Projekt-, Programm- und Projektportfoliomanagement (3.04).

Da das Projektportfoliomanagement eine Optimierung der Projektwirtschaft vor dem Hintergrund übergeordneter Unternehmens- und Organisationsziele verfolgt, ergeben sich zudem Verbindungen zu den Bereichen Projektmanagement und Unternehmensstrategie (3.0), Geschäft (4.06) und Finanzierung (4.10) sowie zum Projektmanagementerfolg (1.1) und in Bezug auf die Steuerung und Überwachung des Projektportfolios zum Bereich Überwachung und Steuerung, Berichtswesen (1.16). Die Stakeholder des Projektportfolios stellen zudem Betroffene und Interessensgruppen im Sinne des Kapitels 1.02 dar. Auch andere Projektmanagementteildisziplinen werden im Portfoliokontext projektübergreifend betrachtet, so dass sich Verbindungen zu praktisch allen weiteren Kapiteln im Bereich der methodischen Kompetenzen ergeben.

Durch die zunehmende Bedeutung von Projekten haben sich die Methoden des Projektmanagements stark verbreitet. Zudem treten immer häufiger Mehrprojektsituationen auf, die meistens auch durch einen Wettbewerb der Projekte um knappe bzw. besonders geeignete Ressourcen gekennzeichnet sind. Dies stellt Unternehmen und Organisationen vor neue Herausforderungen in Bezug auf die Wahrnehmung von Projektmanagementaufgaben.

In diesem Umfeld haben sich zwei wesentliche Formen der Multiprojektkoordination herausgebildet, die teilweise parallel, teilweise ergänzend angewendet werden: das Projektportfoliomanagement und das Programmmanagement.

Das Projektportfoliomanagement zielt dabei auf die Optimierung aller aktiven Programme und Projekte. Es ist – im Unterschied zum Programmmanagement - zeitlich nicht befristet und in diesem Sinne eine Linienaufgabe. Die übliche Optimierungsstrategie besteht in der Maximierung des Projektportfolionutzens und Beachtung gegebener, meist finanzieller und personeller Ressourcenrestriktionen. Andere wesentliche Herausforderungen des Projektportfoliomanagements bestehen in der Bestimmung der Projektrangfolge, der optimalen zeitlichen Abfolge der Projekte und der Beherrschung von projektübergreifenden Abhängigkeiten.

## Lernziele

Sie können

- die Begriffe Projekt, Projektportfolio und Programm unterscheiden und zu jedem Begriff 3-5 spezifische Merkmale aufzählen
- wesentliche Merkmale des Projektportfoliomanagement aufzählen und es inhaltlich vom Programmanagement unterscheiden
- typische Herausforderungen für das Projektportfoliomanagement nennen und erläutern
- die einzelnen Stakeholder des Projektportfoliomanagements aufzählen und anhand ihrer unterschiedlichen Interessen unterscheiden
- wesentliche Erfolgsfaktoren des Projektportfoliomanagements aufzählen
- erklären, was unter effektiver Projektportfoliosteuerung zu verstehen ist
- den Zusammenhang von Projektpriorisierung und Ressourcenallokation erläutern

# Inhalt

| | | |
|---|---|---|
| 1 | Begriffliche Grundlagen und Abgrenzung | 1156 |
| 1.1 | Projekt, Projektportfolio und Programm | 1156 |
| 1.1.1 | Projekt | 1156 |
| 1.1.2 | Projektportfolio | 1157 |
| 1.1.3 | Programm | 1158 |
| 1.1.4 | Zusammenhang und Abgrenzung der Begriffe | 1158 |
| 1.2 | Multiprojektmanagement | 1158 |
| 1.3 | Formen der Multiprojektkoordination | 1159 |
| 1.3.1 | Projektportfoliomanagement | 1159 |
| 1.3.2 | Programmmanagement | 1160 |
| 2 | Grundlagen der Portfolioorientierung | 1160 |
| 2.1 | Stakeholder des Projektportfolios | 1160 |
| 2.2 | Grundlegende Aufgaben des Projektportfoliomanagements | 1162 |
| 2.2.1 | Identifizierung von Projekten und Aufnahme in das Projektportfolio | 1162 |
| 2.2.2 | Priorisierung von Projekten | 1163 |
| 2.2.3 | Projektübergreifendes Ressourcenmanagement | 1165 |
| 2.2.4 | Steuerung und Überwachung des Projektportfolios | 1165 |
| 2.3 | Portfolio-orientierte Organisation der Projektmanagementprozesse | 1167 |
| 3 | Zusammenfassung | 1170 |
| 4 | Fragen zur Wiederholung | 1171 |

# 1 Begriffliche Grundlagen und Abgrenzung

## 1.1 Projekt, Projektportfolio und Programm

### 1.1.1 Projekt

> **§ Definition** (engl. project) Vorhaben, das im Wesentlichen durch die Einmaligkeit der Bedingungen in ihrer Gesamtheit gekennzeichnet ist, z. B. Zielvorgabe, zeitliche, finanzielle, personelle und andere Begrenzungen, projektspezifische Organisation" (DIN 69901-5: 2009).

Es gibt noch eine ganze Reihe anderer Zusammenstellungen von Projektmerkmalen. Die folgende Abbildung 3.03-1 zeigt eine Übersicht solcher Merkmale.

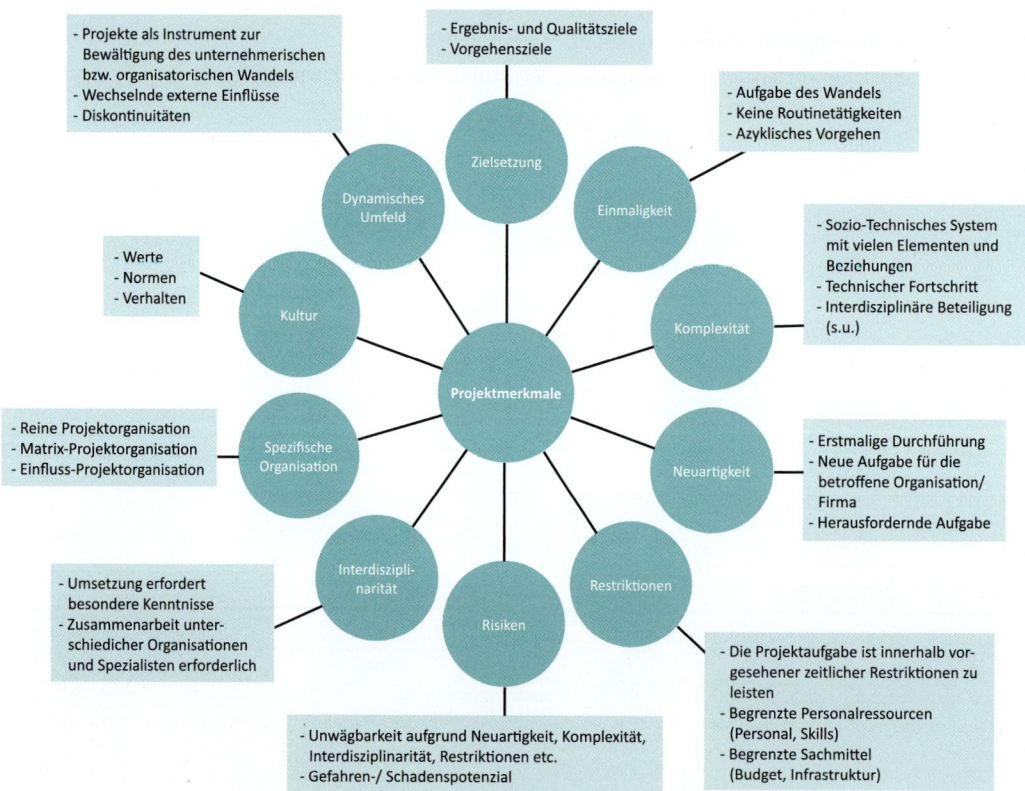

Abbildung 3.03-1: Merkmale von Projekten (SEIDL, 2007: 20)

> **!** Im Rahmen der Portfolioorientierung kommt insbesondere denjenigen Projektmerkmalen eine besondere Bedeutung zu, für die sich unterschiedliche Sichtweisen ergeben, je nachdem, ob man die Einzelprojektsituation oder eine **Mehrprojektsituation**, d. h. das Zusammenwirken verschiedener Projekte (und Programme) betrachtet.

Solche Abweichungen können sich zum Beispiel zwischen der Zielsetzung einzelner Projekte und der Gesamtzielsetzung einer Organisation oder Organisationseinheit ergeben, in der die Projekte durchgeführt werden.

Es ist einfach nachzuvollziehen, dass die Komplexität, die sich aus einer Mehrprojektsituation ergibt, weit höher sein kann, als die bloße Addition der Einzelprojekt-Komplexitäten.

Auch bei den Restriktionen ergeben sich signifikante Unterschiede in der Sichtweise. In einer Multiprojektsituation können diese durch projektübergreifende Optimierung ggf. verschoben, d. h. für einzelne Projekte reduziert oder auch ausgeweitet werden. In einer Mehrprojektsituation stehen sowohl zeitliche als auch Ressourcenrestriktionen häufig in projektübergreifenden Zusammenhängen. Eine Optimierung aus der Gesamtsicht führt dabei häufig zu anderen Ergebnissen, als eine projektbezogene Optimierung.

Auch das Merkmal Risiko kann aus einer Mehrprojektsituation ganz anders betrachtet werden, als in einem einzelnen Projekt. Sicherlich ist man grundsätzlich bestrebt, Projektrisiken zu minimieren. Eine Vielzahl von Projekten bietet aber auch die Möglichkeit, gewisse Risiken zuzulassen, wenn einerseits den Risiken entsprechende Chancen gegenüberstehen und andererseits die Gesamtheit der Projektrisiken ein vertretbares Maß nicht übersteigt. So gesehen eröffnet eine Mehrprojektsituation mehr Spielräume für Risikovorsorge und -ausgleich, als eine Einzelprojektsituation. Allerdings ist immer zu beachten, dass in einer Mehrprojektsituation von einem Projekt erhebliche Risiken auf andere Projekte ausgehen können, z. B. wenn ein Vorhaben eine notwendigen Vorleistung für ein nachgelagertes Projekt nicht, nicht rechtzeitig oder nicht in der erforderlichen Qualität liefert.

### 1.1.2 Projektportfolio

 **Definition** Ein Projektportfolio bezeichnet die Zusammenfassung aller geplanten, genehmigten und laufenden Projekte und Programme eines Unternehmens, einer Organisation oder eines Geschäftsbereiches.

> Ein Projektportfolio ist zeitlich nicht befristet.

Im Zeitverlauf werden daher immer wieder neue Projekte in das Portfolio aufgenommen und beendete, zurückgestellte oder abgebrochene Projekte aus dem Portfolio ausgeklammert. Das Projektportfolio unterliegt üblicherweise einem einheitlichen und zeitlich nicht befristeten Management, was in regelmäßigen Zyklen über die Aufnahme und Priorisierung neuer Projektanträge entscheidet und die laufenden Projekte überwacht und steuert.

### 1.1.3 Programm

Ein Programm definiert als eine Menge zusammenhängender Projekte und organisatorischer Veränderungsprozesse, die mit dem Ziel aufgesetzt wurden, eine strategische Zielsetzung zu erreichen und einen erwarteten Nutzen für die Organisation zu erreichen (ICB3, 2006). Programme sind im Unterschied zu einem Projektportfolio zeitlich befristet. Sie weisen meist einen gewissen Umfang und Komplexität aus und werden zur Erfüllung ihrer Zielsetzung nicht selten mit umfangreichen Ressourcen ausgestattet. Die Programmleitung erhält zudem häufig weitgehende Entscheidungs- und Führungskompetenzen (vgl. auch 3.02 Programmorientierung sowie MOTZEL, 2006, S.144f).

### 1.1.4 Zusammenhang und Abgrenzung der Begriffe

Die folgende Abbildung 3.03-2 zeigt, wie die Begriffe zusammenhängen. Die Pfeile zwischen den Projekten sollen dabei Abhängigkeiten zwischen den Projekten andeuten.

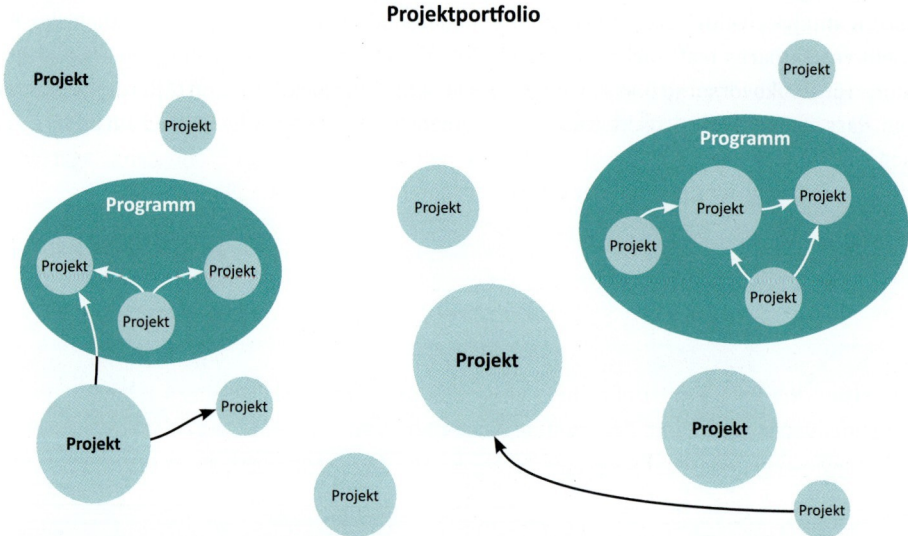

Abbildung 3.03-2: Zusammenhang von Projekten, Programmen und Projektportfolio (SEIDL, 2007: 32)

## 1.2 Multiprojektmanagement

> **§ Definition** Multiprojektmanagement bezeichnet die Planung, übergreifende Steuerung und Überwachung von mehreren Projekten.
>
> Laut DIN 69901-5:2009 bildet das Multiprojektmanagement den organisatorischen und prozessualen Rahmen für das Management mehrerer einzelner Projekte. Hierzu gehöre insbesondere die Koordinierung mehrerer Projekte bezüglich der Zuordnung gemeinsamer Ressourcen zu den einzelnen Projekten.

Multiprojektmanagement umfasst somit die Wahrnehmung von übergreifenden Projektmanagementaufgaben in Mehrprojektsituationen. Der Begriff Multiprojektmanagement hat sich heute im deutschen Sprachgebrauch durchgesetzt und ersetzt zunehmend Begriffe wie „Mehrprojekttechnik".

In neueren Veröffentlichungen wird Multiprojektmanagement breiter aufgefasst und als Oberbegriff eines ganzheitlich geprägten Managements der Projektelandschaft verstanden, der eine entsprechende Aufbau- und Ablauforganisation und die Anwendung definierter Methoden umfasst (vgl. u. a. DAMMER et.al, 2005: 16-23). So werden unter dem Begriff Multiprojektmanagement alle Aspekte zusammen gefasst, die sich aus dem Management einer Mehrzahl von parallel laufenden Projekten ergeben.

Im PM-Glossar der Schweizerischen Gesellschaft für Projektmanagement ist der Begriff definiert als „gemeinsame Führung und Bearbeitung mehrerer Projekte mit dem Ziel, ein optimales Gesamtergebnis zu erreichen" (KNÖPFEL: 2000).

## 1.3 Formen der Multiprojektkoordination

Innerhalb des Multiprojektmanagements gibt es zwei eigenständige Bereiche, die zunächst voneinander abzugrenzen sind.

### 1.3.1 Projektportfoliomanagement

Wesentliche Ziele des Projektportfoliomanagements sind die Projektauswahl zur Identifikation geeigneter Projekte, die Projektportfolioüberwachung und -steuerung zur Sicherstellung der zielorientierten und rationellen Umsetzung der gewählten Projekte und die Anpassung an das Unternehmen zur Erleichterung von Einführung und Nutzung (vgl. auch LUKESCH, 2000: 23f).

> **§ Definition** Unter Projektportfoliomanagement versteht man die permanente Planung, Priorisierung, übergreifende Steuerung und Überwachung aller Projekte einer Organisation oder eines abgeschlossenen Teilbereichs einer Organisation.

Eine wesentliche Aufgabe des Projektportfoliomanagements besteht in der Selektion von Projekten nach einheitlichen, nachvollziehbaren Kriterien unter Berücksichtigung der strategischen und organisatorischen Ziele und operativen Notwendigkeiten. Hierbei handelt es sich um eine permanente und zyklisch wiederkehrende Aufgabenstellung. Das Management des Projektportfolios ist darum in der Organisation eine permanente Aufgabe die meist in der Linie, nahe an der Geschäftsleitung angesiedelt ist.

> **!** Das Projektportfoliomanagement hat insbesondere dafür zu sorgen, dass die aus Sicht der Organisation richtigen Projekte gestartet und erfolgreich durchgeführt werden können. Durch die Auswahl der richtigen Projekte wird die Effektivität des Projektportfolios gesteigert. Effektivität bedeutet, das richtige (hier: Projekt) zu tun. Im Unterschied dazu wird eine hohe Effizienz im Projektportfolio durch die richtige Durchführung der einzelnen Projekte erreicht, also durch Anwendung geeigneter Projektmanagementverfahren auf Einzelprojekteebene.

### 1.3.2 Programmmanagement

Betrachtet man dagegen eine Mehrprojektsituation, die aus inhaltlich zusammenhängenden Projekten besteht, so wird man eher von Programmmanagement sprechen. Bei Programmen aus inhaltlich zusammenhängenden Projekten ist im Unterschied zum Projektportfoliomanagement das Gesamtvorhaben auch zeitlich terminiert.

> **§ Definition** Unter Programmmanagement versteht man eine „zeitlich befristete Managementaufgabe, welche die gestaltende Planung, übergreifende Leitung und Controlling einer definierten Menge zusammengehöriger Projekte umfasst, die einem gemeinsamen, übergreifenden Ziel dienen" (SEIDL, 2007: 34).

Die besondere Führungssituation bei einer Reihe verbundener Projekte, die sich aus einem meist (sehr) komplexen, mehrdisziplinären Vorhaben mit vielfältigen internen und externen Wechselbeziehungen ableiten und dem gemeinsamen Zielbündel des Vorhaben dienen, hat sich schon vor Jahrzehnten in einigen Branchen gestellt. In der Wehrtechnik und der Luft- und Raumfahrt wurden frühzeitig Konzepte und Methoden für diese Art von Multiprojekten, d.h. von Programmen zwischen Fachleuten dieser Branchen entwickelt und diskutiert. Inzwischen findet das Konzept des Programmmanagements auch branchenübergreifend immer stärkere Beachtung (vgl. hierzu 3.02 Programmorientierung).

## 2 Grundlagen der Portfolioorientierung

### 2.1 Stakeholder des Projektportfolios

Projekte berühren die Interessen vielfältiger Anspruchsgruppen innerhalb und außerhalb einer Organisation. Hier stellt sich die Frage, wem die Unternehmensführung im Einzelnen verpflichtet ist. In dieser Frage stehen sich heute zwei fundamental unterschiedliche Konzepte gegenüber: das Shareholder-Value-Konzept und das Stakeholder-Konzept. Im Projektmanagement hat sich bisher die Orientierung an den unterschiedlichen Interessengruppen bewährt. Eine Abwägung der unterschiedlichen Interessen und Verantwortlichkeiten ist zu empfehlen. Diese umfassen im Einzelnen neben der Verantwortung gegenüber den Anteilseigner bzw. Gesellschaftern auch die gegenüber den Mitarbeitern, Kunden, Endverbrauchern, Lieferanten, Kapitalgebern, Konkurrenten sowie Staat, Gesellschaft und Umwelt (vgl. MÜLLER-MERBACH, 1997: 313). Diese Abwägungen hat auch das Projektführungspersonal zu treffen. An dieser Stelle sei auch auf den geltenden Ethik-Kodex der Deutschen Gesellschaft für Projektmanagement e.V. für ihre Mitglieder verwiesen (vgl. Kapitel Ethik).

Als wichtigste Interessengruppen (Stakeholder) des Multiprojektmanagements sind die Unternehmensleitung, das Projektportfolio-Board, die Linienmanager, die Qualitätssicherung, die Revision und andere Schnittstellenfunktionen, die Unternehmensplanung und das Controlling, Review-Teams, die Projektleiter und nicht zuletzt der oder die Auftraggeber anzusehen (vgl. LOMNITZ, 2001: S 51f; BOURNE & WALKER: 2006). Die folgende Abbildung 3.03-3 zeigt typische Anspruchsgruppen der Projektwirtschaft auf. Anhand der dargestellten Stakeholder kann man sich exemplarisch einige der unterschiedlichen Sichten verdeutlichen, die so oder ähnlich in fast jedem Unternehmen auftreten.

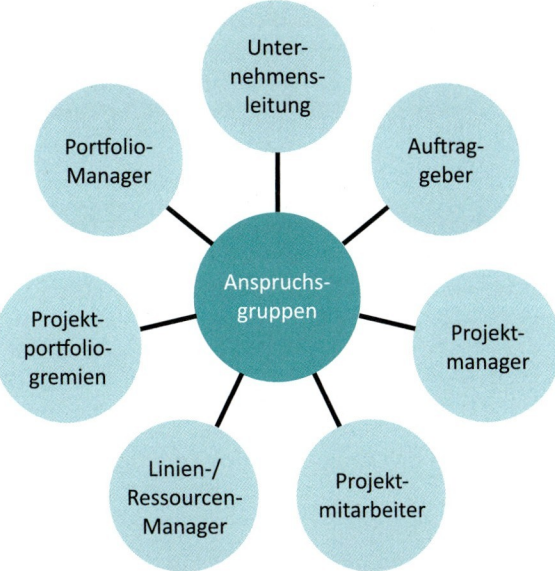

Abbildung 3.03-3: Anspruchsgruppen der Projektwirtschaft (SEIDL, 2007: 61)

Die **Unternehmensleitung** ist vor allem an der Frage interessiert, welche Beiträge Projekte zur Umsetzung der Unternehmensstrategie und zur Erreichung der Unternehmensziele erbringen können. Andererseits wird durch das Topmanagement auch zunehmend kritisch hinterfragt, welche finanziellen Mittel und Ressourcen durch das Projektportfolio gebunden werden.

Aus Sicht eines Auftraggebers stehen primär die beauftragten Projekte im Vordergrund. Von diesen möchte er wissen, wie deren Status ist und ob die auftragsgemäße Abwicklung sichergestellt ist. Andererseits möchte er den Gesamtkontext, in dem diese Projekte abgewickelt werden, kennen, um Synergien zu nutzen oder allfällige Gefährdungen der Projekte, zum Beispiel durch Ressourcenkonflikte, frühzeitig zu erkennen und abzuwenden.

Die Sicht des **Projektleiters** ist meist stark durch den Projektauftrag dominiert. Zur Durchführung des Projekts ist er an einer effizienten Abwicklung und Überwachung interessiert. Auch möchte er wissen, wie das Projekt im Portfoliokontext angesiedelt ist. Da er auch an einer positiven Wahrnehmung des Projektes interessiert ist, stellt er nach außen gerne die Zielbeiträge des Projekts dar.

Die **Projektmitarbeiter** können sehr unterschiedliche Erwartungen an ein Projekt haben. Die Projektarbeit kann für sie einerseits eine Bereicherung ihres Aufgabenumfeldes und eine besondere Motivation darstellen, andererseits aber auch zu Überbelastungen und zu Zielkonflikten mit anderen Aufgaben führen. Auch die persönliche Weiterentwicklung eines Projektmitarbeiters kann durch die Projektarbeit sowohl gefördert, als auch behindert werden. So kann sie durchaus zur Empfehlung für neue, verantwortungsvollere Aufgaben genutzt werden, andererseits ist es aber oft schwierig, Projektmitglieder nach dem Projektende wieder in ihre alte oder eine andere Linientätigkeit zurückzuführen.

**Die Linienverantwortlichen selbst stehen oft vor dem Problem, nicht alle Anforderungen, die aus den Projekten an sie gestellt werden, befriedigen zu können.**

**Speziell als Ressourcenverantwortliche** müssen sie einerseits Mitarbeiter für die Arbeit in Projekten abstellen, andererseits aber auch die ordnungsgemäße Bewältigung der Linienaufgaben sicherstellen. Da gerade in Multiprojektsituationen und im Spannungsfeld zwischen Projekt- und Linientätigkeiten immer wieder Ressourcenkonflikte auftreten, bilden die Linienmanager bzw. Verantwortlichen für Ressourcenpools eine besonders wichtige Interessengruppe des Projektportfoliomanagments.

Entscheidungen über Prioritäten, Auftragsinhalte, Ressourcenausstattung und Budgets werden in den meisten Organisationen durch **Projektportfoliogremien** getroffen. Sie sind darin interessiert, gut vorbereitete Entscheidungsgrundlagen zu erhalten. Aus diesen sollten die wesentlichen Fakten zu den betrachteten Projekten nachvollziehbar und verständlich hervorgehen.

Die Vorbereitung solcher Entscheidungen fällt in der Regel dem **Portfoliomanager** zu. Er schafft die Voraussetzungen dafür, die Projekte objektiv und nachvollziehbar priorisieren zu können. Um Entscheidungsalternativen zu analysieren und nachvollziehbare Vorschläge zu unterbreiten, ist vor allem die Visualisierung von Portfolioinformationen wichtig. Weiter muss der Portfoliomanager immer kurzfristiger veränderte Rahmenbedingungen berücksichtigen. Von daher ist er an einer effizienten Organisation und Werkzeugunterstützung des Projektportfoliomanagements interessiert.

## 2.2 Grundlegende Aufgaben des Projektportfoliomanagements

### 2.2.1 Identifizierung von Projekten und Aufnahme in das Projektportfolio

Projektportfoliomanagement ist eine permanente Managementaufgabe, während Projekte und Programme entstehen und nach dem Durchlaufen ihres Lebensweges wieder aufgelöst werden.

Daher muss das Projektportfoliomanagement regelmäßig Projekte und/oder Programme in das Projektportfolio aufnehmen, das Portfolio steuern und beendete, zurückgestellte oder abgebrochene Vorhaben wieder aus dem Portfolio entfernen. Die folgende Abbildung 3.03-4 verdeutlicht diesen Prozess.

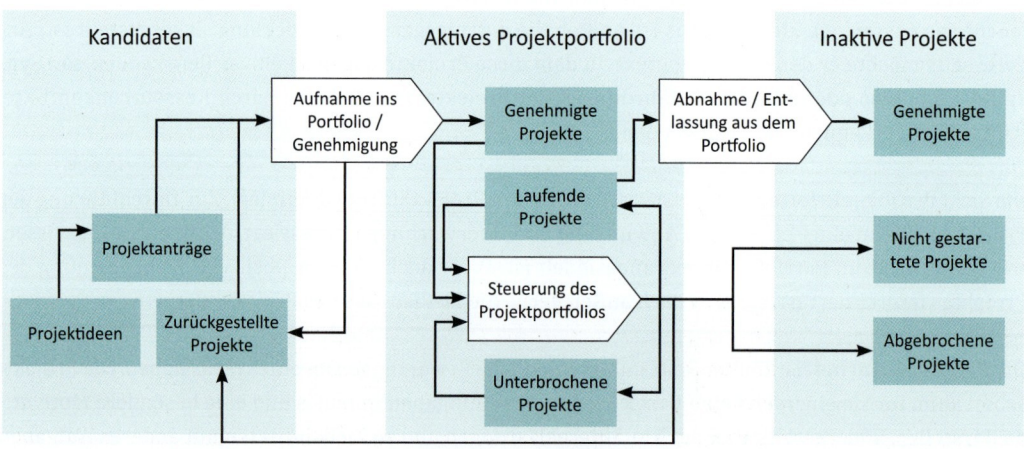

Abbildung 3.03-4: Veränderungen des Projektstatus im Portfolioprozess

Die unterschiedlichen Stufen der Projektauswahl werden häufig mithilfe eines Trichtermodells dargestellt. Ein Beispiel (vgl. FIEDLER, 2001: 1) zeigt die nächste Abbildung 3.03-5.

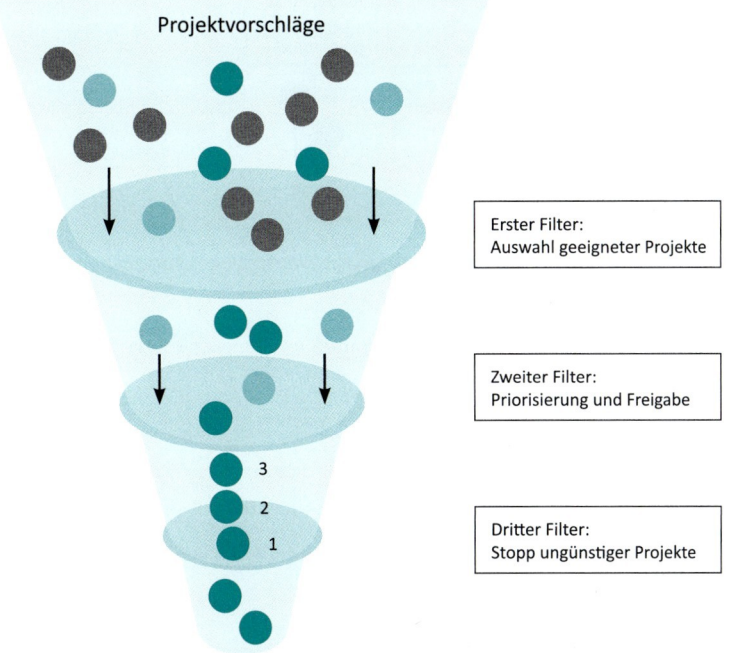

Abbildung 3.03-5: Trichtermodell der Projektportfolioplanung nach FIEDLER

## 2.2.2 Priorisierung von Projekten

Wichtige Portfolioentscheidungen, z. B. welche Projekte in das Portfolio aufgenommen oder welche Ressourcen den einzelnen Projekten zugewiesen werden, können nur sinnvoll getroffen werden, wenn die Projekte – möglichst auf der Basis der übergeordneten Unternehmensziele – in eine Präferenzordnung, also eine **Projektrangliste** gebracht werden.

Die Erstellung dieser Präferenzordnung wird als **Priorisierung** bezeichnet. Darunter ist die Definition bzw. Anwendung von Vorrangregelungen für Konfliktsituationen zu verstehen (vgl. SCHELLE, 2005: 523).

Die grundsätzliche Aufgabe der Multiprojektpriorisierung besteht in der Bewertung der unterschiedlichen strategischen Projekte nach adäquaten Kriterien. Als Endergebnis erhält man eine Rangfolge, die als Grundlage der endgültigen Realisationsentscheidung dient. Als bedeutsame Einflussfaktoren für die Priorisierung von Projekten sind dabei die strategische Bedeutung, der monetäre Wert, der relative Vergleich von einzelnen Projekte auf Basis einzelner Aspekte wie Priorität oder Dringlichkeit, Projektinterdependenzen, Synergien zwischen Projekten, Projektrisiken sowie politische Motive zu nennen (vgl. KUNZ, 2005: 31ff).

Das nachfolgend dargestellte Trichtermodell beschreibt den Prozess der Projektportfolioplanung (vgl. DAMMER & GMÜNDEN, 2005) mit häufig vorkommenden Schwierigkeiten und Problemen.

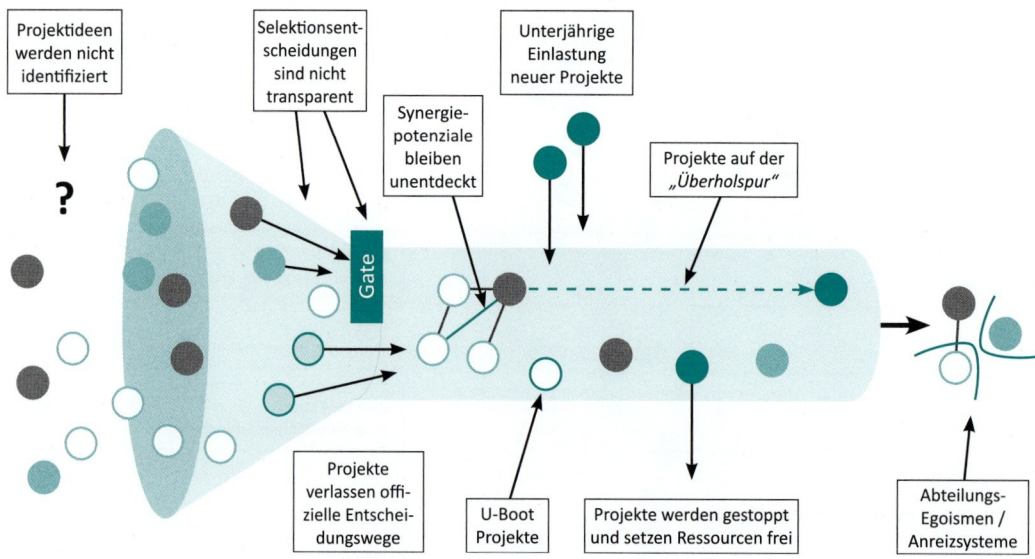

Abbildung 3.03-6: Trichtermodell der Projektportfolioplanung (nach DAMMER & GMÜNDEN, 2005)

In der linken Hälfte des Trichters sind Probleme bei der Projektauswahl und -priorisierung dargestellt. Auf diesen Themenkomplex wird im Folgenden näher eingegangen.

Generell ist es von großem Vorteil, wenn die Präferenzen durch das zur Anwendung kommende Priorisierungsverfahren eindeutig geklärt sind. Dies ist aber bei den häufig verwendeten 9- oder 16-Felder-Portfolios gerade nicht der Fall (vgl. Beispiel unten). In jedem Quadranten des Portfolios können und werden sich meist mehrere Projekte befinden und gerade zwischen diesen sind die Präferenzen dann nicht geklärt. Somit bietet ein solches Verfahren auch keine Hilfestellung für die Ressourcenallokation bei den Projekten innerhalb eines Quadranten.

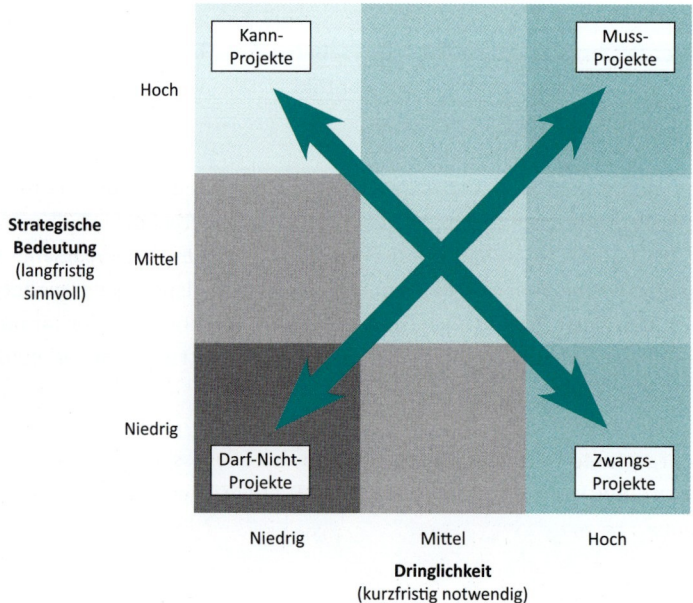

Abbildung 3.03-7: Bedeutungs-Dringlichkeits-Portfolio

Ziel der Priorisierung sollte eine eindeutige Projektrangliste sein. Wesentliche weitere Anforderungen an die Priorisierung sind in ihrer Nachvollziehbarkeit, der schnellen Anpassung an neue Gegebenheiten sowie der Trennung von Priorisierungsregel und Rangermittlung zu sehen.

Hierzu ist der Einsatz von **regelbasierten Priorisierungsverfahren** zu empfehlen. Diese erlauben eine situativ an das Unternehmen und die aktuelle Lage angepasste Priorisierungslogik und eine schnelle Ermittlung der Projektrangfolge bei veränderten Rahmenbedingungen. Einschränkend muss aber darauf hingewiesen werden, dass eine Automatisierung der Prioritätsermittlung nicht zu Lasten der Flexibilität gehen darf. Ein Priorisierungsverfahren sollte immer die Möglichkeit vorsehen, temporär wichtige Einflussfaktoren angemessen berücksichtigen zu können. Diese Möglichkeit wird bei der Umsetzung der Priorisierungslogik in einigen PM-Werkzeugen bzw. Implementierungen manchmal zu sehr eingeschränkt.

### 2.2.3 Projektübergreifendes Ressourcenmanagement

Das Ressourcenmanagement ist einer der bedeutendsten Aspekte des Multiprojektmanagements. Da die Ressourcen, insbesondere Personalressourcen, meist teuer und knapp sind, entbrennt um diese häufig ein Wettbewerb der Projekte.

Nicht zu unterschätzende Einflussfaktoren beim Ressourcenmanagement sind die Macht der Linienorganisation, der eine Ressource (z. B. ein Mitarbeiter) zugeteilt ist, sowie die Eigendynamik von Mitarbeitenden, die bei der Wahrnehmung von Aufgaben auch von persönlichen Präferenzen geleitet sein kann.

Beim Einsatz der Ressourcen wird zuweilen kritisch festgestellt, dass ein Primat der Dringlichkeit gegenüber der Wichtigkeit bestehe: bedingt durch den operativen Druck aus dem Tagesgeschäft heraus, wird demnach ein Großteil der Ressourcen durch „Dringliches" gebunden und somit potenziellen und laufenden Projekten entzogen. Dabei sind Projekte meist das geeignete Instrument, um die in immer kürzeren Zyklen notwendigen Veränderungsprozesse im Unternehmen durchzuführen. Der wachsenden Bedeutung der Projektarbeit kann in diesem Kontext dadurch Rechnung getragen werden, indem entsprechende Ressourcen für die Projekte bereitgestellt und in geeigneter Form disponiert werden (vgl. HIRZEL, 2002).

### 2.2.4 Steuerung und Überwachung des Projektportfolios

Durch die gestiegene Bedeutung von Projekten als Instrument zur Bewältigung des Wandels und durch häufige Veränderungen innerhalb der Projektelandschaften ist die früher weit verbreitete Praxis, ein Projektportfolio nur einmal pro Jahr im Rahmen des Budgetprozesses zu planen und zu priorisieren, in den meisten Unternehmen nicht mehr durchzuhalten. Mehr und mehr setzt sich die Erkenntnis durch, dass eine laufende Projektportfoliosteuerung etabliert werden muss. Die Prioritäten der Projekte werden in vielen Organisationen inzwischen mehrfach pro Jahr verändert, einige haben sogar schon den Übergang zu einer rollierenden Projektportfolioplanung vollzogen.

Der Prozess der Portfoliosteuerung verfolgt im Wesentlichen drei Ziele:

| Die Beurteilung zur Förderung zielkonformen Leistungsverhaltens
| Die Frühwarnung zur raschen Problemerkennung und Problembewältigung
| Die Rückkopplung zur langfristigen Verbesserung von Planung und Entscheidung

Daraus resultieren als Anforderung eine umfassende Kontrolle der Planung, eine Überwachung der Durchführung sowie eine Kontrolle der Projekterfolge im Sinne einer Nachkontrolle (vgl. LUKESCH, 2000: 28).

Der Projektportfoliomanager muss dabei auf Basis der Statusberichte der einzelnen Projekte deren Auswirkungen auf die Projektlandschaft analysieren und sichtbar machen. Hierzu müssen die Projektleiter in regelmäßigen, vorher vereinbarten Berichtsintervallen qualifizierte Statusinformationen zum Projekt abliefern. Es ist zu empfehlen, sowohl den Berichtsprozess als auch die Form der Berichte zu regeln und in einem Projektmanagement-Handbuch festzulegen. Für die Statusberichte selbst sind standardisierte Vorlagen oder eine adäquate Systemunterstützung von Vorteil. An der Qualität des Berichtswesens zeigt sich in der Regel auch, ob die Organisation bereits ein Mindestmaß an Reife im Projektmanagement aufweist. Solange ein „qualifiziertes Projektmanagement im Unternehmen als Fundament fehlt, kann Multiprojektmanagement nicht funktionieren" (LOMNITZ, 2004). Für eine Portfolioorientierung reicht eine Standardisierung von Projektvorlagen und –berichten jedoch nicht aus. Vielmehr sind darüber hinaus ein Mindestmaß von organisationsweiten Projektmanagementkompetenzen, geregelte Projektmanagementprozesse, eine organisatorische Verankerung des Projekt- und Projektportfoliomanagements und nicht zuletzt die Entwicklung einer Projektkultur im Unternehmen notwendig.

Auf Basis der **Projektstatusberichte** oder ggf. auch eines Multiprojektreviews kann das Projektportfoliomanagement entscheiden, das Projekt entweder fortzuführen, anzuhalten oder abzubrechen (vgl. KUNZ, 2005: 170)

Als Ergebnis eines Multiprojektreviews kommen die Kürzung des Portfoliobudgets oder dessen Erhöhung, die Veränderung der Ressourcenallokation, die Anpassung der Projektziele, die Veränderung der Bewertungskriterien im Priorisierungsmodell, der Abbruch von Projekten, die Budgetüberschreitung von Projekten oder Portfolien sowie der Herabstufung der Priorität von Projekten in Frage (vgl. KUNZ, 2005: 170).

Da die Höhe des erwarteten Projektnutzens in den meisten Organisationen maßgeblichen Einfluss auf die Projektpriorität hat, sollte die zum Zeitpunkt der Priorisierung zugrunde liegende Nutzenbetrachtung im Projektverlauf überwacht werden. Die folgende Abbildung 3.03-8 (angelehnt an LUKESCH, 2000: 143) zeigt verschiedene dabei mögliche Nutzenverläufe auf.

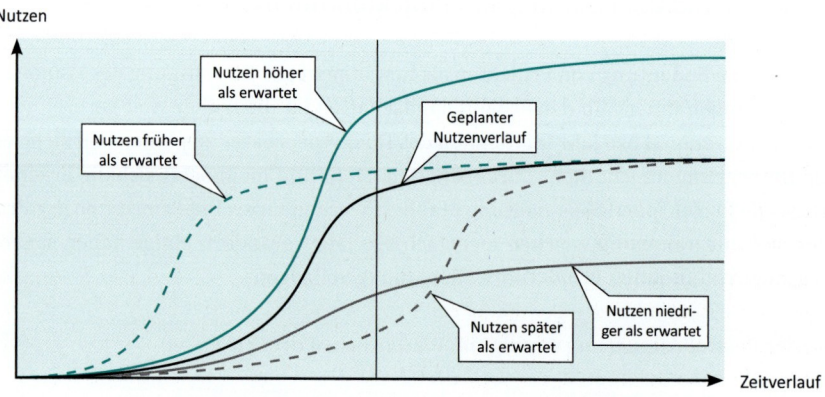

Abbildung 3.03-8: Mögliche Verläufe des Projektnutzens

Verschiedentlich wird empfohlen, eine Prioritätsüberprüfung bereits gestarteter Projekte in einem definierten Rhythmus vorzunehmen (z. B. FLEIDL & HURTMANNS, 2005). Dies wird damit begründet, dass sich Prämissen für die Projektentscheidung und Rahmenparameter zwischenzeitlich geändert haben könnten.

Ziel der Projektportfoliosteuerung ist eine nachhaltige Steigerung des Projektportfolioerfolgs. Dieser wird über verschiedene Ebenen erreicht, wie die nachstehende Abbildung 3.03-9 (in Anlehnung an COOKE-DAVIES, 2004: 47) verdeutlicht.

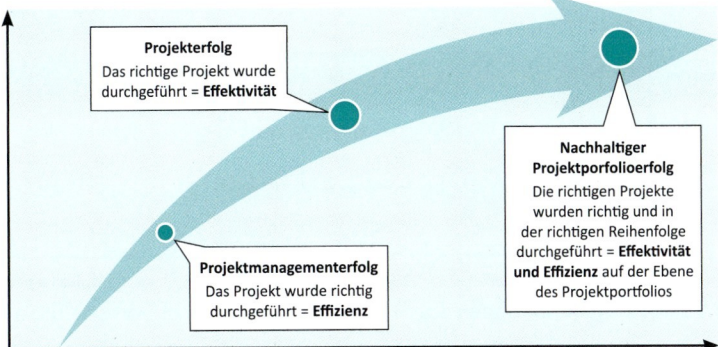

Abbildung 3.03-9: Ebenen des Projekt- und Projektportfolioerfolgs

## 2.3 Portfolio-orientierte Organisation der Projektmanagementprozesse

> **§ Definition** Nach der DIN 69901-5: 2009 verwendet ein Projektmanagementprozess Ressourcen oder Informationen zur Erzielung eines Prozessergebnisses und besteht immer aus Input – Umsetzung bzw. Vorgehen – Output.

Im Unterschied hierzu bewirkt ein Projektprozess unmittelbar die Erzielung von Projektergebnissen.

Projekte und das Projektportfoliomanagement stehen häufig im Kontext des organisatorischen Wandels (vgl. JANTZEN-HOMP, 2000: 102ff). Das Projektportfoliomanagement kann im Unternehmenswandel die Rolle des Change Agents übernehmen. Das Management durch Projekte hat in diesem Falle zum Ziel, fundamentale und radikale Veränderungen bzw. Verbesserungen zu bewirken. Es folgt somit organisatorisch einem revolutionären Veränderungsansatz. Solches Gedankengut liegt zum Beispiel dem Ansatz des Business Re-Engineering nach Hammer und Champy zugrunde.

Dem gegenüber steht die Möglichkeit, über einen evolutionären Ansatz Verbesserungen, also in einem einzelnen Projekt oder Geschäftsprozess zu bewirken. Ein solches Konzept steht zum Beispiel hinter dem japanischen Kaizen-Konzept oder dem Konzept eines Kontinuierlichen Verbesserungsprozesses (KVP). Einen eher evolutionären als einen revolutionären Veränderungsansatz können aber auch Organisationen verfolgen, die als Ganzes nach einem Management by Projects Ansatz operieren (z. B. Forschungsbetriebe oder Entwicklungsabteilungen).

In der Gestaltung des Projektportfolios können somit revolutionäre und evolutionäre Ansätze verknüpft und koordiniert werden.

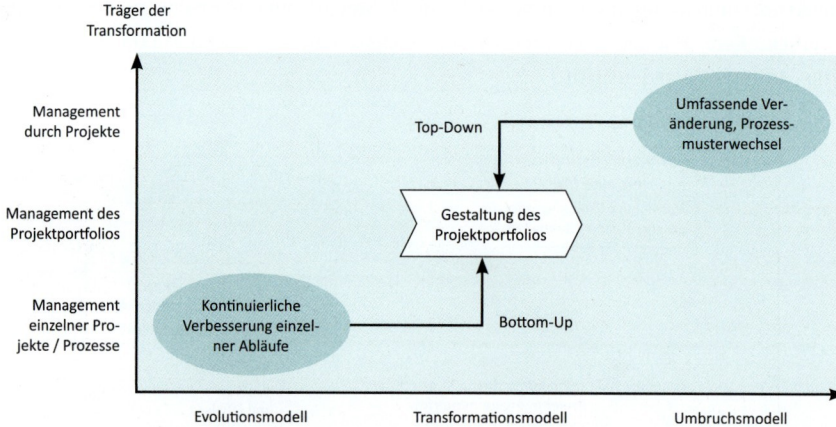

Abbildung 3.03-10: Transformationen durch Projekte (angelehnt an JANTZEN-HOMP, 2000: 104)

Die folgende, etwas vereinfachte Darstellung zeigt, wie die Projektportfoliomanagmentprozesse den eigentlichen Projektprozess, der auch für Programme gültig ist, umfassen.

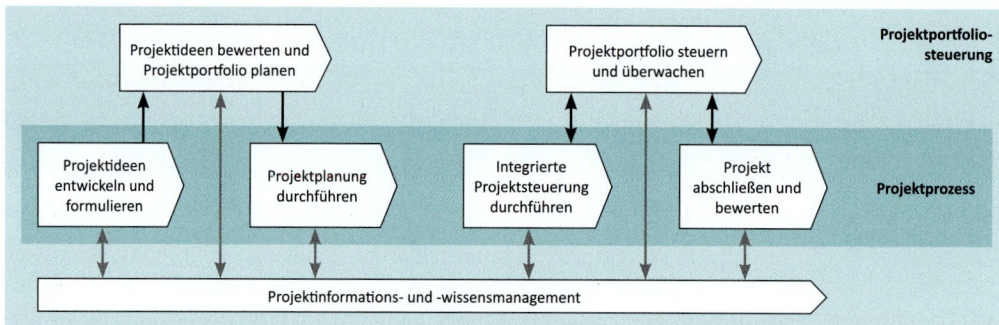

Abbildung 3.03-11: Projektportfolio- und Projektprozesse im Zusammenhang

Der Projektprozess folgt dem **Lebensweg** eines Projektes von der Entwicklung der Projektidee, über die detaillierte Planung und die eigentliche Realisierung bis hin zu Projektabschluss und -nachbetrachtung.

Die Portfoliomanagementprozesse begleiten die Projekte auf diesem Lebensweg, in dem sie in regelmäßigen **Zyklen** das Portfolio durch Bewertung von Projektideen und Aufnahme ins Projektportfolio bilden bzw. aktualisieren und regelmäßig die Projekte im Portfolio überwachen und steuern. Alle Projektmanagementprozesse sind verknüpft mit begleitenden Informations- und Wissensmanagementprozessen.

Wesentliche Aufgaben im Rahmen des Portfolioplanungsprozesses sind das Festlegen von Priorisierungskriterien, die Bewertung bzw. Priorisierung der Projektkandidaten und ggf. auch der bereits laufenden Projekte anhand dieser Kriterien sowie die (Neu-)Zusammenstellung des Portfolios auf Basis der Bewertungen. Zudem wird im Rahmen dieses Prozesses meist bereits eine Ressourcenzuordnung vorgenommen, die allerdings noch recht grob sein kann.

Wichtige Erfolgsfaktoren für die Portfolioplanung sind darin zu sehen, die Projekte vergleichbar zu machen, konsistente Projektinformationen zusammenzustellen und darauf aufbauend eine objektive Bewertung und Planung der Projekte zu ermöglichen. Als weitere Erfolgsfaktoren sind die Nachvollziehbarkeit der Bewertung sowie die Qualität der Ressourcenallokation auf Basis der ermittelten Projektprioritäten zu nennen.

Der Prozess der Portfoliosteuerung und -überwachung hat als wesentliche Aufgaben die zyklische Überwachung des Projektportfolios auf der Basis regelmäßiger Projektstatusinformationen, die auf diesen Informationen aufbauende rollierende (Neu-) Planung des Portfolios und die Aktualisierung der Prioritäten bzw. der Projektrangliste durchzuführen. Eine besondere Bedeutung hat hierbei das Identifizieren von Abweichungen in Bezug auf die Termin- und Ablaufplanung, auf den geplanten Leistungsfortschritt und/oder die geplante Aufwandsentwicklung bzw. Ressourcenbindung. Das Identifizieren solcher Abweichungen wird häufig durch unvollständige oder fehlerhafte und somit inkonsistente Statusmeldungen erschwert. Die folgende Abbildung verdeutlicht am Beispiel einer projektübergreifenden Ablauf- und Terminsteuerung, wie solche Inkonsistenzen durch eine geeignete Systemunterstützung – hier in Form einer Farbcodierung – sichtbar und somit beherrschbar gemacht werden können.

| Name | Beginn (Basisplan) | Ende (Basisplan) | Beginn (Ist) | Ende (Ist) | Fertigstellung |
|---|---|---|---|---|---|
| [CRM] CRM-Einführung | 05.01.2006 | 30.09.2008 | 05.01.2006 | | 75 |
| [DB2] Datenbankumstellung | 01.04.2007 | 30.12.2007 | | | 0 |
| [DWH] Date Warehouse | 08.01.2007 | 03.12.2007 | 04.01.2007 | | 73 |
| [ERP] ERP-Projekt | 05.01.2006 | 28.09.2007 | 05.01.2006 | | 90 |
| [ITitnRe] Relaunch Internet-Auftritt | 01.03.2006 | 03.07.2006 | 03.04.2006 | 07.08.2006 | 100 |
| [ReOrg] Reorganisationsprojekt | 05.01.2006 | 01.10.2007 | 01.11.2005 | | 69 |
| [2.2] Ist-Analyse abgeschlossen | 05.01.2006 | 05.01.2006 | 05.01.2006 | 05.01.2006 | 100 |
| [3.2] Konzeption abgeschlossen | 24.03.2006 | 24.03.2006 | 24.03.2006 | 24.03.2006 | 100 |
| [4.2] Detailplanung abgeschlossen | 28.07.2006 | 28.07.2006 | 28.07.2006 | 28.07.2006 | 100 |
| [5.2] Realisierung abgeschlossen | 19.06.2007 | 19.06.2007 | | | 0 |
| [6.2] Einführung abgeschlossen | 15.01.2008 | 15.01.2008 | | | 0 |
| [7.3] Abnahme abgeschlossen | 14.02.2008 | 14.02.2008 | | | 0 |
| [VISION] SW-Entwicklung „IT-Vision" | 01.01.2007 | 29.06.2007 | 01.01.2007 | | 15 |
| [VISTA00] Client-Update Vista | 01.05.2005 | 30.04.2006 | 01.05.2005 | 30.04.2006 | 100 |
| [VISTA01] Client-Update Vista SP1 | 01.06.2006 | 30.07.2007 | 01.06.2006 | | 62 |

Abbildung 3.03-12: Projektübergreifende Termin- und Fortschrittsüberwachung mit Ropardo: jPPM
(Quelle: ROPARDO AG)

Im Beispiel werden verschiedene Farbcodierungen für die Segmente des Gantt-Diagramms verwendet. Dunkelgraue Balken kennzeichnen geplante, noch nicht gestartete Projekte (z. B. Zeile 2). Dunkelgrüne Balken kennzeichnen, sofern sie alleine stehen, abgeschlossene Projekte. Ein hellgraues Segment kennzeichnet eine verspätete Fertigstellung eines abgeschlossenen Projekts (vgl. Zeile 5). Ein dunkelgrüner und ein nachfolgender hellgrüner Balken repräsentieren ein gestartetes Projekt, wobei der Beginn des dunkelgrünen Balkens den Ist-Anfang zeigt und das Ende des hellgrünen Balkens das Plan-Ende (z. B. Zeile 1). Die Festlegung der Dunkelgrün-Hellgrün-Grenze erfolgt in Abhängigkeit des gemeldeten Fertigstellungsgrads und ermöglicht so einen groben Vergleich mit dem Statusdatum, das durch die senkrecht gestrichelte Linie angezeigt wird. Im Beispiel wäre also das ERP-Projekt leicht in Verzug, während das CRM-Projekt gut in der Zeit liegt. Damit zwischen echtem Verzug und inkonsistenter Statusmeldung leichter unterschieden werden kann, wurden die schwarzen Segmente eingeführt: diese signalisieren fehlerhafte Statusmeldungen. Dies kann anhand des letzten Projekts gut verdeutlicht werden. Hier liegt der zuletzt gemeldete voraussichtliche Endtermin bereits in der Vergangenheit, das Projekt ist aber mit einem gemeldeten Fertigstellungsgrad von 62% noch nicht abgeschlossen. Also wurde entweder versäumt, das Projekt fertig zu melden oder aber einen neuen voraussichtlichen Endtermin festzulegen.

Im Falle von (echten) Abweichungen sind entsprechende Gegenmaßnahmen zu entwickeln und zur Entscheidung zu führen. Eine wichtige Aufgabe ist zudem in ggf. notwendigen Anpassungen der Ressourcenzuweisung zu sehen.

Auf den Prozess des Projektinformations- und Wissensmanagement wird im Vertiefungswissen eingegangen.

# 3 Zusammenfassung

Durch die starke Verbreitung des Projektmanagements in den letzten Jahrzehnten und die gestiegene Bedeutung von Projekten für Unternehmen und Organisationen aller Art sind Mehrprojektsituationen heute eher die Regel als die Ausnahme. Mehrprojektsituation stellen aber neue Anforderungen an das Projektmanagement. Stand früher die Aufgabe im Vordergrund, ein Projekt erfolgreich und effizient abzuwickeln, so wird diese heute durch die Herausforderung ergänzt, die richtigen Projekte auszuwählen, den richtigen Zeitpunkt für die Durchführung zu finden und die Ressourcen in angemessener Form den darum konkurrierenden Projekten zuzuordnen.

Die Steuerung von mehreren Projekten erfolgt heute meist auf Ebene von Programmen oder auf der Ebene eines Projektportfolios. Projektportfolio- und Programmmanagement sind somit die gängigen Formen der Multiprojektkoordination.

Unter einem Projektportfolio versteht man dabei die Gesamtheit aller Projekte, die in einem abgeschlossenen Managementbereich abgewickelt werden. Ein solcher Bereich kann ein Unternehmen oder auch ein Geschäftsbereich sein. Ein solches Projektportfolio kann in verschieden Teilportfolien oder auch Projektbündel aufgegliedert werden.

Während Programme ebenso wie Projekte einer zeitlichen Befristung unterliegen, bleibt ein Projektportfolio dauerhaft bestehen. Es ändert sich lediglich in seiner Zusammensetzung, d.h. neue Projekte kommen hinzu, beendete oder abgebrochene Projekte fallen aus dem Portfolio wieder heraus. Dies hat entsprechende Konsequenzen für das Management und die Organisation: das Projektportfoliomanagement ist im Unterschied zum Projekt- und Programmmanagement eine dauerhafte Aufgabe, die in die Aufbauorganisation einzubetten ist.

Bei der Portfoliosteuerung wird eine Vielzahl unterschiedlicher Interessen berührt. Das Projektportfoliomanagement muss daher die unterschiedlichen beteiligten Interessensgruppen koordinieren und zwischen ihnen vermitteln. Üblicherweise sind die wichtigsten Interessengruppen die Unternehmensleitung, die Projektauftraggeber, die Projekt- und Programmmanager, die in den Projekten eingebundenen Mitarbeiter und Externen sowie die Linien- bzw. Ressourcenverantwortlichen die Mitarbeiter oder andere Ressourcen für die Projekte ab- oder bereitstellen müssen.

Typische Herausforderungen für das Projektportfoliomanagement sind die Auswahl der durch zu führenden Projekte aus der Vielzahl der Projektideen und -anträge, die Priorisierung dieser Projekte, die Zuordnung der benötigten Personal- und Sachmittel sowie die Überwachung und Steuerung des eigentlichen Projektportfolios.

Wichtig ist dabei, nicht nur eine Klärung der Projektprioritäten vorzunehmen, sondern auch die Ressourcenausstattung an den ermittelten Prioritäten auszurichten.

Eine ganz besondere Herausforderung stellt die Beurteilung des Projektnutzens dar. Dies gilt sowohl für den erwarteten Projektnutzen bei Genehmigung und Priorisierung, für die erreichten Nutzenpotenziale während der Projektlaufzeit und bei Projektabschluss als auch für die real erzielten Nutzenbeiträge, die meist erst einige Zeit nach Projektende erzielt und beurteilt werden können.

Um eine Portfolioorientierung zu ermöglichen, müssen Unternehmen und Organisationen die Managementprozesse auf den unterschiedlichen, für die Projektarbeit relevanten Ebenen verzahnen und zeitlich aufeinander abstimmen. Dazu müssen die operativen Projektmanagementprozesse in den einzelnen Projekten und Programmen in geeigneter Weise mit den übergeordneten Prozessen der Projektportfoliosteuerung verbunden werden. Die Projektportfoliosteuerung wiederum muss für die Priorisierung und Ressourcenallokation Vorgaben aus der strategischen Unternehmenssteuerung erhalten.

Umgekehrt werden die mit den Projekten erreichten Ergebnisse und Nutzenbeiträge zusammen mit den dafür benötigten Aufwänden zurückgemeldet.

Weitere wichtige Elemente für die Portfoliosteuerung sind zudem das Management projektübergreifender Abhängigkeiten und Risiken.

# 4 Fragen zur Wiederholung

1. Welche gemeinsamen Merkmale haben Projekte und Programme?
2. Was unterscheidet ein Projektportfolio von einem Programm?
3. Wer sind typische Stakeholder des Projektportfoliomanagements?
4. Wird durch die Auswahl von Projekte im Rahmen des Projektportfoliomanagements eher die Effizienz oder die Effektivität der Projektarbeit beeinflusst?
5. Nennen Sie drei typische Problemstellungen, die ein Projektportfoliomanagement bewältigen muss.
6. Erläutern Sie, wie Projektprioritäten und Ressourcenmanagement zusammenhängen.

# 3.04 Einführung von Projekt-, Programm- und Portfoliomanagement (Project, programme & portfolio implementation)

Andreas Frick, Martin Raab

## Kontext und Bedeutung

Projektmanagement als Arbeitsform und Managementkonzept wird heute durch nahezu jede Branche aufgegriffen. Auch die weiterführenden Managementkonzepte des Projektportfoliomanagements und des Projektprogrammmanagements etablieren sich zunehmend. Die Hintergründe dieser Entwicklung sind sicher in den nach wie vor kontinuierlich wachsenden Anforderungen zu suchen, die heutige Aufgabenstellungen mit sich bringen, z. B. die erhöhte Komplexität der Aufgabenstellung, die gestiegene Dynamik im Umfeld von Projekten sowie die Verknappung der Ressourcen Zeit und Geld. Hier bietet das Projekt-, das Portfolio- und/oder das Programmmanagement eine geeignete Arbeitsform und ein Managementkonzept, um die Aufgabenstellungen von heute erfolgreicher umzusetzen.

Für viele Organisationen stellt sich somit die Frage nach einer geeigneten Vorgehensweise für die Entwicklung und Einführung des Projektmanagements, des Portfoliomanagements und/oder des Programmmanagements (PPP)[1].

Zunächst ist zu beachten, dass es sich bei solch einem Vorhaben in erster Linie um ein Veränderungsprojekt handelt, das weite Teile der Organisation betreffen kann. Im Kern geht es darum, dass die Führungskräfte und die Mitarbeiter des Unternehmens morgen auf eine andere Art und Weise zusammenarbeiten, als dies heute der Fall ist. Hierbei gehen die Themenfelder, die es zu behandeln gilt, über das Kernthemenfeld der Methoden und Instrumente des PPP weit hinaus. Die Arbeitsprozesse des Unternehmens (Ablauforganisation) werden ebenso in Augenschein genommen wie die Unternehmensorganisation (Aufbauorganisation). Neue Aufgaben-, Verantwortungs- und auch Organisationsbereiche können entstehen und bestehende müssen überdacht werden. Dies kann soweit gehen, dass selbst die Prozesse im Bereich der strategischen Unternehmensführung überdacht werden müssen, was z. B. bei der Einführung des Portfoliomanagements erforderlich sein kann.

Die für die Entwicklung und Einführung des PPP zuständigen Personen müssen damit neben dem Know-how zu den Methoden und Instrumenten des PPP weitere Kompetenzen aufweisen. Sie müssen wissen, welche Rahmenbedingungen und Voraussetzungen für eine erfolgreiche Veränderung erforderlich sind und geschaffen werden müssen. Sie müssen den Prozess der Veränderung von Organisationen kennen und verstehen, um diesen zielgerichtet unterstützen und gestalten zu können. Sie müssen wissen, wie der Prozess der Veränderung im Rahmen eines Prozessmodells geplant und durchgeführt werden kann und kennen deren Variationen. Sie müssen wissen, wie Lern- und Abstimmungsprozesse in Veränderungsprojekten organisiert und ineinander verzahnt werden können. Und sie müssen wissen, wie Veränderungen stabilisiert und in einen kontinuierlichen Verbesserungsprozess überführt werden können.

Hierzu will dieser Abschnitt des Buches einen Beitrag leisten. Das Kapitel wendet sich an alle Personen, die mit Aufgaben im Rahmen der Entwicklung und Einführung von Projektmanagement und den weiterführenden Konzepten des Projektportfoliomanagements und Projektprogrammmanagements betraut sind. Es wendet sich ebenso an Manager, die einen PPP-Veränderungsprozess anstreben und initiieren wollen oder die in irgendeiner Weise von einem PPP-Einführungsprojekt betroffen sind.

---

1   Um dem Leser das Lesen zu erleichtern, wird in diesem Aufsatz durchgängig für die Managementkonzepte Projektmanagement, Portfoliomanagement und/oder Programmmanagement die Abkürzung PPP verwendet.

Das Themenfeld der Einführung des PPP hat einen Querschnittscharakter. Daher hat dieses Kapitel viele Bezüge zu anderen Kapiteln und zu Begriffen der ICB 3.0, die hier aufgeführt werden: Projektmanagementerfolg (1.01), Interessierte Parteien (1.02), Qualität (1.05), Projektorganisation (1.06), Problemlösung (1.08), Ergebnisorientierung (2.08), Beratung (2.10), Projektmanagement und Unternehmensstrategie (3.00), Projektorientierung (3.01), Programmorientierung (3.02), Portfolioorientierung (3.03), Stammorganisation (3.05), Geschäft (3.06) und Personalmanagement (3.08).

## Lernziele

Sie kennen

- und verstehen den Prozess der Veränderung von Organisationen und wissen, welche Herausforderungen in einem Einführungsprojekt zum PPP berücksichtigt werden müssen
- die unterschiedlichen Formen von Widerständen, die in Einführungsprojekten zu PPP auftreten und können Maßnahmen aufzeigen, wie diese konstruktiv genutzt werden können
- die Erfolgsfaktoren für Einführungsprojekte zum PPP

Sie wissen

- welche Ergebnisse und Ergebnistypen ein Projekt zur Einführung von PPP hervorbringt

Sie können

- die Unterschiede bei der Einführung erstens des Projektmanagements, zweitens des Portfoliomanagements und drittens des Programmmanagements aufzeigen
- die Aufgaben des Top-Managements für eine erfolgreiche Einführung des PPP benennen und erläutern
- die Anforderungen an die für die Einführung von PPP verantwortlichen Projektteams erläutern
- den Prozess der Einführung von PPP in seinen einzelnen Abschnitten darstellen und erläutern

# Inhalt

| | | |
|---|---|---|
| 1 | Veränderungsmanagement/Management of Change | 1176 |
| 1.1 | Widerstände in Veränderungsprojekten zur Einführung von PPP | 1177 |
| 1.1.1 | Widerstand als Funktion sozialer Systeme | 1178 |
| 1.1.2 | Widerstand aufgrund persönlicher Einschätzungen der Betroffen | 1179 |
| 1.1.3 | Widerstand aufgrund mangelnder Information und Qualifikation | 1180 |
| 1.1.4 | Widerstände sind gut sichtbar – die wahren Ursachen nur sehr schlecht | 1180 |
| 1.1.5 | Widerstände sind wichtig, sie helfen, wichtige Dinge aufzufinden und zu berücksichtigen | 1181 |
| 1.2 | Konsequenzen für das Management des Veränderungsvorhabens | 1182 |
| 1.3 | Erfolgsbilanz und Erfolgsfaktoren bei Veränderungsprojekten | 1183 |
| 2 | Einführung von Projekt-, Portfolio- und Programmmanagement (PPP) | 1184 |
| 2.1 | Verantwortung des Top-Managements | 1184 |
| 2.2 | Anforderungen an das für die Einführung verantwortliche Team | 1185 |
| 2.2.1 | Fachkompetenz zum Projekt-, Portfolio- und Programmmanagement | 1185 |
| 2.2.2 | Kompetenzen im Veränderungsmanagement zur Einführung von Projekt-, Portfolio- und Programmmanagement | 1185 |
| 2.3 | Erwartungen richtig einschätzen | 1186 |
| 3 | Rollen und Beteiligte im Veränderungsprozess bei der Einführung von Projekt-, Portfolio- und Programmmanagement | 1187 |
| 3.1 | Top-Management im PPP-Einführungsprojekt | 1187 |
| 3.1.1 | Anforderungen an das Top-Management bei der Projektmanagement-Einführung | 1187 |
| 3.1.2 | Anforderungen an das Top-Management für die Portfoliomanagement-Einführung | 1188 |
| 3.1.3 | Anforderungen an das Top-Management für die Programmmanagement-Einführung | 1188 |
| 3.2 | Betroffene und Beteiligte im PPP-Einführungsprojekt | 1189 |
| 3.2.1 | Betroffene zu Beteiligten machen | 1190 |
| 3.2.2 | Auswahl der einzubindenden Personen | 1190 |
| 3.2.3 | Umfang der Einbindung der Betroffenen | 1191 |
| 3.2.4 | Die konkrete Auswahl der eingebundenen Personen | 1192 |
| 4 | Prozessmodell zur Einführung von Projekt-, Portfolio- und Programmmanagement | 1193 |
| 4.1 | Projektinitialisierung und Auftragsklärung | 1194 |
| 4.2 | Kritische Bestandsaufnahme und Standortbestimmung | 1194 |
| 4.3 | Externe Orientierung und Qualifizierung | 1195 |
| 4.4 | Soll-Konzeption sowie Maßnahmen und Zielbestimmung | 1196 |
| 4.5 | Schrittweise Entwicklung und Implementierung | 1196 |
| 4.6 | Evaluation zu Anwendbarkeit und Nutzen | 1198 |
| 4.7 | Stabilisierung und kontinuierliche Weiterentwicklung | 1198 |
| 5 | Ergebnistypen und Ergebnisse im PPP Einführungsprozess | 1199 |
| 5.1 | Welche Ergebnisse sind wesentlich und wann sind sie zu erreichen? | 1199 |
| 5.1.1 | Der zu frühe Ruf nach Projektmanagement-Software | 1199 |
| 5.1.2 | Die Kritik an Abstimmungs- und Beteiligungsprozessen | 1200 |
| 5.2 | Ergebnistypen und Ergebnisse – das Projektmanagement-Handbuch | 1201 |
| 5.2.1 | Ergebnistyp „Lern- und Abstimmungsprozesse" | 1201 |
| 5.2.2 | Projektmanagement-Handbuch | 1201 |
| 5.2.3 | Projekthandbuch und Projektakte | 1204 |
| 6 | Fragen zur Wiederholung | 1205 |

*„Man muss sich nämlich darüber im Klaren sein, dass es kein schwierigeres Wagnis, keinen zweifelhafteren Erfolg und keinen gefährlicheren Versuch gibt, als eine neue Ordnung einzuführen. Denn jeder Neuerer hat alle die zu Feinden, die von der alten Ordnung Vorteile hatten, und er hat in jenen nur laue Verteidiger, die sich von der neuen Ordnung Vorteile erhoffen. Diese Lauheit kommt zum Teil von der Furcht vor den Gegnern, teils von dem Misstrauen der Menschen, die wirkliches Zutrauen zu den neuen Verhältnissen erst haben, wenn sie von deren Dauerhaftigkeit überzeugt worden sind. Daher kommt es, dass die Feinde der neuen Ordnung diese bei jeder Gelegenheit mit aller Leidenschaft angreifen und die anderen sie nur schwach verteidigen."*

Niccolò Machiavelli (1469–1527)

*„Fortschritt ist ein hübsches Wort. Aber sein Motor ist Veränderung und die hat viele Feinde."*

John F. Kennedy

## 1 Veränderungsmanagement/Management of Change

Fast jedes Unternehmen steht heute vor Aufgaben mit Projektcharakter. Dies war nicht immer so und ist letztlich auf die Megatrends unserer Zeit zurückzuführen. Globalisierung, steigende Dynamik, Verknappung der Ressourcen Zeit und Geld sowie die allseits stattfindenden neuen Entwicklungen und rasanten Fortschritte, z. B. in der Informationstechnik, führen dazu, dass auch Organisationen, die ursprünglich für dezidiert lineare Aufgaben konzipiert wurden, wie z. B. die öffentlichen Verwaltungen, heute zunehmend ihre internen Strukturen und Arbeitsprozesse überdenken, um die anstehenden Vorhaben erfolgreicher zu bewältigen.

Das Projekt-, Portfolio- und Programmmanagement bietet in dieser Situation und damit für unsere heutige Zeit eine geeignete Arbeitsform und das Managementkonzept zur erfolgreichen Umsetzung heutiger Aufgabenstellungen in nahezu jeder Branche. Es bietet dem Unternehmen Flexibilität und trägt so der gestiegenen Dynamik Rechnung. Es schafft Effektivität und ermöglicht damit einen wirtschaftlichen Umgang mit den knappen Ressourcen und es schafft Transparenz und kann so die Möglichkeit bieten, die richtigen und wichtigen von den weniger wichtigen Aufgaben zu unterscheiden – also effizient zu handeln.

Projektmanagement basiert zum einen auf jahrzehntelangen Erfahrungen und bietet daher ein breit evaluiertes und erprobtes Instrumentarium. Darüber hinaus haben sich die Methoden und Instrumente des Projektmanagements und insb. die weiterführenden Konzepte des Portfolio- und Programmmanagements in den vergangenen Jahren enorm entwickelt. Es stellt sich also selbst für Unternehmen, die bereits über Erfahrungen in der Projektarbeit verfügen, die Frage nach einer geeigneten Einführung und nach einem Konzept zur kontinuierlichen Weiterentwicklung des PPP.

**PPP Einführung ist Veränderungsmanagement**

> § **Definition** Veränderungsmanagement (Management of change) wird durch Motzel (2006: 215) wie folgt definiert: *„Systematisches Erkennen von Veränderungsmöglichkeiten und -potentialen und Managen der Veränderungsprozesse (insbesondere in den Bereichen Personal-, Team- und Unternehmensentwicklung) mittels zweckmäßiger Strategien, Vorgehensweisen und Maßnahmen."*

Bei der Einführung von PPP handelt es sich um ein Veränderungsvorhaben, das alle Kriterien für ein Projekt erfüllt und daher als Projekt definiert, geplant, geführt und abgeschlossen werden sollte. Neben den Methoden und Instrumenten des Projektmanagements, die ohne Zweifel bei einem derartigen Vorhaben erfolgsfördernd eingesetzt werden können, sind bei einem Veränderungsprojekt nach MOTZEL ebenso „...zweckmäßige Strategien, Vorgehensweisen und Maßnahmen..." einzusetzen, um das „... Managen der Verbesserungsprozesse..." zu ermöglichen. Es gilt also, die Methoden und Instrumente des Veränderungsmanagements zu nutzen.

Wie in der Einleitung dargestellt, hat ein Veränderungsprojekt zur Einführung von PPP starke Auswirkungen auf die Mitarbeiter und Führungskräfte und die beteiligten Organisationsbereiche. Arbeitsabläufe müssen überdacht und neu eingeübt, neue Methoden und Techniken müssen erlernt und angewendet werden, Handlungsspielräume und Handlungsverantwortung werden neu justiert und auch Anpassungen in der Aufbauorganisation sind nicht ausgeschlossen.

Es geht also in erster Linie darum, dass die Mitarbeiter des Unternehmens über die Hierarchieebenen hinweg neu lernen müssen und zu neuen Regeln für die Zusammenarbeit zur Bewältigung ihrer Vorhaben kommen müssen. Das Lernen wird dem einzelnen Mitarbeiter noch relativ leicht fallen. Schwierig ist hingegen das organisationale Lernen, d.h. das Lernen der Organisation in ihrer Gesamtheit.

Bereits sehr früh wurde durch Kurt LEWIN (vgl. 1947) erkannt, dass sich soziale Systeme nicht ohne Weiteres verändern, sondern dass ein Beharrungsvermögen anzutreffen ist, eine Stabilität, die nicht ohne Weiteres überwunden werden kann.

LEWIN erkannte, dass es zunächst darum gehen muss, den aktuellen stabilen Zustand aufzutauen und zu destabilisieren, um das soziale System offen zu machen für Neuerungen. Er beschrieb das erste systematische Modell, anhand dessen ein organisationaler Veränderungsprozess verstanden und geplant werden konnte. Dieses erste Modell unterscheidet drei Phasen:

- **Auftauen (engl. Unfreezing)**
  In einer ersten Phase muss die Veränderung vorbereitet werden. Pläne und Ziele werden vermittelt und die von der Änderung Betroffenen werden in die Diskussion einbezogen, es wird unterstützt und es wird Zeit eingeräumt, sich auf die Veränderung vorzubereiten. Vorbereitende Analysen werden durchgeführt, um die Organisation veränderbar zu machen.
- **Bewegen (engl. Changing)**
  In der zweiten Phase wird die Veränderung durch direktes Eingreifen der Verantwortlichen durchgeführt und durch Training verstärkt und kontrolliert.
- **Einfrieren (engl. Refreezing)**
  Die letzte Phase dient dem „Umgewöhnen" der Organisation. Die Veränderung muss sich vollständig einpassen. Hier wird weiterhin unterstützt, überwacht und stabilisiert. Ein neuer stabiler Zustand wird erreicht.

## 1.1 Widerstände in Veränderungsprojekten zur Einführung von PPP

Das von LEWIN beschriebene Beharrungsvermögen erklärt einen ersten Aspekt von Widerstand, der bei jedem Veränderungsvorhaben anzutreffen ist. Es gibt weitere Gründe für Widerstände in Veränderungsprojekten, auf die nachfolgend eingegangen werden soll. Es soll aber vorausgeschickt werden, dass Widerstände grundsätzlich nicht negativ zu bewerten sind. Vielmehr geben sie wichtige Hinweise darauf, welche weiteren Themen und Aspekte bei dem Veränderungsvorhaben berücksichtigt werden müssen. Sie bieten damit die Chance, das Veränderungsvorhaben erfolgreich zum Ziel zu führen.

### 1.1.1 Widerstand als Funktion sozialer Systeme

Das von LEWIN beschriebene Phänomen kann dadurch erklärt werden, dass das Verhalten von Menschen grundsätzlich mit den Beziehungen in Zusammenhang steht, die sie in der Organisation zu anderen Menschen haben (vgl. SIMON, 2007).

Selbst wenn wir uns vorstellen, dass alle Beteiligten von der Notwendigkeit der Veränderung überzeugt wären, und wenn wir uns zudem vorstellen, dass alle Beteiligten, z. B. im Rahmen einer groß angelegten Weiterbildung, zeitgleich zu dem benötigten Handwerkszeug im Projektmanagement qualifiziert würden, würde sich dennoch zunächst keine neue Verhaltensweise einstellen.

Die Verhaltensweise von Menschen ist durch ihre Erfahrungen in der Interaktion mit anderen Menschen geprägt, durch die jeweilige Beziehung zu konkreten Interaktionspartnern also. Beziehungen sind über längere Zeiträume relativ stabil und nur langsam veränderbar. Projektmanagement bringt Veränderungen in der Führungsstruktur der Organisation mit sich. Es kann aber nicht davon ausgegangen werden, dass sich Mitarbeiter einem nun neu eingesetzten Projektmanager und den Führungskräften in der Linie gegenüber anders verhalten werden, als sie dies aus ihrer bisherigen Erfahrungen heraus dem Linienmanager gegenüber gewohnt waren.

Erfahrungen und eben auch Beziehungen verändern sich nicht einfach durch neue Informationen, die z. B. im Rahmen eines Seminars vermittelt werden. Vielmehr ist es erforderlich, neue Erfahrungen zu sammeln und diese zu stabilisieren (vgl. SIMON, 2007). Neue Verfahrens- und Verhaltensweisen müssen ausprobiert werden und das mehrmals. Und wenn diese gut und besser funktionieren als die alten, dann werden sie sich stabilisieren können.

Dies ist ein Grund dafür, dass neu eingebrachte Konzepte zum PPP von vielen Mitarbeitern mit Skepsis aufgegriffen werden, obwohl alle sachlichen Gründe für diese Konzepte sprechen und diese auch bejaht werden. Es braucht also Zeit. Damit muss in Veränderungsprojekten dafür Sorge getragen werden, dass neben den erforderlichen neuen Informationen auch Raum und Gelegenheit geschaffen wird, neue Erfahrungen zu sammeln, die dann die Basis bilden für neue Abstimmungen zur Zusammenarbeit und letztlich für neue Verhaltensweisen. Es gilt, dies bei der Konzeption zur Vorgehensweise im Veränderungsprojekt in geeigneter Weise zu berücksichtigen.

**Beispiel** Die Geschäftsleitung eines mittelständischen Unternehmens mit ca. 650 Mitarbeitern hatte sich dazu entschlossen, Projektmanagement einzuführen. Ein Beratungsunternehmen wurde damit beauftragt, ein Projektmanagement-Handbuch zu entwickeln, das alle erforderlichen Inhalte eines modernen Projektmanagement-Verfahrens beinhalten sollte. Das Verfahren beinhaltete auch eine detaillierte Beschreibung zur Projektorganisation, in der die Aufgaben und Verantwortlichkeiten von Projektleitern dargestellt waren. Die Schulungen zielten insb. auf die ca. 25 Projektleiter, die nach diesem Verfahren in Zukunft Projekte abwickeln sollten. Da die Abteilungs- und Bereichsleiter weder an der Verfahrensentwicklung beteiligt waren noch an den Schulungen teilnahmen, stellte sich dort keinerlei Verhaltensänderung ein. Die hochmotivierten Projektleiter mussten in der Praxis erkennen, dass die Linienvorgesetzten sich wie zuvor benahmen und eine Leitungsfunktion für die Projektleiter, wie im Projektmanagement-Handbuch beschrieben, nicht möglich war. Die Arbeitsbeziehung zwischen den Linienvorgesetzten und den Projektleitern wurde im Rahmen des Einführungsprojekts in keiner Weise thematisiert, so konnte sich dort auch keine Veränderung einstellen.

## 1.1.2 Widerstand aufgrund persönlicher Einschätzungen der Betroffen

Ein Einführungsprojekt zu PPP hat Auswirkungen auf die persönliche Situation von Mitarbeitern und Führungskräften des Unternehmens. Diese Konsequenzen sind von den Betroffenen zunächst schwer einzuschätzen. Neue Führungskräfte, z. B. der Projektmanager auf Zeit oder der neu eingesetzte Portfoliomanager, dringen in Kompetenz- und Verantwortungsbereiche ein, die zuvor durch andere Mitarbeiter und Führungskräfte wahrgenommen wurden. Diese Situation kann bei den Betroffenen zu Ängsten führen, die sich wie folgt begründen lassen (vgl. Schelle, 2007).

- **Angst vor Kompetenzverlust**
  Verantwortung, die bisher bei den Führungskräften in der Linie liegt, geht möglicherweise an andere Personen, wie den Projektmanager oder den Portfoliomanager.
- **Angst vor Statusverlust**
  Die Erfolge der Organisation werden in den Projekten verbucht. Welche Verantwortung bleibt bei den Führungskräften in der Linie?
- **Angst vor mehr Kontrolle**
  Ein Portfoliomanagement z. B. wird für mehr Transparenz in der Zielstellung und Zielerreichung sorgen. Was ist mit den Spielräumen, die bisher genutzt werden konnten?
- **Angst vor der Transparenz neuer Planungsmethoden**
  Die neu eingesetzten Planungsmethoden zeigen auf, wo Reserven zur Auslastung liegen, wo Kosten und Termine nicht gehalten werden.
- **Angst, den Arbeitsplatz zu verlieren**
  Durch die steigende Effizienz des Unternehmens geht möglicherweise der eigene Arbeitsplatz verloren.

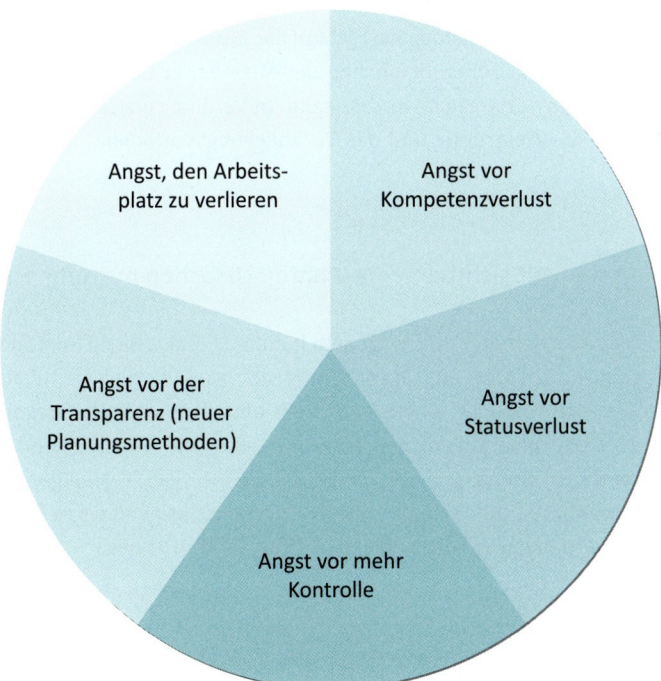

Abbildung 3.04-1: Persönliche Einschätzungen der Beteiligten und Betroffenen

In Veränderungsprojekten muss daher dafür Sorge getragen werden, dass diese Ängste aufgegriffen und in geeigneter Weise behandelt werden. Dies sollte z. B. dadurch geschehen, dass die Klärung und Neugestaltung der Aufgabenfelder aller durch das Veränderungsprojekt betroffenen Mitarbeiter und Führungskräfte, also auch der Linienführungskräfte und der Mitarbeiter, ebenso mit in die Zielstellung des Projekts aufgenommen werden. Ebenso ist die Frage zu klären, was das Unternehmen beabsichtigt, mit den durch die Effizienzsteigerung gewonnenen und möglicherweise freigewordenen Ressourcen zu tun.

### 1.1.3 Widerstand aufgrund mangelnder Information und Qualifikation

Ein oft beobachtbares Fehlverhalten ist die mangelnde Information über das Veränderungsprojekt bei den betroffenen Organisationseinheiten, Mitarbeitern und Führungskräften. Dies wird durch die Unternehmensführung oft bewusst so angelegt, um den Kreis der Widerständler und den Aufwand möglichst klein zu halten. Auch besteht die Hoffnung, dass durch ein kleines schlagkräftiges Team, in das nur die Vorreiter, Leistungsträger und engagierten Mitarbeiter hereingenommen werden, das Veränderungsprojekt erfolgreicher verlaufen wird.

Das Gegenteil stellt sich oft ein. Durch ein solches Vorgehen werden Widerstände herausgefordert, da die betroffenen Mitarbeiter auf Spekulationen angewiesen sind und die Sinnhaftigkeit, der Nutzen und die Notwendigkeit des Vorhabens so nicht vermittelt werden können. Eine offene Informationspolitik ist bei jedem Veränderungsprojekt ein entscheidender Erfolgsfaktor.

Ein ebenso oft beobachtbarer Fehler ist die mangelnde Qualifikation der in das Veränderungsprojekt eingebundenen Mitarbeiter. Projektmanagement ist heute ein hoch entwickeltes Kompetenzfeld und Managementkonzept. Wie eingangs und in diesem Buch erläutert, wurden in den letzten Jahren hier erhebliche Fortschritte erzielt. Zu oft jedoch herrscht in der Praxis der Glaube vor, dass Projektmanagement aufgrund der eigenen praktischen Erfahrung der Mitarbeiter bereits gekonnt oder im Rahmen eines übersichtlichen Seminars erworben werden kann. In Veränderungsprojekten gilt es, den Aspekt Qualifikation in einer auf die Zielgruppe und das Veränderungsvorhaben hin ausgerichteten Art und Weise zu behandeln.

### 1.1.4 Widerstände sind gut sichtbar – die wahren Ursachen nur sehr schlecht

Dies zeigt, dass Widerstände vielfältig motiviert sein können. Erschwerend kommt hinzu, dass die Ursachen für die Widerstände nicht offen angesprochen werden, sondern dass sie i. d. R. auf der Sachebene ausgetragen werden. Es wird versucht, eine Sachdiskussion, z. B. zur Sinnhaftigkeit des Einsatzes bestimmter Methoden oder Organisationsformen, zu führen, ohne die ursächlichen Motive zu benennen. Ebenso sind Symptome zu erkennen, wie z. B. Terminverzögerungen, Verweigerung in der Mitarbeit, mit dem Hinweis darauf, andere Dinge seien wichtiger. Auch Lustlosigkeit ist zu beobachten. Die dahinter liegenden Ursachen werden nur in seltenen Fällen offen angesprochen.

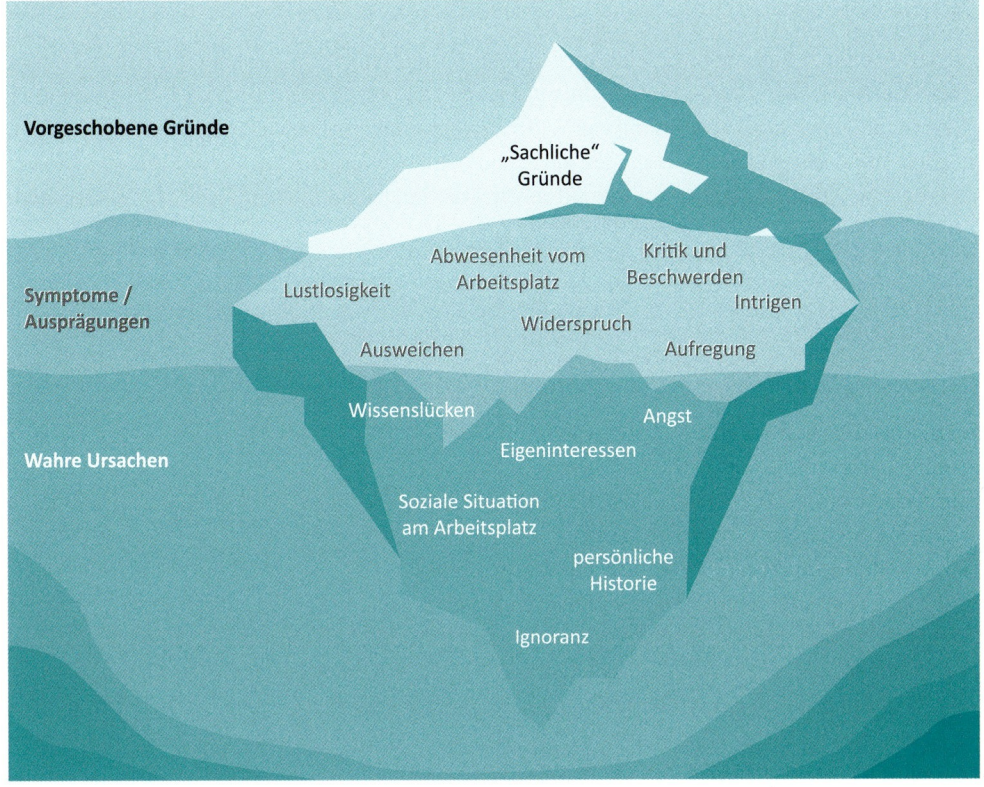

Abbildung 3.04-2: Zusammenhang: Ursache, Symptome, tatsächlich besprochene Sachverhalte
(Mohr, 1998: 39)

### 1.1.5 Widerstände sind wichtig, sie helfen, wichtige Dinge aufzufinden und zu berücksichtigen

Auf der anderen Seite sind Widerstände grundsätzlich positiv zu betrachten. Sie sind Indikatoren dafür, dass Anliegen nicht berücksichtigt wurden, irgendetwas noch nicht bedacht und beachtet wurde. Sie sind also ein Indiz dafür, wie gut es gelungen ist, wesentliche zusätzliche Themen der Organisation und der von der Veränderung betroffenen Mitarbeiter und Führungskräfte aufzugreifen.

**∑ Fazit** Bei Veränderungsprojekten ist grundsätzlich mit Widerständen zu rechnen. Dies ist kein negativer Aspekt, sondern deren Bearbeitung macht einen Veränderungserfolg schlussendlich erst möglich. Widerstände stellen auf der einen Seite eine ganz normale Funktion sozialer Systeme dar. Auf der anderen Seite liegen die Ursachen für Widerstände in Ängsten und persönlichen Einschätzungen der Beteiligten und oft auch in mangelnder Information.

## 1.2 Konsequenzen für das Management des Veränderungsvorhabens

Es werden eine ganze Reihe von Vorschlägen gemacht, wie mit Widerständen umgegangen werden kann. Ein populärer Vorschlag stammt vom DANNEMILLER und TYSON (vgl. DANNEMILLER & TYSON, 2000). Hier wurde erkannt, dass zur Überwindung von Widerständen oder zur Entwicklung einer entsprechenden Motivation drei wichtige Voraussetzungen vorhanden sein bzw. geschaffen werden müssen. Diese sind zum einen „eine Unzufriedenheit mit der aktuellen Situation bei den Betroffenen" (D, Dissatisfaction), des Weiteren sind dies „konkrete und attraktive Zielvorstellungen" (V, Vision) und zuletzt „schnell erreichbare erste Erfolge" (F, First Steps).

DANNEMILLER und TYSON entwickelten hierzu eine Formel, die diese drei Faktoren ins Verhältnis zum Widerstand setzt. Die These lautet, dass das Produkt aus $D \times V \times F$ größer sein muss als der Widerstand R (Resistance to change), der sich aus der Summe der oben dargestellten möglichen Widerstände in einer Organisation ergibt.

$$D \times V \times F > R$$

D = Dissatisfaction (Unzufriedenheit mit der Situation)
V = Vision (konkrete und attraktive Zielvorstellung)
F = First Steps (schnell erreichbare erste Erfolge)
> größer als
R = Resistance to change (Widerstand gegen Veränderungen)

Diese Formel ist in sofern problematisch, da DANNEMILLER und TYSON keinerlei Hinweise darauf geben, wie denn diese Größen zu messen sind. Sie zeigt jedoch, wie schwierig es ist, Veränderungen zu erreichen. Und sie gibt uns einen ersten wichtigen Hinweis darauf, welche Lösungsansätze (Unzufriedenheit mit der aktuellen Situation, Visionen und erste Erfolge mit neuen Ansätzen) vorliegen, um Widerständen in geeigneter Weise aufzugreifen und zu überwinden. Aus den oben ausgeführten Darstellungen zu den Ursachen von Widerständen lassen sich weitere Schlussfolgerungen ableiten.

Ein Projekt zur Einführung von PPP muss in Bezug auf die zu erwartenden Widerstände,

- klare Ziele und eine Vision zur angestrebten Veränderung formulieren, z. B. durch einen klaren Projektauftrag und die Unterstützung des Top-Managements und eine adäquate Organisation des PPP-Einführungsprojekts;
- den Informationsbedarf aller Beteiligten zum Veränderungsprojekt decken, z. B. durch ein geeignetes Projektmarketing;
- die erforderliche Qualifikation der Beteiligten sicherstellen, dies allerdings nicht nach dem Gießkannenprinzip, sondern in einer auf die jeweilige Zielgruppe, den vorliegenden Reifegrad der Organisation und auf das angestrebte Verfahren hin ausgerichteten Art und Weise;
- die Möglichkeit schaffen, Erfahrungen zu sammeln, um neue Verhaltensweisen entwickeln und stabilisieren zu können, z. B. durch die Anwendung der neuen Arbeitsprozesse und Methoden in Form von Pilotanwendungen;
- die persönliche Situation der Betroffenen durch geeignete Konzepte der Einbindung der betroffenen Mitarbeiter und Führungskräfte und deren Anliegen berücksichtigen.

In den folgenden Abschnitten soll gezeigt werden, wie diese Erfolgsfaktoren im Rahmen einer systematischen Vorgehensweise berücksichtigt und aufgegriffen werden können.

**∑ Fazit** Klare Ziele und eine Vision, transparente Information und Organisation des Veränderungsprojekts, ausreichende Qualifikation und ein schrittweises Vorgehen, das die Möglichkeiten schafft, neue Erfahrungen zu sammeln, sind wichtige Voraussetzungen für einen Projekterfolg bei Veränderungsprojekten.

## 1.3 Erfolgsbilanz und Erfolgsfaktoren bei Veränderungsprojekten

Sieht man die Studien und Erfolgsstatistiken zu Veränderungsprojekten durch, so zeigt sich, dass in ca. 35 - 40 % bei Veränderungsprojekten ein Erfolg erzielt wird. In einer in 2007 erschienenen Studie der IBM Global Business Services wurden 220 erfahrene Projekt- und Change-Manager aus Unternehmen unterschiedlicher Größe und Branchen befragt. Neben der Bestätigung bekannter Erfolgsfaktoren, wie dem Commitment und der Unterstützung des Top-Managements und einer offenen Kommunikationspolitik zum Veränderungsvorhaben, haben sich eine Reihe weiterer Hürden und Erfolgsfaktoren herauskristallisiert. Das Verändern von Denkweisen und Einstellungen der Mitarbeiter wird von den befragten Projektpraktikern als eindeutig größte Herausforderung identifiziert.

Die Studie zeigt, dass 38 % der Veränderungsprojekte als voller Erfolg gewertet werden konnten, 46 % der Projekte können als nur teilweise erfolgreich bezeichnet werden und 16 % der Projekte wurden abgebrochen.

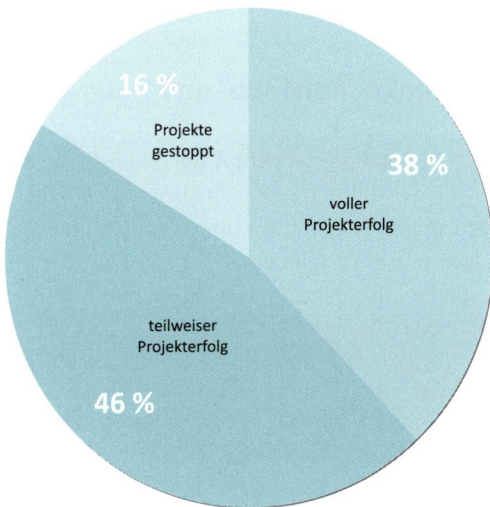

Abbildung 3.04-3: Erfolgsstatistik bei Veränderungsprojekten (IBM, 2007: 12)

Die Studie zeigt zudem auf, dass Unternehmen, die eine höhere Investitionssumme für Veränderungsmanagement aufweisen (14 %), wesentlich erfolgreicher sind als Unternehmen mit einer geringeren Investition (5 %). Der Projekterfolg kann bei einem systematischen Veränderungsmanagement so auf bis zu 76 % erhöht werden. Andere Studien zeigen ähnliche Resultate (vgl. CAPGEMINI, 2005).

Die in den Studien ermittelten Erfolgsfaktoren, also die wenigen, aber wichtigen Dinge, die beachtet werden müssen und für die Sorge zu tragen ist, sind in Abbildung 3.04-4. dargestellt.

*Welche der folgenden Aspekte sind Ihrer Erfahrung nach für eine erfolgreiche Veränderung wichtig?*

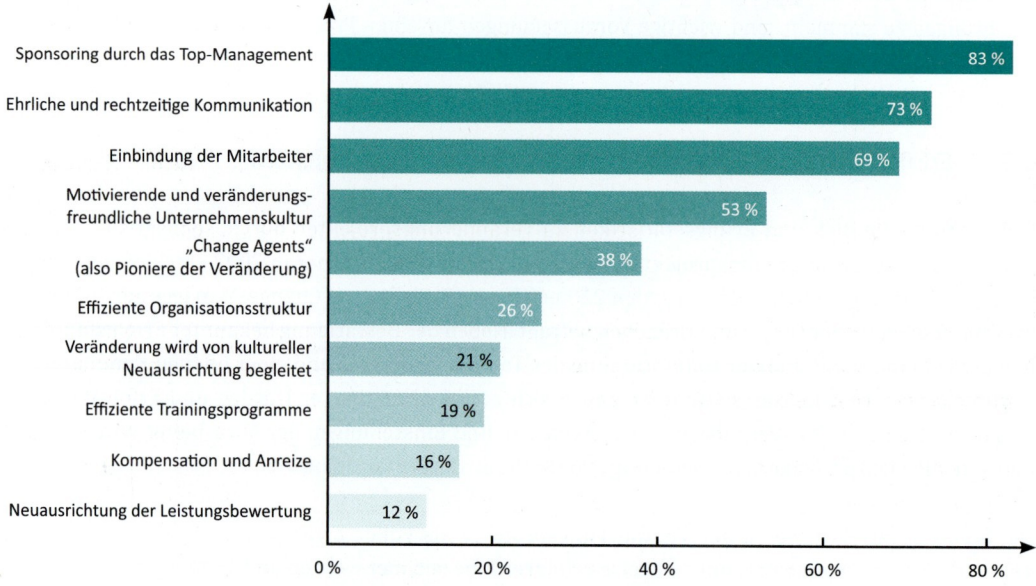

Abbildung 3.04-4: Erfolgsfaktoren bei Veränderungsprojekten
(in Anlehnung an IBM, 2007: 7)

## 2 Einführung von Projekt-, Portfolio- und Programmmanagement (PPP)

Ein Projekt zur Einführung von PPP stellt besondere Anforderungen an die für die Einführung verantwortlichen Personen. Hier ist zunächst das Top-Management zu nennen, dem hier eine ausgewiesene Rolle zukommt. Zudem werden an die für die Einführung verantwortlichen Personen besondere Anforderungen gestellt. Wie zu zeigen sein wird, kommt es hier nicht nur darauf an, in dem Themenfeld des PPP fest im Sattel zu sitzen, sondern darüber hinaus sind weitere Anforderungen zu erfüllen. Hieraus leiten sich die Anforderungen an das Design des Einführungsprozesses ab. Zuletzt ist es erforderlich, dass die Erwartungen, die mit dem Einführungsprojekt verbunden werden, auf ein realistisches Maß zurückgeführt werden.

### 2.1 Verantwortung des Top-Managements

Für den Erfolg eines Einführungsprojekts zum PPP trägt das Top-Management eine besondere Verantwortung. Die Studien zu den Erfolgsfaktoren des Projektmanagements sprechen hier eine deutliche Sprache und zeigen den Erfolgsfaktor „Unterstützung des Top-Managements" klar auf (vgl. Kapitel 1.01 Projektmanagementerfolg). Wie die Studien zum Erfolg von Veränderungsprojekten zeigen (IBM, 2007 & CAPGEMINI, 2005), ist dieser Faktor bei Veränderungsprojekten noch bedeutsamer.

Dies wird deutlich, wenn wir uns die Arbeiten von ausgewiesenen Fachleuten zum Veränderungsmanagement ansehen. Beispielhaft sollen hier Vorschläge von John P. KOTTER aufgeführt werden, der acht Schritte für den Veränderungserfolg aufzeigt (vgl. KOTTER, 2002). Nach KOTTER stellt jeder grundlegende Veränderungsprozess eine große Herausforderung für das Management, die Mitarbeiter und das Unternehmen dar. Er empfiehlt die folgenden acht Schritte für den Veränderungserfolg:

- es gilt, ein Bewusstsein für die Dringlichkeit zu schaffen und die Unterstützung und den Willen des Top-Managements klar zu machen;
- es gilt, die Verantwortlichen mit Veränderungsbereitschaft zu gewinnen und diese zusammenzubringen;
- es gilt, eine Zukunftsvision zu formulieren und eine Strategie zu entwickeln, wie sie umgesetzt werden kann;
- es gilt, die Zukunftsvision bekannt zu machen und geeignete Kommunikationsstrategien einzusetzen;
- es gilt, Handeln im Sinne der neuen Vision und Ziele zu ermöglichen und zu handeln;
- er gilt, kurzfristig Erfolge zu planen und diese gezielt herbeizuführen;
- es gilt, erreichte Verbesserungen systematisch weiter ausbauen;
- und es gilt, das Neue fest zu verankern und abzusichern.

Zahlreiche weitere Arbeiten weisen auf diese und auf weitere Aufgaben hin, die durch das Top-Management erfüllt werden müssen. Schelle weist zusätzlich zu den gerade aufgeführten Aufgaben noch darauf hin, dass die Regeln und Standards für das Projektmanagement durch die Mitarbeiter, die mit dem Verfahren arbeiten müssen, erarbeitet werden sollten (vgl. SCHELLE, 2007). Extern eingebrachte Vorgaben für das PPP treffen im Regelfall nicht den konkreten Bedarf des Unternehmens. Dieser Punkt ist für die konkrete Vorgehensweise im Einführungsprojekt von besonderer Bedeutung.

## 2.2 Anforderungen an das für die Einführung verantwortliche Team

Die Einführung von PPP erfordert von dem für die Entwicklung und Einführung verantwortlichen Team zweierlei Kompetenzen.

### 2.2.1 Fachkompetenz zum Projekt-, Portfolio- und Programmmanagement

Das ist zum einen die Fachkompetenz im Projekt-, Portfolio- und/oder Programmmanagement, die zum einen für das Projektmanagement des Veränderungsvorhabens selbst benötigt wird und zum anderen vorhanden sein muss, damit diese Kompetenz in die Zielorganisation hineingetragen werden kann. Die hier erforderlichen Kompetenzen werden in diesem Buch ausführlich behandelt.

Die Herausforderung besteht hier darin, PPP-Fachwissen nach dem State-of-the-Art einzubringen und auch die Erfahrungen, die andere Organisationen mit diesen Konzepten gemacht haben, darzustellen und zuletzt auch vorliegende Forschungsergebnisse transparent zu vermitteln, damit Fehler, die anderenorts gemacht wurden, nicht noch einmal wiederholt werden.

Dieses Know-how darf aber nicht ungeprüft und unverändert durch die Organisation übernommen werden. Es ist vielmehr erforderlich, die konkrete Umsetzung des PPP in einem Arbeitsprozess mit den Führungskräften der Organisation abzustimmen und festzulegen.

### 2.2.2 Kompetenzen im Veränderungsmanagement zur Einführung von Projekt-, Portfolio- und Programmmanagement

Zum anderen muss das Team die erforderlichen Kompetenzen zum Veränderungsmanagement aufweisen. In Veränderungsprojekten gilt es, mithilfe der Methoden und Instrumente des Veränderungsmanagements Fachwissen in einer für die Zielorganisation geeigneten Form einzubringen. Das Team muss wissen, welche Rahmenbedingungen und Voraussetzungen für eine erfolgreiche Veränderung erforderlich sind und geschaffen werden müssen. Es muss den Prozess der Veränderung von Organisationen kennen und verstehen, um diesen zielgerichtet unterstützen und gestalten zu können. Es muss wissen, wie der Prozess der Veränderung im Rahmen eines Prozessmodells geplant und durchgeführt werden kann und deren Variationen kennen. Es muss außerdem wissen, wie Lern- und Abstimmungsprozesse in Veränderungsprojekten organisiert und ineinander verzahnt werden können. Und es muss schließlich wissen, wie Veränderungen stabilisiert und in einen kontinuierlichen Verbesserungsprozess überführt werden können.

Die Herausforderung besteht hier darin, einen Arbeits- und Abstimmungsprozess zu organisieren, in dem die Mitglieder der Organisation unter Zuhilfenahme des Fachwissens zum PPP ihr eigenes PPP-Konzept erarbeiten und festlegen können. Das Team unterstützt diesen Prozess, es sollte sich aber davor hüten, selbst das PPP-Konzept festzulegen, ohne eine ausreichende Klärung zur Anwendbarkeit im Kreise derjenigen, die das Verfahren auch tatsächlich anwenden sollen, herbeizuführen (vgl. Kapitel 2.10 Beratung).

## 2.3 Erwartungen richtig einschätzen

Bei der Einführung des PPP handelt es sich letztlich um die Einführung einer Innovation. Der Prozess bei der Einführung von Innovationen wurde gründlich erforscht. Hierbei stellt sich grundsätzlich der folgende Verlauf ein (Abbildung 3.04-5.). Zu Beginn eines Einführungsprojekts stehen zunächst hohe Erwartungen, die durch das Management und durch die Mitarbeiter an das neue Verfahren gestellt werden. Die Erwartungen beziehen sich insbesondere darauf, dass mit dem neuen Verfahren die Produktivität gesteigert wird und dass damit Freiräume entstehen, die für andere Dinge genutzt werden können.

Mit dem Projektstart stellt sich aber zunächst eine geringere Gesamtproduktivität ein. Denn die Entwicklung des Verfahrens erfordert Aufwand, der durch die in das Projekt eingebundenen Mitarbeiter erbracht werden muss. Auch die Mitarbeiter und Führungskräfte, die nicht in die Verfahrensentwicklung eingebunden waren, die aber das Verfahren nach der Fertigstellung nutzen müssen, werden bedingt durch die zu erbrinnende Lernleistung in ihrer Produktivität zunächst belastet. Ist das Projekt erfolgreich, stellt sich schlussendlich eine erhöhte Produktivitätssteigerung ein. Dies ist aber erst dann der Fall, wenn das Verfahren entwickelt, umgesetzt und in Teilen bereits evaluiert wurde.

Die zu Beginn des Projekts hohen Erwartungen an die Produktivität, die sich auch durch die dort vorhandene hohe Motivation für das Vorhaben begründen, werden in diesem Ausmaß zum Ende des Projekts nicht immer erfüllt. Auf diesen Aspekt muss zu Beginn des Projekts hingewiesen werden. Auch ist dies bei der Festlegung der Projektziele zu berücksichtigen. Hier gilt es, ein realistisches Bild zu entwickeln und insb. die Erfahrungen anderer Organisationen oder Personen heranzuziehen, um eine erhöhte unrealistische Erwartungshaltung zu vermeiden (vgl. Kapitel 2.10 Beratung).

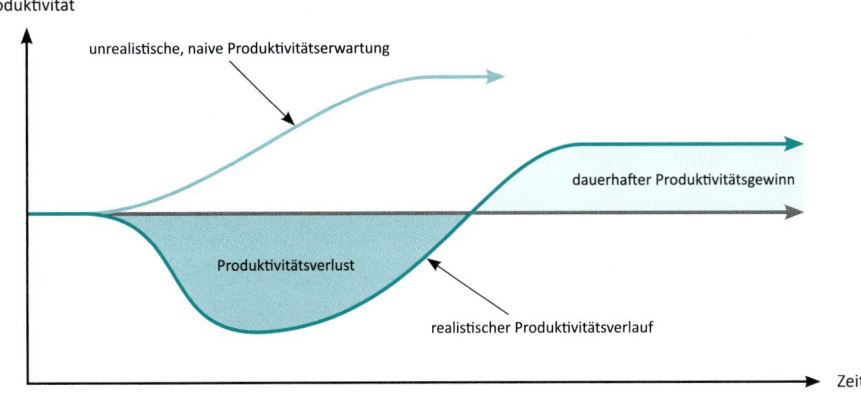

Abbildung 3.04-5: Produktivität im Innovationszyklus (in Anlehnung an IBM, 2007: 6)

> **Fazit** Dem Top-Management kommt bei Einführungsprojekten zu PPP eine besondere Bedeutung zu. Auch das für die Einführung verantwortliche Team muss besondere Voraussetzungen erfüllen. Es muss zum einen hinsichtlich der Themen des PPP fachkompetent sein. Zum anderen aber muss es Kompetenzen im Veränderungsmanagement aufweisen.

## 3 Rollen und Beteiligte im Veränderungsprozess bei der Einführung von Projekt-, Portfolio- und Programmmanagement

Um die Frage nach den Rollen und Beteiligten im Einführungsprojekt klären zu können, müssen wir in zwei Bereichen Ausschau halten. Da ist zunächst der Bereich des Top-Managements und der Führungskräfte des Unternehmens, dem eine besondere Rolle zukommt. Des Weiteren sind die von der Verfahrenseinführung betroffenen Führungskräfte und Mitarbeiter zentral. Hier stellt sich die Frage nach der Art und dem Umfang der Beteiligung.

### 3.1 Top-Management im PPP-Einführungsprojekt

Wie aus Abschnitt 1 und 2 deutlich hervorgegangen ist und wie zahlreiche Studien immer wieder belegen, kommt dem Top-Management bei der Einführung von PPP eine besondere Rolle und Verantwortung zu. Es muss deutlich zeigen, dass es die Veränderung will und sich in die Projektdefinition und Auftragsklärung, aber auch in der Projektabwicklung klar sichtbar und fördernd einbringen. Heute lassen sich die Aufgaben des Top-Managements für den Projekterfolg eines Einführungsprojekts zum PPP klar aufzeigen.

#### 3.1.1 Anforderungen an das Top-Management bei der Projektmanagement-Einführung

Damit PPP in der Organisation überhaupt wirksam werden kann, sind zentrale Voraussetzungen zu schaffen und Entscheidungen zu treffen. Dies betrifft insb. Fragen der Neuverteilung von Handlungsverantwortung und Handlungskompetenzen zwischen Linie und Projekt. Es gilt zu klären, welche Organisationsform (vgl. Kapitel 1.06 Projektorganisation) zu wählen ist, aber auch welche Detailregelungen hierzu eingeführt werden müssen. Daneben sind Fragen der Projektbudgetierung und Kostenrechnung wesentlich. Verfügt das Unternehmen nicht über eine projektbezogene Kostenerfassung, ist zu klären, ob diese eingeführt werden soll. Was sollen z. B. die Controllingsysteme und die Systeme des Rechnungswesens für Projekte leisten? Des Weiteren tauchen Fragen nach der Unterstützung des Projektmanagements auf, die z. B. über ein Projektbüro geleistet werden können (vgl. Kapitel 3.02 Programmorientierung) und auch die Personalentwicklung wird sich mit der Einführung des Projektmanagements umstellen müssen, ggf. wird erwogen, einen projektorientierten Karriereweg einzuführen (vgl. Kapitel 3.08 Personalentwicklung).

> Diese Beispiele zeigen, dass es sich um zentrale Fragen der Unternehmensführung handelt und eine linienübergreifende Zusammenarbeit erforderlich ist, die nur durch das übergeordnete Management koordiniert und geführt werden kann. Hier kann sich im Grunde kein Top-Management heraushalten. Dort, wo dies dennoch geschieht, werden diese wichtigen Fragestellungen und Aufgaben nicht angegangen oder halbherzig gehandhabt. Die Erfahrung zeigt, dass in solchen Fällen die Einführung des Projektmanagements nicht gelingt.

Zuletzt muss gesagt werden, dass es sich bei der Einführung von Projektmanagement um die Einführung einer Innovation handelt und damit um eine Investition. Das heißt, in der Startphase des Projekts gilt es, hierzu eine Kosten-/Nutzenbetrachtung, z. B. in Form einer Investitionsrechnung, zu erstellen. Auch dies zeigt, dass dem Top-Management bei der Einführung von PPP besondere Aufgaben zukommen.

### 3.1.2 Anforderungen an das Top-Management für die Portfoliomanagement-Einführung

Das weiterentwickelte Konzept des Portfoliomanagements reicht noch enger an den Aufgabenbereich des Top-Managements heran. Das Portfoliomanagement bildet das zentrale Bindeglied zwischen der strategischen Unternehmensführung und dem Projektmanagement des Unternehmens (vgl. Kapitel 3.00 Unternehmensstrategie, 3.03 Portfolioorientierung).

Je nach Implementierung des Portfoliomanagements können die dort wahrgenommenen Aufgaben sehr weit in den Prozess der Strategieentwicklung hineinreichen. Einige Unternehmen nutzen die Einführung des Portfoliomanagements explizit dazu, auch die Prozesse der Strategieentwicklung des Unternehmens zu hinterfragen, zu systematisieren und neu einzurichten. In anderen Organisationen wird das Portfoliomanagement zunächst im Sinne eines Reportingsystems aufgebaut, um der Unternehmensleitung den Status der Projekte in geordneten Bahnen, vergleichbar und effektiv zu vermitteln, damit von dort aus eine effiziente Steuerung der Ressourcen möglich wird.

Welche Form der Implementierung auch gewählt wird, beim Portfoliomanagement wird die Rolle des Top-Managements besonders deutlich, da hier die strategischen Parameter und Zielsetzungen des Unternehmens behandelt werden. Ohne eine Unterstützung des Top-Managements ist die Einführung des Portfoliomanagements damit undenkbar.

### 3.1.3 Anforderungen an das Top-Management für die Programmmanagement-Einführung

Das weiterentwickelte Konzept des Programmmanagements greift ebenso eng in die Verantwortung des Top-Managements ein wie das Portfoliomanagement. Bei einem Programm handelt es sich im Grunde um ein „Unternehmen auf Zeit". Programme werden eingesetzt, um große Aufgaben zu bewältigen, was nur durch die zusammenhängende Bearbeitung von vielen Projekten möglich ist. Es handelt sich bei Programmen im Regelfall um Vorhaben von strategischer Bedeutung.

Die Rolle des Top-Managements ist hier allerdings differenzierter zu sehen. Als Top-Management im Programmmanagement kann sicher der Programmmanager bezeichnet werden, da er die zentrale Leitungsfunktion und Verantwortung für alle Projekte innehat. Dem übergeordneten Management können je nach Größe des Programms und je nach Organisation des Unternehmens verschiedene Rollen zukommen. In einem Fall kann ihm eher die Rolle eines Shareholders, also eines Kapitalgebers, zugewiesen werden. In einem anderen Fall kann es sinnvoll sein, dass auch das über dem Programmmanagement positionierte Management sich in den Einführungsprozess aktiv einbringt, wie dies hier auch für das Projektmanagement und das Portfoliomanagement aufgezeigt wird.

**Fazit** Dem Top-Management kommt bei der Einführung zum PPP eine besondere Bedeutung zu. Zum einen muss es das Einführungsprojekt für alle Beteiligten klar ersichtlich wollen und unterstützen. Daneben lassen sich die Aufgaben des Top-Managements für den Einführungserfolg zum PPP heute klar aufzeigen.

Hierzu zählen:

- Klarer Projektauftrag zur Einführung des PPP,
- Ausrichtung und Definition des strategischen Projektmanagements auf Basis der Unternehmensstrategie (vgl. Kapitel 3.00 Unternehmensstrategie),
- Klärung der Neuausrichtung der Handlungskompetenz und Handlungsverantwortung zwischen Linien- und Projektorganisation (vgl. Kapitel 1.06 Projektorganisation),
- Überführung der PPP-Verfahren in die Regelorganisation des Unternehmens, z. B. Verankerung im Qualitätsmanagement des Unternehmens (vgl. Kapitel 1.05 Qualität),
- Aufbau von Unterstützungsprozessen zum PPP, z. B. durch das Projektmanagement-Office und durch die Controlling-Institutionen des Unternehmens (vgl. 3.05 Stammorganisation),
- Kontinuierliche Unterstützung der Entwicklung und Einführung der PPP-Verfahren,
- Ausrichtung der Personalentwicklung auf das Projekt-, Portfolio- und Programmmanagement (vgl. Kapitel 3.08 Personalentwicklung).

## 3.2 Betroffene und Beteiligte im PPP-Einführungsprojekt

Bei Veränderungsprojekten ist eine Frage entscheidend: Wer sind die von der Veränderung betroffenen Personen und Personengruppen? Diese Frage ist aus mehreren Gründen wichtig. Zum einen müssen wir dies wissen, damit wir auch entwickeln und festlegen können, inwieweit sich durch das PPP der jeweilige Aufgabenbereich der Person oder Personengruppe ändert. Zum anderen ist die Information wichtig, um herauszubekommen, welche der identifizierten Personen in das Projekt eingebunden werden soll.

**Beispiel** In einem Einführungsprojekt zum Portfoliomanagement in einem Finanzdienstleistungsunternehmen mit 2600 Mitarbeitern wird in einem Teilprojekt das Reporting aus den Projekten für das neu eingerichtete Portfolio-Board neu gestaltet. In einer ersten Überlegung betrifft dies in erster Linie die Projektleiter und den für das zentrale Reporting zuständigen Portfoliomanager. Schnell stellt sich aber heraus, dass auch andere Teile der Organisation betroffen sind, z. B. die Mitarbeiter aus dem Controlling und dem Rechnungswesen und die Mitarbeiter aus dem Qualitätsmanagement. In der weiteren Überlegung zeigt sich, dass auch die Mitarbeiter des Key-Account-Managements hier ein zentrales Interesse haben und ebenso das Management des Unternehmens sehr konkrete Vorstellungen dazu hat, welche Informationen aus den Projekten benötigt werden.

### 3.2.1 Betroffene zu Beteiligten machen

 Betroffene zu Beteiligten machen, ist eines der Erfolgsrezepte in Veränderungsprojekten. Auch die zuvor dargestellten Gründe für Widerstände und die Ergebnisse der Erfolgsfaktorenforschung bestätigen dies.

Eine Beteiligung kann in verschiedenster Hinsicht erfolgen. Möglich wäre eine Mitarbeit im Team des Einführungsprojekts. Denkbar wäre auch die Mitarbeit in einer der zahlreichen themenbezogenen Arbeitsgruppen, die im Verlauf des Einführungsprojekts die jeweiligen Festlegungen zum PPP des Unternehmens erarbeiten. Denkbar wäre ebenso eine Beteiligung bei der Bestandsaufnahme, die z. B. in Form von Interviews oder Befragungen erfolgen kann. Und natürlich wäre ebenso eine Beteiligung an der Projektlenkung möglich.

Wenn wir nun beginnen, diese Frage zu beantworten, so stellt sich schnell heraus, dass es sich hier nicht nur um die potentiellen und zukünftigen Projektleiter handelt. Vielmehr sind viele Personen und Organisationsbereiche betroffen. Dies können z. B. Mitarbeiter des Qualitätsmanagements, der Personalentwicklung und der Buchhaltung bzw. des Controllings sein. Es sind selbstverständlich die Projektleiter oder potentiellen Projektleiter. Es sind ferner die Linienmanager aus den Abteilungen, in denen das Projektmanagement eingeführt werden soll, da deren Arbeitsfeld sich mit der Einführung des Projektmanagements verändern wird. Und es sind Vertreter des Top-Managements und möglicherweise der Stabsabteilungen, die hier zugehörig sind.

Aber auch die Mitarbeiter dürfen nicht vergessen werden. Es sind natürlich nicht alle Mitarbeiter des Unternehmens einzubeziehen, sondern nur diejenigen, die überwiegend in Projekten tätig sind. Es sollte in jedem Fall eine Gruppe von Mitarbeitern gebildet werden, die stellvertretend für die Projektmitarbeiter, ihre Anliegen in das Einführungsprojekt einbringen können. Und es sind nicht zuletzt die Vertreter der Personal- oder Betriebsräte, die u. U. berücksichtigt werden müssen, da auch organisatorische Fragen zu berücksichtigen sind. Es empfiehlt sich, in jedem Fall eine gründliche Stakeholderanalyse durchzuführen (vgl. Kapitel 1.02 Interessierte Parteien).

### 3.2.2 Auswahl der einzubindenden Personen

Bei der konkreten Auswahl der Personen ist einiges zu bedenken (vgl. MOHR 1998). Die **Befürworter und Promotoren** des Einführungsprojekts bilden erfahrungsgemäß am Anfang nur eine kleine Minderheit (ca. 5 % Prozent der Mitarbeiter). Es sind die Innovatoren und Vorreiter, die neue Impulse und Ideen gern aufgreifen und auch gern sowohl sachliche wie auch persönliche Risiken eingehen (vgl. Abbildung 3.04-6.). Bei reifen Organisationen mit einer hohen internen Qualität ist diese Gruppe erfahrungsgemäß auch kleiner als 5 %.

Die **Skeptiker** bilden mit etwa 40 Prozent eine starke Gruppe. Sie bewerten die sachlichen Risiken als hoch, weil sie nicht von dem Nutzen der PPP-Einführung überzeugt sind. Ihr persönliches Risiko ist jedoch gering, da ihnen z. B. durch die bevorstehenden Veränderungen keine Nachteile entstehen. Hier gilt es, den Nutzen des PPP-Verfahrens zu verdeutlichen.

Die Gruppe der **Bremser** schätzt ihr persönliches Risiko als hoch ein. Je nach Veränderungsprojekt bzw. je nach dem Ausmaß der zu erwartenden Änderungen und möglichen Nachteile für die Betroffenen kann diese Gruppe auch größer als 40 % sein und damit die größte Gruppe werden. Sie erkennen nur geringe sachliche Risiken oder halten das Vorhaben aus sachlichen Gründen sogar für gerechtfertigt. Sie befürchten aber persönliche Nachteile. Hier muss die Arbeit im Veränderungsprojekt ansetzen.

Die oben beschriebenen Gründe für Widerstände müssen mit diesen Mitarbeitern auf ihre Ursachen hin untersucht werden und es müssen z. B. Alternativen und neue Perspektiven für sie entwickelt werden.

Mit 15 Prozent bilden die **Widerständler** eine kleine Gruppe. Sie schätzen für sich das persönliche Risiko hoch ein und halten auch aus rein sachlicher Sicht nichts von dem geplanten Vorhaben. Dies kann bis hin zu offener Aggression reichen. Hier handelt es sich um die Bewahrer, um Personen, für die etwas Neues zunächst etwas Bedrohliches darstellt. Diese Mitarbeiter lassen sich kaum überzeugen, wenn überhaupt, dann nur mit klaren Erfolgen.

Zu Beginn eines PPP-Einführungsprojekts haben wir es also mit ca. 95 % „Gegnern" zu tun. Die von MOHR dargestellten prozentualen Angaben sind insofern mit Vorsicht zu betrachten, da sie nicht breit empirisch untersucht und validiert wurden. Sie stellen vielmehr Erfahrungswerte dar, die von Organisationsentwicklern in analoger Form zahlreich beschrieben werden. Sie decken sich ebenso mit den Erfahrungen des Autors. Der Nutzen der Differenzierung in Widerständler, Bremser, Skeptiker und Promotoren liegt aber in dem nun möglichen differenzierten Umgang mit den so identifizierten Gruppen. Für **Bremser** müssen Alternativen und es muss Ausgleich geschaffen werden für die Nachteile, die sie durch das neue PPP-Verfahren erleiden. Mit **Skeptikern** kann auf der Sachebene gearbeitet werden, was sich im Regelfall als Vorteil herausstellt, da die Verfahrensentwicklung so adäquater und auf die Zielgruppe angemessener ausgeführt werden kann. Die **Promotoren** müssen eingebunden werden und die Handhabung der **Widerständler** muss im Einzelfall entschieden werden.

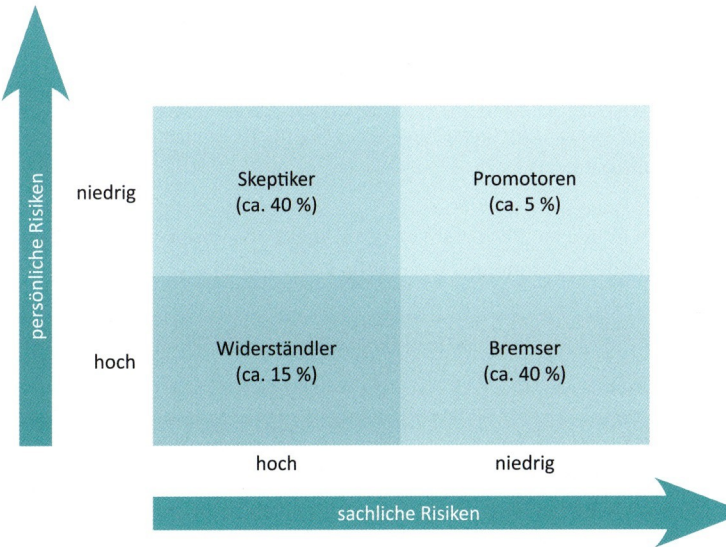

Abbildung 3.04-6: Akzeptanzmatrix (MOHR, 1998: 44)

### 3.2.3 Umfang der Einbindung der Betroffenen

Rein quantitativ liegt nach MOHR (1998) die kritische Masse der einzubindenden Personen, die erreicht werden muss, um einen Projekterfolg zu erzielen, bei etwa 20 % der Mitarbeiter, die von den Auswirkungen des PPP-Einführungsprojekts betroffen sind. Dies deckt sich mit den Erfahrungen des Autors, die bei vielen Einführungsprojekten zum PPP gesammelt werden konnten. Gemeint sind nicht etwa 20 % der Mitarbeiter des Unternehmens, sondern 20 % der von den Auswirkungen des Einführungsprojekts betroffenen Mitarbeitern und Führungskräften. Die Einbindung kann dabei auf ganz verschiedene Weise erfolgen, z. B. durch die Aufnahme ins Kernteam oder auch in eine der Arbeitsgruppen, die für das Projekt wichtige Arbeitsergebnisse erstellen und Beiträge liefern.

Ist die kritische Größe von 20 % erreicht, werden über Multiplikatoreneffekte bald auch die anderen Gruppen erreicht. Die Skeptiker werden überzeugt. Für die Bremser müssen alternative Perspektiven entwickelt werden. Nicht jede Person ist am Ende zu gewinnen. Es verbleibt ein Rest, der der Neuerung auch noch lange nach der Einführung kritisch gegenüber stehen wird. Das sind meist diejenigen Personen, die mit der Einführung auch tatsächlich z. B. Einfluss, Macht und Anerkennung verlieren.

### 3.2.4 Die konkrete Auswahl der eingebundenen Personen

Nun ist es erforderlich, die an der PPP-Einführung zu beteiligenden Personen auszuwählen. Hier werden zunächst sachliche und qualitative Aspekte berücksichtigt. Bestimmte Personen müssen, einfach bedingt durch ihre Rolle, die sie in der Organisation haben, in das Projekt aufgenommen werden. Dann gilt es, möglichst viele Personen aus der Gruppe der Promotoren mit in das Projekt einzubinden.

Im nächsten Schritt sind im Gegensatz zu der häufig verbreiteten Meinung nicht etwa die Widerständler in das Projekt aufzunehmen. Dies ist nur erforderlich, wenn unter den Widerständlern Schlüsselpersonen zu finden sind. Es geht eher darum, die Skeptikern und Bremser einzubinden. Die Skeptiker sind durch sachliche Information, durch Überzeugungsarbeit und durch das Aufgreifen ihrer kritischen Anmerkungen in die Verfahrensentwicklung von dem Vorhaben zu überzeugen. Gleichzeitig stellt die Arbeit mit den Skeptiker sicher, dass das PPP-Verfahren in einer für die Organisation passenden und angemessenen Art und Weise entwickelt wird und nicht etwa Lehrbuch-Verfahren den Einzug in die Organisation finden. Für die Bremser gilt es, alternative Bedingungen und neue Perspektiven zu entwickeln, damit sie das neue Verfahren auch mit tragen können und unterstützen.

Letztlich ist folgende Erkenntnis zu berücksichtigen: *"Das Maß der Akzeptanz der Mitarbeiter entscheidet letztlich über den Erfolg des Einführungsprojektes."* (MOHR, 1998). Denn die Mitarbeiter sind es, die ihr Verhalten umstellen müssen.

Für die unterschiedlichen Managementverfahren des Projekt-, Portfolio- und Programmmanagements sollen nun die zu beteiligenden Personengruppen aufgeführt werden:

Die Beteiligten bei der Einführung von Projektmanagement-Verfahren sind:

- Top-Management
- Führungskräfte aus der Linie
- Projektleiter/Projektmanager
- Mitarbeiter in Projektmanagement, z. B. Mitarbeiter im Project-Office
- Vertreter aus dem Bereich der Projektmitarbeiter
- Mitarbeiter aus der Personalabteilung
- Vertreter Personal- oder Betriebsräte
- Mitarbeiter aus dem Controlling und des Rechnungswesens
- Mitarbeiter aus dem Qualitätsmanagement

Die Beteiligten bei der Einführung von Portfoliomanagement-Verfahren sind:

- Top-Management
- Führungskräfte aus der Linie
- Projektleiter/Projektmanager
- Mitarbeiter in Projektmanagement, z. B. Mitarbeiter im Project-Office
- Mitarbeiter aus dem Controlling und des Rechnungswesens
- Mitarbeiter aus dem Qualitätsmanagement

Die Beteiligten bei der Einführung von Programmmanagement-Verfahren sind:

- Top-Management
- Führungskräfte aus der Linie
- Programmmanager
- Mitarbeiter in Programmmanagement, z. B. Mitarbeiter im Programm-Office
- Vertreter aus dem Bereich der Projektleiter/Projektmanager
- Mitarbeiter aus dem Controlling und des Rechnungswesens
- Mitarbeiter aus dem Qualitätsmanagement

**∑ Fazit** Die Einbindung der Betroffenen und die Maßgabe „Betroffene zu Beteiligten machen" bilden einen zentralen Erfolgsfaktor eines PPP-Einführungsprojekts. Bei der Auswahl der Beteiligten ist mit Bedacht vorzugehen. Hier gilt es, die unterschiedlichen Beweggründe der Beteiligten zu ergründen und abzuwägen. Es gilt, die Promotoren zu identifizieren und in das Projekt einzubinden. Die Einwände der Skeptiker müssen aufgegriffen werden und in die Verfahrensentwicklung einfließen. Für Bremser gilt es, wenn möglich, Alternativen aufzuzeigen. Schlussendlich ist es wesentlich, aus allen von der Einführung betroffenen Arbeitsbereichen geeignete Ansprechpartner aufzufinden.

## 4 Prozessmodell zur Einführung von Projekt-, Portfolio- und Programmmanagement

Für das Management von Veränderungsprojekten wurden in der Vergangenheit zahlreiche Methoden und Instrumente, aber auch Vorgehensmodelle entwickelt (vgl. BAUMGARTNER et al., 1998; DOPPLER, 2002/2005; KÖNIGSWIESER, 2006 & NIEDEREICHHOLZ, 2000). Auch speziell zur Frage der Projektmanagement-Einführung existieren zahlreiche Arbeiten (vgl. FRIESS, 1999; FRICK, 2001; PATZAK & RATTAY, 2004 & SCHELLE, 2007).

Das hier vorgestellte Modell stellt ein systematisches Vorgehen dar, das auf einer Vielzahl von Modellen aufbaut und das die Aufgaben des Veränderungsmanagements mit den Aufgaben der Einbindung fachlicher Expertise zum Projektmanagement kombiniert.

Es werden sieben Phasen unterschieden, die zum Teil parallel bearbeitet werden (Abbildung 3.04-7.).

Abbildung 3.04-7: Idealtypischer Projektverlauf Entwicklung und Einführung von PPP

## 4.1 Projektinitialisierung und Auftragsklärung

Zu Beginn des PPP-Einführungsprojekts geht es darum, die Hintergründe und die Motivation zum geplanten Vorhaben zu ergründen: Weshalb wird das Vorhaben jetzt gestartet? Liegen z. B. externe Zwänge vor? Wer war der Initiator des Vorhabens? Wer ist Auftraggeber? Des Weiteren gilt es, wesentliche Erfolgsfaktoren zu prüfen. Steht das Top-Management hinter dem Vorhaben? Besteht die Möglichkeit zur offenen Kommunikation zum Vorhaben? Welche Möglichkeiten zur Einbindung der Mitarbeiter bestehen?

Ebenso ist eine Abgrenzung vorzunehmen. Auf welche Organisationsbereiche soll sich das PPP-Einführungsprojekt beziehen? Welche handelnden Personen können identifiziert werden? Wer ist in welcher Form einzubinden? Welche Organisationseinheiten und Umfeldgruppen sind beteiligt oder betroffen? Alle „bewegenden" Kräfte sollten einbezogen werden – sowohl diejenigen, die dem Vorhaben positiv und engagiert gegenüberstehen, als auch solche mit einer eher skeptischen oder ablehnenden Sichtweise (Promotoren, Skeptiker, Bremser, Widerständler). Die Motivation der Beteiligten und auch die der betroffenen Organisationseinheiten und Personen sind zu hinterfragen. Hieraus werden Maßnahmen zur Einbindung und Beteiligung bei der Verfahrensfestlegung abgeleitet.

Aus einer Betrachtung des internen und externen Projektumfeldes kann eine Kerngruppe zusammengestellt werden, die das PPP-Projekt weiter entwickelt. Aus diesem Kreis ist dann auch die Projektleitung zu bestellen. Ist die Kerngruppe zusammengestellt und die Projektleitung definiert, sind die Voraussetzungen dafür geschaffen, dass im Team eine normale Projektdefinition und Projektplanung durchführt werden können.

**Phase 1: Projektinitialisierung und Auftragsklärung – zusammengefasst**

- Hintergründe und Motivation klären
- Erfolgsfaktoren prüfen und Erfolgsbestimmung zur aktuellen Projektsituation
- Systemabgrenzung vornehmen und beteiligte Organisationsbereiche bestimmen
- Beteiligte und Betroffene ermitteln und Projektorganisation definieren
- Motivation der Beteiligten und Betroffenen prüfen
- Berufen der internen Projektleitung
- Festlegungen zu den Mitgliedern des Kernteams und der Projektorganisation des Einführungsprojekts
- Externe Unterstützung festlegen (vgl. Kapitel 2.10 Beratung)
- Projektplanung, Zielplanung durchführen
- Projektziele festlegen

## 4.2 Kritische Bestandsaufnahme und Standortbestimmung

In jeder Organisation bestehen Praktiken zur Projektabwicklung oder auch zur Umsetzung der Unternehmensstrategie mithilfe von Projekten. Diese sind zum Teil sehr nützlich und bereits tragbar und sollten in ein neu zu gestaltendes Verfahren aufgenommen werden. Andere notwendige Erfordernisse sind noch nicht ausreichend ausgeprägt oder fehlen ganz. Daneben sind oft bereits konkrete Maßnahmen zum Projektmanagement durchgeführt worden, wie z. B. die Anschaffung einer Planungssoftware. All diese Dinge gilt es zu ermitteln, um ein vollständiges Bild zum aktuellen Stand des PPP zu erhalten.

Da Veränderungsvorhaben die gesamte Organisation betreffen, kann es sich insbesondere bei großen Organisationen lohnen, die Perspektive einer großen Anzahl von Führungskräften und auch Mitarbeitern bei der kritischen Bestandsaufnahme aufzugreifen.

Eine hohe Beteiligung ermöglichen z. B. Befragungen oder Großgruppenveranstaltungen in Form einer Open-Space-Konferenz oder von Zukunftswerkstätten (vgl. Kapitel 3.04 Abschnitt Vertiefungswissen).

Für die kritische Bestandsaufnahme eignen sich weiter Methoden und Techniken aus dem Veränderungsmanagement, wie z. B. Interviewtechniken, besonders konzipierte Workshops, schriftliche Mitarbeiter- oder Führungskräftebefragungen oder das Instrument der Selbstbewertung (vgl. Kapitel 3.04 Abschnitt Vertiefungswissen). Zur Ermittlung des Standes zum PPP eigenen sich zudem erprobte Instrumente, wie z. B. das Reifegradmodell IPMA DELTA, das Project Excellence Model oder die neue DIN 69901 (vgl. Einleitung bzw. Kapitel 1.05 Qualität). Als Ergebnis dieser Untersuchungen erhalten wir ein detailliertes Stärken-/Schwächenprofil der Organisation.

Im Anschluss daran gilt es, die Ergebnisse der kritischen Bestandsaufnahme auszuwerten und daraus Schlussfolgerungen zu ziehen. Die Auswertung und Vorbereitung der Bewertung erfolgen zunächst im Kernteam. Die Bewertung der Ergebnisse und das Ableiten von Maßnahmen erfolgt in einem ersten Schritt idealer Weise in Zusammenarbeit mit den eingebundenen und betroffenen Organisationsbereichen. In einem weiteren Schritt erfolgen die Bewertung und das Ableiten von Maßnahmen durch das Top-Management der Organisation bzw. durch die beauftragende Organisationseinheit. Eine Detaillierung und Präzisierung der Projektdefinition und der Zielbestimmung des Projektes schließen sich an.

**Phase 2: Kritische Bestandsaufnahme und Standortbestimmung – zusammengefasst**

- Auswahl eines geeigneten Instruments zur Bestandsaufnahme (vgl. Kapitel 3.04 Abschnitt Vertiefungswissen)
- Mitarbeiterentbindung bei der Bestandsaufnahme klären
- Kritische Bestandsaufnahme (Ist-Analyse) durchführen
- Auswertung der Ist-Analyse und der Stärken-/Schwächenbestimmung
- Ableiten von Maßnahmen zur PPP-Verfahrensentwicklung
- Ableiten von Maßnahmen zur Qualifizierung der eingebundenen Mitarbeiter im PPP-Projekt
- Ableitung von Maßnahmen mit besonderem Aufwand, z. B. Auswahl und Einführung von PPP-Software und deren Anbindung an ERP-Systeme, die als Teilprojekt besonders zu behandeln sind
- Detaillierung und Präzisierung der Projektdefinition und der Zielbestimmung des Projekts

## 4.3 Externe Orientierung und Qualifizierung

Bei Projekten zur Entwicklung und Einführung des PPP ist es unumgänglich, dass sich die in das Projekt eingebundenen Personen mit dem „State of the Art" des PPP, wie es heute praktiziert werden kann, befassen. Ebenso ist es ratsam, sich mit den Erfahrungen anderer branchennaher Unternehmen zu befassen.

Die Stärken-/Schwächenanalyse zeigt den aktuellen Status der Organisation zum PPP klar auf. Hieran orientiert, können nun die für die Organisation wichtigen Inhalte für das Beschaffen von externem Wissen (externe Orientierung) abgeleitet werden. So wird es z. B. möglich, eine speziell auf die Organisation ausgerichtete Qualifizierung zu konzipieren. Die Einbindung der Personalentwicklung ist hier ratsam. Die Projektmanager erhalten z. B. eine grundlegende Ausbildung nach dem 4LQ-System der IPMA (vgl. Kapitel 3.08 Personalmanagement). Für andere am PPP-Verfahren beteiligte Personen, z. B. den Portfoliomanager, können besonders konzipierte Seminare und ein Coaching entworfen werden. Ebenso können zu weiteren spezifischen Themenstellungen des Projekts, wie z. B. zur Auswahl und Einführung von PPP-Software, die erforderlichen Qualifizierungen und die externe Unterstützung festgelegt werden. Auch Fragen der Auswahl eines Standard-PM-Verfahrens können nun beantwortet werden.

**Phase 3: Externe Orientierung und Qualifizierung – zusammengefasst**

- Einbindung der Personalentwicklung
- Festlegen der Inhalte der PPP-Qualifizierung für spezifische Zielgruppe
- Schulung des Kernteams zu PPP
- Planen und Durchführen der Qualifizierung für die in die Verfahrensentwicklung eingebundenen Personen
- Klärung und Beschaffung zur externen Unterstützung von Beratungs- und Qualifizierungsleistungen, z. B. durch das 4LQ- und 4LC-System (vgl. Personalmanagement).

## 4.4 Soll-Konzeption sowie Maßnahmen und Zielbestimmung

Durch die bis hierher erfolgten Schritte wird es möglich, dass das für die PPP-Einführung verantwortliche Team zusammen mit den eingebundenen Mitarbeitern und Führungskräften und ggf. extern unterstützt die Erarbeitung und Festlegung eines auf die Belange der jeweiligen Organisation hin ausgerichteten PPP-Verfahrens vornimmt. Wichtig hierbei ist, dass die eingebundenen Mitarbeiter und Führungskräfte nun aus ihrer eigenen Einschätzung heraus und mit Blick auf ihre tatsächliche Praxis das schlussendliche Konzept für das PPP-Verfahren festlegen. Ein PPP-Konzept von der Stange oder aus dem Lehrbuch gibt es nicht. Es sollte in jedem Fall ein auf die Organisation hin abgestimmtes Verfahren entwickelt werden.

**Phase 4: Soll-Konzeption sowie Maßnahmen und Zielbestimmung – zusammengefasst**

- Festlegungen zum PPP-Ablauf und den erforderlichen PPP-Prozessen
- Festlegungen zu den erforderlichen PPP-Methoden
- Festlegungen zum PPP-Berichtswesen
- Festlegungen zur PPP-Software-Unterstützung
- Erarbeitung der Art der Projektorganisation für die PPP-Lösung und der Spielregeln für die Zusammenarbeit zwischen Projekt, Linie und Portfoliomanagement
- Festlegungen zur Einbindung des PPP in die Unternehmensorganisation und das Portfoliomanagement
- Festlegungen zum Mehrprojekt- und Ressourcenmanagement
- Festlegungen zur Einführungsplanung
- Schlussendliche Festlegung der Projektdefinition und Projektplanung für die Implementierungsphase

## 4.5 Schrittweise Entwicklung und Implementierung

Die Projektmanagement-Implementierung verfolgt das Ziel, das PPP-Verfahren durch die in das Projekt eingebundenen Personen im Detail erarbeiten zu lassen. In welcher Form soll z. B. das Risikomanagement im Detail durchgeführt werden? Welche Kriterien der Unternehmensstrategie sollen beim Portfoliomanagement konkret herangezogen werden, um die Projektauswahl und Ressourcensteuerung zu gewährleisten? Durch diese Fragen wird deutlich, dass es bei der konkreten Anwendung der Methoden des PPP immer um individuell auf die Organisation hin angepasste Verfahren geht. Und gilt es, diese nun in der Implementierungsphase schrittweise zu entwickeln und festzulegen. Dies geschieht durch die in das Projekt eingebundenen Personen. Das sind natürlich die im Kernteam eingebundenen Mitarbeiter und ggf. auch Mitarbeiter extern unterstützender Organisationen, aber natürlich auch die Mitarbeiter aus dem Kreise der betroffenen Organisationseinheiten, die wir zu Beginn des Projekts identifiziert haben. Sobald Festlegungen zur Methodenanwendung vorliegen und die Hilfsmittel hierfür geschaffen wurden, können die jeweiligen Methoden in eine breitere Anwendung gegeben werden.

Sobald nun in Summe die wesentlichen Inhalte des PPP-Verfahrens festliegen, wird es möglich, ein oder mehrerer Pilotanwendungen zu starten und die Tragfähigkeit und Nützlichkeit des Verfahrens zu testen. Dies sollte in der gesamten Organisation mit entsprechender Aufmerksamkeit verfolgt werden und über ein darauf aufgerichtetes Projektmarketing gewährleistet werden. Zuletzt geht es in dieser Phase darum, die Breitenanwendung zum PPP-Verfahren zu planen und zu starten.

> **!** Als Pilotprojekte eignen sich insbesondere neue Vorhaben von Bedeutung, die allein aus diesem Grund Aufmerksamkeit erzeugen. In keinem Fall sollten bereits in Schieflage befindliche Projekte ausgewählt werden, da hier ein erneutes Aufsetzen im Regelfall wegen der ungünstigen Rahmenbedingungen schwerfällt. Für in Schieflage befindliche Projekte eignet sich eher ein Projektkrisenmanagement, das in ganz anderer Weise gestaltet werden muss und oft ohne externe Unterstützung nicht gelingt.

**Tipp** In der Umsetzungsphase stellt sich insbesondere die Frage nach der Reihenfolge der zu bearbeitenden Themen des PPP. Die Erfahrung zeigt, dass es sich lohnt, zunächst die Methodenthemen zu behandeln und im Anschluss die Themen der Neugestaltung der Arbeitsprozesse. Liegt dies fest und wurde dies schrittweise in Beispielen auch praktisch angewendet, so liegen bereits Erfahrungen vor, die in der Organisation diskutiert werden können und zu einem breiteren Verständnis des PPP beitragen. Erst im Endbereich der Implementierungsphase sollten die Fragen der Projektorganisation, also der Neuverteilung von Handlungsverantwortung und Handlungskompetenzen zwischen Projekt, Linie und Portfoliomanagement behandelt werden. Denn nun sind die Mitglieder des Kernteams, die ins Projekt eingebundenen Organisationseinheiten und auch das Top-Management viel besser in der Lage, eine auf die Organisation abgestimmte und adäquate Festlegung zu treffen. Dies entspricht auch der langhin bekannten Maxime und Erkenntnis der Organisationsentwicklung: zuerst die Ablauforganisation und dann die Aufbauorganisation.

Schlussendlich bedeutet Implementierung, auch dafür zu sorgen, dass die Breitenanwendung des nun entwickelten PPP-Verfahrens ermöglicht wird und praktiziert werden kann. Hierzu zählen Aufgaben der Auswahl und Bereitstellung der erforderlichen Softwareunterstützung und eine darauf ausgerichtete Qualifizierung. Ebenso sind die Mitarbeiter im Hinblick auf das PPP-Verfahren zu qualifizieren. Hier empfiehlt es sich, frühzeitig die Personalverantwortlichen in das Projekt einzubinden.

### Phase 5: Schrittweise Entwicklung und Implementierung – zusammengefasst

- Festlegungen zur Reihenfolge der zu bearbeitenden Themenfelder
- Detailentwicklungen zu den Methoden des PPP-Verfahrens
- Festlegungen zu den Arbeitsprozessen des PPP-Verfahrens
- Auswahl und Einführung von unterstützender Software zu den PPP-Verfahren
- Pilotprojekte auswählen und PPP-Verfahren anwenden
- Kontinuierliche projektbegleitende Überprüfung zu Nutzen und Anwendbarkeit
- Kontinuierliche und projektbegleitende Nutzendarstellung durch Projektmarketing
- Festlegung zur Projektorganisation, also zur Neuverteilung von Handlungsverantwortung und Handlungskompetenzen zwischen Projekt, Linie und Portfoliomanagement
- Festlegungen zum Informationswesen, zur Kommunikation und zum Berichtswesen
- Personalentwicklung für die Breitenanwendung, z. B. nach 4LQ und 4LC (vgl. Kapitel 3.08 Personalmanagement)
- Breitenanwendung planen und initiieren
- Unterstützungsleistungen für die Breitenanwendung festlegen

## 4.6 Evaluation zu Anwendbarkeit und Nutzen

In diesem Schritt werden die bis hierher erbrachten Ergebnisse und gemachten Erfahrungen zum PPP-Verfahren ausgewertet. Die Erfahrungen aus den Pilotanwendungen liegen vor. Ebenso liegen erste Erfahrungen aus der Breitenanwendung vor. Hieraus lassen sich letzte Anpassungen und Verbesserungen für das PPP-Verfahren ableiten. Daneben geht es ebenso darum, das PPP-Einführungsprojekt in der Summe zu evaluieren und die in einer Projektabschlussphase üblichen Aufgaben durchzuführen (vgl. Kapitel 1.20 Projektabschluss). Diese sind z. B. Zielerreichung prüfen, Festlegungen zu Nachprojektphase, Projektlernen in Team und Projektabschluss durchführen.

**Phase 6: Evaluation zu Anwendbarkeit und Nutzen – zusammengefasst**

- Projektevaluation zu Anwendbarkeit und Nutzen
- Projekterfolge prüfen
- Überprüfen der eingangs festgelegten Projektziele
- Ableiten von letzten Veränderungen und Erweiterungen zum PPP-Verfahren
- Projektabschluss und Evaluation durchführen

## 4.7 Stabilisierung und kontinuierliche Weiterentwicklung

Damit das PPP-Verfahren kontinuierlich an sich verändernde Rahmenbedingungen angepasst werden kann, ist es erforderlich, die kontinuierliche Weiterentwicklung des PPP sicherzustellen. Die erforderlichen organisatorischen Verankerungen müssen geschaffen werden, um das PPP in einen Prozess der kontinuierlichen Verbesserung zu überführen, damit es auf Stand gehalten wird. Es sind z. B. Stellen zu schaffen, wie die des Portfoliomanagers, oder es erfolgt die Einrichtung eines Projektmanagement-Office, das typischerweise zusätzlich Unterstützungsfunktionen zum Projektmanagement wahrnimmt. Auch ist es möglich, das Projektmanagement-Verfahren im Qualitätsmanagement des Unternehmens zu verankern.

> **!** In jedem Fall ist sicherzustellen, dass eine verantwortliche Stelle für das PPP-Verfahren benannt wird, die mit ausreichenden Ressourcen zur Weiterentwicklung des Verfahrens ausgestattet wird.

**Tipp** Eine zusätzliche wesentliche Aufgabe zum Ende des Einführungsprozesses ist die Etablierung von Prüfungs- und Unterstützungsaufgaben aus dem Qualitätsmanagement im Hinblick auf die nun neue Frage: *Wie sichern wir die Qualität des Projektmanagements?*

Hierzu bestehen mehrere Möglichkeiten. Dies beginnt bei einfachen, durch Checklisten unterstützten Reviews der Projektmanagementergebnisse und reicht bis zur Etablierung von z. B. regelmäßigen Assessments der strategisch relevanten Projekte auf Basis des IPMA DELTA oder des CMMI (vgl. Kapitel 1.05 Qualität).

**Phase 7: Stabilisierung und kontinuierliche Weiterentwicklung – zusammengefasst**

- Erforderliche organisatorische Verankerungen schaffen, z. B. durch Schaffung neuer Organisationseinheiten, wie ein Projektmanagement-Office, oder durch Überführung des Verfahrens in das Qualitätsmanagement des Unternehmens
- Sicherstellen eines kontinuierlichen Prozesses zur Weiterentwicklung des PPP
- Breitenanwendung des PPP unterstützen, z. B. durch Coaching und durch die Etablierung eines kontinuierlichen Erfahrungsaustausches der Projektmanager
- Geplante und regelmäßige Maßnahmen zur Personalentwicklung

I   Qualitätssicherungsmaßnahmen zur Qualität des Projektmanagements

**∑ Fazit** Die erfolgreiche Einführung eines Projekt-, Portfolio- und/oder Programmmanagements gelingt dann, wenn dies im Rahmen eines systematisch geplanten und gesteuerten Organisationsprojekts durchgeführt wird.

Die Kernpunkte des Vorgehens sind:

1. Auftragsklärung
2. Kritische Bestandsaufnahme
3. Externe Orientierung und Qualifizierung
4. Soll-Konzeptentwicklung
5. Schrittweise Entwicklung und Umsetzung
6. Evaluation und
7. Stabilisierung und kontinuierliche Weiterentwicklung.

Das für die Einführung verantwortliche Team muss neben den erforderlichen Fachkompetenzen ebenso die erforderliche Prozesskompetenz aufweisen, einen Arbeits- und Abstimmungsprozess in der Organisation zu organisieren, der die Eigengestaltung der PPP-Lösung durch die Mitglieder und in Bezug zu den konkreten Aufgaben der Organisation ermöglicht.

## 5   Ergebnistypen und Ergebnisse im PPP Einführungsprozess

Fragt man nach den konkreten Ergebnissen eines Einführungsprojekts zu PPP, so lassen sich eine Vielzahl von Ergebnissen unterscheiden. Diese reichen von der Definition spezifischer Projektmanagement-Methoden über die Definition von Arbeitsabläufen und neuen organisatorischen Festlegungen bis hin zu Fragen hinsichtlich z. B. der Einführung von Software und anderer Unterstützungsformen des Projektmanagements.

Der nachfolgende Abschnitt soll eine Übersicht über die verschiedenen Ergebnistypen geben und beispielhaft einige wesentliche Ergebnisse näher beschreiben. Zudem werden klassische Standardfehler erläutert, die es zu vermeiden gilt.

### 5.1   Welche Ergebnisse sind wesentlich und wann sind sie zu erreichen?

Beispielhaft soll auf zwei Standardfehler hingewiesen werden, die bei der Einführung von PPP im Hinblick auf die Frage: *„Welche Ergebnisse sind wesentlich und wann sind diese zu erreichen?"* oft anzutreffen sind.

#### 5.1.1   Der zu frühe Ruf nach Projektmanagement-Software

Der erste Fehler ist der viel zu frühe Ruf nach Projektmanagement-Software. In manchen Fällen wird sogar angenommen, dass der Einsatz von Projektmanagement-Software an sich zu besseren Ergebnissen im Projektmanagement führen kann und weitere Maßnahmen daher nicht unbedingt erforderlich sein werden. Dies ist in mehrfacher Hinsicht ein Irrtum. Die Frage der Softwareunterstützung stellt sich grundsätzlich erst dann, wenn herausgearbeitet wurde, welcher Projektmanagement-Prozess, welche Informationsflüsse und Berichtswege und welche Methoden und Techniken durch Software unterstützt werden sollen.

Es existieren heute weit über 120 Softwarewerkzeuge, die Projektmanagement-Aufgaben unterstützen können (vgl. Kapitel 1.2.2 IT im Projekt). Neben den gerade aufgeführten Kriterien, wie Projektmanagement-Prozess, Arbeitsabläufe und Methoden, sind bei der Software-Auswahl noch weitere Kriterien zu berücksichtigen. Zum Beispiel spielen die Größe der Projekte und des Unternehmens ebenso eine Rolle wie die Frage des Reifegrades der Organisation (vgl. Vertiefungswissen 3.04).

**Tipp** Die Auswahl von Projektmanagement-Software sollte grundsätzlich erst gegen Ende des Entwicklungs- und Einführungsprojekts erfolgen und frühestens in Schritt 5 des Phasenmodells zur Einführung von PPP in der Implementierungsphase beginnen (vgl. Abschnitt 4, Kapitel 3.04).

### 5.1.2 Die Kritik an Abstimmungs- und Beteiligungsprozessen

Ein weiterer, oft beobachtbarer Fehler ist die Kritik an Abstimmungs- und Beteiligungsprozessen und die daraus zu früh abgeleitete Maßnahme, ohne eine ausreichende Abstimmung und Einbeziehung der betroffenen Mitarbeiter Festlegungen zum PPP zu treffen.

Vorschnell geäußerte Kritiken lauten z. B:

*„Was soll die ganze Analyse? Wie Projektmanagement funktioniert, dass ist doch bekannt!"*

Hierbei wird übersehen, dass das PPP-Verfahren in sehr vielen Punkten auf die konkrete Organisation aufgelegt und angepasst werden muss. Extern eingebrachte Lösungen von der Stange gibt es nicht.

*„Die sitzen mir zu lange herum und reden nur!"*

Hier wird außer Acht gelassen, dass konkret für das zukünftige PPP-Verfahren nutzbare Ergebnisse sich erst in der zweiten Hälfte des Einführungsprojekts einstellen werden, konkret erst dann, wenn ab Schritt 4 des weiter vorn beschriebenen Einführungsprozesses das Soll-Konzept vorliegt.

Diese Kritik ist allerdings dann berechtigt, wenn die Workshops und Abstimmungsprozesse schlecht vorbereitet, organisiert und moderiert werden. Eine professionelle Projektführung und Moderation sind hier natürlich erforderlich.

*„Bei den ganzen Diskussionen kommt mir zu wenig heraus!"*

Dies ist nur scheinbar richtig. Die für das Einführungsprojekt verantwortliche Gruppe muss natürlich dafür Sorge tragen, dass auch über die frühen Ergebnisse, wie z. B. die Ergebnisse der Standortbestimmung aus Schritt 2 des Einführungsprozesses berichtet wird. Eine professionelle Außendarstellung des Projekts und ein darauf ausgerichtetes Projektmarketing sind damit erforderlich.

*„Wieso sind denn Personen eingebunden, die gar nichts von Projektmanagement verstehen?"*

Hier wird außer Acht gelassen, dass es in dem PPP-Einführungsprojekt eben auch darum geht, dass die Personen, die später das Verfahren nutzen müssen, eine zentrale Rolle bei der Ausgestaltung des PPP-Verfahrens übernehmen müssen. Im PPP-Einführungsprojekt werden nicht nur Personen benötigt, die etwas von Projektmanagement verstehen. Es werden auch Personen benötigt, die etwas von den konkreten Aufgaben und Erfordernissen des Unternehmens verstehen. Dadurch wird erreicht, dass beide Kompetenzen und Erfahrungen in das zu schaffende PPP-Verfahren einfließen.

*„Nun läuft das Projekt schon zwei Monate und es ist noch nichts Greifbares dabei herausgekommen!"*

Auch dies ist nur scheinbar richtig, die Lern- und Abstimmungsprozesse in den frühen Phasen des PPP-Einführungsprojekts sind für den Projekterfolg entscheidend, denn diese sind erforderlich, um ab Schritt 4 des PPP-Einführungsprojekts – Soll-Konzept-Entwicklung – ein auf die Organisation ausgerichtetes und damit wirksames PPP-Verfahren zu gestalten.

## 5.2 Ergebnistypen und Ergebnisse – das Projektmanagement-Handbuch

Legen wir das dargestellte breitere Verständnis zu den Ergebnissen eines PPP-Einführungsprojekts zugrunde, so lassen sich zwei Ergebnistypen unterscheiden. Das sind zum einen Ergebnisse, die sich auf die Lern- und Abstimmungsprozesse der eingebundenen Mitarbeiter der Organisation beziehen. Zum anderen sind dies Ergebnisse, die sich z. B. in Leitfäden und Handbüchern zum PPP wiederfinden, die schlussendlich das neue PPP-Verfahren nachvollziehbar und damit handhabbar machen.

### 5.2.1 Ergebnistyp „Lern- und Abstimmungsprozesse"

Die Lern- und Abstimmungsprozesse der in das Einführungsprojekt eingebundenen Mitarbeiter sind für den Erfolg der PPP-Einführung von entscheidender Bedeutung. Sie bilden letztlich die Grundlage für das konkrete PPP-Verfahren und legen dieses fest. Zudem bilden sie das zentrale Rückgrat, wenn es um die Frage geht, ob das neue PPP-Verfahren auch tatsächlich angewendet und durch die Mitarbeiter als nützlich und hilfreich erlebt wird.

Die Ergebnisse der Lern- und Abstimmungsprozesse münden schlussendlich in neue Verabredungen zur Arbeitsweise und Zusammenarbeit. Sie wurden bereits in Abschnitt 4.5 dieses Kapitels ausführlich dargestellt. Hier handelt es sich z. B. um Festlegungen zu den PPP-Prozessen, zu den zu verwendenden Methoden und Hilfsmitteln, Festlegungen zur Projektorganisation und zur Verankerung der PPP-Verfahren im Unternehmen und z. B. um Maßnahmen zur Personalentwicklung oder der Schaffung neuer Organisationseinheitem, wie einem PM-Office (vgl. Abschnitt 4.5, Kapitel 3.04).

### 5.2.2 Projektmanagement-Handbuch

Wichtig für die Nachvollziehbarkeit und Grundlage für die Nutzung des PPP-Verfahrens ist eine geeignete Dokumentation der erarbeiteten PPP-Verfahren. Es ist für die Praxis der Anwendung des PPP wichtig, eine gut dokumentierte Grundlage zur Verfügung zu haben.

Für diese Dokumentation finden sich in der Praxis unterschiedliche Bezeichnungen. In manchen Unternehmen findet sich die Bezeichnung „Projektmanagement-Leitfaden" oder „Verfahrensanweisung zum Projektmanagement". Andere Unternehmen sprechen von einem „Prozessmodell zum Projektmanagement und/oder Portfoliomanagement" oder vom „Unternehmensstandard zum PPP". Breit etabliert hat sich die Bezeichnung „Projektmanagement-Handbuch", auf die nachfolgend näher eingegangen werden soll.

Der Nutzen einer gut strukturierten Dokumentation der entwickelten PPP-Verfahren zeigt sich insbesondere dadurch, dass

I Führungskräfte, Projektmanager und Mitarbeiter auf einen gemeinsamen Standard zurückgreifen,
I eine gemeinsame PPP-Sprache definiert wird,
I vergleichbare PPP-Ergebnisse in den Projekten und in der Portfolio- und/oder Programmsteuerung erreicht werden,
I ein hohes Qualitätsniveau durch geeignete Vorlagen und Hilfsmittel ermöglicht wird,

- eine auf den Standard bezogenes PPP-Qualitätsmanagement aufgebaut werden kann und damit Prüfungen möglich werden,
- die Interpretation von PPP-Ergebnissen vereinfacht wird,
- eine Weiterentwicklung des PPP-Verfahrens möglich wird,
- die Wiederverwendung von PPP-Ergebnissen ermöglicht wird und damit die Nutzung von Erfahrungen möglich wird,
- ein Benchmarking von PPP-Ergebnissen ermöglicht wird,
- und für die Personalentwicklung eine Grundlage zur Verfügung steht.

> **Definition** Der Begriff Projektmanagement-Handbuch wird nach MOTZEL wie folgt definiert (MOTZEL, 2006: 160): *"Zusammenstellung von Regelungen, die innerhalb einer Organisation generell für die Planung und Durchführung von Projekten gelten. Inhalt und Umfang des Projektmanagement-Handbuches sind abhängig von (a) der Branche und Projektart, (b) Anzahl unterschiedlicher Projektarten, (c) Projektorientierung und (d) Projektmanagement-Reifegrad der Organisation oder Organisationseinheit. Das Projektmanagement-Handbuch kann lediglich eine Zusammenstellung von Arbeitsmitteln wie Checklisten, Formularen etc. für bestimmte Projektmanagement-Aufgaben sein, meist ist es jedoch ein umfassender Projektmanagement-Leitfaden oder eine Projektmanagement-Richtlinie, ggf. als Teil des allgemeinen Organisationshandbuches und/oder die Dokumentation eines Projektmanagement-Systems der Organisation".*

Vom Autor wird hinzugefügt, dass das Projektmanagement-Handbuch oft auch als Teil der Qualitätsmanagement-Dokumentation in Form von Prozessbeschreibungen oder Verfahrensanweisungen gefunden wird.

Die Definition von MOTZEL verdeutlicht zweierlei Dinge. Zum einen zeigt sie, dass es „das Projektmanagement-Handbuch" nicht geben kann, da die Anforderungen der jeweiligen Unternehmen sich unterscheiden. Zum anderen bestätigt MOTZEL damit, dass ein Entwicklungs- und Einführungsprojekt zum PPP, wie er durch dieses Kapitel beschrieben wird, erforderlich ist, um eine auf die jeweilige Organisation zugeschnittene und damit wirksame Lösung gefunden wird.

Die Inhalte des Projektmanagement-Handbuches werden über das Entwicklungs- und Einführungsprojekt, beginnend mit der Soll-Konzeptentwicklung, definiert (Abschnitt 4.4 dieses Kapitels) und in der Implementierungsphase konkretisiert (Abschnitt 4.5 dieses Kapitels).

Beispielhaft sollen die Struktur und der Inhalt eines Projektmanagement-Handbuches eines mittelständischen Unternehmens der Automatisierungsindustrie aufgezeigt werden.

| | | |
|---|---|---|
| **1** | **Projektmanagement-Handbuch** | |
| 1.1 | Gültigkeitsbereich | |
| 1.2 | Begriffsdefinition | |
| 1.3 | Abkürzungen | |
| **2** | **Projektdefinition** | |
| 1.1 | Durchführbarkeitsstudie und Stakeholderanalyse | |
| 1.2 | Risikomanagement | |
| 1.3 | Angebotsbearbeitung | |
| 1.4 | Projektdefinition | |
| **3** | **Projektplanung** | |
| 3.1 | Projektziele | |
| 3.2 | Projektorganisation | |
| 3.3 | Projektstartsitzung | |
| 3.4 | Projektphasenplanung | |
| 3.5 | Projektstrukturplanung | |
| 3.6 | Ressourcenplanung | |
| 3.7 | Kostenplanung | |
| 3.8 | Ablauf- und Terminplanung | |
| **4** | **Projektführung** | |
| 4.1 | Standardmeilensteine | |
| 4.2 | Statussitzungen | |
| 4.3 | Besprechungen | |
| 4.4 | Berichtswesen | |
| 4.5 | Änderungsmanagement | |
| 4.6 | Risikoverfolgung | |
| 4.7 | Prognosen und Fortschrittsbewertung | |
| **5** | **Projektabschluss** | |
| 5.1 | Planung der Abnahme | |
| 5.2 | Projektabnahme | |
| 5.3 | Projektabschlussbericht | |
| 5.4 | Nachprojektphase | |
| **6** | **Standard Meilensteinkonzept** | |
| **7** | **Projektreviews** | |
| **Anhänge** | | |
| | Verfahren zur Entwicklung von Projektzielen | |
| | Verfahren zum Risikomanagement | |
| | Aufwandsschätzverfahren | |
| | Verfahren Trendanalysen | |
| **Checklisten** | Projektdefinition | |
| | Projektplanung | |
| | Projektführung | |
| | Projektabschluss | |

Abbildung 3.04-8: Beispiel Projektmanagement-Handbuch
(Quelle: Einführungsprojekte zu PPP des Autors)

Heute werden Projektmanagement-Handbücher nur noch selten in Form eines Handbuches in den Organisationen herausgegeben. Zudem werden ebenso die Verfahren des Portfolio- und Programmmanagements in die Dokumentation mit aufgenommen. Im Zeitalter des Internets finden sich zunehmend Lösungen, welche die Inhalte des Handbuches den Mitarbeitern über das Intranet des Unternehmens zugänglich machen. Auch finden sich heute weniger umfangreiche textuelle Beschreibungen zu den einzelnen Methoden des Projektmanagements in den Handbüchern. Vielmehr sind kurze und prägnante Prozessbeschreibungen zu finden, die, durch Grafiken und eine moderne Menüführung unterstützt, den Zugang zu den relevanten Informationen, wie z. B. Checklisten und Formularen, auf einfache Weise ermöglichen.

Die detaillierten Kenntnisse zu den Methoden des Projekt-, Portfolio- und Programmmanagements und zu der unternehmensspezifischen Vorgehensweise werden den Mitarbeitern des Unternehmens dann durch entsprechende, auf das Unternehmen ausgerichtete Qualifizierungsmaßnahmen vermittelt.

### 5.2.3 Projekthandbuch und Projektakte

Das Projektmanagement-Handbuch beschreibt generell, wie in einem Unternehmen Projekte idealtypisch abgewickelt werden sollen. Daneben besteht oft die Notwendigkeit, für ein konkretes Projekt spezifische Regelungen zu treffen und die Dokumentation der konkreten Projektmanagementergebnisse in strukturierter Form abzulegen. Ebenso ist es erforderlich, alle weiteren Projektdokumentationen in geeigneter Form zu verwalten. Hier greifen die Konzepte des Projekthandbuches und der Projektakte.

> **§ Definition** Der Begriff Projekthandbuch wird nach MOTZEL wie folgt definiert (MOTZEL, 2006: 155): *„Zusammenstellung von Informationen und Regelungen, die für die Planung eines bestimmten Projektes gelten sollen. Die Festlegungen und Vereinbarungen für ein konkretes Projekt werden i.d.R. auf der Grundlage des Projektmanagement-Handbuches der Trägerorganisation getroffen. Das Projekthandbuch wird üblicherweise zum Projektstart erstellt und kontinuierlich fortgeschrieben".*

> **§ Definition** Der Begriff Projektakte wird nach MOTZEL wie folgt definiert (MOTZEL, 2006: 147): *„Gesamtheit der in einem Projekt anfallenden bzw. zu einem Projekt gehörenden Dokumente ... Zentralablage ... sämtlicher Projektinformationen und Projektdokumentationen, beispielsweise unter der Verantwortung der Dokumentationsstelle für das Projekt mit geregelten Zugangsberechtigungen für das Projekt".*

Die konkret auf ein Projekt bezogene Art und Weise der Ablage von Projektmanagement-Dokumentationen und Projektdokumentationen unterscheidet sich in der Praxis stark und ist insbesondere von der Komplexität des Projekts und vom Umfang der anfallenden Dokumentationen abhängig.

> **Tipp** Es empfiehlt sich insbesondere, die Dokumentation der Projektmanagement-Ergebnisse von der Dokumentation der Projektergebnisse zu trennen und diese zu unterscheiden. Neben den Projektergebnissen bilden die Projektmanagement-Ergebnisse zentrale Pfeiler für den Projekterfolg. Es empfiehlt sich daher, für die Projektmanagement-Ergebnisse eine eigene Systematik für die Ablage und Aufbereitung dieser wichtigen Informationen zu schaffen. In der Praxis hat sich hier der Begriff des Projekthandbuches etabliert.

**Σ Fazit** Die Ergebnisse des Entwicklungs- und Einführungsprojekts zum PPP bilden zum einen die Ergebnisse der Lern- und Abstimmungsprozesse der in das Einführungsprojekt eingebundenen Personen. Denn hierdurch wird sichergestellt, dass das definierte PPP-Verfahren ein auf die Organisation ausgerichtetes und damit tragfähiges Verfahren darstellt. Zum anderen stellt eine geeignete Dokumentation des PPP-Verfahrens sicher, dass es für die Organisation und deren Mitarbeiter nutzbar wird, ein darauf ausgerichtetes Qualitätsmanagement möglich wird und die Weiterentwicklung des PPP-Verfahrens sichergestellt wird.

## 6 Fragen zur Wiederholung

| | | |
|---|---|---|
| 1 | Was ist der Unterschied zwischen Änderungsmanagement (Change-Management) und Veränderungsmanagement (Management of Change)? | ☐ |
| 2 | Welche Formen von Widerständen treten bei einem Einführungsprojekt zu PPP auf? | ☐ |
| 3 | Welchen Nutzen haben Widerstände und wie können Widerstände konstruktiv für ein Einführungsprojekt zu PPP genutzt werden? | ☐ |
| 4 | Welche Erfolgsfaktoren sind bei einem Projekt zur Einführung von PPP zu beachten? | ☐ |
| 5 | Welche Aufgaben muss das Top-Management bei der Einführung von PPP wahrnehmen? | ☐ |
| 6 | Welche Anforderungen muss das für die Einführung von PPP verantwortliche Projektteam erfüllen? | ☐ |
| 7 | Welche Personen sollten bei der Einführung des PPP mindestens eingebunden werden? | ☐ |
| 8 | In welchen Schritten verläuft der idealtypische Verlauf eines Einführungsprojekts zu PPP? | ☐ |
| 9 | Welche Ergebnisse bringt ein Projekt zur Einführung von PPP hervor? | ☐ |
| 10 | Was ist ein Projektmanagement-Handbuch? | ☐ |
| 11 | Was ist der Unterschied zwischen einem Projektmanagement-Handbuch und einem Projekthandbuch? | ☐ |

# 3.05 Stammorganisation (Permanent Organisation)

Frank Pohl, David Thyssen

## Kontext und Bedeutung

In den meisten Unternehmen regelt die **Stammorganisation** (Aufbau- und Prozessorganisation) dauerhaft die Aufbaustrukturen und Abläufe. Ein gutes Organisationsmanagement ermöglicht, genau wie das Projektmanagement, eine flexible und schnelle Anpassung an die Umwelt. Erfolgreiche Stammorganisationen sind konsequent an den Bedürfnissen ihrer externen und internen Kunden ausgerichtet. Dieser Weg führt zum einen über die bereits dargestellte Projekt-, Programm- und Portfolioorientierung (3.01-3.03). Ebenso wichtig sind zum anderen die dauerhaften Strukturen der Aufbauorganisation und die Gestaltung der Wertschöpfungskette, die Prozessorganisation.

Strategische Initiativen und somit die meisten Projekte sind nur dann erfolgreich, wenn Betroffene und Beteiligte hinter den Veränderungen stehen. Das Veränderungsvorhaben von Anfang an mit den fachlichen und strukturellen Rahmenbedingungen in der Stammorganisation zu synchronisieren, ist somit wesentlich für den Gesamterfolg von Projekten.

Eine zusätzliche Bedeutung erhält die Stammorganisation dadurch, dass Möglichkeiten und Grenzen von Projektmanagementmethoden und -techniken stark von dem Umfeld abhängen, in welchem sie Anwendung finden. Auch die Anforderungen an die persönlichen und sozialen Kompetenzen des Projektmanagers sind, je nach betroffener oder beteiligter Stammorganisation, unterschiedlich.

Projekte haben in den meisten Unternehmen und Organisationen das Ziel, bei komplexen Aufgabenstellungen im Vergleich zu anderen Organisationsformen bessere Ergebnisse in kurzer Zeit zu erreichen. Zielsetzung ist es dabei, **die Prozess-, Ergebnis- und Marktorientierung** einer Stammorganisation zu erhöhen oder das Kerngeschäft eines projektorientierten Unternehmens durchzuführen. Im ersten Fall werden die Prozesse einer Organisation optimiert, im zweiten Fall ist das Projekt selbst der Leistungsprozess (ICB 3, Element 3.05).

Projekte werden entweder innerhalb einer Stammorganisation durchgeführt oder sie nutzen die von der Stammorganisation zur Verfügung gestellten Ressourcen, Produkte und Einrichtungen. Somit stellen Strategie, Struktur, Prozesse und Kultur eines Unternehmens für viele Projekte nicht nur Rahmenbedingungen, sondern auch kritische Erfolgsfaktoren dar.

Im folgenden Beitrag werden die zentralen organisatorischen Zusammenhänge einer auf Dauer ausgerichteten Stammorganisation verdeutlicht. Neben den Aufbaustrukturen und Prozessen muss ein Projektmanager auch die Kultur eines Unternehmens bzw. einer Organisation bei der Planung und Durchführung seiner Vorhaben berücksichtigen. Speziell im Vertiefungswissen wird ein besonderes Augenmerk solchen Projekten gewidmet, die auf eine Veränderung von Prozessen oder Strukturen innerhalb der Stammorganisation abzielen (insbesondere IT- und OE- Projekte).

Inhaltlich orientiert sich der Beitrag an den Prozessschritten der ICB, IPMA Competence Baseline, Version 3.0 in Deutsch. Die Prozessschritte werden sowohl im Grundlagen- als auch im Vertiefungsteil jeweils in einem Kapitel behandelt:

1. Verständnis der Organisationsstruktur, ihrer Ziele und Arbeitsweisen (Kapitel 1)
2. Berücksichtigung der Struktur der betroffenen Interessengruppen, ihrer Ziele und Arbeitsweisen (Kapitel 2)
3. Identifizierung und Entwicklung von Schnittstellen zwischen der Stammorganisation und den projektgebundenen Teilen der Organisation.(Kapitel 3)
4. Ermittlung von Übereinstimmungen und Differenzen.(Kapitel 4)
5. Erwägung der Optionen und ihrer Auswirkungen.(Kapitel 5)
6. Diskussion, Entscheidung, Kommunikation und Umsetzung.(Kapitel 6)
7. Überwachung des Fortschritts, Einführung eines Lernzyklus. (Kapitel 7).

Der Beitrag Stammorganisation richtet sich an Projektmanager aller Kompetenzstufen, die täglich in der Projektarbeit mit betroffenen Aufbaustrukturen und Prozessen einer Stammorganisation konfrontiert sind.

Für eine internationale Zertifizierung vermittelt der Beitrag sowohl Methoden und Techniken als auch praktische Anknüpfungspunkte für den Kompetenznachweis.

## Lernziele

Sie kennen

- die wichtigsten Grundbegriffe der Organisationslehre
- Aufgaben und Funktionen des Projektmanagementbüros als permanente Einrichtung und Schnittstelle

Sie können

- die bestehenden Aufbaustrukturen, Prozesse und die Kultur einer Stammorganisation analysieren und zielgerichtet für das Projektvorgehen berücksichtigen
- Entscheidungen, wie Projektarbeit in die Stammorganisation integriert werden kann, zielgerichtet herbeiführen
- Projekterfahrungen für die Stammorganisation nutzbar machen

Sie beherrschen

- die Methoden eines professionellen Veränderungsmanagements

# Inhalt

| | | |
|---|---|---|
| 1 | Stammorganisation, Unternehmenskultur und Unternehmensstrategie | 1210 |
| 2 | Organisationsmanagement | 1210 |
| 2.1 | Gestaltung der Aufbauorganisation | 1211 |
| 2.1.1 | Stelle | 1211 |
| 2.1.2 | Hierarchie | 1212 |
| 2.1.3 | Gliederungsprinzipien in der Stammorganisation | 1212 |
| 2.1.4 | Cost- oder Profit Center | 1213 |
| 2.1.5 | Analyse der Aufbauorganisation | 1214 |
| 2.2 | Prozessorganisation | 1215 |
| 3 | Projektmanagementbüro | 1216 |
| 3.1 | Aufgaben und Funktionen | 1217 |
| 3.2 | Organisatorische Einordnung | 1217 |
| 4 | Unternehmenskultur | 1218 |
| 4.1 | Arten von Unternehmenskultur | 1219 |
| 4.2 | Funktionen von Unternehmenskultur | 1219 |
| 5 | Veränderung der Stammorganisation | 1220 |
| 5.1 | Veränderungsmanagement | 1220 |
| 5.2 | Veränderungsenergie | 1220 |
| 6 | Entscheidung und Umsetzung | 1221 |
| 6.1 | Restriktion oder Rahmenbedingung? | 1222 |
| 6.2 | Ziel oder Lösung? | 1222 |
| 6.3 | Abgrenzung des Projekts von der Stammorganisation | 1222 |
| 7 | Lernende Organisation | 1223 |
| 7.1 | Lessons Learned | 1224 |
| 7.2 | Einführung eines Lernzyklus | 1224 |
| 8 | Zusammenfassung | 1224 |
| 9 | Fragen zur Wiederholung | 1225 |

# 1 Stammorganisation, Unternehmenskultur und Unternehmensstrategie

**1. Prozessschritt: Verständnis der Organisationsstruktur, ihrer Ziele und Arbeitsweisen.**

Möglichkeiten und Grenzen von Projektmanagementmethoden und -techniken hängen stark von dem Umfeld ab, in welchem sie Anwendung finden. In vielen Unternehmen werden strategische Ziele durch Projekte realisiert. Somit sind die Strategie, die bestehenden Strukturen und die Kultur in einer Organisation für den Projektmanager wichtige Rahmenbedingungen. Der Erfolg von bestehenden organisatorischen Lösungen in einem Unternehmen hängt davon ab, ob und in wie weit die Organisation ihre Ressourcen im Wettbewerbsumfeld nutzt (vgl. KRÜGER, 1997). Für eine Stammorganisation gibt es kein allgemeingültiges Konzept, das Erfolg garantiert. Bei der Untersuchung der Eignung von Strukturen und Prozessen sind folgende Bereiche in ihrem Wechselspiel zu berücksichtigen (vgl. SCHMIDT, 2006):

Die **Strategie** eines Unternehmens beschreibt die Gesamtheit aller Entscheidungen über wichtige Erfolgsfaktoren einer Unternehmung. Dies betrifft die Produkte, Märkte, Ziele, Marktanteile, Produktionsstandorte, Image usw. (zu den Auswirkungen einer unklaren Strategie vgl. Element 1.03, Kapitel 2.1)

Eine **Unternehmenskultur** entsteht aus gemeinsam gelebten Werten, Normen und Denkhaltungen, die das Verhalten der Mitarbeiter auf allen Stufen einer Hierarchie prägen. Ausführlichere Anhaltspunkte enthält das Kapitel 4 dieses Beitrags.

> **§ Definition Stammorganisation:** Als Stammorganisation werden die ständigen, projektunabhängigen Organisationsstrukturen und somit die Summe aller dauerhaft wirksamen Regelungen des Aufbaus und der Prozesse in einem Unternehmen bezeichnet (vgl. MOTZEL, 2006 & SCHMIDT, 2006).

Genau wie Projekte müssen die dauerhaften Strukturen und Prozesse dazu beitragen, strategische Ziele zu erreichen, und gleichzeitig in die aktuelle oder angestrebte Unternehmenskultur und Strategie hineinpassen.

Aufbaustrukturen und Prozesse können in der Praxis nicht unabhängig voneinander analysiert oder verändert werden, sie bedingen sich gegenseitig. Zum besseren Verständnis von Prozessen und Strukturen und zur nachhaltigen Integration in den Projektablauf durch das Projektmanagement werden die beiden Konstrukte im nächsten Kapitel losgelöst voneinander beschrieben.

# 2 Organisationsmanagement

**2. Prozessschritt: Berücksichtigung der Struktur der betroffenen Interessengruppen, ihrer Ziele und Arbeitsweisen.**

>  Insbesondere Projekte, welche **innerhalb** eines Unternehmens durchgeführt werden, haben häufig die Änderung, Verbesserung oder die Optimierung von Abläufen oder Strukturen als Inhalt. Ziel ist es hierbei, Kosten zu senken oder Erträge zu erhöhen. Daher ist es für das Projektmanagement unumgänglich, die grundlegenden Methoden der Aufbau- und Prozessorganisation zu kennen (Element 3.01, Basisteil 4.2.1).

## 2.1 Gestaltung der Aufbauorganisation

Zweck der Aufbauorganisation ist es, eine sinnvolle arbeitsteilige Gliederung und Ordnung als Basis der Arbeitsabläufe zu erreichen. Die Aufbauorganisation eines Unternehmens besteht aus organisatorischen Einheiten, wie Stellen oder Abteilungen, und der Festlegung ihrer Unter- und Überordnungen in Form einer Hierarchie. Das Organigramm und andere Organisationsschaubilder beschreiben neben den Über- und Unterstellungen auch die Informationsflüsse und Weisungsbefugnisse in der Stammorganisation. Die äußere Form wird durch die Leitungsspannen, die Leitungstiefe und durch das Grundmodell des Leitungssystems (Ein- oder Mehrliniensystem) bestimmt (vgl. Schmidt, 2006).

### 2.1.1 Stelle

>  **Definition** „Stellen sind Zusammenfassungen von Aufgaben, die quantitativ und qualitativ von einer gedachten oder von einer konkreten Person bewältigt werden können." (Schmidt, 2006: 57)

Ähnlich einer Verantwortung für ein Arbeitspaket in einem Projekt werden bei der auf Dauer eingerichteten Stellenbildung Einzel- und Teilaufgaben zusammengefasst. Die verantwortliche Person muss die Aufgaben mengenmäßig und inhaltlich bewältigen können. Voraussetzung hierfür ist, dass sich die Stellenbildung an der **quantitativen und qualitativen Kapazität** eines Mitarbeiters ausrichtet.

Die Anforderungen an das Management bei der Stellenbildung sind vielfältig: Es muss beispielsweise sichergestellt sein, dass die vorhandenen Potentiale der Organisation optimal genutzt werden. Dabei sollten weder Unter- oder Überlastung, Doppelarbeit noch unnötiger Koordinationsaufwand entstehen.

> **!** Ein wichtiges Ziel bei der Gestaltung von Stellen ist die höchstmögliche Übereinstimmung von Aufgaben, Kompetenz und Verantwortung! (AKV Prinzip) (vgl. Schmidt, 2006)

Natürlich bestehen zwischen Aufgabe, Kompetenz und Verantwortung enge wechselseitige Beziehungen. Bei der Definition einer Stelle ist daher bei der Zuordnung einer Aufgabe zu entscheiden, mit welchen Handlungsrechten und mit welcher inhaltlichen Rechenschaftspflicht der Stelleninhaber auszustatten ist.

Zusätzlich stellt sich die Frage, wie gleichartige, wiederkehrende Aufgaben bearbeitet werden. Sind die gleichartigen Aufgaben bei einer Stelle oder Abteilung zusammengefasst, spricht man von Zentralisation. Von Dezentralisation spricht man, wenn es keine zentrale Zuständigkeit gibt und gleichartige Aufgaben auf eine größere Zahl von Stellen verteilt sind.

## 2.1.2 Hierarchie

Durch die Hierarchie in einer Stammorganisation wird jeweils die Zahl der Mitarbeiter, die einem Vorgesetzten direkt unterstellt sind, beschrieben. Grundsätzlich kann dabei zur Erreichung einer optimalen Führungspanne zwischen flachen bzw. breiten und schmalen bzw. tiefen Hierarchien unterschieden werden.

**Flache Leitungssysteme mit breiter Spanne** zeichnen sich durch kurze Informationswege und eine größere Flexibilität aus. Untere Ebenen verfügen meist aufgrund ihrer Nähe zum Kunden über eine angemessene Autonomie. Das Controlling und die Führung erfolgen über wenige „Filterstellen".

**Tiefe Hierarchien mit schmaler Spanne** lassen sich oft besser hinsichtlich gemeinsamer Ziele koordinieren. Die vorgesetzte Stelle hat in der Regel mehr Zeit für den einzelnen Mitarbeiter, was erleichterte Kontrollen ermöglicht (vgl. SCHMIDT, 2006).

## 2.1.3 Gliederungsprinzipien in der Stammorganisation

Zunächst können Weisungsbeziehungen grundsätzlich in der Form von Einfachunterstellung (Einliniensystem) oder in der Form von Mehrfachunterstellung der Stellen (Mehrliniensystem) gestaltet werden:

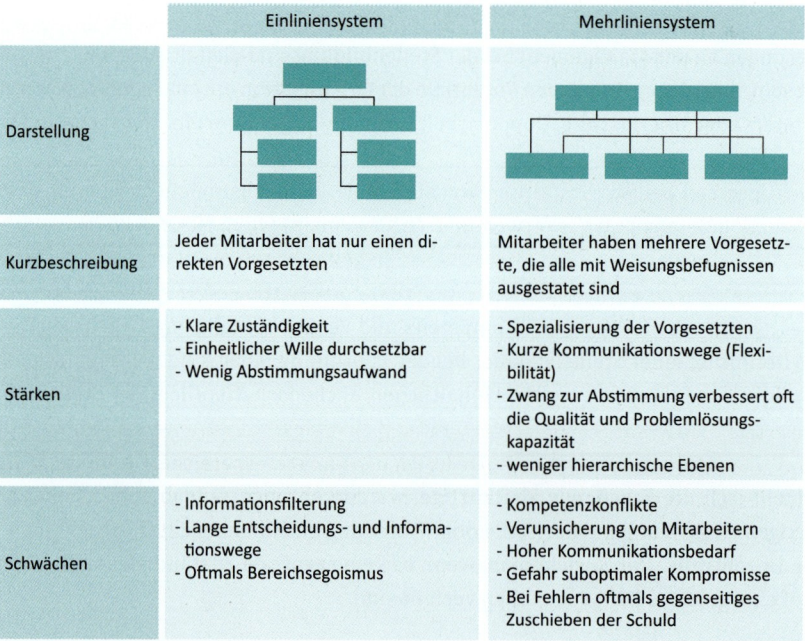

Abbildung 3.05-1: Gliederungsprinzipien einer Stammorganisation (in Anlehnung an SCHMIDT, 2006)

In Literatur und Praxis wird darüber hinaus der Begriff „Stab-Linien-System" verwendet. Er bezeichnet ein Einliniensystem, das um Stabsstellen ergänzt ist.

Je nachdem, wie in einer Stammorganisation vorrangig gegliedert wird, kann sich in einem Einliniensystem eine Linienorganisation verrichtungs- oder objektorientiert aufstellen:

💡 **Tipp** Verrichtungsorientierung führt zur funktionalen Organisation. Mögliche Funktionen sind Buchhaltung, Controlling, IT, Marketing, Personal und Vertrieb.

Objektorientierung führt zu einer divisionalen Organisation. Mögliche Objekte sind Produkte, Kunden oder Märkte/Regionen.

In der Praxis finden sich fast ausschließlich Mischformen, die durch die Anwendung unterschiedlicher Gliederungskriterien entstehen.

Modelle von Linienorganisationen auf Basis des Mehrliniensystems sind die Matrix- und Tensor- Organisation. Bei der Matrix-Organisation überlagern sich zwei unterschiedliche Gliederungsprinzipien (z. B. Verrichtung und Produkt oder Produkt und Kunde), bei der Tensor- Organisation drei oder mehr Gliederungskriterien (z. B. Kunde und Produkt und Verrichtung oder Kunde und Produkt und Projekt). Beiden Sonderfällen gemeinsam ist die Idee der gleichmäßigen Kompetenzverteilung im Sinne gleichberechtigter Partner.

Tabelle 3.05-1: Stärken und Schwächen der Matrix Organisation (in Anlehnung an SCHMIDT, 2006)

| Matrix/Tensor- Organisation | |
|---|---|
| Stärken | Schwächen |
| I Komplexen Strategien entsprechende Struktur<br>I Struktur sehr anpassungsfähig: wesentliche Änderungen können vorgenommen werden, ohne die Gesamtstruktur in Frage zu stellen<br>I Hohe Identifikation/Motivation der gleichberechtigten Ebenen<br>I Spezialisierung nach Verrichtungen gleichzeitig mit hoher Marktnähe und Flexibilität der zentralisierten Objekte/Projekte<br>I Ggf. Einsparung einer Hierarchieebene<br>I Kurze Kommunikationswege<br>I Zwang zur Abstimmung verbessert Qualität und gleicht Bereichsegoismen aus | I Reibungsverluste, langsames Reagieren bis zur Beschlussunfähigkeit, doppelte Berichtswege<br>I Kompetenzkonflikte<br>I Hoher Kommunikations- und Koordinationsbedarf<br>I Hohe Anforderung an Mitarbeiter und Führungskräfte<br>I Verunsicherung von Mitarbeitern<br>I Schwer durchschaubare Führungsbeziehungen; bei Pannen gegenseitiges Zuschieben der Schuld<br>I Übergewicht interner Kommunikation und Vernachlässigung des externen Marktbezugs<br>I Widerstand alter Bereichsleiter wegen Machtverlust (bei Umstellung) |

Mehrdimensionale Organisationsformen tragen den komplexen und unterschiedlichen Anforderungen Rechnung, die an ein Unternehmen hinsichtlich der Funktionsbereiche, Produkte, Märkte, Kunden oder Projekte gestellt werden. Jedes für das Unternehmen herausragend wichtige Merkmal erhält eine gleichberechtigte Gliederung in der Aufbauorganisation. (vgl. SCHMIDT, 2006).

### 2.1.4 Cost- oder Profit Center

Unabhängig davon, ob eine Linienorganisation ein- oder mehrdimensional gegliedert ist, können Abteilungen oder Bereiche als Cost- oder Profit-Center organisatorisch verankert werden. Dieses Konzept basiert auf finanziellen Steuerungs- und Motivationsprinzipien und wird in der Regel auf weitgehend autonome, häufig produktorientierte Organisationseinheiten angewendet. Beim Cost- Center erfolgt die Steuerung über ein vorgegebenes Kostenbudget, das eingehalten werden muss. Der Leiter eines Profit-Centers ist dagegen für den in seiner Einheit erwirtschafteten Gewinn verantwortlich.

Tabelle 3.05-2: Stärken und Schwächen von Cost- und Profit- Centern (in Anlehnung an SCHMIDT, 2006)

| Cost- und Profit-Center-Konzepte | |
|---|---|
| Stärken | Schwächen |
| l Entlastung der oberen Führung von Planungsaufgaben<br>l Förderung von Ertrags- und Kostenbewusstsein<br>l Förderung von unternehmerischem Denken und Eigeninitiative<br>l Zielgerichteter Einsatz finanzieller Mittel. | l Schwierige Ermittlung richtiger Verrechnungsmodelle<br>l Gefahr der Ausrichtung auf kurzfristige Erfolge und Vernachlässigung langfristiger Ziele/Orientierung<br>l Nicht-finanzielle Erfolge, wie z. B. Personalentwicklung, Imageverbesserung werden nicht angemessen berücksichtigt<br>l Gefahr realer Verluste durch Konkurrenzverhalten der Einheiten untereinander. |

### 2.1.5 Analyse der Aufbauorganisation

Zur Ermittlung von Stärken und Schwächen der Aufbauorganisation oder organisatorischer Lösungsalternativen im Rahmen eines Projekts soll folgende Checkliste fungieren:

Tabelle 3.05-3: Check der Aufbauorganisation (in Anlehnung an SCHMIDT, 2006)

| Prüffragenkatalog zur Aufbauorganisation | |
|---|---|
| Spezialisierung | Fördert die aktuelle Spezialisierung der Stellen die Qualität der Ergebnisse? |
| Vollständigkeit | Sind alle notwendigen Aufgaben entsprechenden Stellen zugeordnet? |
| Beherrschbarkeit | Sind aktuelle, aber auch künftige Aufgaben bezüglich Anforderungen und Schwierigkeit beherrschbar? |
| Priorisierung | Berücksichtigt die aktuelle Aufbauorganisation, dass wichtige und dringende Aufgaben entsprechend priorisiert zu bearbeiten sind? |
| Schnelligkeit | Wird eine einfache und schnelle Bearbeitung von Aufgaben unterstützt? |
| Unternehmerisches Handeln | Ermöglichen die Aufgaben ein selbstständiges Arbeiten? Sind erforderliche Befugnisse zugeteilt? Wirkt die Selbstständigkeit positiv auf die Motivation der Mitarbeiter? |
| Auslastung | Stelle: Ist eine gleichmäßige Auslastung gegeben?<br>Abteilung: Ist eine flexible Reaktion auf Kapazitätsschwankungen möglich? |
| Abhängigkeit | Ist bei Ausfall einzelner Mitarbeiter mit negativen Konsequenzen zu rechnen? |
| Identifikation | Fördert die Aufbauorganisation im Rahmen der eigenen Tätigkeit die Identifikation mit dem Unternehmen, Kunden und Produkten? |
| Entwicklung | Bestehen für qualifizierte Mitarbeiter Aufstiegs- bzw. Entwicklungsmöglichkeiten? Reichen in diesem Sinn die Hierarchie- bzw. Statusebenen aus? |
| Besetzbarkeit | Kann die Stammorganisation mit verfügbaren Mitarbeitern besetzt werden? Können Mitarbeiter für die Stelle qualifiziert werden? Wie ist die Lage am Arbeitsmarkt? |
| Koordinationsbedarf | Sind die Vorgesetzten in der Lage, die Mitarbeiter zu koordinieren? Wie schwierig ist die Koordination der Mitarbeiter und der Abteilungen durch ihre Vorgesetzten? Besteht die Gefahr zum Bereichsegoismus? |
| Flexibilität | Sind schnelle und fundierte Entscheidungen möglich? Kann auf Änderungen des Umfelds schnell reagiert werden? |

| | |
|---|---|
| Transparenz | Ist die Aufbauorganisation für Kunden und sonstige Externe durchsichtig? Gibt es eindeutige Ansprechpartner für interne und externe Kunden? Ist die Aufbauorganisation für Mitarbeiter transparent? Fördert sie das Verständnis für innerbetriebliche Zusammenhänge? |
| Hierarchische Einordnung | Ist die Stelle ihrer Bedeutung entsprechend hierarchisch richtig zugeordnet? |
| Entlastung | Werden wichtige Funktionsträger sinnvoll durch Experten, Gremien, und Stäbe entlastet? |
| Zukunft | Inwieweit ist die Stammorganisation für künftige Entwicklungen in qualitativer und quantitativer Hinsicht geeignet? |

## 2.2 Prozessorganisation

Jedes Unternehmen realisiert seine Ziele durch spezielle Arbeitweisen. Im betrieblichen Umfeld spricht man bei Abläufen, die wiederkehrend nach dem gleichen Muster bearbeitet werden, von Prozessen:

> **§ Definition** Ein Prozess ist eine Struktur, deren Elemente Aufgaben, Aufgabenträger, Sachmittel und Informationen sind, die durch logische Folgebeziehungen verknüpft sind.
> Darüber hinaus werden in einem Prozess zeitliche, räumliche und mengenmäßige Dimensionen konkretisiert. Ein Prozess hat ein definiertes Startereignis (Input) und ein Ergebnis (Output) und dient dazu, einen Wert für Kunden zu schaffen (vgl. FISCHERMANNS, 2006)

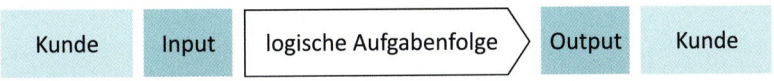

Abbildung 3.05-2: Prozessdefinition (FISCHERMANNS, 2006: 12)

Einige Autoren verwenden auch den Begriff Geschäftsprozess. Andere Publikationen benutzen den Begriff Geschäftsprozess ausschließlich für bereichsübergreifende Prozesse. Eine Stammorganisation umfasst oft über hundert verschiedene Prozesse. Die Summe aller Prozesse bildet die Prozessorganisation. Die folgende Abbildung 3.05-3 stellt die Prozessorganisation innerhalb der Aufbauorganisation modellhaft dar:

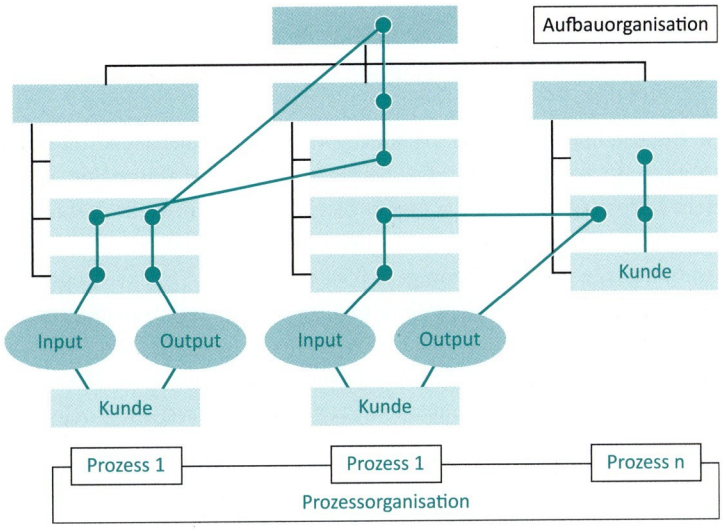

Abbildung 3.05-3: Prozessorganisation (FISCHERMANNS, 2006: 13)

Auch wenn die getrennte Betrachtung von Aufbau- und Ablauf-/Prozessorganisation seit dem Beginn der industriellen Revolution ein Grundthema der organisatorischen Gestaltung ist, wird dem Prozessmanagement seit Mitte der 1990er Jahre erneut hohe Aufmerksamkeit zuteil. Das Konzept des Business Reengineerings (vgl. Hammer & Champy, 1995) fordert beispielsweise die konsequente Ausrichtung einer Aufbauorganisation auf das Prozessdesign.

Abbildung 3.05-3 macht deutlich, dass die Aufbauorganisation bedingt, wie viele Schnittstellen und organisatorische Grenzen bei der Prozessgestaltung zu beachten sind. Insbesondere in einer funktional ausgerichteten Stammorganisation durchlaufen die Geschäftsprozesse häufig eine Vielzahl von organisatorischen Einheiten. Dadurch entsteht der Eindruck, die Aufbauorganisation stehe „quer zu den Prozessen" (Bergmann & Garrecht, 2008: 98). Komplexe Geschäftsprozesse haben häufig mit der Gefahr des Zeit- und/oder Informationsverlustes zu kämpfen. Daher ist die Gestaltung der Schnittstellen ein Schwerpunkt der prozessorientierten Gestaltung von Organisationen. Um nicht jeden einzelnen Arbeitsschritt definieren und modellieren zu müssen, werden daher an den Schnittstellen Ergebnisse festgelegt und Qualitätsvereinbarungen getroffen, deren Erreichung den nächsten Prozessschritt anstößt.

Tabelle 3.05-4: Stärken und Schwächen der Prozessorganisation (in Anlehnung an Fischermanns, 2006)

| Prozessorganisation | |
|---|---|
| Stärken | Schwächen |
| I Hohe Prozesseffizienz | I Geringe Ressourceneffizienz |
| I Optimierung und Minimierung von Schnittstellen | I Entstehen von Doppelarbeiten |
| I Kundenorientierte End- to- End Bearbeitung | I Geringe Nutzung von Spezialisierungseffekten |

Aufbau- und Prozessorganisation können als „zwei Seiten einer Medaille" betrachtet werden. Die prozessorientierte Aufbauorganisation nimmt oftmals die Form einer objektorientierten Aufbauorganisation (Sparten) an, da beide ihre Aufgaben funktionsübergreifend organisieren.

Während die Aufbauorganisation Ausdruck der Spezialisierung ist und damit eine differenzierende Wirkung hat, steht im Fokus der Prozessorganisation eine End- to- End Sichtweise, die eine integrierende Wirkung ausübt. Beides ist in modernen Organisationen gleichberechtigt vorhanden (vgl. Kieser & Walgenbach, 2007; Bergmann & Garrecht, 2008).

## 3 Projektmanagementbüro

**3. Prozessschritt: Identifizierung und Entwicklung von Schnittstellen zwischen der Stammorganisation und den projektgebundenen Teilen der Organisation.**

Projektorientierte Unternehmen verankern das Projektmanagement nachhaltig in ihrer Stammorganisation. Aufbauorganisatorisch geschieht dies häufig in Form einer festen Stelle oder Abteilung, des Projektmanagement Büros (vgl. Dammer & Gemünden, 2006). Somit stellt diese als „Stab" eingegliederte Einheit eine wichtige Schnittstelle zwischen der Stammorganisation und den projektgebundenen Teilen der Organisation dar. Es ist eine „Ständige Einrichtung für das Projekt- Programm- und Portfoliomanagement einer Organisation. Wichtigste Funktion ist es, jederzeit Transparenz über das Portfolio herzustellen und Unterstützung bei der Projektauswahl, Initiierung, Planung, Überwachung und Steuerung der Projekte und Programme zu leisten. Ziel dieser Abteilung ist es, als Zentralstelle den monatlichen Fortschritt sämtlicher Projekte aufzunehmen, Prognosen zu erstellen, Probleme aufzudecken und der Geschäftsführung zu berichten." (Motzel, 2006: 158). Oftmals dient es zudem als „Servicestelle für das Projektmanagement einer Organisation oder Organisationseinheit mit der Aufgabe, Mitarbeiter im Projektmanagement auszubilden, Prozesse zu vereinheitlichen, Standards zu entwickeln und/oder einen Pool von Projektleitern bereitzustellen" (Motzel, 2006: 158).

## 3.1 Aufgaben und Funktionen

Je nach Typ hat das Projektmanagement-Büro verschiedene Aufgaben im Unternehmen.

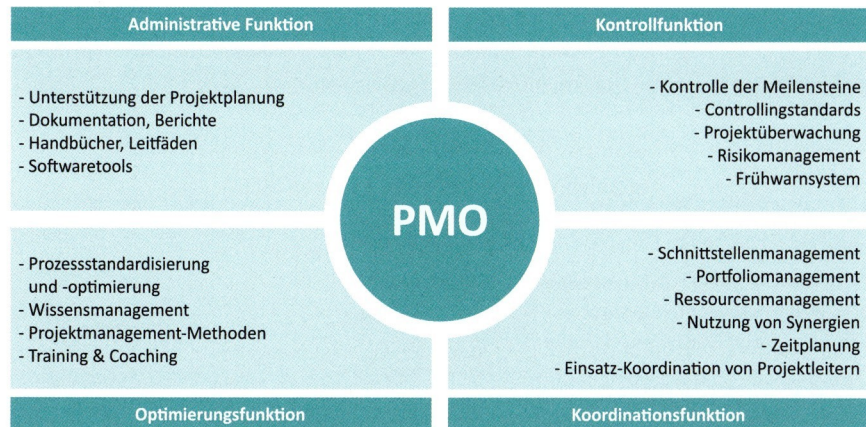

Abbildung 3.05-4: Aufgabe und Funktion des Projektmanagementbüros
(DAMMER & GEMÜNDEN, 2006: 14)

Diese Funktionen werden von den Mitarbeitern im Projektmanagement-Büro durchgeführt. Die Projektbüromitarbeiter sollen in der Lage sein, folgende Aufgaben auszuführen (vgl. KREMER, 2005):

- Das Projektmanagement methodisch und technisch ausbilden und beraten
- Methoden und Prozesse, basierend auf den Unternehmensrichtlinien, fördern
- Entwicklung des Projektmanagements außerhalb des Unternehmens verfolgen
- Projektpläne, Aufwandsabschätzungen etc. für nachfolgende Projekte nutzbar machen
- Projektvorschläge entgegennehmen und unterstützend wirken
- Projektportfolio verwalten
- Auf Vollständigkeit der Projektpläne und der im Unternehmen definierten Projektmethoden achten
- Projektcontrolling durchführen, sofern kein Projektcontroller vorhanden ist
- Ressourcenmanagement im Unternehmen übernehmen bzw. beraten

Um diese Aufgaben ausführen zu können, müssen die Projektbüromitarbeiter mit dem Projektmanagement allgemein und den unternehmensspezifischen Richtlinien vertraut sein. (Element 3.04)

Mit der Ausführung dieser Aufgaben entlastet das Projektmanagement-Büro somit die Projektleiter und die Projektmitarbeiter, die sich ganz um ihre eigentliche Projekttätigkeit kümmern können und nicht zu viel Zeit ihrer Tätigkeiten in die Verwaltung des Projekts stecken müssen (Element 1.05: Kapitel 2.4.1)

## 3.2 Organisatorische Einordnung

Die organisatorische Einordnung dieser Stab- oder Servicestelle hängt von der Projekt- und Führungskultur im Unternehmen ab.

 Das Projektmanagementbüro ist als dauerhafte Einrichtung wesentlicher Bestandteil des Projektmanagement-Systems und darf nicht mit dem auf die Dauer eines Projekts begrenzten „Projektbüro" verwechselt werden.

Im Gegensatz zur Stammorganisation wird bei einer Projektorganisation am Ende eines Projekts im Rahmen des Projektabschlusses eine definierte und geplante Auflösung der bis dahin existierenden Projektorganisation vorgenommen (Element 1.20).

Die organisatorische Einbindung ist meist eine zentrale Frage der Projektmanagement-Einführung (vgl. ROHDE & PFEZING, 2006, und Element 3.04). In der Praxis werden aktuell drei Varianten, je nach Gültigkeitsbereich des Projektmanagementsystems, favorisiert:

Tabelle 3.05-5: Organisatorische Einordnung des Projektmanagementbüros
(in Anlehnung an ROHDE & PFETZING, 2006)

| Als Stabstelle der Geschäftsleitung Gültigkeitsbereich: Alle Projekte des unternehmensweiten Projektportfolios | |
|---|---|
| Vorteile | I Kurze Entscheidungswege<br>I Übergreifende Steuerung<br>I Einheitliche Projektkultur möglich<br>I Hoher Stellenwert des Projektmanagementbüros<br>I Leichtere Abstimmung mit Strategie |
| Nachteile | I Wenig Verständnis für Besonderheiten einzelner Projekte<br>I Akzeptanzprobleme in projektorientiert arbeitenden Bereichen<br>I Abhängigkeit von der Geschäftsleitung und dadurch evtl. verzögerte Entscheidungen<br>I Aufwändige Einführung |
| Als Stabstelle von projektorientierten Bereichen (oder an der Schnittstelle IT/Fachbereich) Gültigkeitsbereich: Alle Projekte mit Beteiligung des Bereichs. | |
| Vorteile | I Kompetente Unterstützung durch Nähe zu den Projekten<br>I Höhere Fachkompetenz in der Beratung<br>I Geringere Widerstände bei der Einführung |
| Nachteile | I Nicht alle Projektarten werden abgedeckt<br>I Gesamtüberblick fehlt<br>I Durchsetzung der Standards wird erschwert |
| Als Servicestelle im Fachbereich nur mit Beratungs- und Serviceaufgaben; Gültigkeitsbereich: Integriert Qualitätsmanagement, für alle Projekte gültig | |
| Vorteile | I Gute Nutzung bestehender Linienstrukturen<br>I Unabhängigkeit von Beratung und Kontrolle erleichtert Akzeptanz |
| Nachteile | I Erhöhter Abstimmungsaufwand<br>I Einseitiger Blick auf die Projekte<br>I Hohe Projektmanagement-Kompetenz in der Servicestelle nötig |

## 4 Unternehmenskultur

**4. Prozessschritt: Ermittlung von Übereinstimmungen und Differenzen.**

In den Elementen 3.01 bis 3.03 ist beschrieben, auf welche Art und Weise ein Unternehmen die Projekt-, Programm- und Portfolioorientierung sicherstellen kann. Zusätzlich befasst sich das Element 3.04 mit der Einführung von Systemen, welche dem Projektmanagement die Voraussetzungen für einen nachhaltig erfolgreichen Projektverlauf sicherstellen.

In der aktuellen Praxis besteht für das Projektmanagement jedoch häufig das Problem, dass der Reifegrad dieser Systeme (Element 3.01, Vertiefung, Kapitel 2, und 3.02, Kapitel 5) noch nicht in der hilfreichen Ausprägung vorhanden ist:

**Tipp** Zwar bestehen die notwendigen Strukturen, sie werden aber noch nicht „gelebt". Die Gründe hierfür sind sicherlich vielfältig und haben nahezu ausnahmslos kulturelle Ursachen. Daher sollte das Projektmanagement die aktuelle und die erwartete, künftige Unternehmenskultur sehr gut kennen.

## 4.1 Arten von Unternehmenskultur

Die Unternehmenskultur bestimmt das Arbeiten und Zusammenwirken in einer Organisation und wird von den Menschen herausgebildet. Sie entwickelt sich dynamisch, unabhängig von den Personen, wird aber durch sie geprägt. Das bedeutet, dass Personen die Unternehmenskultur zwar beeinflussen, die Kultur aber weiter existiert, wenn die Person das Unternehmen verlässt. Die Unternehmenskultur entsteht in einem evolutionären, wenig gesteuerten Prozess. Sie ist das Resultat einer kontinuierlichen kommunikativen Auseinandersetzung zwischen Werten.

Nach RIEMANN kann zwischen vier Arten von Unternehmenskultur unterschieden werden:

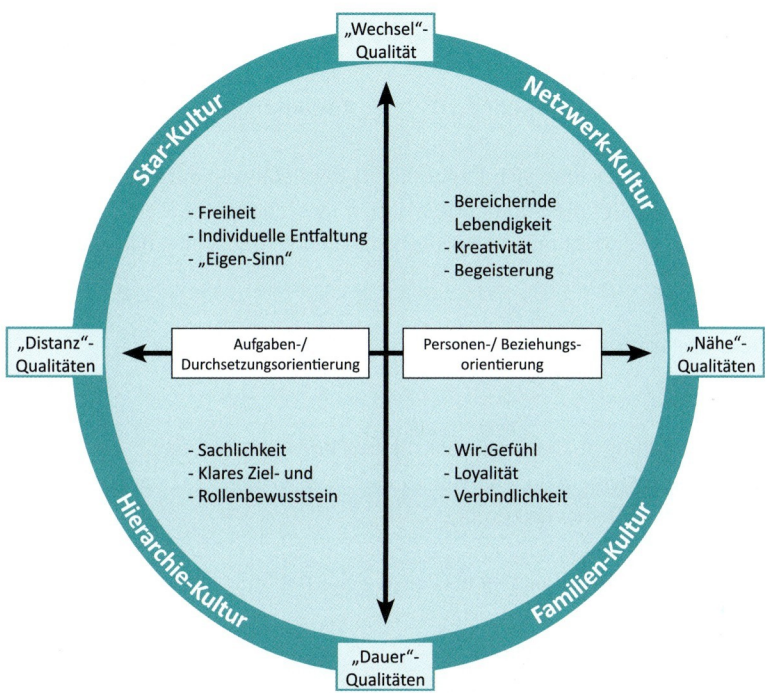

Abbildung 3.05-5: Arten von Unternehmenskultur (in Anlehnung an PROFESSIO, 2005)

Die Unternehmenskultur ist Rahmenbedingung für die Arbeit in Organisationen. Daher ist die spezifische Unternehmenskultur auch wichtig für eine erfolgreiche Projektarbeit. Dabei wirken Kultur und Projekte wechselseitig aufeinander ein, indem sich im Projekt eine eigene Subkultur bildet.

## 4.2 Funktionen von Unternehmenskultur

Durch die Werte, die von den meisten Mitarbeitern einer Organisation getragen werden, entsteht eine „Werte-Gemeinschaft", die auch Identität genannt werden kann. Neue Mitglieder werden durch Sozialisationsprozesse (durch Vermittlung und Annahme dieser Werte) in die Gemeinschaft eingeführt und aufgenommen. Sie identifizieren sich mit der Organisation. Insider, Mitglieder dieser Gemeinschaft, kann man an der Akzeptanz dieser Werte ebenso erkennen wie Außenseiter daran, dass sie gegen diese Werte und Normen willentlich oder unwissentlich verstoßen (Element 2.13, Basisteil Kapitel 4).

Eine starke, von vielen Mitarbeitern getragene Unternehmenskultur ist wesentliche Grundlage für ein starkes „Wir-Gefühl" in Unternehmen. Eine an die Projektmitarbeiter klar kommunizierte Unternehmenskultur verdeutlicht, welche Werte in der Stammorganisation wichtig und was akzeptierte Grundüberzeugungen sind. Die Unternehmenskultur vermittelt eine Vorstellung davon, was richtiges und falsches Handeln in der Organisation ist.

> ❗ Die Kenntnis der Unternehmenskultur ist für das Projektmanagement vor allem dann wichtig, wenn es um das Suchen nach zielführenden Handlungsalternativen in unübersichtlichen Projektsituationen geht.

Dies gilt insbesondere, wenn es für eine Situation kein Handbuch oder keine Anweisung gibt. In solchen Lagen kann das Projektmanagement auf die Unternehmenskultur zurückgreifen und sich an ihr orientieren. Auch wenn sich in Projekten durch die Integration externer Partner und eines anderen Führungsstils eine abweichende Subkultur bildet, hilft eine starke Unternehmenskultur dem Projektmanagement, „stimmig" zu handeln.

## 5 Veränderung der Stammorganisation

5. Prozessschritt: Erwägung der Optionen und ihrer Auswirkungen.

Gutes Projektmanagement zeichnet sich dadurch aus, dass eine geplante Veränderung in eine bestehende Strategie, Kultur und in die Stammorganisation integriert wird. Geht das Projektmanagement hierbei methodisch vor, so spricht man von professionellem Veränderungsmanagement.

### 5.1 Veränderungsmanagement

> **§ Definition** Veränderungsmanagement ist die bewusste professionelle Gestaltung eines Veränderungsprozesses, die mit einem hohen Grad an Zielorientierung, Effizienz, Umsetzungsstärke und Akzeptanz durch die Betroffenen einhergeht.

Häufig gilt das Veränderungsmanagement als der „weiche Teil" einer Veränderung.

Wie wird Veränderung wahrgenommen?

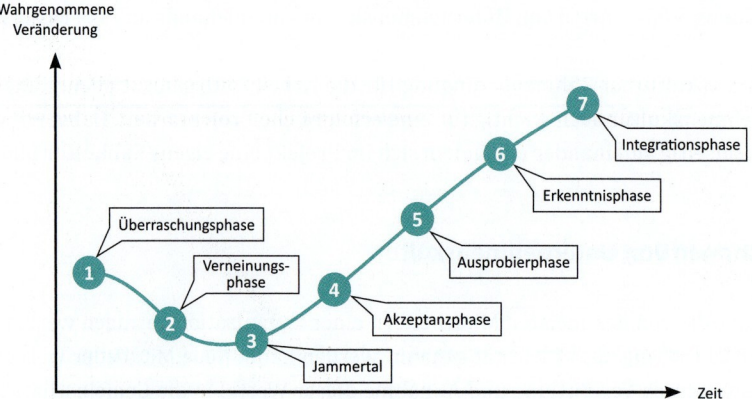

Abbildung 3.05-6: Phasen der Veränderung (Fatzer, 1993: 33)

### 5.2 Veränderungsenergie

Ein Vorgehen, in dem eine organisatorische Veränderung professionell gestaltet wird, muss sowohl Prozesse, Strukturen als auch die betroffenen Menschen in einer Stammorganisation einbeziehen. Die Ansätze können sich gegenseitig unterstützen oder behindern.

Zu Beginn eines Veränderungsprojekts ist die Bewertung der erwarteten Konsequenzen individuell und gruppenspezifisch sehr unterschiedlich: Menschen, die bereits schlechte Erfahrungen mit Veränderungen gemacht haben, werden eher Ängste produzieren, während Mitarbeiter oder Mitarbeitergruppen, die zunächst die Chancen der Veränderung sehen, eher bereit sind, sich auf diese einzulassen und diese aktiv mit zu gestalten. Prinzipiell muss nach Lewin davon ausgegangen werden, dass die Systemleistung zunächst abnimmt (Element 3.04, Basisteil, Kapitel 1)

Es laufen hierbei innere, oft unbewusste Denkprozesse des Abwägens ab. Zentrale Frage ist, in wie weit sich zukünftige Ziele der Stammorganisation mit den eigenen Zielen in Übereinstimmung bringen lassen und in wie weit Veränderungen die eigenen Bedürfnisse tangieren (Element 2.02).

In diesem Prozessschritt sollte das Projektmanagement der Stammorganisation Informationen bereitstellen. So haben Betroffene die Möglichkeit, ihre Einstellungen in Bezug auf die Veränderung zu überdenken. Es ist Aufgabe des Projektmanagements, möglichst frühzeitig die Bedürfnisse der Betroffenen zu erfassen, Widerstände zu erkennen und Mitarbeiter mit geeigneten Maßnahmen zu unterstützen. Die Intensität von Widerständen gegen ein Projekt hängt von der aktuellen Situation und somit von der Veränderungsenergie der betroffenen Einheiten ab. Grafisch lässt sich dieser Zusammenhang anschaulich darstellen:

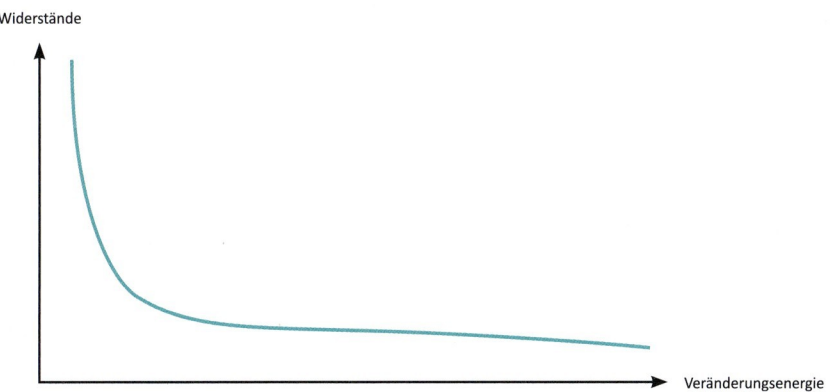

Abbildung 3.05-7: Veränderungsenergie

Je erfolgreicher eine Stammorganisation im Status quo ist, umso geringer ist die Motivation, an der Nachhaltigkeit des Erfolgs von Projekten zu arbeiten und über eine weitere Verbesserung nachzudenken (Element 1.3, Kapitel 1.4)

# 6 Entscheidung und Umsetzung

### 6. Prozessschritt: Diskussion, Entscheidung, Kommunikation und Umsetzung.

Wenn die Diagnose der Stammorganisation abgeschlossen ist (Schritt 1-4) und analysiert wurde, welche Konsequenzen für die Stammorganisation entstehen und welche Veränderung das Projekt auf die Stammorganisation haben könnte (Schritt 5), stehen Diskussion, Entscheidung, Kommunikation und die Umsetzung an. Um diese Aufgaben professionell erledigen zu können, werden hier weitere relevante Begriffe geschärft (vgl. SCHMIDT, 2006). Dabei ist es weniger wichtig, die Definitionen auswendig zu beherrschen, als abzusehen, welchen immensen Vorteil eine klare Begriffstrennung hat.

## 6.1 Restriktion oder Rahmenbedingung?

An erster Stelle steht die Klärung der Frage, was sind Restriktionen und was sind Rahmenbedingungen für das angedachte Projekt. Hierüber muss ein eindeutiges Verständnis hergestellt werden.

**Tipp** Diskussion, Entscheidung und Kommunikation bedeuten in diesem Sinne eine intensive Auftragsklärung mit dem Management, bezogen auf die Frage, was ist Restriktion und was ist Rahmenbedingung (und was ist beides).

**Restriktion:** Sie ist quasi ein Muss-Ziel. Die entscheidenden Kriterien hierbei sind zum einen, dass eine Restriktion vom Auftraggeber benannt wird. Zweitens ist eine Restriktion entweder erfüllt oder nicht. Es gibt keine teilweise Erfüllung. Eine Nichteinhaltung hätte zwangsläufig zur Folge, dass sämtliche Projektergebnisse unbrauchbar wären. Beispielsweise war der 31. Dezember 1999 eine Restriktion für sämtliche „Jahr 2000" Projekte.

**Rahmenbedingung:** Eine Rahmenbedingung beeinflusst den Projekterfolg, kann jedoch weder durch das Projektteam noch durch den Auftraggeber verändert werden. Daher sollte das Projektmanagement Rahmenbedingungen als solche auf jeden Fall im Projektauftrag berücksichtigen (Element1.04). Ein klassisches Beispiel hierfür sind Gesetze. Im Kontext dieses Kapitels müssen allerdings als Beispiel auch angrenzende Einheiten der Stammorganisation oder die bestehende Strategie dieselbe Erwähnung finden.

## 6.2 Ziel oder Lösung?

Die scheinbar triviale Abgrenzung von Ziel und Lösung ist der Inhalt einer sehr wichtigen Entscheidung und zusätzlich ein entscheidendes Kriterium für die Freiheitsgrade eines Projekts. Jeder Projektinhalt kann nämlich sowohl als Ziel als auch als Lösung formuliert werden. Deutlich wird dies beispielsweise an einem Projekt zur Einführung eines neuen Produkts. Das neue Produkt einzuführen, kann ein angestrebter Zustand (Ziel) sein. Das Ziel kann aber in Wirklichkeit auch ein „höherer Umsatz", geringere Kosten oder bessere Nutzung von Synergien sein. Dann wäre die Einführung des Produkts bereits die Lösung. Die Realisierung des Ziels „höherer Umsatz" wäre möglicherweise eine Folge des Projektes, läge aber außerhalb der Einflussmöglichkeiten. Wenn ein Projekt den Auftrag hat, mehr Umsatz zu generieren, könnte es auch sinnvoll sein, mit bestehenden Produkten in neue Märkte einzudringen **oder** eben ein neues Produkt einzuführen. Die Einführung des Produkts ist nur eine der möglichen Lösungen. Die Unterscheidung von Ziel und Lösung bezieht sich also auf den Gestaltungsrahmen (Element1.10).

> **!** Je lösungsnäher die Ziele sind, desto kleiner wird der Gestaltungsbereich des Projekts. Je offener die Ziele formuliert sind, desto größer wird der Gestaltungsbereich, aber auch die Komplexität des Projekts.

## 6.3 Abgrenzung des Projekts von der Stammorganisation

Bei verschiedenen Reorganisationsvorhaben, IT-Einführungen oder im Zusammenhang mit neuen Managementansätzen stellt sich die Frage, wie an den Schnittstellen zur permanenten Organisation kommuniziert wird.

Das Kommunizieren an den Schnittstellen ist somit ein wesentlicher Bestandteil der methodischen Projektarbeit. Es überlagert und ergänzt die phasenorientierte Betrachtung im Projekt. Dieser Prozessschritt kann in allen Projektphasen herangezogen werden und dabei die Arbeit in den einzelnen Schritten des Problemlösungszyklus erleichtern (Element:1.08).

Allgemein formuliert, sollte dieser Prozessschritt in der jeweiligen Phase wie folgt ablaufen:

- Beschreiben und Abgrenzen der Ausgangssituation und der Wirkzusammenhänge in der Ausgangssituation (Gestaltungsbereich bestimmen)
- Abgrenzen der Sachverhalte, die zu verändern sind (Lösungsbereich bestimmen)
- Ermitteln von Beziehungen (Schnittstellen) zwischen abgegrenzten Einheiten
- Kommunizieren der Lösungen und ihrer Auswirkungen

Zur permanenten Abstimmung von Stammorganisation und Projektorganisation sind Strukturen zu etablieren, die zwischen den Interessen und an den Schnittstellen vermitteln. Hilfreich hierfür sind eine Kommunikationsstrategie und geregelte Entscheidungsbefugnisse und -instanzen:

Kommunikationswege beschreiben den Informationsfluss zwischen Stammorganisation und Projekt, insbesondere dann, wenn das Projekt direkten Einfluss auf Veränderungen der Stammorganisation hat. Auch ist festzulegen, wie und auf welchem Wege diese Veränderungen kommuniziert werden sollen. Wenn die Erarbeitung der Kommunikationsstrategie und ggf. Kommunikationsmedien Aufgabe des Projekts sind, kann die Information von der Stammorganisation selbst und über ihre Informationswege verbreitet werden.

Auch die Inhalte und die Befugnisse für die Entscheidungen, welche die Stammorganisation und das Projekt betreffen, sind frühzeitig festzulegen. Als Entscheidungsinstanzen, die sowohl die Interessen der Stammorganisation als auch des Einzelprojekts berücksichtigen, sind Lenkungsausschüsse oder ähnliche Managementgremien zu etablieren. Diese Entscheidungswege sind nicht mit den Entscheidungsgremien eines Portfolioboards zu verwechseln. Letztere sind Bestandteil der Stammorganisation und entscheiden über Spannungsfelder zwischen der Stammorganisation und der gesamten Projektlandschaft.

# 7  Lernende Organisation

### 7. Prozessschritt: Überwachung des Fortschritts, Einführung eines Lernzyklus.

Im Rahmen von Projekten entsteht für die Stammorganisation ein großer Wissens- und Erfahrungsschatz, der für die erfolgreiche Gestaltung künftiger Vorhaben genutzt werden sollte. Darüber hinaus haben das Projektmanagement und die Stammorganisation Erfahrungen mit der Führungskultur und der Hierarchie gesammelt: Die Zusammenarbeit mit dem Auftraggeber und den Leitern der vom Projekt betroffenen Bereiche.

Erlebte Formen von Widerstand gegen die sich abzeichnenden Veränderungen, das Bemühen, die Ursachen hierfür aufzudecken, und die Erfahrungen mit den Maßnahmen zur Überwindung von Abwehrhaltungen sind es wert, in Form eines Lernzyklus für die Organisation nutzbar gemacht zu werden.

> Die Erfahrungen des Projektmanagements zu schätzen und zu nutzen, ist nicht nur ökonomisch sinnvoll, sondern drückt gleichzeitig auch die Wertschätzung der Stammorganisation gegenüber den Projektbeteiligten aus, was sich positiv auf die Motivation für künftige Vorhaben niederschlagen wird (vgl. PFETZING & ROHDE, 2006).

## 7.1 Lessons Learned

Der beschriebene Lernprozess sollte bereits während der Projektlaufzeit initiiert und in Gang gehalten werden, indem regelmäßig Reviews und Prozessanalysen durchgeführt und daraus Konsequenzen abgeleitet werden. Zusätzlich bieten diese Maßnahmen zur Überwachung des Fortschritts viele Lernansätze. Eine Abschlussbesprechung hat dabei eine besondere Qualität, da hier die Summe aller Erfahrungen sichtbar wird. Folgende Fragen können bei einer abschließenden Projektanalyse für die Stammorganisation richtungweisend sein (vgl. PFETZING & ROHDE, 2006):

Tabelle 3.05-6: Fragen für die Projektanalyse (in Anlehnung an ROHDE & PFETZING, 2006)

| |
|---|
| Können wir aus Sicht der Stammorganisation mit der Zielerreichung zufrieden sein? |
| Wie haben das Projektmanagement und der Auftraggeber/Entscheider/Bereichsleiter und das Projektmanagementbüro der Stammorganisation zusammengearbeitet? |
| Was hat gefördert, was hat behindert? |
| Wie sind Projektteam und Mitarbeiter der permanenten Organisation miteinander umgegangen? |
| Worin lagen die Stärken in der Zusammenarbeit, worin lagen die Schwächen? |
| Welche Probleme gab es hinsichtlich der Vorgehensweise? |
| Wie wurde mit betroffenen Mitarbeitern der Stammorganisation umgegangen? |
| Was hat das Projektmanagement und was hat die Stammorganisation gelernt? |
| Was sollte in Zukunft grundsätzlich geändert werden? |

## 7.2 Einführung eines Lernzyklus

Ideal ist es, wenn die Erkenntnisse von Prozessanalysen einzelner Projekte dokumentiert und der Stammorganisation sowie auch zukünftigen Projekten zur Verfügung gestellt werden. Ob sich das Projektmanagement dazu entschließt, hängt von der Unternehmenskultur und dem Ausmaß an Offenheit, Vertrauen und Fairness ab (Element 2.15).

Wendet man den Gedanken einer lernenden Organisation konsequent auf das Projektmanagement an, kann eine abschließende Projektbewertung aus Sicht der Stammorganisation erst einige Monate nach Projektabschluss vorgenommen werden, da sich die Qualität der Projektergebnisse im praktischen Einsatz beweisen muss und erst dann der wirtschaftliche Erfolg beurteilt werden kann.

Mit einer Projektbewertung nach dem Bewertungsmodell Project Excellence der GPM lassen sich wichtige Erkenntnisse für die Schnittstellen von Stammorganisation und Projektmanagement gewinnen. Entsprechende Nachkalkulationen verleihen den wirtschaftlichen Aspekten aus Sicht der Stammorganisation Nachdruck und helfen, die Daten für Aufwandsschätzungen, Angebotsabgaben und Wirtschaftlichkeitsrechnungen in Zukunft zu verbessern (Element 3.06).

# 8 Zusammenfassung

In Unternehmen und Organisationen werden dauerhaft wirksame Regelungen des Aufbaus und der Prozesse als Stammorganisation bezeichnet. Möglichkeiten und Grenzen von Projektmanagementmethoden und -techniken hängen stark von der Stammorganisation ab, in der sie Anwendung finden. Somit sind die Strategie, die bestehenden Strukturen und die Kultur in einer Organisation für den Projektmanager wichtige Rahmenbedingungen.

Projekte, die innerhalb eines Unternehmens durchgeführt werden, haben häufig die Änderung, Verbesserung oder die Optimierung von Abläufen oder Aufbaustrukturen als Inhalt. Ziel ist es hierbei, Kosten zu senken oder Erträge zu erhöhen. Daher ist es für das Projektmanagement unumgänglich, die grundlegenden Methoden der Aufbau- und Prozessorganisation zu kennen.

Zweck der Aufbauorganisation ist es, eine sinnvolle arbeitsteilige Gliederung und Ordnung als Basis der Arbeitsabläufe zu erreichen. Die Aufbauorganisation eines Unternehmens besteht aus organisatorischen Einheiten, wie Stellen oder Abteilungen, und der Festlegung ihrer Unter- und Überordnungen in Form einer Hierarchie. Ein wichtiges Ziel bei der Gestaltung von Stellen ist die höchstmögliche Übereinstimmung von Aufgaben, Kompetenz und Verantwortung. Jedes Unternehmen realisiert seine Ziele durch spezielle Arbeitsweisen. Im betrieblichen Umfeld spricht man bei Abläufen, die wiederkehrend nach dem gleichen Muster bearbeitet werden, von Prozessen. Aufbau- und Prozessorganisation können als „zwei Seiten einer Medaille" betrachtet werden.

Projektorientierte Unternehmen verankern das Projektmanagement nachhaltig in ihrer Stammorganisation. Aufbauorganisatorisch geschieht dies häufig in Form einer festen Stelle oder Abteilung, des Projektmanagement Büros. Mit der Ausführung dieser Aufgaben entlastet das Projektmanagement-Büro somit die Projektleiter und die Projektmitarbeiter, die sich vermehrt um ihre Projekttätigkeit kümmern können und Aufwand in die Verwaltung des Projekts stecken müssen.

Die Unternehmenskultur ist Rahmenbedingung für die Arbeit in Organisationen. Daher ist die Kenntnis der jeweiligen Unternehmenskultur wichtig für eine erfolgreiche Projektarbeit. Dabei wirken Kultur und Projekte wechselseitig aufeinander ein, indem sich im Projekt eine eigene Subkultur bildet. Gutes Projektmanagement zeichnet sich dadurch aus, dass eine geplante Veränderung in eine bestehende Strategie, Kultur und in die Stammorganisation integriert wird. Geht das Projektmanagement hierbei methodisch vor, so spricht man von professionellem Veränderungsmanagement.

Je lösungsnäher die Ziele in einem Projekt sind, desto kleiner wird der Gestaltungsbereich des Projektmanagements. Je offener die Ziele formuliert sind, desto größer wird der Gestaltungsbereich, aber auch die Komplexität des Projekts.

Wendet man den Gedanken einer lernenden Organisation konsequent auf das Projektmanagement an, kann eine abschließende Projektbewertung aus Sicht der Stammorganisation erst einige Monate nach Projektabschluss vorgenommen werden. Die Qualität der Projektergebnisse muss sich im praktischen Einsatz beweisen und erst dann kann der wirtschaftliche Erfolg beurteilt werden.

## 9 Fragen zur Wiederholung

| 1 | Beschreiben und Interpretieren Sie die Stammorganisation eines Unternehmens, für das Sie gearbeitet haben (arbeiten). Verwenden Sie dabei organisatorische Fachbegriffe. | ☐ |
| --- | --- | --- |
| 2 | Nennen Sie 3 Geschäftsprozesse dieses Unternehmens. | ☐ |
| 3 | Was könnten typische Strategieaussagen für dieses Unternehmen sein? | ☐ |
| 4 | Wie würden Sie bzw. wie ist das Projektmanagement Büro in diesem Unternehmen organisatorisch verankert? | ☐ |
| 5 | Welche Art von Unternehmenskultur finden Sie in Ihrem Unternehmen vor? Welche Art wäre hilfreich, um erfolgreich am Markt agieren zu können? | ☐ |
| 6 | Beschreiben Sie den Zusammenhang von Widerstand und Veränderungsenergie. | ☐ |
| 7 | Zeigen sie auf, welchen Nutzen eine Differenzierung von Restriktion, Rahmenbedingung, Ziel und Lösung bei der Auftragsklärung hat. | ☐ |
| 8 | Was verstehen Sie unter Lernender Organisation im Zusammenhang mit dem Projektmanagement? | ☐ |

# 3.06 Geschäft (Business)

Thor Möller

## Kontext und Bedeutung

### Warum ist das Thema bedeutsam?

Mit der stetig zunehmenden Anzahl und Bedeutung von Projekten nimmt Projektmanagement in Unternehmen und anderen Organisationen eine wachsende Position ein und verstärkt das Wechselspiel zwischen den allgemeinen Geschäftstätigkeiten und verschiedenen Projekten.

Projekte sind Unternehmen auf Zeit! Einzelne Projekte und die übergreifende Koordination von Projekten (in Programmen oder Projekportfolios) erfordern einen großen Anteil der vielfältigen Geschäftsführungs-Konzepte (Business-Konzepte) und Geschäftsführungs-Methoden (Business-Methoden).

Projekte können nicht mehr losgelöst von den allgemeinen Geschäftstätigkeiten betrachtet und bearbeitet werden. Vielmehr sind heutzutage integrative Betrachtung und Vorgehensweise gefordert. Einerseits müssen Projekte die vorhandenen Strukturen, Prozesse, Kapazitäten etc. der allgemeinen Geschäftstätigkeiten berücksichtigen und nutzen. Auf der anderen Seite beeinflussen Projekte die allgemeinen Geschäftstätigkeiten auf unterschiedliche Weise.

GPM-Studien zum Scheitern von Projekten zeigen, dass viele Faktoren des Scheiterns mit den allgemeinen Geschäftstätigkeiten zusammenhängen. Generell ist immer wieder festzustellen, dass Projektmanager und das Projektmanagement als „untergeordnete Bittsteller" gegenüber dem Linienmanagement, also den allgemeinen Geschäftstätigkeiten, auftreten. Stattdessen sollte sich das Linienmanagement der Bedeutung von Projekten bewusst sein und diese aktiv unterstützen. Anstatt eines Gegeneinanders könnten durch ein Miteinander Win-win-Situationen geschaffen und viele Stresssituationen vermieden werden.

### In welchem Zusammenhang mit anderen Themen steht das Thema des Beitrags?

Projekte haben eine Vielzahl von Schnittstellen zu den allgemeinen Geschäftstätigkeiten. Das Thema Business findet sich daher in vielen Gebieten und Themen des Projektmanagements wieder. Sowohl die harten als auch die weichen Faktoren haben im Zusammenhang mit Business jede für sich besondere Bedeutungen. Im Beitrag 3.06 werden Bezüge zu anderen ICB-Elementen aufgeführt. Die Hauptbeziehungen zu anderen ICB-Elementen sind in einer gesonderten Tabelle in diesem Buch aufgeführt.

## Lernziele

Sie kennen

- die Zusammenhänge zwischen den allgemeinen Geschäftstätigkeiten und Projekten bzw. Projektmanagement
- die grundsätzlichen Projekt- und Produktlebenswege und mögliche Schnittstellen zwischen allgemeinen Geschäftstätigkeiten und Projekten bzw. Projektmanagement
- das Thema Frühwarnsysteme mitsamt Risikomanagement aus Sicht der allgemeinen Geschäftstätigkeit einer Organisation

Sie können

- in Grundzügen einen Business Plan für eine Organisation und einen Business Case für ein Projekt mitsamt Kosten-Nutzen-Betrachtungen und Sensitivitätsanalysen aufbauen

# Inhalt

| | | |
|---|---|---|
| 1 | Einleitung | 1230 |
| 2 | Projekte sind Unternehmen auf Zeit! | 1230 |
| 2.1 | Projektlebensweg | 1230 |
| 2.2 | Produktlebensweg | 1231 |
| 3 | Schnittstellen Geschäft und Projekte bzw. Projektmanagement | 1232 |
| 4 | Business Case und die Bedeutung des Projektstarts | 1234 |
| 5 | Kosten-Nutzen-Analysen und Sensitivitätsanalysen | 1237 |
| 6 | Frühwarnsysteme und Risikomanagement | 1239 |
| 7 | Zusammenfassung | 1240 |
| 8 | Fragen zur Wiederholung | 1241 |

# 1 Einleitung

Projekte sind Unternehmen auf Zeit! Daher müssen sie auch – mit dem Unterschied der zeitlichen Begrenzung – größtenteils wie kleine Unternehmen geführt werden. Außerdem haben Projekte und das Projektmanagement insgesamt vielfältige Schnittstellen zu allgemeinen Geschäftätigkeiten einer Organisation.

„Unter **Geschäft (Business)** versteht man die Gesamtheit von industriellen, kommerziellen oder professionellen Tätigkeiten, die die Lieferung von Gütern oder Dienstleistungen zum Ziel hat. Dies gilt sowohl für gewinnorientierte als auch für nicht gewinnorientierte Organisationen. Dieses Kompetenzelement bezieht sich auf die Auswirkungen der Geschäftätigkeiten auf das Management von Projekten, Programmen und Portfolios und umgekehrt. Dies beinhaltet die notwendige Information beider Seiten zur Sicherstellung der Abstimmung der Projekt-, Programm- und Portfolioergebnisse auf die Geschäftsprozesse." (NCB, Element 3.06 Geschäft)

In welchem Zusammenhang steht Business mit Projekten und Projektmanagement? Business zieht sich durch fast alle Gebiete und Themen des Projektmanagements. Die erfolgreiche Anwendung von Projektmanagement und die Umsetzung von Projekten erfordern die professionelle und maßgeschneiderte Anwendung von Projektmanagementprozessen und -werkzeugen mitsamt dem Schnittstellenmanagement zu den allgemeinen Geschäftätigkeiten.

Der Basisteil zum ICB-Element Business beinhaltet die Einordnung von Projekten in Geschäftätigkeiten. Dafür werden die grundsätzlichen Projekt- und Produktlebenswege untersucht und mögliche Schnittstellen zwischen allgemeinen Geschäftätigkeiten und Projekten bzw. Projektmanagement dargestellt. Ein bedeutender Schritt ist zudem die Erstellung eines Business Case zum Projektstart und dessen Fortschreibung im weiteren Projektverlauf. Dazu gehören auch Kosten-Nutzen-Betrachtungen und Sensitivitätsanalysen. Während der Basisteil auf die Herleitung und Überprüfung der Inputdaten sowie die Interpretation der Outputdaten fokussiert, beschäftigt sich das Vertiefungswissen insbesondere mit den Vorgehensweisen bei der Berechnung von Wirtschaftlichkeiten. Abschließend behandelt der Basisteil das Thema Frühwarnsysteme und Risikomanagement aus Sicht der allgemeinen Geschäftätigkeit einer Organisation.

# 2 Projekte sind Unternehmen auf Zeit!

Projekte enthalten viele vergleichbare Anforderungen wie Unternehmen. Sie haben klare Zielsetzungen, begrenzte Ressourcen, einen hohen Komplexitätsgrad u.v.m. Ein wesentlicher Unterschied dabei ist jedoch die zeitliche Begrenzung. Dennoch sollten Projekte zum großen Teil auch wie Unternehmen geführt werden. Man analysiert Ausgangssituationen und definiert Ziele, entwickelt daraus Pläne und überwacht deren Umsetzung. Verschiedene Querschnitts- bzw. Unterstützungsfunktionen begleiten die Kernprozesse.

## 2.1 Projektlebensweg

Abbildung 3.06-1 stellt den allgemeinen Lebensweg von Projekten grob dar. Vom Start bis zur Übergabe bzw. dem Ende des Projekts findet ein **kontinuierlicher Regelungsprozess** in Form eines kybernetischen Regelkreises mit den Hauptaktivitäten Planung, Kontrolle und Steuerung statt (weiter differenziert in DWORATSCHEK 1998). Dieser kontinuierliche Regelungsprozess fokussiert dabei insbesondere die wichtigsten Projektparameter aus dem Magischen Dreieck: Leistung (inkl. Qualität), Kosten und Zeit. Außerdem sollte der Projektmanager auch stets die Zufriedenheit der wichtigsten Stakeholder kennen.

**Tipp** Zu jedem Zeitpunkt des Projekts sollten Informationen zu diesen Projektparametern vorliegen betreffend der entsprechenden Zielsetzungen, dem aktuellen Zielerreichungsgrad bzw. der Zielabweichung.

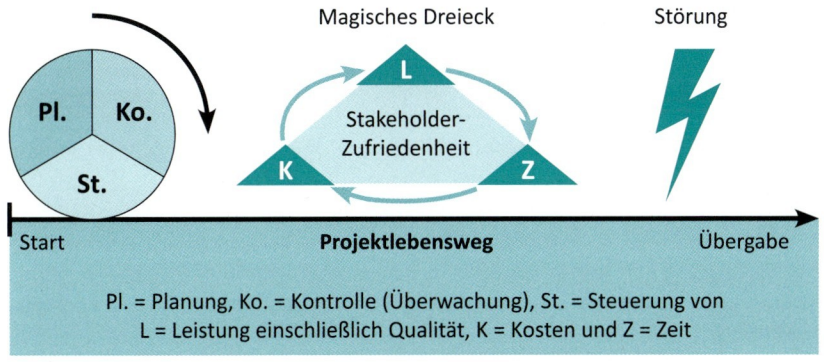

Abbildung 3.06-1: Lebensweg eines Projekts

**Beispiel** Ein allgemeines Beispiel dafür ist die Situation zum Projektstart. Der Projektleiter muss zu diesem Zeitpunkt klären, was (Leistung nach Art, Quantität und Qualität) mit welchen finanziellen Mitteln (Kosten) und zu welchen Terminen (Zeit) erfüllt werden soll. Während der Projektumsetzung muss der Projektleiter ständig abschätzen, ob die angeforderten Leistungen im Kostenrahmen und termingerecht erbracht werden können. Und beim Projektende muss er überprüfen, ob die Leistungen innerhalb des Budgets und termingerecht erbracht wurden.

## 2.2 Produktlebensweg

In vielen Projekten reicht im Zusammenhang mit den allgemeinen Geschäftsaktivitäten die Betrachtung des **Projektlebenswegs** nicht aus. Es muss der **gesamte Produktlebensweg** betrachtet werden. Beispiele dafür sind der Aufbau einer neuen Produktionshalle oder eine Produktentwicklung. Im Gegensatz dazu reicht bei bestimmten Projekten die Betrachtung des Projektlebenswegs aus, z. B. die Organisation eines Kongresses, da nach dem Projekt in der Regel keine bzw. nur marginale Geschäftsaktivitäten mit dem Projektergebnis mehr erfolgen.

Ein **Produktlebensweg** umfasst in der Regel das Projekt zur Entwicklung des Produkts bzw. zum Aufbau einer Infrastruktur (Projektlebensweg) ergänzt um weitere produktbezogene Fach- und Führungsaufgaben. Im direkten Projektanschluss erfolgt eine meist längere Vermarktungs- bzw. Betriebsphase. Diese Phase wird in der Regel durch Relaunches oder Renovierungen gestreckt, da während dieser Zeit die Einnahmen erfolgen und somit die Finanzierung des Projekts und Betriebs realisiert wird. Nach Beendigung der Betriebsphase fallen einerseits Kosten für den Rückbau an, auf der anderen Seite können dem aber ggf. Einnahmen durch den Verkauf von nicht mehr benötigten Immobilien, Maschinen und Wertstoffen gegenüberstehen. In der Rückbauphase, dem Recycling auf unterschiedlicher Ebene, fallen aber in der Regel mehr Kosten als Einnahmen an (vgl. Abbildung 3.06-2).

Man kann folgende **allgemeine Phasen eines Produktlebenswegs** festlegen:

- Bedarfsermittlung und Bedarfsdefinition
- Planung
- Beschaffung (Produktion, Montage)
- Inbetriebnahme/Inbetriebsetzung
- Nutzung/Instandhaltung
- Stilllegung
- Recycling

🔍 **Beispiel** Ein Beispiel für eine Produktlebenswegbetrachtung ist eine Windkraftanlage. Die Projektierung, Genehmigung, Errichtung und der Aufbau können als Projekt betrachtet werden. In dieser Phase fallen nur Kosten an. Anschließend wird die Windkraftanlage in Betrieb genommen. Sie realisiert über einen möglichst langen Zeitrahmen (wirtschaftliche Nutzungsdauer) Einnahmen aus der Produktion von Energie, denen möglichst geringe Kosten für Wartung etc. gegenüberstehen sollten. Für den Rückbau entstehen u. a. Abbruchkosten, ggf. können z. B. die Materialien als Wertstoffe Einnahmen erzielen.

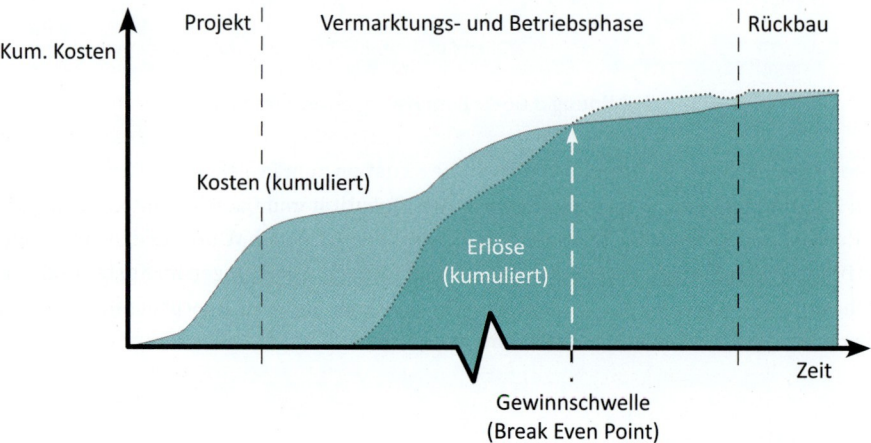

Abbildung 3.06-2: Lebensweg eines Produkts

Während des Projekts ist eine Produktlebenswegbetrachtung auch deswegen besonders wichtig, um in einer **Gesamtbetrachtung** die Wirtschaftlichkeit zu analysieren und zu sichern. In vielen Fällen wird den tatsächlichen Kosten ein Projektbudget gegenübergestellt und daran der finanzielle Erfolg gemessen. Während einer Projektumsetzung können aber durch zusätzliche Investitionen die Projektkosten erheblich steigen, dafür aber die Betriebskosten in der wesentlich längeren Betriebsphase sinken. Insgesamt kann es so zu einer teilweise wirtschaftlicheren Lösung kommen. Zur Durchsetzung einer derartigen Änderung muss der Projektleiter allerdings entsprechend argumentieren können und das erforderliche Mehrbudget einfordern, ohne dass dies später als Budgetüberschreitung missinterpretiert werden kann. Es gilt der Grundsatz: Der Kostenanfall in späteren Phasen des Produktlebenswegs gestaltet sich umso günstiger, je früher die Kostensparmaßnahmen einsetzen (Zehner-Regel).

## 3 Schnittstellen Geschäft und Projekte bzw. Projektmanagement

Wie eingangs erwähnt, kann ein Projekt wie ein Unternehmen auf Zeit betrachtet werden. Aus diesem Grund gibt es zwei Hauptbereiche von Schnittstellen zwischen Organisationen und Projekten bzw. Projektmanagement. Zum einen bestehen erhebliche Vernetzungen zwischen einzelnen Projekten bzw. dem Projektportfolio und dem „normalen" Geschäft einer Organisation (Business). Auf der anderen Seite kann das Projektmanagement insgesamt viele Aspekte aus dem allgemeinen Management auf seine Aufgaben übertragen. Es besteht eine Vielzahl gleicher, ähnlicher oder abgeleiteter Aktivitäten vom Management eines Unternehmens zum Management eines Projekts.

| Linienarbeit beinhaltet eher Routineaufgaben mit | Projektarbeit beinhaltet eher innovative Aufgaben mit |
|---|---|
| - bekannter Ausgangssituation<br>- bekannten Vorgehensweisen<br>- bekannten Zielvorgaben<br>- festen Prozessen<br>- bekannten Ergebnissen<br>- etc. | - neuer Ausgangssituation<br>- neuen Vorgehensweisen<br>- zu definierenden Zielvorgaben<br>- zu definierenden Prozessen<br>- zu definierenden Ergebnissen<br>- etc. |

Abbildung 3.06-3: Abgrenzung Business und Projektarbeit

Um die erheblichen Vernetzungen zwischen den einzelnen Projekten bzw. dem Projektportfolio und dem „normalen" Geschäft einer Organisation zu analysieren, erscheint es sinnvoll, zunächst zu überprüfen, wie sich einzelne Projekte bzw. das Projektportfolio von dem „normalen" Geschäft einer Organisation unterscheiden. Abbildung 3.06-3 liefert einen Überblick über Merkmale von Linienarbeit und von Projektarbeit. Dabei handelt es sich bei der Linienarbeit eher um operative Routineaufgaben, während die Projektarbeit eher durch innovative Aufgaben geprägt ist. Der Übergang ist allerdings gleitend und stark überlappend. So beinhalten das „normale" Geschäft einer Organisation natürlich auch einige innovative Aufgaben und die Projektarbeit ebenso eine Reihe von Routineprozessen.

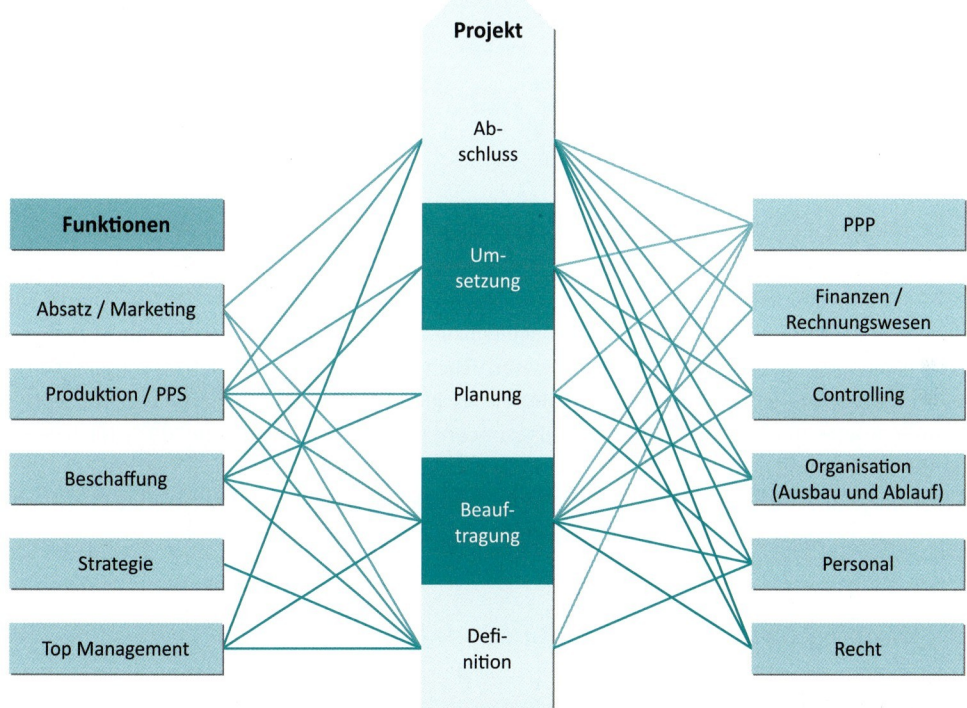

Abbildung 3.06-4: Schnittstellen-Beispiel Projekt und Funktionen einer Organisation

„Die Forderung zur Durchführung eines Projekts bzw. Programms entspringt dem Geschäftsbetrieb. Daher steht ein Großteil der Managementprozesse eines Projekts in enger Beziehung zu den Betriebsabläufen der Organisation" (NCB, Element 3.06 Geschäft).

Ein Projekt muss während seiner Durchführung über seinen gesamten Lebensweg auf Funktionen aus der Organisation zurückgreifen. Je nach Wahl der Projektorganisationsform variiert die Anzahlen der Schnittstellen. Während zum Beispiel in einer Matrixorganisation eine große Anzahl von Schnittstellen besteht, gibt es in der reinen Projektorganisation nur wenige Schnittstellen. Zudem ist bei der reinen Projektorganisation die Intensität der Schnittstellen insgesamt erheblich geringer. Unabhängig davon jedoch nutzt ein Projekt in jeder Phase mehrere betriebliche Funktionen. Abbildung 3.06-4 zeigt beispielhaft die Schnittstellen eines Projekts zu Funktionen bzw. Abteilungen einer Organisation. Die intensive Vernetzung zwischen den Projekten und den Linientätigkeiten ermöglicht auch Chancen für gegenseitiges Lernen. Das Projekt profitiert von den umfangreichen Facherfahrungen der Linie und die Linienfunktionen können ihre Vorgehensweisen durch Erkenntnisse aus Projekten optimieren.

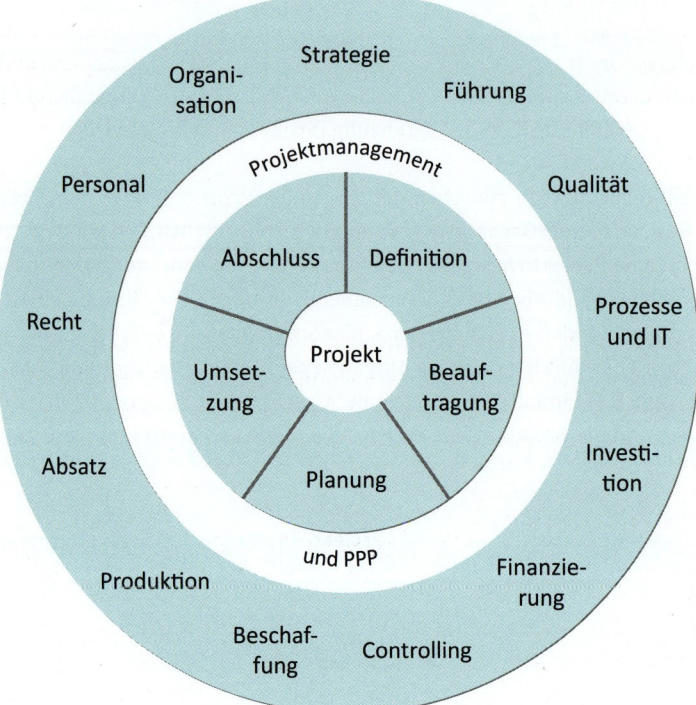

Abbildung 3.06-5: Betriebswirtschaftliche Aufgaben während des Projektverlaufs

Erhebliche Potenziale aus der Vernetzung von Linientätigkeiten und Projektarbeit bilden die innerbetrieblichen Schnittstellen. Das Projektmanagement hat ebenso eine Reihe von Schnittstellen zum (General) Management sowie den betriebswirtschaftlichen Aufgaben. Impulse zur Verbesserung des Projektmanagements entstehen aus der Weiterentwicklung betriebswirtschaftlicher Konzepte und Werkzeuge. Ein Beispiel dafür ist die Balanced Scorecard (DREWS & HILLEBRAND 2007). Nach dem Einzug in die Unternehmen insgesamt wurden auch vermehrt Balanced Scorecard-Ansätze für PPP und Projektmanagement entwickelt. Eine Übersicht über die Schnittstellen zur Allgemeinen Betriebswirtschaft und zum Management zeigt Abbildung 3.06-5.

# 4 Business Case und die Bedeutung des Projektstarts

Hintergrundwissen und Prozessschritte zum **Projektstart** mit praktischen Hinweisen und Beispielen beinhaltet das ICB-Element 1.19. Projektstart. Dieser Abschnitt beschreibt ergänzend den Bezug des ICB-Elements 3.06 Geschäft zum Start eines Projekts. Außerdem bestehen starke Relationen zum ICB-Element 4.1.3 Projektanforderungen und Projektziele: Dies gilt insbesondere für die Nutzungsziele, die aber nur mittelbar in der Verantwortung des Projekts liegen, da sie erst nach dem Projektende realisierbar sind.

Wie im Abschnitt Schnittstellen dargestellt, haben die Aktivitäten zum Projektstart auch einige Überschneidungen zum Start eines neuen Unternehmens. Während für ein neu zu gründendes Unternehmen ein so genannter **Geschäftsplan** (Business Plan) erstellt wird, sollte ein Projekt, vergleichbar mit einem **Business Case**, beschrieben werden. Dieser Abschnitt beinhaltet zunächst grundlegende Informationen zum Geschäftsplan eines Unternehmens, um anschließend das Vorgehen zur Erstellung und den Umgang mit einem Business Case zu beschreiben.

Ein **Geschäftsplan** ist ein wesentliches Instrument bei der Gründung eines Unternehmens. Er beinhaltet eine Gesamtbeschreibung des zu gründenden Unternehmens mit seinen einzelnen Funktionen und gibt somit den Gründern eine wesentliche Orientierung über den prognostizierten Verlauf des Unternehmens in den ersten Jahren. Somit kann und sollte er auch als internes Steuerungsinstrument verwendet werden. Nach der Gründungsphase eines Unternehmens schreibt die Unternehmensführung den Geschäftsplan in der Regel jährlich fort. Neben diesen internen Zwecken hat ein Geschäftsplan auch Funktionen für externe Organisationen. Er dient vor allem gegenüber Banken und anderen Geldgebern als Grundlage zur Beurteilung eines Unternehmens, insbesondere bezüglich dessen Potenzials in den kommenden Jahren.

| |
|---|
| **Management-Zusammenfassung (Management Summary)** |
| Geschäftsidee, Märkte, Alleinstellungsmerkmal, grobe Umsatz- und Gewinnprognose, Finanzbedarf, Überblick Risiken (max. 2 Seiten) |
| **Hintergrundinformation zum Unternehmen** |
| Unternehmenszweck, Strategie mitsamt Vision, Mission, Werthaltungen/Guiding Principles, Gründer, Gründungsdatum, Unternehmensentwicklung, Rechtsform, Kapital- und Beteiligungsstruktur, Standorte mit SWOT-Analyse, Entwicklung der Schlüsselkennzahlen, Stärken und Schwächen |
| **Organisation und Mitarbeiter** |
| Aufbau- und Ablauforganisation, Verantwortlichkeiten, Mitarbeiterbedarf, -akquisition und -entwicklung, Administration, Informationstechnologie |
| **Zielmärkte** |
| Marktübersicht und Marktpotential, Zielgruppen, Kundenstruktur und Kundenbedarfe, Kaufgewohnheiten, Kaufmotive, Preispolitik, Rabatte, Margen, Zahlungskonditionen, Vertriebsstrukturen, Markttrends, Innovationen (geplante Schritte), Chancen und Risiken, Eintrittsbarrieren, Wachstumsraten, Wettbewerber und deren Produkte sowie erwartete Marktreaktionen, mögliche Kooperationen, Marketing: Marktanalyse, Marktsegmentierung, Marktbearbeitung, Werbung, Public Relation |
| **Kerngeschäft** |
| allgemeine Beschreibung der Produkte und Dienstleistungen, z. B. Sortiment (Tiefe, Breite, Umfang), Produkt (Funktion, Qualität, Design, Image, Verpackung), Service (Service-, Garantie- und Nebenleistungen usw.), Umsatz-/Gewinnziel: budgetierte Verkaufszahlen und Gewinne pro Marktsegment, angestrebte Marktanteile, Alleinstellungsmerkmale, SWOT-Analyse der Produkte und Dienstleistungen, Produktschutz |
| **Beschaffung und Leistungserstellung** |
| Beschaffung (SWOT-Analyse) und Lieferanten (ABC-Analyse), Anlagen und Infrastruktur (Technologie, Kapazitäten, Investitionsbedarf, Engpässe, geplante Kapazitätserweiterung), Produktionsprozesse, Durchlauf- und Lieferzeiten, Eigen- und Fremdproduktion, Qualitätssicherung, Forschung und Entwicklung |
| **Finanzierung** |
| (Plan-)Jahresabschlüsse inkl. Bilanz, Gewinn- und Verlustrechnung und Cash-Flow-Rechnung über mehrere Jahre, Liquiditätsplanung, wichtige Kennzahlen, Eigen- und Fremdkapital, (stille) Beteiligungen, Sicherheiten, Steuern |
| **Risikomanagement** |
| Auflistung und Bewertung potenzieller Risiken, Strategien zur Eintrittsvermeidung bzw. -reduzierung, Übertragung auf Dritte, Absicherung, Frühwarnsysteme für bekannte und neue Risiken, Gegenstrategien bei Risikoeintritt |
| **Anhang mit Dokumenten, Erklärungen, Analysen, Strategien etc.** |

Abbildung 3.06-6: Beispiel-Gliederung eines Geschäftsplans (Business Plan)

Inhaltlich soll ein Geschäftsplan die wesentlichen Informationen des Unternehmens wohl strukturiert bereitstellen. Dafür können Vorlagen verwendet werden, jedoch ist eine unternehmensbedingte, individuelle Anpassung der Gliederung sinnvoll. Diese Gliederung sollte dann aber über mehrere Jahre beibehalten werden, um eine vereinfachte Zusammenfassung und Vergleichbarkeit über möglichst viele Jahre zu gewährleisten. Abbildung 3.06-6 zeigt ein Beispiel für die Gliederung eines Geschäftsplans und dessen wesentliche Elemente. Die Ausarbeitung der Gliederung soll mit kurzen und prägnanten, leicht verständlichen Texten sowohl die interne Steuerungsfunktion erleichtern, als auch externe Zielgruppen von der Professionalität und Erfolgswahrscheinlichkeit des Unternehmens überzeugen.

**Tipp** Geschäftspläne für Projekte zu erstellen, erscheint aus verschiedenen Gründen nicht sinnvoll. Die Entwicklung eines Business Case jedoch kann wertvolle Informationen über ein Projekt liefern und zudem als übergreifendes Steuerungsinstrument genutzt werden. Dabei können die beispielhaft in Abbildung 3.06-6 dargestellten Inhalte eines Geschäftsplans als Vorlage dienen.

Analog zu einem Geschäftsplan, bei dem man auf eine Standardstruktur zurückgreifen und diese individuell anpassen kann, sollte man bei einem Business Case auf Basis einer Standardstruktur einmalig eine individuelle Anpassung vornehmen, diese dann aber als festen Standard für Projekte vorschreiben. So kann dann zwar keine individuelle Anpassung an jedes Projekt erfolgen, jedoch gewährleistet dies die vereinfachte Möglichkeit der projektübergreifenden Zusammenfassungen sowie Vergleiche und dient somit dem PPP.

„Business Case Management kann Informationen zu den Abweichungen zwischen geplantem und tatsächlichem Fortschritt liefern und vergleicht die erwarteten mit den tatsächlichen Ergebnissen. So liefert es z. B.:

- die für das rechtliche und geschäftliche Management zur Kontrolle des Projekts oder Programms benötigten Informationen
- die vom Portfoliomanagement für das Management der strategischen Ausrichtung und zur Koordinierung der Projekte und Programme benötigten Informationen
- die von anderen Abteilungen benötigten Informationen zur Planung ihrer mit dem Projekt bzw. Programm verbundenen oder von ihm abhängigen Aktivitäten" (NCB, Element 3.06 Geschäft)

| Management-Zusammenfassung (Management Summary) |
|---|
| Initiator, Projektidee und Begründung, Ausgangslage, grobe Input-Output-Prognose, Finanzierungsbedarf, Überblick Risiken (max. 2 Seiten) |
| **Hintergrundinformation zum Projekt** |
| Zweck des Projekts, Konformität mit bzw. Beitrag zur Strategie der Organisation, Zieldatum, Erfahrungen mit vergleichbaren Projekten, ggf. Rechtsform, Finanzierungsmodell, ggf. Standorte, Entwicklung der Schlüsselkennzahlen, Stärken und Schwächen, potenzielle Kooperationspartner |
| **Projektorganisation und -mitarbeiter** |
| Promotoren, Verantwortlichkeiten, Mitarbeiterbedarf, -akquisition und -entwicklung, Administration, Informationstechnologie |
| **Kunden/Zielgruppen** |
| Verhandlungsstand, Marktpotential des Projektergebnisses, Zielgruppen, Kaufgewohnheiten, Kaufmotive, Preispolitik, Rabatte, Margen, Zahlungskonditionen, Vertriebsstrukturen, Chancen und Risiken, Eintrittsbarrieren, Wettbewerber und erwartete Marktreaktionen, mögliche Kooperationen, Marketing: Marktanalyse, Marktsegmentierung, Marktbearbeitung |
| **Kernaufgaben und Rahmenbedingungen des Projekts** |
| Phasenmodell und Projektstrukturplan, allgemeine Beschreibung der Projektleistungen, Umsatz-/Gewinnziel, Finanzierung, Meilensteintermine |

| | |
|---|---|
| **Beschaffung und Leistungserstellung** | |
| Beschaffung (SWOT-Analyse) und Lieferanten (ABC-Analyse), Anlagen und Infrastruktur (Technologie, Kapazitäten, Investitionsbedarf, Engpässe, geplante Kapazitätserweiterung), Produktionsprozesse, Durchlauf- und Lieferzeiten, Eigen- und Fremdproduktion, Qualitätssicherung, Forschung und Entwicklung | |
| **Budget/Finanzierung** | |
| Cash-Flow-Rechnung über Projektdauer, Liquiditätsplanung, wichtige Kennzahlen, Sicherheiten, Steuern | |
| **Risikomanagement** | |
| Auflistung und Bewertung von Risiken, Strategien zur Eintrittsvermeidung bzw. -reduzierung, Übertragung auf Dritte, Absicherung, Frühwarnsysteme für bekannte und neue Risiken, Gegenstrategien bei Risikoeintritt | |
| **Anhang mit Dokumenten, Erklärungen, Analysen, Strategien etc.** | |

Abbildung 3.06-7: Vereinfachte Beispiel-Gliederung eines Business Case

## 5 Kosten-Nutzen-Analysen und Sensitivitätsanalysen

Weitere Ausführungen zu den Kosten-Nutzen-Analysen und Sensitivitätsanalysen beinhaltet das ICB-Element 1.01 Projektmanagementerfolg im Vertiefungswissen. Außerdem werden im Vertiefungswissen dieses Kapitels Verfahren und Vorgehensweise detailliert behandelt. Dieser Abschnitt beschreibt den übergreifenden Umgang mit den Kosten-Nutzen-Analysen und Sensitivitätsanalysen.

Die Kosten-Nutzen-Analysen prognostizieren den wirtschaftlichen Erfolg eines Projekts bzw. dessen Ergebnis und die Sensitivitätsanalysen ermitteln die Auswirkungen von Schwankungen einzelner Input-Parameter, insbesondere verursacht durch potenzielle Störgrößen des Projekts.

Abbildung 3.06-8 zeigt einen grundlegenden Aufbau von Wirtschaftlichkeitsrechnungen. Das System erhält die erforderlichen Inputvariablen, führt im zweiten Schritt die Berechnungen durch und liefert aus den Berechnungen den Output in Form von Kennzahlen, erleichtert durch „spezifische funktionale Software" (vgl. Element 1.22 IT). Ein Projektmanager liefert in der Regel die Inputdaten in Form der Rahmenbedingungen und prognostizierten Kapitalflüsse des Projekts (projektbezogene Einzahlungen/Einsparungen und Auszahlungen). Als Ergebnis erhält er mehrere Kennzahlen, die den prognostizierten wirtschaftlichen (finanziellen) Erfolg des Business Case in verschiedenen Szenarien (Sensitivitäten) beschreiben. Dabei ist eine detaillierte Kenntnis der Verfahren und Vorgehensweise nicht notwendig. Vergleichbar ist dies etwa mit dem Fahren eines Kraftfahrzeugs. Ein Fahrer muss in der Lage sein, das Kraftfahrzeug zu bedienen, aber muss nicht wissen, wie der Motor, die Kraftübertragung etc. funktioniert. Dies kann in bestimmten Situationen, z. B. einer Motorpanne, zwar hilfreich sein, jedoch kann auch hier auf entsprechende Experten zurückgegriffen werden.

**Tipp** Hinsichtlich der Wirtschaftlichkeitsbetrachtungen von Projekten bedeutet dies, dass als Grundwissen nicht die Verfahren und Vorgehensweisen selbst, sondern die zwei folgenden Aspekte von Bedeutung sind:
- Die Kenntnis, welche Daten als Input für die Wirtschaftlichkeitsbetrachtungen gebraucht werden und wie man diese beschafft bzw. prognostiziert
- und wie man die Ergebnisse (Kennzahlen) interpretiert, bewertet und kommuniziert.

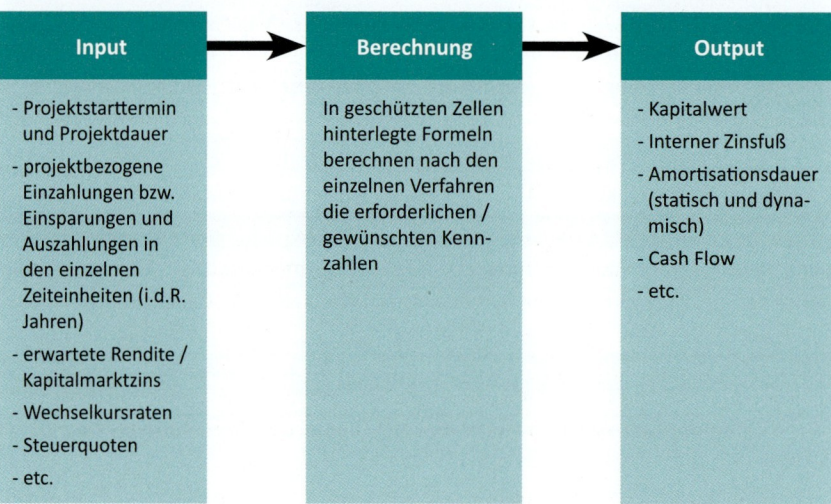

Abbildung 3.06-8: Grundlegender Aufbau von Wirtschaftlichkeitsrechnungen

Wirtschaftlichkeitsanalysen beziehen sich nicht nur auf die Projektdauer, sondern auch auf den **gesamten Produktlebensweg**, also auch auf die prognostizierte Nutzungszeit des Projektoutputs.

Welche Daten benötigt man als **Input** für die Wirtschaftlichkeitsbetrachtungen und wie beschafft bzw. prognostiziert man diese? Der Projektstarttermin und die Projektdauer resultieren in der Regel aus der Beauftragung. Ist dies nicht der Fall, dann muss der Projektleiter dafür einen Vorschlag einbringen. Projektbezogene Einzahlungen bzw. Einsparungen und Auszahlungen in den einzelnen Zeiteinheiten (i.d.R. Jahren) sind teilweise direkt ermittelbar (z. B. Anfrage von Materialpreisen, Konditionen von Dienstleistungen) oder man greift auf Erfahrungswerte aus vergleichbaren Projekten oder Teilaufgabenstellungen zurück. Bei älteren Datenquellen sind entsprechende Preissteigerungen zu berücksichtigen, um die aktuellen Werte möglichst genau abzuschätzen. Bei mehrjährigen Projekten gilt es zudem zu berücksichtigen, dass bei den meisten Kostenpositionen Preissteigerungen zu erwarten sind. Somit darf eine Auszahlung in zwei oder drei Jahren nicht mit dem aktuellen Schätzwert eingestellt werden, sondern mit dem dann zu erwartenden Wert. Sind weder eine direkte noch indirekte Ermittlung möglich, dann kann man Prognosen durchführen. Hierfür stehen verschiedene Methoden zur Verfügung, auf die an dieser Stelle nicht weiter eingegangen wird. Der aktuelle Kapitalmarktzins ist bei Kreditinstituten abfragbar, die erwartete Rendite wird von der Unternehmensleitung vorgegeben, Wechselkursraten sind bei Banken abfragbar. Aktuelle Steuerquoten liegen der Buchhaltung bzw. dem Controlling vor. Für letztgenannte Werte müssen bei mehrjährigen Projekten Prognosen für die Folgejahre erfolgen.

Wie interpretiert und bewertet man die Ergebnisse (**Output**) einer Wirtschaftlichkeitsbetrachtung? Als Ergebnisse einer Wirtschaftlichkeitsbetrachtung entstehen im ersten Schritt (betriebswirtschaftliche) Kennzahlen. Dazu gehören, je nach Vorgaben der Geschäftsführung, der Kapitalwert, der interne Zinsfuß, die Amortisationsdauer (statisch und dynamisch), der Cash Flow etc. sowie ggf. organisationsspezifische Parameter. Warum reicht dabei eine einzelne Kennzahl nicht aus? Am Beispiel der Einschätzung und Bewertung einer Immobilie ist das so zu verstehen: Man betrachtet das zu bewertende Objekt möglichst aus allen Blickrichtungen mitsamt Begehung von innen sowie eine Betrachtung des Umlands. Nur so erhält man ein umfassendes Bild als Grundlage für eine fundierte Bewertung. Eine Bewertung aufgrund eines einzigen Bilds aus einer Perspektive wäre sehr oberflächlich und nicht hinreichend. Vergleichbar ist dies mit den Kennzahlen. Eine einzelne Kennzahl kann immer nur eine einseitige Perspektive bieten. Erst eine Kombination aus mehreren zusammengestellten Kennzahlen liefert ein umfangreiches Bild. Letztendlich geben die Ausprägungen der Kennzahlen in ihrer Gesamtheit Auskünfte über die zu erwartende Wirtschaftlichkeit eines Projekts. Welche Ausprägungen müssen diese haben? Das ist sehr unternehmensspezifisch. Abhängig von der Branche, Unternehmensgröße, -struktur u.v.m. können diese Bewertungsstufen sehr stark variieren. Dies regelt eine Organisation in Bewertungsstufen bzw. Freigaberegeln. Ein Beispiel für Bewertungsstufen von Kennzahlen zeigt Abbildung 3.06-9. In der Regel sind diese Bewertungsstufen so ausgelegt, dass die nächst höhere Entscheidungsebene eingeschaltet werden muss, sobald eine der Freigabegrenzen überschritten ist.

| Kennzahl | Einheit | Projektleiter | Bereichsleiter | Geschäftsführung |
|---|---|---|---|---|
| Investitionsvolumen | in T€ | < 500 | < 1.000 | > 1.000 |
| Kapitalwert | in T€ | > 50 | > 0 | < 0 |
| Interner Zinsfuß | in % | > 15 | > 10 | < 10 |
| dynamische Amortisationsdauer | in Monaten | > 36 | > 48 | < 48 |

Abbildung 3.06-9: Beispiel für Bewertungsstufen von Kennzahlen

Im zweiten Schritt liefert eine Wirtschaftlichkeitsbetrachtung als Output die **Ergebnisse der Sensitivitätsanalysen**. Diese zeigen, welche Variationen von Inputdaten welche Auswirkungen auf die Wirtschaftlichkeit des Projekts haben. Im Zusammenhang mit dem Risikomanagement und den so genannten Best Case- und Worst Case-Betrachtungen liefern Sensitivitätsanalysen wertvolle Informationen über die Macht verschiedener Einflussbereiche auf den wirtschaftlichen Erfolg des Projekts.

💡 **Tipp** Als Entscheider auf projektübergreifender Ebene ist zusätzlich noch von Bedeutung, wie man herausfindet, ob die **Inputdaten realistisch und valide** sind oder ob sie bewusst oder unbewusst „schön gerechnet" (manipuliert) wurden. Geübte Entscheider prüfen bei Kosten-Nutzen-Analysen daher zunächst die Prämissen (Inputdaten). Wenn der Input nicht valide ist, liefern die Outputdaten verfälschte Aussagen und können daher nicht für eine fundierte Entscheidung dienen. Dabei sind die Aufwandsschätzungen meistens weniger „optimiert" worden als die Nutzenpotenziale. Denn Aufwandsschätzungen lassen sich durch Preisvergleiche und Angebotseinholungen sowie Erfahrungswerte leichter einschätzen. Nutzenpotenziale hingegen werden oft mit „Daumenpeilungen" vorgenommen, da Erfahrungswerte aufgrund der schweren Vergleichbarkeit der vielfältigen Projektsituationen nur eine eingeschränkte Aussagekraft haben und somit nur indirekt als Vorlage dienen können.

💡 **Tipp** Aus theoretischer Sicht ist es selbstverständlich, dass Kosten-Nutzen-Analysen über den **gesamten Projektverlauf und Produktlebensweg fortgeschrieben** und somit deren Erfüllung überprüft werden. In der Praxis wird dies leider aus Kapazitäts-/Zeitgründen vernachlässigt. Zudem wird in vielen Fällen bei der Projektumsetzung der Fokus des Projektcontrollings auf die Aufwandsseiten gelegt. Insbesondere Kostenentwicklungen werden recht stark überwacht. Dabei ist in der Regel das Projektcontrolling für das Erreichen der erwarteten Nutzenpotenziale mindestens genauso wichtig. Leider wird das **Nutzencontrolling** insbesondere bei internen Projekten immer wieder stark vernachlässigt.

# 6 Frühwarnsysteme und Risikomanagement

Hintergrundwissen und Prozessschritte zum Risikomanagement beinhaltet das ICB-Element 1.04. Risiken und Chancen und diese werden im entsprechenden Kapitel umfassend behandelt. Dieser Abschnitt beschreibt ergänzend den Bezug des ICB-Elements 3.06 Geschäft zu Frühwarnsystemen und Risikomanagement.

Risiken von einzelnen Projekten werden sich nur in Ausnahmefällen bloß innerhalb des Projekts auswirken. In der Regel wird es aber auch zumindest finanzielle Auswirkungen auf die ausführende Organisation geben, wenn Risiken eintreten. Aus diesem Grund sind Risiken von Projekten auch immer bezüglich ihrer Auswirkungen auf die gesamte Organisation zu prüfen. Dies gilt insbesondere für die Risiken in ihrer Gesamtheit, da einzelne Risiken ggf. vernachlässigbar sind, aber in der Summe dann doch größere Auswirkungen haben können.

💡 **Tipp** Neben dieser Einzelbetrachtung von Projekten müssen zudem die Projekte auch in der Summe betrachtet werden.

Dies ist eine wesentliche Aufgabe des PPP (vgl. ICB-Elemente 3.02, 3.03 und 3.04). Hier gilt es zu gewährleisten, dass die Risiken in allen sich zeitlich überlappenden durchgeführten Projekten nicht einen bestimmten Grad an potenziellen Auswirkungen übersteigen. Bei einem parallelen Eintritt mehrerer Risiken aus unterschiedlichen Projekten können ansonsten in der Summe schwerwiegende Auswirkungen auf die Organisation entstehen, die sich ggf. sogar schnell bis zur existenziellen Gefährdung der gesamten Organisation addieren können.

Doch nicht nur aus dem PPP sollten diese Risiken betrachtet werden. Das Risikomanagement der gesamten Organisation muss nicht nur die Risiken der allgemeinen Geschäftätigkeit überwachen, sondern auch die Risiken aus Projekten einbeziehen. Aufgrund mehrerer überraschender Unternehmenspleiten in den USA wurde in 2002 der so genannte Sarbanes-Oxley Act (SOA) eingeführt. Er soll durch ein verbessertes Risikomanagement und Berichtswesen von Unternehmen kurzfristige Unternehmenspleiten verhindern. Der SOA gilt nicht nur für börsennotierte US-amerikanische Unternehmen, sondern alle internationalen Unternehmen, die an US-amerikanischen Börsen gelistet sind. Somit ist weltweit eine Vielzahl von Unternehmen betroffen.

Auch wenn sich der SOA hauptsächlich auf die Ordnungsmäßigkeit der Bilanz- und Erfolgsrechnung bezieht, so hat er doch erhebliche Auswirkungen auf die gesamte Führung einer Organisation (Corporate Governance). Hinzu kommen mehr und mehr so genannte Compliance-Aktivitäten. Hier geht es um die Einhaltung von Gesetzen, Vorschriften, Richtlinien und eigener Ethik-Kodizes etc. in Unternehmen, insbesondere zur Vermeidung von korruptiven Aktivitäten von Mitarbeitern. In Deutschland wurde bereits vor dem SOA das Gesetz zur Kontrolle und Transparenz im Unternehmensbereich (KonTraG) mit weit reichenden Folgen verabschiedet. Das Aktiengesetz (AktG) z. B. verpflichtet den Vorstand, *„geeignete Maßnahmen zu treffen, insbesondere ein Überwachungssystem einzurichten, damit den Fortbestand der Gesellschaft gefährdende Entwicklungen früh erkannt werden"* (AktG, §91, Abs. 2). Weiterhin müssen Wirtschaftsprüfer zusätzlich prüfen, ob ein hinreichendes Risikomanagement betrieben wird.

Aus diesen Gründen bestehen für Organisationen konkrete Vorgaben zur Einführung und Umsetzung von Frühwarnsystemen und Risikomanagement. Ein umfangreiches Risikomanagement muss betrieben werden. Im Jahresabschluss von Unternehmen sind grundlegende Informationen zu den Risiken der Organisation darzustellen.

# 7 Zusammenfassung

Der Basisteil zum ICB-Element Geschäft (Business) „bezieht sich auf die Auswirkungen der Geschäftstätigkeiten auf das Management von Projekten, Programmen und Portfolios und umgekehrt" (NCB, Element 3.06 Geschäft). Mit dem Unterschied der zeitlichen Begrenzung müssen Projekte überwiegend wie kleine Unternehmen auf Zeit geführt werden. Business zieht sich durch fast alle Gebiete und Themen des Projektmanagements. Die erfolgreiche Anwendung von Projektmanagement und die Umsetzung von Projekten erfordern die professionelle und maßgeschneiderte Anwendung von Projektmanagementprozessen und -werkzeugen mitsamt dem Schnittstellenmanagement zu den allgemeinen Geschäftstätigkeiten. Projekte und das Projektmanagement haben insgesamt vielfältige Schnittstellen zu allgemeinen Geschäftstätigkeiten einer Organisation. Die grundsätzlichen Projekt- und Produktlebenswege werden in diesem Abschnitt untersucht und mögliche Schnittstellen zwischen allgemeinen Geschäftstätigkeiten und Projekten bzw. Projektmanagement dargestellt. Ein bedeutender Schritt ist zudem die Erstellung eines Business Case zum Projektstart und dessen Fortschreibung im weiteren Projektverlauf. Dazu gehören auch Kosten-Nutzen-Betrachtungen und Sensitivitätsanalysen.

Abschließend behandelt der Basisteil das Thema Frühwarnsysteme und Risikomanagement aus Sicht der allgemeinen Geschäftstätigkeit einer Organisation.

# 8 Fragen zur Wiederholung

1. Warum kann man Projekte als Unternehmen auf Zeit betrachten? ☐
2. Was ist der Unterschied zwischen Projekt- und Produktlebensweg? ☐
3. Welche Schnittstellen können vom Projekt zum Unternehmen bestehen? ☐
4. Welche Schnittstellen können vom Unternehmen zum Projekt bestehen? ☐
5. Welche Daten benötigt man als **Input** für die Wirtschaftlichkeitsbetrachtungen und wie beschafft bzw. prognostiziert man diese? ☐
6. Wie interpretiert und bewertet man die Ergebnisse (**Output**) einer Wirtschaftlichkeitsbetrachtung? ☐
7. Warum reicht eine Kennzahl nicht aus und welche Ausprägungen muss eine Vielzahl von Kennzahlen haben? ☐
8. Welche Zusammenhänge bestehen zwischen den Risiken in Projekten und den Risiken für das Unternehmen? ☐
9. Warum sollte das Risikomanagement von Projekten dem Risikomanagement des Unternehmens berichten? ☐

## 3.07 Systeme, Produkte und Technologie
### (Sytems, products & technology)
Reinhard Wagner, Konrad Spang

### Bedeutung

Moderne Volkswirtschaften definieren heute ihren Erfolg über die Fähigkeit, komplexe Systeme, Produkte und Technologien gestalten und auf den internationalen Märkten anbieten zu können. Das Label „Made in Germany" steht für diese Fähigkeit und sichert uns in Deutschland seit vielen Jahren Wachstum und Wohlstand. Die Gestaltung und Vermarktung von Systemen, Produkten und Technologien geschehen in der Regel in Form von Projekten und bedürfen einer hohen Projektmanagement-Kompetenz.

Die Geschichte der Projektmanagement-Disziplin hängt eng mit der Realisierung komplexer System-Projekte bzw. -Programme zusammen. So waren es vor allem die Programme des US-Militärs bzw. der NASA, welche die Beschäftigung mit dem damals noch „Systems Program Management" und „Program Control" genannten Projektmanagement erforderten. Mit einer wachsenden Nachfrage nach Systemen, Produkten und Technologien auf den Weltmärkten (z. B. im Maschinen- und Anlagenbau sowie in der Automobilindustrie) gewinnt auch das Projektmanagement weiter an Einfluss.

Dabei wird leider allzu oft die enge Beziehung zwischen dem Projektmanagement und den Aktivitäten zur Realisierung von Systemen, Produkten und Technologien vernachlässigt. So setzt das Management entsprechender Projekte eine genaue Kenntnis des Projektgegenstands (nämlich des Systems, des Produkts oder der Technologie) und der zur Realisierung dieses Gegenstands notwendigen Aktivitäten voraus. Auch die vielfältigen Wechselwirkungen zwischen den an der Projektabwicklung beteiligten Personen und Funktionen spielen hier eine große Rolle. Schließlich erleichtern fundierte Kenntnisse über die in der jeweiligen Disziplin gebräuchlichen Vorgehensweisen, Methoden und Tools die Projektabwicklung.

Projektmanagement ist bei der Realisierung von Systemen, Produkten und Technologien „Mittel zum Zweck". Das Projektmanagement organisiert die inhaltliche Arbeit und richtet alle Aktivitäten auf die vereinbarten Ziele aus. Es hängt entscheidend von der Komplexität der zu lösenden Aufgabe ab, ob der Einsatz von Projektmanagement überhaupt Sinn macht (häufig werden solche Vorhaben auch in den entsprechenden Fachabteilungen koordiniert), bzw. welche Vorgehensweisen, Methoden und Tools aus dem Projektmanagement auf die Aufgabenstellung angewendet werden sollten. Aufgrund der immer kürzer werdenden Entstehungszeiten von Systemen, Produkten und Technologien („time-to-market") bei verringerten Budgets und gleichzeitig steigenden Qualitätsanforderungen wird professionelles Projektmanagement immer wichtiger.

Sowohl die an der Realisierung des Projektgegenstands als auch die im Projektmanagement Beteiligten, allen voran der Projektmanager, sollten über das erforderliche Wissen und eine ausreichende Erfahrung in Bezug auf die Realisierung von Systemen, Produkten und Technologien verfügen.

### Kontext

Da bei diesem Element mögliche Projektgegenstände (Systeme, Produkte und Technologien) betrachtet werden, existieren vielfältige Beziehungen zu anderen Kompetenzelementen.

So gibt es im Bereich der kontext-bezogenen Kompetenzelemente starke Beziehungen zum Geschäft (vgl. Element 3.06) und der Stammorganisation (vgl. Element 3.05) eines Unternehmens, da es sich bei der Entwicklung und Realisierung von Systemen, Produkten und Technologien ja zumeist um die Kernkompetenz eines Unternehmens handelt, die durch eine enge Zusammenarbeit der Stammorganisation

(z. B. der Entwicklung, der Erprobung und der Fertigung) mit dem Projektmanagement realisiert wird. Darüber hinaus spielen bei diesen Projekten auch Kompetenzen aus den Bereichen Gesundheit, Arbeits-, Betriebs- und Umweltschutz (vgl. Element 3.09), Finanzierung (vgl. Element 3.10) sowie rechtliche Aspekte (vgl. Element 3.11) eine Rolle. Dies hängt jeweils vom Projektgegenstand und der Komplexität der Gesamtaufgabe ab.

Auch der Bereich der verhaltens-bezogenen Kompetenzelemente hat einen starken Einfluss auf die Anwendung und Entwicklung von Systemen, Produkten und Technologien. So kommt es gerade bei innovativen Projekten in den frühen Phasen der System-, Produkt- bzw. Technologieentwicklung auf die Entfaltung von Kreativität (vgl. Element 2.07) an. Bei der späteren Umsetzung und Anwendung von Systemen, Produkten und Technologien rücken dann die Ergebnisorientierung (vgl. Element 2.08) und die Effizienz (vgl. Element 2.09) stärker in den Vordergrund. Schließlich spielt auch die Beratungskompetenz (vgl. Element 2.10) bei den vielfältigen Wechselwirkungen der am Projekt beteiligten Personen eine große Rolle. Dies können sowohl die Mitarbeiter der Stammorganisation als auch involvierte Kunden und Lieferanten sein.

Die Arbeit am Projektgegenstand erfordert natürlich auch die Beherrschung etlicher PM-technischer Kompetenzen. Hierunter fallen die Kompetenzen zum richtigen Umgang mit interessierten Parteien (vgl. Element 1.02), die Klärung und Steuerung der Projektziele und Anforderungen (vgl. Element 1.03) mit den dazugehörigen Chancen und Risiken (vgl. Element 1.04) sowie den entsprechenden Qualitätsanforderungen (vgl. Element 1.05). Schließlich sind auch die Kompetenzen zur Definition von Projektstrukturen (vgl. Element 1.09), des Leistungsumfangs und der Lieferobjekte (vgl. Element 1.10) sowie der Information und Dokumentation (vgl. Element 1.17) einzubeziehen.

## Lernziele

Sie können

- Systeme, Produkte und Technologien als mögliche Gegenstände von Projekten einordnen und jeweils ein praktisches Beispiel anführen
- die Besonderheiten bei der inhaltlichen Gestaltung von produkt-, system- und technologie-bezogenen Projekten wiedergeben
- den Lebenszyklus für ein Produkt, ein System und eine Technologie anhand eines praktischen Beispiels erklären
- die Disziplinen „Produktmanagement" und „Systems Engineering" von der Disziplin des Projektmanagements abgrenzen
- den Unterschied zwischen der Prozessorientierung und dem Abteilungsdenken erläutern
- das Zusammenspiel des Projektmanagements mit der Stammorganisation beschreiben und mithilfe des Funktionendiagramms an einem Beispiel verdeutlichen
- die Zusammenarbeit mit externen Partnern, wie z. B. Kunden und Lieferanten, einordnen und sind mit dem Ansatz des Collaborative Project Managements vertraut

# Inhalt

| | | |
|---|---|---|
| 1 | Systeme, Produkte und Technologien als Projektgegenstände | 1246 |
| 2 | Die inhaltliche Gestaltung des Projektgegenstands | 1248 |
| 2.1 | Besonderheiten produkt-bezogener Projekte | 1248 |
| 2.2 | Besonderheiten system-bezogener Projekte | 1251 |
| 2.3 | Besonderheiten technologie-bezogener Projekte | 1254 |
| 3 | Zusammenarbeit in produkt-, system- und technologie-bezogenen Projekten | 1256 |
| 3.1 | Prozessorientierung vs. Abteilungsdenken | 1257 |
| 3.2 | Klärung von Aufgaben, Kompetenzen und Verantwortlichkeiten | 1258 |
| 3.3 | Einbindung externer Projektpartner | 1260 |
| 4 | Zusammenfassung | 1264 |
| 5 | Fragen zur Wiederholung | 1265 |

# 1 Systeme, Produkte und Technologien als Projektgegenstände

Erstaunlicherweise finden sich in der umfangreichen Projektmanagement-Literatur nur wenige Hinweise, worauf sich die Aktivitäten des Projektmanagements eigentlich beziehen und wozu sie ausgeführt werden. Projektmanagement scheint zum Selbstzweck geworden zu sein. Dabei dient das Management von Projekten doch vor allem dazu, ein Ergebnis bzw. einen Projektgegenstand möglichst effektiv und effizient zu erzeugen. Für die Ausgestaltung des Projektmanagements spielen folgende Aspekte eine Rolle: 1.) Die Eigenschaften des Projektgegenstandes, 2.) der Ausschnitt aus dem Lebenszyklus des Projektgegenstandes, 3.) der Vernetzungsgrad des Projektes, d.h. die Frage, wie viele Personen und Funktionen an der Projektabwicklung intern beteiligt sind, ob das Projekt für einen externen Auftraggeber realisiert wird und wie viele Partner daran beteiligt sind. In diesem Kapitel stehen deshalb Systeme, Produkte und Technologien als mögliche Gegenstände von Projekten und die Anforderungen an das Projektmanagement im Mittelpunkt der Betrachtungen.

Projekte werden ausgeführt, um ein bestimmtes Ergebnis zu erzielen. Das Projektergebnis besteht dabei z. B. aus der Entwicklung, Änderung, Herstellung und Lieferung oder der Einführung und Nutzung eines bestimmten Projektgegenstandes.

> **§ Definition** Der Projektgegenstand (im Englischen „Project Object" oder „Product" genannt) ist das durch die Aufgabenstellung geforderte materielle und/oder immaterielle Ergebnis der Projektarbeit (vgl. MOTZEL, 2006: 155). Die Begriffe Projektgegenstand und Projektinhalt werden häufig synonym verwendet.

Projektgegenstände sind oft sehr vielschichtig. Sie können aus materiellen, d.h. physisch greifbaren Gegenständen, wie z. B. einer Werkzeugmaschine, bestehen oder immaterielle Ergebnisse zum Ziel haben, wie z. B. eine veränderte Organisationsstruktur nach der Restrukturierung eines Unternehmens. Oft sind sogar beide Ebenen als Ergebnis der Projektarbeit gefragt, so z. B. bei der Errichtung einer schlüsselfertigen Chemieanlage. Hierbei spielen Dienstleistungen, wie z. B. Beratung, Planung, Projektierung, Beschaffung und Logistik, oft eine wichtigere Rolle als das eigentliche Produkt. Effektivität und Effizienz des Projektmanagement-Ansatzes hängen also entscheidend von der Beschaffenheit des Projektgegenstandes und den zur Realisierung notwendigen Tätigkeiten ab.

> **Tipp** Vor der Auswahl und Anwendung bestimmter PM-Prozesse, Methoden und Tools sollten die Anforderungen des Projektgegenstandes genau geklärt werden, um das für die Projektabwicklung passende Vorgehen auswählen zu können. Darüber hinaus sind eine frühzeitige Auseinandersetzung mit den jeweils geltenden Standards sowie eine intensive Kommunikation mit den Betroffenen/Beteiligten für die Projektabwicklung hilfreich.

Die Beschaffenheit von Produkten, Systemen und Technologien – als hier zu betrachtende Projektgegenstände – ist sehr unterschiedlich. Deshalb sollen diese vorab definiert und anhand eines Beispiels erläutert werden.

> **§ Definition** Produkte sind Wirtschafts- bzw. Sachgüter, die im Rahmen eines bestimmten Wertschöpfungsprozesses entstehen, zum Verbrauch oder zur anderweitigen Verwendung geeignet sind und entweder auf hierfür geeigneten Märkten abgesetzt oder in der eigenen Organisation genutzt werden.

Das Spektrum möglicher Produkte ist groß. So können Produkte für den Konsum (z. B. Lebensmittel) oder als Investitionsgüter für die Herstellung anderer Produkte (z. B. Roboter) verwendet werden. Es gibt einfache Produkte (z. B. Schrauben) oder sehr komplexe Produkte (z. B. Flugzeuge). Heutzutage wird der Produktbegriff immer weiter ausgedehnt und auch für immaterielle Gegenstände, d. h. Dienstleistungen, verwendet (z. B. Versicherungspolice).

Komplexere Produkte werden häufig auch als System bezeichnet (wie z. B. bei einem Navigationssystem). Systeme haben die unterschiedlichsten Erscheinungsformen, so z. B. EDV-Systeme, Transport-Systeme oder Lackier-Systeme für die Fahrzeugherstellung. Letzteres ist ein gutes Beispiel für die Veränderungen bei der Gestaltung von Systemen, so geht es dabei einerseits um die Gestaltung des materiellen Systems (d. h. die Lackieranlage), andererseits erwarten die Auftraggeber solcher Systeme heute umfangreiche Dienstleistungen und damit immaterielle Bestandteile, wie z. B. die Planung und selbstständige Realisierung der gesamten Lackieranlage sowie nach erfolgter Errichtung der Anlage auch noch Schulungs- und Wartungsleistungen.

> **Definition** Ein System besteht aus mehreren Teilsystemen oder Elementen (z. B. Bauteile oder Komponenten), die bestimmte Eigenschaften besitzen und in komplexen Wechselwirkungen zueinander stehen (vgl. DAENZER & HUBER, 1999: 5).

Zur Betrachtung eines beliebigen Systems muß das System zuerst von seiner Umwelt abgrenzt und definiert werden (was gehört zum System und was nicht?) Hierbei kommt es auf eine sinnvolle Abgrenzung an. Dann wird die (innere) Struktur des Systems, d. h. der Aufbau der Elemente des Systems mit der entsprechenden Hierarchie und den Beziehungen zwischen den Elementen sowie deren Eigenschaften betrachtet.

Projekte werden häufig ebenfalls unter „systemischen" Gesichtspunkten betrachtet. So kann z. B. das Projekt selbst in Teilsysteme (z. B. Teilprojekte) oder Elemente (z. B. Arbeitspakete) unterteilt werden, die bestimmte Eigenschaften besitzen und in Wechselwirkung zueinander stehen. Dies wird allerdings an anderer Stelle vertieft (vgl. Element 1.09 Projektstrukturen). Genauso gut kann man ein einzelnes Projekt auch als Element begreifen, das mit vielen anderen Projekten (den „Elementen") in Wechselwirkung steht und Teil eines Programms bzw. Projektportfolios (dem „System") ist. Auch das soll an dieser Stelle nicht vertieft werden. (vgl. Elemente 3.02 Programmorientierung und 3.3 Portfolioorientierung). Schließlich kann man ein Projekt auch als soziales System betrachten, in dem die Menschen als Elemente in Wechselwirkung zu anderen Menschen stehen und alle zusammen in einem komplexen, sozialen Wirkgefüge interagieren. Das wird ebenfalls an anderer Stelle in diesem Fachbuch vertieft (vgl. Element 1.02 Interessensgruppen; interessierte Parteien). Im Folgenden werden Systeme ausschließlich als Gegenstand eines Projektes betrachtet und analysiert, welche Tätigkeiten zur Realisierung eines Systems notwendig sind. Projekte mit einem komplexen System als Gegenstand erfordern in der Regel nämlich eine andere Vorgehensweise als Projekte, bei denen nur ein einfaches Produkt realisiert werden soll.

> **Definition** „Technologien sind das Wissen über naturwissenschaftlich-technische Wirkungszusammenhänge zur Lösung von Problemen und die Voraussetzung für die wirtschaftliche und wettbewerbsorientierte Herstellung von Produkten. Die Konkretisierung und Materialisierung einer Technologie in die Leistungen eines Unternehmens wird als Technik bezeichnet" (HOFBAUER & SCHWEIDLER, 2006: 74).

Je nach Ausprägung können unterschiedliche Technologiearten unterschieden werden, so zum Beispiel Produkttechnologien (z. B. Brennstoffzelle), Verfahrenstechnologien (z. B. die Klebetechnik im Fahrzeugbau) oder Prozesstechnologien (z. B. Rapid Prototyping). Alle beziehen sich auf ein bestimmtes Einsatzgebiet. Durch einen neuen oder veränderten Einsatz von technischen Lösungen soll ein bestehendes Problem besser gelöst werden. Technologien haben deshalb auch immer mit dem technischen Fortschritt zu tun.

Angesichts der vielfältigen Unwägbarkeiten bei der Realisierung von Technologien ergeben sich besondere Herausforderungen für das Projektmanagement. So können in der Regel die Ergebnisziele nur sehr vage formuliert werden, da meistens nur geringe Erfahrungen auf dem jeweiligen Gebiet existieren und die Rahmenbedingungen, wie z. B. die Termine und Kosten, nur recht grob vorgegeben werden können. Für das Projektmanagement heißt das, sich immer wieder auf neue Anforderungen einstellen und die Planung flexibel anpassen zu müssen.

∑ **Fazit** Die Ausgestaltung des Projektmanagements hängt also entscheidend von der besonderen Beschaffenheit des Produkts, des Systems bzw. der jeweiligen Technologie und der Frage ab, welche Tätigkeiten zur Realisierung dieses Projektgegenstandes nötig sind und wer bei der inhaltlichen Gestaltung des Projektgegenstandes einzubeziehen ist.

## 2 Die inhaltliche Gestaltung des Projektgegenstands

Das Projektmanagement organisiert die inhaltliche Arbeit und richtet alle Aktivitäten auf die vereinbarten Ziele aus. Das Projektmanagement hat damit nicht unmittelbar etwas mit der Arbeit am Projektgegenstand (d. h. dem Produkt, dem System oder der Technologie) zu tun. Allerdings sollte der Projektmanager ein fundiertes Verständnis bezüglich der inhaltlichen Gestaltung des Projektgegenstandes haben. Im Folgenden werden die für ein Produkt, ein System und eine Technologie notwendigen Schritte anhand praktischer Beispiele dargestellt.

### 2.1 Besonderheiten produkt-bezogener Projekte

Auslöser für ein produkt-bezogenes Projekt ist in der Regel eine konkrete Anfrage eines Kunden oder die aus der Strategie abgeleitete Idee zur Entwicklung und Vermarktung eines neuen Produktes. Nach der Definition der genauen Anforderungen an das Produkt (z. B. in Form einer Produktbeschreibung oder einer Spezifikation) beginnt der eigentliche Produktentstehungsprozess mit der Konzeption und Auslegung des Produkts, der Entwicklung und Erprobung, bis dann nach der Umsetzung notwendiger Änderungen und der Freigabe die Produktion und Auslieferung beginnen können. Parallel zur Produktentstehung werden die Produktionsprozesse durch die Produktionsplanung oder die Arbeitsvorbereitung geplant und die nötigen Produktionsressourcen (z. B. Betriebsmittel) beschafft. Nachdem erste Produkte in der gewünschten Qualität gefertigt wurden, kann die Produktion zu ihrem vollen Volumen ausgebaut werden. Bei vorher nicht geplanten Abweichungen in der Produktion oder bei neuen Wünschen des Auftragnehmers müssen ggf. die Produkteigenschaften und die Produktionsprozesse angepasst werden. Abbildung 3.07-1 zeigt den standardisierten Produktentstehungsprozess der Automobilindustrie mit den wichtigsten Aktivitäten sowie den dazugehörigen Meilensteinen.

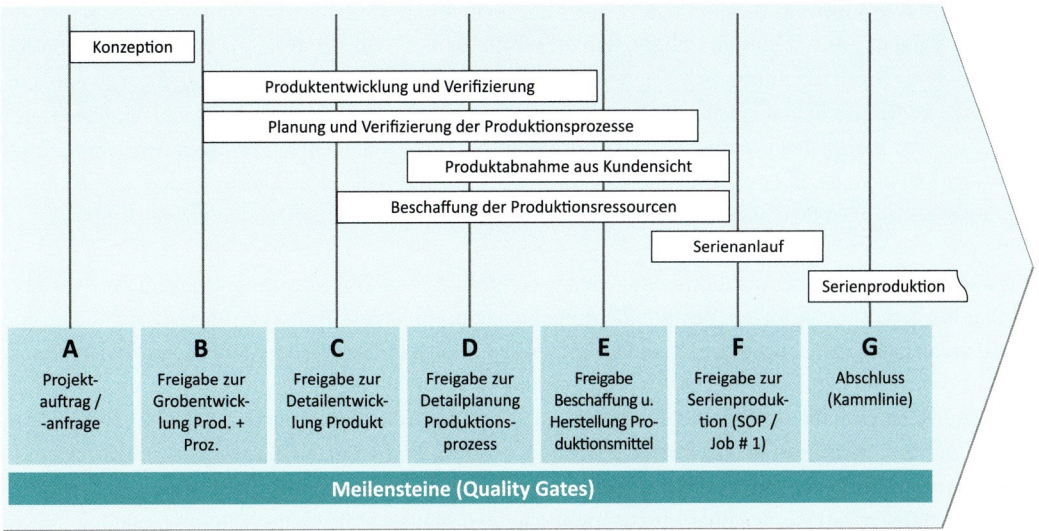

Abbildung 3.07-1: Produktentstehungsprozess der Automobilindustrie (VDA, 2003: 53)

**Beispiel** Ein Automobilzulieferer erhält eine Anfrage zur Lieferung eines einfachen Bauteils für die Neuauflage eines Großserienfahrzeugs eines deutschen Automobilherstellers. Der Vertriebsmitarbeiter des Automobilzulieferers klärt mit dem Kunden die für ein Angebot notwendigen Angaben, wie z. B. den Start der Produktion (SOP „Start of Production") beim Automobilhersteller, die geforderten Stückzahlen und die Qualitätsanforderungen des Kunden, ab und bereitet zusammen mit seinen Ansprechpartnern in der technischen Abteilung ein entsprechendes Angebot vor. Nach Beauftragung durch den Automobilhersteller beginnt der Zulieferer mit der Bauteil- Entwicklung und einer Verifizierung im Rahmen von standardisierten Bemusterungsstufen und Erprobungsläufen. Parallel dazu beschafft der Zulieferer die nötigen Betriebsmittel zur Herstellung des Bauteils und lässt in der Produktionsplanung den Produktionsprozess auf Basis der Vorgaben des Automobilherstellers und eigener Erfahrungen vorbereiten. Nach Abnahme der Musterteile durch den Automobilhersteller und der Einrichtung eines Produktionsprozesses beginnt der Zulieferer langsam mit dem Anlauf seiner Produktion, um parallel zum Anlauf beim Automobilhersteller die geforderten Stückzahlen zu liefern.

Der Produktentstehungsprozess kann je nach Branche, Produkten bzw. Unternehmen unterschiedlich ausfallen, an der übergeordneten Logik ändert sich allerdings relativ wenig.

**Tipp** Gute Kenntnisse der branchen-, produkt- oder unternehmensspezifischen Standards in der Produktentstehung sowie möglichst konkrete Erfahrungen bezüglich deren praktischen Ausgestaltung und Anwendung sind wesentliche Voraussetzungen für eine erfolgreiche Projektabwicklung.

Sind die Produkte erst einmal produziert, können sie an den Markt ausgeliefert werden und bleiben dort, bis das Produkt vom Markt genommen oder möglicherweise durch ein neues Produkt ersetzt wird (vgl. Element 3.06 Geschäft).

**Definition** Der Produktlebenszyklus beschreibt den Prozess von der Entwicklung und Herstellung über die Markteinführung bis zur Rücknahme oder Einstellung des Produktes. Dieser Lebenszyklus kann in mehrere Phasen unterteilt werden, so z. B. in die Entwicklungs-, Herstellungs-, Einführungs-, Wachstums-, Reife- und Rückgangsphase.

🔍 **Beispiel** In unserem Beispiel liefert der Automobilzulieferer seine Teile genau in der Menge direkt ans Band des Automobilherstellers, wie dieser die Bauteile für seine eigene Produktion benötigt. Der Zulieferer profitiert anfänglich von der großen Nachfrage nach dem Fahrzeug und kann seine Liefermenge kontinuierlich ausweiten. Nach einer gewissen Zeit schwächt sich die Nachfrage nach dem Fahrzeug aber merklich ab, sodass sich der Automobilhersteller dazu entschließt, ein neues Modell auf den Markt zu bringen. Bei den Angebotsverhandlungen für das neue Modell konnte sich allerdings ein Mitbewerber durchsetzen, was zur Einstellung des Bauteils bei dem Automobilzulieferer führt.

Für das Management eines produkt-bezogenen Projektes ist es wichtig, den Projektgegenstand vor Projektbeginn genau abzugrenzen. Besteht die Aufgabe darin, ein neues Produkt zu entwickeln und an den Markt zu bringen oder soll ein bereits eingeführtes Produkt geändert werden? Soll ein am Markt erworbenes Produkt im eigenen Unternehmen eingeführt bzw. für die eigene Produktion genutzt werden? Alle genannten Vorhaben unterscheiden sich hinsichtlich der Anforderungen und haben Auswirkungen auf die Art und Weise des Projektmanagements. So stellt z. B. die Entwicklung eines neuen Produkts häufig mehr Anforderungen an das Projektmanagement als die Beschaffung und Nutzung eines Produkts im eigenen Betrieb. Darüber hinaus unterscheiden sich auch die konkreten Aufgaben und die an der Erledigung Beteiligten.

Bei produktbezogenen Projekten kommt es immer wieder zur Verwechslung zwischen den Aufgaben des Produktmanagements und des Projektmanagements. Beide Aufgabenbereiche unterscheiden sich allerdings hinsichtlich des Betrachtungsgegenstands.

§ **Definition** Das Produktmanagement koordiniert und steuert alle produkt-bezogenen Themenbereiche über Funktionen oder Bereiche hinweg (vgl. AUMAYR, 2006).

Die Aufgabe des Produktmanagements ist es, sich mit den für das Produkt relevanten Märkten und Erwartungen zu beschäftigen. Daraus leitet der Produktmanager die spezifischen Anforderungen und Produkteigenschaften ab und plant die zukünftige Ausgestaltung des Produkts bzw. des Produktprogramms. In kleineren und mittleren Unternehmen werden die Aufgaben des Produktmanagements auch vom Marketing oder vom Vertrieb wahrgenommen.

Aus der übergeordneten Produktprogrammplanung des Unternehmens können nun einzelne Vorhaben als Projekte ausgelöst werden. Das Projektmanagement plant, koordiniert und steuert auf Basis der Vorarbeiten des Produktmanagements die für ein bestimmtes Projekt (z. B. die Entwicklung einer neuen Werkzeugmaschine für den amerikanischen Markt) relevanten Themenbereiche. Der Projektmanager arbeitet dabei in der Regel auf klare Termine hin (wie z. B. das Datum der Markteinführung für die neue Presse auf dem amerikanischen Markt), seine Aufgabe endet mit Abnahme des Projektergebnisses zum vorgegebenen Termin. Der Produktmanager hingegen denkt und handelt eher langfristig in seinem Produktspektrum (so betreut der Produktmanager nun die Werkzeugmaschine am amerikanischen Markt bis zum Ende des produktspezifischen Produktlebenszyklus).

Σ **Fazit** Das Produktmanagement fokussiert auf einzelne Produkte oder Produktprogramme, wohingegen sich das Projektmanagement auf einmalige, zumeist auch neuartige Projekte mit klaren Vorgaben hinsichtlich Qualität, Kosten und Terminen konzentriert. Üblicherweise sorgt das Produktmanagement dafür, dass ein produkt-bezogenes Projekt ausgelöst wird. Nach Projektabschluss kümmert sich der Produktmanager wieder um die langfristige Betreuung des Produkts. Insofern bildet das Produktmanagement die Klammer um die Projektarbeit.

Beide Disziplinen unterscheiden sich also hinsichtlich ihrer spezifischen Aktivitäten, sollten diese aber dennoch eng aufeinander abstimmen, beispielsweise bei der Klärung der Anforderungen an das Produkt.

## 2.2 Besonderheiten system-bezogener Projekte

Wenn wir heute Systeme betrachten, ist sehr schnell von einer hohen Komplexität die Rede. Diese Sicht auf Systeme ist durch die Schwierigkeiten geprägt, die wir Menschen damit haben, Systeme zu verstehen und zu beschreiben. Diese Schwierigkeiten lassen sich auf eine Reihe von charakteristischen System-Eigenschaften zurückführen:

- Ein System ist mehr als die Summe seiner Teile – nämlich die Struktur des Systems, das Netz der Wechselwirkungen
- Innerhalb des Systems können vielfältige Wechselwirkungen existieren, d. h. die Elemente des Systems wirken aufeinander und damit auch auf sich selbst zurück (Rückkopplung)
- Ein System ist durch Wechselwirkungen mit seiner Umwelt verbunden
- Die Ursache-Wirkungs-Beziehungen zwischen den einzelnen Elementen und der Umwelt sind oft nicht-linear und nicht-stetig
- Systeme sind komplex verschachtelt – Grenzziehungen sind willkürliche Eingriffe des Menschen, als Versuch, die Komplexität eines Systems zu „reduzieren"
- Systeme und ihr Verhalten sind oft intransparent und für die menschliche Intuition schwer zugänglich

In den 1950er Jahren entstanden die ersten Ansätze zur Erklärung und Beschreibung von Systemen. So veröffentlichte Ludwig von BERTALANFFY 1950 das Buch „An Outline of General Systems Theory" und prägte damit die Entstehung der Systemtheorie. Einige Jahre später entwickelte er gemeinsam mit Arthur D. HALL auch die Disziplin „Systems Engineering".

> **Definition** „Systems Engineering (SE) ist eine systematische Denkweise und Methodik zur Lenkung von Problemlöseprozessen im Kontext anspruchsvoller sozio-technischer Fragestellungen" (ZÜST, 2004: 9).

Das Systems Engineering ist eng mit der Entstehungsgeschichte des Projektmanagements und den großen Projekten der amerikanischen Rüstungs- bzw. Luft- und Raumfahrtindustrie der 1960er Jahre verknüpft. Es wird heute immer noch vorwiegend in der Luft- und Raumfahrt eingesetzt, kommt aber auch in anderen Branchen (wie z. B. der Automobil- und der IT-Industrie) aufgrund der immer komplexer werdenden Systeme zunehmend in Mode.

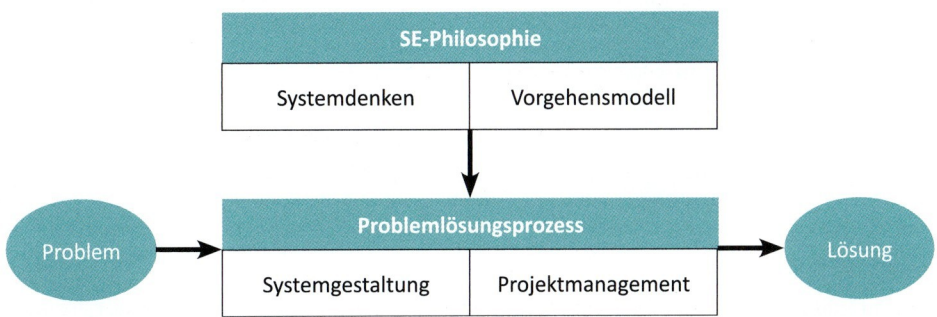

Abbildung 3.07-2: SE-Referenzmodell (DAENZER & HUBER, 1999: 19)

Ausgangspunkt für das Systems Engineering ist die Lösung eines Problems, d. h. die Überführung einer unerwünschten Ausgangssituation in einen erstrebenswerten Endzustand (vgl. Abbildung 3.07-2). Das Systemdenken und die systematische Anwendung eines Vorgehensmodells sind wesentliche Bestandteile der SE-Philosophie und unterstützen den Problemlösungsprozess.

Mithilfe des Systemdenkens soll eine möglichst realistische Sicht auf die Komplexität von Systemen erreicht werden, ohne unzulässige Vereinfachungen an diesen vorzunehmen. Es wird dabei die Systemgrenze mit ihren Wechselwirkungen zur Umwelt genau so betrachtet wie der innere Aufbau des Systems mit den vielfältigen Wechsel- und Querwirkungen zwischen den einzelnen Elementen. Dabei spielen auch die Beziehungen zwischen den technischen und den sozialen Systemen eine wichtige Rolle. Neben dem allgemeinen Verständnis für den Aufbau und die relevanten Wirkzusammenhänge von Systemen stehen beim Systemdenken vor allem die Fragen nach der aktiven Ausgestaltung von Systemen bzw. der entsprechenden Einflussnahme im Vordergrund.

Dem Vorgehensmodell des Systems Engineering liegen vier wesentliche Gedanken zugrunde, nämlich: „vom Groben zum Detail vorzugehen und nicht umgekehrt, das Prinzip des Denkens in Varianten zu beachten, d. h. sich grundsätzlich nicht mit einer einzigen Variante (in der Regel der „erstbesten") zufriedenzugeben, sondern nach Alternativen dazu zu fragen, den Prozess der Systementwicklung und -realisierung nach zeitlichen Gesichtspunkten zu gliedern (Phasenablauf) und bei der Lösung von Problemen, gleichgültig welcher Art sie sind und in welcher Phase sie auftreten, eine Art Arbeitslogik als formalen Vorgehensleitfaden anzuwenden (Problemlösungszyklus)" (DAENZER & HUBER, 1999: 29).

**Tipp** Die konkrete Auslegung des SE-Vorgehensmodells sollte in einem spezifischen Standard geregelt werden und mit den projektspezifischen Methoden und Tools die Grundlage für eine erfolgreiche Projektabwicklung bilden.

Auch bei Systemen kann man den Lebensweg mithilfe eines Lebenszyklus abbilden: von der Entwicklung und Realisierung über die Nutzung bis zur Entsorgung. Die in Abbildung 3.07-3 dargestellten Phasen sind eine grobe Untergliederung und beschreiben die zu erwartenden Ergebnisse nach der Erledigung einer Reihe von Aufgaben unter Beteiligung der betroffenen Spezialisten. Auch hier sind die Anforderungen über den Lebensweg sehr unterschiedlich. Am Anfang besteht ähnlich wie bei der Produktentwicklung das Problem, dass noch relativ wenige Informationen über das System vorhanden sind und auf Basis unvollständiger Daten geplant werden muss. In einer Vorstudie werden Ausgangssituation, erwünschte Ergebnisse und erste Lösungsvorschläge mit einer Bewertung der Machbarkeit aufbereitet. Diese bilden die Grundlage für eine Entscheidung über das weitere Vorgehen.

| | |
|---|---|
| Entwicklung | Anstoß zur Systemgestaltung |
| | Vorstudie |
| | Hauptstudie |
| | Detailstudien |
| Realisierung | Systembau |
| | Systemeinführung |
| Nutzung | Systemnutzung |
| | Anstoß zur Um- oder Neugestaltung oder Ausserdienststellung |
| Entsorgung | Planung der Entsorgung (Ausserdienststellung) |
| | Durchführung der Entsorgung (Ausserdienststellung) |

Abbildung 3.07-3: Lebensphasenmodell für Systeme (ZÜST, 2004: 47)

In der Hauptstudie werden die in der Vorstudie gesammelten Informationen weiter vertieft und in ein Gesamtkonzept eingebracht. Dabei spielen z. B. die konkreten Anforderungen der Abnehmer hinsichtlich Funktionalität, die Abstimmung der Systemfunktionen mit ihren Schnittstellen sowie die Betrachtung möglicher Risiken und deren Berücksichtigung im Gesamtkonzept eine wichtige Rolle. Hierfür sind ggf. weitere Detailbetrachtungen notwendig. Schließlich mündet die Systementwicklung in detaillierte Unterlagen zum Gesamtsystem mit seinen Teilsystemen und Komponenten als Basis für die anschließende Realisierung und Nutzung des Systems.

🔍 **Beispiel** Ein Anlagenbauer soll für das amerikanische Werk eines deutschen Automobilherstellers eine Lackieranlage realisieren. Der Automobilhersteller fordert vom Anlagenbauer, dass die Lackieranlage als Betreibermodell realisiert wird, d. h. er möchte nicht wie üblich die Anlage komplett kaufen und in seinem Werk integrieren, sondern über einen langfristigen Vertrag ein Nutzungsentgelt (für jede lackierte Karosserie) bezahlen. In zahlreichen Gesprächen zwischen den Verantwortlichen beider Unternehmen werden die wesentlichen Anforderungen geklärt und umfangreiche Wirtschaftlichkeitsuntersuchungen und Machbarkeitsstudien durchgeführt. Der Anlagenbauer sieht für sich vor allem das Risiko, die Absatzmenge der zu lackierenden Fahrzeuge schlecht vorhersehen zu können. Dieses Risiko versucht er, mittels komplizierter Vertragsklauseln zu kompensieren. Nach einer Einigung über wesentliche rechtliche und finanzielle Fragestellungen geht es an die Projektierung der Lackieranlage bis zur Ausgestaltung aller technischen Details, von der Layoutplanung der verfügbaren Halle, über die vielfältigen Anlagenteile bis hin zu den elektrischen Steuerungen mit der hierfür notwendigen Software. Bei der Konzeption spielen auch Dienstleistungen, wie z. B. die Schulung der im Werk befindlichen Mitarbeiter, eine wichtige Rolle.

Nach dem Abschluss der Entwicklungsphase und erteilter Freigabe beginnt die Realisierung des Systems. Dies umfasst die Beschaffung, Herstellung und Bereitstellung der notwendigen Systembestandteile (z. B. Bauteile, Teilsysteme oder Systemkomponenten), Maßnahmen zur Vorbereitung der Realisierung (wie z. B. die Bereitstellung der Baustelle), die Errichtung bzw. die Einrichtung des Systems (z. B. die Integration eines Teil-Systems in ein existierendes Gesamtsystem) und die Inbetriebnahme des Systems bis zur Sicherstellung des Betriebs gemäß vereinbarter Kriterien.

🔍 **Beispiel** Der Anlagenbauer beschafft nach einem ausgeklügelten Plan die notwendigen Materialien und Teile für die Herstellung der Teil-Systeme der Lackieranlage. Parallel dazu bereitet ein Team die Baustelle in den USA für die Errichtung der Lackieranlage vor. Dabei muss das Team eng mit den zuständigen Einheiten des Automobilherstellers bezüglich Facility-Management zusammenarbeiten, da z. B. die Energieversorgung und die umweltgerechte Entsorgung der benutzten Stoffe gewährleistet werden müssen. Nach termingerechter Anlieferung der Anlagenkomponenten macht sich der Montagetrupp an die Arbeit und errichtet die Anlage. Doch die eigentliche Bewährungsprobe steht dem Inbetriebnahmeteam noch bevor. Die hohen Anforderungen des Kunden machen eine aufwändige Erprobung der Anlage nötig. Dies erfordert eine ständige Anpassung der Anlage, bis endlich die ersten Karosserien die Lackieranlage ohne Beanstandungen passieren können.

In der Nutzungsphase eines Systems geht es darum, die gewünschte Leistungsfähigkeit („Performance") zu erreichen. Diese wird anhand definierter Kriterien im Regelbetrieb überwacht. Der Betrieb des Systems konzentriert sich deshalb auf das Einhalten der definierten Soll-Größen und die Minimierung von Abweichungen. Bei außergewöhnlichen Störungen wird das System gewartet. Diese Unterbrechungen des Regelbetriebs können durch die Durchführung regelmäßiger Wartungsintervalle minimiert werden. Bei einer dauerhaften Abweichung von der gewünschten Systemperformance oder einem wiederholten Auftreten von Störungen können ein Umbau oder eine Neugestaltung des Systems notwendig werden. Dies ist meistens der Auslöser für ein neues Projekt, allerdings ist der Umfang im Gegensatz zur Neugestaltung dabei wesentlich geringer.

Die Entsorgungsphase ist bei komplexen Systemen ebenfalls mit einem großen Aufwand verbunden. So muss das System heruntergefahren und abgebaut werden. Dabei spielt, abhängig von der Wiederverwendbarkeit oder Umweltverträglichkeit, die fachgerechte Entsorgung der Systemkomponenten eine entscheidende Rolle. Deshalb ist es schon bei der Entwicklung von Systemen wichtig, an die Entsorgung zu denken, um nicht unnötige Kosten zu verursachen.

🔍 **Beispiel** Der Betrieb der Lackieranlage läuft nach kleineren Korrekturen einwandfrei und kann auch über die vertraglich garantierte Laufzeit mit entsprechenden Wartungsmaßnahmen ohne einen größeren Umbau sichergestellt werden. Da der Automobilhersteller inzwischen in dem amerikanischen

Werk keine Fahrzeuge mehr herstellen möchte, die Lackieranlage aber in einem osteuropäischen Werk benötigt wird, bekommt der Anlagenbauer den Auftrag, die Lackieranlage nach Osteuropa zu verlagern.

Je nach Aufgabenstellung unterscheiden sich system-bezogene Projekte in ihrem Umfang, der Komplexität ihrer Aufgabenstellung und der Anzahl und Funktion der Beteiligten. So ist z. B. bei der Realisierung eines vollständig gelieferten und betriebsbereiten Systems („Turnkey Project") eine sehr hohe Komplexität zu erwarten. Aber auch die Integration eines von extern gelieferten Systems stellt große Anforderungen an das Projektmanagement, da enge Zeitfenster und Kostenrahmen eingehalten werden müssen und das Erreichen einer besseren Performance des Systems sicherlich Voraussetzung bei der Investitionsentscheidung war.

Auch im Systems Engineering werden inhaltliche Aufgabenstellung und Projektmanagement getrennt voneinander betrachtet (vgl. Abbildung 3.07-2). Auch wenn beide Funktionen in der realen Problemlösung eng zusammenwirken, haben beide doch unterschiedliche Aufgaben zu bewältigen: Der Systemingenieur kümmert sich um die Entwicklung und Realisierung des Systems auf Basis der (technischen) Anforderungen, der Projektmanager hingegen organisiert das fachlich-inhaltliche Tun unter Beachtung der für das Projekt relevanten Randbedingungen, wie z. B. der Termine und Kosten.

> **Σ Fazit** Bei der Unterscheidung zwischen den Aufgaben des Systems Engineering und des Projektmanagements hilft (ähnlich wie bei der Unterscheidung zwischen dem Produkt- und dem Projektmanagement) die Betrachtung des Gegenstands weiter. Der Systems Engineer kümmert sich um die fachlich-inhaltliche Gestaltung, wohingegen der Projektmanager für die Organisation der betreffenden Aktivitäten im Rahmen der Vorgaben zuständig ist.

## 2.3 Besonderheiten technologie-bezogener Projekte

Auch Technologien durchlaufen – ähnlich wie Produkte und Systeme – einen Lebenszyklus (vgl. Abbildung 3.07-4). So werden diese nach der Entwicklung als Schrittmacher-Technologie in ersten Anwendungen erprobt und auf ihre Serientauglichkeit hin überprüft. Haben sie die erste Bewährungsprobe in neuen Produkten oder Prozessen erfolgreich hinter sich gebracht, können sie als Schlüssel-Technologie einer breiten industriellen Verwendung zugeführt werden. Verspricht die Technologie nach einer längeren Nutzungszeit, auch durch die Weiterentwicklung keine entscheidenden Vorteile durch die Verbesserung mehr zu erbringen, und sind aufgrund der Verbreitung dieser Technologie auch keine Wettbewerbsvorteile mehr zu erzielen, so wird diese entweder durch eine neue Technologie ersetzt oder verschwindet vom Markt.

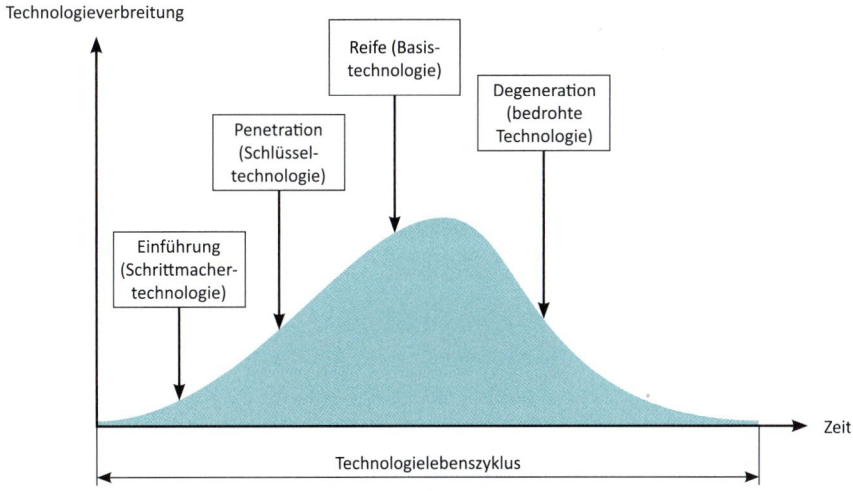

Abbildung 3.07-4: Idealisierter Verlauf des Technologielebenszyklus (SPATH, 2005: 237)

**Beispiel** Die MP3-Technologie ist eine deutsche Erfolgsgeschichte und wird heutzutage weltweit von mehreren Hundert Millionen Menschen genutzt. Die Entwicklung der Technologie lässt sich bis in die 1970er Jahre zurückverfolgen, als eine kleine Gruppe von Wissenschaftlern an der Friedrich-Alexander Universität Erlangen-Nürnberg mit der Forschung zur Übertragung von Sprache in hoher Qualität über Telefonleitungen begann. Nach einer kontinuierlichen Weiterentwicklung der entsprechenden Verfahren und Technologien zusammen mit Forschergruppen aus dem In- und Ausland konnten die Forscher Anfang der 1990er Jahre den Rundfunksendern erste Geräte zur Übertragung von Sprache und Musik in hoher Qualität (über ISDN-Leitungen) zur Verfügung stellen. Ende 1991 wurde dann die MP3-Technologie endgültig zur Reife gebracht und setzte sich in den darauf folgenden Jahren sukzessive bei der Speicherung und der Übertragung von Musik über die verschiedensten Medien durch. Die tragbaren MP3-Player stellen heute sicherlich die bekannteste Anwendung der MP3-Technologie dar.

Dieses Beispiel zeigt, welche Zeiträume und wie viele Zwischenschritte von den ersten Überlegungen bis zur Marktreife einer Technologie notwendig sind. Charakteristisch für Technologieprojekte sind darüber hinaus die vagen Zielvorstellungen, eine Vielzahl von Beteiligten aus unterschiedlichsten Disziplinen und Bereichen sowie die vielfältigen Risiken, die viele Technologien schon am Anfang ihrer Entwicklung scheitern lassen.

Im Vergleich zu Produkten und Systemen geht es bei der Entwicklung und Einführung von Technologien um einen kreativen Prozess, der viel Freiraum für die beteiligten Entwickler, den offenen Austausch von Erfahrungswissen sowie die Möglichkeit zur Erprobung neuer Ansätze erfordert. Die Anforderungen an das Management technologie-bezogener Projekte unterscheiden sich demnach stark von denen produkt- oder system-bezogener Projekte. Standards spielen für die Projektabwicklung eher eine untergeordnete Rolle.

Einzelne technologie-bezogene Projekte sind in der Regel in ein unternehmensweites Technologiemanagement eingebunden. Der hierfür zuständige Manager formuliert ein entsprechendes Technologieleitbild, das die wichtigsten Aufgaben des normativen und strategischen Managements umfasst, so z. B. die Definition technologischer Kernkompetenzen. Darauf aufbauend werden in der Technologieplanung die technologische Ausrichtung des Unternehmens und die Strategien bezüglich einzelner Technologien formuliert. Daran anschließend werden die relevanten Technologien mithilfe vorab vereinbarter Kriterien ausgewählt. Hilfsmittel für die Planung ist eine Technologie-Roadmap. Gegebenenfalls sind auch Entscheidungen über den Zukauf von Technologien zu treffen. Die Technologieplanung und – entscheidung schaffen die Voraussetzungen für die Technologierealisierung, d. h. die Entwicklung und Verifizierung der für das Unternehmen relevanten Technologien.

Die operative Umsetzung wird laufend überwacht und anhand von vorab definierten Kriterien gesteuert (vgl. EVERSHEIM & SCHUH, 2004).

💡 **Tipp** Das Management von technologie-bezogenen Projekten sollte den Beteiligten einen hohen Freiheitsgrad und eine hohe Selbstbestimmung bezüglich ihrer Aktivitäten einräumen. Eine intensive Interaktion zwischen den Beteiligten und die Förderung informeller Formen der Zusammenarbeit helfen bei der Realisierung innovativer Technologien.

Die Aufgaben des Projektmanagements werden in der Regel in Zweitfunktion durch einen Technologiemanager ausgeübt. Dieser wird sich auf die Koordination der Teilaufgaben und die Überwachung grober Meilensteine und Budgets beschränken. Bei technologiebezogenen Projekten spielen insbesondere vorab definierte Abbruchkriterien zur Steuerung des Projekts eine wichtige Rolle.

## 3 Zusammenarbeit in produkt-, system- und technologie-bezogenen Projekten

Um das Verhältnis zwischen Projektmanagement und den anderen Projektbeteiligten innerhalb und außerhalb der Organisation besser verstehen zu können, greifen wir noch einmal auf das Prozesshaus aus der Einleitung zurück (vgl. Abbildung 3.07-5). Im Prozesshaus werden die wichtigsten Prozesse einer Organisation abgebildet. Alle Prozesse beziehen sich auf die Wertschöpfungs-Prozesse. Diese bilden die oben aufgezeigten Aktivitäten der Entwicklung, Realisierung, Nutzung und Entsorgung des Projektgegenstands (Produkte, Systeme oder Technologien) ab.

Das Projektmanagement unterstützt bei der Erreichung der Ergebnisse im vorgegebenen Rahmen. Das Projektmanagement kann aus der prozessorientierten Perspektive wiederum selbst in einzelne Prozesse untergliedert werden, die in Wechselwirkung mit sich sowie den betroffenen Wertschöpfungs-Prozessen stehen. Auch die vielfältigen Wechselwirkungen zu den internen Unterstützungs- und Führungsprozessen sind hierbei auszusteuern. Im Rahmen des Projektmanagements gilt es schließlich auch noch, die externen Beteiligten (z. B. Kunden, Lieferanten und sonstige Partner) zu koordinieren und in die Wertschöpfungs-Prozesse einzubinden.

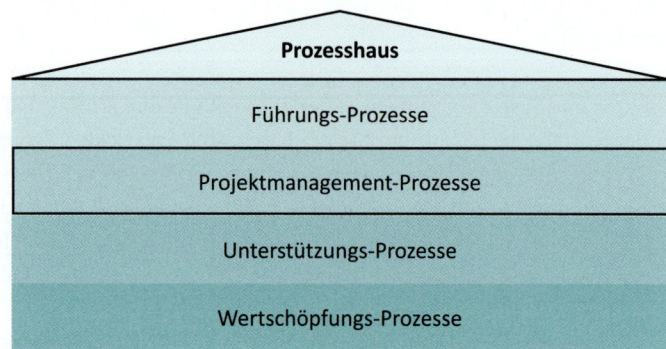

Abbildung 3.07-5: Prozesshaus der DIN 69901-2 (DIN, 2009: 6)

## 3.1 Prozessorientierung vs. Abteilungsdenken

Bevor die Zusammenarbeit in produkt-, system- und technologie-bezogenen Projekten tiefer beleuchtet werden soll, ist eine Unterscheidung zwischen der Aufbau- und Ablauforganisation nötig.

> **§ Definition** Die Aufbauorganisation beschreibt die Zuweisung von Aufgaben an organisatorische Einheiten (Stellen, Funktionen) und deren „statische" Abhängigkeitsbeziehungen, wohingegen die Ablauforganisation die „dynamische" Gestaltung der Arbeitsabläufe mit ihren inhaltlichen und zeitlichen Abhängigkeiten skizziert.

Wie schon in der Einleitung dargestellt, setzt sich heutzutage die Prozessorientierung bei der Gestaltung komplexer Arbeitsabläufe weitgehend durch. Dies liegt vor allem an der größeren Effizienz in der Aufgabenerledigung, aber vor allem auch an der höheren Anpassungsfähigkeit bei der Vernetzung mit internen und externen Partnern. Diese Anpassungsfähigkeit ergibt sich aus der Möglichkeit zur aufgabenspezifischen Vernetzung der Input- und Output-Beziehungen von Prozessen. Abhängig von der Aufgabenstellung und dem hierzu notwendigen Know-how können Prozesse individuell kombiniert werden, ohne dass jedesmal eine neue organisatorische Ordnung eingenommen werden muss.

Das Abteilungsdenken resultiert aus der Arbeitsteilung und der Spezialisierung in den verschiedenen Organisationen. Diese Organisationsform profitiert von der Möglichkeit, spezifisches Know-how an bestimmten Stellen zu konzentrieren und so entsprechende Vorteile, wie z. B. höhere Professionalität und Produktivität bei der Aufgabenerledigung, zu erzielen. Bei steigender Aufgabenkomplexität und Vernetzung steigt allerdings der Abstimmungsaufwand zwischen den Stellen so stark an, dass die Nachteile die geschilderten Vorteile überwiegen.

In der Regel sind Organisationen durch eine starke Arbeitsteilung und damit das Abteilungsdenken geprägt. Die Abwicklung komplexer Projekte über Abteilungs-, Bereichs- und sogar Unternehmensgrenzen hinweg erfordert eine Veränderung dieser Organisationsformen hin zu einer stärkeren Prozessorientierung. Allerdings sind viele Organisationen noch nicht ausreichend auf die veränderten Rahmenbedingungen eingestellt. Häufig herrscht ein „Machtkampf" zwischen den fachlich spezialisierten Abteilungen und den „quer" zur Aufbauorganisation tätigen und an Prozessen orientierten Projektmanagern.

> **Tipp** Eine Klärung der primären Aufgabenstellung (z. B. spezialisierte Fachaufgaben versus vernetzte Projekte) eines Unternehmens hilft, die Ausrichtung der Organisation zu überprüfen und eine Balance zwischen den unterschiedlichen Organisationseinheiten zu erreichen. Damit kann der oft als störend empfundene „Machtkampf" zwischen den im Projekt und den in der Linie tätigen Mitarbeitern überwunden werden.

Auch bei der prozessorientierten Aufgabengestaltung stellt sich allerdings die Frage, wer die beschriebenen Aufgaben ausführt. Dies kann über eine Zuweisung von Rollen (d. h. von Aufgaben, Kompetenzen (im Sinne von Befugnissen) und Verantwortlichkeiten) an bestimmte Personen oder Funktionen geregelt werden. Damit wird eine Koppelung von Aufbau- und Ablauforganisation möglich. Die typische Ausprägung dieser Form ist die im Element 3.05 vorgestellte Matrix-Organisation.

## 3.2 Klärung von Aufgaben, Kompetenzen und Verantwortlichkeiten

Nach der Definition des Projektgegenstandes und der zur inhaltlichen Gestaltung notwendigen Aktivitäten steht die Identifikation der für das Projekt relevanten Stakeholder (vgl. Element 1.02. Interessensgruppen/interessierte Parteien) an. Hierbei sind sowohl die internen als auch die externen Stakeholder zu berücksichtigen.

Externe Stakeholder sind bei produkt-, system- und technologie-bezogenen Projekten relevante Personen von Kunden, Lieferanten, Partnerorganisationen sowie ggf. auch Genehmigungsbehörden. Intern sind vor allem Personen oder Interessengruppen der Stammorganisation von Belang, so z. B. der Vertrieb, der sich um die Sicherstellung einer guten Kundenbeziehung kümmert (CRM Customer Relationship Management), die Entwicklung und die Fertigung, die für die Produktentstehung verantwortlich sind, oder der unterstützende Bereich, wie z. B. die Qualitätssicherung, die Beschaffung, der sich um die Auswahl und den Einsatz von Lieferanten kümmert (SCM Supply Chain Management), die Logistik und das Controlling. Das Ergebnis der Stakeholder-Analyse wird auch sehr stark davon abhängen, ob es sich beim gewünschten Projektumfang um die Anwendung, die Lieferung oder die Einführung von Produkten, Systemen oder Technologien handelt.

**Beispiel** Ein Unternehmen der Blechumformung soll ein einfaches Stanzteil an einen Kunden der Automobilzulieferindustrie liefern. Der Projektmanager hat viel Erfahrung in der Abwicklung dieser Art von Projekten und überlegt sich zuerst, welche Stakeholder für ihn relevant sind und wie er diese in sein Projekt einbinden kann. Die Beziehungen zum Kunden sind seit Jahren eingespielt, es gibt mehrere Ansprechpartner für das Projekt, nämlich den Einkauf (steuert die Beauftragung mit Absatzmenge und Preisen), die Entwicklungsabteilung (verantwortet die Vorgaben für das Stanzteil anhand von Zeichnungen und Spezifikationen), die Fertigungsplanung (steuert die täglichen Abrufe und die Anlieferbedingungen für das Stanzteil) sowie die Qualitätssicherung (kümmert sich um die Einhaltung der Qualitätssicherungsvereinbarung bei dem Lieferanten und unterstützt bei Qualitätsabweichungen direkt vor Ort). Der Zulieferanteil bei diesem Projekt ist relativ gering, es handelt sich nur um die Anlieferung von Blechen, die über langfristige Lieferverträge abgesichert sind.

Der Projektmanager überlegt als Nächstes, wen er bei seinem Projekt aus der eigenen Organisation berücksichtigen muss. Da ist neben dem Geschäftsführer, der das Projekt beauftragt, vor allem der Vertriebsmitarbeiter zu nennen, der als Key-Account-Manager über hervorragende Kontakte zu allen für das Projekt relevanten Ansprechpartner verfügt und für die Angebotserstellung sowie die Abstimmung der technischen Details mit dem Kunden sorgen soll. Des Weiteren ist die Konstruktionsabteilung für die Anpassung der vorhandenen Zeichnungen und die Konstruktion der Werkzeuge und Vorrichtungen einzubeziehen. Auch die Fertigung ist zu berücksichtigen, da diese den Produktionsprozess mit den nötigen Ressourcen (Materialien und Mitarbeiter) sowie die Verpackung und Auslieferung der fertigen Teile an den Kunden verantwortet. Schließlich ist auch noch der für das Qualitätsmanagement zuständige Mitarbeiter für die Definition der Qualitätsmaßnahmen gemäß QSV sowie die Übermittlung entsprechender Reports an den Kunden in das Projekt einzubinden.

Nach Klärung der relevanten Stakeholder gilt es nun, die für die Realisierung des Projektgegenstandes notwendigen Aufgaben aufzulisten und einzelnen Stakeholdern zuzuordnen. Dies kann mithilfe eines Funktionendiagramms geschehen.

> **§ Definition** Im Funktionendiagramm werden mithilfe einer Matrix die Zuständigkeiten der Aufbauorganisation mit den für ein Projekt bzw. eine spezifische Projektart typischen Prozessschritten oder Aktivitäten der Ablauforganisation abgestimmt. Die Art der Zuständigkeit (Verantwortung, Mitwirkung, Information, Entscheidung etc.) kann in der Matrix gekennzeichnet werden (vgl. HAB & WAGNER, 2006).

Das Funktionendiagramm hilft, Unklarheiten in Bezug auf die Verantwortlichkeiten zu beseitigen und mögliche Doppelarbeiten zu vermeiden. Es dient zur internen Kommunikation und zur Verpflichtung („commitment") der Projektbeteiligten. Mithilfe des Funktionendiagramms kann – vor allem bei der häufig anzutreffenden Matrix-Organisation – eine Balance zwischen Projekt- und Linienaufgaben gefunden werden.

**Beispiel** Der für das Stanzteil verantwortliche Projektmanager verwendet das im Projektmanagement-Handbuch seines Unternehmens hinterlegte Funktionendiagramm und passt es an die spezifischen Gegebenheiten seines Projektes an. Nach Rücksprache mit den betroffenen Stakeholdern füllt er das Funktionendiagramm vollständig aus und nutzt es in der Kick-off-Sitzung, um alle Beteiligten auf ihre Aufgaben und Zuständigkeiten hinzuweisen.

| Aktivitäten | Funktionen | | | | | | Bemerkungen |
|---|---|---|---|---|---|---|---|
| | Geschäftsführung | Projektleitung | Vertrieb/KAM | Konstruktion | Fertigung | Qualitätssicherung | |
| Anfrage bearbeiten | I | M | V | M | | M | |
| Spezifikation klären | | M | V | M | | M | |
| Angebot erstellen | M | M | V | M | M | M | |
| Auftrag verhandeln | E | M | V | | | | |
| Projekt planen | I | V | | M | M | M | |
| Kick-Off durchführen | | V | M | M | M | M | |
| Zeichnungen erstellen | | I | | V | | M | |
| Betriebsmittel konstruieren | | I | | V | M | M | |
| Fertigungsprozess vorbereiten | | I | | M | V | M | |
| QS-Maßnahmen festlegen | | I | | M | M | V | |
| Produktionsressourcen beschaffen | | I | | | V | | |
| Musterteile fertigen | | I | | M | V | M | |
| Übergabe an Serienfertigung | I | V | I | I | M | I | |
| Lessons Learned | I | V | M | M | M | M | |
| Serienbetreuung | | I | | | V | | |

Legende: **V** = Verantwortlich; **M** = Wirkt mit; **I** = Wird informiert; **E** = Entscheidet

Abbildung 3.07-6: Beispiel für ein Funktionendiagramm

Abhängig von der Komplexität der Gesamtaufgabe können die Auflistung aller Aufgaben und die Zuordnung der dazugehörigen Verantwortlichkeiten aufwändig sein. Wichtig ist, dass alle Aufgaben und alle Beteiligten berücksichtigt werden. Dies schafft Transparenz und fördert die Verbindlichkeit bei der Realisierung des Projektgegenstands. Die Stammorganisation sollte bei der Klärung und Zuordnung der Aufgaben unbedingt eingebunden werden, so erhöhen sich die Verbindlichkeit und damit die Disziplin bei der Projektdurchführung.

**Fazit** Der Klärung von Aufgaben und zugehörigen Verantwortlichkeiten kommt im komplexen Zusammenspiel von Projektmanagement und Stammorganisation eine hohe Bedeutung zu. Auf Basis von standardisierten Vorlagen sollte der Projektmanager dieses Zusammenspiel vor Projektbeginn klären und alle Beteiligten in die Verantwortung bringen.

## 3.3 Einbindung externer Projektpartner

Die zunehmende Vernetzung mit externen Partnern liegt klar im Trend und erfordert neue Ansätze für das Management. So arbeiten beispielsweise bei der Entwicklung eines neuen Fahrzeugmodells mehrere Hundert Zulieferer mit und müssen durch den Automobilhersteller ausgesteuert werden. Dieser Trend wird vor allem durch die Konzentration der Unternehmen auf wenige Kernkompetenzen und den konsequenten Ausbau externer Leistungen beflügelt. Diese Entwicklung bedeutet auch gravierende Änderungen für das Projektmanagement. Durch die zunehmende Öffnung der Unternehmen in Richtung neuer Absatz- und Beschaffungsmärkte finden Projekte plötzlich in einem völlig neuen Kontext statt. Anstatt Projekte in den Grenzen enger hierarchischer Strukturen zu koordinieren, öffnen sich die Unternehmen nach außen und arbeiten prozessorientiert und mehr oder weniger eng vernetzt mit ihren Projektpartnern zusammen (vgl. Abbildung 3.07-7).

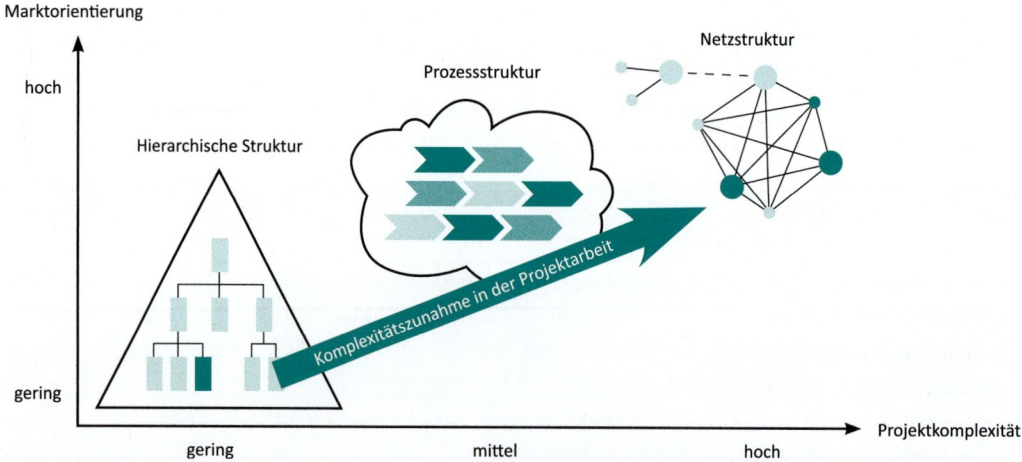

Abbildung 3.07-7: Projektarbeit zwischen Hierarchie und Netzwerk (HAB & WAGNER, 2006: 252)

**Beispiel** Ein amerikanischer Automobilhersteller entwickelt gemeinsam mit einem deutschen Automobilhersteller und mehreren spezialisierten Zulieferern eine neue Antriebstechnologie. Das Projekt setzt auf neuesten Erkenntnissen der Forschung in diesem Gebiet auf und versucht, die hierfür weltweit verfügbaren Experten in einem Projektteam zusammenzufassen. Die Herausforderungen sind riesig: die Technologie ist noch nicht serientauglich und viele Probleme müssen unter hohem Zeitdruck gelöst werden, weil ein japanischer Konkurrent schon seit einiger Zeit eine entsprechende Lösung erfolgreich am Markt etabliert hat. Aufgrund der unterschiedlichen Standorte der Partnerfirmen kommen weitere Hindernisse auf die Partner zu, nämlich unterschiedliche Sprachen, Zeitzonen, Kulturen und – was ein noch viel größeres Problem ist – ein unterschiedliches Verständnis bezüglich der Aufgaben und des Projektmanagements.

Bei der Anbahnung eines produkt-, system- oder technologie-bezogenen Projektes ist zuerst einmal zu klären, welche externen Stakeholder zu berücksichtigen sind. Dabei kann es sowohl bei der Anwendung, bei der Lieferung oder bei der Einführung von Produkten, Systemen oder Technologien zu einer Zusammenarbeit mit externen Beteiligten kommen. Der wesentliche Unterschied bei diesen unterschiedlichen Projektarten wird in der jeweiligen Rolle liegen, die die eigene Organisation in diesem Projekt spielt. Diese Rolle wird bei Anwendungs- und Einführungsprojekten eher eine Auftraggeberrolle sein, die externen Organisationen fungieren dabei in der Regel als Auftragnehmer. Bei der Lieferung eines Produktes, eines Systems oder einer Technologie wird die eigene Rolle zweigeteilt sein, einerseits als Auftragnehmer gegenüber dem End-Kunden, andererseits als Auftraggeber gegenüber den am Projekt beteiligten Lieferanten. Der wesentliche Unterschied zwischen der Auftraggeber- und der Auftragnehmer-Rolle liegt darin, dass der Auftraggeber mehr Macht und Einfluss auf die Art und Weise der Aufgabenerledigung hat, allerdings auch die größten Risiken trägt und ihm deshalb die wesentlichen Steuerungsaufgaben zukommen. In einigen Fällen (wie z. B. bei Bauprojekten) kann selbst diese Steuerungsfunktion an einen Dienstleister vergeben werden.

Die Identifizierung und Einbindung externer Projektpartner sind wesentlich aufwändiger und komplizierter als im oben geschilderten Fall von internen Stakeholdern. Schon die Betrachtung eines Kundenunternehmens mit seinen vielfältigen Ansprechpartnern und Schnittstellen zum Projekt sowie – abhängig von der Länge der Lieferkette – die Vielzahl von Stakeholdern auf der Zulieferseite erfordern ein systematisches Vorgehen.

**Beispiel** Ein Technologielieferant möchte einem Automobilhersteller ein in der Luftfahrt bewährtes Verfahren zum Entlacken von Karosserieteilen liefern. Die größte Schwierigkeit für das Unternehmen ist, die richtigen Ansprechpartner für eine Demonstration der Technologie und eine Diskussion möglicher Anwendungen zu finden. Mühsam tastet sich der Geschäftsführer vom Einkauf, über die Entwicklungsabteilungen und die Fertigungswerke bis zu einer Abteilung vor, die sich mit speziellen Fertigungstechnologien beschäftigt. Diese zeigt schließlich Interesse an dem Verfahren. Allerdings wird schnell klar, dass für eine Entscheidung beim Automobilhersteller zur Nutzung der Technologie noch viele Gespräche und praktische Demonstrationen notwendig sind. Daraufhin legt der Geschäftsführer eine Kontaktstrategie mit allen zu beteiligenden Ansprechpartnern bei dem Automobilhersteller fest, stimmt sich mit seinen eigenen Lieferanten – einem Anlagenbauer, einem Ingenieurdienstleister sowie einem Unternehmen für die Entwicklung und Lieferung von Steuerungen – ab, wann welche Aktivitäten bei den einzelnen Ansprechpartnern auf Kundenseite umzusetzen sind. Erst nach einer konzertierten Aktion aller Partner unter Einbeziehung aller relevanten Stakeholder des Kunden gelingt es, die Technologie in einer ersten Pilotanwendung beim Automobilhersteller durchzusetzen.

Das oben dargestellte Funktionendiagramm kann auch bei der Koordination externer Projektbeteiligter nützlich sein. Auf der horizontalen Achse wird das Diagramm einfach um die beteiligten Organisationen mit den für die Projektabwicklung relevanten Funktionen erweitert. Die Liste der Aktivitäten wird bei komplexeren Projekten ebenfalls länger werden. Hilfreich ist hier eine Strukturierung der Liste auf Basis des Projektstrukturplans.

Anders als bei dem Zusammenwirken mit der (internen) Stammorganisation bleibt ein großes Problem: das Funktionendiagramm schafft zwar Transparenz für die Zusammenarbeit aller Beteiligten, eine Verpflichtung läßt sich daraus aber nur schwer herleiten, da die Partner ja meistens rechtlich unabhängig sind. Eine Koordination kann hier nur mittels Verträgen erfolgen.

**Tipp** Bei der Zusammenarbeit mit rechtlich selbstständigen Partnern ist es ratsam, noch vor Projektbeginn die Aufgaben, Kompetenzen und Verantwortlichkeiten für jeden Partner in einer rechtlich bindenden Vereinbarung zu dokumentieren, da es ansonsten dem Projektleiter aufgrund fehlender Macht schwer fallen dürfte, diese im Projektverlauf von jedem Partner einzufordern.

Ein enger und zeitnaher Austausch von projekt-bezogenen Informationen wird in komplexen Projekten oft durch zahlreiche Hindernisse erschwert. So wird die Kommunikation z. B. durch größere räumliche Distanzen der am Projekt beteiligten Organisationen, verschiedene Zeitzonen, unterschiedliche Sprachen oder voneinander abweichenden Standards erschwert. Deshalb sind die Einrichtung regelmäßiger Treffen („Regelkommunikation") über die verschiedenen Bereiche, die Definition einheitlicher Berichtsformate sowie die enge Abstimmung zwischen den unterschiedlichen Gremien unbedingt nötig. Abbildung 3.07-8 zeigt ein Beispiel für den Abstimmungsbedarf in einem Fahrzeugentwicklungsprojekt über verschiedene Berichtsebenen hinweg. Dabei sind die Kompetenzen der eingebundenen Gremien eindeutig zu regeln, damit es nicht zur Konkurrenzsituation kommt (in Abbildung 3.07-8 z. B. zwischen dem „Steuerkreis Technik" und dem „Steuerkreis Projekt/Prozesse").

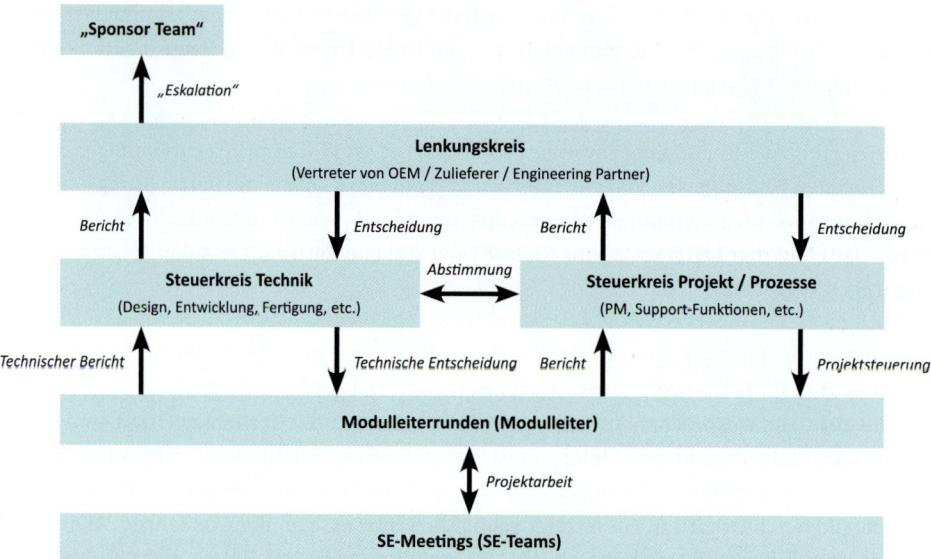

Abbildung 3.07-8 Beispiel für übergreifende Abstimmung in der Automobilentwicklung (HAB & WAGNER, 2006: 259)

**Tipp** In großen Fahrzeugentwicklungsprojekten hat sich die Einrichtung eines „Projekthauses" bewährt. Das Projekthaus ist eine für die Dauer des Projektes zur Verfügung gestellte Infrastruktur, die vom Projektkernteam, erweitert um Vertreter der wesentlichen Funktionen der Stammorganisation sowie Vertreter der wichtigsten Projektpartner, genutzt wird. Die zuletzt Genannten stellen die Verbindung zu den möglicherweise räumlich weit getrennten externen Partnern her und ermöglichen es, diese eng in das Geschehen einzubinden. Die Kommunikation kann damit schnell und wirksam erfolgen, alle Partner haben Zugriff auf die für das Projekt relevanten Informationen und können somit wesentlich schneller Entscheidungen treffen. Gleichzeitig wird die informelle Kommunikation zwischen den Projektpartnern gestärkt. Die Kommunikation zwischen den Projektbeteiligten kann – gerade bei räumlich getrennten Partnern – durch den Austausch von so genannten „resident engineers" weiter optimiert werden. Diese können sich vor Ort ein genaues Bild der Lage machen, ein Verständnis für den Partner und dessen Situation entwickeln und auf dieser Basis wesentlich effizienter zusammenarbeiten. Darüber hinaus können mögliche kulturelle Barrieren leichter überbrückt werden (vgl. PANDER & WAGNER, 2005).

Neben der Klärung der Aufgaben, Kompetenzen und Verantwortlichkeiten sowie der organisatorischen Einbindung ist für eine wirksame Steuerung der externen Projektpartner auch noch eine Reihe weiterer Aspekte notwendig. Wie in Abbildung 3.07-9 dargestellt, geht es hierbei um die übergreifende Koordination der Prozesse sowie eine Abstimmung der verwendeten Methoden. Darüber hinaus spielen gerade die „weichen" Faktoren eine große Rolle, so z. B. welche Sprache verwendet wird, um eine Verständigung über die genannten Barrieren hinweg zu ermöglichen, und ein kultureller Austausch, um das Verständnis für die Projektpartner zu verbessern. Schließlich sollte auch noch geklärt werden, wann welche Informationen ausgetauscht werden und welches Format dabei verwendet wird.

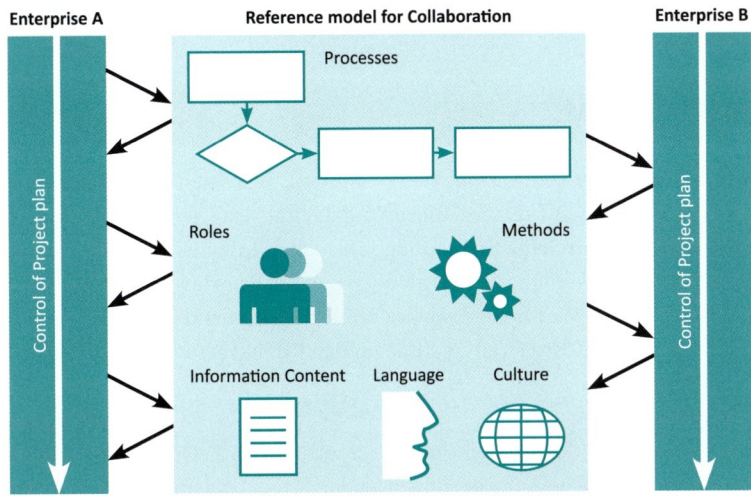

Abbildung 3.07-9: Aspekte übergreifender Projektarbeit (ProSTEP 2007: iii)

Diese Aspekte der unternehmensübergreifenden Zusammenarbeit wurden im Rahmen eines Projektes in der Automobilindustrie herausgearbeitet und in einer Empfehlung mit dem Titel „Collaborative Project Management" zusammengefasst (ProSTEP, 2007). Kern des Referenzmodells ist die Synchronisation der in produkt-, system- oder technologie-bezogenen Projekten verwendeten Projektmanagement-Prozesse. Die Synchronisation erfolgt dabei über vorher zwischen den Partnern vereinbarten „Trigger"-Punkten und ermöglicht eine Koordination mittels klar definierter Informationen. Die Kommunikation zwischen den Projektbeteiligten kann dabei über definierte Berichte oder mithilfe von Regelmeetings erfolgen und wird durch eine Kommunikationsmatrix methodisch unterstützt (vgl. Abbildung 3.07-10).

| | | | | Partner B | | | |
|---|---|---|---|---|---|---|---|
| | | | CPM role | Project manager | Subproject manager | | Project manager |
| | | | Internal role B | Project manager | Schedule ccordinator | Quality coordinator | Team member |
| | CPM role | Internal role A | Person | Smith | Simpson | Simmons | Spade |
| Partner A | Project manager | Project manager | Miller | * Agree, release and communicate dates * Cost controlling | * Create schedule * Control changes | | |
| | Subproject manager | Function group manager | Mayer | | | Monitor quality | |
| | | Change manager | Milson | | | | Release changes (technical level) |
| | | Technical coordinator | A.N. Other | Internal communication | | | Create specification |
| | Project member | Project team member | Mills | | | | |

Abbildung 3.07-10: Beispiel für Kommunikationsmatrix (ProSTEP 2007: 81)

**∑ Fazit** Bei der Einbindung externer Partner in produkt-, system- oder technologie-bezogenen Projekten steigen Komplexität und Aufwand für das Projektmanagement. Es stehen bewährte Methoden und Tools für die Klärung der Aufgaben, Kompetenzen und Verantwortlichkeiten, die effektive Ausrichtung der Projektorganisation sowie die Verbesserung von Kommunikation und Kooperation zur Verfügung.

## 4 Zusammenfassung

Die Anwendung, Lieferung oder Einführung von Produkten, Systemen und Technologien stellen hohe Anforderungen an das Projektmanagement. Diese Komplexität resultiert einerseits aus einer hohen organisatorischen Komplexität durch die Einbindung zahlreicher interner wie externer Beteiligter sowie andererseits aus der Aufgabenstellung selbst, nämlich der Realisierung von Produkten, Systemen und Komplexität. Durch den hohen Wettbewerbsdruck an den Weltmärkten kommen noch hohe Anforderungen hinsichtlich Terminen, Kosten und Qualität auf den Projektmanager zu. Professionelles Projektmanagement ist gefragt.

Im ersten Kapitel wurden Produkte, Systeme und Technologien als Projektgegenstände definiert, die je nach Komplexität unterschiedliche Anforderungen an das Projektmanagement stellen können. In Kapitel 2 sind dann die Besonderheiten bei der Realisierung des jeweiligen Projektgegenstandes über den Lebenszyklus hinweg vorgestellt und anhand von konkreten Beispielen erklärt worden. Dem Projektmanagement kommt die Aufgabe zu, die fachlich-inhaltlichen Aufgaben im Rahmen der Vorgaben zu organisieren und zu koordinieren. Die inhaltlichen Arbeiten werden durch spezialisierte Funktionen der Stammorganisation ausgeführt. Der Projektmanager sollte die relevanten Prozesse und die betroffenen Abteilungen kennen und aussteuern. Mit seiner Arbeit unterstützt der Projektmanager spezielle Funktionen, wie das Produktmanagement oder das Systems Engineering.

Das dritte Kapitel stand schließlich ganz im Zeichen der Zusammenarbeit in produkt-, system- und technologie-bezogenen Projekten. Mit dem prozessorientierten Projektmanagement lässt sich das durch die Arbeitsteilung stark ausgeprägte Abteilungsdenken überwinden und die Basis für eine Synchronisation von Wertschöpfungs-, Unterstützungs-, Projektmanagement- und Führungs-Prozessen schaffen. Das Funktionendiagramm ist eine wertvolle Hilfe bei der Abstimmung von Ablauf- und Aufbauorganisation. Noch vor Projektbeginn werden im Funktionendiagramm die Aufgaben den beteiligten Funktionen im Unternehmen zugeordnet. Dies funktioniert natürlich auch bei der Einbindung externer Partner. Die besondere Herausforderung bei der Einbindung externer Partner besteht in der stärkeren Berücksichtigung „weicher" Faktoren, um eine ordentliche Kommunikation und Kooperation zu gewährleisten. Der Einsatz spezieller Organisationsformen, wie z. B. die Einrichtung eines „Projekthauses" oder die Entsendung von „resident engineers", können hierbei hilfreich sein.

# 5 Fragen zur Wiederholung

1. Wieso ist die Geschichte des Projektmanagements eng mit der Realisierung komplexer Systemprojekte verknüpft? ☐
2. Wozu wird Projektmanagement eigentlich angewendet? ☐
3. Was sind die Hauptaufgaben des Produktmanagers? ☐
4. Welche charakteristischen Eigenschaften zeichnen Systeme aus? ☐
5. Wieso sollte bei der Entwicklung eines Systems schon an dessen Entsorgung gedacht werden? ☐
6. Worauf ist bei der Technologieentwicklung besonders zu achten? ☐
7. Inwiefern unterscheiden sich Prozessorientierung und Abteilungsdenken? Welche Nachteile hat das Abteilungsdenken bei steigender Aufgabenkomplexität und Vernetzung? ☐
8. Welche Vorteile bringt das Funktionendiagramm für die Projektarbeit? ☐
9. Inwiefern unterscheidet sich die Einbindung externer Partner von der Einbindung der internen Stammorganisation? ☐
10. Welche Aspekte sind beim „Collaborative Project Management" zu berücksichtigen? ☐

# 3.08 Personalmanagement (Personnel management)
*Maren Windus, Daniela Mayrshofer*

## Kontext

Im Personalmanagement geht es unter anderem um die Sicherstellung des Einsatzes einer bestimmten – möglichst vorher geplanten – Anzahl ausreichend qualifizierter Menschen in der geforderten Zeit. Dabei weiß jeder, dass der Ressource Personal im Projekt eine zentrale Bedeutung in Bezug auf den Projekterfolg zukommt. Schließlich sind es die am Projekt beteiligten Mitarbeiter, die es beeinflussen, ob das Projektergebnis in der geplanten Zeit, zu den geplanten Kosten und in der vorgesehen Qualität fertig gestellt wird. Dennoch wird dieser Aspekt beim Projektmanagement oft stiefmütterlich behandelt. „Nehmen wir mal den Herrn Müller, der hat das letzte Projekt auch gut gestemmt...!" Wer kennt solche Aussagen nicht? Anschließend braucht sich niemand zu wundern, wenn Herr Müller irgendwann krank wird, das Unternehmen verlässt oder im günstigsten Fall nur eine Menge Überstunden vor sich herschiebt...

Das Personalmanagement gehört in der IPMA Competence Baseline 3.0 zu den kontextbezogenen PM-Kompetenzen. Die in jeder Organisation unterschiedlichen strategischen Vorgehensweisen in diesem Bereich beeinflussen die Art und Weise, wie Personalmanagement in Projekten gehandhabt wird. Außerdem arbeiten in der Regel in den Projekten die Mitarbeiter aus der Stammorganisation, die während der Arbeit am Projekt selten von ihren Linienaufgaben freigestellt werden.

Verbindungen ergeben sich bei den PM-technischen Kompetenzen zum Projektmanagementerfolg (1.01.), der Projektorganisation (1.06) in Bezug auf die Rollenbeschreibungen, der Teamarbeit (1.07), den Projektphasen (1.11) und den Ressourcen (1.12). Die sozialen und personalen Kompetenzen stehen mehr oder weniger alle in Verbindung mit dem Personalmanagement, da sie auch Anforderungen beschreiben, die bei der Personalauswahl zu berücksichtigen sind. Besondere Verbindungen gibt es dabei zu den Elementen Führung (2.01), Engagement und Motivation (2.02) und Beratung (2.10). Bei den PM-Kontextkompetenzen finden sich vor allem bei den Elementen Projektorientierung (3.01), Programmorientierung (3.02) und Portfolioorientierung (3.03) gegenseitige Bezüge, da der Grad der Projektorientierung den Einfluss des strategischen Personalmanagements auf den Umgang mit den Personalfragen im Projekt beeinflusst.

Man kann beobachten, dass mit zunehmendem Grad der Projektorientierung der Organisation auch das Personalmanagement in Projekten eine Professionalisierung erfährt.

## Bedeutung

Interessant ist die Tatsache, dass die Zusammenstellung des Projektteams häufig völlig unabhängig von den Personalbereichen der Stammorganisation vorgenommen wird. Das hat den Vorteil, dass die Projektverantwortlichen flexibel und unbürokratisch handeln und unabhängig von Regeln und Vorgehensweisen der Stammorganisation entscheiden können. Häufig kennen sich die Führungskräfte, welche die Projektmitarbeiter auswählen und beauftragen, allerdings mit Methoden der Personalauswahl und -entwicklung eher wenig aus. Sie könnten deshalb von den vorhandenen Spezial-Kompetenzen in der Organisation profitieren. Eine systematische Zusammenarbeit der Projektauftraggeber mit den Personalexperten aus der Stammorganisation könnte helfen, um Informationen über Mitarbeiter zu generieren und zu dokumentieren, die bei der künftigen Personalauswahl in Projekten hilfreich sind. Auch bei der Entwicklung von Anforderungen und Auswahlinstrumenten könnte das Experten-Know-how des Personalmanagements genutzt werden.

Als Projektmanager ist es nutzbringend, sich mit Personalmanagement zu beschäftigen und Wissen darüber zu erwerben, da eine Professionalisierung zum Beispiel folgende Vorteile bringt:

- Gezielte Prozessgestaltung bei der Planung und Auswahl der Mitarbeiter im Vorfeld führt dazu, dass es während der laufenden Projektarbeit weniger Abstimmungsbedarf und Konflikte gibt, weil viele Unstimmigkeiten schon zu Beginn aus dem Weg geräumt werden können oder zumindest absehbar eingeplant werden.
- Der Bedarf an unterschiedlichen Kompetenzen im Team wird durch gezielte Personalauswahl berücksichtigt und kann dann auch eher realisiert werden.
- Es kommt seltener zu Personalwechseln während der laufenden Projektarbeit, weil von vornherein darauf geachtet wird, dass die Mitarbeiter ausreichend qualifiziert und auch zeitlich verfügbar sind.
- Es gibt weniger Motivationsverluste und als Folge bessere Ergebnisse, wenn die Projektmitarbeiter qualifizierte Beurteilungen – auch aus ihrer Projektarbeit – erhalten und sie wissen, dass über ihre Weiterentwicklung systematisch nachgedacht wird.

Ziel des Kapitels ist es, dem interessierten Projektleiter oder auch dem Personalmanager aus der Linienorganisation einen Überblick über das notwendige Wissen des Projektmanagers zu den wichtigsten Aspekten des Personalmanagements in Projekten zu geben und somit bei den hier anfallenden Prozessen Unterstützung zu leisten. Inhaltlich orientiert sich der Aufbau an den in der ICB beschriebenen Prozess-Schritten.

## Lernziele

Sie kennen

- die mit EDV-gestützter Ressourcenplanung verbundenen Schwierigkeiten
- Methoden zur Personalauswahl, die Sie bei der Auswahl von Projektmitarbeitern anwenden können

Sie verstehen

- den Zusammenhang zwischen strategischem Personalmanagement, strategischem Projektmanagement und dem Personalmanagement im Einzelprojekt

Sie wissen

- welche Faktoren Sie beim Prozess der Personalbedarfsplanung für Projekte berücksichtigen müssen
- wie sich die Personalbeschaffung in Projekten von der Personalbeschaffung in der Linie unterscheidet
- auf welchen Wegen Personal für Projekte beschafft werden kann
- welche Rollen es in der Projektorganisation gibt und welche Aufgaben die verschiedenen, am Projekt beteiligten Personen in der Regel wahrnehmen
- welche Anforderungen an Projektleiter und Projektmitarbeiter gestellt werden
- was bei der Durchführung von Assessment Centern in Bezug auf Projektpersonal besonders berücksichtigt werden sollte

# Inhalt

| | | |
|---|---|---|
| 1 | Einleitung | 1270 |
| 2 | Die Funktion des Personalmanagements in der Organisation | 1270 |
| 3 | Personalbedarfsplanung im Projekt | 1272 |
| 3.1 | Funktion und Begriff der Personalbedarfsplanung | 1272 |
| 3.2 | Der Konflikt zwischen dem Personalmanagement in der Linie und im Projekt | 1273 |
| 3.3 | Der Qualitätsaspekt in der Personalbedarfsplanung | 1275 |
| 3.4 | EDV-gestützte Ressourcenplanung | 1275 |
| 4 | Beschaffung von Projektpersonal | 1276 |
| 4.1 | Besonderheiten bei der Beschaffung von Projektpersonal | 1276 |
| 4.2 | Lösungen | 1277 |
| 5 | Rollen und Aufgaben von Projektpersonal | 1278 |
| 4.1 | Der Projektauftraggeber | 1280 |
| 4.2 | Der Lenkungsausschuss | 1280 |
| 4.3 | Projektleitung | 1280 |
| 4.5 | Projektmitarbeiter | 1282 |
| 4.6 | Projektbüro | 1282 |
| 4.7 | Externe Berater im Projekt | 1283 |
| 6 | Anforderungen an Projektpersonal | 1284 |
| 6.1 | Vorbemerkungen | 1284 |
| 6.2 | Anforderungen an Projektleiter | 1285 |
| 6.3 | Anforderungen an Projektmitarbeiter | 1287 |
| 7 | Auswahl von Projektpersonal | 1288 |
| 7.1 | Vorbemerkungen | 1288 |
| 7.2 | Selbstassessment und Einzelinterview | 1288 |
| 7.3 | Fremdassessment durch Assessment Center | 1289 |
| 8 | Freisetzung von Projektpersonal | 1292 |
| 9 | Zusammenfassung | 1292 |
| 10 | Fragen zur Wiederholung | 1293 |

# 1 Einleitung

Das Personalmanagement einer Organisation berührt die meisten anderen Management-Prozesse, da in jedem Bereich Personalfragen auftreten und Personalentscheidungen getroffen werden müssen. Das gilt auch für Projekte, denn ohne qualifizierte und verfügbare Mitarbeiter können kein Projektergebnis erzielt und kein Projekterfolg erreicht werden. Bei der Projektarbeit kommt erschwerend hinzu, dass die Auswahl des Projektpersonals häufig von Personen getroffen wird, die nicht die zuständigen disziplinarischen Vorgesetzten sind und nicht immer über ausreichend Erfahrung mit Personalfragen verfügen.

Menschen, die Personalentscheidungen im Projekt treffen, stellen sich zum Beispiel folgende Fragen:

- Worauf muss ich bei der Planung meines Bedarfs an Projektpersonal besonders achten?
- Auf welchen Wegen kann ich mir Personal beschaffen?
- Welche Aufgaben nehmen die verschiedenen am Projekt Beteiligten wahr und welche Anforderungen werden an sie gestellt?
- Mit welchen Instrumenten kann ich feststellen, ob die Mitarbeiter wirklich geeignet sind?

Um die Aufgaben der Personalarbeit und ihre Bedeutung für die gesamte Organisation zu verstehen, wird im folgenden Basisteil zunächst ein Überblick über die Funktion des Personalmanagements und seiner Handlungsfelder gegeben. Im Anschluss daran werden wichtige Aspekte zu den Handlungsfeldern Personalbedarfsplanung, Personalbeschaffung, Aufgabenbeschreibungen und Anforderungsprofile sowie Personalauswahl und Personalfreisetzung, bezogen auf Projekte, vermittelt.

# 2 Die Funktion des Personalmanagements in der Organisation

Das betriebliche Personalmanagement ist als ein Teil des übergreifenden Managementprozesses in der Organisation von besonderer Bedeutung, da in allen weiteren Managementprozessen (z. B. Produktionsprozess, Vertriebsprozess etc.) Personalfragen geklärt werden müssen. Das bedeutet, dass sich nicht nur speziell qualifizierte Mitarbeiter einer besonders dafür eingerichteten Fachabteilung mit diesen Fragen beschäftigen, sondern dass die Auseinandersetzung mit Personalfragen in der Verantwortung jeder Führungskraft liegt. Das Personalmanagement hat somit eine integrative Funktion in der Organisation. Auf diese Weise wird die hohe Bedeutung des Personalmanagements sichtbar.

 Eine solche integrative und strategische Auffassung von Personalarbeit bildet die Voraussetzung für einen wirkungsvollen Einsatz der operativen Personalinstrumente, da für eine strategische Anbindung an die Unternehmensziele gesorgt wird und gleichzeitig die Führungskräfte in die Verantwortung genommen werden (vgl. BECKER & BERTHEL, 2003).

Es werden hinsichtlich der Funktion des Personalmanagements die üblichen drei Managementebenen – strategisch, taktisch und operativ – unterschieden:

Dabei bezieht sich das **strategische Personalmanagement** auf das gesamte Unternehmen. Es hat unmittelbaren Bezug zu den Erfolgspotentialen des Unternehmens und abstrahiert von einzelnen Mitarbeitern und Stellen (vgl. SCHOLZ, 2000). Es ist Teil der gesamten Unternehmensstrategie und richtet sich an den Zielen der Organisation aus. Diese strategische Ausrichtung muss sich in allen Handlungsfeldern des Personalmanagements (z. B. Personalbedarfsplanung, Personalentwicklungsmanagement) zeigen und für das jeweilige Feld formuliert werden. So werden zum Beispiel im Handlungsfeld Personalführung auf strategischer Ebene die langfristige Führungskonzeption sowie das entsprechende Instrumentarium formuliert.

Aufgabe des strategischen Personalmanagements ist es ebenfalls, für ein koordiniertes Handeln auf den verschiedenen Handlungsfeldern zu sorgen und entsprechende Vernetzungen zu berücksichtigen.

Bezogen auf das Personalmanagement in Projekten in der Organisation, bedeutet das, dass auch eine strategische Betrachtung der Projekte und ihrer Ziele Eingang in das strategische Personalmanagement finden muss. So muss z. B. in die strategische Personalplanung mit einbezogen werden, wie sich der Bedarf langfristig durch Verschiebungen im Projektgeschäft verändern kann.

Das **taktische Personalmanagement** orientiert sich an Gruppen von Mitarbeitern bzw. Arbeitsplätzen (vgl. SCHOLZ, 2000: 110) und nimmt damit eine Vermittlerfunktion zwischen strategischer und operativer Ebene ein. So wird hier die Bedeutung der Informationen aus der strategischen Ebene im Hinblick auf bestimmte Gruppen (z. B. Teamleiter, Projektleiter, Fachexperten) ausgewertet und die operative Umsetzung vorbereitet. Umgekehrt werden auf dieser Ebene Informationen aus der operativen Ebene genutzt, um daraus z. B. Anforderungsprofile für bestimmte Tätigkeitsfelder oder – bei entsprechendem Bedarf – z. B. die Einrichtung von Gruppenarbeit zu entwickeln. So fällt z. B. die konkrete Ausgestaltung von Karrierepfaden für Mitarbeiter in Projekten in den taktischen Bereich.

Das **operative Personalmanagement** geht immer mitarbeiter- und/oder stellenbezogen vor, das heißt, diese Ebene befasst sich mit personellen Einzelmaßnahmen, z. B. mit der Erstellung eines Anforderungsprofils für eine bestimmte Stelle (z. B. Sachbearbeiter, Projektmitarbeiter, Projektleiter für eine bestimmte Projektart) oder dem Auswahlprozess für die Führungskräfte eines bestimmten Bereiches. Hierzu gehören auch alle Maßnahmen der Personalverwaltung, wie z. B. Vertragsgestaltung zur Begründung eines einzelnen Arbeitsverhältnisses.

Die Klärung der Personalfragen für ein einzelnes Projekt (z. B. Ressourcenbeschaffung, Auswahl des Projektleiters) gehört folglich auf die operative Ebene des Personalmanagements.

Das Personalmanagement unterscheidet verschiedene Handlungsfelder, um die Funktionen auf den einzelnen Ebenen zu erfüllen. In der Literatur finden sich dazu verschiedene Systematiken (z. B. SCHOLZ, 2000; BERTHEL & BECKER, 2003), die sich aus der Prozesslogik der Personalarbeit ergeben.

Tabelle 3.08-1: Handlungsfelder im Personalmanagement (in Anlehnung an SCHOLZ, 2003: 83)

| | |
|---|---|
| 1 | Die Personalbedarfsbestimmung (bzw. Personalbedarfsplanung) beschäftigt sich damit, den erforderlichen Soll-Personalbestand, der zur Erreichung der betrieblichen Ziele erforderlich ist, zu ermitteln. Dabei wird nach unterschiedlichen Planungsperioden, Qualifikationen und Arbeitsplätzen unterschieden. |
| 2 | Die Personalbestandsanalyse erfasst den bestehenden Mitarbeiterbestand nach quantitativen, qualitativen und räumlichen Kriterien. Es werden auch das vorhandene Mitarbeiterpotential und die bereits absehbaren Veränderungen berücksichtigt.<br>Aus dem Vergleich zwischen dem aktuellen Personalbestand und dem Personalbedarf zu einem bestimmten Zeitpunkt ergeben sich entweder eine Unter- oder eine Überdeckung, die mit entsprechenden Maßnahmen korrigiert werden müssen. |
| 3 | Dies geschieht durch Personalbeschaffung. Das Ziel dieses Handlungsfeldes ist die Anpassung des Personalbestandes an den aktuellen Personalbedarf durch interne Verschiebungen oder Neueinstellungen. Zum Prozess der Personalbeschaffung gehört die Personauswahl, bei der es darum geht, mithilfe verschiedener Auswahlinstrumente die Eignung der Bewerber für einen bestimmten Arbeitsplatz vorzunehmen. Grundlage für die Personalauswahl sind der Vergleich zwischen den Anforderungen eines bestimmten Arbeitsplatzes mit den Qualifikationen des Bewerbers. |
| 4 | Die Personalentwicklung befasst sich mit der Anpassung der Qualifikationen der Mitarbeiter an den qualitativen Personalbedarf in der Organisation. Grundlage dafür ist der Prozess der Personalbeurteilung, der Auskunft über den derzeitigen Qualifikationsstand der Mitarbeiter liefert, sowie eine Prognose über den künftigen qualitativen Personalbedarf. |

| | |
|---|---|
| 5 | Die Personalfreisetzung sorgt durch verschiedene Maßnahmen (z. B. Entlassung) für eine Anpassung des Mitarbeiterbestandes, wenn dieser den Bedarf übersteigt. |
| 6 | Im Personalveränderungsmanagement werden verschiedene Maßnahmen zur Realisierung des Veränderungsbedarfs im Personalbestand, z. B. Personalbeschaffung, Personalentwicklung und/oder Personalfreisetzung, koordiniert. |
| 7 | Das Personaleinsatzmanagement bestimmt, wie vorhandene Mitarbeiter entsprechend ihrer Qualifikationen auf die zur Verfügung stehenden Stellen verteilt werden. |
| 8 | Das Personalkostenmanagement erfasst die gegenwärtigen und zukünftigen Kosten des aktuellen und zukünftigen Personalbestands und die aktuellen und geplanten personellen Einzelmaßnahmen. Das Personalkostenmanagement erfolgt im Allgemeinen im Rahmen der Finanzplanung. |
| 9 | Die Personalführung beschäftigt sich mit dem Zusammenspiel von Führungskräften und den ihnen direkt zugeordneten Mitarbeitern. Dabei geht es um die Steuerung des Verhaltens der Mitarbeiter zur Sicherung der Umsetzung der Unternehmensziele. Das jeweilige Führungsverständnis der Organisation muss im Rahmen der Unternehmensstrategie festgelegt werden. |

Diese Handlungsfelder beschreiben die einzelnen inhaltlichen Aufgaben, die von einem Personalmanagement erfüllt werden sollten. Die Handlungsfelder werden von verschiedenen Aufgabenträgern wahrgenommen. So ist zum Beispiel an der Personalbeschaffung im Allgemeinen zu einem großen Anteil die Personalabteilung beteiligt, während die Personalführung in der Verantwortung der Führungskräfte liegt und z. B. das Personalkostenmanagement vom Controlling durchgeführt wird. An dieser Stelle wird noch einmal die oben erwähnte integrative Funktion deutlich.

In den folgenden Kapiteln werden die einzelnen Handlungsfelder des Personalmanagements, bezogen auf Projekte, aufgegriffen. Nicht weiter ausgeführt werden an dieser Stelle die Handlungsfelder Personalführung, Personaleinsatz und Personalkostenmanagement im Projekt. Das Thema Personalführung wird ausführlich behandelt im Element Führung (2.01.) innerhalb der sozialen und personalen Kompetenzen. Zum Thema Personalkostenmanagement verweise ich auf die Elemente Kosten und Finanzmittel (1.13.) und Ressourcen (1.12.).

## 3 Personalbedarfsplanung im Projekt

### 3.1 Funktion und Begriff der Personalbedarfsplanung

Die zentrale Funktion der Personalbedarfsplanung im Projekt ist es, sicher zu stellen, dass die erforderliche Anzahl an Personen mit der erforderlichen Qualifikation dem Projekt in der geforderten Zeit am entsprechenden Ort zur Verfügung steht.

Diese Aktivität fällt im Projektmanagement in den Bereich des Ressourcenmanagements. Der Begriff Ressource umfasst dabei neben den Menschen auch noch die Materialien und die für die Durchführung des Projekts benötigte Infrastruktur. In diesem Kapitel bezieht sich die Planung lediglich auf das Personal. Zum vertiefenden Verständnis des gesamten Themas Ressourcenplanung im Projekt verweise ich auf das Kapitel 1.12., in dem unter anderem die Methoden der quantitativen Ressourcenplanung (Aufwandsschätzung, Kapazitätsermittlung etc.) vorgestellt werden. Im Folgenden wird in Ergänzung dazu auf den erfolgskritischen Zusammenhang zwischen der Personalbedarfsermittlung in der Gesamt-Organisation und im Projekt hingewiesen. Dabei steht vor allem der Qualitätsaspekt der Personalbedarfsplanung im Vordergrund. Anschließend wird noch auf das Für und Wider EDV-gestützter Ressourcenplanung eingegangen.

## 3.2 Der Konflikt zwischen dem Personalmanagement in der Linie und im Projekt

Die Bereitstellung der Ressourcen ist für den Erfolg des Projektes von großer Bedeutung – ohne eine ausreichende Anzahl von zur Verfügung stehenden und fachlich qualifizierten Mitarbeitern gibt es kein Projektergebnis in der erwarteten und beschriebenen Qualität, Zeit und zu den geplanten Kosten. Diese Aussage kann jeder unterschreiben und dennoch gehört der „Kampf um die Ressourcen" – selbst bei strategisch hoch bedeutsamen Projekten – zum Alltag vieler Projektleiter. Kaum ein Thema wird in der Praxis so häufig zum Konflikt wie die Ressourcenzuteilung Selbst bei minutiöser und korrekter Planung fehlen später die Mitarbeiter mit ausreichender Fachkompetenz.

Eine häufige Ursache dafür besteht darin, dass in Organisationen der Gesamt-Zusammenhang zwischen der Personalbedarfsplanung in der Linie und den einzelnen Projekten bzw. Programmen nicht ausreichend berücksichtigt wird. Dieser Zusammenhang beeinflusst aber sehr stark, ob einmal zugesagte Ressourcen auch wirklich zur Verfügung gestellt werden.

Abbildung 3.08-1 veranschaulicht diesen Zusammenhang:

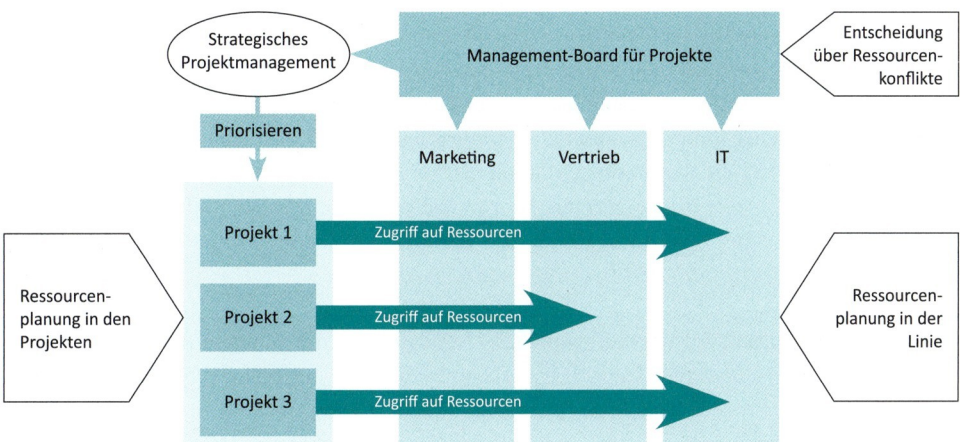

Abbildung 3.08-1: Der Gesamtzusammenhang zwischen der Personalplanung in der Linie und im Projekt

Innerhalb der Gesamtorganisation gibt es die Linienabteilungen und die einzelnen Projekte. In den einzelnen Projekten wird geplant, wie viele und welche Ressourcen wann gebraucht werden. Die Projektleiter der einzelnen Projekte greifen auf die Ressourcen aus den Linienabteilungen zu. Dabei entstehen sowohl zwischen den einzelnen Projekten als auch zwischen den Projekten und der Linie Konflikte, da in einer wirtschaftlich geführten Organisation die Ressourcen immer knapp sind.

Hinzu kommt, dass die Führungskräfte aus der Linie Ressourcen nur verbindlich zusagen können, wenn sie innerhalb der Fachabteilung die Ressourcen ebenfalls planen. Als Abteilungsleiter der Abteilung xy kann ich nur Auskunft über die Verfügbarkeit meiner Mitarbeiter geben, wenn ich weiß, welche aktuellen und künftigen Aufgaben zu bewältigen sind und wie der Auslastungsgrad meiner Mitarbeiter derzeit ist. Die in diesem Abstimmungsprozess entstehenden Konflikte müssen dann über das zuständige Management Board entschieden werden.

In größeren Organisationen gibt es zur Priorisierung der Projekte das Strategische Projektmanagement. Dort wird in der Regel eine Projektübersicht erstellt, welche die Projekte entsprechend ihrer strategischen Bedeutung priorisiert und sie dann meistens in A-, B- und C-Projekte strukturiert.

> ! Die strategische Ausrichtung muss bei der Ressourcenzuordnung und bei der Klärung von Ressourcenkonflikten berücksichtigt werden.

Um die strategische Ausrichtung sicherzustellen, ist es notwendig, dass die Informationen zum quantitativen und qualitativen Ressourcenbedarf aus den einzelnen Projekten und die Ressourcenverfügbarkeit aus den einzelnen Fachabteilungen der Linie im Strategischen Projektmanagement zusammenfließen. Entsprechend der Priorisierung der Projekte kann dann vom Management Board entschieden werden.

An dieser Stelle wird die Beziehung zwischen dem Strategischen Personalmanagement der Stammorganisation und dem Personalmanagement in den Projekten sehr deutlich: Bereits in der Gesamt-Personalbedarfsermittlung müssen Informationen zum erforderlichen Soll-Personalbedarf in Projekten berücksichtigt werden, das heißt, auch im Strategischen Projektmanagement müssen entsprechende Planungsprozesse stattfinden.

In der Praxis funktioniert dieses Zusammenwirken allerdings selten so optimal. So ist es schon im Einzelprojekt schwierig genug, die Dauer von Arbeitspaketen präzise vorauszusagen und damit genau einzuschätzen, welche Ressourcen benötigt werden. Wenn dann eine Ressourcenanfrage an die Linie erfolgt, sagt der Linienvorgesetzte vielleicht sogar Herrn Müller zu 50 % zu, obwohl er gar nicht genau weiß, wie viel freie Kapazität Herr Müller eigentlich hat und wer Herrn Müller vertritt, wenn er im Projekt arbeitet. Oder der Linienmanager zögert und möchte seine erfahrenen Mitarbeiter lieber nicht an das Projekt abgeben, weil er selbst unter Druck geraten könnte, wenn ihm die Kapazität fehlt. Informationen an ein eventuell vorhandenes Strategisches Projektmanagement erfolgen gar nicht, weil die Führungskraft aus der Linie sich einmal lieber nicht festlegen möchte und es darüber hinaus auch gar nicht gern sieht, wenn die Ressourcensituation in ihrer Abteilung allzu transparent ist. In der Folge können im Verlauf des Projektes die Vereinbarungen nicht gehalten werden und es kommt zu Konflikten um ehemals zugesagte Ressourcen. Der Spruch „Projektarbeit kommt immer oben drauf" hat hier seine Wurzeln.

**Σ Fazit** Eine Gesamtsicht der Ressourcenplanung ist folglich ein notwendiger, aber noch nicht hinreichender Schritt, der dazu beitragen kann, dass Ressourcenzusagen verbindlicher werden. Hinzukommen muss ein gemeinsamer Prozess zwischen Projektleiter und Linienvorgesetztem, in dem über die Ressourcenzuordnung verhandelt wird.

Damit dieser Verhandlungsprozess zu dauerhaft verbindlichen Ressourcenzusagen führen kann, muss die Basis ein möglichst offen geführtes Gespräch sein, in dem auch eventuelle Bedenken des Linienmanagers, die sich aus einer Zusage ergeben, angesprochen werden können. Nur so können vorausschauend Lösungen für später folgende Engpässe gefunden werden. Ein solcher offener Verhandlungsprozess setzt natürlich eine transparente Unternehmensstrategie, aus der die Priorisierung der Projekte hervorgeht, voraus.

In projektorientierten Organisationen funktioniert der Prozess der Ressourcenplanung meistens reibungsloser. In solchen Organisationen (z. B. Beratungsunternehmen, Software-Entwicklungsunternehmen) besteht das Kerngeschäft darin, dass jeder Kundenauftrag durch Projektarbeit realisiert wird. Es wird dann für jedes Projekt speziell ein Projektteam, das ausschließlich und zu 100 % für dieses Projekt zuständig ist, gebildet. Der Projektleiter verfügt dabei in der Regel auch über weiter reichende Befugnisse und trägt mehr Verantwortung als in Linien- oder Matrixorganisationen. Wenn das Projekt abgeschlossen ist, werden die Mitarbeiter wieder für andere Projekte freigestellt. Mitarbeiter, die in rein projektorientierten Organisationen in Linienfunktionen (z. B. Verwaltung) tätig sind, werden für Projekte gar nicht eingesetzt. Es entstehen folglich keine Ressourcenkonflikte zwischen Line und Projekt, da Abgrenzungen der Zuständigkeiten hier sehr viel klarer sind. In diesen Organisationen entstehen die Konflikte um Ressourcen dann eher zwischen den einzelnen Projekten, wenn sich ursprüngliche Planungen verändern oder aus anderen Gründen Ressourcenknappheit entsteht.

## 3.3 Der Qualitätsaspekt in der Personalbedarfsplanung

Berücksichtigt man bei der Ressourcenplanung die oben beschriebene Gesamtplanung in der Organisation, ist bereits viel gewonnen. Sichergestellt werden muss aber darüber hinaus, dass die zugesagten Mitarbeiter die richtige Qualifikation mitbringen.

Einzelne Projektleiter und Projektmitarbeiter sind nur in der Theorie mit anderen Mitarbeitern austauschbar, das heißt, es geht bei der Personalbedarfsplanung auch darum, zunächst einmal herauszufinden, welche unterschiedlichen Anforderungen die verschiedenen Aufgaben im Projekt mit sich bringen. In einem zweiten Schritt müssen dann diese Anforderungen mit den entsprechenden Eignungen der zur Verfügung stehenden Mitarbeiter abgeglichen werden. Es heißt dann nicht nur: „Ich brauche 3 Mitarbeiter zu 50 % in den nächsten 6 Monaten", sondern der Projektleiter ist aufgefordert, zu der Planungszahl auch noch das fachliche und methodische Anforderungsprofil mitzuliefern.

Aussagen zur fachlichen Anforderung können häufig noch gemacht werden. Allerdings ist es für den Projektleiter eher schwierig zu beurteilen, ob die zugesagten Mitarbeiter die fachliche Kompetenz wirklich besitzen. Das stellt sich meistens erst während der Zusammenarbeit heraus! Und häufig genug zeigt sich in der Praxis die Schwierigkeit, die Fachexperten zu bekommen!

Wenn es dann noch um die Frage nach methodischen und sozialen Kompetenzen geht, ist personalwirtschaftliches Know-how bzw. die Unterstützung durch Experten aus dem Linien-Personalmanagement unbedingt erforderlich. Projektleiter oder Projektauftraggeber sind häufig überfordert, wenn es um die präzise Nachfrage nach dem Anforderungsprofil der benötigten Leute geht.

 Es geht bereits hier nicht nur um reine Planungsprozesse, sondern auch um Verbindungen zu Menschen in der Organisation, die Kompetenzen für die Erstellung von Aufgabenbeschreibungen und Anforderungsprofilen besitzen.

Je besser hier die Zusammenarbeit zwischen dem Personalmanagement und der Projektorganisation funktioniert, umso professioneller kann hier vorgegangen werden.

## 3.4 EDV-gestützte Ressourcenplanung

Zum Abschluss dieses Kapitels noch einige Anmerkungen zum Einsatz von EDV-Tools bei der Ressourcenplanung. Gerade weil sich die Ressourcenplanung bzw., wie gerade beschrieben, eher die Verbindlichkeit in den Ressourcenzusagen in der Praxis als so schwierig erweisen, entsteht schnell der Wunsch, mithilfe eines Software-Tools die Konflikte zu lösen.

Ein Software-Tool kann eine sehr gute Unterstützung für den Planungsprozess leisten und ist vor allem in Multiprojekt-Umgebungen sehr sinnvoll, um einen Überblick über vorhandene und eingebundene Kapazitäten zu bekommen.

Allerdings sind in diesem Zusammenhang folgende Aspekte zu bedenken:

Zunächst sollte vor der Anschaffung eines Tools sehr genau geprüft werden, was denn dieses Tool leisten muss und wie die in der Organisation beschriebenen Prozesse darauf abgebildet werden können. Software-Tools sind sehr unterschiedlich aufgebaut und haben ihre eigene innere Logik. Passt diese nicht mit der Logik der eigenen Prozesse zusammen, wird es oft schwierig und es entstehen neue Probleme.

Darüber hinaus ist zu bedenken, dass durch die „scheinbare" Präzision EDV-gestützter Ressourcenplanungen auch eine Scheinsicherheit entstehen kann. Gerade die Planung von Personal sollte in mehreren Iterationsschleifen erfolgen, da es immer zu Veränderungen – sowohl im Projekt als auch in der Situation der Linienabteilung – kommt und bereits geringe Veränderungen schon große Verschiebungen nach sich ziehen können. In dem Zusammenhang ist auch zu erwähnen, dass der Umgang mit „bewussten Unsicherheiten" viel eher vor Krisen schützt als eine scheinbare Sicherheit. Die Erfahrung zeigt, dass Menschen mit Unsicherheiten gut umgehen können, solange sie einigermaßen einschätzbar sind. Hinzu kommt noch der Aspekt der notwendigen Datenpflege: Wer kennt nicht die elend langen Diskussionen in Organisationen über den Sinn und Unsinn von Dateneingaben! Diese Diskussionen sind häufig ein Zeichen dafür, dass der Nutzen dieser Eintragungen nicht klar ist oder dass eventuell sogar – außer der Vollständigkeit der Daten – gar kein Nutzen vorhanden ist. In solchen Situationen ist es angebracht, noch einmal darüber nachzudenken, wie sinnvoll der Einsatz eines EDV-Tools ist.

Der wichtigste Punkt im Zusammenhang mit dem Einsatz von Software-Tools ist aber die weit verbreitete Meinung, dass das Tool die für die verbindliche Ressourcenzusage nötige Kommunikation zwischen Projektleiter und Linien-Führungskraft ersetzen könnte. Gerade diese Annahme hat sich in der Praxis als Irrweg erwiesen. Die präzise Berechnung eines EDV-Tools, dass der Bereich xy zwei Mitarbeiter zu 40 % den Projekten A und B zur Verfügung stellen kann, sorgt im besten Fall dafür, dass diese Führungskraft die Information einfach nicht bemerkt.

> **Fazit** Ein Software-Tool kann immer nur als Unterstützung für den Planungsprozess dienen, aber niemals das Gespräch ersetzen.

Damit der Projektleiter mit Zahlen aus Software-Tools auch etwas anfangen kann, ist zunächst eine offene und transparente Unternehmenskultur wichtig, die dafür sorgt, dass diese Kapazitätszahlen auch geliefert werden und der Arbeitsbelastung in der Praxis entsprechen. Dafür ist der Nutzen dieser Eingaben für alle zu verdeutlichen. Nicht erspart wird dem Projektleiter durch das Tool, mit den einzelnen zuständigen Führungskräften über freie Ressourcen, die dem Projekt zugeteilt werden können, zu sprechen. Je besser dabei in den einzelnen Linienabteilungen ebenfalls Personalplanungen vorgenommen werden, umso offener und verbindlicher können diese Gespräche erfolgen. Verzichten kann man darauf aber nicht, weil es in der Regel sehr viel Erfolg versprechender ist, wenn gerade bei dem Konfliktthema Ressourcen eine gemeinsame Abstimmung bzw. Klärung zwischen Projekt- und Linienverantwortlichem gelingt.

## 4 Beschaffung von Projektpersonal

> **Definition** Mit Projektpersonal ist die „Gesamtheit der in Projekten eingesetzten Mitarbeiter einer Organisation gemeint" (MOTZEL, 2006: 169).

Die folgenden Ausführungen beziehen sich zum größten Teil auf die häufiger zu beschaffenden Mitarbeiter im Projektumfeld, d. h. auf Projektleiter und Projektmitarbeiter.

### 4.1 Besonderheiten bei der Beschaffung von Projektpersonal

Das Handlungsfeld Personalbeschaffung zielt darauf ab, den aktuellen für die Zielerreichung benötigen Personalbedarf an den aktuellen Personalbestand anzupassen (vgl. Kapitel 2).

Vergleicht man die Beschaffung von Projektpersonal mit den Beschaffungsprozessen für das Personal in der Linienorganisation, entdeckt man fundamentale Unterschiede. Diese Unterschiede sind vor allem darauf zurückzuführen, dass eine Projektorganisation für ein spezielles Projekt keine permanente Einrichtung ist, sondern nach Abschluss des Projektes wieder aufgelöst wird. Dies hat zur Folge, dass zu Beginn des Projektes das gesamte Projektpersonal für dieses Projekt beschafft werden muss und zum Ende dieses Projektes die Mitarbeiter wieder für andere Aufgaben zur Verfügung stehen. Diese Situation bedingt eine besondere Vernetzung der Handlungsfelder Personalbeschaffung und Personalveränderungsmanagement in Bezug auf das Projektpersonal.

In den Personalabteilungen gibt es für die Personalbeschaffung in der Linie (Führungskräfte, Fachexperten, Spezialisten etc.) meistens standardisiert ablaufende Prozesse mit klaren Rollenverteilungen. Das Zusammenspiel und die Verteilung der Entscheidungskompetenzen zwischen Personalabteilung und Führungskräften aus den jeweiligen Fachabteilungen, für die Mitarbeiter gesucht werden, orientieren sich dabei an den Besonderheiten der Organisation. Auch die Genehmigung des Personalbedarfs und die damit verbundene Stellenausschreibung folgen bei der Auswahl für Personal in der Linie standardisierten Regeln im Unternehmen und setzen meistens die ausführliche Prüfung von Kapazitätsengpässen in den Abteilungen voraus. Im Anschluss an die Personalauswahl folgt dann häufig eine Einstellung des Mitarbeiters – entweder aus dem internen Kreis der Organisation oder vom externen Arbeitsmarkt.

Bei der Projektarbeit läuft das nicht immer so systematisch und geregelt ab: Häufig werden Projekte kurzfristig initiiert, da der Markt neue Anforderungen hervorbringt oder Kundenaufträge hereinkommen, die in Form von Projekten bearbeitet werden. In dieser Situation ist es wichtig, dass sowohl der Bedarf an Projektleitern als auch der an -mitarbeitern sehr kurzfristig gedeckt werden kann. Selbst wenn dann ein klarer Abstimmungsprozess zwischen Projektleiter und Linien-Führungskräften erfolgt, ist dieser Bedarf oft nicht zu decken, da die Mitarbeiter nicht verfügbar sind oder es kein Personal mit der geforderten Qualifikation gibt.

Darüber hinaus kann der Gesamtbedarf an Projektpersonal in der Organisation großen Schwankungen unterliegen, da die Anzahl der Projekte stark variieren kann. Werden zum Beispiel neben dem „normalen Projektgeschäft" noch große Reorganisationsprojekte durchgeführt, wird dort eine Vielzahl qualifizierter Mitarbeiter gebraucht. Ist das Projekt beendet, stehen diese Menschen dem internen Arbeitsmarkt wieder zur Verfügung. Sieht man von rein projektorientierten Organisationen ab, in denen die Projektleiter und -mitarbeiter dann im nächsten Projekt arbeiten, steht der Personalmanager in anderen Organisationen immer vor der Frage der Auslastungsoptimierung seines Projektpersonals.

**∑ Fazit** Aufgrund der oben beschriebenen Besonderheiten muss es für die Beschaffung von Projektmitarbeitern flexiblere und weniger fixkostenintensive Möglichkeiten geben.

## 4.2 Lösungen

Für die möglichst flexible und wenig kostenintensive Möglichkeit der Personalbeschaffung werden in der Literatur zwei Lösungsansätze beschrieben, die auch in die Praxis Eingang gefunden haben:

Die eine Beschaffungsstrategie ist die Einrichtung von **Pools** (vgl. KESSLER & HÖNLE, 2002; PATZAK & RATTAY, 2004). Diese Pools bestehen aus einer bestimmten Anzahl von Projektleitern und/oder Projektmitarbeitern mit unterschiedlicher oder ähnlicher Qualifikation. Sowohl Auftraggeber von Projekten als auch Projektleiter können ihren Bedarf an Projektleitern bzw. -mitarbeitern aus diesem Pool decken. Ein solcher Projektmitarbeiter-Pool ist organisatorisch häufig beim Strategischen Projektmanagement (oder Programm Management) – also bereichsübergreifend – angesiedelt. Dadurch können verfügbare Ressourcen bedarfsgerechter verteilt werden. Insbesondere in rein projektorientierten Organisationen ist die Personalbeschaffung auf diese Weise zentralisiert.

Die Einrichtung eines Pools setzt in jedem Fall strategische Vorüberlegungen voraus, insbesondere die Antwort auf die Frage nach der Kontinuität des Projektgeschäfts, den Auswirkungen einer Einrichtung bzw. Vergrößerung des Projektmanager-Pools auf die Gesamtorganisation und nach den zur Verfügung stehenden Informationen zum Soll-Personalbedarf für Projekte. So ist zum Beispiel ohne den gleichzeitigen Aufbau von Karrierewegen für Projektpersonal die Zugehörigkeit zu einem Expertenpool nicht unbedingt attraktiv für hoch qualifizierte Mitarbeiter, die sich weiterentwickeln möchten (vgl. auch Kapitel „Qualifizierung von Projektpersonal").

Wichtig ist dabei ein funktionierendes System zur Verteilung dieser Ressourcen, sonst besteht zwar der Vorteil, dass man weiß, wo welche Ressourcen angefragt werden können, aber Konflikte um die „Besten der Besten" bleiben bestehen. Manchmal wird dieser Prozess durch interne Ausschreibungen für Projekte gelöst, was den Vorteil mit sich bringt, dass die Projektmitarbeiter in den Entscheidungsprozess eingebunden werden und dadurch entsprechend motiviert sind.

**Σ Fazit** Bei der Einrichtung von Pools müssen die Bedeutung und die Kontinuität des Projektgeschäfts in der Organisation berücksichtigt werden.

Eine andere Lösung zur kurzfristigen Beschaffung ist die Nutzung externer Mitarbeiter, die für einen bestimmten Zeitraum und/oder für bestimmte Spezial-Aufgaben rekrutiert werden. Die Zusammenarbeit erfolgt dann auf selbstständiger oder freiberuflicher Basis (Einkauf von Beratern, freie Mitarbeit) oder in befristetem Angestelltenverhältnis (z. B. durch Vermittlung durch Zeitarbeitsfirmen).

Mit zeitlich befristeter externer Personalbeschaffung sind folgende Vor- und Nachteile verbunden:

Tabelle 3.08-2: Vor- und Nachteile zeitlich befristeter Personalbeschaffung
(PATZAK & RATTAY, 1998: 494f)

| Vor- und Nachteile externer zeitlich befristeter Personalbeschaffung ||
|---|---|
| **Vorteile** | **Nachteile** |
| Bringen viel Erfahrung aus unterschiedlichen Organisationen ein | Keine unternehmensinterne Erfahrung, dadurch lange Einarbeitungszeit |
| Es gibt kurzfristig zusätzlich verfügbares Personal | Die Mitarbeiter haben kein Netzwerk im Unternehmen und dadurch wenig Möglichkeiten zur politischen Einflussnahme |
| Die Mitarbeiter können entsprechend der gebrauchten Anforderungen ausgewählt werden | Häufig findet kein Wissenstransfer statt, die Erfahrung geht mit dem Mitarbeiter aus der Organisation |
| Der normale Routineablauf im Unternehmen wird nicht durch Rekrutierung gestört | Evtl. Vertraulichkeitsprobleme |
| Es gibt keine Integrationsprobleme nach Abschluss des Projektes | Kurzfristig entstehen hohe Kosten |
| Eigene Personalreserven können geschont | Differenzen im Gehaltsniveau zwischen internen und externen Mitarbeitern können zu Spannungen führen |

**Σ Fazit** Die zeitlich befristete externe Beschaffung ist besonders geeignet, wenn sehr spezialisierte Fachkräfte gebraucht werden, wenn der Bedarf zeitlich befristet über das hinausgeht, was normalerweise in der Organisation gebraucht wird, oder im Falle eines Krisenmanagements.

Über die zeitlich befristete Einstellung von externem Personal hinaus können natürlich auch Projektleiter aus dem externen Markt ausgewählt und unbefristet eingestellt werden. Dies kommt vor allem in kleineren Unternehmen mit projektorientierter Organisationsform vor. Das Projektpersonal wird dabei über alle üblichen Wege der Personalbeschaffung (Stellenanzeigen, Jobbörsen, Personalberatungen, Empfehlungen etc.) gewonnen.

## 5 Rollen und Aufgaben von Projektpersonal

Die Durchführung von Projekten ist mit der Einrichtung einer jeweils eigenen Projektorganisation für jedes Projekt verbunden. Diese Projektorganisation setzt sich aus verschiedenen mit Personen oder Personengruppen besetzten Rollen zusammen und besteht neben der Linienorganisation (s. Abbildung 3.08-2).

Eine ausführliche Beschreibung der jeweiligen Rollen bietet das Element Projektorganisation (1.06). In diesem Kapitel erfolgt als Grundlage für die Ableitung von Anforderungsprofilen, die für eine qualifizierte Personalauswahl gebraucht werden, eine kurze Beschreibung der Rollen und Aufgaben der an einem **einzelnen Projekt** beteiligten Personen. Rollen zu Funktionen, die sich auf das Strategische Projektmanagement beziehen (z. B. Multiprojektmanager) und die als ständige Einrichtungen in der Organisation bestehen, werden ebenfalls im Element Projektorganisation (1.06) beschrieben.

um gemeinsamen Verständnis sei hier nochmals kurz auf den Begriff der Rolle eingegangen

> **§ Definition** Eine Rolle ist die „Summe der Erwartungen, die an den Inhaber einer Position gerichtet werden. Mit Hilfe von Rollen werden primär personenunabhängige Erwartungen und Handlungen festgelegt (…)" (MOTZEL, 2006: 194).

Entsprechend werden auch für die Funktionsträger im Projekt die Rollen als verschiedene Erwartungen und Handlungen, die der Rollenträger ausführen soll, definiert.

Durch solche Rollenbeschreibungen wird Klarheit bezüglich der Zusammenarbeit im Projekt geschaffen. Neben den häufig im Projektmanagement-Handbuch schriftlich erfassten Beschreibungen sind Gespräche über die jeweiligen mit der Rolle verbundenen Erwartungen und Aufgaben unerlässlich, um ein gemeinsames Verständnis sicherzustellen. Darüber hinaus ist von Bedeutung, dass die jeweilige Organisationskultur Eingang in die Interpretation der einzelnen Rollen findet, deshalb müssen die Rollenbeschreibungen immer organisationsspezifisch angepasst werden.

Elemente der Rollenbeschreibung sind die mit der Rolle verbundenen Ziele, die organisatorische Stellung, die Aufgabenbeschreibung, Verhaltenserwartungen und Befugnisse bzw. Kompetenzen.

Abbildung 3.08-2 zeigt die verschiedenen Rollen im Projekt auf:

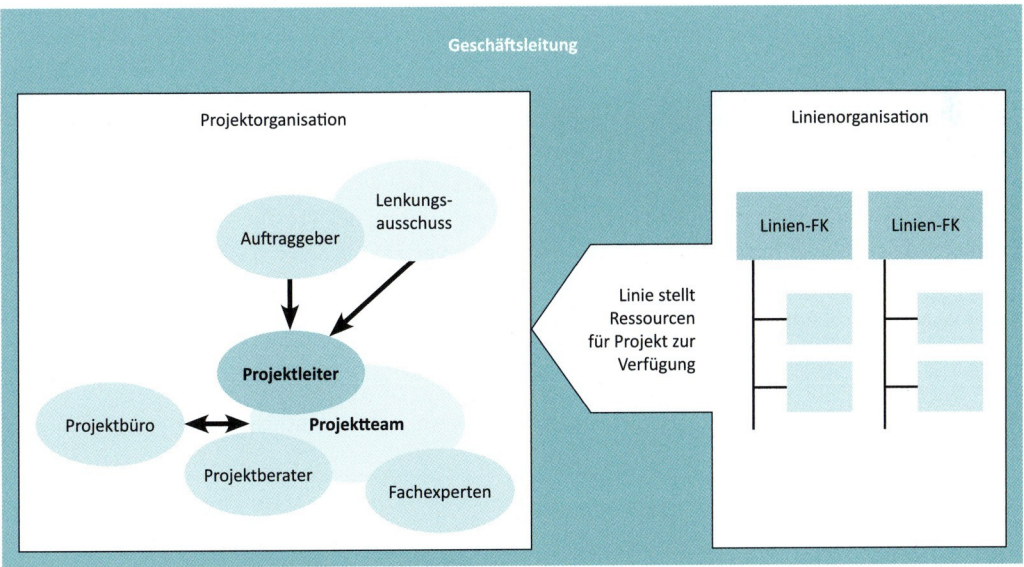

Abbildung 3.08-2: Rollen in der Projektorganisation

Im Folgenden werden die Aufgaben und Rollen der wichtigsten Beteiligten beschrieben. Die Rollenbeschreibungen sind für das Personalmanagement wichtig, da aus ihnen die Anforderungsprofile für die verschiedenen Rollenträger abgeleitet werden. Die Anforderungsprofile wiederum bilden die Grundlage für die Beschreibung der im nächsten Kapitel beschriebenen Kompetenzen. (vgl. GAREIS, 2006: 97ff; HUEMANN, 2002: 62ff; MAYRSHOFER, 2001; PATZAK & RATTAY, 2004).

Am Beispiel des Projektleiters werden die Elemente einer formalen Rollenbeschreibung vorgestellt (vgl. GAREIS, 2006; PATZAK & RATTAY, 2004).

## 4.1 Der Projektauftraggeber

Der Projektauftraggeber (Projektsponsor, Project Owner) ist die Person oder Personengruppe, die den Auftrag für das Projekt gegeben hat. Er kann entweder intern aus dem Unternehmen, welches das Projekt durchführt, kommen oder auch gleichzeitig der externe Kunde sein.

Der Auftraggeber hat somit die größte Verantwortung im Projekt, entscheidet über die Anforderungen an das Projekt und ist verantwortlich für das Projektbudget. Der interne Auftraggeber ist im Allgemeinen ein Mitglied des Lenkungsausschusses (vgl. 4.2.) und nimmt einige seiner Aufgaben durch diese Personengruppe wahr.

## 4.2 Der Lenkungsausschuss

Der Lenkungsausschuss ist eine Gruppe von Personen, die als übergeordnetes Gremium wichtige Entscheidungen im Projekt trifft. Häufig ist der Lenkungsausschuss nicht nur für ein einzelnes Projekt, sondern für mehrere Projekte oder ein Programm zuständig. Der Lenkungsausschuss ist gemeinsam mit dem Projektleiter das Steuerungsgremium für das Projekt. Häufig ernennt er den Projektleiter und das Projektteam, beauftragt es und entlastet den Projektleiter durch Abnahme des Projektprodukts. Dies gehört insbesondere zu seinen Aufgaben, wenn der Projektauftraggeber ebenfalls Mitglied des Lenkungsausschuss ist. Für den Projektleiter ist er das zentrale Ansprechgremium, wenn er die Grenze seiner Entscheidungsbefugnis erreicht hat oder im Falle von Konflikten eskalieren muss. Darüber hinaus ist es die Funktion des Lenkungsausschusses, für eine breite Akzeptanz für die im Projekt erarbeiteten Ergebnisse und getroffenen Entscheidungen in der Organisation zu sorgen.

## 4.3 Projektleitung

Die zentrale Aufgabe der Projektleitung ist die Integration und Zusammenführung der unterschiedlichen Projektinteressen. Der Projektleiter muss zu Beginn seiner Tätigkeit den Auftrag gemeinsam mit dem Auftraggeber klären und Einigkeit darüber herstellen, welche Projektziele zu erreichen sind. Zu seinen Aufgaben gehört dann die Sicherung und Realisierung der Projektziele, die Gestaltung des Projektprozesses, die Führung des Projektteams und die Vertretung des Projekts gegenüber den relevanten Umwelten. Er ist Mitglied des Projektteams und berichtet dem Projektauftraggeber bzw. dem Lenkungsausschuss. Aufgrund seiner zentralen und integrativen Rolle ist der Einsatz eines geeigneten Projektleiters ein kritischer Erfolgsfaktor im Projekt (vgl. FUHR, 2007).

Die einzelnen Aufgaben werden in der folgenden Rollenbeschreibung deutlich.

Tabelle 3.08-3: Rollenbeschreibung des Projektleiters

| Rolle | Projektleiter |
|---|---|
| **Rollenträger und -vertretung** | I xy<br>I z |
| **Ziele** | I Projektziele werden realisiert<br>I Stakeholder-Interessen werden wahrgenommen<br>I Das Projektteam wird geführt |
| **Organisatorische Stellung** | I Berichtet dem Projektauftraggeber<br>I Ist Mitglied des Projektteams |
| **Aufgaben** | I Projektdefinition und Auftragsklärung<br>I Projektplanung (Ressourcen, Kosten, Aufgabenverteilung)<br>I Projektcontrolling<br>I Projektmarketing<br>I Zusammenstellung und fachliche Führung des Projektteams<br>I Entwicklung des Projektteams<br>I Leitung der Projektteamsitzungen<br>I Information und regelmäßige Abstimmungsgespräche mit dem Auftraggeber<br>I Abstimmung zur Rollenabgrenzung mit der Linien-Führungskraft<br>I Eskalation bei Konflikten oder Verzögerungen<br>I Gestaltung der Beziehungen zu wichtigen Stakeholdern<br>I Risikomanagement<br>I Projektadministration und Dokumentation<br>I Sicherung des Lerntransfers<br>I Gestaltung des Projektabschlusses |
| **Befugnisse/Kompetenzen** | I Eigenverantwortliche Entscheidungen im Rahmen der abgestimmten Ziele<br>I Unterschrift aller Projektdokumente<br>I Definierte Zugriffsrechte...<br>I Finanzielle Entscheidungen bis...<br>I Beschaffung von Ressourcen in Abstimmung mit dem Linienvorgesetzten |

Aus dieser Rollenbeschreibung geht hervor, dass es sich bei Projektleitern eher um Generalisten als um Fachspezialisten handeln sollte. Die inhaltliche Arbeit ist nicht in erster Linie ihre Aufgabe, auch wenn sie in vielen kleineren Projekten dazugehört.

**Σ Fazit** Wenn der Projektleiter sich sehr stark aus seiner Fachkompetenz heraus definiert oder dem Projektteam unzureichende Ressourcen zugeteilt werden, kann es passieren, dass er seine koordinierenden und steuernden Führungsaufgaben vernachlässigt und dadurch die Qualität der gesamten Projektarbeit leidet.

Wichtig ist auch, dass die Geschäftsleitung die Stärkung der Projektleiter in ihren Führungsfunktionen unterstützt und sie mit entsprechenden Befugnissen/Kompetenzen ausstattet. Nur so kann sichergestellt werden, dass der Projektleiter seine Funktion wirkungsvoll ausführen kann. Eine solche Stärkung der Projektleiter führt oft zu Konflikten mit Führungskräften aus der Linie, die sich in ihren Entscheidungskompetenzen beschnitten fühlen. Deshalb ist darauf zu achten, dass bei der Klärung der Befugnisse die Linienmanager in den Prozess mit einbezogen werden.

### 4.5 Projektmitarbeiter

Die Projektmitarbeiter erarbeiten gemeinsam im Team das Projektprodukt. Sie sind für die inhaltliche Arbeit zuständig und bringen entsprechend ihrer Herkunft aus der jeweiligen Linienabteilung das Fachwissen mit. Die Projektmitarbeiter haben für den Projekterfolg eine hohe Bedeutung, da ohne das Expertenwissen keine adäquaten Projektergebnisse erzielt werden können. Je nach Größe und Bedeutung des Projekts arbeiten sie zu einem bestimmten Anteil ihrer Arbeitszeit im Projekt und in der übrigen Zeit weiter in ihrer Fachabteilung. Einige Projektmitarbeiter arbeiten auch in mehreren Projekten gleichzeitig.

Jeder Projektmitarbeiter verantwortet eines oder mehrere Arbeitspakete und bringt sein fachliches Know-how dabei ein. Darüber hinaus nehmen die Projektmitarbeiter auch Projektmanagement-Aufgaben wahr, zum Beispiel die folgenden:

- Mitarbeit bei der Projektplanung
- Mitarbeit bei der Planung von Maßnahmen zum Risikomanagement
- Durchführung von Projektmarketing-Maßnahmen
- Projektdokumentation
- Erstellung von Projektstatusberichten
- Mitwirkung an Projektteamsitzungen
- Eskalation bei Abweichungen vom Projektplan
- Know-how-Transfer nach Projektende

In manchen Projekten gibt es ein Kernteam und weitere Projektmitarbeiter, die entweder nur zu einem geringen Anteil im Projekt mitarbeiten oder als Experten nur zeitweilig hinzugezogen werden. Diese Mitarbeiter werden in der Regel nicht mit Projektmanagementaufgaben beauftragt.

### 4.6 Projektbüro

Das Projektbüro hat eine Servicefunktion für das einzelne Projekt. Ziel ist es, die Auftraggeber, die Projektleiter und die Projektmitarbeiter optimal zu unterstützen und dafür zu sorgen, dass die laufende Arbeit im Projekt bestmöglich erledigt wird.

Die einzelnen Aufgaben sind:

- Projektkommunikation
- Vor- und Nachbereitung von (Status-)Meetings
- Protokolle schreiben
- Projektdokumentation (Ablage)
- Datenpflege
- Aufgabencontrolling
- Vorbereitung von Präsentationen
- Berichterstattung
- Assistenz der Projektleitung
- Unterstützung bei der Kapazitätsplanung
- Materialanforderungen und Bestellungen

Die Größe des Projektbüros ist abhängig von der Komplexität des jeweiligen Projekts. Bei kleineren Projekten ist häufig auch ein Projektleiter-Assistent ausreichend oder der Projektleiter erledigt diese Aufgaben selbst.

## 4.7 Externe Berater im Projekt

Externe Berater sind Fachleute, die entweder freiberuflich oder als Mitarbeiter eines Beratungsunternehmens ihre Kompetenz oder Arbeitskraft zeitweise dem Projekt zur Verfügung stellen.

Berater können verschiedene Rollen und Funktionen übernehmen. An dieser Stelle soll lediglich auf die Unterscheidung zwischen Fachberatung und Prozessberatung eingegangen werden.

(Zu weiteren Rollenbeschreibungen von Beratern verweisen wir auf MAYRSHOFER, 2001: 46ff).

Fachberater bringen – wie der Name schon sagt – Expertenwissen ein, das in der Organisation nicht oder in zu geringem Maße vorhanden ist. Sie können als Gutachter fungieren, Studien einbringen oder direkt im Projektteam die Arbeitskapazität erweitern. Im letzteren Fall sind sie allerdings weniger als Berater tätig, sondern unterscheiden sich von den anderen Projektteammitarbeitern lediglich durch die Form der Vertragsgestaltung.

Prozessberater übernehmen die methodische Gestaltung des Projektprozesses und kümmern sich eher um die sozialen und politischen Aspekte im Projektgeschehen, die vor allem bei komplexen Projekten eine zunehmend größere Bedeutung bekommen. Sie können auch nur Teilen des Projekts, dem Projektteam oder dem Lenkungsausschuss als Berater zur Verfügung stehen. Um diese Funktion auszuüben, müssen sie den beteiligten Personen gegenüber neutral sein und dürfen keine eigenen inhaltlichen Interessen verfolgen.

Im Einzelnen haben sie folgende Aufgaben:

- Beratung bei der Auftragsklärung, bei der Projektorganisation, -planung und -steuerung
- Coaching des Lenkungsausschusses bzw. des Projektleiters zu allen relevanten methodischen, sozialen und strategischen Fragen im Projekt
- Moderation von Kickoff-Workshops zum Projektstart, Statusmeetings, Reviews
- Gestaltung von Maßnahmen zur Teamentwicklung
- Qualifizierung des Projektleiters und des Projektteams hinsichtlich methodischer und sozialer Kompetenz

Prozessberater entlasten damit den Projektleiter, der sich auf die Leitung des Projektteams konzentrieren kann. Insbesondere bei fachlichen Auseinandersetzungen ist dies hilfreich für den Projektleiter, damit er sich als Betroffener an der Auseinandersetzung beteiligen kann, ohne gleichzeitig den Prozess gestalten zu müssen.

**Tipp** Beim Einsatz von externen Beratern ist es besonders wichtig, die Rolle und Funktion, die er im Projekt ausüben soll, klar zu vereinbaren. Sonst kann es leicht passieren, dass der Berater seine Rolle ausdehnt und sich um Dinge kümmert, für die er nicht zuständig ist.

Häufig sind die Rollen und Aufgaben der einzelnen am Projekt beteiligten Personen in einem Projektmanagement-Handbuch beschrieben. In der Praxis zeigt sich jedoch oft, dass den Beteiligten ihre Aufgaben und Rollen trotzdem nicht klar sind. Es ist deshalb wichtig, dass eine Klärung zwischen den Beteiligten erfolgt, um wirklich Verständnis und Akzeptanz für die einzelnen Rollenbeschreibungen herzustellen.

# 6 Anforderungen an Projektpersonal

## 6.1 Vorbemerkungen

Sind die Rollen und Aufgaben des Projektpersonals in einer Organisation geklärt, geht es im nächsten Schritt um die Frage nach den zentralen Fähigkeiten bzw. Kompetenzen, die gebraucht werden, um die beschriebenen Aufgaben zu bewältigen.

Ausgehend von der Rollenbeschreibung, werden dazu die Anforderungen an die einzelnen Rollenträger beschrieben.

> **§ Definition** „Unter **Anforderungen** (i.S.v. Qualifikationsanforderungen) sind Soll-Vorstellungen über diejenigen menschlichen (Leistungs-)Voraussetzungen zu verstehen, die von einer spezifischen Aufgabenstellung im situativen Kontext ausgehen und die von einem Stelleninhaber (oder Rollenträger) erfüllt sein müssen, um diese Aufgabe hinreichend bewältigen zu können" (BECKER, 2002: 9).

Aus den notwendigen Fähigkeiten leitet sich das **Anforderungsprofil** für die entsprechende Funktion ab.

> **§ Definition** „Mit einem **Anforderungsprofil** werden (…) verschiedene Anforderungen an die Qualifikation eines Mitarbeiters (…) für (eine Rolle oder) eine Stelle und ihr Ausprägungsgrad visuell dargestellt" (BECKER, 2002: 10).

Das Anforderungsprofil dient dazu, die Bedeutung der einzelnen Anforderungen für die jeweilige Rolle darzustellen und kann als Grundlage genutzt werden, Mitarbeiter mit entsprechenden **Kompetenzen** für die jeweilige Funktion auszuwählen (siehe Kapitel 7). Dabei ist allerdings darauf zu achten, dass die Anforderungen in operationale zu beobachtende Kriterien umformuliert werden. Darüber hinaus ist der Klärungsprozess zur Zuordnung der einzelnen Anforderungskriterien zu entsprechenden Bedeutungswerten sehr sorgfältig zu führen. Die komplexitätsreduzierende Wirkung des Anforderungsprofils kann sonst leicht zu vereinfachten Schlussfolgerungen bei der Auswahl führen.

Einen ausführlichen Überblick über Anforderungen an Projektpersonal geben KESSLER und WINKELHÖFER (2004: 71ff).

Eine grundsätzliche Schwierigkeit bei der Ableitung von Anforderungen im Projektzusammenhang ist es, dass jedes Projekt neben den immer wiederkehrenden gemeinsamen Anforderungen **(projekttypunabhängige Anforderungen)** auch jeweils unterschiedliche Anforderungen mit sich bringt **(projekttypabhängige Anforderungen)**. So spielt etwa bei Projekten, die durchgeführt werden, um Kundenaufträge zu erfüllen (z. B. Entwicklung eines Softwaretools oder Bau einer Anlage), die jeweilige Fachkompetenz eine große Rolle. Bei internen Projekten dagegen, die der Weiterentwicklung der Organisation dienen (Reorganisation, Migration von IT-Systemen), ist die Kompetenz, Veränderungsprozesse zu gestalten, besonders wichtig.

Außerdem ergeben sich unterschiedliche Anforderungen – insbesondere an Projektleitungen – aus dem Komplexitätsgrad der Projekte, dem Innovationsgrad oder auch aus dem Reifegrad der Projektorganisation (vgl. KESSLER & HÖNLE, 2002).

Darüber hinaus kann sich die Auswahl nach einem besonderen Risiko richten, das ein bestimmtes Projekt in sich birgt und dem es durch die Person des Projektleiters zu begegnen gilt.

🔍 **Beispiel** Es soll eine Straße gebaut werden, die durch ein Naturschutzgebiet führt. Dazu muss das Naturschutzgebiet entsprechend verkleinert werden. Hierbei spielt die Integration bestimmter Interessengruppen (z. B. Naturschützer) eine herausragende Rolle. Somit ist es besonders wichtig, dass der Projektleiter gute Kontakte herstellen kann und dazu in der Lage ist, Menschen ins Boot zu holen.

Im Folgenden wird lediglich auf die projekttypunabhängigen Anforderungen an **Projektleiter** und **Projektmitarbeiter** eingegangen. Sowohl die Mitglieder des Lenkungsausschusses als auch der Projektauftraggeber werden in der Praxis eher aus ihrer Funktion (z. B. Geschäftsleitung) oder ihrer Linienzuständigkeit (z. B. Leiter Produktentwicklung als Auftraggeber) heraus benannt. Auf Anforderungen an Mitarbeiter des Projektbüros und an externe Berater wird hier nicht weiter eingegangen.

## 6.2 Anforderungen an Projektleiter

Bei den Überlegungen zu den Anforderungen an den Projektleiter ist es wichtig, von seiner zentralen Aufgabe – die Planung, Steuerung und Überwachung des Projekts – auszugehen. Das bedeutet, dass bei der Auswahl nicht seine fachliche Kompetenz, sondern seine methodischen und sozialen Kompetenzen im Vordergrund stehen müssen. Die fachliche Kompetenz braucht der Projektleiter vor allem, um den notwendigen fachlichen Überblick zu behalten, und insbesondere, um die Akzeptanz seiner Projektmitarbeiter zu gewinnen. Besitzt er aber zu viel Detailwissen und Spezialkenntnisse, birgt das eher die Gefahr, dass er sich zu sehr in der Detailarbeit verliert und seine Führungsaufgaben vernachlässigt. Diese Einsicht setzt sich in der Praxis immer stärker durch, kommt aber noch lange nicht konsequent bei der Auswahl von Projektleitern zum Tragen, nicht zuletzt, weil es häufig an fähigen und qualifizierten Mitarbeitern fehlt.

Besonders bei kleineren Projekten, zum Beispiel im IT-Bereich, braucht der Projektleiter allerdings spezifische Fachkenntnisse, da er häufig auch selbst an der Durchführung mitwirkt und damit eine Doppelrolle einnimmt. Dabei ist die Trennung zwischen fachlicher Mitarbeit und Leitungsaufgaben besonders schwierig.

In der Literatur gibt es unterschiedliche Checklisten, welche die Anforderungen an Projektleiter je nach Projektart und Branche beschreiben (z. B. STROBEL, 2007; STUMBRIES, 1994; KESSLER & WINKELHÖFER, 2004; FUHR, 2007)

Sind die organisationsspezifischen Anforderungen an die Rolle des Projektleiters geklärt und definiert, werden häufig die entsprechenden Kompetenzbeschreibungen abgeleitet, die als Grundlage zur Personalauswahl verwendet werden.

> § **Definition** „Kompetenz ist die nachgewiesene Fähigkeit, Wissen und/oder Fertigkeiten anzuwenden, sowie dort, wo dies relevant ist, der Nachweis persönlicher Eigenschaften" (IPMA, 2007: 14).

In der 3. Fassung der IPMA Competence Baseline (ICB 3.0) werden drei Projektmanagement-Kompetenzbereiche unterschieden, nach denen die Kompetenz von Projektleitern beurteilt werden kann (IPMA, 2007: 20). In diesen drei Kompetenzbereichen findet sich die üblicherweise verwendete Differenzierung nach Fach-, Methoden-, Sozial- und Personalkompetenz (vgl. MOTZEL, 2006) wieder.

Die Kompetenzbereiche der ICB 3.0 sind: (vgl. IPMA, 2007: 20)

- Die **PM-technischen Kompetenzen** bzw. der Bereich der **Fach- und Methodenkompetenz**. Hier werden in 20 Elementen die grundlegenden Elemente der Projektmanagementkompetenz beschrieben.
- Die Elemente der **sozialen und personalen Kompetenz**. Hier werden in 15 Elementen die Anforderungen an das persönliche Verhalten beschrieben.
- Die **PM-kontextabhängigen Kompetenzen** beschreiben in 11 Elementen die Aspekte, die vom Projektkontext abhängig sind. In diesen Bereich gehören Kompetenzen, die den Umgang des Projektleiters mit der Organisation des Linienmanagements betreffen.

Um Projekte Ziel führend leiten zu können, müssen Projektleiter – je nach Komplexität des Projekts in unterschiedlicher Ausprägung – die oben beschriebenen Anforderungen erfüllen.

Sie sollten folgende Kompetenzen aufweisen:

### Fach- und Methodenkompetenz (PM-technische Kompetenzen)

Mit Fachkompetenz ist die Fachkenntnis über das jeweilige Projektthema gemeint. Auf den Stellenwert dieses Kompetenzbereiches für den Projektleiter wurde bereits an anderer Stelle hinreichend hingewiesen.

Außerdem gehören dazu je nach Projekt und Organisation spezifisches technisches Wissen, Prozesswissen, betriebswirtschaftliche Kenntnisse und Sprachkenntnisse.

Zur Methodenkompetenz gehört es, dass Projektleitungen die unterschiedlichen **Projektmanagement-Methoden**, die für die Standard-Prozesse (z. B. Aufgabenplanung, Ressourcenplanung etc.) im Projektmanagement anfallen, situationsgerecht einsetzen können. Darüber hinaus gehört dazu, dass sie Situationen methodisch analysieren und strukturieren können, um einzuschätzen, welche Schritte notwendig sind, um ein bestimmtes Ziel zu erreichen. Auch die Fähigkeit, Komplexität sowohl zu erfassen als auch immer wieder zu reduzieren, um im „richtigen" Komplexitätsgrad zu arbeiten, fällt in diesen Bereich.

Außerdem muss der Projektleiter **Methoden zur Prozessgestaltung** kennen und anwenden können (z. B. Moderationsmethoden, Methoden zur Auftragsklärung, und zur Gesprächsführung)

### Soziale und Personale Kompetenz

Zu diesem Bereich gehört die Fähigkeit, Beziehungen und damit die Zusammenarbeit konstruktiv zu gestalten, das eigene Verhalten einzuschätzen und zu reflektieren und als Projektleiter die Führung zu übernehmen. Zur erfolgreichen Durchführung ihrer Aufgaben ist für Projektleitungen die Wahrnehmung ihrer Führungsaufgaben besonders wichtig, das heißt, sie sollten z. B. willens und in der Lage sein

- mit eigener Initiative und Zielstrebigkeit Ergebnisse zu erreichen
- das Team zu motivieren
- das Team zusammenzustellen und in verschiedenen Phasen zu steuern
- Konflikte im Team oder mit anderen Stakeholdern zu erkennen und zu bewältigen
- Verhandlungen und andere Gesprächssituationen erfolgreich zu gestalten
- strategisch, vorausschauend und projektübergreifend zu denken und zu handeln (sich nicht in Details zu verlieren)
- das Projektergebnis nach außen zu kommunizieren
- Entscheidungen zu treffen, die Interessen des Projektteams zu vertreten und Entscheidungsträger zu überzeugen (Durchsetzungsvermögen)
- bei Gefährdung der Projektziele entsprechend zu eskalieren

Um Arbeitsbeziehungen konstruktiv zu gestalten, ist es darüber hinaus wichtig,

- Gespräche wertschätzend, mit Einfühlung und angemessen offen zu führen
- verlässliches und verbindliches Verhalten zu zeigen
- Kontakte herstellen und halten zu können

### Kontextkompetenz (PM-Kontextkompetenzen)

Mit Kontextkompetenz ist die Fähigkeit, das Zusammenwirken zwischen der Linienorganisation und der Arbeit im Projekt zu verstehen und zu wissen, wie sie zusammenwirken und sich gegenseitig beeinflussen. Diese Zusammenhänge bei der Gestaltung der Projektprozesse entsprechend zu berücksichtigen, ist ein wesentlicher Erfolgsfaktor bei Projekten.

Mit jedem Projekt sind auch Veränderungen in der Organisation verbunden, die unterschiedlich aufgenommen werden. Der Projektleiter muss diese mit dem „change" verbundenen Reaktionen wahrnehmen, einschätzen und in die Gestaltung des Projektprozesses aufnehmen. Diese Kompetenz ist insbesondere bei Projekten, die der Weiterentwicklung der Organisation dienen, relevant. Für Projekte, die lediglich für die Abwicklung eines Kundenauftrags gebildet werden, spielt diese Kompetenz keine große Rolle.

Ein weiterer wichtiger Begriff im Zusammenhang mit Kompetenzbeschreibungen von Projektleitern ist die **Prozesskompetenz**. Ein Projekt muss als Gesamtprozess mit einer bestimmten Ausgangssituation (Input) und einem vorher festgelegten Ergebnis (Output) betrachtet werden. Viele Projektleiter kennen genau den inhaltlichen Arbeitsfortschritt ihres Projekts, es gelingt ihnen jedoch nicht immer, diesen Gesamtprozess im Auge zu behalten und seinen Stand und Fortschritt richtig einzuschätzen.

Prozesskompetenz umfasst die Fähigkeiten, die gebraucht werden, um Prozesse so zu gestalten, dass sie einerseits zum gewünschten, vorher verabredeten Ziel führen und andererseits mit hoher Akzeptanz der Beteiligten geschehen. Dies ist wichtig, um das Erreichen der Projektziele in der Organisation sicherzustellen. Zur Ausbildung und Anwendung von Prozesskompetenz sind sowohl Methoden- als auch Sozial- und Kontextkompetenz wichtig. Hinzu kommt eine Betrachtungsweise, die immer wieder in den Blick nimmt, welche Auswirkungen ein geplanter Schritt im Projekt auf
(Teil-)ergebnisse hat und inwiefern diese das Gesamtergebnis beeinflussen (vgl. MAYRSHOFER, 1999).

## 6.3  Anforderungen an Projektmitarbeiter

Eine große Herausforderung bei der Auswahl der Projektmitarbeiter ist es immer wieder, die fachlich geeigneten Mitarbeiter aus der Organisation zu gewinnen (vgl. auch Kapitel 4.2.). Da es die zentrale Aufgabe der Projektmitarbeiter ist, die fachlich-inhaltliche Arbeit durchzuführen, sollte darauf auch das größte Augenmerk gelegt werden. Daneben sind aber auch einige nicht-fachliche Anforderungen relevant, auf die hier kurz eingegangen werden soll.

Ziel der Projektarbeit ist es, eine komplexe Aufgabenstellung im – meistens interdisziplinären – Team innerhalb einer bestimmten Zeit zu lösen.

Das stellt folgende Anforderungen an die Mitarbeiter:

- Teamfähigkeit
- Eigeninitiative und Verantwortungsbewusstsein
- Selbstständiges Arbeiten
- Umgang mit Komplexität
- Verbindlichkeit und Verlässlichkeit

- Akzeptanz anderer Perspektiven
- Fähigkeit zur Selbstorganisation und -reflexion
- Bereitschaft, sich auf neuartige und zunächst diffuse Situationen einzulassen

## 7 Auswahl von Projektpersonal

### 7.1 Vorbemerkungen

Für den Erfolg des Projekts ist die Person des Projektleiters von zentraler Bedeutung. Umso erstaunlicher ist es, dass in den wenigsten Organisationen überprüfbare Auswahlkriterien und noch seltener professionelle Auswahlmethoden existieren. Häufig wird auf Projektleiter zurückgegriffen, die gerade ein Projekt geleitet haben. Auch wenn das Projekt erfolgreich gelaufen ist (Referenzprojekt), spielen beim nächsten Projekt möglicherweise andere Anforderungen eine zentrale Rolle. Darüber hinaus wird so das Projekt selbst zum Eignungstest, was gewisse Risiken in sich birgt, wenn es nicht ein reines Lernprojekt ist.

Hintergrund für diese Situation kann sein, dass der Markt mit guten Projektleitern nicht gerade überschwemmt ist. Wo das Angebot eher knapp ist, lohnt es nicht, professionelle Auswahlsysteme zu kreieren. Es wird dann höchstens nach einer Zertifizierung verlangt, die aber nicht unbedingt eine zuverlässige Aussage über die Führungs- und Sozialkompetenz des Projektleiters in der speziellen Situation treffen kann. In dieser Situation empfiehlt es sich, internes Mitarbeiterpotential zu erkennen und zu entwickeln.

Im Folgenden werden einige Methoden beschrieben, die sowohl für die interne Personalauswahl als auch für die Auswahl externer Bewerber genutzt werden können.

### 7.2 Selbstassessment und Einzelinterview

Liegen Standard-Anforderungsprofile vor, ist es für die Auswahl wichtig, einen Abgleich zwischen den gewünschten Anforderungen und den aktuellen Qualifikationen vornehmen zu können und diese Eignungsprofile als Basis für die Auswahlentscheidung zu nehmen. Qualifikationsprofile, die den Anforderungsprofilen gegenübergestellt werden können, fehlen in Organisationen meistens.

> **§ Definitionen Qualifikation** ist die „nachgewiesene Fähigkeit, Wissen und Fertigkeiten anzuwenden" (MOTZEL, 2006: 184).
>
> „Beim **Qualifikationsprofil** handelt es sich um die optische Darstellung der Qualifikation eines Mitarbeiters. Dazu werden zunächst Qualifikationsmerkmale differenziert, entsprechend ihrer individuellen Ausprägung auf einer Skala bewertet sowie die entsprechenden Markierungen miteinander verbunden" (BECKER, 2002: 472f).
>
> Unter **Eignung** kann die Summe derjenigen persönlichen Qualifikationsmerkmale verstanden werden, die einen Mitarbeiter dazu befähigen, eine bestimmte Tätigkeit erfolgreich zu vollziehen...". Dabei werden individuelle Qualifikationen (…) direkt auf Anforderungen bezogen" (BECKER, 2002: 163).

Eine Möglichkeit ist es, durch ein Selbstassessment (vgl. GAREIS, 2006) zu einer eigenen Einschätzung zu kommen und dadurch einen Abgleich zwischen Soll-Anforderungen und aktueller Qualifikation vorzunehmen. So ein Selbstassessment eignet sich insbesondere für die Einschätzung von Projektmanagement-Wissen und -Erfahrung und kann auch als Basis für ein nachfolgendes Fremdassessment in Form eines Einzelinterviews genutzt werden.

Hierzu bietet Roland GAREIS ein Beispiel (2006: 616), aus dem im Folgenden ein **Ausschnitt** gezeigt wird.

Tabelle 3.08-4: Ausschnitt aus einem Fragebogen zum Self-Assessment individueller Projektmanagement-Kompetenzen (GAREIS, 2006: 617)

| Projektmanagement-Wissen und -Erfahrung des Projektmanagers | | |
|---|---|---|
| Bitte kreuzen Sie nachstehend an, wie hoch Sie Ihr Projektmanagement-Wissen und Ihre Erfahrung einschätzen! Der Beurteilung ist eine Skalierung von 1-5 zugrunde gelegt, wobei 1 die schwächste und 5 die stärkste mögliche Ausprägung des Wissens und der Erfahrung ist. | | |
| **3.1. Projektstartprozess** | | |
| **3.1.1. Methoden zur Projektplanung** | | |
| 1= kein/e, 2= gering/e, 3= durchschnittlich, 4=viel, 5= sehr viel | Wissen | Erfahrung |
| Projektstrukturplan | | |
| Arbeitspaketspezifikationen | | |
| Projektressourcenplan | | |
| Projektfinanzmittelplan | | |
| Projektmeilensteinplan | | |
| Projektterminliste | | |
| Projektbalkenplan | | |
| Projektnetzplan | | |
| Projektkostenplan | | |
| **3.1.2. Methoden zum Projektrisikomanagement und** | | |
| Projektrisikoanalyse | | |
| Projektszenarioanalyse | | |
| Alternative Projektpläne | | |
| **3.1.3. Methoden zur Gestaltung der Projekt-Kontextbeziehungen** | | |
| Projekt-Umwelt-Analyse | | |
| Beschreibung: Vor- und Nachprojektphase | | |
| Analyse: Beziehung des Projekts zu anderen Projekten | | |
| Analyse: Beziehung des Projekts zur Unternehmensstrategie | | |
| Projektmarketing | | |

Auch die auf der ICB beruhende „ProjektManager Taxonomie" bietet Fragen zur Selbsteinschätzung der PM-Kompetenzen an.

## 7.3 Fremdassessment durch Assessment Center

Das Assessment Center (AC) ist eine Methode der Personalauswahl, bei der Bewerber ein bis zwei Tage in verschiedene simulierte Arbeitssituationen versetzt werden, um beurteilen zu können, wie geeignet sie zur Wahrnehmung einer bestimmten Rolle sind. Sie werden bei der Durchführung der Übungen von Vertretern aus verschiedenen Bereichen der Organisation beobachtet.

Dabei geht es insbesondere darum, Führungs- und Prozesskompetenzen wahrzunehmen und einzuschätzen. Diese Methode wird vor allem dann angewendet, wenn es mehrere Bewerber gibt, unter denen ausgewählt werden muss.

Im Zusammenhang mit der Auswahl von Projektleitern gewinnt diese Methode – insbesondere in projektorientierten Unternehmen – zunehmend an Bedeutung, da gerade diese Fähigkeiten für den Führungserfolg des Projektleiters eine hohe Relevanz haben. Die Implementierung von Assessment Centern für die Auswahl von Projektpersonal lohnt sich vor allem in Organisationen, die sich intensiv mit der Weiterentwicklung von Projektpersonal beschäftigen und Karrieresysteme für Projektleiter anbieten. Mithilfe von Assessment Centern kann Potential erkannt und aus der Gegenüberstellung des Soll-Anforderungsprofils für eine bestimmte Rolle und des aktuellen Fähigkeitsprofils des Kandidaten der Qualifizierungsbedarf abgeleitet werden. Dazu folgen Hinweise in Kapitel 3 des Vertiefungswissens.

An dieser Stelle geht es zunächst um die Auswahl interner oder externer bereits qualifizierter Projektleiter, die dem Projekt dann kurzfristig zur Verfügung stehen.

Die Übungen, die im Assessment Center zum Einsatz kommen, müssen typische-(kritische) Situationen simulieren, die für den Erfolg in der Zielfunktion ausschlaggebend sind. Außerdem müssen die für die erfolgreiche Bewältigung dieser Funktion und in den Anforderungen beschriebenen Kompetenzen im Verhalten der Kandidaten beobachtet werden können.

Es gibt eine Reihe von Standard-Übungen, die im Assessment Center eingesetzt werden (vgl. FISSENI & PREUSSER, 2007; PASCHEN, 2005). Da sie insbesondere für Nachwuchsführungskräfte in der Linienorganisation entwickelt wurden, müssen sie für Arbeitssituationen in Projekten adaptiert werden.

Im Folgenden werden einige Standard-Übungen kurz vorgestellt und einige Überlegungen zur Übertragung auf Projektleiter-Situationen angestellt.

Postkorbübung
Bei der Postkorbübung erhält der Kandidat einen Posteingangskorb, der unterschiedliche Vorgänge, z. B. interne Schreiben zu Ressourcenproblemen, Kundenbeschwerden, Angebote etc. enthält, die sich in Dringlichkeit, Komplexität und Bedeutsamkeit unterscheiden. Er hat die Aufgabe, die Vorgänge in einem bestimmten Zeitraum zu bearbeiten, Entscheidungen zu treffen und Maßnahmen festzuhalten. Beobachtet werden Entscheidungsverhalten, Prioritätensetzung, Zeitmanagement, Delegations-verhalten, systematisches Denken und Handeln.

Die Postkorbübung ist eine sehr typische Aufgabe in einem AC, spiegelt jedoch in erster Linie die typische Situation einer Linienführungskraft wider, die Entscheidungen in einem überschaubaren Umfeld trifft. Auf die Situation des Projektleiters bezogen, sollten die Fälle zum Beispiel typische Situationen, die sich an der Schnittstelle Projekt und Linie befinden, beschreiben (z. B. Mitteilung über Ressourcenabzug durch die Linien-Führungskraft). Darüber hinaus müssen die Fälle eine der Projektsituation angemessene Komplexität aufweisen.

Präsentation
Bei der Präsentation geht es darum, ein bestimmtes Thema in einem Kurzvortrag vorzustellen. Dabei sind sowohl Stegreifreden als auch die Vorstellung der Zusammenfassung einer vorgegebenen Fallstudie denkbar.

Um die Projektsituation abzubilden, können verschiedene Rahmen vorgegeben werden, z. B. während eines Kickoffs den Projektauftrag oder die Projektergebnisse im Rahmen einer Lenkungsausschuss-Sitzung zu präsentieren.

Die Präsentationsübung eignet sich, um Führungs- und Sozialkompetenzen zu beobachten. So können die Fähigkeiten, wie Komplexität reduzieren, strukturiertes Vorgehen, Überzeugungskraft, wirkungsvolles Auftreten und Kontaktfähigkeit, beobachtet werden.

Gruppendiskussion
Eine weitere klassische Übung in Assessment Centern ist die Gruppendiskussion. Meistens mehrere Teilnehmer (ca. 4-6) die Aufgabe, sich über ein bestimmtes vorgegebenes Thema zu unterhalten. Die Gruppendiskussionen können mit oder ohne Diskussionsleitung stattfinden.

Dabei kann das Verhalten der Kandidaten in Teamsituationen beobachtet werden, also z. B. Umgang mit unterschiedlichen Einstellungen, Durchsetzungsvermögen, Integrationsfähigkeit, Einfühlungsvermögen, Fähigkeit zum Zuhören.

Für die Übertragung auf die Projektsituation werden dabei Diskussionsthemen, wie zum Beispiel „Projektplanung", „Vorbereitung einer Projektpräsentation" oder auch „Umgang mit knappen Ressourcen", gewählt.

Simulation eines Gesprächs
Hierbei geht es darum, in einem Gespräch eine bestimmte Rolle einzunehmen und (z. B. Projektleiter mit Projektauftraggeber) ein Gespräch über eine schwierige Situation zu führen. Dazu bekommt der Kandidat eine Situationsbeschreibung und eine gewisse Vorbereitungszeit. Auch in dieser Übung kann Sozialkompetenz (kommunikative Fähigkeiten, Zielorientiertheit, Strukturierungsfähigkeit, Durchsetzungsvermögen) beobachtet werden.

Typische Situationen sind Eskalationsgespräche zwischen Projektleiter und Auftraggeber.

Analysen/Fallstudien
Bei dieser Übung erhalten die Teilnehmer Unterlagen, aus denen eine komplexe Problemstellung hervorgeht. Sie haben die Aufgabe, das Problem zu analysieren und Lösungsmöglichkeiten vorzuschlagen.

Hierbei soll vor allem die Fähigkeit zur Problemanalyse, das Erfassen komplexer Situationen und die Vorgehensweise bei der Erarbeitung von Lösungsstrategien beobachtet werden. Im Rahmen der Projektleiter-Auswahl sind hier Fallstudien zu schwierigen Situationen in Projekten sinnvoll, in denen der Kandidat gefragt wird, wie er die Situation einschätzt und wie er weiter vorgehen würde.

Darüber hinaus kann auch Projektmanagement-Wissen durch Interpretation von Projektfortschrittsberichten, Ressourcenplanungen oder Kostenplanungen geprüft werden.

Übertragen auf die Auswahl von Projektleitern, kann beim Assessment Center kritisch betrachtet werden, dass in den Übungen projekttypische Faktoren nicht ausreichend berücksichtigt werden.

Folgende Faktoren sollten deshalb Eingang in die Durchführung von AC`s finden:

- Umgang mit Komplexität
- Kontinuität der Situation (ein Projekt statt vieler einzelner Aufgaben)
- Umgang mit unbekannten und sich ständig verändernden Situationen
- Umgang mit unklaren Verantwortlichkeiten und unscharfen Zielvorgaben
- Umgang mit Menschen aus unterschiedlichen Disziplinen
- Umgang mit Misserfolgserlebnissen nach hoher Identifikation mit der Aufgabe

Vor diesem Hintergrund wird in der Literatur (vgl. ALDERING, 2001: 143ff) die Dynamisierung von Assessment Centern beschrieben. Grundgedanke dabei ist es, einzelne voneinander unabhängige Übungen durch realitätsnähere, Aufgaben orientiertere und komplexere Problemstellungen mit kontinuierlichem Ablauf zu ersetzen. Ein Beispiel aus einem Versicherungskonzern beschreibt SARGES (2001: 143ff). Jeder Teilnehmer erhielt während des dreitägigen Assessment Centers seine individuelle Rolle und Aufgabe und die Einzelaufgaben wurden inhaltlich miteinander verknüpft. Die Informationen, Entscheidungen, Reaktionen und Ergebnisse aus den vorherigen Übungssequenzen mussten folglich später wieder berücksichtigt und aufgegriffen werden. Hierdurch wurde die Kontinuität der Situation sichergestellt und es ließ sich insbesondere der Umgang mit Komplexität beobachten.

## 8 Freisetzung von Projektpersonal

Die Personalfreisetzung umfasst alle Maßnahmen, die wieder für eine Anpassung des Mitarbeiterbestandes sorgen, wenn dieser den Bedarf übersteigt. Für den Personaleinsatz in Projekten bedeutet dies, dass sowohl der Projektleiter als auch die Projektmitarbeiter – vorausgesetzt es handelt sich um interne Beschäftigte – nach Abschluss des Projekts dem internen Arbeitsmarkt wieder zur Verfügung stehen. Für den Fall, dass sie lediglich einen Teil ihrer Kapazität für das Projekt und den übrigen Teil für ihre Linienaufgaben verwendet haben, werden sie häufig wieder zu 100 % in ihren Linienabteilungen eingesetzt. Handelte es sich um längere 100 %ige Abwesenheitszeiten, ist mit der Rückkehr häufig eine Veränderung des Aufgabenbereichs verbunden. Eine solche Veränderung sollte die durch den Projekteinsatz erfolgte Entwicklung des Mitarbeiters berücksichtigen und gemeinsam mit ihm abgestimmt werden.

Schwieriger gestaltet es sich häufig in Organisationen, deren Hauptgeschäft die Projektarbeit ist. In diesen Projektorganisationen wissen die beteiligten Projektmitarbeiter und der Projektleiter häufig gegen Ende des Projekts noch nichts über ihren weiteren Verbleib. Das kann zu Unsicherheiten und Ängsten mit entsprechenden Auswirkungen auf die Motivation führen. Manchmal wird in Unkenntnis über den späteren Verbleib auch das längst fällige Ende des Projekts hinausgezögert oder Projektmitarbeiter nehmen gegen Ende des Projektes jede sich bietende Arbeit an, um der Unsicherheit zu begegnen. Für den Projektleiter stellt diese Situation eine besondere Herausforderung dar, da er einerseits mit seiner eigenen unklaren Situation beschäftigt ist und andererseits aus seiner Rolle heraus aufgefordert ist, diese Aspekte mit den Projektmitarbeitern zu besprechen und nach Lösungen zu suchen. Hier braucht er Rückenstärkung aus der Organisation und entsprechende Unterstützung vom Personalmanagement.

Eine Lösung für eine solche Organisation kann die Einrichtung von Projektleiter- und Projektmitarbeiterpools sein, die quasi als Linienabteilung für übergangsweise „arbeitsloses" Projektpersonal dienen kann. Dort können die Mitarbeiter sich zum Beispiel auch mit der Weiterentwicklung und Standardisierung von Prozessen beschäftigen oder andere Stabsaufgaben wahrnehmen. Wichtig ist in jedem Fall die rechtzeitige Planung des anschließenden Einsatzes, um die oben beschriebenen Unsicherheiten zu reduzieren.

Sind externe Mitarbeiter im Projekt beschäftigt gewesen, kann es für künftige Kooperationen wichtig sein, mit diesen in Kontakt zu bleiben.

## 9 Zusammenfassung

Für die erfolgreiche Projektbearbeitung ist eine verbindliche Ressourcenplanung ausschlaggebend. Dabei ist die konstruktive Zusammenarbeit zwischen der Linienorganisation, welche die Mitarbeiter zur Verfügung stellt, und den Verantwortungsträgern im Projekt von großer Bedeutung. Besteht eine Gesamt-Ressourcenplanung in der Organisation, kann die Kapazitätszusage verbindlicher gestaltet werden. Da in Projekten Flexibilität gefragt ist, weil es immer zu unvorhergesehenen Änderungen kommen kann, ist allerdings das kooperative Zusammenwirken zwischen Linie und Projekt der wichtigste Erfolgsfaktor. EDV-Tools können die Ressourcenplanung wirkungsvoll unterstützen, wenn die Prozesse beschrieben sind, das Tool zu den Projektmanagement-Prozessen in der Organisation passt und die Dateneingabe ausreichend gepflegt wird.

Projektpersonal aus der eigenen Organisation kann direkt aus den Linienabteilungen oder über die Integration der Projektleiter in einen Pool beschafft werden. Eine andere Möglichkeit ist die externe Beschaffung von zeitlich befristetem Personal, die vor allem hilft, wenn besondere Spezialisten gebraucht werden oder kurzfristige Schwankungen beim benötigten Personal zu überbrücken sind. In der Projektorganisation müssen die vorhandenen Rollen jeweils organisationsspezifisch beschrieben werden. Die Rollenbeschreibungen bilden dann die Grundlage für die Ableitung von Anforderungsprofilen für

Projektleiter und Projektmitarbeiter. Von herausragender Bedeutung ist die Rolle des Projektleiters, da seine Aufgabe vor allem in der Integration der unterschiedlichen Projektinteressen besteht und bei ihm alle wichtigen erfolgskritischen Informationen zusammen- laufen. Er ist Führungskraft ohne disziplinarische Weisungsbefugnisse und muss deshalb mit seinen sozialen Kompetenzen und seiner Persönlichkeit überzeugen. Daher sollte er eher Generalist als Fachspezialist sein, sonst besteht die Gefahr, dass er sich in Detailarbeit verliert.

Darüber hinaus ist bei der Auswahl von Projektmitarbeitern die Tatsache zu berücksichtigen, dass Projekte je nach Typ unterschiedliche Anforderungen mit sich bringen. Auf der Grundlage speziell erstellter Anforderungsprofile werden dann Projektleiter und Projektmitarbeiter ausgewählt. Da Personalauswahl insgesamt ein sehr komplexes Thema ist, das spezielles Fachwissen verlangt und in jeder Organisation unterschiedlich gehandhabt wird, ist eine Unterstützung durch Personalspezialisten aus der Organisation empfehlenswert. Je nach dem Grad der Projektorientierung der Organisation kann die Auswahl durch Interviews oder professionell durchgeführte Assessment Center erfolgen. Vor Abschluss des Projektes ist es wichtig, rechtzeitig Überlegungen zur alternativen Beschäftigung des Projektpersonals in der Organisation anzustellen.

## 10 Fragen zur Wiederholung

|  |  | |
|---|---|---|
| 1 | Was sind Gründe dafür, dass es häufig im Projekt zu Ressourcenengpässen kommt? | ☐ |
| 2 | Was muss berücksichtigt werden, um in der Praxis den Konflikt zwischen Linie und Projekt um Ressourcen zu lösen? | ☐ |
| 3 | Welche Schwierigkeiten können beim Einsatz von EDV-gestützter Ressourcenplanung auftreten? | ☐ |
| 4 | Was unterscheidet die Beschaffung von Projektmitarbeitern von der Beschaffung von Linien-Mitarbeitern? | ☐ |
| 5 | Welche Vor- und Nachteile bringt zeitlich befristete Personalbeschaffung mit sich? | ☐ |
| 6 | Welche Rollen gibt es in der Projektorganisation? | ☐ |
| 7 | Welche Aufgaben sind mit der Rolle des Projektauftraggebers verbunden? | ☐ |
| 8 | Welche Aufgaben sind mit der Rolle des Projektleiters verbunden? | ☐ |
| 9 | Welche Aspekte gehören in eine Rollenbeschreibung? | ☐ |
| 10 | Welche Rollen können externe Berater im Projekt übernehmen? | ☐ |
| 11 | Was muss bei der Erstellung von Anforderungsprofilen für Projektleiter besonders berücksichtigt werden? | ☐ |
| 12 | Welche Projektleiter-Kompetenzen können vor allem durch Selbstassessment-Methoden eingeschätzt werden? | ☐ |
| 13 | Was muss bei der Durchführung von Assessment Centern zur Auswahl von Projektpersonal besonders berücksichtigt werden? | ☐ |
| 14 | Welche Übungen gibt es im Assessment Center? Welche Kompetenzen können mithilfe der verschiedenen Übungen eingeschätzt werden? | ☐ |

# 3.09 Gesundheit, Sicherheit und Umwelt
### (Health, security, safety & environment)

Andreas Bosbach, Rita Bosbach

## Kontext und Bedeutung

Im betrieblichen Zusammenhang gehört das Themenfeld Gesundheit, Sicherheit und Umwelt (GSU, abgeleitet aus dem angloamerikanischem Akronym EHS für Environment, Health and Safety) zu den Grundprinzipien nachhaltiger Unternehmensführung im Sinne eines ganzheitlichen Stakeholder-Relationships-Managements. Folgen unternehmerischen Handelns auf Mitarbeiter, Natur, Gesellschaft oder Kunden müssen berücksichtigt werden und sind dabei im Idealfall bereits von Anfang an in die betrieblichen Managementsysteme integriert.

Projektarbeit ist in den seltensten Fällen isoliert, sondern in der Regel mit mehr oder weniger engem Bezug zu den Kernprozessen des jeweiligen Unternehmens zu betrachten. Für verantwortliche Projektmanager, welche die unmittelbaren, aber auch die mittelbaren Folgen ihrer Tätigkeit berücksichtigen müssen, sind daher Kenntnisse über die wesentlichen Grundlagen des Themenfeldes Gesundheit, Sicherheit und Umwelt für ihre Arbeit sehr hilfreich.

Im produzierenden Unternehmen zum Beispiel müssen Gesundheit, Sicherheit und Umweltschutz während des gesamten Produktionsprozesses berücksichtigt werden und haben dabei stets Auswirkungen auf die Wertschöpfungskette, von der Planung der Anlagen über die Beschaffung der Rohstoffe bis hin zur Auslieferung der Endprodukte an den Kunden. Im Dienstleistungsbereich können bei nachhaltiger Berücksichtigung von GSU positive Effekte auf Produktivität, Qualität und Image des Betriebs beobachtet werden.

Von entscheidender Bedeutung ist die Tatsache, dass innerhalb des Themenfeldes Gesundheit, Sicherheit und Umweltschutz eine Reihe von gesetzlichen Verpflichtungen bestehen, deren Nichtberücksichtigung erhebliche Konsequenzen haben können, wobei grundsätzlich Arbeitgeber bzw. verantwortliche Führungskräfte für die Sicherheit und Gesundheit der Beschäftigten verantwortlich sind.
Gesundheit, Sicherheit und Umwelt (GSU)

## Lernziele

Sie können

- die wichtigsten Grundprinzipien der Gestaltung von Gesundheit, Sicherheit und Umweltschutz im Unternehmen (am Beispiel des TOP-Prinzips) sowie das Belastungs-Beanspruchungskonzept erläutern
- die wichtigsten Rechte und Verordnungen zum Gesundheitsschutz und Arbeitssicherheit auf EU und nationaler Ebene benennen

# Inhalt

| | | |
|---|---|---|
| 1 | Grundprinzipien zum betrieblichen Gesundheitsschutz und Arbeitssicherheit | 1297 |
| 1.1 | Prävention von Personen- und Umweltschäden als Unternehmeraufgabe am Beispiel des TOP - Prinzips zur Verhältnis- und Verhaltensprävention | 1297 |
| 1.2 | Belastung und Beanspruchung | 1299 |
| 1.3 | Gesetzliche Rahmenbedingungen zu Gesundheit, Sicherheit und Umwelt (GSU) | 1299 |
| 1.3.1 | Allgemeine gesetzliche Grundlagen | 1299 |
| 1.3.2 | Wichtige Einzelgesetze | 1301 |
| 2 | Zusammenfassung | 1303 |
| 3 | Fragen zur Wiederholung | 1304 |

# 1 Grundprinzipien zum betrieblichen Gesundheitsschutz und Arbeitssicherheit

Obwohl im jeweiligen spezifischen Kontext die erforderlichen Maßnahmen zum Gesundheitsschutz und zur Arbeitssicherheit sehr unterschiedlich sein können, – vergleicht man zum Beispiel eine Großbaustelle mit einem Büroarbeitsplatz –, so gibt es dennoch einige allgemeingültige Grundprinzipien, nach denen Arbeit gestaltet werden sollte:

### Prävention
Die Arbeit muss so gestaltet werden, dass eine Gefährdung für Leben, Gesundheit und Umwelt möglichst vollständig vermieden wird oder so gering ist wie möglich.

### Betriebsbezogenheit
Die konkreten gesundheits- und sicherheitsbeeinflussenden Umstände des Arbeitsplatzes, der Arbeitssituation und des Betriebes müssen berücksichtigt und analysiert werden.

### Ganzheitliche Analyse und Gestaltung von Arbeitssituationen
Neben der Technik und den Arbeitsabläufen haben auch soziale oder psychologische Komponenten Einfluss auf Gesundheitsrisiken (Betriebsklima, Führungsverhalten, Qualifikation, Motivation usw.).

### Gesundheits- und Arbeitsschutz als Teil eines kontinuierlichen Verbesserungsprozesses
Die Entwicklung und Umsetzung von Maßnahmen zum Gesundheitsschutz sind kein einmaliger Vorgang: Neue technische Geräte oder Verarbeitungsprozesse oder neue arbeitsmedizinische Erkenntnisse machen eine ständige Neujustierung und Anpassung erforderlich.

### Partizipation und Akzeptanz
Ohne aktive Beteiligung der Mitarbeiter ist Gesundheitsschutz nicht möglich. Hierzu gehört z. B. neben der im Arbeitsschutzgesetz verankerten Unterweisungspflicht des Unternehmers das Recht des Arbeitnehmers, jederzeit Verbesserungsvorschläge zu den Themen Gesundheit und Sicherheit machen (geregelt im Arbeitsschutzgesetz). Mitentscheidend für die Akzeptanz auf Mitarbeiterebene ist aus Sicht des Autors die Wahrnehmung von Gesundheitsschutz als wichtigem Teil der Unternehmens- und Führungskultur.

Abbildung 3.09-1: Grundprinzipien zum betrieblichen Gesundheitsschutz und Arbeitssicherheit

## 1.1 Prävention von Personen- und Umweltschäden als Unternehmeraufgabe am Beispiel des TOP - Prinzips zur Verhältnis- und Verhaltensprävention

Die Arbeit sollte von den Verantwortlichen so gestalten werden, dass eine Gefährdung für Leben und Gesundheit der Beschäftigten vermieden wird und **das verbleibende Risiko so gering** wie möglich ist (s.o.). Mögliche Gesundheitsgefahren sollen bereits am Ort ihres Entstehens bekämpft werden. Daraus folgt, dass die kollektiv-systemischen Ansätze, also technische und organisatorische Schutzmaßnahmen, immer Vorrang vor individuellen Maßnahmen, wie beispielsweise der persönlichen Schutzausrüstung, haben. **Dieser ganzheitliche Leitgedanke spiegelt sich im TOP-Prinzip (T=Technik, O=Organisation, P=Personal) wider.**

Abbildung 3.09-2 Das TOP-Prinzip (Eigene Darstellung nach Checkliste Arbeitsmedizin, SEIDEL ET AL., 2002)

In der Hierarchie der Maßnahmen hat die Verhältnisprävention dabei eindeutig Vorrang vor der Verhaltensprävention.

**Beispiel** An einem Arbeitsplatz sollen regelmäßig und mit hoher Auslastung Lackierarbeiten mit potentiell gesundheitsschädlichen, xylolhaltigen Lacken durchgeführt werden.

Wie anhand der Darstellung (s.u.) erkennbar wird, ist das Tragen der persönlichen Schutzausrüstung, also von Atemschutzmasken oder Frischlufthauben, eindeutig nachrangig zu den technischen Maßnahmen, wie der Installation von Absaugeinrichtungen oder der Einhausung, dass heißt, einer Einkapselung der Anlage zum Schutz der Umwelt.

**Im Klartext formuliert: Eine Atemschutzmaske ersetzt keine Absaugvorrichtung!**

Die Bewertung der Luftgrenzwerte am Arbeitsplatz erfolgt nach der **T**echnischen **R**egel für **G**efahr**s**toffe (TRGS) 402. Dabei werden personennahe Probenahmegeräte verwendet, welche die Exposition vor einer Atemschutzmaske messen. Somit soll bewusst ein „Worst case" Szenario abgebildet werden mit der Grundannahme einer fehlenden oder vernachlässigten persönlichen Schutzausrüstung.

### Maßnahmen Technische Ebene
- Geschlossenes, eingehaustes System mit Schleusen
- Absaugeinrichtungen mit hoher Luftwechselrate
- Ergonomische Arbeitsplatzgestaltung

### Maßnahmen Organisatorische Ebene
- Festlegung von Arbeits- und Pausenzeiten
- Festlegung von Standards zur arbeitsmedizinischen Vorsorgeuntersuchung und zum Tragen/zur Verwendung der persönlichen Schutzausrüstung (PSA)
- Notfallplan/Rettungsplan für Störfälle in der Lackieranlage
- Festlegung von Ansprechpartnern/Verantwortlichkeiten zum Gesundheitsschutz: Ersthelfer, Sicherheitsfachkraft

### Maßnahmen Persönliche Ebene
- Tragen der **p**ersönlichen **S**chutz**a**usrüstung (=PSA, Schutzmaske, Kleidung, Handschuhe, Schuhe)
- Gesundheitsbewusstes Verhalten z. B. durch Nichtrauchen, gesunde Ernährung, Präventionssport (z. B. muskuläres Aufbautraining der Rumpfmuskulatur bei hohem Anteil an Lackiervorgängen mit Beugen/Bücken).

Abbildung 3.09-3 Maßnahmenebenen der Verhältnisprävention

Das Tragen von persönlicher Schutzausrüstung beispielsweise sollte durch interne Betriebsvereinbarungen als organisatorische Maßnahme verbindlich geregelt werden, sinnvoll sind unterstützende Anreiz- oder Sanktionierungsmaßnahmen.

Die Durchschlagskraft von Maßnahmen der persönlich-individuellen Ebene ist dabei neben den betrieblichen, durch Führung beeinflussbaren Gestaltungsfaktoren stark abhängig von der Eigenverantwortung und Motivation der Mitarbeiter.

Eine mögliche Berufskrankheit durch Inhalation von Schadstoffen wird nach gültiger Rechtslage auch dann anerkannt und voll entschädigt, wenn der betreffende Mitarbeiter persönliche Schutzausrüstung (v.a. Atemschutz in unserem Beispiel) nicht oder nur ungenügend verwendet hat. Bei unzureichenden, nicht dem Stand der Technik entsprechenden technischen und organisatorischen Maßnahmen zum Arbeitsschutz ist der Unternehmer hingegen verantwortlich und sanktionierbar. Dies unterstützt den Ansatz zu mehr Eigenverantwortlichkeit der Mitarbeiter sicherlich nur bedingt, betont auf der anderen Seite die Bedeutung des Gesundheitsschutzes als Unternehmeraufgabe.

## 1.2 Belastung und Beanspruchung

Auf das Individuum einwirkende Faktoren werden als **Belastung** klassifiziert, hierzu gehören beispielsweise Umgebungseinflüsse, wie Lärm, Klima oder Schadstoffe, psychische (z. B. Monotonie, Überforderung, Betriebsklima usw.) oder physische Anforderungen (z. B. Heben und Tragen von Lasten). Belastungen können sich auch ergeben aus sozialen Beziehungen im Betrieb oder aus der Angst vor Arbeitsplatzverlust.

**Beanspruchungen** sind definiert als die individuelle Reaktion des arbeitenden Menschen auf Belastungen und sind somit stark abhängig von der persönlichen Leistungsfähigkeit und den individuellen Bewältigungsmöglichkeiten und psychologischen Merkmalen, wie z. B. der Kohärenz (Sinnstiftung: wird das, was man tut, als sinnvoll und notwendig erlebt). Selbst monotone Fließbandarbeit ohne große Handlungsspielräume führt nicht zwangsweise bei jedem Beschäftigten zu psychischen oder physischen Beanspruchungsfolgen, diese sind eben auch abhängig von den individuellen Ressourcen.

**Σ Fazit** Gleiche Belastungen können also völlig unterschiedliche individuelle Reaktionen (=Beanspruchungen) auslösen. Die Möglichkeit zur Bewältigung von Belastungen wird naürlich auch – neben den vorhandenen individuellen Ressourcen – maßgeblich beeinflusst von der Qualifikation der Mitarbeiter/-innen und den Entscheidungs- und Handlungsspielräumen am Arbeitsplatz.

Bei der arbeitsmedizinischen Bewertung von Belastungen sind Grenzwertfindungen in der Regel bei chemisch-physikalischen Belastungen, wie z. B. Lärm, grundsätzlich einfacher und nachvollziebarer (signifikant erhöhtes Risiko für Lärmschwerhörigkeit ab einem schichtbezogenem Wert von 85 dB oder erhöhtes Krebsrisiko bei bestimmten Substanzen); die Bewertung von psychischen Belastungen ist dagegen deutlich unschärfer und komplexer.

## 1.3 Gesetzliche Rahmenbedingungen zu Gesundheit, Sicherheit und Umwelt (GSU)

### 1.3.1 Allgemeine gesetzliche Grundlagen

Unternehmer und Projektverantwortliche sollten den rechtlichen Rahmen kennen, in dem sie ihre Arbeit gestalten und in dem sie ihre Beschäftigten vor Gefahren und Belastungen schützen müssen. Grundsätzlich ist der Arbeitgeber für die Gesundheit und Sicherheit der Mitarbeiter verantwortlich. In einem größeren Betrieb ist diese Verantwortung als Linienfunktion in die Führungsstrukturen eingebunden und jede Führungskraft trägt für ihren Kompetenzbereich Verantwortung.

Der Unternehmer ist verpflichtet, das Arbeitsschutzrecht in seinem Unternehmen zu beachten und entsprechende Maßnahmen einzuleiten. Außerdem obliegt ihm die Aufgabe, die Gefährdungen und Belastungen bei der Arbeit zu ermitteln und eine regelmäßige Wirkungskontrolle durchzuführen.

Als verantwortlicher Projektmanager mit gleichzeitiger Personalverantwortung ist es zunächst kein Leichtes, hier einen Überblick zu bekommen, geschweige denn zu behalten, angesichts der Vielzahl von gesetzlichen Anforderungen. Daher werden sich die folgenden Ausführungen bewusst auf den „helicopter-view" beschränken, ohne sich zu sehr im Detail der einzelnen Regelungen zu verirren.

Bei Projektarbeit mit Beteiligung unterschiedlicher Unternehmen sollte eine koordinierende Instanz die Umsetzung der gesetzlichen Forderungen zu GSU unterstützen und sicherstellen.

Die Einhaltung der gesetzlichen Normen hat zunächst – ganz pragmatisch betrachtet – den Vorteil einer Vermeidung von teils nicht unerheblichen Sanktionen und weiteren negativen Kollateraleffekten (Imageschäden usw.).

Darüber hinaus ergibt sich für ein Unternehmen durch Umsetzung der entsprechenden gesetzlichen Forderungen aber auch ein spürbarer Nutzen. Besonders international agierende Großkonzerne, aber auch eine zunehmende Zahl von mittelständisch geprägten Unternehmen haben durch unternehmensspezifische Umsetzung von Maßnahmen zum Gesundheitsschutz und zur Arbeitssicherheit die Kosten für krankheits- oder unfallbedingte Ausfalltage von Mitarbeitern teils deutlich reduzieren können.

Für Gesundheitsschutz, Arbeitssicherheit und Umweltschutz ist zunächst die Rechtssetzung der Europäischen Gemeinschaft (EU) relevant. Vorgaben der EU werden dann auf nationales Recht heruntergebrochen, wobei bei manchen bereits bestehenden nationalen Regelungen eine europaweite Harmonisierung noch aussteht.

Abbildung 3.09-4: Beispiel EU-Richtlinie 89/391/EWG (Eigene Darstellung nach SEIDEL ET AL., 2002)

Die jeweilige EU-Richtlinie und das Arbeitsschutzgesetz geben die grundlegenden und allgemeinen Rahmenbedingungen bzw. Gestaltungsprinzipien vor. Das deutsche Arbeitsschutzgesetz enthält ein Leitbild des betrieblichen Arbeits- und Gesundheitsschutzes, sozusagen eine Grundphilosophie.

An erster Stelle stehen dabei die Vermeidung von Gesundheitsgefahren, die Prävention bzw. das vorbeugende Handeln.

Durch Verordnungen (z. B. die Gefahrstoffverordnung), technische Regeln und berufsgenossenschaftliche Vorschriften und Regeln erfolgt dann eine weitere Konkretisierung.

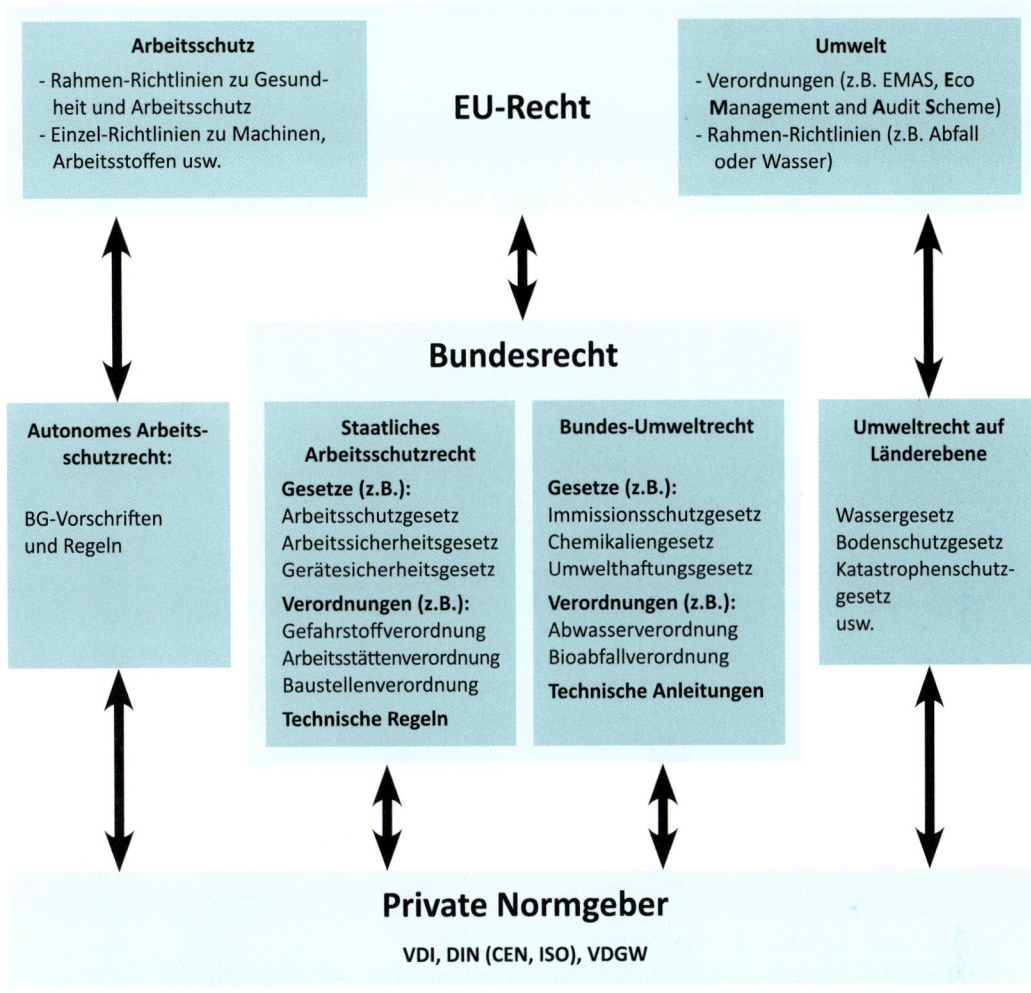

Abbildung 3.09-5: Hierarchie und Zusammenhänge im Arbeitsschutz- und Umweltrecht

### 1.3.2 Wichtige Einzelgesetze

**Arbeitssicherheitsgesetz (ASiG)**

Das Arbeitssicherheitsgesetz legt die Rolle der Betriebsärzte und der Fachkräfte für Arbeitssicherheit fest. Es beschreibt deren Aufgaben, Stellung und Zusammenarbeit.

Wesentliche Inhalte:

- Verpflichtung des Arbeitgebers: Er muss Betriebsärzte und Fachkräfte für Arbeitssicherheit bestellen.
- Betriebsärzte und Fachkräfte für Arbeitssicherheit sind als betreuende und beratende Fachleute der Unternehmensleitung direkt unterstellt.
- Betriebsärzte und Fachkräfte für Arbeitssicherheit sind fachlich unabhängig und kooperieren untereinander.

- Besondere Aufgaben des Betriebsarztes: Beratung des Arbeitgebers zu arbeitsmedizinischen Fragen (Arbeitsphysiologie, Ergonomie, Arbeitspsychologie). Untersuchung und Beratung von Arbeitnehmern, Untersuchung der Ursachen von arbeitsbedingten Erkrankungen. Organisation der Ersten Hilfe, Schulung der Ersthelfer.
- Gemeinsame Aufgaben der Betriebsärzte und Fachkräfte für Arbeitssicherheit: Beratung des Unternehmers und des Betriebsrates bez. Betriebsstätten, Arbeitsmitteln, persönlicher Schutzausrüstung.

### Arbeitsschutzgesetz (ASchG)

Das Arbeitsschutzgesetz fasst die Grundpflichten des Arbeitgebers im innerbetrieblichen Arbeitsschutz zusammen und setzt EU-Recht in deutsches Recht um.

Wesentliche Inhalte:

- Der Arbeitgeber ist für die Gesundheit und die Sicherheit der Beschäftigten verantwortlich. Unfälle, Berufskrankheiten und arbeitsbedingte Erkrankungen sollen verhindert werden.
- Verpflichtung des Arbeitgebers zur Durchführung einer Arbeitsplatzanalyse, zur Feststellung der erforderlichen Arbeitsschutzmaßnahmen und zur Unterweisung der Mitarbeiter.
- Den Beschäftigten ist es auf Wunsch zu ermöglichen, sich arbeitsmedizinisch untersuchen zu lassen, wenn tätigkeitsbedingt mit einer Gesundheitsgefährdung zu rechnen ist.
- Arbeits- und Gesundheitsschutz sollen ein kontinuierlicher Verbesserungsprozess im Betrieb sein.

### Arbeitsstättenverordnung

Die Arbeitsstättenverordnung beschreibt die Mindestanforderungen an die Gestaltung von Arbeits- und dazugehörigen Nebenräumen im Freien und auf Baustellen.

Wesentliche Inhalte:

- Konkrete Regelungen zum Bereitstellen, Ausgestalten, Benutzen von Arbeitsstätten (einschließlich von Arbeitsplätzen und Arbeitsräumen)
- Beispiele: Maximale Raumtemperatur 26°, Mindestluftraum $12m^2$ pro Mitarbeiter
- Besondere Betonung liegt auch auf der Gestaltung von Baustellen, Pausen- und Liegeräumen, Verkehrswegen, Treppen usw.
- Die Berücksichtigung der Belange von Menschen mit Behinderungen und der Nichtraucherschutz sind besonders geregelt

### Baustellenverordnung

Europaweite Untersuchungen haben ergeben, dass ein wesentlicher Teil der Unfälle am Bau auf Planungsfehler und mangelnde Organisation zurückzuführen ist. Die Baustellenverordnung konkretisiert vor diesem Hintergrund die allgemeinen Grundsätze des Arbeitsschutzgesetzes zur Sicherstellung eines ausreichenden Gesundheits- und Arbeitsschutzes auf Baustellen.

Wesentliche Inhalte:

- Umsetzung der allgemeinen Grundsätze des Arbeitsschutzes (vgl. Arbeitsschutzgesetz).
- Vorankündigung größerer Bauvorhaben bei der zuständigen Baubehörde.
- Bestellung eines Sicherheits- und Gesundheitsschutzkoordinators, wenn Beschäftigte mehrerer Arbeitgeber auf der Baustelle tätig werden. Voraussetzung ist eine spezielle Fortbildung in Arbeitssicherheit und Baustellenkoordination.
- Erarbeiten eines Sicherheits- und Gesundheitsschutzplans bei größeren Baustellen und besonders

gefährlichen Arbeiten.
- Vorkehrungen zur Lagerung und Entsorgung der Arbeitsstoffe und Abfälle, insbesondere der Gefahrstoffe.

- Die Verantwortung für die Umsetzung der einzelnen Arbeitsschutzbestimmungen liegt in der Verantwortung der einzelnen ausführenden Unternehmen.
- Der Bauherr muss allerdings für eine ausreichende Koordination der Beteiligten sorgen, damit eventuelle Risiken durch geeignete Maßnahmen minimiert werden (z. B. Absturzsicherung, Gerüste usw.).

### Berufsgenossenschaftliche Vorschrift (BGV) A 5 (VBG 109): Erste Hilfe

Diese Unfallverhütungsvorschrift beschreibt die Durchführung der betrieblichen Ersten Hilfe und das Verhalten bei Unfällen.

Wesentliche Inhalte:

Der Unternehmer ist verpflichtet bzw. hat dafür zu sorgen, dass

- die zur Ersten Hilfe und zur Rettung notwendigen Einrichtungen und das erforderliche Personal (Ersthelfer, Betriebssanitäter) zur Verfügung stehen.
- ein **Sanitätsraum** oder eine vergleichbare Einrichtung
  1. in einem Betrieb mit mehr als 1 000 Versicherten (=über die Berufsgenossenschaft unfallversicherte Beschäftigte),
  2. in einem Betrieb mit mehr als 100 Versicherten, wenn seine Art und das Unfallgeschehen nach Art, Schwere und Zahl der Unfälle einen gesonderten Raum für die Erste Hilfe erfordern,
  3. auf einer Baustelle mit mehr als 50 Versicherten vorhanden ist.
- für die Erste-Hilfe-Leistung **Ersthelfer** mindestens in folgender Zahl zur Verfügung stehen:
  1. bei bis zu 20 anwesenden Versicherten ein Ersthelfer,
  2. bei mehr als 20 anwesenden Versicherten
     a) in Verwaltungs- und Handelsbetrieben mindestens 5 %,
     b) in sonstigen Betrieben 10 % der anwesenden Versicherten.
- mindestens ein **Betriebssanitäter** zur Verfügung steht, wenn mindestens 1500 Versicherte beschäftigt werden, in Betrieben mit besonderer Gefährdung auch ab 250 Versicherten oder wenn auf einer **Baustelle** mehr als 100 Versicherte anwesend sind.

## 2 Zusammenfassung

Arbeit soll immer so gestaltet werden, dass eine Gefährdung für Leben, Gesundheit und Umwelt so gering wie möglich ist. Betrieblicher Gesundheitsschutz und Arbeitssicherheit hat sich an den jeweiligen betrieblichen Besonderheiten zu orientieren, wobei sich die getroffenen Maßnahmen grundsätzlich an dem ganzheitlichen Leitgedanken des TOP – Prinzip zur Arbeitsgestaltung zu orientieren haben. Die Verhältnisprävention, also die gesundheitsgerechte Gestaltung der technischen Rahmenbedingungen (Arbeitsplätze, Maschinen, Anlagen usw.) und der organisatorischen Abläufe haben dabei Vorrang vor Maßnahmen auf der individuellen, durch Verhalten zu beeinflussenden Ebene (z. B. Verwendung persönlicher Schutzausrüstung, Kenntnisse und Motivation der Mitarbeiter zum Gesundheitsschutz).

Unternehmer und (personal)verantwortlichen Projektmanager sind für die Einhaltung der gesetzlichen Forderungen zum Thema GSU verantwortlich. Für Gesundheitsschutz, für Arbeitssicherheit und Umweltschutz ist zunächst die Rechtssetzung der Europäischen Gemeinschaft (EU) relevant.
Vorgaben der EU werden dann auf nationales Recht heruntergebrochen. Wichtigste nationale Einzelgesetze sind das Arbeitsschutzgesetz (ASchG, wichtigste Inhalte: der Arbeitgeber ist für die Gesundheit

und die Sicherheit der Beschäftigten verantwortlich. Unfälle, Berufskrankheiten und arbeitsbedingte Erkrankungen sollen verhindert werden, es besteht eine Verpflichtung des Arbeitgebers zur Durchführung einer Arbeitsplatzanalyse, zur Feststellung der erforderlichen Arbeitsschutzmaßnahmen und zur Unterweisung der Mitarbeiter) und das Arbeitssicherheitsgesetz (ASiG, wichtigste Inhalte: der Arbeitgeber muss Betriebsärzte und Fachkräfte für Arbeitssicherheit als beratende Experten bestellen).

## 3  Fragen zur Wiederholung

| 1 | Wie sollte Arbeit grundsätzlich gestaltet werden? | ☐ |
| 2 | Was bedeutet „TOP - Prinzip" und welcher Leitgedanke steckt dahinter? | ☐ |
| 3 | Wer ist für die die Einhaltung der gesetzlichen Forderungen zum Gesundheitsschutz und zur Arbeitssicherheit verantwortlich? | ☐ |
| 4 | Was sind die wesentlichen Inhalte des Arbeitsschutzgesetzes? | ☐ |

# 3.10 Finanzierung (Finance)
Christian Decker

## Kontext und Bedeutung

*Das Element Finanzierung gehört zu den kontextbezogenen Kompetenzen. Ein Management von Projekten, Programmen und Portfolien muss zwingend unter Berücksichtigung des Projektumfeldes und den gegebenen institutionellen Rahmenbedingungen erfolgen. Das vorliegende Kapitel stellt einen Zusammenhang zwischen dem Projektmanagement und der betrieblichen Teilfunktion Finanzierung her. Das Element wirkt sich auf die Elemente 1.03 Projektanforderungen und Projektziele, 1.04 Risiken und Chancen, 1.16 Controlling, 1.20 Projektabschluss, 2.04 Durchsetzungsvermögen aus und weist wechselseitige Relationen mit den Elementen 1.13 Kostenmanagement und Finanzierung und 3.06 Business auf.*

Ein effizienter Umgang mit knappen Ressourcen ist nicht nur Wesensmerkmal eines jeden ökonomischen Handelns, sondern auch eine zentrale Aufgabe des Projektmanagements. Die Wirtschaftlichkeit eines Projektes ergibt sich aus dem Verhältnis zwischen dem erreichten Ergebnis und den eingesetzten Ressourcen. Die hierbei anzustrebende Relation wird regelmäßig als konkretes Projektziel vorgegeben. Zentrale Ressourcen bei der Realisierung von Projekten sind Personal, Sachmittel, Zeit und speziell die absolute Höhe sowie die zeitlich abgestufte Verfügbarkeit von Finanzmitteln. Der Begriff Finanzierung umfasst alle Maßnahmen des (Projekt-)Managements, welche der Beschaffung und Rückzahlung bzw. der Bereitstellung und Freigabe von Finanzmitteln dienen. Das Finanzmittelmanagement ist integraler Bestandteil des Projektmanagements. Alle Projektbeteiligten sollten je nach Funktion und Kompetenzstufe ein hinreichend ausgeprägtes Wissen über die monetären Auswirkungen des Projektauftrages besitzen. Ein fehlendes Bewusstsein für die finanzwirtschaftlichen Implikationen verschiedener Handlungsalternativen gefährdet potentiell den Projekterfolg. Das Verständnis für die monetären Rahmenbedingungen erleichtert zudem die Integration der durch Einmaligkeit charakterisierten Projektarbeit in das institutionelle Projektumfeld. Im Rahmen des Projektmanagements ist eine Abstimmung mit den Organisationseinheiten des Rechnungs- und Finanzwesens (Accounting und Treasury) erforderlich, d.h. die Kenntnis der dort verwendeten Begrifflichkeiten sowie ein Grundverständnis für die dort wirkenden Prozesse und Mechanismen sind wesentliche Voraussetzungen für das Erreichen wirtschaftlicher Projektziele.

Ergänzend ist darauf hinzuweisen, dass eine Vielzahl von Finanzierungstransaktionen eine Komplexität aufweist, die selber ein professionelles Projektmanagement erforderlich macht. Als Beispiele können die Umsetzung von Wertpapieremissionen (u.a. Börsengänge, Kapitalerhöhungen und -herabsetzungen, Anleihebegebungen, Forderungsverbriefungen), begleitende Aufgaben bei Unternehmenskäufen und -verkäufen (u.a. Ausschreibungsverfahren, Due Diligence, Unternehmensbewertung), die Strukturierung von Projekt-, Objekt- und Akquisitionsfinanzierungen sowie die Entwicklung und Implementierung komplexer Finanzderivate im Rahmen des so genannten Financial Engineering (u.a. Produkte zur Absicherung von Währungs-, Zins-, Marktpreisänderungs-, Adressenausfall- und Wetterrisiken) genannt werden.

## Lernziele

Sie können

- den Bedeutungsgehalt der Begriffe Finanzierung, Finanzmanagement, Finanzplanung, Finanzsteuerung und Finanzkontrolle erfassen
- zwischen Finanzierung und Investition als begrifflichen Antipoden der betrieblichen Finanzwirtschaft differenzieren
- die Ziele des Finanzmanagements und die verschiedenen zeitlichen Dimensionen der Finanzplanung skizzieren
- die Steuerungsgröße Cashflow in unterschiedlichen Ausprägungen beschreiben und interpretieren
- Finanzierungsmärkte, -arten und -intermediäre unterscheiden
- den Begriff Projektfinanzierung sowohl aus einer umgangssprachlichen als auch aus einer fachwissenschaftlichen Perspektive heraus definieren

# Inhalt

| | | |
|---|---|---|
| 1 | Betriebliche Finanzwirtschaft | 1308 |
| 1.1 | Finanzierung | 1308 |
| 1.2 | Investition | 1309 |
| 2 | Finanzmanagement | 1311 |
| 2.1 | Ziele und Aufgaben | 1311 |
| 2.2 | Zeitliche Dimensionen | 1312 |
| 2.3 | Cashflow als Steuerungsgröße | 1312 |
| 3 | Systematisierungen der Finanzierung | 1313 |
| 3.1 | Finanzierungsarten | 1313 |
| 3.2 | Finanzierungsmärkte | 1314 |
| 3.3 | Finanzintermediäre | 1316 |
| 4 | Projektfinanzierung | 1317 |
| 5 | Zusammenfassung | 1320 |
| 6 | Fragen zur Wiederholung | 1320 |

# 1 Betriebliche Finanzwirtschaft

## 1.1 Finanzierung

Im betriebs- bzw. finanzwirtschaftlichen Schrifttum existieren in Abhängigkeit vom jeweiligen Hintergrund der Verfasser unterschiedliche Definitionen des Begriffes Finanzierung. Die dort anzutreffenden Nuancierungen sind teilweise theoretischer Natur und für die nachstehenden praxisorientierten Ausführungen unerheblich, sodass die folgende Begriffsbestimmung verwendet werden kann:

> **§ Definition** Unter **Finanzierung** versteht man alle Maßnahmen zur Mittelbeschaffung und -rückzahlung und die damit verbundene Gestaltung der Beziehungen zwischen Kapitalgebern und Kapitalnehmern (vgl. DRUKARCZYK, 2007).

Diese Definition ist einerseits unmittelbar eingängig und andererseits hinreichend umfassend, so dass sich bei Bedarf weitere Aspekte darunter subsumieren lassen. Dabei ist es zunächst unerheblich, ob ganze Unternehmen oder einzelne Projekte respektive Portfolien oder Programme betrachtet werden.

Bei den in der Definition angesprochenen Mitteln handelt es sich in erster Linie um **liquide Mittel** bzw. **Zahlungsmittel** in Form von Bargeld („Kasse") oder Sichtguthaben auf Bankkonten (Geldäquivalent). Daneben gilt es, weitere Vermögens- und Schuldenpositionen zu berücksichtigen, die im geschäftlichen Fortgang zu Mittelab- bzw. Mittelzuflüssen führen können (z. B. Forderungen und Verbindlichkeiten).

Die obige Definition enthält darüber hinaus den Begriff **Maßnahmen**, welche unternehmensübergreifend regelmäßig von einer Finanzabteilung (Treasury) oder im Rahmen von Projekten durch einen designierten Personenkreis umgesetzt werden. Die hierfür erforderlichen Tätigkeiten stellen Leitungs- bzw. Lenkungsfunktionen und damit eine Managementaufgabe dar. Bei einem funktionalen Verständnis kann diese Aufgabe in die drei Bestandteile Planung, Steuerung und Kontrolle untergliedert werden. Das Finanzmanagement setzt sich demnach idealtypisch aus den folgenden drei Elementen bzw. Aktivitäten zusammen:

### Finanzplanung

> **§ Definition** Unter dem Begriff der Finanzplanung können die zukunftsbezogene Erfassung und zielgemäße Beeinflussung der finanziellen Sachverhalte (Finanzströme, Finanzbestände und Finanzrahmengegebenheiten) verstanden werden (vgl. LACHNIT, 1995).

Die Finanzplanung kann einerseits als Prozess und andererseits als ein konkretes Ergebnis dieses Prozesses, d. h. als Finanzplan, interpretiert werden. Der Finanzplan besitzt häufig einen Vorgabecharakter und stellt für die in einem Projekt oder in einem Unternehmen handelnden Akteure eine konkretisierte Handlungsanweisung dar. Zusammen mit weiteren Teilplänen (Produktions-, Absatz-, Personalplan etc.) bildet der Finanzplan das Budget.

### Finanzkontrolle

Unter dem Begriff der Finanzkontrolle versteht man die regelmäßige prozessabhängige Ermittlung von Finanzplanabweichungen durch Soll-Ist-Vergleiche sowie die Analyse der zugrunde liegenden Ursachen.

Die Prozessabhängigkeit von Kontrollen resultiert daraus, dass in der Regel Personen mit der Kontrollfunktion beauftragt sind, die eine mittelbare oder unmittelbare Verantwortung für das Ergebnis tragen. In Abgrenzung hierzu wird die prozessunabhängige Ermittlung von Soll-Ist-Vergleichen als Prüfung bezeichnet und durch Wirtschaftsprüfer oder die interne Revision vorgenommen.

>  Man kann sich selber kontrollieren, aber nicht selber prüfen.

**Finanzsteuerung**

> **§ Definition** Unter dem Begriff der Finanzsteuerung versteht man das Identifizieren eines konkreten Handlungsbedarfs sowie das Anstoßen und Koordinieren von Gegenmaßnahmen auf der Basis der Ergebnisse der Finanzkontrolle.

Teilweise werden die Begriffe Finanzkontrolle und Finanzsteuerung synonym benutzt oder unter dem Begriff Finanzcontrolling zusammengefasst. Es ist allerdings wichtig, zwischen einerseits der Identifikation und Analyse von Soll-Ist-Abweichungen sowie andererseits dem Initiieren und Nachhalten von Maßnahmen zu differenzieren.

Abschließend soll auf die in der Eingangsdefinition angesprochene **Gestaltung von Beziehungen zwischen Kapitalgebern und Kapitalnehmern** eingegangen werden. Der Austausch von Finanztiteln, d. h. der Transfer von in Geldeinheiten bewerteten Zahlungsströmen, erfolgt regelmäßig auf der Basis rechtlicher, d. h. per Gesetz oder Vertrag fixierter Rahmenbedingungen. Dabei werden insbesondere Zahlungs-, Informations-, Kontroll-, Sicherungs- und Sanktionsbeziehungen definiert, unter denen sich die Mittelaufnahme und -rückzahlung vollzieht. Die Regelungsbereiche lassen sich wie folgt grob umreißen:

Tabelle 3.10-1: Gestaltung von Beziehungen zwischen Kapitalgebern und -nehmern

| Regelungsbereich | Inhalte |
|---|---|
| Zahlungen | Definition der Modalitäten und der Zeitpunkte, an denen Mittel zwischen den Vertragsparteien fließen. |
| Informationen | Festlegung, wie und wann ein regelmäßiger oder außerordentlicher Austausch von Informationen zwischen den Kontraktparteien erfolgt. |
| Kontrolle | Regelungen zu Art und Umfang institutionalisierter Kontrollmechanismen und der eingesetzten Kontrollorgane. |
| Sicherung | Definition von Art und Umfang der Besicherung von Zahlungsansprüchen der Kapitalgeber. |
| Sanktionen | Regelungen zu den Rechten bei nicht vereinbarungsgemäßem Verhalten des Kontraktpartners. |

## 1.2 Investition

Der Begriff der Investition wird mehrheitlich bilanz- (bzw. vermögens-) und/oder zahlungsorientiert definiert.

Bei einem **bilanzbezogenen Verständnis** wird unter dem Begriff der Investition die Umwandlung von Kapital in Vermögen (Prozess des Investierens) bzw. die Folge dieses Vorgangs (Investition als Ergebnis) verstanden. In diesem Sinne können Investition und Finanzierung als sich ergänzende Begriffspaare verstanden werden: Die Finanzierung adressiert die Mittelherkunft und die Investition die Mittelverwendung. Abbildung 3.10-2 soll diesen Gedankengang am stark vereinfachten Beispiel einer zu erwerbenden Großanlage aus der Sicht des investierenden Unternehmens (Besteller) verdeutlichen:

Tabelle 3.10-2: Mittelverwendung und Mittelherkunft bei einem Großanlagenerwerb

| Mittelverwendung | Euro Mio. | Mittelherkunft | Euro Mio. |
|---|---|---|---|
| Lieferung der Großanlagenkomponenten und Montageleistungen vor Ort | 450 | An- und Zwischenzahlungen des Bestellers | 75 |
| Anschaffungsnebenkosten (Genehmigungen, Erdarbeiten, Anschlüsse, Fundament etc.) | 50 | Bankkredit | 425 |
| Insgesamt | 500 | Insgesamt | 500 |

Bei einem **zahlungsbezogenen Verständnis** wird unter dem Begriff der Investition eine Kette von Zahlungen verstanden, die in der Regel mit einer Auszahlung beginnt und im weiteren Zeitablauf zu Einzahlungen führt (vgl. SCHNEIDER, 1992). Wiederum wird der Zusammenhang mit der Finanzierung erkennbar, deren originärer Zweck in der Mittelbeschaffung und Mittelrückzahlung besteht.

Ob eine Investition vorteilhaft oder unvorteilhaft ist, lässt sich nicht aus einer isolierten Mittelherkunfts- und Mittelverwendungsrechnung ableiten. Hierfür bedarf es weitergehender quantitativer und/oder qualitativer Analysen.

Im Rahmen investitionsrechnerischer Verfahren wird versucht, die Vorteilhaftigkeit von Investitionen zu quantifizieren. Hierfür stehen statische Verfahren (so genannte Einperiodenmodelle) und dynamische Verfahren (so genannte Mehrperiodenmodelle) zur Verfügung. Investitionen führen regelmäßig zu einer Kette von Auszahlungen, die sich nicht zu einem Zeitpunkt vollziehen, sondern vielmehr über einen Zeitraum erstrecken. In diesem Sinne ist es sinnvoll, ein Verfahren zu wählen, welches den **Zeitwert des Geldes** berücksichtigt. Dieser ergibt sich aus der grundsätzlichen Überlegung, dass frühere Einzahlungen eher (re)investiert oder konsumiert werden können als zeitlich nachfolgende Rückflüsse („Geld ist heute mehr wert als morgen"). Um die Vorteilhaftigkeit einer Investition zu beurteilen, werden beispielsweise bei der **Kapitalwertmethode** alle zugehörigen Zahlungen mithilfe eines Kalkulationszinsfußes (i) auf einen gemeinsamen Bezugspunkt abgezinst („diskontiert"). Die derart ermittelten Barwerte (Present Value oder PV) ergeben in Summe den Kapitalwert (Net Present Value oder NPV) einer Investition. Die Beispiele in Tabelle 3.10-3 sollen dies verdeutlichen:

Tabelle 3.10-3: Kapitalwerte zweier Investitionsprojekte

| Periode | Investitionsprojekt 1 | | | Investitionsprojekt 2 | | |
|---|---|---|---|---|---|---|
| | EZÜ | AZF | Barwerte | EZÜ | AZF | Barwerte |
| 0 | -100 | 1,0000 | -100,00 | -100 | 1,0000 | -100,00 |
| 1 | 30 | 0,9091 | 27,27 | 35 | 0,9091 | 31,82 |
| 2 | 30 | 0,8264 | 24,79 | 35 | 0,8264 | 28,93 |
| 3 | 30 | 0,7513 | 22,54 | 35 | 0,7513 | 26,30 |
| 4 | 30 | 0,6830 | 20,49 | 35 | 0,6830 | 23,91 |
| Kapitalwert | | | -4,91 | | | 10,96 |
| Kalkulationszinsfuß: i = 10% p.a. | | | | | | |

AZF: Abzinsungsfaktor $(1+i)^{-t}$
EZÜ: Einzahlungszahlungsüberschuss („Cashflow") am Ende der jeweiligen Periode

Bei einer statischen Betrachtung des Investitionsprojektes 1 könnte man zu dem Ergebnis kommen, dass die Investition vorteilhaft ist, da vier Einzahlungsüberschüsse à 30 in den Perioden 1 bis 4 in Summe größer sind als die Anfangsauszahlung von -100 zum Zeitpunkt $t_0$. Da das Kapital jedoch nicht kostenlos für das zu realisierende Investitionsprojekt zur Verfügung steht, sind entsprechende Kapitalkosten in Form eines Kalkulationszinsfußes heranzuziehen. Unter Berücksichtigung der gewünschten bzw. erforderlichen Mindestverzinsung von unterstellten 10 % p. a. ergibt sich nunmehr ein negativer Kapitalwert. Das Investitionsprojekt 2 führt hingegen zu einem positiven Kapitalwert, wobei auffällt, dass der Saldo aus der Anfangsauszahlung (-100) und den Einzahlungsüberschüssen in den Perioden 1 bis 4 (4 * 35 = 140) bei einer statischen Betrachtung deutlich höher (40) ausfällt als bei der dynamischen Betrachtung der Kapitalwertmethode (10,96).

Die Ergebnisse in den Spalten mit den Barwerten zeigen somit, dass trotz jeweils gleich hoher Einzahlungsüberschüsse in den Perioden 1 bis 4, der Zeitwert des Geldes aufgrund der Diskontierung mit dem Kalkulationszinsfuß abnimmt.

Die Entscheidungskriterien der skizzierten Kapitalwertmethode können wie folgt zusammengefasst werden:

- Ein positiver Kapitalwert zeigt die Vorteilhaftigkeit eines Investitionsprojektes an, da neben der geforderten Kapitalverzinsung, welche durch den Kalkulationszinsfuß repräsentiert wird, ein zusätzlicher Beitrag erwirtschaftet wird.
- Bei einem Kapitalwert von Null besteht eine Entscheidungsindifferenz, da nur die vom Investor geforderte Mindestverzinsung, die er auch mit einer Alternativanlage zum Kalkulationszinsfuß erwirtschaften könnte, verdient wird.
- Ein negativer Kapitalwert zeigt die Unvorteilhaftigkeit des Investitionsprojektes an. Er entspricht dem Teil der Anschaffungsauszahlung im Zeitpunkt $t_0$, der sich im späteren Verlauf nicht mehr durch Einzahlungsüberschüsse amortisieren, d. h. tilgen und verzinsen, lässt.

## 2 Finanzmanagement

### 2.1 Ziele und Aufgaben

Für die Wahrnehmung der Leitungs- und Lenkungsfunktion muss das Finanzmanagement Ziele definieren, aus denen sich konkrete Vorgaben für die betriebliche Praxis ableiten lassen. Dabei werden klassischerweise verschiedene liquiditäts- und erfolgswirtschaftliche Zielsetzungen unterschieden:

#### Laufende (situative) Liquiditätssicherung

Das primäre Ziel des Finanzmanagements liegt in der jederzeitigen Sicherstellung der betrags- und termingerechten Zahlungsfähigkeit. Nach deutschem Insolvenzrecht stellen sowohl die Zahlungsunfähigkeit als auch die drohende Zahlungsunfähigkeit jeweils Insolvenzgründe dar (§§ 17, 18 Insolvenzordnung). In den meisten entwickelten Jurisdiktionen gibt es ähnliche Regelungen. Die laufende Liquiditätssicherung erfordert Betrags- und Zeitpunktgenauigkeit. Hierfür müssen Ein- und Auszahlungen tagesgenau disponiert sowie Kassenbestände und Kontokorrentlinien in die Planungen mit einbezogen werden.

#### Strukturelle Liquiditätssicherung

Die Prognoseunsicherheit über den Umfang, die Höhe und die Zu- und Abflusszeitpunkte von Zahlungen nimmt zu, je weiter der Planungshorizont in die Zukunft reicht. Im Ergebnis erfolgt die Liquiditätsplanung auf einem höheren Grad der Aggregation bzw. Abstraktion. Der Fokus liegt auf der Beschaffung von Finanzmitteln für die Realisierung von Investitionsvorhaben, d. h. auf der Planung von Mittelherkunft und Mittelverwendung.

#### Bemessung einer Liquiditätsreserve

Finanzplanungen adressieren zukünftige Zeiträume und erfordern mit zunehmenden Planungshorizonten den Einsatz entsprechender Prognose- und Planungstechniken. Wegen unvollkommener menschlicher Voraussicht verbleibt jedoch auch bei Einsatz komplexer Verfahren eine grundsätzliche Unsicherheit über die tatsächlich eintretenden Ereignisse bzw. die Rahmenbedingungen in der Zukunft. Im Ergebnis wird eine angemessene Liquiditätsreserve vorzuhalten sein. Ein Ziel des Finanzmanagements muss darin liegen, die jeweilige Höhe unter den Aspekten Sicherheit und Kosten zu optimieren.

**Optimierung der Erfolgswirkung**

Die liquiditätswirtschaftlichen Zielsetzungen können in der Mehrzahl der Entscheidungssituationen über verschiedene Finanzierungsalternativen bzw. -kombinationen erreicht werden. Bei alternativen Möglichkeiten der Mittelbeschaffung bzw. der Anlage von Überschussliquidität kann dies zu unterschiedlichen Finanzierungskosten, respektive Renditen, führen. Ein weiteres Ziel des Finanzmanagements muss somit darin bestehen, die Auswirkungen von finanzwirtschaftlichen Entscheidungen auf den Unternehmenserfolg zu optimieren.

## 2.2 Zeitliche Dimensionen

Für die Planung, Kontrolle und Steuerung wird das Finanzmanagement für die Verfolgung der jeweiligen Zielsetzungen Vorschaurechnungen für verschiedene Zeitintervalle aufstellen. Dabei können die folgenden zeitlichen Dimensionen unterschieden werden:

- Die **kurzfristige Finanzplanung** liegt regelmäßig in Form einer Liquiditätsplanung vor, die ein Planungsintervall von einem Tag und einen Planungshorizont von einem oder einigen wenigen Tagen bis hin zu einem Monat aufweist. Neben der Erfassung aller Ein- und Auszahlungen des jeweils betrachteten Kalender- oder Bankarbeitstages wird versucht, die Liquiditätssalden und die hierfür erforderlichen -reserven zu optimieren.
  Daneben werden unter die kurzfristige Finanzplanung auch unterjährige Finanzpläne subsumiert, die als Planungsintervall die Woche, den Monat oder das Quartal und als Planungshorizont das Jahr aufweisen. Unterjährige Finanzpläne sollen insbesondere einen Überblick über die Liquiditätsauswirkungen von Forderungs- und Verbindlichkeitenpositionen sowie daraus resultierenden etwaigen Liquiditätsengpässen geben. Hierdurch lassen sich erforderliche Gegenmaßnahmen (z. B. Einrichtung von kurzfristigen Kreditlinien, Aufbau von höheren Kassenbeständen) planen.
- Die **mittelfristige Finanzplanung** weist ein Planungsintervall von einem Monat, einem Quartal oder einem Halbjahr und einen Planungshorizont von mindestens einem Jahr auf. Als Bindeglied zwischen kurzfristiger und langfristiger Finanzplanung dient die mittelfristige Finanzplanung der Zerlegung aggregierter langfristiger Planungsgrößen zwecks intraperiodischer Abstimmung von Liquiditätsströmen und -beständen.
- Die **langfristige Finanzplanung** umfasst ein Planungsintervall von einem Kalenderjahr und einen Planungshorizont von mindestens zwei Jahren. Im Regelfall wird sie im Rahmen einer integrierten Erfolgs-, Bilanz- und Finanzplanung erstellt. Die Vorschaurechnung dient der Planung der langfristigen Mittelherkunft und damit der Unterstützung unternehmens- bzw. finanzstrategischer Grundsatzentscheidungen.

## 2.3 Cashflow als Steuerungsgröße

Bereits im Zusammenhang mit der Kapitalwertmethode wurde der Begriff der Einzahlungsüberschüsse (Cashflow) eingeführt, welcher aufgrund seiner zentralen Bedeutung noch einmal genauer betrachtet werden soll:

> **Definition** Unter dem Einzahlungsüberschuss versteht man den Saldo aus Einzahlungen und Auszahlungen innerhalb eines definierten Zeitraums (z. B. Tag, Woche, Monat, Quartal oder Jahr).

Überwiegen die Auszahlungen, so ergibt sich ein negativer Einzahlungsüberschuss („Auszahlungsüberschuss"). Einzahlungsüberschüsse werden teilweise auch als finanzwirtschaftliche Überschüsse oder in Anlehnung an den angelsächsischen Finanzjargon mittlerweile auch im deutschsprachigen Raum als Cashflow bezeichnet. In diesem Sinne folgt der Aufbau eines Finanzplans dem folgenden Prinzip:

Tabelle 3.10-4: Prinzip des Finanzplans

| | Deutsche Bezeichnung | Englische Bezeichnung |
|---|---|---|
| Entwicklung der Stromgrößen: | | |
| Zuflüsse in der Periode | + Einzahlungen | + Cash-Inflows |
| Abflüsse in der Periode | – Auszahlungen | – Cash-Outflows |
| Saldo der laufenden Periode | = Einzahlungsüberschuss | = Cashflow-of-Period |
| Korrespondierende Entwicklung der Bestandsgrößen: | | |
| Bestand zum Periodenbeginn | Kassenposition (Periodenanfang) | Cash Stock (Begin of Period) |
| Saldo der laufenden Periode | +/– Einzahlungsüberschuss | +/– Cashflow-of-Period |
| Bestand zum Periodenende | = Kassenposition (Periodenende) | = Cash Stock (End of Period) |

Das hier skizzierte Verständnis des Cashflows baut ausschließlich auf Ein- und Auszahlungen, d. h. auf liquiditätswirksamen Vorgängen, auf, sodass teilweise auch von einem **Netto-Cashflow** gesprochen wird. Daneben gibt es weitere Definitionen des Cashflows, die auf anderen, nicht unmittelbar liquiditätswirksamen Finanzgrößen aufbauen. So wird beispielsweise beim **Brutto-Cashflow** mit Einnahmen und Ausgaben gearbeitet werden. Dabei zählen nicht nur die Einzahlungen, sondern auch die periodische Zunahme der Forderungen zu den Einnahmen. Entsprechend zählt neben den Auszahlungen auch die periodische Zunahme von Verbindlichkeiten zu den Ausgaben. Faktisch wird damit unterstellt, dass die Forderungen und Verbindlichkeiten in absehbarer Zeit zu Mittelzu- und Mittelabflüssen führen werden. Obwohl die Größe des Brutto-Cashflow damit eine interessante Zusatzinformation liefert, eignet sie sich nicht mehr für das Ziel der laufenden (situativen) Liquiditätssicherung.

 Das gewählte Planungsinstrumentarium und damit die zugrunde liegende Cashflow-Definition müssen für die jeweiligen Ziele des Finanzmanagements als Steuerungsgröße geeignet sein.

Für die Aufstellung von kurzfristigen (unterjährigen) Liquiditätsbudgets, wie sie häufig im Rahmen der Projektplanung verwendet werden, dürfte ausschließlich ein Finanzplanformat auf der Basis von Ein- und Auszahlungen geeignet sein („Netto-Cashflow").

## 3 Systematisierungen der Finanzierung

### 3.1 Finanzierungsarten

In der betrieblichen Praxis ergeben sich vielfältige und höchst unterschiedliche finanzierungsrelevante Sachverhalte. Je nach Situation und Perspektive können deshalb verschiedene Zuordnungskriterien für eine Systematisierung verschiedener Finanzierungsarten herangezogen werden. Im finanzwirtschaftlichen Schrifttum haben sich überwiegend die nachfolgenden Zuordnungskriterien durchgesetzt (vgl. STEINER, 1991):

1. Finanzierungsanlass (Finanzierungsklassen: Gründungsfinanzierung, Erweiterungsfinanzierung, Umfinanzierung, Sanierungsfinanzierung)
2. Rechtsstellung der Kapitalgeber bzw. Kapitalhaftung (Finanzierungsklassen: Eigenfinanzierung, Fremdfinanzierung und Umschichtungsfinanzierung)
3. Fristigkeit (Finanzierungsklassen: unbefristete Finanzierung, befristete Finanzierung)

4. Entsprechung von finanzieller Ausstattung und Finanzbedarf (Finanzierungsklassen: Unterfinanzierung, Überfinanzierung, bedarfsadäquate Finanzierung)
5. Mittelherkunft aus Sicht der Unternehmung (Finanzierungsklassen: Außenfinanzierung, Innenfinanzierung)

Aus einer betriebswirtschaftlichen Perspektive sind insbesondere die Zuordnungskriterien Rechtsstellung der Kapitalgeber und Mittelherkunft aus Sicht der Unternehmung von besonderer Bedeutung. Abbildung 3.10-1 stellt einen Zusammenhang zwischen diesen beiden Kriterien und den jeweiligen Finanzierungsklassen sowie konkreten Beispielen her.

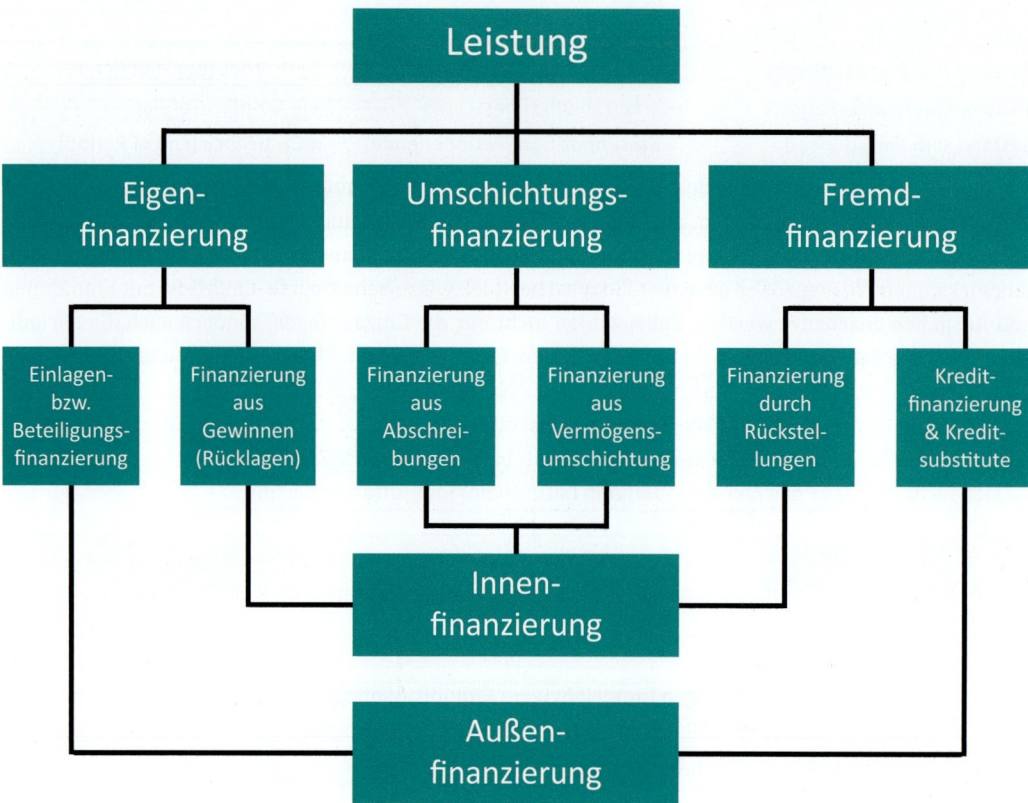

Abbildung 3.10-1: Finanzierungsarten (vgl. WÖHE & BILSTEIN, 2002)

## 3.2 Finanzierungsmärkte

Kapitalnehmer und Kapitalgeber tauschen Finanztitel, d. h. in Geldeinheiten bewertete Zahlungsströme, auf dem **Finanzmarkt** aus (vgl. RUDOLPH, 1999). Der Begriff des Finanzmarktes umfasst als Oberbegriff den Geld-, Kapital- und Kreditmarkt.

**ⓢ Definition** Der **Geldmarkt** ist das Teilsegment des Finanzmarktes, auf dem kurzfristige Geldanlagen bzw. Geldausleihungen institutionalisiert und organisiert abgewickelt werden. Hierunter lassen sich insbesondere Einlagen und Sichtguthaben bei Kreditinstituten sowie kurz laufende und hoch liquide Wertpapiere (z. B. so genannte Commercial Papers) subsumieren.

Der Beriff **Kapitalmarkt** wird häufig umgangssprachlich als Synonym für den Finanzmarkt verwendet. Bei einer engen Auslegung versteht man jedoch unter dem Kapitalmarkt nur das Segment, auf dem Angebot und Nachfrage mittel- und langfristiger Finanzkontrakte zusammentreffen. Auf den beiden Teilsegmenten des Kapitalmarktes, dem Aktien- und dem Rentenmarkt, werden überwiegend in institutionalisierter (Börse) und hochgradig organisierter Form (elektronische Handelssysteme) die entsprechenden Finanztitel ausgetauscht. Im geringeren Umfang werden Aktien und Rentenpapiere privat platziert.

Auf dem **Kreditmarkt** werden mittel- bis langfristige Geldausleihungen abgewickelt, wobei diese mehrheitlich nicht auf der Basis verbriefter Formen, sondern über Kreditverträge oder kreditähnliche Konstruktionen (so genannte Finanzierungssurrogate) dargestellt werden. Unter die Surrogate lassen sich u. a. das Leasing sowie der Ankauf von Handelsforderungen im Rahmen des Factoring oder von speziellen Verbriefungsprogrammen, die durch Banken aufgelegt werden (Conduit, ABCP-Programme), subsumieren.

Abbildung 3.10-2 zeigt den Finanzmarkt und seine Teilsegmente im Überblick:

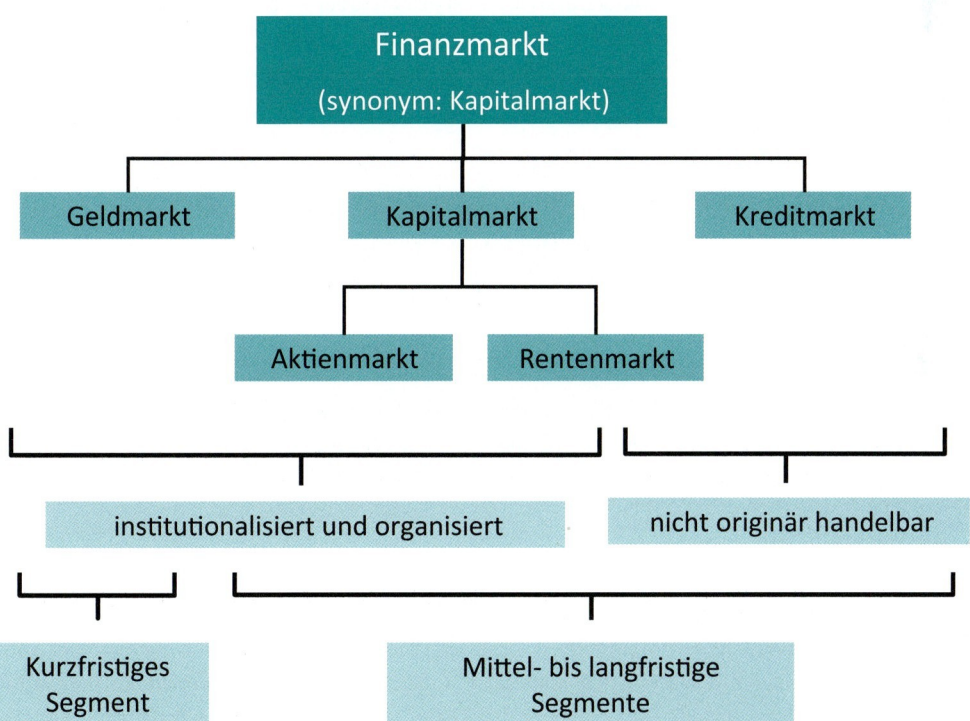

Abbildung 3.10-2: Segmente des Finanzmarktes (vgl. DECKER & ZIESE, 2005)

Abschließend soll darauf hingewiesen werden, dass in der betrieblichen Praxis immer wieder Abweichungen von der vorstehenden idealtypischen Darstellung möglich sind.

## 3.3 Finanzintermediäre

Konstitutives Element von Finanzmärkten in entwickelten Wirtschaftssystemen ist der Ausgleich von Anlage- und Finanzbedürfnissen einzelner Wirtschaftssubjekte durch hierauf spezialisierte Finanzintermediäre. Unter Finanzintermediäre im engeren Sinne lassen sich u. a. Kreditinstitute, Kapitalanlagegesellschaften, Leasing- und Factoringinstitute, Kapitalbeteiligungsgesellschaften und Versicherungen subsumieren, welche als direkte Vertragsparteien bei Finanzkontrakten agieren. Finanzintermediäre im weiteren Sinne treten hingegen nicht als unmittelbare Vertragspartner von Finanzierungsverträgen auf, sondern unterstützen bzw. ermöglichen die Funktionsfähigkeit der Finanzmärkte durch Übernahme von Risiken (z. B. Kreditversicherer) sowie durch das Angebot von Vermittlungsleistungen (z. B. Finanzmakler, Kreditvermittler, Wertpapiermakler, Wertpapierbörsen) und Informationsleistungen (z. B. Rating-Agenturen, Evidenz-Zentralen, Börsendienste).

Finanzintermediäre im engeren oder weiteren Sinne tragen zur Effizienz von Finanzmärkten dadurch bei, dass sie die nachfolgenden, beim Ausgleich von Anlage- und Finanzbedarf regelmäßig auftretenden Probleme teilweise oder vollständig einer Lösung zuführen:

### Informationsprobleme

Reale Finanzmärkte zeichnen sich durch unvollkommene Information über Existenz und Verlässlichkeit geeigneter Kontraktpartner aus. Transaktionen der Kapitalaufnahme und -anlage vollziehen sich zudem nicht zu einem Zeitpunkt, sondern erstrecken sich i.d.R. über Zeiträume. Die Existenz von Finanzintermediären ermöglicht es Geldgebern und -nehmern, derartige aktuelle und zukünftige Informationsprobleme auf dieselben zu überwälzen (Informationsbedarfstransformation).

### Losgrößenprobleme

Finanzintermediäre tätigen und/oder vermitteln eine Vielzahl von Finanzkontrakten mit einer Anzahl von Geldgebern und -nehmern. Betragsmäßige Divergenzen zwischen Finanz- und Anlagebedarf können dabei ausgeglichen werden (Losgrößentransformation).

### Fristenprobleme

Neben der Losgrößentransformation tragen Finanzintermediäre auch zum Ausgleich zeitlicher Divergenzen zwischen Finanz- und Anlagezeiträumen von Geldgebern und -nehmern bei (Fristentransformation).

### Risikoprobleme

Bereits im Zusammenhang mit dem Informationsproblem wurde auf unvollkommene Informationen im Hinblick auf die Verlässlichkeit potenzieller Kontraktpartner hingewiesen. Auch bei der Überwälzung dieses Teilaspektes des Informationsproblems auf Finanzintermediäre im Rahmen der Informationsbedarfstransformation verbleibt für Geldgeber das Risiko eines Ausfalls bzw. einer nicht vertragskonformen Bedienung der vereinbarten Rückzahlung durch originäre Geldnehmer. Durch die Einbindung eines Finanzintermediärs im engeren Sinne als direkten Vertragspartner des Geldgebers kann ein derartiges Ausfallrisiko qualitativ und/oder quantitativ modifiziert werden (Risikotransformation).

Historische Erfahrungen zeigen, dass effiziente Finanzmärkte mit einer Vielzahl von Finanzintermediären eine wesentliche Vorbedingung für die Funktionsfähigkeit von Volkswirtschaften sind.

# 4 Projektfinanzierung

Der Begriff **Projektfinanzierung** kann sowohl aus einer umgangssprachlichen als auch aus einer fachwissenschaftlichen Perspektive heraus verstanden werden. Die umgangssprachliche Interpretation der Projektfinanzierung als „Finanzierung eines Projektes" ist problematisch, weil Individuen den Begriff „Projekt" jenseits existierender Normierungen unterschiedlich interpretieren können. Diese Auslegung wird selten mit dem Verständnis der ICB übereinstimmen. Aus einer bank- und finanzwirtschaftlichen Perspektive verbindet sich mit dieser Begrifflichkeit hingegen ein sehr eng definiertes Finanzierungskonzept. Um diesen unterschiedlichen Begriffsverständnissen Rechnung zu tragen, erfolgt eine abgestufte Begriffsdefinition (vgl. DECKER 2008):

> **§ Definition** Unter einer **Projektfinanzierung im weitesten Sinne** kann die Mittelbeschaffung für Vorhaben jedweder Art verstanden werden. Hierbei muss es sich nicht zwangsläufig um eine wirtschaftliche Veranstaltung handeln. Das weit gefasste Begriffsverständnis inkludiert die Finanzierung gemeinnütziger, religiöser sowie sozial-, bildungs- und kulturpolitischer Projekte. Der Aspekt der Mittelrückzahlung kann in den Hintergrund treten oder möglicherweise gar keine Rolle spielen. Der Kreis der potenziell beteiligten Parteien beinhaltet private Haushalte, staatliche Institutionen sowie gemeinnützige, wohltätige und/oder religiöse Organisationen
> 
> Bei einer **Projektfinanzierung im weiteren Sinne** handelt es sich um die Mittelbeschaffung durch Unternehmen für eigene oder fremde Investitionsobjekte (welche umgangssprachlich häufig auch als „Investitionsprojekte" bezeichnet werden) und sonstige einzelwirtschaftliche Vorgänge. Darunter fallen einerseits die Finanzierung von Erst-, Erweiterungs- und/oder Ersatzinvestitionen sowie andererseits so genannte Auftragsfinanzierungen im industriellen Anlagengeschäft und die Finanzierung von Projekten im Sinne der ICB. Die Rückzahlung aufgenommener Finanzmittel erfolgt hierbei aus dem diversifizierten Cashflow des Unternehmens und muss damit nicht in einem ursächlichen Zusammenhang mit den finanzierten Investitionen bzw. Aufträgen stehen.
> 
> Unter einer **Projektfinanzierung im engeren Sinne** wird die Finanzierung einer in sich abgeschlossenen und damit regelmäßig auch rechtlich separierbaren ökonomischen Einheit (Projekt) verstanden, bei der die Bedienung des Schuldendienstes aus dem Cashflow des Projektes erfolgt und als Sicherheiten zunächst nur Vermögenspositionen aus dem Projekt zur Verfügung stehen (vgl. NEVITT & FABOZZI, 2003).

Bei einer Projektfinanzierung im engeren Sinne handelt es sich um ein vergleichsweise komplexes und damit ressourcenintensives Finanzierungskonzept (Zeit, Personal, Kosten), dessen spezifische Konstruktionslogik sich nicht notwendigerweise auf den ersten Blick erschließt. Daher sollen die in der vorstehenden Definition enthaltenen Kernmerkmale isoliert und erläutert werden:

> **§ Definition**
>
> **Vorliegen einer abgrenzbaren Wirtschaftseinheit (Projekt)**
> Projektfinanzierungen im engeren Sinne dienen überwiegend der Finanzierung isolierter und eigenständig funktionsfähiger Wirtschaftseinheiten. Die Schuldendienstfähigkeit eines Projektes soll zunächst losgelöst von der wirtschaftlichen Potenz des initiierenden Unternehmens bzw. der weiteren Beteiligten beurteilt und grundsätzlich auf dieser Basis finanziert werden. Entscheidend ist in diesem Zusammenhang die ökonomische sowie, darauf aufbauend, die gesellschafts- oder vertragsrechtlich eindeutige Abgrenzung des Vorhabens und insbesondere der damit im Zusammenhang stehenden Ein- und Auszahlungen (Cashflows).
>
> **Bedienung des Schuldendienstes aus dem Cashflow des Projektes**
> Die Abgrenzung der projektbezogenen Cashflows erfolgt mit der Zielsetzung, die Fähigkeit zur betrags- und fristgerechten Erbringung von Zins- und Tilgungszahlungen beurteilen und während der Projektlebensdauer sicherstellen zu können. Dieses Prinzip der Kreditvergabe wird auch als Cashflow-related Lending bezeichnet. Projektfinanzierungen im engeren Sinne sind in ihrer Grundkonzeption somit selbst liquidierend (Self-Liquidating), da sie ihr Schuldentilgungspotential aus sich selbst heraus erwirtschaften.
>
> **Kreditsicherheiten aus den Vermögenspositionen des Projektes**
> Die grundsätzliche Logik einer aus sich selbst heraus tragfähigen Wirtschaftseinheit bedingt, dass die Kreditgeber die Umsetzung des vorgesehen Projektkonzeptes kontrollieren und das Projekt vor Ansprüchen von Drittgläubigern schützen können, um die ökonomische Integrität des Vorhabens zu gewährleisten. Kreditsicherheiten an den Vermögenspositionen des Projektes haben somit eher eine Kontroll- und Abwehrfunktion. Die Besicherungsfunktion tritt dagegen in den Hintergrund. Vorhaben, die im Rahmen von Projektfinanzierungen im engeren Sinne realisiert werden, besitzen regelmäßig nur in der geplanten Konfiguration einen entsprechenden Wert. Ein Herauslösen und ein eigenständiges Verwerten von Sicherheiten dürften in den seltensten Fällen eine vollständige Befriedigung der Gläubiger ermöglichen. Projekte werden daher im Fall von Zahlungsstörungen überwiegend restrukturiert und nur in aussichtslosen Fällen abgewickelt.

Die Abbildung 3.10-3 zeigt das Zusammenwirken der drei skizzierten Kernmerkmale:

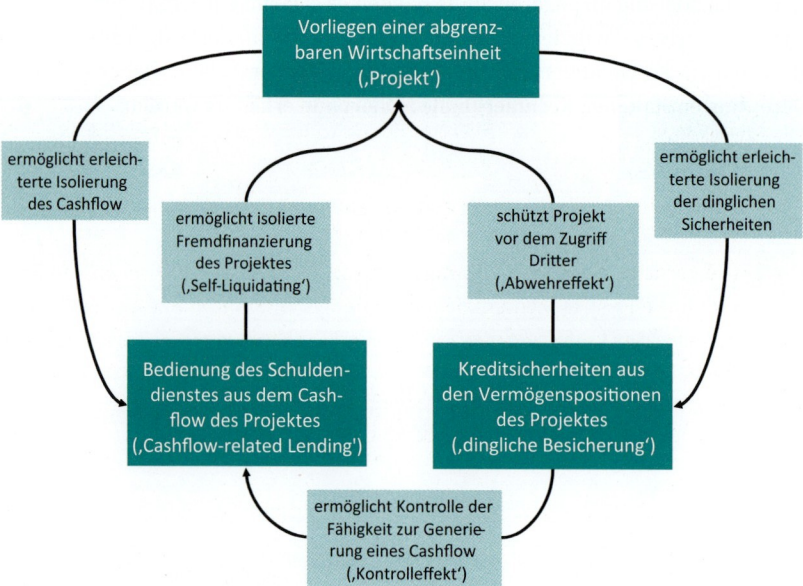

Abbildung 3.10-3: Interdependenzen der Kernmerkmale einer Projektfinanzierung im engeren Sinne (vgl. DECKER, 2008)

Die Definition liegt ebenfalls den gelegentlich in der Literatur zitierten konzessionsbasierten Organisationsformen von Projektfinanzierungen im engeren Sinne zugrunde, bei denen privatwirtschaftlich organisierte Unternehmen die Finanzierung, die Errichtung sowie den Betrieb öffentlicher bzw. öffentlich regulierter Infrastruktur übernehmen. Derartige Betreibermodelle können den Bau, den Besitz und den Betrieb des Projektes (BOO: Build, Own, Operate) oder zusätzlich die Rückgabe des Projektes an die öffentliche Hand nach Ablauf der Konzession vorsehen (BOOT: Build, Own, Operate, Transfer). Teilweise werden diese Sachverhaltsgestaltungen unter dem Begriff Private Public Partnership (PPP) subsumiert, wobei dieser zusätzlich andere Finanzierungskonzeptionen beinhaltet.

Charakteristisch für derartige Konstruktionen ist die Einbindung diverser Parteien als Projektbeteiligte mit unterschiedlichen Funktionen und vertraglichen Anbindungen an die Projektgesellschaft, welche den zentralen rechtlich-ökonomischen Nukleus des jeweiligen Vorhabens darstellt und damit als originärer Kredit- bzw. Kapitalnehmer auftritt. Abbildung 3.10-4 zeigt beispielhaft und in stark vereinfachter Form mögliche Beteiligte und eine daraus resultierende Grundstruktur einer Projektfinanzierung im engeren Sinne auf.

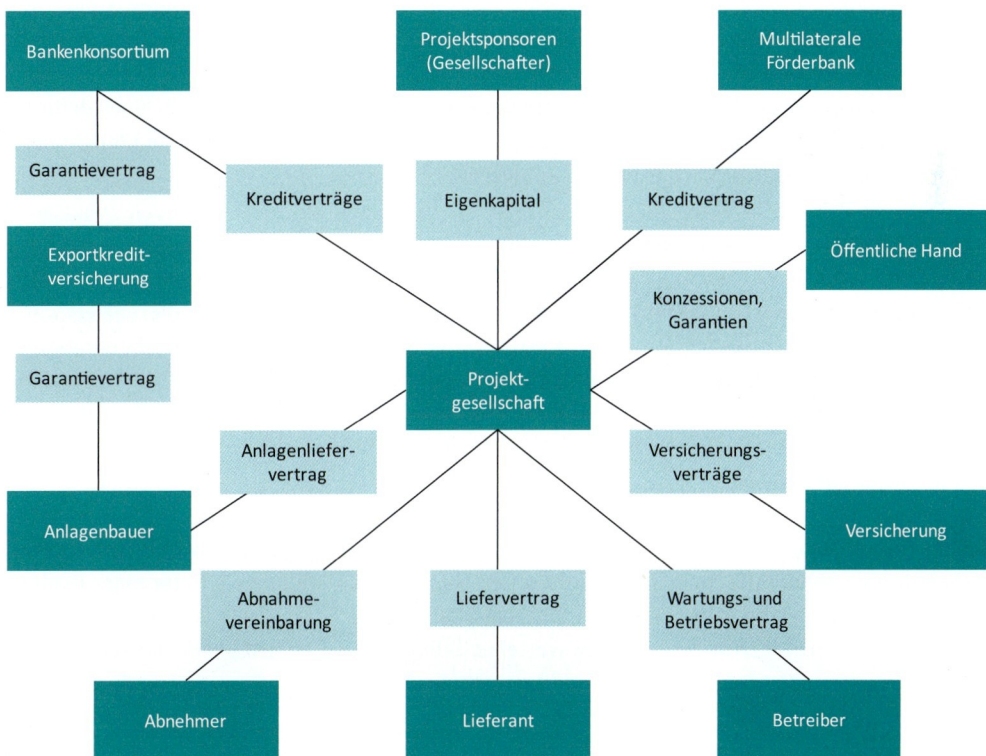

Abbildung 3.10-4: Mögliche Beteiligte und Grundstruktur einer Projektfinanzierung im engeren Sinne

Die Abbildung 3.10-4 verdeutlicht, dass vielfältige Vertragsbeziehungen zwischen den Projektbeteiligten erforderlich sind, um eine Projektfinanzierung im engeren Sinne umzusetzen. In diesem Zusammenhang lassen sich derartige Finanzierungskonzeptionen auch als komplexe Netzwerke aus Langzeitverträgen charakterisieren.

## 5 Zusammenfassung

Versteht man unter der **Finanzierung** alle Maßnahmen zur Mittelbeschaffung und -rückzahlung sowie die damit verbundene Gestaltung der Zahlungs-, Informations-, Kontroll-, Sicherungs- und Sanktionsbeziehungen zwischen Kapitalgebern und Kapitalnehmern, dann ist es die Aufgabe des Finanzmanagements, die Planung, Steuerung und Kontrolle aller finanzwirtschaftlichen Vorgänge sicherzustellen. Der Begriff **Investition** wird bei einem bilanzbezogenen Verständnis als Umwandlung von Kapital in Vermögen (Prozess des Investierens) bzw. als Folge dieses Vorgangs (Investition als Ergebnis) und bei einem zahlungsorientierten Verständnis als eine Kette von Zahlungen verstanden, die in der Regel mit einer Auszahlung beginnt und im weiteren Zeitablauf zu Einzahlungen führt.

Die **Ziele und Aufgaben des Finanzmanagements** liegen in der laufenden (situativen) und der strukturellen Liquiditätssicherung sowie der Bestimmung einer Liquiditätsreserve. Dabei stellt die Optimierung der Erfolgswirkungen, die sich aus finanzwirtschaftlichen Handlungsalternativen ergeben, eine Nebenbedingung dar. Zur Vorbereitung und Unterstützung von Finanzierungsentscheidungen bedient sich das Management verschiedener Vorschaurechnungen. Je nach der verfolgten Aufgabenstellung können **kurz-, mittel- und langfristige Finanzplanungen** mit diversen zeitlichen Horizonten und Aggregationsgraden unterschieden werden. Zentrale Steuerungsgröße des Finanzmanagements ist der **Cashflow**, welcher den Saldo aus Einzahlungen und Auszahlungen innerhalb eines definierten Zeitraums darstellt. Ein derartiger Netto-Cashflow kann durch Berücksichtigung von Einnahmen und Ausgaben zu einem Brutto-Cashflow modifiziert werden.

Die **Finanzierungsarten** können nach den Zuordnungskriterien (a) Finanzierungsanlass, (b) Rechtsstellung der Kapitalgeber bzw. Kapitalhaftung, (c) Fristigkeit, (d) Entsprechung von finanzieller Ausstattung und Finanzbedarf sowie (e) Mittelherkunft aus Sicht der Unternehmung differenziert werden. Kapitalnehmer und Kapitalgeber tauschen Finanztitel, d. h. in Geldeinheiten bewertete Zahlungsströme, auf dem **Finanzmarkt** aus, welcher sich aus den Teilmärkten für Geld, Kapital und Kredit zusammensetzt. Auf den Finanzmärkten tragen **Finanzintermediäre** dazu bei, die Anlage- und Finanzbedürfnisse einzelner Wirtschaftssubjekte sowie die dabei auftretenden Informations-, Losgrößen-, Fristen und Risikoprobleme auszugleichen.

Mit dem Begriff **Projektfinanzierung** verbinden sich je nach umgangssprachlicher Interpretation und/oder fachwissenschaftlichem Standpunkt unterschiedliche Vorstellungen. Unter einer **Projektfinanzierung im weitesten Sinne** kann die Mittelbeschaffung für Vorhaben jedweder Art verstanden werden. Bei einer **Projektfinanzierung im weiteren Sinne** handelt es sich um die Mittelbeschaffung durch Unternehmen für eigene oder fremde Investitionsobjekte (welche umgangssprachlich häufig auch als „Investitionsprojekte" bezeichnet werden) und sonstige einzelwirtschaftliche Vorgänge. Unter einer **Projektfinanzierung im engeren Sinne** wird die Finanzierung einer in sich abgeschlossenen und damit regelmäßig auch rechtlich separierbaren ökonomischen Einheit (Projekt) verstanden, bei der die Bedienung des Schuldendienstes aus dem Cashflow des Projektes erfolgt und als Sicherheiten zunächst nur Vermögenspositionen aus dem Projekt zur Verfügung stehen.

## 6 Fragen zur Wiederholung

| 1 | Wie kann der Begriff der Finanzierung definiert werden? | ☐ |
| 2 | Was versteht man unter Finanzierungsmitteln? | ☐ |
| 3 | In welchen Zusammenhang stehen die Begriffe Finanzierung und Investition? | ☐ |
| 4 | Aus welchen drei Elementen setzt sich das Finanzmanagement zusammen und was sind deren jeweilige Aufgaben? | ☐ |

| | | |
|---|---|---|
| 5 | Welche Beziehungen zwischen Kapitalgebern und Kapitalnehmern bedürfen einer rechtlichen Ausgestaltung? | ☐ |
| 6 | Wie ist der Begriff der Investition bei einem bilanzbezogenen Verständnis und bei einem zahlungsbezogenen Verständnis definiert? | ☐ |
| 7 | Was versteht man unter dem „Zeitwert des Geldes" und welche investitionsrechnerischen Verfahren basieren auf der Berücksichtigung dieses Prinzips? | ☐ |
| 8 | Was ist der Unterschied zwischen einem Barwert und einem Kapitalwert? | ☐ |
| 9 | Skizzieren Sie die Funktionsweise der Kapitalwertmethode. | ☐ |
| 10 | Was ist ein Kalkulationszinsfuß? Was ist ein Abzinsungsfaktor? Was sind Einzahlungsüberschüsse? | ☐ |
| 11 | Wie sind ein positiver, negativer und ein neutraler Kapitalwert zu interpretieren? | ☐ |
| 12 | Welcher Kapitalwert ergibt sich bei einem Kalkulationszinsfuß von 6 % für eine Investition, die durch folgende Zahlungsreihe: $t_0$: -240, $t_1$: 50, $t_2$: 34, $t_3$: 175, $t_4$: 56 gekennzeichnet ist (Anmerkung: Runden Sie den Abzinsungsfaktor auf vier Stellen hinter dem Komma auf)? | ☐ |
| 13 | Wird der Kapitalwert bei einem niedrigeren Kalkulationszinsfuß von 5 % niedriger oder größer und wie lässt sich dies verbal interpretieren? | ☐ |
| 14 | Welche vier Ziele des Finanzmanagements lassen sich unterscheiden und was sollen sie sicherstellen? | ☐ |
| 15 | Welches sind die drei zeitlichen Dimensionen der Finanzplanung und worin liegen die jeweiligen Aufgaben? | ☐ |
| 16 | Wie ist der Begriff des Einzahlungsüberschusses definiert? | ☐ |
| 17 | Was ist der Unterschied zwischen einem Netto-Cashflow und einem Brutto-Cashflow? | ☐ |
| 18 | Was ist der Unterschied zwischen Einzahlungen und Einnahmen? | ☐ |
| 19 | Was ist der Unterschied zwischen Auszahlungen und Ausgaben? | ☐ |
| 20 | Welcher Cashflow eignet sich für das Ziel der kurzfristigen (situativen) Liquiditätssicherung? | ☐ |
| 21 | Nach welchen Zuordnungskriterien können Finanzierungsarten systematisiert werden und welches sind die jeweils zugehörigen Finanzierungsklassen? | ☐ |
| 22 | Was versteht man unter dem Finanzmarkt? | ☐ |
| 23 | Aus welchen Teilsegmenten setzt sich der Finanzmarkt zusammen? | ☐ |
| 24 | Was wird auf den Teilmärkten des Finanzmarktes ausgetauscht? | ☐ |
| 25 | Was ist ein Finanzintermediär? | ☐ |
| 26 | Welche Institutionen zählen zu den Finanzintermediären im engeren Sinne und welche zu den Finanzintermediären im weiteren Sinne? | ☐ |
| 27 | Welche Probleme treten beim Ausgleich von Anlage- und Finanzbedarf regelmäßig auf und wie tragen Finanzintermediäre zu deren Lösung bei? | ☐ |
| 28 | Welche drei Formen einer Projektfinanzierung lassen sich unterscheiden und was ist jeweils deren Wesensinhalt? | ☐ |
| 29 | Was sind die drei Kernmerkmale einer Projektfinanzierung im engeren Sinne und worin liegt deren Bedeutung für die Finanzierungskonzeption? | ☐ |
| 30 | Wie wirken die drei Kernmerkmale einer Projektfinanzierung im engeren Sinne zusammen? | ☐ |
| 31 | Wofür stehen die Abkürzungen BOO, BOOT und PPP? | ☐ |

# 3.11 Rechtliche Aspekte: Besonderheiten bei Auftragsprojekten von Kunden (Legal)

Christoph Zahrnt

## Kontext und Bedeutung

ICB3 geht davon aus, dass Projekte üblicherweise intern mit internen Instanzen durchgeführt werden („interne Projekte"), und spricht punktuell Projekte an, die mehr oder weniger im Rahmen von Verträgen zwischen externen Auftraggebern/Kunden und externen Auftragnehmern durchgeführt werden. Für diesen Fall behandelt das Element 1.14 „Procurement and contract" den technischen Aspekt, wie Verträge abzuschließen, abzuändern und zu beenden sind. Es tut das aus der Sicht des Kunden (Element 1.14 kennt nur das Beschaffungsmanagement, nicht auch das Angebotsmanagement).

In diesem Beitrag wird ergänzend abgehandelt, wie es sich auf die einzelnen Elemente auswirkt, wenn ein externer Auftraggeber/Kunde einen externen Auftragnehmer beauftragt, einen wesentlichen Teil eines Projekts durchzuführen, dieser Teil also ein externes Projekt/ein Auftragsprojekt eines Kunden darstellt (im Folgenden „Auftragsprojekt"). Das beeinflusst alle Elemente im Bereich der technischen Kompetenz sowie abgeschwächt und in ziemlich einheitlicher Weise die Elemente im Bereich der psychosozialen Kompetenz.

Die einzelnen Autoren gehen verschieden stark auf Auftragsprojekte ein. Ich nehme im Folgenden auf andere Beiträge mit „Element X.Y" und „GW" (= Grundlagenwissen) bzw. „VW" (= Vertiefungswissen) Bezug sowie auf meinen Beitrag, den ich gemäß diesen Elementen gliedere, mit „Kapitel X.Y".

Interne Projekte und Auftragsprojekte unterscheiden sich je nach inhaltlicher Projektart verschieden stark:

- Die Interessengegensätze zwischen den beteiligten Instanzen sind bei internen Projekten eher gering, bei Auftragsprojekten sind sie zwischen den Vertragspartnern eher groß bis massiv.
- Es gibt eine Schnittlinie durch die Projektorganisation. Einige Instanzen verdoppeln sich. Insbesondere gibt es – hoffentlich – zwei Projektleiter. Dabei wird der Projektleiter auf der Auftragnehmerseite in der Akquisitionsphase weitgehend oder völlig durch den Vertrieb ersetzt. Dadurch entsteht das Risiko, dass dieser mehr an den Vertragsabschluss als an die erfolgreiche Durchführung des Projekts denkt.
- Die Schnittlinie geht auch durch das Projekt selbst: Der Kunde überträgt nur einen Teil seines gesamten Projekts an den Auftragnehmer. Das Gesamtprojekt besteht aus einem produktbezogenen Teil und einem mehr oder weniger großen Teil, dem Veränderungsprojekt. Letzteres umfasst das Change Management bei der Einführung eines neuen oder weiter entwickelten Produkts, beispielsweise eines IT-Systems, und bleibt mehr oder weniger in der Verantwortung des Kunden. Primär ist dessen Projektleiter für diesen Teil zuständig.

Bei manchen Projektarten ist der übertragene Teil so groß, dass die Schnittlinie durch das Projekt und durch die Projektorganisation so klein wird, dass es vom Projektmanagement her fast um ein internes Projekt des Auftragnehmers geht. Beispielsweise haben MOTZEL und FELSKE (Element 1.16) solche Projekte im Auge. Sie sehen verständlicherweise wenig Bedarf, auf Besonderheiten von Auftragsprojekten einzugehen.

Dieser Beitrag setzt den Schwerpunkt auf die Besonderheiten von solchen Auftragsprojekten, bei denen ein relativ großer Teil des Gesamtprojekts beim Kunden verbleibt und damit die Schnittlinie relativ groß ist. Tendenziell kommt bei solchen Projekten hinzu, dass sie für den Auftragnehmer Routine sind, d.h. dass er auf sie ausgerichtet ist. Auf jeden Fall wird dieser Aspekt berücksichtigt („Serienartige Auftragsprojekte").

Je schlechter die Aufgabenstellung des Kunden bei Abschluss des Projektvertrags definiert ist und je mehr der Kunde am Projekt mitwirken muss, desto stärker wirken sich die Unterschiede zwischen internen Projekten und Auftragsprojekten aus.

Wer an Auftragsprojekten beteiligt ist, sollte also wissen, wie er mit deren Besonderheiten während der gesamten Projektdurchführung umgehen muss,

- (insbesondere als Auftragnehmer) um seine Interessen zu wahren,
- um das Projekt mit zwei (oder mehreren) Vertragspartnern so zu organisieren, dass die Schnittlinie möglichst überbrückt wird und das Projekt zum Erfolg geführt werden kann,

und wie er als Auftragnehmer fördern kann, dass der Kunde den bei diesem verbleibenden Teil von dessen Gesamtprojekt ausreichend betreibt, sodass das Gesamtprojekt erfolgreich abgeschlossen werden kann.

ICB3 hat den Kunden im Blick und viele Autoren dieses Buchs folgen dem (so weit sie auf Auftragsprojekte eingehen). Zur Abrundung betone ich die Stellung des Auftragnehmers und gehe besonders auf die Probleme ein, die der Kunde verursacht. Dadurch könnte der falsche Eindruck entstehen, dass die Ursachen für Schwierigkeiten oder sogar das Scheitern von IT-Projekten hauptsächlich beim Kunden liegen. Selbstverständlich verursacht die Auftragnehmerseite ebenfalls Probleme. Deren Ursachen sind in zwei Beiträgen auf meiner Webseite dargestellt.[1]

## Lernziele

Nach Durcharbeitung des Stoffs haben Sie

- verstanden, dass bei Auftragsprojekten eine organisatorische Schnittlinie zwischen den echten Vertragspartnern Kunde und Auftragnehmer existiert, die so tief wie ein tiefer Graben ist
- sich damit auseinandergesetzt, dass starke Interessengegensätze zwischen den beiden Vertragspartnern bestehen und gelebt werden müssen, damit der Graben nicht zu einer Schlucht wird
- verstanden, dass Auftragsprojekte bei den projektmanagement-technischen Elementen durchgängig Besonderheiten haben
- verstanden, dass Auftragsprojekte spezifische Verhaltensweisen erfordern, um das Projekt in freundlichem Ton, aber hart in der Sache erfolgreich gegenüber dem Vertragspartner zu steuern und zu kontrollieren
- sich damit auseinandergesetzt, dass Sie auf der geschäftlichen Ebene entscheiden und dabei die rechtliche Ebene berücksichtigen müssen, und anders herum, dass nicht das Vertragsdokument, sondern das Projektmanagement für den Erfolg entscheidend ist
- verstanden, dass Sie vieles schriftlich machen sollen und zwar einerseits im Interesse des Projekterfolgs und andererseits, um vorbeugend Beweismittel zu schaffen

Sie können dieses Wissen nutzen, wenn Sie es auch akzeptieren.

---

1  www.zahrnt.de unter Ergänzende Texte/IT-Projektverträge: Erfolgreiches Management, Kapitel 1.2.2.

# Inhalt

| | | |
|---|---|---|
| Einleitung | | 1326 |
| 1 | Projektmanagement-technische Kompetenzen | 1330 |
| 1.01 | Projektmanagementerfolg | 1330 |
| 1.02 | Interessierte Parteien | 1331 |
| 1.03 | Projektanforderungen und Projektziele | 1332 |
| 1.04 | Risiken und Chancen | 1333 |
| 1.05 | Qualität | 1334 |
| 1.06 | Projektorganisation | 1335 |
| 1.07 | Teamarbeit | 1337 |
| 1.08 | Problemlösung | 1337 |
| 1.09 | Projektstrukturen | 1339 |
| 1.10 | Leistungsumfang und Ergebnisse | 1339 |
| 1.11a | Zeitmanagement, Projektphasen | 1340 |
| 1.11b | Zeitmanagement, Zeitplanung | 1340 |
| 1.12 | Ressourcen | 1341 |
| 1.13 | Kosten und Finanzmittel | 1342 |
| 1.14 | Beschaffung und Verträge | 1343 |
| 1.14.1 | Anforderungen an das Vertragsdokument | 1343 |
| 1.14.2 | Maßnahmen bei Vertragsabschluss, um Konflikte zu vermeiden und den Projekterfolg zu fördern | 1346 |
| 1.14.3 | Durchführung | 1346 |
| 1.15 | Änderungen | 1347 |
| 1.16 | Überwachung und Steuerung, Berichtswesen | 1348 |
| 1.17 | Information und Dokumentation | 1349 |
| 1.18 | Kommunikation | 1350 |
| 1.19 | Projektstart | 1350 |
| 1.20 | Projektabschluss | 1351 |
| 1.21 | Normen und Richtlinien | 1353 |
| 1.22 | IT im Projektmanagement | 1353 |
| 1.23 | Critical Chain Projektmanagement | 1353 |
| 2 | Soziale und personale Kompetenzen | 1354 |
| 2.00 | Macht und Autorität in Projekten | 1354 |
| 2.01 | Führung (Grundlagenwissen) | 1355 |
| 2.02 | Motivation und Engagement | 1356 |
| 2.03 | Selbststeuerung | 1356 |
| 2.04 | Durchsetzungsvermögen | 1356 |
| 2.05 | Entspannung und Stressbewältigung | 1357 |
| 2.06 | Offenheit | 1357 |
| 2.07 | Kreativität | 1357 |
| 2.09 | Effizienz | 1358 |
| 2.10 | Beratung | 1358 |
| 2.11 | Verhandlung | 1359 |
| 2.12a | Konflikte | 1359 |
| 2.12b | Krisen – Projektkrisen | 1360 |
| 2.13 | Verlässlichkeit | 1361 |
| 2.14 | Wertschätzung | 1361 |
| 2.15 | Ethik | 1361 |

## Einleitung

Die Bandbreite von Projekten reicht von rein internen Projekten über solche mit Tochtergesellschaften bis hin zu Projekten mit Auftragnehmern, bei denen der Kunde nach der Erteilung des Auftrags nur noch wenig mitwirkt. Auch bei rein internen Projekten geht die Tendenz vielfach dahin, sie an externe Projekte anzunähern, um ihre Durchführung zu verbessern.

### Interessenlage bei Auftragsprojekten

Bei Auftragsprojekten müssen alle Beteiligte ebenso wie bei internen Projekten zusammenarbeiten, um das Projekt zu einem Erfolg zu führen. Bei internen Projekten ist das einfacher: Man ist in *einer* Organisation und zieht mehr oder weniger an einem Strang. Der Nutzen kommt der eigenen Organisation zugute. Allerdings gibt es auch hier gewisse Interessengegensätze, beispielsweise zwischen dem Projekt und der Linie. Diejenigen zwischen der Geschäftsführung und dem Betriebsrat können sogar stark sein.

Bei Auftragsprojekten kennen die Beteiligten sich meist weniger. Man zieht weniger an einem Strang, weil der Nutzen sowie die Risiken zwischen den Vertragspartnern aufgeteilt werden. Deswegen sprechen die Juristen von „Austauschverträgen". Die Vertragspartner können durch Kooperation den „Nutzen-Kuchen" vergrößern bzw. die Risiken verringern, aber beides wird geteilt. Es gibt also erhebliche Interessengegensätze zwischen den Vertragspartnern. Diese treten schon bei der Frage auf, ob das Projekt erfolgreich ist, nämlich ob es nicht nur dem Kunden eine gute Lösung (Projekt(sach)erfolg), sondern auch dem Auftragnehmer einen Gewinn und/oder andere Vorteile bringt (Projektmanagementerfolg).

Im Normalfall möchte der Auftragnehmer den Auftraggeber als Kunden halten. Er hat also etwas mehr Interesse daran, dass der Kunde Erfolg hat, als das andersherum der Kunde hat. Diesem geht es mehr darum, dass sein Auftragnehmer nicht insolvent wird und Gewährleistungsansprüche erfüllen und bei Bedarf weitere Leistungen erbringen kann. Der Kunde ist also ein kleiner König, solange der Auftragnehmer an ihm Interesse hat.

Der flache Graben bei internen Projekten zwischen dem Projektteam als Auftragnehmerinstanz und der Auftraggeberinstanz wird bei Auftragsprojekten zu einem tiefen Graben. Er kann sogar zu einer Schlucht werden, wenn die Vertragspartner einen Festpreis und/oder einen festen Termin vereinbaren. Noch deutlicher wird der Interessengegensatz in dem Fall, dass das Projekt scheitert. Dann will jeder den Schaden möglichst auf den anderen schieben. Der Auftragnehmer hat es dabei schwerer.[2] Der Kunde ist also in krisenhaften Situationen sogar etwas mehr als ein kleiner König. Er kann einen Rechtsstreit allerdings auch verlieren und sollte also vorsichtig sein.

### Insbesondere wesentliche Besonderheiten im Projektablauf

Das Einholen bzw. das Erstellen von Angeboten verändert die Aufgaben der Projektbeteiligten in der Startphase (Initialisierungsphase und Definitionsphase nach DIN 69901) wesentlich. Je nach Branche vernachlässigt der Kunde einige Aktivitäten, beispielsweise die Stakeholderanalyse oder das Risikomanagement und oft auch die Spezifikation seiner Anforderungen. Dies sind häufig Schwachstellen auch bei internen Projekten, bei Auftragsprojekten sind sie es verstärkt.

---

[2] Denn nach dem Buchstaben des Gesetzes ist der Kunde bereits berechtigt, vom Vertrag zurückzutreten, wenn der Auftragnehmer einen erheblichen Fehler nicht innerhalb einer vom Kunden gesetzten Nachfrist beseitigt. Wahrscheinlich haftet der Auftragnehmer dann zusätzlich auf Schadensersatz [vgl. IT-V Kapitel 3.3.2 (2) und 3.8.]. Die Rechtsprechung des Bundesgerichtshofs lässt dem Auftragnehmer kaum die Möglichkeit, Schadensersatzpflichten in AGB einzuschränken.

Der Auftraggeber trifft den Großteil aller Entscheidungen in der Startphase. Der Auftragnehmer nimmt an dieser kaum teil und wird darüber später nur unzulänglich informiert.[3] Hinzu kommt, dass er bis zum Abschluss des Vertrags im Wesentlichen durch den Vertrieb vertreten wird. Dieser hat selbstverständlich auch ein Interesse daran, die Grundlage für die erfolgreiche Durchführung des Projekts zu schaffen. Vor allem aber ist er am Vertragsabschluss interessiert. Tendenziell ist der Vertrieb deswegen weniger darum bemüht, Defizite auf Kundenseite aufzudecken, die für den Kunden Mehrarbeit oder sogar eine Bloßstellung bedeuten würden.

### Wesentliche Auswirkungen der Interessengegensätze auf das Verhalten

Der Auftragnehmer mag einen Rechtsstreit gewinnen. Dann ist das Projekt aber bereits gescheitert. Dazu möchte es der Auftragnehmer möglichst nicht kommen lassen. Er kann sich auch kaum im Vorhinein sicher sein, einen Prozess zu gewinnen, abgesehen davon, dass es sowieso bei Gericht meist zu einem Vergleich kommt, der auch bei günstiger Rechtslage für den Auftragnehmer kaum erfreulich ist. Also möchte der Auftragnehmer Auseinandersetzungen möglichst am Verhandlungstisch lösen. Dort aber hat der Kunde einen Vorteil: Beide Vertragspartner müssen einer Einigung zustimmen. Der Kunde weiß, dass der Auftragnehmer das Projekt nicht abbrechen möchte und mehr oder weniger nachgeben wird. Dadurch befindet sich der Kunde in der stärkeren Position.

Für den Auftragnehmer kommt es also stärker als für den Kunden darauf an,

- vorsichtig vorzugehen,
- sich an den Vertrag zu halten oder bei untauglichen Vereinbarungen dafür zu sorgen, dass diese abgeändert werden (vgl. IT-PM Kapitel 3.3.3.1 und 6.3.3.1) und
- vorsorglich Beweismittel für den Fall zu schaffen, dass das Projekt in eine Krise gerät oder sogar scheitert (vgl. IT-PM Kapitel 3.4.3 und 6.4.3).

Die Regelungen zur Projektdurchführung sind vertragliche Regelungen und damit stärker verbindlich als Regelungen zu einem internen Projekt. Wer von den Regelungen abweicht, geht ein Risiko ein. Wenn beide Vertragspartner gemeinsam abweichen, bleibt das Risiko bei demjenigen, dem aus der Regelung Pflichten entstehen, so lange die Abweichung nicht zu einer Gewohnheit zwischen den Vertragspartnern und damit rechtlich wirksam wird (vgl. IT-V Kapitel 2.1.7(4)).

### Managementansatz: Vier Ebenen müssen berücksichtigt werden

Von unten nach oben geht es um vier Ebenen:

- das professionelle Formulieren aller Dokumente,
- die rechtliche Basis,
- die Konzeption des Vertragswesens zusammen mit Mustern für Angebote/Aufträge,
- das geschäftliche Handeln, also das eigentliche Projektmanagement.

---

3   Wie schwierig es ist, Auftragsprojekte in das Prozessmodell von DIN 6991 einzuordnen, zeigt die Einleitung zu diesem Buch: Laut Abschnitt 2.3 soll der Auftragnehmer erst in der Definitionsphase die Projektziele spezifisch und messbar formulieren, soll aber der Kunde bereits in der Planungsphase die Vertragsinhalte mit den Lieferanten abstimmen.

**Professionelles Formulieren:** Verträge werden geschlossen, damit jeder Vertragspartner Ansprüche gegen den anderen erlangt.[4] Die Ansprüche werden im Vertrag (ergänzend im Gesetz) beschrieben und im Rahmen der Projektdurchführung konkretisiert oder abgeändert. Der Wortlaut der Dokumente, die den Vertrag insgesamt ausmachen, bestimmt also den Inhalt der Ansprüche. Wenn es zu Auseinandersetzungen kommt, ist der Wortlaut dieser Dokumente maßgeblich. Ein großer Teil aller Auseinandersetzungen entsteht dadurch, dass der Wortlaut unklar oder fehlerhaft ist. Das gilt auch für Darstellungen in technischen Plänen.

Abbildung 3.11-1: Schichtenmodell zu Auftragsprojekten

Dabei geht es in erster Linie darum, was wann wie gegen welche Vergütung zu leisten ist, und nur in zweiter Linie um juristische Themen. Die Aufforderung, professionell zu formulieren, richtet sich dementsprechend in erster Linie an die Mitarbeiter des Vertriebs bzw. des Einkaufs und an die Mitarbeiter des Projektteams, ihre eigenen Aufgaben professionell durchzuführen.

**Die rechtliche Basis:** Es geht um ein Fachgebiet neben anderen wie die Methodik der Softwareentwicklung, das Projektmanagement oder das Qualitätsmanagement. Wie die Beteiligten einiges von anderen Fachgebieten wissen müssen, müssen sie auch einiges vom Vertragsrecht wissen. Das ist eine vergleichsweise geringe Anforderung. Denn zum einen versteht sich das Vertragsrecht zwischen Unternehmen relativ weitgehend von alleine und zum anderen erfüllt gutes Projektmanagement weitgehend die Anforderungen an gutes Auftragsmanagement. Die Beteiligten müssen „nur" bedenken, dass sie in einer Auftragssituation sind und besonders vorsichtig sein sollen.

Das Vertragsrecht ist also kein glatter Boden, auf dem man leicht ausrutscht; es hat auch nur wenig Fallen, Fallstricke oder Tücken. Wer anderes behauptet, will entweder juristische Beratungsleistungen verkaufen oder er will als Projektbeteiligter eigenes Fehlverhalten oder mangelnde Bereitschaft entschuldigen, sich mit den Grundlagen zu befassen, auf denen er das Projekt durchführt.

**Die Konzeption des Vertragswesens:** So wie es ein Konzept für das Projektmanagement (im Projekthandbuch) oder für die Produktentwicklung geben soll, bedarf es auch eines Konzepts für die Abfassung von Angeboten bzw. Aufträgen und auch für die Durchführung des Auftragsprojekts. Die Beteiligten brauchen einen Leitfaden für die rechtliche Seite der Projekte. Dieser soll – zumindest auf Auftragnehmerseite – in das Projektmanagementhandbuch eingearbeitet werden.

**Das geschäftliche Handeln:** Die oberste Ebene ist diejenige, auf der die Projektleiter und die anderen Beteiligten handeln. Das tun sie auf der Grundlage des Vertrags; dabei sollen sie ihre Pflichten nicht verletzen. Entscheidend für ihr Handeln ist aber, wie sie das Projekt erfolgreich durchführen können. Dabei spielen der Faktor Mensch, insbesondere die persönlichen Motive der Handelnden, und die Sachzwänge des jeweiligen Projekts in die Entscheidungsfindung hinein.

---

4  Der Begriff „Anspruchsgrundlage" ist der zentrale Begriff des Vertragsrechts, vgl. IT-V Kapitel 1.2 und 3.1.

### Projekte über die Einführung von Standardsoftware als Basis für Beispiele

Projekte über die Einführung von umfangreicher Standard-Anwendungssoftware mit umfangreichen Dienstleistungen („*Einführungs*projekt") werden als Basis für Beispiele genommen, weil typische Probleme an ihnen demonstriert werden können.

Im Folgenden wird davon ausgegangen, dass dem Auftragnehmer nur das IT-Projekt, also die Einführung der Software, übertragen wird. Für ihn ist das ein serienartiges Projekt (oder sollte es zumindest sein). Der Kunde hat zum einen Aufgaben, an dem IT-Projekt mitzuwirken. Zum anderen kann der Kunde seine Aufbau- und Ablauforganisation reorganisieren wollen oder sogar müssen. Er hat ein Veränderungsprojekt (Change Management). Dieses Veränderungsprojekt des Kunden und das IT-Projekt zusammen bilden das Gesamtprojekt.

Das Veränderungsprojekt des Kunden ist mehr oder weniger Voraussetzung dafür, dass das IT-System produktiv genutzt werden kann. Scheitert das Veränderungsprojekt des Kunden, droht dem Auftragnehmer, dass der Kunde eine Vertragsverletzung des Auftragnehmers als rechtlichen Anlass aufgreift, um vom Vertrag über das IT-Projekt zurückzutreten.

### Begriffe

**Auftragsmanagement** bezeichnet das Projektmanagement, das sich auf die Besonderheiten von Auftragsprojekten bezieht. Es beinhaltet zum einen zusätzliche Aufgaben, macht einzelne Aufgaben wichtiger oder ändert sie ab. Zum anderen beinhaltet es ein spezifisches Kommunikationsverhalten und wirkt sich so auf die gesamte Projekttätigkeit aus.

**Kunde** ist ein Auftraggeber im Rechtssinne.

**Projektleiter** ist derjenige, der ein Projekt leitet, auch wenn ICB3 von „Projektmanager" spricht.

**Projekt(sach)ergebnis:** ICB3 enthält keine Definition dafür, was nach Beendigung des Projekts genutzt werden kann. ICB3 verwendet den Begriff Projektergebnis dafür, aber auch für etwas, was darüber hinausgeht, ohne das zu definieren.[5] ICB3 verwendet den Begriff „Deliverables" für etwas, was darunter bleibt.[6] Mit „Projekt(sach)ergebnis" soll betont werden, dass nur die Ergebnisse im Sinne dessen gemeint sind, was hinterher genutzt werden soll.

**Projektvorgesetzter** ist diejenige Instanz des Auftragnehmers, die den eigenen Projektleiter kontrolliert. Für die Kundenseite kann typischerweise angenommen werden, dass der Projekteigner diese Funktion übernimmt.

---

[5] In Kapitel 2.7.1 wird bei der Definition eines Projekts gesprochen von „einer Reihe klar definierter Ergebnisse (Deliverables) – die dazu dienen, die Projektziele zu erreichen – unter Einhaltung bestimmter Qualitätsstandards und -anforderungen." Grundlage ist ein „beschränkter Zeit- und Kostenrahmen". In Kapitel 2.10 wird der Projekterfolg als „die Wertung der Projektergebnisse durch die betroffenen Interessengruppen" definiert. „Diese Definition ist wesentlich anspruchsvoller als ‚die Ablieferung der Projekt-Ergebnisse (Deliverables) innerhalb des Budget- und Zeitrahmens', was nur einen Teil des Erfolgs darstellt."

[6] Element 1.10 spricht nicht nur von den „Deliverables", sondern von "Leistungsumfang und Lieferobjekte (Deliverables)".

**Vertragsmanagement** ist in DIN 69901 so definiert, dass Vertragsmanagement eine Funktion ist wie das Konfigurationsmanagement oder das Qualitätsmanagement: Auftragsprojekte werden auch in dieser Norm fast ausgeblendet. Andererseits nutzen Juristen den Begriff als Modewort. Entweder bieten sie ihre früheren Seminare über Vertragsrecht jetzt als solche über Vertragsmanagement an, gehen also nicht wirklich auf das Auftragsmanagement ein, oder sie machen es zu einer Superfunktion, sodass der Projektleiter nur noch der Gehilfe des Vertragsmanagers ist.

# 1 Projektmanagement-technische Kompetenzen

## 1.01 Projektmanagementerfolg

MÖLLER definiert zu Element 1.01 in GW 2.3 unter „Definition" den Projektmanagementerfolg als den „effektiven und effizienten Einsatz von Methoden und Instrumenten des Projektmanagements zur Steigerung des wirtschaftlichen Erfolgs und der Zufriedenheit der Stakeholder ....". Dabei ist der wirtschaftliche Erfolg als der Projekterfolg hinsichtlich der harten Faktoren Zeit und Leistung (Quantität und Qualität) zu verstehen, die Zufriedenheit der Stakeholder primär als gefühlte Zufriedenheit.

Es geht also darum, den Projekterfolg im Sinne des Elements 1.03 zu fördern.

MÖLLER spricht an, dass es zwischen den Vertragspartnern Interessengegensätze gibt. Wie in der Einleitung zu meinem Beitrag dargelegt, sind die Interessengegensätze groß. Das zeigt sich schon bei der Beurteilung des Vertragserfolgs (vgl. Kapitel 1.03).

Bei serienartigen Projekten, wie bei der Einführung einer Standardsoftware, ist kaum zu erwarten, dass der Kunde ein solches Projektmanagement entwickelt hat. Es ist also vor allem Aufgabe des Auftragnehmers, das vorab zu tun. Dabei sollte er seine Methoden und Instrumente darauf abstellen, dass der Kunde einbezogen und geführt werden muss und kann, wobei der Auftragnehmer die Schnittstelle zum Kunden leben muss.

In der Akquisitionsphase kommt es besonders darauf an, die Aufgabenstellung auf der Ebene von konkreten Anforderungen zu definieren (vgl. IT-PM Kapitel 2.1.1). Dabei verdient nur das als Anforderung bezeichnet zu werden, was am Ende auch überprüfbar ist.

In der Kick-off-Phase soll der Auftragnehmer dem Kunden seine Methoden und Instrumente nahebringen und deren Anwendung durch diesen vereinbaren, soweit sie diesen betreffen.

In der Phase der Durchführung soll der Auftragnehmer den Kunden an Projektdisziplin gewöhnen, wobei er das nur kann, wenn er sich selbst hinsichtlich der Erfüllung seiner Pflichten einigermaßen als Vorbild verhält (vgl. Kapitel 2.13).

Sodann muss er – wie auch MÖLLER betont – sein Projektmanagement leben (vgl. IT-PM Kapitel 3.3). Hervorzuheben sind das Anforderungsmanagement, insbesondere die Durchführung von Change Requests, und das Nachforderungsmanagement in dem Fall, dass der Kunde nicht ordnungsgemäß mitwirkt. Die rechtlichen Grundlagen (Ebene 2) sind relativ einfach. Das Problem liegt im Projektmanagement (Ebene 4), nämlich auch so, wie vorgesehen, sachgerecht und kommunikativ richtig vorzugehen.

MÖLLER betont in GW 2.3 unter „Tipp", dass der Projektmanagementerfolg zum guten Teil darin liege, negative Entwicklungen zu verhindern oder zu verringern. Das bezieht sich besonders auf das Risikomanagement und das Konfliktmanagement. Bei Auftragsprojekten sind das besonders schwierige Felder (vgl. Kapitel 1.04 und Kapitel 1.08).

## 1.02 Interessierte Parteien

Primär ist der Kunde am Projektergebniserfolg interessiert, ist also das Stakeholdermanagement seine Sache. Dabei hat er am Auftragnehmer und dessen Mitarbeitern als Stakeholdern nur wenig Interesse.

Für den Auftragnehmer hängen der Projektmanagementerfolg und der Projektergebniserfolg stark von den Stakeholdern auf der Kundenseite ab, deshalb ist das Stakeholdermanagement also auch für ihn wichtig. Deswegen soll der Auftragnehmer sich fragen, was er für das Stakeholdermanagement tun kann.

**Identifikation und Analyse der Stakeholder (GW 2.2):** Bei Auftragsprojekten teilt sich die Startphase des Projekts im Hinblick auf die Identifikation und Analyse der Stakeholder in Abschnitte auf und zwar in der Regel auf drei.

Während der Initialisierungsphase sind Identifikation und Analyse der Stakeholder Sache einer internen Instanz des Kunden.

Nach der Definitionsphase nimmt der Kunde mit Anbietern Kontakt auf. Er wird kaum mit einem potenziellen Projektleiter sprechen, sondern in der Regel mit dem Vertrieb der Anbieter. Zu diesem Zeitpunkt müsste der Kunde bereits eine detaillierte Analyse seiner Stakeholder erstellt haben. Wenn das der Fall sein sollte, stellt sich die Frage, ob der Vertrieb das überhaupt wissen will (vgl. IT-PM Kapitel 2.1.2). Etwas überspitzt ausgedrückt: Der Vertrieb will den Auftrag haben. Er wird kaum fragen, ob eine solche Analyse schon vorliegen würde. Außerdem fragt sich, ob der Kunde überhaupt bereit wäre, dieses Ergebnis mitzuteilen.

Würde der Vertrieb hingegen den Wunsch äußern, zusammen mit dem Kunden die Stakeholder in dessen Bereich zu analysieren, würde er sich wahrscheinlich unbeliebt machen (IT-PM Kapitel 2.2.2). Er wird die Analyse also eher nur eingeschränkt durchführen. Die Geschäftsführung des Auftragnehmers kann die Aktivität des Vertriebs fördern, indem es von ihm verlangt, eine solche Analyse vor Abschluss des Vertrags vorzulegen, spätestens aber bei der gemeinsamen Projektinitiierung.

Das bedeutet wahrscheinlich, dass der Projektleiter des Auftragnehmers im Rahmen des ersten Kick-off-Meetings die Aufgabe hat, die Analyse der Stakeholder, so weit sie für ihn relevant ist, zumindest zu ergänzen, wahrscheinlich im Wesentlichen erst durchzuführen (vgl. IT-PM Kapitel 3.3.2). Insbesondere sollte er einen Projektpromoter beim Kunden suchen (vgl. IT-PM Kapitel 3.3.1 unter „Projektpromoter").

Die Frage, wie der Auftragnehmer die Sphäre des Kunden vor Abschluss des Vertrags durchdringen kann, wird bei der Risikoanalyse noch wichtiger (vgl. Kapitel 1.04).

**Aktionsplanung (GW 2.3):** Da der Auftragnehmer nur schwer Zugang zu den Stakeholdern auf der Kundenseite hat, soll er versuchen, auf den Projektleiter des Kunden einzuwirken, damit dieser das Stakeholdermanagement betreibt und ihn – so weit dieser das für vertretbar hält – informiert. Daneben kann sozialer Kontakt zu Mitarbeitern des Kunden wertvolle Informationen liefern.

Soweit der Auftragnehmer direkten Kontakt hat, kann er im Wesentlichen nur positive Maßnahmen ergreifen:

- Die Stakeholder informieren,
- sie am Prozess beteiligen,
- ihre Interessen im Projektergebnis berücksichtigen, so weit das vertretbar ist.

Der Lenkungsausschuss bietet eine Möglichkeit, mit Stakeholdern des Kunden in Kontakt zu kommen.

**Monitoring (GW 2.4):** Es geht wie bei der Risikoanalyse darum, die Entwicklung zu verfolgen und ggf. Maßnahmen zu ergreifen. Also soll das, was ohnehin üblicherweise gemacht wird, gründlicher und formalisierter erfolgen.

### 1.03 Projektanforderungen und Projektziele

Anforderungsmanagement umfasst nach ICB3 „die Identifizierung, Definition und Vereinbarung des Projekts, um die Anforderungen und Erwartungen der betroffenen interessierten Parteien, insbesondere der Kunden und Nutzer, zu erfüllen." Bei einem Auftragsprojekt ist es das ausdrückliche Projektziel, dass an dessen Ende das vereinbarte Projektergebnis erreicht ist. Bei einem Auftragsprojekt geht es neben dem Projekt(sach)ergebnis auch um die vereinbarten Termine und die vereinbarte Vergütung. Für die *Vertrags*erfüllung und damit für den Vertragserfolg relevant sind nur diejenigen Ziele, die im Vertrag ausgedrückt sind.

Für den Projekterfolg kommt es auch auf die Erfüllung der weiteren und der übergeordneten Ziele an. GRAU und EBERHARD stellen zu Element 1.03 in GW 4 am Anfang die Forderung auf: „Jegliche Projektarbeit sollte den Willen voraussetzen, dem Kunden/Auftraggeber gegenüber diejenige Leistung zu erbringen, die er braucht, d.h. für die er zu bezahlen bereit ist. Davon soll allerdings mit den begrenzten Einsatzmitteln so viel wie möglich erbracht werden." Bei Auftragsprojekten ist das für den Auftragnehmer akzeptabel, wenn eine Vergütung nach Aufwand vereinbart ist, aber nicht bei einem Festpreis. Die Kunst des Anforderungsmanagements bei einem Festpreis ist für den Auftragnehmer die, bei Bedarf den Kunden dazu zu bringen, zusammen mit ihm die anfänglich vereinbarte Leistung in die umzudefinieren, die der Kunde braucht. Zahlen soll der Kunde das, was *vereinbart* wird, nicht das, was er zu zahlen *bereit* ist.

Jeder Vertragspartner hat seine eigenen Ziele (vgl. die Einleitung). Für den Auftragnehmer sind diejenigen des Kunden etwas wichtiger, als es anders herum die Ziele des Auftragnehmers für den Kunden sind. Der Auftragnehmer möchte, dass der Kunde einigermaßen zufrieden ist, also muss er sich bemühen, die unausgesprochenen Anforderungen und Ziele des Kunden (dessen Stakeholder) zu ermitteln. Dabei muss er darauf achten, dass er sie möglichst wenig zum Vertragsbestandteil macht. Sonst kann der Kunde später aus den vereinbarten Zielen zumindest auf geschäftlicher Ebene immer wieder Anforderungen an das Projektergebnis ableiten (vgl. IT-PM Kapitel 2.1.2.1 und IT-V Kapitel 6.3.1 (1)).

Gutes Anforderungsmanagement ist zwingend, um das Projektergebnis und die weiteren Ziele zu erreichen. Dafür ist es hilfreich, immer die durchgängige Verfolgbarkeit (Traceability) von Anforderungen im Auge zu behalten (GRAU & EBERHARD in GW 1.3.7 und VW 2).

Der Auftragnehmer berücksichtigt in einem Festpreis im Wesentlichen nur die ausdrücklich vereinbarten Anforderungen und Ziele. Also bieten sich zwei Vorgehensweisen an: Entweder versucht er, die unausgesprochenen Anforderungen und Ziele des Kunden (dessen Stakeholder) möglichst vor Abschluss des Vertrags zu ermitteln, um sie zu ausdrücklichen zu machen (und dabei einzuschränken) und um sie im Festpreis berücksichtigen zu können. Oder er verschiebt die Ermittlung auf die Zeit nach Abschluss des Vertrags. Dann muss er bei Abschluss des Vertrags im eigenen Interesse für präzise/enge Formulierungen im Vertrag sorgen. Denn Anforderungen im Vertrag lassen sich desto unterschiedlicher auslegen und dementsprechend vertragsgemäß konkretisieren, je vager sie abgefasst sind; dabei droht zwar nicht auf rechtlicher, aber auf geschäftlicher Ebene, dass der Kunde die Spielräume in seinem Interesse nutzt.

Ermittelt der Auftragnehmer die unausgesprochenen Ziele und Anforderungen erst nach Abschluss des Vertrags, hat er wieder zwei Möglichkeiten: Er kann die nunmehr ausgesprochenen Ziele und Anforderungen entweder ausdrücklich aus Kulanz innerhalb eines Festpreises akzeptieren oder sie zum Gegenstand eines CR-Verfahrens machen (vgl. Kapitel 1.15).

Da Anforderungen nur das sind, was sich messen lässt, ist es hilfreich, frühzeitig eine Abnahmespezifikation zu erstellen (Teil der Verfolgbarkeit von Anforderungen).

## 1.04 Risiken und Chancen

So wichtig, wie das Thema Risikomanagement für den Projekterfolg ist, muss es auch in Auftragsprojekte integriert werden. Die entscheidende Frage ist, wann und wie das Risikomanagement im Vertragsverhältnis durchgeführt werden kann.

ROHRSCHNEIDER und SPANG empfehlen zu Element 1.04 in GW 2.1 „die Auseinandersetzung mit möglichen Risiken ... bereits in den Vorphasen des Projekts (zu) beginnen." Der Auftragnehmer sollte vorsichtshalber damit rechnen, dass der Kunde, so weit er überhaupt Risikomanagement betrieben hat, die Risiken wahrscheinlich nur unzureichend vermieden, vermindert oder begrenzt hat bzw. unausgesprochen weitgehend auf ihn übertragen will.

**Vertragsvorbereitung:** Der Auftragnehmer soll also vor Vertragsabschluss möglichst weitgehend Risiken analysieren und dann Maßnahmen treffen. Allerdings hat auf seiner Seite erst einmal der Vertrieb Kontakt mit dem Kunden. Und dieser hat noch weniger Interesse als bei der Stakeholderanalyse (vgl. Kapitel 1.02) daran, diese Aufgabe sorgfältig durchzuführen. Es kommt also darauf an, dass die Geschäftsführung diese Aufgabe dem Vertrieb ausdrücklich auferlegt und die Ergebnisse von ihm abfordert. Es gibt durchaus Möglichkeiten, das Thema mit dem Kunden zu besprechen (vgl. IT-PM Kapitel 2.1.2). Dabei gibt es eine Vorstufe zur eigentlichen Risikoanalyse, nämlich die Analyse, ob der Kunde das Angebot richtig verstanden hat und mit dem richtig verstandenen Angebot einverstanden ist (vgl. zu allem Kapitel 1.14.2).

Der Projektleiter des Auftragnehmers sollte im Rahmen des ersten Kick-off-Meetings nur noch die Aufgabe haben, die bereits vorliegende Risikoanalyse zu überprüfen und zu ergänzen.

Der Auftragnehmer soll typische Reibungsverluste in seine Planung einbeziehen, insbesondere bei festen Preisen und/oder Terminen (vgl. IT-PM Kapitel 2.1.2.2, 3.3.4.3 und 4.1.2 unter „Ermittlung des verbindlichen Liefertermins"). ROHRSCHNEIDER und SPANG weisen in GW 2.1 darauf hin, dass „es auch bei prinzipiell eingeplanten Ereignissen oder Vorgängen zu Abweichungen kommen (kann). Diese werden dann als ‚Schätzungenauigkeiten' bezeichnet, wobei die Grenzen zu Risiken fließend sein können."

**Kick-off-Phase:** Die Kick-off-Phase ermöglicht dem Projektleiter des Auftragnehmers, die Risikoanalyse fortzusetzen. Dazu gehört als Risikoverminderung, den Projektmitarbeitern des Kunden ganz deutlich zu machen, was ihre Geschäftsführung bestellt hat (wahrscheinlich eine bescheidene Lösung zu einem Festpreis ohne Reserve und zu einem Termin, der nur gehalten werden kann, wenn die Mitarbeiter des Kunden intensivst mitarbeiten).

Weiterhin soll der Projektleiter ermitteln, inwieweit die Vorstellungen der Projektmitarbeiter des Kunden sich mit den Vorstellungen von deren Geschäftsführung decken (vgl. IT-PM Kapitel 3.3.2).

**Durchführung:** Für den Auftragnehmer stellt sich die Frage, wie er Risiken erkennen kann, die sich nicht schon aufgrund der Fortschreibung der Pläne und der Kostenkontrolle erkennen lassen. Dafür können Frühwarnzeichen definiert werden (vgl. Kapitel 2.12b).

Ein besonderes Problem ergibt sich aus der Tendenz von Menschen, Risiken zu verheimlichen. Das spitzt sich bei Auftragsprojekten zu. Es ist für den Auftragnehmer gefährlich, das gegenüber dem Kunden zu tun. Denn die Geschäftsbeziehung beruht stark darauf, dass der Kunde Vertrauen zum Auftragnehmer hat.

Menschen lassen sich auch sonst nur ungern nach Risiken befragen. Der Projektleiter des Auftragnehmers muss das bedenken (vgl. IT-PM Kapitel 3.3.2 und 3.4.1).

Da Menschen dazu neigen, als notwendig erkannte, aber vielleicht unangenehme Entscheidungen immer wieder hinauszuschieben, empfiehlt es sich, wo es möglich und sinnvoll ist, Grenzwerte zu formulieren, die spätere unangenehme Entscheidungen automatisch auslösen.

Wenn sich ein Risiko realisiert, stellt sich sofort die Frage, wer die Folgen zu tragen hat. Die Wurzeln für den Eintritt des Risikos liegen mehr oder weniger in der Vergangenheit. Also kommt es für beide Seiten darauf an, frühzeitig Beweismittel zu schaffen. Das schafft zwar etwas Aufwand, zahlt sich aber vielfach aus, wenn ein Risiko eintritt (vgl. IT-PM Kapitel 3.4.3).

## 1.05 Qualität

Der Beitrag von BARTSCH-BEUERLEIN und FRERICHS zu Element 1.06 zeigt die Wichtigkeit des Qualitätsmanagements in seiner Aufbau- und seiner Ablauforganisation.

Bei Auftragsprojekten sollte jeder der beiden Auftragnehmer vor Vertragsabschluss überprüfen, inwieweit der andere Partner qualitätsorientiert (und projektfähig) ist. Sollte der Kunde keine Vorgaben zum Qualitätsmanagement machen, sollte der Auftragnehmer nach dem Qualitätsmanagement-System seines künftigen Vertragspartners fragen. Er gewinnt dadurch Einblick in dessen Organisationsniveau.

Bei der Definition der Anforderungen hilft es dem Auftragnehmer vor Vertragsschluss, das QFD Haus zu beachten:

- WAS will der Kunde im Vertrag?
- WIE zu WIE: Abhängigkeiten/Konflikte zwischen den spezifizierten Merkmalen
- WIE soll der Auftragnehmer die Anforderungen erfüllen?
- WAS zu WIE: In welchem Grad werden die Kundenanforderungen durch die Produktmerkmale unterstützt?
- WIEVIEL will der Auftragnehmer erreichen? (Projektzielerfolg im Verhältnis zur geschuldeten Leistung)

Alles das, was für das jeweilige Projekt an Qualitätsmanagement angemessen ist, soll im Vertrag geregelt werden, damit es eingefordert werden kann.

Es ist schwierig, im Vertrag die Qualitätsmanagementsysteme der beiden Vertragspartner aufeinander abzustellen. Bei serienartigen Auftragsprojekten liegt es nahe, vorrangig auf das des Auftragnehmers abzustellen.

**Qualitätsziele:** Nach DIN ISO 9001:2000 Abschnitt 5.2 ist die Kundenzufriedenheit weiterhin das höchste Qualitätsziel. Das mag, bezogen auf Produkte (Waren), gelten, sollte aber bei Auftragsprojekten relativiert werden und das insbesondere bei solchen mit einem Festpreis.

Den Kunden in seinen Erwartungen, insbesondere in denen seiner sekundären Stakeholder, zufriedenzustellen, gefährdet einen festen Termin und bei einem Festpreis den finanziellen Erfolg für den Auftragnehmer.

So berechtigt das Wort Kundenzufriedenheit im Ansatz sein mag, so gefährlich wird es, wenn die Projektmitarbeiter des Auftragnehmers sich darauf berufen, um ihre Konfliktunfähigkeit zu verbrämen.

## 1.06  Projektorganisation

Der Auftragnehmer ist auf die Durchführung von serienartigen Projekten ausgerichtet. Er hat dafür insgesamt eher eine Linienstruktur entwickelt, die teilweise aus Mitarbeiterpools besteht. Für das einzelne Projekt bildet er ein Kernteam als mittlere Matrixstruktur. Dieses wird durch spezielle Funktionsträger ergänzt, bei Einführungsprojekten beispielsweise durch Programmierer für die Anpassungsprogrammierung.

Selbst bei Projekten, bei denen der Kunde umfangreich mitarbeiten muss, hat dieser eher nur eine Einflussorganisation, höchstens eine schwache Matrixorganisation für das Projekt. Das erklärt, warum die Mitarbeiter des Kunden vielfach nicht ausreichend Zeit für die Projektarbeit haben.

**Koordination:** Bei Verträgen geht es erst einmal um die Koordination der Vertragspartner. Zwischen den Vertragspartnern besteht keine Hierarchie. Viele Kunden stellen sich das aber so vor und verhalten sich entsprechend; manche Auftragnehmer tun das ebenso, auch wenn sie das eher bestreiten.

Die Koordination des Projekts erfolgt stark durch Regeln und durch Pläne. Die Koordination durch Selbstabstimmung innerhalb des gesamten Projektteams, wie es gerne als Basis für erfolgreiche Teamarbeit propagiert wird, ist bei Auftragsprojekten gefährlich und zwar insbesondere für den Auftragnehmer.

**Eskalation:** Wie Lomnitz in seinem Beitrag zu Element 2.0 in VW 2. klar stellt, ist Eskalation kein Zeichen von Schwäche, sondern ein sachgerechter Teil der Projektorganisation. Eskalationsprozeduren mit Eskalationsinstanzen sollten deswegen gerade in Auftragsprojekten vereinbart werden.

**Projektleiter des Auftragnehmers:** Für den Projekterfolg kommt es primär auf ihn an. Der Kunde sollte also Einfluss darauf nehmen, wen der Auftragnehmer als Projektleiter benennt. Der Kunde sollte den künftigen Projektleiter des Auftragnehmers vor Vertragsabschluss in einer Arbeitssituation kennenlernen. Ist sein eigener Projektleiter an dieser beteiligt, kann zugleich festgestellt werden, ob die Chemie zwischen den wichtigsten Personen des Projekts stimmt.

Es mag im Einzelfall bei Projekten sinnvoll sein, wenn der Auftragnehmer für verschiedene Phasen verschiedene Projektleiter einsetzt. Im Normalfall soll der Projektleiter aber eher ein Generalist sein.

In der Praxis wechselt ein Auftragnehmer seinen Projektleiter manchmal aus, weil dieser wegen dessen Fähigkeiten dringend in einem anderen Projekt benötigt wird. Der Kunde sollte deswegen im Vertrag dafür sorgen, dass der Austausch der Zustimmung unterliegt.

**Projektleiter des Kunden:** Es liegt im Interesse beider Vertragspartner, dass auch der Kunde einen Projektleiter benennt. Es mag bei internen Projekten einer Organisation problematisch sein, wenn zwei Projektleiter bestellt werden (z. B einer für die organisatorische Seite, einer für die IT-Seite). Bei Auftragsprojekten geht es darum, dass zwei Organisationen zusammenarbeiten sollen. Die Vertragspartner können sich wesentlich besser koordinieren, wenn auch der Kunde einen Repräsentanten hat, der die Brückenfunktion zwischen den Vertragspartnern wahrnimmt.

Es droht, dass der Kunde sein Veränderungsprojekt vernachlässigt. Insbesondere im Hinblick darauf ist es wichtig, dass der Kunde einen Projektleiter benennt, damit jemand für diese Aufgabe zuständig ist (vgl. IT-PM Kapitel 3.3.1 unter „Der Projektleiter des Kunden").

Wenn der Kunde keine Person mit Autorität in seiner Hierarchie zum Projektleiter machen kann, kommt die Aufgabenteilung in Betracht, dass der Projektleiter aus seiner Stellung heraus zwar nur wenig Autorität hat, sich aber jederzeit auf den Projekteigner/den Projektvorgesetzten stützen kann, der die erforderliche Stellung innehat.

**Projektvorgesetzte:** Bei internen Projekten gibt es zumindest informell eine erste Eskalationsstufe. Bei Auftragsprojekten soll diese formell eingerichtet werden, wenn sonst droht, dass die Führungsspanne zu groß wird. Dieser Funktionsträger des Auftragnehmers wird in diesem Beitrag mit Scheuring mangels eines besseren Begriffs als Projektvorgesetzter bezeichnet. Beim Kunden dürfte diese Eskalationsstufe der Projekteigner als interne Auftraggeberinstanz sein.

Da die Projektleiter die Projektdurchführung wirkungsvoll lenken sollen, liegt es nahe, ihnen Vollmacht zu geben (vgl. IT-PM Kapitel 3.3.1). Es hat sich allerdings auch bewährt, diese Vollmacht für die Verschiebung von Terminen und für zusätzliche Vergütung mit der Maßgabe auszuschließen, dass die Projektvorgesetzten dafür zuständig sind. Das bedeutet: Wenn die Projektleiter sich auch über Geld und Zeit einig sind, brauchen die Projektvorgesetzten deren Vorschläge nur noch abzunicken. Wenn die Projektleiter Meinungsverschiedenheiten haben, eskalieren sie diese an die Projektvorgesetzten. Damit wird das Klima im Projektteam weniger belastet.

**Lenkungsgremium:** Dieses ist Sache des Kunden. Es soll die am Projekt beteiligten Instanzen beim Kunden einschließlich einiger weiterer Stakeholder koordinieren. Dazu ist es nützlich, wenn der Auftragnehmer mit seinem Sachverstand im Lenkungsausschuss mit beratender Stimme vertreten ist.

Der Lenkungsausschuss kann auch als Abstimmgremium zwischen den Vertragspartnern als oberste Eskalationsebene und Kontrollebene tätig werden. Dann kommen Entscheidungen nur zustande, wenn beide Seiten sich einigen. Im Vertrag soll also geklärt werden, welche Funktion der Lenkungsausschuss hat, gegebenenfalls beide.

**Controller:** Angesichts dessen, dass zwei Organisationen beteiligt sind, benötigt jede Seite einen Controller für ihren Bereich.

**Klärung der Organisation:** So weit das noch nicht im Vertrag erfolgt ist, bietet es sich an, das im ersten Kick-off-Meeting zu tun (Kapitel 1.19). Der Auftragnehmer kann dazu eine Matrixstruktur vorlegen und den Kunden auffordern, diese mit Personen zu besetzen (um anschließend die Frage zu stellen, wie denn diese von ihren Aufgaben in der Linie teilweise freigestellt werden, damit sie ihre Projektaufgaben erfüllen können).

## 1.07 Teamarbeit

Von dem Thema Auftragsprojekte her betrachtet, befassen sich PRUDIX und GÖRNER zu Element 1.07 mit den Teilprojektteams des Auftragnehmers bzw. des Kunden. Bereits dafür gibt es bei Auftragsprojekten Besonderheiten.

Bei serienartigen Auftragsprojekten geht es für den Auftragnehmer um die „Teambildung" innerhalb des Pools aus seinen Mitarbeitern, aus dem er jeweils die Projektteams für einzelne Projekte bildet (vgl. Kapitel 1.06 am Anfang). Es kommt für den Auftragnehmer darauf an, langfristig Mitarbeiter auszuwählen und auszubilden, die nicht nur die fachlichen, sondern auch die persönlichen Eigenschaften haben, die sie entsprechend ihrer jeweiligen Rolle benötigen. Das gilt insbesondere für die Projektleiter.

**Bildung eines Gesamtprojektteams:** Der Teamentwicklungsprozess ist wegen der Schnittlinie zwischen den Teilteams besonders schwierig. Die Bildung eines Gesamtprojektteams ist aber auch nur eingeschränkt nötig.

Der Projektleiter des Auftragnehmers soll im ersten Kick-off-Meeting die Kernmitglieder des Kunden mit der Aufgabenstellung gemäß Vertrag vertraut machen und mögliche Konflikte auf Kundenseite erfragen (vgl. IT-PM Kapitel 3.3.2). Um die Teambildung trotzdem zu fördern, soll er die Veranstaltung in einer möglichst entspannten und vertrauensvollen Arbeitsatmosphäre durchführen.

**Motivation:** Sie muss bei serienartigen Projekten vorrangig bei den Mitarbeitern des Kunden gefördert werden. Diese Aufgabe betrifft vorrangig dessen Projektleiter. Der Projektleiter des Auftragnehmers sollte beim ersten Kick-off-Meeting ansprechen, wie jener die Motivation in seinem Teilteam fördern und wie er es führen will.

**Soziale Faktoren:** Dass sich ein Projektteam auf sozialer Ebene bildet, ist für den Projekterfolg wichtig. Das gilt abgeschwächt auch bei Auftragsprojekten für das Gesamtteam. Allerdings sollten die Mitarbeiter des Auftragnehmers zu denen des Kunden eine gewisse Distanz halten, damit die Interessengegensätze nicht in Vergessenheit geraten.

Damit stellt sich die Frage, wer für die Gesamtteambildung sorgt. Soweit die Kundenseite das nicht tut, muss die Auftragnehmerseite einspringen, weil diese das größere Interesse an der erfolgreichen Abwicklung des Projekts hat.

## 1.08 Problemlösung

Probleme in Auftragsprojekten reichen von typischen Reibungen bis zu Krisen. ICB3 ordnet Krisen zusammen mit Konflikten in Element 2.12 ein (vgl. Kapitel 2.12b).

Typische Reibungen sollen bei der Vertragsvorbereitung, bei dem ersten Kick-off-Meeting und bei der Durchführung berücksichtigt werden.

Probleme sollen sachgerecht abgearbeitet werden, wie WOLFF und ROSENTHALER es zu Element 1.08 vorschlagen. Die Autoren konzentrieren sich auf solche Probleme, bei denen der Bearbeitungsweg (dem dafür Zuständigen) zur Problemlösung nicht bekannt ist. Die Variante, dass der Bearbeitungsweg im Prinzip bekannt ist, aber nicht begangen werden kann (WOLFF & ROSENTHALER in GW 2.1), ist bei Auftragsprojekten verbreitet.

Projekte und so auch Auftragsprojekte sind dadurch gekennzeichnet, dass sie Probleme haben. Es geht also bei der Problemlösung um das normale Projektmanagement. Es empfiehlt sich besonders, Probleme zwischen den Vertragspartnern bald anzugehen. Für die Lösungsfindung muss gefragt werden, ob es um grundsätzliche Probleme geht, die in Varianten immer wieder auftreten werden, beispielsweise, dass die Mitarbeiter des Kunden ihre Aufgaben nicht ordnungsgemäß erfüllen.

Bei Problemen in Auftragsprojekten gibt es eine Reihe von Empfehlungen zum Verhalten, die weniger mit sozialer und personaler Kompetenz als mit projektmanagement-technischer Kompetenz zu tun haben. Deswegen werden die wichtigsten in diesem Kapitel dargestellt:

**Allgemeine Ratschläge** (vgl. IT-PM Kapitel 3.3.7.1): Arbeiten Sie nur mit plausiblen Argumenten, seien es Tatsachen, Vermutungen oder Schlussfolgerungen. Dazu gehört es auch, Verpflichtungen, die Sie eingegangen sind, nicht wegzudiskutieren.

Wenn der Kunde seine Mitwirkung nicht ordnungsgemäß erbringt, soll der Auftragnehmer nicht versuchen, das durch eigene verstärkte Anstrengungen auszugleichen oder auf Besserung zu hoffen, sondern soll das Problem beim Kunden eskalieren.

Vermeiden Sie unklare Situationen. Der andere Vertragspartner könnte diese später zu seinen Gunsten auslegen. Dann haben Sie selbst ein Problem geschaffen. Zum vorsichtigen Vorgehen gehört für den Auftragnehmer bei einem Festpreis auch, dass er in dem Fall, dass er eine eher nicht berechtigte Anforderung des Kunden erfüllt, betont, aus Kulanz zu handeln, und dass er in dem Fall, dass die Forderung mit hoher Wahrscheinlichkeit unberechtigt ist, ein Change-Request-Verfahren einleitet. Der Kunde könnte sonst auf geschäftlicher Ebene zu der Haltung kommen, dass seine Wünsche stets zu erfüllen seien.

**Konflikte über die geschuldete Leistung** (vgl. IT-PM Kapitel 3.3.7.2): Der Kunde möchte auch bei einem Festpreis ein solches Projekt(sach)ergebnis geliefert bekommen, wie er es im Laufe der Durchführung als erforderlich erkennt. Dazu muss er seine neuen Anforderungen in die Aufgabenstellung gemäß Vertrag hineininterpretieren. Damit sind Meinungsverschiedenheiten, ob Change Requests vorliegen, vorprogrammiert. Der Auftragnehmer schuldet allerdings nur einen „mittleren Ausführungsstandard", also ein Projekt(sach)ergebnis in mittlerer Qualität (bezogen auf das Niveau, das in der Aufgabenstellung gemäß Vertrag vorgegeben ist) (vgl. IT-V Kapitel 9.1 (2)). Der Auftragnehmer kann dem Problem, dass der Kunde immer weitere Anforderungen stellt, am besten dadurch entgegenwirken, dass er von vornherein solche Interpretationen zurückweist.

Wenn der Kunde sich nicht auf ein Change-Request-Verfahren einlässt, ist es allerdings gefährlich, eine Anforderung endgültig zurückzuweisen. Denn schließlich könnte ja eine berechtigte Forderung vorliegen.

**Zielkonflikte beim Kunden** (vgl. IT-PM Kapitel 3.3.7.3): Interessengegensätze beim Kunden können ein Projekt zum Erliegen bringen. Der Auftragnehmer soll sich dann aber nicht einmischen, sondern nur warnen. Er könnte sonst Opfer der Auseinandersetzungen auf Kundenseite werden.

**Verunsicherung des Kunden vermeiden** (vgl. IT-PM Kapitel 3.3.7.4): Für den Kunden kann sich der Eindruck aufbauen, dass der Auftragnehmer nicht in der Lage sein dürfte, das Projekt erfolgreich abzuschließen. Der Auftragnehmer soll deswegen hohe Priorität daran setzen, dass das, was er dem Kunden zugänglich macht, funktionstauglich ist.

Wenn die Kundenseite von „Fehlern" spricht, soll der Auftragnehmer diesen Sprachgebrauch nur zulassen, wenn wirklich Fehler vorliegen. Beispielsweise geht es bei *Einführungs*projekten häufig darum, dass der Kunde seine Anforderungen noch nicht detailliert genug mitgeteilt hat. Dann liegen nicht Fehler vor, sondern muss die Parametrierung noch ergänzt werden.

Lässt der Auftragnehmer den (falschen) Sprachgebrauch zu, droht, dass die Geschäftsführung des Kunden aus der von seinen Mitarbeitern immer wieder genannten Fehlerhaftigkeit den Schluss zieht, dass der Auftragnehmer unfähig sei.

## 1.09 Projektstrukturen

Die ICB beschreibt den Projektstrukturplan als „zentrales Ordnungs- und Kommunikationsinstrument im Projekt". Also ist es wichtig, dass dieser auch in Vertragsprojekten geführt wird. Das sollen die Vertragspartner vereinbaren.

Für den Auftragnehmer kommt es darauf an, dass er die Aufgaben, die der Kunde hinsichtlich des IT-Projekts hat, detailliert aufführt. Damit verdeutlicht er diese dem Kunden und kann deren Erfüllung später ohne große Diskussionen verlangen. Das gilt auch für die Nutzung des Projektstrukturplans als Basis für die Ablauf- und Terminplanung.

## 1.10 Leistungsumfang und Ergebnisse

DUNCAN und DÖRRENBERG beziehen Auftragsprojekte ausdrücklich in ihren Beitrag mit ein. Hier soll nur ergänzend auf die Interessenkonflikte zwischen den Vertragspartnern eingegangen werden.

Bei internen Projekten ist es relativ plausibel, dass die Auftraggeberinstanz die Haltung einnimmt: „Ich bestimme, was gemacht wird." Bei Auftragsprojekten entspricht das der Haltung des Kunden: „Ich bestimme, Du bist für das Ergebnis verantwortlich." Der Auftragnehmer ist, rechtlich gesehen, für das Projekt(sach)ergebnis verantwortlich; deswegen hat er aber auch dabei maßgeblich mitzureden, welches Ergebnis er abliefert. Das gilt, so lange die Zusammenarbeit nicht so eng ist, dass ein Dienstvertrag mit gemeinsamer Verantwortung vorliegt (vgl. IT-V Kapitel 9 (3) und 9.1). Also muss der Auftragnehmer auch bei Vergütung nach Aufwand und Planterminen der Einflussnahme des Kunden Grenzen setzen, um dieser Verantwortung gerecht werden zu können. Darüber hinaus ist es für den Projekterfolg wichtig, dass der Kunde mit den Ergebnissen auch hinsichtlich seiner „harten" Ziele am Ende zufrieden ist.

Das Spannungsverhältnis verschärft sich bei Festpreisen und/oder festen Terminen. Der Kunde interpretiert die Anforderungen gerne in seinem Interesse weit. Der Auftragnehmer schuldet, rechtlich gesehen, allerdings nur eine Leistung in mittlerem Ausführungsstandard, bezogen auf den im Vertrag festgelegten Ansatz (im Beispiel von Autos: Ist ein Kleinwagen vereinbart, schuldet der Auftragnehmer einen mittleren Kleinwagen, ist ein Mittelklassewagen vereinbart, schuldet er einen solchen auf diesem Niveau in mittlerem Ausführungsstandard).

Der Auftragnehmer mag auf geschäftlicher Ebene bereit sein, eine gute Leistung zu erbringen, kann sich aber trotzdem mit noch weitergehenden Anforderungen des Kunden konfrontiert sehen. Der Auftragnehmer muss also zu Konflikten bereit sein. Insbesondere darf er nicht so häufig nachgeben, dass der Kunde weiteres Entgegenkommen als Gewohnheitsrecht auf geschäftlicher Ebene ansehen kann (vgl. IT-PM Kapitel 3.3.7.1 unter „Spezifische Ratschläge").

Im Hinblick auf das Spannungsverhältnis ist es bei Auftragsprojekten noch wichtiger, dass der Kunde Zwischenergebnisse genehmigt (vgl. IT-PM Kapitel 3.3.4.2).

### 1.11a Zeitmanagement, Projektphasen

Vorgehensmodelle lassen sich in Verträgen im Großen wie im Kleinen abbilden. Das bedeutet, dass das Vertragsrecht so gut wie nichts zwingend vorgibt, sondern es den Vertragspartnern erlaubt, alles so zu regeln, wie sie das wollen. Es geht davon aus, dass die Vertragspartner vernünftig handeln.

Jedes Vorgehensmodell hat seine Risiken für die eine oder andere Seite. Beim agilen Programmieren kann beispielsweise die Dauer einer Iteration festgelegt werden. Über die Teamstärke wird dann auch der Aufwand festgelegt. Offen ist dann, wie viel an Ergebnis herauskommt.

Die Vertragspartner können den Vertrag zu jedem beliebigen (und damit mehr oder weniger sinnvollen) Punkt ihres Vorgehensmodells beginnen und zu jedem beliebigen Zeitpunkt enden lassen. Sie können auch Sollbruchstellen vorsehen, insbesondere die, dass der Vertrag endet, wenn die Vertragspartner sich nicht über ein bestimmtes Dokument, insbesondere die Anforderungsspezifikation, einigen (vgl. IT-PM Kapitel 5.2.1.1 und 5.2.1.2).

KAESTNER schreibt zu Element 1.11a unter VW 3.1: „Die Sicht des Projektauftraggebers und sein Verständnis vom Projektverlauf sollten oberstes Gestaltungsmerkmal sein." Bei serienartigen Auftragsprojekten dürfte das dahingehend abzuändern sein, dass das vom Auftragnehmer bereits erprobte Vorgehensmodell die Basis sein soll.

Das Problem in der Praxis ist vorrangig das, dass jede Seite versucht, von dem, was das Vorgehensmodell an Vereinbarungen nahelegt, zu eigenen Gunsten abzuweichen, insbesondere die Risiken der anderen Seite zuzuschieben. Im Beispiel des agilen Programmierens: Der Kunde verlangt eine Regelung dahingehend, dass seine vage Aufgabenstellung vollständig innerhalb des „Budgets" realisiert wird. Dieses wird damit ein Festpreis bei vager Aufgabenstellung.

Phasen und Meilensteine sind als elementare Eigenschaften von Vorgehensmodellen bei Auftragsprojekten besonders wichtig: Frühe Meilensteine können zum einen den Kunden dazu anhalten, noch einmal zu überdenken, ob er das Projekt wirklich fortsetzten will (vgl. vorstehend zur Sollbruchstelle). Sie können zum anderen fördern, dass am Anfang mehr konzeptionelle Arbeit geleistet und damit weniger Fehler bei der Konkretisierung der Sollbeschaffenheit des Projekt(sach)ergebnisses gemacht werden. Phasenbildung und Meilensteine unterstützen das Anforderungsmanagement, nämlich die durchgängige Verfolgbarkeit von Anforderungen (vgl. Kapitel 1.03).

### 1.11b Zeitmanagement, Zeitplanung

RACKELMANN behandelt zu Element 1.11a die Prozessschritte der Ablauf- und Terminplanung insbesondere unter Verwendung der Netzplantechnik. RACKELMANN stellt weitgehend auf Auftragsprojekte ab. Seine Vorschläge sind also für Auftragsprojekte einschlägig.

RACKELMANN sieht in GW 2.5 als vierten Schritt die Optimierung des Ablauf- und Terminplans vor. Wenn „der geforderte Projektendtermin nicht erreicht werden kann, ... kann z. B. versucht werden, ... eine Verkürzung der Projektlaufzeit zu erreichen." Dieser Ansatz ist für den Auftragnehmer gefährlich und zwar desto mehr, je mehr der Projektfortschritt von der Mitwirkung des Kunden abhängt. Im Übrigen müsste bei jeder Minimierung geprüft werden, inwieweit sich dadurch der Aufwand des Kunden direkt erhöht oder der Aufwand des Auftragnehmers – vielleicht über den Preis zu Lasten des Kunden.

Der vorstehende Absatz zeigt, dass es über die Vorgehenstechnik (Ebene 3 im Sinne der Einleitung zu diesem Beitrag) hinaus auch geschäftliche Gesichtspunkte (Ebene 4) gibt, die bei Auftragsprojekten berücksichtigt werden sollten:

Der Termin kann ein fester Termin oder ein weicher sein (analog zu Vergütung nach Aufwand). In beiden Fällen sollte ein grober Terminplan bereits Bestandteil des Vertrags sein.

Für die Bestimmung von Terminen gilt ebenso wie bei der Preisbildung (vgl. Kapitel 1.13), dass die Kundeninstanz oft zu früh verbindliche Aussagen verlangt.

Beide Seiten müssen zur Bestimmung des Termins beitragen. Je mehr das Projekt serienartig ist, desto besser kann der Auftragnehmer den Zeitbedarf abschätzen, den der Kunde für seine Aufgaben – unter Berücksichtigung der in der Praxis üblichen Schwierigkeiten – braucht. Desto eher kann der Auftragnehmer bei der Terminplanung dem Kunden Sollzeiten vorschlagen bzw. Erfahrungswerte mitteilen. Der Kunde kann dann entscheiden, wie er die Terminplanung wünscht. – Wenn im Vertrag bereits ein verbindlicher Termin angegeben werden soll, soll der Auftragnehmer Puffer vorsehen (vgl. Kapitel 1.23).

Die Ablauf- und Terminplanung obliegt im Wesentlichen dem Auftragnehmer. Schon um den Kunden besser einzubinden, sollte der Auftragnehmer die Arbeit auf sich nehmen, die Tätigkeiten der Mitarbeiter des Kunden in einen gemeinsamen Ablauf- und Terminplan aufzunehmen. Es sollte einen einzigen Plan geben. Das erlaubt dem Auftragnehmer, frühzeitig zu kontrollieren, ob der Kunde rechtzeitig an dessen Aufgaben arbeitet und der Auftragnehmer demzufolge mit der rechtzeitigen Lieferung von dessen Arbeitsergebnissen rechnen darf. Er kann dann auch routinemäßiger nachhaken, nämlich ohne dass eine Nachfrage als etwas Besonderes und damit als eine gewisse Provokation verstanden wird.

Damit stellt sich die Frage, inwieweit auch die Ablauf- und Terminplanung für das Veränderungsprojekt des Kunden in den Plan einbezogen wird (vgl. Kapitel 1.16).

**Einfordern der Mitarbeit des Kunden:** Schon bei internen Projekten wird beklagt, dass die Mitarbeiter der Fachseite nicht ausreichend mitarbeiten. Bei Auftragsprojekten ist das nicht besser. Es ist aber für den externen Auftragnehmer wesentlich gefährlicher; ebenso ist es für ihn schwieriger, ausreichende Mitarbeit einzufordern.

Es kommt also darauf an,

- den Kunden deutlich auf die jeweils nächsten Termine hinzuweisen, auch wenn er diese kennt,
- dem Kunden nicht vertragsgemäße Mitwirkung unverzüglich mitzuteilen und
- bei erheblichen Verletzungen unverzüglich die Konsequenzen hinsichtlich Vergütung und Termin geltend zu machen (vgl. IT-PM Kapitel 3.3.3.2).

## 1.12 Ressourcen

SCHEURING befasst sich zu Element 1.12 im Wesentlichen mit der Ressource Personal als operatives Problem des Projektträgers, insbesondere beim Multiprogrammmanagement.

Im Auftragsprojekt kann sich der Kunde ziemlich darauf verlassen, dass der Auftragnehmer dessen Ressourcenmanagement ernst nimmt, um nicht in Verzug zu geraten und damit schadensersatzpflichtig zu werden. Die Kundenseite hilft gerne mit einer Vereinbarung dahingehend nach, dass der Auftragnehmer im Falle des Verzugs eine Verzugsstrafe zahlen muss.

Auf der Kundenseite sieht es weniger gut aus. SCHEURING stellt den Konflikt zwischen Linie und Projekt ausführlich dar. Das Ressourcenmanagement ist beim Kunden also desto wichtiger, je mehr er am Projekt beteiligt ist.

In der Akquisitionsphase besteht die Gefahr, dass der Kunde sich zu wenig um seine Kapazitätsplanung kümmert; auch hat er wesentlich weniger Erfahrungen mit der Schätzung für das konkrete Projekt als der Auftragnehmer. Der Auftragnehmer müsste ihm den vermutlichen Kapazitätsbedarf mitteilen. Es besteht aber eine Tendenz auf der Auftragnehmerseite, diesen Punkt vor Vertragsabschluss lieber nicht so genau zu behandeln.

Spätestens in der Kick-off-Phase soll der Auftragnehmer mit dem Kunden dessen Kapazitätsbedarf klären. Dabei soll er diesem verdeutlichen, dass er selbst seine Mitarbeiter in verschiedenen Projekten einplant. Würde der Kunde nicht ordnungsgemäß mitwirken, würde sich das also wahrscheinlich weit überproportional auf den Liefertermin auswirken.

Bei der Durchführung muss der Kunde im Interesse des Projekterfolgs gelenkt werden. Es ist günstig, wenn der Auftragnehmer ein integriertes Planungsinstrument einsetzt, in dem auch der Kunde seinen Ressourceneinsatz plant und seinen Projektfortschritt erfasst. Damit kann der Auftragnehmer dem Kunden ggf. besser verdeutlichen, dass dieser die Einhaltung des Endtermins gefährdet oder sogar unmöglich machen wird.

Auch wenn der Kunde die Situation selbst beurteilen kann, bleibt es auf der Ebene des Projektmanagements für den Auftragnehmer erforderlich, den Kunden auf die Entwicklung hinzuweisen. Auf rechtlicher Ebene muss er das tun und dabei Beweismittel sammeln, weil das Gesetz vermutet, dass er verantwortlich ist, wenn der Liefertermin nicht eingehalten wird. Soweit der Kunde Mehraufwand beim Auftragnehmer verursacht, ist es ohnehin geschäftlich und rechtlich erforderlich, das unverzüglich gegenüber dem Kunden geltend zu machen, um die entsprechenden Ansprüche auf mehr Geld und ggf. mehr Zeit durchsetzen zu können.

## 1.13 Kosten und Finanzmittel

**Kostenplanung:** Sie kann fundiert erst auf der Grundlage eines detaillierten Projektstrukturplans erfolgen. Kunden verlangen oft schon bei Vertragsabschluss nicht nur eine einigermaßen verbindliche Kostenschätzung, sondern sogar einen Festpreis. Das zu akzeptieren, ist für den Auftragnehmer wahrscheinlich riskant (vgl. IT-PM Kapitel 4.1.2 und 5.1.3.3).

Es gibt verschiedene Möglichkeiten, Verträge so zu gestalten, dass der Festpreis erst dann endgültig vereinbart wird, wenn die Aufgabenstellung so klar ist, dass der Festpreis auf der Grundlage eines ordentlichen Projektstrukturplans geschätzt werden kann (vgl. IT-PM Kapitel 5.2.1).

**Kosten beim Kunden:** Der Kunde weiß zum Zeitpunkt des Vertragsabschlusses in etwa, welche Zahlungen an den Auftragnehmer er zu leisten hat. Fraglich ist, ob ihm die weiteren Kosten, hauptsächlich seine Personalkosten, ebenso bekannt sind (vgl. Kapitel 1.12).

**Kosten beim Auftragnehmer durch den Kunden:** Der Auftragnehmer darf nicht nur den Aufwand für die Projektdurchführung einschließlich des Aufwands für die Projektleitung abschätzen. Er soll auch den Aufwand und damit auch den Zeitbedarf berücksichtigen, der sich aus der Zusammenarbeit mit dem Kunden wahrscheinlich ergeben wird. Beispielsweise geht es um die Reibungsverluste, die dadurch zu erwarten sind, dass der Kunde nicht ausreichend mitwirken wird. Je mehr der Kunde mitwirken muss, desto höher dürften diese Kosten werden.

**Festpreise:** Ein Festpreis verstärkt den Interessengegensatz zwischen den Vertragspartnern hinsichtlich der Qualität des Projekt(sach)ergebnisses (wobei der Auftragnehmer ein gewisses Eigeninteresse an der Qualität hat, nämlich den Vertrag ordnungsgemäß zu erfüllen und möglichst auch den Kunden zufriedenzustellen). Für den Auftragnehmer empfiehlt es sich, noch stärker als für den Kunden, vage

Vorgaben im Vertrag bei der Durchführung des Projekts bald zu konkretisieren und das vom Kunden genehmigen zu lassen, damit das Projekt(sach)ergebnis nicht ständig ausgeweitet wird und die Kosten nicht steigen.

Für den Auftragnehmer ist das Finanzmittelmanagement besonders wichtig, nämlich dass sich die Einzahlungen und die Auszahlungen möglichst ausgleichen. Im Interesse des Projekterfolgs für beide Seiten empfiehlt es sich allerdings, Zahlungen möglichst an das Erreichen von Meilensteinen zu knüpfen. Das erhöht das Interesse des Auftragnehmers, die Meilensteine wirklich zu erreichen, und deckt Konflikte frühzeitig auf. In der Praxis besteht allerdings – weniger stark als bei der Abnahme des Projektergebnisses – die Gefahr, dass der Kunde das Erreichen eines Meilensteins bestreitet, um Zahlungen verschieben zu können. Insgesamt besteht die Tendenz, dass sich die Zusammenarbeit der Vertragspartner bei dieser Zahlungsweise im Verhältnis zu periodischen Zahlungen entweder verschlechtert oder verbessert.

**Claim Management:** Der Auftragnehmer kann aus zwei Gründen Anspruch auf zusätzliche Vergütung (und auf zusätzliche Zeit) haben, nämlich erstens, wenn der Kunde zusätzliche Leistungen fordert (vgl. Kapitel 1.15), und zweitens, wenn der Kunde seine Mitwirkung nicht ordnungsgemäß erbringt (vgl. Kapitel 1.12 am Ende).

## 1.14 Beschaffung und Verträge

ICB3 spricht ausschließlich von „Beschaffung". Dementsprechend gehen KNAUER und ESTER zu Element 1.14a und b im Wesentlichen auf die Auftraggeberseite ein; im Beitrag 1.14a stellt ESTER den Prozess der Beschaffung von Produktionsgütern in den Vordergrund, geht also auf Auftragsprojekte nur beschränkt ein. Deswegen sei der Hinweis auf mein Buch „IT-Projektverträge: Rechtliche Grundlagen" erlaubt, das sich speziell mit dem Vertragsrecht bei Auftragsprojekten befasst. Ergänzend verfasste RA WEBER den Beitrag 1.14c „Vertragsrecht in der Projektarbeit"

In diesem Kapitel 1.14 geht es darum, welche Anforderungen Auftragsprojekte an das Vertragsdokument stellen (zweite Ebene),

- wie dieses jeden der beiden Vertragspartner bei der Durchführung absichern kann, insbesondere wenn es zu Konflikten kommt, und
- wie es den Projekterfolg fördern kann,

und darüber hinaus (dritte und vierte Ebene), was die Vertragspartner bei Vertragsabschluss tun können,

- um Konflikte bei der Durchführung möglichst zu vermeiden und
- um das Projekt tatsächlich erfolgreich durchzuführen.

### 1.14.1 Anforderungen an das Vertragsdokument

**Ordentlich formulieren**

Grundlegend hilft es (erste Ebene), das Vertragsdokument, wie auch alle anderen Dokumente, die im Laufe eines Projekts entstehen, ordentlich zu formulieren:

- sachlich korrekt,
- verständlich,
- vollständig.

Bei *sachlich korrekt* geht es im Vertragsdokument darum, wer was wann wie wofür (Geld) wozu (Zweck) machen soll. Damit sind die meisten Elemente des Bereichs projektmanagement-technische Kompetenzen angesprochen.

Bei *verständlich* geht es erst einmal darum, alle Texte präzis zu formulieren, damit sie klar und damit verständlich für den Fachmann sind. Darüber hinaus sollen solche Teile, die im Streitfall von Nicht-Fachleuten, etwa Managern oder Juristen, gelesen werden, so formuliert werden, dass sie auch für diese verständlich sind.

*Vollständig* heißt nicht, Romane zu schreiben, sondern die Regelungen, die man für nötig hält, zu formulieren, und dies vollständig zu tun. Es geht besonders darum, die Rechtsfolgen für den Fall zu formulieren, dass sich das Projekt anders als vorgesehen entwickelt. Da das meist zu negativen Folgen führt, soll sich aus der Formulierung ergeben, wer diese tragen muss.

**Was soll rechtlich berücksichtigt werden?**

Gutes Projektmanagement wird zu gutem Auftragsmanagement, wenn die Schnittlinie zwischen den Vertragspartnern ordnungsgemäß beachtet wird, d.h. geregelt und gelebt wird. Selbstverständlich sind rechtliche Grundkenntnisse bei den Akteuren nötig, weil diese das Projekt auf dem Boden des Vertrags und damit des Vertragsrechts durchführen.

Die Wichtigkeit des Vertragsrechts soll aber nicht überbetont werden. Probleme entstehen kaum dadurch, dass das Vertragsrecht Schwierigkeiten macht, sondern eher dadurch, dass die getroffenen Vereinbarungen (z. B. Festpreise oder feste Termine) Nachteile verursachen und dadurch die Interessengegensätze verschärfen oder dass die Gegebenheiten des Projekts nicht ausreichend berücksichtigt werden oder dass die Vereinbarungen später nicht eingehalten werden. Das Problem liegt dann nicht im rechtlichen, sondern im tatsächlichen Bereich.

**Vertragstyp:** Auf Verträge im Bereich Bau und Anlagenbau, die nicht bewegliche Sachen zum Gegenstand haben, findet Werkvertragsrecht Anwendung. Wenn die Sache hingegen beweglich ist, unterliegt der Vertrag nach dem Wortlaut des BGB dem Kaufrecht, also auch ein Vertrag über die Erstellung einer beweglichen Maschine oder über die Lieferung oder sogar über die Erstellung von Software (vgl. IT-V Kapitel 8.1 (3) für Einführungsprojekte bzw. 9 (1) für Erstellungsprojekte). Nach den gesetzlichen Vorschriften liegt der wesentliche Unterschied zwischen den beiden Vertragstypen darin, dass nur der Werkvertrag die förmliche Abnahme vorsieht. Wer aber als Kunde einen Projektvertrag schließt, verlangt meist sowieso, dass darin eine förmliche Abnahme vorgesehen wird. Damit entfällt dieser Unterschied in der Praxis weitgehend.

Bei *Einführungs*projekten gibt es dank der Vertragsfreiheit die Alternative, dass die Vertragspartner nur die Überlassung der Standardprogramme dem Kaufvertragsrecht, die Unterstützungsleistungen bei der Einführung aber *ausdrücklich* dem Werkvertragsrecht oder aber dem Dienstvertragsrecht unterstellen. Der Unterschied zwischen einem Werkvertrag über die Unterstützungsleistungen und einem Dienstvertrag über diese wird von Juristen und in deren Gefolge von IT-Beratern überbetont: Nur bei einem Werkvertrag würde der Auftragnehmer einen Erfolg schulden. Das ist richtig; allerdings erschöpft sich der Erfolg darin, dass ein Ergebnis abzuliefern ist. Bei einem Dienstvertrag liegt die geschuldete Leistung in der sachgerechten Tätigkeit auf ein Ziel hin. Wer als Auftragnehmer sachgerecht Standardprogramme einführt, kommt meist zum Ziel (schließlich handelt es sich nicht um Forschungsprojekte).

Das Abgrenzungsmerkmal „Erfolg" zwischen Werkvertrag und Dienstvertrag wird von vielen Juristen fälschlich auf die Abgrenzung von Werkvertrag zu Kaufvertrag übertragen. Nur bei ersterem würde ein „Erfolg" geschuldet werden. Für solche Juristen besteht also bei einem Auftrag über die Erstellung einer Maschine ein Unterschied zwischen dem Erfolg, dass eine nicht bewegliche Maschine funktioniert (Werkvertrag), und dem, dass eine bewegliche Maschine funktioniert (Kaufvertrag). Wer das nicht nachvollziehen will, geht vernünftigerweise davon aus, dass in beiden Fällen gleichermaßen ein Ergebnis geschuldet wird. Welcher Vertragstyp vorliegt, ist also zweitrangig. Wenn die Vertragspartner einen IT-Projektvertrag nicht ausdrücklich dem Werkvertragsrecht unterstellen, dürfte dieser einschließlich aller Dienstleistungen dem Kaufrecht unterliegen, bei dem ein Ergebnis geschuldet wird.

Die Vertragspartner sollen also den Vertrag daran ausrichten, wie sie das Projekt durchführen wollen: Soll der Auftragnehmer das Projekt mit Unterstützung des Kunden durchführen oder wollen die Vertragspartner gemeinsam lenken und arbeiten (gemischter Kauf- und Dienstvertrag)? Oft ergibt sich die Antwort aus der Art des Projekts. Damit ist die Frage nach dem Vertragstyp beantwortet.

Das Wort „Erfolg" gehört zum Projektmanagement, also zur vierten Ebene.

**Preisvereinbarungen und Verantwortung:** Bei einem Projekt mit Vergütung nach Aufwand hat der Kunde eine starke Stellung hinsichtlich der Definition der Anforderungen. Er kann weitgehend bestimmen, was er haben will. Der Auftragnehmer muss ihn allerdings warnen, wenn er eine untaugliche Anforderung und damit eine untaugliche Lösung bestellt (vgl. IT-V Kapitel 9.5.1 (2)). Der Auftragnehmer bleibt für das Ergebnis verantwortlich, sofern die Parteien das Projekt nicht in gemeinsamer Verantwortung durchführen (sodass ein Dienstvertrag vorliegt).

Bei einem Projekt mit einem Festpreis hat der Kunde eine schwächere Stellung: Der Auftragnehmer ist für die erforderliche Konkretisierung der Anforderungen verantwortlich und also auch zuständig. Das hat er in einem mittleren Ausführungsstandard, bezogen auf den Ansatz, wie dieser im Vertrag beschrieben worden ist, zu tun (vgl. IT-V Kapitel 9.1 (2) und 9.1.2). Der Kunde kann verlangen, dass der Auftragnehmer Änderungen der Aufgabenstellung im Rahmen des Zumutbaren akzeptiert. Der Auftragnehmer kann dafür eine angemessene Anpassung der Vertragsbedingungen verlangen. Das bedarf einer Vereinbarung.

**Freigabe/Abnahme:** Es ist nützlich, zwischen der Freigabe eines Zwischenergebnisses und der Teilabnahme eines Teil(end)ergebnisses zu unterscheiden. Die Abnahme entspricht der Verifikation: Hat der Auftragnehmer das vereinbarte Ergebnis geschaffen? Wenn die Anforderungen im Vertrag nur mäßig genau definiert sind, wird am Ende der Spezifikationsphase wahrscheinlich ein zu lieferndes Ergebnis beschrieben sein, das sich von dem bei Vertragsbeginn beschriebenen deutlich unterscheidet. Der Kunde soll also nicht bestätigen, dass die Anforderungen korrekt detailliert worden sind, sondern – in der Sprache des Juristen –, dass dieses Dokument die Grundlage für die weitere Realisierung sein soll. Zwischenergebnisse werden also eher nicht abgenommen, sondern freigegeben. Die Freigabe entspricht ungefähr der Validierung: Ist das, was als Zwischendokument geschaffen worden ist, für mich, den Kunden, tauglich?[7]

---

7 Wenn Vorgehensmodelle auch die Validierung vorsehen, so hat der Kunde bei Auftragsprojekten nur insoweit Anspruch darauf, dass das Projekt(sach)ergebnis seinen Vorstellungen entspricht, wie sich das aus der – fortgeschriebenen – Aufgabenstellung im Vertrag ergibt.

## 1.14.2 Maßnahmen bei Vertragsabschluss, um Konflikte zu vermeiden und den Projekterfolg zu fördern

Es geht um das spezifische Risikomanagement bei Auftragsprojekten. Um die Risiken, die dem Projekterfolg entgegenstehen, zu minimieren, sollte jeder Vertragpartner erst einmal die Frage stellen, ob der andere Partner projektfähig ist. Der Kunde darf eher davon ausgehen, dass der Auftragnehmer projektfähig ist. Für ihn stellt sich vor allem die Frage, ob dieser leistungsfähig ist, nämlich hinsichtlich seiner Produkte und seiner Dienstleistungen (vgl. IT-PM Kapitel 5.1.1).

Das erste Hauptproblem für den Auftragnehmer liegt darin, dass er nur unzulängliche Möglichkeiten hat durchzusetzen, dass der Kunde seine Mitwirkung sachgerecht und termingerecht erbringt. Das zweite Hauptproblem für den Auftragnehmer besteht darin, dass der Erfolg des Auftragsprojekts darüber hinaus auch vom Erfolg des Veränderungsprojekts des Kunden abhängt, dass er auf dieses aber nur einen beschränkten Einfluss hat.

Risikomanagement (vgl. Element 1.04) bezieht sich bei Auftragsprojekten erst einmal auf das Vertragsdokument: Wer es erstellt hat, muss sich fragen:

I   Hat der andere Vertragspartner das Vertragsdokument richtig verstanden?
I   Ist dieser mit dem richtig verstandenen Vertragsdokument auch einverstanden?

Rein rechtlich gesehen, trägt der andere Vertragspartner diese Risiken. Es kommt darauf an, wie das Vertragsdokument von einem verständigen Empfänger verstanden werden durfte. Es liegt aber im Interesse des Projekterfolgs, wenn diese Risiken minimiert werden. In der Praxis steht das Angebot des Auftragnehmers im Vordergrund: Wenn der Kunde falsche Vorstellungen hat, was er mit dem angebotenen Projekt(sach)ergebnis erreichen kann, schlägt das auf den Auftragnehmer zurück. Dieser muss zwar nicht aus rechtlichen, aber aus geschäftlichen Gründen einen Teil des Schadens tragen.

Weiterhin ist zu fragen, ob die geplanten Vereinbarungen dafür geeignet sind, das Projektergebnis zu erreichen (vgl. IT-PM Kapitel 2.1.2.2).

I   Liegt laut Vertragsdokument ein schlüssiges Konzept vor? Wenn es in der Praxis heißt, dass ein Termin „herausfordernd" sei, ist damit meist gemeint, dass der Termin mit hoher Wahrscheinlichkeit nicht gehalten werden kann, dass also kein schlüssiges Konzept vorliegt. Dasselbe gilt für einen Festpreis, wenn der Auftragnehmer Gewinn machen möchte, der Festpreis aber keine Zuschläge für die üblichen Reibungsverluste enthält.
I   Haben die Vertragspartner die Risiken, die sie bereits sehen, in den Vereinbarungen berücksichtigt?

Schließlich stellt sich die Frage, ob die Grundlagen, auf denen die Vereinbarungen aufbauen, – mit den üblichen Reibungsverlusten – gegeben sind (vgl. IT-PM Kapitel 2.1.2.3 und 5.1.3.2). Das ist die Frage nach den nicht bekannten Risiken – die man oft nicht zur Kenntnis nehmen will: Steht das Projekt auf soliden oder auf tönernen Füßen?

## 1.14.3 Durchführung

Bei Auftragsprojekten kommt es besonders darauf an, dass der Projektleiter und die weiteren Mitarbeiter des Auftragnehmers einige der Personal- und Sozialkompetenzen haben, damit sie ihre Lenkungsfunktion erfolgreich wahrnehmen können. Je vager die Aufgabenstellung definiert ist, desto mehr kommt es auf diese an. Damit das gelingen kann, kommt es aber auch auf die Personal- und Sozialkompetenzen ihrer Geschäftsführung an.

Zur Durchführung ist bei den einzelnen Kapiteln praktisch alles gesagt, insbesondere dass die Projektleiter beim täglichen Projektmanagement die Schnittlinie zum anderen Vertragspartner beachten sollen.

Die Parteien können alles zum Vorgehen detailliert regeln, sei es die Vorgehensmethode, die zu verwendenden Werkzeuge oder die Qualitätssicherung. Wenn etwas nicht geregelt ist, kann der Auftragnehmer über die Details entscheiden und den Kunden im Rahmen des Üblichen belasten. Diese Grenze überschreitet der Auftragnehmer, wenn er die Detaillierung der Vorgaben in einer Weise beschreibt, die zwar IT-technisch nützlich ist, den Instanzen der künftigen Benutzer aber nicht in angemessener Weise ermöglicht, die Beschreibung zu verstehen.

## 1.15 Änderungen

Änderungen im Sinne von Veränderungen gibt es zum einen im Bereich des Kunden durch das Projekt(sach)ergebnis, zum anderen im Sinne von Change Requests innerhalb des Projekts selbst.

Ersteres bedeutet in der Regel, dass der Kunde ein Veränderungsprojekt hat, auf das der Auftragnehmer nur begrenzt Einfluss hat (vgl. die Einleitung unter „Projekte über die Einführung ..."). ICB3 geht auf Veränderungsprojekte nicht spezifisch ein. Dabei können sie für den Erfolg der Auftragsprojekte wichtig sein (vgl. IT-PM Kapitel 3.5.1 und Teil 2 am Anfang).

**Konfigurationsmanagement als Basis:** Ein geordnetes Änderungsmanagement innerhalb des Auftragsprojekts setzt voraus, dass ordentliche Pläne vorhanden sind. Saynisch stellt zu Element 1.15 zu Recht das Änderungsmanagement in den Rahmen des Konfigurationsmanagements. Damit meint er nicht nur die Pläne, die auf das Projektmanagement bezogen sind, sondern auch solche, die das Projekt(sach)ergebnis betreffen.

Das in diesem Sinne verstandene Konfigurationsmanagement ist die Grundlage für sachgerechtes Projektmanagement in Auftragsprojekten, weil es die Möglichkeit schafft, die Schnittlinie zwischen den Vertragspartnern zu managen, insbesondere die Anforderungen zu verfolgen (vgl. Kapitel 1.03 zum Anforderungsmanagement). Es sichert zugleich jeden Vertragspartner bei Schwierigkeiten im Projekt und fördert den Projekterfolg.

Damit spielt das Konfigurationsmanagement in viele Aufgaben des Projektmanagements hinein (vgl. SAYNISCH in GW 9). Dementsprechend wird es auch in diesem Beitrag bei verschiedenen Aufgaben als Mittel angesprochen, planvoll und nachvollziehbar vorzugehen.

**Änderungsmanagement:** Änderungen berühren die Interessen der Vertragspartner. Es ist deswegen konfliktträchtig (vgl. IT-PM Kapitel 3.3.4). Es geht weniger um Rechtsfragen (vgl. IT-V Kapitel 9.1 und 9.2.2) als um Fragen der Organisation (Ebene 3) und des Verhaltens der Mitarbeiter und zwar insbesondere von denen auf Auftragnehmerseite: Sind diese bereit, Änderungsverfahren einzuleiten, um Ansprüche des Auftragnehmers auf mehr Geld und mehr Zeit durchzusetzen? Je eher die Vertragspartner verschiedener Meinung sein können, ob ein Änderungsverlangen vorliegt oder nicht und, wenn ja, welche Auswirkungen es auf den Preis und die Zeit hat, desto schwieriger ist es für den Auftragnehmer, Forderungen erst nach Durchführung der Änderung durchzusetzen.

Je vager die Aufgabenstellung im Ausgangsdokument beschrieben ist, desto eher und häufiger entsteht Streit darüber, ob der Kunde eine zusätzliche oder sonst wie geänderte Anforderung stellt und der Auftragnehmer dementsprechend diese nur gegen einen angemessenen Ausgleich zu realisieren braucht. Die Ursache liegt häufig darin, dass zu früh ein fester Preis und/oder ein fester Termin vereinbart worden sind.

Im Interesse des Projekterfolgs sollen nicht nur Änderungen der Aufgabenstellung, sondern auch deren Konkretisierung im Prozess der Ergebnisbildung dem Konfigurations- und damit dem Änderungsmanagement unterliegen: Der Kunde soll bei einer vagen/offenen Aufgabenstellung erklären, ob seine Anforderungen in einem Zwischenergebnis sachgerecht verfeinert worden sind.

Wenn der Kunde eine Änderung wünscht, kann es sachgerecht sein, dass er selbst erst einmal seine Wünsche formuliert und dann erst sich ein formelles Verfahren anschließt.

Wenn viele Änderungen vereinbart worden sind, kann es sich empfehlen, das Vertragsdokument fortzuschreiben, um Übersicht zu schaffen und die aktuelle Vertragslage zu verdeutlichen.

Zu den Plänen gehören auch der Vergütungsplan und der Zeitplan. Das bedeutet: Wenn der Kunde seine Mitwirkung nicht ordnungsgemäß erbringt, soll der Auftragnehmer deren Auswirkungen auf den Vergütungsplan und den Zeitplan unverzüglich geltend machen (vgl. IT-V Kapitel 9.2.3).

## 1.16 Überwachung und Steuerung, Berichtswesen

**Fortschrittskontrolle:** Sie gehört, wie von MOTZEL und FELSKE in deren Beitrag zu Element 1.16 dargestellt, zum ordentlichen Projektmanagement. Bei Auftragsprojekten stellt sich die Frage, inwieweit auch die Aufgaben des Kunden innerhalb des Auftragsprojekts und darüber hinaus auch die des Veränderungsprojekts des Kunden in einem gemeinsamen Ablauf- und Terminplan geführt werden. Günstig ist es, wenn beides geschieht. Der Auftragnehmer ist stark abhängig vom Projektfortschritt beim Kunden.

Hinsichtlich Zeit und Ergebnis kann der Projektfortschritt am einfachsten überprüft werden, wenn ein gemeinsamer Ablauf- und Terminplan alles einbezieht. Dann wird der Auftragnehmer auch automatisch informiert.

Hinsichtlich des Aufwands beim Kunden ist es dessen Sache, inwieweit er diesen verfolgt. Wenn der Kunde das professionell tun will, wird er bei serienartigen Projekten vom Auftragnehmer verlangen und zwar sinnvollerweise schon in der Akquisitionsphase, dass ihm dieser Schätzwerte nennt. Das ist für den einzelnen Auftragnehmer gefährlich, wenn nicht alle ehrlich sind. Je mehr der Kunde mitwirken muss, desto wichtiger ist es, dass der Auftragnehmer ihm den Umfang von vornherein verdeutlicht und sogar abfragt, wie der Kunde diesen Aufwand erbringen will. Geht der Kunde nach dem Ansatz „Projektarbeit ist Mehrarbeit" vor, gefährdet das den Projekterfolg massiv.

Das Führen eines gemeinsamen Ablauf- und Terminplans dürfte Mehraufwand beim Auftragnehmer verursachen. Das ist für ihn im Ergebnis nützlich. Abweichungen zu den Planwerten weisen wahrscheinlich auf Probleme hin und können für ein Gespräch zur Projektsteuerung mit dem Kunden verwendet werden. Beispielsweise kann ein deutlicher Mehraufwand darauf zurückzuführen sein, dass die Mitarbeiter des Kunden nicht ausreichend kompetent sind oder dass die Stakeholder im Kundenbereich sich über die Anforderungen nicht einig sind. Erreicht der Kunde die Planansätze nicht, kann der Auftragnehmer ggf. argumentieren, dass der Kunde nicht genügend mitarbeiten würde.

Hinsichtlich des Aufwands beim Auftragnehmer kommt es auf die vereinbarte Vergütungsform an. Bei Vergütung nach Aufwand soll er seine Kostenschätzung und seine Kostenentwicklung dem Kunden mitteilen (vgl. IT-PM Kapitel 2.1.2.2 unter „Vergütung nach Aufwand ist kein Ruhekissen"). Es ist auch für ihn vorteilhaft, wenn er von vornherein Aufwandsschätzungen abgibt. Diese muss er dann auch fortschreiben und zwar nicht nur, weil das sachgerecht ist, sondern auch, weil er sonst rechtliche Nachteile erleidet (vgl. IT-V Kapitel 9.3.2 (2)).

Bei einem Festpreis erscheint es für den Kunden erst einmal unerheblich, wie viel Aufwand der Auftragnehmer tatsächlich hat. Der Auftragnehmer wird auch nicht geneigt sein, darüber Auskunft zu erteilen. Der Kunde hat auch bei einem Festpreis Interesse daran, über den Fortschritt bei der Realisierung hinaus auch über die Kostenentwicklung beim Auftragnehmer informiert zu werden. Denn eine Kostenüberschreitung kann eine Terminüberschreitung ankündigen und droht außerdem, die Qualität der Leistung zu verringern.

Damit eine solche Fortschrittskontrolle erfolgen kann, muss diese im Vertrag, spätestens im Kick-off-Meeting, vereinbart werden. Dabei ist es nützlich, diese Punkte so zu regeln, dass sie später anhand dieser Regelungen kontrolliert werden können (MOTZEL und FELSKE in GW 3.2 und VW 2.2: ablauforientiert).

Die Steuerung von zwei Vertragspartnern verlangt nach periodischen Sitzungen der Projektleiter und empfiehlt die Einrichtung der Instanz der Projektvorgesetzten und eines Lenkungsausschusses (vgl. Kapitel 1.06).

Der Beitrag von MOTZEL und FELSKE zeigt, wie schwierig objektive Messungen sind, solange ein Arbeitspaket nicht fertiggestellt ist, und wie sehr subjektive Aussagen manipuliert sein können.

Manipulationen dienen weitgehend dem Selbstschutz. Insofern liegt es nahe, dass die Mitarbeiter einer jeden Seite Defizite auf der anderen Seite nicht beschönigen, sondern eher überbetonen, um sich selber zu schützen. Es besteht also ein großes Interesse daran, dass die beiden Projektvorgesetzten sich gelegentlich austauschen, um von den Schwächen der eigenen Seite zu erfahren.

**Frühwarnzeichen:** Weil die Gefahr von Manipulationen so groß ist, soll nicht nur jeder Vertragspartner den anderen über Frühindikatoren kontrollieren, sondern auch jeder der beiden Projektvorgesetzten seinen Projektleiter (vgl. Kapitel 1.04).

**Auftragsmanagement:** Abweichungen von den Plänen und die Ursachen dafür sollen möglichst bald angesprochen werden (vgl. IT-PM Kapitel 3.3.1). In der Praxis führt insbesondere zu Verlusten, dass Entscheidungen aufgeschoben werden. Selbst die Geschäftsführung beider Seiten lässt oft Entscheidungen über Leistung, Zeit und Geld gerne längere Zeit offen.

MOTZEL und FELSKE empfehlen in GW 6.1, negative Planabweichungen möglichst zu kompensieren. Wenn bei einem Auftragsprojekt der eine Vertragspartner Planabweichungen verursacht, sollte der andere sich eher nicht darum bemühen, sondern eine Anpassung der Pläne verlangen. Das sollte insbesondere der Auftragnehmer im Hinblick auf zusätzliches Geld und zusätzliche Zeit tun.

## 1.17  Information und Dokumentation

GECKLER behandelt die technischen Aspekte der Information durch Dokumentation und den Nutzen organisierter Information und Dokumentation.

Ordentliches Dokumentieren ist gerade bei Auftragsprojekten für den Projekterfolg nützlich (vgl. IT-PM Kapitel 3.3.4.2 unter „Dokumentieren").

Darüber hinaus dient das Dokumentieren der Absicherung eines jeden Vertragspartners (vgl. IT-PM Kapitel 3.3.3.2), bis dahin, vorsorglich Beweismittel für den Fall zu schaffen, dass Konflikte eskalieren (vgl. IT-PM Kapitel 3.4.3).

**Sachstandsberichte:** Sie sind über die Ebene von Protokollen hinaus ein geeignetes Mittel für den Auftragnehmer, die Projektsituation zu beschreiben und zwar insbesondere hinsichtlich Schwierigkeiten beim oder mit dem Kunden. Bei späteren Auseinandersetzungen sind sie ein gutes Beweismittel zumindest auf geschäftlicher Ebene.

**Protokolle:** Sie sind als Mittel zur Klärung der Situation sowie später als Beweismittel besonders geeignet (vgl. IT-PM Kapitel 3.3.2).

## 1.18 Kommunikation

**Kommunikation** beinhaltet gemäß ICB3 „den wirksamen Austausch von Informationen zwischen den Projektbeteiligten". Bei Auftragsprojekten ist Kommunikation noch wichtiger als bei internen Projekten, weil stärkere Interessengegensätze zwischen den Beteiligten bestehen, die Schnittlinie durch die Projektorganisation geht und die beiden Seiten nicht nur ihren unterschiedlichen fachlichen Hintergrund haben, sondern auch noch aus verschiedenen Kulturen kommen.

Der Beitrag von GOFF, DÖRRENBERG und GOERNER ist deswegen für Auftragsprojekte besonders wichtig.

Ergänzend soll gesagt werden, dass der Auftragnehmer, insbesondere sein Projektleiter, etwas mehr Distanz zum Kunden halten, entsprechend dem Risiko für die eigene Seite etwas fester auftreten und vorsorglich Beweismittel schaffen soll. Letzteres heißt vor allem, dass er mehr schriftlich machen soll.

Da die Kommunikation zwischen den Projektbeteiligten durch die Schnittlinie durch die Projektorganisation beeinträchtigt wird, ist es um so wichtiger, dass auch der Kunde einen Projektleiter benennt und zwar einen, der auch Zeit für das Projekt hat.

Mündliche Kommunikation ist wichtig. Sie sollte aber bei Auftragsprojekten stark durch Schriftlichkeit ergänzt werden (vgl. IT-PM Kapitel 3.3.3.2). GOFF, DÖRRENBERG und GOERNER empfehlen in VW 3.2: „Kommunikation …. aufgrund eines Vertragsverhältnisses … muss immer auch formale Elemente enthalten, selbst wenn beide Partner sich gut kennen." Dokumentation schafft Vorteile für die Steuerung des Projekts (vgl. Kapitel 1.15). Sie verringert den Interpretationsspielraum, insbesondere wenn man sachgerecht präzis formuliert (vgl. IT-PM Kapitel 2.1.1 unter „Nicht vielversprechend und nicht vage formulieren" und 8.3.1). Schließlich können Dokumente als Beweismittel extrem wichtig werden (vgl. IT-PM Kapitel 6.3.3).

**Risikokommunikation:** Es ist in Kapitel 1.04 bereits angesprochen worden, dass die Risikoanalyse in Auftragsprojekten besonders wichtig und in der Kommunikation besonders schwierig ist. Der Projektleiter des Auftragnehmers soll gerade nach solchen Risiken – mit dem entsprechenden Fingerspitzengefühl – fragen, die gerne aus Eigeninteresse verheimlicht werden.

## 1.19 Projektstart

**Projektstart:** SCHEURING behandelt zu Element 1.19 in GW 7 die Besonderheiten bei Kundenprojekten. Am Ende von GW 7.4 empfiehlt er, dass der Projektleiter des Auftragnehmers „mit dem Ziel an das Projekt herangehen muss, den Nutzen seines Kunden zu optimieren." Nach seinem Zitat „Sage mir, wie dein Projekt beginnt, und ich sage Dir, wie es endet" (GW 3.1) beinhaltet diese Empfehlung bei Festpreisen ein erhebliches Risiko für den Auftragnehmer. Ebenso kritisch ist die Auffassung in GW 7.4, dass der Projektleiter des Auftragnehmers „neben dem internen noch einen externen Vorgesetzten hat – den Kunden, meist vertreten durch den kundenseitigen Projektleiter."

SCHEURING betont zu Recht die Wichtigkeit der Startphase und ganz besonders die der frühen Teilphasen: Es soll konzeptionelle Arbeit in Offenheit und Kreativität geleistet werden. Die Konsequenz bei Auftragsprojekten müsste die sein, dass der Kunde alle von SCHEURING und von anderen Autoren empfohlenen Schritte bis zur Einschaltung des Auftragnehmers durchführt und darüber hinaus dem Auftragnehmer die Projektgeschichte bis zu dessen Einschaltung detailliert mitteilt. Denn am Ende der Startphase sind – so SCHEURING in GW 3.1 – „bereits 70-85 % der bestimmenden Faktoren und damit auch der resultierenden Kosten festgelegt und lassen sich nicht mehr oder nur mit großem Aufwand ändern". In der Praxis droht, dass beides vernachlässigt wird.[8]

**Erstellung von Angeboten:** SCHEURING spricht die Aufbau- und Ablauforganisation für die Erstellung von Angeboten in VW 6.2 kurz an (vgl. ergänzend IT-PM Kapitel 2.3.1).

Die Anforderungen an Angebote sind in Kapitel 1.14.1 dargelegt. Was der Auftragnehmer in der Akquisitionsphase tun kann, um Konflikte bei der Projektdurchführung möglichst zu vermeiden und den Projekterfolg zu fördern, ist in Kapitel 1.14.2 dargelegt.

Zur Projektinitialisierung beim Auftragnehmer empfiehlt SCHEURING, ein Formular zu verwenden, um abzusichern, dass die erforderlichen Informationen wirklich vom Vertrieb an den Projektleiter weitergegeben werden (vgl. ergänzend IT-PM Kapitel 3.3.2).

**Vorbereitung des Auftrags durch den Kunden:** Der Kunde muss einen geeigneten Anbieter ausfindig machen und Angebote einholen (vgl. IT-PM Kapitel 5.1 bzw. 5.2). In jedem Fall soll er die Aufgabenstellung möglichst gut beschreiben.

Weiterhin muss er wissen, wie er mit den Angeboten der Anbieter umgehen will, insbesondere mit den rechtlichen Teilen. Das ist schwierig, wenn er nicht laufend solche Aufträge vergibt und damit Erfahrung gewonnen hat. Er kann versuchen, die wichtigen Punkte selbst zu formulieren (vgl. IT-PM Kapitel 5.3).

**Gemeinsamer Projektstart:** Es empfiehlt sich, zwei Workshops durchzuführen. Im ersten soll der Kern des Projektteams die organisatorischen Grundlagen für das Projekt legen oder ergänzen (vgl. IT-PM Kapitel 3.3.2). Die spätere zweite Sitzung soll ein Kick-off-Meeting mit den Stakeholdern sein.

## 1.20 Projektabschluss

Der Projektabschluss beginnt im Beitrag zu Element 1.20 von BURKHARDT mit der Übergabe des Projektgegenstands an den Kunden. Damit fällt auch die Vorbereitung des Produktivstarts bereits in diese Phase.

Der Beitrag von BURKHARDT bezieht sich zumindest gleichrangig auch auf Auftragsprojekte, sodass deren Probleme bereits weitgehend angesprochen sind.

**Die rechtliche Seite der Abnahme:** Ob die Abnahme gesetzlich für das Projekt vorgesehen ist, hängt zwar nach dem Wortlaut des Gesetzes von der Projektart ab (Kapitel 1.14.1 unter „Vertragstyp"). Es kann aber davon ausgegangen werden, dass die Vertragspartner die Abnahme unabhängig vom Vertragstyp im Vertrag meist regeln.

---

[8] Wenn der Kunde seine Aufgaben vernachlässigt, heißt das nicht zwingend, dass deswegen weniger festgelegt ist. Es ist nur weniger durchdacht und weniger offiziell festgelegt.

Die Abnahme besteht aus der Abnahmeprüfung und der Abnahmeerklärung. Die Abnahmeprüfung ist ein Recht des Kunden, nämlich nach der Übergabe das Projektergebnis erst einmal zu überprüfen. Der Kunde ist zur Abnahmeerklärung verpflichtet, wenn die Überprüfung erfolgreich ist. Er kann sie solange verweigern, wie mehr als unwesentliche Fehler auftreten.

Die Rechtsfolgen der Abnahmeerklärung sind nicht so positiv für den Auftragnehmer, wie das oft behauptet wird (vgl. IT-V Kapitel 5.1).

Auf geschäftlicher Ebene ist dem Kunden anzuraten, eine gründliche Abnahmeprüfung durchzuführen, und dem Auftragnehmer, den Kunden dabei zu unterstützen. Denn viele Kunden tun sich schwer, die Abnahmeerklärung abzugeben, und sind eher dazu bereit, wenn der Auftragnehmer – wenn auch nur auf geschäftlicher Ebene – mit in die Verantwortung geht.

Bei einer gemeinsamen Abnahmeprüfung erwartet der Kunde, dass der Auftragnehmer das Abnahmeprotokoll ebenfalls unterschreibt. Der Kunde muss, damit er seine Ansprüche auf die Beseitigung von entdeckten Mängeln behält, diese im Abnahmeprotokoll aufführen. Wenn der Auftragnehmer das Protokoll gegenzeichnet, läuft er Gefahr, alle aufgeführten Punkte als Mängel anzuerkennen. Er muss also im eigenen Interesse angeben, welche Punkte er nicht als Mängel anerkennen will.

**Die Vorbereitung des Produktivstarts:** Die Abnahmeprüfung sollte sachgerechterweise in die Vorbereitung des Produktivstarts des Projekt(sach)ergebnisses eingebettet sein. Der Kunde sollte vor Beginn der produktiven Nutzung die Projektergebnisse gründlich überprüfen, damit Fehler möglichst frühzeitig gefunden werden. Der Auftragnehmer kann sich durch eine Vereinbarung dahingehend absichern, dass der Kunde den Schaden selbst trägt, der aus solchen Fehlern entsteht, die aufgedeckt und daraufhin beseitigt worden wären, wenn der Kunde eine ordentliche Abnahmeprüfung vor Beginn der produktiven Nutzung durchgeführt hätte.

Beim Kunden drohen Akzeptanzprobleme erst einmal von daher, dass er seine Aufgaben im Auftragsprojekt selbst nicht ausreichend erfüllt hat und dass er sein Veränderungsprojekt nicht ausreichend betrieben hat. Jetzt geht es um den Übergang vom alten auf das neue System. Der Kunde wird jetzt damit konfrontiert, ob er wirklich das bestellt hat, was er benötigt.

Bei Auftragsprojekten droht dem Auftragnehmer, dass der Kunde die Schuld bei ihm sucht, wenn Schwierigkeiten beim Produktivstart auftreten. Also kommt es für den Auftragnehmer darauf an, dass die Phase Produktivstart im Vertrag möglichst sachgerecht vereinbart wird (vgl. IT-PM Kapitel 3.5). Das heißt beispielsweise, dass die Benutzer wirklich gründlich geschult werden oder dass der Auftragnehmer an der Abnahmeprüfung des Kunden teilnimmt, damit Anfangsschwierigkeiten überwunden werden.

**Die Abnahmeerklärung erreichen:** Für den Auftragnehmer geht es erst einmal darum, eine Abnahmespezifikation zu vereinbaren. Diese soll Abnahmekriterien enthalten. Mit diesen wird ausgedrückt: Wenn das Prüfszenario erfolgreich abgewickelt ist, muss der Kunde die Abnahmeprüfung erklären (die zuständigen Mitarbeiter *dürfen* es dann auch tun).

Sodann soll der Auftragnehmer in den Terminplan einen spätesten Termin deutlich vor dem der Bereitstellung zur Abnahme aufnehmen, bis zu dem der Kunde Änderungen verlangen kann. Die Stabilität des Projektergebnisses ist für den Kunden wichtig!

Auf hohem Niveau liegt eine Regelung wie die, dass der Auftragnehmer analog zur Abnahme seitens des Kunden seinerseits dessen Mitwirkung „abnimmt". Gemeint ist, dass der Auftragnehmer erst dann verpflichtet sein soll, den Produktivstart freizugeben, wenn der Kunde seine Mitwirkung ordnungsgemäß abgeschlossen hat, im Beispiel eines Einführungsprojekts: wenn der Kunde die Altdaten ordnungsgemäß übernommen und die Berichte/Auswertungen, die er erstellen sollte, erstellt hat. Manche Kunden fühlen sich bei dieser Regelung in ihrer Position als Auftraggeber angegriffen. Für den Projekterfolg ist eine solche Regelung allerdings sehr nützlich.

## 1.21 Normen und Richtlinien

Normen sind, wie Waschek zu Element 1.21 schreibt, nur verbindlich, wenn Gesetze oder Verträge das vorsehen. Wenn Normen sich in der Praxis durchgesetzt haben, gelten sie als Verkehrssitten automatisch ergänzend zum Vertragsdokument. Besteht keine Verkehrssitte, *kann* sich aus den Umständen ergeben, dass eine Norm einzuhalten ist. Das liegt nahe, wenn die Norm dem Schutz vor Verletzungen dient.

DIN 69901 hat sich bisher nicht als Verkehrssitte durchgesetzt.

## 1.22 IT im Projektmanagement

Der Einsatz von Software zur Unterstützung des Projektmanagements ist nützlich, wie Meyer das zu Element 1.22 darstellt.

Für Auftragsprojekte gilt das ganz besonders, weil das zu mehr Arbeitsdisziplin führt, die Arbeit der beiden Vertragspartner besser integriert werden kann und damit mehr Information und mehr Transparenz geschaffen werden können, was wiederum die Kontrollmöglichkeiten verbessert (Kapitel 1.15).

Da der Einsatz von Software Aufwand bedeutet, ist dringend angeraten, deren Einsatz zu regeln. Die Grundlagen dafür können in den Vertrag selbst aufgenommen werden. Details können im Rahmen der Kick-off-Phase geklärt werden.

## 1.23 Critical Chain Projektmanagement

Techt handelt zu Element 1.23 das Zeitmanagement – unausgesprochen – in Hinblick auf den Auftragnehmer oder eine Auftragnehmerinstanz ab, das dem bei der Auftragsfertigung ähnelt. Die Mitwirkung des Kunden taucht nur in VW 3.2 bei der Frage der Vertragsstrafe wegen Lieferverzugs auf: Diese dürfe nicht so hoch sein, dass der Kunde daran Interesse haben könnte, die rechtzeitige Fertigstellung durch mangelnde Mitwirkung zu torpedieren, um so die Vertragsstrafe zu erhalten.

Dazu handelt Techt zwei Themen ab:

Erstens soll der Auftragnehmer so, wie er bei Artikeln einen Sicherheitsbestand einplant, auch einen Sicherheitsbestand an Personalressourcen einplanen. Außerdem soll er die Belegung von Ressourcen so wie die Belegung von Maschinenkapazitäten planen. Ziele sind eine kürzere Durchlaufzeit mit höherer Zuverlässigkeit und die Verringerung der Kosten sowie das Erzielen von Premium-Preisen dank höherer Zuverlässigkeit bei kurzen Lieferzeiten.

Zweitens geht es um das Thema, wie zeitliche Sicherheiten behandelt werden sollen. Techt schlägt in GW 4.3 vor, „die einzelnen Schritte des Projektplans um 50 % zu reduzieren und dafür am Ende des Projekts eine entsprechend große Sicherheit einzuplanen." Das Interesse des Auftragnehmers an der Zielerreichung könnte sich bei Auftragsprojekten in dessen Bereitschaft niederschlagen, die Einhaltung von Lieferterminen durch relativ hohe Vertragsstrafen abzusichern (VW 3.1).

Erst einmal stellt sich dem Auftragnehmer das Thema Puffer als ein internes Problem. Er kommt m. E. nicht umhin, Puffer einzuplanen. Denn er kann dem Kunden schlecht anbieten: „Fertigstellung geplant in X Monaten, spätester Liefertermin (im Hinblick auf die Vertragsstrafe) X plus Y Monate."

Wenn der Kunde umfangreich mitwirken muss, wird das interne Thema zu einem externen. Denn der Auftragnehmer kann über die Mitarbeiter der Kunden nicht wie über eigene Ressourcen verfügen. Bei Einführungsprojekten muss der Kunde oft mehr Arbeitskapazität einsetzen als der Auftragnehmer. Diesen Einsatz will der Kunde in eigener Zuständigkeit planen können. Dann geht es nicht um die Minimierung der Durchlaufzeit, sondern sind andere Lösungen nötig (vgl. IT-PM Kapitel 2.1.2.2, 3.3.5 und 4.1.2 unter „Ermittlung des Liefertermins"). Dabei ist besonders zu berücksichtigen, dass die Mitarbeiter des Kunden die Projektarbeit meist mehr oder weniger neben ihrer normalen Tätigkeit erbringen (vgl. Kapitel 2.05).

## 2 Soziale und personale Kompetenzen

Wenn die Autoren zu den einzelnen Elementen dieses Kompetenzbereichs vom Projektleiter sprechen, dürften sie sich bei Auftragsprojekten oft auf beide Projektleiter beziehen. Soweit es um Einflussmöglichkeiten geht, dürfte manchmal nicht der Projektleiter, sondern der Projektvorgesetzte gemeint sein.

ICB3 setzt darauf, dass ein Projektleiter mit den aufgeführten psychosozialen Kompetenzen zusammen mit den weiteren Teammitgliedern, die mehr oder weniger diese Kompetenzen haben und teambegeistert sind, das Projekt zum Erfolg führen wird.

Bei Auftragsprojekten, wie *Einführungs*projekten, fragt sich allerdings, ob die Projektleiter überhaupt so viel bewirken können: Der Projektleiter des Auftragnehmers ist von den Mitarbeitern des Kunden, die vor allem Führung benötigen, durch die Schnittlinie getrennt. Der Projektleiter des Kunden könnte allerdings mehr bewirken, wenn er im Projektmanagement besser ausgebildet und erfahrener wäre.

Darüber hinaus fragt sich, ob ein einheitliches Projektteam oder ein Teilprojektteam beim Kunden, wie Teams in ICB3 positiv dargestellt werden, überhaupt zustande kommen.

Für den Kunden handelt es sich um ein echtes Projekt. Die Projektleiter müssen sich so verhalten, wie ICB3 das vorschlägt; sie dürfen nur nicht mit so viel Projektmanagementerfolg rechnen.

Weiterhin: Bei Auftragsprojekten bestehen hohe Interessengegensätze zwischen den Vertragspartnern. Es geht um Zusammenarbeit und um Auseinandersetzungen. Keine Seite darf von der anderen Seite so viel guten Willen erwarten, wie die Instanzen einer Organisation das bei internen Projekten tun dürfen.

### 2.00 Macht und Autorität in Projekten

Bei Auftragsprojekten wird die strukturelle Macht durch das Vertragsverhältnis geprägt, wie es sich in der Schnittlinie zwischen den Vertragspartnern darstellt. Je nach Marktlage (Käufermarkt/Verkäufermarkt) hat der eine oder der andere Vertragspartner etwas mehr Macht. Ansatzweise ist das der Kunde, weil der Auftragnehmer tendenziell seine Vergütung erst bekommt, nachdem er geleistet und den Kunden zufriedengestellt hat. Der Projektleiter des Kunden hat auf seiner Seite allerdings kaum die strukturelle Macht, die LOMNITZ in seinem Beitrag zu Element 2.0 in GW 1.6 sachgerechterweise für erforderlich hält.

Der Kunde muss zwar zahlen, wenn die Leistung ordnungsgemäß erbracht worden ist. Er kann aber einiges darüber hinaus durchsetzen, sei es die Realisierung zusätzlicher Anforderungen oder sei es die Kürzung der Vergütung, weil der Auftragnehmer tendenziell nicht bereit ist, den von der Rechtsordnung vorgesehenen Sanktionsmechanismus zu nutzen: Er beharrt lieber nicht auf seiner Rechtsposition, die er bei Gericht durchsetzen könnte. Denn zum einen geht er sowieso nicht gerne zu Gericht und zum anderen würde er damit wahrscheinlich den Kunden verlieren.

Es kommt für den Auftragnehmer also darauf an, dem Kunden von vornherein dessen machtmäßige Grenzen aufzuzeigen, um möglichst wenig Boden unfreiwillig zu verlieren. „Ein guter Projektleiter ist ein unbequemer Projektleiter", wie LOMNITZ wiederholt betont. Bei Auftragsprojekten dürfte das vor allem für den Projektleiter des Auftragnehmers gelten.

Dieses Verhalten kann schon beim ersten Kick-off-Meeting gezeigt werden (vgl. IT-PM Kapitel 3.3.2): „Liebe Teammitglieder des Kunden, Eure Geschäftsleitung hat eine bescheidene Lösung zu einem niedrigen Festpreis beauftragt. Der niedrige Preis ist auch darauf zurückzuführen, dass Ihre Geschäftsführung viele Aufgaben Ihnen aufgebürdet hat, und dazu Ihre absolute Termintreue zugesagt hat."

Das tägliche Projektmanagement ist in der Praxis durch Machtauseinandersetzungen geprägt. Jede Seite möchte die vertraglichen Machtstrukturen informell verschieben (vgl. IT-PM Kapitel 3.3.3 und 3.3.7).

## 2.01 Führung (Grundlagenwissen)

Die aufgabenbezogene Führung, die MÜTHEL und HÖGEL zu Element 2.01 (Basisteil) ansprechen, ist in den Kapiteln zu den projektmanagement-technischen Kompetenzen dargelegt. Wie für die aufgabenbezogene Führung gilt auch für die soziale Führung, dass diese bei serienartigen Auftragsprojekten primär beim Auftragnehmer liegt und dort speziell bei dessen Projektleiter. Er wird auch hier durch die Schnittlinie eingeschränkt, auf die Projektmitglieder des Kunden und auf dessen weitere Stakeholder Einfluss auszuüben. Zum Beispiel könnte er kaum eine transaktionale Führung in Form der bedingten Belohnung von Mitarbeitern des Kunden (GW 3.1) durchführen.

Der Projektleiter und – abgeschwächt – die weiteren Mitarbeiter des Auftragnehmers müssen vor allem durch ihre Verhaltensweisen Führung zeigen.

Verschleppte Entscheidungen gehören zu den Hauptproblemen auch bei Auftragsprojekten. Der Auftragnehmer muss sich also von vornherein um eine „Entscheidungskultur" beim Kunden für sein Projekt bemühen.

Sodann kommt es darauf an, dass der Auftragnehmer Entscheidungen deutlich einfordert. Dazu gehört es insbesondere, auf die Konsequenzen von verzögerten Entscheidungen hinzuweisen und ggf. umgehend zu verlangen, dass der Vertrag wegen verzögerter Entscheidungen hinsichtlich Liefertermin und ggf. hinsichtlich der Vergütung alsbald angepasst wird (vgl. IT-PM Kapitel 3.3.3.1).

Der Auftragnehmer soll sich nicht in Zielkonflikte beim Kunden einmischen (vgl. Kapitel 2.10).

## 2.02 Motivation und Engagement

Bei kaum einem Element wirkt die Schnittlinie sich so deutlich aus wie bei dem Element Motivation und Engagement: Motivation muss vor allem bei den Beteiligten auf Kundenseite gefördert werden, insbesondere hinsichtlich der Bereitschaft,

- eine neue Lösung einzuführen,
- auf nicht gewohnter Basis zu arbeiten, nämlich ein Projekt durchzuführen,
- Mehrarbeit zu leisten,
- Entscheidungen zu treffen.

Motivationsdefizite müssen beseitigt werden, insbesondere

- die Angst um den Verlust des eigenen Arbeitsplatzes,
- Stress (Elemente 2.03 und 2.05).

Die Auftragnehmerseite kann die Motivation dadurch fördern, dass sie Vertrauen schafft (GESSLER & DERWORT zu Element 2.02 in GW 2.2). Dazu dient auch, sich auf den Kunden einzustellen, insbesondere auf seine Strukturen und Begrifflichkeiten, und auf die eigene abgehobene Fachsprache möglichst zu verzichten.

Die Auftragnehmerseite hat nur beschränkt Möglichkeiten, direkt Anreize zu setzen oder Motivation zu fördern. Das ist primär Aufgabe der Kundenseite selbst. Insbesondere ist in diesem Zusammenhang Management Attendance zu nennen.

Im täglichen Projektmanagement kann und muss der Auftragnehmer das Thema Motivation der Beteiligten auf Kundenseite immer wieder gegenüber dem Kunden ansprechen, nämlich ob dieser bzw. seine Geschäftsführung genügend für die Motivation der auf seiner Seite Beteiligten tun.

## 2.03 Selbststeuerung

WILL und BUCHERT legen zu Element 2.03 dar, wie der einzelne Projektmitarbeiter sich selbst steuern kann, um sachgerecht handeln zu können.

Für den Projektleiter – und bei Auftragsprojekten bezieht sich das wohl auf beide Projektleiter – sehen Will und Buchert in GW 1.3 die Aufgabe, „den Mitarbeitern zu helfen, sowohl die gemeinsamen als auch die eigenen Probleme zu lösen." Deren Aufgabe ist ähnlich der bei Element 2.02, nämlich eine motivierende Situation zu schaffen und demotivierende Faktoren möglichst zu verringern.

## 2.04 Durchsetzungsvermögen

ICB3 versteht unter Durchsetzungsvermögen – bezogen auf den Projektleiter – kurz gefasst, dessen „Fähigkeit, seine Standpunkte mit Überzeugung und Autorität vorzubringen, um andere dazu zu bringen, den gewünschten Kurs einzuschlagen".

Der Projektleiter braucht also Autorität und Überzeugungskraft.

Die Autorität bezieht sich sowohl auf seine Rollenautorität als auch auf seine personale Autorität. Für die Auftragnehmerseite kommt es also darauf an, die richtigen Mitarbeiter für die Rolle von Projektleitern vorzusehen, sie auszubilden und sie reifen zu lassen.

Bei Auftragsprojekten kommt es für die Überzeugungskraft des Projektleiters des Auftragnehmers ganz besonders darauf an, auf den Kunden zu hören und sich mit dessen Argumenten auseinanderzusetzen. Angesichts des verständlichen Wunsches des Kunden, bei einem Festpreis mehr Leistung als ursprünglich objektiv vereinbart zu erhalten, soll der Projektleiter sich an dem Standpunkt ausrichten, dass der Kunde nicht Anspruch auf das hat, was er wünscht, sondern auf das, was er bestellt hat. Wenn das auseinanderfallen würde, könne der Kunde das über Change Requests ausgleichen.

## 2.05 Entspannung und Stressbewältigung

MUSEKAMP führt zu Element 2.05 vor allem die übermäßige Länge der Arbeitszeit und damit die Selbstverausgabung der am Projekt Beteiligten als Stressfaktor an. Also gehe es in erster Linie darum, dass der Einzelne dem durch Verringerung der Selbstverausgabung, nämlich durch Entspannung und sonstige Stressbewältigung, begegne.

Bei serienartigen Auftragsprojekten sind vor allem Mitarbeiter des Kunden durch zusätzliche Aufgaben durch das Projekt belastet. Ihr Einsatz ist tendenziell auf Selbstverausgabung angelegt.

Also kommt es vom Projektmanagement her darauf an, von vornherein einen sachgerechten Terminplan zu vereinbaren, der auf die knappen Personalressourcen Rücksicht nimmt (vgl. den Beitrag von TECHT zu Element 1.23). Dazu gehören auch Puffer.

Wenn Mitarbeiter des Kunden mehrfach nicht zeitgerecht mitwirken, sollte der Auftragnehmer das nicht nur im eigenen Interesse als Warnzeichen ansehen, sondern auch im Interesse dieser Mitarbeiter und unverzüglich verlangen, dass die Termine verschoben werden (vgl. Kapitel 1.15 am Ende). Er kann damit zugleich auch den Zeitstress für die Mitarbeiter des Kunden verringern.

## 2.06 Offenheit

Der Anspruch auf Offenheit im Sinne dieses Elements richtet sich in erster Linie an den Projektleiter des Auftragnehmers und – abgeschwächt – an die weiteren Mitarbeiter des Auftragnehmers. Auch bei serienartigen Auftragsprojekten werden diese jeweils mit einer neuen Situation konfrontiert. Es besteht die Gefahr, dass die Mitarbeiter das Projekt zu routinemäßig angehen.

Offenheit darf aber nicht dazu führen, effizientes Handeln zu vernachlässigen.

## 2.07 Kreativität

Operationale Kreativität ist gut. Zuviel von etwas ist wie üblich kritisch.

Serienartige Auftragsprojekte sind keine typischen Innovationsprojekte, bei denen es auf viel Kreativität ankommen würde. Für dieses dürfte der Satz der ICB3 besonders gelten: „Der Einsatz von Kreativitätsmethoden im Team muss vorsichtig erfolgen, damit sich der Projektschwerpunkt nicht verschiebt." Dabei sind unter „Projektschwerpunkt" nicht nur das Projekt(sach)ergebnis, sondern auch Geld (Festpreis!) und Zeit zu verstehen.

## 2.08 Ergebnisorientierung

ICB3 definiert die Ergebnisorientierung dahingehend, „die Aufmerksamkeit des Teams auf Schlüsselziele zu lenken, um ein für alle beteiligten interessierten Parteien optimales Ergebnis zu erzielen." Das ist angesichts der teilweise gegensätzlichen Interessen dieser Parteien nicht möglich. Bei Auftragsprojekten sind die Interessengegensätze zwischen den Vertragspartnern teilweise besonders groß, insbesondere hinsichtlich des Projektergebnisses Geld/Aufwand.

ICB3 schlägt vor, „dass die von verschiedenen interessierten Parteien geforderten unterschiedlichen Ergebnisse schon bei Projektstart festgelegt werden." Bei Auftragsprojekten kann das im Verhältnis der Vertragspartner erst bei Vertragsabschluss geschehen. Dann ist es aber auch geboten. Dabei soll es keine Widersprüche in den Festlegungen geben.

GRASSMEIER und HARBECK bezeichnen die Ergebnisorientierung zu Element 2.08 als „Richtlinie und Handlungsrahmen" für den Projektleiter. Es geht darum, die projektmanagement-technischen Elemente erfolgreich anzuwenden. Dafür braucht der Projektleiter bestimmte Eigenschaften.

Der Projektleiter des Auftragnehmers soll in erster Linie das Ziel anstreben, den Vertrag zu erfüllen. Für den Projekterfolg kommt es darüber hinaus darauf an, dass dieser auch die weiteren und die übergeordneten Ziele erreicht (vgl. Kapitel 1.03).

## 2.09 Effizienz

ALBRECHT und HOFFER definieren in GW 9 Effizienz im Hinblick auf interne Projekte „als ein Merkmal der auf allen Unternehmensebenen nahtlos ineinander greifenden bzw. aufeinander abgestimmten Projektprozesse der zugrunde liegenden Strukturen". Bei Projektverträgen kommt es also darauf an, gemeinsame Strukturen und gemeinsame Prozesse zwischen den Vertragspartnern zu schaffen. Das beinhaltet insbesondere, dass jeder Vertragspartner einen Projektleiter benennt und dass sie die Schnittlinie zwischen ihnen managen. Das wird an vielen Stellen dieses Beitrags detailliert.

Für den Auftragnehmer kommt es allerdings nicht darauf an, mit den vorhandenen Mitteln ein möglichst gutes Ergebnis zu schaffen, sondern tendenziell ein für die Vertragserfüllung ausreichendes und im Hinblick auf die künftige Zusammenarbeit gutes Ergebnis und die vorhandenen finanziellen Mittel nicht voll auszuschöpfen.

## 2.10 Beratung

Mit Beratung als psychosoziales Element ist auf ein Projekt bezogene Beratung gemeint: Wie sollen die Projektleiter die projektbezogene Diskussion führen und bei Bedarf anderen bei deren Aufgaben helfen? Wie können ggf. Dritte bei der Projektdurchführung helfen?

**Projektbezogene Diskussionsführung:** Auch bei Auftragsprojekten ist die Linie einzuhalten, die REUTER und SCHINDLER zu Element 2.10 vorgeben, nämlich dass der Beratene entscheiden soll. Das mag den Auftragnehmer manchmal hart ankommen, wenn die Kundenseite Entscheidungen verzögert oder auch überfordert ist. Der Auftragnehmer soll dann nicht dem Kunden die Entscheidung mehr oder weniger abnehmen, sondern soll ihn ausdrücklich unter Hinweis auf die Konsequenzen für die Projektdurchführung auffordern, seine Entscheidung zu treffen (vgl. IT-PM Kapitel 3.3.3.2 und 3.3.5).

**Beratungspflichten des Auftragnehmers:** Die Rechtsordnung sieht verschiedene Beratungspflichten des Auftragnehmers vor, allerdings nicht spezifisch zu Element 2.10, sondern in jeglicher Hinsicht, in der Beratungsbedarf bestehen könnte.

Bei den Vertragsverhandlungen ist der Auftragnehmer nur gegenüber IT-Laien zur Aufklärung oder zur Beratung verpflichtet. Wenn er aber gegenüber einem Profi-Anwender mehr tut, als diesem seine Produkte vorzustellen, sondern diesen berät, entsteht ein Beratungsverhältnis. Dann ist der Auftragnehmer fast wie bei einem entgeltlichen Beratungsvertrag zur ordnungsgemäßen Beratung verpflichtet (vgl. IT-V Kapitel 7.1).

Während der Projektdurchführung ist der Auftragnehmer ebenfalls zur Beratung verpflichtet, wenn der Kunde Schwierigkeiten hat, die dieser nicht selbst lösen kann, beispielsweise wenn dieser einen Bedienungsfehler gemacht hat und das nicht erkennt (vgl. IT-V Kapitel 6.2.4) oder wenn dieser seine Aufgaben nicht erfüllen kann und Anleitung benötigt (vgl. IT-V Kapitel 6.2 am Anfang).

Wenn der Kunde eine fehlerhafte Vorgabe gemacht hat, muss der Auftragnehmer diesen warnen und dessen Entscheidung einholen, wie er die Anforderung umsetzen soll (vgl. IT-V Kapitel 9.5.1 (2)).

## 2.11 Verhandlung

Verhandlungsführung wird fast überall im Projektmanagement verlangt. Dementsprechend ernst sollten beide Vertragspartner das Thema nehmen und die Empfehlung von GOERNER und SCHMIDT in deren Beitrag zu Element 2.11 beachten.

Die Beziehungsebene kann in Gesprächen – dort stark paraverbal oder nonverbal – ausgedrückt werden, wie Goerner und Schmidt das beschreiben, aber auch in schriftlichen Formulierungen. Wer etwas schreibt, sollte also auch daran denken, dass er möglicherweise mehr über seine Beziehungsebene zum Empfänger (und zu anderen Personen) ausdrückt, als ihm bewusst ist (vgl. IT-PM Kapitel 8.2 unter „Exkurs").

## 2.12a Konflikte

SCHMIDT und STRAUBE definieren Konflikte zu Element 2.12 in GW 1.3.1, dass Probleme dann zu Konflikten werden, „wenn sich mindestens eine Person durch das Handeln einer anderen Person oder Institution in ihren Bedürfnissen verletzt fühlt oder die Verletzung ihrer Bedürfnisse befürchtet." Dem kann sich ein Jurist anschließen und sich auf den Bereich des Konfliktmanagements beschränken, in dem die verletzten Bedürfnisse vorrangig auf der Sachebene behandelt werden (vgl. IT-PM Kapitel 3.3.7.1).

SCHMIDT und STRAUBE sehen als Ursache für Konflikte primär Probleme, die sich in emotionalen Bereichen auswirken, und schreiben in GW 1.3.3, dass „die damit verbundenen Handlungen im Verlauf der Eskalation immer irrationaler ... werden,... ."

Die Mitarbeiter der Auftragnehmerseite dürften, weil sie ständig Projektarbeit leisten, stärker als die der Kundenseite darauf vorbereitet sein, sich psychosozial einigermaßen sachgerecht zu verhalten, also Konflikte möglichst zu vermeiden. Die Mitarbeiter der Kundenseite sind psychosozial meist mehr vom Projekt betroffen (Mehrarbeit, Entscheidungsfindung, künftige Situation in der Organisation für sie und für ihre Kollegen). Dafür muss der Kunde Lösungen finden (vgl. IT-PM Kapitel 3.2). Im Verhältnis der Vertragspartner zueinander soll der Auftragnehmer sich bemühen, mit den Mitarbeitern des Kunden psychosozial richtig umzugehen. Wenn aber psychosoziale Ursachen für Konflikte beseitigt werden sollen, muss jeder Vertragspartner auf der eigenen Seite tätig werden.

Da solche Konflikte zu Reibungen und damit zu Reibungsverlusten führen, möglicherweise sich sogar zu Krisen ausweiten, ist es geboten, ihnen möglichst bald entgegenzuwirken. Dementsprechend bietet es sich an, Frühwarnzeichen anzuwenden (vgl. Kapitel 2.12b).

Die von SCHMIDT und STRAUBE in GW 2.2 auch im Hinblick auf Auftragsprojekte empfohlene Konfliktlösung, nämlich bei den beiderseitigen Bedürfnissen anzusetzen, bezieht sich auf Ebene 4 meines Schichtenmodells. Dementsprechend bin ich nicht so optimistisch wie die Autoren in GW 3.2.2 hinsichtlich der Nützlichkeit von Regelungen zur Konfliktbehandlung in Verträgen. Entweder will man Konflikte kooperativ lösen oder man will es nicht.

### 2.12b  Krisen – Projektkrisen

Ursachen für Krisen können auf der Sachebene und/oder auf der psychosozialen Ebene liegen. Es empfiehlt sich, diese frühzeitig anzugehen. Dafür ist es nötig, diese frühzeitig zu erkennen. Das gilt für Auftragsprojekte uneingeschränkt. Dabei ist es für jeden Vertragspartner oft schwieriger als bei internen Projekten, die Ursachen frühzeitig zu erkennen und die vorgeschlagenen Lösungsmechanismen durchzuführen (vgl. IT-PM Kapitel 3.4 und 6.4).

Bei Auftragsprojekten liegen die Ursachen für Konflikte, die sich zu Krisen auswachsen können, zu einem größeren Teil als bei internen Projekten im Sachbereich. Für den Auftragnehmer liegen die wesentlichen Ursachen, insbesondere beim Festpreis, in der mangelnden Klarheit und Stabilität der Anforderungen des Kunden, in dessen unzulänglicher Mitwirkung und in dessen Verzögerung von Entscheidungen. Dabei mag die psychosoziale Seite auf Kundenseite stark hineinspielen. Für den Auftragnehmer geht es aber im Wesentlichen um einen Sachkonflikt. – Andersherum hat der Kunde Schwierigkeiten wegen mangelhafter Leistung und mangelhaftem Personaleinsatz des Auftragnehmers. Schließlich gibt es erhebliche Interessengegensätze zwischen den Vertragspartnern.

So weit Störungen – gleich welcher Art – sich auf die Vertragsdurchführung auswirken, muss die betroffene Seite dies unverzüglich auf vertraglicher Ebene geltend machen, um ihre Ansprüche durchsetzen zu können.

Angesichts der erheblichen Auswirkungen einer Krise für die eine oder andere Seite sollte jede Seite hohen Wert auf die Früherkennung legen, also insbesondere Frühwarnzeichen für jedes Projekt festlegen. Das sollte sowohl für eher sachbezogene Krisen als auch für Krisen auf der Beziehungsebene geschehen (vgl. IT-PM Kapitel 3.4.2 und 6.4.2). SCHMIDT und STRAUBE definieren zu Element 2.12b in GW 1.4 und 2.1 vornehmlich psychosoziale Frühwarnzeichen. Alle können und sollen auch dem Projektvorgesetzten bzw. Projektcontroller für deren Aufgaben dienen, also auch für die Kontrolle der eigenen Seite.

Wegen der hohen Risiken ist es – für den Auftragnehmer noch mehr als für den Kunden – wichtig, sich frühzeitig einzugestehen, dass eine Krise unmittelbar bevorsteht oder sogar schon eingetreten ist, und frühzeitig Maßnahmen zur Krisenbewältigung zu ergreifen.

**Hilfe Dritter:** Externe Hilfe kommt in Betracht, um Krisen zu vermeiden bzw. zu beseitigen. Vorschläge, Dritte vorbeugend einzuschalten, werden zwar verschiedentlich gemacht; in der Praxis werden sie aber nur beschränkt umgesetzt (vgl. IT-PM Kapitel 3.4.8).

Ist die Krise da, ist externe Hilfe meist nötig: Wie sollen diejenigen, die den Karren in den Dreck gezogen haben, diesen wieder herausbekommen? Es gibt verschiedene Möglichkeiten in der Praxis, die sich bewährt haben (vgl. IT-PM Kapitel 3.4.7).

## 2.13 Verlässlichkeit

Verlässlichkeit ist, wie Patzak und Hornung zu Element 2.13 schreiben, die Grundlage für Vertrauen. Dieses ist auf geschäftlicher Ebene (Ebene 4) von höchster Bedeutung. Also kommt es sehr darauf an, verlässlich zu sein.

Das gilt für den Auftragnehmer noch mehr als für den Kunden. Denn der Kunde ist stärker auf Vertrauen angewiesen als der Auftragnehmer. Letzterer kann sich ziemlich darauf verlassen, dass der Kunde Interesse am Projekt(sach)erfolg hat. Beim Projektmanagementerfolg ist das weniger der Fall. Dafür kann der Auftragnehmer dort aber mangelnde Mitwirkung als Vertragsverletzung geltend machen und zusätzliche Zeit und Vergütung verlangen.

Das Vertrauen des Kunden bezieht sich auf die Personen, die für den Auftragnehmer tätig werden, und auf dessen Produkte. Nur ein Auftragnehmer, der in beidem verlässlich ist, kann seinerseits energisch dasselbe vom Kunden verlangen, also ordnungsgemäße Mitwirkung und Zahlung zu den vorgesehenen Terminen. Verlässlichkeit ist also auch insoweit ein wichtiger Faktor für erfolgreiches Projektmanagement.

## 2.14 Wertschätzung

Wertschätzung heißt, zumindest Respekt zu haben. Das bezieht sich auf die einzelnen Personen wie auch auf den anderen Vertragspartner, insbesondere auf dessen Kultur.

Die Auftragnehmerseite läuft bei Auftragsprojekten Gefahr, es am nötigen Respekt mangeln zu lassen; sie kann aber auch aus der Routine lernen, diese Gefahr zu vermeiden:

- Der Auftragnehmer soll eine neue Lösung einführen; er läuft Gefahr, die alte herabzuwürdigen.
- Der Auftragnehmer tritt als Fachmann auf; er läuft Gefahr, auch seine Kultur als überlegen darzustellen.
- Für die Mitarbeiter des Kunden ist Projektarbeit meist Mehrarbeit. Es ist sozusagen zu erwarten, dass sie nicht ordnungsgemäß mitwirken (können). Der Auftragnehmer muss im Interesse des Projektmanagementerfolgs und ggf. im Interesse seiner Vertragserfüllung energisch dagegen angehen. Er sollte dabei aber die eigentliche Ursache nennen, nämlich die mangelnde Unterstützung des Projekts durch die Geschäftsführung des Kunden.

Negatives Verhalten im Projekt kann viele Ursachen haben. Diese können sich aus der Kultur des anderen Vertragspartners ergeben. Es ist also wichtig, bei mangelhafter Projektarbeit sich zu überlegen, inwieweit die Ursachen dafür in der Kultur des anderen Vertragspartners zu suchen sind. Wenn das naheliegt, verlangt das eine grundsätzliche Neuausrichtung des eigenen Verhaltens (vgl. Kapitel 1.05 am Anfang).

## 2.15 Ethik

Schanz bezeichnet zu Element 2.15 ethisches Handeln als entscheidend für die Glaubwürdigkeit der Menschen, mit denen man arbeitet (Kontext und Bedeutung). Glaubwürdigkeit wiederum ist die Basis für Autorität und Wertschätzung.

Was ethisches Verhalten alles beinhaltet, kann dahingestellt bleiben. Bei Auftragsprojekten weiß jeder in etwa selbst, was er auf der geschäftlichen Ebene (Ebene 4) tun muss, um auf Dauer erfolgreich zu sein.

Das Vertragsrecht ist auf Ethik hin angelegt. Der allgemeine Rechtsgrundsatz von Treu und Glauben verlangt faires Verhalten (vgl. IT-V Kapitel 1.1.3 (3)). Das führt beispielsweise zu Aufklärungspflichten, wenn dem anderen Vertragspartner ein erheblicher Schaden droht, den dieser nicht erkennt, auch wenn einem selbst dadurch ein Vorteil entgeht. Ebenso darf man ein Recht, das man gegenüber dem anderen Vertragspartner hat, nicht ausüben, wenn das vornehmlich dazu dient, dem anderen zu schaden.